SCHÄFFER
POESCHEL

**Finanz und Steuern**

Band 2

# Umsatzsteuer

von

**Dieter Kurz**

Diplom-Finanzwirt (FH)
Regierungsdirektor a. D.
ehemaliger Umsatzsteuerreferent
im Ministerium für Finanzen Baden-Württemberg

**Prof. Dr. Gabi Meissner**

Professorin an der
Hochschule für öffentliche Verwaltung und
Finanzen Ludwigsburg

**Cliff Einenkel**

Diplom Betriebswirt (BA), MBA Int. Taxation
Steuerberater bei der Tax Academy
Mitarbeiter am Lehrstuhl für Betriebswirtschaftliche Steuerlehre
Universität Freiburg bei Professor Dr. Wolfgang Kessler

19., überarbeitete und aktualisierte Auflage

2020
Schäffer-Poeschel Verlag Stuttgart

Bearbeiterübersicht:

**Kurz:** Teile A, C–E, J, L–P, T, V, X

**Meissner:** Teile B, F, G–I, K, Q–S, U, W, Y

**Einenkel:** Teil Z

**Dozenten finden weitere Lehrmaterialien unter http://www.sp-dozenten.de (Registrierung erforderlich).**

Gedruckt auf säure- und chlorfreiem, alterungsbeständigem Papier

Bibliografische Information der Deutschen Nationalbibliothek
Die Deutsche Nationalbibliothek verzeichnet diese Publikation in der Deutschen Nationalbibliografie; detaillierte bibliografische Daten sind im Internet über <http: //dnb.d-nb.de> abrufbar.

| | | | |
|---|---|---|---|
| Print: | ISBN 978-3-7910-4732-4 | Bestell-Nr.: | 20238–0004 |
| ePDF: | ISBN 978-3-7910-4733-1 | Bestell-Nr.: | 20238–0153 |




www.schaeffer-poeschel.de
service@schaeffer-poeschel.de

Printed in Germany
März 2020
**Schäffer-Poeschel Verlag Stuttgart**
Ein Unternehmen der Haufe Group

## Vorwort zur 19. Auflage

Das vorliegende Lehrbuch dient der vertieften Einarbeitung in das Umsatzsteuerrecht sowohl für Studienzwecke als auch für die Erarbeitung von Lösungsansätzen in der praktischen Anwendung. Alle wichtigen Themenbereiche werden übersichtlich dargestellt und anhand zahlreicher Checklisten, Beispiele und Übungsfälle ausführlich erläutert.

Das Lehrbuch richtet sich insbesondere an diejenigen, die sich auf eine der steuerlichen Ausbildungs-Abschlussprüfungen vorbereiten, sei es die Steuerberater-, die Diplom- oder die Laufbahnprüfung für den gehobenen Dienst der Steuerverwaltung. Daher orientieren sich die im Lehrbuch gesetzten Schwerpunkte an den Stoffgebieten, die erfahrungsgemäß Gegenstand von Prüfungsklausuren sind.

Die 19. Auflage berücksichtigt die aktuelle Gesetzgebung einschließlich des dritten Bürokratieentlastungsgesetzes vom 28.11.2019, des Gesetzes zur weiteren steuerlichen Förderung der Elektromobilität und zur Änderung weiterer steuerlicher Vorschriften (JStG 2019) vom 12.12.2019 und des Gesetzes zur Umsetzung des Klimaschutzprogramms 2030 im Steuerrecht vom 21.12.2019. Wesentliche Änderungen betreffen das Reihengeschäft, das Verbringen von Ware in ein Konsignationslager, die Änderung des Leistungsortes bei unentgeltlichen Wertabgaben und die Erweiterung der Kleinunternehmerregelung.

Neben den aktuellen Verwaltungsanweisungen im Umsatzsteuer-Anwendungserlass sind die wesentlichen Entwicklungen im Bereich der nationalen Rechtsprechung und der Rechtsprechung des EuGH (z. B. hinsichtlich der Unternehmereigenschaft, Unterrichtsleistungen und Rechnungsausstellung) eingearbeitet.

Rechtsstand ist der 01.01.2020.

Stuttgart, im Februar 2020 | Die Verfasser

# Inhaltsverzeichnis


Vorwort zur 19. Auflage ..... V
Abkürzungsverzeichnis ..... XXV

## Teil A
## Einführung in das Umsatzsteuerrecht

1 **Funktionsweise des Umsatzsteuersystems** ..... 1
2 **Aufbau des Umsatzsteuergesetzes** ..... 2
3 **Die allgemeinen Vorschriften des Umsatzsteuergesetzes über die Ausgangsumsatzsteuer (§§ 1 bis 13b UStG)** ..... 3
3.1 § 1 UStG ..... 3
3.2 §§ 4 und 4b UStG ..... 3
3.3 §§ 10 und 12 UStG ..... 3
3.4 § 13 bis 13b UStG ..... 5
4 **Übersicht über die Umsatzarten des Umsatzsteuergesetzes** ..... 6
5 **Übersicht über die Umsatzart Lieferungen und sonstige Leistungen gegen Entgelt (§ 1 Abs. 1 Nr. 1 UStG)** ..... 6

## Teil B
## Die Steuerbarkeit nach dem Haupttatbestand Lieferungen und sonstige Leistungen gegen Entgelt (§ 1 Abs. 1 Nr. 1 UStG)

1 **Allgemeines** ..... 7
2 **Steuerbarkeit von Lieferungen** ..... 7
2.1 Grundsätzliches zur Lieferung ..... 7
2.2 Sonderregelung nach § 1 Abs. 1a UStG für Geschäftsveräußerungen im Ganzen ..... 11
2.2.1 Unternehmen im Ganzen ..... 11
2.2.2 In der Gliederung des Unternehmens gesondert geführter Betrieb ..... 12
2.2.3 Veräußerung von Grundstücken als Geschäftsveräußerung i. S. v. § 1 Abs. 1a UStG ..... 13
3 **Lieferort bei Lieferung mit Warenbewegung (Beförderungs- und Versendungslieferung)** 14
3.1 Allgemeines ..... 14
3.2 Problemfälle der Beförderungs- und Versendungslieferung ..... 15
3.2.1 Rechtsgeschäftsloses Verbringen ..... 15
3.2.2 Problemkreis gebrochene Versendungslieferung, gebrochene Beförderungsversendungslieferung ..... 16
3.2.3 Problemkreis Sammelladung (bzw. Beipacksendung) ..... 18
3.2.4 Problemkreis Umkartierung (Umdisponierung) ..... 18
3.2.5 Problemkreis Lieferung in Leitungen ..... 20
3.2.6 Problemkreis Verlust der Ware auf dem Transport ..... 20
3.2.7 Sachgesamtheit ..... 21
3.3 Mehrere Lieferungen bei nur einer Beförderung oder Versendung (Reihengeschäft) ..... 21
3.4 Sonderregelung des § 3 Abs. 8 UStG ..... 23
3.5 Sonderregelung nach § 3c UStG ..... 26
4 **Lieferort bei Lieferungen ohne Warenbewegung** ..... 27
5 **Sonderregelung für den Lieferort nach § 3c UStG** ..... 27
5.1 Allgemeines ..... 27
5.2 Keine Erwerbsbesteuerung beim Erwerber ..... 28
5.3 Lieferschwelle ..... 29
5.4 Beispiele zu § 3c UStG ..... 30

6 **Steuerbarkeit von sonstigen Leistungen** .... 33
6.1 Allgemeines .... 33
6.2 Begriff der sonstigen Leistung .... 33
6.3 Ort der sonstigen Leistung .... 34
6.3.1 Allgemeines .... 34
6.3.2 Grundsätze .... 34
6.3.3 Sonstige Leistungen im Zusammenhang mit Grundstücken .... 36
6.3.4 Sonstige Leistungen im Zusammenhang mit Messen und Ausstellungen .... 38
6.3.5 Ort der Vermietung von Beförderungsmitteln .... 38
6.3.6 Ort der Arbeiten an Gegenständen und deren Begutachtung .... 41
6.3.7 Leistungsort bei künstlerischen, wissenschaftlichen, unterrichtenden, sportlichen, unterhaltenden oder ähnlichen Leistungen (Leistungen i. S. d. § 3a Abs. 3 Nr. 3 Buchst. a UStG) 43
6.3.8 Einräumung von Eintrittsberechtigungen .... 44
6.3.9 Restaurationsleistungen .... 45
6.3.10 Ort der Vermittlungsleistungen .... 45
6.3.11 Ort der Besorgungsleistungen .... 46
6.4 Ort der sonstigen Leistungen i. S. v. § 3a Abs. 4 UStG .... 47
6.4.1 Ort der Telekommunikations- sowie der Rundfunk- und Fernseh-dienstleistungen .... 48
6.4.2 Ort der auf elektronischem Weg erbrachten sonstigen Leistungen .... 50
6.5 Ort der Beförderungsleistungen und der damit zusammenhängenden sonstigen Leistungen .. 51
6.5.1 Allgemeines .... 51
6.5.2 Beförderungsleistungen (keine innergemeinschaftliche Beförderung eines Gegenstandes) .... 51
6.5.3 Innergemeinschaftliche Beförderung eines Gegenstandes .... 53
6.5.4 Sonderregelungen nach den §§ 2 bis 7 UStDV .... 54
6.5.5 Ort der mit Beförderungsleistungen zusammenhängenden Leistungen .... 54
6.6 Ort der Speditionsleistung .... 54
6.7 Ort der sonstigen Leistung nach § 3a Abs. 1 UStG .... 55
6.8 Ort der sonstigen Leistung nach § 3a Abs. 2 UStG .... 56
7 **Werklieferung** .... 57
7.1 Allgemeines .... 57
7.2 Abgrenzung Werklieferung und Werkleistung .... 57
7.2.1 Verwendung von Stoffen .... 57
7.2.2 Zutaten oder sonstige Nebensachen .... 58
7.2.3 Beschaffung der Stoffe durch den Werkunternehmer .... 59
7.3 Abgrenzung der Werklieferung zur reinen Lieferung .... 59
7.4 Zeitpunkt und Ort der Werklieferung .... 60
7.5 Bemessungsgrundlage bei der Werklieferung .... 60
8 **Übungsfälle zu Lieferungen und sonstigen Leistungen gegen Entgelt** .... 61
8.1 Übungsfälle zum Problemkreis Lieferung – sonstige Leistung .... 61
8.2 Übungsfälle zum Problemkreis Lieferort .... 61
8.3 Übungsfälle zum Problemkreis § 3 Abs. 8 UStG .... 62
8.4 Übungsfälle zum Problemkreis Reihengeschäft .... 63
8.5 Übungsfälle zum Problemkreis § 3 Abs. 8 UStG im Reihengeschäft .... 63
8.6 Übungsfälle zum Problemkreis Ort der sonstigen Leistung .... 64
8.7 Übungsfälle zum Problemkreis Werklieferung – Werkleistung .... 67

## Teil C
## Inland, Gemeinschaftsgebiet, Ausland

1 **Allgemeine Ausführungen** .... 68
2 **Ausland** .... 69
3 **Besonderheiten** .... 70
4 **Übungsfälle zum Problemkreis Inland, Ausland, übriges Gemeinschaftsgebiet, Drittlandsgebiet** .... 71

## Teil D
## Exportgeschäfte


| | | |
|---|---|---|
| 1 | **Allgemeine Ausführungen** | 72 |
| 2 | **Ausfuhrlieferung nach § 6 Abs. 1 Nr. 1 UStG** | 73 |
| 3 | **Ausfuhrlieferung nach § 6 Abs. 1 Nr. 2 UStG** | 75 |
| 4 | **Ausfuhrlieferung nach § 6 Abs. 1 Nr. 3 UStG** | 80 |
| 5 | **Ausnahmeregelung des § 6 Abs. 3 UStG** | 81 |
| 6 | **Sonderregelung für den Reiseverkehr** | 83 |
| 7 | **Lohnveredelung an Gegenständen der Ausfuhr** | 84 |
| 7.1 | Fallgruppe Einfuhr von Gegenständen zwecks Lohnveredelung in das Gemeinschaftsgebiet | 84 |
| 7.2 | Fallgruppe Erwerb eines Gegenstandes zwecks Lohnveredelung | 87 |
| 8 | **Innergemeinschaftliche Lieferung und innergemeinschaftlicher Erwerb** | 89 |
| 8.1 | Innergemeinschaftlicher Erwerb | 89 |
| 8.1.1 | Weitere Fälle des innergemeinschaftlichen Erwerbs | 91 |
| 8.1.2 | Steuerbefreiungen für den innergemeinschaftlichen Erwerb | 93 |
| 8.1.3 | Berechnung der Steuer | 93 |
| 8.2 | Nach § 6a UStG steuerfreie innergemeinschaftliche Lieferung | 93 |
| 8.3 | Nach § 6b UStG steuerfreie innergemeinschaftliche Lieferung in ein Konsignationslager | 94 |
| 8.4 | Innergemeinschaftliche Dreiecksgeschäfte | 95 |
| 8.5 | Beispiele zu innergemeinschaftlichen Lieferungen und Erwerben | 98 |
| 8.6 | Steuerliche Erfassung des innergemeinschaftlichen Erwerbs | 101 |
| 9 | **Weitere Leistungen im Zusammenhang mit dem Export** | 101 |
| 10 | **Übungsfälle** | 102 |
| 10.1 | Übungsfälle zum Problemkreis steuerfreie Ausfuhrlieferungen | 102 |
| 10.2 | Übungsfälle zum Problemkreis Ausfuhrlieferungen im Reiseverkehr | 103 |
| 10.3 | Übungsfälle zur Lohnveredelung an Gegenständen der Ausfuhr | 104 |
| 10.4 | Übungsfälle zum Problemkreis innergemeinschaftliche Lieferungen | 104 |
| 10.5 | Übungsfälle zum innergemeinschaftlichen Reihengeschäft | 105 |


## Teil E
## Leistungsaustausch


| | | |
|---|---|---|
| 1 | **Allgemeines** | 107 |
| 1.1 | Zwei Beteiligte | 107 |
| 1.2 | Leistung und Gegenleistung | 108 |
| 1.3 | Wirtschaftliche Verknüpfung | 108 |
| 2 | **Fehlender Leistungsaustausch** | 110 |
| 3 | **Erbschaft** | 110 |
| 3.1 | Allgemeines | 110 |
| 3.2 | Unternehmereigenschaft des Erben | 110 |
| 3.3 | Weitere Nachwirkungen der Unternehmereigenschaft des Erblassers | 111 |
| 4 | **Schenkung** | 111 |
| 5 | **Schadensersatz** | 112 |
| 5.1 | Allgemeines | 112 |
| 5.2 | Entschädigung für eine Leistung aufgrund gesetzlicher oder behördlicher Anordnung | 112 |
| 5.3 | Entschädigungen aufgrund von Vertragsverletzungen | 113 |
| 5.4 | Entschädigung aufgrund unerlaubter Handlung | 115 |
| 5.5 | Entschädigung bzw. Entgeltminderung aufgrund mangelhafter bzw. verspäteter bzw. nur teilweiser Vertragserfüllung | 115 |
| 5.6 | Zahlungen bei fortbestehender Leistungsbereitschaft | 117 |
| 5.7 | Versicherungszahlungen | 118 |
| 5.8 | Abfindungen | 119 |

5.9 Mischfälle von Leistungsaustausch und Schadensersatz ..... 120
5.10 Mischfälle von Schadensersatz und fiktiven entgeltlichen Leistungen gem. § 3 Abs. 1b und Abs. 9a UStG ..... 122
6 **Übungsfälle zum fehlenden Leistungsaustausch** ..... 123

## Teil F
## Bemessungsgrundlage bei steuerpflichtigen Leistungen nach § 1 Abs. 1 Nr. 1 Satz 1 UStG

1 **Allgemeines** ..... 126
2 **Abgekürzter Zahlungsweg** ..... 128
3 **Zuschüsse** ..... 129
3.1 Zuschuss als Entgelt für eine Leistung des Zuschussempfängers an den Zuschussgeber ..... 130
3.2 Zuschuss als Entgelt i. S. d. § 10 Abs. 1 Satz 3 UStG ..... 131
3.3 Echte nicht steuerbare Zuschüsse ..... 132
4 **Durchlaufende Posten** ..... 133
5 **Entgeltminderungen** ..... 135
5.1 Allgemeines ..... 135
5.2 Entgeltminderungen bei Vergütungen an nicht unmittelbar nachfolgende Leistungsempfänger ..... 136
5.3 Entgeltminderung wegen Uneinbringlichkeit des Entgelts ..... 137
6 **Mindestbemessungsgrundlage** ..... 139
7 **Übungsfälle zur Bemessungsgrundlage nach § 10 Abs. 1 UStG** ..... 141

## Teil G
## Steuersätze

1 **Übersicht über die Steuersätze** ..... 143
2 **Allgemeine Grundsätze** ..... 143
2.1 Nebenleistungen ..... 143
2.2 Werklieferungen ..... 144
2.3 Sachgesamtheiten ..... 145
3 **Ermäßigter Steuersatz bei Lieferungen nach § 12 Abs. 2 Nr. 1 UStG** ..... 145
3.1 Land- und forstwirtschaftliche Erzeugnisse ..... 146
3.2 Futtermittel ..... 146
3.3 Lebensmittel ..... 146
3.4 Verlagserzeugnisse und Erzeugnisse des grafischen Gewerbes ..... 146
3.5 Fahrzeuge für Behinderte, Körperersatzstücke und ähnliche Gegenstände (Nr. 51 und 52 der Anlage 2) ..... 147
3.6 Kunstgegenstände und Sammlungsstücke (Nr. 53 und 54 der Anlage 2) ..... 147
4 **Abgabe von Speisen und Getränken zum Verzehr an Ort und Stelle** ..... 147
5 **Ermäßigter Steuersatz nach § 12 Abs. 2 Nr. 2 UStG bei der Vermietung von Gegenständen der Anlage 2** ..... 150
6 **Ermäßigter Steuersatz nach § 12 Abs. 2 Nr. 6 UStG** ..... 150
7 **Ermäßigter Steuersatz nach § 12 Abs. 2 Nr. 7 UStG** ..... 150
8 **Ermäßigter Steuersatz nach § 12 Abs. 2 Nr. 8 UStG** ..... 152
9 **Ermäßigter Steuersatz nach § 12 Abs. 2 Nr. 9 UStG** ..... 153
10 **Ermäßigter Steuersatz für Personenbeförderungen** ..... 153
11 **Ermäßigter Steuersatz für Beherbergungsumsätze** ..... 154
11.1 Allgemeines ..... 154
11.2 Leistungen, die nicht unmittelbar der Vermietung dienen ..... 155
11.3 Rechnungsstellung ..... 155
11.4 E-Books und andere Erzeugnisse in elektronischer Form ..... 157
12 **Steuersatzänderungen** ..... 158
12.1 Allgemeines ..... 158

12.2 Teilleistungen ..... 159
12.2.1 Zerlegbarkeit der Leistung in wirtschaftlich sinnvolle Teile ..... 159
12.2.2 Gesonderte Entgeltsvereinbarung ..... 159
12.2.3 Einzelheiten zu Teilleistungen in der Bauwirtschaft ..... 160
12.3 Steuersatzänderungen bei der Istbesteuerung und der Mindestistbesteuerung ..... 160
13 **Fälle zu den Steuersätzen** ..... 161

## Teil H
## Sonderfälle zu den Lieferungen und sonstigen Leistungen

1 **Tausch, tauschähnlicher Umsatz** ..... 164
1.1 Allgemeines ..... 164
1.2 Bemessungsgrundlage ..... 165
1.3 Formeln zur Ermittlung der Bemessungsgrundlage ..... 166
1.3.1 Formel zur Ermittlung der Bemessungsgrundlage beim Tausch bzw. tauschähnlichen Umsatz 166
1.3.2 Formel zur Ermittlung der Bemessungsgrundlage beim Tausch bzw. tauschähnlichen Umsatz mit Baraufgabe ..... 167
1.4 Beispiele zum Tausch und zum tauschähnlichen Umsatz ..... 167
1.5 Grundsätze zum verdeckten Preisnachlass im Kfz-Handel ..... 168
1.6 Beispiele zum verdeckten Preisnachlass im Kfz-Handel ..... 169
1.7 Abgrenzung des Tauschs bzw. des tauschähnlichen Umsatzes von anderen Sachverhalten ..... 171
1.7.1 Allgemeines ..... 171
1.7.2 Abgrenzung zum Doppelkauf ..... 171
1.7.3 Abgrenzung zum Umtausch ..... 172
1.8 Übungsfälle zur Bemessungsgrundlage beim Tausch ..... 172
2 **Rückgabe, Rücknahme, Rücklieferung, Umtausch** ..... 172
2.1 Rückgabe ..... 172
2.2 Rücknahme ..... 173
2.3 Rücklieferung ..... 173
2.4 Umtausch ..... 174
3 **Leistungen vom Arbeitgeber an den Arbeitnehmer** ..... 175
3.1 Allgemeines ..... 175
3.2 Unentgeltliche Zuwendungen an Arbeitnehmer ..... 176
3.2.1 Aufmerksamkeiten ..... 178
3.2.2 Leistungen im überwiegend betrieblichen Interesse ..... 179
3.2.3 Bemessungsgrundlage ..... 179
3.3 Leistungen gegen Entgelt ..... 180
3.4 Typische Einzelfälle ..... 180
3.4.1 Gewährung freier Verpflegung und Unterkunft vom Arbeitgeber an den Arbeitnehmer ..... 180
3.4.2 Werkswohnung, Dienstwohnung ..... 180
3.4.3 Kostenlose Abgabe von Mahlzeiten an die Arbeitnehmer ..... 181
3.4.4 Verbilligte Abgabe von Mahlzeiten an Arbeitnehmer ..... 181
3.4.5 Deputate ..... 181
3.4.6 Kostenlose Warenabgabe (z. B. Erzeugnisse des eigenen Unternehmens) ..... 181
3.4.7 Verbilligte Warenabgabe ..... 182
3.4.8 Gestellung von Kraftfahrzeugen an Arbeitnehmer ..... 182
3.4.8.1 Pauschale Ermittlung der Bemessungsgrundlage ..... 183
3.4.8.2 Bemessungsgrundlage für die Nutzungsüberlassung nach der Fahrtenbuchmethode ..... 184
3.4.9 Sammelfahrten ..... 184
3.4.10 Freifahrtberechtigungen, verbilligte Fahrten, Freiflüge und verbilligte Flüge durch Verkehrsunternehmen ..... 185
3.4.11 Verschaffung von Versicherungsschutz ..... 185
3.5 Übungsfälle zu den Leistungen des Arbeitgebers an den Arbeitnehmer ..... 186
4 **Gutscheine** ..... 187
4.1 Einzweckgutscheine (§ 3 Abs. 14 Satz 1 UStG) ..... 189
4.2 Mehrzweck-Gutscheine (§ 3 Abs. 15 Satz 1 UStG) ..... 190

## Teil I
## Umsätze bei Einschaltung von Mittelspersonen


1 **Allgemeines** 192
2 **Vermittlungsleistungen** 193
2.1 Allgemeines 193
2.2 Handeln für fremde Rechnung 193
2.3 Handeln im fremden Namen 195
2.4 Leistungswege beim Agenturgeschäft 195
2.5 Ort der Vermittlungsleistungen 196
2.5.1 Allgemeines 196
2.5.2 Leistungsort nach § 3a Abs. 3 Nr. 4 UStG oder § 3a Abs. 2 UStG 196
2.6 Steuerbefreiungen bei Vermittlungsleistungen 197
2.6.1 Allgemeines 197
2.6.2 Steuerbefreiung nach § 4 Nr. 5 UStG 197
2.6.2.1 Vermittlung von Umsätzen, die nach § 4 Nr. 1 Buchst. a und Nr. 2 bis 4 Buchst. b, 6 und 7 UStG steuerfrei sind 197
2.6.2.2 Vermittlung grenzüberschreitender Beförderungen von Personen mit Luftfahrzeugen oder Seeschiffen 198
2.6.2.3 Vermittlung der Umsätze, die ausschließlich im Drittlandsgebiet bewirkt werden 198
2.6.2.4 Ausnahmeregelung nach § 4 Nr. 5 Satz 2 UStG 199
2.6.3 Steuerbefreiung nach § 4 Nr. 11 UStG 200
2.7 Bemessungsgrundlage bei Vermittlungsleistungen 201
2.8 Vermittlungsleistungen der Handelsvertreter und Handelsmakler 201
2.9 Tankstellenagenten 203
3 **Kommission** 204
3.1 Allgemeines 204
3.2 Zeitpunkt und Ort der Lieferungen im Kommissionsgeschäft 206
3.2.1 Verkaufskommission 208
3.2.2 Einkaufskommission 208
3.3 Untergang der vom Kommissionär versicherten Kommissionsware 209
3.4 Beispiele zur Kommission 209
4 **Besorgungsleistungen (Dienstleistungskommission)** 212
4.1 Allgemeines 212
4.2 Besorgung des Leistungseinkaufs 213
4.3 Besorgung des Leistungsverkaufs (Leistungsverkaufskommission) 215
4.4 Dienstleistungskommission für elektronische Dienstleistungen 216
5 **Übungsfälle zur Einschaltung von Mittelspersonen** 217


## Teil J
## Grundstücksumsätze


1 **Allgemeines** 221
2 **Vermietung von Grundstücken** 221
2.1 Reine Grundstücksmietverträge 223
2.2 Gemischte Verträge 223
2.3 Verträge besonderer Art 224
2.4 Ausnahmen von der Befreiung nach § 4 Nr. 12 Satz 2 UStG 225
2.4.1 Vermietung für das Abstellen von Fahrzeugen 227
2.4.2 Kurzfristige Vermietung auf Campingplätzen 227
2.4.3 Vermietung von Betriebsvorrichtungen 227
2.5 Option gemäß § 9 UStG bei Grundstücksvermietungen 228
2.6 Zwischenvermietung 229
2.6.1 Zwischenvermietung im Rahmen einer Besorgungsleistung 230
2.6.2 Zwischenvermieter als Strohmann 231
2.7 Optionsverbot nach § 9 Abs. 2 UStG 231

2.8 Abgrenzung Altgebäude – Neugebäude ... 233
2.8.1 Nutzung für Wohnzwecke ... 234
2.8.2 Nutzung für andere nicht unternehmerische Zwecke (als Wohnzwecke) ... 236
2.8.3 Nutzung für unternehmerische Zwecke ... 236
2.8.4 Baubeginn und Fertigstellung des Gebäudes bzw. der Baumaßnahme ... 237
2.8.5 Beispiele zum Optionsverbot nach § 9 Abs. 2 UStG ... 237
3 **Verpachtung von Grundstücken** ... 239
4 **Veräußerung von Grundstücken** ... 240
4.1 Steuerbefreiung nach § 4 Nr. 9 Buchst. a UStG ... 242
4.2 Steuerbefreiung nach § 4 Nr. 9a UStG i. R. v. Bauherrenmodellen ... 242
4.3 Option gemäß § 9 UStG bei Grundstücksveräußerungen ... 243
4.3.1 Ermittlung der Umsatzsteuer bei Option zur Steuerpflicht ... 244
4.3.2 Teiloption bei Grundstücksveräußerungen ... 245
4.4 Zwangsversteigerung eines Grundstücks ... 246
5 **Nießbrauchsbestellung an Grundstücken** ... 247
6 **Eigenverbrauch bei Grundstücken** ... 248
6.1 Entnahme des Grundstücks ... 248
6.2 Entnahme der Nutzung eines Grundstücks ... 249
7 **Leistungen von Wohnungseigentümergemeinschaften** ... 250
8 **Errichtung von Gebäuden auf fremdem Grund und Boden** ... 251
9 **Übertragung eines Miteigentumsanteils an einem Grundstück** ... 251
10 **Übungsfälle zu den Grundstücksumsätzen** ... 253
10.1 Übungsfälle zu den Grundstückslieferungen ... 253
10.2 Übungsfälle zu den Grundstücksvermietungen ... 253
10.3 Übungsfälle zur Zwischenvermietung ... 254
10.4 Übungsfälle zu Errichtung von Gebäuden auf fremdem Boden ... 255
10.5 Übungsfälle zu Grundstücken ... 256

## Teil K
## Finanzumsätze

1 **Allgemeines** ... 257
2 **Kreditgewährung** ... 257
2.1 Geldkapitalkredit ... 258
2.2 Warenkredit ... 259
2.3 Wechselkredit ... 260
3 **Kreditvermittlung, Kreditverwaltung** ... 260
4 **Umsätze von gesetzlichen Zahlungsmitteln** ... 261
5 **Umsätze von Forderungen** ... 263
5.1 Allgemeines ... 263
5.2 Factoring ... 265
5.3 Übungsfälle zum echten und unechten Factoring ... 267
6 **Bankumsätze nach § 4 Nr. 8d UStG** ... 268
7 **Umsätze von Gesellschaftsanteilen** ... 269

## Teil L
## Sonstige branchenspezifische Umsätze

1 **Beförderungsleistungen der Frachtführer** ... 270
2 **Spediteure** ... 273
3 **Leasingunternehmen** ... 274
3.1 Mietleasing ... 274
3.2 Kaufleasing ... 276
4 **Franchisingunternehmen** ... 277
5 **Kreditkartengeschäft** ... 277

# Teil M
# Unternehmer, Unternehmen


1 **Allgemeines** ... 279
1.1 Rahmen des Unternehmens ... 281
1.2 Aufnahme einer weiteren unternehmerischen Tätigkeit ... 283
2 **Natürliche Personen als Unternehmer** ... 283
3 **Juristische Personen des privaten Rechts als Unternehmer** ... 285
4 **Organschaft** ... 286
4.1 Finanzielle Eingliederung ... 287
4.1.1 Finanzielle Eingliederung einer Personengesellschaft ... 288
4.1.2 Wirtschaftliche Eingliederung ... 290
4.1.3 Organisatorische Eingliederung ... 291
4.1.4 Gesamtbild der Verhältnisse ... 292
4.1.5 Beispiele zur Organschaft ... 292
4.1.6 Sonderfall GmbH & Co. KG ... 297
4.1.7 Grenzüberschreitende Organschaft ... 297
5 **Juristische Personen des öffentlichen Rechts als Unternehmer nach alter Rechtslage** ... 298
5.1 Allgemeines zu § 2 Abs. 3 UStG ... 298
5.2 Betriebe gewerblicher Art ... 299
5.2.1 Abgrenzung des hoheitlichen Bereichs zum wirtschaftlichen Bereich ... 299
5.2.2 Einrichtung mit dem äußeren Bild eines Gewerbebetriebs ... 300
5.2.3 Mehrere wirtschaftliche Tätigkeiten einer juristischen Person des öffentlichen Rechts ... 301
5.2.4 Verpachtung eines Betriebs gewerblicher Art ... 301
5.3 Land- oder forstwirtschaftliche Betriebe ... 302
5.4 In § 2 Abs. 3 Satz 2 Nr. 2 bis 5 UStG aufgezählte Tätigkeiten ... 302
6 **Juristische Personen des öffentlichen Rechts als Unternehmer nach neuer Rechtslage** ... 302
6.1 Allgemeines zu § 2b UStG ... 303
6.2 Unternehmerische Tätigkeiten bei größeren Wettbewerbsverzerrungen ... 303
6.2.1 Vorliegen einer Wettbewerbssituation ... 304
6.2.2 Ausnahmen von der Besteuerung bei Hilfsgeschäften ... 305
6.2.3 Ausnahmen von der Besteuerung bei Kooperationen mit anderen juristischen Personen des öffentlichen Rechts ... 305
6.3 Unternehmerische Tätigkeiten bei privatrechtlichen Verträgen ... 306
6.4 Aufgrund einer Fiktion unternehmerische Tätigkeiten ... 306
6.5 Wirtschaftliche Betätigung der juristischen Person des öffentlichen Rechts in der Form privatrechtlicher Gesellschaften ... 306
6.6 Folgen der unternehmerischen Betätigung von juristischen Personen des öffentlichen Rechts 308
6.6.1 Beispiele zur unternehmerischen Tätigkeit von juristischen Personen des öffentlichen Rechts 308
7 **Nichtrechtsfähige Personenvereinigungen als Unternehmer** ... 309
7.1 Auftreten der Personenvereinigung nach außen ... 310
7.2 Selbständigkeit ... 311
7.3 Einnahmeerzielungsabsicht ... 311
8 **Die Unternehmereigenschaft der Mitglieder von Personenvereinigungen** ... 311
9 **Übungsfälle zu Unternehmer, Unternehmen** ... 313
9.1 Übungsfälle zur Unternehmereigenschaft ... 313
9.2 Übungsfälle zur Organschaft ... 314
9.2.1 Übungsfälle zur finanziellen Eingliederung ... 314
9.2.2 Übungsfälle zur grenzüberschreitenden Organschaft ... 314
9.2.3 Übungsfälle zur GmbH & Co. KG ... 315

## Teil N
## Unentgeltliche Wertabgaben


1 **Allgemeine Ausführungen** ... 317
2 **Den Lieferungen gleichgestellte Wertabgaben** ... 317
2.1 Tatbestandsvoraussetzungen ... 317
2.2 Gegenstand, der dem Unternehmen zugehört (Unternehmensvermögen) ... 318
2.2.1 Bewegliche Gegenstände des Anlagevermögens ... 320
2.2.2 Gegenstände des Umlaufvermögens ... 322
2.2.3 Freizeitgegenstände ... 322
2.2.4 Mit Mitteln des Unternehmens erworbene Gegenstände ... 322
2.2.5 Grundstücke ... 323
2.3 Vorsteuerabzugsberechtigung bezüglich des Gegenstands oder seiner Bestandteile ... 324
2.4 Entnahme für außerunternehmerische Zwecke nach § 3 Abs. 1b Nr. 1 UStG ... 325
2.4.1 Umfang und Zeitpunkt der Entnahme ... 327
2.4.2 Steuersätze bei Entnahme von Gegenständen ... 327
2.5 Unentgeltliche Zuwendungen von Gegenständen für den privaten Bedarf des Personals nach § 3 Abs. 1b Nr. 2 UStG ... 327
2.6 Andere unentgeltliche Zuwendungen von Gegenständen für Zwecke des Unternehmens nach § 3 Abs. 1b Nr. 3 UStG ... 327
2.7 Bemessungsgrundlage bei Lieferungen i. S. d. § 3 Abs. 1b UStG ... 329
2.8 Entnahme von Grundstücken ... 330
2.9 Beispiele zu den Lieferungen gleichgestellten Wertabgaben ... 330
3 **Den sonstigen Leistungen gleichgestellte Wertabgaben** ... 331
3.1 Tatbestandsvoraussetzungen für sonstige Leistungen nach § 3 Abs. 9a Nr. 1 UStG für die Steuerbarkeit ... 331
3.1.1 Bemessungsgrundlage ... 332
3.1.2 Beispiele ... 332
3.2 Tatbestandsvoraussetzungen für sonstige Leistungen nach § 3 Abs. 9a Nr. 2 UStG ... 334
3.2.1 Bemessungsgrundlage für sonstige Leistungen nach § 3 Abs. 9a Nr. 2 UStG ... 335
3.2.2 Beispiele zu den sonstigen Leistungen gleichgestellten Wertabgaben ... 335
4 **Übungsfälle zu den unentgeltlichen Wertabgaben** ... 336
4.1 Übungsfälle zu Wertabgaben, die den Lieferungen gleichgestellt sind ... 336
4.1.1 Übungsfälle zur Zugehörigkeit von Gegenständen zum Unternehmen ... 336
4.1.2 Übungsfälle zur Entnahme von Gegenständen aus dem Unternehmen ... 337
4.1.3 Übungsfälle zum Ort der Lieferungen nach § 3 Abs. 1b UStG ... 337
4.1.4 Übungsfälle zum Umfang der Lieferungen nach § 3 Abs. 1b UStG ... 337
4.1.5 Übungsfälle zum Steuersatz bei unentgeltlichen Wertabgaben ... 338
4.1.6 Übungsfälle zur Bemessungsgrundlage bei Lieferungen nach § 3 Abs. 1b UStG ... 338
4.2 Übungsfälle zu den sonstigen Leistungen nach § 3 Abs. 9a UStG ... 339
4.2.1 Übungsfälle zur Abgabe einer sonstigen Leistung zu unternehmensfremden Zwecken ... 339
4.2.2 Übungsfälle zum Ort der Leistungen nach § 3 Abs. 9a UStG ... 339
4.2.3 Übungsfälle zur Bemessungsgrundlage bei den Leistungen nach § 3 Abs. 9a UStG ... 339


## Teil O
## Innergemeinschaftlicher Erwerb


1 **Allgemeines** ... 341
2 **Allgemeine Tatbestandsvoraussetzungen des innergemeinschaftlichen Erwerbs** ... 341
3 **Weitere Fälle des innergemeinschaftlichen Erwerbs** ... 344
3.1 Fiktiver innergemeinschaftlicher Erwerb beim rechtsgeschäftslosen Verbringen ... 345
3.2 Innergemeinschaftlicher Erwerb neuer Fahrzeuge ... 345
4 **Steuerbefreiungen für den innergemeinschaftlichen Erwerb** ... 346
5 **Berechnung der Steuer** ... 346

## Teil P
## Option nach § 9 UStG


1 **Allgemeine Ausführungen** ... 347
2 **Voraussetzungen für die Option nach § 9 UStG** ... 348
3 **Umfang der Option** ... 348
4 **Vornahme der Option** ... 349
5 **Frist für die Option** ... 349
6 **Einschränkung der Option durch § 9 Abs. 2 UStG** ... 349
7 **Hypothetische Option** ... 350


## Teil Q
## Vorsteuerabzug und Vorsteuerberichtigung nach § 15a UStG


1 **Allgemeines** ... 352
2 **Abziehbarkeit der Vorsteuer nach § 15 Abs. 1 Nr. 1 UStG** ... 355
2.1 Tatbestandsvoraussetzungen nach § 15 Abs. 1 Nr. 1 UStG ... 355
2.2 Leistungen an den, der die Vorsteuer geltend macht ... 355
2.2.1 Allgemeines ... 355
2.2.2 Leistungsempfänger bei unfreien Versendungen gemäß § 40 UStDV ... 356
2.2.3 Leistungsempfänger bei Gemeinschaftsobjekten ... 356
2.3 Leistungen an das Unternehmen ... 357
2.3.1 Verhältnisse im Zeitpunkt der Leistung ... 357
2.3.2 Unternehmenstypische Gegenstände ... 358
2.3.3 Aufteilbare Sachen und sonstige Leistungen ... 359
2.3.4 Einheitliche Gegenstände ... 359
2.3.5 Gesamtdarstellung der Gegenstände bezüglich ihrer Zugehörigkeit zum Unternehmen ... 361
2.3.6 Vermietung nichtaufteilbarer Gegenstände ... 362
2.3.7 Andere sonstige Leistungen (als die in 2.3.6 genannten) ... 362
2.3.8 Gegenstände, die sowohl einem Gewerbebetrieb als auch einem land- und forstwirtschaftlichen Betrieb dienen ... 363
2.4 Steuerpflichtige Eingangsleistung ... 364
2.5 Ausweis der geschuldeten Umsatzsteuer in einer nach §§ 14, 14a UStG ausgestellten Rechnung ... 365
2.5.1 Allgemeines ... 365
2.5.2 Einzelheiten zu den in § 14 Abs. 4 UStG vorgeschriebenen Angaben ... 366
2.5.2.1 Name und Anschrift des leistenden Unternehmers und des Leistungsempfängers ... 367
2.5.2.2 Menge und Art der gelieferten Gegenstände oder Umfang und Art der sonstigen Leistung ... 368
2.5.2.3 Zeitpunkt der Leistung und Vereinnahmung des Entgelts ... 368
2.5.2.4 Steuernummer oder Umsatzsteuer-Identifikationsnummer des leistenden Unternehmers ... 369
2.5.2.5 Fortlaufende Nummer (Rechnungsnummer) ... 369
2.5.2.6 Angabe des Entgelts ... 369
2.5.2.7 Im Voraus vereinbarte Minderung des Entgelts ... 369
2.5.2.8 Angabe von Steuersatz und Steuerbetrag ... 369
2.5.2.9 Fehlende oder unrichtige Angaben in der Rechnung ... 370
2.5.3 Weitere Voraussetzungen nach § 14a UStG ... 370
2.5.4 Besonderheiten bei Gutschriften ... 371
2.5.5 Rechnungen in den Fällen der Mindestbemessungsgrundlage ... 372
2.5.6 Elektronische Abrechnung ... 373
2.5.6.1 Qualifizierte elektronische Signatur ... 373
2.5.6.2 Elektronischer Datenaustausch (EDI-Rechnungen) ... 374
2.5.7 Elektronische Abrechnung ... 374
2.5.8 Kleinbetragsrechnungen ... 375
2.5.9 Fahrausweise ... 376

2.5.10 Sonderfälle von Rechnungen ........ 377
2.5.10.1 Rechnungen mit verschiedenen Steuersätzen ........ 377
2.5.10.2 Rechnungen mit mehreren Leistenden ........ 377
2.5.10.3 Rechnungen, die auf den Namen Dritter ausgestellt sind ........ 378
2.5.10.4 Vorausrechnungen und Rechnungen über Anzahlungen ........ 379
2.5.10.5 Endrechnungen ........ 379
2.6 Rechnungen mit mehreren Leistungsempfängern ........ 380
3 **Abziehbarkeit der Einfuhrumsatzsteuer als Vorsteuer nach § 15 Abs. 1 Nr. 2 UStG** ........ 380
3.1 Allgemeines ........ 380
3.2 Zeitpunkt der Entstehung des Vorsteueranspruchs bezüglich der Einfuhrumsatzsteuer ........ 381
3.3 Nachweis der Entrichtung der Einfuhrumsatzsteuer ........ 382
3.4 Beispiele zur Einfuhrumsatzsteuer ........ 382
4 **Vorsteuerabzug der Steuer für den innergemeinschaftlichen Erwerb und der Steuer nach § 13b UStG** ........ 383
4.1 Abzug der Steuer für den innergemeinschaftlichen Erwerb ........ 383
4.1.1 Anfall der Erwerbsteuer beim Unternehmer ........ 384
4.1.2 Erwerb des Gegenstands für das Unternehmen ........ 384
4.2 Vorsteuerabzug der Steuer für Leistungen im Sinne des § 13b UStG ........ 384
5 **Vorsteuerabzugsverbote** ........ 385
5.1 Allgemeines ........ 385
5.2 Vorsteuerabzugsverbot nach § 15 Abs. 1a UStG ........ 385
5.2.1 Allgemeines ........ 385
5.2.2 Geschenke an Geschäftsfreunde nach § 4 Abs. 5 Nr. 1 EStG ........ 385
5.2.3 Bewirtung von Geschäftsfreunden ........ 386
5.2.4 Häusliches Arbeitszimmer ........ 386
5.2.5 Fahrten zwischen Wohnung und Betrieb und Familienheimfahrten ........ 387
5.2.6 Vorsteuerabzug aus Reisekosten ........ 387
5.3 Vorsteuerabzugsverbot nach § 15 Abs. 1b UStG ........ 388
5.4 Abzugsverbot nach § 15 Abs. 2 UStG ........ 389
5.4.1 Allgemeines ........ 389
5.4.2 Steuerfreie Umsätze nach § 4 Nr. 8 bis 28 UStG ........ 390
5.4.3 Nichtsteuerbare Umsätze im Ausland, die im Inland nach § 4 Nr. 8 bis 28 UStG steuerfrei wären ........ 390
5.4.4 Nichtsteuerbare Leistungen, die im Falle der Entgeltlichkeit nach § 4 Nr. 8 bis 28 UStG steuerfrei wären ........ 391
5.4.5 Ausnahme nach § 15 Abs. 3 Nr. 1 Buchst. b und Nr. 2 Buchst. b UStG ........ 391
5.5 Zusammenhang der Vorsteuern mit vorsteuerschädlichen Ausgangsumsätzen ........ 392
5.5.1 Allgemeines ........ 392
5.5.2 Zusammenhang mit Innenumsätzen ........ 392
5.5.3 Zusammenhang mit Einfuhren und innergemeinschaftlichem Erwerb (§ 1 Abs. 1 Nr. 4 und 5 UStG) ........ 393
5.5.4 Zeitlicher Zusammenhang ........ 393
5.5.5 Fehlender Ausgangsumsatz ........ 393
5.5.6 Konkurrierende Ausgangsumsätze ........ 394
6 **Vorsteueraufteilung** ........ 395
6.1 Allgemeines ........ 395
6.2 Funktionsweise der wirtschaftlichen Zurechnungsmethode ........ 396
6.3 Funktionsweise der Umsatzverhältnismethode ........ 399
6.4 Ingebrauchnahme entsprechend dem Baufortschritt ........ 400
6.5 Gebrauch mit anschließender Veräußerung ........ 401
6.6 Vorsteuerabzug aus den Veräußerungskosten bei einer Geschäftsveräußerung nach § 1 Abs. 1a UStG ........ 401
7 **Vorsteuerberichtigung nach § 15a UStG** ........ 402
7.1 Allgemeines ........ 402
7.2 Berichtigungsobjekte ........ 404
7.3 Vorsteuern nach § 15 Abs. 1 UStG von mehr als 1 000 € für die Anschaffung oder Herstellung 404

7.4 Vorsteuerrelevante Nutzungsänderung innerhalb des Berichtigungszeitraums ... 406
7.4.1 Allgemeines ... 406
7.4.2 Typisierter Berichtigungszeitraum ... 407
7.4.3 Beginn und Ende des Berichtigungszeitraums ... 408
7.4.4 Teilweise Ingebrauchnahme eines Wirtschaftsguts ... 409
7.4.5 Kalendermonatsprinzip nach § 45 UStDV ... 409
7.5 Gewichtigkeit der Änderung der Nutzungsverhältnisse ... 410
7.6 Errechnung des Berichtigungsbetrages ... 411
7.7 Berichtigungsverfahren ... 414
7.7.1 Allgemeines ... 414
7.7.2 Berichtigungsverfahren nach § 44 Abs. 3 Satz 2 UStDV ... 416
7.7.3 Berichtigungsverfahren bei aus der Sicht des § 15 Abs. 2 und 3 UStG sachlich unrichtigem Vorsteuerabzug nach § 15 UStG ... 418
7.7.4 Die Vorsteuerberichtigung nach § 15a Abs. 6a UStG ... 420
7.7.5 Vorsteuerberichtigung nach § 15a UStG nach erfolgter Geschäftsveräußerung beim Erwerber gemäß § 15a Abs. 10 UStG ... 421
7.7.6 Vorsteuerberichtigung nach § 15a UStG bei Übertragung eines Miteigentumsanteils an einem Grundstück ... 423
8 **Übungsfälle** ... 424
8.1 Übungsfälle zum Vorsteuerabzug nach § 15 Abs. 1 UStG ... 424
8.1.1 Übungsfälle zum notwendigen Inhalt einer Rechnung nach § 14 UStG ... 424
8.1.2 Übungsfälle zum notwendigen Inhalt einer Gutschrift ... 426
8.1.3 Übungsfälle zu den Fahrausweisen ... 427
8.1.4 Übungsfälle zur Unternehmereigenschaft des Leistenden ... 427
8.1.5 Übungsfälle zur Leistung an das Unternehmen ... 428
8.1.6 Übungsfälle zum Vorsteuerabzug aus Vorausrechnungen ... 428
8.1.7 Übungsfälle zum Abzug der Einfuhrumsatzsteuer ... 428
8.2 Übungsfälle zu den Vorsteuerabzugsverboten ... 429
8.2.1 Übungsfälle zu den Vorsteuerabzugsverboten nach § 15 Abs. 1a und 1b UStG ... 429
8.2.2 Übungsfälle zum Vorsteuerabzugsverbot nach § 15 Abs. 2 UStG ... 430
8.3 Übungsfälle zu § 15a UStG ... 432
8.3.1 Übungsfälle zu den Berichtigungsobjekten i. S. d. § 15a UStG ... 432
8.3.2 Übungsfälle zu Leistungen an Wirtschaftsgütern ... 432
8.3.3 Übungsfälle zu Vorsteuern i. S. d. § 15a UStG ... 432
8.3.4 Übungsfälle zur Gewichtigkeit der Vorsteuern i. S. d. § 44 Abs. 1 UStDV ... 433
8.3.5 Übungsfälle zur Dauer des Berichtigungszeitraums ... 433
8.3.6 Übungsfälle zu Beginn und Ende des Berichtigungszeitraums ... 434
8.3.7 Übungsfälle zur Gewichtigkeit der Nutzungsänderung i. S. d. § 44 Abs. 2 UStDV ... 434
8.3.8 Übungsfälle zur Ermittlung des Prozentsatzes der Nutzungsänderung i. S. d. § 44 Abs. 2 UStDV ... 435
8.3.9 Übungsfall zur Ermittlung des Berichtigungsbetrags ... 435
8.3.10 Übungsfälle zum Zeitpunkt der Vorsteuerberichtigung ... 435
8.3.11 Übungsfälle zur Ermittlung des Berichtigungsbetrags bei Veräußerung des Wirtschaftsguts ... 436
8.3.12 Übungsfall zur Vorsteuerberichtigung bei zwischenzeitlicher Nichtnutzung ... 436
8.3.13 Übungsfälle zur Vorsteuerberichtigung nach § 15a UStG, bei sachlich unrichtiger Entscheidung in Bezug auf den Vorsteuerabzug ... 436
9 **Vorsteuerabzug des Fahrzeuglieferers bei Lieferung eines neuen Fahrzeugs in das übrige Gemeinschaftsgebiet** ... 437

## Teil R
## Umsatzsteuer nach § 14c UStG

1 **Allgemeines** ... 438
2 **Umsatzsteuer nach § 14c Abs. 1 UStG** ... 439
2.1 Allgemeines ... 439
2.2 Sonderregelung ... 439

2.3 Umsatzsteuer nach § 14c Abs. 1 UStG bei Gutschriften ... 439
3 **Umsatzsteuer nach § 14c Abs. 2 UStG** ... 440
3.1 Allgemeines ... 440
3.2 Einzelheiten zum Umsatzsteuerausweis nach § 14c Abs. 2 UStG ... 441
3.3 Steuer nach § 14c Abs. 2 UStG bei Kleinbetragsrechnungen und Fahrausweisen ... 441
4 **Steuer nach § 14c UStG im Zusammenhang mit Vorausrechnungen bzw. Rechnungen über Abschlagszahlungen** ... 441
4.1 Allgemeines ... 441
4.2 Steuer nach § 14c Abs. 1 UStG bei Endrechnungen ... 442
5 **Übungsfälle zur Steuer nach § 14c Abs. 1 und 2 UStG** ... 443

## Teil S
## Ausgewählte Probleme bei Personenvereinigungen

1 **Gründung von Personenvereinigungen** ... 445
1.1 Allgemeines ... 445
1.2 Erweiterung eines Einzelunternehmens durch Aufnahme eines Gesellschafters ... 447
2 **Erweiterung einer Personenvereinigung um weitere Mitglieder** ... 447
3 **Veräußerung eines Gesellschaftsanteils durch einen Gesellschafter** ... 447
4 **Ausscheiden eines Gesellschafters aus einer Gesellschaft durch Abfindung seitens der Gesellschaft** ... 449
5 **Auflösung einer Gesellschaft durch Liquidation** ... 450
6 **Veränderungen in der Unternehmensform** ... 450
7 **Verschmelzung von Personenvereinigungen** ... 451
8 **Leistungsaustausch zwischen Personenvereinigung und Mitglied ohne Veränderung des Gesellschafts- bzw. Gesellschafterstatus** ... 451
8.1 Leistungen der Personenvereinigung an das Mitglied ... 451
8.2 Leistungen des Mitglieds an die Personenvereinigung ... 452
8.3 Leistungen über die Gemeinschaft an das Mitglied ... 454
9 **Grundzüge der Besteuerung von Vereinen** ... 456
9.1 Leistungen, die nur den Sonderbelangen der Mitglieder dienen können ... 457
9.2 Nicht eindeutig zuordenbare Leistungen ... 457
9.3 Gesellige Veranstaltungen von gemeinnützigen Vereinen ... 459
9.4 Vorsteuerpauschalierung bei Vereinen ... 459
10 **Übungsfälle zu Gesellschaftsleistungen** ... 460
10.1 Unentgeltliche Leistungen der Gesellschaft an ihre Gesellschafter ... 460
10.2 Entgeltliche Leistungsabgabe von der Gesellschaft an den Gesellschafter (bzw. an diesem nahe stehende Personen) ... 461
10.3 Leistungen des Mitglieds an die Personenvereinigung ... 462
10.4 Übungsfälle zur Gründung von Personenvereinigungen ... 463

## Teil T
## Kleinunternehmer nach § 19 UStG

1 **Allgemeines** ... 464
2 **Kleinunternehmer nach § 19 Abs. 1 UStG** ... 464
3 **Verzicht auf die Anwendung des § 19 Abs. 1 UStG** ... 466
4 **Wechsel der Besteuerungsform** ... 468

## Teil U
## Besondere Besteuerungsformen

1 **Sonderregelungen für die Land- und Forstwirtschaft** ... 470
1.1 Allgemeines ... 470
1.2 Begriff »land- und forstwirtschaftlicher Betrieb« ... 471

1.3 Übersicht über die Durchschnittsätze, Kürzungsbeträge und die Steuerzahllast ..... 471
1.3.1 Typische landwirtschaftliche Erzeugnisse ..... 471
1.3.2 Lieferungen von Getränken, ausgenommen Milch ..... 472
1.3.3 Lieferungen von forstwirtschaftlichen Erzeugnissen ..... 472
1.3.4 Ausfuhrlieferungen und Auslandslieferungen ..... 473
1.4 Option zur Regelbesteuerung ..... 473
1.5 Besonderheiten bei der Rechnungsstellung für Umsätze nach § 24 UStG und für den Vorsteuerabzug aus Rechnungen nach § 24 UStG ..... 475
1.6 Unternehmer, die sowohl der Besteuerung nach § 24 UStG als auch der Besteuerung nach den allgemeinen Vorschriften des Umsatzsteuergesetzes unterliegen ..... 476
1.7 Übungsfälle ..... 477
2 **Sonderregelungen für Reiseleistungen nach § 25 UStG** ..... 478
2.1 Allgemeines ..... 478
2.2 Begriffsbestimmungen ..... 478
2.2.1 Reiseleistungen ..... 479
2.2.2 Reisevorleistungen ..... 479
2.3 Rechtsfolgen bei Vorliegen von Reiseleistungen nach § 25 Abs. 1 Satz 1 UStG ..... 480
2.4 Steuerfreiheit von Reiseleistungen i. S. v. § 25 UStG ..... 480
2.5 Ermittlung der Bemessungsgrundlage ..... 481
2.6 Incentive-Reisen ..... 482
2.7 Zuwendung von Reisen an Geschäftsfreunde ..... 483
3 **Differenzbesteuerung nach § 25a UStG** ..... 483
3.1 Allgemeines ..... 483
3.2 Voraussetzungen für die Differenzbesteuerung ..... 484
3.3 Bemessungsgrundlage ..... 486
3.4 Steuersatz und Vorsteuerabzug ..... 486
3.5 Option zur Besteuerung nach den allgemeinen Vorschriften des Umsatzsteuergesetzes gemäß § 25a Abs. 8 UStG ..... 487
3.6 Verbot des gesonderten Steuerausweises in einer Rechnung ..... 487
3.7 Besonderheiten nach § 25a Abs. 7 UStG ..... 488
3.8 Aufzeichnungspflichten ..... 489
3.9 Ergänzende Beispiele ..... 489
4 **Durchschnittsatzbesteuerung nach § 23 UStG** ..... 493

## Teil V
## Sonderregelungen für Umsätze in bestimmten Gebieten bzw. mit bestimmten Personen

1 **Umsätze in Freihäfen** ..... 494
1.1 Umsätze für den Endverbrauch ..... 494
1.2 Umsätze im Rahmen eines zollamtlich bewilligten Freihafenveredelungsverkehrs bzw. einer zollamtlich besonders zugelassenen Freihafenlagerung (§ 1 Abs. 3 Nr. 4 Buchst. a und 5 UStG) .. 495
1.3 Umsätze von Gegenständen, die sich einfuhrumsatzsteuerrechtlich im freien Verkehr befinden . 496
2 **Umsätze im Zusammenhang mit einem Umsatzsteuerlager** ..... 496
2.1 Umsatzsteuerlager ..... 496
2.2 Versteuerung bei Auslagerung ..... 497
2.3 Beispiele zum Umsatzsteuerlager ..... 497
3 **Umsätze in Bezug auf im Inland stationierte ausländische Truppen** ..... 498
3.1 Begriffsbestimmungen ..... 499
3.2 Bezahlung ..... 499
3.3 Nachweis der Voraussetzungen ..... 500
3.4 Beispielsfälle ..... 500

## Teil W
## Entstehungszeitpunkt der Umsatzsteuer


1 **Allgemeines** ... 502
2 **Entstehungszeitpunkt der Steuer für Lieferungen und sonstige Leistungen bei der Sollbesteuerung** ... 502
2.1 Zeitpunkt der Leistung bei Lieferungen und Teillieferungen ... 503
2.2 Zeitpunkt der Leistung bei sonstigen Leistungen ... 503
2.3 Teilleistungen ... 503
2.3.1 Allgemeines ... 503
2.3.2 Zerlegbarkeit der Leistung in wirtschaftlich sinnvolle Teile ... 504
2.3.3 Gesonderte Entgeltvereinbarung ... 504
3 **Mindestistbesteuerung** ... 505
4 **Entstehungszeitpunkt der Steuer bei der Istbesteuerung nach § 20 UStG** ... 505
4.1 Allgemeines ... 505
4.2 Voraussetzung für die Anwendung der Istbesteuerung ... 506
4.3 Voraussetzungen für die Gestattung der Istbesteuerung ... 506
4.4 Beispielsfälle zur Istbesteuerung ... 506
5 **Wechsel von der Istbesteuerung zur Sollbesteuerung bzw. von der Sollbesteuerung zur Istbesteuerung** ... 511
5.1 Allgemeines ... 511
5.2 Beispielsfälle ... 512
6 **Entstehungszeitpunkt der Steuer für den innergemeinschaftlichen Erwerb** ... 513
7 **Entstehungszeitpunkt für die vom Leistungsempfänger geschuldete Steuer nach § 13b UStG** ... 514


## Teil X
## Besteuerungsverfahren


1 **Allgemeine Ausführungen** ... 515
2 **Umsatzsteuervoranmeldungsverfahren** ... 516
3 **Dauerfristverlängerung für die Umsatzsteuervoranmeldungen** ... 517
4 **Übergang der Steuerschuld nach § 13b UStG auf den Leistungsempfänger (Reverse-Charge-Verfahren)** ... 518
4.1 Reverse-Charge-Verfahren bei sonstigen Leistungen von im übrigen Gemeinschaftsgebiet ansässigen Unternehmern ... 519
4.2 Reverse-Charge-Verfahren bei Werklieferungen und sonstigen Leistungen ausländischer Unternehmer ... 520
4.2.1 Leistungsgeber ist ein nicht im Inland ansässiger Unternehmer ... 520
4.2.2 Werklieferung oder sonstige Leistung ... 520
4.2.3 Leistungsempfänger ist Unternehmer bzw. eine juristische Person ... 521
4.2.4 Ausnahmen vom Reverse-Charge-Verfahren ... 522
4.3 Reverse-Charge-Verfahren bei Lieferung sicherungsübereigneter Gegenstände durch den Sicherungsgeber an den Sicherungsnehmer außerhalb des Insolvenzverfahrens ... 522
4.4 Reverse-Charge-Verfahren bei Umsätzen, die unter das Grunderwerbsteuergesetz fallen ... 524
4.5 Reverse-Charge-Verfahren bei Bauleistungen nach § 13b Abs. 2 Nr. 4 UStG ... 524
4.6 Reverse-Charge-Verfahren bei Lieferungen von Gas, Elektrizität, Wärme und Kälte ... 526
4.7 Reverse-Charge-Verfahren bei der Lieferung von Industrieschrott, Altmetallen und sonstigen Abfallstoffen ... 527
4.8 Reverse-Charge-Verfahren bei Gebäudereinigungsleistungen ... 528
4.9 Reverse-Charge-Verfahren bei Goldlieferungen ... 528
4.10 Reverse-Charge-Verfahren bei Lieferungen von Mobilfunkgeräten, Tablet-Computern, Spielekonsolen und integrierten Schaltkreisen ... 528
4.11 Reverse-Charge-Verfahren bei Lieferungen von Edelmetallen und unedlen Metallen ... 529
4.12 Berechnung, Entstehung und Abführung der im Reverse-Charge-Verfahren anfallenden Umsatzsteuer ... 529

4.13 Übungsfälle zum Reverse-Charge-Verfahren ... 530
4.13.1 Tatbestandsmerkmale für das Reverse-Charge-Verfahren ... 530
4.13.2 Ausnahmen vom Reverse-Charge-Verfahren ... 531
4.13.3 Ermittlung, Anmeldung und Abführung der Steuer ... 532
4.13.4 Übungsfälle zur Lieferung sicherungsübereigneter Gegenstände und zur Lieferung von Grundstücken ... 532
5 **Vorsteuervergütungsverfahren** ... 532
5.1 Voraussetzungen für das Vorsteuervergütungsverfahren ... 533
5.2 Durchführung des Vergütungsverfahrens ... 535

## Teil Y
## Anleitung zur Lösung von Prüfungsaufgaben im Fach Umsatzsteuer

1 **Vorbemerkung** ... 537
2 **Regeln** ... 539

## Teil Z
## Lösungshinweise zu den Fällen

1 **Lösungshinweise zu B 8 – Lieferungen und sonstige Leistungen gegen Entgelt** ... 544
1.1 Lösungshinweise zu B 8.1 – Problemkreis Lieferung – sonstige Leistung ... 544
1.2 Lösungshinweise zu B 8.2 – Problemkreis Lieferort ... 544
1.3 Lösungshinweise zu B 8.3 – Problemkreis § 3 Abs. 8 UStG ... 545
1.4 Lösungshinweise zu B 8.4 – Problemkreis Reihengeschäft ... 545
1.5 Lösungshinweise zu B 8.5 – Problemkreis § 3 Abs. 8 UStG im Reihengeschäft ... 547
1.6 Lösungshinweise zu B 8.6 – Problemkreis Ort der sonstigen Leistung ... 548
1.7 Lösungshinweise zu B 8.7 – Problemkreis Werklieferung – Werkleistung ... 554
2 **Lösungshinweise zu C 4 – Problemkreis Inland – Ausland** ... 555
3 **Lösungshinweise zu D 10** ... 557
3.1 Lösungshinweise zu D 10.1 – Problemkreis steuerfreie Ausfuhrlieferungen ... 557
3.2 Lösungshinweise zu D 10.2 – Problemkreis Ausfuhrlieferungen im Reiseverkehr ... 563
3.3 Lösungshinweise zu D 10.3 – Problemkreis Lohnveredelung an Gegenständen der Ausfuhr ... 564
3.4 Lösungshinweise zu D 10.4 – Problemkreis innergemeinschaftliche Lieferungen ... 567
3.5 Lösungshinweise zu D 10.5 – Innergemeinschaftliches Reihengeschäft ... 570
4 **Lösungshinweise zu E 6 – Fehlender Leistungsaustausch** ... 572
5 **Lösungshinweise zu F 7 – Bemessungsgrundlagenach § 10 Abs. 1 UStG** ... 576
6 **Lösungshinweise zu G 13 – Steuersätze** ... 578
7 **Lösungshinweise zu H** ... 581
7.1 Lösungshinweise zu H 1.8 – Bemessungsgrundlage beim Tausch ... 581
7.2 Lösungshinweise zu H 3.5 – Leistungen des Arbeitgebers an den Arbeitnehmer ... 582
8 **Lösungshinweise zu I 5 – Einschaltung von Mittelspersonen** ... 585
9 **Lösungshinweise zu J 10 – Grundstücksumsätze** ... 593
9.1 Lösungshinweise zu J 10.1 – Grundstückslieferungen ... 593
9.2 Lösungshinweise zu J 10.2 – Grundstücksvermietungen ... 593
9.3 Lösungshinweise zu J 10.3 – Zwischenvermietung ... 595
9.4 Lösungshinweise zu J 10.4 – Errichtung von Gebäuden auf fremdem Boden ... 597
9.5 Lösungshinweise zu J 10.5 – Grundstücke ... 599
10 **Lösungshinweise zu K 5. 3 – Echtes und unechtes Factoring** ... 600
11 **Lösungshinweise zu M 9 – Unternehmer, Unternehmen** ... 601
11.1 Lösungshinweise zu M 9.1 – Unternehmereigenschaft ... 601
11.2 Lösungshinweise zu M 9.2 – Organschaft ... 602
11.2.1 Lösungshinweise zu M 9.2.1 – Finanzielle Eingliederung ... 602
11.2.2 Lösungshinweise zu M 9.2.2 – Grenzüberscheitende Organschaft ... 603
11.2.3 Lösungshinweise zu M 9.2.3 – GmbH & Co. KG ... 605

12 **Lösungshinweise zu N 4 – Unentgeltliche Wertabgaben** ... 606
12.1 Lösungshinweise zu N 4.1 – Wertabgaben, die den Lieferungen gleichgestellt sind ... 606
12.1.1 Lösungshinweise zu N 4.1.1 – Zugehörigkeit von Gegenständen zum Unternehmen ... 606
12.1.2 Lösungshinweise zu N 4.1.2 – Entnahme von Gegenständen aus dem Unternehmen ... 607
12.1.3 Lösungshinweise zu N 4.1.3 – Ort der Lieferungen nach § 3 Abs. 1b UStG ... 607
12.1.4 Lösungshinweise zu N 4.1.4 – Umfang der Lieferungen nach § 3 Abs. 1b UStG ... 608
12.1.5 Lösungshinweise zu N 4. 1.5 – Steuersatz bei unentgeltlichen Wertabgaben ... 609
12.1.6 Lösungshinweise zu N 4.1.6 – Bemessungsgrundlage bei Lieferungen nach § 3 Abs. 1b UStG . 609
12.2 Lösungshinweise zu N 4.2 – Sonstige Leistungen nach § 3 Abs. 9a UStG ... 610
12.2.1 Lösungshinweise zu N 4.2.1 – Abgabe einer sonstigen Leistung zu unternehmensfremden Zwecken 610
12.2.2 Lösungshinweise zu N 4.2.2 – Ort der Leistungen nach § 3 Abs. 9a UStG ... 611
12.2.3 Lösungshinweise zu N 4.2.3 – Bemessungsgrundlage bei den Leistungen nach § 3 Abs. 9a UStG 611
13 **Lösungshinweise zu Q 8** ... 612
13.1 Lösungshinweise zu Q 8.1 – Vorsteuerabzug nach § 15 Abs. 1 UStG ... 612
13.1.1 Lösungshinweise zu Q 8.1.1 – Notwendiger Inhalt einer Rechnung nach § 14 UStG ... 612
13.1.2 Lösungshinweise zu Q 8.1.2 – Notwendiger Inhalt einer Gutschrift ... 614
13.1.3 Lösungshinweise zu Q 8.1.3 – Fahrausweise ... 615
13.1.4 Lösungshinweise zu Q 8.1.4 – Unternehmereigenschaft des Leistungsgebers ... 616
13.1.5 Lösungshinweise zu Q 8.1.5 – Leistung an das Unternehmen ... 616
13.1.6 Lösungshinweise zu Q 8.1.6 – Vorsteuerabzug aus Vorausrechnungen ... 617
13.1.7 Lösungshinweise zu Q 8.1.7 – Abzug der Einfuhrumsatzsteuer ... 618
13.2 Lösungshinweise zu Q 8.2 – Vorsteuerabzugsverbote ... 619
13.2.1 Lösungshinweise zu Q 8.2.1 – Vorsteuerabzugsverbote nach § 15 Abs. 1a und Abs. 1b UStG .. 619
13.2.2 Lösungshinweise zu Q 8.2.2 – Vorsteuerabzugsverbot nach § 15 Abs. 2 UStG ... 621
13.3 Lösungshinweise zu Q 8.3 – § 15a UStG ... 624
13.3.1 Lösungshinweise zu Q 8.3.1 – Berichtigungsobjekt i. S. d. § 15a UStG ... 624
13.3.2 Lösungshinweise zu Q 8.3.2 – Leistungen an Wirtschaftsgütern ... 625
13.3.3 Lösungshinweise zu Q 8.3.3 – Vorsteuern i. S. d. § 15a UStG ... 625
13.3.4 Lösungshinweise zu Q 8.3.4 – Gewichtigkeit der Vorsteuern i. S. d. § 44 Abs. 1 UStDV ... 626
13.3.5 Lösungshinweise zu Q 8. 3.5 – Dauer des Berichtigungszeitraums ... 627
13.3.6 Lösungshinweise zu Q 8. 3.6 – Beginn und Ende des Berichtigungszeitraums ... 627
13.3.7 Lösungshinweise zu Q 8.3.7 – Gewichtigkeit der Nutzungsänderung i. S. d. § 44 Abs. 2 UStDV 629
13.3.8 Lösungshinweise zu Q 8.3.8 – Ermittlung des Prozentsatzes der Nutzungsänderung i. S. d. § 44 Abs. 2 UStDV ... 629
13.3.9 Lösungshinweise zu Q 8.3.9 – Ermittlung des Berichtigungsbetrags ... 631
13.3.10 Lösungshinweise zu Q 8.3.10 – Zeitpunkt der Vorsteuerberichtigung ... 632
13.3.11 Lösungshinweise zu Q 8.3.11 – Ermittlung des Berichtigungsbetrags bei Veräußerung des Wirtschaftsguts ... 632
13.3.12 Lösungshinweise zu Q 8.3.12 – Vorsteuerberichtigung bei zwischenzeitlicher Nichtnutzung .. 633
13.3.13 Lösungshinweise zu Q 8.3.13 – Vorsteuerberichtigung nach § 15a UStG, wenn die Entscheidung über den Vorsteuerabzug sachlich unrichtig war ... 634
14 **Lösungshinweise zu R 5 – Steuer nach § 14c Abs. 1 und 2 UStG** ... 634
15 **Lösungshinweise zu S 10 – Gesellschaftsleistungen** ... 636
15.1 Lösungshinweise zu S 10.1 – Unentgeltliche Leistungen der Gesellschaft an ihre Gesellschafter 636
15.2 Lösungshinweise zu S 10.2 – Entgeltliche Leistungsabgabe von der Gesellschaft an den Gesellschafter ... 638
15.3 Lösungshinweise zu S 10 3 – Leistungen des Mitglieds an die Personenvereinigung ... 640
15.4 Lösungshinweise zu S 10 4 – Gründung von Personenvereinigungen ... 643
16 **Lösungshinweise zu U 1.7 – Besteuerung nach § 24 UStG** ... 643
17 **Lösungshinweise zu X 4.13 – Fragen und Fälle zum Reverse-Charge-Verfahren** ... 644
17.1 Lösungshinweise zu X 4.13.1 – Tatbestandsmerkmale für das Reverse-Charge-Verfahren ... 644
17.2 Lösungshinweise zu X 4.13.2 – Ausnahmen vom Reverse-Charge-Verfahren ... 646
17.3 Lösungshinweise zu X 4.13.3 – Ermittlung, Anmeldung und Abführung der Steuer ... 646
17.4 Lösungshinweise zu X 4.13.4 – Lieferung sicherungsübereigneter Gegenstände und Lieferung von Grundstücken ... 647

Stichwortregister ... 649

## Abkürzungsverzeichnis

| | |
|---|---|
| A | Abschnitt |
| Abl. EG | Amtsblatt der Europäischen Gemeinschaft |
| Abs. | Absatz |
| Abschn. | Abschnitt |
| AEAO | Anwendungserlass zur Abgabenordnung |
| AfA | Absetzung für Abnutzung |
| AG | Aktiengesellschaft |
| Alt. | Alternative |
| Amtshilfe RLUmsG | Amtshilferichtlinie-Umsetzungsgesetz |
| AO | Abgabenordnung |
| Art. | Artikel |
| BB | Betriebsberater (Zeitschrift) |
| BewG | Bewertungsgesetz |
| bezgl. | bezüglich |
| BFH | Bundesfinanzhof |
| BFHE | Sammlung der Entscheidungen des BFH |
| BFH/NV | Sammlung amtlich nicht veröffentlichter Entscheidungen des BFH |
| BGB | Bürgerliches Gesetzbuch |
| BGBl | Bundesgesetzblatt |
| BGH | Bundesgerichtshof |
| BMF | Bundesfinanzministerium |
| BStBl | Bundessteuerblatt |
| Buchst./ Doppelbuchst. | Buchstabe/Doppelbuchstabe |
| BZ | Berichtigungszeitraum |
| bzw. | beziehungsweise |
| DB | Der Betrieb (Zeitschrift) |
| d. h. | das heißt |
| DKK | Dänische Kronen |
| DStR | Deutsches Steuerrecht (Zeitschrift) |
| EDV | Elektronische Datenverarbeitung |
| EFG | Entscheidungen der Finanzgerichte |
| EG | Europäische Gemeinschaft |
| EStG | Einkommensteuergesetz |
| EStH | Amtliches Einkommensteuer-Handbuch |
| EStR | Einkommensteuerrichtlinien |
| EU | Europäische Union |
| EuGH | Europäischer Gerichtshof |
| EuGHE | Entscheidungssammlung des EuGH |
| e. V. | eingetragener Verein |
| EWG | Europäische Wirtschaftsgemeinschaft |
| f., ff. | folgende, fortfolgende |
| FG | Finanzgericht |
| GBP | Britische Pfund |

| | |
|---|---|
| GdbR/GbR | Gesellschaft des bürgerlichen Rechts |
| gem. | gemäß |
| ggf. | gegebenenfalls |
| GG | Grundgesetz |
| GKG | Gerichtskostengesetz |
| GmbH | Gesellschaft mit beschränkter Haftung |
| GrESt | Grunderwerbsteuer |
| GrEStG | Grunderwerbsteuergesetz |
| HFR | Höchstrichterliche Finanzrechtsprechung (Zeitschrift) |
| HGB | Handelsgesetzbuch |
| HOAI | Honorarordnung für Architekten und Ingenieure |
| i. d. R. | in der Regel |
| i. e. S. | im engeren Sinne |
| i. g. | innergemeinschaftlich |
| i. H. v. | in Höhe von |
| i. S. d. | im Sinne der/des |
| i. S. v. | im Sinne von |
| inkl. | inklusive |
| InsO | Insolvenzordnung |
| i. V. m. | in Verbindung mit |
| jPöR | Juristische Personen des öffentlichen Rechts |
| JStG | Jahressteuergesetz |
| KG | Kommanditgesellschaft |
| km | Kilometer |
| KStG | Körperschaftsteuergesetz |
| KStR | Körperschaftsteuerrichtlinien |
| KWG | Gesetz über das Kreditwesen |
| LStDV | Lohnsteuerdurchführungsverordnung |
| LStR | Lohnsteuerrichtlinien |
| lt. | laut |
| Mio. | Millionen |
| MwStSystRL | Mehrwertsteuersystemrichtlinie |
| NATO | Nordatlantikpakt |
| NATO-ZAbk. | Zusatzabkommen zum NATO-Truppenstatut |
| n. n. v. | noch nicht veröffentlicht |
| Nr. | Nummer |
| nrkr. | nichtrechtskräftig |
| ÖUStG | Österreichisches Umsatzsteuergesetz |
| o. a. | oben angeführt |
| OFD | Oberfinanzdirektion |
| OHG | Offene Handelsgesellschaft |
| R | Richtlinie |
| RFH | Reichsfinanzhof |
| Rn. | Randnummer |
| Rs. | Rechtssache |
| Rz. | Randziffer |
| SEK | Schwedische Kronen |

| | |
|---|---|
| SigG | Signaturgesetz |
| sog. | so genannt/e/er/es |
| StBerG | Steuerbereinigungsgesetz |
| StEK | Steuererlasse in Karteiform |
| stfr. | steuerfrei |
| Tz. | Textziffer |
| u. a. | unter anderem |
| u. Ä. | und Ähnliches |
| UR | Umsatzsteuerrundschau (Zeitschrift) |
| US | Vereinigte Staaten |
| USt | Umsatzsteuer |
| UStAE | Umsatzsteuer-Anwendungserlass |
| UStDV | Umsatzsteuerdurchführungsverordnung |
| UStG | Umsatzsteuergesetz |
| USt-IdNr. | Umsatzsteuer-Identifikationsnummer |
| u. U. | unter Umständen |
| UVR | Umsatzsteuer- und Verkehrsteuerrecht (Zeitschrift) |
| Vfg. | Verfügung |
| vgl. | vergleiche |
| VwV. | Verwaltungsverordnung |
| VZ | Voranmeldungszeitraum |
| WM | Wertpapiermitteilungen |
| z. B. | zum Beispiel |
| ZDF | Zweites Deutsches Fernsehen |
| ZIP | Zeitschrift für Wirtschaftsrecht |
| ZM | Zusammenfassende Meldung |

# Teil A Einführung in das Umsatzsteuerrecht

## 1 Funktionsweise des Umsatzsteuersystems

Das USt-System ruht auf zwei Säulen:

1. Ausgangsumsatzsteuer,
2. Vorsteuer.

Dies soll anhand des nachfolgenden Beispiels aufgezeigt werden.

**BEISPIEL**

U nimmt im Jahr 01 die Tätigkeit eines Tabakwarenhändlers auf. Im Jahr 01 hat er insgesamt aus dem Verkauf von Tabakwaren 150 000 € eingenommen. Die Tabakwaren bezieht U von dem Großhändler G. U hat im Jahr 01 Tabakwaren für insgesamt 142 800 € eingekauft. G hat U hierüber Rechnungen ausgestellt und ihm hierin insgesamt USt i. H. v. 22 800 € berechnet. Am 31. 12. 01 sind von diesen Tabakwaren noch Bestände im Teilwert von 20 000 € vorhanden.

Das Umsatzsteuerrecht konzentriert sich in diesem Zusammenhang auf folgende zwei Fragen:

1. Wie viel USt fällt bei U aus dem Verkauf der Tabakwaren an?
2. Wie hoch ist der Vorsteuerabzug des U im Jahr 01?

Für die Ermittlung der Ausgangsumsatzsteuer gilt der Grundsatz: Die Ausgangsumsatzsteuer steckt in den Einnahmen, ist also nicht auf die Einnahmen mit dem jeweils gültigen Steuersatz (hier 19 %) draufzuschlagen, sondern aus ihnen herauszurechnen (hier mit dem Faktor 19/119). Dementsprechend beträgt die Ausgangsumsatzsteuer bei U 19/119 von 150 000 €, d. h. 23 949,58 €.

Für die Ermittlung der Vorsteuer gilt der Grundsatz: **Die Vorsteuer kann grundsätzlich unabhängig von den Ausgangsumsätzen abgezogen werden. Der Vorsteuerabzug steht dem Unternehmer also auch für Waren zu, die noch nicht veräußert wurden.** Somit kann U im Jahr 01 die volle ihm in Rechnung gestellte USt i. H. v. 22 800 € als Vorsteuer geltend machen.

Ausgangsumsatzsteuer und Vorsteuer sind allerdings nicht derartig getrennt, dass es sich dabei um selbstständige Ansprüche handeln würde. Vielmehr liegt (für einen einzelnen Voranmeldungszeitraum) nur ein einziger Anspruch in Höhe des Saldos von Ausgangsumsatzsteuer und Vorsteuer vor. Es wäre somit für U beispielsweise unmöglich, die Vorsteuer i. H. v. 22 800 € an eine Bank abzutreten. Dies wurde zwar schon versucht, jedoch vom BFH (vgl. Urteil vom 24. 03. 1983, BStBl II 1983, 612) ganz eindeutig abgelehnt. Per Saldo versteuert der Unternehmer auf diese Weise auf Dauer gesehen nur seinen Rohaufschlag (die sog. Marge). Da die Marge häufig auf einer Wertschöpfung (Mehrwert) beruht, wird die USt – insbesondere auf europäischer Ebene – auch als **Mehrwertsteuer** bezeichnet.

Das Ziel der USt ist die Besteuerung des Endverbrauchs. Abgesehen von bestimmten steuerfreien Umsätzen soll der Endverbrauch möglichst lückenlos besteuert werden. Zugleich verfolgt die USt jedoch auch das Ziel der steuerlichen Neutralität. Daraus folgt, dass ein Endverbrauch, gleichgültig wie viele Umsatzstufen der Umsatz zuvor durchlaufen hat, insgesamt nur einmal besteuert wird. Dieses Ziel wird insbesondere durch den Vorsteuerabzug für Vorumsätze erreicht. Der Unternehmer zieht die USt als Vorsteuer ab, die der Unternehmer, der an ihn eine steuerpflichtige Leistung erbracht hat, an das Finanzamt abzuführen hatte. Dies ist jedoch nicht der einzige Weg, auf dem dieses Ziel erreicht wird.

Bei Einfuhren aus dem Drittland (Länder außerhalb der EU) hat der Unternehmer die Einfuhrumsatzsteuer zu entrichten, die er in der Regel wieder als Vorsteuer abziehen darf.In manchen Fällen lässt das Umsatzsteuerrecht den Vorumsatz unbesteuert und besteuert die Eingangsleistung beim Leistungsempfänger, der dann bezüglich dieser von ihm zu entrichtenden USt auch wieder zum Vorsteuerabzug berechtigt ist, sofern er die Eingangsleistung für Zwecke seiner anschließenden vorsteuerunschädlichen Umsätze verwendet. So wird bei Lieferungen von einem EU-Land an einen Unternehmer in einem anderen EU-Land die Lieferung als sog. innergemeinschaftliche Lieferung steuerfrei belassen. Der erwerbende Unternehmer hat dafür jedoch die sog. Erwerbsumsatzsteuer (§ 1a UStG) zu entrichten, die er wiederum in der Regel als Vorsteuer abziehen darf. Das Gleiche gilt für Werklieferungen und sonstige Leistungen ausländischer Unternehmer, bei denen die USt im sog. Reverse-Charge-Verfahren (§ 13b UStG) vom leistungsempfangenden Unternehmer geschuldet wird, der diese Umsatzsteuer auch wieder in der Regel als Vorsteuer abziehen darf.

Bei Geschäftsveräußerungen (§ 1 Abs. 1a UStG) wird auf die Besteuerung überhaupt verzichtet, sofern die übertragenen Besitzposten in das Unternehmen des Erwerbers gelangen und damit letztlich einer Besteuerung nicht entgehen können. Weiterhin gibt es Fälle, in denen der Grundsatz der nur einmaligen Besteuerung dadurch erreicht wird, dass der leistende Unternehmer nicht seinen Umsatz, sondern als Ausgleich für die fehlende Vorsteuerabzugsberechtigung lediglich die Marge (zum Beispiel die Differenz zwischen Einkaufspreis und Verkaufspreis) zu versteuern hat. Dies ist der Fall bei den Reiseleistungen (§ 25 UStG) und im Gebrauchtwarenhandel (Differenzbesteuerung nach § 25a UStG).

## 2 Aufbau des Umsatzsteuergesetzes

Das UStG ist wie andere Steuergesetze so systematisch aufgebaut, dass man sich bei Kenntnis der Systematik verhältnismäßig leicht im Gesetz zurechtfindet. Entsprechend den zwei tragenden Säulen des Umsatzsteuerrechts, der Ausgangsumsatzsteuer und der Vorsteuer, befasst sich das Gesetz zunächst mit diesen beiden Säulen, und zwar

- §§ 1 bis 13b UStG mit der Ausgangsumsatzsteuer und
- §§ 15 und 15a UStG mit der Vorsteuer.

Dazwischen liegen einige Vorschriften über Haftung (§ 13c) und Rechnungen (§§ 14 bis 14c). Die Rechnungen betreffen sowohl die Ausgangsumsatzsteuer als auch die Vorsteuer und sind deshalb dazwischen angesiedelt. Danach folgen mit den §§ 16 bis 22e UStG mehr verfahrenstechnische Vorschriften, die jedoch auch materielle Vergünstigungen beinhalten können, insbesondere § 19 UStG, der die Kleinunternehmer von der Besteuerung freistellt.

Es schließen sich mit den §§ 23 bis 25f UStG Regelungen über Sonderfälle an, die wegen der besseren Übersichtlichkeit aus den allgemeinen Regelungen herausgenommen worden sind. U. a. findet man hier die Regelung des § 24 UStG mit seinen Pauschalierungen für die Land- und Forstwirtschaft, den § 25 UStG mit seinen Sonderregelungen für die Besteuerung von Reiseleistungen und den § 25a UStG mit der Differenzbesteuerung für Wiederverkäufer von beweglichen Gegenständen. Bei den das UStG abschließenden §§ 26 bis 29 handelt es sich u. a. um Verfahrensvorschriften, Bußgeldvorschriften, Strafvorschriften und Übergangsregelungen. Sie sind teilweise erst nachträglich als a-, b-, c- und d-Paragraphen in das UStG eingefügt worden.

**Wenn man die Vorschriften des UStG auf diese Weise in häufig und weniger häufig benötigte Vorschriften einteilt, erscheint das UStG schon viel handlicher.**

# 3 Die allgemeinen Vorschriften des Umsatzsteuergesetzes über die Ausgangsumsatzsteuer (§§ 1 bis 13b UStG)

Die Ausgangsumsatzsteuer wird ermittelt über die §§ 1, 4 (inkl. 4b), 10, 12 und 13 (inkl. 13a und 13b) UStG (Rechtsfolgenormen). Die dazwischen liegenden Paragraphen stellen im Wesentlichen Erläuterungen der jeweils vorangegangenen oben aufgeführten Paragraphen dar. Die Rechtsfolgenormen sollen im Folgenden kurz erklärt werden.

## 3.1 § 1 UStG

Da die Umsatzsteuer, wie ihr Name sagt, die Umsätze besteuert, regelt § 1 UStG, welche Umsätze unter das Umsatzsteuergesetz fallen. Fällt ein Umsatz unter das UStG, ist er nach der Begriffsregelung des UStG **steuerbar**. In aller Regel bedeutet die Feststellung der Steuerbarkeit eines Umsatzes auch, dass USt anfällt. Es gibt jedoch hiervon auch Ausnahmen. Dafür ist als nächste Station § 4 (eventuell auch § 4b) UStG von Bedeutung.

## 3.2 §§ 4 und 4b UStG

§§ 4 und 4b UStG stellen bestimmte **steuerbare Umsätze** von der USt frei. Deshalb muss nach der Feststellung der Steuerbarkeit geprüft werden, ob der Umsatz nach einer der zahlreichen Ausnahmeregelungen der §§ 4 und 4b UStG **steuerfrei** ist. Hinsichtlich dieser Befreiungen gilt der Grundsatz: Befreiungen sind eng auszulegen, weil sie Ausnahmen von dem Grundsatz sind, dass ein steuerbarer Umsatz auch steuerpflichtig ist. Wer etwas tiefer in das Umsatzsteuerrecht eingestiegen ist, wird ein Gefühl dafür entwickeln, wann eine der Steuerbefreiungen der §§ 4 und 4b UStG in Frage kommt und wann nicht. Damit sich dieses Gefühl schneller einstellt, sollte der Anfänger gelegentlich den § 4 UStG durchlesen, ohne sich dabei aber in Einzelheiten zu verlieren. Zu den wichtigsten Befreiungsregelungen gehört übrigens die Befreiung der Ausfuhr nach § 4 Nr. 1 Buchst. a und die Befreiung der innergemeinschaftlichen Lieferungen nach § 4 Nr. 1 Buchst. b UStG. Auch hieran ist wieder ein Ordnungsprinzip des Gesetzgebers zu erkennen, dass er nämlich zunächst das Wichtigste und dann das weniger Wichtige bringt, sofern dem nicht eines der anderen (später darzustellenden) Ordnungsprinzipien entgegensteht. Diese Befreiungen nach § 4 Nr. 1 UStG sind näher erläutert in den §§ 6 bis 7 UStG.

Als Ergebnis bleibt festzuhalten: **Erst wenn festgestellt ist, dass keine Befreiungsvorschrift eingreift, kann sicher gesagt werden, dass für einen steuerbaren Umsatz tatsächlich USt anfällt.**

Wenn nun sicher ist, dass USt anfällt, muss als nächstes diese USt betragsmäßig ermittelt werden. Dies regeln die §§ 10 und 12 UStG.

## 3.3 §§ 10 und 12 UStG

Die USt errechnet sich aus einer in Euro auszudrückenden Bemessungsgrundlage und einem Steuersatz. Welche Bemessungsgrundlage anzusetzen ist, ergibt sich aus § 10 UStG, welcher Steuersatz anzusetzen ist, ergibt sich aus § 12 UStG. Häufig lässt sich aber die Bemessungsgrundlage nur dann exakt feststellen, wenn man zunächst den richtigen Steuersatz ermittelt hat (dies wird anhand des zweiten Beispiels unten dargestellt). Deshalb empfiehlt es sich stets, zunächst den maßgeblichen Steuersatz nach § 12 UStG zu bestimmen.

Der Regelsteuersatz beträgt nach § 12 Abs. 1 UStG 19 %. Er kommt im Normalfall zur Anwendung. Man kann sich dessen aber erst dann sicher sein, wenn zuvor festgestellt wurde, dass der in § 12 Abs. 2 UStG geregelte ermäßigte Steuersatz von 7 % nicht eingreift. Es ist praktisch das gleiche Regel-Ausnahme-Prinzip, wie Sie es bereits bei den §§ 1 und 4 mit 4b UStG kennen gelernt haben. Sinngemäß gelten somit die Ausführungen bei 3. 2 zu §§ 4 und 4b auch für § 12 Abs. 2 UStG. Sie sollten also gelegentlich auch einmal § 12 Abs. 2 UStG informativ durchlesen.

Der wichtigste Fall des ermäßigten Steuersatzes findet sich wieder in Nr. 1 des § 12 Abs. 2 UStG. Ermäßigt besteuert werden danach die Lieferungen der in der Anlage 2 zum UStG bezeichneten Gegenstände. U. a. unterliegen die Lieferungen der meisten Nahrungsmittel dem ermäßigten Steuersatz. Die Anlagen zum UStG finden Sie an die Vorschriften des UStG anschließend abgedruckt, also hinter § 29 UStG. Lesen Sie gelegentlich auch einmal informativ die Anlage 2 zum UStG durch! Man kann sich so ganz locker zum Experten heranbilden.

Die Bemessungsgrundlage ist in § 10 UStG geregelt. Den Hauptfall der Bemessungsgrundlage finden Sie wieder in § 10 Abs. 1 UStG, der Regelung für die Bemessungsgrundlage bei steuerpflichtigen entgeltlichen Leistungen und dem entgeltlichen innergemeinschaftlichen Erwerb. Bemessungsgrundlage ist hiernach alles, was der Leistungsempfänger für die Leistung erhält, jedoch abzüglich der USt.

**BEISPIEL**

Der Kfz-Händler K veräußert dem Abnehmer A einen Pkw und berechnet A hierfür 20 000 € zuzüglich 19 % USt = 3 800 €. Dementsprechend bezahlt A an K 23 800 €.

**LÖSUNG** Die Bemessungsgrundlage beträgt gem. § 10 Abs. 1 UStG 20 000 €. K hat die USt richtig berechnet.

Anhand des Beispiels könnte man zur Auffassung gelangen, bei einer gesonderten zusätzlichen Inrechnungstellung von USt sei die Bemessungsgrundlage nach § 10 Abs. 1 UStG stets der vom Unternehmer in Rechnung gestellte Nettobetrag. Dies ist jedoch nicht immer so, und dies soll anhand des nachfolgenden Beispiels verdeutlicht werden.

**BEISPIEL**

Der Kfz-Händler K veräußert dem Abnehmer A einen Pkw und berechnet A hierfür 20 000 € zuzüglich 19 % USt = 3 000 €. Dementsprechend bezahlt A an K 23 000 €.

**LÖSUNG** Die Bemessungsgrundlage beträgt gem. § 10 Abs. 1 UStG 23 000 € (alles, was der Leistungsempfänger erhält) abzüglich der USt. Die USt beträgt aber nicht wie berechnet 3 000 €. Es leuchtet Ihnen sicherlich ein, dass der Unternehmer seine USt nicht dadurch verringern kann, dass er sie durch derartige Rechenfehler herabmanipuliert. Die USt beträgt vielmehr 19 % von einer noch zu ermittelnden Bemessungsgrundlage X, von der wir wissen, dass X + 19 % von X zusammen 23 000 € ergeben.

Nach dem ganz einfachen mathematischen Dreisatz beträgt X = 23 000 € × 100/119 = 19 327,73 €.

Machen wir nun die Probe:

19 327,73 € + 19 % von 19 327,73 € (3 672,27 €) = 23 000 €.

Wie dieses Beispiel zeigt, kann in bestimmten Fällen die richtige Bemessungsgrundlage ohne vorherige Ermittlung des maßgeblichen Steuersatzes nicht bestimmt werden. Dies soll noch durch ein weiteres Beispiel verdeutlicht werden.

**BEISPIEL**

Der Obst- und Getränkegroßhändler G berechnet dem Kunden K für eine Lieferung Wein irrtümlich anstelle des richtigen Steuersatzes von 19 % nur den ermäßigten Steuersatz von 7 %. Die Rechnung an K lautet daher auf 3 000 € zuzüglich 210 € USt. K zahlt dementsprechend an G 3 210 €.

**LÖSUNG** Auch hier errechnet sich die USt mit 19/119 von 3 210 €. Sie beträgt somit 512,52 € und nicht wie ausgewiesen 210 €. Die Bemessungsgrundlage gem. § 10 Abs. 1 UStG beträgt dementsprechend nicht 3 000 €, sondern nur 2 697,48 €. Sollte allerdings G seine falsche Berechnung dahingehend korrigieren, dass er K 3 000 € zuzüglich 19 % USt = 570 € berechnet, würde sich die USt entsprechend erhöhen. Sie betrüge 19/119 von 3 570 € = 570 €.

Aus diesen Beispielen sollten Sie folgende Konsequenz ziehen:

Bei gegebenen Sachverhalten wird die USt stets aus dem Bruttobetrag herausgerechnet, nachdem zunächst der richtige Steuersatz festgestellt wurde. Der Herausrechnungsfaktor beträgt (vgl. A 15.4 Abs. 2 UStAE)

- beim Steuersatz von 19 %: 19/119,
- beim Steuersatz von 7 %: 7/107,
- beim Steuersatz von x %: x/(100 + x).

Die Ermittlung des Nettoentgelts i. S. d. Bemessungsgrundlage nach § 10 Abs. 1 UStG ist also für die Ermittlung der USt entbehrlich. Das Nettoentgelt ist allerdings in der Rechnung anzugeben und im Übrigen lediglich von Bedeutung für das Ausfüllen der USt-Anmeldungen. Die Berechnung der USt vom Nettobetrag, wie sie § 10 UStG vorsieht, ist nur geeignet für die Kalkulation des Unternehmers, nicht dagegen für bereits gelaufene Fälle. Wenn der Steuerbetrag ermittelt ist, bleibt lediglich noch die Frage zu klären, wann die Steuer entsteht und wer sie zu entrichten hat. Dies regeln § 13, § 13a und § 13b UStG.

## 3.4 § 13 bis 13b UStG

Wesentlicher Grundsatz für den Entstehungszeitpunkt der USt ist, dass die Steuer (ausgenommen eventuell die Erwerbsumsatzsteuer und die Steuer im Reverse-Charge-Verfahren) mit Ablauf eines Voranmeldungszeitraumes entsteht. VZ ist regelmäßig der Kalendermonat. Die Steuer entsteht somit regelmäßig am letzten Tag eines Kalendermonats, und zwar um Mitternacht mit dem letzten Glockenschlag. Alles, was sich bis zu diesem Zeitpunkt ereignet, kann noch die Entstehung bzw. die Höhe der USt beeinflussen. Beispielsweise würde im obigen Beispielsfall eine vorherige Rechnungsberichtigung auf 3 000 € zuzüglich 570 € USt die USt von vornherein i. H. v. 570 € entstehen lassen. Ein weiterer Grundsatz (bei der normalerweise gültigen Sollbesteuerung) bestimmt, dass die USt mit Ablauf des VZ entsteht, in dem die Leistung erbracht wurde. Hiervon bilden allerdings neben der Erwerbsumsatzsteuer und der Steuer im Reverse-Charge-Verfahren die sog. Mindestistbesteuerung eine gewisse Ausnahme. (Die Mindestistbesteuerung sowie die Istbesteuerung nach § 20 UStG werden erst bei W 3 und W 4 dargestellt). Die USt entsteht bei Sollbesteuerung also unabhängig von der Frage, ob die erbrachte Leistung bereits bezahlt ist. Ist die Bezahlung noch nicht erfolgt, muss ermittelt werden, was der Leistungsempfänger irgendwann einmal zu bezahlen hat (nach Soll).

Wer Steuerschuldner ist, ist in § 13a und § 13b UStG geregelt. Steuerschuldner ist grundsätzlich derjenige, welcher den Steuertatbestand erfüllt. Nach § 13a und 13b UStG kommt jedoch in bestimmten Fällen der Leistungsempfänger als Steuerschuldner in Betracht.

## 4 Übersicht über die Umsatzarten des Umsatzsteuergesetzes

Das Umsatzsteuerrecht kennt folgende **drei Umsatzarten:**

1. Lieferungen und sonstige Leistungen gegen Entgelt (§ 1 Abs. 1 Nr. 1 UStG),
2. Innergemeinschaftlicher Erwerb (§ 1 Abs. 1 Nr. 5 UStG),
3. Einfuhr von Gegenständen ins Zollgebiet (§ 1 Abs. 1 Nr. 4 UStG).

Diese drei Umsatzarten stehen zueinander in folgender Beziehung:

Die Lieferungen und sonstigen Leistungen gegen Entgelt (§ 1 Abs. 1 Nr. 1 UStG) und die Einfuhr von Gegenständen ins Zollgebiet (§ 1 Abs. 1 Nr. 4 UStG) schließen sich nicht gegenseitig aus, können also durchaus nebeneinander bei einem einheitlichen wirtschaftlichen Vorgang vorkommen. Gleiches gilt für die Erwerbsumsatzsteuer. Die Erwerbsumsatzsteuer stellt der Sache nach eine Art Ersatz für die Einfuhrumsatzsteuer dar, nachdem seit 01.01.1993 für die Warentransporte aus anderen Mitgliedstaaten der EU keine Einfuhrumsatzsteuer mehr erhoben wird.

## 5 Übersicht über die Umsatzart Lieferungen und sonstige Leistungen gegen Entgelt (§ 1 Abs. 1 Nr. 1 UStG)

Ein Umsatz ist nur dann nach § 1 Abs. 1 Nr. 1 UStG steuerbar, wenn **sämtliche** der nachfolgend aufgeführten **fünf Tatbestandsmerkmale** vorhanden sind:

1. Lieferung oder sonstige Leistung,
2. gegen Entgelt,
3. durch einen Unternehmer,
4. im Rahmen seines Unternehmens,
5. im Inland.

Fehlt auch nur eines dieser Tatbestandsmerkmale, ist ein steuerbarer Umsatz nicht gegeben. Fehlt das Entgelt, ist allerdings weiter zu prüfen, ob der Sachverhalt nach § 3 Abs. 1b oder Abs. 9a UStG Lieferungen und sonstigen Leistungen gegen Entgelt gleichgestellt wird (vgl. N). Unter Umständen ist es nicht ganz einfach, zu entscheiden, ob ein Tatbestandsmerkmal gegeben ist. Der Gesetzgeber hat daher die Tatbestandsmerkmale, soweit er es für notwendig erachtet hat, näher erläutert, z. B. den Begriff des Unternehmers in § 2 UStG, den Begriff Inland in § 1 Abs. 2 UStG. Die Frage, ob ein Umsatz nach § 1 Abs. 1 Nr. 1 UStG steuerbar ist, wird nachfolgend im Teil B näher erläutert.

# Teil B Die Steuerbarkeit nach dem Haupttatbestand Lieferungen und sonstige Leistungen gegen Entgelt (§ 1 Abs. 1 Nr. 1 UStG)

## 1 Allgemeines

Für die Steuerbarkeit des Umsatzes müssen alle Voraussetzungen des § 1 Abs. 1 Nr. 1 UStG erfüllt sein. Insoweit gilt es, möglichst sicher über die Tatbestandsmerkmale entscheiden zu können und die damit verbundenen Problemkreise zu erkennen. Um ein effizientes Lernen zu gewährleisten, orientieren sich die Ausführungen dieses Lehrbuchs hauptsächlich an den Problemen der Praxis bzw. einschlägigen Prüfungsklausuren.

Die Prüfungsreihenfolge gibt regelmäßig der Wortlaut des Gesetzes vor.

Insoweit stellt sich zunächst Frage, ob eine **Lieferung** oder **sonstige Leistung** im **Inland** vorliegt. Diese Unterscheidung scheint auf den ersten Blick ohne Belang zu sein. Denn beides unterfällt dem Begriff der Leistung. Allerdings sehen § 3 Abs. 5a, § 3 Abs. 6 und Abs. 7 bzw. §§ 3a bis g UStG unterschiedliche Regelungen in Bezug auf den Leistungsort vor. Insoweit ist es unerlässlich, von vorneherein den Leistungsinhalt zu definieren und Lieferungen bzw. sonstige Leistungen voneinander abzugrenzen.

Der Gesetzgeber nennt die Lieferung zuerst. Dem folgt dieses Lehrbuch und erörtert zunächst die Frage ihrer Steuerbarkeit.

## 2 Steuerbarkeit von Lieferungen

### 2.1 Grundsätzliches zur Lieferung

Die Lieferung ist ein Unterfall der Leistung. Eine solche liegt stets dann vor, wenn ein bürgerlich-rechtliches Verpflichtungsgeschäft erfüllt wird. § 3 Abs. 1 UStG definiert als Lieferungen solche Leistungen, durch die der Leistende die Verfügungsmacht an einem Gegenstand verschafft. Unter Gegenstand versteht das UStG alle Sachen i. S. d. BGB sowie darüber hinaus lebende Tiere, auf die grundsätzlich die für Sachen geltenden Vorschriften entsprechend Anwendung finden (§ 90a Satz 3 BGB). Schließlich fallen auch alle Wirtschaftsgüter darunter, die im Wirtschaftsverkehr wie körperliche Sachen behandelt werden, z. B. elektrischer Strom und Wärme (vgl. Art. 15 Abs. 1 MwStSystRL und A 3.1. Abs. 1 UStAE).

Vereinfacht lässt sich feststellen: Eine Lieferung (i. S. v. § 1 Abs. 1 Nr. 1 UStG) liegt vor, wenn ein gegenseitiger Vertrag, der auf die Übertragung einer Sache gerichtet ist, erfüllt wird.

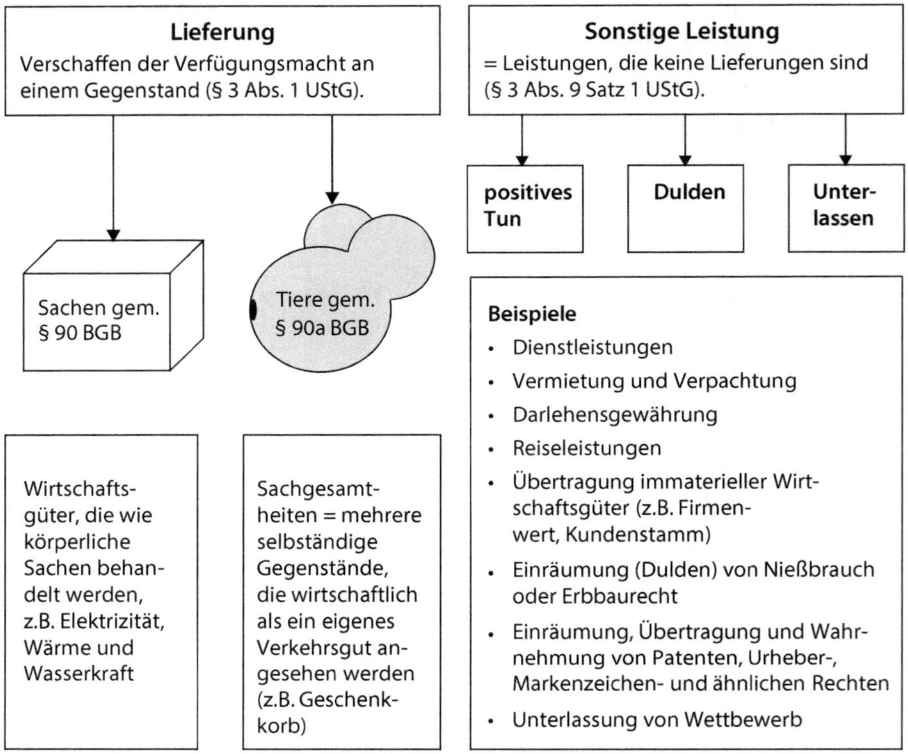


Es kann sich hierbei um die Erfüllung eines Kauf-, Tausch- oder Werklieferungsvertrags oder eines besonders gestalteten Vertrags (sui generis) handeln.

Aufgrund der im UStG bedeutsamen wirtschaftlichen Betrachtungsweise braucht dabei der Vertrag nicht einmal vollständig erfüllt zu werden, um eine Lieferung zu bejahen. Sie liegt z. B. auch dann vor, wenn gestohlene Ware veräußert wird, dem Abnehmer also wegen § 935 Abs. 1 BGB kein Eigentum übertragen werden kann. Dies folgt aus Art. 14 Abs. 1 MwStSystRL, der unionsrechtlichen Grundlage des § 3 Abs. 1 UStG, die für die »Lieferung von Gegenständen« lediglich die Übertragung der Befähigung, »wie ein Eigentümer über einen körperlichen Gegenstand verfügen zu können«, verlangt.

Maßgebend ist dabei nicht die Eigentumsübertragung nach den Formen des Zivilrechts; ausschlaggebend ist vielmehr die Ermächtigung einer Person, über einen Gegenstand faktisch so zu verfügen, als wäre sie der Eigentümer (EuGH Rs. C-185/01 Auto Lease Holland, BStBl II 2004, 573 und Rs. C-63/04 Centralan Property Ltd., UR 2006, 20).

In der Regel ist mit der Lieferung die Übertragung des Eigentums an der Sache verbunden. In diesen Fällen wird die Frage der Verschaffung der Verfügungsmacht zu einer Frage des bürgerlichen Rechts z. B. der §§ 925 (i. V. m. § 873), 929, 930, 931 BGB.

Allerdings gibt es insoweit **zwei Ausnahmen** und zwar

a) solche, die trotz Eigentumsübergangs zu keiner Lieferung führen und
b) solche, die trotz fehlenden Eigentumsübergangs zu Lieferungen führen.

**Zu a): Keine** Verschaffung der Verfügungsmacht und damit keine Lieferung liegt trotz bürgerlich-rechtlicher Eigentumsübertragung bei der **Sicherungsübereignung** vor (vgl. A 3.1 Abs. 3 Satz 1 UStAE). Diese stellt nach wirtschaftlicher Betrachtungsweise lediglich die Übertragung eines Pfandrechts dar. Es ist daher systemgerecht, bei der Übertragung des Sicherungseigentums noch keine Lieferung anzunehmen. Zu einer Lieferung kommt es erst dann, wenn der Sicherungsnehmer von seinem Verwertungsrecht Gebrauch macht (vgl. A 1.2 Abs. 1 Sätze 1 und 2 UStAE). Da insoweit regelmäßig eine Weiterveräußerung des Gegenstands erfolgt, kommt es üblicherweise zu einem Doppelumsatz (A. 1.2 Abs. 1, S. 2 UStAE).

**Zu b):** Die Verschaffung der Verfügungsmacht trotz fehlenden Eigentumsübergangs wird insbesondere in folgenden Fällen angenommen:

- bei Veräußerung gestohlener bzw. sonst abhanden gekommener Ware (kein gutgläubiger Erwerb wegen § 935 BGB),
- bei Verschaffung des wirtschaftlichen ohne Übertragung des bürgerlich-rechtlichen Eigentums (z. B. bei Gebäuden auf fremdem Grund und Boden),
- bei Verlust der Ware auf dem Transport zum Abnehmer,
- bei fiktiven Lieferungen (Verkaufs- oder Einkaufskommission nach § 3 Abs. 3 UStG i. V. m. Art. 14 Abs. 2c MwStSystRL).

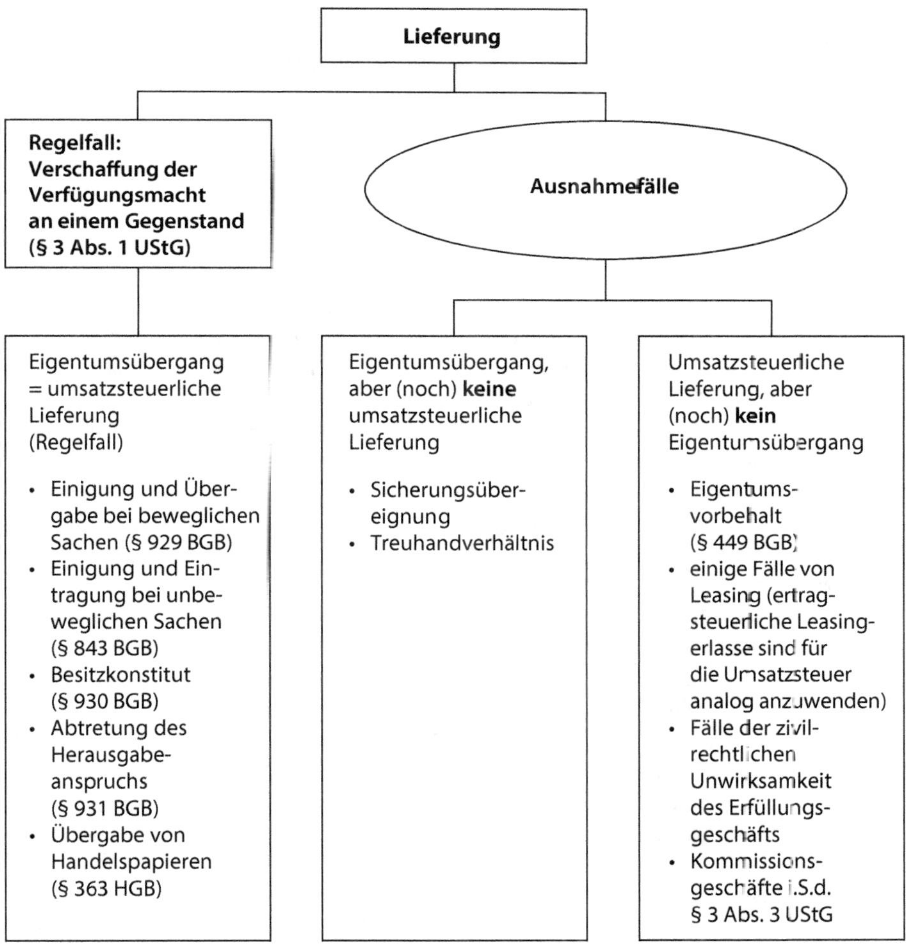

Befördert oder versendet der Lieferer die Ware zum Abnehmer, gilt die Lieferung aufgrund der **Fiktion des § 3 Abs. 6 UStG** bereits mit Beginn des Transports als ausgeführt. Geht die Ware auf dem Transport verloren, hindert der Verlust der Ware zwar den Eigentumsübergang nach § 929 BGB, macht jedoch nicht die bereits erfolgte Lieferung rückgängig (A 3.12 Abs. 1 und Abs. 7 UStAE).

Fiktive Lieferungen liegen beim **Kommissionsgeschäft** gem. § 3 Abs. 3 UStG zwischen dem Kommittenten und dem Kommissionär vor; die eigentliche Geschäftsbesorgung wird umsatzsteuerrechtlich durch die Aussage des § 3 Abs. 3 UStG überlagert.

Die grundsätzliche Deckung von Verschaffen der Verfügungsmacht (= Lieferung) und bürgerlich-rechtlichem Eigentumsübergang außerhalb der oben dargestellten Ausnahmen, bedeutet aber nicht immer, dass Eigentumsübergang und Lieferung auch **zeitlich** zusammenfallen. Folgende **Fallvarianten** sind zu beachten:

Bei Veräußerung unter **Eigentumsvorbehalt** liegt eine Lieferung bereits zu dem Zeitpunkt vor, zu dem die Sache dem Vorbehaltskäufer übergeben wird bzw. der Transport oder Versand beginnt(§ 3 Abs. 6 S. 1 – 4 UStG; A 3.1 Abs. 3 Satz 4 UStAE).

Beim sog. **Kaufleasing** (vgl. L 3. 1 und L 3. 3) liegt ebenfalls bereits bei Übergabe des Leasingobjektes eine Lieferung vor, selbst wenn der Leasingnehmer von seiner Kaufoption später keinen Gebrauch macht (vgl. EuGH vom 04. 10. 2017, C-164/16, Mercedes-Benz Financial Services UK).

Bei der **Veräußerung eines Grundstücks** hängt der Eigentumsübergang zeitlich davon ab, wann die Eintragung des neuen Eigentümers im Grundbuch erfolgt. Dieser Zeitpunkt kann sich hinausschieben und ist für den Veräußerer nicht ohne weiteres erkennbar. Deshalb gilt in diesen Fällen im Allgemeinen als Lieferzeitpunkt der Zeitpunkt, zu dem nach dem zugrunde liegenden Verpflichtungsgeschäft Nutzen und Lasten am Grundstück übergehen. Nur wenn ausnahmsweise der Zeitpunkt der Eintragung vor dem Zeitpunkt des Übergangs von Nutzen und Lasten am Grundstück liegt, fallen Eigentumsübergang und Lieferung zeitlich zusammen.

Letztlich ist also für die Frage, ob eine steuerbare Lieferung vorliegt, immer zu prüfen, ob **tatsächlich** die Verfügungsmacht an dem Gegenstand verschafft wurde.

Ist dies der Fall, gilt es, den Ort der Lieferung festzustellen. Nur wenn dieser im Inland liegt, kann es sich um eine steuerbare Lieferung handeln (§ 1 Abs. 2 Satz 3 UStG).

Das Inland deckt sich im Wesentlichen mit dem Bundesgebiet. Nähere Einzelheiten behandelt Teil C. Befand sich eine Ware ununterbrochen im Bundesgebiet, ist die Frage der Lieferung im Inland unproblematisch und bedarf keiner weiteren Erörterung. So liegt z. B. der Lieferort für ein im Inland belegenes Grundstück stets im Inland.

Befindet sich der Liefergegenstand dagegen z. B. vor der Lieferung im Ausland und nach der Lieferung im Inland, muss anhand der Vorschriften § 3 Abs. 6 bis 8, § 3c und § 3e UStG geprüft werden, ob der Lieferort im Ausland oder im Inland liegt.

Ausgehend vom Regelfall der Lieferung, der mit der Übertragung des bürgerlich-rechtlichen Eigentums an einem Gegenstand einhergeht, ist dabei zu unterscheiden,

a) ob die Eigentumsübertragung gem. § 929 BGB durch Einigung über den Eigentumsübergang und Übergabe des Gegenstandes erfolgt und der Gegenstand dabei entweder vom Lieferer befördert bzw. versendet oder beim Lieferer abgeholt wird (Lieferung mit Warenbewegung vgl. 3) oder
b) ob die Eigentumsübertragung nach anderen Vorschriften, z. B. durch Vereinbarung eines Besitzkonstituts nach § 930 BGB oder durch Abtretung des Herausgabeanspruchs nach § 931 BGB bzw. durch die Übergabe von Handelspapieren, erfolgt (Lieferung ohne Warenbewegung vgl. 4).

## 2.2 Sonderregelung nach § 1 Abs. 1a UStG für Geschäftsveräußerungen im Ganzen

Ein Geschäft stellt eine Sachgesamtheit dar. Wird es im Ganzen veräußert, handelt es sich folglich um eine einzige Lieferung.

Durch § 1 Abs. 1a UStG werden Geschäftsveräußerungen seit 01.01.1994 als nicht steuerbarer Vorgang – vergleichbar der Erbschaft (s. E 3) – behandelt. Die Regelung soll die Übertragung von Unternehmen oder Unternehmensteilen erleichtern und vereinfachen (EuGH vom 27.11.2003, C-497/01, Zita Modes). Voraussetzung der Nichtsteuerbarkeit ist die Veräußerung eines Geschäfts an einen Unternehmer für dessen Unternehmen, sodass die enthaltenen Wirtschaftsgüter, also materielle und immaterielle Bestandteile, den unternehmerischen Bereich nicht verlassen. Nach § 1 Abs. 1a Satz 3 UStG tritt der erwerbende Unternehmer an die Stelle des Veräußerers. Entnimmt also der Erwerber dem erworbenen Geschäft Gegenstände, hat er die Entnahmen als fiktive Lieferung gegen Entgelt gemäß § 3 Abs. 1b Nr. 1 UStG zu versteuern. Damit ist gewährleistet, dass die Nichtsteuerbarkeit der Geschäftsveräußerung zu keinem unversteuerten Endverbrauch führt.

Nach § 1 Abs. 1a Satz 2 UStG liegt eine Geschäftsveräußerung vor, wenn entgeltlich oder unentgeltlich

- ein Unternehmen im Ganzen oder
- ein in der Gliederung des Unternehmens gesondert geführter Betrieb im Ganzen
- übereignet oder
- in eine Gesellschaft eingebracht wird.

Für die Frage, ob ein Unternehmen im Ganzen oder ein in der Gliederung des Unternehmens gesondert geführter Betrieb im Ganzen übertragen wird, gelten die nachfolgend dargestellten Grundsätze. Sie sind im Wesentlichen in A 1.5 UStAE niedergelegt, und in verlässlicher Regelmäßigkeit Gegenstand höchstrichterlicher Entscheidungen.

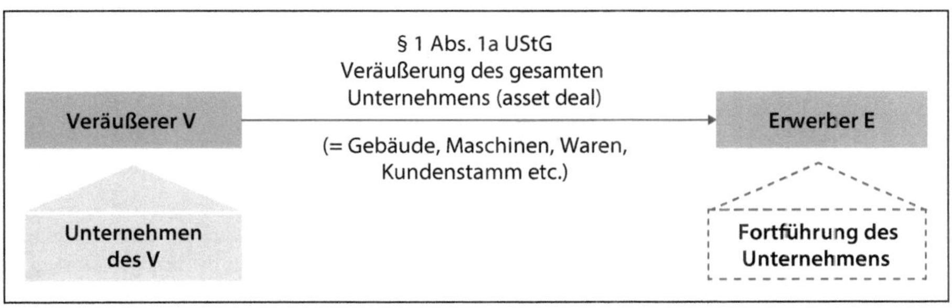


**Unionsrechtliche Ermächtigungsgrundlage** für § 1 Abs. 1a UStG sind die Art. 19 und 29 MwStSystRL. Entsprechend dieser Bestimmungen ist die Regelung richtlinienkonform auszulegen (BFH vom 27.01.2011, V R 38/09 BStBl II 2012, 68).

### 2.2.1 Unternehmen im Ganzen

Unter Übertragung eines Unternehmens im Ganzen ist der Übergang des **gesamten lebenden Unternehmens** zu verstehen. Dies ist dann der Fall, wenn die übertragenen Vermögensgegenstände die wesentlichen Grundlagen des Unternehmens bilden, sodass es der Erwerber ohne nennenswerten finanziellen Aufwand fortsetzen kann.

Was als wesentliche Betriebsgrundlage gilt, bestimmt sich aufgrund einer Gesamtwürdigung nach den tatsächlichen Umständen des Einzelfalls zum Zeitpunkt der Übertragung. I. d. R. sind dies Betriebsgrundstücke mit Maschinen und sonstigen, z. B. der Fertigung dienenden Anlagen sowie Gebrauchs- und Nutzungsrechte an Sachen, Forderungen, Dienstverträge, Geschäftsbeziehungen etc.

Die Zurückbehaltung einzelner unwesentlicher Gegenstände schließt eine Geschäftsveräußerung ebenso wenig aus wie die Neuanschaffung einzelner unwesentlicher Gegenstände durch den Erwerber. Das Geschäft braucht auch nicht unter der bisherigen Firma weitergeführt zu werden; entscheidend ist vielmehr, dass der Erwerber die Tätigkeit des Veräußerers im Rahmen seiner eigenen Geschäftstätigkeit fortsetzt (BFH vom 29. 08. 2012, BStBl II 2013, 301). Selbst wenn einzelne wesentliche Wirtschaftsgüter, insbesondere dem Unternehmen dienende Grundstücke, nicht mit dinglicher Wirkung übertragen, sondern an den Erwerber vermietet oder verpachtet werden und eine dauerhafte Fortführung des Unternehmens durch den Erwerber gewährleistet ist, hat die Rechtsprechung eine nicht steuerbare Geschäftsveräußerung bejaht (BFH vom 15. 10. 1998 BStBl II 1999, 41 und vom 04. 07. 2002 BStBl II 2004, 662; EuGH vom 10. 11. 2011 BStBl II 2012, 848 und Folgeentscheidung des BFH vom 18. 01. 2012 BStBl II 2012, 844). Insoweit ist selbst die Möglichkeit der kurzfristigen Kündigung des Miet- oder Pachtvertrags unschädlich.

Letztlich lässt sich festhalten, dass die Übertragung eines Unternehmens im Ganzen dem Erwerber die Fortsetzung der vom Veräußerer begonnenen unternehmerischen Tätigkeit ermöglichen muss. Insoweit trifft den Veräußerer die Pflicht, alle maßgebenden Rahmenbedingungen positiv zu beeinflussen, wie z. B. auch für den Übergang bestehender Miet- und Pachtverträge auf den Erwerber zu sorgen.

In der Rechtsprechung der Finanzgerichte lässt sich in jüngerer Vergangenheit die Tendenz erkennen, die umsatzsteuerliche Geschäftsveräußerung im Ganzen zunehmend extensiv anzuwenden (vgl. zuletzt BFH vom 29. 08. 2018, XI R 37/17).

**BEISPIELE**

a) Der Pächter einer Tankstelle will seine gewerbliche Tätigkeit aufgeben. Er sucht und findet einen Nachfolger, dem er sein Inventar veräußert. Er wirkt darauf hin, dass die verpachtende Mineralölfirma den bisherigen Pachtvertrag mit dem Nachfolger fortsetzt.

**LÖSUNG** Da alle wesentlichen Betriebsgrundlagen auf den Nachfolger übertragen werden (der Pachtvertrag unter Mitwirkung des Veräußerers), liegt eine nicht steuerbare Geschäftsveräußerung nach § 1 Abs. 1a UStG vor.

b) Die Mineralölfirma hat den Pachtvertrag mit dem Pächter der Tankstelle gekündigt und mit einem Nachfolger ohne Mitwirkung des bisherigen Pächters einen neuen Pachtvertrag geschlossen. Der bisherige Verpächter veräußert das ihm gehörende Inventar an den Nachfolger.

**LÖSUNG** Es liegt keine Geschäftsveräußerung vor, da die Tankstelle wesentliche Betriebsgrundlage für das Unternehmen des Pächters darstellt und der neue Pachtvertrag ohne Mitwirkung des bisherigen Pächters abgeschlossen wurde. Die Veräußerung des Inventars ist steuerbar und steuerpflichtig (vgl. dazu BFH vom 04. 02. 2015, XI R 42/13).

### 2.2.2 In der Gliederung des Unternehmens gesondert geführter Betrieb

Ein in der Gliederung des Unternehmens gesondert geführter Betrieb liegt vor, wenn der veräußerte Teil des Unternehmens vom Erwerber als **selbständiges wirtschaftliches Unternehmen** fortgeführt werden kann (BFH vom 19. 12. 2012 BStBl II 2013, 1053). Unerheblich ist, dass bereits beim übertragenden Unternehmen ein organisatorisch selbständiger Unternehmensteil bestand.

Soweit nach den Regeln des Einkommensteuerrechts die Veräußerung eines Teilbetriebs vorliegt (R 16 Abs. 3 EStR), kann in der Regel eine Geschäftsveräußerung gem. § 1 Abs. 1a UStG bejaht werden. Die bloße Übertragung von Gesellschaftsanteilen reicht insoweit nicht, vielmehr sind gleichzeitig Vermögenswerte zu übertragen, die den Erwerber in die Lage versetzen, eine selbständige wirtschaftliche Tätigkeit als Rechtsnachfolger des Veräußerers fortzuführen (EuGH vom 30. 05. 2013, C-651/11 X BV).

### 2.2.3 Veräußerung von Grundstücken als Geschäftsveräußerung i. S. v. § 1 Abs. 1a UStG

Die Veräußerung eines Grundstückes ist dann eine Geschäftsveräußerung, wenn die unternehmerische Betätigung in der **Vermietung bzw. Verpachtung des Grundstücks** besteht. Insoweit entfaltet dieser Themenkreis regelmäßig eine hohe Klausurrelevanz.

Hat ein Unternehmer neben seiner unternehmerischen Haupttätigkeit wie z. B. einer Fertigungsproduktion ein Grundstück, das er vermietet bzw. verpachtet, stellt dies i. d. R. einen in der Gliederung des Unternehmens gesondert geführten Betrieb dar. Dagegen ist die Veräußerung eines bisher vermieteten Grundstücks, das im Zeitpunkt der Veräußerung nicht (mehr) vermietet ist, keine Geschäftsveräußerung, auch wenn der Erwerber das Grundstück anschließend wieder vermietet (vgl. BFH vom 11. 10. 2007 BStBl II 2008, 447). Entsprechend ist die Lieferung eines weder vermieteten noch verpachteten Grundstücks grundsätzlich keine Geschäftsveräußerung (BFH vom 11. 10. 2007 BStBl II 2008, 447).

Wird ein vermietetes Grundstück an einen Unternehmer für dessen Unternehmen veräußert, ist die Veräußerung nach § 1 Abs. 1a UStG nicht steuerbar. Der Erwerber tritt sowohl umsatzsteuerrechtlich (§ 1 Abs. 1a Satz 3 UStG) als auch zivilrechtlich in die Rechtsstellung des Veräußerers mit der Folge, dass sich der Berichtigungszeitraum nach § 15a UStG beim Erwerber gem. § 15a Abs. 10 UStG fortsetzt (vgl. Q 7. 7.6). Erfolgen beim Erwerber vorsteuerrelevante Nutzungsänderungen, führen diese bei ihm zu einer Vorsteuerberichtigung.

**BEISPIELE**

a) Unternehmer A hat im Jahr 01 ein Gebäude errichtet, welches er teils steuerpflichtig an Unternehmer, teils steuerfrei zu Wohnzwecken vermietete. Entsprechend den Nutzungsverhältnissen machte A 50 % der ihm in Rechnung gestellten USt als Vorsteuer geltend. Zum 01. 01. 04 veräußert A das Gebäude an B, der in die bestehenden Mietverträge eintritt.

**LÖSUNG** Es handelt sich um eine nicht steuerbare Geschäftsveräußerung i. S. d. § 1 Abs. 1a UStG. Bei A und auch bei B ergibt sich keine Vorsteuerberichtigung nach § 15a UStG, da keine Nutzungsänderung erfolgt.

b) Unternehmer A hat im Jahr 01 ein Gebäude errichtet, welches er ab 01. 01. 02 teils steuerpflichtig an Unternehmer, teils steuerfrei zu Wohnzwecken vermietete. Entsprechend den Nutzungsverhältnissen machte A 50 % der ihm in Rechnung gestellten USt in Höhe von 100 000 € als Vorsteuer geltend. Zum 01. 01. 04 veräußert A das Gebäude an B, der in die bestehenden Mietverträge eintritt. Entsprechend seiner vorgefassten Absicht kündigt B jedoch die Mietverträge zum 31. 12. 04, um das gesamte Gebäude danach ausschließlich steuerfrei zu Wohnzwecken zu vermieten.

**LÖSUNG** Es handelt sich immer noch um eine nicht steuerbare Geschäftsveräußerung i. S. d. § 1 Abs. 1a UStG. B erwirbt das Gebäude für sein Vermietungsunternehmen, welches noch bis 31. 12. 04 fortbesteht. Bei A und auch bei B ergibt sich zunächst keine Vorsteuerberichtigung nach § 15a UStG, da keine Nutzungsänderung erfolgt. Erst für die Folgejahre ist die ursprüngliche Vorsteuer nach § 15a UStG zuungunsten des B zu berichtigen (Näheres hierzu vgl. Q 7).

c) Unternehmer A hat im Jahr 01 ein Gebäude errichtet, welches er zu 75 % steuerpflichtig an Unternehmer vermietete, 25 % des Gebäudes nutzte A zu eigenen Wohnzwecken. Entsprechend den Nutzungsverhältnissen machte A 75 % der ihm in Rechnung gestellten USt als Vorsteuer geltend. Zum 01. 01. 04 veräußert A das Gebäude an B, der in die bestehenden Mietverträge eintritt und die Wohnung selbst nutzt.

**LÖSUNG** Es handelt sich um eine nicht steuerbare Geschäftsveräußerung i. S. d. § 1 Abs. 1a UStG. Bei A und auch bei B ergibt sich keine Vorsteuerberichtigung nach § 15a UStG, da keine Nutzungsänderung i. S. d. § 15a UStG erfolgt. Auch wenn nur ein Teil des Gebäudes vermietet ist, und nur insoweit das Unternehmen fortgeführt werden kann, liegt eine Geschäftsveräußerung vor.
Die Frage ist, wo die Grenze liegt. Nach der Rechtsprechung des EuGH soll die Nichtsteuerbarkeit die Übertragung von Unternehmen oder Unternehmensteilen erleichtern und vereinfachen. Deshalb ist es sinnvoll, auch bei einem nicht vollständig vermieteten Gebäude eine nicht steuerbare Geschäftsveräußerung anzunehmen. Die Grenze sollte nicht zu hoch angesetzt werden. Beim Eintritt in Mietverträge die mindestens 50 % der Gesamtfläche des Gebäudes betreffen, kann wohl insgesamt von einer nicht steuerbaren Geschäftsveräußerung ausgegangen werden (vgl. auch A. 1.5 Abs. 2a UStAE).
Hinweis:
Bei Fällen der vorgenannten Art kann sich, je nach Alter des Gebäudes, in Bezug auf die Eigennutzung beim Erwerber eine Vorsteuerkorrektur nach § 15a Abs. 6 i. V. m. § 15 Abs. 1b UStG ergeben.

# 3 Lieferort bei Lieferung mit Warenbewegung (Beförderungs- und Versendungslieferung)

## 3.1 Allgemeines

§ 3 Abs. 6 UStG regelt die Beförderungs- und Versendungslieferung. In der Systematik des UStG kommt dieser Regelung Vorrang vor § 3 Abs. 7 UStG zu. Letzere hat die Funktion eines Auffangtatbestands und ist erst dann zu prüfen, wenn der Gegenstand der Lieferung »nicht befördert oder versendet wird«.

§ 3 Abs. 6 UStG betrifft sowohl die Fälle, in denen der Lieferer den Liefergegenstand zwecks Übergabe befördert oder versendet als auch die Fälle, in denen der Abnehmer den Liefergegenstand abholt bzw. abholen lässt, der Liefergegenstand also durch den Abnehmer oder einen von diesem beauftragten Dritten befördert oder versendet wird. Der Ort der Lieferung ist in allen diesen Fällen dort, wo die Beförderung oder Versendung **beginnt**.

Um Unklarheiten zu vermeiden, definiert § 3 Abs. 6 UStG die Begriffe »Befördern«, »Versenden« und »Beginn der Versendung«.

- **Befördern** ist jede Fortbewegung eines Gegenstandes (§ 3 Abs. 6 Satz 2 UStG).
- **Versenden** liegt vor, wenn jemand die Beförderung durch einen **selbständigen** Beauftragten ausführen oder besorgen lässt (§ 3 Abs. 6 Satz 3 UStG).
- **Beginn der Versendung:** Die Versendung beginnt mit Übergabe des Gegenstandes an den Beauftragten (§ 3 Abs. 6 Satz 4 UStG).

**Typische Beförderungsfälle sind demnach:**

- Der Unternehmer transportiert die Ware persönlich zu seinem Abnehmer.
- Der Abnehmer holt die Ware beim Lieferer persönlich ab und transportiert sie in ein Lager.
- Der Unternehmer lässt die Ware durch einen seiner Arbeitnehmer (z. B. Fahrer) zum Abnehmer transportieren.

- Der Abnehmer lässt die Ware durch einen seiner Arbeitnehmer (z. B. Fahrer) abholen und in sein Lager transportieren.

**Typische Versendungsfälle sind demnach:**

- Der Unternehmer übergibt die Ware einem Frachtführer (z. B. der Bahn-AG) mit dem Auftrag, sie zum Abnehmer zu befördern.
- Der Abnehmer beauftragt einen Frachtführer, die Ware beim Lieferer abzuholen und in ein Lager zu transportieren.
- Der Unternehmer übergibt die Ware einem Spediteur mit dem Auftrag, die Beförderung der Ware zum Abnehmer zu besorgen (der Spediteur beauftragt in einem derartigen Fall im eigenen Namen jedoch auf Rechnung des Unternehmers einen Frachtführer mit dem Transport der Ware).
- Der Abnehmer beauftragt einen Spediteur, die Abholung und den Transport der Ware in sein Lager zu besorgen.

Gemeinsam ist den Fällen des § 3 Abs. 6 Satz 1 UStG, dass bei Beginn der Beförderung oder Versendung grundsätzlich **der Abnehmer feststeht**. Dem steht nicht entgegen, wenn der Liefergegenstand von dem mit der Versendung Beauftragten zunächst in ein inländisches Lager des Lieferanten gebracht und erst nach Eingang der Zahlung durch eine Freigabeerklärung des Lieferanten an den Erwerber herausgegeben wird (vgl. BFH vom 20. 10. 2016, VR 31/15 zur Lieferung über ein Konsignationslager [Call-Off-Stock] und vom 30. 07. 2008, XI R 67/07 sowie A 3.12 Abs. 3 sowie A 1a.2 Abs. 6 UStAE, die gegenüber der neueren Rechtsprechung eine abweichende Ansicht vertreten).

Hinweis:

Bei Lieferungen in ein Konsignationslager im europäischen Ausland (Outbound-Fall) bzw. umgekehrt vom europäischen Ausland in ein Konsignationslager im Inland (Inbound-Fall) greift ab 01. 01. 2020 bei Vorliegen der gesetzlichen Voraussetzungen die Neuregelung des § 6b UStG i. V. m. § 1a Abs. 2 Satz 2 /§ 3 Abs. 1a Satz 2 UStG bzw. die in den Mitgliedstaaten entsprechend geltenden Normen.

## 3.2 Problemfälle der Beförderungs- und Versendungslieferung

### 3.2.1 Rechtsgeschäftsloses Verbringen

**BEISPIEL**

Fabrikant F in Saarbrücken bestellt beim Maschinenhersteller M in Metz (Frankreich) eine Maschinenanlage. M fertigt die einzelnen Maschinenteile in Metz und transportiert sie mit dem Lkw zur Fabrik des F in Saarbrücken. Dort werden die Maschinenteile von Monteuren des M zusammengesetzt. Nach umfangreichen Arbeiten und schließlich erfolgreichem Probelauf übergibt M die Anlage dem F.

**LÖSUNG** Gegenstand des zwischen F und M abgeschlossenen Werklieferungsvertrags ist die funktionsfähig aufgestellte Maschinenanlage. Bei der Beförderung der Maschinenteile wird daher nicht der eigentliche Liefergegenstand befördert. Deshalb greift die Rechtsfolge des § 3 Abs. 6 Satz 1 UStG nicht. Lieferort ist nicht Metz (Frankreich), wo die Beförderung der Teile beginnt, sondern dort, wo die fertige Anlage übergeben wird. Zu diesem Zeitpunkt wird der Liefergegenstand nicht mehr befördert oder versendet, sodass es sich um eine ruhende Lieferung handelt und die Auffangregel des § 3 Abs. 7 Satz 1 UStG zur Anwendung kommt (vgl. 4).

Beim Transport von Gegenständen außerhalb des § 3 Abs. 6 UStG wie im obigen Beispiel spricht man von einem sog. **»rechtsgeschäftslosen Verbringen«**, welches grundsätzlich keine umsatzsteuerrechtlichen Folgen auslöst. Allerdings wird es unter bestimmten Voraussetzungen gem. § 3 Abs. 1a UStG als Lieferung gegen Entgelt fingiert. Diese Voraussetzungen liegen jedoch im Beispiel nicht vor. Vgl. D 8. 2.3 und A 1a.2 Abs. 10 Nr. 1 UStAE.

Auch im Rahmen einer Werklieferung (§ 3 Abs. 4 UStG) kann eine Beförderungs- oder Versendungslieferung nach § 3 Abs. 6 UStG dann vorliegen, wenn eine zerlegte Maschine transportiert und vom Lieferer am Bestimmungsort zusammengesetzt wird, sofern die Maschine

a) bereits vor dem Transport betriebsfertig hergestellt war,
b) lediglich zum Zweck eines besseren und leichteren Transports in einzelne Teile zerlegt und
c) vom Lieferer am Bestimmungsort wieder zusammengesetzt wird. Vgl. A 3. 12 Abs. 4 Satz 7 UStAE.

Ein rechtsgeschäftsloses Verbringen ist ebenso gegeben, wenn ein Unternehmer einen Gegenstand von einem zum anderen Zweigbetrieb seines Unternehmens transportiert. Man spricht insoweit von einem nicht steuerbaren »Innenumsatz«. Ein rechtsgeschäftsloses Verbringen kann genauso einer Lieferung i. S. d. § 3 Abs. 6 UStG vorangehen oder nachfolgen.

**BEISPIEL**

Eine Maschine wird im Zweigwerk A in Oslo (Norwegen) hergestellt und anschließend zur Endkontrolle zum Zweigwerk B in Dresden transportiert. Dann wird die Maschine erst zum Abnehmer in Kassel befördert.

**LÖSUNG** Der Transport vom Zweigwerk A zum Zweigwerk B stellt lediglich ein rechtsgeschäftsloses Verbringen dar. Lieferort ist nach § 3 Abs. 6 Satz 1 UStG am Ort des Beginns der Beförderung zum Abnehmer in Dresden.

### 3.2.2 Problemkreis gebrochene Versendungslieferung, gebrochene Beförderungsversendungslieferung

**BEISPIEL**

Abnehmer A in New York bestellt beim Exporteur E in Bremerhaven am 31. 05. 01 eine computergesteuerte Werkzeugmaschine. E lässt die bestellte Maschine am 01. 06. 01 durch den Fuhrunternehmer F von seiner Lagerhalle in Bremerhaven-Stadtmitte abholen und in den Freihafen zum Reeder R transportieren. R hat von E den Auftrag, die Maschine zu A nach New York zu transportieren. R übergibt dem A am 10. 06. 01 in New York die Maschine. Zusammen mit der Übergabe der Maschine an F am 01. 06. 01 händigte E dem F auch die Warenbegleitpapiere aus, die belegen, dass die Maschine zum Versand für A in New York bestimmt war.

**LÖSUNG** Da die Maschine zum Abnehmer A transportiert wird, ist zu prüfen, wo sich der Lieferort befindet.

Das Besondere am vorliegenden Fall ist, dass der liefernde Unternehmer E hier nicht nur einen selbständigen Beauftragten mit der Beförderung der Maschine betraut hat, sondern zwei. Bei strikter Auslegung des Wortlauts des Gesetzes könnte man deshalb zur Ablehnung des § 3 Abs. 6 Satz 1 i. V. m. Satz 3 und 4 UStG gelangen; denn das Gesetz spricht nur von **einem** selbständigen Beauftragten. Indessen kann es – den Liefervorgang insgesamt betrachtet – keinen Unterschied machen, ob der Lieferer einen, zwei oder mehrere selbständige Beauftragte mit dem Transport der Maschine betraut. Insoweit ist maßgeblich auf Sinn und Zweck des § 3 Abs. 6 UStG abzustellen: In den Fällen der Versendung befindet sich der Lieferort an dem Ort, an dem der Lieferer alles in seiner Macht Stehende getan hat, um den Liefergegenstand zum Abnehmer gelangen zu lassen. Dies ist im vorliegenden Fall dadurch geschehen, dass die Warenbegleitpapiere bereits bei Übergabe der Maschine an F keinen Zweifel daran aufkommen ließen, dass die Maschine zu A transportiert werden sollte. Der Lieferort

befindet sich somit nach § 3 Abs. 6 Satz 1 UStG am Ort des Beginns der Versendung in Bremerhaven-Mitte. Die Lieferung ist folglich steuerbar. (Sie ist als Ausfuhrlieferung nach § 4 Nr. 1a UStG steuerfrei, sofern E die erforderlichen Ausfuhrnachweise, hier Bestätigungen durch F und R, vorlegen kann.)
Wäre der Lieferort im Freihafen – etwa indem E seine Maschinen dort produziert und von dort auch den Versand organisiert –, so wäre die Lieferung nicht steuerbar. Der Unterschied ist insoweit bedeutsam, als für steuerfreie Umsätze bestimmte Nachweise erforderlich sind, während dies bei nicht steuerbaren Umsätzen nicht erforderlich ist. Die Nichtsteuerbarkeit ist nur glaubhaft zu machen.

Allgemein bleibt festzuhalten:

Lässt der liefernde Unternehmer den Liefergegenstand durch mehrere selbständige Beauftragte etappenweise zum Abnehmer befördern (gebrochene Versendungslieferung) und steht bei der Übergabe an den ersten selbständigen Beauftragten bereits fest, dass der Liefergegenstand an einen bestimmten Abnehmer gelangt (z. B. aus den Warenbegleitpapieren), gilt die Lieferung am Ort der Übergabe an den **ersten** selbständigen Beauftragten als ausgeführt.

Steht bei Einschaltung mehrerer selbständiger Beauftragter dagegen im Zeitpunkt der Übergabe des Liefergegenstands noch nicht sicher fest, an welchen Abnehmer der Gegenstand gelangt, liegt zu diesem Zeitpunkt auch noch keine Lieferung i. S. d. § 3 Abs. 6 UStG vor.

**BEISPIEL**

Der Exporteur E in Bremerhaven beauftragt am 31. 05. 01 den Fuhrunternehmer F, eine computergesteuerte Werkzeugmaschine von seiner Lagerhalle in Bremerhaven-Mitte abzuholen und in den Freihafen zum Reeder R zu transportieren. F holt die Maschine am 01. 06. 01 bei E ab und übergibt sie noch am selben Tag im Freihafen dem R. Bei R lagert die Maschine bis 15. 06. 01. Am 15. 06. 01 erhält R von E den Auftrag, die Maschine zu dem inzwischen gefundenen Abnehmer A in New York zu transportieren. R übergibt dem A am 20. 06. 01 in New York die Maschine.

**LÖSUNG** Bei Übergabe der Maschine am 01. 06. 01 an F stand noch kein Abnehmer fest. Zu diesem Zeitpunkt konnte also noch keine Lieferung nach § 3 Abs. 6 UStG vorliegen. Der Transport der Maschine von Bremerhaven-Mitte in den Freihafen ist ein rechtsgeschäftsloses Verbringen. Erst mit dem Auftrag an R am 15. 06. 01 hat E alles getan, um die Maschine an den inzwischen gefundenen Abnehmer A gelangen zu lassen. Der Lieferort ist somit gem. § 3 Abs. 5 Satz 1 UStG der Freihafen Bremerhaven. Die Lieferung des E ist nicht steuerbar, weil der Freihafen nicht zum umsatzsteuerrechtlichen Inland gehört (§ 1 Abs. 2 Satz 1 UStG).

Die Ausführungen zur **gebrochenen Versendungslieferung** gelten sinngemäß für die gebrochene **Beförderungsversendungslieferung,** d. h. wenn der liefernde Unternehmer den Gegenstand teils selbst befördert und ihn teils durch einen oder mehrere selbständige Beauftragte zum Abnehmer befördern lässt.

Ein typischer Fall der gebrochenen Beförderungsversendungslieferung liegt vor, wenn der Lieferer den Gegenstand zu einem selbständigen Beauftragten befördert und dieser dann den Weitertransport übernimmt (z. B. Beförderung zur Bahn-AG und Weitertransport durch die Bahn-AG). Steht bei Beginn der Beförderung fest, dass der Liefergegenstand an einen bestimmten Abnehmer gelangt (z. B. aus den Warenbegleitpapieren), gilt die Lieferung am Ort des Beginns der Beförderung als ausgeführt.

Ergänzend sei darauf hingewiesen, dass sich der Lieferort nicht nur dann nach § 3 Abs. 6 Satz 1 UStG bestimmt, wenn der Transport unmittelbar an den Abnehmer, sondern auch in sämtlichen Fällen der Beförderungs-, Versendungs-, gebrochenen Versendungs- und gebrochenen Beförderungsversendungslieferung, in denen der Transport im Auftrag des Abnehmers an einen Dritten erfolgt (vgl. hierzu § 3 Abs. 1 UStG). Der Abnehmer kann z. B. mit dem Lieferer vereinbaren, dass die Ware zu einem Lagerhalter transportiert oder dass die Ware unmittelbar zu einem Kunden des Abnehmers transportiert wird. In letzterem Fall läge ein sog. Reihengeschäft i. S. d. § 3 Abs. 6a Satz 1 UStG vor (nähere Ausführungen hierzu vgl. 3. 3; zur Abgrenzung zwischen gebrochener Beförderungs- oder Versendungslieferung und Reihengeschäft vgl. A 3.14 Abs. 4 Satz 1 UStAE).

### 3.2.3 Problemkreis Sammelladung (bzw. Beipacksendung)

Eine Beförderungs- oder Versendungslieferung nach § 3 Abs. 6 Satz 1 UStG kann auch in den Fällen der Sammelladung bzw. Beipacksendung gegeben sein. Von einer Sammelladung bzw. Beipacksendung spricht man, wenn der liefernde Unternehmer die für mehrere Abnehmer bestimmten Teilmengen von vertretbaren Sachen (vgl. § 91 BGB) zusammen transportieren lässt und sich aufgrund einer beigefügten Liste ergibt, welche Waren konkret für den einzelnen Abnehmer bestimmt sind.

**BEISPIEL**

Händler H in Stuttgart beauftragt den Frachtführer F, insgesamt 21 000 Liter flüssiges Gas an die Abnehmer A und B in Süddeutschland und an C in der Schweiz zu liefern. H übergab dem F am 29. 06. 01 in Stuttgart eine Liste mit den Namen der Abnehmer und der auszuliefernden Menge. Gleichzeitig wurde das Flüssiggas in das Tankfahrzeug des F eingefüllt. F fuhr mit dem Fahrzeug am 30. 06. 01 los. Noch am 30. 06. 01 lieferte F bei A in Sigmaringen auftragsgemäß 5 000 Liter Gas ab. Am 01. 07. 01 erhielten B in Konstanz 7 000 Liter und C in der Schweiz 9 000 Liter Gas.

**LÖSUNG** Es liegt eine Sammelladung vor. Da bei Übergabe des Gases an F aufgrund der Liste die Abnehmer mit den für sie bestimmten Teilmengen feststanden, sind alle Lieferungen gem. § 3 Abs. 6 Satz 1 UStG am Ort der Übergabe erfolgt. Alle Lieferungen sind daher steuerbar. Die Lieferung an C ist allerdings gem. § 4 Nr. 1a UStG steuerfrei, sofern H den erforderlichen Ausfuhrnachweis (hier durch Vorlage einer Bestätigung von F) erbringen kann.

Die Lieferungen an A und B sind mit Ablauf des VZ Juni 01 zu versteuern, da sie zu diesem Zeitpunkt als ausgeführt gelten (vgl. BFH vom 06. 12. 2007 BStBl II 2009, 490 und A 13.1 Abs. 2 Satz 2 UStAE).

Fälle der Sammelladung kommen z. B. auch im Zeitungsgewerbe vor. Da es gleichgültig ist, welches Exemplar einer bestimmten Zeitungsausgabe der einzelne Abnehmer erhält, greift § 3 Abs. 6 Satz 1 UStG, wenn nur feststeht, welcher Abnehmer jeweils eines bzw. mehrere der transportierten Exemplare erhält.

### 3.2.4 Problemkreis Umkartierung (Umdisponierung)

Während der Beförderung oder Versendung kommt es bisweilen vor, dass die Ware umdisponiert wird. Dies kann darauf beruhen, dass der Lieferer die Lieferung an den vorgesehenen Abnehmer rückgängig macht, z. B. weil er die Ware anderweitig günstiger veräußern kann oder weil zu befürchten ist, dass der Abnehmer nicht in der Lage ist, die Ware zu bezahlen. Dies kann aber auch darauf beruhen, dass der Abnehmer nachträglich den Lieferanten bittet, die Ware an eine andere als die ursprünglich vorgesehene Adresse gelangen zu lassen. Welche umsatzsteuerrechtlichen Auswirkungen eine derartige Umdisponierung hat, verdeutlichen die nachfolgenden beiden Beispiele.

**BEISPIELE**

a) Abnehmer A in Zürich bestellt bei dem Exporteur E in Stuttgart eine Spritzgussmaschine. E übergab am 20. 07. 01 dem Spediteur R die bestellte Maschine mit dem Auftrag, sie zu A nach Zürich zu befördern. Am 21. 07. 01 wurde E dringend von seinem Abnehmer B in Freiburg um die Lieferung einer derartigen Maschine ersucht. Da E keine weitere Maschine dieses Typs auf Lager hatte, setzte er sich mit R in Verbindung und beauftragte ihn, die Ware unverzüglich zu B nach Freiburg umzuleiten. R erreichte seinen Fahrer F mittels Mobiltelefon. F befand sich zu diesem Zeitpunkt mit dem Lkw bereits auf einer Autobahnraststätte in der Schweiz. Entsprechend der telefonischen Anweisung des R änderte F die Warenbegleitpapiere dahingehend, dass er als neuen Bestimmungsort die Adresse des B in Freiburg eintrug und wendete in Richtung Freiburg. Die beim Grenzübergang Weil-Otterbach anfallende deutsche Einfuhrumsatzsteuer wurde im Namen und auf Rechnung des B entrichtet. B konnte die Maschine noch am 21. 07. 01 in Freiburg in Empfang nehmen. Mit dem ursprünglichen Abnehmer A in Zürich einigte sich E gegen eine Abstandszahlung dahingehend, dass der Auftrag storniert wurde.

**LÖSUNG** E hat mit A zwar zunächst einen Kaufvertrag geschlossen, erfüllt diesen aber nicht. Umsatzsteuerlich ist mit Übergabe der Maschine an R eine Lieferung an A erfolgt (§ 3 Abs. 6 UStG). Infolge der Umdisponierung wird diese jedoch rückgängig gemacht (§ 17 Abs. 2 Nr. 3 UStG). Da die Rückgängigmachung noch vor Ablauf des VZ der Lieferung erfolgt, ist keine Lieferung von E an A in der Umsatzsteuervoranmeldung für Juli zu erfassen. Infolge der Umdisponierung erfolgt nun eine Lieferung von E an B. Ort für diese Lieferung ist nach § 3 Abs. 6 Satz 1 UStG dort, wo die Maschine umdirigiert wurde, wo sie sich also im Zeitpunkt der Änderung der Warenbegleitpapiere befand. Da dieser Ort in der Schweiz lag, ist die Lieferung an B nicht steuerbar. (Eine Verlagerung des Lieferorts in das Inland gem. § 3 Abs. 8 UStG tritt hier nicht ein, da der Abnehmer B Schuldner der Einfuhrumsatzsteuer ist.) Die Lieferung des E an B ist somit ebenfalls nicht steuerbar. Dafür fällt jedoch Einfuhrumsatzsteuer an (§ 1 Abs. 1 Nr. 4 UStG).

b) Abnehmer A in Zürich bestellte bei dem Exporteur E in Stuttgart eine Spritzgussmaschine. E übergab am 20. 07. 01 dem Spediteur R die bestellte Maschine mit dem Auftrag, sie zu A nach Zürich zu befördern. Am 21. 07. 01 wurde E dringend von seinem Abnehmer B in Freiburg um die Lieferung einer derartigen Maschine ersucht. Da E keine weitere Maschine dieses Typs auf Lager hatte, erklärte er dem B, er könne derzeit nicht liefern, da er die letzte vorrätige Maschine dieses Typs soeben zu A nach Zürich abgesandt habe. B setzte sich daraufhin sofort mit A in Zürich telefonisch in Verbindung und kaufte A die Maschine ab. A rief daraufhin bei E an und bat ihn, die Maschine nicht nach Zürich, sondern zu B nach Freiburg transportieren zu lassen. E setzte sich sofort mit R in Verbindung und beauftragte ihn, die Ware unverzüglich zu B nach Freiburg umzuleiten. R erreichte seinen bei ihm angestellten Fahrer F, den er mit dem Transport beauftragt hatte, mittels Mobiltelefon. F befand sich zu diesem Zeitpunkt mit dem Lkw auf einer Autobahnraststätte bei Rottweil. Entsprechend der telefonischen Anweisung des R änderte F die Warenbegleitpapiere dahingehend ab, dass er als neuen Bestimmungsort die Adresse des B in Freiburg eintrug und fuhr in Richtung Freiburg. B konnte die Maschine noch am 21. 07. 01 in Freiburg in Empfang nehmen.

**LÖSUNG** Im Gegensatz zu Beispiel a) wird die Umdisponierung nun vom Abnehmer A veranlasst. Das Verpflichtungsgeschäft zwischen E und A wird also nicht aufgehoben, sondern erfüllt, lediglich mit der Abweichung, dass die Maschine nicht an A, sondern im Auftrag des A an B ausgeliefert wird (vgl. § 3 Abs. 1 UStG). E erbringt somit unverändert seine Lieferung an A. Der Lieferort für diese Lieferung ist weiterhin gem. § 3 Abs. 6 Satz 1 UStG am Ort des Beginns der Versendung in Stuttgart. Da die Maschine nicht, wie ursprünglich vorgesehen, ausgeführt wird, ist die Lieferung auch nicht nach § 4 Nr. 1 Buchst. a UStG steuerfrei, sondern steuerpflichtig. Mit der Umdirigierung der Maschine nach Freiburg erfüllt A seinerseits seinen Kaufvertrag mit B. Es erfolgt daher eine Lieferung von A an B. Der Ort für diese Lieferung ist nach § 3 Abs. 6 Satz 1 UStG in Rottweil, wo die Maschine umdirigiert wurde, wo sie sich also im Zeitpunkt der Änderung der Warenbegleitpapiere befand. Die Lieferung von A an B ist somit ebenfalls steuerbar und steuerpflichtig. (Die Steuerbarkeit entfällt nicht etwa, weil A Ausländer ist, vgl. § 1 Abs. 2 Satz 3 UStG). (Hinweis: Es liegt kein Reihengeschäft gem. § 3 Abs. 6a Satz 1 UStG vor, da E dem B nicht unmittelbar die Verfügungsmacht verschafft hat.) Wie das Finanzamt an A wegen der Besteuerung seiner Lieferung herankommt, ist ein praktisches Problem. Immerhin ist aber auch die Lieferung von E an A steuerpflichtig, sodass das Finanzamt die daraus resultierende Vorsteuer des A mit seiner USt verrechnen kann.

Wie den obigen Beispielen zu entnehmen ist, greift § 3 Abs. 6 Satz 1 UStG in den Fällen der Umdisponierung für die Lieferung an den neuen Abnehmer erneut dann, wenn der Liefergegenstand tatsächlich umgeleitet wurde, wenn also alles getan ist, um die Ware an den neuen Abnehmer gelangen zu lassen. Dies ist in der Regel mit der **Änderung der Warenbegleitpapiere** gegeben.

### 3.2.5 Problemkreis Lieferung in Leitungen

Bestimmte Liefergegenstände wie Gas, Elektrizität, Wärme und Kälte werden regelmäßig in Leitungen zum Abnehmer geliefert. Für diese Lieferungen ist der Lieferort in § 3 g UStG besonders geregelt. Er geht damit den allgemeinen Regelungen des § 3 Abs. 6–8 UStG vor. Maßgebend ist, ob die Haupttätigkeit des Abnehmers im Wiederverkauf dieser Liefergegenstände besteht und sein eigener Verbrauch nur von untergeordneter Bedeutung ist. In diesem Fall ist der Lieferort gem. § 3 g Abs. 1 Satz 1 UStG dort, wo der Abnehmer sein Unternehmen betreibt. Wird die Lieferung an eine Betriebsstätte des Abnehmers ausgeführt, ist der Lieferort der Ort dieser Betriebsstätte.

In den übrigen Fällen ist der Lieferort nach § 3 g Abs. 2 Satz 1 UStG dort, wo der Abnehmer das Gas und den Strom verbraucht bzw. die Wärme oder Kälte nutzt. Falls er diese Gegenstände nicht tatsächlich nutzt oder verbraucht, bestimmt sich der Lieferort gem. § 3 g Abs. 2 Satz 2 UStG nach dem Unternehmenssitz bzw. der Betriebsstätte oder dem Wohnort.

Bei der Lieferung anderer Liefergegenständen (z. B. Wasser) findet § 3 Abs. 6 Satz 1 UStG sinngemäß Anwendung. Das bedeutet, dass die Lieferung gem. § 3 Abs. 6 Satz 1 UStG an dem Ort als erfolgt gilt, an dem sich der für die Abrechnung maßgebliche Zähler befindet.

Lieferzeitpunkt ist in allen Fällen der Ablesezeitpunkt (vgl. A 13.1 Abs. 2 Satz 4 UStAE). Weitere mit § 3 g UStG zusammenhängende Regelungen finden sich in § 5 Abs. 1 Nr. 6 UStG – Steuerbefreiung der Einfuhr –, § 13b Abs. 2 Nr. 5 i. V. m. Abs. 5 Satz 1 3. HS UStG – Steuerschuldumkehr bei Lieferung eines im Ausland ansässigen Unternehmers an einen anderen Unternehmer – sowie in § 3a Abs. 4 Nr. 14 UStG – besondere Ortsbestimmung für die mit einer solchen Lieferung verbundenen Dienstleistungen.

### 3.2.6 Problemkreis Verlust der Ware auf dem Transport

Bei Beförderungs- und Versendungslieferungen fingiert § 3 Abs. 6 Sätze 1 und 4 UStG unabhängig von der Transportgefahr die Ausführung der Lieferung stets im Zeitpunkt des Beginns der Beförderung oder Versendung (vgl. auch A 13.1 Abs. 2 Satz 2 UStAE). Der Verlust des Liefergegenstands ändert daran nichts. Trägt allerdings der Lieferer die Transportgefahr, schuldet der Abnehmer keinen Kaufpreis, wenn die Ware nicht bei ihm ankommt. Die Lieferung ist dann mangels Entgelt nicht steuerbar.

**BEISPIEL**

Lieferer L transportiert im Auftrag des Abnehmers A eine Maschine zu dessen Zweigniederlassung. Die Transportgefahr trägt vereinbarungsgemäß A. Während des Transports wird die Maschine gestohlen und nicht mehr aufgefunden. A muss dennoch die Maschine bezahlen, weil er die Transportgefahr zu tragen hat.

**LÖSUNG** Der Eigentumsübergang nach § 929 BGB setzt die Einigung und Übergabe der Maschine voraus. Aufgrund des Diebstahls konnten weder die Übergabe der Maschine erfolgen noch das Eigentum übergehen. Dennoch liegt aufgrund der Fiktion des § 3 Abs. 6 Satz 1 UStG bei Beginn des Transports eine Lieferung von L an A vor. Diese ist steuerbar und steuerpflichtig. A hat hieraus unter den Voraussetzungen des § 15 UStG den Vorsteuerabzug.

### 3.2.7 Sachgesamtheit

Eine Sachgesamtheit liegt nach Auffassung der Finanzverwaltung vor, wenn mehrere Gegenstände durch einen gemeinsamen Zweck so verbunden sind, dass sie wirtschaftlich als Einheit gelten (A 3. 1 Abs. 1 Satz 3 UStAE). Der einzelne Gegenstand ist – abgesehen von der Funktion als Ersatzteil – unbrauchbar oder zumindest nur eingeschränkt brauchbar. Ein typisches Beispiel für Sachgesamtheiten sind Bausätze, die der Erwerber anschließend selbst zu einem einheitlichen Gegenstand zusammenfügt. Die Sachgesamtheit wird umsatzsteuerrechtlich als ein einziger Liefergegenstand behandelt. Wird z. B. nicht die ganze Sachgesamtheit zum Abnehmer versandt, sondern nur Teile davon, liegt keine Versendungslieferung nach § 3 Abs. 6 Satz 1 UStG vor. In diesem Fall erfolgt die Lieferung erst, wenn sämtliche Teile beim Abnehmer zusammentreffen, weil erst dann Verfügungsmacht an dem zu liefernden Gegenstand (bestehend aus mehreren Teilen) verschafft werden kann. In diesem Fall richtet sich der Lieferort nach § 3 Abs. 7 Satz 1 UStG.

Die MwStSystRL kennt den Begriff der Sachgesamtheit nicht. Insoweit ist vielmehr maßgebend, ob aus der Sicht des Durchschnittsverbrauchers die »Zusammenfassung« mehrerer bislang selbständiger Gegenstände zu einem selbständig verkehrsfähigen und bewertbaren Gegenstand führt (vgl. auch BFH vom 03. 11. 2011, V R 32/10 zur korrespondierenden Frage, was Wirtschaftsgut i. S. v. § 15a UStG und daher Gegenstand der Vorsteuerberichtigung ist). Die vorgenannten Aussagen zur Ortsbestimmung berührt diese Wertung jedoch nicht.

## 3.3 Mehrere Lieferungen bei nur einer Beförderung oder Versendung (Reihengeschäft)

Schließen mehrere Unternehmer über denselben Gegenstand Umsatzgeschäfte ab und werden diese dadurch erfüllt, dass der Gegenstand der Lieferung unmittelbar vom ersten Unternehmer an den letzten Abnehmer befördert oder versendet wird, spricht man von einem **Reihengeschäft** (§ 3 Abs. 6a Satz 1 UStG). In diesem Fall liegen ebenso viele Lieferungen wie Umsatzgeschäfte vor, jedoch ist nur eine dieser Lieferungen die Beförderungs- oder Versendungslieferung (vgl. § 3 Abs. 6a Satz 1 UStG). Der Ort der übrigen Lieferungen bestimmt sich nach § 3 Abs. 7 Satz 2 UStG.

**BEISPIELE**

a) Kunde K in Basel bestellt beim Musikinstrumentenhändler M in Freiburg ein Klavier. M, der das Klavier nicht vorrätig hat, bestellt dieses beim Hersteller H in Mannheim und beauftragt ihn, das Klavier unmittelbar zu K zu transportieren. H lässt das Klavier durch einen angestellten Fahrer zu K transportieren.

**LÖSUNG** Da H mit M und M mit K über das Klavier Umsatzgeschäfte abgeschlossen haben und beide Umsatzgeschäfte erfüllt werden, erbringt H eine Lieferung an M und M eine Lieferung an K. Die Beförderung erfolgt unmittelbar von H zu K durch den Lieferer H. Die Beförderungslieferung wird somit der Lieferung des H zugerechnet. Der Ort der Lieferung des H ist somit gem. § 3 Abs. 6 Satz 1 UStG im Inland. Sie ist als Ausfuhrlieferung nach § 4 Nr. 1a UStG steuerfrei.
Der Ort der Lieferung des M liegt nach § 3 Abs. 7 Satz 2 Nr. 2 UStG in der Schweiz, da die Lieferung des M der Beförderungslieferung des H folgt und die Beförderung in Basel endet; die Lieferung ist damit nicht steuerbar.

b) Der Kunde K in Basel bestellt beim Musikinstrumentenhändler M in Freiburg ein Klavier. M, der das Klavier nicht vorrätig hat, bestellt dieses Klavier beim Hersteller H in Mannheim und beauftragt diesen, das Klavier unmittelbar dem Abholer K zu übergeben. K holt das Klavier bei H ab und befördert es nach Basel.

**LÖSUNG** Da H mit M und M mit K über das Klavier Umsatzgeschäfte abgeschlossen haben und beide Umsatzgeschäfte erfüllt werden, erbringt H eine Lieferung an M und M eine Lieferung an K. Die Beförderung erfolgt unmittelbar von H zu K durch den Abholer K. Die Beförderungslieferung wird somit der Lieferung des M an K zugerechnet (§ 3 Abs. 6a Satz 3 UStG). Der Ort der Lieferung des M liegt somit gem. § 3 Abs. 6 Satz 1 UStG im Inland. Die Lieferung von M an K ist damit steuerbar. Sie ist als Ausfuhrlieferung nach § 4 Nr. 1a UStG steuerfrei. Der Ort der Lieferung des H liegt nach § 3 Abs. 7 Satz 2 Nr. 1 im Inland, da die Lieferung des H der Beförderungslieferung des M vorangeht und die Beförderung im Inland beginnt. Diese Lieferung ist steuerpflichtig, da bei Ausfuhren im Reihengeschäft die Befreiung nur für die bewegte Lieferung in Betracht kommt.

Ein Reihengeschäft i. S. v. § 3 Abs. 6a Satz 1 UStG liegt auch dann vor, wenn die Beförderung oder Versendung durch einen Abnehmer erfolgt, der zugleich Lieferer ist, wenn also ein Unternehmer innerhalb der Kette befördert oder versendet, ein sog. Zwischenhändler (§ 3 Abs. 6a Satz 4 UStG). In diesem Fall kann er die Beförderung oder Versendung sowohl als Abnehmer als auch als Lieferer vornehmen. Da aber die Beförderung oder Versendung nur einer der Lieferungen zugeordnet (§ 3 Abs. 6a Satz 1 UStG) werden kann, muss geklärt werden, ob der Unternehmer als Abnehmer der an ihn erbrachten Lieferung oder als Lieferer an seinen eigenen Abnehmer befördert oder versendet hat. Hierfür stellt § 3 Abs. 6a Satz 4 UStG die Vermutung auf, dass er als Abnehmer befördert oder versendet hat. Die Vermutung wird nur entkräftet, wenn der Unternehmer nachweist, dass er den Gegenstand als Lieferer befördert oder versendet hat. Diesen Nachweis kann er anhand von Belegen führen, z. B. durch eine Auftragsbestätigung, das Doppel der Rechnung oder andere handelsübliche Belege und Aufzeichnungen. Aus den Belegen muss sich eindeutig und leicht nachprüfbar ergeben, dass der Unternehmer die Beförderung oder Versendung in seiner Eigenschaft als Lieferer und nicht als Abnehmer der Vorlieferung getätigt hat. Hiervon ist bei grenzüberschreitenden Lieferungen auszugehen, wenn der Zwischenhändler gegenüber dem leistenden Unternehmer bis zum Beginn der Beförderung oder Versendung eine ihm vom Abgangsmitgliedstaat erteilte USt-IdNr. verwendet (§ 3 Abs. 6a Satz 5 UStG).

**BEISPIEL**

Der Kunde K in Basel bestellt beim Musikinstrumentenhändler M in Freiburg ein Klavier. M, der das Klavier nicht vorrätig hat, bestellt dieses Klavier beim Hersteller H in Mannheim. M holt das Klavier bei H in Mannheim ab und befördert es direkt zu seinem Abnehmer K in Basel. M weist nicht nach, dass er das Klavier als Lieferer des K befördert hat.

**LÖSUNG** Da H mit M und M mit K über das Klavier Umsatzgeschäfte abgeschlossen haben und beide Umsatzgeschäfte erfüllt werden, erbringt H eine Lieferung an M und M eine Lieferung an K. Die Beförderung erfolgt unmittelbar von H zu K durch den Zwischenhändler M. Da nach § 3 Abs. 6a Satz 1 UStG nur eine der beiden Lieferungen eine Beförderungslieferung sein kann, M Zwischenhändler ist, muss geklärt werden, welcher der beiden Lieferungen die Beförderung zuzuordnen ist. Hierfür stellt § 3 Abs. 6a Satz 4 UStG die widerlegbare Vermutung auf, dass die Beförderung der Lieferung des H zuzuordnen ist. Da M die Vermutung nicht widerlegt, wird somit die Beförderungslieferung der Lieferung des H an M zugerechnet.

Der Ort der Lieferung des H ist somit gem. § 3 Abs. 6 Satz 1 UStG im Inland. Die Lieferung des H ist daher steuerbar. Sie ist auch steuerpflichtig, da M kein ausländischer Abnehmer und die Lieferung deshalb nicht nach § 6 Abs. 1 Nr. 2 UStG befreit ist. Der Ort der Lieferung des M ist nach § 3 Abs. 7 Satz 2 Nr. 2 in der Schweiz, da die Lieferung des M der Beförderungslieferung des H folgt und die Beförderung in Basel endet. Die Lieferung des M ist daher nicht steuerbar.

Kein Reihengeschäft liegt dagegen nach Auffassung der Finanzverwaltung vor, wenn die Beförderung oder Versendung durch mehrere beteiligte Unternehmer erfolgt (vgl. A 3.14 Abs. 4, S. 1 UStAE, sog. »gebrochene Beförderung oder Versendung«). Dies scheint missverständlich zu sein: Maßgebend ist allein, dass eine einheitliche Warenbewegung vom ersten Unternehmer an den letzten Abnehmer vorliegt, d. h. nur ein Unternehmer die Warenbewegung veranlasst hat. Wird der Gegenstand dann durch mehrere Transporteure bewegt, muss der Abnehmer bereits von Anfang an feststehen. Dies kann sich zum einen aus den Frachtdokumenten, zum anderen aber auch leicht und eindeutig aus den Gesamtumständen ergeben (BFH vom 30. 07. 2008, XI R 67/07).

**BEISPIEL**

Der Kunde K in Basel bestellt beim Musikinstrumentenhändler M in Freiburg ein Klavier. M, der das Klavier nicht vorrätig hat, bestellt dieses beim Hersteller H in Mannheim. H befördert das Klavier im Auftrag des M zum Frachtführer F in Karlsruhe. F übernimmt das Klavier und befördert es im Auftrag des M zu K in Basel.

**LÖSUNG** Gem. § 3 Abs. 6 Satz 1 UStG ist Lieferort für die Lieferung von H an M der Ort des Beginns der Beförderung in Mannheim. Die Lieferung des H an M ist daher steuerbar.

Da es sich um eine gebrochene Beförderungs- und Versendungslieferung handelt, liegt nach Auffassung der Finanzverwaltung kein »unmittelbares Gelangen der Ware« H an K vor. Vielmehr rechnet sie die mittels Einsatz des F bewirkte Versendung der Lieferung des M an K zu Mit der Folge, dass der Lieferort für die Lieferung M an K in Karlsruhe liegt. Die Lieferung M an K ist somit ebenfalls steuerbar.

Folgt man jedoch der oben genannten gegenteiligen Auffassung der Rechtsprechung, dass es lediglich darauf ankommt, dass ein Unternehmer, nämlich M, die Warenbewegung veranlasst hat und die Anzahl der Transporteure unerheblich ist, gehört die Beförderung durch F noch zur Lieferung von H an M. Lieferort für die Lieferung von H an M ist dann Mannheim und für die Lieferung von M an K wie im vorigen Beispiel gem. § 3 Abs. 7 Satz 2 Nr. 2 UStG Basel.

Hinweis:

§ 3 Abs. 6a UStG hat in den Sätzen 6 und 7 auch eine entsprechende Zuordnungsregel für den Zwischenhändler in Bezug auf Drittlandslieferung normiert. Dies geht über den zugrundeliegenden Art. 36a MWStSystRL hinaus und schafft in der Praxis auch für diese Fälle Rechtssicherheit.

## 3.4 Sonderregelung des § 3 Abs. 8 UStG

Die Vorschrift des § 3 Abs. 8 UStG ist zunächst im Zusammenhang mit der Frage zu sehen, wer die Einfuhrumsatzsteuer als Vorsteuer nach § 15 Abs. 1 Nr. 2 UStG geltend machen kann. Hierzu ist der Unternehmer befugt, für dessen Unternehmen die Ware eingeführt wurde, d. h. derjenige, der im Inland durch Entrichtung der Einfuhrumsatzsteuer die Freigabe eines Gegenstandes aus der zollamtlichen Verstrickung in den freien Verkehr veranlasst (§§ 13a Abs. 2, 21 Abs. 2 UStG i. V. m. Art. 201 Abs. 3 Satz 1 Zollkodex – grundsätzlich der Anmelder).

Danach gilt: Gelangt bei einer Beförderungs- oder Versendungslieferung nach § 3 Abs. 6 Satz 1 UStG der Liefergegenstand vom Drittland ins Inland und liegt der Lieferort nach der Grundsatzregel des § 3 Abs. 6 Satz 1 UStG im Drittland, verlagert sich der Lieferort gem. § 3 Abs. 8 UStG vom Drittland ins Inland, wenn entweder der Lieferer oder sein Beauftragter Schuldner der Einfuhrumsatzsteuer sind. Die Lieferung wird damit steuerbar und steuerpflichtig. Durch § 3 Abs. 8 UStG wird erreicht, dass der, der die Einfuhrumsatzsteuer entrichtet bzw. für den sie entrichtet wird, diese auch wieder als Vorsteuer geltend machen kann (§ 15 Abs. 1 Nr. 2 UStG). Dem Anspruch des Einführers auf Vergütung der Einfuhrumsatzsteuer steht dann der Anspruch des Fiskus auf Entrichtung der für die Lieferung anfallenden Umsatzsteuer gegenüber.

**BEISPIEL**

Der in Basel (Schweiz) ansässige Unternehmer U liefert eine Maschine an den Abnehmer A in Deutschland. Er übergibt sie zum Transport dem in Deutschland ansässigen Frachtführer F, der sie zu A nach Deutschland transportiert. F meldet die Einfuhr im eigenen Namen und in indirekter Vertretung **für U** beim deutschen Zoll an (§ 21 Abs. 2 Satz 1 UStG i. V. m. Art. 201 Abs. 3 Satz 2 Zollkodex). U ist damit mittelbar Schuldner der Einfuhrumsatzsteuer. Nur in Ausnahmefällen lässt die Zollbehörde zu, dass F die Einfuhr in direkter Vertretung für U anmeldet.

**LÖSUNG** U tätigt eine Versendungslieferung an A. Der Lieferort läge hierfür nach § 3 Abs. 6 Satz 1 UStG in der Schweiz. Da aber U die Maschine aus der Schweiz (Drittlandsgebiet) ins Inland versendet und F als Beauftragter des U Schuldner der Einfuhrumsatzsteuer ist, verlagert sich der Ort der Lieferung des U an A ins Inland (Fiktion). Die Lieferung des U an A ist steuerbar und steuerpflichtig. Hinsichtlich der für ihn entrichteten Einfuhrumsatzsteuer ist U nach § 15 Abs. 1 Nr. 2 UStG zum Vorsteuerabzug berechtigt.

Wird die Einfuhrumsatzsteuer nicht vom bzw. für den Lieferer, sondern vom oder für den Abnehmer entrichtet, kommt es zu keiner Verlagerung des Lieferorts nach § 3 Abs. 8 UStG.

**BEISPIEL**

Der in Basel (Schweiz) ansässige Unternehmer U liefert eine Maschine an den Abnehmer A in Deutschland. Er übergibt sie zum Transport dem in Deutschland ansässigen Frachtführer F, der sie zu A nach Deutschland transportiert. F meldet die Einfuhr **für A** beim deutschen Zoll an. A wird demnach Schuldner der deutschen Einfuhrumsatzsteuer.

**LÖSUNG** U tätigt eine Versendungslieferung an A. Lieferort ist nach § 3 Abs. 6 Satz 1 UStG in der Schweiz. Eine Verlagerung des Lieferorts nach § 3 Abs. 8 UStG tritt nicht ein, da weder Lieferer U noch sein Erfüllungsgehilfe F Schuldner der Einfuhrumsatzsteuer sind. Die Lieferung des U ist nicht steuerbar. A darf nach § 15 Abs. 1 Nr. 2 UStG die Einfuhrumsatzsteuer als Vorsteuer abziehen. Bei dieser Gestaltung tritt U weder mit dem deutschen Zoll noch mit einem deutschen Finanzamt in Verbindung.

Weiterhin muss die Bestimmung im Zusammenhang mit der Möglichkeit der Befreiung von der Einfuhrumsatzsteuer nach § 5 Abs. 1 Nr. 3 UStG gesehen werden. Demnach ist die Einfuhr von Gegenständen, die von einem Schuldner der Einfuhrumsatzsteuer im Anschluss an die Einfuhr unmittelbar zur Ausführung von innergemeinschaftlichen Lieferungen verwendet werden, steuerbefreit. Aus § 5 Abs. 1 Nr. 3 UStG folgt, dass Schuldner der Einfuhrumsatzsteuer i. S. v. § 3 Abs. 8 UStG auch derjenige ist, bei dem die Einfuhrumsatzsteuer wegen einer Steuerbefreiung nicht erhoben wird (vgl. BFH vom 21. 03. 2007 BStBl II 2008, 153).

**BEISPIEL**

Der in Norwegen ansässige Unternehmer U liefert unter Verwendung einer deutschen USt-IdNr. eine Maschine an den Abnehmer A in Frankreich. Er übergibt sie zum Transport dem in Deutschland ansässigen Frachtführer F, der sie über Deutschland ins Gemeinschaftsgebiet einführt und zu A nach Frankreich transportiert. F meldet die Einfuhr im eigenen Namen und in indirekter Vertretung für U beim deutschen Zoll an (§ 21 Abs. 2 Satz 1 UStG i. V. m. Art. 201 Abs. 3 Satz 2 Zollkodex). U ist mittelbar Schuldner der Einfuhrumsatzsteuer. Nur in Ausnahmefällen lässt die Zollbehörde zu, dass F die Einfuhr in direkter Vertretung für U anmeldet. A hat die Maschine bei U unter Verwendung seiner französischen USt-IdNr. bestellt.

**LÖSUNG** Da U die Maschine aus Norwegen (Drittland) ins Inland versendet und F als Beauftragter des U Schuldner der Einfuhrumsatzsteuer ist, liegt der Ort für die Lieferung des U an A im Inland

(§ 3 Abs. 8 UStG). U erbringt somit an A eine steuerbare innergemeinschaftliche Lieferung, die nach § 4 Nr. 1 Buchst. b i. V. m. § 6a UStG steuerfrei ist.
U verwendet also die Maschine im Anschluss an die Einfuhr unmittelbar zur Ausführung einer innergemeinschaftlichen Lieferung. Die Einfuhr ist daher nach § 5 Abs. 1 Nr. 3 UStG steuerfrei.

Wie das Beispiel zeigt, hat U über seinen mittelbaren Vertreter F auf diese Weise keine Einfuhrumsatzsteuer zu entrichten. Trotz der Befreiung bei der Einfuhrumsatzsteuer muss jedoch sein Beauftragter F für die Anwendung des § 3 Abs. 8 UStG als (fiktiver) Schuldner der Einfuhrumsatzsteuer angesehen werden, weil im Falle der Steuerpflicht die Einfuhrumsatzsteuer gegen F festgesetzt worden wäre. Er hat lediglich eine innergemeinschaftliche Lieferung in Deutschland zu erklären. Hierbei kann er sich in diesem Fall durch einen Fiskalvertreter vertreten lassen (§ 22a UStG), wenn er im Inland ausschließlich steuerfreie Umsätze ausführt und keine Vorsteuerbeträge abziehen kann.

**BEISPIELE**

a) A in Nürnberg hat eine Maschine bei B in Frankfurt/Main bestellt. B bestellt die Maschine bei U in Norwegen zur Lieferkondition »verzollt und versteuert« mit dem Auftrag, die Maschine direkt zu A nach Nürnberg zu senden. U übergibt die Maschine zum Transport nach Nürnberg dem in Deutschland ansässigen Frachtführer F, der sie zu A transportiert. F meldet die Einfuhr im eigenen Namen und in indirekter Vertretung für U beim deutschen Zoll an (§ 21 Abs. 2 Satz 1 UStG i. V. m. Art. 201 Abs. 3 Satz 2 Zollkodex).

**LÖSUNG** Da U mit B und B mit A über die Maschine Umsatzgeschäfte abgeschlossen haben und beide Umsatzgeschäfte erfüllt werden, erbringt U eine Lieferung an B und B eine Lieferung an A (§ 3 Abs. 6a Satz 1 UStG). Die Versendung erfolgt unmittelbar von U zu A durch den Lieferer U. Die Versendungslieferung wird somit der Lieferung des U an B zugerechnet. Der Ort der Lieferung des U liegt somit nach der Grundregel des § 3 Abs. 6 Satz 1 UStG in Norwegen. Da aber U die Maschine aus Norwegen (Drittlandsgebiet) ins Inland versendet und F als Beauftragter des U Schuldner der Einfuhrumsatzsteuer ist, verlagert sich der Ort für die Lieferung des U an B ins Inland. U erbringt somit an B eine steuerbare und steuerpflichtige Lieferung. Da U an B im Inland liefert, hat er bei der zollrechtlichen Abfertigung die Verfügungsmacht an der Maschine und darf die Einfuhrumsatzsteuer als Vorsteuer abziehen (§ 15 Abs. 1 Nr. 2 UStG).
Der Ort der Lieferung des B liegt nach § 3 Abs. 7 Satz 2 Nr. 2 im Inland, da die Lieferung des B der Versendungslieferung des U nachfolgt und die Beförderung im Inland endet. Gedanklich folgt sie sowohl räumlich als auch zeitlich der Lieferung des U an B nach. Die Lieferung des B ist ebenfalls steuerbar und steuerpflichtig. B hat aus der Lieferung des U den Vorsteuerabzug.

b) A in Nürnberg hat eine Maschine bei B in Frankfurt/Main bestellt. B bestellt die Maschine bei U in Norwegen zur Lieferkondition »unverzollt und unversteuert« mit dem Auftrag, die Maschine direkt zu A nach Nürnberg zu senden. U übergibt die Maschine zum Transport nach Nürnberg dem in Deutschland ansässigen Frachtführer F, der sie zu A transportiert. F meldet die Einfuhr für B beim deutschen Zoll an. Schuldner der Einfuhrumsatzsteuer ist B.

**LÖSUNG** Da U mit B und B mit A über die Maschine Umsatzgeschäfte abgeschlossen haben und beide Umsatzgeschäfte erfüllt werden, erbringt U eine Lieferung an B und B eine Lieferung an A. Die Versendung erfolgt unmittelbar von U zu A durch den Lieferer U (§ 3 Abs. 6 Satz 5 UStG). Die Beförderungslieferung wird somit der Lieferung des U an B zugerechnet. Der Ort der Lieferung des U liegt somit gem. § 3 Abs. 6 Satz 1 UStG in Norwegen. Eine Verlagerung des Lieferorts nach § 3 Abs. 8 UStG tritt nicht ein; denn nicht der Versender U, sondern vielmehr der Leistungsempfänger B (Zwischenhändler) ist Schuldner der Einfuhrumsatzsteuer. Insoweit hat B bei der zollrechtlichen Abfertigung die Verfügungsmacht noch nicht an A abgegeben und kann daher nach § 15 Abs. 1 Nr. 2 UStG die Einfuhrumsatzsteuer als Vorsteuer abziehen.
Der Ort der Lieferung des B liegt nach § 3 Abs. 7 Satz 2 Nr. 2 UStG im Inland; die Lieferung des B folgt der Versendungslieferung des U und die Beförderung endet im Inland. Gedanklich folgt sie

sowohl räumlich als auch zeitlich der Lieferung des U an B. Die Lieferung des B ist steuerbar und steuerpflichtig.

c) A in Nürnberg hat eine Maschine bei B in Frankfurt/Main bestellt. B bestellt die Maschine bei U in Norwegen. B holt die Maschine direkt bei U in Norwegen ab und befördert sie direkt zu A in Nürnberg. B meldet die Einfuhr beim deutschen Zoll an. Schuldner der Einfuhrumsatzsteuer ist B. B weist nach, dass er den Gegenstand als Lieferer befördert hat.

**LÖSUNG** Da U mit B und B mit A über die Maschine Umsatzgeschäfte abgeschlossen haben und beide Umsatzgeschäfte erfüllt werden, erbringt U eine Lieferung an B und B eine Lieferung an A. Die Beförderung erfolgt unmittelbar von U zu A durch B, der zugleich Abnehmer und Lieferer ist. Die Beförderungslieferung kann nach § 3 Abs. 6a Satz 1 UStG nur einer Lieferung zugeordnet werden. Da B nachweist, dass er den Gegenstand als Lieferer befördert hat (§ 3 Abs. 6a Satz 7 UStG), liegt eine Beförderungslieferung von B an A vor. Der Lieferort ist nach der Grundregel des § 3 Abs. 6 Satz 1 UStG in Norwegen. Da aber B als Beförderer Schuldner der Einfuhrumsatzsteuer ist, verlagert sich sein Lieferort ins Inland (§ 3 Abs. 8 UStG). Die Lieferung des B an A ist damit steuerbar und steuerpflichtig.
Die Lieferung des U an B erfolgt nach § 3 Abs. 7 Satz 2 Nr. 1 UStG in Norwegen und ist nicht steuerbar. Da B Schuldner der Einfuhrumsatzsteuer ist und im Zeitpunkt der zollrechtlichen Abfertigung die Verfügungsmacht an der Maschine hat, darf er sie nach § 15 Abs. 1 Nr. 2 UStG als Vorsteuer abziehen.

d) A in Frankreich hat eine Maschine bei B in Frankreich bestellt. B bestellt die Maschine bei U in Norwegen. B holt die Maschine direkt bei U in Norwegen ab und befördert sie über Deutschland direkt zu A in Frankreich. B meldet die Einfuhr beim deutschen Zoll an. Schuldner der Einfuhrumsatzsteuer, die ohne die Befreiung nach § 5 Abs. 1 Nr. 3 UStG anfallen würde, ist B.

**LÖSUNG** Da U mit B und B mit A über die Maschine einen Kaufvertrag abgeschlossen hat und beide Umsatzgeschäfte erfüllt werden, erbringt U eine Lieferung an B und B eine Lieferung an A. Die Beförderung erfolgt unmittelbar von U zu A durch B, der zugleich Abnehmer und Lieferer ist. Die Beförderungslieferung kann nach § 3 Abs. 6a Satz 1 UStG nur einer Lieferung zugeordnet werden. Da B die Einfuhrumsatzsteuer entrichtet hat, liegt eine Beförderungslieferung von B an A vor (§ 3 Abs. 6a Satz 7 UStG). Der Lieferort ist nach der Grundregel des § 3 Abs. 6 Satz 1 UStG in Norwegen. Da aber B als Lieferer Schuldner der Einfuhrumsatzsteuer ist, verlagert sich sein Lieferort ins Inland (§ 3 Abs. 8 UStG). Die Lieferung des B an A ist damit steuerbar, aber als innergemeinschaftliche Lieferung nach § 4 Nr. 1 Buchst. b i. V. m. § 6a UStG steuerfrei. B verwendet also die Maschine im Anschluss an die Einfuhr unmittelbar zur Ausführung einer innergemeinschaftlichen Lieferung. Die Einfuhr ist daher nach § 5 Abs. 1 Nr. 3 UStG steuerfrei.
Die Lieferung des U an B erfolgt nach § 3 Abs. 7 Satz 2 Nr. 1 UStG in Norwegen und ist nicht steuerbar.

## 3.5 Sonderregelung nach § 3c UStG

Bei Beförderungs- oder Versendungslieferungen durch den Lieferer von einem Mitgliedstaat der EU in einen anderen Mitgliedstaat der EU kann sich der Lieferort nach § 3c UStG vom Ort des Beginns der Beförderung oder Versendung dorthin verlagern, wo die Beförderung oder Versendung endet. Dies kommt allerdings nur in den Fällen in Betracht, in denen der Erwerber nicht der Erwerbsbesteuerung nach § 1a bzw. § 1b UStG unterliegt, z. B. bei Lieferungen an Nichtunternehmer. § 3c UStG enthält nämlich als negatives Tatbestandsmerkmal den innergemeinschaftlichen Erwerb (§ 3c Abs. 2 Nr. 1 und 2 und Abs. 5 UStG). Nähere Einzelheiten hierzu vgl. 5.

# 4 Lieferort bei Lieferungen ohne Warenbewegung

Bei Lieferungen außerhalb des Regelungsbereichs des § 3 Abs. 6 Satz 1 UStG richtet sich der Lieferort stets nach § 3 Abs. 7 UStG. Solche Lieferungen liegen insbesondere vor bei

- Lieferung durch bloße Einigung nach § 929 Satz 2 BGB beim Kauf auf Probe (vgl. BFH vom 06.12.2007, V R 24/05) oder nachdem der Lieferer dem Abnehmer den Gegenstand zuvor zur Ansicht übergeben hat,
- Lieferung durch Abtretung des Herausgabeanspruchs (§ 931 BGB),
- Lieferung durch Vereinbarung eines Besitzkonstituts (§ 930 BGB),
- Lieferung durch Übergabe eines handelsrechtlichen Traditionspapiers (Ladeschein, Lagerschein, Konnossement, §§ 444, 475c, 647 HGB),
- Lieferung von Grundstücken (§ 925 i. V. m. § 873 BGB),
- Lieferung durch Verbindung mit einem Grundstück (§ 946 BGB),
- Lieferung im Reihengeschäft ohne Zuordnung der Warenbewegung (§ 3 Abs. 6a Satz 1 UStG).

Bei Lieferungen ohne Warenbewegung ist der Lieferort nach § 3 Abs. 7 Satz 1 UStG grundsätzlich dort, wo sich der Gegenstand zum Zeitpunkt des Verschaffens der Verfügungsmacht befindet. Für die Lieferungen im Reihengeschäft ohne Zuordnung zur Warenbewegung gelten die Sonderregelungen des § 3 Abs. 7 Satz 2 UStG.

Der Zeitpunkt des Verschaffens der Verfügungsmacht ist grundsätzlich der Zeitpunkt des Eigentumsübergangs. Geht allerdings das wirtschaftliche Eigentum zu einem anderen Zeitpunkt über als das zivilrechtliche, entscheidet der wirtschaftliche Eigentumsübergang.

So wird bei der Lieferung einer Schiffsladung die Verfügungsmacht bereits mit Übergabe des Konnossements (handelsrechtliches Traditionspapier) verschafft, auch wenn sich der Eigentümer das Eigentum bis zur vollständigen Zahlung des Kaufpreises vorbehält.

Umgekehrt wird ein Gebäude, das der Werkunternehmer auf dem Grundstück des Bestellers errichtet, nicht bereits mit dem Eigentumsübergang nach § 946 BGB, sondern mit der Übergabe und Abnahme des fertigen Werks geliefert (vgl. § 3 Abs. 4 Satz 2 UStG).

Bei Lieferungen im Reihengeschäft ist davon auszugehen, dass die Lieferungen innerhalb der Reihe zeitlich nacheinander erfolgen. Daran knüpft folgende Regelung an:

- Der Lieferort für alle der Lieferung mit Warenbewegung vorangehenden Lieferungen liegt nach § 3 Abs. 7 Satz 2 Nr. 1 UStG dort, wo die Beförderung oder Versendung des Gegenstandes **beginnt**.
- Der Lieferort für alle der Lieferung mit Warenbewegung nachfolgenden Lieferungen liegt nach § 3 Abs. 7 Satz 2 Nr. 2 UStG dort, wo die Beförderung oder Versendung des Gegenstandes **endet**. Der Zeitpunkt des Endes der Beförderung oder Versendung ist dann auch der Lieferzeitpunkt.

Gemeinschaftsrechtliche Grundlage für § 3 Abs. 7 **Satz 1** UStG ist Art. 31 MwStSystRL; die Regelungen des § 3 Abs. 7 Satz 2 UStG finden im Gemeinschaftsrecht **keine** Parallele.

# 5 Sonderregelung für den Lieferort nach § 3c UStG

## 5.1 Allgemeines

Wird bei einer Beförderungs- oder Versendungslieferung der Liefergegenstand durch den Lieferer von einem Mitgliedstaat (Ursprungsland) in einen anderen Mitgliedstaat (Bestimmungsland) befördert oder versendet, liegt der Lieferort nach § 3 Abs. 6 Satz 1 UStG grundsätzlich im Ursprungsland.

In bestimmten Fällen verlagert sich der Lieferort gem. § 3c UStG bei Beförderungs- bzw. Versendungslieferungen von einem Mitgliedstaat der EU abweichend von § 3 Abs. 6 Satz 1 UStG in das Bestimmungsland, d. h. dorthin, wo die Beförderung oder Versendung endet. § 3c UStG ersetzt damit die sich regelmäßig aus § 3 Abs. 6 und Abs. 8 UStG ergebenden Lieferorte. Die Regelung soll bei Beförderungs- bzw. Versendungslieferungen die Versteuerung der Lieferung durch den Lieferer im Bestimmungsland in den Fällen sichern, in denen die Besteuerung im Bestimmungsland nicht durch die Besteuerung des innergemeinschaftlichen Erwerbs beim Abnehmer gewährleistet ist. Deshalb empfiehlt es sich stets, zunächst zu prüfen, ob beim Erwerber ein innergemeinschaftlicher Erwerb vorliegt und danach erst zu prüfen, wo sich der Lieferort befindet.

Der Lieferort liegt gem. § 3c UStG im Bestimmungsland, wenn folgende Voraussetzungen gegeben sind:

- Der Liefergegenstand wird durch den Lieferer im Rahmen seines Unternehmens von einem Mitgliedstaat der EU in einen anderen Mitgliedstaat befördert oder versendet.
- Der Liefergegenstand unterliegt beim Erwerber nicht der Erwerbsbesteuerung.
- Der Lieferer
- überschreitet die Lieferschwelle oder
- verzichtet auf die Anwendung der Lieferschwelle oder
- die Lieferschwelle hat keine Bedeutung, weil es sich um verbrauchssteuerpflichtige Waren handelt (§ 3c Abs. 5 Satz 2 UStG i. V. m. § 1a Abs. 5 Satz 2 UStG).

## 5.2 Keine Erwerbsbesteuerung beim Erwerber

Ist der Abnehmer ein Regel versteuernder Unternehmer und kein sog. atypischer i. S. v. § 1a Abs. 3 Nr. 1a bis c UStG, der den Liefergegenstand für sein Unternehmen bezieht, hat er selbst im Bestimmungsland die Umsatzbesteuerung über den Tatbestand des innergemeinschaftlichen Erwerbs durchzuführen (vgl. § 1 Abs. 1 Nr. 5 UStG). Eine Verlagerung des Lieferorts in das Bestimmungsland nach § 3c UStG tritt in diesen Fällen nicht ein.

**BEISPIELE**

a) Unternehmer L in Deutschland liefert eine Ware an den (typischen) Unternehmer A in Frankreich für dessen Unternehmen (Beförderung durch L von Deutschland nach Frankreich).

**LÖSUNG** Der Erwerb aus der Lieferung von L an A unterliegt bei A der französischen Erwerbsumsatzsteuer. Die Verlagerung des Lieferorts gem. § 3c UStG nach Frankreich tritt daher nicht ein (§ 3c Abs. 2 Nr. 1 UStG). Die Lieferung des L ist zwar gem. § 3 Abs. 6 Satz 1 UStG in Deutschland steuerbar, jedoch nach § 4 Nr. 1 Buchst. b UStG i. V. m. § 6a UStG als innergemeinschaftliche Lieferung steuerfrei.

b) Unternehmer L in Frankreich liefert eine Ware an den Unternehmer A in Deutschland für dessen Unternehmen (Beförderung durch L von Frankreich nach Deutschland).

**LÖSUNG** Der Erwerb aus der Lieferung von L an A unterliegt bei A der deutschen Erwerbsumsatzsteuer (§ 1 Abs. 1 Nr. 5 i. V. m. § 1a UStG). Die Verlagerung des Lieferorts gem. § 3c UStG nach Deutschland tritt daher nicht ein (§ 3c Abs. 2 Nr. 1 UStG). Die Lieferung des L ist zwar gem. § 3 Abs. 6 Satz 1 UStG in Frankreich steuerbar, jedoch nach dem französischen UStG als innergemeinschaftliche Lieferung steuerfrei.

Ein typischer Fall, in dem dagegen die Erwerbsbesteuerung nicht greift, ist der Erwerb eines Liefergegenstands durch eine natürliche Person für ihren privaten Bereich. Hiervon ausgenommen ist lediglich der Erwerb eines Neufahrzeugs i. S. d. § 1b UStG, für den gem. § 1b Abs. 1 UStG stets die Erwerbsbesteuerung zum Zuge kommt.

Vorsicht ist geboten bei den sog. Exoten, die unter bestimmten weiteren Voraussetzungen der Erwerbsbesteuerung unterfallen können. Hierunter versteht man

- zum einen die sog. atypischen Unternehmer oder Schwellenunternehmer, die einen Liefergegenstand für ihren unternehmerischen Bereich erwerben,
- zum andern alle juristischen Personen, die einen Liefergegenstand für einen nichtunternehmerischen Bereich erwerben.

Atypische Unternehmer, (Schwellenunternehmer) in diesem Sinne sind die in § 1a Abs. 3 Nr. 1a bis c UStG aufgeführten Unternehmer, also

- Unternehmer, die nur steuerfreie Umsätze ausführen, die zum Ausschluss des Vorsteuerabzugs führen, wie z. B. Ärzte,
- Kleinunternehmer i. S. d. § 19 Abs. 1 UStG bzw. entsprechender Vorschriften in einem anderen Mitgliedstaat,
- Land- und Forstwirte i. S. d. § 24 UStG bzw. entsprechender Vorschriften in einem anderen Mitgliedstaat.

Die oben genannte Gruppe der sog. Exoten fällt in folgenden Fällen unter die Erwerbsbesteuerung:

- Sie erwerben Neufahrzeuge i. S. v. § 1b UStG (vgl. § 1a Abs. 5 Satz 1 UStG).
- Sie erwerben verbrauchsteuerpflichtige Waren i. S. v. § 1a Abs. 5 Satz 2 UStG (Mineralöle, Alkohol und alkoholische Getränke sowie Tabakwaren).
- Sie überschreiten mit ihren Wareneinkäufen aus anderen Mitgliedstaaten (innergemeinschaftliche Erwerbe i. S. v. § 1a Abs. 1 UStG) die in ihrem Mitgliedstaat maßgebliche Erwerbsschwelle (in Deutschland 12 500 €, s. § 1a Abs. 3 Nr. 2 UStG; im Übrigen vgl. A 3c.1 Abs. 2 Satz 4 UStAE).
- Sie haben für das betreffende Kalenderjahr des Erwerbs auf die Anwendung der Erwerbsschwelle verzichtet (§ 1a Abs. 4 UStG).

Fallen die o. a. Exoten unter die Erwerbsbesteuerung, tritt für die Lieferung an sie ebenfalls **keine** Verlagerung des Lieferorts nach § 3c UStG in das Bestimmungsland ein (vgl. § 3c Abs. 2 Nr. 2 UStG). Die Lieferung an sie ist im Ursprungsland gem. § 3 Abs. 6 Satz 1 UStG steuerbar, jedoch als innergemeinschaftliche Lieferung steuerfrei.

## 5.3 Lieferschwelle

Aufgrund der Verlagerung des Lieferorts ins Bestimmungsland haben die liefernden Unternehmer dort Umsatzsteueranmeldungen abzugeben. Dies führt für exportorientierte Unternehmen mit Umsätzen an Privatpersonen dazu, dass sie nicht nur im Inland, sondern im ungünstigsten Falle in allen übrigen Mitgliedstaaten der EU Umsatzsteueranmeldungen abzugeben haben. Das jeweilige Bestimmungsland kann vom Versender die Bestellung eines Fiskalvertreters verlangen (vgl. §§ 22a bis 22e UStG).. Um den hierdurch bedingten Aufwand noch in einem vertretbaren Rahmen zu halten, wurde die Regelung des § 3c UStG auf bedeutsamere Fälle beschränkt. Das Instrumentarium dazu bietet die sog. Lieferschwelle. Überschreitet der mittels der Lieferungen i. S. v. § 3c UStG erzielte Jahresumsatz in einem Mitgliedstaat nicht die von diesem festgelegte Lieferschwelle, tritt die Rechtsfolge des § 3c UStG nicht ein (ausgenommen die Lieferungen verbrauchsteuerpflichtiger Waren, vgl. § 3c Abs. 5 Satz 2 UStG). Es verbleibt bei der Grundregel des § 3 Abs. 6 Satz 1 UStG und der Besteuerung der Lieferung im Ursprungsland. Die Lieferschwelle beträgt in Übereinstimmung mit Art. 34 Abs. 1c MwStSystRL in der Bundesrepublik 100 000 € (§ 3c Abs. 3 Satz 2 Nr. 1 UStG). Sie kann jedoch von den Mitgliedstaaten gem. Art. 34 Abs. 2 MwStSystRL bis auf 35 000 ECU (ca. 35 000 €) herabgesetzt werden, falls diese befürchten, dass die Schwelle von 100 000 ECU zu schwerwiegenden Wettbewerbsverzerrungen führt.

Die Lieferschwellen in den einzelnen Mitgliedstaaten der EU enthält A 3c.1 Abs. 3 UStAE.

Ein praktisches Problem für die betroffenen Unternehmer liegt darin, dass sie nicht immer voraussehen, ob sie im betreffenden Jahr die Lieferschwelle überschreiten werden. Dem trägt § 3c Abs. 3 Satz 1 UStG dadurch Rechnung, dass er grundsätzlich auf den Vorjahresumsatz abstellt. Lag der Vorjahresumsatz über der Lieferschwelle, findet § 3c UStG Anwendung.

Fehlt ein entsprechender Vorjahresumsatz, findet § 3c UStG nur dann Anwendung, wenn der Unternehmer **im laufenden Jahr** die Lieferschwelle überschreitet. In diesem Fall tritt die Ortsverlagerung nach § 3c UStG mit der Lieferung ein, mit welcher die Lieferschwelle überschritten wird sowie für alle nachfolgenden Lieferungen des betreffenden Jahres und des Folgejahres (vgl. A 3c.1 Abs. 3 Satz 6 UStAE).

**BEISPIEL**

Das Versandhandelsunternehmen V in Nürnberg erzielte im Kalenderjahr 01 Versandhandelsumsätze in Luxemburg i. S. v. § 3c UStG i. H. v. insgesamt 95 000 € und im Kalenderjahr 02 i. H. v. 115 000 €. Bis 10. 12. 02 betrugen die Umsätze 99 800 €. Am Vormittag des 11. 12. 02 bewirkte V einen Umsatz i. H. v. 150 € und am Nachmittag einen weiteren Umsatz i. H. v. 400 €.

**LÖSUNG** Die Lieferschwelle in Luxemburg beträgt 100 000 €. Sie wurde am Nachmittag des 11. 12. 02 überschritten. Für die Lieferung am Nachmittag sowie für alle nachfolgenden Lieferungen verlagert sich der Lieferort nach Luxemburg. Diese Lieferungen sind in Deutschland nicht steuerbar. V muss sie in Luxemburg versteuern.

Bleibt der Unternehmer unter der Lieferschwelle, liegt sein Lieferort gem. § 3 Abs. 6 Satz 1 UStG grundsätzlich im Ursprungsland. Er kann jedoch gem. § 3c Abs. 4 UStG auf die Anwendung der Lieferschwelle verzichten und damit zur Regelung nach § 3c UStG optieren. Die Option bindet ihn für mindestens zwei Kalenderjahre (§ 3c Abs. 4 Satz 3 UStG). Der Verzicht kann in den Fällen sinnvoll sein, in denen der maßgebliche Steuersatz des Bestimmungslandes niedriger ist als der des Ursprungslandes.

Unabhängig von der Lieferschwelle tritt die Verlagerung des Lieferorts nach § 3c UStG gem. § 3c Abs. 5 Satz 2 UStG stets ein, wenn es sich bei dem Liefergegenstand um verbrauchsteuerpflichtige Waren i. S. d. § 1a Abs. 5 Satz 2 UStG handelt (Mineralöle, Alkohol und alkoholische Getränke sowie Tabakwaren). Die Umsätze mit verbrauchsteuerpflichtigen Waren bleiben im Übrigen unberücksichtigt bei der Prüfung, ob die Lieferschwelle überschritten wird (vgl. A 3c.1 Abs. 3 Satz 3 UStAE).

## 5.4 Beispiele zu § 3c UStG

**BEISPIELE**

a) Unternehmer U in Stuttgart liefert an den Unternehmer A in Paris eine Ware für dessen Unternehmen. Er beauftragt den Frachtführer F mit dem Transport der Ware von Stuttgart nach Paris.

**LÖSUNG** U erbringt an A eine Versendungslieferung. A unterliegt mit seinem Erwerb der französischen Erwerbssteuer. Die Voraussetzung nach § 3c Abs. 2 Nr. 1 UStG für die Anwendung des § 3c Abs. 1 UStG ist damit nicht erfüllt. Die Lieferung des U an A ist nach § 3 Abs. 6 Satz 1 UStG steuerbar, jedoch als innergemeinschaftliche Lieferung nach § 4 Nr. 1 Buchst. b UStG i. V. m. § 6a UStG steuerfrei.

b) Unternehmer U in Stuttgart liefert im Jahr 02 an den Privatmann P in Paris eine Ware. Er versendet die Ware mit der Post zu P. U hat im Jahr 01 für 400 000 € Versendungslieferungen i. S. v. § 3c UStG nach Frankreich getätigt.

**LÖSUNG** U erbringt an P eine Versendungslieferung von Deutschland nach Frankreich. P unterliegt als Privatmann nicht der französischen Erwerbssteuer. U überschreitet die für Frankreich maßgebliche Lieferschwelle. Somit sind die Voraussetzung nach § 3c Abs. 2 und 3 UStG für die Anwendung des § 3c Abs. 1 UStG erfüllt. Der Lieferort für U liegt gem. § 3c Abs. 1 UStG im Bestimmungsland Frankreich. Die Lieferung ist in Frankreich zu versteuern.

c) Unternehmer U in Stuttgart liefert im Jahr 02 an den Unternehmer A in Paris eine Ware für dessen privaten Bedarf. A verwendet wegen des privaten Bezugs auch keine USt-IdNr. U versendet die Ware mit der Post zu A. U hat im Jahr 01 für 400 000 € Versendungslieferungen i. S. v. § 3c UStG nach Frankreich getätigt.

**LÖSUNG** U erbringt an A eine Versendungslieferung von Deutschland nach Frankreich. A bezieht die Ware nicht für sein Unternehmen und unterliegt damit nicht der französischen Erwerbsumsatzsteuer. Da A keine USt-IdNr. verwendet, kann U davon ausgehen, dass A die Ware nicht für ein Unternehmen bezieht. U überschreitet die für Frankreich maßgebliche Lieferschwelle von 35 000 €. Somit sind die Voraussetzung nach § 3c Abs. 2 und 3 UStG für die Anwendung des § 3c Abs. 1 UStG erfüllt. Der Lieferort für U liegt gem. § 3c Abs. 1 UStG im Bestimmungsland Frankreich. Die Lieferung ist in Deutschland nicht steuerbar und von U in Frankreich nach dem französischen UStG zu versteuern.

d) Unternehmer U in Stuttgart betreibt Versandhandel mit Schmuck. Im Kalenderjahr 01 hat U Versandhandelslieferungen i. S. d. § 3c UStG nach Frankreich zum Gesamtpreis von 20 000 € getätigt. Bis zum 30. 10. 02 hat U Versandhandelslieferungen i. S. d. § 3c UStG nach Frankreich zum Gesamtpreis von 41 000 € getätigt. Am 03. 11. 02 liefert U eine Perlenkette zum Preis von 2 000 € und am 07. 11. 03 ein Paar Ohrclips zum Preis von 1 000 € nach Frankreich (jeweils Versandhandelslieferungen i. S. d. § 3c UStG).

**LÖSUNG** Im Kalenderjahr 01 hat U die Lieferschwelle nach Frankreich nicht überschritten. Diese liegt bei 35 000 €. Da es sich dabei um einen Nettobetrag handelt und die Umsätze des U in Frankreich dem Regelsteuersatz von 20 % unterliegen, ist die Lieferschwelle überschritten, wenn die Bruttoentgelte den Betrag von 42 000 € übersteigen. Damit überschreitet U die Lieferschwelle mit der Lieferung der Perlenkette am 03. 11. 02. Bereits für diese Lieferung verlagert sich der Lieferort nach Frankreich. Die Lieferung ist in Frankreich steuerbar und steuerpflichtig. Auch für die Lieferung der Ohrclips sowie alle weiteren Versandhandelslieferungen i. S. d. § 3c UStG verlagert sich der Lieferort nach Frankreich.

e) Unternehmer U in Stuttgart liefert an den Privatmann P in Paris einen neuen Pkw. Er lässt einen seiner Angestellten den Pkw zu P nach Paris fahren.

**LÖSUNG** U erbringt an P eine Beförderungslieferung gem. § 3 Abs. 6 Satz 1 UStG von Deutschland nach Frankreich. Der Ort der Lieferung liegt nach § 3 Abs. 6 Satz 1 UStG Stuttgart. Eine Verlagerung des Lieferorts nach § 3c Abs. 1 UStG scheidet gem. § 3c Abs. 5 Satz 1 UStG aus, da es sich um die Lieferung eines Neufahrzeugs handelt. Die Lieferung des U an P ist als innergemeinschaftliche Lieferung steuerfrei nach § 4 Nr. 1 Buchst. b UStG i. V. mit § 6a UStG. Der Erwerb des Pkw unterliegt der französischen Erwerbsumsatzsteuer, die von P zu entrichten ist.

f) Unternehmer U in Kehl liefert an die Stadt Straßburg (S) Schulmöbel für den hoheitlichen Bereich zum Preis von 25 000 €. Er befördert die Schulmöbel mit seinem Lieferwagen nach Straßburg.

**LÖSUNG** U erbringt an S Beförderungslieferungen. S gehört zu den in § 3c Abs. 2 Nr. 2d UStG genannten Personen (Exoten). S überschreitet die französische Erwerbsschwelle von 10 000 € und unterliegt somit der französischen Erwerbssteuer. Die Voraussetzung nach § 3c Abs. 2 Nr. 2 UStG für die Anwendung des § 3c Abs. 1 UStG ist damit nicht erfüllt. Die Lieferung des U an S ist daher nach § 3 Abs. 6 Satz 1 UStG in Kehl bewirkt. Die Lieferung ist damit nach dem deutschen UStG steuerbar, jedoch als innergemeinschaftliche Lieferung nach § 4 Nr. 1 Buchst. b UStG i. V. m. § 6a UStG steuerfrei.

g) Unternehmer U in Kehl liefert im Kalenderjahr 02 an die Stadt Straßburg (S) Schulmöbel für den hoheitlichen Bereich zum Preis von 9 000 €. Er befördert die Schulmöbel mit seinem Lieferwagen direkt nach Straßburg. Die Stadt Straßburg hat im Kalenderjahr 01 keinerlei innergemeinschaftli-

chen Erwerb getätigt und tätigt außer dem Bezug der Schulmöbel auch im Jahr 02 keinen weiteren innergemeinschaftlichen Erwerb. U hat im Jahr 01 für 300 000 € Versendungslieferungen i. S. v. § 3c UStG nach Frankreich getätigt.
**LÖSUNG** U erbringt an S Beförderungslieferungen. S gehört zu den in § 3c Abs. 2 Nr. 2 Buchst. d UStG genannten Personen (Exoten) und überschreitet nicht die französische Erwerbsschwelle (10 000 €). S unterliegt also nicht der französischen Erwerbsumsatzsteuer. Die Voraussetzung nach § 3c Abs. 2 Nr. 2 Buchst. d UStG für die Anwendung des § 3c Abs. 1 UStG ist damit erfüllt. U überschreitet auch die maßgebliche französische Lieferschwelle gem. § 3c Abs. 3 UStG. Somit liegt der Lieferort gem. § 3c Abs. 1 UStG in Frankreich. U tätigt eine nach französischem Umsatzsteuerrecht steuerbare und steuerpflichtige Lieferung.

h) Unternehmer U in Kehl liefert im Kalenderjahr 02 an die Stadt Straßburg (S) Schulmöbel für den hoheitlichen Bereich zum Preis von 5 000 €. Er befördert die Schulmöbel mit seinem Lieferwagen direkt nach Straßburg. Die Stadt Straßburg hat im Kalenderjahr 01 keinerlei innergemeinschaftlichen Erwerb getätigt und tätigt außer dem Bezug der Schulmöbel auch im Jahr 02 keinen weiteren innergemeinschaftlichen Erwerb. U hat im Jahr 01 für 15 000 € Versendungslieferungen i. S. v. § 3c UStG nach Frankreich erbracht. Auch im Kalenderjahr 02 hat U die Lieferschwelle nach Frankreich noch nicht überschritten.
U und S möchten die Umsatzsteuerbelastung aus diesem Geschäft möglichst niedrig halten.
**LÖSUNG** U erbringt an S Beförderungslieferungen. S gehört zu den in § 3c Abs. 2 Nr. 2 Buchst. d UStG genannten Personen (Exoten) und überschreitet nicht die französische Erwerbsschwelle. Somit unterliegt S nicht der französischen Erwerbsumsatzsteuer. Die Voraussetzung nach § 3c Abs. 2 Nr. 2 Buchst. d UStG für die Anwendung des § 3c Abs. 1 UStG ist damit erfüllt. U überschreitet jedoch nicht die französische Lieferschwelle und verzichtet auch nicht auf die Anwendung dieser Schwelle, da sonst die höhere französische Umsatzsteuer (20 % statt 19 %) anfallen würde. Somit greift § 3c Abs. 1 UStG nicht ein. Die Lieferungen des U an S sind nach § 3 Abs. 6 Satz 1 UStG in Deutschland steuerbar und steuerpflichtig.

i) Unternehmer U in Straßburg liefert im Kalenderjahr 02 an die Stadt Kehl (K) Schulmöbel für den hoheitlichen Bereich zum Preis von 5 000 €. Er befördert die Schulmöbel mit seinem Lieferwagen direkt nach Kehl. Die Stadt Kehl hat im Kalenderjahr 01 keinerlei innergemeinschaftlichen Erwerb getätigt und tätigt außer dem Bezug der Schulmöbel auch im Jahr 02 keinen weiteren innergemeinschaftlichen Erwerb. U hat im Jahr 01 für 15 000 € Waren nach Deutschland i. S. v. § 3c UStG versandt. Auch im Kalenderjahr 02 hat U die Lieferschwelle nach Deutschland noch nicht überschritten.
U und K möchten die Umsatzsteuerbelastung aus diesem Geschäft möglichst niedrig halten.
**LÖSUNG** U erbringt an K Beförderungslieferungen. K gehört zu den in § 3c Abs. 2 Nr. 2 Buchst. d UStG genannten Personen (Exoten) und überschreitet nicht die deutsche Erwerbsschwelle gem. § 1a Abs. 3 Nr. 2 UStG von 12 500 €. K unterliegt damit grundsätzlich nicht der deutschen Erwerbsumsatzsteuer. Die Voraussetzung nach § 3c Abs. 2 Nr. 2d UStG für die Anwendung des § 3c Abs. 1 UStG ist damit erfüllt. U überschreitet jedoch nicht die deutsche Lieferschwelle gem. § 3c Abs. 3 Nr. 1 UStG von 100 000 €. Danach würde § 3c Abs. 1 UStG an und für sich nicht eingreifen mit der Folge, dass die Lieferung in Frankreich zum höheren Steuersatz (20 % statt 19 %) zu versteuern wäre.
U und K haben nun zwei Möglichkeiten, die Versteuerung in Deutschland zum niedrigeren Steuersatz von 19 % zu erreichen:
**1. Möglichkeit:** U verzichtet gem. § 3c Abs. 4 UStG auf die Anwendung der Lieferschwelle. Dadurch greift § 3c Abs. 1 UStG. Die Lieferung ist dann in Deutschland steuerbar und steuerpflichtig. Der Verzicht bindet U mindestens für die Jahre 02 und 03. Das ist aber nicht unbedingt ein Nachteil, da die Interessenlage bei anderen Lieferungen nach Deutschland dieselbe ist.
**2. Möglichkeit:** K verzichtet gem. § 1a Abs. 4 UStG auf die Anwendung der Erwerbsschwelle. K unterliegt damit der deutschen Erwerbsumsatzsteuer. Als Folge ist die nach § 3 Abs. 6 Satz 1 UStG in Frankreich bewirkte Lieferung als innergemeinschaftliche Lieferung in Frankreich steuerfrei. Der Verzicht bindet K nach § 1a Abs. 4 Satz 2 UStG mindestens für die Jahre 02 und 03.

j) Winzer W im Elsass (Frankreich) liefert im Kalenderjahr 02 an den Privatmann P in Freiburg 200 Flaschen Wein, die er mit seinem eigenen Lieferwagen zu P transportiert. W hat im Kalenderjahr 01 aus Lieferungen nach Deutschland einen Umsatz von 30 000 € i. S. v. § 3c UStG erzielt und erzielt im Kalenderjahr 02 in Deutschland einen Umsatz von 60 000 €.

**LÖSUNG** W erbringt an P Beförderungslieferungen. Da P Privatmann ist, unterliegt er nicht der deutschen Erwerbsumsatzsteuer. Die Voraussetzung nach § 3c Abs. 2 Nr. 1 UStG für die Anwendung des § 3c Abs. 1 UStG ist damit erfüllt. Die Lieferschwelle nach § 3c Abs. 3 Nr. 1 UStG wird von W zwar nicht überschritten, jedoch gilt § 3c Abs. 3 gem. § 3c Abs. 5 Satz 2 UStG nicht für die Lieferung verbrauchsteuerpflichtiger Waren. Hierunter fällt gem. § 1a Abs. 5 Satz 2 UStG auch der Wein. Somit greift § 3c Abs. 1 UStG ein und der Lieferort liegt in Deutschland. Die Lieferung des W ist in Deutschland steuerbar und steuerpflichtig.

k) Winzer W im Elsass (Frankreich) liefert im Kalenderjahr 02 an den Sportverein S, einen eingetragenen Verein in Freiburg, 200 Flaschen Wein, die er mit seinem eigenen Lieferwagen zu S transportiert. S hat im Kalenderjahr 01 keinerlei innergemeinschaftlichen Erwerb getätigt und tätigt außer dem Bezug des Weins auch im Jahr 02 keinen weiteren innergemeinschaftlichen Erwerb.
W hat im Kalenderjahr 01 aus Lieferungen nach Deutschland einen Umsatz von 30 000 € i. S. v. § 3c UStG erzielt. Im Kalenderjahr 02 hat W bereits für 110 000 € Wein nach Deutschland geliefert.

**LÖSUNG** W erbringt an S Beförderungslieferungen. Der Erwerb bei S unterliegt gem. § 1 Abs. 1 Nr. 5 UStG i. V. mit § 1a UStG der Erwerbsumsatzsteuer. Dass S die Erwerbsschwelle gem. § 1a Abs. 3 Nr. 2 UStG von 12 500 € nicht überschreitet, spielt beim Erwerb verbrauchsteuerpflichtiger Waren (alkoholische Getränke gem. § 1a Abs. 5 Satz 2 UStG) keine Rolle. Infolgedessen ergibt sich gem. § 3c Abs. 2 Nr. 2 UStG keine Verlagerung des Lieferorts nach § 3c UStG. Die Lieferung ist in Frankreich steuerbar, jedoch als innergemeinschaftliche Lieferung nach den§ 4 Nr. 1 Buchst. b i. V. m. § 6a UStG entsprechenden französischen Vorschriften steuerfrei.

# 6 Steuerbarkeit von sonstigen Leistungen

## 6.1 Allgemeines

Bislang galten die Erörterungen einer Anzahl typischer Fälle steuerbarer **Liefer**tatbestände. Im Folgenden gilt es, den Begriff der **sonstigen Leistung** und die mit ihm einhergehenden Ortsbestimmungen des § 3a und 3b UStG zu erläutern.

## 6.2 Begriff der sonstigen Leistung

Nach der Legaldefinition des § 3 Abs. 9 Satz 1 UStG sind sonstige Leistungen **Leistungen, die keine Lieferungen sind**. Dies entspricht der gemeinschaftsrechtlichen Regelung in Art. 24 Abs. 1 MwStSystRL. Konkrete Beispiele dafür bieten zum einen § 3 Abs. 9 Satz 2 und § 3a UStG. Letzterer erwähnt allerdings nur einige (besonders wichtige) Fälle der sonstigen Leistung. Für die Einordnung von Leistungen als sonstige Leistung i. S. d. § 3 Abs. 9 UStG, die nicht in § 3a UStG erwähnt werden, gilt es vom Oberbegriff der Leistung auszugehen. Auf das Wesentliche reduziert bedeutet dies:

**Leistung = Erfüllung einer Verpflichtung.**

Immer, wenn die Erfüllung einer Verpflichtung kein Verschaffen der Verfügungsmacht an einem Gegenstand darstellt, liegt eine sonstige Leistung vor. Maßgebend ist insoweit die Gesamtwürdigung aller Umstände, unter denen der Umsatz erbracht wird und in deren Rahmen das charakterisierende Element der Leistung zu ermitteln ist (EuGH vom 19. 07. 2012, C-44/11, Deutsche Bank). Bei der zugrunde liegenden Verpflichtung braucht es sich um keine rechtsgültige zu handeln; es genügt vielmehr, wenn beide Beteiligten, Leistender und Leistungsempfänger, davon ausgehen, dass eine Verpflichtung besteht, sei sie auch nur moralischer Art.

## 6.3 Ort der sonstigen Leistung

### 6.3.1 Allgemeines

Der Ort der sonstigen Leistungen hat mit dem Jahressteuergesetz 2009 zum 01. 01. 2010 in den §§ 3a und 3b UStG eine umfassende Neuregelung erfahren. Grund dafür war die Umsetzung des sog. Mehrwertsteuerpakets der EU, insbesondere der darin enthaltenen Richtlinie 2008/8/EG vom 12. 02. 2008 zur Neuregelung des Orts der Dienstleistungen.

Entsprechend der Zielsetzung der Richtlinie soll das Bestimmungslandprinzip durchgesetzt und alle Dienstleistungen am Ort des tatsächlichen Verbrauchs besteuert werden. Im Zusammenhang damit wurde die Möglichkeit der Ortsverlagerung durch Verwendung einer USt-IdNr. beseitigt. Der Leistungsort wird vielmehr an den Sitz des leistungsempfangenden Unternehmers verlagert.

Parallel dazu wurde auch Art. 169 MwStSystRL geändert und die Besteuerung beim Leistungsempfänger durch die Ausdehnung des Reverse-Charge-Verfahrens auf die Fälle des Empfängerorts im Gemeinschaftsgebiet sichergestellt. Folgerichtig hat der Gesetzgeber auch § 13b UStG neu gefasst. Er sieht jetzt in § 13b Abs. 1 i. V. m. Abs. 5 Satz 1 UStG den Übergang der Steuerschuldnerschaft auf den Leistungsempfänger für die Leistungen von einem im Gemeinschaftsgebiet ansässigen Unternehmer vor, die nach § 3a Abs. 2 UStG im Inland steuerpflichtig erbracht wurden.

Weitere Änderungen sowohl in Bezug auf § 3a als auch auf § 13b UStG erfolgten mit dem Gesetz zur Umsetzung der Amtshilferichtlinie sowie zur Änderung steuerlicher Vorschriften (AmtshilfeRLUmsG vom 26. 06. 2013 BGBl I 2013, 1809).

### 6.3.2 Grundsätze

Wesentlich für die Neuregelung ist die grundsätzliche Unterscheidung nach dem Leistungsempfänger:

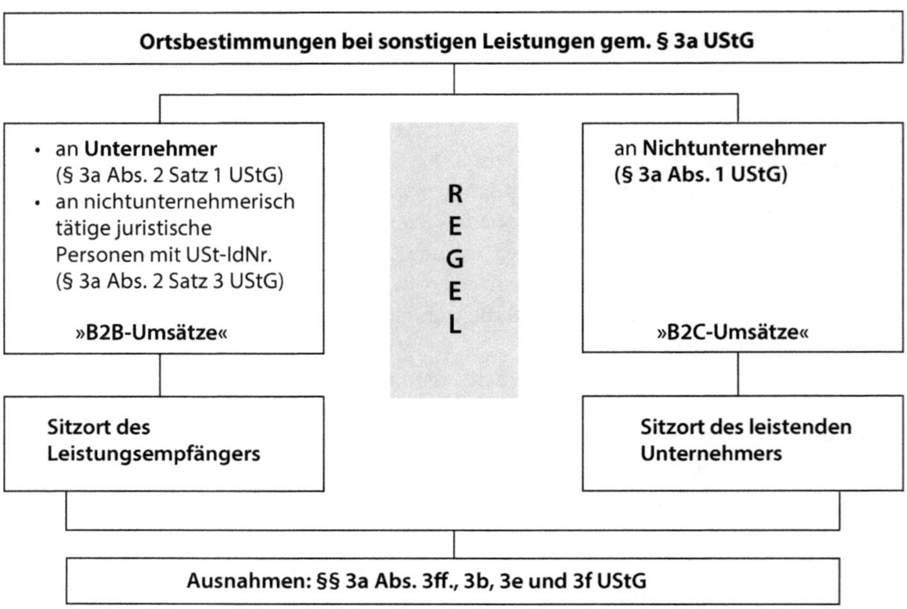

Bei Leistungen an

- Leistungsempfänger, die nicht Unternehmer sind,
- Unternehmer, wenn die Leistung nicht für ihr Unternehmen bezogen wird, oder
- nichtunternehmerisch tätige juristische Personen, denen keine USt-IdNr. erteilt wurde,

bestimmt sich der Ort der sonstigen Leistung nach **§ 3a Abs. 1 UStG** (Business-to-Consumer-/B2C-Umsätze). Insoweit verbleibt es bei der Besteuerung am Ort des leistenden Unternehmers (Ursprungslandprinzip).

Allerdings ist dies nur dann der Fall, wenn keiner der Tatbestände des § 3a Abs. 3 bis 8 UStG, des § 3b UStG oder des § 3e UStG vorliegt.

Bei Leistungen an

- einen Unternehmer für dessen Unternehmen oder
- an eine nichtunternehmerisch tätige juristische Person mit USt-IdNr.

bestimmt sich der Ort der sonstigen Leistung nach **§ 3a Abs. 2 UStG** (Business-to-Business-/B2B-Umsätze). Die Dienstleistungen werden am Ort des Leistungsempfängers bewirkt (Bestimmungslandprinzip).

Auch diese Regelung hat wie § 3a Abs. 1 UStG nur Auffangcharakter und kommt zum Tragen, wenn keiner der Tatbestände des § 3a Abs. 3 Nr. 1, 2, 3 Buchst. b und Nr. 5, Abs. 6 Satz 1 Nr. 1, Abs. 7 und Abs. 8 Sätze 1 und 3 UStG, des § 3b Abs. 1 Sätze 1 und 2 UStG oder des § 3e UStG vorliegt.

Für die **Fallbearbeitung** empfiehlt sich für die Ermittlung des Orts der sonstigen Leistung folgendes **Vorgehen**:

1. **Fällt die sonstige Leistung unter § 3b UStG?**

a) Ja:
Leistungsort nach
- § 3b Abs. 1 UStG – Strecke, auf der die Beförderung ausgeführt wird.
- § 3b Abs. 2 UStG – Ort der jeweiligen Tätigkeit.
  Beachte: Ausnahmeregelung in § 3a Abs. 8 UStG (Ausnahme zu § 3b Abs. 1 und 2 UStG).
- § 3b Abs. 3 UStG – Sonderregelung zum Ort der innergemeinschaftlichen Beförderungsleistung.

b) Nein:

2. **Fällt die sonstige Leistung unter § 3e UStG?**

a) Ja:
Leistungsort nach § 3e Abs. 1 UStG – Abgangsort des Beförderungsmittels im Gemeinschaftsgebiet.

b) Nein:

3. **Fällt die die sonstige Leistung unter § 3a Abs. 3 Nr. 1 – 5 UStG?**

a) Ja:
- Leistungsort nach Nr. 1 – Lageort des Grundstücks.
- Leistungsort nach Nr. 2 – Ort der **kurzfristigen** Überlassung des Beförderungsmittels.
  Beachte: Ausnahmen in § 3a Abs. 6 Nr. 1 und § 3a Abs. 7 UStG.
- Leistungsort nach Nr. 3 – Ort der jeweiligen Tätigkeit.
  Beachte: Sonderregelung in § 3a Abs. 8 UStG.
- Leistungsort nach Nr. 4 – Ort der Vermittlungsleistung.
- Leistungsort nach Nr. 5 – Ort, an dem die Veranstaltung tatsächlich durchgeführt wird.

b) Nein:

4. **Ist der Leistungsempfänger ein Unternehmer oder eine ihm gleichgestellte juristische Person?**

a) Ja:
Leistungsort nach § 3a Abs. 2 UStG – Unternehmenssitz des Leistungsempfängers bzw. Ort seiner Betriebsstätte.

b) Nein:

5. **Fällt die sonstige Leistung unter § 3a Abs. 3 Nr. 2 oder Abs. 4 Nr. 1–14 UStG?**

a) Ja:
- Leistungsort nach Abs. 3 Nr. 2 UStG – Ort der **langfristigen** Überlassung des Beförderungsmittels bzw. der **langfristigen** Überlassung eines Sportboots
- Leistungsort nach Regelungen des § 3a Abs. 4 Nr. 1–14 UStG – Ort des Wohnsitzes oder Sitzes des Leistungsempfängers im Drittland

b) Nein:

6. **Fällt die die sonstige Leistung unter einen der Sonderfälle des § 3a Abs. 5 bis 8 UStG?**

a) Ja:
Leistungsort nach den in den entsprechenden Absätzen bezeichneten Orten.

b) Nein:
Leistungsort nach § 3a Abs. 1 UStG – Ort, von dem aus der leistende Unternehmer sein Unternehmen betreibt bzw. Ort der Betriebsstätte.

### 6.3.3 Sonstige Leistungen im Zusammenhang mit Grundstücken

Nach § 3a Abs. 3 Nr. 1 UStG ist der Leistungsort für sonstige Leistungen im Zusammenhang mit Grundstücken dort, wo das Grundstück liegt (Belegenheitsprinzip).

Beachte: § 3a Abs. 3 Nr. 1 UStG gilt sowohl für sonstige Leistungen an Nichtunternehmer als auch an Unternehmer und diesen gleichgestellten juristische Personen.

**BEISPIEL**

Der in Stuttgart wohnhafte Eigentümer E vermietet seine Ferienwohnung in Spanien an deutsche Urlauber für ihren Ferienaufenthalt.

**LÖSUNG** § 3a Abs. 3 Nr. 1 Buchst. a UStG bestimmt, dass der Leistungsort dort ist, wo das Grundstück liegt, also in Spanien. Die Vermietungsleistung des E ist somit in Deutschland nicht steuerbar.

Entsprechend dem Sinn und Zweck der Regelung, nämlich bedingt durch die Lage des Grundstücks grundstücksbezogene Leistungen leicht und eindeutig örtlich feststellen zu können, geht der Grundstücksbegriff nach dem UStG weit über den des Zivilrechts hinaus (A 3a.3 Abs. 1 und 2 UStAE). Aufschlussreich sind insoweit die aktuellen Entscheidungen des BFH vom 21.06.2017, Az. V R 4/17 und V R 3/17 zur Steuerfreiheit von Liegerechten im Begräbniswald, in denen sich der BFH eingehend mit dem unionsrechtlichen Grundstücksbegriff auseinandersetzt.

Zum Grundstück gehören demnach insbesondere

- Grund und Boden,
- wesentliche Bestandteile i. S. d. §§ 93, 94 BGB,
- grundstücksgleiche Rechte i. S. d. § 96 BGB und
- Scheinbestandteile i. S. d. § 95 BGB.

Wesentlich für die unter § 3a Abs. 3 Nr. 1 UStG fallenden Leistungen ist grundsätzlich ein enger (= unmittelbarer) Bezug zum Grundstück. Nur auf diese Weise lässt sich das Anknüpfen an den Lageort rechtfertigen. Ein enger Zusammenhang liegt dann vor, wenn sich die sonstige Leistung nach den tatsächlichen Umständen überwiegend auf die Bebauung, Verwertung, Nutzung oder Unterhaltung des Grundstücks selbst bezieht (A 3a.3 Abs. 3 UStAE und seit 01. 01. 2017 Art. 31a DVO zur MwStSystRL).

Typische sonstige Leistungen, für die sich der Leistungsort am Ort des Grundstücks ergibt, sind:

- Vermietung und Verpachtung von Grundstücken gem. § 4 Nr. 12 UStG (A 3a.3 Abs. 4–6 UStAE),
- Leistungen der Notare, Sachverständigen und Makler, z. B. Beurkundung von Grundstückskaufverträgen (A 3a.3 Abs. 7 UStAE),
- Begutachtung von Grundstücken (A 3a.3 Abs. 8 Satz 4 UStAE),
- sonstige Leistungen im Zusammenhang mit der Bebauung des Grundstücks wie Erstellung von Bauplänen durch den Architekten (§ 3a Abs. 3 Nr. 1c UStG),
- Reinigung und Wartung von Grundstücken, z. B. Gebäuden (A 3a.3 Abs. 9 Beispiel 4 UStAE),
- Vermittlung von Grundstücksveräußerungen, Grundstückserwerben und Grundstücksvermietungen (A 3a.3 Abs. 7 bis 9 UStAE),
- weitere Beispiele s. Art. 31a–31c DVO zur MwStSystRL.

Dagegen richtet sich der Leistungsort **nicht** danach, wo das Grundstück liegt bei:

- Vermittlung von Beherbergungsumsätzen, d. h. der kurzfristigen Vermietung von Zimmern in Hotels, Gaststätten oder Pensionen, von Fremdenzimmern, Ferienwohnungen, Ferienhäusern und vergleichbaren Einrichtungen (A 3a.3 Abs. 9 Nr. 2 2. HS UStAE).
- Gestellung von Personal zum Einsatz auf Baustellen (der Leistungsort richtet sich nach § 3a Abs. 2 i. V. m. Abs. 4 Nr. 7 UStG).
- Veröffentlichung von Immobilienanzeigen (der Leistungsort richtet sich nach § 3a Abs. 1 Abs. 2 oder Abs. 4 Nr. 2 UStG, A 3a.3 Abs. 10 Nr. 5 UStAE).
- Verkauf und Vermittlung von Anteilen an Grundstücksgesellschaften (der Leistungsort richtet sich nach § 3a Abs. 1, Abs. 2 oder Abs. 4 Nr. 6a UStG, A 3a.3 Abs. 10 Nr. 4 UStAE)
- Finanzierung und Finanzierungsberatung im Zusammenhang mit dem Erwerb und der Bebauung eines Grundstücks (der Leistungsort richtet sich nach § 3a Abs. 1, Abs. 2 oder Abs. 4 Nr. 6a UStG, A 3a.3 Abs. 10 Nr. 6 UStAE).
- Rechts- und Steuerberatung in Grundstückssachen (der Leistungsort richtet sich nach § 3a Abs. 1, Abs. 2 oder Abs. 4 Nr. 3 UStG, A 3a.3 Abs. 10 Nr. 7 UStAE).

In den vorgenannten Fällen besteht zwar auch ein Zusammenhang der Leistung mit dem Grundstück. Jedoch ist § 3a Abs. 3 Nr. 1 UStG gegenüber anderen Vorschriften abzugrenzen. Andere Vorschriften gehen dann vor, wenn die Leistung besser in deren Anwendungsbereich passt. Beispielsweise wäre es unpraktisch für Immobilienanzeigen, den Leistungsort nach § 3a Abs. 3 Nr. 1 UStG zu bestimmen. Man denke nur daran, dass in einer Anzeige mehrere Immobilien zur Vermietung angeboten werden, die teilweise im Inland und teilweise im Ausland liegen.

Der EuGH hat sich in seinem Urteil vom 27. 06. 2013 Rs. C-155/12 mit den grundstücksbezogenen Dienstleistungen i. S. d. Art. 47 MwStSystRL auseinandergesetzt. Das BMF hat die Rechtsprechung in den Umsatzsteueranwendungserlass übernommen; der Schwerpunkt liegt dabei vor allem auf den sonstigen Leistungen im Zusammenhang mit Windparks. Seit 01. 01. 2017 finden auch die Regelungen der Art. 31a–31c DVO zur MwStSystRL, zu Dienstleistungen im Zusammenhang mit Grundstücken unmittelbare Anwendung für das nationale Recht.

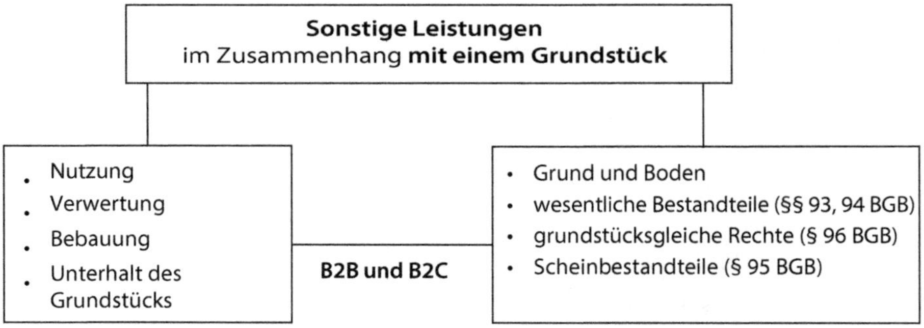


### 6.3.4 Sonstige Leistungen im Zusammenhang mit Messen und Ausstellungen

Bei der Überlassung von **Standflächen** auf Messen und Ausstellungen an die Aussteller handelt es sich um sonstige Leistungen im Zusammenhang mit einem Grundstück im Rahmen eines Vertrags besonderer Art (vgl. A 3a.4 Abs. 1 i. V. m. A 4.12.6 Abs. 2 Nr. 1 UStAE). Dies gilt auch für die Überlassung von Räumen und ihren Einrichtungen auf dem Messegelände für Informationsveranstaltungen einschließlich der üblichen Nebenleistungen und die Überlassung von Parkplätzen auf dem Messegelände. A 3a.4 Abs. 2 UStAE enthält eine Aufzählung der üblicherweise bei Messen und Ausstellungen vorkommenden Leistungen. Die in Nr. 1 bis 6 bezeichneten Leistungen fallen ebenfalls unter § 3a Abs. 3 Nr. 1 UStG, wenn sie **einzeln** erbracht werden.

Kommt es neben der Überlassung von Standflächen zumindest noch zu **drei** weiteren der in A 3a.4 Abs. 2 UStAE genannten Leistungen und handelt es sich dabei insgesamt um eine einheitliche Leistung, liegt eine sog. Veranstaltungsleistung vor (vgl. A 3a.4 Abs. 2 Satz 3 i. V. m. A 3.10 UStAE), deren Leistungsort sich nach § 3a Abs. 2 UStG bestimmt, vorausgesetzt der Leistungsempfänger ist Unternehmer oder eine diesem gleichgestellte juristische Person (siehe A 3a.2 Abs. 1 UStAE). Wird diese Leistung an einen Nichtunternehmer erbracht, richtet sich der Leistungsort nach § 3a Abs. 3 Nr. 3 Buchst. a UStG.

Mit Urteil vom 28. 10. 2011 – Rs. C-530/09, Inter-Mark Group, entschied der EuGH, dass Leistungen im Rahmen eines Standaufbaus bei Messen und Ausstellungen je nach Art der Leistung entweder Werbeleistungen sein können oder Leistungen, die im Zusammenhang mit kulturellen, künstlerischen, sportlichen, wissenschaftlichen, unterrichtenden, unterhaltenden oder ähnlichen Leistungen anzusehen sind, soweit der Stand im Zusammenhang mit einer Messe oder Ausstellung zu einem der vorgenannten Gebiete steht. Eine Leistung im engen Zusammenhang mit einem Grundstück hat der EuGH insoweit verneint.

Die Rechtsprechung des EuGH wurde inzwischen in den UStAE übernommen (vgl. A 3a.3 Abs. 10 Nr. 8 und A 3a.2 Abs. 16 letzter Spiegelstrich UStAE).

### 6.3.5 Ort der Vermietung von Beförderungsmitteln

Es gilt zu unterscheiden zwischen kurz- und langfristiger Vermietung.

Eine kurzfristige Vermietung von Beförderungsmitteln liegt nach § 3a Abs. 3 Nr. 2 UStG vor, wenn die Vermietung über einen ununterbrochenen Zeitraum von

- nicht mehr als 90 Tagen bei Wasserfahrzeugen und
- nicht mehr als 30 Tagen bei anderen Beförderungsmitteln dauert.

Zur Berechnung der Dauer der Vermietung wurden in A 3a.5 Abs. 2 Satz 3 ff. UStAE für Sonderfälle Regelungen getroffen.

Beförderungsmittel sind Gegenstände, deren Hauptzweck auf die Beförderung von Personen und Gütern gerichtet ist und die sich auch tatsächlich fortbewegen (vgl. Beispiele in A 3a.5 Abs. 2 UStAE).

Der Leistungsort ist in diesen Fällen dort, wo das Beförderungsmittel dem Empfänger tatsächlich zur Verfügung gestellt, d. h. dort, wo es ihm übergeben wird. Wird das Beförderungsmittel ganz oder überwiegend im Inland genutzt und ist Leistender ein Unternehmer, der sein Unternehmen von einem im Drittlandsgebiet liegenden Ort aus betreibt, liegt der Leistungsort unabhängig vom Ort der Übergabe nach § 3a Abs. 6 Nr. 1 UStG im Inland.

Erfolgt die Vermietung langfristig, d. h. bei Wasserfahrzeugen über einen ununterbrochenen Zeitraum von mehr als 90 bzw. bei anderen Beförderungsmitteln von mehr als 30 Tagen, an einen Unternehmer, ist Leistungsort an dessen Unternehmens- oder Betriebsstättensitz (§ 3a Abs. 2 UStG).

Bei entsprechenden Leistungen an Nichtunternehmer liegt der Leistungsort regelmäßig am Wohnsitz, gewöhnlichen Aufenthaltsort oder Sitz des Leistungsempfängers (§ 3a Abs. 3 Nr. 2 Satz 3 UStG; A 3a.5 Abs. 7 und Abs. 8 UStAE). Wird die Dienstleistung allerdings vom Drittland aus erbracht, verlagert sich der Leistungsort gem. § 3a Abs. 6 Nr. 1 UStG ins Inland, wenn das Beförderungsmittel ganz oder überwiegend im Inland genutzt wird.

Hinweis:

Mit einer interessanten Fragestellung hat sich aktuell der EuGH aufgrund eines Vorlageverfahrens des FG des Saarlandes (Beschluss vom 18.03.2019, 1 K 1208/16) zu befassen: Nach der § 3a Abs. 3 Nr. 2 Satz 3 UStG zugrundeliegenden Regelung des Art. 56 Abs. 2 MwStSystRL greift die Ortsregelung nicht, wenn der Zurverfügungstellung eines Pkw durch einen Arbeitgeber, eine AG nach luxemburgischen Recht, an seine Arbeitnehmer keine Gegenleistung in Form einer Arbeitsleistung oder eines sonst gearteten Entgelts gegenübersteht. Die Zurverfügungstellung zweier Pkw an die in Deutschland wohnenden Mitarbeiter der AG stellt sich nach Auffassung der FG entweder als entgeltliche Dienstleistung i. S. v. Art. 2 Abs. 1 Buchst. c MwStSystRL an einen Nichtsteuerpflichtigen oder aber als eine einer entgeltlichen Dienstleistung nach Art. 26 Abs. 1a MwStSystRL gleichgestellte Leistung gem. Art 45 MwStSystRL dar, die an dem Ort erbracht ist, an dem der Leistende den Sitz seiner wirtschaftlichen Tätigkeit hat, vorliegend also in Luxemburg. Die Privatnutzung der Firmenfahrzeuge wäre demnach in Deutschland nicht umsatzsteuerbar (entgegen A. 15.23 Abs. 8 UStAE!).

Entsprechend der Verlagerung des Leistungsorts nach § 3a Abs. 6 Nr. 1 UStG ins Inland kann sich bei der Vermietung von speziellen Fahrzeugen wie z .B. Schienenfahrzeugen, Omnibussen oder Straßenfahrzeugen, die ausschließlich zur Beförderung von Gegenständen bestimmt sind, nach § 3a Abs. 7 UStG auch eine Verlagerung des Leistungsorts ins Drittland ergeben. Dies ist dann der Fall, wenn

1. der Leistungsempfänger ein im Drittlandsgebiet ansässiger Unternehmer,
2. das Fahrzeug für sein Unternehmen bestimmt ist und
3. das Fahrzeug im Drittlandsgebiet genutzt wird.

Diese Regelung betrifft überdies die Vermietung bzw. das Mietleasing von Lkw, Zugmaschinen, Sattelschleppern, Anhängern, Eisenbahnwagen, Transportbetonmischern usw. Sie bezweckt, Wettbewerbsnachteile inländischer Unternehmer im Geschäft mit Drittländern zu vermeiden. Unternehmer mit Sitz im Drittland können in der Regel die ihnen berechnete Umsatzsteuer nur im Vorsteuervergütungsverfahren als Vorsteuer geltend machen. Ist in ihrem Land die Gegenseitigkeit nicht gewährleistet, ist ihnen die Möglichkeit der Vorsteuervergütung verwehrt (vgl. § 18 Abs. 9 Satz 4 UStG).

Wegen der unterschiedlichen Ortsregelungen muss bisweilen eine Abgrenzung zwischen der Vermietung von bemannten Beförderungsmitteln und den Beförderungsleistungen vorgenommen werden. Wird z. B. eine Segelyacht samt Besatzung verchartert, kommt es darauf an, ob nach dem Chartervertrag eine bestimmte Beförderung geschuldet ist. Keine Beförderungsleistung, sondern die Vermietung eines Beförderungsmittels liegt vor, wenn der Leistungsempfänger die Reiseroute im Verlauf der Reise ändern kann (vgl. A 3a.5 Abs. 3 UStAE).

**BEISPIELE**

a) Das Bootsvermietungsunternehmen B mit Sitz in Bad Cannstatt vermietet an den Unternehmer U eine Yacht für drei Wochen. Die Übergabe der Yacht erfolgt an der Betriebsstätte von B im französischen Hafen Brest.

**LÖSUNG** Leistungsort für die Vermietungsleistung ist in Brest/Frankreich, dem Ort, an dem das vermietete Boot tatsächlich von B an U übergeben wird.

b) Ein japanischer Sumoringer tritt in Heidelberg eine Urlaubsreise durch Europa an und mietet einen Pkw bei einer Firma mit Sitz in Heidelberg für vier Monate. Das Fahrzeug soll in Deutschland, Frankreich, der Schweiz, Italien und Österreich genutzt werden.

**LÖSUNG** Es handelt sich um eine langfristige Vermietung. Der Leistungsort ist deshalb nach § 3a Abs. 3 Nr. 2 Satz 3 UStG zu bestimmen. Die Vermietung des Kraftfahrzeugs durch einen im Inland ansässigen Unternehmer ist insgesamt in Japan am Wohnsitz des Leistungsempfängers steuerbar, auch wenn das vermietete Beförderungsmittel während der Vermietung nicht in Japan, sondern im Inland bzw. in weiteren europäischen Ländern genutzt wird.

c) B in Basel (Schweiz) vermietet Kraftfahrzeuge (Pkw und Wohnmobile). Zu seinem Kundenkreis gehören Privatleute im südbadischen Raum, z. B. P in Freiburg. P mietet einen Pkw und nutzt ihn überwiegend in Freiburg.

**LÖSUNG** B erbringt an P eine Vermietungsleistung in Bezug auf ein Beförderungsmittel nach § 3a Abs. 3 Nr. 2 UStG. Der Leistungsort wäre danach in Basel, also im Drittland. Da A den Pkw überwiegend in Deutschland nutzt, verlagert sich der Leistungsort nach § 3a Abs. 6 Nr. 1 UStG ins Inland und zwar sowohl bei kurz- als auch bei langfristiger Nutzung. Die Vermietungsleistung des B ist steuerbar und steuerpflichtig.

d) Der in Freiburg ansässige Unternehmer U vermietet an einen in der Schweiz ansässigen Unternehmer S einen Lkw für drei Wochen. Der Lkw wird von S bei U abgeholt. Der Lkw wird ausschließlich in der Schweiz genutzt.

**LÖSUNG** Der Ort der Leistung bei der kurzfristigen Vermietung des Beförderungsmittels richtet sich grundsätzlich nach § 3a Abs. 3 Nr. 2 UStG. Da der Lkw aber nicht im Inland, sondern in der Schweiz genutzt wird, ist die Leistung nach § 3a Abs. 7 UStG als in der Schweiz ausgeführt zu behandeln.

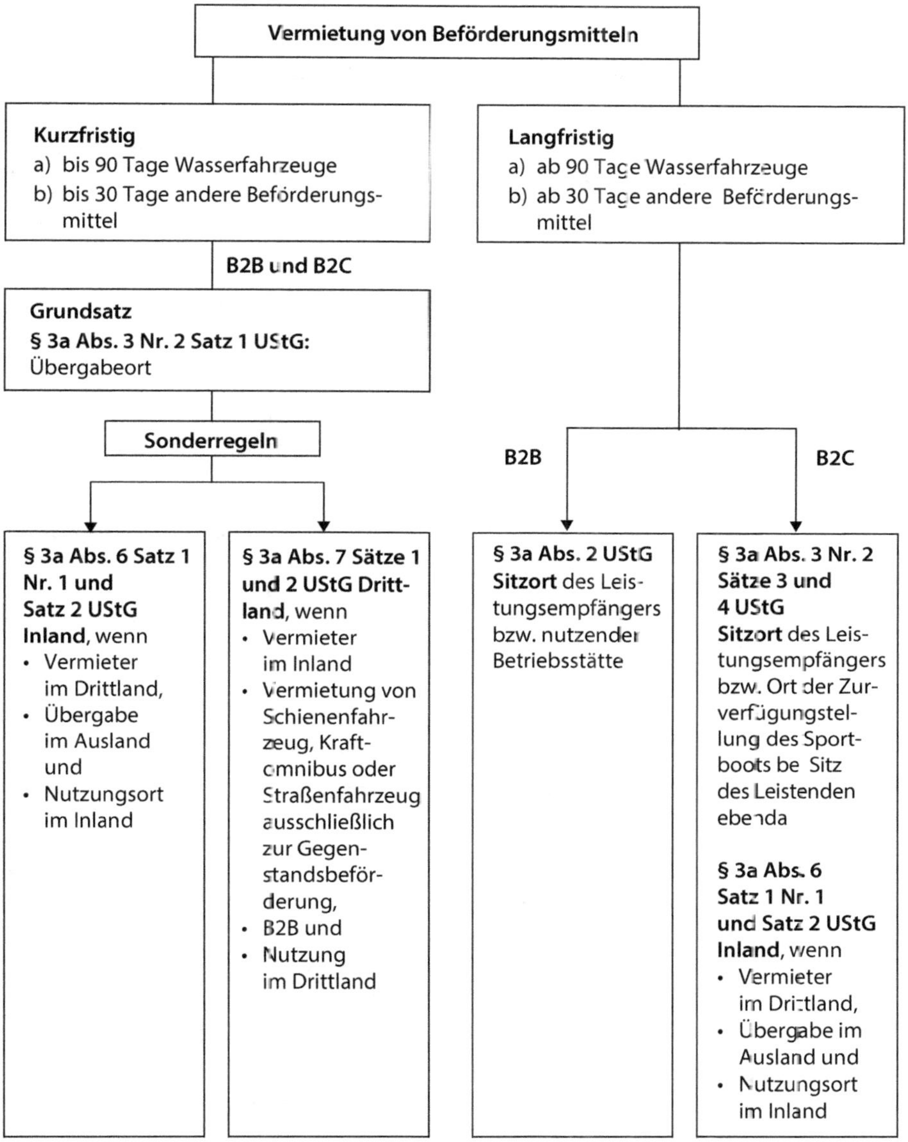


### 6.3.6 Ort der Arbeiten an Gegenständen und deren Begutachtung

Leistungsort nach § 3a Abs. 3 Nr. 3 Buchst. c UStG ist dort, wo der Unternehmer ausschließlich oder zum wesentlichen Teil tätig wird.

**Beachte:** § 3a Abs. 3 Nr. 3 Buchst. c UStG gilt nur für sonstige Leistungen an Nichtunternehmer.

Erbringt der Unternehmer die sonstige Leistung nicht selbst, sondern durch einen Erfüllungsgehilfen, wird die Leistung dort ausgeführt, wo dieser ausschließlich oder zum wesentlichen Teil tätig wird. Denn die Tätigkeit des Erfüllungsgehilfen wird dem Unternehmer wie seine eigene Tätigkeit zugerechnet. Es ist dabei gleichgültig, ob es sich um einen Arbeitnehmer (nichtselbständiger Erfüllungsgehilfe) oder um einen sog. Subunternehmer (selbständiger Erfüllungsgehilfe) handelt (vgl. A 3a.6 Abs. 10 bis 12 UStAE).

**BEISPIELE**

a) L in Lörrach beauftragt den Werkunternehmer W in Weil mit dem Abschleifen von Maschinenteilen. W beauftragt seinerseits mit dem Abschleifen den Werkunternehmer B in Basel (Schweiz). W holt die Maschinenteile bei L ab, bringt sie zur Bearbeitung zu B, holt sie danach wieder ab und bringt sie zu L.

**LÖSUNG** B erbringt an W und W an L eine Werkleistung. Die Leistung des W an L ist keine Vermittlungsleistung, denn die Art der Leistung wird durch das zugrunde liegende Verpflichtungsgeschäft bestimmt. Danach hat sich W zum Abschleifen der Maschinenteile verpflichtet und diese Verpflichtung erfüllt. Dass W dabei einen Subunternehmer als Erfüllungsgehilfen eingeschaltet hat, spielt keine Rolle, weil es dem L nicht darauf ankommt, wer die Maschinenteile schleift, sondern dass sie geschliffen werden.

B erbringt seine Werkleistung nach § 3a Abs. 2 UStG am Sitzort des W (§ 3a Abs. 2 Satz 1 UStG) in Weil. W erbringt seine Werkleistung nach § 3a Abs. 2 Satz 1 UStG in Lörrach, dem Unternehmenssitz des L. § 3a Abs. 3 Nr. 3c UStG greift in keiner der beiden Leistungsbeziehungen, da dieser Tatbestand voraussetzt, dass an einen Nichtunternehmer geleistet wird.

b) Privatmann P in Karlsruhe beauftragt Schreiner S in Hagenau (Frankreich) mit der Restauration eines wertvollen Biedermeiersekretärs. S erbringt die Arbeiten an dem Möbelstück in seiner Werkstatt in Hagenau.

**LÖSUNG** S erbringt seine Werkleistung an einem beweglichen körperlichen Gegenstand nach § 3a Abs. 3 Nr. 3 Buchst. c UStG an dem Ort, an dem er tätig wird, also in Hagenau (Frankreich). Die sonstige Leistung ist damit nicht steuerbar.

§ 3a Abs. 3 Nr. 3 Buchst. c UStG greift nur, wenn die Leistungen an einen Nichtunternehmer erbracht werden. Bei Leistungen an einen Unternehmer oder eine diesem gleichgestellte juristische Person greift § 3a Abs. 2 UStG und damit das Empfängerortprinzip.

Bei der Begutachtung eines beweglichen Gegenstands durch Sachverständige (z. B. Echtheitsgutachten bezüglich eines Gemäldes) richtet sich der Leistungsort ebenfalls nach § 3a Abs. 3 Nr. 3 Buchst. c UStG. Zwar handelt es sich bei einer derartigen Leistung auch um eine sonstige Leistung aus der Tätigkeit als Sachverständiger i. S. d. § 3a Abs. 4 Nr. 3 UStG. Jedoch hat in diesem Fall § 3a Abs. 3 Nr. 3 Buchst. c UStG den Vorrang (vgl. A 3a.6 Abs. 12 Satz 1 UStAE).

§ 3a Abs. 3 Nr. 3 Buchst. c UStG umfasst neben der Werkleistung und der Begutachtung auch die Beseitigung eines Gegenstands (Abfallbeseitigung).

**BEISPIEL**

Die in Frankfurt/Main ansässige Zweigniederlassung des in Italien ansässigen Industrieunternehmens I beauftragt unter Verwendung ihrer deutschen USt-IdNr. die Entsorgungsfirma E mit Sitz in Frankfurt mit der Entsorgung ihres Industrieabfalls. E holt den Industrieabfall bei I in Frankfurt ab und sortiert ihn in Frankfurt. Auf diese Weise können 80 % des Abfalls als Wertstoffe von E zur Hälfte an inländische Unternehmen, zur Hälfte an Unternehmen im Ausland veräußert werden. 20 % des Abfalls bleiben als Sondermüll zurück. E beauftragt unter Verwendung einer deutschen USt-IdNr. die in Frankreich ansässige Firma F, diesen Abfall zu entsorgen. F holt ihn ab und deponiert ihn auf einer in Frankreich hierfür zugelassenen Sondermülldeponie.

**LÖSUNG** F erbringt an den Auftraggeber E eine sonstige Leistung i. S. v. § 3a Abs. 3 Nr. 3 Buchst. c UStG (Arbeiten an beweglichen körperlichen Gegenständen). Der Leistungsort ist Frankfurt, da die Leistung für den Unternehmer E ausgeführt wird (§ 3a Abs. 2 Satz 1 UStG).

E erbringt an den Auftraggeber I eine sonstige Leistung i. S. v. § 3a Abs. 3 Nr. 3 Buchst. c UStG (Arbeiten an beweglichen körperlichen Gegenständen). Da die Leistung für die Niederlassung des I ausgeführt wird (Auftritt mit deutscher USt-IdNr., vgl. A 3a.2 Abs. 4 Satz 4 UStAE), liegt der Leistungsort ebenfalls im Inland (§ 3a Abs. 2 Satz 2 UStG).

### 6.3.7 Leistungsort bei künstlerischen, wissenschaftlichen, unterrichtenden, sportlichen, unterhaltenden oder ähnlichen Leistungen (Leistungen i. S. d. § 3a Abs. 3 Nr. 3 Buchst. a UStG)

Ort der Leistungen i. S. v. § 3a Abs. 3 Nr. 3 Buchst. a UStG richtet sich danach, wo der leistende Unternehmer ausschließlich oder zum wesentlichen Teil tätig wird. Das gemeinsame Merkmal dieser Leistungen ist ihre Flüchtigkeit. Dies zeigt sich am deutlichsten bei den sportlichen Leistungen. Millionen von Menschen sehen fasziniert die Übertragung eines Tennisspiels. Am anderen Tag ist alles schon »kalter Kaffee«.

Beachte: § 3a Abs. 3 Nr. 3 Buchst. a UStG gilt nur noch für sonstige Leistungen an **Nichtunternehmer**.

Für diese Leistungen ergeben sich Abgrenzungsprobleme vor allem zu Leistungen, deren Leistungsort der Gesetzgeber auch nach § 3a Abs. 4 Nr. 3 UStG geregelt hat.

So passt die Leistung von Konferenzdolmetschern und Konferenzübersetzern unter beide Vorschriften. Da der Gesetzgeber diese Berufsgruppe jedoch ausdrücklich in § 3a Abs. 4 Nr. 3 UStG erwähnt, will er den Leistungsort für ihre berufstypische Tätigkeit offenbar nach § 3a Abs. 2 UStG regeln.

Unter die Vorschrift des § 3a Abs. 3 Nr. 3 Buchst. a UStG fallen nicht nur Leistungen der unmittelbar Handelnden, sondern auch Leistungen der jeweiligen Veranstalter, also auch der Verkauf von Eintrittskarten (an Nichtunternehmer). Weiterhin fallen unter die Regelung auch Leistungen, die für die Ausübung in § 3a Abs. 3 Nr. 3a UStG genannten Leistungen unerlässlich sind, z. B. Leistungen von Tontechnikern bei Konzertveranstaltungen (vgl. A 3a.6 Abs. 3 UStAE). Auch beim Verkauf von Eintrittskarten im eigenen Namen und auf eigene Rechnung durch einen anderen Unternehmer als den Veranstalter bestimmt sich der Leistungsort nach § 3a Abs. 3 Nr. 3a UStG (A 3a.6 Abs. 2 Satz 2 UStAE). Lediglich die Vermittlung von Eintrittskarten fällt nicht unter diese Regelung.

**BEISPIELE**

Der Konzertveranstalter K engagiert den Klaviervirtuosen V aus Österreich für ein Klavierkonzert in Ludwigsburg. Die Konzertbesucher haben hierfür an K Eintrittsgeld zu bezahlen. V erhält für das Konzert von K eine Gage.

**LÖSUNG** V erbringt an K eine Leistung i. S. v. § 3a Abs. 3 Nr. 3 Buchst. a UStG. Leistungsort ist der Sitzort des Leistungsempfängers K (§ 3a Abs. 2 UStG). K seinerseits erbringt Leistungen nach § 3a Abs. 3 Nr. 3a UStG an die Konzertbesucher. Die Leistungen sind steuerbar und steuerpflichtig. Bei Vorliegen der Bescheinigung der zuständigen Landesbehörde i. S. v. § 4 Nr. 20 UStG können die Leistungen auch steuerfrei sein. Ist dies nicht der Fall, ist sie steuerpflichtig und K schuldet für die Leistung des V die Umsatzsteuer (7 %, vgl. § 12 Abs. 2 Nr. 7 Buchst. a UStG) nach § 13b Abs. 5 Satz 1 i. V. m. Abs. 1 UStG (vgl. X 4).

Die Regelung des § 3a Abs. 3 Nr. 3 Buchst. a UStG gilt nur für sonstige Leistungen, die in einem positiven Tun bestehen. Für jeden einzelnen Umsatz ist zu bestimmen, wo die entscheidende Bedingung für den Erfolg gesetzt bzw. die Leistung tatsächlich erbracht wird (A 3a.6 Abs. 1 UStAE). Es kommt nicht darauf an, wo der Erfolg eintritt oder die sonstige Leistung sich auswirkt (BFH vom 04.04.1974 BStBl II 1974, 532). Wesentlich ist vielmehr, wo der Unternehmer, z. B. Künstler, im Rahmen seiner Gesamttätigkeit überwiegend tätig wird.

Bei den in Art. 52 MwStSystRL allgemein bezeichneten »Tätigkeiten auf dem Gebiet der Kultur« i. S. d. § 3a Abs. 3 Nr. 3 Buchst. a UStG ist zu beachten, dass sich im Falle der Übertragung von **Urheberrechten** und ähnlichen Rechten der Leistungsort nach § 3a Abs. 1, Abs. 2 oder Abs. 4 Nr. 1 UStG bestimmen kann (vgl. A 3a.6 Abs. 4 UStAE Beispiel 2).

### 6.3.8 Einräumung von Eintrittsberechtigungen

Nachdem sich der Leistungsort seit dem 01.01.2011 für Leistungen i.S.d. § 3a Abs. 3 Nr. 3 Buchst. a UStG nur noch bei Leistungen an Nichtunternehmer nach diesem Tätigkeitsort bestimmt, wurde § 3a Abs. 3 UStG um die Nr. 5 ergänzt. Eintrittsberechtigungen zu kulturellen, künstlerischen, wissenschaftlichen, unterrichtenden, sportlichen, unterhaltenden oder ähnlichen Veranstaltungen an einen Unternehmer oder eine ihm gleichgestellte nichtunternehmerisch tätige juristische Person mit USt-IdNr. werden ebenfalls an dem Ort besteuert, an dem die **Veranstaltung tatsächlich stattfindet**.

Zu den Eintrittsberechtigungen gehören insbesondere

- das Recht auf Zugang zu Darbietungen, Freizeitparks usw., auch wenn das Entgelt in Form eines Abonnements oder eines Jahresbeitrags entrichtet wird;
- das Recht auf Zugang zu Sportveranstaltungen gegen Entgelt, auch wenn das Entgelt in Form einer Zahlung für einen bestimmten Zeitraum oder eine festgelegte Anzahl von Veranstaltungen in einem Betrag erfolgt;
- das Recht auf Zugang zu den der Allgemeinheit offenstehenden Veranstaltungen auf dem Gebiet des Unterrichts und der Wissenschaft, wie beispielsweise Konferenzen und Seminare. Dies gilt unabhängig davon, ob der Unternehmer selbst oder ein Arbeitnehmer an der Veranstaltung teilnimmt und das Entgelt vom Unternehmer (Arbeitgeber) entrichtet wird A. 3a.6 Abs. 13 Nr. 3 UStAE – die Frage ist, ob diese bislang unbestrittene Rechtsauffassung nach der Entscheidung des EuGH vom 13.03.2019, Rs. C-647/17 Srf konsulterna noch so weiterbestehen bleiben kann.

**BEISPIELE**

a) Der Seminarveranstalter S mit Sitz in Palermo (Italien) veranstaltet in Düsseldorf ein Seminar zum aktuellen Umsatzsteuerrecht in der Europäischen Union; das Seminar wird europaweit beworben. Teilnahmebeschränkungen gibt es nicht. Am Seminar nehmen Unternehmer mit Sitz in der Schweiz, in Österreich, Belgien, Deutschland und Frankreich teil.

**LÖSUNG** Der Ort der Leistung ist nach § 3a Abs. 3 Nr. 5 UStG am Veranstaltungsort in Deutschland. Die Frage ist, ob jeder Teilnehmer Steuerschuldner nach § 13b UStG wird. Auch wenn es sich nicht um einen typischen Kongress handelt, müsste schon aus Gründen der Praktikabilität § 13b Abs. 6 Nr. 4 UStG einschlägig sein, wonach S alleiniger Steuerschuldner bleibt.

b) Die international tätige Wirtschaftsprüfungsgesellschaft W mit Sitz in Düsseldorf beauftragt den Seminarveranstalter S mit Sitz in Palermo (Italien) mit der Durchführung eines Inhouse-Seminars zum aktuellen Umsatzsteuerrecht in der Europäischen Union in Palermo. An dem Seminar können nur Mitarbeiter der W teilnehmen.

**LÖSUNG** Da das Seminar nicht allgemein der Öffentlichkeit zugänglich ist, fällt der Umsatz nicht unter § 3a Abs. 3 Nr. 5 UStG. Leistungsort ist nach § 3a Abs. 2 UStG der Sitzort der W in Düsseldorf. W schuldet nach § 13b Abs. 5 Satz 1 i.V.m. Abs. 1 UStG die Umsatzsteuer.

c) Die international tätige Wirtschaftsprüfungsgesellschaft W mit Sitz in Düsseldorf beauftragt den Seminarveranstalter S mit Sitz in Palermo (Italien) mit der Durchführung eines Inhouse-Seminars zum aktuellen Umsatzsteuerrecht in der Europäischen Union in Palermo. An dem Seminar können nur Mitarbeiter der W teilnehmen. Als Dozenten engagiert S den in Berlin ansässigen Professor D.

**LÖSUNG** Da das Seminar nicht der Öffentlichkeit zugänglich ist, fällt der Umsatz nicht unter die Eintrittsberechtigungen nach § 3a Abs. 3 Nr. 5 UStG. Leistungsort für die Leistung des S ist nach § 3a Abs. 2 UStG am Sitzort der W in Düsseldorf. W schuldet nach § 13b Abs. 5 Satz 1 i.V.m. Abs. 1 UStG die Umsatzsteuer. D erbringt seine Leistung gegenüber S nach § 3a Abs. 2 UStG in Palermo, die Leistung ist nicht steuerbar. S muss in Italien im Rahmen des Reverse-Charge-Verfahrens die Umsatzsteuer abführen.

### 6.3.9 Restaurationsleistungen

Restaurationsleistungen werden grundsätzlich nach § 3a Abs. 3 Nr. 3 Buchst. b UStG dort erbracht, wo Speisen und Getränke serviert werden, und zwar unabhängig davon, ob die Leistung an einen Unternehmer oder eine Privatperson erfolgt.

Werden allerdings Restaurationsleistungen an Bord eines Schiffes, in einem Luftfahrzeug oder in einer Eisenbahn während einer Beförderung innerhalb des Gemeinschaftsgebiets erbracht, ist Leistungsort nach § 3e UStG der Abgangsort des jeweiligen Beförderungsmittels. Legaldefinitionen zum Abgangs- und Ankunftsort enthält § 3e Abs. 2 UStG.

### 6.3.10 Ort der Vermittlungsleistungen

§ 3a Abs. 3 Nr. 4 Satz 1 UStG regelt den Ort der Vermittlungsleistung für Leistungen an **Nichtunternehmer**. Maßgebend ist der Ort, an dem der vermittelte Umsatz ausgeführt wird. Die Vermittlungsleistung teilt insoweit dessen Schicksal.

Bei Vermittlungsleistungen an Unternehmer verbleibt es bei der Grundregel des § 3a Abs. 2 UStG, d. h. Leistungsort ist Sitzort bzw. Ort der Betriebsstätte des Leistungsempfängers.

Unter den Begriff Vermittlungsleistung fallen sowohl Vermittlungsleistungen, die im Namen und für Rechnung des Empfängers der vermittelten Leistung erbracht werden, als auch Vermittlungsleistungen, die im Namen und für Rechnung des Unternehmers erbracht werden, der die vermittelte Leistung ausführt.

Von diesen Grundsätzen gibt es eine wichtige Ausnahme:

Die Vermittlung **langfristiger** Grundstücksvermietungen (grundsätzlich steuerfrei nach § 4 Nr. 12 Satz 1 UStG) und die Vermittlung von Grundstücksveräußerungen fallen unter § 3a Abs. 3 Nr. 1 UStG (Belegenheitsort des Grundstücks). Dies gilt **nicht** für die **Vermittlung der kurzfristigen Vermietung** von Zimmern in Hotels, Gaststätten oder Pensionen, von Fremdenzimmern, Ferienwohnungen, Ferienhäusern und vergleichbaren Einrichtungen. (vgl. A 3a.3 Abs. 9 Nr. 2 UStAE). Insoweit bleibt es bei der oben dargestellten Grundregel.

**Beachte:** Steuerbare Vermittlungsleistungen können nach § 4 Nr. 5 UStG steuerfrei sein.

Die Werbung von Vereinsmitgliedschaften stellt keine Vermittlung eines Umsatzes dar, denn die Begründung der Mitgliedschaft in einem Verein ist mangels wirtschaftlichen Gehalts kein Leistungsaustausch; Leistungsort einer solchen Leistung richtet sich bei der Gewährung an Nichtunternehmer nach § 3a Abs. 1 UStG (vgl. BFH vom 12. 12. 2012 BStBl II 2013, 348), bei Leistungen an Unternehmer nach der Grundregel des § 3a Abs. 2 UStG.

**BEISPIELE**

a) Handelsvertreter H vermittelt für seinen Geschäftsherrn G in Bern (Schweiz) eine Maschinenlieferung von G an den Abnehmer S in Stuttgart. Der Kaufvertrag wird zwischen G und S abgeschlossen, wobei H als Bevollmächtigter des G auftritt. Die Maschine wird entsprechend den Lieferbedingungen »unverzollt und unversteuert« durch G von Bern nach Stuttgart befördert.

**LÖSUNG** H erbringt an G eine Vermittlungsleistung, da er den Kaufvertrag mit S im Namen und auf Rechnung des G abschließt, also nicht selbst aus diesem Vertrag berechtigt und verpflichtet wird.
Der Ort der Lieferung ist nach § 3 Abs. 6 Satz 1 UStG in Bern. Eine Verlagerung des Lieferorts gem. § 3 Abs. 8 UStG tritt nicht ein, da aufgrund der Lieferbedingungen nicht G, sondern Abnehmer S die deutsche Einfuhrumsatzsteuer entrichtet. Ort der Vermittlungsleistung des H ist ebenfalls Bern (§ 3a Abs. 2 Satz 1 UStG). Die Vermittlungsleistung des H ist damit nicht steuerbar.

b) Handelsvertreter H vermittelt für den Privatmann P in Mainz den Erwerb einer neuen Heizungsanlage, die P selbst installiert, vom Heizungsbauer B aus Basel (Schweiz). Der Kaufvertrag wird zwischen B und P abgeschlossen, wobei H als Bevollmächtigter des P auftritt. Die Maschine wird entsprechend den Lieferbedingungen »verzollt und versteuert« durch B von Basel nach Mainz befördert.

**LÖSUNG** H erbringt an P eine Vermittlungsleistung, da er den Kaufvertrag mit B im Namen und auf Rechnung des P abschließt, also nicht selbst aus diesem Vertrag berechtigt und verpflichtet wird. Der Ort der Lieferung läge nach § 3 Abs. 6 Satz 1 UStG in Basel. Es tritt jedoch eine Verlagerung des Lieferorts gem. § 3 Abs. 8 UStG ein, da aufgrund der Lieferbedingungen B die deutsche Einfuhrumsatzsteuer entrichtet. Der Ort der Vermittlungsleistung ist deshalb ebenfalls im Inland. Die Vermittlungsleistung ist damit steuerbar, jedoch nach § 4 Nr. 5 Buchst. d UStG steuerfrei.

### 6.3.11 Ort der Besorgungsleistungen

Wird ein Unternehmer als Mittelsperson in die Erbringung einer sonstigen Leistung eingeschaltet und handelt er dabei **im eigenen Namen**, jedoch **für fremde Rechnung**, wird er nach § 3 Abs. 11 UStG so behandelt, als ob er diese Leistung selbst erhalten und erbracht hätte (vgl. auch Art. 28 MwStSystRL). § 3 Abs. 11 UStG regelt die sog. Leistungskommission, entsprechend der Lieferkommission in § 3 Abs. 3 UStG. Die Fälle des § 3 Abs. 11 UStG, bei denen der Unternehmer im eigenen Namen für fremde Rechnung tätig wird, bezeichnet man als Besorgungsleistungen. Sie sind abzugrenzen von den **Vermittlungsleistungen**, bei denen der Unternehmer **im fremden Namen für fremde Rechnung** tätig wird. Erbringt der Besorger im eigenen Namen für Rechnung seines Auftraggebers eine sonstige Leistung an einen Dritten, so wird diese Leistung nach den allgemeinen Grundsätzen des Umsatzsteuerrechts dem Besorger als eigene Leistung zugerechnet, da das zugrunde liegende Verpflichtungsgeschäft zwischen dem Besorger und dem Dritten zustande kommt. Hinsichtlich der Rechtsbeziehungen zwischen dem Besorger und seinem Auftraggeber käme man nach den allgemeinen Grundsätzen des Umsatzsteuerrechts zu einer Besorgungsleistung des Besorgers an seinen Auftraggeber. Diese Besorgungsleistung wird jedoch mittels der Fiktion des § 3 Abs. 11 UStG umgedeutet in eine sonstige Leistung des Auftraggebers an den Besorger, die der Leistung entspricht, welche der Besorger an den Dritten erbringt – entsprechend der Lieferfiktion zwischen dem Kommittenten und dem Kommissionär gemäß § 3 Abs. 3 UStG. Insoweit wird eine Leistungskette fingiert. Die Leistungen dieser Leistungskette werden hinsichtlich ihres Inhalts gleich behandelt. Die Leistungen werden auch zum selben Zeitpunkt erbracht. Allerdings ist darüber hinaus jede der beiden Leistungen unter Berücksichtigung der Leistungsbeziehung gesondert für sich nach den allgemeinen Regeln des UStG zu beurteilen. Dies gilt z. B. in Bezug auf personenbezogene Merkmale oder auf die Möglichkeit der Option nach § 9 UStG (A 3.15 Abs. 2 und 3 UStAE). In der Praxis relevant sind sowohl der Leistungseinkauf als auch der Leistungsverkauf (A 3.15 Abs. 1 UStAE).

**BEISPIEL**

Der in Basel (Schweiz) wohnhafte E ist Eigentümer eines Geschäftshauses in Lörrach. Er beauftragt den ebenfalls in Basel ansässigen Z, das Geschäftshaus im eigenen Namen für Rechnung des E zu vermieten. Für seine Besorgung erhält Z 10 % der Miete als Provision. Z vermietet das Geschäftshaus im eigenen Namen an den Gewerbetreibenden G. Z leitet die Miete nach Abzug seiner Provision an E weiter.

**LÖSUNG** Z erbringt an G eine Vermietungsleistung. Der Ort dieser Leistung bestimmt sich gem. § 3a Abs. 3 Nr. 1 Buchst. a UStG nach dem Lageort des Grundstücks in Lörrach. Sie ist steuerbar. E erbringt gem. § 3 Abs. 11 UStG eine fiktive Vermietungsleistung an Z. Ihr Ort bestimmt sich ebenfalls gem. § 3a Abs. 3 Nr. 1 Buchst. a UStG nach dem Lageort des Grundstücks in Lörrach. Sie ist ebenfalls steuerbar.

Von einer Dienstleistungskommission ist auch bei sonstigen Leistungen auf dem Gebiet der Telekommunikation auszugehen, wenn diese über den Anschluss eines Teilnehmernetzbetreibers an den Endverbraucher erbracht wird. Der Vertragspartner des Endverbrauchers erbringt insoweit nach § 3 Abs. 11a UStG eine sonstige Leistung als Leistungskommissionär i. S. d. § 3 Abs. 11 UStG. Bis zum 31. 12. 2014 war dies außerhalb des UStG in § 45h Abs. 4 Telekommunikationsgesetz geregelt.

Entsprechendes gilt für die Fälle der Besorgung in Form des Leistungseinkaufs. Erwirbt der Besorger im eigenen Namen für Rechnung seines Auftraggebers eine sonstige Leistung von einem Dritten, wird diese Leistung nach den allgemeinen Grundsätzen des Umsatzsteuerrechts als Leistung des Dritten an den Besorger behandelt, da das zugrunde liegende Verpflichtungsgeschäft zwischen dem Besorger und dem Dritten zustande kommt. Hinsichtlich der Rechtsbeziehungen zwischen dem Besorger und seinem Auftraggeber käme man nach den allgemeinen Grundsätzen des Umsatzsteuerrechts zu einer Besorgungsleistung des Besorgers an seinen Auftraggeber. Diese Besorgungsleistung wird jedoch mittels der Fiktion des § 3 Abs. 11 UStG in eine sonstige Leistung des Besorgers an den Auftraggeber gewandelt, die der Leistung entspricht, welche der Dritte an den Besorger erbringt.

**BEISPIEL**

A aus Karlsruhe beauftragt den Spediteur S aus Stuttgart, für ihn im eigenen Namen den Transport einer Maschine von Stuttgart nach Hannover zu besorgen. S beauftragt den Frachtführer F mit dem Transport der Maschine. F berechnet dem S für den Transport 1 000 €. A erstattet dem S die 1 000 € und zahlt ihm zusätzlich eine Provision i. H. v. 20 % des Beförderungsentgelts = 200 €.

**LÖSUNG** F erbringt an seinen Auftraggeber S eine Beförderungsleistung für ein Bruttoentgelt von 1 000 €. Der Leistungsort bestimmt sich nach § 3a Abs. 2 UStG und liegt in Stuttgart. Die Beförderungsleistung ist steuerbar und steuerpflichtig. § 3b UStG greift nicht, da er nur Beförderungsleistungen an Nichtunternehmer (B2C) erfasst. S erbringt seinerseits an A gem. § 3 Abs. 11 UStG eine fiktive Beförderungsleistung, für welche das Bruttoentgelt 1 200 € beträgt. Sie ist ebenfalls nach § 3a Abs. 2 UStG (Leistungsort Karlsruhe) steuerbar und steuerpflichtig. Die 1 000 € gehören zum Entgelt, da sie nicht im Namen von A an F entrichtet werden und deshalb kein durchlaufender Posten i. S. d. § 10 Abs. 1 Satz 6 UStG sind.

## 6.4 Ort der sonstigen Leistungen i. S. v. § 3a Abs. 4 UStG

Bei der Bestimmung des Leistungsorts für die in § 3a Abs. 4 Satz 2 UStG bezeichneten Leistungen sind folgende Fälle zu unterscheiden (A 3a.8 UStAE):

- Ist der Empfänger ein **Nichtunternehmer** und hat er seinen Wohnsitz oder Sitz im Drittland, wird die sonstige Leistung abweichend von der Grundregel des § 3a Abs. 1 UStG am Wohnsitz oder Sitzort des Empfängers im **Drittland** ausgeführt (§ 3a Abs. 4 Satz 1 UStG). Die Leistung ist damit nicht steuerbar.
- Ist der Empfänger ein **Nichtunternehmer** und hat er seinen Wohnsitz oder Sitz innerhalb des **Gemeinschaftsgebiets**, wird die sonstige Leistung dort ausgeführt, wo der leistende Unternehmer sein Unternehmen betreibt. Insoweit verbleibt es bei der Grundregel des § 3a Abs. 1 Satz 1 UStG. Hat der Unternehmer die Leistung von einer Betriebsstätte ausgeführt, ist Leistungsort der Ort der Betriebsstätte. Für die Bestimmung des Orts der Betriebsstätte ist maßgebend, ob die für die Leistung erforderlichen einzelnen Arbeiten ganz oder überwiegend durch Angehörige oder durch Einrichtungen der Betriebsstätte ausgeführt werden. Nicht erforderlich ist dagegen, dass die Betriebsstätte das Umsatzgeschäft selbst (unter ihrer Adresse) abgeschlossen hat (vgl. A 3a.1 Abs. 2 UStAE). Ausnah-

men von diesem Grundsatz normieren die Sonderregelungen des § 3a Abs. 5 UStG und des § 3a Abs. 6 UStG (s. u.).

- Ist der Empfänger der sonstigen Leistung ein **Unternehmer** oder eine einem Unternehmer gleichgestellte juristische Person, wird die sonstige Leistung dort ausgeführt, wo der Empfänger sein Unternehmen betreibt bzw. die juristische Person ihren Sitz hat (§ 3a Abs. 2 UStG). Hat der Leistungsempfänger mehrere Betriebsstätten, so richtet sich der Leistungsort gem. § 3a Abs. 2 Satz 2 UStG nach dem Ort der Betriebsstätte, an welche die Leistung ausgeführt wird, d. h. für welche die Leistung ausschließlich oder überwiegend bestimmt ist. Insoweit kommt es nicht darauf an, ob diese Betriebsstätte den Auftrag an den leistenden Unternehmer erteilt oder das Entgelt bezahlt (vgl. A 3a.2 Abs. 4 UStAE).

Ergibt sich nach dieser Systematik ein Leistungsort im Drittland und ist Leistungsempfänger eine im Inland ansässige **juristische Person des öffentlichen Rechts**, verlagert sich in den Fällen des § 3a Abs. 4 Nr. 1–10 UStG der Leistungsort nach der Sonderregelung des § 3a **Abs. 6** Nr. 2 UStG ins Inland, wenn die Leistung im Inland ganz oder überwiegend genutzt oder ausgewertet wird. In den Fällen der Verlagerung ins Inland muss die juristische Person des öffentlichen Rechts die anfallende Umsatzsteuer im Reverse-Charge-Verfahren gem. § 13b Abs. 2 Nr. 1 i. V. m. Abs. 5 Satz 1 UStG als Steuerschuldner entrichten.

**Beachte:** Seit dem 01. 01. 2015 sind die Nrn. 11 bis 13 in § 3a Abs. 4 UStG gestrichen. Die Ortsregelung für Telekommunikationsleistungen, Rundfunk- und Fernsehdienstleistungen und alle auf elektronischem Weg erbrachten sonstigen Leistungen bestimmt sich nach **§ 3a Abs. 5 UStG.** Derartige Leistungen werden am Sitzort des Leistungsempfängers erbracht, wenn dieser die Leistung nicht für sein Unternehmen bezieht und zwar nunmehr unabhängig vom Sitzort des leistenden Unternehmers (EU oder Drittland).

### 6.4.1 Ort der Telekommunikations- sowie der Rundfunk- und Fernsehdienstleistungen

Zu den Telekommunikationsleistungen gehören z. B. die Telefondienstleistungen, die Mobilfunkdienste und Online-Dienste (vgl. A 3a.10 Abs. 2 UStAE). Dabei ist zu unterscheiden zwischen

- der Übertragung, Ausstrahlung oder dem Empfang von Signalen, Schrift, Bild und Ton oder Informationen jeglicher Art über Draht, Funk, optische oder sonstige elektromagnetische Medien und
- den über die Informationsnetze (z. B. Online-Dienste, Internet) entgeltlich angebotenen Inhalten der übertragenen Leistungen (z. B. Datendienste, Telespiele).

Die Leistungen bezüglich der Inhalte sind keine Telekommunikationsleistungen. Telekommunikationsleistungen sind in § 3a Abs. 5, Satz 2 Nr. 1 UStG, Rundfunk- und Fernsehdienstleistungen in § 3a Abs. 5, Satz 2 Nr. 2 UStG und elektronische Dienstleistungen in § 3a Abs. 5, Satz 2 Nr. 3 UStG aufgeführt. Werden diese Leistungen an einen Unternehmer für dessen Unternehmen erbracht, verbleibt es bei der Grundregel des § 3a Abs. 2 UStG. Wird z. B. ein Telefongespräch teils betrieblich und teils privat geführt, ist der Leistungsort nach Verwaltungsauffassung einheitlich zu bestimmen (vgl. A 3a.2 Abs. 8 Satz 3 UStAE).

Ist Leistungsempfänger eine Privatperson (mit Ansässigkeit in mehreren Ländern) und betreibt der leistende Unternehmer sein Unternehmen im Drittland, werden die Telekommunikations- sowie die Rundfunk- und Fernsehdienstleistung abweichend von der Grundregel des § 3a Abs. 5 Satz 1 UStG im Inland ausgeführt, wenn die Leistung dort genutzt oder ausgewertet wird (§ 3a Abs. 6 Satz 1 Nr. 3 UStG). Aus Wettbewerbsgründen sollen derartige Leistungen ausländischer Anbieter der Besteuerung im Inland zugeführt werden.

**BEISPIELE**

a) Die Deutsche Telekom erbringt Telefondienstleistungen an das französische Unternehmen F. Es werden auch in Deutschland Telefongespräche geführt.

**LÖSUNG** Der Leistungsort ist nach § 3a Abs. 2 UStG in Frankreich. Die Leistung ist in Frankreich steuerbar. Es spielt keine Rolle, wo telefoniert wird.

b) Der Tourist T mit Wohnort in den USA telefoniert in Deutschland. Die Telefondienstleistung wird von der Deutschen Telekom erbracht.

**LÖSUNG** Der Leistungsort ist nach § 3a Abs. 5 Satz 1 i. V. m. Satz 2 Nr. 1 UStG in den USA. Die Leistung ist in Deutschland nicht steuerbar.

c) Der französische Unternehmer F erbringt Telefondienstleistungen an das deutsche Unternehmen D.

**LÖSUNG** Der Leistungsort ist nach § 3a Abs. 2 Satz 1 UStG in Deutschland. Die Leistung ist in Deutschland steuerbar.

d) Der französische Unternehmer F telefoniert über die Deutsche Telekom während einer Geschäftsreise in Deutschland mit seiner in seinem Unternehmen in Frankreich mitarbeitenden Ehefrau. Er fragt zunächst, wie die Geschäfte laufen und gibt diesbezüglich Anweisungen. Danach erkundigt er sich, wie es der Frau und den Kindern geht.

**LÖSUNG** Die Leistung erfolgt zum Teil an das Unternehmen des F und zum Teil an seinen privaten Bereich. Da der Leistungsort einheitlich zu bestimmen ist, kommt es darauf an, ob die Leistung überwiegend für das Unternehmen des F erbracht wurde (vgl. A 3a.2 Abs. 8 Satz 3 UStAE). Ist dies der Fall, ist der Leistungsort nach § 3a Abs. 2 Satz 1 UStG in Frankreich, die Leistung in Deutschland nicht steuerbar. Aus praktischen Erwägungen wird man zum Ergebnis kommen, dass die Leistung im Zweifel an das Unternehmen erbracht wird, sofern eine Versteuerung innerhalb der EU gewährleistet ist.

e) Der französische Unternehmer F erbringt Telefondienstleistungen an den deutschen Pensionär P.

**LÖSUNG** Der Leistungsort liegt nach § 3a Abs. 5 UStG in Deutschland. Die Leistung ist im Inland steuerbar.

Sonstige Leistungen auf dem Gebiet der Telekommunikation sind die Leistungen, mit denen die Übertragung, die Ausstrahlung oder der Empfang von Signalen, Schrift, Bild und Ton oder Informationen jeglicher Art über Draht, Funk, optische oder sonstige elektromagnetische Medien gewährleistet werden. Hierzu gehören auch die Abtretung und die Einräumung von Nutzungsrechten an Einrichtungen zur Übertragung, Ausstrahlung oder zum Empfang. Weiterhin werden die Ermöglichung des Zugangs zu einem Informationsnetz und die Einräumung des Rechts erfasst, das Informationsnetz zu nutzen (vgl. A 3a.10 Abs. 1 und 2 UStAE).

**BEISPIEL**

Der Privatmann D mit Wohnsitz in Köln nutzt über den Online-Anbieter O in den USA den Zugang zum Internet. D nutzt auch das Angebot des O zur Information über aktuelle Börsendaten.

**LÖSUNG** O erbringt an D zwei selbständig zu beurteilende Leistungen. Bei der Verschaffung des Zugangs zum Internet handelt es sich um eine Telekommunikationsleistung i. S. v. § 3a Abs. 5 Satz 2 Nr. 1 UStG. Bei der Information über aktuelle Börsendaten handelt es sich um eine auf elektronischem Weg erbrachte sonstige Leistung (§ 3a Abs. 5 Nr. 3 UStG, vgl. A 3a.12 Abs. 3 Nr. 4 UStAE).

Hinsichtlich der auf elektronischem Weg erbrachten sonstigen Leistung bestimmt sich der Leistungsort nach § 3a Abs. 5 Satz 1 UStG. D ist Nichtunternehmer, und es handelt sich um eine Leistung des § 3a Abs. 5 Satz 2 Nr. 3 UStG. Die Leistung ist daher steuerbar und steuerpflichtig. Die Besteuerung kann jedoch nach dem Einortprinzip (MOSS-Verfahren) auch in einem anderen Mitgliedstaat erfolgen (vgl. 6.4.2).

Hinsichtlich der Telekommunikationsleistung ergibt sich der Leistungsort im Inland sowohl nach § 3a Abs. 5 Satz 1 i. V. m. Satz 2 Nr. 1 UStG als auch aus § 3a Abs. 6 Satz 1 Nr. 3 UStG. Ein im Drittlandsgebiet ansässiger Unternehmer, der ausschließlich derartige Leistungen erbringt, kann wählen, in welchem Mitgliedstaat er sämtliche dieser Leistungen anmeldet (sog. Einortprinzip, vgl. § 18 Abs. 4c und 4d UStG).

### 6.4.2 Ort der auf elektronischem Weg erbrachten sonstigen Leistungen

Zu den auf elektronischem Weg erbrachten sonstigen Leistungen gehören insbesondere Leistungen, die über das Internet erbracht werden. A 3a.12 Abs. 2 und 3 UStAE nennen beispielhaft:

- digitale Produkte wie z. B. Software und zugehörige Änderungen oder Updates,
- Dienste, die in elektronischen Netzen eine Präsenz zu geschäftlichen oder persönlichen Zwecken vermitteln oder unterstützen (z. B. Website, Webpage),
- von einem Computer automatisch generierte Dienstleistungen über das Internet oder ein elektronisches Netz auf der Grundlage spezifischer Dateneingabe des Leistungsempfängers,
- sonstige automatisierte Dienstleistungen, für deren Erbringung das Internet oder ein elektronisches Netz erforderlich ist (z. B. Dienstleistungen, die von Online-Markt-Anbietern erbracht und die z. B. über Provisionen und andere Entgelte für erfolgreiche Vermittlungen abgerechnet werden).

Werden diese Leistungen **an Unternehmer** erbracht, greift die Grundregel des § 3a Abs. 2 UStG. Erfolgen diese Leistungen **an Nichtunternehmer**, findet die Ortsbestimmung des § 3a Abs. 5 Anwendung.

Auch insoweit kann der im Drittlandsgebiet ansässige leistende Unternehmer die Verfahrenserleichterungen des § 18 Abs. 4c und 4d UStG für sich in Anspruch nehmen (Einortprinzip, MOSS-Verfahren). Die bisher nur für Unternehmer aus Drittländern anwendbare Regelung der einzigen Anlaufstelle (sog. mini-one-stop-shop = MOSS) ist zum 01.01.2015 auf Unternehmer aus EU-Mitgliedstaaten erweitert worden (vgl. insbesondere § 18h UStG).

Wählt ein solcher Unternehmer Deutschland, hat er für jedes Quartal beim Bundesamt für Finanzen sämtliche in der EU steuerbaren Umsätze i. S. v. § 3a Abs. 5 UStG zu erklären und hierfür die Steuer nach den in den jeweiligen Mitgliedstaaten geltenden allgemeinen Steuersätzen zu entrichten (§ 18 Abs. 4c UStG). Er ist dann von seinen umsatzsteuerrechtlichen Pflichten gegenüber den anderen EU-Staaten befreit. Entsprechendes gilt, wenn er für die Besteuerung ein anderes EU-Land wählt. Da die vorstehenden Besonderheiten nur für die auf elektronischem Weg erbrachten sonstigen Leistungen i. S. v. § 3a Abs. 5 UStG gelten, sind diese Leistungen von anderen Leistungen abzugrenzen. Keine solche Leistungen sind die Verschaffung von Standard-Software auf körperlichen Datenträgern (zum Beispiel CD-ROM), da es sich hierbei um Lieferungen handelt. Bei sonstigen Leistungen handelt es sich nur dann um solche nach § 3a Abs. 5, Satz 2 Nr. 3 UStG, wenn deren Erbringung in hohem Maße auf Informationstechnologie angewiesen ist, d. h., dass die Leistung im Wesentlichen automatisiert ist, nur mit minimaler menschlicher Beteiligung erbracht wird und ohne Informationstechnologie nicht möglich wäre (A 3a.12 UStAE).

Ein anschauliches Beispiel bietet insoweit das Urteil des BFH vom 01.06.2016, Az. XI R 29/14 zu Partnervermittlungsbörsen im Internet.

## 6.5 Ort der Beförderungsleistungen und der damit zusammenhängenden sonstigen Leistungen

### 6.5.1 Allgemeines

Beförderungsleistungen können zum einen als Nebenleistung mit Versendungsfällen nach § 3 Abs. 6 Satz 1 UStG einhergehen, zum anderen können sie auch eigenständige sonstige Leistungen darstellen, für die es gilt, den Leistungsort zu ermitteln. Insoweit ist zunächst zu unterscheiden: Die Ortsbestimmung für die **Personenbeförderung** richtet sich uneingeschränkt nach § 3b UStG, unabhängig davon, an wen die Leistung erbracht wird. In Bezug auf die **Güterbeförderung** differenziert das Gesetz (vgl. A 3b.1 Abs. 1 und 2 UStAE):

- Erfolgt die Leistung an einen Nichtunternehmer, richtet sich die Bestimmung des Leistungsorts nach § 3b UStG.
- Erfolgt die Leistung an einen Unternehmer oder an eine ihm gleichgestellte juristische Person, bestimmt sich der Leistungsort grundsätzlich nach § 3a Abs. 2 UStG (Bestimmungsland).

### 6.5.2 Beförderungsleistungen (keine innergemeinschaftliche Beförderung eines Gegenstandes)

Für Güter- wie für Personenbeförderungsleistungen an einen Nichtunternehmer greift die Regelung des § 3b Abs. 1 UStG, es sei denn, es handelt sich um einer Güterbeförderung im Gemeinschaftsgebiet (s. 6.5.3):

Befindet sich die Beförderungsstrecke ausschließlich im Inland, liegt der Leistungsort im Inland (§ 3b Abs. 1 Sätze 1 und 2 UStG). Insoweit wird –in Bezug auf Leistungen an Nichtunternehmer – nicht zwischen der Art der Beförderung unterschieden.

**BEISPIEL**

Der Transportunternehmer T mit Sitz in Innsbruck (Österreich) transportiert im Auftrag des Privatmanns P Möbel von Frankfurt/Main nach Stuttgart.

**LÖSUNG** Der Ort der Beförderungsleistung liegt im Inland (§ 3b Abs. 1 Satz 3 i. V. m. Satz 2 UStG). Die Beförderungsleistung ist demnach in Deutschland steuerbar und steuerpflichtig.

Gleiches gilt bei einer Beförderungsstrecke ausschließlich im Ausland. Auch insoweit findet bei Leistungen an Nichtunternehmer keine Unterscheidung nach der Art der Beförderung statt.

**BEISPIELE**

a) Busunternehmer B transportiert eine Reisegesellschaft von Zürich (Schweiz) nach Rom (Italien).

**LÖSUNG** Der Ort der Beförderungsleistung liegt nach § 3b Abs. 1 UStG im Ausland; die sonstige Leistung ist damit in Deutschland nicht steuerbar.

b) Transportunternehmer T transportiert im Auftrag des Privatmanns P in Stuttgart Musikinstrumente von dessen Ferienwohnung in Mailand zu dessen neuer Wohnung in Genf.

**LÖSUNG** Der Ort der Beförderungsleistung liegt ausschließlich im Ausland (§ 3b Abs. 1 Satz 3 i. V. m. § 3b Abs. 1 Satz 1 und 2 UStG). Die Beförderungsleistung ist damit in Deutschland nicht steuerbar.

Liegt die Beförderungsstrecke teilweise im Inland und teilweise im Ausland und handelt es sich um eine Personenbeförderung, ist die Beförderungsleistung aufzuteilen. Nur der im Inland bewirkte Leistungsteil ist steuerbar (§ 3b Abs. 1 Satz 2 UStG). Vom Grundsatz der Aufteilung machen die §§ 2 bis 7 UStDV gewisse Ausnahmen, deren Erörterung jedoch zunächst zurückgestellt wird (vgl. 6.5.4). Der steuerbare Teil der Personenbeförderung ist auch steuerpflichtig. Das Entgelt für die Beförderung ist somit in einen steuerpflichtigen und einen nicht steuerbaren Anteil aufzuteilen. Eine solche Aufteilung entfällt lediglich bei Beförderungsleistungen ausländischer Busunternehmer, wenn eine Grenze zum Drittlandsgebiet überschritten wird. Hierfür bestimmt nämlich § 16 Abs. 5 UStG, dass bei Personenbeförderungen im Gelegenheitsverkehr mit Kraftomnibussen, die nicht im Inland zugelassen sind, die USt vom Zoll im Wege der Beförderungseinzelbesteuerung erhoben wird. Die USt wird gem. § 10 Abs. 6 UStG i. V. m. § 25 UStDV nach einem Durchschnittsbeförderungsentgelt von 4,43 Cent (Nettobetrag) je Personenkilometer (Zahl der beförderten Personen × Zahl der im Inland gefahrenen Kilometer) berechnet. In allen anderen Fällen ist das Entgelt im Verhältnis der im Inland gefahrenen Kilometer zu den insgesamt gefahrenen Kilometern zu kürzen. Es gilt hierfür die Formel:

$$\frac{\text{Entgelt} \times \text{Strecke im Inland}}{\text{Gesamtstrecke}} = \text{steuerpflichtiger Entgeltanteil}$$

Es bleibt dabei dem Unternehmer überlassen, ob er das Brutto- oder das Nettoentgelt zugrunde legt. Er darf nur nicht willkürlich zwischen der Brutto- bzw. Nettomethode wechseln (gleiche Behandlung innerhalb eines Besteuerungszeitraums vgl. A 3b.1 Abs. 6 Nr. 1 und 2 UStAE).

Eine solche Aufteilung muss insbesondere von Busunternehmern vorgenommen werden, die Reisende in andere Mitgliedstaaten der EU befördern, da es die Einzelbesteuerung bei Beförderungen innerhalb der Gemeinschaft nicht gibt. Sie müssen nach derzeitiger Rechtslage in jedem Land, das sie durchfahren, Steuererklärungen abgeben. Eine Änderung mit dem Ziel, diese Personenbeförderungen in einem einzigen Mitgliedstaat voll zu besteuern, wird angestrebt. Nach dem Vorschlag der Kommission für eine Richtlinie zur Änderung der 6. RL EWG (77/388/EWG) soll künftig als Ort für Personenbeförderungen, die ausschließlich im Gemeinschaftsgebiet erfolgen, unaufgeteilt der Mitgliedstaat angesehen werden, in dem die Beförderung beginnt. Diese Regelung kommt voraussichtlich jedoch erst, wenn zuvor die Steuersätze für diese Personenbeförderungen innerhalb der EU harmonisiert sind, da andernfalls Beförderungsunternehmer z. B. in Deutschland erhebliche Wettbewerbsnachteile gegenüber Beförderungsunternehmern in anderen Mitgliedstaaten erleiden.

Liegt die Beförderungsstrecke teilweise im Inland und teilweise im Ausland und handelt es sich um keine Personen-, sondern um eine **Güterbeförderung**sleistung an einen Nichtunternehmer, ist zu unterscheiden, ob es sich um eine Güterbeförderung vom Inland ins Drittlandsgebiet und umgekehrt handelt oder um eine Güterbeförderung mit Beginn und Ende in jeweils unterschiedlichen Mitgliedstaaten (innergemeinschaftliche Beförderung, vgl. § 3b Abs. 3 Satz 1 UStG).

Handelt es sich um **keine** innergemeinschaftliche Beförderung (vgl. 6. 5.3), ist die Beförderungsleistung wie bei der Personenbeförderung entsprechend der Beförderungsstrecke in einen steuerbaren inländischen und einen nicht steuerbaren ausländischen Anteil aufzuteilen.

Der steuerbare Leistungsteil ist gem. § 4 Nr. 3 Buchst. a UStG steuerfrei, wenn sich die Beförderungsleistung unmittelbar auf Gegenstände der Ausfuhr (§ 4 Nr. 3 Buchst. a Doppelbuchst. aa UStG) oder wenn sie sich auf Gegenstände der Einfuhr in das Gebiet der Europäischen Gemeinschaft bezieht und die Kosten für die Beförderung in der Bemessungsgrundlage für die Einfuhr enthalten sind (§ 4 Nr. 3 Buchst. a Doppelbuchst. bb UStG). Das Finanzamt kann den Unternehmer von der Verpflichtung befreien, das Entgelt für den steuerfreien Teil der Leistung und das Entgelt für den nicht steuerbaren Teil der Leistung getrennt aufzuzeichnen (vgl. A 3b.1 Abs. 5 Satz 4 UStAE und A 22.6 Abs. 18 und 19 UStAE).

### 6.5.3 Innergemeinschaftliche Beförderung eines Gegenstandes

Die innergemeinschaftliche Beförderung eines Gegenstandes liegt nach § 3b Abs. 3 Satz 1 UStG vor, wenn die Beförderung im Gebiet eines Mitgliedstaats beginnt (Abgangsort) und im Gebiet eines anderen Mitgliedstaats endet (Ankunftsort). Wesentliche Voraussetzung ist wie in § 3b Abs. 1 UStG die Leistung an einen Nichtunternehmer oder einen Unternehmer, der die Leistung **nicht** für sein Unternehmen bezieht. Eine Anfahrt des Beförderungsunternehmers zum Abgangsort bzw. zum Ankunftsort ist nicht maßgebend. Die Voraussetzungen einer innergemeinschaftlichen Güterbeförderung sind für jeden Beförderungsauftrag gesondert zu prüfen; sie müssen sich aus den im Beförderungs- und Speditionsgewerbe üblicherweise verwendeten Unterlagen (z. B. schriftlicher Speditionsauftrag oder Frachtbrief) ergeben. Für die Annahme einer innergemeinschaftlichen Güterbeförderung ist es unerheblich, ob die Beförderungsstrecke ausschließlich über das Gemeinschafts- oder auch über das Drittlandsgebiet führt (A 3b.3 Abs. 2 UStAE).

**BEISPIELE**

a) Die Privatperson P aus Deutschland beauftragt den deutschen Frachtführer F, Güter von Spanien nach Deutschland zu befördern.

**LÖSUNG** Bei der Beförderungsleistung des F handelt es sich um eine innergemeinschaftliche Güterbeförderung, weil der Transport in einem EU-Mitgliedstaat beginnt und in einem anderen EU-Mitgliedstaat endet. Der Ort dieser Beförderungsleistung liegt in Spanien, da die Beförderung der Güter in Spanien beginnt (§ 3b Abs. 3 UStG). F ist Steuerschuldner in Spanien (Art. 193 MwStSystRL; vgl. auch A 3a.16 Abs. 4 UStAE). Die Abrechnung richtet sich nach den Regelungen des spanischen Umsatzsteuerrechts (vgl. A 3b.3 Abs. 4 Beispiel 1 UStAE).

b) Die Privatperson P aus Italien beauftragt den in der Schweiz ansässigen Frachtführer F, Güter von Deutschland über die Schweiz nach Italien zu befördern.

**LÖSUNG** Bei der Beförderungsleistung des F handelt es sich um eine innergemeinschaftliche Güterbeförderung, da der Transport in zwei verschiedenen EU-Mitgliedstaaten beginnt und endet. Der Ort dieser Leistung bestimmt sich nach dem inländischen Abgangsort (§ 3b Abs. 3 UStG). Die Leistung ist in Deutschland steuerbar und steuerpflichtig. Unbeachtlich ist dabei, dass ein Teil der Beförderungsstrecke auf das Drittland Schweiz entfällt. Der leistende Unternehmer F ist Steuerschuldner (§ 13a Abs. 1 Nr. 1 UStG) und hat den Umsatz im Rahmen des allgemeinen Besteuerungsverfahrens (§ 18 Abs. 1 bis 4 UStG) zu versteuern (vgl. A 3b.3 Abs. 4 Beispiel 2 UStAE).

Bei einer innergemeinschaftlichen Güterbeförderungsleistung **an einen Unternehmer** liegt der Ort grundsätzlich nach § 3a Abs. 2 UStG dort, wo der Leistungsempfänger sein Unternehmen betreibt bzw. am Ort der Betriebsstätte. Ausnahmsweise ist die Leistung abweichend von § 3a Abs. 2 UStG als im Drittland ausgeführt zu behandeln, wenn sie dort genutzt oder ausgewertet wird. Dies gilt seit 01. 07. 2011 nach **§ 3a Abs. 8 UStG** auch bei Veranstaltungsleistungen im Zusammenhang mit Messen und Ausstellungen, wenn die sonstigen Leistungen an Unternehmer für deren unternehmerischen Bereich oder an diesen gleichgestellten juristische Personen erbracht wird, soweit die Leistung nicht für den privaten Bedarf des Personals dieser juristischen Person bestimmt ist.

**BEISPIEL**

Unternehmer U in Zürich transportiert für Unternehmer P in Pforzheim Waren von Genf nach Zürich.

**LÖSUNG** Die Güterbeförderung erfolgt ausschließlich im Drittland, daher richtet sich der Leistungsort nach § 3a Abs. 8 UStG und befindet sich ebenfalls im Drittland. Die Beförderungsleistung ist nicht steuerbar.

### 6.5.4 Sonderregelungen nach den §§ 2 bis 7 UStDV

In den §§ 2 bis 7 UStDV hat die Bundesregierung von der Ermächtigung nach § 3b Abs. 1 Satz 3 UStG Gebrauch gemacht. Dementsprechend werden unter den in §§ 2 bis 7 UStDV genannten Voraussetzungen kleine Streckenanteile im Inland dem Ausland und kleine Streckenanteile im Ausland dem Inland zugeschlagen (vgl. A 3b.1 Abs. 7 bis 17 UStAE).

**BEISPIELE**

a) Der Taxiunternehmer T transportiert den Fahrgast F von Frankfurt/Oder nach Slubice (Polen). Die Fahrtstrecke beträgt von Frankfurt/Oder bis zur Grenze 9 km und von dort bis Slubice 7 km.

**LÖSUNG** Es liegt eine grenzüberschreitende Personenbeförderung vor, die gem. § 3b Abs. 1 Satz 2 UStG grundsätzlich in einen steuerbaren und einen nicht steuerbaren Anteil aufzuteilen wäre. Es kommt jedoch die Vereinfachungsregel in § 5 UStDV in Betracht. Es handelt sich um eine grenzüberschreitende Personenbeförderung im Gelegenheitsverkehr mit Kraftfahrzeugen. Der Streckenanteil im Inland beträgt nur 9 km, also nicht mehr als 10 km. Infolgedessen ist auch der inländische Streckenanteil als ausländische Beförderungsstrecke anzusehen. Die gesamte Beförderungsleistung ist daher nicht steuerbar.

b) Der Taxiunternehmer T transportiert den Fahrgast F von Singen über Schaffhausen nach Waldshut. Die Fahrtstrecke beträgt von Singen bis zur Schweizer Grenze 9 km, in der Schweiz 7 km und von der Schweizer Grenze nach Waldshut 11 km.

**LÖSUNG** Wieder liegt eine grenzüberschreitende Beförderungsleistung vor, die an sich gem. § 3b Abs. 1 Satz 2 UStG aufzuteilen wäre. Hier kommt jedoch die Vereinfachungsregelung gem. § 3 UStDV in Betracht. Es handelt sich um eine grenzüberschreitende Beförderung zwischen zwei Orten im Inland, wobei die Verbindungsstrecke über das Ausland führt. Der ausländische Streckenanteil ist nicht länger als 10 km. Es handelt sich nicht um Personenbeförderung im Linien-, sondern im Gelegenheitsverkehr. Somit liegen alle Voraussetzungen des § 3 UStDV vor. Der ausländische Streckenanteil gilt daher als Beförderungsstrecke im Inland. Die gesamte Beförderungsleistung ist daher steuerbar (und steuerpflichtig). Zu Beförderungsleistungen, die im Freihafen beginnen, vgl. 8. 6 Fall 42.

### 6.5.5 Ort der mit Beförderungsleistungen zusammenhängenden Leistungen

Nach § 3b Abs. 2 UStG liegt der Ort des Beladens, Entladens und Umschlagens (und ähnliche Leistungen) im Zusammenhang mit der Beförderung von Gegenständen grundsätzlich dort, wo der leistende Unternehmer jeweils ausschließlich oder zum wesentlichen Teil tätig wird, vorausgesetzt diese Leistungen werden an Privatabnehmer erbracht (A 3b.2 Abs. 1 und 2 UStAE).

Die Regelung greift für Leistungen, die typischerweise im Gefolge einer Beförderungsleistung vorkommen, nur dann, wenn diese **eigenständig sind**. Sind sie hingegen bloße Nebenleistungen, teilen sie nach dem Grundsatz der Einheitlichkeit der Leistung das Schicksal der Güterbeförderung, mit der sie zusammen erbracht wurden (A 3b.2 Abs. 3 UStAE).

## 6.6 Ort der Speditionsleistung

Bei der Speditionsleistung handelt es sich um das **Besorgen einer Beförderungsleistung**. D. h., der Spediteur befördert nicht selbst, sondern beauftragt im eigenen Namen einen selbständigen Beförderungsunternehmer (z. B. Frachtführer) mit der Beförderung. Der Spediteur rechnet mit seinem Auftraggeber in der Weise ab, dass er ihm die vom Beförderungsunternehmer in Rechnung gestellten Kosten zuzüglich seiner eigenen Provision weiterreicht.

Durchaus gängig ist die Abrechnung zu festen Preisen zwischen Spediteur und Auftraggeber. Es handelt sich dann um eine **Spedition zu festen Preisen**, für die nach § 459 HGB die Vorschriften für Frachtführer Anwendung finden. Wie bereits dargestellt, erbringt der Spediteur die Beförderung dann nicht selbst, sondern mittels Einschaltung eines Subunternehmers.

Soweit es sich bei der Leistung des Spediteurs nach den oben dargestellten Grundsätzen um eine Besorgungsleistung handelt, wird diese nach § 3 Abs. 11 UStG (Dienstleistungskommission) wie eine Beförderungsleistung behandelt.

**BEISPIEL**

Der Auftraggeber A in Amsterdam beauftragt den Spediteur S in Paris mit einem Maschinentransport von einer Messe in Paris zu einer Messe in Frankfurt/Main. S beauftragt seinerseits im eigenen Namen den Fuhrunternehmer F in Frankfurt/Main mit der Durchführung des Transports. Nach Erledigung des Auftrags rechnete S mit A unter Vorlage der Rechnung des F seine Provision und Auslagen ab.

**LÖSUNG** F erbringt eine Beförderungsleistung an seinen Auftraggeber S. Da es sich um die Beförderung von Gegenständen handelt, liegt der Ort der Beförderungsleistung des F nach § 3a Abs. 2 UStG in Frankreich, am Unternehmenssitz des Leistungsempfängers S. Die Beförderungsleistung ist damit in Deutschland nicht steuerbar.

S erbringt die Besorgung der innergemeinschaftlichen Beförderung von Gegenständen. Nach § 3 Abs. 11 UStG wird diese Leistung so behandelt, als ob S eine Beförderungsleistung an A erbracht hätte. Auch diese Beförderungsleistung ist nicht steuerbar, denn Leistungsort ist nach § 3a Abs. 2 UStG der Unternehmenssitz des A in Amsterdam.

## 6.7 Ort der sonstigen Leistung nach § 3a Abs. 1 UStG

Der Leistungsort bestimmt sich außerhalb der oben dargestellten Fälle originär nach § 3a Abs. 1 UStG (B2C), wenn die sonstige Leistung weder in § 3a Abs. 3 UStG noch in § 3b UStG noch im Leistungskatalog des § 3a Abs. 4 UStG aufgeführt ist. Der Leistungsempfänger muss die Leistung für den nichtunternehmerischen Bereich empfangen haben. Letztlich verbleiben für die originäre Anwendung des § 3a Abs. 1 UStG z. B.:

- Reiseleistungen nach § 25 UStG,
- Leistungen der Vermögensverwalter (Vergleichsverwalter, Vormund u. a.,
- Leistungen des Testamentsvollstreckers, auch wenn dieser Rechtsanwalt ist (kein Leistungsort nach § 3a Abs. 3 i. V. m. Abs. 4 Nr. 3 UStG, vgl. EuGH vom 06. 12. 2007, UR 2008, 117),
- Leistungen der Notare soweit sie nicht im Zusammenhang mit einem Grundstück stehen,
- Leistungen der Schiedsrichter z. B. bei einer Handelskammer (vgl. EuGH vom 16. 09. 1997 HFR 1997, 949),
- Leistungen der Ärzte und Tierärzte (vgl. EuGH vom 06. 03. 1997 UVR 1997, 207),
- Leistungen der Friseure, Kosmetiker, Fußpfleger u. Ä.

Leistungsort gem. § 3a Abs. 1 UStG ist der Ort, von dem aus der Unternehmer sein Unternehmen betreibt. Hat der Unternehmer mehrere Betriebsstätten und die Leistung von einer Betriebsstätte ausgeführt, ist Leistungsort der Ort dieser Betriebsstätte. Maßgebend für die Bestimmung der Betriebsstätte ist, ob die für die Leistung erforderlichen einzelnen Arbeiten ganz oder überwiegend durch Angehörige oder durch Einrichtungen derselben ausgeführt werden. Nicht erforderlich ist dagegen, dass die Betriebsstätte das Umsatzgeschäft selbst (unter ihrer Adresse) abgeschlossen hat (vgl. A 3a.1 Abs. 2 Satz 3 UStAE). Eine einheitliche sonstige Leistung wird selbst dann an dem Ort erbracht, von dem aus der leistende Unternehmer sein

Unternehmen betreibt, wenn **einzelne Leistungsteile nicht** an anderen Orten erbracht werden (vgl. BFH vom 26. 03. 1992 BStBl II 1992, 929). Wird ein Umsatz sowohl an dem Ort, von dem aus der Unternehmer sein Unternehmen betreibt, als auch von einer Betriebsstätte ausgeführt, bestimmt sich der Leistungsort nach dem Ort, an dem die sonstige Leistung **überwiegend** erbracht wird.

Da § 3a Abs. 1 UStG als Auffangtatbestand konzipiert ist, kommt er auch zur Anwendung, wenn die Voraussetzungen für besondere Ortsbestimmungen, zu denen auch § 3a Abs. 2 UStG gehört, vom Steuerpflichtigen nicht bewiesen werden können (vgl. insoweit FG Berlin-Brandenburg vom 12. 07. 2017, Az. 7 K 7094/16).

## 6.8 Ort der sonstigen Leistung nach § 3a Abs. 2 UStG

Der Leistungsort bestimmt sich außerhalb der oben dargestellten Fälle originär nach § 3a Abs. 2 UStG (B2B), wenn die sonstige Leistung weder in § 3a Abs. 3 UStG noch in § 3b UStG oder im Leistungskatalog des § 3a Abs. 4 UStG aufgeführt ist. Der Leistungsempfänger muss die Leistung für sein Unternehmen empfangen haben. Die sonstige Leistung kann auch an eine **Betriebsstätte** des Leistungsempfängers ausgeführt werden, nämlich dann, wenn die Leistung ausschließlich oder überwiegend für die Betriebsstätte bestimmt ist. Es ist nicht erforderlich, dass der Auftrag von der Betriebsstätte aus an den leistenden Unternehmer erteilt wird, der die sonstige Leistung durchführt, z. B. Verleger, Werbeagentur, Werbungsmittler etc. Auch ist unerheblich, ob das Entgelt für die Leistung von der Betriebsstätte aus bezahlt wird.

Insbesondere folgende Leistungen fallen unter § 3a Abs. 2 UStG (vgl. A 3a.2 Abs. 16 UStAE):

- Arbeiten an beweglichen körperlichen Gegenständen und die Begutachtung dieser Gegenstände;
- kulturelle, künstlerische, wissenschaftliche, unterrichtende, sportliche, unterhaltende oder ähnliche Leistungen, wie Leistungen im Zusammenhang mit Messen und Ausstellungen einschließlich der Leistungen der jeweiligen Veranstalter sowie die damit zusammenhängenden Tätigkeiten, die für die Ausübung der Leistungen unerlässlich sind;
- alle Vermittlungsleistungen, soweit diese nicht unter § 3a Abs. 3 Nr. 1 UStG fallen;
- Leistungen, die in § 3a Abs. 4 Satz 2 UStG genannt sind;
- die langfristige Vermietung eines Beförderungsmittels;
- Güterbeförderungen, einschließlich innergemeinschaftlicher Güterbeförderungen sowie der Vor- und Nachläufe zu innergemeinschaftlichen Güterbeförderungen;
- das Beladen, Entladen, Umschlagen und ähnliche mit einer Güterbeförderung im Zusammenhang stehende selbständige Leistungen.

Folgende Leistungen fallen nicht unter § 3a Abs. 2 UStG (vgl. A 3a.2 Abs. 19 UStAE):

- sonstige Leistungen im Zusammenhang mit einem Grundstück (§ 3a Abs. 3 Nr. 1 UStG);
- die kurzfristige Vermietung von Beförderungsmitteln (§ 3a Abs. 3 Nr. 2 und Abs. 7 UStG);
- die Abgabe von Speisen und Getränken zum Verzehr an Ort und Stelle (Restaurationsleistungen) nach § 3a Abs. 3 Nr. 3 Buchst. b UStG und nach § 3e UStG;
- die Einräumung der Eintrittsberechtigung zu kulturellen, künstlerischen, wissenschaftlichen, unterrichtenden, sportlichen, unterhaltenden oder ähnlichen Veranstaltungen, wie Messen und Ausstellungen, sowie die damit zusammenhängenden sonstigen Leistungen (§ 3a Abs. 3 Nr. 5 UStG; A 3a.6 Abs. 13 UStAE);
- Personenbeförderungen (§ 3b Abs. 1 Satz 1 und 2 UStG).

# 7 Werklieferung

## 7.1 Allgemeines

Die Werklieferung liegt im Grenzbereich zwischen der Lieferung und der sonstigen Leistung, da sie Merkmale beider Leistungstypen in sich vereint. Das nationale Umsatzsteuerrecht ordnet die Werklieferung grundsätzlich den Lieferungen zu. Daher gelten beispielsweise für die Bestimmung des Orts der Werklieferung die Regeln des § 3 Abs. 5a UStG.

Auf europäischer Ebene fehlt eine § 3 Abs. 4 UStG entsprechende Vorschrift. Der BFH hatte daher dem EuGH die Frage vorgelegt, ob der Begriff der Bauleistungen i. S. v. Art 2 Nr. 1 der Ermächtigung 2004/290/EG neben Dienstleistungen auch Lieferungen umfasse (BStBl II 2011, 842). Der EuGH (z. B. Urteil vom 10. 03. 2011, C 497/09, Bog u. a.) und inzwischen auch der BFH stellen in ständiger Rechtsprechung für die Abgrenzung zwischen Lieferung und sonstiger Leistung auf das Wesen des Umsatzes aus Sicht des Durchschnittsverbrauchers ab. Im Rahmen einer qualitativen und nicht nur quantitativen Gesamtbetrachtung ist zu entscheiden, ob die charakteristischen Merkmale einer Lieferung oder einer sonstigen Leistung überwiegen (vgl. EuGH vom 02. 05. 1996, Rs. C-231/94 und vom 17. 05. 2001, Rs. C-322/99 und 323/99 sowie BFH vom 09. 06. 2005, BStBl II 2006, 98). Das Verhältnis des Werts der Arbeit oder des Arbeitserfolgs zum Wert der vom Unternehmer beschafften Stoffe ist allein kein ausschlaggebendes Abgrenzungskriterium. Es kann lediglich einen Anhaltspunkt für die Einstufung des Umsatzes als Werklieferung oder Werkleistung darstellen (vgl. EuGH vom 29. 03. 2007, Rs. C-111/05; A 3.8 Abs. 6 UStAE).

Insoweit ist die Werklieferung einerseits von der Werkleistung abzugrenzen, welche das Umsatzsteuerrecht als einen Unterfall der sonstigen Leistung einordnet und dessen Ortsbestimmungen sich nach § 3a UStG richten (vgl. 6.3.1 und 6.3.2).

Andererseits bedarf es der Abgrenzung der Werklieferung von der reinen Lieferung. Denn das Reverse-Charge-Verfahren erfasst nach § 13b Abs. 5 Satz 1 i. V. m. Abs. 2 Nr. 1 UStG (vgl. X 4) neben den sonstigen Leistungen auch die Werklieferungen, nicht jedoch die reinen Lieferungen.

§ 3 Abs. 4 UStG definiert die Werklieferung wie folgt: Der Unternehmer hat die Bearbeitung oder Verarbeitung eines Gegenstandes übernommen und verwendet hierbei Stoffe, die er selbst beschafft und bei denen es sich nicht nur um Zutaten oder sonstige Nebensachen handelt.

Nach § 3 Abs. 4 Satz 2 UStG kann eine Werklieferung auch dann vorliegen, wenn die Gegenstände mit dem Grund und Boden fest verbunden werden (z. B. Leistungen der Bauunternehmer).

## 7.2 Abgrenzung Werklieferung und Werkleistung

Aus der o. a. Definition der Werklieferung folgt, dass bei der Be- oder Verarbeitung eines Gegenstands auch eine Werkleistung vorliegen kann. Dies ist dann der Fall, wenn der Unternehmer bei der Be- oder Verarbeitung eines Gegenstands

- überhaupt keine Stoffe verwendet oder
- nur Stoffe verwendet, die Zutaten oder sonstige Nebensachen sind, oder
- nur Stoffe verwendet, die nicht er, sondern der Auftraggeber beschafft.

### 7.2.1 Verwendung von Stoffen

Sinn und Zweck der Abgrenzung ist die grundsätzliche Zuordnung der Werklieferung zu den Liefertatbeständen. Deshalb ist unter Stoff nur das Material zu verstehen, das nach erfolgter

Be- oder Verarbeitung gegenständlich in irgendeiner Form im Werk enthalten ist. Die bloße Verwendung von Werkzeug reicht damit auch dann nicht für eine Werklieferung, wenn es bei der Be- oder Verarbeitung völlig verbraucht wird.

**BEISPIEL**

Der Werkunternehmer schleift Gussstücke seines Auftraggebers unter Verwendung erheblicher Mengen von Schleifsanden, die dabei völlig unbrauchbar werden.

**LÖSUNG** Die Schleifsande gehen nicht in das vom Werkunternehmer herzustellende Werk ein. Somit verwendet der Werkunternehmer keine eigenen Stoffe i. S. d. § 3 Abs. 4 Satz 1 UStG. Er erbringt an seinen Auftraggeber eine Werkleistung.

Auch der Energieeinsatz in verschiedenen Formen durch den Werkunternehmer führt nicht zu einer Werklieferung.

### 7.2.2 Zutaten oder sonstige Nebensachen

Verwendet der Werkunternehmer bei der Be- oder Verarbeitung eines Gegenstands eigene Stoffe, muss geprüft werden, ob es sich bei diesen um Hauptstoffe oder um bloße Zutaten bzw. sonstige Nebensachen handelt. Nur bei der Verwendung von Hauptstoffen kann die Leistung des Werkunternehmers als Werklieferung charakterisiert werden.

Für die Frage, ob es sich um Zutaten oder sonstige Nebensachen handelt, kommt es darauf an, wie die Stoffe ihrer Art nach sowie nach dem Willen der Beteiligten für das herzustellende Werk zu beurteilen sind. Zutaten und sonstige Nebensachen liegen vor, wenn sie bei einer Gesamtbetrachtung aus der Sicht des Durchschnittsbetrachters nicht das Wesen des Umsatzes bestimmen (vgl. A 3.8 Abs. 1 Satz 4 UStAE). Keine entscheidende Bedeutung ist dem Wert der verwendeten Stoffe im Verhältnis zum Gesamtwert des Werks zuzumessen. Auch die Unentbehrlichkeit eines Gegenstandes macht diesen noch nicht zum Hauptstoff. So sind kleinere technische Hilfsmittel, z. B. Nägel, Schrauben, Splinte in aller Regel Nebensachen (vgl. A 3.8 Abs. 1 Satz 7 UStAE).

Aus § 3 Abs. 4 Satz 2 UStG folgt, dass ein Stoff auch dann Hauptstoff sein kann, wenn er seine Selbständigkeit dadurch verliert, dass er als wesentlicher Bestandteil in ein Grundstück eingeht.

Im Lichte der neueren Rechtsprechung hat sich zumeist eine Verschiebung der Grenze zwischen den Werklieferungen und Werkleistungen zugunsten der Werkleistungen ergeben.

Bei der Herstellung von Fotokopien ist z. B. das verwendete Kopierpapier kein Hauptstoff. Es handelt sich um ein Abschreiben oder Abzeichnen mit modernen technischen Mitteln, wobei das Papier nur die untergeordnete Funktion hat, als Träger der übertragenen Darstellung zu dienen (vgl. A 3.5 Abs. 3 Nr. 12 UStAE und EuGH vom 11. 02. 2010, C-88/09, Graphic Procédé). Als Folge handelt es sich um eine sonstige Leistung, die dem Regelsteuersatz unterliegt.

Bei Restaurationsumsätzen (Abgabe von Speisen und Getränken zum Verzehr an Ort und Stelle) liegen keine Werklieferungen, sondern sonstige Leistungen vor (A 3.6 UStAE). Diese Beurteilung folgt dem EuGH-Urteil vom 02. 05. 1996 BStBl II 1998, 284. Hiernach ist die Beurteilung einer Leistung als sonstige Leistung oder Lieferung u. U. abweichend von § 3 Abs. 4 UStG in richtlinienkonformer Auslegung vorzunehmen. Entsprechend hat der BFH mit Urteil vom 30. 09. 1999, BStBl II 2000, 14 bei der Kfz-Inspektion mit Ölwechsel entschieden, dass es sich um eine einheitliche Werkleistung handelt. Im Urteil vom 09. 06. 2005, BStBl II 2006, 98 gelangte er zu dem Schluss, dass die orthopädische Zurichtung von Konfektionsschuhen durch Einfügen eines aus einer speziellen hochwertigen Gummimischung bestehenden Sohlenstücks eine sonstige Leistung ist und deshalb der ermäßigte Steuersatz nach § 12 Abs. 2 Nr. 1 UStG i. V. m. Anlage 2 Nr. 52b ausscheidet. Allgemein muss man wohl daraus folgern, dass die vom Werkunternehmer verwendeten Stoffe im Zweifel keine Hauptstoffe sind.

### 7.2.3 Beschaffung der Stoffe durch den Werkunternehmer

Der Werkunternehmer hat einen Stoff beschafft, wenn er ihn

- selbst erworben,
- hergestellt oder
- gewonnen hat (z. B. Kiesgewinnung aus Kiesgrube).

Erwirbt der Werkunternehmer einen Stoff im Namen und für Rechnung des Auftraggebers, ist dieser Stoff nicht vom Werkunternehmer, sondern vom Auftraggeber beschafft (vgl. A 3.8 Abs. 4 Satz 3 UStAE). Erwirbt dagegen der Werkunternehmer einen Stoff **im eigenen Namen,** jedoch für Rechnung des Auftraggebers, ist der Stoff noch als vom Werkunternehmer beschafft anzusehen (vgl. A 3.8 Abs. 4 Satz 1 und 2 UStAE).

In Fällen, in denen der Auftraggeber sämtliche Hauptstoffe beschafft, spricht der UStAE von Material**gestellung** (vgl. A 3.8 Abs. 2 Satz 4 UStAE). Diese korrespondiert mit einer Werkleistung, nicht mit der Werklieferung.

Beschafft dagegen der Auftraggeber nur einen Teil der Hauptstoffe bzw. nur Nebenstoffe, spricht der UStAE von Material**beistellung** (vgl. A 3.8 Abs. 2 Satz 1 UStAE), die zur Werklieferung führt.

## 7.3 Abgrenzung der Werklieferung zur reinen Lieferung

Für die Abgrenzung zwischen Werklieferung und Lieferung ist auf das zugrunde liegende Verpflichtungsgeschäft abzustellen. Wesentlicher Vertragsinhalt bei der Werklieferung ist die Herstellung, Bearbeitung oder Verarbeitung eines Gegenstands. Werden im Zusammenhang mit einer reinen Lieferung weitere Leistungen übernommen, die nach dem Inhalt des Vertrages nicht wesentlich sind, handelt es sich nicht um eine Werklieferung, sondern vielmehr um eine reine Lieferung. Die Abgrenzung hat Bedeutung für das Reverse-Charge-Verfahren nach § 13b Abs. 5 Satz 1 i. V. m. Abs. 2 Nr. 1 UStG, welches nur bei Werklieferungen, nicht dagegen bei reinen Lieferungen in Betracht kommt (Näheres bei X 4).

Hinzuweisen ist in diesem Zusammenhang auf die Entscheidung des BFH vom 22. 08. 2013, V R 37/10, insbesondere Rz. 34 und 35, BStBl II 2014, 128, wonach es für die Annahme einer Werklieferung nicht ausreiche, wenn die Herstellung des Gegenstands ausschließlich mittels selbst beschaffter Stoffe erfolge. Insoweit liege lediglich eine reine Lieferung vor. Maßgebend für eine Werklieferung sei indessen, dass der Werkunternehmer nicht nur die Verfügungsmacht verschaffe, sondern darüber hinaus einen **fremden Gegenstand** be- oder verarbeite. Dies bedinge die unionsrechtliche Abgrenzung zwischen Lieferung (Art. 6 MwStSystRL) und Dienstleistung (Art. 6 MwStSystRL).

Bislang wurde diese Entscheidung allerdings nicht in den UStAE übernommen.

**BEISPIEL**

Der Fernsehgerätehändler H in Kreuzlingen (Schweiz) liefert dem Sanatorium S in Konstanz ein Fernsehgerät für dessen Aufenthaltsraum. Entsprechend den vertraglichen Abmachungen transportiert H das Fernsehgerät zu S, schließt es an die vorhandene Antennenanlage an und stellt die Sender ein. Bei der Einfuhr entrichtet H die deutsche Einfuhrumsatzsteuer.

**LÖSUNG** Wesentlicher Vertragsgegenstand ist nicht das Anschließen an die Antenne und das Einstellen der Sender. Dies ist zwar vertraglich vereinbart, aber dennoch nicht wesentlicher Vertragsgegenstand. Es handelt sich insoweit lediglich um Nebenleistungen. Nach Würdigung aller Gesamtumstände ist somit von einer Beförderungslieferung nach § 3 Abs. 6 Satz 1 UStG mit Lieferort in Kreuzlingen auszugehen. Der Lieferort verlagert sich nach § 3 Abs. 8 UStG ins Inland, da H Schuldner der Einfuhrumsatzsteuer ist. Insoweit ist die Lieferung in Deutschland steuerbar und steuerpflichtig. Mangels Werklieferung kommt das Reverse-Charge-Verfahren nach § 13b Abs. 5 Satz 1 i. V. m. Abs. 2 Nr. 1 UStG nicht zur Anwendung; H hat sich für Zwecke der Umsatzbesteuerung beim FA Konstanz zu registrieren.

## 7.4 Zeitpunkt und Ort der Werklieferung

Die Werklieferung ist unter folgenden Voraussetzungen erbracht:

- Das Werk muss fertig,
- es muss übergeben und
- seine Abnahme erfolgt sein.

Die Werklieferung kann frühestens erbracht werden, wenn die übernommene Be- oder Verarbeitung fertig gestellt ist. Kleinere Mängel und Nachbesserungen bleiben dabei außer Betracht. Bei Maschinen gehört zur betriebsfertigen Herstellung i. d. R. ein Probelauf (vgl. A 3.12 Abs. 4 Satz 8 UStAE).

Das fertige Werk muss dem Besteller übergeben werden. Ist das fertige Werk eine bewegliche Anlage, kann sich der Lieferort nach § 3 Abs. 6 Satz 1 UStG bestimmen. Voraussetzung hierfür ist jedoch, dass das **fertige Werk** Gegenstand der Beförderung oder Versendung ist. In aller Regel scheidet § 3 Abs. 6 Satz 1 UStG aus, wenn z. B. einzelne Teile einer Maschine zum Abnehmer befördert und dort vom Lieferer zu der betriebsfertigen Maschine zusammengesetzt werden (vgl. A 3.12 Abs. 4 Satz 5 UStAE). Ausnahmsweise greift § 3 Abs. 6 Satz 1 UStG ein, wenn eine betriebsfertig hergestellte Maschine lediglich zum Zwecke eines besseren und leichteren Transports in einzelne Teile zerlegt und dann von einem Monteur des Lieferers am Bestimmungsort zusammengesetzt wird (vgl. A 3.12 Abs. 4 Satz 7 UStAE).

In der Regel ist die Werklieferung erst dann erbracht, wenn eine **Abnahme** des fertigen Werks durch den Besteller erfolgt. Allerdings braucht dies nicht förmlich wie z. B. durch Fertigung eines Abnahmeprotokolls zu geschehen. Es genügt das schlüssige Verhalten des Bestellers, wenn er beispielsweise den Gegenstand benutzt und eine förmliche Abnahme entweder gar nicht oder erst später erfolgen soll (vgl. A 13.2 Nr. 1 Satz 5 UStAE).

Der Ort einer Werklieferung ohne Warenbewegung ist nach § 3 Abs. 7 Satz 1 UStG dort, wo sich der Gegenstand im Zeitpunkt der Werklieferung befindet. In den Fällen der Werklieferungen mit Warenbewegung gem. § 3 Abs. 6 Satz 1 UStG kann sich auch eine Verlagerung des Lieferorts nach § 3 Abs. 8 UStG bzw. § 3c UStG ergeben.

## 7.5 Bemessungsgrundlage bei der Werklieferung

Die Bemessungsgrundlage bei der Werklieferung bestimmt sich wie in den Fällen der Lieferung gemäß § 10 Abs. 1 UStG nach dem Entgelt. Zu beachten ist jedoch, dass in den Fällen der sog. Materialbeistellung das beigestellte Material aus dem Leistungsaustausch ausscheidet, da es nicht in die Verfügungsmacht des Werkherstellers übergeht (vgl. A 3.8 Abs. 2 Satz 1 und 2 UStAE).

**BEISPIEL**

Der Zahnarzt Z beauftragt den Zahntechniker T mit der Herstellung einer Zahnprothese. T verwendet hierbei eigene Hauptstoffe. Weiteres für die Herstellung benötigtes Material im Wert von 500 € wird T von Z beigestellt.

T erteilt Z über die Herstellung der Prothese folgende Rechnung:

| | | |
|---|---|---|
| Normalpreis Prothese | | 1 200 € |
| abzüglich beigestelltes Material | ./. | 500 € |
| Nettobetrag | | 700 € |
| zuzüglich 7 % USt | | 49 € |
| Gesamtbetrag | | 749 € |

**LÖSUNG** Die Werklieferung von T an Z ist steuerbar und steuerpflichtig. Der Steuersatz beträgt nach § 12 Abs. 2 Nr. 6 UStG 7 %. Z wendet für die Prothese insgesamt nur 749 € auf. Die USt beträgt somit, wie berechnet, 7/107 von 749 € = 49 €. Es wäre falsch anzunehmen, dass Z neben den 749 € für die Prothese auch das Material aufwendet und damit ein Tausch mit Baraufgabe vorliegt. Das Material kann nicht als Gegenleistung angesehen werden, weil es nicht in die Verfügungsmacht des T übergeht.

Außer Stoffen, die in das Werk Eingang finden, können auch andere Leistungselemente beigestellt werden, z. B. Arbeitskräfte, Maschinen, Strom etc. (vgl. A 3.8 Abs. 2 Satz 3 UStAE). Auch derartige Beistellungen scheiden aus dem Leistungsaustausch aus.

# 8 Übungsfälle zu Lieferungen und sonstigen Leistungen gegen Entgelt

## 8.1 Übungsfälle zum Problemkreis Lieferung – sonstige Leistung

1. Student S lässt im Kopierladen K seine Doktorarbeit (ca. 200 Seiten) 300 mal kopieren. Die Kopien erhält S als Einzelblätter, die er dann selbst zu Hause zusammenheftet.
2. Unternehmer K betreibt in Bern (Schweiz) ein Unternehmen, das sich mit dem Entwurf von Werbematerialien befasst. Im Auftrag der Fa. B in Karlsruhe entwarf er für diese einen Werbeprospekt. Nach Genehmigung des Entwurfs durch B fertigte K eine sog. Reinzeichnung an, von der er Offsetfilme herstellte. Diese übersandte er der Fa. B. Bei der Einfuhr erhob der Zoll von B Einfuhrumsatzsteuer. B verwendete die Filme unmittelbar zum Druck der Prospekte. Das Entgelt des K richtete sich nach der Höhe der Druckauflage.

## 8.2 Übungsfälle zum Problemkreis Lieferort

1. B in Nürnberg kauft von A einen Transport-Container. Der Transport-Container wird aus dem Zweigwerk der Fa. A in Oslo (Norwegen) zum Zweigwerk der Fa. A in Regensburg befördert. Dort wird der Transport-Container mit den Firmenfarben der Fa. B lackiert und anschließend zu B nach Nürnberg transportiert.
2. B in Friedrichshafen kauft von A in St. Gallen (Schweiz) einen Baukran. Der Baukran ist bei A in St. Gallen betriebsbereit aufgestellt. Zum Zweck des besseren Transports wird der Baukran zerlegt und dann nach Friedrichshafen zu B befördert. In Friedrichshafen stellen Arbeitnehmer des A den Baukran wieder betriebsbereit auf. B ist Schuldner der deutschen Einfuhrumsatzsteuer.

3. A in New York (USA) bestellt bei L in Duisburg eine Maschine. L transportiert die Maschine mit einem eigenen Tieflader nach Antwerpen. Dort ermittelt er den Reeder R, der die Maschine zu einem günstigen Tarif nach New York zu A weiterbefördert. Ihm übergibt er die Maschine zum Transport. Bereits bei Beginn des Transports in Duisburg ergab sich aus den Warenbegleitpapieren, dass die Maschine zu A nach New York befördert werden soll.
4. A in New York (USA) bestellt bei L in Duisburg eine Maschine. L transportiert die Maschine mit eigenem Tieflader nach Antwerpen (Belgien). Dort sucht er vergeblich einen Reeder, der die Maschine zu einem günstigen Tarif nach New York zu A weiterbefördert. Stattdessen findet er den Abnehmer B in Antwerpen, der ihm die Maschine sofort abkauft. Ihm übergibt er die Maschine. Er veranlasst weiterhin den A, seinen Lieferauftrag zu stornieren.
5. L in Frankfurt/Main versendet eine Maschine an A in Stuttgart. Die Maschine kommt nicht an. Die Versendung des L erfolgte auf Gefahr des A (§ 447 BGB).
6. A in Stuttgart vermietet Kraftomnibusse (KOM). KOM 1 hat A für die Monate Juni bis September an den Fuhrunternehmer F in Salzburg (Österreich) vermietet. Am 15. 07. einigt sich A mit B in Böblingen, dass das Eigentum am KOM 1 auf B sofort übergehen soll. A tritt dem B zugleich seine Herausgabeansprüche gegenüber F ab. Am 15. 07. befindet sich der KOM 1 auf einer Fahrt in Süditalien. F transportiert den am 30. 09. noch im Raum Köln eingesetzten KOM 1 anschließend am 30. 09. zu B.
7. A in Stuttgart vermietet Kraftomnibusse (KOM). Den KOM 1 hat A für die Monate Juni bis September an den Fuhrunternehmer F in Salzburg vermietet. Am 15. 07. einigt sich A mit B in Böblingen, dass das Eigentum am KOM 1 auf B sofort übergehen soll. A vereinbart zugleich mit B, dass B ihm den KOM 1 mietweise bis Ende Juli überlässt. Am 15. 07. befindet sich der KOM 1 auf einer Fahrt in Süditalien.
8. A in Stuttgart vermietet Kraftomnibusse (KOM). Den KOM 1 hat A für die Monate Juni bis September an den Fuhrunternehmer F in Salzburg vermietet. Am 15. 07. einigt sich A mit B in Böblingen, dass das Eigentum am KOM 1 zur Sicherung eines Darlehens des B (Laufzeit bis Ende September) auf B sofort übergehen soll. A vereinbart zugleich mit B, dass er den KOM 1 weiterhin nutzen darf. Am 15. 07. befindet sich der KOM 1 auf einer Fahrt in Süditalien.

## 8.3 Übungsfälle zum Problemkreis § 3 Abs. 8 UStG

1. Unternehmer K betreibt in Bern (Schweiz) ein Unternehmen, das sich mit dem Entwurf von Werbematerialien befasst. Im Auftrag der Fa. B in Karlsruhe entwarf er für die Fa. B einen Werbeprospekt. Nach Genehmigung des Entwurfs durch B fertigte K eine sog. Reinzeichnung an, von der er Offsetfilme herstellte. Diese übersandte er der Fa. B. B verwendete die Filme unmittelbar zum Druck der Prospekte. Das Entgelt des K richtete sich nach der Höhe der Druckauflage. Bei der Einfuhr der Offsetfilme fiel Einfuhrumsatzsteuer an, die der deutsche Zoll gegen K festsetzt und K bezahlt.
2. Unternehmer U in Ulm übergibt dem Frachtführer F eine Maschine zum Transport an den Abnehmer S in Zürich (Schweiz). U ist Schuldner der Schweizer Einfuhrumsatzsteuer.
3. Unternehmer S in Zürich (Schweiz) übergibt dem Frachtführer eine Maschine zum Transport an den Abnehmer U in Ulm. F entrichtet für S die deutsche Einfuhrumsatzsteuer.

## 8.4 Übungsfälle zum Problemkreis Reihengeschäft

1. W in Zürich (Schweiz) bestellt beim Großhändler G in Stuttgart eine Maschine. G hat die Maschine nicht selbst vorrätig und bestellt die Maschine beim Fabrikanten F in Frankfurt/Main. Auf Anweisung des G versendet F selbst die Maschine per Luftfracht zu W in Zürich.
2. W in Zürich (Schweiz) bestellt beim Großhändler G in Stuttgart eine Maschine. G hat die Maschine nicht selbst vorrätig und bestellt die Maschine beim Fabrikanten F in Frankfurt/Main. Auf Anweisung des G übergibt F die Maschine dem Spediteur S, der die Maschine im Auftrag des G per Luftfracht zu W in Zürich transportieren lässt. G verwendet gegenüber F aktiv seine deutsche Steuernummer bzw. USt-IdNr.
3. W in Zürich (Schweiz) bestellt beim Händler H in Stuttgart eine Maschine. H hat die Maschine nicht selbst vorrätig und bestellt die Maschine beim Großhändler G in Frankfurt/Main. G bestellt die Maschine beim Fabrikanten F in Reims (Frankreich). F transportiert die Maschine mit dem Lkw zu G in Frankfurt/Main. Auf Anweisung des H versendet G selbst die Maschine per Luftfracht zu W in Zürich.
4. A in Kehl bestellt bei der Fa G in Karlsruhe eine Fertiggarage. Bezüglich der Lieferung der Fertiggarage schaltet G die Fa. S in Straßburg (Frankreich) als Subunternehmer ein. Im Auftrag von G transportiert S selbst die Fertiggarage von Straßburg nach Kehl und stellte sie dort fachmännisch auf den von S zementierten Fundamenten auf.

## 8.5 Übungsfälle zum Problemkreis § 3 Abs. 8 UStG im Reihengeschäft

1. S in Stuttgart bestellt beim Großhändler G in New York (USA) eine Maschine. G hat die Maschine nicht selbst vorrätig und bestellt die Maschine beim Fabrikanten T in Tokio (Japan). Auf Anweisung des G versendet T selbst die Maschine per Luftfracht zu S in Stuttgart. Entsprechend den getroffenen Vereinbarungen zwischen den Beteiligten wird die Abfertigung zum freien Verkehr beim deutschen Zoll in mittelbarer Stellvertretung für T beantragt.
2. S in Stuttgart bestellt beim Großhändler G in New York (USA) eine Maschine für sein Unternehmen. G hat die Maschine nicht selbst vorrätig und bestellt die Maschine beim Fabrikanten T in Tokio (Japan). Auf Anweisung des G versendet T selbst die Maschine per Luftfracht zu S in Stuttgart, wo S die Maschine am Flughafen abholen lässt. Entsprechend den getroffenen Vereinbarungen zwischen den Beteiligten wird die Abfertigung zum freien Verkehr beim deutschen Zoll im Namen des S beantragt.
3. S in Stuttgart bestellt beim Großhändler G in Frankfurt/Main eine Maschine. G hat die Maschine nicht selbst vorrätig und bestellt die Maschine beim Fabrikanten T in Tokio (Japan). Auf Anweisung des G versendet T die Maschine selbst per Luftfracht nach Stuttgart zur Verfügung des G. Entsprechend den getroffenen Vereinbarungen zwischen den Beteiligten wird die Abfertigung zum freien Verkehr beim deutschen Zoll im Namen des G beantragt. Anschließend wird die Maschine im Auftrag des G vom Flughafen zum Betrieb des S transportiert.
4. K in Zürich (Schweiz) bestellt beim Händler H in Stuttgart eine Maschine. H hat die Maschine nicht selbst vorrätig und bestellt die Maschine beim Großhändler G in Frankfurt. G bestellt die Maschine beim Fabrikanten F in Tokio (Japan) zur Lieferbedingung »verzollt und versteuert«. F versendet die Maschine per Luftfracht zu G in Frankfurt/Main. Der von F beauftragte Spediteur meldet im Auftrag des F die Einfuhr beim deut-

schen Zoll an und entrichtet die deutsche Einfuhrumsatzsteuer. G versendet die Maschine per Luftfracht zu K in Zürich.

## 8.6 Übungsfälle zum Problemkreis Ort der sonstigen Leistung

1. Die Fa. W in Liège (Belgien) wartet die Aufzugsanlage der Fa. A in Aachen.
2. Die Fa. S in Salzburg (Österreich) reinigt die Gebäude der Fa. R in Bad Reichenhall.
3. Die Fa. R in Bad Reichenhall reinigt die Gebäude der Fa. S in Salzburg (Österreich).
4. Der Architekt A in Rom (Italien) erstellt im Auftrag der Fa. M in Mannheim einen Bauplan für eine Sporthalle in Abu Dhabi (Vereinigte Arabische Emirate).
5. Bauingenieur B in Bregenz (Österreich) erstellt im Auftrag des Eigentümers E in Bregenz ein Gutachten über die Bodenbeschaffenheit eines Grundstücks in Lindau zum Zwecke der Bebauung.
6. Der Grundstücksmakler L in Vaduz (Liechtenstein) vermittelt:
   a) den Verkauf eines Grundstücks in Stuttgart an den Privatmann P in der Schweiz.
   b) den Ankauf eines Grundstücks in der Schweiz für die Fa. S in Stuttgart.
   c) die Vermietung von Büroräumen in Stuttgart für den Eigentümer E in Zürich.
7. Der Grundstücksmakler S in Stuttgart vermittelt:
   a) den Verkauf eines Ferienhauses in Spanien für die spanische Baufirma B an den Erwerber E in Stuttgart.
   b) die Vermietung eines Ferienhauses in Spanien für das spanische Touristikunternehmen T an den Urlauber U in Stuttgart.
8. Die Wochenzeitung »Zeit« in Hamburg veröffentlicht Annoncen des Grundstückmaklers G in München, in denen er zugleich Ferienwohnungen im Schwarzwald, in der Schweiz und in Spanien zur Miete anbietet.
9. Die Wochenzeitung »Zeit« in Hamburg veröffentlicht Annoncen des Grundstückmaklers G in Basel (Schweiz), in denen er zugleich Ferienwohnungen im Schwarzwald, in der Schweiz und in Spanien zum Verkauf anbietet.
10. Der Taxiunternehmer T in Lörrach transportiert:
    a) den Fahrgast A von Lörrach nach Aarau (Schweiz). Die Fahrstrecke beträgt insgesamt 65 km. Die Strecke von Lörrach bis zur Schweizer Grenze beträgt 12 km.
    b) den Fahrgast B von Lörrach nach Liestal (Schweiz). Die Fahrstrecke beträgt insgesamt 27 km. Die Strecke von Lörrach bis zur Schweizer Grenze beträgt 9 km.
    c) den Fahrgast C von Lörrach nach Basel (Schweiz). Die Fahrstrecke beträgt insgesamt 17 km. Die Strecke von Lörrach bis zur Schweizer Grenze beträgt 9 km.
    d) den Fahrgast D von Lörrach nach Basel (Schweiz). Die Fahrstrecke beträgt insgesamt 19 km. Die Strecke von Lörrach bis zur Schweizer Grenze beträgt 11 km.
11. Der Fuhrunternehmer F in Lörrach transportiert im Auftrag des Fabrikanten S aus Basel Waren von Lörrach nach Basel (Schweiz). Die Fahrstrecke beträgt insgesamt 17 km. Die Strecke von Lörrach bis zu Schweizer Grenze beträgt 9 km.
12. Der in Monaco ansässige Tennischampion B gibt in Stuttgart im Kaufhaus Breuninger eine Autogrammstunde und erhält dafür vom Kaufhaus 5 000 €.
13. Der Zirkus Barum macht eine Tournee durch sämtliche Hauptstädte Europas.
14. Der Bildersachverständige B in Basel (Schweiz) erstellt Echtheitsgutachten und Wertgutachten von Bildern. U. a. erstellt er ein Gutachten für die Staatsgalerie in Stuttgart bezüglich der Echtheit eines Gemäldes von Rembrandt. Er holt das Bild in Stuttgart ab, fertigt das Gutachten in Basel an und liefert das Bild mitsamt dem Gutachten wieder in Stuttgart ab.

15. Der Büchersachverständige B in Wien (Österreich) erstellt ein Gutachten über den Wert der Büchersammlung Fürstenberg. B macht hierzu in Donaueschingen in mehrwöchiger Arbeit eine genaue Bestandsaufnahme nach Titel, Auflage, Alter, Erhaltungszustand usw. In Wien werden die gesammelten Daten unter Einsatz eines Computers verglichen mit in den letzten Jahren für derartige Bücher erzielten Preisen und daraus wird der Wert der Büchersammlung ermittelt.
16. Der Kunde K (Unternehmer) in Stuttgart beauftragt die Reparaturwerkstätte R in Stuttgart mit der Reparatur eines Fräsautomaten. R kann die Reparatur nicht selbst durchführen und versendet den Fräsautomaten daher zur Reparatur zum Hersteller H in Mailand (Italien). R verwendet bei der Auftragserteilung an H seine deutsche USt-IdNr. H repariert die Maschine, indem er sie reinigt und einige unwesentliche Schrauben erneuert (Werkleistung). Anschließend sendet H die Maschine zu R zurück. R übergibt die reparierte Maschine dem K.
17. Die Fa. J in Japan hat ein Verfahren zur Herstellung besonders hochauflösender Fernsehbilder entwickelt und dieses Verfahren weltweit patentieren lassen. Die Fa. E in München erwirbt diesbezüglich Lizenzen betreffend die Mitgliedsländer der EU. E will mit Hilfe dieses Verfahrens in ihrem Zweigwerk in Gent (Belgien) Fernsehgeräte herstellen und diese über ihre Zweigniederlassungen in den verschiedenen EU-Ländern vertreiben.
   a) Das Zweigwerk in Gent produziert und vertreibt die Fernsehgeräte, die mittels der Lizenz hergestellt wurden.
   b) Das Zweigwerk in Gent produziert und das Zweigwerk in Stuttgart vertreibt die Fernsehgeräte, die mittels der Lizenz hergestellt wurden.
   c) Das Zweigwerk in Gent produziert und vertreibt die Fernsehgeräte teilweise selbst, teilweise vertreibt auch das Zweigwerk in Stuttgart die in Gent mittels der Lizenz hergestellten Fernsehgeräte.
   d) Das Zweigwerk in Gent produziert und vertreibt die Fernsehgeräte teilweise selbst, teilweise vertreiben auch Zweigwerke in anderen EU-Ländern (z. B. Frankreich) die in Gent mittels der Lizenz hergestellten Fernsehgeräte.
18. B ist als Berichterstatter in New York (USA) für verschiedene deutsche Zeitungen tätig. Seine Artikel werden in diesen Zeitungen veröffentlicht.
19. Der Kosmetika-Hersteller H in Basel (Schweiz) beauftragt die Fa. F in Stuttgart mit der Erforschung von Konsumgewohnheiten der Bewohner des Großraumes Stuttgart bezüglich des Verbrauchs von Kosmetikartikeln. Aufgrund der Ergebnisse der Studie will H eine Werbekonzeption entwickeln.
20. Rechtsanwalt R in Stuttgart wird von dem Mandanten M in Stuttgart beauftragt, dessen Interessen in einer Erbschaftsangelegenheit zu vertreten. Es geht um das Erbe des Vaters des M, welcher bis zu seinem Tod in Paris (Frankreich) gelebt hatte. R beauftragt seinerseits als Unterbevollmächtigten mit dieser Angelegenheit den Rechtsanwalt P in Paris.
21. Rechtsanwalt R in Stuttgart wird von dem Mandanten M in Paris (Frankreich) beauftragt, dessen Interessen in einer Erbschaftsangelegenheit zu vertreten. Es geht um das Erbe des Vaters des M, welcher bis zu seinem Tod in Stuttgart gelebt hatte.
22. Rechtsanwalt R in Stuttgart wird von dem Mandanten M in New York (USA) beauftragt, dessen Interessen in einer Erbschaftsangelegenheit zu vertreten. Es geht um das Erbe des Vaters des M, welcher bis zu seinem Tod in Stuttgart gelebt hatte.
23. Der Vorstandsvorsitzende V der Großbank G ist u. a. Aufsichtsratsmitglied der Fa. F in Frankreich und der Fa. S in der Schweiz. V wohnt in Bad Homburg.

24. A hat seinen Wohnsitz in Cannes (Frankreich). Er ist Aufsichtsratsmitglied der Fa. D in Stuttgart.
25. Das Anlageberatungsunternehmen A in Stuttgart erwirbt von der Fa. L in Liechtenstein eine Liste mit den Adressen sämtlicher im Raum Süddeutschland niedergelassenen Zahnärzte.
26. Die Z-Bank in Zürich (Schweiz) gewährt der Fa. S in Stuttgart ein Darlehen über 2 Mio. €.
27. Die Fa. S in Stuttgart schließt bei der Z-Versicherung in Zürich (Schweiz) eine Direktversicherung bezüglich ihrer Arbeitnehmer ab, die mindestens 10 Jahre im Betrieb der S tätig sind.
28. Die Zeitarbeitsfirma Z in Basel (Schweiz) vermietet Arbeitskräfte an Bauunternehmen im Raum Süddeutschland.
29. Die Fa. A in der Bundesrepublik und die Fa. B in Frankreich produzieren gleichartige Spezialmaschinen. Sie vereinbaren, dass sie sich gegenseitig in ihren Ländern keine Konkurrenz machen. A verzichtet demnach auf den Verkauf von Maschinen in Frankreich, B auf den Verkauf von Maschinen in der Bundesrepublik.
30. Die Fa. G in den USA verkauft dem privaten Fernsehsender P in München das Nutzungsrecht an alten Filmen. Der Verkauf kommt zustande unter Vermittlung des K in München, der hierfür 10 % des Kaufpreises erhält.
  a) K erhält von P eine Provision.
  b) K erhält die Provision von G.
31. Die Fa. F in Basel (Schweiz) vermietet an private Kunden im Raum Süddeutschland Geräte der Unterhaltungselektronik. Zur Erfüllung der Mietverträge bedient sich F der Fa. S in Stuttgart. F mietet die jeweils benötigten Geräte von S an. S stellt die Geräte im Auftrag der F bei den Kunden auf und holt sie nach Ablauf der Mietzeit wieder bei den Kunden ab.
32. Die Mietwagenfirma M in Stuttgart vermietet Pkw an Kunden im Inland und im Ausland. Die Mietdauer ist jeweils nicht mehr als 30 Tage. Die Pkw werden den Kunden jeweils in Stuttgart übergeben. Die Pkw werden gefahren:
  a) von ausländischen Geschäftsreisenden im Inland,
  b) von Privatleuten im Inland und im Ausland.
33. Das Taxiunternehmen T in Stuttgart least seine Fahrzeuge von dem Leasingunternehmen L in Luxemburg (Mietleasing).
34. Das Taxiunternehmen T in Stuttgart least seine Fahrzeuge von dem Leasingunternehmen L in Zürich (Mietleasing).
35. Der Notar N mit Sitz in Stuttgart beurkundet das Testament des Millionärs M in San Francisco (USA). Die Beurkundung erfolgt anlässlich des Besuchs des M bei seiner Nichte in Stuttgart.
36. Handelsvertreter H in Stuttgart ist ständig damit betraut, für den Maschinenfabrikanten M in Japan Kaufverträge im In- und Ausland zu vermitteln. M verwendet gegenüber H keine USt-IdNr.
37. D ist in Stuttgart als selbständiger Dolmetscher tätig. U. a. übersetzt er Geschäftsbriefe für inländische und ausländische Firmen.
38. D ist in Basel (Schweiz) als selbständiger Dolmetscher tätig. U. a. übersetzt er Geschäftsbriefe für Firmen in Deutschland.
39. Aushilfsweise wird D (vgl. Fall 38) als Konferenzdolmetscher beim Europäischen Parlament in Straßburg (Frankreich) tätig. Der Auftraggeber verwendet gegenüber D keine USt-IdNr.

40. Unternehmer U überlässt seinen Arbeitnehmern verbilligt Fahrzeuge zur privaten Nutzung. Die Arbeitnehmer fahren u. a. damit in den Urlaub ins Ausland.
41. Frachtführer F transportiert im Auftrag des in Deutschland ansässigen Unternehmers D eine Maschine vom Freihafen Bremerhaven nach Hannover.
42. Frachtführer F transportiert im Auftrag des in Deutschland ansässigen Unternehmers D eine Maschine vom Freihafen Bremerhaven nach Brüssel (Belgien).
43. Frachtführer F transportiert im Auftrag des in Frankreich ansässigen Unternehmers C eine Maschine vom Freihafen Bremerhaven nach Calais (Frankreich).
44. Frachtführer F transportiert im Auftrag des in Frankreich ansässigen Unternehmers C eine Maschine von Calais (Frankreich) zum Freihafen Bremerhaven.
45. Handelsvertreter H in Stuttgart vermittelt für den Maschinenfabrikanten M in Lyon (Frankreich) eine Maschinenlieferung an den Abnehmer A in New York (USA). Die Maschine wird von einem Auslieferungslager der Fa. M im Freihafen Cuxhaven zu A transportiert.
46. Handelsvertreter H in Stuttgart vermittelt für den Maschinenfabrikanten M in Mannheim eine Maschinenlieferung an den Abnehmer A in New York (USA). Die Maschine wird von einem Auslieferungslager der Fa. M im Freihafen Cuxhaven zu A transportiert.
47. Das Leasingunternehmen L in Frankfurt/Main verleast Lkw (Mietleasing). U. a. verleast es einen Lkw an den Frachtführer F in Russland. F fährt den Lkw mit einem russischen Kennzeichen.

## 8.7 Übungsfälle zum Problemkreis Werklieferung – Werkleistung

**Vorbemerkung:** Wird der Gegenstand einer Werklieferung ausgeführt, so kann die Werklieferung nach § 6 UStG steuerfrei sein. Erbringt ein Unternehmer an einem Gegenstand eine Werkleistung, und wird der Gegenstand anschließend ausgeführt, so kann die Werkleistung nach § 7 UStG steuerfrei sein. Die Voraussetzungen für die Steuerfreiheit nach § 6 und nach § 7 UStG sind jedoch nicht deckungsgleich. Deshalb kann die Steuerfreiheit davon abhängen, ob die Leistung eine Werklieferung bzw. eine Werkleistung darstellt (vgl. A 7.4 UStAE).

Prüfen Sie demzufolge anhand von § 3 Abs. 4 UStG, ob in den nachfolgenden Fällen eine Werklieferung bzw. eine Werkleistung vorliegt:

1. Unternehmer U lackiert im Auftrag des A Möbel, die im Eigentum des A stehen.
2. Unternehmer U baut im Auftrag des A Maschinenteile, die im Eigentum des A stehen, zusammen. Hierbei verwendet U Schrauben und Splinte aus eigenen Beständen.
3. Unternehmer U verzinkt im Auftrag des A Gießkannen, die ihm A als Gusseisen-Rohlinge übergeben hat.
4. Unternehmer U baut im Auftrag des A elektronische Teile zusammen, indem er sie auf Leiterplatten aufsteckt. Anschließend setzt er die Leiterplatten in ein Gehäuse ein. Auf diese Weise entstehen Personalcomputer. Die Chips und Leiterplatten stellt A dem U zur Verfügung. Die Gehäuse und sonstigen erforderlichen Teile bestellt U bei B im Namen und auf Rechnung des A.
5. Unternehmer U schleift im Auftrag des A Werkzeugteile des A. Er verwendet hierbei Schleifsande aus eigenen Beständen. Beim Schleifen verbraucht U auch sehr viel Dieselöl für den Betrieb des Sandstrahlgebläses.
6. W ist Inhaber einer Kfz-Werkstätte. K bringt W seinen Pkw zur Inspektion. Hierbei tauscht W das Motoröl aus. Weiterhin verwendet W Schmierstoffe und füllt Bremsflüssigkeit nach.
7. Unternehmer U ist von A beauftragt, Maschinen des A versandfertig zu verpacken. Er verpackt sie in Kartons aus eigenen Beständen.

# Teil C Inland, Gemeinschaftsgebiet, Ausland

## 1 Allgemeine Ausführungen

Ein Umsatz ist in der Regel nur dann nach § 1 Abs. 1 Nr. 1, 4 und 5 UStG steuerbar, wenn er im **Inland** bewirkt wird. Der Begriff Inland ist somit ein wichtiges Tatbestandsmerkmal für die Steuerbarkeit. Der Begriff ist in § 1 Abs. 2 Satz 1 UStG wie folgt definiert:

Inland i. S. d. UStG ist das Gebiet der Bundesrepublik Deutschland, ausgenommen

- Gebiet von Büsingen,
- Insel Helgoland,
- Freihäfen,
- Gewässer und Watten zwischen der Hoheitsgrenze und der jeweiligen Strandlinie deutsche Schiffe und deutsche Luftfahrzeuge in Gebieten, die zu keinem Zollgebiet gehören.
- Nachdem der Freihafen Hamburg zum 01. 01. 2013 abgeschafft wurde, gibt es nur noch zwei Freihäfen auf dem Gebiet der Bundesrepublik, die als Freizonen des Kontrolltyps I gelten (vgl. § 1 Abs. 1 Satz 1 ZollVG), nämlich **Bremerhaven** und **Cuxhaven**.

Der Freihafen Duisburg ist eine Freizone des Kontrolltyps II und deshalb als Inland zu behandeln. Neben die Zollfreigebiete sind seit 01. 01. 2004 die Umsatzsteuerlager getreten. Sie haben eine den Zolllagern und den Zollfreigebieten vergleichbare Funktion. Die Umsatzsteuerlager gehören zwar wie die Zolllager zum Inland, jedoch sind die Lieferungen der in der Anlage 1 zum UStG bezeichneten Gegenstände nach § 4 Nr. 4a Buchst. a UStG steuerfrei, wenn sie im Zusammenhang mit der Lieferung in ein Umsatzsteuerlager eingelagert werden oder sich in einem Umsatzsteuerlager befinden. Auch Leistungen im Zusammenhang mit in einem Umsatzsteuerlager eingelagerten Gegenständen können nach § 4 Nr. 4a Buchst. b UStG steuerfrei sein. Ein solches Umsatzsteuerlager kann jeder räumlich bestimmte Ort im Inland sein, der zur Lagerung der in der Anlage 1 zum UStG genannten Gegenstände dienen soll und dazu geeignet ist. Die Einrichtung eines solchen Umsatzsteuerlagers muss schriftlich beantragt und vom zuständigen Finanzamt schriftlich bewilligt werden. Nähere Einzelheiten vgl. V 2.

Im Zuge des Zusammenwachsens der Europäischen Union erlangt daneben der Begriff **Gemeinschaftsgebiet** immer mehr an Bedeutung. Das UStG definiert das Gemeinschaftsgebiet gem. § 1 Abs. 2a UStG wie folgt: Gemeinschaftsgebiet ist das Inland und die Gebiete der übrigen Mitgliedstaaten der Europäischen Union die nach dem Unionsrecht als Inland dieser Mitgliedstaaten gelten (übriges Gemeinschaftsgebiet vgl. 4).

Ein Umsatz außerhalb des Inlands ist in der Regel nicht steuerbar. Für das Gebiet außerhalb des Inlands verwendet das Gesetz den Begriff Ausland. Es definiert den Begriff Ausland wie folgt: Ausland i. S. d. UStG ist das Gebiet, das nicht Inland ist. Für die Anwendung des UStG ist das Ausland jedoch nicht als homogenes Gebiet anzusehen. Insbesondere ist es von großer Bedeutung, ob es sich um Gebiete innerhalb der Europäischen Union (sog. **übriges Gemeinschaftsgebiet** gem. § 1 Abs. 2a Satz 1 UStG) oder um Gebiete außerhalb der Europäischen Union (sog. **Drittlandsgebiet** gem. § 1 Abs. 2a Satz 3 UStG) handelt.

**Büsingen ist ein sog. Zollausschluss.** Es handelt sich um eine deutsche Gemeinde am Hochrhein, die von Schweizer Hoheitsgebiet umgeben ist und zollrechtlich der Schweiz angeschlossen ist. Büsingen ist nach § 1 Abs. 2 Satz 1 und 2 UStG umsatzsteuerrechtliches Ausland und zwar nach § 1 Abs. 2a UStG Drittlandsgebiet.

## 2 Ausland

Der Begriff des Auslands ist an verschiedenen Stellen des UStG relevant, z. B. beim Begriff des ausländischen Abnehmers (§ 6 Abs. 2 UStG), beim Reverse-Charge-Verfahren (§ 13b Abs. 7 UStG). Es gibt umsatzsteuerrechtliche Vorschriften, die auf bestimmte Teile des Auslands abstellen. Im Hinblick darauf ist das Ausland aufzugliedern in:

a) Gebiete i. S. v. § 1 Abs. 3 UStG (Freihäfen und Gewässer und Watten zwischen der Hoheitsgrenze und der jeweiligen Strandlinie),
b) übriges Gemeinschaftsgebiet (Gebiete der übrigen Mitgliedstaaten der Europäischen Union, die nach dem Unionsrecht als Inland dieser Mitgliedstaaten gelten),
c) Drittlandsgebiet (Gebiet, das nicht Gemeinschaftsgebiet ist, vgl. § 1 Abs. 2a Satz 3 UStG).

Beim **übrigen Gemeinschaftsgebiet** handelt es sich um das Inland folgender Staaten (vgl. A 1.10 Abs. 1 UStAE): Belgien, Bulgarien, Dänemark, Estland, Finnland, Frankreich (inkl. Monaco), Griechenland, Irland, Italien, Kroatien, Lettland, Litauen, Luxemburg, Malta, Niederlande, Österreich, Polen, Portugal (einschließlich Madeira und Azoren), Rumänien, Schweden, Slowakei, Slowenien, Spanien (einschließlich Balearen), Tschechien, Ungarn und Zypern (ausgenommen türkisch verwalteter Teil). Das Vereinigte Königreich Großbritannien und Nordirland einschließlich der Insel Man sind mit Wirkung vom 01.02.2020 nach Art. 50 des EU-Vertrages aus der EU und damit aus dem Gemeinschaftsgebiet ausgetreten und gelten damit grundsätzlich als Drittlandsgebiet. Allerdings gilt während einer Übergangsphase voraussichtlich bis zum 31.10.2020 noch der Status Quo.

Zum **Drittlandsgebiet** gehören alle Staaten, die nicht zum Gemeinschaftsgebiet gehören. Zum Drittlandsgebiet gehören auch: (vgl. A 1.10 UStAE) Åland-Inseln (Finnland), Andorra, Berg Athos, Büsingen, Campione d'Italia, Ceuta, Faröer, französische überseeische Departements (Guadeloupe, Französisch-Guayana, Martinique, Réunion), Gibraltar, Grönland, Kanalinseln (Inseln der Selbstverwaltungsgebiete Jersey und Guernsey), Kanarische Inseln, Livigno, Luganer See (auch soweit er zum italienischen Hoheitsgebiet gehört), Melilla, niederländisches Überseegebiet (Aruba, Curaçao, Sint Maarten, Bonaire, Saba und Sint Eustatius), San Marino, Vatikan, Insel Helgoland, Zypern (türkischer Teil).

Die **Freihäfen** gehören entgegen § 1 Abs. 2a Satz 1 i. V. m. Abs. 2 Satz 1 UStG gem. Art. 5 Abs. 1 und 2 MwStSystRL zum Gemeinschaftsgebiet. Das deutsche UStG behandelt sie jedoch wie Drittlandsgebiet (vgl. § 1 Abs. 2a Satz 3 i. V. m. Satz 1 UStG). Auch die Befreiung der Ausfuhrlieferung geht davon aus, dass die Freihäfen (Teil der Gebiete nach § 1 Abs. 3 UStG) Drittlandsgebiet sind (vgl. § 6 Abs. 1 Nr. 1 und 2 UStG).

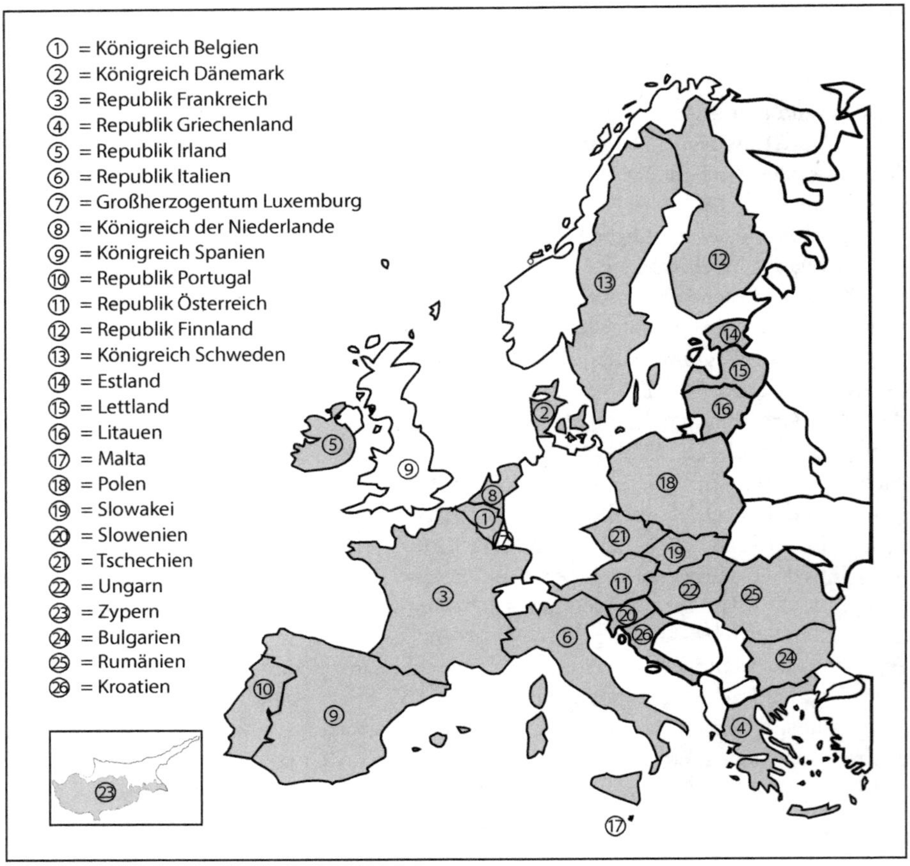


## 3 Besonderheiten

Das Umsatzsteuerrecht nimmt folgende Bereiche nicht vom Inland aus:

- Gesandtschafts- und Botschaftsgebäude ausländischer Mächte im Bundesgebiet,
- Militärbereiche ausländischer Mächte im Bundesgebiet.

Hierfür gelten jedoch Sonderregelungen, z. B. nach dem NATO-Truppenstatut (Näheres vgl. V 3). Die Sonderregelungen sind zum Teil in internationalen Abkommen, zum Teil durch Gesetz bzw. Rechtsverordnung getroffen. Nicht zum Ausland gehören auch die sog. **Duty-free-Shops** auf Flughäfen. Die Lieferungen in diesen Läden sind daher steuerbar und in der Regel auch steuerpflichtig. Sie können unter den allgemeinen Voraussetzungen als Ausfuhrlieferungen, z. B. als Ausfuhrlieferungen im nichtkommerziellen Reiseverkehr nach § 6 Abs. 3a UStG i. V. m. § 17 UStDV (vgl. D 6), steuerfrei sein.

Ausländische Flugzeuge und Schiffe im Bundesgebiet gehören ebenfalls nicht zum Ausland. Daraus erklärt sich die Regelung nach § 26 Abs. 3 UStG, wonach die USt für grenzüberschreitende Beförderungen im Luftverkehr erlassen werden kann. Für Lieferungen während einer Beförderung innerhalb des Gemeinschaftsgebiets, z. B. in einem Flugzeug, ist die besondere Ortsregelung des § 3e UStG zu beachten. Danach gilt der jeweilige Abgangsort als Lieferort.

# 4 Übungsfälle zum Problemkreis Inland, Ausland, übriges Gemeinschaftsgebiet, Drittlandsgebiet

**Vorbemerkung:** Eine Leistung ist nach dem deutschen UStG nur steuerbar, wenn sie im Inland bewirkt wird. Sie müssen daher in der Lage sein, für jeden denkbaren Ort zu bestimmen, ob er im Inland liegt. Für die Frage der Steuerbefreiung der Ausfuhr ist entscheidend, ob der Liefergegenstand in den Teil des Auslands gelangt, den das UStG als Drittlandsgebiet definiert. Weiterhin gelten unterschiedliche Regeln je nachdem, ob der Gegenstand in ein Zollfreigebiet i. S. d. § 1 Abs. 3 UStG ins übrige Gemeinschaftsgebiet oder ins Drittlandsgebiet gelangt. Ordnen Sie die nachfolgend genannten Orte in folgende Kategorien:

Inland, übriges Gemeinschaftsgebiet, Drittlandsgebiet, Zollfreigebiete i. S. d. § 1 Abs. 3 UStG.

1. Berlin,
2. Freihafen Bremerhaven,
3. Büsingen,
4. Sylt,
5. Oslo,
6. Basel,
7. Helgoland,
8. Deutsches Schiff im Passagierhafen Emden,
9. Duty-free-Shop im Flughafen Frankfurt/Main,
10. Amerikanische Kaserne in Stuttgart,
11. Danzig,
12. Monaco,
13. Kopenhagen,
14. Andorra,
15. Flugzeug der Delta-Air (US-Fluggesellschaft) auf der Strecke München-Frankfurt/Main,
16. Deutsche Botschaft in Dublin,
17. Russische Botschaft in Berlin,
18. Insel Madeira,
19. Kanarische Inseln,
20. Salzburg,
21. Schaffhausen,
22. Bodensee bei Lindau,
23. Wattenmeer in der Nordsee,
24. Tokio,
25. Vatikan,
26. San Marino,
27. Deutsches Schiff auf hoher See,
28. Passagierschiff auf dem Rhein zwischen Basel und Breisach,
29. Passagierschiff auf dem Rhein zwischen Breisach und Straßburg,
30. Passagierschiff auf dem Nord-Ostsee-Kanal,
31. Kufstein,
32. Zolllager in Frankfurt,
33. Umsatzsteuerlager des Lagerhalters L in Köln.

# Teil D Exportgeschäfte

## 1 Allgemeine Ausführungen

Sie haben nun die Fähigkeit erlangt, in einer Reihe von typischen Fällen entscheiden zu können, ob steuerbare Leistungen vorliegen. Sie wissen jedoch auch, dass die Steuerbarkeit nicht in jedem Fall auch zu einer tatsächlichen Steuerpflicht führt. Die Steuerpflicht steht erst dann fest, wenn Sie festgestellt haben, dass keine der in § 4 UStG genannten Befreiungsvorschriften eingreift. Sie sollen nun als Nächstes deshalb mit § 4 Nr. 1 UStG die wichtigste dieser Befreiungsvorschriften kennenlernen.

Nach § 4 Nr. 1 Buchst. a UStG sind steuerfrei:

- die Ausfuhrlieferungen (§ 6 UStG) und
- die Lohnveredelungen an Gegenständen der Ausfuhr (§ 7 UStG).

Nach § 4 Nr. 1 Buchst. b UStG sind die innergemeinschaftlichen Lieferungen (§ 6a UStG) steuerfrei. So, wie wir uns bei dem Steuerbarkeitstatbestand des § 1 Abs. 1 Nr. 1 UStG zunächst mit dem Teil befasst haben, der die Lieferungen betrifft, und uns erst später mit den sonstigen Leistungen befasst haben, wollen wir uns nun ebenfalls zunächst mit den Lieferungen befassen und zwar mit den Ausfuhrlieferungen nach § 6 UStG. Wann eine Ausfuhrlieferung vorliegt und steuerfrei ist, wird vom Gesetzgeber in § 6 UStG näher erläutert.

Die eigentlichen Voraussetzungen für die Befreiung der Ausfuhrlieferungen sind in § 6 Abs. 1 UStG genannt, ergänzt durch § 6 Abs. 4 UStG. Dazwischen finden Sie mit § 6 Abs. 2 UStG eine Erläuterungsvorschrift zum Tatbestandsmerkmal »ausländischer Abnehmer«, einer der in § 6 Abs. 1 UStG auftretenden Tatbestandsvoraussetzungen. In § 6 Abs. 3 und 3a UStG sind für Sonderfälle zusätzliche Erfordernisse für die Befreiung geregelt. Für den Einstieg in die Prüfung, ob eine Ausfuhrlieferung steuerfrei ist, empfiehlt sich folgendes Prüfungsschema:

1. Ist die Lieferung überhaupt steuerbar? Im Falle einer nicht steuerbaren Lieferung stellt sich die Frage der Steuerbefreiung nicht.
2. Liegt eine Ausfuhr vor? Ist der Gegenstand nicht ins Drittlandsgebiet bzw. ein Gebiet nach § 1 Abs. 3 UStG gelangt, ist es abwegig die Steuerbefreiung der Ausfuhr zu prüfen.
3. Was ist ausgeführt worden? Im Grundsatz muss genau das ausgeführt werden, was Gegenstand der Lieferung ist. Allerdings kann dieser Gegenstand auch durch eine Be- oder Verarbeitung verändert worden sein, sofern die Be- oder Verarbeitung durch selbstständige Beauftragte des Abnehmers erfolgt ist (vgl. § 6 Abs. 1 Satz 2 UStG).
4. Wann ist der Gegenstand ausgeführt worden? Im Grundsatz muss die Ausfuhr unverzüglich im Anschluss an die Lieferung erfolgen. Die Befreiung kann nach Sinn und Zweck des § 6 UStG nicht eingreifen, wenn ein neuwertiger Gegenstand geliefert wird, dieser zunächst im Inland genutzt wird und erst nach Eintritt eines nicht unerheblichen Wertverzehrs ausgeführt wird. Andernfalls käme es zu einem unversteuerten Verbrauch im Inland.
5. Durch wen ist der Gegenstand ausgeführt worden? Die Steuerbefreiung greift also nur dann, wenn der Gegenstand entweder durch den Lieferer oder den Abnehmer bzw. deren Erfüllungsgehilfen ausgeführt wird. Die Steuerbefreiung ist dagegen ausgeschlossen, wenn der Abnehmer der Lieferung den Gegenstand weiterveräußert und erst der Abnehmer des Abnehmers den Gegenstand ausführt. Dementsprechend kann bei Ausfuhren im Reihengeschäft nur eine der Lieferungen eine steuerfreie Ausfuhrlieferung sein (vgl. A 3.14 Abs. 14 UStAE).

Eine steuerfreie Ausfuhrlieferung setzt immer zunächst voraus, dass die Lieferung steuerbar ist. Den wohl am häufigsten vorkommenden Fall der Ausfuhr finden Sie in § 6 Abs. 1 Nr. 1 UStG. Es handelt sich hierbei um den Fall, dass der Exportunternehmer im Auftrag des Abnehmers den Liefergegenstand in das Drittlandsgebiet befördert oder versendet.

## 2 Ausfuhrlieferung nach § 6 Abs. 1 Nr. 1 UStG

Die steuerfreie Ausfuhrlieferung nach § 6 Abs. 1 Nr. 1 UStG setzt voraus:

a) Eine steuerbare Beförderungs- oder Versendungslieferung nach § 3 Abs. 6 Satz 1 UStG durch den Lieferer.
b) Der Liefergegenstand muss im Zuge der Beförderung bzw. Versendung durch den Lieferer ins Drittlandsgebiet (ausgenommen Gebiete nach § 1 Abs. 3 UStG) gelangt sein.
c) Die Voraussetzungen unter a) und b) müssen in der Buchführung des exportierenden Unternehmers anhand von Belegen nachgewiesen sein (§ 6 Abs. 4 UStG).

Wie die erforderlichen Nachweise zu führen sind, ergibt sich aus den §§ 8 bis 11 und 13 UStDV. Dort können Sie leicht selbst nachlesen, wie im Einzelfall ein solcher Nachweis (Buchnachweis und Belegnachweis) zu führen ist. Allzu sehr brauchen Sie sich jedoch mit diesen Fragen nicht belasten, denn in Prüfungsaufgaben finden Sie regelmäßig unter den allgemeinen Hinweisen den Satz: »Es ist davon auszugehen, dass erforderliche Buchnachweise und Belegnachweise erbracht sind.« In solchen Fällen brauchen Sie die Befreiung nur dann mangels Nachweise abzulehnen, wenn aus dem Sachverhalt hervorgeht, dass der Exporteur den Vorgang z. B. nicht verbucht hat, bzw. falsch verbucht hat oder wenn daraus eindeutig hervorgeht, dass er für die Ausfuhr keine Belege hat.

Zur Verdeutlichung der Vorschrift wollen wir uns nun einen Unternehmer vorstellen, der sich mit Exportgeschäften befasst, Unternehmer E in Hamburg. E hat alle seine Geschäftsvorfälle ordnungsgemäß verbucht und sich auch alle erforderlichen Ausfuhrbelege besorgt. U. a. sind bei ihm die nachfolgenden Geschäftsvorfälle aufgetreten:

**BEISPIELE**

a) Der Kunde B in New York (USA) bestellt bei E eine Werkzeugmaschine. E, der die Maschine in seinem Lager in Bremen vorrätig hat, übergibt diese in seinem Lager dem Spediteur S mit dem Auftrag, den Transport zu B nach New York zu besorgen. S besorgt auftragsgemäß den Transport nach New York zu B, nachdem er zuvor die Maschine für zwei Tage im Freihafen Bremerhaven zwischengelagert hatte.

**LÖSUNG** Die Lieferung der Maschine von E an B ist steuerbar. Der Lieferort ist Bremen, da die Maschine dem S als selbstständigem Erfüllungsgehilfen des E dort übergeben wurde. Die Lieferung ist deshalb gem. § 3 Abs. 6 Satz 1 UStG in Bremen ausgeführt worden und somit steuerbar. Die Maschine gelangt im Zuge der Versendung ins Drittlandsgebiet. Es ist für die Anwendung des § 6 Abs. 1 Nr. 1 UStG nicht schädlich, dass die Maschine von S im Freihafen zwischengelagert wurde. Entscheidend ist nämlich, wohin die Maschine im Zuge der Versendung letzten Endes gelangt. Damit sind (die Nachweise unterstellt) bei E für diese Lieferung sämtliche Merkmale des § 6 Abs. 1 Nr. 1 UStG erfüllt, seine Lieferung an B ist daher steuerfrei.

b) Der Kunde V in Nischni Novgorod (Russland) bestellt bei dem Fachhändler P in Köln zur Lieferkondition unverzollt und unversteuert eine Filtrieranlage. P bestellte die Filtrieranlage seinerseits bei E mit der Zusatzvereinbarung, dass E die Anlage auf direktem Wege zu V befördert und diesem übergibt. Dementsprechend beförderte E die Anlage mit einem eigenen Fahrzeug zu V nach Nischni Novgorod und übergab diesem die Anlage. Ein Einbau wurde von Seiten des E nicht vorgenommen.

**LÖSUNG** V hat mit P und P mit E über denselben Liefergegenstand (Filtrieranlage) einen Kaufvertrag abgeschlossen. Beide Kaufverträge werden erfüllt. Somit liefert E an P und P an V. Es handelt sich um ein Reihengeschäft i. S. d. § 3 Abs. 6a UStG. Die Beförderung erfolgt unmittelbar von E zu V durch den Lieferer E. Die Beförderungslieferung wird nach § 3 Abs. 6a Satz 2 UStG der Lieferung des E an P zugerechnet. Der Ort der Lieferung des E ist somit gem. § 3 Abs. 6 Satz 1 UStG in Bremen. Der Ort der Lieferung des P ist nach § 3 Abs. 7 Satz 2 Nr. 2 UStG in Russland, da die Lieferung des P der Beförderungslieferung des E nachfolgt und die Beförderung in Russland endet. Gedanklich folgt sie sowohl räumlich als auch zeitlich der Lieferung des E an P nach. Die Lieferung des P ist nicht steuerbar.
Die Lieferung des E an P ist nach § 4 Nr. 1 Buchst. a i. V. m. § 6 Abs. 1 Nr. 1 UStG steuerfrei, da die Anlage im Zuge einer Beförderungslieferung durch den Lieferer gem. § 3 Abs. 6 Satz 1 UStG ins Drittlandsgebiet gelangt ist. Der Ausfuhrnachweis ist nach § 9 UStDV zu beurteilen.

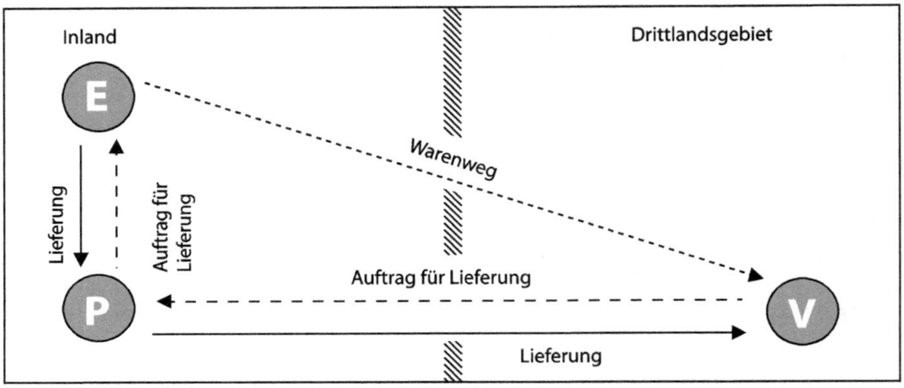


c) Der in Nischni Novgorod (Russland) ansässige Unternehmer J bestellte bei E einen Elektrokarren. E hatte derartige Elektrokarren in einem Lager im Freihafen Bremerhaven gelagert. Er ließ den bestellten Elektrokarren direkt von diesem Lager mit einem eigenen Lkw auf dem Landweg zu J nach Nischni Novgorod transportieren.

**LÖSUNG** Die Lieferung des E an J erfolgt nach § 3 Abs. 6 Satz 1 UStG mit Beginn der Beförderung im Freihafen und ist somit nicht steuerbar. Die Frage nach der Steuerbefreiung stellt sich somit überhaupt nicht. § 3 Abs. 8 UStG kann im vorliegenden Fall keine Anwendung finden, da der Elektrokarren nicht ins Inland eingeführt wird, sondern nur durchgeführt wird. In derartigen Fällen wird vom Zoll (bei entsprechender Verplombung der Ladung) keine Einfuhrumsatzsteuer erhoben. Siehe Abbildung.

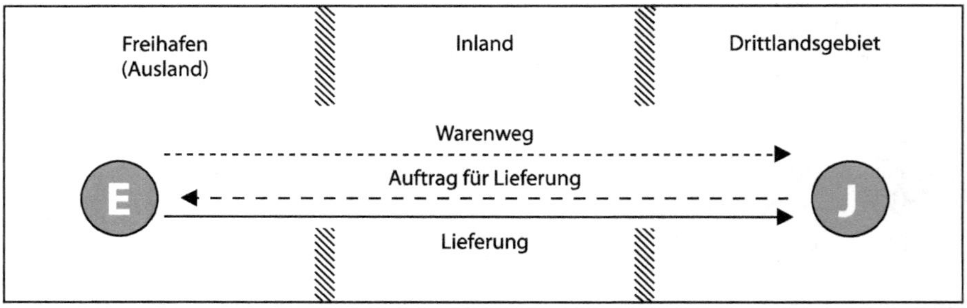


d) Der in St. Petersburg (Russland) ansässige Unternehmer O bestellte bei E einen Bagger, wobei E beauftragt war, den Bagger mittels eines Tiefladers bis Flensburg (Schleswig-Holstein) zu transportieren. O nahm den Bagger in Flensburg in Empfang und verlud ihn auf ein Schiff, mit welchem er ihn weiter nach St. Petersburg transportierte.

**LÖSUNG** Es liegt eine gebrochene Beförderungslieferung von E an O vor. Der Lieferort ist somit gem. § 3 Abs. 6 Satz 1 UStG bei Beginn der Beförderung in Bremen. Die Steuerbefreiung nach § 6 Abs. 1 Nr. 1 UStG greift hier nicht ein, da der Bagger nicht im Zuge der Beförderung durch den Lieferer E, sondern infolge der Weiterbeförderung durch O ins Drittlandsgebiet gelangt. Die gebrochene Beförderung ist aber unschädlich, da der Abnehmer zu Beginn des Transports feststeht und die Ware ohne nennenswerte Unterbrechung transportiert wird (vgl. A 6.1 Abs. 3a UStAE). Damit ist die Lieferung steuerfrei nach § 6 Abs. 1 Nr. 2 UStG.

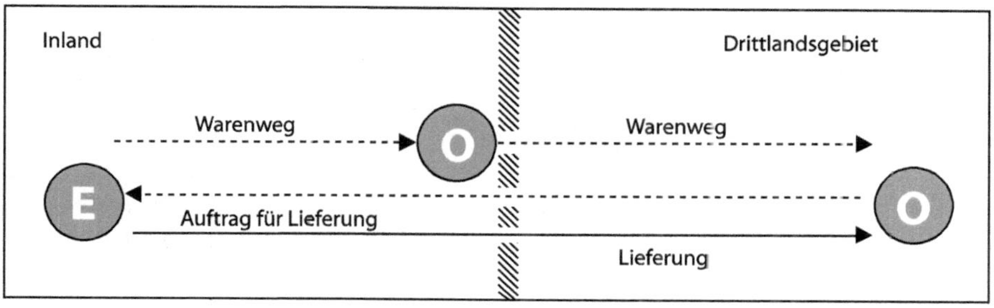


## 3 Ausfuhrlieferung nach § 6 Abs. 1 Nr. 2 UStG

Nach § 6 Abs. 1 Nr. 2 UStG ist eine Ausfuhrlieferung dann steuerfrei, wenn eine steuerbare Lieferung vorliegt und

1. der Gegenstand der Lieferung ins Drittlandsgebiet, ausgenommen Gebiete nach § 1 Abs. 3 UStG gelangt,
2. die Beförderung oder Versendung über die Außengrenze der EU durch den Abnehmer erfolgt,
3. der Abnehmer (Lieferungsempfänger) ein ausländischer Abnehmer ist.

An die Stelle der Voraussetzung der **Beförderung bzw. Versendung durch den Lieferer** gem. § 6 Abs. 1 Nr. 1 UStG tritt gem. § 6 Abs. 1 Nr. 2 UStG die Voraussetzung **ausländischer Abnehmer**. § 6 Abs. 1 Nr. 2 UStG betrifft jedoch die Fälle des § 6 Abs. 1 Nr. 1 UStG insoweit, als die Befreiung nach § 6 Abs. 1 Nr. 2 UStG auch in den Fällen gewährt wird, in denen der Gegenstand der Lieferung zwar durch Beförderung oder Versendung des Lieferers ins Drittlandsgebiet gelangt, hierfür jedoch der Nachweis fehlt, jedoch ein ausländischer Abnehmer vorliegt und dies auch nachgewiesen wird. Für die Befreiung nach § 6 Abs. 1 Nr. 2 UStG ist es sozusagen egal, ob der Lieferer oder der Abnehmer den Liefergegenstand ins Drittlandsgebiet befördert oder versendet (vgl. hierzu § 13 Abs. 3 UStDV).

Der Begriff »**ausländischer Abnehmer**« ist vom Gesetzgeber in § 6 Abs. 2 UStG näher erläutert. Danach liegt ein ausländischer Abnehmer dann vor, wenn der Lieferungsempfänger seinen Sitz oder seinen Wohnort im Ausland (ausgenommen die Gebiete nach § 1 Abs. 3 UStG hat). Ausländischer Abnehmer ist also auch ein Abnehmer mit Wohnort oder Sitz in einem anderen Mitgliedstaat der EU. Allein die in § 6 Abs. 2 UStG genannte Definition des ausländischen Abnehmers ist entscheidend. Es kommt also keinesfalls auf die Staatsangehörigkeit des Abnehmers an. So ist beispielsweise ein deutscher Staatsangehöriger, welcher sich im Ausland niedergelassen hat, durchaus ausländischer Abnehmer. Umgekehrt sind ausländische Gastarbeiter, die sich nicht nur vorübergehend in der Bundesrepublik aufhalten, **keine** ausländischen Abnehmer.

Nach dem BFH-Urteil vom 31.07.1975 (BStBl II 1976, 80) ist der Wohnort i. S. d. § 6 Abs. 2 UStG nicht deckungsgleich mit dem Wohnsitz i. S. d. § 8 AO. Wohnort ist derjenige Ort, an dem der Abnehmer für längere Zeit Wohnung genommen hat und der nicht nur aufgrund subjektiver Willensentscheidung, sondern auch bei objektiver Betrachtung als der örtliche Mittelpunkt seines Lebens anzusehen ist (vgl. auch A 6.3 Abs. 2 UStAE). Ein Ausländer, der sich sieben Monate auf Montage im Inland auf laufend wechselnden Einsatzstellen aufhält, kann danach durchaus noch ausländischer Abnehmer sein.

Ein besonderes Problem des Begriffs des ausländischen Abnehmers tritt in der Praxis häufig bei **Gastarbeitern** auf, die kurz vor der Rückreise in ihre Heimat im Drittlandsgebiet stehen und gerade deshalb hier noch besonders viel einkaufen, um es in ihre Heimat mitzunehmen. Hierzu besteht die ganz einhellige Auffassung, dass sie die Eigenschaft des ausländischen Abnehmers erst dann erlangen, wenn sie die Bundesrepublik Deutschland verlassen haben (vgl. A 6.3 Abs. 3 Nr. 4 UStAE). Im Zeitpunkt des Erwerbs fehlt ihnen also die Voraussetzung »ausländischer Abnehmer«. Dies hat zur Folge, dass bei ihnen die Steuerbefreiung nach § 6 Abs. 1 Nr. 2 UStG nicht in Frage kommt.

**BEISPIELE**

Es ist festzustellen, ob die Abnehmer in den nachfolgenden Fällen ausländische Abnehmer sind:

a) Bewohner von Büsingen,
b) Bewohner von Helgoland,
c) Unternehmer im Freihafen Cuxhaven,
d) Einwohner von Amsterdam,
e) Einwohner von Rom,
f) Russischer Botschafter in Berlin,
g) Deutscher Botschafter in Moskau,
h) Indischer Medizinstudent in München.

**LÖSUNG**

a) Der Bewohner von Büsingen hat seinen Wohnort gem. § 1 Abs. 2 Satz 1 und 2 UStG im Ausland (nicht in einem Gebiet i. S. d. § 1 Abs. 3 UStG) und ist somit nach § 6 Abs. 2 Nr. 1 UStG ausländischer Abnehmer (vgl. A 6.3 Abs. 1 UStAE).

b) Der Bewohner von Helgoland hat seinen Wohnort gem. § 1 Abs. 2 Satz 1 und 2 UStG im Ausland (nicht in einem Gebiet i. S. d. § 1 Abs. 3 UStG) und ist somit nach § 6 Abs. 2 Nr. 1 UStG ausländischer Abnehmer (vgl. A 6.3 Abs. 1 UStAE).

c) Der Unternehmer im Freihafen Cuxhaven hat seinen Sitz in einem Gebiet i. S. d. § 1 Abs. 3 UStG und ist somit nach § 6 Abs. 2 Nr. 1 UStG kein ausländischer Abnehmer.

d) Der Einwohner von Amsterdam hat seinen Wohnort im Ausland (übriges Gemeinschaftsgebiet), ist also nach § 6 Abs. 2 Nr. 1 UStG ausländischer Abnehmer.

e) Der Einwohner von Rom hat seinen Wohnort im Ausland (übriges Gemeinschaftsgebiet), ist also nach § 6 Abs. 2 Nr. 1 UStG ausländischer Abnehmer.

f) Der russische Botschafter in Berlin hat seinen Wohnort gem. § 1 Abs. 2 Satz 1 UStG im Inland und ist somit nach § 6 Abs. 2 Nr. 1 UStG kein ausländischer Abnehmer (vgl. A 6.3 Abs. 3 Nr. 2 UStAE).

g) Der deutsche Botschafter in Moskau hat seinen Wohnort gem. § 1 Abs. 2 Satz 1 und 2 UStG im Ausland und ist somit nach § 6 Abs. 2 Nr. 1 UStG ausländischer Abnehmer (vgl. A 6.3 Abs. 3 Nr. 1 Satz 1 UStAE).

h) Der indische Medizinstudent in München hat seinen Wohnort gem. § 1 Abs. 2 Satz 1 UStG im Inland und ist somit nach § 6 Abs. 2 Nr. 1 UStG kein ausländischer Abnehmer (vgl. A 6.3 Abs. 3 Nr. 4 Satz 3 UStAE).

Zur Lösung vgl. auch A 6.3 Abs. 2 UStAE.

Einen Sonderfall des ausländischen Abnehmers regelt § 6 Abs. 2 Nr. 2 UStG. Danach ist eine ausländische Zweigniederlassung eines Unternehmers, der nicht die Eigenschaft des ausländischen Abnehmers hat (inländischer Unternehmer), dann als ausländischer Abnehmer anzusehen, wenn die Zweigniederlassung das Umsatzgeschäft im eigenen Namen abgeschlossen hat. Sie schließt das Umsatzgeschäft z. B. auch dann im eigenen Namen ab, wenn sie Ware unter ihrer ausländischen Adresse bestellt.

**BEISPIEL**

Das inländische Unternehmen B hat eine Zweigniederlassung in der Schweiz, welche den Firmennamen SB führt. Die SB bestellt bei der Firma S in München eine Werkzeugmaschine. Die Firma S übergibt diese Maschine auftragsgemäß in München einem Fahrer der SB, welcher die Maschine mit einem werkseigenen Lkw in die Schweiz transportiert.

**LÖSUNG** Die Lieferung ist gem. § 3 Abs. 6 Satz 1 UStG steuerbar. Die Steuerbefreiung des § 6 Abs. 1 Nr. 1 UStG kommt nicht in Betracht, da nicht der Lieferer, sondern der Abnehmer die Maschine ins Drittlandsgebiet befördert. Für die Befreiung des § 6 Abs. 1 Nr. 2 UStG ist ein ausländischer Abnehmer erforderlich. Ein ausländischer Abnehmer i. S. v. § 6 Abs. 2 Nr. 1 UStG liegt nicht vor, da der Abnehmer die inländische Firma B ist. Es greift jedoch die Spezialregelung des § 6 Abs. 2 Nr. 2 UStG ein, da die Zweigniederlassung SB ihren Sitz im Ausland hat und die Maschine im eigenen Namen bestellt hat.

Die Vorschrift des § 6 Abs. 2 Nr. 2 UStG hat ihren Sinn darin, dass ausländische Zweigniederlassungen in derartigen Fällen ebenso behandelt werden wie ausländische Firmen. Diese Regelung dient in erster Linie der Rechtssicherheit. Der liefernde Unternehmer der seinen Lieferauftrag von einem Unternehmer mit einer ausländischen Adresse bekommt, braucht nicht zu prüfen, ob sich dahinter eine Zweigniederlassung eines inländischen Unternehmens versteckt. Davon zu unterscheiden ist jedoch folgendes Beispiel.

**BEISPIEL**

Das inländische Unternehmen B hat eine unselbstständige Zweigniederlassung in der Schweiz, welche den Firmennamen SB führt. Die SB bestellt bei der B einen Posten Arzneimittel. Die B übergibt den Posten Arzneimittel auftragsgemäß in Ludwigshafen einem Fahrer der SB, welcher sie mit einem werkseigenen Lkw in die Schweiz transportiert.

**LÖSUNG** Da es sich um die Übergabe von Ware an eine Zweigniederlassung handelt, verlässt der Posten Arzneimittel überhaupt nicht den Rahmen des Unternehmens. Aufgrund des Grundsatzes der Unternehmenseinheit liegt nur ein einziges Unternehmen vor (vgl. § 2 Abs. 1 Satz 2 UStG). Mag der Unternehmer noch so viele Niederlassungen haben, er hat immer nur ein Unternehmen, auch wenn sich diese Niederlassungen im Drittlandsgebiet befinden. Es liegt deshalb überhaupt keine Lieferung i. S. d. UStG, sondern ein sog. nicht steuerbarer Innenumsatz vor. Eine Lieferung wird auch nicht nach § 3 Abs. 1a UStG fingiert, da die Schweiz nicht zum Gemeinschaftsgebiet gehört. Da die Warenbewegung nicht steuerbar ist, ist die Prüfung einer Umsatzsteuerbefreiung überflüssig.

Eine entsprechende Regelung zu § 6 Abs. 2 Nr. 2 UStG finden Sie in § 6 Abs. 2 letzter Satz UStG, wo es heißt: »Eine Zweigniederlassung im Inland ist kein ausländischer Abnehmer.« Diese Regelung betrifft die Fälle von Zweigniederlassungen ausländischer Unternehmer. Wenn eine solche sich im Inland befindliche Zweigniederlassung im eigenen Namen bzw. unter ihrer inländischen Adresse Ware bestellt, ist davon auszugehen, dass kein ausländischer Abnehmer vorliegt.

**BEISPIEL**

Die in Frankfurt/Main ansässige Zweigniederlassung des amerikanischen Automobilherstellers A bestellt im eigenen Namen bei der Fa. M in Frankfurt/Main Zubehörteile, die sie dann im Auftrag ihrer amerikanischen Muttergesellschaft in die USA fliegt.

**LÖSUNG** Es liegt eine Lieferung an A vor. Die Lieferung ist steuerbar und nicht nach § 6 Abs. 1 Nr. 2 UStG steuerfrei, da nach § 6 Abs. 2 letzter Satz UStG kein ausländischer Abnehmer vorliegt. Die Lieferung ist steuerpflichtig. A kann jedoch die ihrer Niederlassung in Rechnung gestellte USt als Vorsteuer geltend machen.

Nun kennen Sie die Befreiung des § 6 Abs. 1 Nr. 2 UStG so weit, dass Sie in der Lage sein müssten, die nachfolgenden Beispiele zu lösen. Wir wollen dazu wieder den uns schon bekannten Herrn E bemühen. Erinnern Sie sich bitte:

Herr E ist Unternehmer in Bremen und beschäftigt sich u. a. auch mit Exportgeschäften. Herr E hat alle seine Geschäftsvorfälle ordnungsgemäß verbucht und sich auch alle erforderlichen Ausfuhrbelege besorgt. U. a. sind bei ihm die nachfolgenden Geschäftsvorfälle aufgetreten.

**BEISPIELE**

a) Der Unternehmer M in Reykjavik (Island) bestellte bei E einen Spezialcontainer. Mit dem Transport beauftragte M den Spediteur S in Wilhelmshaven. S holte den Spezialcontainer mit dem Lkw bei E in Bremen auftragsgemäß ab und transportierte ihn mit Hilfe verschiedener Erfüllungsgehilfen zu M nach Reykjavik.

**LÖSUNG** Es handelt sich um einen Abholfall. Der Lieferort ist gem. § 3 Abs. 6 Satz 1 UStG in Bremen. Die Lieferung ist nach § 6 Abs. 1 Nr. 2 UStG steuerfrei, da der Container ins Drittlandsgebiet gelangt und es sich bei M um einen ausländischen Abnehmer handelt, da er seinen Sitz in Reykjavik hat.

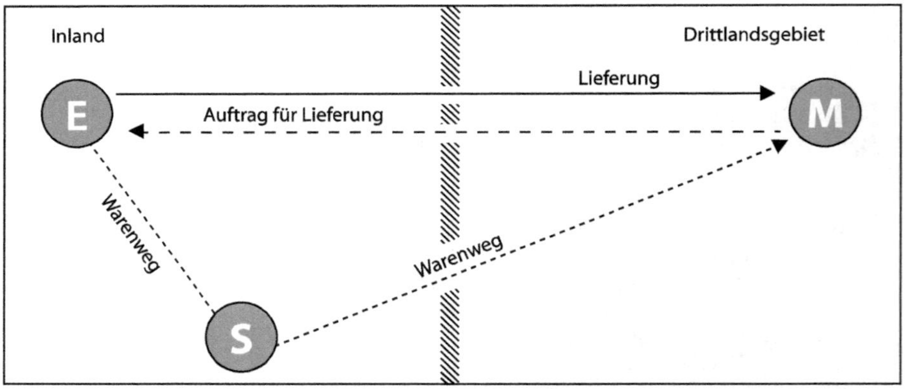


b) Der Exporteur S in Flensburg bestellte bei E einen Baukran. Diesen Kran benötigte er, weil der in Reykjavik (Island) ansässige Unternehmer L einen derartigen Kran bei ihm bestellt hatte. S wies E an, den Kran in Bremen dem Spediteur O, dem Empfangsspediteur des L, zu übergeben. O holte den Kran dementsprechend bei E in Bremen ab und besorgte den Transport auf dem Seeweg direkt zu L.

**LÖSUNG** L hat mit S und S mit E über denselben Liefergegenstand (Baukran) einen Kaufvertrag abgeschlossen. Beide Kaufverträge werden erfüllt. Somit liefert E an S und S an L. Die Lieferungen erfolgen im Rahmen eines Reihengeschäfts i. S. d. § 3 Abs. 6a UStG. Die Beförderung erfolgt unmittelbar von E zu L durch einen Beauftragten des Abnehmers L. Da der letzte Abnehmer versendet, wird die Versendungslieferung nach § 3 Abs. 6a Satz 3 UStG der Lieferung des S an L zugerechnet. Der Ort der Lieferung des S ist somit gem. § 3 Abs. 6 Satz 1 UStG in Bremen. Die Lieferung ist steuerbar. Die Lieferung des S an L ist nach § 4 Nr. 1 Buchst. a i. V. m. § 6 Abs. 1 Nr. 2 UStG steuerfrei, da der Baukran in Zuge einer Versendungslieferung durch den Abnehmer gem. § 3 Abs. 6 Satz 1 UStG ins Drittlandsgebiet gelangt ist und L nach § 6 Abs. 2 Nr. 1 UStG ausländischer Abnehmer ist. Der Ausfuhrnachweis ist nach § 10 UStDV zu beurteilen.

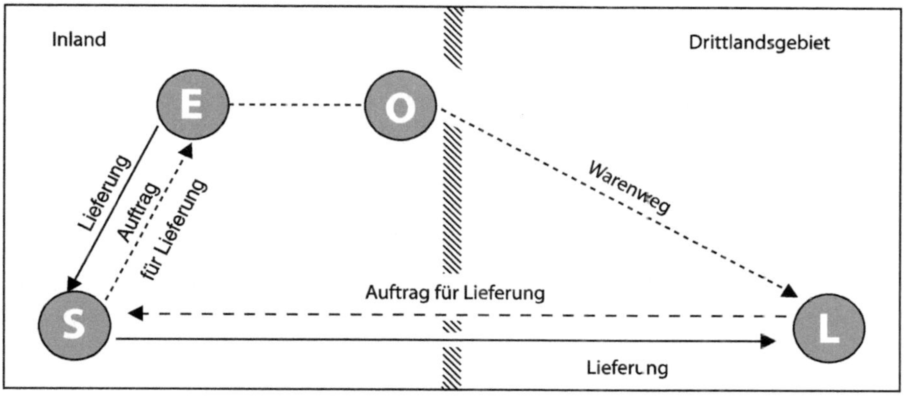


Der Ort der Lieferung des E ist nach § 3 Abs. 7 Satz 2 Nr. 1 UStG ebenfalls in Bremen, da die Lieferung des E der Beförderungslieferung des S vorangeht und die Beförderung in Bremen beginnt. Gedanklich geht sie sowohl räumlich als auch zeitlich der Lieferung des S an L voraus. Die Lieferung des E ist ebenfalls steuerbar. Sie ist nicht nach § 4 Nr. 1 Buchst. a i. V. m. § 6 Abs. 1 Nr. 2 UStG steuerfrei, da es sich bei der Lieferung von E an S um eine ruhende Lieferung im Reihengeschäft handelt und bei Ausfuhren im Reihengeschäft nur die bewegte Lieferung eine steuerfreie Ausfuhrlieferung sein kann (vgl. A 3.14 Abs. 14 Beispiel Satz 11 UStAE). Außerdem ist S auch kein ausländischer Abnehmer. Die Lieferung ist also steuerpflichtig.

c) Der in St. Petersburg (Russland) ansässige Unternehmer O bestellte bei E einen Bagger, wobei E beauftragt war, den Bagger mittels eines Tiefladers bis Flensburg (Schleswig-Holstein) zu transportieren. O nahm den Bagger in Flensburg in Empfang und verlud ihn auf ein Schiff, mit welchem er ihn weiter nach St. Petersburg transportierte.

**LÖSUNG** Es liegt eine gebrochene Beförderungslieferung von E an O vor. Der Lieferort ist somit gem. § 3 Abs. 6 Satz 1 UStG bei Beginn der Beförderung in Bremen. Die Steuerbefreiung nach § 6 Abs. 1 Nr. 1 UStG greift hier nicht ein, da der Bagger nicht im Zuge der Beförderung durch den Lieferer E, sondern infolge der Weiterbeförderung durch O ins Drittlandsgebiet gelangt. Die gebrochene Beförderung ist aber unschädlich, da der Abnehmer zu Beginn des Transports feststeht und die Ware ohne nennenswerte Unterbrechung transportiert wird (vgl. A 6.1 Abs. 3a UStAE). Damit ist die Lieferung steuerfrei nach § 6 Abs. 1 Nr. 2 UStG, da O nach § 6 Abs. 2 Nr. 1 UStG ausländischer Abnehmer ist.

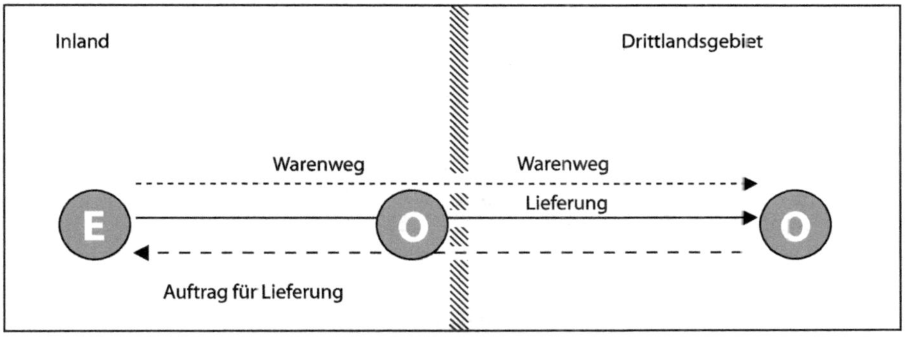

d) E verkaufte der in der Schweiz ansässigen Firma G eine Offsetdruckmaschine zum Preis von 100 000 €. Während sich die Maschine noch bei E befand, verkaufte G die Maschine an das deutsche Unternehmen A-KG, die ihrerseits die Maschine an das in der Schweiz ansässige Unternehmen L veräußerte. Die A-KG beauftragte einen Spediteur, die Maschine bei E abzuholen und zu L zu transportieren. Die A-KG weist nicht nach, dass sie die Maschine als Lieferer des L versendet.

**LÖSUNG** L hat mit der A-KG, die A-KG mit G und G mit E über denselben Liefergegenstand (Offsetdruckmaschine) einen Kaufvertrag abgeschlossen. Alle drei Kaufverträge werden erfüllt. Somit liefert E an G, G an die A-KG und die A-KG an L. Die Lieferungen erfolgen im Reihengeschäft i. S. d. § 3 Abs. 6a UStG. Die Beförderung erfolgt unmittelbar von E zu L durch einen Erfüllungsgehilfen der A-KG. Da drei Lieferungen vorliegen, jedoch nur ein Warenweg, ist nur eine Versendungslieferung gegeben. Die Versendung erfolgt durch die A-KG, die zugleich Abnehmer und Lieferer ist. Es muss daher zunächst geklärt werden, ob die A-KG als Abnehmer oder als Lieferer versendet hat. Da die A-KG nicht entsprechend § 3 Abs. 6a Satz 6 UStG nachweist, dass sie die Offsetdruckmaschine als Lieferer versandt hat, ist die Versendung nach § 3 Abs. 6a Satz 4 UStG der Lieferung des G an die A-KG zuzuordnen (vgl. A 3.14 Abs. 9 UStAE). Der Ort dieser Lieferung ist damit gem. § 3 Abs. 6 Satz 1 UStG in Bremen. Die Lieferung ist steuerbar. Bei der Lieferung gelangt die Offsetdruckmaschine in die Schweiz (Drittlandsgebiet). Für die Befreiung der Ausfuhr ist § 6 Abs. 1 Nr. 2 UStG zu prüfen, da die Versendung in die Schweiz durch den Abnehmer A-KG erfolgt. Die A-KG ist jedoch kein ausländischer Abnehmer. Deshalb ist die Lieferung des G steuerpflichtig. Die A-KG hat hieraus den Vorsteuerabzug.

Der Ort der Lieferung von E an G ist nach § 3 Abs. 7 Satz 2 Nr. 1 UStG in Bremen. Für diese Lieferung kommt eine Befreiung als Ausfuhrlieferung nicht in Betracht, da es sich um eine ruhende Lieferung handelt und weder E noch G ausführen, sondern die A-KG als Abnehmer des G. Die Lieferung des E ist daher ebenfalls steuerpflichtig. Der Ort der Lieferung der A-KG an L ist nach § 3 Abs. 7 Satz 2 Nr. 2 UStG in der Schweiz, weil dort die Versendung endet. Die Lieferung ist im Inland nicht steuerbar.

## 4 Ausfuhrlieferung nach § 6 Abs. 1 Nr. 3 UStG

Eine Ausfuhrlieferung liegt auch dann vor, wenn die Ware im Zuge der Beförderung oder Versendung lediglich in den Freihafen gelangt. In diesen Fällen greift jedoch § 6 Abs. 1 Nr. 1 und 2 UStG nicht ein, weil die Gebiete nach § 1 Abs. 3 UStG (umsatzsteuerrechtliches Ausland), zu denen u. a. die Freihäfen gehören, ausdrücklich von dieser Vorschrift ausgenommen sind. Für die Beförderungen oder Versendungen durch den Lieferer oder Abnehmer in die Gebiete nach § 1 Abs. 3 UStG gilt die Regelung in § 6 Abs. 1 Nr. 3 UStG. Wenn eine Ware also im Rahmen einer Beförderung oder Versendung durch den Lieferer oder den Abnehmer in einen Freihafen gelangt, kann sie nach § 6 Abs. 1 Nr. 3 UStG steuerfrei sein, wenn entweder

- der Abnehmer Unternehmer ist, der den Gegenstand für sein Unternehmen erworben hat und der Gegenstand nicht ausschließlich oder nicht zum Teil für eine nach § 4 Nr. 8 bis 27 und 29 UStG steuerfreie Tätigkeit verwendet werden soll oder
- der Abnehmer ein ausländischer Abnehmer, aber kein Unternehmer ist und der Gegenstand in das übrige Drittlandsgebiet gelangt.

Diese Vorschrift erlangt insbesondere in den Fällen Bedeutung, in denen Abnehmer ein inländisches Unternehmen ist, das die Ware vom Lieferer zu seiner (des Abnehmers) Verfügung in den Freihafen transportieren lässt. Die Steuerbefreiung ist aber ausgeschlossen, wenn der Abnehmer den Gegenstand zur (teilweisen) Ausführung vorsteuerschädlicher Umsätze verwenden will. Sie gilt auch für die Fälle, in denen der Abnehmer ein Unternehmen mit Sitz im **Freihafen** ist, da ein Abnehmer mit Sitz im Freihafen nach § 6 Abs. 2 UStG kein ausländischer

Abnehmer ist. Die Steuerfreiheit für Lieferungen an ausländische Privatpersonen in den Freihafen ist dagegen stark einschränkt, zumal in diesen Fällen auch häufig die zusätzlichen Voraussetzungen nach § 6 Abs. 3 bzw. 3a UStG vorliegen müssen.

**BEISPIEL**

Der im Freihafen Cuxhaven ansässige Unternehmer P bestellte bei E einen Gabelstapler, den E mit eigenem Lkw auftragsgemäß in den Freihafen transportierte.

**LÖSUNG** Die Lieferung von E an P ist gem. § 3 Abs. 6 Satz 1 UStG mit Beginn der Beförderung in Bremen ausgeführt und somit steuerbar. Die Ausfuhr in den Freihafen erfolgte zwar im Zuge des § 3 Abs. 6 Satz 1 UStG, jedoch kann § 6 Abs. 1 Nr. 1 und 2 UStG nicht eingreifen, da die Ausfuhr in Freihäfen von dieser Regelung ausdrücklich ausgenommen ist. Die Ausfuhr ist jedoch nach § 6 Abs. 1 Nr. 3 UStG steuerfrei, da P Unternehmer ist und den Gabelstapler für sein Unternehmen erworben hat.

Wenn Sie gegen die letztere Annahme Bedenken haben, weil der Sachverhalt nichts dazu sagt, wofür P den Gabelstapler verwenden will, überlegen Sie sich, wofür er denn sonst den Gabelstapler benötigt haben könnte. Dementsprechend bestimmt A 6.10 Abs. 6 Satz 2 UStAE: »Bei Lieferungen, deren Gegenstände ihrer Art nach nur zur Verwendung im Unternehmen bestimmt sein können, genügt für den Nachweis der Voraussetzungen des § 6 Abs. 1 Nr. 3 UStG neben der Aufzeichnung des Berufs oder Gewerbezweigs des Abnehmers (zum Nachweis der Unternehmereigenschaft) die Angabe der Art der gelieferten Gegenstände.«

Wann im Übrigen ein Gegenstand für das Unternehmen erworben wurde, ist im Einzelfall zu klären. Klarzustellen ist zunächst, dass ein Gegenstand immer auch dann für das Unternehmen erworben wurde, wenn er alsbald im Rahmen des Unternehmens weiterveräußert wird. Bei Gegenständen, die sowohl privat als auch unternehmerisch genutzt werden können, wie z. B. Pkw, Motorboote, ist darauf abzustellen, ob sie beim erwerbenden Unternehmer Unternehmensvermögen werden. (Hier sind wohl dieselben Kriterien anwendbar, die für die Frage des Vorsteuerabzugs gelten.) Nach A 6.1 Abs. 3 Satz 2 UStAE ist im Allgemeinen dann von Unternehmensvermögen auszugehen, wenn der unternehmerische Verwendungszweck zum Zeitpunkt des Erwerbs überwiegt. Hierbei handelt es sich jedoch nur um eine Regelung zur Verteilung der Beweislast.

## 5 Ausnahmeregelung des § 6 Abs. 3 UStG

§ 6 Abs. 3 UStG stellt für Ausfuhrlieferungen, die an sich nach § 6 Abs. 1 Nr. 2 bzw. 3 UStG steuerfrei wären, zusätzliche Anforderungen, wenn der Liefergegenstand ein Gegenstand ist, der zur Ausrüstung oder Versorgung eines Beförderungsmittels bestimmt ist. Diese Regelung wird erst richtig verständlich, wenn man sie auch im Zusammenhang mit der unten darzustellenden Sonderregelung für die Ausfuhr im Reiseverkehr nach § 6 Abs. 3a UStG i. V. m. § 17 UStDV sieht. Die Vorschriften sollen verhindern, dass im Gemeinschaftsgebiet ein unbesteuerter Endverbrauch stattfindet. Deshalb wird die Befreiung nur für Bezüge fürs Unternehmen gewährt und bei einem Endverbrauch im Drittlandsgebiet.

In den Fällen des § 6 Abs. 3 UStG ist für eine Steuerbefreiung zusätzlich erforderlich:

a) der Abnehmer muss ein ausländischer Unternehmer sein und
b) das Beförderungsmittel muss den Zwecken des Unternehmens des Abnehmers dienen.

Gegenstände zur Ausrüstung eines Beförderungsmittels sind (vgl. A 6.4 Abs. 1 Satz 2 UStAE):

- alle Kraftfahrzeugteile,
- alle Kraftfahrzeugersatzteile (z. B. Reserverad),
- alle Kraftfahrzeugzubehörteile (z. B. Abschleppseil).

Gegenstände zur Versorgung eines Beförderungsmittels sind z. B. Treibstoffe, Schmierstoffe und Frostschutzmittel (Näheres vgl. A 6.4 Abs. 1 Satz 5 UStAE).

Sinn und Zweck der Vorschrift ist es, den privaten Verbrauch derartiger Gegenstände nicht unversteuert zu lassen (ausgenommen, es handelt sich um außergemeinschaftlichen Reiseverkehr). Deshalb findet § 6 Abs. 3 UStG nach seinem Sinn und Zweck nur auf diejenigen Lieferungen Anwendung, bei denen die Gegenstände zur Ausrüstung oder Versorgung des eigenen Beförderungsmittels des Abnehmers bestimmt sind. Die Ausnahme von der Steuerbefreiung greift jedoch nicht bei der Lieferung von Gegenständen, die ein Unternehmer zum Zweck der Weiterlieferung erworben hat, obwohl § 6 Abs. 3 UStG nach seinem Wortlaut auch auf diese Fälle anwendbar wäre (vgl. A 6.4 Abs. 4 Satz 2 UStAE).

Ebenso zählen nach Verwaltungsauffassung nicht zu den Lieferungen i. S. d. § 6 Abs. 3 UStG Werklieferungen, die z. B. im Rahmen einer Reparatur oder der weiteren Ausstattung in das Beförderungsmittel fest eingebaut werden, z. B. Lieferung eines eingebauten Ersatzmotors oder eines eingebauten Autoradios (vgl. A 6.4 Abs. 1 Satz 3 und 4 UStAE). Auch hier kommt eine Steuerbefreiung in Betracht.

Liegt ein Fall des § 6 Abs. 3 UStG vor, muss der ausländische Abnehmer nach § 6 Abs. 1 Nr. 2 UStG auch noch Unternehmer sein bzw. der Unternehmer nach § 6 Abs. 1 Nr. 3 Buchst. a UStG auch ausländischer Abnehmer sein. Weiterhin muss das Beförderungsmittel den Zwecken des Unternehmens des Abnehmers dienen. Dies hat der liefernde Unternehmer nachzuweisen (vgl. A 6.4 Abs. 3 und 6.10 Abs. 7 UStAE).

**BEISPIELE**

a) Der Tanker des algerischen Reeders P liegt im Freihafen Cuxhaven. P erwirbt in Cuxhaven vom Lebensmittelhändler L Proviant für seine Besatzung und transportiert den Proviant selbst in den Freihafen.

**LÖSUNG** Die Lieferung von L an P ist gem. § 3 Abs. 6 Satz 1 UStG in Cuxhaven erfolgt und somit steuerbar. Die Voraussetzungen des § 6 Abs. 1 Nr. 3 Buchst. a UStG sind erfüllt. Es müssen jedoch auch die zusätzlichen Voraussetzungen des § 6 Abs. 3 UStG erfüllt sein, da die Liefergegenstände zur Versorgung eines Beförderungsmittels bestimmt sind. Diese Voraussetzungen sind jedoch ebenfalls gegeben, da es sich bei P um einen ausländischen Unternehmer handelt und der Proviant für die Verpflegung der Besatzung, also für das dem Unternehmen des P dienende Beförderungsmittel bestimmt ist.

b) Der in Brügge (Belgien) wohnhafte K ist mit seiner privaten Yacht in den Freihafen Bremerhaven eingelaufen. Er lässt sich von dem Feinkostgeschäft F in Bremerhaven diverse Lebensmittel an Bord in den Freihafen bringen, um dann alsbald wieder in internationale Gewässer zurückzukehren.

**LÖSUNG** Die Lieferung des F ist gem. § 3 Abs. 6 Satz 1 UStG mit Beginn der Beförderung und damit in Bremerhaven ausgeführt. Die Lieferung ist somit steuerbar. Die Voraussetzungen der Steuerbefreiung nach § 6 Abs. 1 Nr. 3 Buchst. b UStG sind erfüllt. Da es sich jedoch um Lieferungen zur Versorgung eines Beförderungsmittels handelt, müssen für die Steuerbefreiung der Ausfuhr die zusätzlichen Voraussetzungen nach § 6 Abs. 3 UStG erfüllt sein. Zwar könnte es sein, dass K ausländischer Unternehmer ist, jedoch dient die Yacht nicht den Zwecken seines Unternehmens. Die Ausnahme nach § 6 Abs. 3a UStG i. V. m. § 17 UStDV (Ausfuhr im persönlichen Reisegepäck) greift ebenfalls nicht, da K kein ausländischer Abnehmer mit Wohnort oder Sitz im Drittlandsgebiet ist. Somit sind die Lieferungen des E an K steuerpflichtig.

# 6 Sonderregelung für den Reiseverkehr

Für Ausfuhren im Reiseverkehr gelten die Sonderregelungen nach § 6 Abs. 3a UStG i. V. m. § 17 UStDV. Um eine Ausfuhr im Reiseverkehr handelt es sich dann, wenn der Gegenstand im persönlichen Reisegepäck ins Drittland oder in das Gebiet nach § 1 Abs. 3 UStG ausgeführt wird. Zum persönlichen Reisegepäck gehören Gegenstände (vgl. A 6.11 Abs. 1 Satz 2 UStAE), die vom Reisenden

1. im Handgepäck befördert werden oder,
2. sich im vom Reisenden benutzten Fahrzeug befinden oder
3. anlässlich der Reise als Reisegepäck aufgegeben wurden.

Nicht zum persönlichen Reisegepäck gehören (vgl. A 6.11 Abs. 1 Satz 4 UStAE):

1. das vom Reisenden mitgeführte Fahrzeug,
2. die Bestandteile dieses Fahrzeugs,
3. das Zubehör zu diesem Fahrzeug.

Für eine solche **Ausfuhr im Reisegepäck** gilt Folgendes:

1. Führt der Lieferer den Gegenstand der Lieferung im Reisegepäck ins Drittland aus, ist seine Lieferung unter den allgemeinen Voraussetzungen des § 6 Abs. 1 Nr. 1 UStG steuerfrei. Weitere erschwerende Voraussetzungen sind nicht gegeben.
2. Führt der Abnehmer den Gegenstand der Lieferung im Reisegepäck aus und hat er den Gegenstand der Lieferung für unternehmerische Zwecke erworben, ist seine Lieferung unter den allgemeinen Voraussetzungen des § 6 Abs. 1 Nr. 2 und 3 UStG steuerfrei. Weitere erschwerende Voraussetzungen sind nicht gegeben.
3. Führt der Abnehmer den Gegenstand der Lieferung im Reisegepäck aus und hat er den Gegenstand der Lieferung nicht für unternehmerische Zwecke erworben, ist seine Lieferung nur unter den zusätzlichen Voraussetzungen des § 6 Abs. 3a UStG und § 17 UStDV steuerfrei. Erforderlich hierfür ist:

a) der Abnehmer hat seinen Wohnsitz oder Sitz im Drittlandsgebiet (ausgenommen Gebiete nach § 1 Abs. 3 UStG),
b) die Ausfuhr erfolgt spätestens vor Ablauf des dritten Kalendermonats, der auf den Monat der Lieferung folgt,
c) der Lieferer erbringt den Abnehmernachweis nach § 17 UStDV.

Beim Abnehmernachweis muss der zollamtliche Beleg zusätzlich enthalten:

- Name und Anschrift des ausländischen Abnehmers,
- Identitätsnachweis nach § 17 Nr. 2 UStDV.

Der Identitätsnachweis kann nur erbracht werden, wenn der Abnehmer die Ware persönlich vom Zoll abfertigen lässt. Darüber hinaus wird die erforderliche zollamtliche Bestätigung nur dann erteilt, wenn sich aus dem vorgelegten Pass eindeutig ergibt, dass es sich um einen ausländischen Abnehmer mit Wohnort im Drittlandsgebiet handelt. Die Bestätigung wird beispielsweise nicht erteilt, wenn der Abnehmer einen im Drittausland ausgestellten Pass vorlegt, in dem eine Aufenthaltserlaubnis im Bundesgebiet oder einem anderen EU-Mitgliedstaat mit einer Gültigkeitsdauer von mehr als drei Monaten eingetragen ist und diese Erlaubnis noch nicht oder nicht vor einem Monat abgelaufen ist (vgl. A 6.11 Abs. 8 Nr. 2 UStAE).

Ausnahmen in denen die Abnehmerbestätigung nicht versagt wird:

- Ein Aufenthaltstitel von 180 Tagen stammt von einer Auslandsvertretung eines anderen EU-Mitgliedstaates und mit dem Titel wird dort kein gewöhnlicher Aufenthalt oder Wohnsitz erworben.

- Die Aufenthaltserlaubnis ist zwar formell noch nicht abgelaufen, der Abnehmer legt aber gleichzeitig eine Abmeldebestätigung vor, die mindestens sechs Monate vor der erneuten Ausreise ausgestellt worden ist.
- Der Abnehmer verfügt über ein sog. Geschäftsvisum (A 6.11 Abs. 8 Nr. 2 Satz 4 UStAE).

Trotz fehlendem Identitätsnachweis kann in derartigen Fällen die Befreiung dann gewährt werden, wenn eine entsprechende Bestätigung einer amtlichen Stelle der Bundesrepublik Deutschland im Wohnsitzstaat des Abnehmers (z. B. Konsulat) vorgelegt werden kann. Aus dieser Bestätigung muss hervorgehen, dass die Angaben über den ausländischen Abnehmer (Name und Anschrift) im Zeitpunkt der Lieferung zutreffend waren (vgl. A 6.11 Abs. 9 UStAE).

## 7 Lohnveredelung an Gegenständen der Ausfuhr

Unter Lohnveredelung an einem Gegenstand versteht man jegliche Art von Werkleistung an einem Gegenstand. So ist beispielsweise das Reinigen eines Transportbehälters Lohnveredelung an einem Gegenstand. Für derartige Lohnveredelungen kommt die Befreiung nach § 4 Nr. 1 Buchst. a UStG i. V. m. § 7 UStG in Betracht. § 7 UStG ist entsprechend § 6 UStG aufgebaut. Es sind somit ebenfalls drei verschiedene Befreiungstatbestände (§ 7 Abs. 1 Nr. 1 bis 3 UStG) zu unterscheiden. Sie unterscheiden sich ähnlich wie in § 6 UStG danach, wohin der lohnveredelte Gegenstand gelangt (ob in Gebiete nach § 1 Abs. 3 UStG, z. B. in einen Freihafen, oder in das übrige Drittlandsgebiet) und ob die Ausfuhr im Zuge der Beförderung/Versendung durch den Auftraggeber bzw. durch den beauftragten Werkunternehmer erfolgt.

Als zusätzliche Voraussetzung gegenüber der Befreiung nach § 6 UStG erfordert die Befreiung nach § 7 UStG in allen drei Variationen, dass der Gegenstand der Lohnveredelung **entweder** zwecks Lohnveredelung in das Gemeinschaftsgebiet eingeführt wurde, **oder** zwecks Lohnveredelung im Gemeinschaftsgebiet erworben wurde. Dafür fehlt aber in § 7 UStG eine dem § 6 Abs. 3 UStG entsprechende Einschränkung betreffend Gegenstände zur Ausrüstung oder Versorgung eines Beförderungsmittels. Ebenso gibt es keine den Sonderregelungen des Reiseverkehrs nach § 6 Abs. 3a i. V. m. § 17 UStDV entsprechende Regelung.

Allerdings kommt die Steuerbefreiung nach § 7 Abs. 1 Satz 1 **Nr. 2** UStG nur in Betracht, wenn der Leistungsempfänger Nichtunternehmer ist oder die Leistung für den nichtunternehmerischen Bereich eines Unternehmers bestimmt ist. Dies liegt daran, dass sich der Ort der sonstigen Leistung, also auch der Werkleistung nach § 3a Abs. 2 UStG bestimmt und am Sitzort des Leistungsempfängers im Ausland liegt. Die Regelung in A 7.1 Abs. 4 UStAE geht deshalb seit der Einführung des § 3a Abs. 2 UStG in seiner jetzigen Fassung ins Leere.

### 7.1 Fallgruppe Einfuhr von Gegenständen zwecks Lohnveredelung in das Gemeinschaftsgebiet

Die Lohnveredelung braucht nicht der einzige Zweck der Einfuhr in das Gemeinschaftsgebiet zu sein. Es muss jedoch bereits bei der Einfuhr die Absicht der Lohnveredelung bestehen. Keine Einfuhr zwecks Lohnveredelung ist anzunehmen, wenn ein Gegenstand nach der Einfuhr im Gemeinschaftsgebiet wider Erwarten reparaturbedürftig wurde und deshalb an ihm eine Werkleistung vorgenommen wurde (vgl. A 7.1 Abs. 6 UStAE).

**BEISPIEL**

Der Schweizer Tourist T hat auf der Reise nach Berlin mit seinem Pkw einen Unfall mit Blechschaden. Er lässt in der Kfz-Werkstätte K in Berlin den eingedrückten Kotflügel ausbeulen und lackieren.
**LÖSUNG** Da das Fahrzeug nicht zum Zweck dieser Reparatur eingeführt worden ist, scheidet die Befreiung nach § 7 UStG aus.

In den Fällen der Einfuhr zwecks Lohnveredelung kann die Befreiung nach § 7 UStG unter folgenden weiteren Voraussetzungen gewährt werden:

- Nach § 7 Abs. 1 Nr. 1 UStG, wenn der Werkunternehmer den Gegenstand nach erbrachter Werkleistung ins Drittlandsgebiet, ausgenommen die Gebiete nach § 1 Abs. 3 UStG (z. B. Freihäfen) befördert/versendet hat.
- Nach § 7 Abs. 1 Nr. 2 UStG, wenn der nichtunternehmerische Auftraggeber den Gegenstand nach erbrachter Werkleistung ins Drittlandsgebiet ausgenommen die Gebiete nach § 1 Abs. 3 UStG (z. B. Freihäfen) befördert/versendet hat und der Auftraggeber ein ausländischer Auftraggeber ist.
- Nach § 7 Abs. 1 Nr. 3 UStG, wenn der Werkunternehmer den Gegenstand nach erbrachter Werkleistung in Gebiete nach § 1 Abs. 3 UStG (z. B. Freihäfen) befördert/versendet hat und der Auftraggeber

– **entweder** ein nichtunternehmerischer ausländischer Auftraggeber ist
– **oder** Unternehmer mit Sitz im Inland oder Gebiet nach § 1 Abs. 3 UStG ist und den lohnveredelten Gegenstand für Zwecke seines Unternehmens verwendet.

**BEISPIELE**

a) Der in Basel (Schweiz) ansässige Rentner C sandte der in Pforzheim ansässigen Scheideanstalt P ererbte Gegenstände aus Edelmetall (Schmuck, Bestecke usw.) zur Edelmetallscheidung. Das von P daraus gewonnene Gold, Platin und Silber sandte diese zu C zurück und stellte ihm hierfür die Scheidekosten in Rechnung.

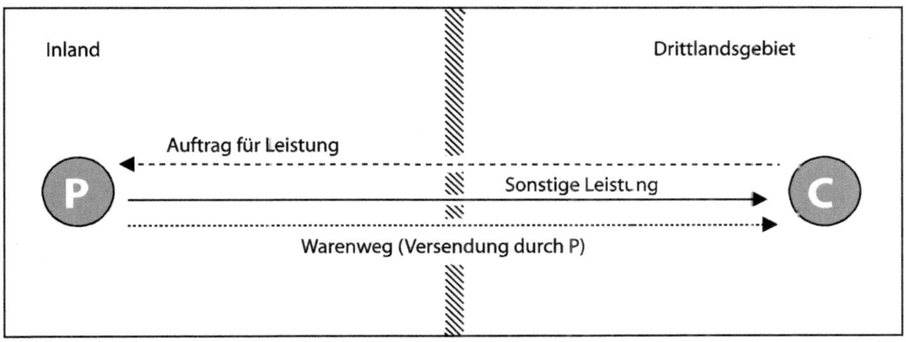


**LÖSUNG** P erbringt an C eine Werkleistung an den Edelmetallgegenständen. Die Leistung ist nach § 3a Abs. 3 Nr. 3 Buchst. c UStG steuerbar. Es ist nun zu prüfen, ob die Steuerbefreiung für eine Lohnveredelung nach § 4 Nr. 1 Buchst. a UStG i. V. m. § 7 UStG eingreift. Die Metallabfälle wurden zwecks Verarbeitung ins Gemeinschaftsgebiet eingeführt. P hat den verarbeiteten Gegenstand (das gewonnene Gold, Platin und Silber) ins Drittlandsgebiet (kein Gebiet nach § 1 Abs. 3 UStG) versandt. Es liegen somit alle Voraussetzungen für die Steuerbefreiungen nach § 7 Abs. 1 Nr. 1 UStG vor. Die Werkleistung der P ist daher nach § 7 Abs. 1 Nr. 1 UStG steuerfrei.

b) Der in Basel (Schweiz) ansässige Rentner C sandte der in Pforzheim ansässigen Scheideanstalt P ererbte Gegenstände aus Edelmetall (Schmuck, Bestecke usw.) zur Edelmetallscheidung. Das von P daraus gewonnene Gold, Platin und Silber holte C persönlich in Pforzheim bei P ab und beförderte es in seinem Pkw zurück nach Basel. P stellte C die Scheidekosten in Rechnung.

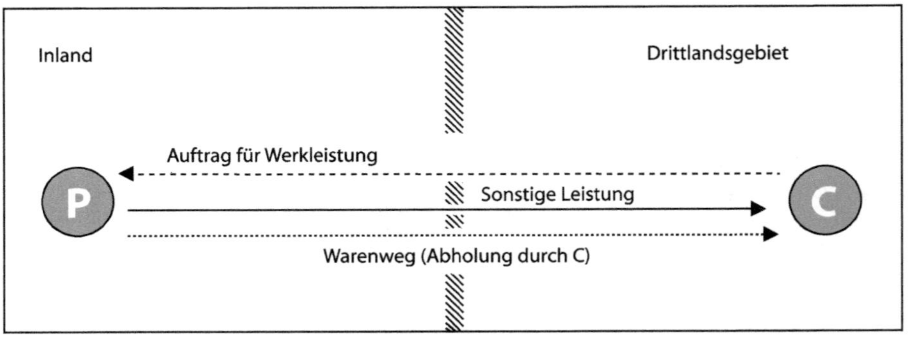


**LÖSUNG** P erbringt an C eine Werkleistung an den Edelmetallgegenständen. Die Leistung ist nach § 3a Abs. 3 Nr. 3 Buchst. c UStG im Inland steuerbar. Es ist nun zu prüfen, ob die Steuerbefreiung für eine Lohnveredelung nach § 4 Nr. 1 Buchst. a UStG i. V. m. § 7 UStG eingreift. Die Edelmetallgegenstände wurden zwecks Verarbeitung ins Gemeinschaftsgebiet eingeführt. C hat den verarbeiteten Gegenstand (das gewonnene Gold, Platin und Silber) ins Drittlandsgebiet (kein Gebiet nach § 1 Abs. 3 UStG) befördert. C ist nach § 7 Abs. 2 i. V. m. § 6 Abs. 2 Nr. 1 UStG ein ausländischer Auftraggeber. Es liegen somit alle Voraussetzungen für die Steuerbefreiung nach § 7 Abs. 1 Nr. 2 UStG vor. Die Werkleistung der P ist daher nach § 7 Abs. 1 Nr. 2 UStG steuerfrei.

c) Der in Basel (Schweiz) ansässige Rentner C sandte der in Pforzheim ansässigen Scheideanstalt P alten Schmuck zur Edelmetallscheidung. Das von der P daraus gewonnene Gold übergab sie im Auftrag von C der in Pforzheim ansässigen Fa. G, die daraus im Auftrag von C sog. Halbzeug (halbfertigen Schmuck) herstellte. Sie verwendete hierbei keine weiteren Hauptstoffe. Das Halbzeug wurde von der Fa. G zu C nach Basel befördert.

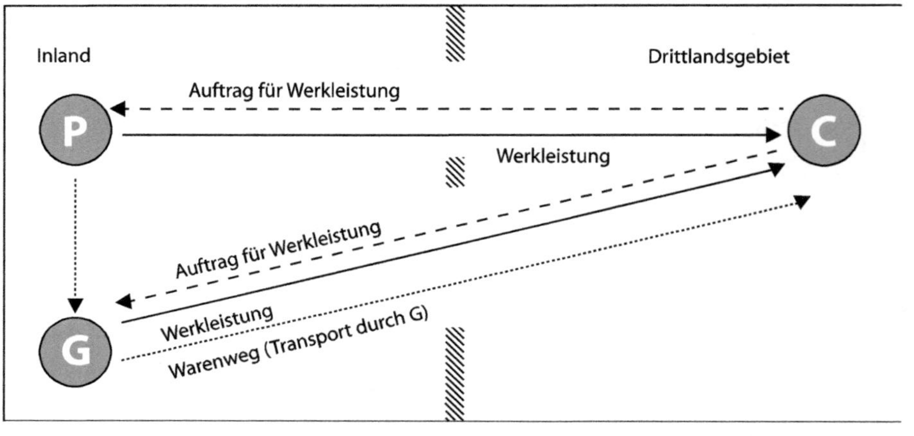


**LÖSUNG** P erbringt an C eine Werkleistung an dem übersandten Schmuck. Die Leistung ist nach § 3a Abs. 3 Nr. 3 Buchst. c UStG steuerbar. Es ist nun zu prüfen, ob die Steuerbefreiung für eine Lohnveredelung nach § 4 Nr. 1 Buchst. a UStG i. V. m. § 7 UStG eingreift. Der Schmuck wurde zwecks Verarbeitung ins Gemeinschaftsgebiet eingeführt. C hat den verarbeiteten Gegenstand (das gewonnene Gold) durch seinen Erfüllungsgehilfen G ins Drittlandsgebiet (kein Gebiet nach § 1 Abs. 3 UStG) befördert. Gem. § 7 Abs. 1 Satz 2 UStG ist es für die Ausfuhr unschädlich, dass das Gold zuvor durch einen weiteren selbstständigen Beauftragten zu Halbzeug weiterverarbeitet wurde. C ist gem. § 7

Abs. 2 i. V. m. § 6 Abs. 2 Nr. 1 UStG ein ausländischer Auftraggeber. Es liegen somit alle Voraussetzungen für die Steuerbefreiungen nach § 7 Abs. 1 Nr. 2 UStG vor. Die Werkleistung der P ist daher nach § 7 Abs. 1 Nr. 2 UStG steuerfrei.
Die Fa. G erbringt ebenfalls eine nach § 3a Abs. 3 Nr. 3 Buchst. c UStG steuerbare Werkleistung an C. Es handelt sich nicht um eine Werklieferung, da G keine eigenen Hauptstoffe verwendet (§ 3 Abs. 4 UStG). Die anschließende Beförderung des Halbzeugs zu C stellt eine Nebenleistung hierzu dar. Die Werkleistung kann ebenfalls nach § 4 Nr. 1 Buchst. a UStG i. V. m. § 7 UStG von der USt befreit sein. Auch für diese Werkleistung ist der Gegenstand der Bearbeitung zum Zweck der Bearbeitung in das Gemeinschaftsgebiet eingeführt worden. Gem. § 7 Abs. 1 Satz 2 UStG schadet es nicht, dass nicht das von G bearbeitete Gold sondern der alte Schmuck eingeführt wurden, aus denen P das Gold erst gewinnen musste. Der Werkunternehmer G hat das durch seine Werkleistung hergestellte Halbzeug ins Drittlandsgebiet (kein Gebiet gem. § 1 Abs. 3 UStG) befördert. Die Werkleistung von G ist somit gem. § 7 Abs. 1 Nr. 1 UStG steuerfrei.

d) Der in Basel (Schweiz) ansässige selbständige Goldschmied C sandte der in Pforzheim ansässigen Scheideanstalt P Metallabfälle zur Edelmetallscheidung. Das von P daraus gewonnene Gold sandte diese zu C zurück und stellte ihm hierfür die Scheidekosten in Rechnung.
**LÖSUNG** Der Ort der Werkleistung der P an C bestimmt sich nach § 3a Abs. 2 UStG und ist somit am Leistungsempfängerort in Basel. Die Leistung ist nicht steuerbar. Eine Steuerbefreiung ist nicht zu prüfen.

## 7.2 Fallgruppe Erwerb eines Gegenstandes zwecks Lohnveredelung

Die Absicht, den erworbenen Gegenstand bearbeiten oder verarbeiten zu lassen, muss beim Auftraggeber bereits zum Zeitpunkt des Erwerbs im Gemeinschaftsgebiet bestehen. Die Bearbeitung oder Verarbeitung braucht jedoch nicht der ausschließliche Zweck des Erwerbs sein. Dieses Tatbestandsmerkmal wird z. B. immer dann als erfüllt angesehen, wenn der Gegenstand unmittelbar vom Lieferer an den Werkunternehmer gelangt ist. Wird der Gegenstand durch mehrere Werkunternehmer bearbeitet oder verarbeitet, ist das Tatbestandsmerkmal als erfüllt anzusehen, wenn der Gegenstand vom Lieferer unmittelbar an den ersten Werkunternehmer gelangt (vgl. A 7.1 Abs. 5 Nr. 2 UStAE).

**BEISPIELE**

a) Der in Zürich (Schweiz) ansässige Nichtunternehmer D erwirbt von dem Altwarenhändler A in Stuttgart zur Wertanlage Altschmuck. Er beauftragt A den Altschmuck zu der in Pforzheim ansässigen Scheideanstalt P zu befördern. D beauftragt die P bezüglich des Altschmucks mit der Edelmetallscheidung. Die P sandte das aus dem Altschmuck gewonnene Gold zu D nach Zürich und stellte ihm hierfür die Scheidekosten in Rechnung.

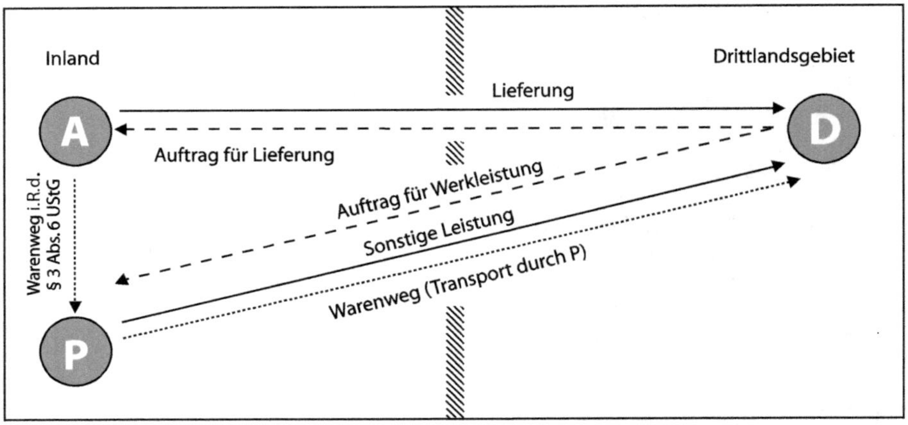


**LÖSUNG** P erbringt an D eine Werkleistung an dem Altschmuck. Die Leistung ist nach § 3a Abs. 3 Nr. 3 Buchst. c UStG steuerbar. Es ist nun zu prüfen, ob die Steuerbefreiung für eine Lohnveredelung nach § 4 Nr. 1 Buchst. a UStG i. V. m. § 7 UStG eingreift. Da der Altschmuck unmittelbar vom Lieferer zu P gelangt, liegt ein Erwerb zwecks Verarbeitung vor. P versandte den verarbeiten Altschmuck (das Gold) ins Drittlandsgebiet (kein Gebiet nach § 1 Abs. 3 UStG). Die Werkleistung der P an D ist somit nach § 7 Abs. 1 Nr. 1 UStG steuerfrei.

A erbringt an D eine Lieferung. Der Lieferort ist gem. § 3 Abs. 6 Satz 1 UStG am Ort des Beginns der Beförderung zu P (Erfüllungsgehilfe von D). Die Lieferung ist somit steuerbar. Es ist zu prüfen, ob die Steuerbefreiung der Ausfuhr gem. § 4 Nr. 1 Buchst. a UStG i. V. m. § 6 UStG eingreift. Der Altschmuck wird in verarbeiteter Form als Gold durch den Abnehmer D über seinen Erfüllungsgehilfen P ins Drittlandsgebiet (kein Gebiet nach § 1 Abs. 3 UStG) versandt. Der Altschmuck gilt damit als ausgeführt. Gem. § 6 Abs. 1 Satz 2 UStG ist es unschädlich, dass nicht der Altschmuck sondern das Produkt der Verarbeitung durch den selbstständigen Beauftragten P nämlich Gold, ausgeführt wird. D ist gem. § 6 Abs. 2 Nr. 1 UStG ausländischer Abnehmer. Es sind somit sämtliche Tatbestandsmerkmale des § 6 Abs. 1 Nr. 2 UStG erfüllt. Die Lieferung des A an D ist nach § 4 Nr. 1 Buchst. a i. V. m. § 6 Abs. 1 Nr. 2 UStG steuerfrei.

b) Der in Basel (Schweiz) ansässige Goldschmied C erwirbt von dem Altwarenhändler A in Stuttgart Altschmuck. Er beauftragt A, den Altschmuck zu der in Pforzheim ansässigen Scheideanstalt P zu befördern. C beauftragte P bezüglich des Altschmucks mit der Edelmetallscheidung. P übergab das aus dem Altschmuck gewonnene Gold im Auftrag von C der in Pforzheim ansässigen Fa. G die daraus im Auftrag von C sog. Halbzeug (halbfertigen Schmuck) herstellte. Sie verwendete hierbei weitere Hauptstoffe. Das Halbzeug wurde von der Fa. G im Auftrag von C zu seinem Abnehmer M in Bern (Schweiz) befördert.

**LÖSUNG** Die Firma G erbringt an ihren Abnehmer C Werklieferungen, da sie auch eigene Hauptstoffe verwendet. Da G das Halbzeug zu M befördert, ist der Lieferort gem. § 3 Abs. 6 Satz 1 UStG in Pforzheim. Die Lieferung ist steuerbar. Da das Halbzeug ins Drittlandsgebiet (Schweiz) befördert wird, ist die Lieferung nach § 4 Nr. 1 Buchst. a i. V. m. § 6 Abs. 1 Nr. 1 UStG steuerfrei.

P erbringt an C eine Werkleistung an dem Altschmuck. Der Ort der Werkleistung der P an C bestimmt sich nach § 3a Abs. 2 UStG und ist somit am Leistungsempfängerort in Basel. Die Leistung ist nicht steuerbar.

A erbringt an C eine Lieferung. Der Ort der Lieferung ist nach § 3 Abs. 6 Satz 1 UStG am Ort des Beginns der Beförderung in Stuttgart. Die Lieferung ist steuerbar. Sie ist nicht nach § 6 Abs. 1 Nr. 2 UStG steuerfrei, weil C den zu Halbzeug verarbeiteten Altschmuck nicht als Abnehmer des A sondern als Lieferer des M ausführt. Die Lieferung des Altschmucks an C ist daher steuerpflichtig.

C erbringt seinerseits eine Lieferung an seinen Abnehmer M. Die Lieferung ist gem. § 3 Abs. 6 Satz 1 UStG am Ort des Beginns der Beförderung durch G als Erfüllungsgehilfe des C bewirkt. Es handelt sich hierbei um keine Lieferung i. S. d. § 3 Abs. 7 Satz 2 Nr. 2 UStG, die zu einem Lieferort in der Schweiz führen würde, weil die Voraussetzungen des § 3 Abs. 6a UStG nicht erfüllt sind (mehrere Umsatzgeschäfte über denselben Gegenstand). Gegenstand des Werklieferungsvertrags zwischen G und C war das Halbzeug ohne das beigestellte Gold, während Gegenstand des Vertrags zwischen C und M das Halbzeug inkl. Gold war. Diese Lieferung ist nach § 4 Nr. 1 Buchst. a i. V. m. § 6 Abs. 1 Nr. 1 UStG steuerfrei.

# 8 Innergemeinschaftliche Lieferung und innergemeinschaftlicher Erwerb

Die Steuerfreiheit der Ausfuhrlieferungen ist das Resultat des Prinzips: **Besteuerung im Bestimmungsland.** Für die Einfuhr in das Bestimmungsland wird Einfuhrumsatzsteuer erhoben. Dafür werden die Lieferungen im Ursprungsland nicht besteuert, indem die Lieferung dort entweder nicht steuerbar ist (vgl. § 3 Abs. 8 UStG) oder nach § 4 Nr. 1 Buchst. a i. V. m. § 6 UStG steuerfrei ist.

Seit 01. 01. 1993 sind die innergemeinschaftlichen Zollgrenzen entfallen. Infolgedessen wird bei grenzüberschreitenden Warenbewegungen innerhalb der EU keine Einfuhrumsatzsteuer mehr erhoben. Eine konsequente Lösung hierzu wäre gewesen, die Besteuerung im Ursprungsland vorzunehmen und einen Steuerausgleich zwischen den Mitgliedstaaten auf makroökonomischer Basis durchzuführen. Diese Lösung erhielt jedoch nicht die erforderliche einstimmige Zustimmung der Mitgliedstaaten. Nach dem derzeitigen Stand der Diskussion auf EU-Ebene ist davon auszugehen, dass in nahezu allen gewichtigen Bereichen des innergemeinschaftlichen Warenverkehrs auf Dauer das Bestimmungslandprinzip beibehalten wird. Diesem Bestimmungslandprinzip wird je nach Fallgruppe auf zwei Arten Rechnung getragen:

- durch Besteuerung des innergemeinschaftlichen Erwerbs (vgl. § 1a UStG),
- durch Verlagerung des Lieferorts ins Bestimmungsland (vgl. § 3c UStG).

Die Erwerbsbesteuerung tritt an die Stelle der Einfuhrumsatzsteuer. Mit der Einfuhrumsatzsteuer entfällt beim innergemeinschaftlichen Warenverkehr auch die Befreiung der Lieferung im Ursprungsland als Ausfuhrlieferung. Wie an die Stelle der Einfuhrumsatzsteuer die Erwerbsbesteuerung tritt, tritt an die Stelle der Steuerbefreiung der Ausfuhr die Steuerfreiheit der **innergemeinschaftlichen Lieferung** im Ursprungsland. Erwerbssteuer und Steuerfreiheit der innergemeinschaftlichen Lieferung sind dabei so verknüpft, dass eine Steuerfreiheit der Lieferung stets einen steuerbaren innergemeinschaftlichen Erwerb beim Erwerber voraussetzt (vgl. § 6a Abs. 1 Nr. 3 UStG). Die Erwerbsbesteuerung greift vor allem in folgenden Fällen ein:

- bei Warenbewegungen im unternehmerischen Bereich (von Unternehmen zu Unternehmen bzw. von Betriebsstätte zu Betriebsstätte),
- bei Lieferungen von Neufahrzeugen.

## 8.1 Innergemeinschaftlicher Erwerb

Der innergemeinschaftliche Erwerb ist ebenso wie die Einfuhrumsatzsteuer (§ 1 Abs. 1 Nr. 4 UStG) ein eigener Steuertatbestand (§ 1 Abs. 1 Nr. 5 UStG). Dies gilt in allen Mitgliedstaaten der EU. Nachfolgend wird nur der innergemeinschaftliche Erwerb nach den Vorschriften des deutschen UStG dargestellt. Entsprechende Regelungen haben jedoch auch die anderen Mitgliedstaaten. Die Tatbestandsvoraussetzungen für den innergemeinschaftlichen Erwerb sind in § 1a UStG geregelt. Während die Einfuhrumsatzsteuer von den Zollbehörden erhoben wird, wird die Erwerbsumsatzsteuer von den Finanzämtern erhoben. Wie die Einfuhrumsatzsteuer kann auch die Erwerbsumsatzsteuer (durch den Erwerber) als Vorsteuer abgezogen werden, soweit die Ware für vorsteuerunschädliche Umsätze verwendet wird.

Innergemeinschaftlicher Erwerb liegt grundsätzlich nach § 1 Abs. 1 Nr. 5 i. V. m. § 1a Abs. 1 UStG vor, wenn

a) ein Gegenstand bei einer Lieferung an den Abnehmer aus dem Gebiet eines anderen Mitgliedstaates der EU in das Inland gelangt,
b) der Abnehmer ein Unternehmer ist, der den Gegenstand für sein Unternehmen erwirbt, oder eine juristische Person ist,
c) der Lieferer ein Unternehmer ist (kein Kleinunternehmer), der die Lieferung gegen Entgelt im Rahmen seines Unternehmens bewirkt,
d) der Erwerb in Inland erfolgt,
e) der Erwerber nicht unter die Ausnahmeregelung des § 1a Abs. 3 UStG fällt.

**Zu a):** Der Gegenstand kann durch den Abnehmer selbst oder einen Erfüllungsgehilfen des Abnehmers in dem anderen EU-Land abgeholt werden. Der Gegenstand kann auch durch den Lieferer oder einen Erfüllungsgehilfen des Lieferers vom anderen EU-Land ins Inland befördert oder versendet werden.

**Zu b):** Ist der Abnehmer eine natürliche Person, muss der Gegenstand beim Abnehmer Unternehmensvermögen werden. Das bedeutet:

1. Der Gegenstand muss gem. § 15 Abs. 1 Satz 2 UStG zu mindestens 10 % für das Unternehmen verwendet werden und
2. der Unternehmer muss den Gegenstand sofort beim Erwerb seinem Unternehmen zu 100 % zuordnen.

Wenn der Erwerber beim Erwerb gegenüber dem Lieferer eine USt-IdNr. (vgl. § 27a UStG) verwendet, bekundet er damit grundsätzlich, dass er den Gegenstand seinem Unternehmen voll zuordnet. Er erreicht damit, dass der Lieferer die Lieferung an ihn nach dem Recht des Ursprungslandes als innergemeinschaftliche Lieferung steuerfrei belässt, und der Erwerber muss dafür den innergemeinschaftlichen Erwerb im Bestimmungsland besteuern. Dabei wird grundsätzlich vermutet, dass Bestimmungsland das Land ist, von welchem die verwendete USt-IdNr. stammt (vgl. § 3d Satz 2 UStG).

**Zu c):** Ist der Lieferer nach dem Recht des für seine Besteuerung zuständigen Mitgliedstaates als Kleinunternehmer von der Steuerpflicht befreit, liegt kein innergemeinschaftlicher Erwerb vor (§ 1a Abs. 1 Nr. 3 Buchst. b UStG).

**Zu d):** Der innergemeinschaftliche Erwerb ist nach § 1 Abs. 1 Nr. 5 UStG nur dann steuerbar, wenn er **im Inland** erfolgt.

Der innergemeinschaftliche Erwerb erfolgt gem. § 3d Satz 1 UStG im Inland, wenn sich der Gegenstand am Ende der Beförderung oder Versendung im Inland befindet. Lieferort und Erwerbsort liegen in den Fällen des innergemeinschaftlichen Erwerbs stets in verschiedenen Mitgliedstaaten der EU. Berührt ein Gegenstand also das Inland nur im Wege der Durchfuhr, liegt kein steuerbarer innergemeinschaftlicher Erwerb vor. Gelangt der Gegenstand von einem anderen EU-Land in ein drittes EU-Land, wird der Erwerb gleichwohl nach § 3d Satz 2 UStG im Inland fingiert, wenn der Erwerber gegenüber dem Lieferer eine deutsche USt-IdNr. verwendet, es sei denn, der Erwerber weist nach, dass sein Erwerb in einem anderen Mitgliedstaat besteuert worden ist, nämlich dort, wo sich der Gegenstand am Ende der Beförderung oder Versendung befunden hat.

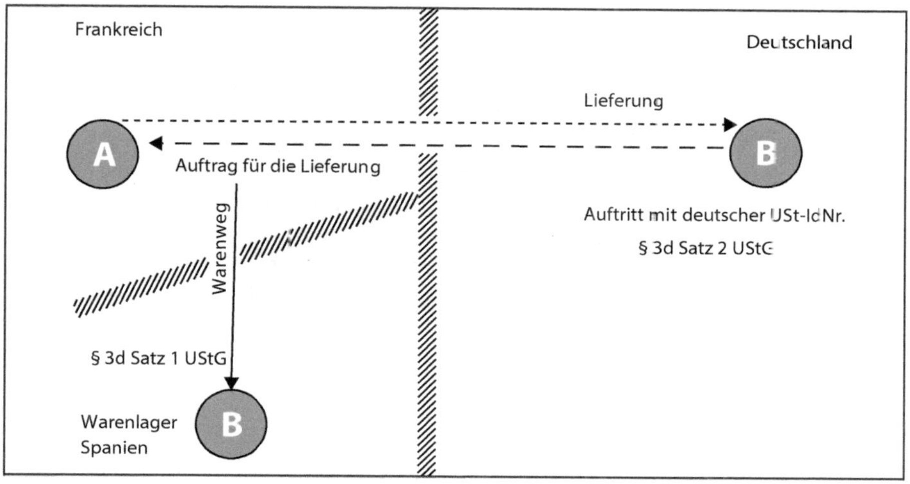


**Zu e):** Vom innergemeinschaftlichen Erwerb ausgenommen sind Erwerbe durch sog. Exoten (Personenkreis des § 1a Abs. 3 Nr. 1 Buchst. a bis d UStG), wenn ihre Erwerbe einen bestimmten Umfang nicht überschreiten und es sich weder um den Erwerb von Neufahrzeugen noch von verbrauchsteuerpflichtigen Waren handelt.

Zu dem Personenkreis des § 1a Abs. 3 Nr. 1 UStG (Exoten) zählen die sog. Halbunternehmer nach § 1a Abs. 3 Nr. 1 Buchst. a bis c UStG nämlich

- Unternehmer mit ausschließlich steuerfreien vorsteuerschädlichen Umsätzen,
- Kleinunternehmer nach § 19 Abs. 1 UStG,
- Land- und Forstwirte nach § 24 UStG.

Weiterhin zählen zum Personenkreis der sog. Exoten nach § 1a Abs. 3 Nr. 1 Buchst. d UStG nicht unternehmerisch tätige juristische Personen des öffentlichen und privaten Rechts. Soweit die Exoten Neufahrzeuge und verbrauchsteuerpflichtige Waren (vgl. § 1a Abs. 5 Satz 2 UStG) erwerben, fallen sie stets unter die Erwerbsbesteuerung (§ 1a Abs. 5 Satz 1 UStG). Unter die Erwerbsbesteuerung fallen sie außerdem immer dann, wenn sie diese freiwillig wählen (Option zur Erwerbsbesteuerung nach § 1a Abs. 4 UStG). Die Option zur Erwerbsbesteuerung ist gegenüber dem Finanzamt zu erklären und bindet den Exoten mindestens für das Jahr, für welches er die Erwerbsbesteuerung freiwillig wählt und das folgende Jahr (§ 1a Abs. 4 Satz 2 UStG). Im Übrigen fallen sie nur dann unter die Erwerbsbesteuerung wenn sie die sog. Erwerbsschwelle von 12 500 € gem. § 1a Abs. 3 Nr. 2 UStG entweder

- im Vorjahr überstiegen haben oder
- im laufenden Jahr voraussichtlich übersteigen.

Der für die Erwerbsschwelle maßgebliche Betrag ergibt sich als Summe der Entgelte aller innergemeinschaftlichen Erwerbe, welche in einem Kalenderjahr in Deutschland getätigt werden. Dabei bleiben jedoch die Entgelte für verbrauchsteuerpflichtige Waren und Neufahrzeuge unberücksichtigt (vgl. A 1a.1 Abs. 2 Satz 2 UStAE).

### 8.1.1 Weitere Fälle des innergemeinschaftlichen Erwerbs

Ein innergemeinschaftlicher Erwerb wird weiterhin nach § 1a Abs. 2 UStG fingiert beim rechtsgeschäftslosen Verbringen eines Gegenstandes des Unternehmens (Unternehmensvermögen) aus dem Gebiet eines anderen Mitgliedstaates der EU in das Inland, ausgenommen zu einer nur vorübergehenden Verwendung.

Ein Verbringen aus einem anderen Mitgliedstaat zu einer nicht nur vorübergehenden Verwendung im Inland liegt insbesondere in folgenden Fällen vor (vgl. A 1a.2 Abs. 6, 11 und 12 UStAE):

- Der verbrachte Gegenstand wird unverändert oder nach vorangegangener Be- oder Verarbeitung im Inland veräußert oder vom Unternehmer selbst verbraucht.
- Der verbrachte Gegenstand geht im Inland unter.
- Der verbrachte Gegenstand verbleibt länger als 24 Monate im Inland.
- Bestimmte Gegenstände (z. B. Eisenbahnfahrzeuge) verbleiben länger als 12 Monate im Bestimmungsmitgliedstaat.
- Bestimmte Gegenstände (z. B. Straßenfahrzeuge) verbleiben länger als sechs Monate im Bestimmungsmitgliedstaat.

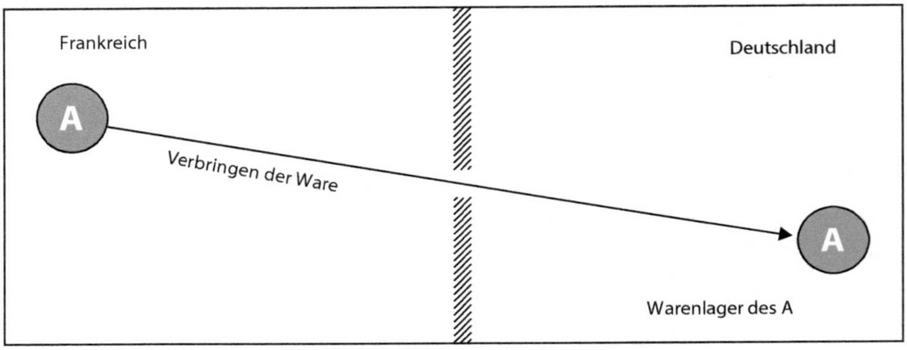


Kein fiktiver innergemeinschaftlicher Erwerb liegt jedoch vor, wenn der Unternehmer Gegenstände ins Inland verbringt, die er zur Ausführung einer im Inland steuerbaren Werklieferung oder Werkleistung verwendet, selbst wenn die Gegenstände als Bestandteile in die Leistung eingehen (vgl. A 1a.2 Abs. 10 Nr. 1 und 2 UStAE). In diesen Fällen wird die Besteuerung im Bestimmungsland bereits durch die Besteuerung der Leistung gesichert, für welche die Gegenstände verwendet werden (Besteuerung im Reverse-Charge-Verfahren nach § 13b Abs. 5 UStG, vgl. X 4).

Kein fiktiver innergemeinschaftlicher Erwerb nach § 1a Abs. 2 UStG liegt auch vor, wenn ein Gegenstand im Rahmen eines Kommissionsgeschäfts von einem anderen EU-Land ins Inland gelangt und der Kommissionär den Gegenstand im Inland veräußert. Zwar liegt in diesem Fall ein rechtsgeschäftsloses Verbringen beim Kommittenten vor. Aus Vereinfachungsgründen kann man jedoch davon ausgehen, dass die Lieferung an den Kommissionär bereits bei Beginn des Transports erbracht wurde. Deshalb liegt kein innergemeinschaftlicher Erwerb beim Kommittenten gem. § 1a Abs. 2 UStG, sondern ein innergemeinschaftlicher Erwerb nach § 1a Abs. 1 UStG beim Kommissionär vor (vgl. A 1a.2 Abs. 7 UStAE).

Schließlich liegt innergemeinschaftlicher Erwerb immer dann vor, wenn ein Neufahrzeug (vgl. § 1b Abs. 3 UStG) bei einer Lieferung an den Abnehmer aus dem Gebiet eines anderen Mitgliedstaates der EU in das Inland gelangt (§ 1b UStG). In diesem Fall ist vor allem auch der Erwerb durch Privatleute steuerbar. Die Steuer wird von den Privatleuten im Wege der Einzelbesteuerung erhoben (§ 16 Abs. 5a UStG).

### 8.1.2 Steuerbefreiungen für den innergemeinschaftlichen Erwerb

Der innergemeinschaftliche Erwerb ist im Allgemeinen steuerpflichtig. Nach § 4b UStG ist er in bestimmten Fällen befreit, insbesondere

a) beim Erwerb von Gegenständen, deren Einfuhr nach den für die Einfuhrumsatzsteuer geltenden Vorschriften steuerfrei wäre (§ 4b Nr. 3 UStG), und
b) beim Erwerb von Gegenständen, die zur Ausführung von Umsätzen verwendet werden, für die der Ausschluss vom Vorsteuerabzug nach § 15 Abs. 3 UStG nicht eintritt. Die Befreiung greift nach § 4b Nr. 4 UStG ein, wenn der Gegenstand bereits beim Erwerb für Umsätze bestimmt ist, für die nach § 15 Abs. 3 UStG der Ausschluss vom Vorsteuerabzug nicht eintritt.

**BEISPIEL**

Der Exporteur E in Nürnberg erwirbt vom Lieferanten L in Brüssel (Belgien) eine Maschine, um diese an seinen Abnehmer A in Bern (Schweiz) zu liefern. L versendet die Maschine von Brüssel nach Nürnberg. A holt die Maschine sofort nach ihrer Ankunft in Nürnberg bei E ab und führt sie nach Bern aus.

**LÖSUNG** E tätigt an A eine nach § 3 Abs. 6 Satz 1 UStG steuerbare Beförderungslieferung. Sie ist nach § 4 Nr. 1a i. V. m. § 6 Abs. 1 Nr. 2 UStG als Ausfuhrlieferung steuerfrei. Die Ausfuhrlieferung ist gem. § 15 Abs. 3 Nr. 1 UStG bei E vorsteuerunschädlich. E tätigt mit dem Erwerb der Maschine von L gem. § 1a UStG i. V. m. § 3d Satz 1 UStG einen in Deutschland steuerbaren innergemeinschaftlichen Erwerb. Dieser Erwerb ist nach § 4b Nr. 4 UStG steuerfrei.

### 8.1.3 Berechnung der Steuer

Für den Erwerb eines Gegenstandes gelten nach § 12 UStG dieselben Steuersätze wie für die Lieferung des Gegenstandes. Ebenso wie bei den Lieferungen ist Bemessungsgrundlage gem. § 10 Abs. 1 UStG das Entgelt. Entgelt ist der volle Betrag, den der Veräußerer vom Erwerber erhält. Die USt ist also nicht etwa herauszurechnen. Der an den Veräußerer entrichtete Betrag ist ein Nettobetrag, weil die vom Lieferer getätigte Lieferung im Ursprungsland als innergemeinschaftliche Lieferung steuerfrei ist.

Im Sonderfall des rechtsgeschäftslosen Verbringens ergibt sich die Bemessungsgrundlage aus § 10 Abs. 4 Nr. 1 UStG wie bei Tatbeständen, die gem. § 3 Abs. 1b UStG Lieferungen gegen Entgelt gleichgestellt sind.

## 8.2 Nach § 6a UStG steuerfreie innergemeinschaftliche Lieferung

In allen Fällen des innergemeinschaftlichen Erwerbs liegt auf Seiten des Lieferers eine im Ursprungsland steuerbare Lieferung vor. Der Ort der Lieferung bestimmt sich gem. § 3 Abs. 6 Satz 1 UStG nach dem Ort, an dem mit der Beförderung oder Versendung durch den Lieferer oder Abnehmer begonnen wird. Eine Verlagerung des Lieferorts nach § 3c UStG ins Bestimmungsland kann sich tatbestandsmäßig in den Fällen des innergemeinschaftlichen Erwerbs nicht ergeben, da in diesen Fällen entweder die Voraussetzung nach § 3c Abs. 2 UStG nicht erfüllt ist oder § 3c Abs. 1 UStG nicht gilt, weil nicht der Lieferer, sondern der Abnehmer befördert oder versendet.

Eine innergemeinschaftliche Lieferung in Deutschland ist steuerfrei nach § 4 Nr. 1 Buchst. b UStG i. V. m. § 6a UStG, wenn der Erwerber in einem anderen Mitgliedstaat der EU einen steuerbaren innergemeinschaftlichen Erwerb tätigt (vgl. § 6a Abs. 1 Nr. 3 UStG). Deshalb ist zweckmäßigerweise vorweg die Steuerbarkeit dieses Erwerbs zu prüfen.

Die Prüfung, ob in dem anderen Mitgliedsaat ein steuerbarer innergemeinschaftlicher Erwerb vorliegt, hat grundsätzlich anhand des nationalen Umsatzsteuergesetzes dieses Mitgliedstaates zu erfolgen, also eigentlich nicht anhand des § 1a des deutschen UStG. Indessen kann man davon ausgehen, dass auch die anderen Mitgliedstaaten in ihrem UStG Regelungen haben, die dem § 1a UStG entsprechen. Lediglich in den Fällen, in denen die Erwerbsschwelle eine Rolle spielt (also beim Erwerb durch sog. Exoten), ist zu beachten, dass die Erwerbsschwellen nicht in allen Mitgliedstaaten gleich hoch sind. Sie finden die Erwerbsschwellen in A 3c.1 Abs. 2 UStAE aufgelistet.

Die für die Steuerbefreiung erforderlichen Nachweise sind nach den §§ 17a bis 17d UStDV zu führen. Ein wesentliches Element ist die sog. Gelangensbestätigung nach § 17b Abs. 3 Satz 1 Nr. 2 UStDV. Wie bei den erforderlichen Buch- und Belegnachweisen für Ausfuhrlieferungen müssen Sie sich nicht allzu sehr mit diesen Fragen belasten, denn in Prüfungsaufgaben finden Sie regelmäßig unter den allgemeinen Hinweisen den Satz: »Es ist davon auszugehen, dass erforderliche Nachweise erbracht sind.«

## 8.3 Nach § 6b UStG steuerfreie innergemeinschaftliche Lieferung in ein Konsignationslager

Vor dem 01. 01. 2020 war das Verbringen von Ware durch einen Unternehmer in sein in einem anderen Mitgliedstaat belegenes Konsignationslager bzw. Call-off-Stock oder Auslieferungslager umsatzsteuerrechtlich als rechtsgeschäftsloses innergemeinschaftliches Verbringen nach § 3 Abs. 1a UStG (s. 8.2.3) einzuordnen. Das Verbringen war als innergemeinschaftliche Lieferung (§ 6a UStG) steuerfrei. Der Unternehmer musste sich aber im Bestimmungsmitgliedstaat erfassen lassen und dort einen innergemeinschaftlichen Erwerb sowie anschließend bei Aushändigung der Ware im Ausland eine Lieferung versteuern. Eine bis zum 31.12.2019 gültige Ausnahmeregelung auf der Basis der BFH-Rechtsprechung enthält A 3.12 Abs. 3 Sätze 6 bis 8 UStAE. Nunmehr regelt § 6b UStG, wie in diesen Fällen aus **Vereinfachungsgründen** zu verfahren ist. Nach § 6b Abs. 2 Nr. 1 UStG ist bei der Aushändigung der Waren an den unternehmerischen Abnehmer im Bestimmungsmitgliedstaat von einer direkten steuerfreien Lieferung an diesen im Ursprungsland auszugehen, wenn

- am Ende der Beförderung oder Versendung des Gegenstandes die Lieferung nach einer bestehenden Vereinbarung an einen Erwerber bewirkt werden soll, dessen vollständiger Name und dessen vollständige Anschrift dem Unternehmer zum Zeitpunkt des Beginns der Beförderung oder Versendung des Gegenstands im Ursprungsland bekannt ist und der Gegenstand im Bestimmungsland verbleibt (§ 6b Abs. 1 Nr. 1 UStG),
- der Lieferer im Bestimmungsmitgliedstaat nicht ansässig ist (§ 6b Abs. 1 Nr. 2 UStG),
- der Abnehmer bis zum Beginn des Warentransports die USt-IdNr. des Bestimmungsmitgliedstaates verwendet hat (§ 6b Abs. 1 Nr. 3 UStG),
- der Lieferer die Aufzeichnungspflichten nach § 22 Abs. 4f UStG und die Verpflichtung zur Abgabe einer Zusammenfassenden Meldung nach § 18a UStG erfüllt (§ 6b Abs. 1 Nr. 4 und Abs. 4 Nr. 2 UStG) und
- die (tatsächliche) Lieferung innerhalb von zwölf Monaten nach der Einlagerung des Gegenstandes in das Konsignationslager bewirkt wird (§ 6b Abs. 3 und 4 Nr. 1 UStG).

Zum (tatsächlichen) Lieferzeitpunkt unterliegt der Abnehmer nach § 6b Abs. 2 Nr. 2 UStG im Bestimmungsmitgliedstaat der Erwerbsbesteuerung. Die bei Führung der Aufzeichnungen erforderlichen Angaben ergeben sich aus § 22 Abs. 4f und 4 g UStG.

**BEISPIEL**

a) Der Exporteur E in Nürnberg befördert im April mit eigenem Lkw in sein Konsignationslager (Call-Off-Stock) bei seinem Abnehmer F in Mailand (Italien) 30 Kühlschränke, die F unter Angabe seiner italienischen USt-IdNr. bestellt hat und die nur F entnehmen darf. Dieser entnimmt aus dem Call-off-Stock bis Dezember desselben Jahres je nach seinem Bedarf peu à peu diese 30 Kühlschränke, um sie in seinen Verkaufsräumen auszustellen. Anfang November bestückt E das Lager erneut mit 25 Kühlschränken. E erfüllt regelmäßig seine sich aus §§ 22 und 18a UStG ergebenden Verpflichtungen.

**LÖSUNG** Das Verbringen der Kühlschränke aus dem Inland nach Italien führt zunächst zu keinen Konsequenzen, da sämtliche Voraussetzungen des § 6b UStG erfüllt sind, insbesondere steht der Abnehmer bei Beginn der Beförderung der Kühlschränke fest. Auch die USt-IdNr. aus dem Bestimmungsmitgliedstaat liegt rechtzeitig vor, die 12-Monats-Frist und die Pflichten nach § 6b Abs. 1 Nr. 4 UStG werden eingehalten. Bei jeder Entnahme eines Kühlschranks liegt gem. § 6b Abs. 2 Nr. 1 UStG eine im Inland nach § 1 Abs. 1 Nr. 1 und § 3 Abs. 6 Satz 1 UStG steuerbare Beförderungslieferung von E an F vor. Es handelt sich um eine innergemeinschaftliche Lieferung nach § 6a Abs. 1 UStG, die nach § 4 Nr. 1 Buchst. b UStG steuerfrei ist. F unterliegt zum gleichen Zeitpunkt in Italien der Erwerbsbesteuerung (vgl. § 6b Abs. 2 Nr. 2 UStG). Die Vereinfachungsregelung des § 6b ist ebenfalls einschlägig, wenn F die Anfang November eingelagerten Kühlschränke bis Ende Oktober des nächsten Jahres entnimmt.

b) Der Frachtführer T bringt im Auftrag des Exporteurs P aus Warschau (Polen) im April in das Konsignationslager (Call-Off-Stock) in der Nähe seines Abnehmers H in Hannover Maschinenteile, die H unter Angabe seiner deutschen USt-IdNr. bestellt hat und die nur für H bestimmt sind. H entnimmt bis August desselben Jahres bedarfsgerecht sämtliche Maschinenteile, um sie in Druckmaschinen einzubauen. P erfüllt regelmäßig seine sich aus §§ 22 und 18a UStG ergebenden Verpflichtungen. H hat die Aufzeichnungen nach § 22 Abs. 4 g UStG vorgesehen Aufzeichnungen geführt.

**LÖSUNG** Das Verbringen der Maschinenteile aus Polen in das Inland führt zunächst zu keinen Konsequenzen, da sämtliche Voraussetzungen des § 6b UStG erfüllt sind, insbesondere steht der Abnehmer bei Beginn der Versendung der Maschinenteile fest. Auch die USt-IdNr. aus dem Bestimmungsmitgliedstaat liegt rechtzeitig vor, die 12-Monats-Frist und die Pflichten nach § 6b Abs. 1 Nr. 4 UStG werden eingehalten. Bei jeder Entnahme eines Maschinenteils handelt es sich gem. § 6b Abs. 2 Nr. 1 UStG um eine Lieferung. Die Versendungslieferung findet nach § 3 Abs. 6 Satz 1 UStG in Polen statt und ist damit nicht steuerbar. Es handelt sich in Polen um eine steuerfreie innergemeinschaftliche Lieferung. H tätigt nach § 6b Abs. 2 Nr. 2 UStG zum Zeitpunkt jeder Lieferung einen nach § 1 Abs. 1 Nr. 5 und § 1a Abs. 1 UStG steuerbaren und steuerpflichtigen innergemeinschaftlichen Erwerb.

Liegen die o. g. Voraussetzung nicht vor, gilt die Beförderung oder Versendung des Gegenstandes als einer innergemeinschaftlichen Lieferung gleichgestelltes Verbringen i. S.d § 6a Abs. 1 Satz 2 i. V. m. § 3 Abs. 1a UStG. Das Gleiche gilt beim Wegfall einer der Voraussetzungen. Die Folgen treten am Tag des Wegfalls ein (vgl. § 6b Abs. 6 Satz 1 UStG). Ein Erwerberwechsel innerhalb der zwölf Monate ist (nur) unter den Voraussetzungen des § 6b Abs. 5 UStG unschädlich. Bei einem schädlichen Erwerberwechsel (der neue Erwerber hat z. B. keine gültige USt-IdNr.) treten die Folgen am Tag vor der Lieferung ein (vgl. § 6b Abs. 6 Satz 2 UStG).

## 8.4 Innergemeinschaftliche Dreiecksgeschäfte

In § 25b UStG ist eine Sonderregelung für innergemeinschaftliche Dreiecksgeschäfte getroffen worden. Diese Vorschrift bringt entsprechend den Vorgaben in Art. 141 MwStSystRL eine Vereinfachungsregelung für innergemeinschaftliche Dreiecksgeschäfte mit drei beteiligten Unternehmern.

**BEISPIELE**

a) Unternehmer C in Deutschland bestellt beim Unternehmer B in den Niederlanden eine Maschine. B bestellt diese Maschine seinerseits beim Unternehmer A in Frankreich und weist A an, die Maschine direkt zu C nach Deutschland zu befördern. A, B und C verwenden jeweils die USt-IdNr. des Staates, in dem sie ansässig sind. B hat C eine Nettorechnung ohne Umsatzsteuerausweis erteilt. B gibt in den Niederlanden eine Zusammenfassende Meldung ab, in der er seiner Erklärungspflicht nach § 18a Abs. 4 Satz 1 Nr. 3 UStG nachkommt.

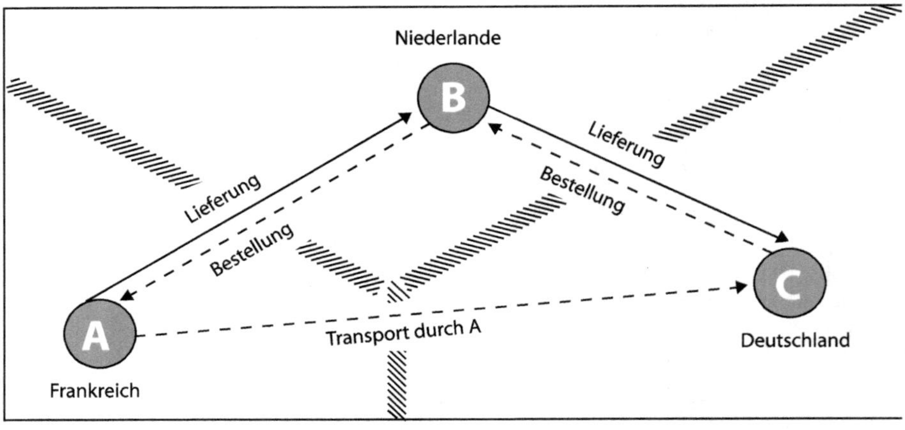


**LÖSUNG** A erbringt an B eine Beförderungslieferung, deren Ort nach § 3 Abs. 6 Satz 1 UStG in Frankreich ist. Sie ist in Frankreich steuerbar, aber als innergemeinschaftliche Lieferung steuerfrei. B erbringt an C ebenfalls eine Lieferung. Für diese greift jedoch § 3 Abs. 6 Satz 1 UStG nicht ein, weil die Beförderung nach § 3 Abs. 6a Satz 2 UStG nur der Lieferung des A zuzuordnen ist. Der Ort der Lieferung des B ist nach § 3 Abs. 7 Satz 2 Nr. 2 UStG in Deutschland, wo die Beförderung endet. Die Lieferung ist in Deutschland steuerbar. Sie ist nicht als innergemeinschaftliche Lieferung steuerfrei, weil C als Abnehmer des B keinen innergemeinschaftlichen Erwerb tätigt. Da die Warenbewegung nach § 3 Abs. 6a Satz 2 UStG ausschließlich der Lieferung des A an B zugerechnet wird, gelangt die Maschine nicht bei der Lieferung von B an C von Frankreich nach Deutschland. Die Steuer für diese Lieferung wird jedoch nach § 25b Abs. 2 UStG nicht von B, sondern seinem Abnehmer C geschuldet. Es liegt nämlich ein innergemeinschaftliches Dreiecksgeschäft vor, bei dem die Voraussetzungen des § 25b Abs. 1 UStG erfüllt sind, nämlich:

- Drei Unternehmer haben über denselben Gegenstand Umsatzgeschäfte abgeschlossen und diese wurden dadurch erfüllt, dass der Gegenstand unmittelbar vom ersten Lieferer an den letzten Abnehmer befördert wurde (§ 25b Abs. 1 Nr. 1 UStG).
- A, B und C sind in jeweils verschiedenen Mitgliedstaaten (Frankreich, Niederlande und Deutschland) für Zwecke der USt erfasst (§ 25b Abs. 1 Nr. 2 UStG).
- Der Gegenstand der Lieferung ist aus Frankreich nach Deutschland gelangt (§ 25b Abs. 1 Nr. 3 UStG).
- Der Gegenstand der Lieferung wurde durch den ersten Lieferer (A) befördert (§ 25b Abs. 1 Nr. 4 UStG).
- Weiterhin sind die Voraussetzungen nach § 25b Abs. 2 UStG erfüllt, nämlich:
- Der Lieferung des B ist (s. u.) ein innergemeinschaftlicher Erwerb in Deutschland vorausgegangen (§ 25b Abs. 2 Nr. 1 UStG).
- B ist in Deutschland, wo die Beförderung endete, nicht ansässig und hat sowohl gegenüber A als auch gegenüber C seine niederländische USt-IdNr. verwendet (§ 25b Abs. 2 Nr. 2 UStG).
- B hat C eine Nettorechnung ohne USt-Ausweis erteilt (§ 25b Abs. 2 Nr. 3 UStG).
- C verwendet die deutsche USt-IdNr., also die USt-IdNr. des Landes, in dem die Beförderung endet.

B tätigt nach § 1a Abs. 1 UStG einen innergemeinschaftlichen Erwerb, weil die Maschine bei der Lieferung an ihn aus Frankreich nach Deutschland gelangt (§ 1a Abs. 1 Nr. 1 UStG) und er die Maschine für sein Unternehmen erwirbt (§ 1a Abs. 1 Nr. 2 UStG). Der Ort des Erwerbs ist nach § 3d Satz 1 UStG in Deutschland. Da B gegenüber A seine niederländische USt-IdNr. verwendet, liegt nach § 3d Satz 2 UStG in den Niederlanden ebenfalls ein innergemeinschaftlicher Erwerb vor. Erwerbsumsatzsteuer entsteht aber nicht, da der innergemeinschaftliche Erwerb nach § 25b Abs. 3 UStG in Deutschland als besteuert gilt (vgl. A 25b.1 Abs. 7 Satz 2 UStAE) und laut Sachverhalt B seiner Erklärungspflicht nach § 18a Abs. 7 Satz 1 Nr. 4 UStG nachkommt.

C tätigt keinen innergemeinschaftlichen Erwerb nach § 1a Abs. 1 UStG, weil die Lieferung an ihn eine unbewegte Lieferung ist und deshalb die Maschine nicht bei der Lieferung an ihn aus Frankreich nach Deutschland gelangt (§ 1a Abs. 1 Nr. 1 UStG). C darf gem. § 25b Abs. 5 UStG die von ihm selbst geschuldete Umsatzsteuer für die Lieferung des B an ihn nach § 15 UStG als Vorsteuer abziehen, obwohl er hierfür keine Rechnung mit gesondertem USt-Ausweis erhält

Die Folge für B ist, dass er weder in den Niederlanden noch in Deutschland einen Umsatz zu versteuern hat. Er hat außer der Verpflichtung zur Abgabe einer Zusammenfassenden Meldung nach § 18a Abs. 4 Nr. 3 UStG in den Niederlanden hinsichtlich seiner Lieferung keine weitere Erklärungspflicht, da die Steuerschuldnerschaft auf seinen Abnehmer C übertragen wird. Gem. § 25b Abs. 6 Satz 2 UStG entfallen bei B die Aufzeichnungspflichten nach § 22 UStG. In der Zusammenfassenden Meldung nach § 18a Abs. 7 Nr. 4 UStG muss er

- erklären, dass er an C eine Lieferung ausgeführt hat,
- die USt-IdNr. des Abnehmers C angeben,
- die Bemessungsgrundlage für die an C ausgeführte Lieferung angeben,
- angeben, dass es sich um ein innergemeinschaftliches Dreiecksgeschäft handelt.

b) Unternehmer C in Deutschland bestellt beim Unternehmer B in den Niederlanden eine Maschine. B bestellt diese Maschine seinerseits beim Unternehmer A in Frankreich. B holt die Maschine bei A ab und befördert sie direkt zu C nach Deutschland. A, B und C verwenden jeweils die USt-IdNr. des Staates, in dem sie ansässig sind. B hat C eine Nettorechnung ohne USt-Ausweis erteilt. B gibt in den Niederlanden eine Zusammenfassende Meldung ab, in der er seiner Erklärungspflicht nach § 18a Abs. 7 Satz 1 Nr. 4 UStG nachkommt.

**LÖSUNG** Es liegen zwei Lieferungen vor, aber nur eine Warenbewegung. B, der zugleich Lieferer und Abnehmer ist, befördert die Maschine von A zu C. Da nach § 3 Abs. 6a UStG die Beförderung nur einer der beiden Lieferungen zuzuordnen ist, muss zunächst geklärt werden, ob B als Lieferer oder als Abnehmer die Beförderung vornimmt. Nachdem B nicht nachweist, dass er den Gegenstand als Lieferer befördert, ordnet § 3 Abs. 6a Satz 4 UStG die Beförderung der Lieferung an B zu. Somit erbringt A an B wie im Beispiel a) eine Beförderungslieferung (jetzt Beförderung durch den Abnehmer B), deren Ort nach § 3 Abs. 6 Satz 1 UStG in Frankreich ist. Diese Lieferung ist als innergemeinschaftliche Lieferung in Frankreich steuerfrei.

B erbringt an C ebenfalls eine Lieferung. Der Ort der Lieferung des B ist nach § 3 Abs. 7 Satz 2 Nr. 2 UStG in Deutschland, wo die Beförderung endet. Die Lieferung ist in Deutschland steuerbar. Sie ist nicht als innergemeinschaftliche Lieferung steuerfrei, weil C als Abnehmer des B keinen innergemeinschaftlichen Erwerb tätigt. Da die Warenbewegung nach § 3 Abs. 6a Satz 4 UStG ausschließlich der Lieferung des A an B zugerechnet wird, gelangt die Maschine nicht bei der Lieferung von B an C von Frankreich nach Deutschland. Die Steuer für diese Lieferung wird jedoch nach § 25b Abs. 2 UStG nicht von B, sondern seinem Abnehmer C geschuldet. Es liegt nämlich ein innergemeinschaftliches Dreiecksgeschäft vor, bei dem die Voraussetzungen des § 25b Abs. 1 UStG erfüllt sind, nämlich:

- Drei Unternehmer haben über denselben Gegenstand Umsatzgeschäfte abgeschlossen und diese wurden dadurch erfüllt, dass der Gegenstand unmittelbar vom ersten Lieferer an den letzten Abnehmer befördert wurde (§ 25b Abs. 1 Nr. 1 UStG).
- A, B und C sind in jeweils verschiedenen Mitgliedstaaten (Frankreich, Niederlande und Deutschland) für Zwecke der USt erfasst (§ 25b Abs. 1 Nr. 2 UStG).
- Der Gegenstand der Lieferung ist aus Frankreich nach Deutschland gelangt (§ 25b Abs. 1 Nr. 3 UStG).

- Der Gegenstand der Lieferung wurde durch den ersten Abnehmer (B) befördert (§ 25b Abs. 1 Nr. 4 UStG).
- Weiterhin sind die Voraussetzungen nach § 25b Abs. 2 UStG erfüllt, nämlich:
- Der Lieferung des B ist (siehe unten) ein innergemeinschaftlicher Erwerb in Deutschland vorausgegangen (§ 25b Abs. 2 Nr. 1 UStG).
- B ist in Deutschland, wo die Beförderung endete, nicht ansässig und hat sowohl gegenüber A als auch gegenüber C seine niederländische USt-IdNr. verwendet (§ 25b Abs. 2 Nr. 2 UStG).
- B hat C eine Nettorechnung ohne USt-Ausweis erteilt (§ 25b Abs. 2 Nr. 3 UStG).
- C verwendet die deutsche USt-IdNr., also die USt-IdNr. des Landes, in dem die Beförderung endet.

B tätigt nach § 1a Abs. 1 UStG einen innergemeinschaftlichen Erwerb, weil die Maschine bei der Lieferung an ihn aus Frankreich nach Deutschland gelangt (§ 1a Abs. 1 Nr. 1 UStG) und er die Maschine für sein Unternehmen erwirbt (§ 1a Abs. 1 Nr. 2 UStG). Der Ort des Erwerbs ist nach § 3d Satz 1 UStG in Deutschland. Da B gegenüber A seine niederländische USt-IdNr. verwendet, liegt nach § 3d Satz 2 UStG in den Niederlanden ebenfalls ein innergemeinschaftlicher Erwerb vor. Erwerbsumsatzsteuer entsteht aber nicht, da der innergemeinschaftliche Erwerb nach § 25b Abs. 3 UStG in Deutschland als besteuert gilt (vgl. A 25b.1 Abs. 7 Satz 2 UStAE) und laut Sachverhalt B seiner Erklärungspflicht nach § 18a Abs. 7 Satz 1 Nr. 4 UStG nachkommt.

C tätigt keinen innergemeinschaftlichen Erwerb nach § 1a Abs. 1 UStG, weil die Lieferung an ihn eine unbewegte Lieferung ist und deshalb die Maschine nicht bei der Lieferung an ihn aus Frankreich nach Deutschland gelangt (§ 1a Abs. 1 Nr. 1 UStG). C darf gem. § 25b Abs. 5 UStG die von ihm selbst geschuldete Umsatzsteuer für die Lieferung des B an ihn nach § 15 UStG als Vorsteuer abziehen, obwohl er hierfür keine Rechnung mit gesondertem Umsatzsteuerausweis erhält. Die Folge für B ist, dass er weder in den Niederlanden noch in Deutschland einen Umsatz zu versteuern hat. Er hat außer der Verpflichtung zur Abgabe einer Zusammenfassenden Meldung nach § 18a Abs. 7 Nr. 4 UStG in den Niederlanden hinsichtlich seiner Lieferung keine weitere Erklärungspflicht, da die Steuerschuldnerschaft auf seinen Abnehmer C übertragen wird. Gem. § 25b Abs. 6 Satz 2 UStG entfallen bei ihm die Aufzeichnungspflichten nach § 22 UStG. In der Zusammenfassenden Meldung nach § 18a Abs. 7 Nr. 4 UStG muss er

- erklären, dass er an C eine Lieferung ausgeführt hat,
- die USt-IdNr. des Abnehmers C angeben,
- die Bemessungsgrundlage für die an C ausgeführte Lieferung angeben,

angeben, dass es sich um ein innergemeinschaftliches Dreiecksgeschäft handelt.

Mit der Regelung nach § 25b i. V. m. § 3d Satz 2 UStG wird eine lückenlose Kontrolle hinsichtlich der Besteuerung der Warenlieferung im Bestimmungsland Deutschland erreicht. A gibt hinsichtlich seiner Lieferung an B eine Zusammenfassende Meldung ab. Über die Zusammenfassende Meldung wird zunächst den Finanzbehörden in den Niederlanden signalisiert, dass dort bei B ein innergemeinschaftlicher Erwerb stattfindet. Die Niederlande stoßen bei der Suche nach diesem Erwerb auf die Zusammenfassende Meldung des B, aus der ersichtlich wird, dass B im innergemeinschaftlichen Dreiecksgeschäft an C geliefert hat. Über die Zusammenfassende Meldung des B wird weiterhin den Finanzbehörden in Deutschland signalisiert, dass B in Deutschland eine steuerpflichtige Lieferung an C erbracht hat, für welche die Steuerschuldnerschaft auf C übergegangen ist.

## 8.5 Beispiele zu innergemeinschaftlichen Lieferungen und Erwerben

**BEISPIELE**

a) Unternehmer A in Augsburg bestellt beim Unternehmer B in Brüssel (Belgien) unter Verwendung seiner deutschen USt-IdNr. eine Maschine zum Nettopreis von 50 000 € für seinen Fabrikationsbetrieb. B transportiert die Maschine direkt zu A nach Augsburg.

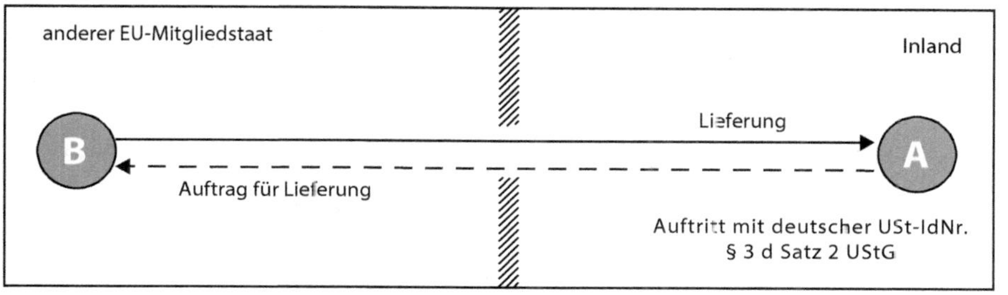


**LÖSUNG** Bei der Lieferung von B an A gelangt die Maschine aus Belgien ins Inland. A erwirbt die Maschine für sein Unternehmen. B ist Unternehmer und bewirkt die Lieferung im Rahmen seines Unternehmens gegen Entgelt. Der Erwerb erfolgt gem. § 3d Satz 1 UStG im Inland, da sich die Maschine am Ende der Beförderung im Inland befindet und A eine deutsche USt-IdNr. verwendet. Somit sind alle Tatbestandsmerkmale des innergemeinschaftlichen Erwerbs gem. § 1 Abs. 1 Nr. 5 i. V. m. § 1a UStG erfüllt. Der Erwerb ist steuerbar und steuerpflichtig. Die USt beträgt 19 % von 50 000 €, d. h. 9 500 €. Die Lieferung des B an A erfolgt gem. § 3 Abs. 6 Satz 1 UStG in Belgien und ist somit in Deutschland nicht steuerbar. Sie ist in Belgien steuerbar, jedoch als innergemeinschaftliche Lieferung steuerfrei.

b) Unternehmer A in Arnhem (Niederlande) bestellt beim Unternehmer B in Berlin unter Verwendung seiner niederländischen USt-IdNr. (Länderkennung NL) eine Maschine zum Nettopreis von 50 000 € für seinen Fabrikationsbetrieb. B transportiert die Maschine direkt zu A nach Arnhem.

**LÖSUNG** Bei der Lieferung von B an A gelangt die Maschine aus Deutschland in die Niederlande. A erwirbt die Maschine für sein Unternehmen. B ist Unternehmer und bewirkt die Lieferung im Rahmen seines Unternehmens gegen Entgelt. Der Erwerb erfolgt gem. der § 3d Satz 1 UStG entsprechenden Vorschrift im niederländischen UStG in den Niederlanden, da sich die Maschine am Ende der Beförderung in den Niederlanden befindet und A eine niederländische USt-IdNr. verwendet. Somit sind alle Tatbestandsmerkmale des innergemeinschaftlichen Erwerbs nach dem niederländischen UStG erfüllt. Der Erwerb ist in den Niederlanden steuerbar und steuerpflichtig.

B erbringt nach deutschem Recht an A eine nach § 3 Abs. 6 Satz 1 UStG steuerbare Beförderungslieferung. Sie ist als innergemeinschaftliche Lieferung nach § 6a i. V. m. § 4 Nr. 1 Buchst. b UStG steuerfrei, da bei A ein steuerbarer innergemeinschaftlicher Erwerb vorliegt.

c) Unternehmer A aus Aachen erwirbt auf einer Fachmesse in Paris vom Unternehmer B aus Bulgarien unter Verwendung seiner deutschen USt-IdNr. einen Bürostuhl zum Nettopreis von 2 000 € für sein Unternehmen. Der Bürostuhl wird ihm sofort ausgehändigt und A nimmt ihn in seinem Pkw-Kombi mit nach Aachen.

**LÖSUNG** B erbringt an A eine Lieferung in Paris gem. § 3 Abs. 6 Satz 1 UStG. Eine Verlagerung des Lieferorts nach § 3c UStG kann sich nicht ergeben, da nicht der Lieferer B, sondern der Abnehmer A den Bürostuhl nach Deutschland befördert. Die Lieferung ist somit in Deutschland nicht steuerbar. Sie ist in Frankreich steuerbar, jedoch als innergemeinschaftliche Lieferung steuerfrei. Bei der Lieferung von B an A gelangt der Bürostuhl von Frankreich ins Inland. A erwirbt den Bürostuhl für sein Unternehmen. B ist Unternehmer und bewirkt die Lieferung im Rahmen seines Unternehmens gegen Entgelt. Der Erwerb erfolgt gem. § 3d Satz 1 UStG im Inland, da sich der Bürostuhl am Ende der Beförderung durch A im Inland befindet und A eine deutsche USt-IdNr. verwendet. Somit sind alle Tatbestandsmerkmale des innergemeinschaftlichen Erwerbs gem. § 1 Abs. 1 Nr. 5 i. V. m. § 1a UStG erfüllt. Der Erwerb ist steuerbar und steuerpflichtig. Die USt beträgt 19 % von 2 000 €, d. h. 380 €.

d) Unternehmer A aus Aachen erwirbt auf einer Fachmesse in Paris vom Unternehmer P aus Polen einen Bürostuhl zum Nettopreis von 1 000 € für das Studierzimmer seines Sohnes. A verwendet gegenüber P keine USt-IdNr. Der Bürostuhl wird ihm sofort ausgehändigt und A nimmt ihn in seinem Pkw-Kombi mit nach Aachen.

**LÖSUNG** P erbringt an A eine Lieferung in Paris (Abholfall). Bei der Lieferung von P an A gelangt der Bürostuhl von Frankreich ins Inland. P ist Unternehmer und bewirkt die Lieferung im Rahmen seines Unternehmens gegen Entgelt. A tätigt keinen innergemeinschaftlichen Erwerb nach § 1a UStG. A erwirbt den Bürostuhl nicht für sein Unternehmen. Dies ergibt sich für den Lieferer allein schon daraus, dass A ihm gegenüber keine USt-IdNr. verwendet. Somit sind nicht alle Tatbestandsmerkmale des innergemeinschaftlichen Erwerbs gem. § 1 Abs. 1 Nr. 5 i. V. m. § 1a UStG erfüllt. Der Erwerb ist nicht steuerbar. Da bei A kein steuerbarer Erwerb vorliegt, ist die Lieferung des P an A in Frankreich nicht als innergemeinschaftliche Lieferung von der französischen USt befreit und somit nach französischem USt-Recht steuerpflichtig.

e) Unternehmer U hat in Ulm einen Fabrikationsbetrieb. In Zaragoza (Spanien) hat U ein Zweigwerk, in dem er spezielle, auf dem Markt nicht erhältliche Maschinenteile anfertigen lässt. Nach der Herstellung dieser Maschinenteile (Selbstkosten 50 000 €) werden sie nach Ulm befördert und in Maschinen eingebaut.

**LÖSUNG** Beim Transport der Maschinenteile von Zaragoza nach Ulm handelt es sich um ein rechtsgeschäftsloses Verbringen (keine Lieferung). Nach § 1a Abs. 2 Satz 1 UStG gilt dieses Verbringen von Spanien (übriges Gemeinschaftsgebiet) ins Inland als innergemeinschaftlicher Erwerb. Der Erwerb erfolgt gem. § 3d Satz 1 UStG im Inland, da sich die Maschinenteile am Ende der Beförderung durch A im Inland befinden. Der innergemeinschaftliche Erwerb ist somit steuerbar und steuerpflichtig. Die Bemessungsgrundlage bestimmt sich gem. § 10 Abs. 4 Nr. 1 UStG. Da kein Marktpreis existiert, sind die Selbstkosten von 50 000 € anzusetzen (vgl. A 10.6 Abs. 1 Satz 4 UStAE. Die USt beträgt somit 19 % von 50 000 €, d. h. 9 500 €. Entsprechend § 3 Abs. 1a UStG erbringt U von seinem Zweigwerk in Spanien aus eine fiktive innergemeinschaftliche Lieferung, die nach dem spanischen UStG zwar steuerbar ist, jedoch als innergemeinschaftliche Lieferung steuerfrei ist. Die Erwerbsumsatzsteuer kann U nach § 15 Abs. 1 Nr. 3 UStG wieder als Vorsteuer abziehen.

f) Unternehmer S in Saarbrücken transportiert Karosseriebleche zum Presswerk P in Metz (Frankreich). S beauftragt P unter Verwendung seiner deutschen USt-IdNr., daraus Karosserieteile zu formen. P stellt daraus die Karosserieteile her und transportiert sie anschließend wieder zu S in Saarbrücken. P berechnet dem S für die Karosserieteile 80 000 €.

**LÖSUNG** Der Transport der Karosseriebleche von Saarbrücken nach Metz und der Karosserieteile von Metz nach Saarbrücken stellt jeweils ein rechtsgeschäftsloses Verbringen dar. Da dieses Verbringen jedoch zu einer nur vorübergehenden Verwendung erfolgt, gilt es nicht nach § 3 Abs. 1a UStG als Lieferung und nicht nach § 1a Abs. 2 UStG als Erwerb. Da P keine eigenen Stoffe bei der Herstellung der Karosserieteile verwendet, erbringt er an S eine Werkleistung. Der Ort dieser Werkleistung ist nach § 3a Abs. 2 UStG im Inland. Die Werkleistung des P ist also in Deutschland steuerbar und steuerpflichtig. Da P ein im Ausland ansässiger Unternehmer ist, greift das Reverse-Charge-Verfahren nach § 13b Abs. 5 Satz 1 i. V. m. Abs. 1 UStG. Die Steuerschuld des P geht auf S über.

g) Privatmann P in Freiburg erwirbt von dem Peugeot-Händler M in Mulhouse (Frankreich) einen fabrikneuen Pkw zum Nettopreis von 30 000 €. P holt den Pkw von M in Mulhouse selbst ab und fährt mit ihm nach Freiburg. Bei der Kfz-Zulassungsstelle in Freiburg meldet P das Fahrzeug an.

**LÖSUNG** Der Pkw gelangt bei der Lieferung an P aus Frankreich ins Inland. Damit liegt gem. § 1b Abs. 1 UStG ein innergemeinschaftlicher Erwerb vor. Der Erwerb erfolgt gem. § 3d Satz 1 UStG im Inland, da sich der Pkw am Ende der Beförderung durch P im Inland befindet. Somit sind alle Tatbestandsmerkmale des innergemeinschaftlichen Erwerbs gem. § 1 Abs. 1 Nr. 5 i. V. m. § 1b UStG erfüllt. Der Erwerb durch P ist steuerbar und steuerpflichtig. Die USt beträgt 19 % von 30 000 €, d. h. 5 700 €. Die USt wird von P im Wege der Einzelbesteuerung erhoben (vgl. § 16 Abs. 5a UStG). M tätigt gegenüber P eine innergemeinschaftliche Lieferung. Ihr Ort ist als Beförderungslieferung nach

§ 3 Abs. 6 Satz 1 UStG in Frankreich, also in Deutschland nicht steuerbar, jedoch nach dem französischen UStG steuerbar, aber als innergemeinschaftliche Lieferung steuerfrei.

## 8.6 Steuerliche Erfassung des innergemeinschaftlichen Erwerbs

Dem innergemeinschaftlichen Erwerb entspricht auf der Seite des Lieferers eine Lieferung, die nach den umsatzsteuerrechtlichen Vorschriften eines anderen Mitgliedslandes der EU steuerbar ist. Diese Lieferung ist jedoch als innergemeinschaftliche Lieferung steuerfrei. Zur Inanspruchnahme dieser Steuerbefreiung werden dem Lieferer Aufzeichnungs- und Nachweispflichten auferlegt, aus denen sich einerseits klar ergibt, dass die Voraussetzungen für die Steuerfreiheit als innergemeinschaftliche Lieferung erfüllt sind. Aus den Aufzeichnungs- und Nachweispflichten ergibt sich aber andererseits auch klar, dass der Abnehmer den Tatbestand des innergemeinschaftlichen Erwerbs erfüllt hat. Zugleich wird dem Lieferer die Verpflichtung auferlegt, für jedes Quartal eine besondere Meldung über seine innergemeinschaftlichen Lieferungen abzugeben (Zusammenfassende Meldung nach § 18a UStG), worin er **genau** angibt, an welche Unternehmer er in welchem Umfang innergemeinschaftliche Lieferungen bewirkt hat (vgl. auch § 4 Nr. 1 Buchst. b HS 2 UStG).

Zwischen den einzelnen Mitgliedsländern der EU erfolgt diesbezüglich ein Datenaustausch, mit dessen Hilfe die Versteuerung des innergemeinschaftlichen Erwerbs überwacht werden soll. Im Rahmen dieser Überwachung spielt die USt-IdNr. (vgl. § 27a UStG) eine wesentliche Rolle. Jeder Unternehmer, der von innergemeinschaftlichen Lieferungen bzw. vom innergemeinschaftlichen Erwerb betroffen ist, erhält eine solche USt-IdNr. In den Fällen des innergemeinschaftlichen Erwerbs muss eine Rechnung erteilt werden, in der die USt-IdNr. sowohl des Lieferers als auch des Erwerbers angegeben ist. Der Lieferer muss sich also vom Abnehmer dessen USt-IdNr. geben lassen (vgl. hierzu § 6a Abs. 1 Satz 1 Nr. 4 UStG). Der Lieferer hat zum Nachweis der Steuerbefreiung der innergemeinschaftlichen Lieferung ein Rechnungsdoppel bei seinen Geschäftsunterlagen aufzubewahren. Er muss die jeweilige USt-IdNr. seines Abnehmers in der besonderen Meldung (Zusammenfassende Meldung nach § 18a UStG) angeben.

# 9 Weitere Leistungen im Zusammenhang mit dem Export

Außer den Ausfuhrlieferungen und den Lohnveredelungen sind nach § 4 Nr. 3 Buchst. a Doppelbuchst. aa UStG auch andere sonstige Leistungen steuerfrei, wenn sie sich unmittelbar auf **Gegenstände der Ausfuhr** beziehen. Steuerfrei sind hiernach insbesondere:

- steuerbare Güterbeförderungsleistungen vom Inland ins Drittland,
- steuerbare Güterbeförderungsleistungen im Inland, wenn die Güter anschließend ausgeführt werden,
- steuerbare Leistungen betreffend den Umschlag oder die Lagerung von Gütern, die anschließend ausgeführt werden,
- steuerbare fiktive Leistungen (Besorgungsleistungen) hinsichtlich der vorgenannten Leistungen (§ 4 Nr. 3 Buchst. a Doppelbuchst. aa i. V. m. § 3 Abs. 11 UStG),
- steuerbare Vermittlungen der Lieferung und der Beförderung (§ 4 Nr. 5 Buchst. a UStG).

In diesen Fällen müssen die Voraussetzungen für die Befreiung nachgewiesen werden. Insbesondere muss die Ausfuhr des Gegenstandes durch Belege nachgewiesen werden (vgl. § 20 Abs. 1 UStDV).

## 10 Übungsfälle

### 10.1 Übungsfälle zum Problemkreis steuerfreie Ausfuhrlieferungen

Prüfen Sie in den nachfolgenden Fällen, ob die Lieferungen

a) steuerbar,
b) steuerpflichtig

sind. Gehen Sie immer davon aus, dass

- der Leistungsgeber L Unternehmer ist,
- L an A die Ware W liefert,
- Lieferungen im Rahmen des Unternehmens erbracht werden,
- die Lieferungen entgeltlich sind,
- die für eine evtl. Steuerbefreiung erforderlichen Nachweise vorliegen,
- keine Ausfuhr im Reiseverkehr vorliegt.

1. L in Stuttgart befördert die Ware W zu A in Basel (Schweiz).
2. L in Stuttgart versendet die Ware W zu A in Zürich (Schweiz).
3. L in Stuttgart übergibt in Stuttgart seinem Abnehmer A die Ware W. A befördert die Ware zu seinem Abnehmer B in Basel (Schweiz). A hat seinen Sitz in Böblingen. A verwendet gegenüber L keine deutsche USt-IdNr oder Steuernummer.
4. L in Stuttgart übergibt in Stuttgart dem A die Ware W. A befördert die Ware zu seinem Abnehmer B in Basel (Schweiz). A hat seinen Sitz in Salzburg (Österreich). A verwendet keine deutsche USt-IdNr. oder Steuernummer gegenüber dem L.
5. L in Stuttgart befördert die Ware W zu A (Firmensitz des A in Frankfurt/Main) in dessen Auslieferungslager im Freihafen Bremerhaven. A versendet die Ware W von dort aus zu seinem Abnehmer B in Neuseeland.
6. L in Stuttgart befördert die Ware W im Auftrag des Abnehmers A in Oslo (Norwegen) zu dessen Empfangsspediteur E im Freihafen Bremerhaven. E versendet die Ware W von dort aus zu A in Oslo. A ist Unternehmer und erwirbt die Ware für sein Unternehmen.
7. L in Stuttgart befördert die Ware W im Auftrag seines Abnehmers A in München zu dessen Abnehmer B in Basel (Schweiz).
8. L in Stuttgart übergibt in Stuttgart im Auftrag seines Abnehmers A (Firmensitz des A in München) dem B die Ware W. B ist der Abnehmer des A. B befördert die Ware W zu seinem Betrieb in Basel (Schweiz).
9. L in Stuttgart übergibt in Stuttgart im Auftrag seines Abnehmers A (Firmensitz des A in Gent/Belgien) dem B die Ware W. B (Firmensitz des B in Aachen) ist der Abnehmer des A. B befördert die Ware W zu seinem Abnehmer C in Oslo (Norwegen). B verwendet keine deutsche USt-IdNr. oder Steuernummer gegenüber dem C.
10. L in Stuttgart übergibt in Stuttgart im Auftrag seines Abnehmers A (Firmensitz des A in Böblingen) dem B die Ware W. B (Firmensitz des B in Gent/Belgien) ist der Abnehmer des A. B befördert die Ware W zu seinem Abnehmer C in Oslo (Norwegen). B weist nicht nach, dass er die Ware als Lieferer des C befördert.

11. Z in Basel (Schweiz) ist die Zweigniederlassung der Fa. Y in München. Z hat unter ihrer Schweizer Adresse bei L die Ware W bestellt. L in Stuttgart übergibt vereinbarungsgemäß in Stuttgart dem Fahrer der Fa. Y in München die Ware W. Der Fahrer transportiert die Ware W zu Z in Basel.
12. Z in Basel (Schweiz) ist die Zweigniederlassung der Fa. Y in München. Z hat unter ihrer Adresse in Basel bei L die Ware W bestellt. L in Stuttgart übergibt vereinbarungsgemäß in Stuttgart dem Fahrer der Fa. Y in München die Ware W. Der Fahrer transportiert die Ware W zu B in Bern (Schweiz). B ist der Abnehmer der Fa. Y/Z. Y verwendet keine deutsche USt-IdNr. oder Steuernummer gegenüber dem B.
13. Z in Böblingen ist die Zweigniederlassung der Fa. Y in Basel (Schweiz). Z hat unter ihrer Adresse in Böblingen bei L die Ware W bestellt. L in Stuttgart übergibt vereinbarungsgemäß in Stuttgart dem Fahrer der Zweigniederlassung Z die Ware W. Der Fahrer transportiert die Ware W zu Y in Basel.
14. L in Stuttgart befördert die Ware W im Auftrag des privaten Abnehmers A in Basel (Schweiz) zu B in Göttingen. B hat von A den Auftrag, die Ware W zu bearbeiten (Werkleistung). Nach erbrachter Werkleistung versendet B im Auftrag des A die Ware W zu A.
15. L in Stuttgart befördert die Ware W im Auftrag des Abnehmers A in Basel (Schweiz) zur Zweigniederlassung Z des A in Ludwigsburg. Z bearbeitet die Ware. Sie erhält einen Farbanstrich. Nach erfolgter Bearbeitung transportiert Z die Ware zu A in Basel.
16. Privatmann A in Basel (Schweiz) tankt in der Tankstelle E in Lörrach.
17. Unternehmer U in Basel (Schweiz) tankt sein Firmenfahrzeug in der Tankstelle E in Lörrach auf.
18. Die Kfz-Werkstatt K in Lörrach baut in den Pkw des Privatmanns A mit Wohnsitz in Basel (Schweiz) ein Autoradio ein.
19. Die Kfz-Werkstatt K in Basel (Schweiz) erwirbt beim Händler H in Lörrach 100 Autoreifen und transportiert sie anschließend nach Basel.
20. W in Lörrach ist Inhaber einer Kfz-Werkstätte. Privatmann K in Basel (Schweiz) bringt W seinen Pkw zur Inspektion. Hierbei tauscht W das Motoröl aus. Weiterhin verwendet W Schmierstoffe und füllt Bremsflüssigkeit nach.
21. W in Lörrach ist Inhaber einer Kfz-Werkstätte. Gewerbetreibender G in Basel (Schweiz) bringt W seinen Firmen-Pkw zur Inspektion. Hierbei tauscht W das Motoröl aus. Weiterhin verwendet W Schmierstoffe und füllt Bremsflüssigkeit nach.

## 10.2 Übungsfälle zum Problemkreis Ausfuhrlieferungen im Reiseverkehr

1. Der türkische Gastarbeiter T hat drei Jahre in Deutschland gearbeitet und kehrt nun in die Türkei zurück. Unmittelbar vor seiner Abreise erwirbt er im Geschäft G verschiedene Gegenstände im Wert zwischen 500 und 2 000 €, um sie in seinem Pkw in die Türkei mitzunehmen.
2. Der türkische Gastarbeiter T nutzt seinen Urlaub für einen Heimatbesuch in der Türkei. Unmittelbar vor seiner Abreise erwirbt er im Geschäft G im Namen seines in der Türkei wohnhaften Bruders B verschiedene Gegenstände im Wert zwischen 500 und 2 000 €, um sie in seinem Pkw für B in die Türkei mitzunehmen.
3. Der Schweizer Geschäftsmann G erwirbt anlässlich einer Geschäftsreise in Deutschland für sein Geschäft verschiedene Gegenstände, die er in seinem Pkw in die Schweiz mitnimmt.
4. Im Supermarkt S in Waldshut kauft der Schweizer Staatsbürger B verschiedene Gegenstände ein. S erhält einen Monat später von B einen Ausfuhrbeleg mit Abnehmernachweis

nach § 17 UStDV. B bittet S um Vergütung der USt. Im Zeitpunkt des Kaufs wusste S nichts davon, dass B die Gegenstände in die Schweiz ausführen wollte.

## 10.3 Übungsfälle zur Lohnveredelung an Gegenständen der Ausfuhr

1. Der in Basel (Schweiz) wohnhafte A fährt mit seinem Pkw von Basel zur Lackierwerkstätte L in Lörrach und lässt den Pkw dort abschleifen und neu lackieren. Anschließend holt A den Pkw wieder ab und fährt mit ihm nach Basel. Der Pkw ist Unternehmensvermögen des A.
2. Der in Basel (Schweiz) wohnhafte A erwirbt beim Kfz-Händler K in Lörrach einen weiß lackierten Pkw. A beauftragt die Lackierwerkstätte L in Lörrach, den Pkw bei K abzuholen und rote Streifen aufzulackieren. Anschließend holt A den Pkw bei L ab und fährt mit ihm nach Basel. Der Pkw ist Unternehmensvermögen des A.
3. L in Liechtenstein bestellt bei der Fa. S in Seoul (Korea) elektronische Feinteile mit dem Auftrag, sie zur Fa. H in Heilbronn zu transportieren (Lieferkondition verzollt und versteuert). H ist von L beauftragt, die Teile zu einem Messgerät zusammenzubauen und sie anschließend zur Fa. K in Bern (Schweiz) zu transportieren. K hat das Messgerät bei L bestellt. H verwendete beim Zusammenbau keine eigenen Hauptstoffe.
4. L in Liechtenstein bestellt bei der Fa. S in Seoul (Korea) elektronische Feinteile mit dem Auftrag, sie zur Fa. H in Heilbronn zu transportieren (Lieferkondition verzollt und versteuert). H ist von L beauftragt die Teile zu einem Messgerät zusammenzubauen und sie anschließend zur Fa. K in Bern (Schweiz) zu transportieren. K hat das Messgerät bei L bestellt. H baute die Teile der Fa. S ein und nutzt dabei ein von H selbst beschafftes Gehäuse.
5. Das Transportunternehmen T in Zürich (Schweiz) transportiert im Auftrag der Fa. S Milch in Tankwagen von Stuttgart nach Zürich. Im Auftrag der Fa. B in Zürich transportiert T in den Tankwagen Lackfarben von Zürich nach Stuttgart. Nach dem Transport der Lackfarben werden die Tankwagen von der Fa. R im Auftrag von T in Ludwigsburg gereinigt, bevor sie wieder mit Milch zum Transport nach Zürich beladen werden. Beurteilen Sie die Steuerbarkeit der Reinigungsleistung.
6. L aus Helgoland beauftragt die Fa. B in Bremerhaven, seine in Bremerhaven bei einer Kollision beschädigte private Motorsegelyacht zu reparieren. L verwendet bei der Erteilung des Auftrags an B keine USt-IdNr. B erteilte L die auszugsweise dargestellte Rechnung:

| | |
|---|---|
| Materialteile | 15 000 € |
| Arbeitsleistung | 12 000 € |
| Gesamtbetrag | 27 000 € |

7. L aus Helgoland beauftragt die Fa. B in Bremerhaven, seine in Bremerhaven bei einer Kollision beschädigte private Motorsegelyacht zu reparieren. L verwendet bei der Erteilung des Auftrags an B keine USt-IdNr. B erteilte L die auszugsweise dargestellte Rechnung:

| | |
|---|---|
| Materialteile | 3 000 € |
| Arbeitsleistung | 12 000 € |
| Gesamtbetrag | 15 000 € |

Bei dem Material handelte es sich im Wesentlichen um Stahlbleche, mit denen die Außenwand der Yacht auf einer Seite zur Hälfte erneuert wurde.

## 10.4 Übungsfälle zum Problemkreis innergemeinschaftliche Lieferungen

Prüfen Sie in den nachfolgenden Fällen, ob die Lieferungen

a) steuerbar,
b) steuerpflichtig

sind. Gehen Sie immer davon aus, dass

- der Leistungsgeber und der Leistungsempfänger Unternehmer sind,
- L an A die Ware liefert,
- die Lieferungen im Rahmen des Unternehmens erbracht werden,
- die Lieferungen entgeltlich sind,
- die Unternehmer eine USt-IdNr. des Landes haben, in dem sie ansässig sind, und unter dieser USt-IdNr. auftreten bzw. entsprechend verwenden,
- die erforderlichen Nachweise und Meldungen vorliegen.

1. L in Stuttgart befördert die Ware zu A in Mailand (Italien).
2. L in Stuttgart übergibt seinem Abnehmer A (Sitz Frankfurt/Main) Ware, die dieser vom Übergabeort aus direkt zu seinem eigenen Abnehmer B nach Mailand transportiert.
3. L in Stuttgart übergibt in Stuttgart im Auftrag seines Abnehmers A (Firmensitz des A in Gent/Belgien) dem B Ware. B (Firmensitz des B in Aachen) ist der Abnehmer des A. B befördert die Ware zu seinem Abnehmer C in Brüssel (Belgien).
4. L in Stuttgart befördert Ware im Auftrag des Abnehmers A in Straßburg (Frankreich) zu B in Ludwigsburg. A erteilte B unter Verwendung seiner französischen USt-IdNr. den Auftrag, die Ware zu bearbeiten (Werkleistung). Nach erbrachter Werkleistung versendet B im Auftrag des A die Ware zu A.
5. L befördert seit Jahren Ware in seinen Call-Off-Stock in Linz Österreich. Die Ware hat jeweils sein Abnehmer A aus Linz bestellt, der die Ware in der Regel erst vier Monate nach der Einlagerung im Lager abholt.
6. L in Stuttgart befördert Ware im Auftrag des Abnehmers A in Straßburg (Frankreich) zur Zweigniederlassung Z des A in Ludwigsburg. Z bearbeitet die Ware. Nach erfolgter Bearbeitung transportiert Z die Ware zu A in Straßburg.
7. L in Stuttgart befördert Ware im Auftrag seines Abnehmers A in Straßburg (Frankreich) zu dessen Abnehmer B in Ludwigsburg.

## 10.5 Übungsfälle zum innergemeinschaftlichen Reihengeschäft

Gehen Sie bei den nachfolgenden Fällen grundsätzlich davon aus (sofern sich aus den Sachverhalten nicht ausdrücklich etwas anderes ergibt), dass

a) der Leistungsempfänger mit Sitz in einem EU-Land eine USt-IdNr. des Landes hat, in dem er ansässig ist und die Ware für sein Unternehmen unter dieser USt-IdNr. erwirbt,
b) die erforderlichen Nachweise nach § 17a bis 17d UStDV vorliegen.

1. Unternehmer A in Kehl bestellt bei dem Unternehmer B in Karlsruhe einen Lagertank. B, der den Lagertank nicht vorrätig hat, bestellt ihn seinerseits bei dem Unternehmer C in Straßburg (Frankreich). B beauftragt C, den Lagertank direkt zu A nach Kehl zu transportieren. C liefert den Lagertank auftragsgemäß mit einem eigenen Spezialtransportfahrzeug bei A in Kehl ab.
2. Unternehmer C in Straßburg (Frankreich) bestellt bei dem Unternehmer B in Kehl einen Lagertank. B, der den Lagertank nicht vorrätig hat, bestellt ihn seinerseits bei dem Unter-

nehmer A in Gent (Belgien). B beauftragt A, den Lagertank direkt zu C nach Straßburg zu transportieren. A liefert den Lagertank auftragsgemäß mit einem eigenen Spezialtransportfahrzeug bei C in Straßburg ab. B erteilt C eine Nettorechnung ohne USt-Ausweis. Er kommt seiner Erklärungspflicht nach § 18a Abs. 7 Satz 1 Nr. 4 UStG nach.

3. Unternehmer C in Freiburg bestellt bei dem Unternehmer B in Basel (Schweiz) einen Lagertank. B, der den Lagertank nicht vorrätig hat, bestellt ihn seinerseits bei dem Unternehmer A in Mulhouse (Frankreich). B ist in Deutschland nicht erfasst und hat deshalb keine USt-IdNr. Er beauftragt A, den Lagertank direkt zu C nach Freiburg zu transportieren. A liefert den Lagertank auftragsgemäß mit einem eigenen Spezialtransportfahrzeug bei C in Freiburg ab.
4. Abnehmer A in Heilbronn bestellt bei dem Importeur I in Stuttgart zur Lieferbedingung verzollt und versteuert eine Tankladung algerischen Rotwein. I bestellt den Wein beim Lieferer L in Algerien. Im Auftrag des I übergibt L den Wein einem Spediteur zum Versand von Algerien direkt nach Heilbronn. Der Wein wird per Schiff nach Marseille (Frankreich) transportiert und von dort aus mit dem Tankwagen nach Heilbronn weiterbefördert. In Frankreich wird für den Wein französische Einfuhrumsatzsteuer erhoben, die der Spediteur im Auftrag des L entrichtet.
5. Abnehmer A in Heilbronn bestellt bei dem Importeur I in Stuttgart zur Lieferbedingung verzollt und versteuert eine Tankladung algerischen Rotwein. I bestellt den Wein beim Lieferer L in Algerien zur Lieferbedingung unverzollt und unversteuert. Im Auftrag des I übergibt L den Wein einem Spediteur zum Versand von Algerien direkt nach Heilbronn. Der Wein wird per Schiff nach Marseille (Frankreich) transportiert und von dort aus mit dem Tankwagen nach Heilbronn weiterbefördert. Der Wein wird durch Frankreich durchgeführt. Erst in Deutschland wird für den Wein deutsche Einfuhrumsatzsteuer erhoben, die der Spediteur im Auftrag des I entrichtet.

# Teil E Leistungsaustausch

## 1 Allgemeines

Innerhalb des Haupttatbestandes des UStG haben Sie bereits den Begriff der Lieferung und der sonstigen Leistung kennengelernt. Sie sind in der Lage, in einer ganzen Reihe von typischen Fällen den Leistungsort zu bestimmen und können auch in zahlreichen Fällen entscheiden, ob für eine steuerbare Leistung eine Steuerbefreiung eingreift. Dabei wurde stets unterstellt, dass das Tatbestandsmerkmal für die Steuerbarkeit »gegen Entgelt« unstreitig vorliegt. In der Tat ist das Tatbestandsmerkmal »gegen Entgelt« in den meisten Fällen problemlos vorhanden. Nachfolgend sollen Sie jedoch auch in den schwierigen Ausnahmefällen befähigt werden, sicher entscheiden zu können, ob das Tatbestandsmerkmal **»gegen Entgelt«** vorliegt. Dabei ist die Frage nach dem Tatbestandsmerkmal »gegen Entgelt« identisch mit der Frage, ob ein Leistungsaustausch vorliegt.

Generell ist die Voraussetzung für einen Leistungsaustausch, dass

- zwei Beteiligte vorhanden sind,
- der eine dieser beiden Beteiligten eine **Leistung** im umsatzsteuerrechtlichen Sinne erbringt,
- der andere Beteiligte entweder zahlt oder ebenfalls eine Leistung im umsatzsteuerrechtlichen Sinne **(Gegenleistung)** erbringt,
- **Leistung** und **Gegenleistung** miteinander wirtschaftlich verknüpft sind.

### 1.1 Zwei Beteiligte

Dass zwei Beteiligte vorhanden sein müssen, ist Ihnen schon vom Leistungsbegriff her geläufig. Wesentlich für die Beurteilung dieser Voraussetzung ist der Grundsatz der Unternehmenseinheit. Dieser Grundsatz ist in § 2 Abs. 1 Satz 2 UStG niedergelegt, welcher bestimmt: **»Das Unternehmen umfasst die gesamte gewerbliche oder berufliche Tätigkeit des Unternehmers.«**

**BEISPIEL**

M betreibt in Ludwigsburg eine Metzgerei und in Stuttgart eine Gastwirtschaft. Die Gastwirtschaft bezieht jeweils gegen Bezahlung aus der Metzgerei in Ludwigsburg die benötigten Fleisch- und Wurstwaren. M hat die Bezahlung angeordnet, um den wirtschaftlichen Erfolg beider Betriebe exakt voneinander abgrenzen zu können.

**LÖSUNG** Der Bezug der Fleisch- und Wurstwaren ist ein sog. »nicht steuerbarer Innenumsatz«. Wegen des Grundsatzes der Unternehmenseinheit fehlt es an dem Merkmal »zwei Beteiligte«. Zu einem steuerbaren Umsatz bei M kommt es erst, wenn die bezogenen Waren einem Gast in der Gastwirtschaft als Essen serviert werden.

Im obigen Beispiel haben Sie den Begriff des Innenumsatzes kennengelernt. Von einem **Innenumsatz** spricht man, wenn ein Unternehmer mehrere Betriebe hat und Leistungen von einem solchen Betrieb an einen anderen solchen Betrieb erbracht werden. Anstelle des Begriffes »Innenumsatz« können Sie (im Bereich der Liefergegenstände) auch den Begriff **»rechtsgeschäftsloses Verbringen«** verwenden. Von rechtsgeschäftslosem Verbringen spricht man, wenn ein Liefergegenstand innerhalb des Unternehmensbereichs bewegt wird.

Der Innenumsatz bzw. das rechtsgeschäftslose Verbringen ist also grundsätzlich nicht steuerbar. Nur in den Fällen, in denen ein Gegenstand beim Verbringen von einem Mitgliedstaat der EU in einen anderen Mitgliedstaat gelangt, kann es zu steuerbaren Umsätzen kommen. § 3 Abs. 1a UStG fingiert dann eine fiktive Lieferung und § 1a Abs. 2 UStG einen fiktiven innergemeinschaftlichen Erwerb, sofern das Verbringen in den anderen Mitgliedstaat nicht nur zu einer vorübergehenden Verwendung führt (vgl. D 8.1.1). Wenn eine Leistung vom Unternehmensbereich unmittelbar in den außerunternehmerischen Bereich des Unternehmers fließt, fehlt es ebenfalls am Merkmal »zwei Beteiligte«. Auch in einem solchen Fall wäre an sich ein steuerbarer Umsatz nach § 1 Abs. 1 Nr. 1 UStG ausgeschlossen. Unter bestimmten Voraussetzungen kann jedoch gem. § 3 Abs. 1b oder Abs. 9a UStG eine Leistung gegen Entgelt fingiert werden.

**BEISPIEL**

M entnimmt aus seiner Metzgerei für seinen Haushalt Fleisch und Wurstwaren.

**LÖSUNG** Es liegt kein Leistungsaustausch und nicht einmal eine Leistung i. S. d. UStG vor, da es an dem Merkmal »zwei Beteiligte« fehlt. Die Entnahme wird jedoch gem. § 3 Abs. 1b Nr. 1 UStG einer Lieferung gegen Entgelt gleichgestellt und ist somit nach § 1 Abs. 1 Nr. 1 UStG steuerbar (Näheres hierzu unter N).

## 1.2 Leistung und Gegenleistung

Normalerweise besteht die Gegenleistung in Geld (Bargeld oder Giralgeld). In den Fällen, in denen die Gegenleistung eine Leistung im umsatzsteuerrechtlichen Sinne darstellt, spricht man von Tausch bzw. tauschähnlichem Umsatz (vgl. § 3 Abs. 12 UStG).

## 1.3 Wirtschaftliche Verknüpfung

Zwischen Leistung und Gegenleistung muss ein wirtschaftlicher Zusammenhang bestehen. Dieser wirtschaftliche Zusammenhang ist ganz typisch für unser Wirtschaftssystem, welches auf dem Prinzip des **»Do ut des«** (ich gebe, damit du gibst) beruht. Man kann stattdessen auch sagen: Ein Unternehmer verschenkt nichts.

Dieses Prinzip hat seinen reinsten Ausdruck im System der **gegenseitigen Verträge** (A 1.1 Abs. 1 Satz 4 UStAE) i. S. d. BGB gefunden. Wird ein solcher gegenseitiger Vertrag erfüllt, ist stets eine vollkommene wirtschaftliche Verknüpfung gegeben. Gegenseitige Verträge i. S. d. BGB sind z. B. Kaufvertrag, Tauschvertrag, Dienstvertrag, Werkvertrag, Mietvertrag, Darlehensvertrag. Kein gegenseitiger Vertrag ist im Gegensatz dazu der Gesellschaftsvertrag. Deshalb sind im Bereich der Gesellschaftsverträge umsatzsteuerrechtliche Besonderheiten zu beachten, die in Teil S näher erläutert werden.

Für die Annahme einer wirtschaftlichen Verknüpfung i. S. d. Tatbestandsmerkmals »gegen Entgelt« braucht jedoch keine vollkommene wirtschaftliche Verknüpfung zu bestehen. Es reicht bereits aus, wenn kein gegenseitiger Vertrag besteht und der eine Beteiligte eine Leistung erbringt, in der Erwartungshaltung, hierfür eine Gegenleistung zu erhalten, während der andere Beteiligte die erwartete Gegenleistung erbringt (vgl. A 1.1 Abs. 1 Sätze 3 und 8 UStAE). Derartige Fälle der unvollkommenen wirtschaftlichen Verknüpfung kommen insbesondere im Bereich der »Trinkgelder« vor. An die Stelle der rechtlichen Verpflichtung tritt gewissermaßen eine **»moralische Verpflichtung«** zur Entrichtung einer Gegenleistung. Aufgrund der Vorabentscheidung des EuGH vom 03. 03. 1994 UR 1994, 99 ist die Möglichkeit, in derartigen Fällen einen Leistungsaustausch anzunehmen, erheblich eingeschränkt worden. Der EuGH hat entschieden, dass die Einnahmen eines Straßenmusikanten kein Entgelt für die Musikdarbietung sind, da die erhaltenen Beträge in der Höhe weder bestimmt noch bestimmbar sind. Demnach ist also Mindestvoraussetzung für die Annahme eines Entgelts, dass das erwartete Entgelt bestimmt oder bestimmbar ist. Ebenso hat der EuGH in seinem Urteil vom 16.10.1997 (UR 1998, 61) entschieden, dass bei der Beförderung des Arbeitnehmers von seiner Wohnung zum Arbeitsplatz durch den Arbeitgeber grundsätzlich kein Entgelt in der Form von Arbeitsleistung des Arbeitnehmers an den Arbeitgeber vorliegt (vgl. hierzu A 1.8 Abs. 15 UStAE).

Nach dem EuGH setzen Leistungen gegen Entgelt voraus:

- zwischen der erbrachten Leistung und dem erhaltenen Gegenwert muss ein unmittelbarer Zusammenhang bestehen,
- die Gegenleistung muss in Geld ausgedrückt werden können,
- die Gegenleistung muss den subjektiven Wert darstellen, den ihr die Beteiligten beimessen.

In der Praxis wird es schwierig sein, in den Fällen, in denen kein gegenseitiger Vertrag besteht, festzustellen, ob der Leistende vom Leistungsempfänger eine Gegenleistung erwartet. Für die Beurteilung dieser Frage müssen objektive Kriterien herangezogen werden. Kriterien für diese Erwartungshaltung sind:

- Der Leistungsgeber erbringt eine Leistung, die ihrer Art nach üblicherweise vergütet wird, oder
- der Leistungsgeber erbringt eine Leistung, die nach den Umständen des Falles eine konkret bestimmbare Vergütung erwarten lässt.

**BEISPIEL**

W ist Wahrsager. Er sagt den Leuten, die zu ihm kommen, ihre Zukunft voraus. Er verlangt hierfür nichts, nimmt jedoch alles an, was die Leute ihm freiwillig geben. Hierdurch hat er inzwischen ein großes Vermögen erworben.

**LÖSUNG** Es liegt eine nur unvollkommene wirtschaftliche Verknüpfung zwischen der Leistung des W und dem, was ihm die Leute geben, vor. Immerhin ist es aber für W noch bestimmbar, was ihm die Leute jeweils gegeben haben, damit ist von einer Gegenleistung auszugehen.

In der Praxis werden häufig derartige Einnahmen von den Unternehmern nicht versteuert. Das Finanzamt wird auch meist von solchen Sachverhalten nichts erfahren. Gleichwohl wäre es leichtfertig, grundsätzlich auf die Versteuerung derartiger Fälle zu verzichten, da sich sonst schnell Unternehmer finden würden, die ausschließlich auf der Basis einer solchen unvollkommenen wirtschaftlichen Verknüpfung ihre Leistungen erbringen würden.

Die Ungewissheit einer Zahlung kann aber geeignet sein, den unmittelbaren Zusammenhang zwischen der dem Leistungsempfänger erbrachten Dienstleistung und der ggf. erhaltenen Zahlung aufzuheben. Dies gilt insbesondere für **platzierungsabhängige Preisgelder** eines Veranstalters. Diese stellen kein Entgelt für die Teilnahme an einem Wettbewerb dar, da sie nicht für die Teilnahme gezahlt werden, sondern für die Erzielung eines bestimmten Wettbewerbsergebnisses. Betroffen sind nach A 1.1 Abs. 24 UStAE z. B. die Teilnahme an Pferderennen, Pokerturnieren, sportlichen Wettbewerben und Schönheitskonkurrenzen. Nach einem BFH-Beschluss vom 25.07.2018 DStR 2019, 507 gilt dies auch für die Gewinner bei der Teilnahme an einer Fernsehshow.

Ein Entgelt ist aber anzunehmen, wenn der Veranstalter eine **von der Platzierung unabhängige Vergütung** zahlt (z. B. Antrittsgelder oder platzierungsunabhängige Preisgelder). Auch eine Staffelung der Vergütung ist insoweit unschädlich, da nur die Höhe der Zahlung ungewiss ist. Auch die sonstige Leistung der Veranstalter von Glücksspielen ist entgeltlich. Der Einsatz der Spieler steht im unmittelbaren Zusammenhang mit der Durchführung des Spiels und ist daher die Gegenleistung für die Teilnahme.

## 2 Fehlender Leistungsaustausch

Es gibt typische Fälle, in denen die vorgenannten Voraussetzungen für das Tatbestandsmerkmal »gegen Entgelt« fehlen. Sie haben hiervon bereits kennengelernt:
- **den Innenumsatz,**
- **die Entnahmen,**
- **die platzierungsabhängigen Preisgelder.**

Weitere typische Fälle des fehlenden Leistungsaustauschs sind:
- die Erbschaft,
- die echte Schenkung,
- der echte Schadensersatz.

## 3 Erbschaft

### 3.1 Allgemeines

Umsatzsteuerrechtlich gilt der Grundsatz:

**Erbrechtliche Vorgänge sind nicht steuerbar.**

Dieser Grundsatz ist nirgends ausdrücklich im UStG niedergelegt. Er wird unterschiedlich begründet, sei es, dass es an einer Leistung fehlt, sei es, dass es an einer Gegenleistung fehlt. Auch wenn im Einzelfall eine solche Begründung fraglich erscheinen sollte, wird schon aus Gründen der Gleichbehandlung an diesem Grundsatz festgehalten.

Der Grundsatz hat folgende umsatzsteuerrechtlichen Auswirkungen:

a) Der Übergang eines Wirtschaftsgutes aus dem Unternehmen des Erblassers auf einen oder mehrere Erben ist nicht steuerbar.

b) Auch die Erbauseinandersetzung unter den Erben ist nicht steuerbar. (Es soll im Ergebnis keinen Unterschied machen, ob nur ein Erbe da ist oder mehrere Erben vorhanden sind, die sich bezüglich des Erbes auseinandersetzen müssen).

### 3.2 Unternehmereigenschaft des Erben

Die Unternehmereigenschaft als solche ist nicht erblich (vgl. A 2.6 Abs. 5 Satz 1 UStAE). Der Erbe bzw. die Erbengemeinschaft werden dann zum Unternehmer, wenn sie das Unternehmen des Erblassers weiter betreiben (vgl. A 2.6 Abs. 5 Satz 2 UStAE). Wenn der Erbe das Unternehmen nicht weiter betreibt, ist jedoch die Veräußerung auch nur **eines** zum Unternehmensvermögen des Erblassers gehörenden **Gegenstandes** eine steuerbare und (sofern die Befreiungsvorschrift des § 4 Nr. 28 UStG nicht greift) steuerpflichtige Lieferung (vgl. BFH vom 13. 01. 2010 BStBl II 2011, 241 und Vfg. der OFD Karlsruhe vom 12. 12. 2013 USt-Kartei S 7104 Karte 7 und A 2.6 Abs. 5 Satz 3 UStAE).

Der Erbe tritt in die umsatzsteuerrechtlich noch nicht abgewickelten unternehmerischen Rechtsverhältnisse des Erblassers ein. Unternehmerisch tätig wird er daher nur mit Handlungen, die er im Rahmen der Liquidation des ererbten Vermögens tätigt und die beim Erblasser als umsatzsteuerbarer Vorgang anzusehen gewesen wären oder bei diesem zur Entstehung von Umsatzsteuer geführt hätten.

Die Unternehmereigenschaft des Erben endet, wenn alle Rechtsbeziehungen, die mit dem aufgegebenen Unternehmen zusammenhängen, abgewickelt wurden (vgl. A 2.6 Abs. 6 Satz 3 UStAE).

### 3.3 Weitere Nachwirkungen der Unternehmereigenschaft des Erblassers

Auch wenn der Erbe selbst nicht Unternehmer wird, kann dennoch ein Umsatzsteuerrechtsverhältnis zwischen dem Finanzamt (Steuergläubiger) und dem Erben bestehen. Dies kann sich daraus ergeben, dass bezüglich der Versteuerung von Umsätzen des Erblassers nach seinem Tode relevante Änderungen eintreten. Hierbei gilt der Grundsatz: Derartige Änderungen dürfen zu keinem anderen Ergebnis führen, als dem Ergebnis, welches sich ergeben hätte, wenn der Erblasser nicht gestorben wäre.

**BEISPIELE**

a) Der Rechtsanwalt E ist gestorben. Er hat seine Umsätze gem. § 20 UStG nach vereinnahmten Entgelten versteuert. Sein Sohn S ist sein Alleinerbe. S ist Beamter ohne jegliche Nebentätigkeit. Er zieht noch ausstehende Honorare seines Vaters bei dessen Mandanten ein.

**LÖSUNG** Auch wenn S das Unternehmen nicht fortführt, fällt die USt aufgrund der Entgeltvereinnahmung an. Die USt ist bereits zu Lebzeiten von E begründet worden. Aufgrund der Istbesteuerung ergab sich lediglich ein zeitlicher Aufschub für das Entstehen der Steuer. S hat demzufolge auch als Nichtunternehmer bezüglich der von ihm vereinnahmten Entgelte USt-Anmeldungen abzugeben, weil er als Gesamtrechtsnachfolger seines Vaters dessen Verpflichtungen zu erfüllen hat.

b) Schreinermeister S ist verstorben. Erbe ist seine Tochter E. S versteuerte seine Umsätze nach Soll. Das Entgelt für den Einbau einer Theke beim Gastwirt G wird nach Eintritt des Erbfalles uneinbringlich, da über das Vermögen des G das Insolvenzverfahren eröffnet wird.

**LÖSUNG** Der Fall darf zu keinem anderen Ergebnis führen, als dem, welches gegolten hätte, wenn S nicht verstorben wäre. Da S in diesem Fall die USt nach § 17 UStG berichtigen könnte, kann dies auch die Erbin E. Sie kann daher für den VZ, in dem das Entgelt uneinbringlich geworden ist (im Monat der Eröffnung des Insolvenzverfahrens) eine USt-Voranmeldung abgeben, in der sie die von S angemeldete USt berichtigt. Das Finanzamt muss ihr die zu viel gezahlte USt erstatten.

## 4 Schenkung

Die echte Schenkung ist mangels Entgelt nicht nach § 1 Abs. 1 Nr. 1 UStG steuerbar. Sie ist von der unechten Schenkung abzugrenzen, bei der ein Leistungsaustausch vorliegt, der jedoch als Schenkung maskiert ist (Etikettenschwindel). Echte Schenkungen können unter bestimmten Voraussetzungen gem. § 3 Abs. 1b und Abs. 9a UStG den Leistungen gegen Entgelt gleichgestellt sein (vgl. N).

**BEISPIEL**

Pelzhändler P schenkt E, der Einkäuferin des Warenhauses W, einen Pelzmantel, weil sie ihm einen größeren Lieferauftrag für das Warenhaus W vermittelt hat. P hat E schon vor der Vermittlung des Lieferauftrages zugesagt, sie dürfe sich aus seiner Kollektion einen Pelzmantel aussuchen, wenn der Lieferauftrag zustande käme.

**LÖSUNG** P hat E einen Pelzmantel geliefert. Sie hat gegenüber P eine Vermittlungsleistung erbracht. Ein wirtschaftlicher Zusammenhang zwischen Leistung und Gegenleistung liegt vor, da P die Lieferung um der Vermittlungsleistung willen und E die Gegenleistung um der Lieferung willen erbracht hat. Die Lieferung des Pelzmantels erfolgt daher im Rahmen eines tauschähnlichen Umsatzes (§ 3 Abs. 12 Satz 2 UStG) und ist steuerbar und steuerpflichtig. Es liegt keine echte, sondern eine unechte Schenkung vor.

# 5 Schadensersatz

## 5.1 Allgemeines

In den Fällen des **echten Schadensersatzes** fehlt es am Leistungsaustausch, entweder weil keine Leistung im umsatzsteuerrechtlichen Sinne erbracht wird oder zwar eine solche Leistung vorliegt, jedoch hierfür keine Gegenleistung erbracht wird, da der Leistende die Leistung lediglich aufgrund seiner Schadensersatzpflicht erbringt.

Die Fälle des **echten Schadensersatzes** sind von den Fällen des **unechten Schadensersatzes** abzugrenzen. In den Fällen des unechten Schadensersatzes liegt ein Leistungsaustausch vor. Bei der nachfolgenden Abgrenzung ergeben sich folgende Falltypen:

- Entschädigungszahlung für eine Leistung aufgrund gesetzlicher oder behördlicher Anordnung,
- Entschädigungszahlungen aufgrund von Vertragsverletzungen,
- Entschädigung aufgrund unerlaubter Handlung,
- Entschädigung bzw. Entgeltminderung aufgrund mangelhafter bzw. verspäteter bzw. nur teilweiser Vertragserfüllung,
- Zahlungen bei fortbestehender Leitungsbereitschaft,
- Versicherungszahlungen,
- Abfindungen,
- Mischfälle von Leistungsaustausch und Schadensersatz,
- Mischfälle von Schadensersatz und Eigenverbrauch (fiktive entgeltliche Leistungen gem. § 3 Abs. 1b und Abs. 9a UStG).

## 5.2 Entschädigung für eine Leistung aufgrund gesetzlicher oder behördlicher Anordnung

Gem. § 1 Abs. 1 Nr. 1 Satz 2 UStG wird in den Fällen, in denen aufgrund gesetzlicher oder behördlicher Anordnung eine Leistung erbracht wird und hierfür eine Entschädigung zu zahlen ist, ein Leistungsaustausch fingiert. Die gesetzliche oder behördliche Anordnung ersetzt also den gegenseitigen Vertrag. Wird demzufolge eine behördliche Anordnung erfüllt und für die Erfüllung dieser Anordnung ein Ausgleich bezahlt, ist dies genauso zu behandeln, wie wenn ein entsprechender gegenseitiger Vertrag erfüllt würde.

**BEISPIELE**

a) Lebensmittelhändler L hat seine Geschäftsräume in einem Gebäude der Stadt Stuttgart. L hat mit der Stadt Stuttgart einen Mietvertrag bis zum Ende des Jahres 05 abgeschlossen. Wegen einer Straßenerweiterung möchte die Stadt das Gebäude abbrechen. Da L die Geschäftsräume nicht freiwillig aufgibt, wird er aufgrund eines Enteignungsverfahrens durch behördliche Anordnung gezwungen, das Gebäude zum 31. 12. 03 zu räumen. Für die vorzeitige Räumung erhält L aufgrund des enteignungsgleichen Eingriffs der Stadt Stuttgart von dieser eine Entschädigung i. H. v. 100 000 €.

**LÖSUNG** Die Entschädigung ist Entgelt für eine Leistung des L an die Stadt Stuttgart. L erbringt eine Verzichtsleistung gem. § 3 Abs. 9 UStG. Der fehlende Leistungswille wird durch rechtmäßigen Zwang der Stadt Stuttgart ersetzt (Enteignung nach dem Bundesbaugesetz). Ein Leistungsaustausch wäre auch dann gegeben, wenn L auf sein Recht, die Geschäftsräume bis zum Ablauf des Mietvertrages zu nutzen, freiwillig gegen Entgelt verzichtet hätte. L gibt damit nämlich eine ihm vertraglich zustehende Rechtsposition, die er rechtlich auch durchsetzen könnte, wegen des Entgelts auf (vgl. hierzu A 1.3 Abs. 13 UStAE). Nicht anders ist der Fall aufgrund von § 1 Abs. 1 Nr. 1 Satz 2 UStG zu behandeln, wenn L aufgrund des Enteignungsverfahrens zur Räumung gezwungen wird.
Die Räumung ist ein Hilfsgeschäft des L im Rahmen seines Unternehmens und somit steuerbar. Nach dem EuGH-Urteil vom 15. 12. 1993 (BStBl II 1995, 480) ist der gegen Zahlung einer Abfindung ausgesprochene Verzicht auf einen Mietvertrag eine Leistung i. S. d. Begriffs »Vermietung von Grundstücken« gem. Art. 135 Buchst. l MwStSystRL (s. auch A 4.12.1 Abs. 1 Satz 7 UStAE). Ist die vorangegangene Vermietung steuerfrei, ist auch die Verzichtsleistung steuerfrei. Die Verzichtsleistung ist dagegen steuerpflichtig, wenn die vorangegangene Vermietungsleistung steuerpflichtig war (vgl. hierzu das BFH-Urteil vom 13. 12. 2017 BStBl II 2018, 727 und A 15.12 Abs. 1 Satz 18 UStAE).

b) Das Finanzamt Ludwigsburg hat von der Kreissparkasse Auskunft über die Kontostände des Steuerpflichtigen S betreffend die Kalenderjahre 01 und 02 verlangt. Die Kreissparkasse erteilte die Auskunft am 15.10.03. Sie berechnete dem Finanzamt Ludwigsburg unter Hinweis auf den BGH-Beschluss vom 08. 09. 1981 WM 1982, 74 hierfür die Kosten nach dem Gesetz über die Entschädigung von Zeugen und Sachverständigen i. H. v. 700 € zuzüglich 112 € USt.
**LÖSUNG** Die Kreissparkasse erbringt mit der Auskunftserteilung eine sonstige Leistung an das Finanzamt. Diese Leistung erfolgt als Hilfsgeschäft auch im Rahmen des Unternehmens der Kreissparkasse. Nach Verwaltungsauffassung fehlt es jedoch auch bei Zahlung der Entschädigung an einem Entgelt i. S. d. UStG. Nach Verwaltungsauffassung gewährt das Gesetz die Vergütung nicht als Entgelt, sondern aus Billigkeit. Die Entschädigung stelle daher echten Schadensersatz dar (vgl. A 1.3 Abs. 9 UStAE). Die Kreissparkasse erfülle mit der Auskunft eine allgemeine Staatsbürgerpflicht. Hierfür könne sie an sich keine Vergütung verlangen, andererseits solle ihr daraus auch kein Schaden entstehen. Damit ist die Leistung der Kreissparkasse nicht steuerbar. Die Kreissparkasse schuldet die ausgewiesene USt somit nach § 14c Abs. 1 UStG.

## 5.3 Entschädigungen aufgrund von Vertragsverletzungen

Entschädigungen aufgrund von Vertragsverletzungen sind grundsätzlich Schadensersatz. Zu prüfen ist jedoch, ob wirklich Vertragsverletzungen vorliegen, für die eine Entschädigung zu bezahlen ist oder ob in Wirklichkeit ein gegenseitiger Vertrag vorliegt, der erfüllt wird, wobei sich dieser Vertrag das »Mäntelchen« Schadensersatzvereinbarungen umhängt.

**BEISPIEL**
K schließt mit dem Kfz-Händler H einen Kaufvertrag über einen fabrikneuen Pkw ab. Der Pkw soll innerhalb von zwei Monaten geliefert werden. Entsprechend den Geschäftsbedingungen des Verbandes des Kfz-Handels ist vereinbart, dass K, falls er sich weigert, den Pkw abzunehmen, mindestens eine Entschädigung i. H. v. 10 % des Kaufpreises an H zahlen muss, sofern H nicht einen höheren Schaden nachweist. Einen Monat danach teilt K dem H mit, er sei an der Abnahme des Pkw nicht mehr interessiert, da ihm die Polizei den Führerschein abgenommen habe. H verlangt und erhält die vereinbarte Entschädigung i. H. v. 10 % des Kaufpreises.
**LÖSUNG** Die Entschädigung, die H erhält, ist nur dann steuerbar, wenn sie ein Entgelt für eine Leistung des H an K darstellt. Als Leistung des H kommt in Betracht:
1. Das Tätigwerden des H um den Kaufabschluss herbeizuführen und die Bestellung des Pkw beim Hersteller.
2. Der Verzicht des H auf seine Rechte aus dem Kaufvertrag.

**Zu 1.:** K zahlt die Entschädigung nicht deshalb, weil H an ihn derartige Leistungen erbracht hat, sondern weil er vertraglich aufgrund seines Vertragsbruches zum Schadensersatz verpflichtet ist. Das Tätigwerden des H, um den Kaufabschluss herbeizuführen, und die Bestellung des Pkw ist keine Leistung an K i. S. d. Umsatzsteuerrechts. Die im Kaufvertrag konkretisierte Leistung bezieht sich ausschließlich auf die Lieferung eines Pkw. Alles andere hat für K kein Interesse.

**Merke: Ist Gegenstand des Verpflichtungsgeschäftes eine Lieferung und wird diese nicht erbracht, kann grundsätzlich keine sonstige Leistung an die Stelle dieser Lieferung treten.**

**Zu 2.:** Der Verzicht des H auf seine Rechte aus dem Kaufvertrag stellt keinen echten Verzicht und somit keine Leistung i. S. d. UStG dar. Eine Verzichtsleistung des H kommt nicht in Betracht, weil er nicht darüber disponieren kann, ob er auf der Erfüllung des Vertrages durch K bestehen will oder stattdessen die Entschädigungszahlung beansprucht. Die an sich rechtlich mögliche Durchsetzung des Anspruchs auf Abnahme des Pkw gegen Zahlung des Kaufpreises wäre nur auf gerichtlichem Wege möglich und so langwierig, dass diese Möglichkeit wirtschaftlich nicht sinnvoll erscheint.

H hat somit die Entschädigung nicht der USt zu unterwerfen (vgl. BFH vom 27.04.1961 BStBl III 1961, 300 und A 1.3 Abs. 3 Satz 4 UStAE).

Das vorliegende Beispiel unterscheidet sich von Beispiel a) in 5.2 dadurch, dass im dortigen Beispiel a) der bisherige Leistungsempfänger eine Verzichtsleistung erbringt, nachdem ein entsprechender neuer Vertrag geschlossen wurde bzw. durch behördliche Anordnung ersetzt wurde. Im vorliegenden Fall resigniert der bisherige Leistungsgeber beim Versuch, die Erfüllung des bestehenden Vertrages durchzusetzen.

**BEISPIEL**

Der Kfz-Händler H hat mit seiner Lieferfirma L folgenden Vertrag abgeschlossen:

H darf die fabrikneuen Pkw nur an Kunden veräußern, die in einem bestimmten, dem H zugewiesenen Bezirk wohnen. H verpflichtet sich, ein diesem Bezirk entsprechendes Ersatzteillager einzurichten und Vorsorge zu tragen, die in diesem Bezirk anfallenden Kundendienste vornehmen zu können. Für den Fall, dass er vertragswidrig Pkw an Kunden in anderen Bezirken veräußert, ist er verpflichtet, dem für diesen Bezirk zuständigen Händler eine Gebietsverletzungsentschädigung i. H. v. 2 % des erzielten Kaufpreises zu entrichten. Weiterhin ist jeder Händler verpflichtet, wenn er einen Pkw veräußert hat, die Kosten für zwei Gratisinspektionen zu tragen, soweit er diese nicht selbst unentgeltlich durchführt.

L verpflichtet sich in diesem Vertrag, dieselbe Verpflichtung den anderen Vertragshändlern aufzuerlegen für den Fall, dass sie an Kunden, die im Bezirk des H wohnen, Neuwagen veräußern. Im Kalenderjahr 01 hat H für die Verletzung seines Bezirks von anderen Vertragshändlern 10 000 € erhalten. H selbst hatte Gebietsverletzungsentschädigungen i. H. v. 5 000 € an andere Vertragshändler auszubezahlen. Die Gratiskundendienste wurden jeweils vom liefernden Händler durchgeführt.

**LÖSUNG** Die Entschädigung, die H erhält, ist nur dann steuerbar, wenn sie Entgelt für Leistungen des H darstellt. In diesem Fall zahlt jedoch der Gebietsverletzer nicht deshalb, weil er von H eine Leistung erhalten hat. H hat die Gebietsverletzung nicht geduldet, er konnte sie lediglich nicht verhindern. Der Gebietsverletzer musste zahlen, weil er nach dem Händlervertrag mit L für einen verursachten Schaden (Gewinnausfall bei H) und seine Folgen einzustehen hat. Es handelt sich um pauschalierten echten Schadensersatz, der somit nicht steuerbar ist.

Die Entschädigung kann auch nicht als Entgelt von dritter Seite für die Bereitstellung des Kundendienstnetzes an L angesehen werden, da die Kundendienste gesondert abgerechnet werden und somit mit der Gebietsverletzungsentschädigung nichts zu tun haben. Die Entschädigung, die H an andere Vertragshändler zu zahlen hat, ist umgekehrt kein Entgelt für eine erhaltene Leistung. Deshalb kommt für H hieraus auch kein Vorsteuerabzug in Betracht (vgl. BFH vom 22.11.1962 BStBl III 1963, 106).

Stornokosten im Beherbergungsgewerbe können je nach Sachverhalt Leistungsentgelt oder Schadensersatz sein. Entscheidend ist, ob ein Rücktrittsrecht vereinbart worden ist.

**BEISPIEL**

Die Firma A hat für eine Werbeveranstaltung ein Zimmerkontingent beim Hotelier H gebucht. A hat hierfür eine Vorauszahlung von 500 € geleistet. Aus firmeninternen Gründen kam dann die Werbeveranstaltung nicht zustande und A stornierte die Buchung. H behielt die von A geleistete Anzahlung ein. Ein Rücktrittsrecht für die Firma A war nicht vereinbart worden.

**LÖSUNG** Die einbehaltenen Stornokosten sind ein Entgelt für die Bereithaltung der Hotelzimmer durch H (vgl. Vfg. der OFD Frankfurt vom 05. 08. 2008 S 7100 A-199-St 110).

Wäre im Beispielsfall ein Rücktrittsrecht für A vereinbart worden, würde es sich dagegen um Schadensersatz handeln, weil aufgrund des Rücktritts die Grundlage für eine Leistung von H an A entfallen wäre (vgl. EuGH vom 18. 07. 2007 UR 2007, 643).

## 5.4 Entschädigung aufgrund unerlaubter Handlung

Entschädigungen aufgrund unerlaubter Handlungen sind echter Schadensersatz. Erfolgt die Entschädigung in Geld, fehlt es am Leistungsaustausch, weil keine Leistung erbracht wurde. Erfolgt die Entschädigung durch Wiederherstellung des ursprünglichen Zustandes (Naturalrestitution), liegt zwar eine Leistung vor, es fehlt jedoch am Entgelt.

**BEISPIELE**

a) Die berühmte Sängerin S entdeckt in der Illustrierten F ihr Bild mit dem Text: »Seit ich Klukidont nehme, brauche ich beim Singen keine Angst mehr zu haben, mein Gebiss zu verlieren«.

Über ihren Agenten fordert sie die Illustrierte F auf, derartige Veröffentlichungen zu unterlassen. Sie verlangt und erhält für die eine Veröffentlichung 10 000 € Entschädigung.

**LÖSUNG** S erhält die 10 000 € als echten Schadensersatz und braucht sie deshalb nicht im Rahmen ihrer freiberuflichen Tätigkeit als Nebengeschäft der USt zu unterwerfen. Sie hat einen Anspruch auf Zahlung, weil die Illustrierte F sie in ihrem allgemeinen Persönlichkeitsrecht (sonstiges Recht i. S. d. § 823 Abs. 1 BGB) verletzt hat. Es fehlt somit an einer Leistung der S und damit an einem steuerbaren Umsatz.

b) W ist Inhaber einer Kfz-Werkstätte. W verursacht mit seinem betrieblichen Pkw auf einer Betriebsfahrt schuldhaft einen Unfall, wobei am Pkw des ohne sein Verschulden beteiligten O ein Blechschaden entsteht. W repariert den Pkw des O in dessen Auftrag in seiner Werkstätte.

**LÖSUNG** W erbringt im Rahmen seines Unternehmens eine Leistung an O. Dieser Leistung steht kein Entgelt seitens des O gegenüber. W erbringt seine Leistung, weil er gegenüber O zum Schadensersatz verpflichtet ist. Da die Leistung von W an O nicht steuerbar ist, fällt bei W hierfür keine USt an.

## 5.5 Entschädigung bzw. Entgeltminderung aufgrund mangelhafter bzw. verspäteter bzw. nur teilweiser Vertragserfüllung

Erbringt der Leistungsgeber die Leistung nur mangelhaft und mindert der Leistungsempfänger deshalb das Entgelt, bzw. zieht er vom Entgelt seine Entschädigung ab, bzw. lässt er sich nach bereits erfolgter Entgeltzahlung eine Entschädigung bezahlen, führt dies jeweils zu einer Entgeltminderung i. S. d. § 17 UStG .

Zahlt der Leistungsempfänger das Entgelt nicht rechtzeitig und muss er deshalb Schadensersatz zahlen (Verzugszinsen, Gerichtskosten, Rechtsanwaltskosten des Leistungsgebers), sind diese Zahlungen echter Schadensersatz und erhöhen das Entgelt nicht (vgl. A 1.3 Abs. 6 Satz 2 und 3 und A 10.1 Abs. 3 Satz 9 UStAE).

Erbringt der Leistungsgeber die Leistung nur zum Teil, ist zu prüfen, ob der bisher erbrachte Leistungsteil aus der Sicht des zugrundeliegenden Verpflichtungsgeschäfts (z. B. Werklieferungsvertrags) für den Leistungsempfänger einen wirtschaftlichen Wert hat. Ist dies der Fall, liegt **insoweit** ein Leistungsaustausch vor. Andernfalls sind die vom Leistungsempfänger erbrachten Zahlungen Schadensersatz oder jedenfalls nicht Entgelt für eine Leistung.

**BEISPIELE**

a) Kfz-Händler H liefert dem Kunden K einen Pkw für insgesamt 30 000 €. Zwei Wochen nach der Auslieferung des Pkw an K zeigen sich an dem Pkw die ersten Lackschäden. K verlangt und erhält deshalb eine Kaufpreisminderung von 2 000 €.

**LÖSUNG** Bei der Lieferung mangelhafter Ware hat der Kunde verschiedene Gewährleistungsansprüche nach BGB, wie Wandlung (Rücktritt vom Vertrag), Minderung des Kaufpreises oder Schadensersatz. Meist werden diese Ansprüche vertraglich modifiziert, z. B. das Recht auf Wandlung wird durch ein Nachbesserungsrecht ersetzt. Im Falle der Wandlung würde der Umsatz in vollem Umfang gem. § 17 Abs. 2 Nr. 3 UStG rückgängig gemacht. Im Falle der Minderung mindert sich nach § 17 UStG die Bemessungsgrundlage. Auch der Schadensersatz wirkt sich wirtschaftlich wie umsatzsteuerrechtlich als Entgeltminderung aus (vgl. A 10.3 Abs. 2 Satz 1 UStAE).
Im vorliegenden Fall mindert sich die Bruttobemessungsgrundlage auf 28 000 €. Dementsprechend mindert sich die USt um 319,32 € von 4 789,91 € auf 4 470,59 €.

b) Kfz-Händler H liefert dem Kunden K am 04.07.01 einen Pkw zum Preis von 30 000 €. Es war vereinbart, dass K den Kaufpreis bis spätestens 04.08.01 bezahlt. K zahlte jedoch erst, nachdem ihm H am 08.01.02 einen Zahlungsbefehl über 30 000 € zuzüglich 1 500 € Verzugszinsen und 500 € Mahnkosten (Gerichts- und Rechtsanwaltsgebühren) geschickt hatte. K überwies darauf am 15.01.02 dem H 32 000 €.

**LÖSUNG** Es handelt sich um einen Fall des Schadensersatzes wegen nicht gehöriger (nicht rechtzeitiger) Erfüllung. Die über den ursprünglichen Kaufpreis hinausgehenden Beträge sind Schadensersatz. K wendet sie nicht auf, weil er den Pkw erhalten hat, sondern weil er seiner vertraglichen Verpflichtung zur Zahlung des Kaufpreises nicht rechtzeitig nachgekommen und deshalb zum Schadensersatz verpflichtet ist (vgl. A 1.3 Abs. 6 Satz 1 und 2 UStAE). Die USt aus der Lieferung beträgt unverändert 19/119 von 30 000 €, d. h. 4 789,91 €.

c) Die I & Co KG befasst sich mit der Errichtung von Rohbauten. Über das Vermögen der I & Co KG wurde am 15.08.02 das Insolvenzverfahren eröffnet. Bei Eröffnung des Insolvenzverfahrens waren verschiedene Bauprojekte begonnen, aber noch nicht vollendet worden. U. a. handelt es sich um das Projekt Gartenstraße 40.

d) Mit der Errichtung der Mauern im Erdgeschoss war gerade begonnen worden. Nach Fertigstellung der Decke über dem Kellergeschoss hatte der Bauherr B am 30.06.02 eine Anzahlung von 100 000 € zuzüglich 19 000 € USt geleistet.

e) Der Insolvenzverwalter I lehnte mit Schreiben vom 16.09.02 an B unter Bezugnahme auf § 103 InsO die Fortführung des Bauprojekts ab. B meldete darauf eine Schadensersatzforderung i. H. v. 200 000 € als Konkursforderung an.

**LÖSUNG** Mit der Ablehnung des I das Projekt fortzuführen, ändert sich der Liefergegenstand. Liefergegenstand ist nicht mehr der auf Grund des Werklieferungsvertrages zu errichtende Rohbau (vgl. A 3.9 Abs. 1 UStAE). Der Liefergegenstand beschränkt sich nun auf das halbfertige, vor der Insolvenzeröffnung erstellte Werk (den Leistungstorso), soweit es nach objektiver Betrachtung für den Besteller überhaupt einen Wert besitzt. Dies ist hier der Fall. Ein Entgelt liegt in der Form der Abschlagszahlung ebenfalls vor. Infolgedessen ist die Lieferung des teilfertigen Rohbaus steuerpflichtig. Ist die Versteuerung der Anzahlung korrekt erfolgt, darf sie nicht rückgängig gemacht werden. Andernfalls sind die 19 000 € USt aus der Anzahlung vom Finanzamt als Insolvenzforderung geltend zu machen.
Der geltend gemachte Schadensersatzanspruch des B ist entgeltmindernd, soweit der Leistungstorso als solcher mängelbehaftet ist. Jedoch würde die Entgeltminderung erst bei Ausschüttung einer Insolvenzquote eintreten, da die Schadensersatzforderung eine Insolvenzforderung darstellt.

f) H bucht beim Reisebüro R für sich und seine Freundin einen zehntägigen Urlaub an der Côte d'Azur. Nachdem ihn seine Freundin jedoch kurz vor Antritt der Reise verlassen hat, will er den Urlaub nicht mehr antreten und macht von seinem Rücktrittsrecht Gebrauch. Das Reisebüro behält die von H geleistete Anzahlung als Stornogebühr ein.

**LÖSUNG** Ein Leistungsaustausch liegt dann vor, wenn die Stornogebühren ein Entgelt für eine von R an H erbrachte Leistung darstellt. Es liegt hier ein Werkleistungsvertrag vor, der eine Reiseleistung i. S. d. § 25 UStG zum Gegenstand hat. Zu dieser Reiseleistung ist es nicht gekommen, weil H die Reise nicht antrat. Da nach dem Inhalt des Vertrages nicht lediglich eine Vermittlungstätigkeit des Reisebüros geschuldet wurde, sondern der Reiseerfolg Vertragsgegenstand war, können die Stornogebühren nicht als Entgelt für die bisher vom Reisebüro ausgeführten Buchungstätigkeiten angesehen werden. Es handelt sich somit um nicht steuerbaren Schadensersatz (vgl. A 25.1 Abs. 14 Satz 1 UStAE).

## 5.6 Zahlungen bei fortbestehender Leistungsbereitschaft

Bei Dienstleistungen bestimmt § 615 BGB, dass der Dienstverpflichtete seinen Vergütungsanspruch auch dann behält, wenn der Dienstberechtigte mit der Annahme der Dienste in Verzug kommt. Daraus wird für den Bereich der Dienstleistungen gefolgert, dass ein Leistungsaustausch in diesen Fällen auch dann vorliegt, wenn der Leistungsempfänger die angebotene Leistung nicht in Anspruch nimmt. Die Leistung liegt dann in der fortbestehenden Leistungsbereitschaft.

**BEISPIELE**

a) Steuerberater S hat mit seinem Mandanten M im Januar 01 einen Beratervertrag auf die Dauer von fünf Jahren abgeschlossen. S hat mit M u. a. folgende Vereinbarungen getroffen:
Das Honorar des S beträgt jährlich 2 000 €. Gerät M in einen von ihm zu vertretenden Annahmeverzug und nimmt er die Beratungsleistung des S auch auf dessen Mahnung hin nicht in Anspruch, kann S den Vertrag sofort aufheben und für das laufende Geschäftsjahr das volle Honorar und für die restliche Vertragszeit die Hälfte des Honorars verlangen, ohne dass S dabei einen Schaden nachweisen muss. M seinerseits hat dagegen kein Recht, den Vertrag zu kündigen. Im April 02 nahm sich M wegen Meinungsverschiedenheiten mit S einen anderen Steuerberater und lehnte es fortan ab, die Dienste des S in Anspruch zu nehmen.
S machte von seiner Möglichkeit, den Vertrag aufzulösen, keinen Gebrauch. Er bestand auf der Bezahlung des vollen vereinbarten Honorars. M zahlte somit weiterhin bis zum Ablauf der Vertragsdauer an S jährlich 2 000 €.

**LÖSUNG** Die Zahlung des Honorars stellt keinen echten Schadensersatz dar. Sie hat ihre Grundlage im Anspruch des Dienstverpflichteten nach § 615 BGB. Danach kann der Dienstverpflichtete S die vereinbarte Vergütung auch dann verlangen, wenn der Dienstherr M mit der Annahme der Dienste in Verzug kommt. S war bereit, entsprechend seiner vertraglichen Verpflichtung seine Beratungsdienste gegenüber M zu erbringen. In dieser Bereitschaft liegt eine Leistung im umsatzsteuerrechtlichen Sinne. Auf die tatsächliche Inanspruchnahme der Dienste kommt es also für eine Leistung nicht an. Somit liegt eine steuerbare und steuerpflichtige Leistung des S an M vor. S hat jährlich die einzelne Teilleistung zu versteuern. Die USt beträgt jeweils 19/119 von 2 000 €, d. h. 319,33 €.

b) Steuerberater S hat mit seinem Mandanten M im Januar 01 einen Beratervertrag auf die Dauer von fünf Jahren abgeschlossen. S hat mit M u. a. folgende Vereinbarungen getroffen:
Das Honorar des S beträgt jährlich 2 000 €. Gerät M in einen von ihm zu vertretenden Annahmeverzug und nimmt er die Beratungsleistung des S auch auf dessen Mahnung hin nicht in Anspruch, kann S den Vertrag sofort aufheben und für das laufende Geschäftsjahr das volle Honorar und für die restliche Vertragszeit die Hälfte des Honorars verlangen, ohne dass S dabei einen Schaden nachweisen muss. M seinerseits hat dagegen kein Recht, den Vertrag zu kündigen.
Im April 02 nahm sich M wegen Meinungsverschiedenheiten mit S einen anderen Steuerberater und lehnte es fortan ab, die Dienste des S in Anspruch zu nehmen. S machte im Gegensatz zu Beispiel a)

sofort von seiner Möglichkeit, den Vertrag aufzulösen, Gebrauch und kündigte. Für das Kalenderjahr 02 verlangte und erhielt er von M 2 000 €, für die Jahre 03 bis 05 verlangte und erhielt er von M insgesamt 3 000 €.

**LÖSUNG** Die Zahlung der 3 000 € für die Jahre 03 bis 05 stellt echten Schadensersatz dar. Sie erfolgte aufgrund der vertraglichen Vereinbarung für den Fall der Kündigung. Die Kündigung beseitigt die Leistungsbereitschaft des S, sodass nach erfolgter Kündigung keine Leistung mehr von S an M unterstellt werden kann.

Bezüglich der Kalenderjahre 01 und 02 liegen jedoch steuerbare und steuerpflichtige Teilleistungen vor. Die Leistung für das Kalenderjahr 02 ist allerdings schon im VZ April erbracht, da in diesem VZ die Leistung endet. Die für 02 bezahlten 2 000 € sind gleichwohl in vollem Umfang (pauschaliertes) Entgelt und nicht in Entgelt und Schadensersatz aufzuteilen.

c) Steuerberater S hat mit seiner Mandantin, der P-GbR im Januar 01 einen Beratervertrag fest auf die Dauer von fünf Jahren abgeschlossen. Lediglich eine Kündigung aus wichtigem Grund ist beiderseits möglich. Das Honorar des S beträgt jährlich 2 000 €.

Da sich die GbR in Auflösung befand, wollte sie nach zwei Jahren den Vertrag kündigen. S bestand zunächst auf der Einhaltung des Vertrags. Letztendlich wurde eine Auflösungsvereinbarung getroffen. S erhielt eine Entschädigung von 4 000 €.

**LÖSUNG** Die Zahlung der 4 000 € stellt keinen echten Schadensersatz dar. S erbringt mit dem Verzicht auf seine Rechte aus dem Vertrag eine steuerbare sonstige Leistung. Bei Leistungen aufgrund eines gegenseitigen Vertrages (§§ 320 ff. BGB), durch den sich eine Vertragspartei zu einem Tun, Dulden oder Unterlassen und die andere sich hierfür zur Zahlung einer Gegenleistung verpflichtet, sind die Voraussetzungen des § 1 Abs. 1 Satz 1 UStG regelmäßig erfüllt, falls der leistende Vertragspartner Unternehmer ist. Zwischen der erbrachten Leistung und dem empfangenden Gegenwert besteht ein unmittelbarer Zusammenhang (vgl. BFH vom 07. 07. 2005 BStBl II 2007, 66 und A 1.1 Abs. 8a UStAE).

## 5.7 Versicherungszahlungen

Zahlungen von Schadensversicherungen erfolgen aufgrund der Verpflichtung, für einen entstandenen Schaden einzustehen.

Soweit es sich um Haftpflichtversicherungen handelt, übernimmt die Versicherung die Schadensersatzpflicht des Schädigers. Der Fall ist nicht anders zu beurteilen, als wenn der Schädiger selbst Schadensersatz geleistet hätte.

Handelt es sich um eine Schadensversicherung, bei der sich die Versicherung verpflichtet hat, für einen Schaden ihres Versicherungsnehmers Ersatz zu leisten, liegt im Verhältnis zwischen Versicherung und Versicherungsnehmer Schadensersatz vor. Zahlt die Versicherung im Auftrag ihres Versicherungsnehmers an einen Dritten, kann die Zahlung zugleich Entgelt für eine Leistung des Dritten an den Versicherungsnehmer sein (abgekürzter Zahlungsweg).

**BEISPIELE**

a) Unternehmer A in Stuttgart bestellt beim Unternehmer B in Hamburg ein elektronisches Feinmessgerät. Nach den zwischen B und A getroffenen Vereinbarungen versendet B die Maschine per Bundesbahn auf Kosten und Gefahr des A nach Stuttgart. Das Feinmessgerät kommt in Stuttgart nicht an, da es offenbar während des Transports gestohlen wurde. B stellt A für das Feinmessgerät schon im Voraus folgende Rechnung aus:

| | |
|---|---:|
| Feinmessgerät Nr. 2387 | 9 500 € |
| Transportkosten | 500 € |
| Summe | 10 000 € |
| zuzüglich 19 % USt | 1 900 € |
| Gesamtbetrag | 11 900 € |

A hatte bezüglich des Transports des Feinmessgeräts bei der T-Versicherung eine Transportversicherung abgeschlossen. A leitete die Rechnung an seine Versicherung weiter mit der Bitte, den Betrag sofort an B zu überweisen. Die T-Versicherung überwies darauf an B 10 000 €.

**LÖSUNG** Da das Feinmessgerät nicht angekommen ist, ist das Eigentum am Feinmessgerät nicht auf A übergegangen. Gleichwohl liegt (vgl. B 2) bereits bei Beginn der Beförderung eine Lieferung des Feinmessgeräts von B an A vor. Aufgrund des Gefahrübergangs muss A den Kaufpreis bezahlen, obwohl er das Feinmessgerät nicht erhalten hat. Somit ist die Lieferung von B an A steuerbar und steuerpflichtig. Die Zahlung der Versicherung ist im Verhältnis zu A Schadensersatz, weil er durch den Verlust des Feinmessgerätes einen Schaden erlitten hat. Im Verhältnis zu B ist die Zahlung Entgeltentrichtung im abgekürzten Zahlungsweg. B kann von A noch die ausstehenden 1 900 € verlangen. A hat aus der Lieferung des B i. H. v. 1 900 € den Vorsteuerabzug. Deshalb ist bei A insoweit kein Schaden entstanden und die Versicherung hat zu Recht nur den Nettobetrag bezahlt.

b) Unternehmer T liefert ständig Ware an Kunden auf Ziel aus. Für den Fall, dass ein Kunde nicht zahlt, weil er zahlungsunfähig geworden ist, hat er eine Kreditversicherung bei der A-Versicherung abgeschlossen. Der Kunde K, der eine Warenlieferung zum Preis von 10 000 € zuzüglich 1 900 € USt noch nicht bezahlt hat, wird zahlungsunfähig. Die Versicherung zahlt darauf an T 10 000 €.

**LÖSUNG** Die Lieferung des T an K war steuerbar und steuerpflichtig. Infolge der Zahlungsunfähigkeit des K tritt bei T eine Entgeltminderung auf 0 € ein. Die USt ist gem. § 17 Abs. 2 Nr. 1 UStG auf 0 € zu berichtigen. Dementsprechend beträgt der Schaden des T auch nur 10 000 €.
Die Zahlung der A-Versicherung an T erfolgt allein aufgrund des Versicherungsverhältnisses. Die Zahlung stellt nicht das Entgelt für die Lieferung des T an K dar, sondern ist nicht steuerbarer Schadensersatz. Die Versicherung bezahlt nicht für K, sondern für T, weil dieser infolge des Forderungsausfalles einen finanziellen Schaden erlitten hat.

## 5.8 Abfindungen

Abfindungen sind dann Entgelt für eine Leistung, wenn sie nach dem Inhalt des zugrunde liegenden Vertrages ein Entgelt für in der Vergangenheit erbrachte Leistungen bzw. ein Entgelt für einen Wettbewerbsverzicht darstellen. So ist z. B. der Ausgleichsanspruch des Handelsvertreters nach § 89b HGB kein Schadensersatz, sondern Entgelt (vgl. A 1.3 Abs. 12 UStAE).

**BEISPIELE**

a) Handelsvertreter H in Rottweil war für den Maschinenfabrikanten M in Sindelfingen bis zum Ende des Jahres 10 ständig damit betraut, im Namen von M Kaufverträge über die von M hergestellten Maschinen mit Kunden im Bereich Baden Württemberg, Schweiz und Italien abzuschließen.
Entsprechend der Regelung in § 89b HGB kamen M und H anlässlich der Beendigung des Vertragsverhältnisses überein, dass M dem H noch eine Entschädigung in Höhe einer nach dem Durchschnitt der letzten fünf Jahre der Tätigkeit des H berechneten Jahresprovision zahlt. Da die durchschnittliche Jahresprovision inkl. USt 65 000 € betrug, zahlte M an H 65 000 €. H behandelte diese Zahlung als Schadensersatz und unterwarf sie nicht der USt. Die Provisionseinnahmen der letzten fünf Jahre entfielen zu 70 % auf steuerpflichtige Vermittlungsleistungen und zu 30 % auf steuerfreie Vermittlungsleistungen.

**LÖSUNG** Die Entschädigung, die H von M erhält, stellt ein nachträgliches Entgelt für Leistungen des H an M dar (vgl. BFH vom 22. 12. 1966 BStBl III 1967, 282). Der Ausgleichszahlung liegt keine selbständige Leistung des H zugrunde. Sie stellt vielmehr ein zusätzliches Entgelt für die erbrachten Vermittlungsleistungen dar (vgl. BFH vom 25. 06. 1998 BStBl II 1999, 102). Dementsprechend sind nur 70 % der Ausgleichszahlung, d. h. 45 500 €, steuerpflichtig. Die USt beträgt somit 19/119 von 45 500 €, d. h. 7 264,70 €.

b) Landwirt L (keine Besteuerung nach § 24 UStG) verpflichtete sich gegenüber dem Bundesamt für Ernährung und Forstwirtschaft zur Aufgabe der Milcherzeugung (alternativ: die Extensivierung der

Bodenbewirtschaftung) und erhielt hierfür vom Bundesamt für Ernährung und Forstwirtschaft eine Vergütung i. H. v. 197 000 €.

**LÖSUNG** In seinem Urteil vom 29. 02. 1996 UR 1996, 119 hat der EuGH hierzu entschieden, dass L keine steuerbare Leistung erbringt. Es finde in diesem Fall kein Verbrauch statt. Die Mehrwertsteuer sei aber eine allgemeine Verbrauchsteuer auf Gegenstände und Dienstleistungen. Der Ausgleich an L werde im allgemeinen Interesse an der Förderung des ordnungsgemäßen Funktionierens des Milchmarktes der Gemeinschaft (alternativ: des Agrarmarktes) gewährt. L erbringe daher keine Dienstleistung.

## 5.9 Mischfälle von Leistungsaustausch und Schadensersatz

Leistungsaustausch und Schadensersatz können sich überlagern. In derartigen Fällen ist stets zu prüfen, ob sich Schadensersatz und Leistungsaustausch gegenseitig beeinflussen (z. B. bei Entgeltminderungen) oder ob der Leistungsaustausch vom Schadensersatz unbeeinflusst bleibt.

**BEISPIELE**

a) E mietet beim Pkw-Vermieter P einen Pkw für eine monatliche Grundmiete von 300 € zuzüglich 0,60 € für jeden gefahrenen Kilometer. Außerdem muss sich E verpflichten, für Schäden am Pkw während der Mietzeit außerhalb des normalen Verschleißes, Schadensersatz in Geld zu leisten. Kurz vor Ablauf des ersten Monats, nachdem E mit dem Pkw insgesamt 600 km gefahren war, trägt es E mit dem Pkw aus einer Kurve gegen einen Baum. Der Pkw, dessen Zeitwert von einem Sachverständigen auf 20 000 € geschätzt wurde, wird dabei völlig zerstört. E kommt mit dem Schrecken davon. E zahlt P
aa) 660 € für die Benutzung des Pkw,
bb) für den Totalschaden 20 000 €.

**LÖSUNG** Hinsichtlich der für die Benutzung des Pkw bezahlten 660 € liegt ein Leistungsaustausch zwischen P und E vor. P tätigt insoweit eine steuerbare und steuerpflichtige Vermietungsleistung.
Nach A 1.3 Abs. 17 UStAE ist entscheidend, ob der Zahlung für den jeweiligen »Schadensfall« eine mit ihr eng verknüpfte Leistung gegenübersteht (vgl. BMF vom 22. 05. 2008 BStBl I 2008, 632). Die Zahlung eines Minderwertausgleichs, den der Leasinggeber nach regulärem Vertragsablauf wegen einer über normale Verschleißerscheinungen hinausgehenden Verschlechterung der zurückzugebenden Leasingsache vom Leasingnehmer beanspruchen kann, ist nach dem BGH-Urteil vom 18. 05. 2011 (UR 2011, 813) ohne Umsatzsteuer zu berechnen. Dem Minderwertausgleich steht keine steuerbare Leistung des Leasinggebers (§ 1 Abs. 1 Nr. 1 UStG) gegenüber. Dieser Auffassung hat sich der BFH im Urteil vom 20. 03. 2013 (BStBl II 2014, 206) angeschlossen. Dementsprechend ist in A 1.3 Abs. 17 UStAE geregelt, dass eine Zahlung des Leasingnehmers beim Leasinggeber als Schadensersatz nicht der Umsatzsteuer zu unterwerfen ist, wenn diese als Minderwertausgleich wegen eingetretener Schäden aufgrund einer nicht vertragsgemäßen Nutzung zu entrichten ist. Die Zahlung der 20 000 € stellt somit echten Schadensersatz dar.

b) E wendet sich an den Pkw-Vermieter P und erklärt diesem, er wolle einen Pkw mieten, um damit sofort einen Crash-Test durchzuführen. Obwohl P den E völlig richtig verstanden hat, schließt er mit E einen ganz normalen Mietvertrag ab, wonach E den Pkw mietet für eine monatliche Grundmiete von 300 € zuzüglich 0,60 € für jeden gefahrenen Kilometer. Außerdem muss sich E verpflichten, für Schäden am Pkw während der Mietzeit außerhalb des normalen Verschleißes, Schadensersatz in Geld zu leisten. Entsprechend seiner erklärten Absicht führt E sofort den Crash-Test durch, wobei der Pkw, dessen Zeitwert von einem Sachverständigen auf 20 000 € geschätzt wurde, erwartungsgemäß völlig zerstört wurde. E selbst erlitt dagegen keinen Schaden. Er zahlt P für den Totalschaden 20 000 € sowie die Grundgebühr für einen Monat i. H. v. 300 €.

**LÖSUNG** Wenn P den Pkw an E vermietet, obwohl er weiß, dass E mit dem Pkw einen Crash-Test durchführen will, wobei zu erwarten ist, dass der Pkw zerstört wird, liegt darin wirtschaftlich gesehen keine Vermietung, sondern eine andere sonstige Leistung (Duldung der Zerstörung des Pkw). P erhält für diese steuerpflichtige Leistung insgesamt 20 300 €. Die USt beträgt somit 19/119 von 20 300 €, d. h. 3 241,18 €.

c) O verursacht mit seinem betrieblichen Pkw schuldhaft am Pkw des W einen Blechschaden am Kotflügel. W ist Inhaber einer Reparaturwerkstätte. W verlangt von O die Wiederherstellung des ursprünglichen Zustandes (Naturalrestitution), ist jedoch bereit, den Schaden im Auftrag des O selbst auszubessern. O ist damit einverstanden und zahlt die Rechnung des W i. H. v. insgesamt 450 €. Die Rechnung wurde genauso erstellt, wie sie W jedem anderen Kunden auch gestellt hätte.

**LÖSUNG** Es liegt ein Fall der Überlagerung von Schadensersatz und Leistungsaustausch vor. Der Fall ist ebenso zu behandeln, wie wenn O den Pkw des W in irgendeiner anderen Werkstätte hätte reparieren lassen und dann den reparierten Pkw dem W zurückgegeben hätte. Reparatur und Bezahlung erfolgen demnach im Rahmen eines Leistungsaustausches (unechter Schadensersatz). W erbringt aufgrund des Auftrags eine Reparaturleistung (Werkleistung) an den Auftraggeber O. Diese Reparaturleistung ist steuerbar und steuerpflichtig. Die USt beträgt 19/119 von 450 €, d. h. 71,85 € (vgl. A 1.3 Abs. 11 UStAE).

d) O verursacht mit seinem betrieblichen Pkw anlässlich einer Betriebsfahrt schuldhaft am Pkw des W einen Blechschaden am Kotflügel. W ist Inhaber einer Reparaturwerkstätte. W verlangt von O die Wiederherstellung des ursprünglichen Zustandes (Naturalrestitution), ist jedoch bereit, den Schaden im Auftrag des O selbst auszubessern. O ist damit einverstanden, nachdem er sich zuvor mit seiner Versicherung in Verbindung gesetzt hatte und diese ebenfalls einverstanden war. W berechnet O für die Reparatur 1 300 € zuzüglich 247,00 € Umsatzsteuer. Die Rechnung wurde genauso erstellt, wie sie W jedem anderen Kunden auch gestellt hätte. O leitete die Rechnung sofort an seine Versicherung weiter und diese überwies W den Nettobetrag i. H. v. 1 300 €. W mahnte bei O den Restbetrag von 247 € an, worauf O diesen Betrag selbst an W überwies.

**LÖSUNG** Es liegt ein Fall der Überlagerung von Schadensersatz und Leistungsaustausch vor. Der Fall ist ebenso zu behandeln, wie wenn O den Pkw des W in irgendeiner anderen Werkstätte hätte reparieren lassen und dann den reparierten Pkw dem W zurückgegeben hätte. Reparatur und Bezahlung erfolgen demnach im Rahmen eines Leistungsaustausches (unechter Schadensersatz). W erbringt aufgrund des Auftrags eine Reparaturleistung (Werkleistung) an den Auftraggeber O. Diese Reparaturleistung ist steuerbar und steuerpflichtig. Das Entgelt hierfür beträgt insgesamt brutto 1 547 €. Es ist unschädlich, dass 480 € direkt von der Versicherung an W bezahlt werden. Insoweit liegt ein abgekürzter Zahlungsweg vor. Die Zahlung der Versicherung stellt im Verhältnis zu O Schadensersatz dar und ist im Verhältnis zwischen O und W Entgelt. Die USt beträgt 19/119 von 1 547 €, d. h. 247 €.
Die Versicherung zahlt zu Recht nur 1 300 €, da der Schaden bei O nur in dieser Höhe entstanden ist. I. H. v. 247 € hat O nämlich den Vorsteuerabzug, da die Reparaturleistung an das Unternehmen des O bewirkt wird. Die Verpflichtung zur Schadensersatzleistung ist im Unternehmen entstanden, denn der Unfall wurde mit dem betrieblichen Pkw verursacht.

e) W beschädigt mit seinem betrieblichen Fahrzeug anlässlich einer Betriebsfahrt den Geschäfts-Pkw des O so stark, dass sich die Reparatur nicht mehr lohnt. O verlangt von W den Zeitwert des Pkw i. H. v. 12 000 € (netto). W zahlt dem O diesen Betrag gegen Herausgabe des beschädigten Pkw (Schrottwert 500 €). W repariert den Pkw in seiner Reparaturwerkstatt, während gerade keine anderen Aufträge vorliegen und veräußert den Pkw anschließend für 9 000 €.

**LÖSUNG** Es fragt sich, ob 500 € von den insgesamt bezahlten 12 000 € als Entgelt für die Lieferung des beschädigten Pkw von O an W anzusehen sind und damit insoweit ein steuerpflichtiges Hilfsgeschäft bei O vorliegt.
Nach einer Vfg. der OFD Koblenz vom 17. 11. 1986 (UR 1987, 306) wird die Herausgabe des beschädigten Pkw nicht als Lieferung im Rahmen eines Leistungsaustausches angesehen. Da W, wie von O verlangt, Schadensersatz in voller Höhe des Zeitwerts geleistet hat, muss O den beschädigten Pkw herausgeben, damit er keinen Vorteil aus dem schädigenden Ereignis erlangt und nach dem Schaden nicht besser gestellt ist als vorher. O muss deshalb keine Lieferung des Schrotts an W versteuern.
Würde man entgegen dieser Auffassung eine steuerpflichtige Lieferung des beschädigten Pkw von O an W annehmen (so die), wäre W hieraus grundsätzlich zum Vorsteuerabzug berechtigt. Letztendlich führen in gleich gelagerten Fällen beide Lösungen zum gleichen fiskalischen Ergebnis.

f) Glasermeister G reparierte in seiner Werkstätte das zerbrochene Fenster aus dem Ladengeschäft des Antiquitätenhändlers A. G beauftragte T, seinen Gesellen, das reparierte Fenster zu A zurückzubringen und im Ladengeschäft wieder einzusetzen. T führt den Fenstereinbau zufriedenstellend aus. Allerdings stieß er dabei im Ladengeschäft des A an eine chinesische Vase im Wert von 750 €, die auf den Boden fiel und zerbrach. Für die Fensterreparatur berechnete G dem A insgesamt 1 000 €. A rechnete dagegen mit dem Wert der Vase i. H. v. 750 € auf und zahlte an G somit nur noch 250 €.

**LÖSUNG** G ist wegen »positiver Forderungsverletzung« für das Missgeschick des T haftbar und schuldet deshalb A 750 € Schadensersatz. Da der Schaden nicht am eigentlichen Vertragsobjekt »Fenster« eintritt, kann in dem von G an A im Wege der Aufrechnung geleisteten Schadensersatz keine Entgeltminderung bezüglich der Reparaturleistung von G an A gesehen werden. G muss somit brutto 1 000 € versteuern. Die USt beträgt somit 19/119 von 1 000 €, d. h. 159,66 €.

## 5.10 Mischfälle von Schadensersatz und fiktiven entgeltlichen Leistungen gem. § 3 Abs. 1b und Abs. 9a UStG

Bei Schadensersatzleistungen in Natur (Naturalrestitution) kann es zugleich zu fiktiven entgeltlichen Leistungen gem. § 3 Abs. 1b und Abs. 9a UStG kommen, sofern sich der Schadensersatzanspruch an den außerunternehmerischen Bereich richtet. Das nachfolgende Beispiel setzt die Kenntnis der Grundsätze betreffend die Leistungen nach § 3 Abs. 1b und Abs. 9a UStG voraus. Soweit diese noch nicht vorhanden ist, wird empfohlen, die Bearbeitung des nachfolgenden Beispiels zurückzustellen und zunächst Teil N durchzuarbeiten.

**BEISPIEL**

W ist Inhaber einer Kfz-Werkstätte. W verursachte mit seinem betrieblichen Pkw auf einer Privatfahrt schuldhaft am linken Kotflügel des Pkw des O einen Blechschaden. W beseitigte den Blechschaden im Auftrag des O in seiner Werkstätte und lackierte den Kotflügel neu. Dabei entstanden Kosten für den verwendeten Lack i. H. v. von netto 70 € und für die eingesetzten Arbeitskräfte i. H. v. von insgesamt 400 €. Einem Kunden hätte W hierfür insgesamt 900 € berechnet.
Bei dem Unfall wurde auch das rechte Vorderrad einschließlich der Alufelge beschädigt. W wechselte es persönlich in seiner Werkstatt aus. Die Materialkosten betrugen hierfür netto 450 €. Einem Kunden hätte W für die gleiche Leistung insgesamt 560 € berechnet.
Der private Nutzungsanteil am Pkw beträgt nach dem ordnungsgemäß geführten Fahrtenbuch 20 %.
W hat die gesamte auf den Erwerb des Pkw entfallende USt als Vorsteuer abgezogen.

**LÖSUNG** Die Reparatur am Pkw des O ist mangels Entgeltes nicht steuerbar (echter Schadensersatz). Die Reparatur ist auch nicht nach § 3 Abs. 9a Nr. 2 UStG einer entgeltlichen sonstigen Leistung gleichgestellt, da sich die Schadensersatzverpflichtung aus der privaten Nutzung des Pkw ergeben hat. Die Privatfahrt des W mit dem Pkw ist Teil der 20 % Privatnutzung des Pkw und stellt insoweit einen steuerbaren und steuerpflichtigen Umsatz nach § 1 Abs. 1 Nr. 1 i. V. m. § 3 Abs. 9a Nr. 1 UStG dar.
Bemessungsgrundlage für den Umsatz, der gem. § 3 Abs. 9a Nr. 1 UStG einer sonstigen Leistung gegen Entgelt gleichgestellt ist, (private Pkw-Nutzung) sind nach § 10 Abs. 4 Nr. 2 UStG die auf die Verwendung entfallenden Ausgaben. Das sind grundsätzlich 20 % aller laufenden und fixen Ausgaben einschließlich aller Unfallkosten, im vorliegenden Fall derzeit 20 % von 520 € (70 € + 450 €). Gem. § 10 Abs. 4 Nr. 2 UStG sind jedoch solche Kosten auszuscheiden, die nicht zum Vorsteuerabzug berechtigt haben, z. B. Steuer und Versicherung. Ebenso sind auszuscheiden die 400 € Personalkosten für die bei der Reparatur des Kotflügels des O eingesetzten Arbeitskräfte.

# 6 Übungsfälle zum fehlenden Leistungsaustausch

1. Kunde K hat im Porzellanladen des P versehentlich eine Porzellanschale umgestoßen. Die Schale ging dadurch zu Bruch. Für die Zerstörung der mit 200 € Kaufpreis ausgezeichneten Schale bezahlte K an P 100 €. Der Einkaufspreis der Schale bei P betrug 120 € zuzüglich 22,80 € USt.
2. Kunde K hat im Porzellanladen des P versehentlich eine Porzellanschale umgestoßen. Die Schale ging dadurch zu Bruch. Für die Zerstörung der mit 200 € Kaufpreis ausgezeichneten Schale bezahlte K an P 150 €. Der Einkaufspreis der Schale bei P betrug 100 € zuzüglich 19 € USt.
3. Kunde K hat im Porzellanladen des P versehentlich eine Porzellanschale umgestoßen. Die Schale ging dadurch zu Bruch. Für die Zerstörung der mit 200 € Kaufpreis ausgezeichneten Schale bezahlte die Haftpflichtversicherung des K an P 100 €. Der Einkaufspreis der Schale bei P betrug 120 € zuzüglich 22,80 € USt.
4. Landschaftsgärtner L gestaltete die Gartenanlage des Kunden G. Hierbei beschädigte ein Lkw des L eine Steinmauer des Nachbarn N sowie einige Bäumchen und Büsche des N. Auf Verlangen des N stellte L die Steinmauer wieder her und pflanzte neue Bäumchen und Büsche anstelle der beschädigten ein. L stellte N hierüber zunächst eine Rechnung über 2 000 € zuzüglich 380 € USt aus. Auf Protest des N verzichtete L jedoch schließlich auf die Zahlung.
5. Autofahrer A ist mit seinem Pkw infolge trunkenheitsbedingter Fahruntüchtigkeit von der Straße abgekommen und hat das Gartentor des G umgefahren. Um die Hinzuziehung der Polizei zu vermeiden, einigte sich A mit G auf Zahlung des geschätzten Schadens von 2 000 € und zahlte dem G sofort diesen Betrag. G beauftragte anschließend die Firma T mit der Reparatur des Gartentores. T berechnete G für die Reparatur 1 200 € zuzüglich 228 € USt.
6. Autofahrer A ist mit seinem Pkw infolge überhöhter Geschwindigkeit von der Straße abgekommen und hat das Gartentor des G umgefahren. G verlangte von A die Wiederherstellung des ursprünglichen Zustandes. A beauftragte deshalb die Firma T mit der Reparatur des Gartentores. T berechnete A für die Reparatur 1 200 € zuzüglich 228 € USt. A leitete die Rechnung an seine Kfz-Versicherung weiter, welche an T 1 428 € überwies.
7. Unternehmer A ist mit seinem Lieferwagen infolge überhöhter Geschwindigkeit von der Straße abgekommen und hat das Gartentor des G umgefahren. G verlangte von A die Wiederherstellung des ursprünglichen Zustandes. A beauftragte deshalb die Firma T mit der Reparatur des Gartentores. T berechnete A für die Reparatur 1 200 € zuzüglich 228 € USt. A beglich die Rechnung und leitete anschließend eine Kopie der Rechnung an seine Kfz-Versicherung V weiter, mit der Bitte, ihm diesen Betrag zu vergüten. V überwies an A 1 200 €. Der Lieferwagen wird ausschließlich unternehmerisch genutzt.
8. Autofahrer A ist mit seinem Pkw infolge überhöhter Geschwindigkeit von der Straße abgekommen und hat das Gartentor des G umgefahren. G verlangte von A die Wiederherstellung des ursprünglichen Zustandes, erklärte sich jedoch auch bereit, die Reparatur selbst vorzunehmen (G ist Inhaber einer Firma, die u. a. auch Gartentore herstellt und montiert). A beauftragte darauf G mit der Reparatur des Gartentores. G berechnete A für die Reparatur 1 200 € zuzüglich 228 € USt. A leitete die Rechnung an seine Kfz-Versicherung weiter, welche an G 1 428 € überwies.
9. Bauunternehmer B hat ein älteres Wohn- und Geschäftshaus in zentraler Stadtlage erworben. Er möchte das Gebäude grundlegend renovieren und anschließend die einzelnen

Wohn/Nutzungseinheiten als Wohn/Teileigentum veräußern. Dazu war erforderlich, dass die bisherigen Mieter das Gebäude schnellstmöglich räumten. Gegen Zahlung einer Entschädigung von 10 000 € war der Mieter M des Ladengeschäfts im EG bereit, auszuziehen. Ebenso konnte B den Rechtsanwalt R, der das 1. OG als Büroräume gemietet hatte, gegen Zahlung einer Entschädigung von 8 000 € zum Auszug bewegen.

10. A bestellte bei der Fa. B einen Pkw für 30 000 € zuzüglich 5 700 € USt. Der Pkw hatte eine Lieferfrist von einem Jahr. A plante, kurz vor Ablauf der Lieferfrist, den Kaufvertrag gewinnbringend zu verkaufen. Kurz vor Ablauf der Lieferfrist kam es beim bestellten Fahrzeugtyp zu einem derartigen Absatzeinbruch, dass A seinen Kaufvertrag nicht wie geplant verkaufen konnte. A weigerte sich gegenüber der Fa. B, den bestellten Pkw abzunehmen. Die Fa. B verlangte darauf von A 3 570 €. In dem zwischen A und B geschlossenen Kaufvertrag war u. a. vereinbart, dass der Käufer bei Nichtabnahme des Fahrzeugs eine Entschädigung i. H. v. 10 % des Kaufpreises zu entrichten hat. A zahlte nach mehrmaliger Mahnung den Betrag.
11. Bäckermeister B beauftragte die Fa. F mit dem Umbau seines Bäckerladens. F hatte zugesagt, dass der Umbau in der Woche vom 06. bis 10.02. erfolgen solle und am Samstag, den 10.02. abgeschlossen ist. Als Festpreis für den Umbau wurden 30 000 € zuzüglich 5 700 € USt vereinbart. Für den Fall der Nichteinhaltung des Fertigstellungstermins wurde eine Vertragsstrafe von 1 000 € pro Tag der Fristüberschreitung (ausgenommen Sonntag) vereinbart. F konnte die Frist nicht einhalten und den Umbau erst am 15.02. fertigstellen. B zahlte dementsprechend an F nur 30 700 €.
12. Lebenskünstler L nahm im Jahr 05 im Internet und bei Fernsehausstrahlungen an mehreren Pokerturnieren teil. Ein Antritts- bzw. Startgeld wurde jeweils nicht bezahlt. Aufgrund seiner Platzierungen erzielte L im Kalenderjahr 05 Preisgelder i. H. v. insgesamt 35 700 €.
13. Fabrikant F veräußerte an den Schrotthändler S die in seiner Fabrik angefallenen Metallabfälle für 40 000 €. Nach den zwischen F und S getroffenen Vereinbarungen soll S die Metallabfälle am Mittwoch dem 01.03. abholen. Für den Fall der Nichteinhaltung des Abholtermins wurde eine Vertragsstrafe von 1 000 € pro Tag der Fristüberschreitung (ausgenommen Sonntag) vereinbart. S konnte die Frist nicht einhalten und die Abfälle erst am 06.03. abholen. S zahlte dementsprechend an F neben den 40 000 € für die Abfälle auch noch 4 000 € Vertragsstrafe.
14. Architekt A erstellte dem Unternehmer U einen Bauplan für eine Fertigungshalle. A berechnete U hierfür 10 000 €. A zahlte zunächst nicht. Erst auf Ergehen eines Zahlungsbefehles zahlte U die 10 000 € zuzüglich 500 € Verzugszinsen und 300 € Mahnkosten.
15. Bauunternehmer B war vom Unternehmer U mit der Erstellung des Rohbaus eines Geschäftshauses beauftragt. Nach Einziehung der Decke über dem 1. OG wurde über das Vermögen des U das Insolvenzverfahren eröffnet. Zuvor war von U eine Abschlagszahlung über 50 000 € zuzüglich 9 500 € USt geleistet worden. Der Insolvenzverwalter lehnte weitere Zahlungen gegenüber B ab. B stellte darauf die Arbeiten am Rohbau ein.
16. Bauunternehmer B war vom Unternehmer U mit der Erstellung des Rohbaus eines Geschäftshauses beauftragt. Nach Einziehung der Decke über dem 1. OG wurde über das Vermögen des B das Insolvenzverfahren eröffnet. Zuvor war von U eine Abschlagszahlung über 50 000 € zuzüglich 9 500 € USt geleistet worden. Der Insolvenzverwalter lehnte die weitere Erfüllung des Werkvertrages gegenüber U ab.
17. Handelsvertreter H ist für die Fa. F tätig. Am 15.03. verunglückte H auf der Fahrt zu einem Kunden tödlich. F schrieb der Witwe des H einen Ausgleichsanspruch nach § 89b HGB i. H. v. 80 000 € zuzüglich 15 200 € USt gut. Die Ausgleichszahlung erfolgte aufgrund der

im Durchschnitt der letzten fünf Jahre von H für seine Vermittlungsleistungen erzielten Provisionen. Sämtliche Vermittlungsleistungen waren steuerpflichtig. Sie unterlagen insgesamt dem Steuersatz von 19 %.

18. Das Juweliergeschäft J bestellte beim Schmuckhersteller S Schmuck im Gesamtpreis von 1 Mio. € zuzüglich 190 000 € USt. Vereinbarungsgemäß versandte S den Schmuck auf Gefahr des J zu J. Beim Transport erfolgte ein Überfall und der Schmuck wurde geraubt.
19. Die Fa. L in Libyen bestellte bei der Fa. M in Mannheim Waffen zum Preis von 1 Mio. €. Da die Waffenlieferung unter ein Exportverbot fällt, wurde die Lieferung als Lieferung von elektronischem Feinwerkzeug deklariert und im Januar vom Zoll entsprechend abgefertigt. Der Kaufpreis sollte drei Monate nach Lieferung entrichtet werden. M schloss zur Sicherung der Kaufpreisforderung bei der E-Versicherung eine Warenkreditversicherung ab. L weigerte sich nach Erhalt der Lieferung zu zahlen. Die E-Versicherung zahlte daraufhin bei Fälligkeit der Kaufpreisforderung im April 1 Mio. € an M.
20. Kfz-Sachverständiger S wird von Gerichten regelmäßig als Kfz-Sachverständiger zur Anfertigung von Gutachten bei Strafprozessen und Schadensersatzprozessen hinzugezogen. Nach dem Justizvergütungs- und -entschädigungsgesetz (JVEG) hat er für diese Tätigkeiten im Jahr 02 insgesamt 150 000 € eingenommen.
21. A erwarb beim Kfz-Händler K einen fabrikneuen Pkw des Herstellers M. Innerhalb der Garantiefrist wurde der Motor defekt und musste ausgewechselt werden. Nach dem Kaufvertrag hatte K innerhalb der Garantiefrist für derartige Mängel einzustehen. K wechselte den defekten Motor gegen einen neuen Motor (Listenpreis 7 000 € zuzüglich 1 330 € USt) aus seinem Lager aus. Nach Mitteilung des Gewährleistungsfalles an M sandte M dem K einen entsprechenden Motor und vergütete K die Einbaukosten i. H. v. 800 €.
22. Die Firma L-GmbH ist ein landwirtschaftlicher Betrieb, welcher der Besteuerung nach den allgemeinen Vorschriften des UStG unterliegt. Die L-GmbH verzichtete gegenüber dem Landkreis auf das intensive Abernten der Kartoffeln. Danach sollen mindestens 20 % der von der L-GmbH angebauten Kartoffeln im Boden bleiben. Hierfür erhielt die L-GmbH vom Landkreis 200 000 €.

# Teil F Bemessungsgrundlage bei steuerpflichtigen Leistungen nach § 1 Abs. 1 Nr. 1 Satz 1 UStG

## 1 Allgemeines

Nach § 10 Abs. 1 Satz 1 UStG wird der Umsatz bei Lieferungen und sonstigen Leistungen (§ 1 Abs. 1 Nr. 1 Satz 1 UStG) und beim innergemeinschaftlichen Erwerb (§ 1 Abs. 1 Nr. 5 UStG) nach dem Entgelt bemessen. Der Begriff des Entgelts in § 10 Abs. 1 Satz 2 UStG wurde durch das UStVermG (BGBL I 2018, 2338) mit Wirkung vom 01.01.2019 an den Wortlaut des Art. 73 MwStSystRL angepasst. Eine inhaltliche Änderung ist damit nicht verbunden (BT-Drs. 19/4455, 59).

**Entgelt**, so die Legaldefinition des § 10 Abs. 1 Satz 2 UStG, ist alles, was den Wert der Gegenleistung bildet, die der Leistende vom **Leistungsempfänger oder einem anderen** erhält oder erhalten soll (§ 10 Abs. 1 Satz 2 UStG, Letzteres wird als Entgelt von dritter Seite bezeichnet),

+ unmittelbar mit dem Preis dieser Umsätze zusammenhängende Subventionen,
./. durchlaufende Posten (§ 10 Abs. 1 Satz 5 UStG),
./. Umsatzsteuer (§ 10 Abs. 1 Satz 2 UStG).

Entsprechend der Aussage des § 10 Abs. 1 UStG kommt es nicht auf die Angemessenheit des Entgelts an. Es bildet somit grundsätzlich auch dann die Bemessungsgrundlage, wenn es dem objektiven Wert der bewirkten Leistung nicht entspricht (vgl. A 10.1 Abs. 2 Satz 1 UStAE).

**Merke:** Bemessungsgrundlage ist immer das Nettoentgelt!

**BEISPIEL**

Das Warenhaus W veräußert anlässlich seiner Eröffnung halbe gebratene Hähnchen zum Stückpreis von 1 €. Für den Verzehr sind geschmückte Tische und Bänke aufgestellt, es spielt eine Blaskapelle und die Gäste werden bedient.

**LÖSUNG** Es handelt sich um Restaurationsumsätze gem. § 3a Abs. 3 Nr. 3b UStG. Sie sind steuerbar und steuerpflichtig. Bemessungsgrundlage brutto ist nach § 10 Abs. 1 UStG 1 € je halbes Hähnchen. Der Steuersatz beträgt nach § 12 Abs. 1 UStG 19 %. Die USt beträgt somit jeweils 19/119 von 1 €, d. h. 0,16 €.

Allerdings enthält § 10 Abs. 5 UStG für bestimmte Fälle Ausnahmeregelungen. Danach wird ein unangemessen niedriges Entgelt bis zur Angemessenheit »hochgeschleust«, wenn der Leistungsempfänger die Leistung deshalb günstig erhält, weil er dem Unternehmer nahe steht.

Die Definition des Entgelts verlangt auch keine rechtliche Zahlungspflicht. Das, was ohne rechtliche Verpflichtung für die Leistung des Unternehmers bezahlt wird, gehört ebenso zum Entgelt. Dies gilt selbst dann, wenn der Leistungsempfänger irrtümlich doppelt oder zu viel zahlt (A 10.1 Abs. 3 Satz 6 UStAE).

**BEISPIEL**

Die Gastwirtin G bedient selbst die Gäste in ihrer Gastwirtschaft. Regelmäßig runden die Gäste den Rechnungsbetrag auf volle € auf.

**LÖSUNG** Zum Bruttoentgelt gehört der gesamte aufgerundete Betrag (vgl. A 10.1 Abs. 5 Satz 1 UStAE).

Das Entgelt kann grundsätzlich in allem bestehen, was einen gewissen wirtschaftlichen Wert hat. In der modernen Marktwirtschaft besteht es in der Regel in Geldzahlungen (Bargeld oder Überweisungen). Sie ergeben den unmittelbaren Bewertungsmaßstab für den Umsatz, wenn sie in Euro erbracht werden Erfolgen die Geldzahlungen in ausländischer Währung, sind sie nach § 16 Abs. 6 UStG in Euro umzurechnen. Die Umrechnung ist i. d. R. nach den amtlichen Kursen vorzunehmen, die der Bundesminister der Finanzen als Durchschnittswerte für jeden Monat (im Bundessteuerblatt Teil I) bekannt gibt.

Das Entgelt kann auch in der Übernahme von Schulden bestehen. Übernimmt der Leistungsempfänger eine Schuld des leistenden Unternehmers gegenüber einem Dritten und verfolgt er damit lediglich den Zweck, die erbrachte Leistung zu bezahlen, handelt es sich bei der Schuldübernahme um eine Form der Entgeltzahlung (vgl. A 1.1 Abs. 3 Satz 5 UStAE mit weiteren Hinweisen). Der Nennwert der übernommenen Schuld entspricht dem Bruttoentgelt.

Das Entgelt kann schließlich auch als Leistung i. S. d. USt-Rechts vorliegen. Man spricht dann von Tausch, tauschähnlichem Umsatz und von Hingabe an Zahlungs statt (vgl. § 3 Abs. 12 und § 10 Abs. 2 Satz 2 UStG). In diesen Fällen ist das Entgelt für die Ermittlung der USt in einen Geldwert umzurechnen. Anzusetzen ist nach § 10 Abs. 2 Satz 2 UStG der gemeine Wert des Entgelts abzüglich der USt.

Allgemeines Prinzip für die Berechnung der Bemessungsgrundlage ist der Abzug der USt (vgl. § 10 Abs. 1 Satz 2 am Ende; Abs. 2 Satz 3 und Abs. 4 Satz 2 UStG). Gesamtbetrag dessen, was für die Leistung aufgewendet wird, ist immer ein Bruttobetrag. Deshalb muss das umsatzsteuerrechtlich maßgebliche Entgelt aus dem Bruttobetrag herausgerechnet werden mit der Formel:

$$\text{Entgelt} = \frac{\text{Bruttobetrag} \times 100}{100 + \text{Steuersatz}}$$

Es ist jedoch für die Ermittlung der USt nicht erforderlich, das umsatzsteuerrechtliche Entgelt zu ermitteln. Sie kann auch aus dem Bruttoentgelt ermittelt werden:

$$\text{Umsatzsteuer} = \frac{\text{Bruttoentgelt} \times \text{Steuersatz}}{100 - \text{Steuersatz}}$$

Die Ermittlung des umsatzsteuerrechtlichen Entgelts ist allerdings erforderlich für die in den USt-Voranmeldungen geforderten Angaben. Auch ist die Angabe des umsatzsteuerrechtlichen Entgelts als Nettobetrag Voraussetzung für den Vorsteuerabzug aus einer Rechnung (vgl. § 14 Abs. 4 Nr. 7 UStG). Zum Bruttoentgelt gehört alles, was der **Leistungsempfänger** aufwendet, um die Leistung zu erhalten (§ 10 Abs. 1 Satz 2 UStG). Wendet der Leistungsempfänger also mehr auf, als dem Leistenden zufließt (z. B. beim Factoring), kommt es grundsätzlich (vgl. aber 6.2) auf die Aufwendungen des Leistungsempfängers an (vgl. A 10.1 Abs. 4 Satz 3 und A 17.1 Abs. 6 UStAE). Kosten des leistenden Unternehmers können deshalb das Bruttoentgelt ebenfalls nicht mindern (vgl. A 10.1 Abs. 6 Satz 1 UStAE). Kosten des leistenden Unternehmers, die er dem Leistungsempfänger weiterberechnet, erhöhen das Bruttoentgelt (vgl. A 10.1 Abs. 3 Satz 2 und Abs. 6 Satz 3 UStAE).

**BEISPIEL**

Der Sektlieferant S erteilt dem Gastwirt G für die Lieferung von 100 Kisten Sekt à 6 Flaschen folgende Rechnung:

| | |
|---|---:|
| 100 Kisten Sekt á 50 € | 5 000,00 € |
| + Sektsteuer á 1,02 €/Flasche | 612,00 € |
| + Transportkosten | 100,00 € |
| Gesamtbetrag netto | 5 712,00 € |
| zuzüglich 19 % USt | 1 085,28 € |
| Gesamtbetrag brutto | 6 797,28 € |

**LÖSUNG** G wendet neben dem eigentlichen Kaufpreis für die Sektlieferung auch die Sektsteuer und die Transportkosten auf. Somit beträgt das umsatzsteuerrechtliche Entgelt 5 712 € und die USt

1 085,28 €. Die Rechnung wurde somit von S richtig erstellt. Bei der Sektsteuer handelt es sich nicht um einen durchlaufenden Posten, da nicht G, sondern S Schuldner der Sektsteuer gegenüber dem Steuergläubiger ist (vgl. A 10.1 Abs. 6 Satz 4 und A 10.4 Abs. 3 UStAE).

## 2 Abgekürzter Zahlungsweg

Normalerweise fließt das Entgelt unmittelbar vom Leistungsempfänger zum Leistenden. Es gibt jedoch Fälle, in denen der Leistungsempfänger auch dann ein Entgelt aufwendet, wenn dieses nicht sichtbar vom Leistungsempfänger an den Leistenden fließt. Ein solcher Fall kann sich z. B. daraus ergeben, dass der Leistende seine Entgeltsforderung abtritt, wie dies typischerweise beim Factoring vorkommt. Solche Fälle liegen weiterhin vor bei:

a) Aufrechnung,
b) Zahlungen des Leistungsempfängers an einen Gläubiger des Leistenden oder
c) Zahlungen eines Schuldners des Leistungsempfängers an den Leistenden oder einen Gläubiger des Leistenden.

In allen oben unter a) bis c) genannten Fällen handelt es sich um einen abgekürzten Zahlungsweg, bei dem im Wege der Verrechnung zugleich mindestens zwei Verbindlichkeiten getilgt werden. Wirtschaftlich sind diese Fälle so zu behandeln, wie wenn jeder Schuldner unmittelbar selbst an seinen Gläubiger gezahlt hätte.

**BEISPIELE**

a) Fabrikant F liefert dem Großhändler G unter verlängertem Eigentumsvorbehalt einen Posten Kupferrohre für 20 000 € zuzüglich 3 800 € USt. G veräußert diesen Posten aufgrund von inzwischen gefallenen Preisen zum selben Preis an den Installateur I weiter. Da G in Zahlungsschwierigkeiten geraten ist, deckt F gegenüber I die Forderungsabtretung auf. I zahlt darauf an F 23 800 €.

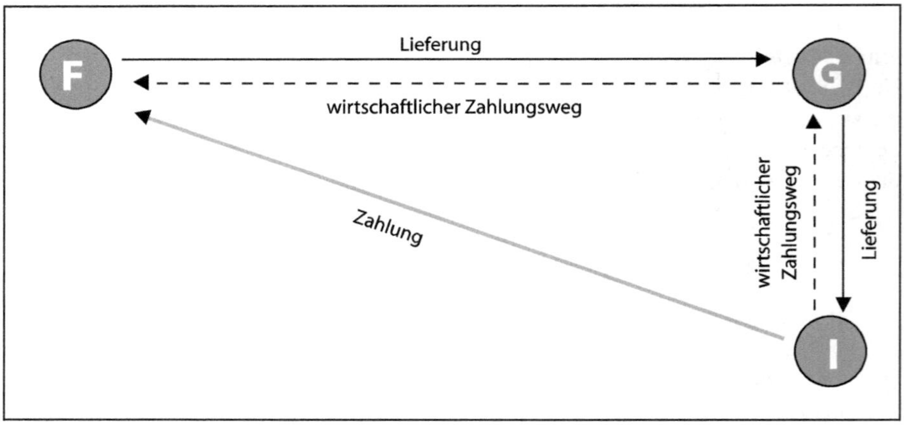


**LÖSUNG** Mit der Zahlung von I an F wird im abgekürzten Zahlungsweg sowohl die Kaufpreisforderung des F gegenüber G als auch die Kaufpreisforderung des G gegenüber I getilgt. Das Bruttoentgelt des F und des G beträgt jeweils 23 800 €, die USt beträgt jeweils 3 800 €.

b) Im obigen Beispiel a) hat F seine Forderung gegenüber G zum Festpreis von 20 000 € an das Factoring-Büro H abgetreten. H macht die Forderung von 23 800 € gegenüber I geltend.

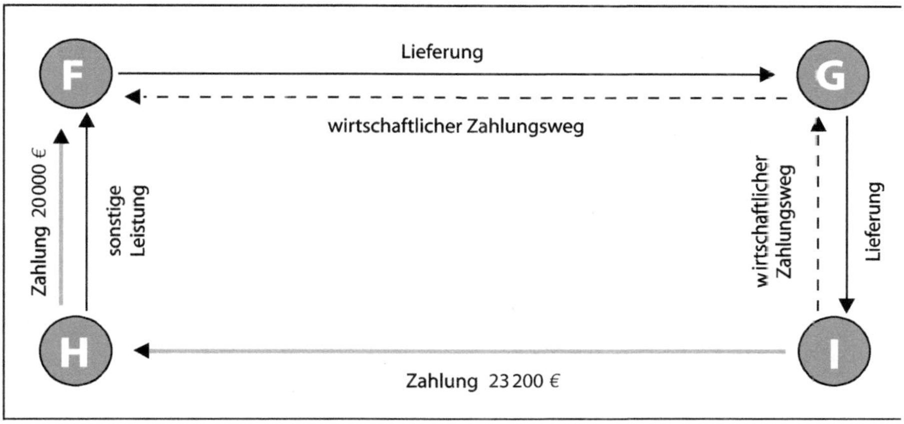


**LÖSUNG** Wie im Beispiel a) wird durch die Zahlung des I an H zugleich das Entgelt für die Lieferung des F an G und für die Lieferung des G an I vereinnahmt. Es liegt bezüglich der Lieferung des F ein Fall vor, in dem ein Entgelt gegeben ist, obwohl das Entgelt weder vom Abnehmer des F noch an den Lieferer F bezahlt wird.
Das Bruttoentgelt für die Lieferung F an G und für die Lieferung G an I bleibt unverändert 23 800 €, weil dieser Betrag sowohl von I als auch von G im abgekürzten Zahlungsweg aufgewendet wird.
Wenn F als Veräußerer der Forderung letztlich nur 20 000 € erhält, beruht dies darauf, dass H im Rahmen des Factoring eine steuerpflichtige Inkassoleistung an F erbringt, die er sich für 3 800 € brutto vergüten lässt (vgl. K 5.2).

Wendet man die Grundsätze zum abgekürzten Zahlungsweg auf die Fälle der unfreien Versendung i. S. d. § 40 UStDV an, müssten eigentlich die Kosten des Transports das Entgelt für die vom Absender ausgeführte Lieferung erhöhen. Denn der Empfänger der Sendung schuldet die Transportkosten dem Absender und nicht dem Transportunternehmer. Nach A 10.1 Abs. 3 Satz 13 UStAE gehören jedoch diese Kosten i. S. d. § 40 UStDV nicht zum Entgelt für die Lieferung des Absenders. Es handelt sich hierbei um eine Vereinfachungsregelung der Verwaltung.

## 3 Zuschüsse

Nach § 10 Abs. 1 Satz 2 UStG gehört zum Entgelt auch, was ein anderer als der Leistungsempfänger dem Unternehmer für die Leistung gewährt, also auch das, was im Allgemeinen als »Zuschuss« bezeichnet wird. Gemeint ist hiermit jedoch nicht jede Art von Zuschüssen, die durchaus unter weiteren Bezeichnungen wie z. B. Zuwendung, Beihilfe, Prämie, Ausgleichsbetrag u. Ä. auftreten (vgl. A 10.2 Abs. 1 Satz 1 UStAE). Durch Auslegung des Sachverhalts ist zu ermitteln, ob die mit den vorgenannten Begriffen bezeichnete Leistung Teil des Leistungsaustauschs ist oder ob sie isoliert – außerhalb eines Leistungsaustauschs – erbracht wurde.

Insoweit gilt es **drei Fallgruppen** zu unterscheiden (vgl. A 10.2 Abs. 1 UStAE):

1. Entgelt für eine Leistung des Zuschussempfängers an den Zuschussgeber (sog. unechter Zuschuss),
2. zusätzliches Entgelt i. S. d. § 10 Abs. 1 Satz 2 UStG (ebenfalls sog. unechter Zuschuss) oder
3. echter nicht steuerbarer Zuschuss.

In allen genannten Fällen wird ein bestimmtes Verhalten des Zuschussempfängers mit einem Zuschuss bedacht. In den Fällen unter 1. überwiegt das Interesse des Zuschussgebers am Verhalten des Zuschussempfängers. Dies stellt damit eine Leistung gegenüber dem Zuschussgeber dar.

In den Fällen 2. und 3. wird dagegen der Zuschuss im Interesse des Zuschussempfängers oder des Dritten gewährt, an den der Zuschussempfänger eine Leistung erbringt. Ausschlaggebend ist insoweit, ob der Zuschuss in erster Linie bezweckt, dem Zuschussempfänger Mittel zuzuführen (dann echter nicht steuerbarer Zuschuss, vgl. A 10.2 Abs. 4 UStAE) oder bezweckt, eine Leistung gegenüber Dritten zu verbilligen, weil diese Leistungsempfänger gefördert werden sollen (dann zusätzliches Entgelt i. S. d. § 10 Abs. 1 Satz 3 UStG, vgl. A 10.2 Abs. 3 UStAE).

## 3.1 Zuschuss als Entgelt für eine Leistung des Zuschussempfängers an den Zuschussgeber

Neben den Fällen, in denen der Zuschuss auch im Interesse des Zuschussempfängers gewährt wird, fallen hierunter die Fälle, bei denen nach wirtschaftlicher Betrachtung ein eindeutiger **Leistungsaustausch** vorliegt. Die Bezeichnung Zuschuss stellt in diesen Fällen lediglich einen »Etikettenschwindel« dar. In Wirklichkeit handelt es sich um Entgelt.

Die anderen Fälle, in denen der Zuschuss sowohl im Interesse des Zuschussgebers als auch des Zuschussempfängers gewährt wird, müssen zu den Fällen unter 3 abgegrenzt werden.

Hierbei gilt der **Grundsatz** (vgl. A 10.2 Abs. 7 UStAE): Ein echter nicht steuerbarer Zuschuss liegt vor, wenn die Zahlungen **nicht** an bestimmte Umsätze anknüpfen, sondern unabhängig von einer bestimmten Leistung gewährt werden,

- weil der zahlungsempfangende Unternehmer einen Anspruch auf die Zahlung hat oder
- weil in Erfüllung einer öffentlich-rechtlichen Verpflichtung an ihn gezahlt wird oder
- weil im überwiegenden öffentlichen Interesse an ihn gezahlt wird.

Ein echter nicht steuerbarer Zuschuss liegt auch vor, wenn der zahlungsempfangende Unternehmer die Zahlung lediglich erhält, um ganz allgemein in die Lage versetzt zu werden, überhaupt tätig zu werden (z. B. aus strukturpolitischen, volkswirtschaftlichen oder allgemeinpolitischen Gründen). Nach Auffassung des BFH liegt aber grundsätzlich eine steuerbare Leistung des Zuschussempfängers vor, wenn Zuschussgeber und Zuschussempfänger sich in einem gegenseitigen Vertrag verpflichtet haben (BFH vom 18. 12. 2008 BStBl II 2009, 749).

**BEISPIELE**

a) Die Papierfabrik P errichtet aufgrund öffentlich-rechtlicher Auflagen eine Kläranlage. Die Gemeinde G gibt P hierfür einen Zuschuss von 3 Mio. € unter der Auflage, dass G für die Dauer von 10 Jahren in einem bestimmten Umfang gemeindliche Abwässer in diese Kläranlage einleiten darf. G erspart sich hierdurch die Erweiterung ihrer eigenen gemeindlichen Kläranlage.

**LÖSUNG** Die Errichtung der Kläranlage steht nicht im allgemeinen öffentlichen Interesse, weil die Papierfabrik im eigenen Interesse gezwungen ist, die Kläranlage zu bauen, wenn sie ihren Fabrikationsbetrieb weiter betreiben will. Es ist also nicht so, dass ohne die Errichtung der Kläranlage zwingend eine Wasserverschmutzung eintritt. Die Gemeinde ihrerseits ist verpflichtet, für eine geordnete Abwasserbeseitigung zu sorgen. Nach wirtschaftlicher Betrachtung liegt das bezuschusste Verhalten von P darin, dass sie G die Reinigung der gemeindlichen Abwässer für zehn Jahre gestattet. Dieses Verhalten liegt ausschließlich im Interesse der Gemeinde. Somit erbringt P mit der Reinigung der gemeindlichen Abwässer eine sonstige Leistung an G. Das Entgelt hierfür sind die 3 Mio. €. Die USt hieraus beträgt 19/119 von 3 Mio. €, d. h. 478 992 €.

b) Die Firma F führt ein neuartiges Lebensmittelprodukt auf dem Markt ein. Dem Großhändler G zahlt F dafür, dass dieser zeitweilig in seinen Verkaufsräumen einen besonderen Verkaufsstand für dieses Produkt einrichtet, in dem besonders geschultes Personal von F das Produkt den Kunden des G anbieten darf, einen Werbezuschuss von 5 000 €.

**LÖSUNG** Der Zuschuss wird überwiegend im Interesse von F gewährt, für das neue Produkt zu werben. Somit handelt es sich bei dem Zuschuss um ein Entgelt für eine steuerpflichtige Leistung des G an F. Die USt bei G beträgt hierfür 19/119 von 5 000 €, d. h. 798,32 € (vgl. Umkehrschluss aus A 10.3 Abs. 2 Satz 4 UStAE).

c) Die Kreissparkasse K errichtete in der Stadt R ein Wohn- und Geschäftshaus mit einer Tiefgarage. Vor Errichtung des Gebäudes hatte K mit der Stadt R eine Vereinbarung getroffen, in der sie sich verpflichtete, einen Teil der Stellplätze gegen ein von der Stadt zu zahlendes Entgelt von 2,1 Mio. € der Allgemeinheit zur Verfügung zu stellen.

**LÖSUNG** K erbringt an R eine sonstige Leistung im Zusammenhang mit einem Grundstück (Vertrag besonderer Art). R wendet hierfür als Gegenleistung 2,1 Mio. € auf. Die Leistung ist steuerbar und steuerpflichtig. Die USt beträgt 19/119 von 2,1 Mio. €, d. h. 335 294 € (vgl. BFH vom 13. 11. 1997 BStBl II 1998, 169 und A 10.2 Abs. 2 Beispiel 2 UStAE). Die vereinbarte Zahlung erfolgte nicht zur Förderung einer aus strukturpolitischen, volkswirtschaftlichen oder allgemeinpolitischen Gründen erwünschten Tätigkeit der K.

Nach der Rechtsprechung des EuGH liegt eine Leistung gegen Entgelt vor,

- wenn zwischen dem Leistenden und dem Leistungsempfänger ein Rechtsverhältnis besteht, in dessen Rahmen gegenseitige Leistungen ausgetauscht werden,
- wenn ein unmittelbarer Zusammenhang zwischen erbrachter Leistung und erhaltenem Entgelt besteht,
- wenn der Leistungsempfänger einen Gegenstand oder einen sonstigen Vorteil erhält, aufgrund dessen er als Empfänger einer Lieferung oder Dienstleistung angesehen werden kann,
- wenn (beim Leistungsempfänger oder am Ende der Unternehmerkette) ein Verbrauch i. S. d. gemeinsamen Mehrwertsteuerrechts vorliegt.

K schuf über ihre gesetzliche Stellplatzverpflichtung hinaus öffentlichen Parkraum im Interesse der Stadt und erhielt hierfür das vereinbarte Entgelt von 2,1 Mio. €. K tat dies um der vereinbarten Gegenleistung willen. Die Stadt R erhielt durch die Leistung der K einen eigenen Vorteil, da es zu ihren Aufgaben gehört, im Rahmen der öffentlichen Daseinsvorsorge für ausreichenden öffentlichen Parkraum zu sorgen. Wer ein Gebäude errichtet, hat grundsätzlich auch Pkw-Stellplätze zu errichten. Von dieser Verpflichtung kann er aber befreit werden, wenn er der Gemeinde einen Geldbetrag zahlt. Dieser Geldbetrag ist dann von der Gemeinde zur Herstellung zusätzlicher Stellplätze zu verwenden. Dieser Verpflichtung kam die Stadt R aufgrund der Vereinbarung mit K nach. Sie wurde im Rahmen dieser Vereinbarung von der Pflicht entlastet, selbst Stellplätze zu schaffen.

## 3.2 Zuschuss als Entgelt i. S. d. § 10 Abs. 1 Satz 3 UStG

Bei den Zuschussgebern handelt es sich meistens um staatliche Einrichtungen oder um sonstige gemeinnützige Organisationen. Denn bei anderen Zuschussgebern überwiegen in der Regel die Eigeninteressen, sodass es sich um Fälle des Leistungsaustauschs zwischen Zuschussgeber und -empfänger handelt.

Ein Zuschuss als zusätzliches Entgelt i. S. d. § 10 Abs. 1 Satz 3 UStG liegt vor (A 10.2 Abs. 3 UStAE),

- wenn der zuschussempfangende Unternehmer eine Leistung an einen Dritten erbringt und der Dritte auf die Zahlung einen Rechtsanspruch hat, oder
- wenn die Zahlung in Erfüllung einer öffentlich-rechtlichen Verpflichtung gegenüber dem Dritten erfolgt, oder
- wenn die Zahlung zumindest im Interesse des Dritten gewährt wird oder
- wenn die Zahlung preisauffüllenden Charakter hat (A. 10.2 Abs. 5 UStAE).

**BEISPIELE**

a) Die Gemeinde erstattet einem Busunternehmer Fahrgeldausfälle nach §§ 145 ff. SGB IX für die unentgeltliche Beförderung von Schwerbehinderten (vgl. A 10.2 Abs. 6 Beispiel 1 UStAE).

**LÖSUNG** Die Erstattungsbeträge werden im Interesse der Schwerbehinderten und in Erfüllung einer öffentlich-rechtlichen Verpflichtung gewährt. Es handelt sich somit um (zusätzliches) Entgelt für die Beförderungsleistungen. Der Busunternehmer muss die Erstattungsbeträge der USt unterwerfen (Steuersatz 7 % nach § 12 Abs. 2 Nr. 10b UStG).

b) Der Staat zahlt der Metallgießerei M eine Frachtbeihilfe zum Transport von Kohle aus dem Ruhrgebiet zu M. M hat ihren Sitz im Fördergebiet. Mit der Frachtbeihilfe sollen die Standortnachteile von M ausgeglichen und Arbeitsplätze im Fördergebiet erhalten werden.

**LÖSUNG** Es handelt sich um Zahlungen, die die Wettbewerbssituation von M dadurch verbessern sollen, dass die Produktionskosten gesenkt werden. Dies führt letztlich zu einer Verbilligung der Produkte von M. Die Zahlungen werden nicht im Interesse der Abnehmer, sondern im Interesse der Metallgießerei geleistet. Sie stellen somit kein zusätzliches Entgelt i. S. v. § 10 Abs. 1 Satz 3 UStG dar (vgl. A 10.2 Abs. 4 UStAE).

Es handelt sich auch nicht um ein Entgelt für eine unmittelbare Leistung an den Staat, da die Erhaltung von Arbeitsplätzen im allgemeinen öffentlichen Interesse liegt (vgl. A 10.2 Abs. 7 UStAE).

c) Die A-GmbH errichtet ein Altenwohnheim. Die Gemeinde G gewährt ihr hierfür einen Zuschuss in Höhe von 1 Mio. € unter der Auflage, das Wohnheim an den Altenheimbetreiber M für monatlich 5 000 € zuzüglich USt zu vermieten. Die angemessene Miete wäre monatlich 10 000 €. M seinerseits hat mit G vereinbart, dass er Umsätze i. S. v. § 4 Nr. 16d UStG bewirkt, bevorzugt Personen aufnimmt, die ihm von G benannt werden und hierfür einen bestimmten (niedrigen) Pflegesatz nimmt.

**LÖSUNG** Da der Zuschuss im unmittelbaren Zusammenhang mit dem Vermietungsumsatz der A-GmbH steht, erfolgt er überwiegend im Interesse des M bzw. der Altenheimbewohner. Es liegt somit kein Leistungsaustausch zwischen der A-GmbH und G vor. Da der Zuschuss bezweckt, die Vermietung der A-GmbH an M zu verbilligen, handelt es sich jedoch um zusätzliches Entgelt i. S. d. § 10 Abs. 1 Satz 3 UStG für die aufgrund des Verzichts auf die Steuerfreiheit nach § 9 UStG steuerpflichtige Vermietungsleistung der A-GmbH an M. Aufgrund der Mindest-Istbesteuerung des § 13 Abs. 1 Satz 4 UStG hat die A-GmbH die USt in Höhe von 19/119 von 1 Mio. €, d. h. 159 664 € für den VZ der Vereinnahmung abzuführen.

## 3.3 Echte nicht steuerbare Zuschüsse

Hierunter fallen alle die Zuschüsse, die nicht unter die vorgenannten Fallgruppen einzuordnen sind. Insbesondere handelt es sich um Zahlungen der öffentlichen Hand, die nicht in unmittelbarem Zusammenhang mit Ausgangsleistungen des Zuschussempfängers stehen (vgl. A 10.2 Abs. 7 und 8 UStAE). Sie erfolgen zur allgemeinen Förderung des leistenden Unternehmers und nicht überwiegend im Interesse des Leistungsempfängers.

**ÜBERSICHT Abgrenzung echter und unechter Zuschüsse**

**echter Zuschuss**

Zahlungen zur Förderung allgemein volkswirtschaftlicher oder strukturpolitischer Ziele.

**Typische Fälle:**
- staatliche Zuschüsse zu Löhnen oder Ausbildungsvergütungen
- Zuschüsse zu Qualifizierungsmaßnahmen
- Zuschüsse zu Betriebs- und Unterhaltskosten von Sportstätten nach Kriterien des Deutschen Olympischen Sportbunds

↓

Zahlung erfolgt unabhängig von einer Gegenleistung

↓

kein steuerbarer Vorgang

**unechter Zuschuss**

Zahlungen werden zwar als »Zuschuss« bezeichnet, der Zahlende erhält jedoch einen eigenen wirtschaftlichen Vorteil oder eine Gegenleistung.

**Typische Fälle:**
- Zahlungen von der Gemeinde an einen Verein zur Durchführung einer vertragsgemäßen Werbeveranstaltung
- Zahlungen der Gemeinde an einen Unternehmer, der Parkplätze zur Verfügung stellt

↓

Zahlung stellt **Entgelt für eine Leistung** dar

↓

steuerbarer Vorgang i.S.d. § 1 Abs. 1 Nr. 1 UStG

## 4 Durchlaufende Posten

Durchlaufende Posten liegen nach § 10 Abs. 1 Satz 5 UStG nur dann vor, wenn die Beträge
- im fremden Namen und
- für fremde Rechnung

vereinnahmt bzw. verausgabt werden. Fehlt eines der beiden Merkmale, gehört die Zahlung zum Entgelt.

Durchlaufende Posten kommen insbesondere im Zusammenhang mit Vermittlungsleistungen vor. So wie demjenigen, der im fremden Namen und Auftrag eine Leistung erbringt, die Leistung nicht zugerechnet wird, wird demjenigen, dem von seinem Auftraggeber ein Geldbetrag zwecks einer Zahlung in dessen Namen übergeben wird, dieser Geldbetrag nicht als Entgelt für seine Vermittlungsleistung zugerechnet.

**ÜBERSICHT Abgrenzung durchlaufender Posten zu Auslagenersatz**

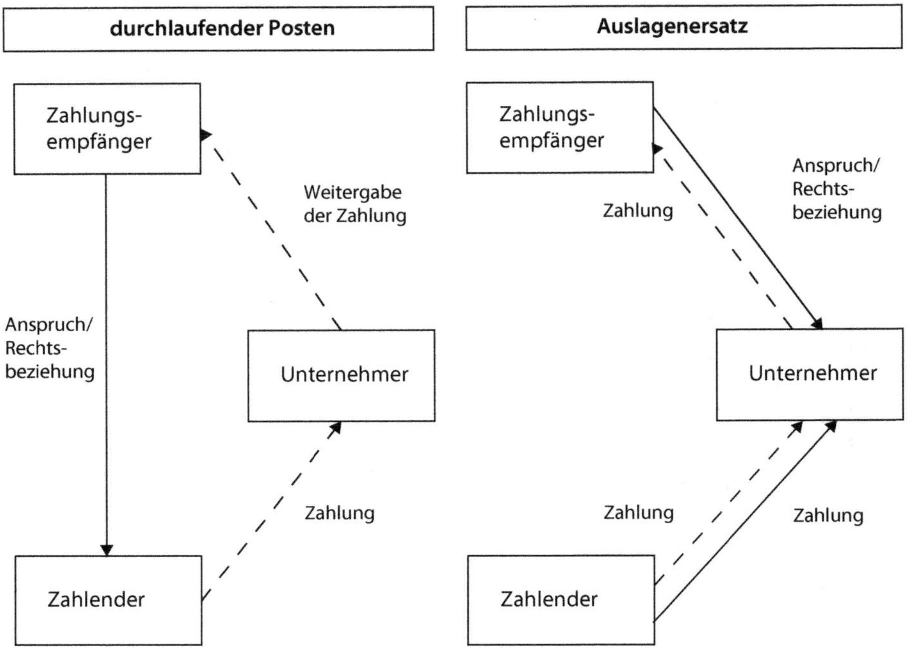


**BEISPIEL**

Der Rechtsanwalt R kassiert von seinem Mandanten M für die Führung eines Prozesses neben einem Vorschuss für seine eigenen Gebühren auch die Gerichtsgebühren, die er bei Klageerhebung an das Gericht zu entrichten hat. Daneben verlangt er von ihm die Erstattung der von R an das Gericht gezahlten Aktenversendungspauschale.

**LÖSUNG** Bei den Gerichtsgebühren handelt es sich um durchlaufende Posten, da R sie im Namen und für Rechnung seines Mandanten bei Gericht einzahlt. Nach der Gerichtskostenordnung ist nicht R, sondern der Kläger M Schuldner der Gerichtsgebühren (vgl. A 10.4. Abs. 2 Satz 4 und 5 UStAE). Dagegen unterliegt die Aktenversendungspauschale der Umsatzsteuer. Es handelt sich nach ständiger Rechtsprechung des BFH nicht um einen durchlaufenden Posten, da nach § 28 Abs. 2 GKG Kostenschuldner der Anwalt ist, wenn dieser die Versendung der Akten beantragt hat (vgl. auch BGH vom 06. 04. 2011 HFR 2011, 1047).

Nimmt eine Mittelsperson im Namen und für Rechnung eines anderen einen Geldbetrag (durchlaufenden Posten) ein, wird der Geldbetrag nicht der Mittelsperson, sondern demjenigen zugerechnet, in dessen Namen und Auftrag er eingenommen wird. Der durchlaufende Posten kann bei dem, für den er eingenommen wird, Entgelt sein, es kann sich jedoch auch z. B. um Schadensersatz oder eine sonstige bloße Geldzahlung handeln (vgl. auch A 10.4 Abs. 2 bis 4 UStAE).

**BEISPIELE**

a) Der Gastwirt G im Kurort K ist nach der Gemeindesatzung verpflichtet, für K eine Kurtaxe von seinen Gästen in Höhe von 2 € pro Übernachtung zu erheben.

**LÖSUNG** Die Kurtaxe stellt bei G einen durchlaufenden Posten dar. Dies gilt auch dann, wenn der Kurverwaltung der Namen des einzelnen Gastes nicht bekannt wird. Zwar ist für einen durchlaufenden Posten grundsätzlich erforderlich, dass der Zahlungsempfänger den Namen des Zahlenden erfährt, jedoch finden diese Grundsätze auf Abgaben und Beiträge keine Anwendung (vgl. A 10.4 Abs. 2 Satz 2 und 3 UStAE). Entscheidend ist lediglich, dass aufgrund der gemeindlichen Satzung Schuldner der Kurtaxe nicht der Gastwirt, sondern der Kurgast ist. Somit gehört die Kurtaxe beim Gastwirt nicht zum Entgelt für die Beherbergungsleistung. Die Kurtaxe ist bei der Gemeinde Entgelt für das Bereithalten der Kureinrichtungen gegenüber dem Kurgast. Insoweit kann sich bei der Gemeinde eine USt-Pflicht ergeben (die Kurtaxe unterliegt dem ermäßigten Steuersatz, vgl. G 9).

b) Der Schallplattenhersteller S produziert mit Hilfe einiger berühmter Schlagersänger eine Platte, von deren Erlös 2 € je Platte an die Welthungerhilfe abgeführt werden. Auf dem Plattencover befindet sich hierauf ein deutlicher Hinweis.

**LÖSUNG** Gegen die Annahme eines durchlaufenden Postens spricht, dass der Welthungerhilfe die Namen derer, die die Platten bezogen und damit auch die Spende an die Welthungerhilfe entrichtet haben, nicht bekannt werden. In der Regel erkennt die Verwaltung die Spende aus Billigkeitsgründen als durchlaufenden Posten an.

# 5 Entgeltminderungen

## 5.1 Allgemeines

Entgeltminderungen liegen vor (vgl. A 10.3 Abs. 1 Satz 1 UStAE), wenn

a) der Leistungsempfänger bei der Zahlung Beträge abzieht wie z. B Skonti, Rabatte, Preisnachlässe oder

b) dem Leistungsempfänger bereits bezahlte Beträge zurückgewährt werden, ohne dass er dafür eine Leistung zu erbringen hat.

Auf die Gründe, die für die Ermäßigung des Entgelts maßgebend waren, kommt es nicht an (vgl. A 10.3 Abs. 1 Satz 3 UStAE). Es macht deshalb keinen Unterschied, ob der Leistungsempfänger wegen der mangelhaften Lieferung eines Gegenstandes Minderung oder Schadensersatz verlangt. In beiden Fällen ergibt sich eine Minderung der Bemessungsgrundlage (vgl. BFH vom 16. 01. 2003, BStBl II 2003, 620). Es ist jedoch stets zu prüfen, ob sich das Entgelt tatsächlich ermäßigt hat oder ob die ermäßigte Zahlung in der Verrechnung mit einer Gegenleistung begründet ist. Man spricht dann von **unechter** Entgeltminderung (unechter Bonus, unechter Skonto, unechter Rabatt).

Ändert sich aufgrund einer **nachträglichen Änderung** des Entgelts die Steuer bzw. der Vorsteuerabzug, erfolgt die Berichtigung nach § 17 UStG.

**BEISPIELE**

a) L hat an A eine Maschine geliefert. A hat die Maschine sofort bezahlt. Die Maschine funktioniert zunächst nicht, weil ein Maschinenteil defekt ist. A lässt den defekten Teil durch B auswechseln und berechnet L die Kosten dieser Reparatur. L zahlt die Reparaturkosten an A.

**LÖSUNG** Mit der Reparatur der Maschine durch B erbringt A keine Leistung an L. Somit stellt die Bezahlung der Reparaturkosten durch L wirtschaftlich eine Rückgewähr eines Teils des Entgelts für die Lieferung der Maschine dar. Es handelt sich somit um eine echte Entgeltminderung (vgl. A 10.3 Abs. 2 Satz 1 UStAE).

b) L hat an A eine Maschine geliefert. Als Kaufpreis wurden 100 000 € (gemeiner Wert 100 000 €) vereinbart. L und A vereinbarten jedoch zugleich, dass A pauschal 20 000 € vom Kaufpreis abziehen darf und er dafür global auf alle Ansprüche aus der Sachmängelhaftung des L verzichtet.

**LÖSUNG** Mit dem globalen Verzicht auf alle Ansprüche aus der Sachmängelhaftung erbringt A eine sonstige Leistung an L (vgl. A 10.3 Abs. 2 Satz 3 UStAE). Somit erbringt L im Rahmen eines tauschähnlichen Umsatzes mit Baraufgabe eine steuerpflichtige Lieferung an A. Bemessungsgrundlage (brutto) für diese Lieferung ist der gemeine Wert der Verzichtsleistung zuzüglich die Baraufgabe von 80 000 €. Da im Zweifel beim Tausch und tauschähnlichen Umsätzen davon auszugehen ist, dass Wertgleichheit besteht, kann der Wert der Verzichtsleistung mit 20 000 € angenommen werden. Damit ergibt sich für die Lieferung des L an A folgende Bemessungsgrundlage:

| | |
|---|---|
| gemeiner Wert der Verzichtsleistung | 20 000 € |
| + Baraufgabe | 80 000 € |
| = Bemessungsgrundlage (brutto) | 100 000 € |

Die USt beträgt somit 19/119 von 100 000 €, d. h. 15 996,39 €.
Die Verzichtsleistung des A ist als Hilfsgeschäft im Rahmen des Unternehmens ebenfalls steuerbar und steuerpflichtig. Die Bemessungsgrundlage (brutto) ermittelt sich nach § 10 Abs. 2 Satz 2 UStG wie folgt:

| | |
|---|---|
| gemeiner Wert der Maschine | 100 000 € |
| ./. Baraufgabe | ./. 80 000 € |
| = Bemessungsgrundlage (brutto) | 20 000 € |

Die USt beträgt somit 19/119 von 20 000 €, d. h. 3 193,28 €.

Vertragsstrafen, die der leistende Unternehmer an den Leistungsempfänger wegen nicht gehöriger Erfüllung zu zahlen hat, führen zu keiner Entgeltminderung (vgl. A 10.3 Abs. 2 Satz 10 UStAE). Sie stellen echten, nicht steuerbaren Schadenersatz dar.

Entgeltminderungen bewirken einerseits eine Ermäßigung der USt, andererseits jedoch auch eine entsprechende Ermäßigung der Vorsteuer beim Leistungsempfänger. Dabei sind folgende zwei Fälle zu unterscheiden:

1. Treten die Entgeltminderungen bereits in dem VZ ein, in dem die Leistung erbracht wurde, entsteht die USt (und Vorsteuer beim Leistungsempfänger) am Ende des VZ von vornherein auf der Basis des verminderten Entgelts.
2. Treten die Entgeltminderungen dagegen erst in einem späteren VZ ein, entsteht die USt zunächst auf der Basis des unverminderten Entgelts und ist erst später nach § 17 UStG für den VZ zu berichtigen, in dem die Entgeltminderung eintritt.

Eine Änderung der Bemessungsgrundlage durch die Minderung des Entgelts erfolgt erst in dem Besteuerungszeitraum, in dem dieses (ganz oder teilweise) tatsächlich zurückgezahlt wird (vgl. A 17.1 Abs. 7 Satz 3 und 17.1 Abs. 8 Satz 5 UStAE).

## 5.2 Entgeltminderungen bei Vergütungen an nicht unmittelbar nachfolgende Leistungsempfänger

Entgeltminderungen liegen grundsätzlich auch in den Fällen vor, in denen der leistende Unternehmer einen Preisnachlass gewährt, der nicht dem eigenen unmittelbaren Vertragspartner, sondern einem in der Leistungskette nachfolgenden Leistungsempfänger zugutekommt.

**BEISPIELE**

a) Der Zahnpastahersteller Z veräußert seine Produkte über verschiedene Großhändler, die ihrerseits Einzelhändler beliefern, welche die Produkte an Endverbraucher veräußern. Z fördert den Absatz seines Produktes dadurch, dass er auf der Verpackung einen von diesem den Betrag von 5 € vergütet. Der Endverbraucher V hat beim Einzelhändler E zehn Tuben Zahnpasta à 2 €, also für insgesamt 20 € erworben. V erhält nach Einsendung der Gutscheine von Z 5 € vergütet.

**LÖSUNG** Die Vergütung an V mindert die Bemessungsgrundlage für die Lieferungen des Z an die Großhändler. Dementsprechend hat Z seine Umsatzsteuer gemäß § 17 Abs. 1 Satz 1 UStG um 19/119 von 5 € = 0,80 € zu berichtigen. Trotz dieser Berichtigung mindert sich der Vorsteuerabzug bei den Großhändlern gemäß § 17 Abs 1 Satz 3 UStG nicht, da sie durch die Vergütung an die Endverbraucher nicht begünstigt werden. Der Einzelhändler E hat seine Lieferungen an V auf der Basis der von E an sie geleisteten Zahlungen versteuert und somit Umsatzsteuer in Höhe von 19/119 von 20 € = 3,19 € abgeführt. Im Ergebnis hat V jedoch für die Zahnpasta nur 15 € aufgewendet. Nach der Systematik des Umsatzsteuergesetzes darf die Umsatzsteuer jedoch nur auf den Endverbrauch erhoben werden, also auf den Betrag, der letztlich vom Endverbraucher aufgewendet wird. Hiernach dürfte sich lediglich eine Umsatzsteuer in Höhe von 19/119 von 15 € = 2,39 € ergeben. Die hiernach zuviel entrichtete Umsatzsteuer in Höhe von 0,80 € (3,19 € ./. 2,39 €) wird dadurch ausgeglichen, dass Z seine Umsatzsteuer um 0,80 € kürzt, obwohl seine Abnehmer (die Großhändler) ihren Vorsteuerabzug nicht kürzen.

b) **Abwandlung des Beispiels:**
V ist Unternehmer und ist bezüglich der Zahnpasta zum Vorsteuerabzug berechtigt.

**LÖSUNG** In diesem Fall hat V seinen Vorsteuerabzug gem. § 17 Abs. 1 Satz 4 UStG um 0,80 € zu kürzen.

In Bezug auf Preisnachlässe, die durch Vermittler oder Agenten gewährt werden, ist zu unterscheiden:

- Der Agent räumt einem Abnehmer **mit Zustimmung des Lieferanten** einen Preisnachlass zulasten seiner Vermittlerprovision ein. Der Lieferant erteilt eine Rechnung über den geminderten Preis und berechnet die Vermittlungsprovision auf dieser »gekürzten« Grundlage. Insoweit versteuert der Lieferer nur den vom Abnehmer aufgewendeten Betrag. Das Entgelt für die Vermittlungsleistung besteht in der »gekürzten« Provision.
- Der Vermittler räumt den Preisnachlass **ohne Beteiligung der Lieferfirma** zulasten seiner Provision ein. Der Lieferer erteilt eine Rechnung über den vereinbarten Preis in voller Höhe und berechnet daraus die Provision des Agenten. Dieser gewährt dem Abnehmer den zugesagten Preisnachlass in bar, durch eine Gutschrift, in Form von Sachleistungen etc. Dann mindert der vom Agenten gewährte Preisnachlass weder das Entgelt der Lieferfirma noch seine Provision (A 10.3 Abs. 4 Satz 4 UStAE).

Mit diesen Ausführungen folgt die Finanzverwaltung der Rechtsprechung des EuGH vom 16. 01. 2014, Rs. C-300/12, Ibero Tours, die der BFH in der Folgeentscheidung vom 27. 02. 2014, V R 18/11 in nationales Recht umgesetzt hatte.

## 5.3 Entgeltminderung wegen Uneinbringlichkeit des Entgelts

Nach § 17 Abs. 2 Nr. 1 Satz 1 i. V. m. Abs. 1 UStG ist die vollständige oder teilweise Uneinbringlichkeit des Entgelts wie eine Entgeltminderung zu behandeln. Uneinbringlich ist das Entgelt insbesondere dann, wenn der Schuldner zahlungsunfähig wurde bzw. der Zahlungsanspruch nicht durchgesetzt werden kann, weil ihm z. B. die Einrede der Verjährung etc. entgegengehalten wird (vgl. A 17.1 Abs. 5 Satz 1 und 2 UStAE). Ertragsteuerrechtlich zulässige pauschale Wertberichtigungen führen dagegen noch nicht zu einer Entgeltminderung (vgl. A 17.1 Abs. 5 Satz 8 UStAE).

Die Eröffnung des Insolvenzverfahrens über das Vermögen des Schuldners führt zur Uneinbringlichkeit aller noch offener Forderungen im Zeitpunkt der Eröffnung des Insolvenzverfahrens, sofern die Uneinbringlichkeit nicht schon vorher nach allgemeinen Grundsätzen eingetreten ist (vgl. A 17.1 Abs. 5 Satz 2 UStAE). Die Uneinbringlichkeit tritt bei Eröffnung des

Insolvenzverfahrens auch dann ein, wenn mit einer Insolvenzquote zu rechnen ist. Dies lässt sich damit begründen, dass der Zahlungsanspruch nach Eröffnung des Insolvenzverfahrens zunächst nicht (auch nicht quotal) durchgesetzt werden kann (vgl. BFH vom 13. 11. 1986 BStBl II 1987, 226).

Auch bei der Insolvenz des Gläubigers tritt bei diesem zum Zeitpunkt der Insolvenzeröffnung Uneinbringlichkeit für von ihm erbrachte Leistungen ein, wenn das ihm hierfür geschuldete Entgelt bis zu diesem Zeitpunkt noch nicht vereinnahmt ist. Die Empfangszuständigkeit und damit der Entgeltanspruch geht ab der Eröffnung des Insolvenzverfahrens nach § 80 Abs. 1 InsO auf den Insolvenzverwalter über (vgl. BFH vom 09. 12. 2010 UR 2011, 551).

Zur analogen Anwendung des § 17 UStG für den Fall der Korrektur einer unrichtigen Rechnung i. S. v. § 14c Abs. 1 UStG vgl. Teil R 2.1.

**Typische Fälle zur Änderung der Bemessungsgrundlage**

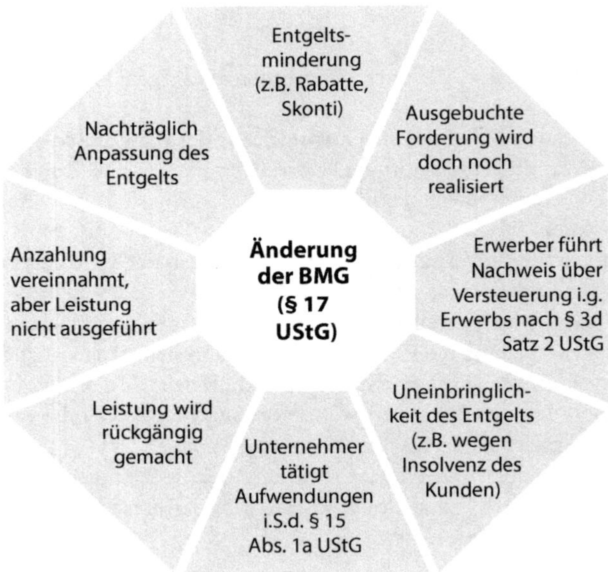


In Bezug auf die Bemessung des Entgelts bei der Einlösung von Gutscheinen gelten die allgemeinen Grundsätze des § 10 Abs. 1 UStG. Ausdrücklich geregelt hat der Gesetzgeber lediglich die Bemessungsgrundlage für die sog. Mehrzweckgutscheine nach § 3 Abs. 15 UStG. Demnach wird im Fall des Nichtvorliegens von Angaben über die Höhe der für den Gutschein erhaltenen Gegenleistung das Entgelt entweder nach dem Gutscheinwert selbst oder nach dem in den damit zusammenhängenden Unterlagen angegebenen Geldwert bemessen. Allerdings – systemgerecht – unter Abzug der Umsatzsteuer, die auf die gelieferten Gegenstände oder erbrachten Dienstleistungen entfällt. Gegenstand der Regelung ist damit der Fall, dass bei Vertriebsketten der leistende Unternehmer das vom Einlösenden für den Gutschein aufgewendete Entgelt nicht vereinnahmt hat und daher auch nicht kennt (Thiele/König, UR 2018, 933 ff.).

# 6 Mindestbemessungsgrundlage

Das Entgelt nach § 10 Abs. 1 UStG ist nicht die umsatzsteuerrechtlich maßgebliche Bemessungsgrundlage in den Fällen der sog. Mindestbemessungsgrundlage nach § 10 Abs. 5 UStG.

Die Regelung der Mindestbemessungsgrundlage schließt eine Lücke zwischen den voll entgeltlichen und den unentgeltlichen Leistungen i. S. d. § 3 Abs. 1b und Abs. 9a UStG. Die teilentgeltlichen Leistungen werden danach mindestens so hoch besteuert wie die entsprechenden unentgeltlichen Leistungen.

Der **Anwendungsbereich** des § 10 Abs. 5 UStG wird grundsätzlich durch den Rahmen der gem. Art. 27 der 6. RL erteilten Ermächtigung bestimmt und erfasst (im Rahmen der Ermächtigung **»zur Verhütung von Steuerhinterziehung oder -umgehung«**) grundsätzlich drei Bereiche von Lieferungen und sonstigen Leistungen gegen Entgelt zwischen »verbundenen Personen«:

1. Umsätze der in § 10 Abs. 5 Nr. 1 UStG genannten Vereinigungen an ihre Anteilseigner, Gesellschafter, Mitglieder und Teilhaber oder diesen nahe stehende Personen (vgl. A 10.7 Abs. 1 Beispiele 2 und 3 UStAE);
2. Umsätze von Einzelunternehmern an ihnen nahe stehende Personen;
3. Umsätze von Unternehmern an ihr Personal oder dessen Angehörige auf Grund des Dienstverhältnisses (vgl. Abschnitt 1.8 UStAE).

Ist das für diese Umsätze entrichtete Entgelt niedriger als die nach § 10 Abs. 4 UStG in Betracht kommenden Werte oder Ausgaben für gleichartige unentgeltliche Leistungen, sind als Bemessungsgrundlage die Werte oder Ausgaben nach § 10 Abs. 4 UStG anzusetzen (A. 10.6 UStAE).

Der Begriff der nahe stehenden Personen umfasst zunächst die Angehörigen im Sinne von § 15 AO, reicht jedoch weiter. Dazu kommen alle Personen, zu denen der Unternehmer eine enge rechtliche, wirtschaftliche oder persönliche Beziehung hat (A 10.7 Abs. 1 Satz 2 UStAE). Der Begriff der nahe stehenden Person ist inzwischen in § 138 InsO ausführlich gesetzlich definiert, eine weitere Definition der nahe stehenden Person findet sich für Beteiligungsverhältnisse auch in § 1 Abs. 2 AStG. Der insolvenzrechtliche Begriff deckt sich weitgehend mit dem umsatzsteuerrechtlichen Begriff der nahe stehenden Person. Deshalb kann die Definition in § 138 InsO auch für die USt herangezogen werden. Nahe stehende Personen sind z. B. danach auch Personen, die in häuslicher Gemeinschaft mit dem Unternehmer leben oder im letzten Jahr vor der Leistung mit dem Unternehmer gelebt haben.

Im Übrigen kann man annehmen, dass der Unternehmer dann an eine nahe stehende Person geleistet hat, wenn das Entgelt unangemessen niedrig ist und keine im Unternehmen begründeten Ursachen hierfür dargelegt werden können. Kann der Unternehmer dagegen unternehmerische Gründe glaubhaft machen, dass es sich z. B. um Schlussverkauf bzw. Lockvogelangebote gehandelt hat, greift die Mindestbemessungsgrundlage nicht ein.

Ein typischer Anwendungsfall für die Mindestbemessungsgrundlage liegt regelmäßig vor bei der steuerpflichtigen Vermietung von Grundstücken an Angehörige, wenn die Miete niedriger ist als die hierbei anfallenden Kosten (Ausgaben). Zu beachten ist jedoch, dass bei der Berechnung der Kosten solche unberücksichtigt bleiben, die nicht zum Vorsteuerabzug berechtigt haben (§ 10 Abs. 5 i. V. m. § 10 Abs. 4 Nr. 2 UStG), z. B. Grundsteuer und Schuldzinsen. Im Übrigen werden grundsätzlich die ertragsteuerlichen Kosten angesetzt. Die Anschaffungs- oder Herstellungskosten eines Wirtschaftsguts sind gemäß § 10 Abs. 4 Nr. 2 Sätze 2 und 3 UStG entsprechend dem Berichtigungszeitraum des § 15a UStG anteilig anzusetzen. Bei Grundstücken und Gebäuden ist somit jährlich 1/10 der Anschaffungskosten bzw. Herstellungskosten anzusetzen, soweit sie zum Vorsteuerabzug berechtigt haben.

Sind die danach anzusetzenden Kosten höher als das entrichtete Nettoentgelt, ist jedoch die Miete gleichwohl marktüblich, verbietet sich der Ansatz der Mindestbemessungsgrundlage (§ 10 Abs. 5, Satz 1 2. HS und Satz 2 UStG; vgl. A 10.7 Abs. 1 Satz 4 UStAE mit Hinweis auf das Urteil des EuGH vom 29. 05. 1997, BStBl II 1997, 841).

Insoweit ist der Umsatz höchstens nach dem marktüblichen Entgelt zu bemessen. Dies ist der gesamte Betrag, den ein Leistungsempfänger an einen Unternehmer unter Berücksichtigung der Handelsstufe zahlen müsste, um die betreffende Leistung zu diesem Zeitpunkt unter den Bedingungen des freien Wettbewerbs zu erhalten (vgl. A 10.7 Abs. 1 Satz 5 ff. UStAE und BMF vom 23. 02. 2016 BStBl I 2016, 1, 240). Der Gesetzgeber hat dies nunmehr direkt in § 10 Abs. 5 UStG zum Ausdruck gebracht.

Ein Fall der Mindestbemessungsgrundlage kann auch die Kfz-Vermietung unter nahe stehenden Personen oder an Arbeitnehmer sein. Auch in diesem Fall sind bei der Ermittlung der Mindestbemessungsgrundlage solche Kosten auszuscheiden, für die ein Vorsteuerabzug ausgeschlossen ist, z. B. Kfz-Steuer und Kfz-Versicherungen.

Kein Fall der Mindestbemessungsgrundlage liegt vor, wenn die Leistung im Falle der Unentgeltlichkeit nicht steuerbar wäre.

**BEISPIEL**

Der Unternehmer U überlässt seinen Arbeitnehmern Berufskleidung und ordnet an, diese während der Arbeitszeit zu tragen, um ein gleichmäßiges Erscheinungsbild bei den Kunden zu erreichen. Die private Nutzung der Arbeitskleidung ist ausgeschlossen. Um die Arbeitnehmer zum sorgsamen Umgang mit der Arbeitskleidung anzuhalten, werden sie monatlich mit 40 € an den Gesamtkosten von etwa 100 € beteiligt.

**LÖSUNG** U erbringt an seine Arbeitnehmer entgeltliche sonstige Leistungen. Sie sind steuerbar und steuerpflichtig. Bemessungsgrundlage ist das Entgelt von brutto 40 €. Die Umsatzsteuer beträgt somit 19/119 von 40 € = 6,39 €. Die Mindestbemessungsgrundlage greift nicht ein, weil im Falle der Unentgeltlichkeit keine fiktiv entgeltlichen Leistungen nach § 3 Abs. 9a UStG vorliegen würden (vgl. A 1.8 Abs. 4 Nr. 4 UStAE). Entgegen seinem Wortlaut ist § 10 Abs. 5 Nr. 2 UStG nach Sinn und Zweck der Vorschrift nicht anzuwenden (BFH Urteil vom 29. 05. 2008, UR 2008, 705).

Der Anwendung der Mindestbemessungsgrundlage steht nicht entgegen, dass eine ordnungsgemäß erbrachte Leistung an einen vorsteuerabzugsberechtigten Unternehmer abgerechnet wird. Allerdings findet § 10 Abs. 5 UStG bei Leistungen an einen zum vollen Vorsteuerabzug berechtigten Unternehmer dann **keine Anwendung**, wenn der vom Leistungsempfänger geltend gemachte Vorsteuerabzug keiner Vorsteuerberichtigung nach § 15a UStG unterliegt, weil die bezogene Leistung ihrer Art nach keinem Berichtigungstatbestand des § 15a UStG unterfällt (vgl. A 10.7 Abs. 6 UStAE). Auch diese mit vorgenanntem BMF-Schreiben vom 23. 02. 2016 aktuell geänderte Verwaltungsauffassung geht zurück auf eine Entscheidung des EuGH vom 26. 04. 2012, C-621/10, C-129/11 (Balkan and Sea Properties, Provadinvest). Darin hatte der EuGH die Anwendbarkeit des Art. 80 MwStSystRL, der europäischen Ermächtigungsgrundlage für § 10 Abs. 5 UStG, für Umsätze zwischen verbundenen Unternehmen mit Vorsteuerabzugsrecht verneint. Er stützte seine Entscheidungen darauf, dass in solchen Fällen auf dieser Stufe kein Risiko von Steuerhinterziehungen bzw. -umgehungen besteht, das die Voraussetzung für das Eingreifen dieser Sonderregelung darstellt.

Abschließend ein Überblick über die Gesamtstruktur der Regelungen zur Bemessungsgrundlage:

**ÜBERSICHT Bemessungsgrundlage**

| entgeltliche Leistungen | unentgeltliche Leistungen | Einfuhr |
|---|---|---|
| • Leistungsaustausch § 1 Abs. 1 Nr. 1 UStG<br>• innergem. Erwerb § 1 Abs. 1 Nr. 5 UStG | • Gleichstellungstatbestände (§ 3 Abs. 1 Buchst. b und Abs. 9 Buchst. a UStG) sowie<br>• Verbringen des Gegenstands (§ 1a Abs. 2 UStG) | |
| **Entgelt (§ 10 Abs. 1 Satz 1 UStG)** oder **Mindestbemessungsgrundlage (§ 10 Abs. 5 UStG)** | **Ersatzwerte**<br>• Einkaufspreis<br>• Selbstkosten<br>• Kosten<br>• Ausgaben | **Zollwert (§ 11 UStG)** |

## 7 Übungsfälle zur Bemessungsgrundlage nach § 10 Abs. 1 UStG

1. Einzelhändler E berechnet dem Kunden K für die Lieferung von Fruchtsäften 100 € zuzüglich 7 € USt (7 %), d. h. 107 €.
2. Einzelhändler E berechnet dem Kunden K für die Lieferung von Obst 100 € zuzüglich 19 € USt (19 %), d. h. 119 €.
3. S ist Geldspielautomatenaufsteller. Für den Monat Januar hat ihm der Automat SA1 3 500 € eingespielt. Aus dem Zählwerk des Automaten ergibt sich, dass in dieser Zeit 9 000 Spiele erfolgt sind. Ein Spiel kostet 1 €. In den 9 000 Spielen waren 500 sog. Freispiele enthalten. Gesetzlich ist festgelegt, dass mindestens 60 % der Einsätze an den Spieler als Gewinn zurückfließen müssen.
4. Versandhändler V berechnet dem Kunden K für die Lieferung einer Ware 500 € zuzüglich 40 € Versandkosten.
5. Gastwirt G berechnet seinem Kunden K 47,50 €. Der Kunde gibt ihm einen 50 €-Schein mit der Bemerkung »Stimmt so!«.
6. Die Bedienung B in der Gastwirtschaft des G berechnet einem Kunden K 47,50 €. Der Kunde gibt ihr einen 50 €-Schein mit der Bemerkung »Stimmt so!«.
7. Versandhändler V sendet dem Kunden K mit der Post eine Ware per Nachnahme. Die Post kassiert bei K 58 € zuzüglich 2 € Zahlkartengebühr. V erhält von der Post hieraus insgesamt 54 € vergütet.
8. Maschinenfabrikant M hat an den Abnehmer A Maschinen für 50 000 € zuzüglich 9 500 € USt auf Ziel geliefert. M veräußert seine Kaufpreisforderung sofort an das Factoring-Unternehmen F zum Festpreis von 52 700 €.
9. Die Sektkellerei S liefert dem Händler H Sekt für 2 000 € zuzüglich 300 € Sektsteuer.
10. Tankstelleninhaber T ist Agent der Esso-AG. Für die Errichtung einer dritten Zapfsäule zahlt ihm die Esso-AG einen Zuschuss von 50 000 €.
11. Großhändler H hat dem Einzelhandelsunternehmen E im 4. Quartal 01 Obst zum Gesamtpreis von 80 000 € geliefert. E hat das Obst an Kunden veräußert. Das Obst war für den Transport in Kunststoff-Folie verschweißt. Nach der Verpackungsverordnung ist sowohl E als auch H verpflichtet, die an ihre Abnehmer belieferten Transportverpackungen zurückzunehmen. Zwischen H und E wurde diesbezüglich vereinbart, dass E den von seinen

Kunden zurückgegebenen Transportmüll entsorgt bzw. einer Wiederverwertung zuführt und ihn nicht seinerseits zu H zurückschickt. H erteilt E dafür zum Quartalsende eine Gutschrift in Höhe von 2 % des Gesamtpreises, also 1 600 €.

12. Zur Förderung umweltfreundlicher Energien zahlt das Land dem Elektrizitätswerk E zur Errichtung einer Windkraftanlage einen Zuschuss von 200 000 €.
13. Handelsvertreter H ist für die Fa. F. tätig. Er erhält von den von ihm vermittelten Maschinenverkäufen 10 % Provision. Außerdem erhält er Spesen auf besonderen Nachweis ersetzt. Dementsprechend ersetzt ihm F gegen Aushändigung einer Gaststättenrechnung über 60 € diese 60 €.

# Teil G Steuersätze

## 1 Übersicht über die Steuersätze

Die Vereinheitlichung des Umsatzsteuerrechts innerhalb der EU ist im Bereich der Steuersätze noch nicht erfolgt. In den Mitgliedstaaten gelten ganz unterschiedliche Steuersätze (zum 01.01.2019 vgl. https://www.hk24.de/produktmarken/beratung-service/recht_und_steuern/steuerrecht/umsatzsteuer_mehrwertsteuer/umsatzsteuer_mehrwertsteuer_international/warenhandel/umsatzsteuersaetze-eu-drittstaaten/1167702#titleInText0).

Im deutschen Umsatzsteuerrecht gelten derzeit folgende Steuersätze:

| | | |
|---|---|---|
| a) | bei Unternehmern, die der allgemeinen Besteuerungsform unterliegen (keine Land- und Forstwirte nach § 24 UStG): | |
| | Regelsteuersatz nach § 12 Abs. 1 UStG | 19 % |
| b) | Umrechnungsfaktor von brutto (vgl. A 15.4 Abs. 3 Nr. 1 UStAE) | 15,97 % |
| | Ermäßigter Steuersatz nach § 12 Abs. 2 UStG | 7 % |
| | Umrechnungsfaktor von brutto (vgl. A 15.4 Abs. 3 Nr. 1 UStAE) | 6,54 % |
| c) | bei Land- und Forstwirten, die der Sonderregelung des § 24 UStG unterliegen: | |
| | Durchschnittsteuersatz nach § 24 Abs. 1 Nr. 3 UStG (Regelfall) | 10,7 % |
| | nach § 24 Abs. 1 Nr. 1 UStG | 5,5 % |
| | nach § 24 Abs. 1 Nr. 2 UStG | 19 % |

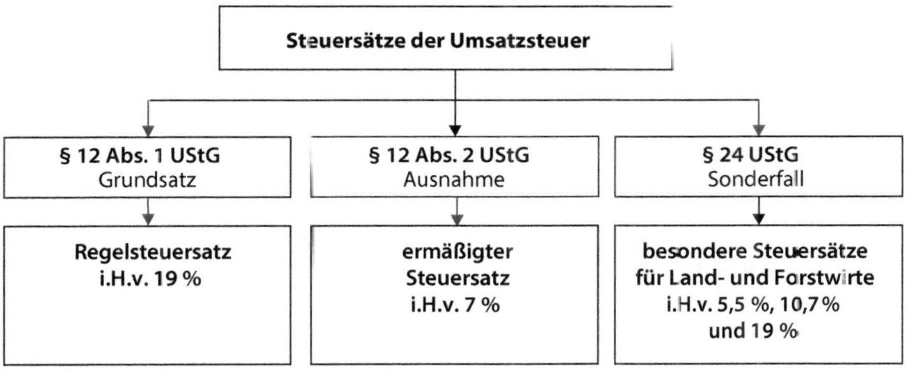


## 2 Allgemeine Grundsätze

### 2.1 Nebenleistungen

Es gilt der Grundsatz der Einheitlichkeit der Leistung. Nebenleistungen teilen umsatzsteuerrechtlich das Schicksal der Hauptleistung (vgl. A 3.10. Abs. 5 Satz 1 UStAE). Die Aufspaltung einer einheitlichen Leistung (z. B. Lieferung) mit dem Ziel, teils den Regelsteuersatz und teils den ermäßigten Steuersatz anzuwenden, ist grundsätzlich unzulässig (Ausnahme: Sachgesamtheiten).

Daraus folgt: Unselbständige Nebenleistungen unterliegen demselben Steuersatz wie die Hauptleistung (z. B. Verpackung von Lebensmitteln der Anlage 2 zum UStG unterfällt ebenfalls dem ermäßigten Steuersatz).

Eine Nebenleistung liegt grundsätzlich unter folgenden Voraussetzungen vor (vgl. A 3.10 Abs. 5 Satz 3 UStAE):

- Die Nebenleistung verläuft parallel zur Hauptleistung. D. h. Leistender der Hauptleistung ist identisch mit dem der Nebenleistung und auch beim Leistungsempfänger besteht Pesonenidentität in Bezug auf Haupt- und Nebenleistung.
- Die Nebenleistung ist im Vergleich zur Hauptleistung nebensächlich.
- Die Nebenleistung hängt eng mit der Hauptleistung zusammen im Sinne einer wirtschaftlich gerechtfertigten Abrundung und Ergänzung und kommt üblicherweise in ihrem Gefolge vor.

Typischer Fall einer Nebenleistung ist der Versand der Ware an den Kunden. Der Lieferant erbringt als Nebenleistung zur Lieferung eine Beförderungsleistung. Dass hierbei ein selbständiger Spediteur mitwirkt, schließt die Nebenleistung nicht aus, denn im Verhältnis zwischen dem Lieferanten und dem Kunden ist der Spediteur lediglich Erfüllungsgehilfe des Lieferanten.

Warenumschließungen werden als Nebenleistungen angesehen (vgl. A 10.1 Abs. 8 UStAE), wenn

- entweder die Warenumschließung als Umschließung für die in ihr verpackten Waren üblich ist,
- oder die Warenumschließung unabhängig von ihrer Verwendung als Umschließung keinen dauernden Gebrauchswert hat.

Die Überlassung der Mehrwegsteigen durch den Mehrwegsystembetreiber an die Erzeugerorganisation ist als Verschaffung der Verfügungsmacht i. S. v. § 3 Abs. 1 UStG anzusehen (vgl. USt-Kartei der OFD Karlsruhe vom 25. 08. 2004 zu § 10 Abs. 1 UStG S 7 200 Karte 2), auch wenn vertraglich ein mietähnliches Verhältnis vereinbart wird. Ausweislich der Nutzungsbedingungen des Mehrwegsystembetreibers sollen die Mehrwegsteigen »frei zirkulieren können«. Deshalb wird den Mehrwegsteigenbenutzern auch »Verfügungsberechtigung« eingeräumt.

Das Pfandgeld ist neben dem Nutzungsentgelt (Miete) Entgelt für die Lieferung der Mehrwegsteigen (vgl. § 10 Abs. 1 UStG). Dementsprechend ist die Rückgabe der Mehrwegsteigen umsatzsteuerrechtlich als Rücklieferung zu beurteilen. Die Weiterlieferung der – mit Waren gefüllten – Mehrwegsteigen von der Erzeugerorganisation an die Einzelhändler ist eine einheitliche Warenlieferung. Die Lieferung des Pfandguts ist als Warenumschließung unselbständige Nebenleistung zur Lieferung von Obst und Gemüse (vgl. A 10.1 Abs. 8 UStAE).

Eine Besonderheit gilt in Bezug auf die Beherbergungsleistung : entsprechend dem gesetzlich normierten Aufteilungsgebot in § 12 Abs. 2 Nr. 11 Satz 2 UStG teilen Nebenleistungen, die üblicherweise im Gefolge der Übernachtungsleistung vorkommen, wie z. B. das Frühstück oder der Pkw-Stellplatz, ausnahmsweise nicht deren Schicksal als Hauptleistung (BFH vom 24. 04. 2013, XI R 3/11; A 12.16 Abs. 8 UStAE). Dies gilt selbst dann, wenn für diese Nebenleistungen kein gesondertes Entgelt berechnet wird.

## 2.2 Werklieferungen

Eine Werklieferung i. S. v. § 3 Abs. 4 UStG unterliegt nur dann dem ermäßigten Steuersatz, wenn das fertige Werk als Gesamtheit der gelieferten Hauptstoffe, Nebenstoffe und sonstigen Leistungen unter die Anlage zum UStG fällt.

**BEISPIELE**

a) C erwirbt am Valentinstag in der Gärtnerei A einen Blumenstrauß. Der Strauß wird von der Fachverkäuferin gebunden und in Klarsichtfolie verpackt. Er kostet insgesamt 32,10 €.

**LÖSUNG** A erbringt eine einheitliche Werklieferung. Das Binden und Verpacken sind Nebenleistungen, die das Schicksal der Hauptleistung teilen. Die Lieferung frisch geschnittener Blumen unterliegt gem. § 12 Abs. 2 Nr. 1 UStG i. V. m. Nr. 8 der Anlage 2 dem ermäßigten Steuersatz. Die USt von 7 % ist deshalb auf das gesamte Entgelt zu berechnen. Sie beträgt somit 7/107 von 32,10 € = 2,10 €.

b) A bestellt beim Gartenbaubetrieb G drei Zierbäume und lässt diese von G in seinen Garten einpflanzen. G berechnet A für die Bäume 300 € zuzüglich 21 € USt und für das Einpflanzen 60 € zuzüglich 9,60 € USt.

**LÖSUNG** Nach dem BFH-Urteil vom 25. 06. 2009 BStBl II 2010, 239 sind die Lieferung einer Pflanze und deren Einpflanzen durch den liefernden Unternehmer i. d. R. umsatzsteuerrechtlich jeweils selbständig zu beurteilende Leistungen. Die Pflanzenlieferung unterliegt nach § 12 Abs. 2 Nr. 1 UStG i. V. m. Nr. 7 der Anlage 2 dem ermäßigten, das Einpflanzen dagegen dem Regelsteuersatz (vgl. auch BMF vom 04. 02. 2010, BStBl I 2010, 214). Richtig wäre deshalb 19 % auf die 60 € = 11,40 € zu berechnen. Ändert G seine Rechnung nicht, beträgt die Umsatzsteuer auf das Einpflanzen 19/119 von 69,60 € = 11,11 €.

Ein Unternehmer, der einem Landwirt Saatgut liefert und es einsät, darf die (dem ermäßigten Steuersatz unterliegende) Lieferung des Getreides und die (dem Regelsteuersatz unterliegende) Einsaat getrennt abrechnen. (A 3.10 Abs. 6 Nr. 4 UStG m. w. N.).

Nach dem o. a. BMF-Schreiben vom 04. 02. 2010, BStBl I 2010, 214 besteht das Interesse des Leistungsempfängers dagegen regelmäßig nicht nur am Erhalt der Verfügungsmacht über die Pflanze, sofern zum Einpflanzen weitere Dienstleistungselemente hinzutreten (z. B. Gartengestaltung). In diesen Fällen (vgl. auch BFH-Urteil vom 14.02.2019 BStBl I 2019, 350), wie auch bei der Grabpflege, ist von einer einheitlichen, nicht ermäßigt zu besteuernden sonstigen Leistung bzw. Werkleistung auszugehen (BFH-Urteil vom 14.02.2019 BStBl I 2019, 350).

### 2.3 Sachgesamtheiten

Bei Sachgesamtheiten ist der Liefergegenstand in begünstigte und nichtbegünstigte Waren aufzuteilen. Der ermäßigte Steuersatz für den begünstigten Teil der Waren wird allerdings nur dann gewährt, wenn der Unternehmer geeignete Aufzeichnungen macht und danach eine sachgerechte Aufteilung der Entgelte vornimmt (vgl. Rn. 13 und 14 des BMF-Schreibens vom 05. 08. 2004 BStBl II 2004, 638).

**BEISPIEL**

Bei einem Geschenkkorb mit Wein und Obst kann bezüglich der Steuersätze eine Aufteilung erfolgen. Anders als früher erfolgt keine Aufteilung mehr bei der Lieferung von Senf im Bierglas, da das Bierglas nach der gewandelten Verkehrsauffassung als Nebenleistung anzusehen ist (vgl. Rn. 116 Tz. 3b des BMF-Schreibens vom 05. 08. 2004 BStBl II 2004, 638).

## 3 Ermäßigter Steuersatz bei Lieferungen nach § 12 Abs. 2 Nr. 1 UStG

Nach § 12 Abs. 2 Nr. 1 UStG unterliegen die Lieferungen von Gegenständen, die in der Anlage 2 zum UStG aufgeführt sind, dem ermäßigten Steuersatz. Es handelt sich dabei um eine **abschließende Aufzählung**. Eine analoge Anwendung der Anlage 2 auf andere nicht aufgeführte Gegenstände ist daher unzulässig. Eine umfassende Kommentierung zu den Gegenständen, die nach § 12 Abs. 2 Nr. 1 UStG dem ermäßigten Steuersatz unterliegen, findet sich im BMF-Schreiben vom 05. 08. 2004 BStBl II 2004, 638 und im BMF-Schreiben vom 23. 10. 2006 BStBl I 2006, 622 (vgl. A 12.1 Abs. 1 UStAE). Im Übrigen haben Lieferer bzw. Abnehmer die Möglichkeit, bei der zuständigen Dienststelle des Bildungs- und Wissenschaftszentrums der Bundesfinanzverwaltung eine unverbindliche Zolltarifauskunft für Umsatzsteuerzwecke (uvZTA) einzuholen (vgl. A 12.1 Abs. 1 Satz 5 ff. UStAE)

Die Gegenstände der Anlage 2 lassen sich in sechs Warengruppen aufgliedern.

### 3.1 Land- und forstwirtschaftliche Erzeugnisse

Hierunter fallen u. a. lebende Haustiere, Fleisch, Fische, Gemüse und Früchte.

### 3.2 Futtermittel

Dies sind u. a. Rückstände und Abfälle der Lebensmittelindustrie, zubereitetes Futter (Nr. 37 der Anlage 2 zum UStG).

### 3.3 Lebensmittel

Von den Lebensmitteln sind sog. Luxuslebensmittel ausgenommen, nämlich Kaviar und Zubereitungen von Austern, Hummern und Schnecken (Nr. 28 der Anlage 2).

Von Getränken fallen unter die Anlage nur Milch, Milchmischgetränke und Leitungswasser bzw. entsprechendes Wasser. Alle anderen Getränke wie Wein, Bier, Säfte, Tafelwasser unterliegen dem Regelsteuersatz. Unter die Anlage fallen dagegen Kaffee und Tee in der nichtzubereiteten Form von Bohnen bzw. Blättern oder Pulver.

### 3.4 Verlagserzeugnisse und Erzeugnisse des grafischen Gewerbes

Hierunter fallen Bücher, Zeitschriften (vgl. Nr. 49 der Anlage 2). Ermäßigt ist nicht nur die sog. Literatur, sondern auch die gesamte sog. Regenbogenpresse. Auch die Lieferung von Hörbüchern (Speichermedien aus Pos. 8523 in Nr. 50 der Anlage 2 zum UStG) unterliegt seit dem 01. 01. 2015 dem ermäßigten Steuersatz (vgl. BMF vom 01. 12. 2014 BStBl I 2014, 824). Von den Hörbüchern sind die sog. Hörspiele abzugrenzen, die über die Wiedergabe einer bloßen Buchlesung hinausgehen. Diese sind nicht begünstigt.

Nicht ermäßigt sind nach Nr. 49 der Anlage 2 zum UStG Bücher und Zeitschriften, für die die Beschränkungen als jugendgefährdende Trägermedien bzw. Hinweispflichten gem. § 15 Abs. 1 bis 3 und 6 des Jugendschutzgesetzes bestehen. Nicht unter die Ermäßigung fallen auch alle Druckerzeugnisse, die gewerblichen Charakter haben, wie Werbung und Vordrucke. Auch die Zeitungs-Annoncen (z. B. Sperrmüll) fallen nicht unter die Ermäßigung.

Zur Ermäßigung der v. g. Erzeugnisse in elektronischer Form, s. 11.4.

In Bezug auf Sammlermarken (Nr. 49f der Anlage 2) wurde der Anwendungsbereich mit dem Amtshilferichtlinie-Umsetzungsgesetz vom 26. 06. 2013 (BGBl I 2013, 1809) an die Vorgaben in Art. 103 Abs. 1 Mehrwertsteuer-Systemrichtlinie angepasst. Infolgedessen findet nach § 12 Abs. 2 Nr. 12 UStG der ermäßigte Steuersatz nur noch in den Fällen der Einfuhr Anwendung. Nach dem 31. 12. 2013 im Inland ausgeführte steuerpflichtige Lieferungen sowie steuerpflichtige innergemeinschaftliche Erwerbe von Sammlermarken unterliegen stets dem allgemeinen Steuersatz von 19 % (vgl. BMF vom 18. 12. 2014 BStBl I 2015, 44).

### 3.5 Fahrzeuge für Behinderte, Körperersatzstücke und ähnliche Gegenstände (Nr. 51 und 52 der Anlage 2)

Unter Nr. 51 fallen z. B. Rollstühle und Rollatoren (vgl. EuGH vom 22. 12. 2010 sowie BMF vom 11. 08. 2011 BStBl I 2011, 824), unter Nr. 52 Prothesen, Zahnprothesen, Hörgeräte, nicht jedoch Brillen. Zahnprothesen sind ebenfalls nach § 12 Abs. 2 Nr. 6 UStG ermäßigt. Ersatzteile für Körperersatzstücke werden dagegen nicht ermäßigt besteuert (vgl. BFH vom 01. 04. 2008 BStBl II 2008, 898).

### 3.6 Kunstgegenstände und Sammlungsstücke (Nr. 53 und 54 der Anlage 2)

Der Anwendungsbereich des ermäßigten Umsatzsteuersatzes für Kunstgegenstände und Sammlungsstücke i. S. d. Nrn. 53 und 54 der Anlage 2 zum UStG (einschließlich Münzen aus Edelmetallen) wurde wie die Regelungen zu den Sammlermarken (Nr. 49f der Anlage 2 zu § 12 Abs. 2 Nr. 1 UStG) durch Art. 10 Nr. 5 des Gesetzes zur Umsetzung der Amtshilferichtlinie sowie zur Änderung steuerlicher Vorschriften vom 26. 06. 2013 (Amtshilferichtlinie-Umsetzungsgesetz; BGBl I 2013, 1809) an die Vorgaben in Art. 103 Abs. 1 Mehrwertsteuer-Systemrichtlinie angepasst. Die Änderungen traten am 01. 01. 2014 in Kraft. Sie haben zur Folge, dass der ermäßigte Umsatzsteuersatz gemäß § 12 Abs. 2 Nr. 12 UStG für Sammlungsstücke nach Nr. 54 nur noch in den Fällen der Einfuhr Anwendung findet (vgl. BMF vom 16. 12. 2013, IV D2 – S 7229/07/10 002). D. h. nach dem 31. 12. 2013 im Inland ausgeführte steuerpflichtige Lieferungen sowie steuerpflichtige innergemeinschaftliche Erwerbe dieser Gegenstände unterliegen stets dem allgemeinen Steuersatz von 19 %. Lieferungen und innergemeinschaftliche Erwerbe von Gegenständen gemäß **Nr. 53** der Anlage 2 (Kunstgegenstände) können unter den engen Voraussetzungen des § 12 Abs. 2 Nr. 13 UStG weiterhin dem ermäßigten Steuersatz unterliegen.

In keinem Fall unter diese Ermäßigung fallen gewerblich hergestellte Kunsterzeugnisse (Souvenirs) und Antiquitäten, deren Wert mehr auf ihrem Alter und ihrer Seltenheit beruht. Antiquarische Bücher sind i. d. R. nach Nr. 49 begünstigt. Soweit Münzen gesetzliche Zahlungsmittel sind, unterfallen sie grundsätzlich der Steuerbefreiung nach § 4 Nr. 8b UStG, sofern sie nicht wegen ihres Metallgehalts oder Sammlerwerts umgesetzt werden. Goldmünzen, die gesetzliche Zahlungsmittel sind, sind nach § 25c Abs. 1 i. V. m. Abs. 2 Nr. 2 UStG auch dann steuerfrei, wenn sie wegen ihres Metallgehalts umgesetzt werden (z. B. Krügerrand). Als Sammlungsstücke können z. B. Silbermünzen unter den nunmehr auf die Fälle der Einfuhr begrenzten ermäßigten Steuersatz fallen (vgl. Nr. 54c und Rn. 167 bis 172 des BMF-Schreibens vom 27. 12. 1983 BStBl I 1983, 567). Münzen aus unedlen Metallen gelten stets als Sammlungsstücke nach Nr. 54 Buchst. c Doppelbuchst. bb und fallen somit unter den ermäßigten Steuersatz (vgl. BMF vom 18. 12. 2014 BStBl I 2015, 44).

## 4 Abgabe von Speisen und Getränken zum Verzehr an Ort und Stelle

Die unter 3.3 dargestellten Lebensmittel unterliegen grundsätzlich dem ermäßigten Steuersatz. Dies gilt jedoch nur, soweit es sich bei der Abgabe von solchen Lebensmitteln um Lieferungen handelt. Werden dagegen Speisen und Getränke im Verbund mit weiteren Leistungen abgegeben, unterliegt die Leistung als sonstige Leistung nach § 3 Abs. 9 UStG insgesamt als sog. Restaurationsumsatz dem Regelsteuersatz nach § 12 Abs. 1 UStG.

Insoweit stellt die Abgabe von Speisen und Getränken zum sofortigen Verzehr das Ergebnis einer Reihe von Dienstleistungen, vom Zubereiten bis zur Darreichung der Speisen, dar. Dabei wird dem Gast zugleich eine organisatorische Gesamtheit zur Verfügung gestellt, die sowohl einen Speisesaal mit Nebenräumen als auch das Mobiliar und das Geschirr umfasst. Gegebenenfalls werden Kellner das Gedeck auflegen, den Gast beraten, die angebotenen Speisen und Getränke erläutern, diese auftragen und schließlich nach dem Verzehr die Tische abräumen.

Die Abgrenzung der steuerermäßigten Lieferung von Nahrungsmitteln von der Abgabe von Speisen und Getränken als sonstiger Leistung beschäftigt seit Jahren Rechtsprechung und Verwaltung. Mit seinem Urteil aus dem Jahr 2011 hat der EuHG zur Auslegung dieser Begriffe eindeutig Stellung bezogen (EuGH vom 10. 03. 2011 – Rs. C-497/09, C-499/09, C-501/09 und C-502/09).

Danach sind sämtliche Umstände, unter denen der Umsatz abgewickelt wird, zu berücksichtigen, um dessen charakteristische Bestandteile zu ermitteln. Maßgebend ist dabei die Sicht des Durchschnittsverbrauchers. Er hat mit Rücksicht auf die qualitative und nicht nur quantitative Bedeutung der Dienstleistungselemente im Vergleich zur Lieferung eine Gesamtbetrachtung vorzunehmen.

Beim Verkauf von Würsten, Pommes frites und anderen Nahrungsmitteln an **Imbissständen** zum sofortigen Verzehr (EuGH vom 10. 03. 2011 – Rs. C-497/09 und C-501/09) beschränkt sich die Zubereitung des warmen Endprodukts im Wesentlichen auf einfache und standardisierte Handlungen. Diese werden in den meisten Fällen nicht auf Bestellung eines bestimmten Kunden, sondern entsprechend der allgemein vorhersehbaren Nachfrage ständig oder in Abständen vorgenommen. Insoweit stellt die Zubereitung nicht den überwiegenden Bestandteil des fraglichen Umsatzes dar und kann allein diesem nicht den Charakter einer Dienstleitung verleihen. Einfache Verzehrtheken ohne Sitzgelegenheiten, um einer beschränkten Zahl von Kunden den Verzehr an Ort und Stelle zu ermöglichen, sind behelfsmäßige Vorrichtungen, die nur geringfügigen personellen Einsatz erfordern. Sie stellen nur Nebenleistungen dar, die am dominierenden Charakter der Hauptleistung, nämlich der Lieferung von Nahrungsmitteln zum ermäßigten Steuersatz, nichts ändern.

Erfolgt die Abgabe von Bratwürsten, Pommes frites und ähnlich zubereiteten Speisen jedoch zum Verzehr an einem (eigenen) Tisch mit Sitzgelegenheiten (sog. Bierzeltgarnitur), führt dies zu einem dem Regelsteuersatz unterliegenden Restaurationsumsatz (BFH vom 30. 06. 2011 UR 2011, 699).

Die Abgabe von Popcorn und Tortilla-Chips in Verpackungen in **Kino-Foyers** wird vom EuGH ebenfalls als Lieferung behandelt. Dies gilt selbst dann, wenn sich im Foyer Mobiliar (Stehtische, Hocker, Stühle und Bänke) befindet, welches in der Regel unabhängig vom Verkauf von Popcorn und Tortilla-Chips zur Verfügung steht. Das bloße Vorhandensein dieses Mobiliars, das nicht ausschließlich dazu bestimmt ist, den Verzehr solcher Lebensmittel möglicherweise zu erleichtern, kann nicht als Dienstleistungselement angesehen werden, das geeignet wäre, dem Umsatz insgesamt die Eigenschaft einer Dienstleistung zu verleihen (EuGH vom 10. 03. 2011 – Rs. C-499/09).

Auch über die Leistungen eines **Partyservices** bzw. **Catering-Unternehmers** hatte der EuGH im v. g. Verfahren zu befinden (Rs. C-502/09). Zu den vom Partyservice nach Hause gelieferten Speisen ist festzustellen, dass sie im Allgemeinen nicht das Ergebnis einer bloßen Standardzubereitung sind, sondern einen deutlich größeren Dienstleistungsanteil aufweisen und mehr Arbeit und Sachverstand erfordern. Die Qualität der Gerichte, die Kreativität und Art der Darreichung sind Elemente, die in den meisten Fällen für den Kunden von entscheidender

Bedeutung sind. Der Dienstleistungsanteil kommt im Übrigen auch im Sprachgebrauch zum Ausdruck, der im Allgemeinen vom Partyservice und den bei diesem bestellten und nicht gekauften Speisen spricht. Leistungen eines Partyservices umfassen darüber hinaus oft viele dem Verzehr dienliche Elemente, wie die Bereitstellung von Geschirr, Besteck oder sogar Mobiliar. Diese verlangen im Unterschied zur bloßen Bereitstellung einer behelfsmäßigen Infrastruktur im Fall von Imbissständen oder Kinos einen gewissen personellen Einsatz, um das gestellte Material herbeizuschaffen, zurückzunehmen und gegebenenfalls zu reinigen.

Insoweit ist festzuhalten, dass die Tätigkeit eines Partyservices außer in den Fällen, in denen dieser lediglich Standardspeisen ohne zusätzliches Dienstleistungselement liefert oder in denen weitere, besondere Umstände belegen, dass die Lieferung der Speisen dominierender Bestandteil des Umsatzes ist, eine Dienstleistung darstellt. Diese Rechtsprechung des EuGH hat zu einer Verschärfung bei der Besteuerung geführt, nachdem der BFH in zwei Urteilen vom 12. 10. 2011 V R 66/09 und vom 23. 11. 2011 XI R 6/08 der Auffassung des EuGH folgte. Aufgrund dieser Rechtsprechung zu einer Großküche und einem Partyservice ist es wohl nur noch möglich, kalte Standardspeisen zum ermäßigten Steuersatz anzuliefern. In den Fällen der Anlieferung von Standardspeisen muss dann noch geprüft werden, ob eine weitere Dienstleistung hinzukommt, z. B.:

- Servieren der Speisen,
- Gestellung von Bedienungs- oder Kochpersonal,
- Portionieren einschließlich Ausgeben der Speisen vor Ort,
- Nutzungsüberlassung von Geschirr oder Besteck.

Die Verwaltung hat mit BMF-Schreiben vom 20. 03. 2013 BStBl I 2013, 444 (Übergangsregelung vgl. BMF vom 04. 11. 2013 – IV D 2 – S 7100/07/10 050–06) die Rechtsprechung umgesetzt und mittels einer Reihe von verdeutlichenden Beispielen A 3.6 UStAE neu gestaltet. Ob damit die künftigen Zweifelsfragen beigelegt sein werden, bleibt abzuwarten.

**BEISPIELE**

a) Der Betreiber eines Imbissstandes gibt verzehrfertige Speisen an seine Kunden in Pappbehältern ab. Der Kunde erhält dazu eine Serviette, ein Einwegbesteck und auf Wunsch Ketchup, Mayonnaise oder Senf. Der Imbissstand verfügt über eine Theke, an der die Speisen eingenommen werden können. Der Betreiber hat vor dem Stand drei Stehtische aufgestellt. 80 % der Speisen werden an den Stehtischen verzehrt. 20 % der Speisen werden von den Kunden mitgenommen.

**LÖSUNG** Es liegen begünstigte Lieferungen nach § 12 Abs. 2 Nr. 1 UStG i. V. m. Nr. 28 der Anlage 2 vor, unabhängig davon, ob die Kunden die Speisen mitnehmen oder an der Theke bzw. den Tischen verzehren. Die standardisierte Zubereitung (Erwärmen, Frittieren usw.) und das Bereitstellen von sog. Verzehrvorrichtungen sind lediglich geringfügige Nebenleistungen, die dem Umsatz nicht den Charakter einer Dienstleistung verleihen (ebenso A 3.6. Abs. 6 Beispiel 1 UStAE).

b) Der Betreiber eines Imbissstandes gibt verzehrfertige Speisen an seine Kunden in Pappbehältern ab. Der Kunde erhält dazu eine Serviette, ein Einwegbesteck und auf Wunsch Ketchup, Mayonnaise oder Senf. Der Imbissstand verfügt über eine Theke, an der die Speisen eingenommen werden können. Der Betreiber hat vor dem Stand eine Bierzeltgarnitur mit zehn Sitzplätzen aufgestellt. 60 % der Speisen werden an der Bierzeltgarnitur verzehrt. 40 % der Speisen werden von den Kunden mitgenommen oder an der Theke verzehrt.

**LÖSUNG** Es liegen begünstigte Lieferungen nach § 12 Abs. 2 Nr. 1 UStG i. V. m. Nr. 28 der Anlage 2 vor, soweit die Kunden die Speisen mitnehmen oder an der Theke verzehren (40 % des Umsatzes). Durch das Aufstellen, Zurverfügungstellen und Reinigen der Bierzeltgarnitur kommen weitere Dienstleistungselemente hinzu, welche dazu führen, dass die Abgabe der Speisen und Getränke als sonstige Leistung dem Regelsteuersatz unterliegt soweit die Kunden dort Platz nehmen (60 %) (A 3.6. Abs. 6 Beispiel 2 UStAE).

c) Die Metzgerei M betreibt einen Partyservice. Sie belegt Platten mit kalten Käse- und Wurstwaren und gibt noch Brot und Brötchen dazu. Außerdem wird frisch zubereitete Suppe in einem Warmhaltebehälter bereitgestellt. Die fertig belegten Platten werden von M zu den Kunden geliefert. M stellt den Kunden darüber hinaus Servietten, Geschirr und Besteck, welches sie am nächsten Tag ungereinigt abholt.

**LÖSUNG** Es handelt sich um eine sonstige Leistung, die dem Regelsteuersatz des § 12 Abs. 1 UStG unterliegt. Die Anlieferung der Speisen, die Überlassung von Geschirr und Besteck und die anschließende Reinigung geben als besondere Dienstleistungselemente der Gesamtleistung ihr qualitatives Gepräge und heben sie damit deutlich ab von einer bloßen Lieferung standardisiert zubereiteter Speisen (A 3.6. Abs. 6 Beispiel 9 UStAE).

## 5 Ermäßigter Steuersatz nach § 12 Abs. 2 Nr. 2 UStG bei der Vermietung von Gegenständen der Anlage 2

Auch die Vermietung der in der Anlage 2 bezeichneten Gegenstände unterliegt nach § 12 Abs. 2 Nr. 2 UStG dem ermäßigten Steuersatz. Zu beachten sind auch insoweit die Änderungen durch Art. 10 Nr. 5 des Gesetzes zur Umsetzung der Amtshilferichtlinie sowie zur Änderung steuerlicher Vorschriften vom 26. 06. 2013 (Amtshilferichtlinie-Umsetzungsgesetz; BGBl I 2013, 1809) in Bezug auf Sammlungsstücke und Kunstgegenstände.

**BEISPIEL**

Vermietung von Büchern, Illustrierten (Lesezirkel) und die Vermietung von Pflanzen und Blumen für Dekorationszwecke.

## 6 Ermäßigter Steuersatz nach § 12 Abs. 2 Nr. 6 UStG

Dem ermäßigten Steuersatz unterliegen danach die typischen Leistungen der Zahntechniker und die gleichartigen Leistungen der Zahnärzte (vgl. A 12.4 UStAE).

## 7 Ermäßigter Steuersatz nach § 12 Abs. 2 Nr. 7 UStG

Nach § 12 Abs. 2 Nr. 7 Buchst. a UStG unterliegen dem ermäßigten Steuersatz die Eintrittsberechtigungen für Theater, Konzerte und Museen sowie die den Theatervorführungen und Konzerten vergleichbaren Darbietungen ausübender Künstler (vgl. A 12.5 UStAE). Für diese Leistungen kann auch die Steuerbefreiung nach § 4 Nr. 20 UStG in Betracht kommen.

Der ermäßigte Steuersatz gilt aber nicht, wenn die Leistungen als unselbständige Leistungen im Rahmen von

- Tanzveranstaltungen,
- sportlichen Veranstaltungen und
- Unterhaltung der Besucher von Gaststätten

erbracht werden (vgl. A 12.5 UStAE).

Bemerkenswert ist in diesem Zusammenhang eine Entscheidung des BFH vom 03. 12. 2015 (V R 61/14) zur Anwendung des ermäßigten Steuersatzes für die Leistungen eines Hochzeit-

und Trauerredners. Ein solcher kann die Steuerermäßigung des § 12 Abs. 2 Nr. 7a UStG als »ausübender Künstler« in Anspruch nehmen, wenn seine Leistungen eine schöpferische Gestaltungshöhe erreichen. Weitere Entscheidungen ergingen zum ermäßigten Steuersatz für Autorenlesungen (BFH vom 25. 02. 2015 XI R 35/12) und für Eintrittsgelder zu einer Feuerwerksveranstaltung (BFH vom 30. 04. 2014 XI R 34/12).

Nach § 12 Abs. 2 Nr. 7 Buchst. b UStG unterliegen dem ermäßigten Steuersatz die Überlassung von Filmen zur Auswertung und Vorführung sowie die Filmvorführungen (bzgl. Einzelheiten vgl. A 12.6 UStAE). Nicht unter die Ermäßigung des § 12 Abs. 2 Nr. 7 Buchst. b UStG fällt die Vermietung bespielter Video-Kassetten zur Verwendung im privaten Bereich (vgl. A 12.6 Abs. 4 Satz 3 UStAE).

Dia-Multivisionsvorführungen sind keine Filmvorführungen und unterliegen nicht dem ermäßigten Steuersatz nach § 12 Abs. 2 Nr. 7 Buchst b UStG (A 12.6 Abs. 3 Satz 4 UStAE). Wesentliches Kennzeichen eines Films ist die Darstellung von Bewegungsabläufen. Dia-Multivisionsvorführungen bestehen dagegen aus einer Aneinanderreihung von Standbildern. Eine analoge Anwendung des § 12 Abs. 2 Nr. 7 Buchst b UStG auf Dia-Multivisionsvorführungen kommt nicht in Betracht (vgl. BFH vom 10. 12. 1997 BStBl II 1998, 222).

Bis zum Ende des Jahres 1993 wurden Filmvorführungen generell ermäßigt besteuert. Seit 01. 01. 1994 gilt die ermäßigte Besteuerung aufgrund des geänderten § 12 Abs. 2 Nr. 7 Buchst b UStG nur noch, wenn die Filme nach § 6 Abs. 3 Satz 1 Nr. 1 bis 4 des Gesetzes zum Schutz der Jugend in der Öffentlichkeit gekennzeichnet sind (z. B. »freigegeben ab sechs Jahre« oder »nicht freigegeben unter 18 Jahre«, vgl. A 12.6 Abs. 1 Satz 2 UStAE). War die Erstaufführung der Filme vor dem 01. 01. 1970, gilt weiterhin auch ohne Kennzeichnung der ermäßigte Steuersatz.

Nach § 12 Abs. 2 Nr. 7 Buchst. c UStG unterliegt dem ermäßigten Steuersatz die Einräumung, Übertragung und Wahrnehmung von Rechten, die sich aus dem Urheberrechtsgesetz ergeben.

Diese Vorschrift kommt zum Beispiel in Betracht:

- für Schriftsteller, soweit sie einem anderen Nutzungsrechte an urheberrechtlich geschützten Werken einräumen. Nicht unter die Ermäßigung fallen dagegen entgeltliche Leistungen, die darin bestehen, dass der Schriftsteller Autogrammstunden abhält, aus seinen Werken liest bzw. Aussprachen führt (vgl. A 12.7 Abs. 6 bis 8 UStAE),
- für Journalisten, soweit sie Artikel schreiben, die über bloße Berichte hinausgehen, also Kommentare enthalten. Nicht ermäßigt ist daher das bloße Sammeln von Daten, z. B. Fußballergebnisse, Theaterpläne usw. Wegen der Abgrenzungsschwierigkeiten lässt die Verwaltung hier zur Vereinfachung zu, dass die Journalisten, die teilweise Leistungen nach § 12 Abs. 2 Nr. 7 Buchst. c UStG erbringen und teilweise nicht begünstigte Leistungen erbringen, ihre Leistungen insgesamt mit dem ermäßigten Steuersatz versteuern. Dies führt regelmäßig zu keinem Steuerausfall, da die Leistungen meist an vorsteuerabzugsberechtigte Unternehmer erbracht werden (vgl. A 12.7 Abs. 9 und 10 UStAE),
- für Übersetzer fremdsprachlicher Werke, wenn die Übersetzungen z. B. veröffentlicht, vorgeführt oder aufgeführt werden (vgl. A 12.7 Abs. 12 UStAE),
- für Karikaturisten, Cartoonisten oder Pressezeichner, wenn sie einem anderen Nutzungsrechte an ihren Werken einräumen (vgl. A 12.7 Abs. 16 und 17 UStAE),
- für Bildjournalisten, Kameramänner und Fotodesigner, wenn sie anderen ihre Werke zur Veröffentlichung oder Vervielfältigung überlassen. Fertigt dagegen ein Fotograf Bilder an und händigt er seinem Auftraggeber die gewünschte Zahl von Positiven aus, liegen Lieferungen vor, die dem Regelsteuersatz unterliegen (vgl. A 12.7 Abs. 18 UStAE),

- für Grafiker, wenn einem Galeristen oder Verleger das Recht übertragen wird, Originalgraphiken zu drucken und zu vertreiben. Dies gilt auch für Gebrauchsgrafiker und Grafikdesigner, soweit sie einem anderen ein Nutzungsrecht an ihren urheberrechtlich geschützten Werken einräumen. Der ermäßigte Steuersatz greift dagegen nicht ein, wenn die Leistung z. B. in der grafischen Darstellung eines Werbeprospektes besteht, da dafür kein urheberrechtlicher Schutz existiert (vgl. A 12.7 Abs. 16 und 17 UStAE),
- für Schauspieler, Sänger, Tänzer, soweit das vorgetragene Werk von Rundfunk- und Fernsehanstalten gesendet wird oder auf Bild- und Tonträger aufgenommen und vervielfältigt wird.

Nicht in Betracht kommt der ermäßigte Steuersatz im Allgemeinen für Gutachter, da das Gutachten zwar möglicherweise urheberrechtlichen Schutz genießt, aber regelmäßig nicht die urheberrechtlichen Nutzungsrechte eingeräumt werden. Auch wenn sich der Auftraggeber vorsorglich das Recht auf alleinige Verwertung und Nutzung eines Gutachtens einräumen lässt, besteht der wesentliche Inhalt der Leistung nicht in der Übertragung der urheberrechtlichen Nutzungsrechte, sodass der ermäßigte Steuersatz nicht eingreift (vgl. A 12.7 Abs. 14 UStAE).

Computerprogramme sind in aller Regel urheberrechtlich geschützt. Für die umsatzsteuerrechtliche Behandlung der Überlassung von EDV-Programmen (Software) ist zu unterscheiden, ob die Programme an Benutzer oder an Programmvermarkter veräußert werden. Die Veräußerung an Programmvermarkter mit der Erlaubnis, die Programme zu vervielfältigen und zu veräußern, fällt gem. § 12 Abs. 2 Nr. 7 Buchst. c UStG unter den ermäßigten Steuersatz. Wegen des Vorsteuerabzugs hat der ermäßigte Steuersatz in diesem Bereich aber kaum eine praktische Auswirkung.

Dagegen ist die Überlassung von EDV-Programmen an Endnutzer regelmäßig nicht nach § 12 Abs. 2 Nr. 7 Buchst. c UStG begünstigt. Es liegt eine einheitliche wirtschaftliche Gesamtleistung vor, deren Hauptbestandteil die Überlassung der Software zur Benutzung ist. Die Einräumung oder Übertragung von urheberrechtlichen Befugnissen stellt dazu nur eine Nebenleistung dar (vgl. A 12.7 Abs. 1 Satz 5 bis 7 UStAE).

Zu differenzieren ist beim Filmverleih: Der ermäßigte Steuersatz für jugendfreie Filme nach § 12 Abs. 2 Nr. 7 Buchst. b UStG kommt nach der Verwaltungsauffassung (vgl. A 12.6 Abs. 4 UStAE) nicht in Frage, wenn die Filme lediglich zum Zwecke der Vorführung im nicht öffentlichen Bereich überlassen werden. Er greift jedoch ein, wenn

- die Filme anderen Unternehmern zur Vorführung oder zur Auswertung durch Weitervermietung überlassen werden (§ 12 Abs. 2 Nr. 7 Buchst. b UStG) oder
- bezüglich der Filme dem Mieter ein Nutzungsrecht i. S. d. Urheberrechtsgesetzes eingeräumt wird. (Ein solches Recht ist das Vorführungsrecht im öffentlichen Bereich. Es liegt nur dann vor, wenn der Mieter das Recht hat, den Film öffentlich vor einer unbegrenzten Zahl von fremden Personen aufführen zu dürfen, z. B. bei Überlassung an Nachtlokalbesitzer zum Zwecke der öffentlichen Vorführung.)

Dem ermäßigten Steuersatz unterliegen weiter nach § 12 Abs. 2 Nr. 7 Buchst. d UStG die Zirkusvorführungen, die Leistungen aus der Tätigkeit als Schausteller sowie die unmittelbar mit dem Betrieb der zoologischen Gärten verbundenen Umsätze (Näheres vgl. A 12.8 UStAE).

## 8 Ermäßigter Steuersatz nach § 12 Abs. 2 Nr. 8 UStG

Dem ermäßigten Steuersatz nach § 12 Abs. 2 Nr. 8 UStG unterliegen die Leistungen der Körperschaften, die ausschließlich und unmittelbar gemeinnützige, mildtätige oder kirchliche

Zwecke verfolgen (§§ 51 bis 68 AO). Dies gilt nicht für Leistungen, die im Rahmen eines wirtschaftlichen Geschäftsbetriebes ausgeführt werden (Näheres vgl. A 12.8 Abs. 3 UStAE).

Nach § 12 Abs. 2 Nr. 8 Buchst. b UStG wird die Vergünstigung auch den nichtrechtsfähigen Zusammenschlüssen von derartigen Körperschaften gewährt.

## 9 Ermäßigter Steuersatz nach § 12 Abs. 2 Nr. 9 UStG

Nach § 12 Abs. 2 Nr. 9 UStG unterliegen dem ermäßigten Steuersatz die unmittelbar mit dem Betrieb von Schwimmbädern verbundenen Umsätze sowie die Verabreichung von Heilbädern. Das Gleiche gilt für die Bereitstellung von Kureinrichtungen, soweit als Entgelt eine Kurtaxe zu entrichten ist (Näheres vgl. A 12.11 UStAE). Mit BMF-Schreiben vom 02. 08. 2011 BStBl I 2011, 754 wurde geregelt, dass eine aufgrund der Kommunalabgabengesetze der Länder oder vergleichbarer Regelungen erhobene Kurtaxe aus Vereinfachungsgründen als Gegenleistung für eine in jedem Fall nach § 12 Abs. 2 Nr. 9 Satz 2 UStG ermäßigt zu besteuernde Leistung angesehen werden kann. Eine andersartige Leistungsbezeichnung ist unschädlich, z. B. als Kurbeitrag oder -abgabe. Voraussetzung für die Anwendung der Steuerermäßigung ist, dass die Gemeinde als Kur-, Erholungs- oder Küstenbadeort anerkannt ist (vgl. A 12.11 Abs. 5 UStAE).

## 10 Ermäßigter Steuersatz für Personenbeförderungen

Für Personenbeförderungen mit Schiffen kommt seit 01. 01. 2012 der ermäßigte Steuersatz nur noch insoweit zur Anwendung, als es sich entweder um einen genehmigten Linienverkehr oder die Beförderung im Fährverkehr innerhalb einer Gemeinde oder einer Beförderungsstrecke bis zu 50 km handelt. Im Übrigen gilt der ermäßigte Steuersatz nach § 12 Abs. 2 Nr. 10 Buchst. b UStG unter folgenden Voraussetzungen:

a) die Personenbeförderung muss mit bestimmten Beförderungsmitteln durchgeführt werden, nämlich
   - Schienenbahnen,
   - Oberleitungsomnibussen,
   - Kraftfahrzeugen (evtl. Schiffen s o.) im genehmigten Linienverkehr,
   - Taxen,
   - Fähren,
   - Drahtseilbahnen und sonstigen mechanischen Aufstiegshilfen aller Art (vgl. A 12.13 Abs. 9 und 10 UStAE) und
b) die Beförderung muss entweder
   - innerhalb einer politischen Gemeinde durchgeführt werden oder
   - die Beförderungsstrecke darf (einfach) nicht mehr als 50 km betragen.

Die einzelnen Verkehrsarten sind grundsätzlich nach dem Verkehrsrecht abzugrenzen (A 12.13 Abs. 1 Satz 1 UStAE).

**Hinweis:**

Besonderheiten gelten seit dem 01.01.2020 für den Schienenbahnverkehr; insoweit unterliegen diese Umsätze ohne Einschränkung, also über die Gemeindegrenze oder 50 km-Grenze hinaus, dem ermäßigten Steuersatz.

Hingewiesen sei in diesem Zusammenhang vor allem auf das Urteil des EuGH vom 27. 02. 2014 – Rs. C-454/12 und C-455/12. Demnach können Taxen und Mietwagen durchaus unterschiedlichen Steuersätzen unterliegen. Werden die Fahrten jedoch unter identischen Voraussetzungen durchgeführt, wie es bei Krankentransporten für die Krankenkasse der Fall sein kann, ist eine unterschiedliche Besteuerung ausgeschlossen.

In eine ähnliche Richtung geht die Entscheidung des BFH vom 23. 09. 2015, V R 4/15 BStBl II 2016, 494 zum Einsatz von Subunternehmern im Taxigewerbe, die über die erforderliche Personenbeförderungsgenehmigung verfügten.

Die Verwaltung hat beide Entscheidungen in A 12.13 Abs. 7 bzw. Abs. 8 UStAE übertragen (vgl. BMF vom 02. 06. 2016 BStBl I 2016, 531 mit entsprechenden Übergangsregelungen).

**BEISPIELE**

a) Der Kunde K beauftragt den Taxiunternehmer T, ihn von seiner Wohnung zu einem 30 km entfernt wohnenden Bekannten zu befördern und ihn zwei Stunden später dort wieder abzuholen und nach Hause zu fahren.

**LÖSUNG** Sofern die Beförderungsstrecke nicht mehr als 50 km beträgt, unterliegt die Beförderungsleistung des T gem. § 12 Abs. 2 Nr. 10 UStG dem ermäßigten Steuersatz. Entscheidend ist also, ob Hin- und Rückfahrt zusammenzurechnen oder jeweils getrennt zu beurteilen sind. Leerfahrten des T während der Hin- und Rückfahrt sind für die Berechnung der Beförderungsstrecke irrelevant. Da T nach den Vereinbarungen mit K nicht bei dem Bekannten warten muss, liegen nach der Sicht des Durchschnittsverbrauchers zwei getrennte Leistungen vor. Sie unterliegen damit dem ermäßigten Steuersatz (vgl. BFH vom 31. 05. 2007 BStBl II 2008, 206).

b) Die Schifffahrtsgesellschaft S führt eine Pauschalreise mit Kabinenschiffen auf dem Rhein durch. Die Fahrgäste sind auf dem Schiff untergebracht und werden dort verpflegt. 2/3 der Strecke werden auf dem deutschen Teil des Rheins zurückgelegt, der Rest im Ausland.

**LÖSUNG** Nach § 3b Abs. 1 UStG sind 2/3 der Beförderungsleistung steuerbar. Insoweit ist die Leistung auch steuerpflichtig und unterliegt dem Regelsteuersatz. Unterbringung und Verpflegung sind Nebenleistungen zur Beförderungsleistung, da sie erforderlich sind, die Personenbeförderung entsprechend den vertraglichen Vereinbarungen vorzunehmen. Sie sind also ebenfalls zu 2/3 steuerbar und unterliegen ab dem 01. 01. 2012 ebenfalls dem Regelsteuersatz.

## 11 Ermäßigter Steuersatz für Beherbergungsumsätze

### 11.1 Allgemeines

Mit Art. 5 Nr. 1 des Wachstumsbeschleunigungsgesetzes vom 22. 12. 2009 BGBl I 2009, 3950 wurde § 12 Abs. 2 UStG um eine Nr. 11 ergänzt:

Dem ermäßigten Steuersatz unterliegen seit dem 01. 01. 2010 die Vermietung von Wohn- und Schlafräumen, die ein Unternehmer zur kurzfristigen Beherbergung von Fremden bereithält, sowie die kurzfristige Vermietung von Campingflächen. Dies gilt nicht für Leistungen, die **nicht unmittelbar** der Vermietung dienen, auch wenn diese Leistungen üblicherweise mit dem Entgelt für die Vermietung abgegolten sind.

Die Steuerermäßigung für Beherbergungsleistungen betrifft sowohl die Umsätze des klassischen Hotelgewerbes als auch kurzfristige Beherbergungen in Pensionen, Fremdenzimmern, Ferienwohnungen und vergleichbaren Einrichtungen.

Für die Inanspruchnahme der Steuerermäßigung ist nicht Voraussetzung, dass der Unternehmer einen hotelartigen Betrieb führt oder Eigentümer der überlassenen Räumlichkeiten ist. Begünstigt ist daher beispielsweise auch die Unterbringung von Begleitpersonen in Krankenhäusern, sofern diese Leistung nicht dem Befreiungstatbestand des § 4 Nr. 14 Buchst. b UStG

(z. B. bei Aufnahme einer Begleitperson zu therapeutischen Zwecken) unterfällt. Die Weiterveräußerung von eingekauften Zimmerkontingenten im eigenen Namen und für eigene Rechnung an andere Unternehmer (z. B. Reiseveranstalter) unterliegt ebenfalls der Steuerermäßigung (vgl. A 12.16 Abs. 3 UStAE).

Sonstige Leistungen eigener Art, bei denen die Beherbergung nicht charakterbestimmend ist, unterliegen auch hinsichtlich ihres Beherbergungsanteils nicht der Steuerermäßigung.

Die Steuerermäßigung gilt deshalb auch für Vermietungen an Prostituierte, sofern die überlassenen Räumlichkeiten ausschließlich für deren private Zwecke genutzt werden. Nicht aber, wenn Räumlichkeiten auch für gewerbliche Zwecke genutzt werden. Dann ist davon auszugehen, dass die Überlassung in erster Linie durch die Tätigkeit der Prostituierten veranlasst ist, denn ohne Ausübung der gewerblichen Tätigkeit würde es nicht zur Anmietung des Zimmers kommen. Eine Aufteilung des Gesamtentgelts in einen begünstigten und einen nicht begünstigten Anteil wird insoweit nicht zugelassen (vgl. A 12.16 Abs. 2 UStAE).

Die Eigennutzung ist als unentgeltliche Wertabgabe immer dem Regelsteuersatz von 19 % zu unterwerfen (vgl. A 12.16 Abs. 5 letzter Spiegelstrich UStAE).

## 11.2 Leistungen, die nicht unmittelbar der Vermietung dienen

Die Steuerermäßigung gilt **nicht** für Leistungen, die nicht unmittelbar der Vermietung dienen, auch wenn diese Leistungen mit dem Entgelt für die Vermietung abgegolten sind. Zweifelhaft ist, ob der Gesetzgeber für typische Nebenleistungen, die eigentlich das Schicksal der Hauptleistung teilen, eine von diesem systematischen Grundsatz abweichende Regelung treffen darf.

Welche Leistungen noch unmittelbar der Vermietung dienen, und deshalb als Nebenleistungen dem ermäßigten Steuersatz unterliegen, ergibt sich aus A 12.16 Abs. 4 UStAE.

Die nicht begünstigten Leistungen sind in A 12.16 Abs. 5 und 8 UStAE aufgeführt. Hierzu gehören insbesondere die Verpflegungsleistungen. Dies ist insoweit unsystematisch, als auch nach der neuerlichen Rechtsprechung des BFH vom 20. 03. 2014, VR25/11 diese umsatzsteuerlich als Nebenleistung zur Übernachtung anzusehen sind. Dennoch, so der BFH, greife das gesetzlich normierte Aufteilungsgebot, das insoweit dem allgemeinen Grundsatz der Einheitlichkeit der Leistung vorgehe (vgl. A 12.16 Abs. 8 UStAE).

## 11.3 Rechnungsstellung

Der Unternehmer ist gem. § 14 Abs. 2 Satz 1 Nr. 1 UStG grundsätzlich verpflichtet, innerhalb von sechs Monaten nach Ausführung der Leistung eine Rechnung mit den in § 14 Abs. 4 UStG genannten Angaben auszustellen, wenn die Leistung an einen anderen Unternehmer für dessen Unternehmen erbracht wird. Soweit eine Rechnungserteilungspflicht besteht, muss die Rechnung u. a. das nach Steuersätzen und einzelnen Steuerbefreiungen aufgeschlüsselte Entgelt, den anzuwendenden Steuersatz sowie den auf das Entgelt entfallenden Steuerbetrag (§ 14 Abs. 4 Nr. 7 und 8 UStG) enthalten.

Der Unternehmer hat drei Möglichkeiten, seine Rechnung zu gestalten (vgl. auch A 12.16 Abs. 10 bis 12 UStAE):

### a) Aufteilung des Rechnungsbetrags durch Schätzung

**BEISPIEL**

Die Übernachtung inkl. aller Nebenleistungen kostet im Hotel A 112 €. Nebenleistungen sind das Frühstück, ein reservierter Parkplatz und nicht alkoholische Getränke aus der Minibar. Die ermittelten Kosten für die Nebenleistungen betragen 27 €, A rechnet mit einem Gewinnaufschlag von 10 % (= 29,70 €).

**LÖSUNG**

| | |
|---|---:|
| Übernachtung | 76,92 € |
| 7 % Umsatzsteuer | 5,38 € |
| Frühstück, Parkplatz, Minibar | 24,96 € |
| 19 % Umsatzsteuer | 4,74 € |
| Gesamtsumme | 112,00 € |

### b) Sammelposten

Aus Vereinfachungsgründen wird es – auch für Zwecke des Vorsteuerabzugs des Leistungsempfängers – von der Verwaltung nicht beanstandet, wenn folgende in einem Pauschalangebot enthaltene nicht begünstigte Leistungen in der Rechnung zu einem Sammelposten (z. B. »Business-Package«, »Servicepauschale«) zusammengefasst werden und der darauf entfallende Entgeltanteil in einem Betrag ausgewiesen wird:

- Abgabe eines Frühstücks,
- Nutzung von Kommunikationsnetzen,
- Reinigung und Bügeln von Kleidung, Schuhputzservice,
- Transport zwischen Bahnhof/Flughafen und Unterkunft,
- Transport von Gepäck außerhalb des Beherbergungsbetriebs,
- Überlassung von Fitnessgeräten,
- Überlassung von Plätzen zum Abstellen von Fahrzeugen.

Es wird zugelassen, dass der auf diese Leistungen entfallende Entgeltanteil mit **20 %** des Pauschalpreises angesetzt wird. Für Kleinbetragsrechnungen (§ 33 UStDV) gilt dies für den in der Rechnung anzugebenden Steuerbetrag entsprechend.

**BEISPIEL**

Die Übernachtung inkl. aller Nebenleistungen kostet im Hotel B 112 €. Nebenleistungen sind das Frühstück, ein reservierter Parkplatz und nicht alkoholische Getränke aus der Minibar. B wendet die Pauschalregelung an.

**LÖSUNG**

| | |
|---|---:|
| Übernachtung | 83,74 € |
| 7 % Umsatzsteuer | 5,86 € |
| Business-Package | 18,82 € |
| 19 % Umsatzsteuer | 3,58 € |
| Gesamtsumme | 112,00 € |

### c) Einzelabrechnung

Die obige Vereinfachungsregelung gilt nicht für Leistungen, für die ein gesondertes Entgelt vereinbart wird. Allerdings wird es nicht beanstandet, wenn in diesem Fall das Frühstück unter den kalkulatorischen Kosten in Rechnung gestellt wird. Um die Anwendung des § 42 AO (Missbrauch von Gestaltungsmöglichkeiten) zu vermeiden, ist aber eine Begründung erforderlich.

**BEISPIEL**

Die Übernachtung kostet im Hotel C 88 €. Daneben wird ein Frühstück für 4,80 € angeboten. Getränke zum Preis von 6,40 € wurden vom Gast aus der Minibar verbraucht. Telefongebühren sind i. H. v. 3,50 € angefallen.

**LÖSUNG**

| | | |
|---|---|---|
| Übernachtung | 82,24 € | |
| 7 % Umsatzsteuer | 5,76 € | 88,00 € |
| Frühstück | 4,03 € | |
| Minibar | 5,38 € | |
| Telefon | 2,94 € | |
| 19 % Umsatzsteuer | 2,35 € | 14,70 € |
| Gesamtsumme | 102,70 € | |

## 11.4 E-Books und andere Erzeugnisse in elektronischer Form

Mit dem Gesetz zur weiteren steuerlichen Förderung der Elektromobilität und zur Änderung weiterer steuerlicher Vorschriften (JStG 2019) hat der Gesetzgeber § 12 Abs. 2 UStG um eine Nr. 14 erweitert. Ermäßigt sind demnach seit dem 18.12.2019 die Überlassung der in Nr. 49 Buchst. a bis e und Nr. 50 der Anlage 2 bezeichneten Erzeugnisse in elektronischer Form, unabhängig davon, ob das Erzeugnis auch auf einem physischen Träger angeboten wird, mit Ausnahme der Veröffentlichungen, die überwiegend aus Videoinhalten oder hörbarer Musik bestehen. Ebenfalls ausgenommen sind Erzeugnisse, für die Beschränkungen als jugendgefährdende Trägermedien oder Hinweispflichten nach § 15 Abs. 1 bis 3 und 6 des Jugendschutzgesetzes in der jeweils geltenden Fassung bestehen, sowie Veröffentlichungen, die überwiegend Werbezwecken, einschließlich Reisewerbung, dienen.

Die Ermäßigung beschränkt sich auf elektronische Veröffentlichungen, die ihrem Wesen nach und funktional herkömmlichen Erzeugnissen i. S. d. Nr. 49 Buchst. a bis e und Nr. 50 der Anlage 2 entsprechen. Leistungen, die über die bloße Überlassung von elektronischen Veröffentlichungen hinausgehen, sind von der Ermäßigung ausgeschlossen. Begünstigt ist auch die Bereitstellung eines Zugangs zu Datenbanken, die eine Vielzahl von elektronischen Büchern, Zeitungen oder Zeitschriften oder Teile von diesen enthalten.

Dieser Regelung liegt die Änderung der MwStSystRL durch die Richtlinie (EU) 2018/1713 des Rates vom 06.11.2018 (ABl. L 286 vom 14.11.2018, 20) zugrunde, mit der den Mitgliedstaaten die Möglichkeit der Reduktion des Steuersatzes für solche Erzeugnisse erst eingeräumt wurde. Die Steuerermäßigung gilt sowohl für die dauerhafte als auch für die zeitlich befristete Überlassung entsprechender Erzeugnisse.

Nach Art. 98 Abs. 2 Unterabs. 2 MwStSystRL sind elektronisch erbrachte Dienstleistungen von der Anwendung eines ermäßigten Umsatzsteuersatzes ausgeschlossen, wenn sie über die bloße Überlassung von elektronischen Publikationen hinausgehen. Die Nutzung der durch die RL (EU) 2018/1713 des Rates vom 06.11.2018 geschaffenen Möglichkeit eines ermäßigten Steuersatzes sollte nach Auffassung der Bundesregierung dabei den unionsrechtlich maximal zulässigen Rahmen ausschöpfen.

Nicht begünstigt werden dürfen folglich elektronische Leistungen, die über die Funktion herkömmlicher Bücher, Zeitungen, Zeitschriften oder sonstiger in Nr. 49 Buchst. a bis e und Nr. 50 der Anlage 2 zu § 12 Abs. 2 Nr. 1, 2, 12, 13 und 14 UStG bezeichneten Gegenstände deutlich hinausgehen. Hierbei handelt es sich um elektronisch erbrachte Dienstleistungen, die nach den zwingend zu beachtenden Vorgaben des Unionsrechts nicht ermäßigt besteuert werden dürfen. Dies sind insbesondere Erzeugnisse, für die es keine entsprechende gegenständliche Erscheinungsform gibt, wie insbesondere die Bereitstellung eines Zugangs zu Datenbanken mit Sammlungen einer Vielzahl von elektronischen Büchern, Zeitungen oder Zeitschriften. Diese Produkte bieten dem Nutzer mehr als die bloße Sammlung der Inhalte dieser Publikationen, nämlich weit darüber hinausgehende Funktionen wie einfache Durchsuchbarkeit und Filtermöglichkeiten, die Verlinkung der Inhalte mit weiterführenden externen Texten oder Datensammlungen, die Erstellung von Exzerpten, Verwendung von Zusatzprogrammen usw., die in ihrer Gesamtheit der Zurverfügungstellung einer Bibliothek entsprechen und dem Nutzer einen deutlichen Mehrwert im Vergleich zu einem Buch oder einer Zeitschrift vermitteln.

Nicht begünstigt ist ferner der Zugang zu

- Suchmaschinen, auch wenn sie Auszüge aus den gefundenen Dokumenten anzeigen,
- Nachrichtenseiten, bei denen nur auf Presseagenturen u. Ä. verlinkt wird, ohne eigene redaktionelle Inhalte,
- sonstige Sammlungen unredigierter Texte,
- Internetforen und Social-Media-Plattformen, bei denen die Inhalte im Wesentlichen durch die Nutzer generiert werden, sowie
- Kartenmaterial bspw. für Navigationsgeräte.

Von der Begünstigung ebenfalls nicht erfasst werden Publikationen, die – im Gegensatz zur Beständigkeit herkömmlicher papiergebundener Publikationen – von einer permanenten Aktualisierung und Veränderung geprägt sind, wie beispielsweise die laufende Darstellung der Entwicklung von Börsenkursen, der Verkehrslage, von Wetterdaten oder Spielergebnissen im Sport u. Ä.

## 12 Steuersatzänderungen

### 12.1 Allgemeines

Nimmt der Gesetzgeber eine Steuersatzänderung vor, gilt nach § 27 Abs. 1 Satz 1 UStG der geänderte (neue) Steuersatz für die Umsätze, die nach dem Inkrafttreten der Änderungsvorschrift bewirkt werden.

**BEISPIEL**

Die Erhöhung des Steuersatzes von 16 % auf 19 % trat zum 01. 01. 2007 in Kraft. Der Unternehmer U lieferte die Maschine M1 am 29. 12. 2006, die Maschine M2 am 02. 01. 2007. Die Bezahlung der Maschine M2 erfolgte noch am 29. 12. 2006.

**LÖSUNG** Die Maschine M1 ist mit 16 %, die Maschine M2 mit 19 % zu versteuern, obwohl die Umsatzsteuer für die Maschine M2 aufgrund der Mindestistbesteuerung bereits mit Ablauf Dezember 2006 entsteht. Nach § 27 Abs. 1 Satz 2 UStG ist die USt im Voranmeldungszeitraum Dezember 2006 zunächst in Höhe von 16 % entstanden. Die Umsatzsteuer ist nach § 27 Abs. 1 Satz 3 UStG für den Voranmeldungszeitraum Januar 2007 auf 19 % zu berichtigen.

Bei Dauerleistungen, die vor Inkrafttreten der Steuersatzänderung begonnen, jedoch erst nach In-Kraft-Treten der Steuersatzänderung beendet werden, gilt der im Zeitpunkt der Beendigung maßgebliche Steuersatz. Soweit sich die Dauerleistung jedoch in Teilleistungen zergliedert, ist auf das Ende der einzelnen Teilleistung abzustellen (vgl. A 12.1 Abs. 4 und 13.4 UStAE).

**BEISPIEL**

Der Vermieter V vermietet Büroräume steuerpflichtig an den Mieter M. Die Miete beträgt monatlich insgesamt 2 000 €. Der Steuersatz wird mit Wirkung vom 01. 01. erhöht.

**LÖSUNG** Es liegen monatliche Teilleistungen vor, da die Voraussetzungen des § 13 Abs. 1 Nr. 1 Sätze 2 und 3 UStAE erfüllt sind. Somit unterliegen die Mieten für die Zeit bis Dezember noch dem alten Steuersatz, die Mieten für die Zeit ab Januar dem erhöhten neuen Steuersatz.

## 12.2 Teilleistungen

Unter welchen Voraussetzungen Teilleistungen angenommen werden können, ist nach der Definition für Teilleistungen gem. § 13 Abs. 1 Nr. 1 Buchst. a Satz 3 UStG zu bestimmen.

Eine Teilleistung liegt danach vor, wenn für einen bestimmten Teil einer wirtschaftlich teilbaren Leistung das Entgelt gesondert vereinbart wird.

Tatbestandsmerkmale sind damit:

- Die Gesamtleistung muss in wirtschaftlich für sich sinnvolle Teile zerlegbar sein und,
- für einen solchen wirtschaftlich sinnvollen Teil wurde ein Entgelt gesondert vereinbart.

**Anmerkung:** In einem aktuellen Urteil vom 26.06.2019, V R 8/19 hat der BFH unter Berücksichtigung der vorangegangenen Entscheidung des EuGH (vom 29.11.2018, Rs. baumgarten sports & more GmbH, C-548/17) die Regelung des § 13 Abs. 1 Nr. 1 Buchst. a Satz 3 UStG für unvereinbar mit dem Unionsrecht erklärt. Nach Art. 64 Abs. 1 MwStSystRL komme es anders als § 13 Abs. 1 Nr. 1 Buchst. a Sätze 2 und 3 UStG nicht auf eine wirtschaftlich teilbare Leistung an (!); ausreichend sei vielmehr, dass Dienstleistungen zu aufeinander folgenden Abrechnungen oder Zahlungen Anlass gäben. § 13 Abs. 1 Nr. 1a Satz 3 UStG bestehe seit dem UStG 1967 und damit schon vor der unionsrechtlichen Harmonisierung; da er darauf abstelle, dass für bestimmte Teile einer wirtschaftlich teilbaren Leistung das Entgelt gesondert vereinbart werde, sei er nicht entsprechend Art. 64 Abs. 1 MwStSystRL richtlinienkonform auslegbar. Daher können sich Unternehmer z. B. bei ratenweise vergüteten Vermittlungsleistungen (wie im streitgegenständlichen Fall) auf eine unmittelbare Anwendung von Art. 64 Abs. 1 MwStSystRL berufen.

Nachdem das JStG 2019 keine Änderungen in Bezug auf § 13 Abs. 1 Nr. 1a, Satz 2 und 3 UStG enthält, ist fraglich, wann bzw. ob der Gesetzgeber reagieren wird.

### 12.2.1 Zerlegbarkeit der Leistung in wirtschaftlich sinnvolle Teile

Unter die in wirtschaftlich sinnvolle Teile zerlegbaren Leistungen fallen z. B. Vermietungs-, Dienst- oder Unterlassensleistungen. Nicht ohne weiteres sinnvoll aufteilbar sind dagegen i. d. R. Werkleistungen und Werklieferungen (siehe 12.2.3).

### 12.2.2 Gesonderte Entgeltsvereinbarung

Für den betreffenden Leistungsteil muss ein fixes Entgelt vereinbart werden. Keine gesonderte Entgeltsvereinbarung liegt bei Abschlagszahlungen vor, da es sich hierbei nicht um ein fixes Entgelt, sondern lediglich um eine vorläufige Zahlung handelt (vgl. z. B. A 13.1 Abs. 2 Sätze 4 und 5 UStAE).

Bei Steuersatzänderungen lässt die Verwaltung regelmäßig aus Billigkeitsgründen zu, dass die für die Teilleistung erforderliche gesonderte Entgeltsvereinbarung nachträglich, jedoch noch vor Inkrafttreten der Steuersatzänderung getroffen wird (vgl. z. B. für die Steuersatzerhöhung zum 01. 01. 2007 Rn. 21 des BMF-Schreibens vom 11. 08. 2006 BStBl I 2006, 477).

### 12.2.3 Einzelheiten zu Teilleistungen in der Bauwirtschaft

Da sich Bauleistungen regelmäßig über längere Zeiträume erstrecken und häufig beim Leistungsempfänger nicht zum Vorsteuerabzug führen, besteht bei ihnen im Zusammenhang mit Steuersatzerhöhungen ein besonderes Interesse der Beteiligten an Teilleistungen. Nur auf diese Weise können sie wenigstens Teile der Leistung noch mit dem alten, niedrigeren Steuersatz versteuern. Teilleistungen können jedoch auch im Baugewerbe nur dann anerkannt werden, wenn die Bauleistungen wirtschaftlich aufteilbar sind. Nach Verwaltungsauffassung (vgl. BMF vom 20. 02. 2003 BStBl I 2003, 174) kommt eine Aufteilung nur nach Häusern bzw. Blöcken in Betracht bei Erd-, Außenputz-, Zimmerer- und Dachdeckerarbeiten. Bei Innenputz- und Malerarbeiten ist auch eine Aufteilung nach Geschossen oder Wohnungen denkbar. Bei Tischler- und Glaserarbeiten ist eine Aufteilung nach einzelnen Stücken möglich. Leistungen der Architekten und Ingenieure werden dagegen grundsätzlich als einheitliche Leistungen erbracht, es sei denn, es werden hinsichtlich einzelner Leistungsbilder nach § 9 HOAI Teilleistungen vereinbart, abgenommen und abgerechnet (vgl. A 13.3 Abs. 1 UStAE).

## 12.3 Steuersatzänderungen bei der Istbesteuerung und der Mindestistbesteuerung

Der Steuersatz richtet sich auch bei der Ist- und der Mindestistbesteuerung (vgl. W 3 und W 4) nach dem Steuersatz, der am Tag der Leistungserbringung Gültigkeit hatte (vgl. § 27 Abs. 1 UStG und A 12.1 Abs. 3 Satz 3 UStAE). Dies ergibt sich daraus, dass die Istbesteuerung lediglich eine Vereinfachung (und damit verbunden eine gewisse zeitliche Verlagerung der Steuerschuld) für den Unternehmer bringen, jedoch darüber hinaus nicht zu anderen Ergebnissen als bei der Sollbesteuerung führen soll.

Änderungen des Steuersatzes können bei der Istbesteuerung zu praktischen Schwierigkeiten führen. Diese sind folgendermaßen zu lösen:

a) Nimmt der Unternehmer das Entgelt ein, bevor er die Leistung erbracht hat, und gilt zu diesem Zeitpunkt noch der alte Steuersatz, während im Zeitpunkt der Leistungserbringung bereits der neue Steuersatz zur Anwendung kommt, braucht der Unternehmer zunächst nur die Steuer anzumelden und abzuführen, die sich bei Anwendung des alten Steuersatzes ergibt. Für den VZ der Leistung ist jedoch eine Berichtigung unter Zugrundelegung des neuen Steuersatzes vorzunehmen.
b) Nimmt der Unternehmer umgekehrt das Entgelt erst zu einem Zeitpunkt ein, zu dem schon der neue Steuersatz in Kraft getreten ist, ist die Leistung dagegen bereits zu einem Zeitpunkt erfolgt, zu dem noch der alte Steuersatz gegolten hatte, hat er die Versteuerung im VZ der Vereinnahmung noch zu dem alten Steuersatz vorzunehmen.

**BEISPIEL**

Steuerberater S hat mit seinem Mandanten A im Juni 2003 auf die Dauer von 5 Jahren vom 01. 07. 2003 bis 30. 06. 2008 einen Beratervertrag abgeschlossen. S hat mit A vereinbart, dass A hierfür jährlich 2 000 € zuzüglich 320 € USt, jeweils zum 15. 07. (erstmals am 15. 07. 2003 und entsprechend in den Folgejahren) zu entrichten hat. A bezahlte jeweils fristgerecht. S versteuert seine Umsätze nach vereinnahmten Entgelten (Istbesteuerung nach § 20 UStG). A ist voll zum Vorsteuerabzug berechtigt.

**LÖSUNG** Die Leistung des S ist steuerbar und steuerpflichtig. Es handelt sich um eine Dauerleistung, die sich in jährliche Teilleistungen gliedert. Teilleistungen liegen vor, weil die Dauerleistung wirtschaftlich sinnvoll in kleinere Zeiteinheiten aufgeteilt werden kann und für die einzelnen Leistungsteile ein gesondertes Entgelt vereinbart ist (§ 13 Abs. 1 Nr. 1 Buchst. a Satz 3 UStG).
Für die einzelne Teilleistung gilt der Steuersatz, der im Zeitpunkt der Beendigung der Teilleistung gültig ist. Deshalb unterliegen die Teilleistungen der Beratungsjahre 2003/04, 2004/05 und 2005/06 dem Steuersatz von 16 %, während die Teilleistungen der Beratungsjahre 2006/07 und 2007/08 dem ab 01. 01. 2007 gültigen Steuersatz von 19 % unterliegen. Die USt beträgt somit für das Beratungsjahr 2006/07 19 % von 2 000 €, d. h. 380 €.
Da der Beratervertrag schon vor dem 01. 09. 2006 abgeschlossen worden ist, kann S von A gem. § 29 UStG einen Ausgleich für die ihm durch die Steuersatzerhöhung entstandene Mehrbelastung verlangen, da A durch den höheren Vorsteuerabzug entsprechend entlastet ist. Dadurch bleibt es bei der Netto-Bemessungsgrundlage von 2 000 €.
Bezüglich des Beratungsjahres 2006/07 gilt im VZ der Zahlung noch der Steuersatz von 16 %. S kann die Versteuerung im Juli 2006 zunächst noch mit dem Steuersatz von 16 % vornehmen, da zu diesem Zeitpunkt die Steuersatzerhöhung noch nicht in Kraft getreten war. Im VZ Juni 2007 (Zeitpunkt der Leistungserbringung) hat S eine entsprechende Nachversteuerung in Höhe der Differenz von 60 € (380 € ./. 320 €) vorzunehmen.
Die volle Unterwerfung der Beratungsleistung im Beratungsjahr 2006/07 unter den Steuersatz von 19 % ließe sich dadurch vermeiden, dass eine entsprechende Teilentgeltsvereinbarung für die Zeit von 01. 07. 2006 bis 31. 12. 2006 nachträglich vereinbart wird. Die Vereinbarung müsste noch vor dem 01. 01. 2007 getroffen werden, also zu einem Zeitpunkt, zu dem noch der Steuersatz von 16 % gilt. Wegen der Vorsteuerabzugsberechtigung des A kann auf dieses Verfahren jedoch im vorliegenden Fall verzichtet werden.

## 13 Fälle zu den Steuersätzen

1. Der M-Großmarkt hat ein umfassendes Warensortiment. Bestimmen Sie nachfolgend den Steuersatz für folgende Waren:
a) Pulverkaffee,
b) Kartoffeln,
c) Bananen,
d) Orangensaft,
e) Mineralwasser mit Kohlensäure,
f) Tafelwasser, kohlensäurearm,
g) Wein,
h) Sekt,
i) Cognac,
j) Pralinen mit Likör gefüllt,
k) Bretter,
l) Schnittblumen,
m) Topfblumen,
n) Käsezusammenstellung in aus Rohr geflochtenen Körbchen,
o) Bücher der Unterhaltungsliteratur,
p) Bildbände,
q) Taschenkalender,
r) Wandkalender mit Gemäldereproduktionen anerkannter Künstler,
s) Illustrierte,

t) Schallplatten,
u) CDs und DVDs,
v) Kaviar,
w) Schnecken ohne Haus in Salzlake,
x) Milch,
y) Kakaomilch,
z) Blumenzwiebeln.
0) Damen Tampons

2. K betreibt einen Kiosk. Neben dem Kiosk hat K zwei Bierzeltgarnituren aufgestellt. K veräußert u. a. folgende Waren, deren Steuersatz zu bestimmen ist:
a) Kaugummi,
b) Eis am Stiel (verpackt),
c) Schokolade,
d) belegte Brötchen wahlweise verpackt oder auf einem Pappteller, wobei die auf Papptellern ausgegebenen Brötchen an bereitgestellten Holzbänken und Tischen (Biertischgarnituren) verzehrt werden,
e) Flaschenbier mit oder ohne Pappbecher,
f) Milch in verschlossenen Tüten,
g) Kakaomilch im Porzellan-Trinkbecher, die an der Stehtheke getrunken wird,
h) Pommes frites auf Pappschalen mit Plastikgabeln und wahlweise Senf oder Ketchup, wobei die Pommes frites zu 80 % an Bierzeltgarnituren verzehrt werden,
i) heiße Würstchen auf Pappteller mit Senf und Brötchen und Servietten, wobei die Würstchen nahezu ausschließlich an bereitgestellten Holzbänken und Tischen verzehrt werden.

3. Der Partyservice P organisiert die komplette Bewirtung bei Partys, indem er u. a. in der privaten Wohnung des Partyveranstalters
a) das Essen heiß anliefert und mit eigenem Personal auf eigenen Tellern und mit eigenem Besteck den Partygästen an Tischen des Gastgebers serviert,
b) Fruchtsäfte, Tafelwasser, Wein, Bier und Sekt anliefert und den Gästen in eigenen Gläsern serviert.

4. Das Orthopädiegeschäft O vermietet u. a. Krankenfahrstühle zum Preis von monatlich 100 €.
5. Der Reiterhof F vermietet Pferde zum Ausreiten für 30 €/Stunde.
6. Das Blumengeschäft B stellte im Auftrag des Vereins V anlässlich dessen Feier zum 50-jährigen Bestehen in der Stadthalle Palmen und sonstige Pflanzen in Kübeln auf. Hierfür berechnete B dem V 200 €.
7. L betreibt ein Geschäft, in dem er Bücher und Hörbücher auf CD und USB-Stick, Musik-CDs sowie Filme auf Blu-ray Discs und DVDs vermietet.
8. K hat einen Kopierladen. Er fertigt von Vorlagen der Kunden aus Büchern, von den Kunden selbst verfassten Schriftstücken usw. Kopien. Das Kopierpapier wird jeweils von K beschafft.
9. Das Theater T führt ein Theaterstück auf. In der großen Pause können die Theatergäste im Foyer gegen Entgelt einen kleinen Imbiss sowie Getränke zu sich nehmen. Voraussetzung für den Zutritt ist der Besitz einer Theaterkarte. Ohne die zusätzlichen Einnahmen aus der Bewirtung könnte das Theater nicht existieren. Den Imbiss nehmen die Theatergäste an eigens im Foyer aufgestellten Tischen und Stühlen ein.
10. Die Mediathek T veräußert und vermietet Filme auf Blu-ray Discs und DVDs.

11. Der Schriftsteller S hat dem Verlag V sein Buchmanuskript zur Veröffentlichung übergeben. Für jedes veräußerte Buch schreibt V dem S 2 € gut.
12. Ingenieur I hat eine Erfindung patentieren lassen. Er vergibt der Firma F die Lizenz daran. Hierfür erhält I pro Jahr 30 000 €.
13. Der Informatiker I hat ein EDV-Programm entwickelt. I überlässt das Programm der Softwarefirma S für 10 000 € zur Weiterverwertung.
14. Die Stadt S betreibt ein Hallenbad. Sie erhebt für die Benützung ein Eintrittsgeld von 4 €.
15. Der Taxiunternehmer T befördert den Fahrgast F vom Stuttgarter Flughafen zu dessen Hotel in der Innenstadt.
16. Der Taxiunternehmer T befördert den Fahrgast F von Stuttgart nach Frankfurt.
17. Filmtheaterbetreiber F führt Filme vor, die nach § 6 Abs. 3 Satz 1 Nr. 1 bis 5 des Gesetzes zum Schutze der Jugend in der Öffentlichkeit gekennzeichnet sind. Während der Filmvorführungen können die Besucher Getränke, z. B. Bier, erwerben. An den Sitzen ist hierfür zum Abstellen der Gläser eine Vorrichtung angebracht.
18. Hotelier H verlangt für eine Übernachtung mit Frühstück, Telefon, Fahrzeugstellplatz sowie das Reinigen und Bügeln der Kleidung inkl. Schuhputzservice pauschal 170 €. H muss dem selbständigen Handelsvertreter S, der drei Nächte bei ihm untergebracht war, eine Rechnung ausstellen.
19. Verlag V bietet E-Books aus allen Bereichen der Naturwissenschaft zum Download an.

# Teil H Sonderfälle zu den Lieferungen und sonstigen Leistungen

## 1 Tausch, tauschähnlicher Umsatz

### 1.1 Allgemeines

Der Begriff des Tauschs ist in § 3 Abs. 12 Satz 1 UStG definiert: Ein Tausch liegt vor, wenn das Entgelt für eine Lieferung (auch Werklieferung) in einer Gegenlieferung (auch Werklieferung) besteht.

Tauschfälle sind also: Lieferung gegen Lieferung, Lieferung gegen Werklieferung und Werklieferung gegen Lieferung.

Den **Begriff des tauschähnlichen Umsatzes** definiert § 3 Abs. 12 Satz 2 UStG: Ein tauschähnlicher Umsatz liegt vor, wenn das Entgelt für eine sonstige Leistung in einer Leistung (Lieferung oder sonstige Leistung) oder das Entgelt für eine Lieferung (auch Werklieferung) in einer sonstigen Leistung besteht.

Fälle des tauschähnlichen Umsatzes sind also: sonstige Leistung gegen sonstige Leistung, sonstige Leistung gegen Lieferung, Lieferung gegen sonstige Leistung, sonstige Leistung gegen Werklieferung und Werklieferung gegen sonstige Leistung.

Soweit beim Tausch bzw. tauschähnlichen Umsatz Leistung und Gegenleistung nicht gleichwertig sind, erfolgt im Wirtschaftsleben meist ein Ausgleich in bar. In derartigen Fällen spricht man von

- **Tausch mit Baraufgabe** oder
- **tauschähnlichem Umsatz mit Baraufgabe.**

Üblicherweise kommt es dort am häufigsten zum Tausch, wo höherwertige Gegenstände geliefert werden und der Lieferer hierfür einen gleichartigen gebrauchten Gegenstand in Zahlung nimmt (z. B. Lieferung eines neuen gegen Inzahlungnahme des alten Pkw).

Um Tauschlieferungen handelt es sich auch beim Austauschverfahren in der Kfz-Wirtschaft, wenn ein defektes Kfz-Teil gegen ein aufbereitetes funktionsfähiges Teil ersetzt wird. Wegen der Schwierigkeit der Wertermittlung bezüglich des defekten Teils lässt die Verwaltung den Ansatz eines Pauschalwertes i. H. v. 10 % des sog. Bruttoaustauschentgelts für das aufbereitete Teil zu (vgl. A 10.5 Abs. 3 Satz 4 UStAE). Das sog. Bruttoaustauschentgelt ist in Wirklichkeit ein Nettowert, wobei Rabatte unberücksichtigt bleiben (vgl. A 10.5 Abs. 3 Satz 5 UStAE).

Da sich beim Tausch bzw. tauschähnlichen Umsatz zwei Leistungen i. S. d.UStG wechselseitig gegenüberstehen, kann es auch zu zwei steuerbaren Leistungen kommen. Für die Frage der Steuerbarkeit ist jede der Leistungen für sich umsatzsteuerrechtlich zu beurteilen.

**BEISPIEL**

a) Der Privatmann P erwirbt beim Kfz-Händler K einen neuen Pkw und gibt hierbei seinen bisherigen gebrauchten Pkw in Zahlung. Den Wertunterschied zahlt er in bar auf.

**LÖSUNG** Es handelt sich um einen Tausch mit Baraufgabe. Im Rahmen dieses Tauschs erbringt K eine steuerbare und steuerpflichtige Lieferung des neuen Pkw an P. P erbringt zwar ebenfalls eine Lieferung des gebrauchten Pkw an K. Diese Lieferung ist jedoch nicht steuerbar, da P kein Unternehmer ist.

b) Der Lkw-Händler L veräußert dem Fuhrunternehmer F einen neuen Lkw und nimmt hierbei den alten gebrauchten Lkw des F in Zahlung. Den Wertunterschied zahlt F in bar auf.

**LÖSUNG** Es handelt sich um einen Tausch mit Baraufgabe. Im Rahmen dieses Tauschs erbringt L eine steuerbare und steuerpflichtige Lieferung des neuen Lkw an F. F erbringt ebenfalls eine Lieferung des gebrauchten Lkw an L. Auch diese Lieferung ist steuerbar, da auch F Unternehmer ist und die Lieferung als Hilfsgeschäft im Rahmen des Unternehmens des F erfolgt.

Die MwStSystRL enthält zum Tausch und den tauschähnlichen Umsätzen keine spezifischen Regelungen. Das gilt sowohl für den Steuertatbestand (§ 3 Abs. 12 UStG) als auch für die Bemessungsgrundlage (§ 10 Abs. 2 Satz 2 UStG). Insoweit sind die allgemeinen unionsrechtlichen Grundsätze zur Feststellung eines steuerbaren entgeltlichen Umsatzes entscheidend.

Die begriffliche Unterscheidung zwischen Tausch und tauschähnlichem Umsatz lässt sich lediglich durch die Anknüpfung an das Zivilrecht erklären. Für das Umsatzsteuerrecht ist die Frage, ob ein Tausch oder tauschähnlicher Umsatz vorliegt, unerheblich. Maßgebend für beide Fallvarianten ist, dass die Gegenleistung nicht bzw. nur teilweise in einer Geldleistung und ansonsten in einer Sachleistung (Lieferung oder sonstige Leistung) besteht, die in Geld ausgedrückt werden kann.

## 1.2 Bemessungsgrundlage

Ist im Rahmen eines Tauschs oder tauschähnlichen Umsatzes eine Leistung steuerbar und steuerpflichtig, stellt sich die Frage nach der Bemessungsgrundlage. § 10 Abs. 2 Satz 2 UStG enthält die maßgebende Regelung: Bemessungsgrundlage ist der Wert der **Gegenleistung** abzüglich der darin enthaltenen USt.

Dies entspricht dem allgemeinen Grundsatz nach § 10 Abs. 1 UStG, wonach Bemessungsgrundlage für eine Leistung das Entgelt ist, ungeachtet des Werts der hingegebenen Leistung. Eine Ausnahme bilden dabei nur die Fälle der Mindestbemessungsgrundlage nach § 10 Abs. 5 UStG. Grundsätzlich ist es also falsch, für die Ermittlung der Bemessungsgrundlage vom Wert der (eigenen) steuerpflichtigen Leistung auszugehen. Nur ausnahmsweise ist es im Falle der mittelbaren Wertbestimmung erlaubt, für die Ermittlung der Bemessungsgrundlage vom Wert der zu versteuernden Leistung auszugehen. Eine mittelbare Wertbestimmung darf nur dann vorgenommen werden, wenn

- der Wert der Gegenleistung nicht eindeutig feststellbar,
- der Wert der steuerpflichtigen Leistung besser feststellbar und
- anzunehmen ist, dass zwischen Leistung und Gegenleistung Wertgleichheit besteht.

Die mittelbare Wertbestimmung erfolgt insbesondere bei Leistungen vom Arbeitgeber an seinen Arbeitnehmer, wenn die Gegenleistung des Arbeitnehmers in anteiliger Arbeitsleistung besteht (vgl. 3).

Der Wert des anderen Umsatzes wird durch den subjektiven Wert für die tatsächlich erhaltene und in Geld ausdrückbare Gegenleistung bestimmt. Subjektiver Wert ist derjenige, den der Leistungsempfänger der Leistung beimisst, die er sich verschaffen will und deren Wert dem Betrag entspricht, den er zu diesem Zweck aufzuwenden bereit ist (vgl. BFH vom 16.04.2008 BStBl II 2008, 909). Dieser Wert umfasst alle Ausgaben einschließlich der Nebenleistungen, die der Empfänger der jeweiligen Leistung aufwendet, um diese zu erhalten. Soweit der Leistungsempfänger konkrete Aufwendungen für die von ihm erbrachte Gegenleistung getätigt hat, ist daher nicht der gemeine Wert (§ 9 BewG) dieser Gegenleistung maßgebend. Hat er keine konkreten Aufwendungen für seine Gegenleistung getätigt, ist als Entgelt für die Leistung der gemeine Wert dieser Gegenleistung anzusetzen. Dieser wird nach § 9 Abs. 2 BewG durch den Preis bestimmt, der im gewöhnlichen Geschäftsverkehr nach der Beschaffenheit des Wirtschaftsguts bei einer Veräußerung zu erzielen wäre. Dabei sind alle Umstände, die den Preis beeinflussen, zu berücksichtigen. Ungewöhnliche oder persönliche Verhältnisse finden dabei keine Berücksichtigung. Die Umsatzsteuer ist stets herauszurechnen (§ 10 Abs. 2 Satz 3 UStG). Soweit der Wert des Entgelts nicht ermittelt werden kann, ist er zu schätzen (vgl. A 10.5 Abs. 1 UStAE).

**ÜBERSICHT Bemessungsgrundlage bei Tausch und tauschähnlichem Umsatz**

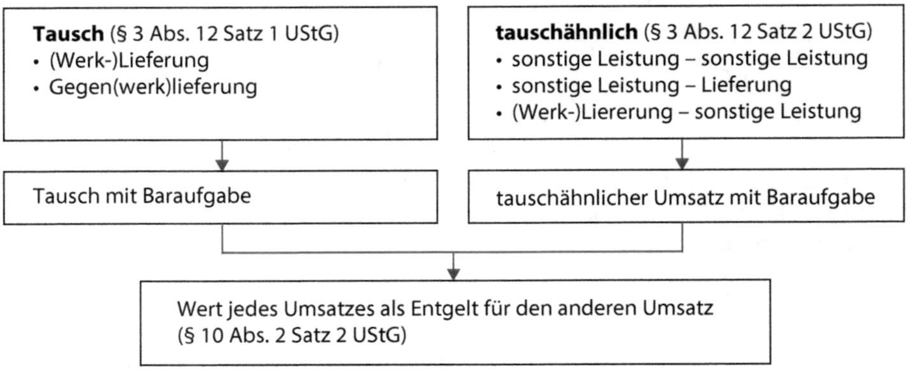


## 1.3 Formeln zur Ermittlung der Bemessungsgrundlage

### 1.3.1 Formel zur Ermittlung der Bemessungsgrundlage beim Tausch bzw. tauschähnlichen Umsatz

Mit folgender Formel lässt sich die Bemessungsgrundlage beim Tausch bzw. tauschähnlichem Umsatz ermitteln:

(Gemeiner) Wert der Gegenleistung
abzüglich Umsatzsteuer
= Bemessungsgrundlage

**BEISPIEL**

Antiquitätenhändler A tauscht mit Antiquitätenhändler B ein Buch (gemeiner Wert 900 €) gegen eine Standuhr (gemeiner Wert 800 €). Bei der Standuhr handelt es sich nicht um ein Sammlungsstück. A und B machen keinen Gebrauch von der Differenzbesteuerung nach § 25a UStG.

**LÖSUNG** Die Lieferung des Buchs von A an B ist steuerbar und steuerpflichtig. Der Steuersatz beträgt nach § 12 Abs. 2 Nr. 1 UStG i. V. m. Nr. 49a der Anlage zum UStG 7 %. Die Bemessungsgrundlage ist somit:

| | |
|---|---|
| gemeiner Wert der Standuhr | 800,00 € |
| ./. USt 7/107 von 800 € | ./. 52,34 € |
| Bemessungsgrundlage | 747,66 € |

Die Lieferung der Standuhr von B an A ist ebenfalls steuerbar und steuerpflichtig. Der Steuersatz beträgt nach § 12 Abs. 1 Nr. 1 UStG 19 %. Die Bemessungsgrundlage ist somit:

| | |
|---|---|
| gemeiner Wert des Buchs | 900,00 € |
| ./. USt 19/119 von 900 € | ./. 143,70 € |
| Bemessungsgrundlage | 756,30 € |

### 1.3.2 Formel zur Ermittlung der Bemessungsgrundlage beim Tausch bzw. tauschähnlichen Umsatz mit Baraufgabe

Ermittlung der Bemessungsgrundlage bei demjenigen, der für seine steuerpflichtige Leistung eine Leistung und zusätzlich eine Baraufgabe erhält:

(Gemeiner) Wert der Gegenleistung
zuzüglich empfangene Baraufgabe
= Summe
abzüglich USt
= Bemessungsgrundlage

Ermittlung der Bemessungsgrundlage bei demjenigen, der neben seiner steuerpflichtigen Leistung eine Baraufgabe zu erbringen hat:

(Gemeiner) Wert der Gegenleistung
abzüglich bezahlter Baraufgabe
= Differenz
abzüglich USt
= Bemessungsgrundlage

## 1.4 Beispiele zum Tausch und zum tauschähnlichen Umsatz

**BEISPIELE**

a) Der Kfz-Händler K veräußert einen neuen Pkw an den Handelsvertreter H, der seinen gebrauchten Geschäfts-Pkw dafür in Zahlung gibt und außerdem eine Barzahlung in Höhe von 39 600 € leistet. Der gemeine Wert des neuen Pkw beträgt 47 600 € (Listenpreis 40 000 € zuzüglich 7 600 € USt). Der gemeine Wert des gebrauchten Pkw beträgt 8 000 €.

**LÖSUNG** Es handelt sich um einen Tausch mit Baraufgabe.
Im Rahmen dieses Tauschs erbringt K eine steuerpflichtige Lieferung an H. Die Bemessungsgrundlage für diese Lieferung ermittelt sich wie folgt:

| | |
|---|---|
| gemeiner Wert der Gegenleistung | 8 000 € |
| + empfangene Baraufgabe | 39 600 € |
| Summe | 47 600 € |
| ./. USt | ./. 7 600 € |
| Netto-Bemessungsgrundlage | 40 000 € |

H erbringt ebenfalls im Rahmen dieses Tauschs als Hilfsgeschäft eine steuerpflichtige Lieferung des gebrauchten Pkw an K.

Die Bemessungsgrundlage für diese Lieferung ermittelt sich wie folgt:

| | |
|---|---|
| gemeiner Wert der Gegenleistung | 47 600,00 € |
| ./. hingegebene Baraufgabe | ./.39 600,00 € |
| Differenz | 8 000,00 € |
| ./. Umsatzsteuer | ./.1 277,31 € |
| Netto-Bemessungsgrundlage | 6 722,69 € |

b) Der Kfz-Händler K veräußert einen neuen Pkw an den Handelsvertreter H, der seinen gebrauchten Geschäfts-Pkw dafür in Zahlung gibt und außerdem eine Barzahlung von 37 600 € leistet. Der gemeine Wert des neuen Pkw beträgt 47 600 € (Listenpreis 40 000 € zuzüglich 7 600 € USt). Der gemeine Wert des gebrauchten Pkw beträgt 8 000 €. K rechnet H hierfür jedoch 10 000 € an.

**LÖSUNG** Es handelt sich um einen Tausch mit Baraufgabe. Im Rahmen dieses Tauschs erbringt K eine steuerpflichtige Lieferung an H. Die Bemessungsgrundlage für diese Lieferung ermittelt sich wie folgt:

| | |
|---|---|
| gemeiner Wert der Gegenleistung | 8 000,00 € |
| + empfangene Baraufgabe | 37 600,00 € |
| Summe | 45 600,00 € |
| ./. USt | ./.7 280,67 € |
| Netto-Bemessungsgrundlage | 38 319,33 € |

Man spricht in einem solchen Fall von einem verdeckten Preisnachlass, den K dem H gewährt.
H erbringt ebenfalls im Rahmen dieses Tauschs als Hilfsgeschäft eine steuerpflichtige Lieferung des gebrauchten Pkw an K. Die Bemessungsgrundlage für diese Lieferung ermittelt sich wie folgt:

| | |
|---|---|
| gemeiner Wert der Gegenleistung | 47 600,00 € |
| ./. hingegebene Baraufgabe | ./.37 600,00 € |
| Differenz | 10 000,00 € |
| ./. USt | ./.1 596,64 € |
| Netto-Bemessungsgrundlage | 8 403,36 € |

## 1.5 Grundsätze zum verdeckten Preisnachlass im Kfz-Handel

Ein verdeckter Preisnachlass im Kfz-Handel liegt vor, wenn ein Unternehmer einen gebrauchten Pkw zu einem höheren Preis als dem gemeinen Wert in Zahlung nimmt. Der verdeckte Preisnachlass mindert das Entgelt für die Lieferung des Neuwagens (vgl. A 10.5 Abs. 4 Satz 4 UStAE mit Beispielen). Dies ergibt sich daraus, dass der in Zahlung genommene Pkw nicht mit dem angerechneten höheren Preis, sondern mit seinem gemeinen Wert für die Berechnung der USt aus der Lieferung des Neuwagens anzusetzen ist. Händler, die bei der Weiterveräußerung des gebrauchten Pkw von der Differenzbesteuerung nach § 25a UStG (vgl. U 3) keinen Gebrauch machen oder auch Händler, die in Zahlung genommene Pkw exportieren, haben ein Interesse daran, den gemeinen Wert eines in Zahlung genommenen Pkw möglichst niedrig anzusetzen, da sich dadurch ihre Umsatzsteuerzahllast mindert. Händler machen daher häufig geltend, sie hätten aus Wettbewerbsgründen den Pkw zu einem höheren Preis als dessen gemeinen Wert in Zahlung genommen. Die Finanzverwaltung erkennt in solchen Fällen den verdeckten Preisnachlass mit steuerlicher Wirkung nur dann an, wenn die Höhe der Entgeltminderung nachgewiesen wird (vgl. A 10.5 Abs. 4 Satz 5 UStAE).

Die Finanzverwaltung lässt folgende Verfahren zur Ermittlung und zum Nachweis des gemeinen Wertes zu:

a) Ansatz des Schätzpreises eines amtlich anerkannten Kfz-Sachverständigen, wenn der Schätzpreis zum Zeitpunkt der Übernahme des Gebrauchtwagens festgestellt wurde (vgl. A 10.5 Abs. 4 Nr. 1 UStAE).
b) Ermittlung eines pauschalierten gemeinen Werts des gebrauchten Pkw aus dem Preis, zu dem der gebrauchte Pkw weiterverkauft wurde. Der so ermittelte Pauschalwert ist in der Regel niedriger als der gemeine Wert. Er errechnet sich gem. A 10.5 Abs. 4 Beispiel 2 UStAE wie folgt:

   Bruttoverkaufspreis
   ./. Pauschale für Verkaufskosten
   ./. Reparaturkosten
   pauschalierter gemeiner Wert

   Die Reparaturkosten sind Nettokosten. An sich ist es systemwidrig, einen Netto- von einem Bruttowert abzuziehen. Da jedoch ohnehin ein unzutreffender (zu niedriger) Pauschalwert ermittelt wird, wird dies hingenommen. Die Reparaturkosten sind nur mit den Selbstkosten ohne Gewinnzuschlag zu berücksichtigen (vgl. A 10.5 Abs. 4 Nr. 2 Satz 3 UStAE). Die Pauschale für Verkaufskosten beträgt 15 % des Bruttoverkaufspreises. Sie darf nur abgezogen werden, wenn die Weiterveräußerung innerhalb von 3 Monaten nach Übernahme des Pkw erfolgt (vgl. A 10.5 Abs. 4 Nr. 2 UStAE).
c) Pauschale Wertermittlung aus dem Verkaufspreis, zu dem der gebrauchte Pkw später als drei Monate nach Übernahme weiterveräußert wurde:

   Bruttoverkaufspreis
   ./. Reparaturkosten
   pauschalierter gemeiner Wert

Die Pauschale für Verkaufskosten darf in diesem Fall nicht abgezogen werden (vgl. A 10.5 Abs. 4 Nr. 3 UStAE).

## 1.6 Beispiele zum verdeckten Preisnachlass im Kfz-Handel

**BEISPIELE**

a) Der Kfz-Händler K veräußert einen neuen Pkw an den Handelsvertreter H, der seinen gebrauchten Geschäfts-Pkw dafür in Zahlung gibt und außerdem eine Barzahlung von 37 600 € leistet. Der gemeine Wert des neuen Pkw beträgt 47 600 € (Listenpreis 40 000 € zuzüglich 7 600 € USt). Ein amtlich anerkannter Schätzpreis für den gebrauchten Pkw liegt nicht vor. K konnte den Pkw einen Monat nach Übernahme für 10 000 € zuzüglich 1 900 € USt an den Unternehmer U veräußern. Zuvor hatte K in seiner eigenen Werkstatt einige defekte Teile ersetzen lassen. Die dadurch entstandenen Kosten ohne Gewinnzuschlag belaufen sich auf netto 1 000 €.

**LÖSUNG** Es handelt sich um einen Tausch mit Baraufgabe. Im Rahmen dieses Tauschs erbringt K eine steuerpflichtige Lieferung an H. Für die Ermittlung der Bemessungsgrundlage ist zunächst der pauschalierte gemeine Wert des gebrauchten Pkw entsprechend A 10.5 Abs. 4 Nr. 2 UStAE wie folgt zu ermitteln:

| | |
|---|---|
| Verkaufserlös brutto | 11 900 € |
| abzüglich Reparaturkosten | ./.1 000 € |
| abzüglich Verkaufskosten (15 % von 11 900 €) | ./.1 785 € |
| pauschalierter gemeiner Wert | 9 115 € |

Die Bemessungsgrundlage für die Lieferung ermittelt sich nunmehr wie folgt:

| | |
|---|---|
| gemeiner Wert der Gegenleistung | 9 115,00 € |
| zuzüglich empfangener Baraufgabe | 37 600,00 € |
| Summe | 46 715,00 € |
| ./. USt | ./. 7 458,70 € |
| Netto-Bemessungsgrundlage | 39 256,30 € |

H erbringt ebenfalls im Rahmen dieses Tauschs als Hilfsgeschäft eine steuerpflichtige Lieferung des gebrauchten Pkw an K.
Die Bemessungsgrundlage für diese Lieferung ermittelt sich wie folgt:

| | |
|---|---|
| gemeiner Wert der Gegenleistung | 47 600,00 € |
| ./. hingegebene Baraufgabe | ./. 37 600,00 € |
| Differenz | 10 000,00 € |
| ./. USt | ./. 1 596,64 € |
| Netto-Bemessungsgrundlage | 8 403,36 € |

b) Der Kfz-Händler K veräußert an den Privatmann P einen neuen Pkw. P gibt hierfür seinen gebrauchten Pkw in Zahlung und leistet außerdem eine Barzahlung in Höhe von 38 600 €. Der gemeine Wert des neuen Pkw beträgt 47 600 € (Listenpreis 40 000 € zuzüglich 7 600 € USt). K nahm den gebrauchten Pkw zum Anrechnungspreis von 9 000 € in Zahlung. Ein amtlich anerkannter Schätzpreis für den gebrauchten Pkw ist nicht vorhanden. K konnte den Gebrauchtwagen erst vier Monate nach Übernahme für 10 000 € zuzüglich 1 900 € USt veräußern. Zuvor musste er den Pkw auch noch reparieren lassen, wodurch ihm Selbstkosten in Höhe von 2 000 € entstanden sind.

**LÖSUNG** Es handelt sich um einen Tausch mit Baraufgabe. Im Rahmen dieses Tauschs erbringt K eine steuerpflichtige Lieferung an P. Für die Ermittlung der Bemessungsgrundlage ist zunächst der pauschalierte gemeine Wert des gebrauchten Pkw entsprechend A 10.5 Abs. 4 Nr. 3 UStAE wie folgt zu ermitteln:

| | | |
|---|---|---|
| Verkaufserlös brutto | | 11 900 € |
| ./. Reparaturkosten | ./. | 2 000 € |
| gemeiner Wert | | 9 900 € |

Der pauschalierte gemeine Wert des gebrauchten Pkw ist also höher als der Anrechnungspreis. Somit hat K dem P keinen verdeckten Preisnachlass gewährt. Bei der Berechnung seiner USt muss K den höheren gemeinen Wert versteuern (vgl. A 10.5 Abs. 4 Satz 7 UStAE). R kann daher die USt für die Lieferung des neuen Pkw wie folgt ermitteln:

| | |
|---|---|
| gemeiner Wert des gebrauchten Pkw | 9 900,00 € |
| + Baraufgabe | 38 600,00 € |
| = Bemessungsgrundlage (brutto) | 48 500,00 € |
| enthaltene USt 19/119 | 7 743,70 € |

Die Lieferung von P an K ist nicht steuerbar, da P kein Unternehmer ist.

c) Unternehmensberater S berät den Kfz-Großhändler G über einen effektiveren Personaleinsatz. Das Honorar hierfür würde üblicherweise 22 000 € zuzüglich 4 180 € USt betragen. G veräußert jedoch stattdessen an S einen Neuwagen gegen Aufzahlung von insgesamt 12 000 €. Der gemeine Wert des Neuwagens beträgt 45 696 € (Listenpreis beim Einzelhändler 38 400 € zuzüglich 7 296 € USt). Der Abgabepreis des Werkes an G beträgt für diesen Pkw 32 000 € zuzüglich 6 080 € USt.

**LÖSUNG** Es handelt sich um einen tauschähnlichen Umsatz mit Baraufgabe.
Im Rahmen des tauschähnlichen Umsatzes erbringt G eine steuerpflichtige Pkw-Lieferung an S. Die Bemessungsgrundlage für diese Lieferung ermittelt sich wie folgt:

| | |
|---|---|
| gemeiner Wert der Gegenleistung | 26 180,00 € |
| + empfangene Baraufgabe | 12 000,00 € |
| Summe | 38 180,00 € |

| | | |
|---|---|---|
| ./. USt | ./. | 6 095,96 € |
| Netto-Bemessungsgrundlage | | 32 084,04 € |

Im Rahmen des tauschähnlichen Umsatzes erbringt S eine steuerpflichtige sonstige Leistung an G. Die Bemessungsgrundlage ermittelt sich hierfür wie folgt:

| | | |
|---|---|---|
| gemeiner Wert des neuen Pkw | | 45 696,00 € |
| ./. Baraufgabe | ./. | 12 000,00 € |
| Differenz | | 33 696,00 € |
| ./. USt | ./. | 5 380,03 € |
| Bemessungsgrundlage (netto) | | 28 315,97 € |

d) Werbeagentur W erbringt gegenüber ihrem Kunden K Werbeleistungen. Sie erwirbt hierzu ein neues Fahrzeug zum Preis von 20 000 € zuzüglich 3 800 € USt. Sie lässt auf dem Fahrzeug eine Werbefläche für K anbringen. W überlässt dann das Fahrzeug auf sechs Jahre (= betriebsgewöhnliche Nutzungsdauer) der Gemeinde G. G verpflichtet sich im Gegenzug, das Fahrzeug bis zum Vertragsende möglichst werbewirksam und häufig zu nutzen sowie die Werbung zu dulden. Nach Ablauf von sechs Jahren wird das Eigentum am Fahrzeug auf G übertragen.

**LÖSUNG** Im Rahmen eines tauschähnlichen Umsatzes erbringt W bereits mit Übergabe des Fahrzeugs an G eine Lieferung (entsprechend den Grundsätzen zum Leasing, vgl. A 3.5 Abs. 5 UStAE). G erbringt im Gegenzug eine Werbeleistung an W. Die Lieferung des Fahrzeugs ist steuerbar und steuerpflichtig. Bemessungsgrundlage ist eigentlich der Wert der Werbeleistung. Da dieser Wert schwer zu ermitteln ist, werden mittels der indirekten Wertbestimmung die Anschaffungskosten des Fahrzeugs von brutto 23 800 € angesetzt, da man davon ausgeht, dass zwischen der Lieferung und der Werbeleistung Wertgleichheit besteht. Die Umsatzsteuer bei W beträgt somit 19/119 von 23 800 € = 3 800 €. Die Werbeleistung von G erfolgt nicht im Rahmen ihres hoheitlichen Handelns und ist insoweit ebenfalls steuerbar und steuerpflichtig (vgl. § 2b Abs. 1 Satz 1 UStG).

## 1.7 Abgrenzung des Tauschs bzw. des tauschähnlichen Umsatzes von anderen Sachverhalten

### 1.7.1 Allgemeines

Die Bemessungsgrundlage gem. § 10 Abs. 2 Satz 2 UStG (gemeiner Wert der erhaltenen Leistung) kann nur in den Fällen des Tauschs, des tauschähnlichen Umsatzes bzw. bei der Hingabe an Zahlungs statt angewandt werden. In den übrigen Fällen des Leistungsaustauschs richtet sich die Bemessungsgrundlage nach § 10 Abs. 1 UStG.

### 1.7.2 Abgrenzung zum Doppelkauf

Bei einem Doppelkauf liegen im Gegensatz zum Tausch zwei selbständige gegenläufige Kaufverträge vor, beim Tausch hingegen ein einheitlicher »Tausch«vertrag.

**BEISPIEL**

**Doppelkauf**

Der Bauunternehmer B errichtet für den Schreinereibetrieb des S eine Lagerhalle für 100 000 € zuzüglich 19 000 € USt. Der Bauunternehmer erwirbt vom Schreinereibetrieb Bauholz für eine anderweitige Verwendung (nicht für die Lagerhalle) durch B zum Rechnungsbetrag von 10 000 € zuzüglich 1 900 € USt. Bei seiner Abrechnung für die Lagerhalle zieht B die 11 900 € für das Bauholz ab und verlangt von S nur den Differenzbetrag. Die Leistungen sind nicht in der Weise verknüpft, dass die eine ohne die andere nicht vereinbart worden wäre.

**LÖSUNG** Es handelt sich um einen Doppelkauf. B erbringt eine steuerpflichtige Werklieferung an S. Die USt hierfür beträgt 19 000 € (19/119 aus 119 000 €). S erbringt eine steuerpflichtige Lieferung an B. Die USt hierfür beträgt 1 900 € (19/119 aus 11 900 €).

### 1.7.3 Abgrenzung zum Umtausch

Beim Umtausch wird ein Liefergeschäft rückgängig gemacht (§ 17 Abs. 2 Nr. 3 UStG; vgl. 2.1) und gleichzeitig ein neues Liefergeschäft abgeschlossen, während beim Tausch zwei gegenläufige Lieferungen vorliegen, die bestehen bleiben.

## 1.8 Übungsfälle zur Bemessungsgrundlage beim Tausch

1. Pferdehändler P tauscht die Stute S (gemeiner Wert 12 000 €) mit dem Pferdezüchter Z gegen dessen Wallach W (gemeiner Wert 14 000 €).
2. Musikinstrumente-Händler M veräußert dem Kunden K (Privatmann) einen Konzertflügel. Er nimmt das alte Klavier des K (gemeiner Wert 3 000 €) für 5 000 € in Zahlung und verlangt außerdem noch eine Barzahlung in Höhe von 15 000 €.
3. Pkw-Händler H tauscht einen gebrauchten Pkw der Marke Ford Mustang (gemeiner Wert 14 000 €) mit dem Pferdehändler P gegen vier Maultiere (gemeiner Wert 14 000 €). H und P machen von der Differenzbesteuerung nach § 25a UStG keinen Gebrauch.
4. Der Baumaschinenhersteller B veräußert an den Tiefbauunternehmer T einen Bagger zum Listenpreis von 100 000 € zuzüglich 19 000 € USt. B nimmt einen gebrauchten Bagger des T (gemeiner Wert 10 000 €) mit 19 000 € in Zahlung. T muss also noch 100 000 € zuzahlen.

# 2 Rückgabe, Rücknahme, Rücklieferung, Umtausch

## 2.1 Rückgabe

**Definition der Rückgabe:** Eine Rückgabe liegt vor, wenn eine Lieferung unter Rückabwicklung des zugrunde liegenden Verpflichtungsgeschäfts rückgängig gemacht wird (die Initiative geht hierbei vom Leistungsempfänger aus).

**Umsatzsteuerrechtliche Auswirkung der Rückgabe:**

a) bei Rückgabe im VZ der Lieferung: Lieferung und Rückgabe werden umsatzsteuerrechtlich als irrelevant behandelt (nicht in die USt-Voranmeldung aufgenommen).
b) bei Rückgabe in einem späteren VZ: Die Versteuerung der Lieferung im VZ der Lieferung bleibt bestehen, im VZ der Rückgabe muss jedoch in sinngemäßer Anwendung des § 17 Abs. 1 UStG der Lieferer seine USt-Schuld und der Abnehmer seinen eventuell vorgenommenen Vorsteuerabzug berichtigen (§ 17 Abs. 2 Nr. 3 UStG). Wird die Leistung nach Vereinnahmung des Entgelts rückgängig gemacht, erfolgt die Berichtigung erst im VZ der Rückgewähr des Entgelts (BFH vom 02. 09. 2010, V R 34/09).

**Fälle der Rückgabe sind:**

- Wandelung durch den Abnehmer aufgrund von Sachmängeln,
- Rücktritt durch den Abnehmer innerhalb einer Probezeit aufgrund eines Rücktrittsrechts, das schon bei Abschluss des Verpflichtungsgeschäfts vereinbart wurde,
- Rückgabe durch den Abnehmer (wegen Nichtgefallens) innerhalb der branchenüblichen Frist.

## 2.2 Rücknahme

**Definition der Rücknahme:** Eine Rücknahme liegt vor, wenn eine Lieferung unter Rückabwicklung des zugrunde liegenden Verpflichtungsgeschäfts rückgängig gemacht wird (im Gegensatz zur Rückgabe geht hierbei die Initiative vom Lieferer aus).

**Umsatzsteuerrechtliche Auswirkung der Rücknahme:**

a) bei Rücknahme im VZ der Lieferung: Lieferung und Rücknahme werden umsatzsteuerrechtlich als irrelevant behandelt (nicht in die USt-Voranmeldung aufgenommen).

b) bei Rücknahme in einem späteren VZ: Die Versteuerung der Lieferung im VZ der Lieferung bleibt bestehen, im VZ der Rücknahme muss jedoch in sinngemäßer Anwendung des § 17 Abs. 1 UStG der Lieferer seine USt-Schuld und der Abnehmer seinen eventuell vorgenommenen Vorsteuerabzug berichtigen (§ 17 Abs. 2 Nr. 3 UStG). Wird die Leistung nach Vereinnahmung des Entgelts rückgängig gemacht, erfolgt die Berichtigung auch in diesem Fall erst im VZ der Rückgewähr des Entgelts (BFH vom 02. 09. 2010, V R 34/09).

**Fälle der Rücknahme** sind z. B. die Rücknahme der Ware durch den Lieferanten, nachdem dieser aufgrund vertragswidrigen Verhaltens des Abnehmers (z. B. Zahlungsverzugs) vom Verpflichtungsgeschäft zurückgetreten ist. Hierbei ist jedoch zu beachten, dass eine Rückgängigmachung der Lieferung nur dann vorliegt, wenn der Empfänger nicht in der Lage ist, seine vertragliche Verpflichtung zu erfüllen, und der Lieferer deswegen befugt ist, vom Vertrag zurückzutreten. Hat der Empfänger der Lieferung dagegen einen Verhandlungsspielraum (dadurch, dass er in der Lage ist, **entweder** den ursprünglichen Vertrag zu erfüllen und den Kaufpreis zu entrichten **oder** den Gegenstand aufgrund einer Rückabwicklung des ursprünglichen Vertrages zurückzugeben **oder** seinerseits an den ursprünglichen Lieferer den zuvor ihm gelieferten Gegenstand gegen Entgelt zurückzuliefern) liegt eine Rücklieferung (siehe 2.3) vor. Ob eine nicht steuerbare Rücknahme oder eine steuerbare Rücklieferung vorliegt, ist **aus der Sicht des ursprünglichen Empfängers** der Lieferung und nicht aus der Sicht des ursprünglichen Lieferers zu beurteilen (vgl. A 1.1 Abs. 4 UStAE mit weiteren Hinweisen).

Liegt unter Beachtung der oben dargestellten Grundsätze eine Rückgängigmachung vor, ist es unschädlich, wenn der bereits entrichtete Kaufpreis nicht vollständig zurückbezahlt wird. Bei dem Einbehalt kann es sich um eine Nutzungsentschädigung oder um Schadensersatz handeln.

Im Falle der Nutzungsentschädigung tritt an die Stelle der bisherigen Lieferung eine sonstige Leistung (Vermietungsleistung), für welche die Nutzungsentschädigung das Entgelt darstellt. (Vgl. hierzu auch die Regelungen des Verbraucherkreditgesetzes.)

Soweit es sich dagegen um Schadensersatz (für eine Beschädigung der Sache) handelt, fehlt es an einem Leistungsaustausch und die Schadensersatzzahlung ist nicht zu versteuern.

## 2.3 Rücklieferung

**Definition der Rücklieferung:** Eine Rücklieferung liegt stets dann vor, wenn im Gegensatz zur Rückgabe oder Rücknahme das ursprüngliche Verpflichtungsgeschäft nicht rückabgewickelt, sondern ein neues Verpflichtungsgeschäft über denselben Gegenstand in umgekehrter Richtung abgeschlossen wird (Rückkauf).

Darüber hinaus liegt eine Rücklieferung auch in allen Fällen vor, in denen eine Rückgabe oder Rücknahme nicht als Rückgängigmachung anerkannt werden kann (z. B. wegen Gestaltungsmissbrauch oder weil nach den Kriterien des o. a. BFH-Urteils der ursprüngliche Lieferungsempfänger bei der Rücknahme einen Verhandlungsspielraum hat).

**Umsatzsteuerrechtliche Auswirkung der Rücklieferung**

a) Die ursprüngliche Lieferung zwischen dem Lieferanten und dem Abnehmer bleibt bestehen (keine Berichtigung in sinngemäßer Anwendung des § 17 Abs. 1 UStG).

b) Die Übergabe des Gegenstands vom ursprünglichen Abnehmer an den ursprünglichen Lieferanten stellt eine zweite Lieferung in umgekehrter Richtung dar (Rücklieferung). Soweit auch die übrigen Voraussetzungen des § 1 Abs. 1 Nr. 1 UStG gegeben sind, liegt ein steuerbarer Umsatz vor.

In der Praxis trifft man auf den Versuch, eine Rücklieferung wegen des damit verbundenen steuerlichen Vorteils als Rückgabe bzw. Rücknahme zu qualifizieren (z. B. wenn der ursprüngliche Lieferungsempfänger nicht vorsteuerabzugsberechtigt ist). In derartigen Fällen ist anhand von Indizien zu beurteilen, ob eine Rücklieferung vorliegt.

**Indizien für eine Rücklieferung** sind in derartigen Fällen:

- unüblich großer Zeitabstand zwischen Lieferung und Rückgabe bzw. Rücknahme,
- der Gegenstand hat vor Ausübung des Rücktrittsrechts durch Abnutzung oder Alterung eine wesentlich andere Marktgängigkeit erlangt,
- Verrechnungsbasis für Einbehaltungen am bezahlten Kaufpreis ist der Marktwert im Zeitpunkt der Rücknahme.

Ein Fall der Rücklieferung liegt auch beim Kaufleasing vor, wenn der Leasingnehmer nach Ablauf der Grundmietzeit von der Kaufoption keinen Gebrauch macht und den Leasinggegenstand zurückgibt (vgl. L 3.3).

## 2.4 Umtausch

Von Umtausch spricht man in den Fällen der Rückgabe, in denen der Abnehmer gleichzeitig einen anderen Gegenstand vom Lieferanten erwirbt. Dabei spielt es keine Rolle, ob ein gleichartiger Gegenstand oder ein völlig anders gearteter Gegenstand erworben wird.

Umsatzsteuerrechtliche Auswirkung: Der Umtausch ist zunächst wie die Rückgabe zu behandeln. Die damit verbundene neue Lieferung ist normal zu versteuern.

**BEISPIELE**

a) Das Bekleidungsgeschäft B liefert dem Kunden K am 22. 12. 01 einen Pelzmantel für 2 500 €. Am 27. 12. 01 bringt K den Pelzmantel zurück und tauscht ihn gegen einen anderen Pelzmantel zum Preis von 3 400 € um. Die Differenz von 900 € zahlt K auf.

**LÖSUNG** Die Lieferung des Pelzmantels für 2 500 € wird am 27. 12. 01 rückgängig gemacht (§ 17 Abs. 2 Nr. 3 UStG). Am 27. 12. 01 erfolgt eine neue Lieferung des Pelzmantels für 3 400 €. Diese Lieferung (und nur diese!) hat B in seine USt-Voranmeldung für Dezember 01 aufzunehmen. Die sich hieraus ergebende USt beträgt 542,86 € (19/119 aus 3 400 €).

b) Das Bekleidungsgeschäft B liefert dem Kunden K am 22. 12. 01 einen Pelzmantel für 3 400 €. Am 27. 12. 01 bringt K den Pelzmantel zurück und tauscht ihn gegen einen anderen Pelzmantel zum Preis von 2 500 € um. Die Differenz von 900 € lässt er sich in bar ausbezahlen.

**LÖSUNG** Die Lieferung des Pelzmantels für 3 400 € wird am 27. 12. 01 rückgängig gemacht (§ 17 Abs. 2 Nr. 3 UStG). Am 27. 12. 01 erfolgt eine neue Lieferung des Pelzmantels für 2 500 €. Diese Lieferung (und nur diese!) hat B in seine USt-Voranmeldung für Dezember 01 aufzunehmen. Die sich hieraus ergebende USt beträgt 399,16 € (19/119 aus 2 500 €).

c) Das Bekleidungsgeschäft B liefert dem Kunden K am 22. 12. 01 einen Pelzmantel für 2 500 €. Am 02. 01. 02 bringt K den Pelzmantel zurück und tauscht ihn gegen einen anderen Pelzmantel zum Preis von 3 400 € um. Die Differenz von 900 € zahlt K auf.

**LÖSUNG** Die Lieferung des Pelzmantels für 2 500 € wird am 02. 01. 02 rückgängig gemacht (§ 17 Abs. 2 Nr. 3 UStG). Am 02. 01. 02 erfolgt eine neue Lieferung des Pelzmantels für 3 400 €. Die Lieferung vom 22. 12. 01 hat B in seine USt-Voranmeldung für Dezember 01 aufzunehmen (USt 399,16 €). Die Rückgängigmachung dieser Lieferung (USt ./. 399,16 €) und die neue Lieferung (USt 542,86 €) hat B in seine USt-Voranmeldung für Januar 02 aufzunehmen. Die sich hieraus per Saldo ergebende USt für den VZ Januar beträgt 143,70 €.

d) Das Bekleidungsgeschäft B liefert dem Kunden K am 22. 12. 01 einen Pelzmantel für 3 400 €. Am 02. 01. 01 bringt K den Pelzmantel zurück und tauscht ihn gegen einen anderen Pelzmantel zum Preis von 2 500 € um. Die Differenz von 900 € lässt er sich in bar ausbezahlen.

**LÖSUNG** Die Lieferung des Pelzmantels für 3 400 € wird am 02. 01. 01 rückgängig gemacht (§ 17 Abs. 2 Nr. 3 UStG). Am 02. 01. 01 für 2 500 €. Die Lieferung vom 22. 12. 01 hat B in seine USt-Voranmeldung für Dezember 01 aufzunehmen (USt 542,86 €). Die Rückgängigmachung dieser Lieferung (USt ./. 542,86 €) und die neue Lieferung (USt 399,16 €) hat B in seine USt-Voranmeldung für Januar 02 aufzunehmen. Die sich hieraus per Saldo ergebende Vergütung für den VZ Januar beträgt 143,70 €. Dieser Betrag wird mit der USt aus anderen Lieferungen verrechnet.

# 3 Leistungen vom Arbeitgeber an den Arbeitnehmer

## 3.1 Allgemeines

Bei Leistungen an Arbeitnehmer sind folgende Fälle zu unterscheiden:

- Der Arbeitnehmer erhält die Leistung aufgrund eines von ihm entrichteten Entgelts.
- Der Arbeitnehmer erhält die Leistung, ohne dass er hierfür ein Entgelt aufwendet (unentgeltliche Leistungsabgabe).

Für die **unentgeltlichen** Leistungsabgaben werden nach § 3 Abs. 1b Nr. 2 UStG und nach § 3 Abs. 9a UStG entgeltliche Leistungen fingiert. Der Wortlaut von § 3 Abs. 1b Nr. 2 und § 3 Abs. 9a UStG verleitet zu der Annahme, dass unentgeltliche Leistungsabgaben stets dann vorliegen, wenn ein Arbeitgeber Leistungen an seine Arbeitnehmer erbringt, ohne ihnen hierfür ein monetäres Entgelt zu berechnen. Nach der Auffassung der Finanzverwaltung sind solche Leistungen regelmäßig als tauschähnliche Umsätze zu beurteilen, wobei die Arbeitnehmer als Gegenleistung einen Teil ihrer Arbeitsleistung erbringen (A 1.8 Abs. 1 Satz 1 UStAE). Derartige Leistungen im Rahmen eines tauschähnlichen Umsatzes liegen insbesondere in folgenden typischen Fällen vor:

- Der Arbeitgeber gewährt dem Arbeitnehmer Unterkunft (A 1.8 Abs. 9 Satz 2 UStAE).
- Der Arbeitgeber verköstigt den Arbeitnehmer ganz oder teilweise (A 1.8 Abs. 9 Satz 3 UStAE).
- Der Arbeitgeber stellt dem Abnehmer einen Pkw (auch) für private Fahrten zur Verfügung (A 15.23 Abs. 8 ff. UStAE).

Die Frage, ob unentgeltliche Leistungsabgaben oder tauschähnliche Umsätze vorliegen, kann zu unterschiedlichen Ergebnissen führen.

Wendet man die Verwaltungsmeinung konsequent an, schränkt dies den Anwendungsbereich des § 3 Abs. 9a UStG deutlich ein, da Zuwendungen in den meisten Fällen als zusätzlicher Arbeitslohn für die Arbeitsleistung anzusehen sind (vgl. z. B. die unentgeltliche Pkw-Überlassung, A 15.23 Abs. 8 ff. UStAE).

Eine unentgeltliche Sachzuwendung an den Arbeitnehmer liegt gemäß A 1.8 Abs. 2 Satz 3 UStAE vor, wenn er seine Arbeit lediglich für den vereinbarten Barlohn und unabhängig von dem an alle Arbeitnehmer gerichteten Angebot (vgl. BFH vom 10. 06. 1999 BStBl II 1999, 582) oder unabhängig vom Umfang der gewährten Zuwendungen leistet (keine Vereinbarung hierüber im Arbeitsvertrag). Derartige Fälle sind insbesondere Jubiläums- oder Hochzeitsgeschenke u. Ä.

**Anmerkung:** Folgender Sachverhalt liegt aktuell dem Vorlagebeschluss FG des Saarlandes vom 18.03.2019, 1 K 1208/16 zugrunde: Eine in Luxemburg ansässige Aktiengesellschaft (S. A.) überlässt zwei in ihrem Unternehmen in Luxemburg tätigen Mitarbeitern, die ihren Wohnsitz in Deutschland haben, jeweils ein zu ihrem Unternehmensvermögen gehörendes Firmenfahrzeug auch für Privatfahrten. Von einem der beiden Mitarbeiter behielt sie in den Streitjahren eine Beteiligung an den Kosten des ihm überlassenen Dienstwagens vom Gehalt ein. Die S. A. ist in Luxemburg im sog. »vereinfachten Besteuerungsverfahren« registriert, in dem keine Vorsteuer geltend gemacht werden kann. Sie hat demzufolge für die Kosten der beiden Dienstwagen keine Vorsteuer in Anspruch genommen. Im Gegenzug fand daher in Luxemburg auch keine Besteuerung der Fahrzeugüberlassung an die Arbeitnehmer statt. Das FG möchte nun wissen, ob für die Besteuerung Art. 56 Abs. 2 MwStSystRL (= § 3a Abs. 3 Nr. 2 Satz 3 UStG) oder Art. 45 Satz 1 MwStSystRL (§ 3a Abs. 1 UStG) maßgebend ist. In diesem Zusammenhang wendet sich das FG unter anderem gegen die Ansicht der Finanzverwaltung, die die Überlassung eines Firmenfahrzeugs durch einen Unternehmer an sein Personal zur privaten Nutzung regelmäßig als langfristige Vermietung eines Beförderungsmittels qualifiziert und in der anteiligen Arbeitsleistung, die der Mitarbeiter für die Privatnutzung erbringt, ein Entgelt sieht (s. A 15.23 Abs. 8 UStAE). Insoweit bleibt abzuwarten, welche Position der EuGH dazu beziehen wird.

### 3.2 Unentgeltliche Zuwendungen an Arbeitnehmer

Unentgeltliche Zuwendungen an Arbeitnehmer können nach § 3 Abs. 1b Nr. 2 bzw. Abs. 9a UStG entgeltlichen Leistungen gleichgestellt und damit nach § 1 Abs. 1 Nr. 1 UStG steuerbar sein.

Hierbei sind folgende drei Fallgruppen tatbestandsmäßig zu unterscheiden:

1. Nach **§ 3 Abs. 1b Nr. 2 UStG** wird einer entgeltlichen Lieferung gleichgestellt:

a) die unentgeltlichen Zuwendungen eines Gegenstands durch einen Unternehmer an sein Personal,

b) für dessen privaten Bedarf,

c) es darf sich nicht um Aufmerksamkeiten handeln,

d) der Gegenstand oder seine Bestandteile muss zum vollen oder wenigstens teilweisen Vorsteuerabzug berechtigt haben.

e) Ebenso wird nach **§ 3 Abs. 9a Nr. 1 UStG** einer entgeltlichen sonstigen Leistung gleichgestellt:

f) die unentgeltliche Verwendung eines dem Unternehmen zugeordneten Gegenstands durch einen Unternehmer,

g) für den privaten Bedarf des Personals,

h) es darf sich nicht um Aufmerksamkeiten handeln,

i) der Gegenstand muss zum vollen oder teilweisen Vorsteuerabzug berechtigt haben,

2. Schließlich wird nach **§ 3 Abs. 9a Nr. 2 UStG** einer entgeltlichen sonstigen Leistung gleichgestellt:

a) die unentgeltliche Erbringung einer anderen sonstigen Leistung durch einen Unternehmer,

b) für den privaten Bedarf des Personals,

c) es darf sich nicht um Aufmerksamkeiten handeln.

**Zu a):** In allen Fällen muss es sich um unentgeltliche Zuwendungen handeln. Solche liegen nach Verwaltungsauffassung dann nicht vor, wenn es sich bei der Zuwendung um einen Sachlohn für die vom Personal zu erbringende Arbeitsleistung handelt. Dies wird insbesondere relevant bei der Gestellung von Kraftfahrzeugen an Arbeitnehmer (vgl. 3.4.8).

Bei der Zuwendung und bei der Nutzungsüberlassung eines Gegenstands muss dieser dem Unternehmen zugeordnet sein. Bei der Erbringung einer anderen sonstigen Leistung muss die Leistung aus dem Unternehmen erbracht werden.

**Zu b):** Allen drei Fallgruppen gemeinsam ist das Tatbestandsmerkmal »für den privaten Bedarf des Personals«. Bei unentgeltlichen Zuwendungen stößt man häufig auf solche, die sowohl dem privaten Bedarf des Personals dienen als auch im betrieblichen Interesse erfolgen. In diesen Fällen ist zu gewichten, wessen Interesse überwiegt. Überwiegt das betriebliche Interesse, ist das Merkmal »für den privaten Bedarf des Personals« nicht gegeben (vgl. 3.2.2).

**Zu c):** Bei der Zuwendung von Aufmerksamkeiten handelt es sich um eine Bagatell-Regelung. Die Aufmerksamkeiten entsprechen den lohnsteuerrechtlichen Annehmlichkeiten. Ebenso wie bei der Lohnsteuer werden diese Annehmlichkeiten auch bei der Umsatzsteuer nicht besteuert. Zum Begriff der Aufmerksamkeiten vgl. 3.2.1.

**Zu d):** Die volle oder teilweise Vorsteuerabzugsberechtigung ist entsprechend der Regelung in Art. 16 und Art. 26 Abs. 1a MwStSystRL Tatbestandsmerkmal bei der Zuwendung und bei der Nutzungsüberlassung eines Gegenstands. Sie ist jedoch entsprechend Art. 26 Abs. 1b MwStSystRL kein Tatbestandsmerkmal bei der Zuwendung einer anderen sonstigen Leistung.

Hat der Unternehmer den Gegenstand erworben, muss er hinsichtlich des Erwerbs wenigstens teilweise zum Vorsteuerabzug berechtigt gewesen sein. Die fehlende Vorsteuerabzugsberechtigung kann sich zum einen daraus ergeben, dass die Voraussetzungen nach § 15 Abs. 1 UStG nicht vorlagen, z. B.

- Rechnung ohne gesonderten Umsatzsteuerausweis,
- Bezug von einem Nichtunternehmer,
- Bezug von einem Kleinunternehmer nach § 19 Abs. 1 UStG,
- Erwerb zunächst nicht für das Unternehmen und spätere Einlage ins Unternehmen oder
- Nutzung zu weniger als 10 % für das Unternehmen (§ 15 Abs. 1 Satz 2 UStG).

Die fehlende Vorsteuerabzugsberechtigung kann sich zum anderen aus den Vorsteuerabzugsverboten nach § 15 Abs. 1a, § 15 Abs. 1b und § 15 Abs. 2 UStG ergeben. Spätestens seit 01.04.2012 ist die geänderte Rechtsprechung des BFH (Urteile vom 09.12.2010 V R 17/10, vom 12.01.2011 XI R 9/08, vom 13.01.2011 V R 12/08, vom 27.01.2011 V R 38/09 und vom 03.03.2011 V R 23/10) zu beachten. Nach den vom BFH in diesen Urteilen aufgestellten (neuen) Grundsätzen ist der Unternehmer nach § 15 UStG zum Vorsteuerabzug berechtigt, soweit er Leistungen für sein Unternehmen i. S. d. § 2 Abs. 1 UStG und damit für seine wirtschaftlichen Tätigkeiten zu verwenden beabsichtigt.

Plant der Unternehmer bereits bei Leistungsbezug, die bezogene Leistung nicht für seine wirtschaftliche Tätigkeit, sondern ausschließlich und unmittelbar für eine unentgeltliche Entnahme i. S. d. § 3 Abs. 1b oder 9a UStG zu verwenden, schließt dies den Vorsteuerabzug aus (s. zuletzt BFH vom 29.01.2014, XI R 4/12 zum Vorsteuerabzug aus Leistungen für Bewirtschaftung einer Betriebskantine).

Hat der Unternehmer bei Bezug der Leistung vor, diese teilweise für Zwecke seiner wirtschaftlichen und teilweise für Zwecke einer nichtunternehmerischen Tätigkeit zu verwenden, ist er nur im Umfang der beabsichtigten Verwendung für seine wirtschaftliche Tätigkeit zum Vorsteuerabzug berechtigt.

Eine – wie bisher – weitergehende Berechtigung zum Vorsteuerabzug besteht bei einer gemischten Verwendung nur, wenn es sich bei der nichtunternehmerischen Tätigkeit um die Verwendung für Privatentnahmen i. S. d. § 3 Abs. 1b oder 9a UStG handelt. Privatentnahmen in diesem Sinne sind nur Entnahmen für den privaten Bedarf des Unternehmers als natürliche Person und für den privaten Bedarf seines Personals, nicht dagegen eine Verwendung für z. B. ideelle Zwecke eines Vereins oder für den Hoheitsbereich einer juristischen Person des öffentlichen Rechts (vgl. A 2.3 Abs. 1a, A 2.10 Abs. 5, A 3.3 Abs. 1 Satz 7, A 15.2 Abs. 15a und A 15.15 Abs. 1 UStAE).

Hat der Unternehmer den Gegenstand selbst hergestellt, muss er wenigstens bezüglich eines seiner Bestandteile zum Vorsteuerabzug berechtigt gewesen sein.

Hat der Unternehmer einen Gegenstand ohne Vorsteuerabzugsberechtigung erworben und nimmt er anschließend oder später einen Ausbau oder Umbau des Gegenstands vor, kommt es für die Vorsteuerabzugsberechtigung darauf an, ob die beim Ausbau oder Umbau verwendeten Gegenstände in den Gegenstand eingegangen sind und wenigstens teilweise zum Vorsteuerabzug berechtigt haben.

Die Voraussetzung »wenigstens teilweise Vorsteuerabzugsberechtigung« ist dagegen nicht gegeben, wenn Vorsteuern abgezogen worden sind aus Aufwendungen für den Gebrauch und die Erhaltung des Gegenstandes, die ertragsteuerrechtlich sofort abziehbaren Erhaltungsaufwand darstellen (z. B. Aufwendungen für Reparatur-, Ersatz- oder Verschleißteile, vgl. A 3.3 Abs. 2 Satz 4 und Abs. 3 UStAE). Hinsichtlich des Umfangs der Besteuerung vgl. N 2.3.

Als **Folge der Gleichstellung mit einer entgeltlichen Leistung** ergibt sich:

Falls die Tatbestandsmerkmale für die Gleichstellung vorliegen, sind alle Tatbestandsmerkmale für die Steuerbarkeit nach § 1 Abs. 1 Nr. 1 UStG gegeben, bis auf das Tatbestandsmerkmal »im Inland«.

Für die Frage des Orts der Leistung gelten ab 01.01.2020 die allgemeinen Regeln, da die Ortsregelung des § 3f UStG aus Gründen der Anpassung an das Unionsrecht ab diesem Zeitpunkt entfällt.

Ist die Leistung danach steuerbar, gelten für sie grundsätzlich alle Befreiungstatbestände, ausgenommen die Befreiung für Ausfuhrlieferungen (§ 6 Abs. 5 UStG) und für Lohnveredelungen an Gegenständen der Ausfuhr (§ 7 Abs. 5 UStG).

### 3.2.1 Aufmerksamkeiten

Aufmerksamkeiten i. S. v. § 3 Abs. 1b Nr. 2 und Abs. 9a UStG liegen nach A 1.8 Abs. 3 Satz 1 UStAE dann vor, wenn es sich um Zuwendungen handelt, die nach ihrer Art und nach ihrem Wert Geschenken entsprechen, die im gesellschaftlichen Verkehr üblicherweise ausgetauscht werden und zu keiner ins Gewicht fallenden Bereicherung des Arbeitnehmers führen. Hierzu rechnen:

- gelegentliche Sachzuwendungen bis zu einem Wert von 60 € (brutto), z. B. Blumen, Genussmittel, ein Buch oder eine Schallplatte, die dem Arbeitnehmer oder seinen Angehörigen aus Anlass eines besonderen persönlichen Ereignisses zugewendet werden (vgl. A 1.8 Abs. 3 Satz 2 UStAE).
- Getränke und Genussmittel, die der Arbeitgeber den Arbeitnehmern zum Verzehr im Betrieb unentgeltlich überlässt (vgl. A 1.8 Abs. 3 Satz 3 UStAE).
- Speisen, die der Arbeitgeber den Arbeitnehmern anlässlich und während eines außergewöhnlichen Arbeitseinsatzes zum Verzehr unentgeltlich überlässt (vgl. A 1.8 Abs. 4 Nr. 11 UStAE).

### 3.2.2 Leistungen im überwiegend betrieblichen Interesse

Nicht steuerbare Leistungen liegen vor, wenn betrieblich veranlasste Maßnahmen zwar auch die Befriedigung eines privaten Bedarfs der Arbeitnehmer zur Folge haben, diese Folge aber durch die mit den Maßnahmen angestrebten betrieblichen Zwecke überlagert wird. Hierzu gehören:

- Leistungen zur Verbesserung der Arbeitsbedingungen, z. B. die Bereitstellung von Aufenthalts- und Erholungsräumen sowie von betriebseigenen Dusch-, Bade- und Sportanlagen, die grundsätzlich von allen Betriebsangehörigen in Anspruch genommen werden können (vgl. A 1.8 Abs. 4 Nr. 1 UStAE),
- die betriebsärztliche Betreuung sowie die Vorsorgeuntersuchung des Arbeitnehmers, wenn sie im ganz überwiegenden betrieblichen Interesse des Arbeitgebers liegt (vgl. A 1.8 Abs. 4 Nr. 2 UStAE)
- betriebliche Fort- und Weiterbildungsleistungen (vgl. A 1.8 Abs. 4 Nr. 3 UStAE),
- die Überlassung von Arbeitsmitteln zur beruflichen Nutzung einschließlich der Arbeitskleidung, wenn es sich um typische Berufskleidung, insbesondere um Arbeitsschutzkleidung, handelt, deren private Nutzung so gut wie ausgeschlossen ist (vgl. A 1.8 Abs. 4 Nr. 4 UStAE),
- das Zurverfügungstellen von Parkplätzen auf dem Betriebsgelände (vgl. A 1.8 Abs. 4 Nr. 5 UStAE),
- Zuwendungen im Rahmen von Betriebsveranstaltungen, soweit sie sich im üblichen Rahmen halten und die Aufwendungen je Veranstaltung für den einzelnen Arbeitnehmer die Grenze von 110 € einschließlich USt nicht übersteigen. Wird dagegen die 110 €-Grenze überschritten, handelt es sich im Allgemeinen um steuerbare Sachzuwendungen, sofern sich die Üblichkeit der Zuwendung nicht aufgrund einer besonderen Prüfung im Einzelfall ergibt (vgl. A 1.8 Abs. 4 Nr. 6 UStAE). Im Unterschied zur Regelung bei der Lohnsteuer handelt es sich um keinen Freibetrag, sondern um eine Freigrenze. Spätestens ab 01. 04. 2012 ist beim Überschreiten der 110 €-Grenze i. d. R. bereits kein Vorsteuerabzug mehr möglich (BFH vom 09. 12. 2010 UR 2011, 313),
- das Zurverfügungstellen von Betriebskindergärten (vgl. A 1.8 Abs. 4 Nr. 7 UStAE),
- das Zurverfügungstellen von Übernachtungen in gemieteten Zimmern, wenn der Arbeitnehmer an weit von seinem Heimatort entfernten Tätigkeitsstellen eingesetzt wird (vgl. A 1.8 Abs. 4 Nr. 8 UStAE),
- Schaffung und Förderung der Rahmenbedingungen für die Teilnahme an einem Verkaufswettbewerb (vgl. A 1.8 Abs. 4 Nr. 9 UStAE),
- Beförderung der Arbeitnehmer von der Wohnung zu wechselnden Einsatzorten (vgl. 3.4.9).

### 3.2.3 Bemessungsgrundlage

Bei den unentgeltlichen Leistungen an Arbeitnehmer richtet sich die Bemessungsgrundlage nach § 10 Abs. 4 UStG. Nach § 10 Abs. 4 **Nr. 1** UStG ist Bemessungsgrundlage bei der Zuwendung eines Gegenstands der Einkaufspreis bzw. der Selbstkostenpreis des Gegenstands. Die Bemessungsgrundlage entspricht der Bemessungsgrundlage bei der Entnahme eines Gegenstands durch den Unternehmer für seinen privaten Bedarf. Näheres hierzu vgl. N 2.7!

Nach § 10 Abs. 4 Nr. 2 UStG sind Bemessungsgrundlage bei der Nutzungsüberlassung eines Gegenstands die hierbei entstandenen Ausgaben. Hierzu gehören auch die anteiligen Gemeinkosten (A 1.8 Abs. 7 Satz 6 UStAE). Ausgaben, die nicht zum Vorsteuerabzug berechtigt haben, dürfen nicht angesetzt werden. Erbringt der Unternehmer eine andere sonstige Leistung als die Nutzungsüberlassung eines Gegenstands, sind Bemessungsgrundlage nach § 10 Abs. 4 Nr. 3 UStG die bei der Ausführung dieser Leistung entstandenen Ausgaben. Hierbei sind auch Ausgaben einzubeziehen, die nicht zum Vorsteuerabzug berechtigt haben.

Zur Vermeidung von Schwierigkeiten bei der Ermittlung dieser Werte lässt die Verwaltung zu, dass in bestimmten Fällen, in denen bei der Lohnsteuer Pauschalwerte angesetzt werden, diese auch bei der Umsatzsteuer als Brutto-Bemessungsgrundlage angesetzt werden (A 1.8 Abs. 8 UStAE und 3.4). Der lohnsteuerrechtliche Freibetrag nach § 8 Abs. 3 Satz 2 EStG von 1 080 € bleibt bei der umsatzsteuerrechtlichen Bemessungsgrundlage unberücksichtigt (A 1.8 Abs. 8 Satz 4 UStAE).

## 3.3 Leistungen gegen Entgelt

Soweit Arbeitnehmer für die vom Arbeitgeber erbrachten Leistungen ein angemessenes Entgelt entrichten, treten keine Besonderheiten auf. Zu beachten ist, dass nach Verwaltungsauffassung entgeltliche Leistungen auch in der Form von tauschähnlichen Umsätzen vorliegen können. So nimmt die Verwaltung an, dass bei der Überlassung eines Pkw zur privaten Nutzung in der Regel ein tauschähnlicher Umsatz vorliegt, indem der Arbeitnehmer als Gegenleistung einen Teil seiner Arbeitsleistung erbringt (vgl. hierzu 3.4.9).

Gibt der Arbeitgeber die Leistungen verbilligt ab, ist zu prüfen, ob die **Mindestbemessungsgrundlage** nach § 10 Abs. 5 Nr. 2 i. V. m. Abs. 4 UStG eingreift. Dies ist immer dann gegeben, wenn das Entgelt niedriger ist als die Bemessungsgrundlage, die sich ergeben hätte, wenn die Zuwendung an den Arbeitnehmer unentgeltlich gewesen wäre. In diesem Fall ist die höhere Bemessungsgrundlage, die sich nach § 10 Abs. 4 UStG ergibt, anzusetzen.

Bezüglich der verbilligten Abgabe von Waren und Mahlzeiten an Arbeitnehmer hat die Verwaltung Sonderregelungen getroffen (vgl. 3.4.3, 3.4.4, 3.4.6 und 3.4.7).

## 3.4 Typische Einzelfälle

### 3.4.1 Gewährung freier Verpflegung und Unterkunft vom Arbeitgeber an den Arbeitnehmer

Nach A 1.8 Abs. 9 UStAE ist für die Ermittlung des Entgelts von den Werten auszugehen, die nach der Sozialversicherungsentgeltverordnung für Sachbezüge (SvEV) anzusetzen sind. Für die Gewährung von Unterkunft und Wohnung kann jedoch unter den Voraussetzungen des § 4 Nr. 12 Satz 1 Buchst. a UStG Steuerfreiheit in Betracht kommen (A 1.8 Abs. 9 Satz 2 UStAE). Hinsichtlich der Beköstigung ist in der Regel eine dem allgemeinen Steuersatz unterliegende sonstige Leistung anzunehmen (vgl. A 1.8 Abs. 9 Satz 3 UStAE).

### 3.4.2 Werkswohnung, Dienstwohnung

Die dauerhafte Zurverfügungstellung einer Werks- oder Dienstwohnung ist nach § 4 Nr. 12a UStG steuerbefreit. Das gilt auch für die neben der freien Wohnung gewährten üblichen Nebenleistungen (z. B. Beheizung, Schönheitsreparaturen). Die Steuerbefreiung gilt ebenso, wenn die Überlassung nur kurzfristig für weniger als sechs Monate an sog. Saisonarbeitnehmer erfolgt. Denn die Arbeitnehmer sind keine »Fremde« i. S. d. § 4 Nr. 12 Satz 2 UStG (vgl. Umkehrschluss aus A 1.8 Abs. 5 Satz 3 und A 4.12.11 Abs. 2 Satz 3 UStAE).

Etwas anderes gilt nur, wenn die Räume wahlweise für Gäste oder Saisonpersonal bereitgehalten werden.

### 3.4.3 Kostenlose Abgabe von Mahlzeiten an die Arbeitnehmer

Bei der kostenlosen Abgabe von Mahlzeiten an die Arbeitnehmer durch unternehmenseigene Kantinen ist von dem Betrag auszugehen, der dem amtlichen Sachbezugswert nach der Sozialversicherungsentgeltverordnung entspricht (A 1.8 Abs. 11 UStAE). Der Wert eines kostenlos abgegebenen Mittagessens an Arbeitnehmer wird ab dem Kalenderjahr 2019 mit 3,30 € als Bruttowert angesetzt (BMF vom 19. 12. 2019, BStBl I 2020, 1399). Für Jugendliche und Auszubildende beträgt der Wert ebenfalls 3,00 €, da nach A 1.8 Abs. 11 Satz 3 UStAE Abschläge nicht zulässig sind.

Werden die Mahlzeiten über nicht vom Arbeitgeber selbst betriebene Kantinen abgegeben, ist als Bemessungsgrundlage der Einkaufspreis (netto) des Arbeitgebers anzusetzen. Überlässt der Arbeitgeber im Rahmen einer Fremdbewirtschaftung (keine eigene Kantine) Küchen und Kantinenräume, Einrichtungs- und Ausstattungsgegenstände sowie Koch- und Küchengeräte, ist der Wert dieser Gebrauchsüberlassung bei der Ermittlung der Bemessungsgrundlage für die Mahlzeiten nicht zu berücksichtigen (vgl. A 1.8 Abs. 10 Satz 4 UStAE).

### 3.4.4 Verbilligte Abgabe von Mahlzeiten an Arbeitnehmer

Bei der verbilligten Abgabe von Mahlzeiten ist der vom Arbeitnehmer gezahlte Essenspreis, mindestens aber der Betrag zu versteuern, der bei kostenloser Abgabe von Mahlzeiten anzusetzen wäre (A 1.8 Abs. 11 Satz 2 UStAE).

### 3.4.5 Deputate

Zu den Deputaten gehören insbesondere

- Sachzuwendungen in der Land- und Forstwirtschaft (z. B. Getreide, Kartoffeln, Milch),
- Sachzuwendungen im Bergbau (z. B. Kohle),
- Abgabe von Getränken zum häuslichen Verzehr (sog. Haustrunk im Brauereigewerbe),
- Abgabe von Genussmitteln zum häuslichen Verzehr (z. B. Freitabakwaren in der Tabakwarenindustrie).

Zur Ermittlung der Bemessungsgrundlage ist zwar grundsätzlich von den Werten nach § 10 Abs. 4 UStG auszugehen. Aus Vereinfachungsgründen kann jedoch von lohnsteuerrechtlich als Arbeitslohn anzusetzenden geldwerten Vorteilen zuzüglich etwaiger Zahlungen des Arbeitnehmers ausgegangen werden (A 1.8 Abs. 14 Satz 4 UStAE).

### 3.4.6 Kostenlose Warenabgabe (z. B. Erzeugnisse des eigenen Unternehmens)

Bei Lieferungen an Arbeitnehmer außerhalb der oben bei 3.4.5 aufgeführten Deputate (Sachzuwendungen, für die kein besonders berechnetes Entgelt gezahlt wird) ist bei der Ermittlung der Bemessungsgrundlage von den Werten nach § 10 Abs. 4 UStG auszugehen.

### 3.4.7 Verbilligte Warenabgabe

Als Bemessungsgrundlage ist grundsätzlich der vom Arbeitnehmer aufzuwendende Betrag abzüglich der Umsatzsteuer anzusetzen. Ist dieser Betrag niedriger als die Werte, die bei völlig unentgeltlicher Abgabe anzusetzen wären (vgl. 3.4.6), greift die Mindestbemessungsgrundlage nach § 10 Abs. 5 Nr. 2 UStG und die USt ist aus dem Vergleichswert zu errechnen.

**BEISPIEL**

Das Kaufhausunternehmen K gewährt seinen Arbeitnehmern beim Einkauf von Waren im Kaufhaus Rabatte in Höhe von 10 %. Leitende Angestellte erhalten einen Rabatt von 20 %. Der Arbeitnehmer V erwirbt ein Fernsehgerät für 900 € (normaler Verkaufspreis 1 000 €). Der leitende Angestellte L erwirbt das gleiche Gerät für 800 €. Die Fernsehgeräte wurden für 600 € zuzüglich 114 € USt eingekauft.

**LÖSUNG** Bei beiden Lieferungen greift die Mindestbemessungsgrundlage nach § 10 Abs. 5 Nr. 2 UStG nicht ein, da der Vergleichswert nach § 10 Abs. 4 Nr. 1 UStG brutto 714 € beträgt und somit nicht höher ist als die von V und L aufgewandten Bruttoentgelte. Die USt beträgt somit für die Lieferung an V 19/119 aus 900 €, d. h. 143,70 € und für die Lieferung an L 19/119 aus 800 €, d. h. 127,73 €.

### 3.4.8 Gestellung von Kraftfahrzeugen an Arbeitnehmer

Überlässt der Arbeitgeber dem Arbeitnehmer ein Kfz ohne besondere Berechnung zur privaten Nutzung (Fahrten zwischen Wohnung und Arbeitsstätte, Familienheimfahrten und sonstige Privatfahrten), liegt nach Verwaltungsauffassung ein tauschähnlicher Umsatz vor. Der Arbeitnehmer erbringt als Gegenleistung für die Nutzungsüberlassung einen Teil seiner Arbeitsleistung (A 15.23 Abs. 8 UStAE). Eine unentgeltliche Nutzungsüberlassung i. S. d. § 3 Abs. 9a Nr. 1 UStG nimmt die Verwaltung nur ausnahmsweise an, wenn die vereinbarte private Nutzung derart gering ist, dass sie für die Gehaltsbemessung keine wirtschaftliche Rolle spielt. Unentgeltlichkeit könne danach nur angenommen werden, wenn dem Arbeitnehmer das Fahrzeug nur gelegentlich (von Fall zu Fall) an nicht mehr als fünf Kalendertagen im Kalendermonat für private Zwecke überlassen wird. Als Bemessungsgrundlage (brutto) könne dann je Fahrtkilometer 0,001 % des Bruttolistenpreises angesetzt werden, gekürzt um einen Abschlag von 20 % für die nicht mit Vorsteuern belasteten Kosten (A 15.23 Abs. 12 und A 1.8 Abs. 8 UStAE).

Die Frage, ob ein tauschähnlicher Umsatz oder eine unentgeltliche Nutzungsüberlassung nach § 3 Abs. 9a Nr. 1 UStG vorliegt, ist insoweit von Bedeutung, als bei Annahme eines tauschähnlichen Umsatzes nach der Verwaltungsauffassung die gesamten anteilig auf die Privatnutzung des Arbeitnehmers entfallenden Kosten zur Bemessungsgrundlage gehören, während bei Annahme einer unentgeltlichen Nutzungsüberlassung gem. § 10 Abs. 4 Nr. 2 UStG nur Kosten zugrunde gelegt werden dürfen, soweit sie zum vollen oder teilweisen Vorsteuerabzug berechtigt haben.

Folgt man der Verwaltungsauffassung, können der Ermittlung der Bemessungsgrundlage die lohnsteuerrechtlichen Pauschalen zugrunde gelegt werden. Die Verwaltung geht dabei davon aus, dass zwischen dem Teil der Arbeitsleistung, der für die Nutzungsüberlassung erbracht wird und der Nutzungsüberlassung Wertgleichheit besteht. Deshalb setzt sie als Wert der anteiligen Arbeitsleistung den Wert der Nutzungsüberlassung an. Den Wert der Nutzungsüberlassung bemisst sie nach den anteiligen Kosten (indirekte Wertermittlungsmethode A 15.23 Abs. 10, Sätze 2 und 3 UStAE).

Anstelle der indirekten Wertermittlungsmethode kann auch direkt der Wert der anteiligen Arbeitsleistung angesetzt werden, sofern er ermittelbar ist. Dies ist nach Verwaltungsauffassung dann der Fall, wenn die Parteien (Arbeitgeber und Arbeitnehmer) Aussagen zum Wert der anteiligen Arbeitsleistung treffen und dieser Wert die Kosten für die Fahrzeugüberlassung übersteigt (vgl. A 15.23 Abs. 10 Satz 7 UStAE).

#### 3.4.8.1 Pauschale Ermittlung der Bemessungsgrundlage

Für die pauschale Ermittlung der Bemessungsgrundlage sind zu unterscheiden:

**a) Reine Privatfahrten**

Als Bruttobemessungsgrundlage kann pro Monat 1 % vom Bruttolistenpreis angesetzt werden (A 15.23 Abs. 11 Nr. 1 UStAE mit Beispiel). Ein pauschaler Abschlag von 20 % wie bei der Privatnutzung des Pkw durch den Unternehmer selbst (vgl. N 3.4.2) wird nicht zugelassen, da dem Arbeitnehmer auch die vom Arbeitgeber getragenen Kosten zugutekommen, die nicht zum Vorsteuerabzug berechtigen.

**b) Fahrten zwischen Wohnung und Arbeitsstätte**

Wird ein Pkw dem Arbeitnehmer für Fahrten zwischen Wohnung und Arbeitsstätte überlassen, kann zur Ermittlung der Bruttobemessungsgrundlage von einem Betrag von 0,03 % vom Bruttolistenpreis des Kraftfahrzeugs (Neufahrzeugpreis) als pauschale Kosten pro Monat für jeden Kilometer, den die Wohnung von der Arbeitsstätte entfernt liegt, ausgegangen werden (A 15.23 Abs. 11 Nr. 1 UStAE mit Beispiel).

**c) Familienheimfahrten**

Wird das Fahrzeug dem Arbeitnehmer für Familienheimfahrten überlassen, sind pro Fahrt für jeden Entfernungskilometer 0,002 % vom Bruttolistenpreis des Kraftfahrzeugs (Neufahrzeugpreis) als Bruttobemessungsgrundlage anzusetzen. Wird das Fahrzeug dem Arbeitnehmer sowohl für Fahrten zwischen Wohnung und Arbeitsstätte als auch für Familienheimfahrten als auch für sonstige Privatzwecke überlassen, ist von der Summe der o. a. Pauschalwerte auszugehen (A 15.23 Abs. 11 Nr. 1 UStAE mit Beispiel).

**BEISPIEL**

Der Unternehmer A hat einen Pkw zum Listenpreis von 30 000 € (inkl. USt) erworben und ihn seinem Unternehmen zu 100 % zugeordnet. A überlässt den Pkw unentgeltlich seinem Arbeitnehmer N für betriebliche Fahrten, reine Privatfahrten, Fahrten zwischen Wohnung und Arbeitsstätte sowie für Familienheimfahrten. N nutzt den Pkw an 15 Tagen im Monat (180 Tage im Jahr) für Fahrten zwischen Wohnung und Betrieb. Die einfache Fahrstrecke (Entfernungs-km) beträgt 10 km. Außerdem nutzt er den Pkw auch für Privatfahrten (ca. 30 bis 35 %). N hat auch eine doppelte Haushaltsführung und tätigt einmal im Monat eine Familienheimfahrt. Die einfache Fahrstrecke (Entfernungs-km) beträgt 100 km.

**LÖSUNG Nach der Pauschalregelung der Verwaltung:**

| | |
|---|---|
| **Reine Privatfahrten** | |
| 1 % vom Bruttolistenpreis | 300,00 € |
| Umsatzsteuer hieraus für einen Monat (Bruttobetrag) 19/119 | 47,90 € |
| USt für ein volles Jahr (12 × 47,90 €) | 574,80 € |
| **Fahrten zwischen Wohnung und Arbeitsstätte** | |
| 0,03 % vom Bruttolistenpreis pro Monat und Entfernungskilometer (kein Abzug der Arbeitnehmerpauschale) | 9,00 € |
| Bruttobemessungsgrundlage pro Monat (9,00 € × 10 km) | 90,00 € |
| Umsatzsteuer hieraus für einen Monat (Bruttobetrag) 19/119 | 14,37 € |
| USt für ein volles Jahr (12 × 14,37 €) | 172,44 € |

| | |
|---|---|
| **Familienheimfahrten** | |
| 0,002 % vom Bruttolistenpreis pro Entfernungskilometer und Fahrt | 0,60 € |
| Bruttobemessungsgrundlage pro Fahrt (0,60 € × 100 km) | 60,00 € |
| Umsatzsteuer hieraus für eine Fahrt 19/119 | 9,58 € |
| USt für die 12 Familienheimfahrten im Jahr (12 × 9,58 €) | 114,96 € |
| **Umsatzsteuer insgesamt pro Jahr** | |
| Umsatzsteuer für die reinen Privatfahrten | 574,80 € |
| Umsatzsteuer für die Fahrten zwischen Wohnung und Arbeitsstätte | 172,44 € |
| Umsatzsteuer für die Familienheimfahrten | 114,96 € |
| **Summe** | **862,20 €** |

#### 3.4.8.2 Bemessungsgrundlage für die Nutzungsüberlassung nach der Fahrtenbuchmethode

Führt der Arbeitnehmer ein ordnungsgemäßes Fahrtenbuch und werden die tatsächlichen Gesamtkosten des Fahrzeugs durch Belege nachgewiesen, sind die anteiligen Kosten für die Fahrzeugüberlassung entsprechend dem nachfolgenden Beispiel zu ermitteln (A 15.23 Abs. 11 Nr. 2 UStAE) und im Wege der indirekten Wertermittlung der Arbeitsleistung als Bemessungsgrundlage anzusetzen.

**BEISPIEL**

Der Unternehmer A hat im Kalenderjahr 01 einen Pkw seinem Arbeitnehmer N zur Nutzung überlassen. N führte ein ordnungsgemäßes Fahrtenbuch, wonach sich folgende Kilometerleistungen ergaben:

| | |
|---|---|
| a) Summe der bei reinen Privatfahrten zurückgelegten km | 3 600km |
| b) Summe der bei Fahrten zwischen Wohnung und Betrieb zurückgelegten km | 1 800km |
| c) Summe der bei Familienheimfahrten zurückgelegten km | 4 600km |
| Summe a) bis c) | 10 000km |
| Gesamtfahrleistung des Fahrzeugs 40 000km | |

Die durch Belege nachgewiesenen Gesamtkosten des Fahrzeugs belaufen sich auf 12 000 € netto. In diesem Betrag sind 2 000 € enthalten, die nicht zum Vorsteuerabzug berechtigt haben.

**LÖSUNG nach Verwaltungsauffassung:**

Die steuerpflichtige Nutzungsüberlassung an N erfolgt bezüglich der reinen Privatfahrten, der Fahrten zwischen Wohnung und Betrieb und hinsichtlich der Familienheimfahrten. Der Anteil der steuerpflichtigen Nutzungsüberlassung an der Gesamtfahrleistung beträgt somit 10 000 km/40 000 km, d. h. 25 %. Dementsprechend sind als Bemessungsgrundlage 25 % der Gesamtkosten von 12 000 €, d. h. 3 000 € anzusetzen. Die USt beträgt 19 % von 3 000 €, d. h. 570 €.

### 3.4.9 Sammelfahrten

Sammelfahrten liegen vor, wenn Arbeitnehmer vom Unternehmer oder in dessen Auftrag von einem Dritten mit Omnibussen oder Kleinbussen zwischen Wohnung und Arbeitsstätte oder bei Familienheimfahrten befördert werden. Sammelfahrten stellen Leistungen an die Arbeitnehmer dar, sofern sie nicht im überwiegenden betrieblichen Interesse des Arbeitgebers liegen. Ein überwiegendes betriebliches Interesse nimmt die Verwaltung gem. A 1.8 Abs. 15 Satz 2 UStAE an, wenn

a) die Beförderung mit öffentlichen Verkehrsmitteln nicht oder nur mit unverhältnismäßig hohem Zeitaufwand durchgeführt werden könnte,
b) die Arbeitnehmer an ständig wechselnden Tätigkeitsstätten oder an verschiedenen Stellen eines weiträumigen Arbeitsgebiets eingesetzt werden, oder
c) im Einzelfall die Beförderungsleistungen wegen eines außergewöhnlichen Arbeitseinsatzes erforderlich werden oder wenn sie hauptsächlich dem Materialtransport an die Arbeitsstelle dienen.

Liegen keine Beförderungen im überwiegenden betrieblichen Interesse des Arbeitgebers vor, handelt es sich um Leistungen für den privaten Bedarf des Personals, die gem. § 3 Abs. 9a Nr. 2 UStG entgeltlichen sonstigen Leistungen gleichgestellt sind. Werden die Beförderungsleistungen vom Arbeitgeber eingekauft, ist kein Vorsteuerabzug mehr möglich (vgl. 3.2.2).

Soweit nach den vorstehenden Ausführungen kostenlose oder verbilligte Sammelfahrten für Arbeitnehmer besteuert werden müssen, bestimmt sich die Bemessungsgrundlage an sich gem. § 10 Abs. 4 Nr. 3 UStG nach den Kosten (A 1.8 Abs. 16 Satz 1 UStAE). Die Verwaltung lässt jedoch zu, dass die Bemessungsgrundlage im Schätzungswege danach ermittelt wird, welchen Wert die Beförderung für den Arbeitnehmer hat. Nach A 1.8 Abs. 16 Satz 3 UStAE kann der Arbeitgeber die Bemessungsgrundlage für die Beförderungsleistungen eines Monats pauschal aus der Zahl der durchschnittlich beförderten Arbeitnehmer und aus dem Preis für eine Monatskarte der Deutschen Bundesbahn für die kürzeste und weiteste gefahrene Wegstrecke ermitteln (Beispiel in A 1.8 Abs. 16 UStAE). Führt der Arbeitgeber die Beförderung selbst ohne Einschaltung eines Beförderungsunternehmers durch, kann der ermäßigte Steuersatz nach § 12 Abs. 2 Nr. 10 Buchst. b UStG in Betracht kommen (A 12.15 UStAE).

Liegen Beförderungen im überwiegenden betrieblichen Interesse vor, die im Falle der Unentgeltlichkeit nicht steuerbar wären, für die aber der Arbeitgeber ein Entgelt erhebt, liegen steuerbare und steuerpflichtige Leistungen vor. Ist das Entgelt in einem solchen Fall nicht kostendeckend, greift die Mindestbemessungsgrundlage nach § 10 Abs. 5 Nr. 2 UStG nach Sinn und Zweck der Regelung nicht ein (BFH vom 15. 11. 2007 BStBl II 2009, 423).

### 3.4.10 Freifahrtberechtigungen, verbilligte Fahrten, Freiflüge und verbilligte Flüge durch Verkehrsunternehmen

Gewähren Verkehrsunternehmen ihren Arbeitnehmern oder deren Angehörigen kostenlose oder verbilligte Fahrten oder Flüge, ist bei der Ermittlung der umsatzsteuerlichen Bemessungsgrundlage von den Kosten auszugehen, die nach den jeweiligen örtlichen Verhältnissen zu ermitteln sind. Das Argument, Kosten seien nicht entstanden, da die Fahrt ohnehin auch bei geringerer Besetzung durchgeführt worden wäre, wird von der Verwaltung nicht akzeptiert. Die Kosten können im Allgemeinen mit 25 % des normalen Fahrpreises abzüglich USt angenommen werden (A 1.8 Abs. 17 Satz 2 UStAE). Die Umsatzsteuer ist herauszurechnen.

### 3.4.11 Verschaffung von Versicherungsschutz

Die Leistungen, die darin bestehen, dass ein Arbeitgeber seinem Arbeitnehmer einen Versicherungsschutz verschafft, sind nach § 4 Nr. 10 Buchst. b UStG steuerfrei.

**BEISPIEL**

Der Arbeitgeber A schließt mit dem Versicherungsunternehmen V einen Versicherungsvertrag betreffend eine Unfallversicherung zugunsten seines Arbeitnehmers B ab.

**LÖSUNG** A erbringt an B eine sonstige Leistung (Gewährung von Versicherungsschutz). Diese Leistung ist steuerbar, jedoch nach § 4 Nr. 10 Buchst. b UStG steuerfrei. Das Versicherungsunternehmen V erbringt eine Versicherungsleistung an ihren Vertragspartner A. Diese Leistung ist ebenfalls steuerbar, jedoch nach § 4 Nr. 10 Buchst. a UStG steuerfrei.

## 3.5 Übungsfälle zu den Leistungen des Arbeitgebers an den Arbeitnehmer

1. Arbeitgeber A in Stuttgart gibt seinen Arbeitnehmern die Möglichkeit, in der betriebseigenen Kantine täglich kostenlos ein in der Kantine hergestelltes Mittagessen einzunehmen. Das einzelne Mittagessen kostet ihn schätzungsweise jeweils zwischen 4 und 5 €. Auch die Azubis erhalten das Mittagessen.
2. Arbeitgeber A gibt seinen Arbeitnehmern die Möglichkeit, in der Gaststätte G täglich kostenlos ein Mittagessen einzunehmen. G berechnet A für eine Mahlzeit (sog. Tagesessen) 4 €.
3. Arbeitgeber A in Stuttgart gibt seinen Arbeitnehmern die Möglichkeit, in der betriebseigenen Kantine täglich gegen Bezahlung von 2 € ein in der Kantine hergestelltes Mittagessen einzunehmen. Das einzelne Mittagessen kostet ihn schätzungsweise jeweils zwischen 4 und 5 €. Auch die Azubis erhalten das Mittagessen. Sie zahlen jedoch nur 1 €.
4. Arbeitgeber A gibt seinen Arbeitnehmern die Möglichkeit, in der Gaststätte G täglich gegen Hingabe einer Essensmarke, die sie bei ihm für 2 € erwerben können, das Mittagessen einzunehmen. G berechnet A für eine Mahlzeit (sog. Tagesessen) 4 €. Auch die Azubis erhalten das Mittagessen. Sie zahlen jedoch nur 1 €.
5. Aufgrund eines besonderen Arbeitsanfalles leisten die Mitarbeiter im Ingenieurbüro I Überstunden. Das Arbeitsende, welches üblicherweise um 17 Uhr eintritt, verschiebt sich dadurch auf 22 Uhr. Für die Pause um 19 Uhr lässt A von der nahe gelegenen Gaststätte G gegrillte Hähnchen zuzüglich Pommes frites bringen, die Portion für 7 €.
6. Anlässlich der Geburt des ersten Kindes seines Prokuristen P erwirbt sein Arbeitgeber A bei der Fa. Storch & Co. einen Kinderwagen für 700 € zuzüglich 133 € USt und schenkt ihn dem P.
7. Arbeitgeber A befördert seine Arbeitnehmer mit dem werkseigenen Omnibus täglich kostenlos von Ludwigsburg nach Sindelfingen und wieder zurück (Entfernung 40 km).
8. Arbeitgeber A lässt seine Arbeitnehmer vom Busunternehmen B mit dem Omnibus täglich kostenlos von Waiblingen nach Sindelfingen und wieder zurück befördern (Entfernung 45 km). Es handelt sich bei B um einen behördlich genehmigten Linienverkehr. B berechnet A pauschal täglich 200 € zuzüglich 14 € USt.
9. Arbeitgeber A stellt seinem Prokuristen P für das ganze Jahr 01 ein Kfz zur Verfügung, welches einen Listenpreis von 26 000 € zuzüglich 4 940 € USt hat. P nutzt das Fahrzeug für Fahrten im Rahmen seines Dienstverhältnisses sowie privat. Außerdem fährt er täglich mit dem Fahrzeug von seiner Wohnung zur Arbeitsstätte und zurück (Entfernung 30 km). Zu ermitteln ist die hieraus für A resultierende USt betreffend des Jahr 01. Dabei ist von der Pauschalierungsregelung der Verwaltung auszugehen, da diese im konkreten Fall zu dem für A günstigsten Ergebnis führt. A hat den Pkw von der Leasingfirma L geleast

(Mietleasing). A leistet bei Übergabe des neuen Pkw eine Anzahlung von 5 000 € zuzüglich 950 € USt und darüber hinaus pro Monat eine Miete von 600 € zuzüglich 114 € USt. Die Mietzeit ist auf zwei Jahre festgelegt. Die Miete erhöht sich, sofern nach zwei Jahren ein Limit von 50 000 Fahrkilometern überschritten ist. Das Limit wird jedoch eingehalten.

10. Wie Fall 9, jedoch stellt Arbeitgeber A dem P ein Elektrofahrzeug i. S. d. § 6 Abs. 1 Nr. 4 Satz 2 Nr. 2 EStG zur Verfügung.
11. Anlässlich des zehnjährigen Betriebsjubiläums veranstaltet der Arbeitgeber A ein Betriebsfest in der Gaststätte G. Es gibt ein festliches Abendessen mit nachfolgendem gemütlichen Beisammensein, bei welchem Sekt, Wein und Bier in Strömen fließen. An der Veranstaltung haben 150 Arbeitnehmer teilgenommen. G berechnet A hierfür insgesamt 4 000 € zuzüglich 760 € USt.
12. Anlässlich des zehnjährigen Betriebsjubiläums veranstaltet der Arbeitgeber A ein Betriebsfest in der Gaststätte G. Es gibt ein festliches Abendessen mit nachfolgendem gemütlichen Beisammensein, bei welchem Sekt, Wein und Bier in Strömen fließen. An der Veranstaltung haben 150 Arbeitnehmer teilgenommen. G berechnet A hierfür insgesamt 20 000 € zuzüglich 3 800 € USt.
13. Arbeitgeber A hat für seine Arbeitnehmer auf der Insel Reichenau ein Erholungsheim eingerichtet (es werden jedoch auch Nichtarbeitnehmer gegen Bezahlung aufgenommen). Seine Arbeitnehmer können dort in einem gewissen Turnus mit ihrer Familie drei Wochen Erholungsurlaub machen. Sie brauchen für die Übernachtung mit Frühstück nichts zu bezahlen. Das Mittagessen und Abendessen können sie ebenfalls dort einnehmen, jedoch gegen Bezahlung kostendeckender Preise. Die durchschnittlichen Kosten pro Frühstück belaufen sich auf 3 €. Die durchschnittlichen Kosten für ein Zimmer belaufen sich auf täglich 25 €. Kosten, für die ein Vorsteuerabzug nicht möglich ist, sind in diesem Betrag nicht enthalten.
14. Arbeitgeber A schenkt seinem Arbeitnehmer N zum Geburtstag ein Buch, das er in der Buchhandlung B für 42 € erworben hat. Der Beleg enthält den Vermerk: »Im Rechnungsbetrag ist die USt mit 7 % enthalten.«
15. Im Architekturbüro A läuft ständig eine Kaffeemaschine, mit der die Mitarbeiter unentgeltlich mit Kaffee versorgt werden. A hat die Kaffeemaschine für 700 € zuzüglich 133 € USt erworben. Er sorgt auch stets dafür, dass ausreichend Kaffee, Filtertüten, Zucker, Milch und Geschirr vorhanden sind.
16. In der Brauerei B können die Arbeitnehmer während der Arbeitszeit unentgeltlich beliebige Mengen Bier trinken. Arbeitnehmer S ist mit 30 Flaschen pro Tag noch von keinem anderen im Bierkonsum übertroffen worden. Außerdem erhält jeder Arbeitnehmer wöchentlich 5 Kasten Bier unentgeltlich zum Mitnehmen. Die Selbstkosten pro Kasten Bier betragen 3,50 €.

## 4 Gutscheine

Die MwStSystRL enthielt bislang keine Vorschriften für die Behandlung von Umsätzen mit Gutscheinen. Dies bewirkte Unklarheiten bei der Einordnung der Ausgabe, Übertragung oder Einlösung bzw. auch beim Verfall von Gutscheinen als Lieferung oder sonstige Leistung, insbesondere bei grenzübergreifenden Umsätzen und bei Reihengeschäften im gewerblichen Gutscheinvertrieb. Überdies kam es zu systemwidrigen Mehr- oder Minderbelastungen, weil einige EU-Mitgliedstaaten nationale Lösungen entwickelten, die nicht aufeinander abgestimmt waren.

Dem begegnete der Richtliniengeber mit der Richtlinie (EU) 2016/1065 des Rates vom 27.06.2016 zur Änderung der Richtlinie 619 2006/112/EG hinsichtlich der Behandlung von Gutscheinen (nachfolgend: Gutscheinrichtlinie; Abl. EU 2016 Nr. L 177, 9).

Mit dem Jahressteuergesetz 2018 hat der deutsche Gesetzgeber die Gutscheinrichtlinie, konkret die Art. 30a, 30b und 73a MwStSystRL, in nationales Recht umgesetzt. Dies erfolgte durch eine Ergänzung des § 3 um die Absätze 13–15 sowie des § 10 Abs. 1 Satz 6 UStG (unter Streichung des bisherigen Satzes 3 und Verschiebung der bisherigen Sätze 4–6 zu den Sätzen 3–5). Die Neuregelung gilt für nach dem 31.12.2018 ausgestellte Gutscheine (Art. 410a MwStSystRL = § 27 Abs. 23 UStG).

Zentrale Bedeutung kommt der Legaldefinition des Begriffs »Gutschein« zu sowie der differenzierten Festlegung zur Steuerbarkeit von Einzweck- und Mehrzweckgutscheinen.

Nach **§ 3 Abs. 13 Satz 1 UStG** ist ein **»Gutschein«** ein Instrument,

1. bei dem die Verpflichtung besteht, es als Gegenleistung oder Teil einer solchen für eine Lieferung von Gegenständen oder eine Erbringung von Dienstleistungen anzunehmen und
2. bei dem die zu liefernden Gegenstände oder zu erbringenden Dienstleistungen oder die Identität der möglichen Lieferer oder Dienstleistungserbringer entweder auf dem Instrument selbst oder in damit zusammenhängenden Unterlagen, einschließlich der Bedingungen für die Nutzung dieses Instruments, angegeben sind.

Instrumente, die lediglich zu einem Preisnachlass berechtigen, sind keine Gutscheine in diesem Sinne.

Der Begriff **»Instrument«** erfasst dabei Gutscheine sowohl in körperlicher als auch in elektronischer Form. Er umfasst allerdings nicht die Behandlung von Fahrscheinen, Eintrittskarten für Kinos und Museen, Briefmarken und Ähnlichem. Insoweit verbleibt es bei den bisherigen umsatzsteuerlichen Folgen (Erwägungsgrund Nr. 6 und Nr. 5 der Gutschein-Richtlinie).

Im Rahmen von Klausur- und Praxissachverhalten gilt es, **Gutscheine** von schlichten Zahlungsmitteln, Preisnachlassgutscheinen, den v. g. Eintrittskarten etc. **abzugrenzen**. Dies gelingt vor allem durch den Vergleich der zivilrechtlichen Rechtsfolgen und der wirtschaftlichen Zielrichtungen:

- **Gutscheine** begründen eine Annahmeverpflichtung des Ausstellers und haben zum Ziel, den Absatz bestimmter Waren oder Dienstleistungen zu beleben, die Bezahlung bestimmter Waren oder Dienstleistungen zu beschleunigen, den Markt für Gegenstände oder Dienstleistungen zu entwickeln, Kunden zu binden oder Zahlungsvorgänge zu vereinfachen (Huschens, UVR 2016, 302, 303).
- **Zahlungsmittel** wie Geldscheine, Schecks etc. bewirken schlicht eine Zahlung und verkörpern darüber hinaus keine besonderen Rechte oder Pflichten (Erwägungsgrund Nr. 6 Gutschein-Richtlinie).
- **Preisnachlassgutscheine** berechtigen den Einlösenden lediglich zu einem Preisnachlass beim (späteren) Erwerb von Gegenständen oder Dienstleistungen, ohne ihm bereits das Recht zu verleihen, solche Gegenstände oder Dienstleistungen zu erhalten (Erwägungsgrund Nr. 4 Gutschein-Richtlinie).
- **Eintrittskarten** etc. verbriefen Leistungsansprüche auf Teilnahme an einer Veranstaltung o. ä. und gehen damit bereits über die bloße Annahmeverpflichtung hinaus.

Der Gesetzgeber unterscheidet zwischen Einzweck- und Mehrzweckgutscheinen.

## 4.1 Einzweckgutscheine (§ 3 Abs. 14 Satz 1 UStG)

§ 3 Abs. 14 Satz 1 UStG definiert den »Einzweck-Gutschein« als einen Gutschein i. S. d. § 3 Abs. 13 UStG, bei dem

- der Ort der Lieferung der Gegenstände oder der Erbringung der Dienstleistungen, auf die sich der Gutschein bezieht, und
- die für diese Gegenstände oder Dienstleistungen geschuldete Mehrwertsteuer
- bereits zum Zeitpunkt der Ausstellung des Gutscheins feststehen.

**BEISPIEL**

A betreibt eine Apotheke und verkauft »Wellness-Gutscheine« im Wert von 10 €, 20 € oder 50 €, die nur in seiner Apotheke gegen hochwertige Pflegeprodukte eingelöst werden können. Bislang hat A bei der Ausstellung dieser Gutscheine keine USt einbehalten und abgeführt.

**LÖSUNG** Bei den von A ausgegebenen Gutscheinen handelt es sich um sog. Einzweck-Gutscheine i. S. d. § 13 Abs. 14 Satz 1 UStG. Damit ist bereits ihre Ausgabe steuerbar, da Leistungsort und spätere USt bestimmt sind. A betreibt nur seine Apotheke und vertreibt über die Gutscheine ausschließlich Pflegeprodukte, die dem Regelsteuersatz des § 12 Abs. 1 UStG unterliegen.

Was die Rechtsfolgen der Übertragung (einschließlich der erstmaligen Ausgabe) des Einzweck-Gutscheins angeht, so unterscheidet § 3 Abs. 14 Satz 2–5 UStG danach, ob der Gutschein **den Aussteller selbst** zur Leistung bei Einlösung verpflichtet (§ 3 Abs. 13 Satz 2, 3 und 5 UStG) **oder** einen **anderen Unternehmer als den Aussteller**, der den Gutschein in eigenem Namen ausstellt (§ 3 Abs. 14 Satz 4 und 5 UStG).

**Sind Aussteller des Gutscheins und tatsächlich Leistender identisch**, ist weiter danach zu unterscheiden, ob der Gutschein **im eigenen Namen** des Stpfl. (§ 3 Abs. 14 Satz 2 UStG, Beispiel 1) übertragen wurde **oder im Namen eines anderen Stpfl.** (§ 3 Abs. 14 Satz 3 UStG, Beispiel 2).

Erfolgt die Übertragung eines Einzweck-Gutscheins durch einen **Stpfl., der im eigenen Namen handelt**, gilt dies als umsatzsteuerbare Lieferung des Gegenstands oder Erbringung der sonstigen Leistung, auf die sich der Gutschein bezieht. Denn insoweit können bereits bei der Ausstellung des Einzweck-Gutscheins die Leistung, deren Leistungsort sowie die für die Leistung geschuldete USt (einschließlich des anzuwendenden USt-Satzes) mit Sicherheit bestimmt werden.

**BEISPIEL 1:**

Die deutsche Confiserie G verkauft an einen österreichischen Gutscheinhändler H insgesamt 50 Gutscheine über ein genau bezeichnetes Gebäck- und Pralinenpaket »Weihnachtstraum« im Wert von 100 €, die über den Onlineshop des G bestellt werden können, zum Preis von jeweils 50 € netto. Sie übermittelt die Gutscheine postalisch nach Österreich. H, der ausschließlich in Österreich ansässig ist, verkauft einen der Gutscheine zum Preis von 70 € an eine österreichische Kundin K, die den Gutschein im Onlineshop der G einlöst und sich das Gebäck- und Pralinenpaket direkt aus Deutschland nach Österreich schicken lässt.

**LÖSUNG** Die von G ausgegebenen Gutscheine betreffen jeweils die Lieferung eines genau bezeichneten Gebäck- und Pralinenpakets, das ausschließlich online bestellt werden kann. D. h. der Leistungsort der bewegten Lieferung (§ 3 Abs. 6 UStG) ist bestimmt und liegt dort, wo die Lieferung beginnt, in Deutschland am Sitz der G. Es handelt sich somit bei den von G ausgegebenen Gutscheinen um Einzweck-Gutscheine. § 3 Abs. 14 Satz 2 UStG fingiert die Übertragung des Gutscheins als fiktive Lieferung des Gebäck- und Pralinenpakets »Weihnachtsraum« zwischen dem Aussteller bzw. Veräußerer des Gutscheins G einerseits und dem Erwerber andererseits.

Bei dem Verkauf der 50 Gutscheine von G an H handelt es sich um eine – fingierte – Lieferung von 50 Gebäck- und Pralinenpaketen (§§ 1 Abs. 1 Nr. 1, 3 Abs. 1 UStG). Bei Versand der Gutscheine waren die Gebäck- und Pralinenpakete, die den Gegenstand der fiktiven Lieferung bildeten, noch bei G und damit unbewegt. Damit richtet sich der Lieferort nach § 3 Abs. 7 Satz 1 UStG und befindet sich dort, wo sich der Gegenstand der Lieferung, die Gebäck- und Pralinenpakete zum Zeitpunkts des Verschaffens der Verfügungsmacht befanden, also in Deutschland.
Auch der Verkauf eines Gutscheins von H an K wird als fiktive Lieferung eines Gebäck- und Pralinenpakets behandelt. Leistungsort ist damit ebenfalls Deutschland.
Die Einlösung des Gutscheins durch K durch die tatsächliche Lieferung des Gebäck- und Pralinenpakets gilt nach § 3 Abs. 14 Satz 5 UStG »nicht als unabhängiger Umsatz«. Insoweit ist damit die tatsächliche Leistungserbringung nicht steuerbar. (Anmerkung: die Fiktion des § 3 Abs. 14 Satz 5 UStG ist m. E. unklar).

Erfolgt eine Übertragung eines Einzweck-Gutscheins durch einen **Stpfl., der im Namen eines anderen Stpfl. handelt**, gilt diese Übertragung nach § 3 Abs. 14 Satz 3 UStG als eine Lieferung oder sonstigen Leistung durch den anderen Stpfl., in dessen Namen der Stpfl. handelt. Die Regelung qualifiziert damit zum einen Vermittlungs-, Vertriebs- oder Absatzförderungsleistungen um in die später erbrachte Lieferung oder sonstige Leistungen. Zum anderen kehrt sich die Leistungsrichtung des Vertriebsunternehmens um, das als Leistender an das vor ihm stehende Unternehmen anzusehen wäre. Denn das Vertriebsunternehmen wird als Empfänger der in dem Gutschein benannten Lieferung bzw. sonstigen Leistung fingiert (vergleichbar der Fiktion der Leistungskette bei der Kommission).

**BEISPIEL 2**

Eventunternehmen E vermittelt zwischen Unternehmen, die ihren Mitarbeitern Reise-Gutscheine für besondere Leistungen gewähren, und Sporthotels. Die Gutscheine haben einen Nennwert von 119 € und berechtigen beim einlösenden Hotel zu einer Übernachtung. Bei Erwerb der Gutscheine durch die Unternehmen von den Hotels erhält E eine Prämie i. H. v. 10 %. Insgesamt werden 100 Gutscheine verkauft.

**Lösung**

Wegen der Eindeutigkeit von Ortsbestimmung (§ 3a Abs. 3 Nr. 1 UStG) und Steuersatz (§ 12 Abs. 2 Nr. 11 UStG) handelt es sich um Einzweck-Gutscheine. Nach § 3 Abs. 14 Satz 3 UStG wird E als Empfänger und zugleich als Leistender der mit dem Gutschein vermittelten Übernachtungsleistung behandelt. E hat daher den fingierten Erwerb von 100 Übernachtungen als Eingangsumsatz (100 € netto ./. 10 %) und die fiktive Erbringung von 100 Übernachtungsleistungen zu je 100 € netto in seiner Voranmeldung anzugeben.

In zeitlicher Hinsicht sieht § 3 Abs. 14 Satz 4 UStG vor, dass der tatsächlich Liefernde oder Leistende so behandelt wird, als habe er die in dem Gutschein bezeichnete Leistung an den Aussteller des Gutscheins geleistet, bevor dieser sie an den Einlösenden übertragen hat.

## 4.2 Mehrzweck-Gutscheine (§ 3 Abs. 15 Satz 1 UStG)

§ 3 Abs. 15 Satz 1 UStG grenzt die Mehrzweckgutscheine negativ ab: Gutscheine, bei denen es sich nicht um einen Einzweck-Gutschein handelt, sind Mehrzweckgutscheine.

Insoweit fungiert die Regelung als Auffangtatbestand für solche Gutscheine, bei denen im Ausstellungszeitpunkt noch nicht feststeht bzw. die für den Gutscheininhaber eine Wahlmöglichkeit eröffnen, gegen welche tatsächliche Leistung der Gutschein eingelöst wird und/ oder wo deren Leistungsort sein soll.

Dies sind insbesondere Nennwert-Gutscheine ohne Festlegung des Leistungsorts (z. B. »Geschenk-Gutschein über 100 €, einzulösen in einer unserer Filialen oder in unseren Online-Shop«), Guthabenkarten sowie virtuelle bzw. Kryptowährungen, die mit gesetzlichen Zahlungsmitteln erworben werden und für den Erwerb von (virtuellen oder realen) Gütern und Dienstleistungen verwendet werden können. Der Rechtsprechung des EuGH folgend erkennt inzwischen auch die Steuerverwaltung die Gleichstellung mit gesetzlichen Zahlungsmitteln an (Abschnitt 4.8.3 Abs. 3a Satz 1 UStAE).

Entsprechend der bisherigen nationalen Rechtslage normiert § 3 Abs. 15 Satz 2 HS 1 UStG, dass nur die tatsächliche Leistung durch Lieferung der Gegenstände oder durch Erbringung von der Dienstleistung bei Einlösung des Mehrzweck-Gutscheins zu einem umsatzsteuerbaren Umsatz zwischen dem tatsächlich Leistenden und dem Einlösenden führt.

Liegen keine Angaben über die Höhe der für den Gutschein erhaltenen Gegenleistung vor, bemisst sich das Entgelt nach dem Gutscheinwert selbst oder nach dem in den damit zusammenhängenden Unterlagen angegebenen Geldwert abzüglich der Umsatzsteuer, die danach auf die gelieferten Gegenstände oder die erbrachten Dienstleistungen entfällt (§ 10 Abs. 1 Satz 6).

Nach § 3 Abs. 15 Satz 2 HS 2 UStG unterliegen alle Übertragungen des Mehrzweck-Gutscheins, die der tatsächlichen Leistungserbringung vorangehen, nicht der USt. Die Ausgabe und Übertragung von Mehrzweck-Gutscheinen sind daher nicht steuerbar.

# Teil I Umsätze bei Einschaltung von Mittelspersonen

## 1 Allgemeines

Mittelspersonen nehmen im Auftrag eines anderen dessen Interessen wahr. Das BGB regelt diese Art der Geschäftsbesorgung unter dem Titel »Auftrag« in den §§ 662 ff. BGB. Es gilt, bei diesen Rechtsgeschäften zwischen dem **Innenverhältnis** zwischen Auftraggeber und Beauftragtem sowie dem **Außenverhältnis** zwischen Beauftragtem und Drittem, mit denen der Beauftragte zwecks Ausführung des Auftrags in Verbindung tritt, zu unterscheiden. Der Beauftragte kann die Interessen seines Auftraggebers im eigenen Namen oder im Namen des Auftraggebers wahrnehmen. Dementsprechend ist der Begriff Besorgung der Oberbegriff für Agentur, Kommission und sonstige Besorgungsleistungen.

Die vorher genannte sonstige Besorgungsleistung wird als Dienstleistungskommission bezeichnet (vgl. § 3 Abs. 11 UStG, A 3.15 UStAE), weil sie umsatzsteuerrechtlich ebenso behandelt wird wie die Kommission (§ 3 Abs. 3 UStG; §§ 383 ff. HGB). Bei den Vermittlungs- oder Agenturleistungen tritt die Mittelsperson im **fremden** Namen, bei der Kommission und den »Besorgungsleistungen« dagegen im **eigenen** Namen auf.

Mittelspersonen können Unternehmer sein. Je nach Art ihres Auftretens (im eigenen oder fremden Namen) werden ihnen Umsätze aus Vermittlungsleistungen, Lieferungen oder Besorgungsleistungen zugerechnet. Voraussetzung ist stets, dass sie bei ihrer Tätigkeit den Begriff der Selbständigkeit erfüllen. Sind sie dagegen unselbständig (Arbeitnehmer i. S. d. Lohnsteuerrechts oder sonst in abhängiger Stellung), können ihnen Umsätze selbst dann nicht zugerechnet werden, wenn sie diese nach außen unter ihrem eigenen Namen tätigen (A 2.2 Abs. 1 Satz 7 UStAE). Die von ihnen getätigten Umsätze werden dem zugerechnet, für dessen Rechnung sie erfolgen. Bei den nachfolgend erörterten Mittelspersonen ist daher stets davon auszugehen, dass diese nicht in abhängiger Stellung, also **selbständig** i. S. d. § 2 Abs. 1 Satz 1 UStG sind.

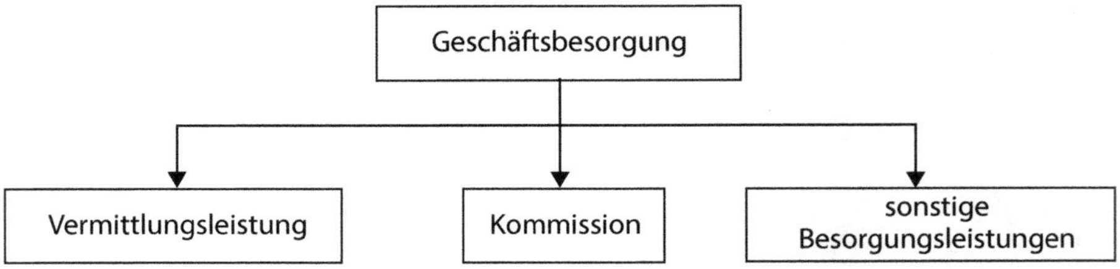

# 2 Vermittlungsleistungen

## 2.1 Allgemeines

Vermittlungsleistungen liegen dann vor, wenn jemand (als sog. Agent) Geschäfte

- **im fremden Namen und**
- **für fremde Rechnung**

vermittelt (sog. Agenturgeschäfte, vgl. A 3.7 Abs. 1 UStAE).

Typische Unternehmer mit Agenturgeschäften sind die Handelsvertreter und die Handelsmakler (siehe 2.8). Agenturgeschäfte kommen durchaus auch bei anderen Unternehmern als Hilfs- bzw. Nebengeschäfte vor. Wichtig ist auch, sich zu vergegenwärtigen, dass der Auftraggeber des Agenten nicht (wie beim Handelsvertreter und Handelsmakler) Unternehmer zu sein braucht.

## 2.2 Handeln für fremde Rechnung

Wer für fremde Rechnung handelt, hat das Interesse des Auftraggebers, nicht sein eigenes wahrzunehmen und insbesondere (wenn es sich um einen agenturmäßigen Verkauf handelt) bezüglich des Verkaufspreises die Weisungen des Auftraggebers zu befolgen. Er hat dem Auftraggeber den Abnehmer zu benennen und auch sonst über das Geschäft Rechenschaft abzulegen, insbesondere den tatsächlich erzielten Preis offenzulegen (vgl. A 3.7 Abs. 1 Satz 7 und A 10.4 Abs. 2 Satz 1 UStAE). Weiterhin muss er den Verkaufserlös nach Abzug seiner Provision herausgeben, wenn er den Verkaufspreis entgegengenommen hat. Wer auf fremde Rechnung handelt, trägt kein eigenes Verkaufsrisiko, hat aber andererseits nur einen Anspruch auf Provision.

Handelt jemand nicht auf fremde Rechnung, ist er entweder Eigenhändler, wenn er im eigenen Namen handelt oder unechter Agent, wenn er im fremden Namen handelt. Der unechte Agent handelt korrekt ausgedrückt nicht **»in fremdem Namen«**, sondern lediglich **»unter fremdem Namen«** (vgl. hierzu BFH vom 15.07.1987 BStBl II 1987, 746 und A 3.7 Abs. 1 Satz 4 UStAE). Der unechte Agent wird wie ein Eigenhändler behandelt, d. h. er vermittelt nicht die betreffende Leistung, sondern führt sie selbst aus. Die Fälle des Handelns unter fremdem Namen sind vor allem beim »Franchising« von erheblicher Bedeutung. Bei diesem Rechtsinstitut tritt der Unternehmer unter einem bekannten eingeführten Markennamen (z. B. Tchibo) auf, trägt jedoch selbst das Geschäftsrisiko. Alle unter diesem Namen getätigten Leistungen werden ihm zugerechnet. Der Franchisegeber ist ebenfalls Unternehmer. Seine Umsätze bestehen in der entgeltlichen Überlassung von Know-how, Markenzeichen, Geschäftsräumen, Einrichtungsgegenständen, Warenlieferungen etc. an den Franchisenehmer.

Ein Handeln auf fremde Rechnung ist nicht schon dann ausgeschlossen, wenn der Agent den Vertragspartner seines Auftraggebers dadurch zum Vertragsabschluss bewegt, dass er ihm ohne Zustimmung seines Auftraggebers einen **Preisnachlass** auf eigene Rechnung gewährt. Wie dieser Preisnachlass zu behandeln ist, zeigt das nachfolgende Beispiel.

**BEISPIEL**

Handelsvertreter H vermittelt für die Firma D den Verkauf eines Lkw an den Kunden K zum Preis von 100 000 € zuzüglich 19 000 € USt. Seine Provision beläuft sich auf 20 % des Verkaufspreises d. h. 23 800 €. H gewährt dem Kunden K ohne Wissen und Billigung der Fa. D auf eigene Rechnung einen Preisnachlass von 11 900 €. H kassiert bei K demzufolge 107 100 € und leitet davon an D nach Abzug seiner Provision 95 200 € weiter.

**LÖSUNG** D erbringt eine Lieferung an K. Die USt beträgt hierfür 19 000 € (19 % von 100 000 €). K hat hieraus den Vorsteuerabzug in Höhe von 19 000 €.
H erbringt eine Vermittlungsleistung an D. Die Bemessungsgrundlage hierfür beträgt brutto 20 % von 119 000 €, d. h. 23 800 €. Die USt für die Vermittlungsleistung des H beträgt 3 800 € (19/119 aus 23 800 €). Eine nachträgliche Änderung der Bemessungsgrundlage für die Vermittlungsleistung des H durch den »Preisnachlass« i. H. v. 11 900 € an K findet nicht statt. Denn H ist nicht an der Leistungskette beteiligt (vgl. A 17.2 Abs. 10 Sätze 8 bis 12 UStAE).
Diese Lösung geht zurück auf eine Entscheidung des EuGH vom 16. 01. 2014, Rs. C-300/12, Ibero Tours. Darin führte der EUGH aus, dass ein Reisebüro, das als Vermittler für einen Reiseveranstalter tätig war und einem Reisekunden einen selbst finanzierten Preisnachlass gewährte, nicht zu einer Minderung seiner Umsatzsteuerschuld berechtigt sei. Das Gericht widersprach damit ausdrücklich der in A 17.2 Abs. 10 Satz 3 UStAE wiedergegebenen Rechtsauffassung. Ein solcher Preisnachlass führe gemäß Art. 11 Teil A Abs. 1 Buchst. a der 6. RL weder bei dem vermittelten Umsatz noch bei der vom Reisebüro erbrachten Dienstleistung zu einer Minderung der Besteuerungsgrundlage. Dem folgte der BFH mit Urteilen vom 27. 02. 2014, V R18/11 und 03. 07. 2014, V R 3/12 (Vermittlung von Handyverträgen). Das BMF hat die Rechtsprechung in den UStAE übernommen und A 17.2. Abs. 10 Sätze 8 bis 12 und A 10.3 Abs. 5 UStAE entsprechend geändert.

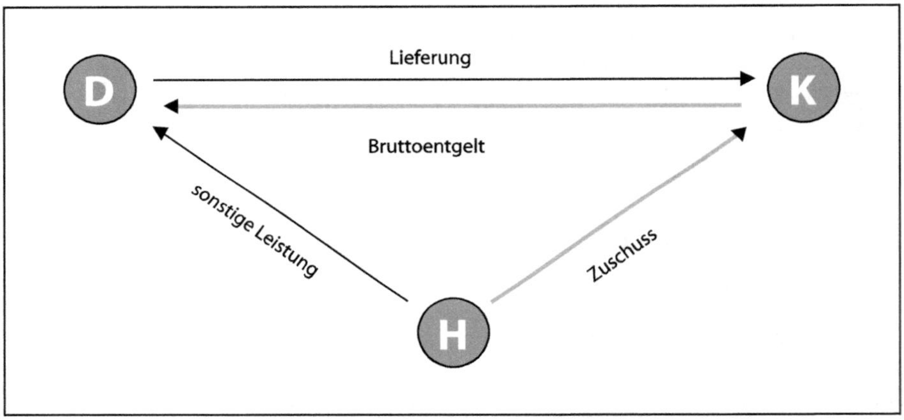


Das Handeln auf fremde Rechnung ist nach Verwaltungsauffassung dann nicht mehr gegeben, wenn die Zuwendung des Agenten höher ist als das wirtschaftliche Ergebnis des betreffenden Agenturgeschäfts (sog. Minusgeschäft). In diesem Fall wird keine Agentur anerkannt, der Agent wird vielmehr wie ein Eigenhändler behandelt (vgl. A 3.7 Abs. 3 UStAE). Der Agent erbringt somit selbst eine Lieferung an den Kunden. Keine Lieferung erbringt dagegen der Geschäftsherr, denn ihm fehlt der Lieferwille für eine Lieferung an den Agenten (es sei denn, er erfährt nachträglich von dem Preisnachlass und genehmigt ihn).

Für die Frage, ob ein Minusgeschäft vorliegt, sind sämtliche konkret im Zusammenhang mit der Vermittlungsleistung anfallenden Kosten des Vermittlers einzubeziehen. Nicht einzubeziehen sind dagegen die Verwaltungsgemeinkosten (vgl. FG Nürnberg vom 30. 10. 1979 EFG 1980, 101).

## 2.3 Handeln im fremden Namen

Während das Handeln für fremde Rechnung das Innenverhältnis zwischen dem Agenten und dem Auftraggeber betrifft, bezieht sich das Merkmal »Handeln im fremden Namen« auf das Außenverhältnis zwischen dem Agenten und dem Dritten. Handeln im fremden Namen liegt vor, wenn das Rechtsgeschäft, welches vermittelt wird, unmittelbar zwischen dem Auftraggeber und dem Dritten zustande kommt.

Dies setzt bei einem agenturmäßigen Verkauf einer Ware voraus: Der Abnehmer der Ware erkennt beim Vertragsabschluss eindeutig, dass er nicht in Rechtsbeziehungen zur Mittelsperson, sondern zu deren Auftraggeber tritt. Der Abnehmer muss den Auftraggeber im Grundsatz namentlich kennen (er muss zumindest jederzeit den Namen und die Anschrift des Auftraggebers erfahren können). Ist dies nicht der Fall, handelt die Mittelsperson im **eigenen Namen**. Handelt sie im eigenen Namen für fremde Rechnung, ist sie z. B. Verkaufskommissionär i. S. v. § 3 Abs. 3 UStG (vgl. 3).

## 2.4 Leistungswege beim Agenturgeschäft

Der Agent erbringt die Vermittlungsleistung an seinen Auftraggeber. Besteht das vermittelte Geschäft in einer Lieferung des Auftraggebers, liegen zwei gesonderte Umsätze vor, nämlich der vermittelte Umsatz (Lieferung des Auftraggebers an den Dritten) und der Vermittlungsumsatz (Vermittlungsleistung des Agenten an den Auftraggeber). Aufgrund der Regelungen des Leistungsorts für Vermittlungsleistungen empfiehlt es sich, in der Falllösung **zuerst das vermittelte Geschäft** und dann die Vermittlungsleistung selbst zu prüfen. Vgl. hierzu die nachfolgende Skizze:

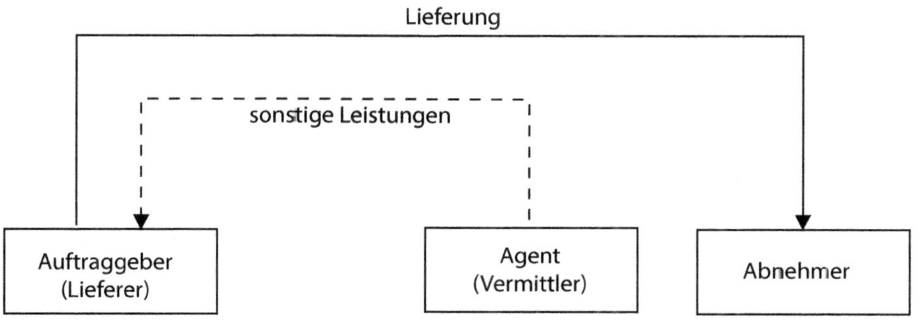


**BEISPIELE**

a) Auftraggeber A beauftragt den Musikinstrumentenhändler M, im Namen und auf Rechnung des A ein gebrauchtes Klavier zu veräußern. M veräußert dementsprechend an den Dritten D im Namen und auf Rechnung des A das Klavier.

**LÖSUNG** A liefert das Klavier unmittelbar an D. M erbringt eine Vermittlungsleistung an A.

b) Auftraggeber A beauftragt dem Musikinstrumentenhändler M, im Namen und auf Rechnung des A ein gebrauchtes Klavier zu erwerben. M erwirbt dementsprechend von dem Dritten D im Namen und für Rechnung des A ein Klavier.

**LÖSUNG** D liefert das Klavier unmittelbar an A. M erbringt eine Vermittlungsleistung an A.

c) Auftraggeber A beauftragt die Mittelsperson M, im Namen und auf Rechnung des A ein Wohnmobil zu vermieten. M vermietet dementsprechend im Namen und für Rechnung des A das Wohnmobil an D.

**LÖSUNG** A erbringt unmittelbar an D eine Vermietungsleistung. M erbringt an A eine Vermittlungsleistung.

d) Auftraggeber A beauftragt die Mittelsperson M, im Namen und auf Rechnung des A ein Appartement anzumieten. M mietet dementsprechend im Namen und auf Rechnung des A von D ein Appartement an.

**LÖSUNG** D erbringt seine Vermietungsleistung unmittelbar an A. M erbringt eine Vermittlungsleistung an A.

## 2.5 Ort der Vermittlungsleistungen

### 2.5.1 Allgemeines

Der Ort der Vermittlungsleistung bestimmt sich bei Leistungen **an einen Unternehmer** für **dessen Unternehmen**, an eine juristische Person des öffentlichen Rechts bzw. an eine juristische Person des Privatrechts, die nichtunternehmerisch tätig ist und der eine USt-IdNr. erteilt wurde, nach § 3a Abs. 2 UStG nach dem Sitzort des Leistungsempfängers bzw. an dessen Betriebsstätte, wenn der Leistungsbezug dort erfolgt.

Bei Vermittlungsleistungen an **Nichtunternehmer** richtet sich der Leistungsort grundsätzlich nach § 3a Abs. 3 Nr. 4 UStG. Maßgebend ist hier der Ort, an dem die vermittelte Leistung ausgeführt wird.

Der Leistungsort für Vermittlungsleistungen im Zusammenhang mit einem **Grundstück** bestimmt sich grundsätzlich nach § 3a Abs. 3 Nr. 1 Buchst. b UStG nach der Lage des Grundstücks. Dies gilt insbesondere für

- die Vermittlung von Grundstücksverkäufen,
- die Vermittlung von Grundstückskäufen,
- die Vermittlung von Grundstücksvermietungen,
- die Vermittlung von Grundstücksanmietungen.

Ausgenommen von § 3a Abs. 3 Nr. 1 Buchst. b UStG ist die **Vermittlung** der kurzfristigen Vermietung von Zimmern in Hotels, Gaststätten oder Pensionen, von Fremdenzimmern, Ferienwohnungen, Ferienhäusern und vergleichbaren Einrichtungen. Diese fällt bei Leistungen an Nichtunternehmer unter § 3a Abs. 3 Nr. 4 UStG, und bei Leistungen an Unternehmer unter § 3a Abs. 2 UStG (vgl. A 3a.7, A 3a.3 Abs. 9 Nr. 2 UStAE sowie Art. 31a Abs. 3 Buchst. d DVO zur MwStSystRL).

### 2.5.2 Leistungsort nach § 3a Abs. 3 Nr. 4 UStG oder § 3a Abs. 2 UStG

**BEISPIEL**

V in Zürich vermittelt der Filmgesellschaft F in Berlin den Ankauf von Filmen der in den USA ansässigen Filmgesellschaft G.

**LÖSUNG** G erbringt an F mit dem Verkauf der Filme eine Leistung, die in der Einräumung von Urheberrechten besteht. V erbringt eine Vermittlungsleistung an F. Der Ort für beide Leistungen bestimmt sich gem. § 3a Abs. 2 UStG nach dem Leistungsempfängerort Berlin. Beide Leistungen sind steuerbar und steuerpflichtig. Da G und V im Ausland ansässige Unternehmer sind, geht die Steuerschuld nach § 13b Abs. 5 Satz 1 i. V. m. Abs. 2 Nr. 1 UStG auf den Leistungsempfänger F über. Die Leistung von G an F unterliegt nach § 12 Abs. 2 Nr. 7 Buchst. c UStG dem ermäßigten Steuersatz.

## 2.6 Steuerbefreiungen bei Vermittlungsleistungen

### 2.6.1 Allgemeines

Ist eine Vermittlungsleistung steuerbar, kann sie nach § 4 Nr. 5, Nr. 8 bzw. Nr. 11 UStG steuerfrei sein.

Eine Vermittlungsleistung i. S. d. Befreiungsvorschriften nach § 4 Nr. 5 bzw. 8 UStG liegt vor, wenn eine Mittelsperson das Erforderliche tut, damit zwei Parteien einen Vertrag schließen, an dessen Inhalt der Vermittler kein Eigeninteresse hat. Die Mittlertätigkeit kann darin bestehen, einer Vertragspartei Gelegenheiten zum Abschluss eines Vertrages nachzuweisen, mit der anderen Partei Kontakt aufzunehmen oder über die Einzelheiten der gegenseitigen Leistungen zu verhandeln.

Keine Vermittlertätigkeit liegt vor, wenn eine der Vertragsparteien einen Subunternehmer mit einem Teil der mit dem Vertrag verbundenen Sacharbeit betraut und dieser eine rein materielle, technische oder administrative Leistung erbringt (vgl. EuGH vom 21. 06. 2007 UR 2007, 617).

Eine Vermittlertätigkeit erfordert dagegen nicht, dass der Vermittler unmittelbare Rechtsbeziehungen zu einer der beiden Vertragsparteien unterhält. Eine Vermittlungstätigkeit kann in verschiedene einzelne Dienstleistungen zerfallen, die dann ihrerseits als Vermittlung steuerfrei sein können. Insoweit sind die Wirtschaftsteilnehmer berechtigt, ein ihnen zusagendes Organisationsmodell zu wählen, ohne dass dies zur Steuerpflicht der Leistung führt. Dies gilt aber nur, wenn es sich bei der einzelnen Leistung um ein im Großen und Ganzen eigenständiges Ganzes handelt, das die spezifischen und wesentlichen Funktionen der Vermittlungsleistung erfüllt (vgl. BFH vom 20. 12. 2007 BStBl II 2008, 641). Auch der sog. Untervermittler kann eine steuerfreie Vermittlungsleistung erbringen (vgl. A 4.8.1 UStAE). Typische Befreiungstatbestände für die Vermittlungsleistungen enthalten § 4 Nr. 5, Nr. 8 und Nr. 11 UStG.

Die Steuerbefreiung nach § 4 Nr. 5 UStG schließt den Vorsteuerabzug nicht aus (§ 15 Abs. 3 Nr. 1a und 2a UStG).

Anders hingegen die Steuerbefreiung nach § 4 Nr. 11 UStG (Umsätze aus der Tätigkeit als Bausparkassenvertreter, Versicherungsvertreter und Versicherungsmakler; § 15 Abs. 2 UStG), die auch keine Optionsmöglichkeit zur Steuerpflicht nach § 9 UStG zulässt.

Bei den Steuerbefreiungen nach § 4 Nr. 8 UStG (z. B. Vermittlung von Krediten, Vermittlung von Zahlungsmitteln, Vermittlung von Anteilen an Gesellschaften usw.) handelt es sich zwar um Befreiungen, die den Vorsteuerabzug im Allgemeinen (vorbehaltlich § 15 Abs. 3 Nr. 1 Buchst. b und Nr. 2 Buchst. b UStG) nach § 15 Abs. 2 UStG ausschließen, auf die jedoch nach § 9 UStG verzichtet werden kann. Näheres hierzu vgl. K.

### 2.6.2 Steuerbefreiung nach § 4 Nr. 5 UStG

#### 2.6.2.1 Vermittlung von Umsätzen, die nach § 4 Nr. 1 Buchst. a und Nr. 2 bis 4 Buchst. b, 6 und 7 UStG steuerfrei sind

Es gilt hier der Grundsatz: Ist eine vermittelte Leistung nach § 4 Nr. 1 Buchst. a, Nr. 2 bis 4 Buchst. b, 6 und 7 UStG steuerfrei, ist auch die Vermittlung dieser Leistung steuerfrei nach § 4 Nr. 5a UStG.

**BEISPIEL**

V (Unternehmenssitz Stuttgart) vermittelt als Handelsvertreter des L (Unternehmenssitz Stuttgart) eine Lieferung von L an den Abnehmer A in der Schweiz. Der Liefergegenstand wird von L zu A versandt.

**LÖSUNG** Die Lieferung von L an A ist als Versendungslieferung nach § 3 Abs. 6 Satz 1 UStG steuerbar, jedoch steuerfrei gem. § 4 Nr. 1 Buchst. a i. V. m. § 6 Abs. 1 Nr. 1 UStG. Die Vermittlungsleistung des V an L ist nach § 3a Abs. 2 UStG steuerbar, jedoch nach § 4 Nr. 5 Buchst. a UStG steuerfrei.

Die Vermittlung von steuerfreien Ausfuhrlieferungen (§ 4 Nr. 1 Buchst. a UStG) ist also nach § 4 Nr. 5 Buchst. a UStG steuerfrei. **Steuerpflichtig** ist jedoch die Vermittlung von nach § 4 Nr. 1 Buchst. b UStG steuerfreien innergemeinschaftlichen Lieferungen, da § 4 Nr. 5 Buchst. a UStG die Befreiung nach § 4 Nr. 1 Buchst. b UStG nicht aufführt.

#### 2.6.2.2 Vermittlung grenzüberschreitender Beförderungen von Personen mit Luftfahrzeugen oder Seeschiffen

Da grenzüberschreitende Personenbeförderungen nicht steuerfrei sind, ist die Vermittlung nicht schon nach § 4 Nr. 5 Buchst. a UStG steuerfrei. Die Vorschrift bezweckt die Vermeidung von Wettbewerbsnachteilen inländischer Vermittler im genannten Bereich der grenzüberschreitenden Personenbeförderungen.

**BEISPIEL**

V (Unternehmenssitz Hamburg) vermittelt der im Inland ansässigen Fluggesellschaft F eine Beförderung des Fluggastes G von Hamburg nach New York.

**LÖSUNG** Die Beförderungsleistung der F ist nach § 3b Abs. 1 Satz 2 UStG mit ihrem inländischen Teil steuerbar. Sie ist grundsätzlich steuerpflichtig, jedoch kann man typisierend davon ausgehen, dass die USt hierfür aufgrund von § 26 Abs. 3 Satz 1 UStG nicht erhoben wird.

Der Ort der Vermittlungsleistung von V an F bestimmt sich gem. § 3a Abs. 2 UStG nach dem Leistungsempfängerort im Inland. Die Vermittlungsleistung ist insgesamt steuerbar. Sie ist nach § 4 Nr. 5 Buchst. b UStG steuerfrei.

#### 2.6.2.3 Vermittlung der Umsätze, die ausschließlich im Drittlandsgebiet bewirkt werden

Es gilt hier der Grundsatz: Ist eine vermittelte Leistung im **Gemeinschafts**gebiet nicht steuerbar, ist die Vermittlung dieser Leistung steuerfrei nach § 4 Nr. 5 Buchst. c UStG.

**BEISPIEL**

V (Unternehmenssitz New York, USA) vermittelt als Handelsvertreter der Softwarefirma S (Unternehmenssitz München) den Verkauf von nicht standardisierter Software durch S an die Firma A in New York.

**LÖSUNG** Die Veräußerung der Software stellt eine sonstige Leistung dar (vgl. A 3.5 Abs. 3 Nr. 8 UStAE). Der Leistungsort für die Veräußerung der Software von S an A bestimmt sich gem. § 3a Abs. 2 UStG nach dem Leistungsempfängerort New York (Drittlandsgebiet). Die Leistung ist in Deutschland nicht steuerbar.

Der Leistungsort für die Vermittlungsleistung von V an S bestimmt sich gem. § 3a Abs. 2 UStG nach dem Leistungsempfängerort München. Die Vermittlungsleistung ist somit steuerbar. Sie ist nach § 4 Nr. 5 Buchst. c UStG steuerfrei.

Es gilt hier der Grundsatz: Ist eine vermittelte Lieferung nur wegen § 3 Abs. 8 UStG steuerbar, ist die Vermittlung dieser Lieferung nach § 4 Nr. 5 Buchst. d UStG steuerfrei. Der Anwendungsbereich der Vorschrift wurde jedoch durch die Änderung der Regelungen über den Ort der Vermittlungsleistung erheblich eingeschränkt. Regelmäßig fehlt es bei derartigen Vermittlungsleistungen schon an der Steuerbarkeit.

**BEISPIEL**

V (Unternehmenssitz Stuttgart) vermittelt als Handelsvertreter des L (Unternehmenssitz Zürich) eine Lieferung von L an den Abnehmer A in Stuttgart. Der Liefergegenstand wird von L zu A versandt zu den Lieferbedingungen »verzollt und versteuert«.

**LÖSUNG** Es handelt sich um eine Versendungslieferung nach § 3 Abs. 6 Satz 1 UStG von L an A. Da L aufgrund der Lieferbedingungen Schuldner der deutschen Einfuhrumsatzsteuer ist, verlagert sich der Lieferort nach § 3 Abs. 8 UStG ins Inland. Die Lieferung ist somit steuerbar und steuerpflichtig. Der Ort der Vermittlungsleistung des V bestimmt sich gem. § 3a Abs. 2 UStG nach dem Sitz des Leistungsempfängers L und liegt damit im Drittland. Sie ist daher nicht steuerbar.

### 2.6.2.4 Ausnahmeregelung nach § 4 Nr. 5 Satz 2 UStG

Von den oben genannten Befreiungstatbeständen ist gem. § 4 Nr. 5 Satz 2 UStG die Vermittlung von Umsätzen durch Reisebüros für Reisende ausgenommen. Die Steuerbefreiung greift danach unter folgenden Voraussetzungen nicht ein.

**Es muss sich um Vermittlungsleistungen handeln, die von einem Reisebüro erbracht werden.** Die Vermittlungsleistung wird immer dann von einem Reisebüro erbracht, wenn die vermittelte Leistung eine Reiseleistung für Reisende darstellt, auch wenn sich der Vermittler nicht als Reisebüro bezeichnet (vgl. A 4.5.2 Abs. 5 Satz 1 und 2 UStAE).

**Empfänger der Vermittlungsleistung muss der Reisende selbst sein.**

Wird die Vermittlungsleistung an einen sog. Leistungsträger erbracht, z. B. an ein Hotel, ein Busunternehmen oder ein anderes Reisebüro, kann eine Steuerbefreiung vorliegen, wenn im Übrigen die Voraussetzungen nach § 4 Nr. 5a bis d UStG gegeben sind (vgl. Beispiel in 2.6.2.2).

**BEISPIELE**

a) Das Reisebüro R (Unternehmenssitz Hamburg) vermittelt dem Fluggast G eine Beförderung durch die Fluggesellschaft F von Hamburg nach New York.

**LÖSUNG** Die Beförderungsleistung der F ist nach § 3b Abs. 1 Satz 2 UStG mit ihrem inländischen Teil steuerbar. Sie ist grundsätzlich steuerpflichtig, jedoch kann man typisierend davon ausgehen, dass die USt hierfür aufgrund von § 26 Abs. 3 Satz 1 UStG nicht erhoben wird.

Die Vermittlungsleistung des R an G ist nach § 3a Abs. 3 Nr. 4 UStG entsprechend der vermittelten Beförderungsleistung mit ihrem inländischen Anteil steuerbar, mit ihrem ausländischen Anteil nicht steuerbar. Für den steuerbaren inländischen Anteil der Vermittlungsleistung kommt die Steuerbefreiung nach § 4 Nr. 5 Buchst. b UStG in Betracht. Es trifft jedoch die Ausnahmeregelung nach § 4 Nr. 5 Satz 2 UStG zu, da die Leistung an den Reisenden G erbracht wird. Somit ist der steuerbare Teil der Vermittlungsleistung auch steuerpflichtig.

b) Das Reisebüro Z in Zürich veranstaltet von Zürich aus eine Pauschalreise nach Sri Lanka. Die von Z in Anspruch genommenen Reisevorleistungen anderer Unternehmer bestehen aus Hin- und Rückflug sowie aus der Unterbringung und Verpflegung in einem Hotel in Sri Lanka. Das Reisebüro R in Stuttgart vermittelt dem Touristen T aus Stuttgart die Teilnahme an der Pauschalreise und erhebt hierfür von T eine Provision in Höhe von 5 % des von Z erhobenen Pauschalpreises.

**LÖSUNG** Die Durchführung der Pauschalreise ist eine einheitliche sonstige Leistung des Reisebüros Z (§ 25 Abs. 1 UStG). Sie wird nach § 3a Abs. 1 UStG am Sitz von Z in Zürich erbracht (§ 25 Abs. 1 Satz 4 UStG) und ist somit nicht steuerbar. R vermittelt diese einheitliche sonstige Leistung und erbringt damit eine Vermittlungsleistung gegenüber T. Der Leistungsort der Vermittlungsleistung bestimmt sich nach § 3a Abs. 3 Nr. 4 UStG und ist daher ebenfalls in Zürich. Somit ist die Vermittlungsleistung nicht steuerbar. Die Frage der Steuerfreiheit stellt sich daher nicht.

c) Der Geschäftsmann G in München bucht beim Reisebüro Z in Zürich anlässlich einer Geschäftsreise einen Flug von München nach Tokio. Die Buchung kam durch Vermittlung des Reisebüros R in München zustande.

**LÖSUNG** Z erbringt an G eine grenzüberschreitende Beförderungsleistung (keine Reiseleistung i. S. v. § 25 UStG, da eine Vermittlungsleistung vorliegt). Der inländische Teil dieser Beförderungsleistung ist steuerbar, der ausländische Teil führt über Drittlandsgebiet und ist nicht steuerbar (vgl. § 3b Abs. 1 Satz 2 UStG).

Der Leistungsort für die Vermittlungsleistung von R an G bestimmt sich gem. § 3a Abs. 2 UStG nach dem Leistungsempfängerort München. Die Leistung ist insgesamt steuerbar und steuerpflichtig. Die Befreiung gem. § 4 Nr. 5 Buchst. b UStG ist gem. § 4 Nr. 5 Satz 2 UStG ausgeschlossen, da die Leistung an den Reisenden G und nicht an einen Leistungsträger erbracht wird.

### 2.6.3 Steuerbefreiung nach § 4 Nr. 11 UStG

Nach § 4 Nr. 11 UStG sind steuerfrei die Umsätze aus der Tätigkeit als Bausparkassenvertreter, Versicherungsvertreter, Versicherungsmakler.

a) **Definition des Bausparkassenvertreters** (§ 92 Abs. 5 i. V. m. § 92 Abs. 1 i. V. m. § 84 Abs. 1 Satz 1 HGB): Bausparkassenvertreter ist, wer als selbständiger Gewerbetreibender ständig damit betraut ist, für eine Bausparkasse Bausparverträge zu vermitteln oder in deren Namen abzuschließen.

b) **Definition des Versicherungsvertreters** (§ 92 Abs. 1 i. V. m. § 84 Abs. 1 Satz 1 HGB): Versicherungsvertreter ist, wer als selbständiger Gewerbetreibender ständig damit betraut ist, für eine Versicherung oder einen anderen Versicherungsvertreter Versicherungsverträge zu vermitteln oder abzuschließen.

c) **Definition des Versicherungsmaklers** (§ 93 Abs. 1 HGB): Versicherungsmakler ist, wer gewerbsmäßig für andere Personen Versicherungsverträge vermittelt, ohne von ihnen auf Grund eines Vertragsverhältnisses ständig damit betraut zu sein.

Nur die typischen Umsätze der Bausparkassenvertreter, Versicherungsvertreter und Versicherungsmakler sind gem. § 4 Nr. 11 UStG steuerfrei (vgl. A 4.11.1 UStAE). Diese Befreiungsvorschrift umfasst auch die Untervermittler (vgl. 2.6.1). Unter bestimmten Voraussetzungen sind auch die sog. Superprovisionen im Strukturvertrieb von Bausparverträgen und Versicherungsverträgen befreit. Beim Strukturvertrieb z. B. von Versicherungen bedient sich die Versicherungsgesellschaft einer pyramidenförmig untergliederten Vertriebsstruktur. Sie überträgt die Vermittlung von Versicherungen z. B. einer Versicherungsgesellschaft, die ihrerseits mehrere selbständige Mitarbeiter beauftragt, für die Versicherung Versicherungsverträge zu vermitteln. Diese Mitarbeiter können ihrerseits weitere selbständige Mitarbeiter mit der Vermittlung der Versicherungsverträge beauftragen. Die Mitarbeiter stehen zum einen in vertraglichen Beziehungen zu der Vermittlungsgesellschaft bzw. den übergeordneten Mitarbeitern, zum andern in vertraglichen Beziehungen zu der Versicherungsgesellschaft. Kommt es zu einem Vertragsabschluss, erhält der Mitarbeiter, der den Vertrag durch Kontaktaufnahme zu dem Versicherungsnehmer vermittelt hat, von der Versicherungsgesellschaft eine Provision, die als Entgelt für eine

Vermittlungsleistung aus der Tätigkeit eines Versicherungsvertreters nach § 4 Nr. 11 UStG steuerfrei ist.

Die in der Struktur übergeordneten Beteiligten erhalten sog. Superprovisionen von der Versicherungsgesellschaft bzw. den ihnen untergeordneten Mitarbeitern. Sie sind nach dem Urteil des BFH vom 29.01.1998 BFH/NV 1998, 1004 steuerfrei, wenn die zwischengeschaltete Person nach dem wirtschaftlichen Erscheinungsbild einem echten Generalvertreter mit eigenem Vertreterstab nahekommt.

## 2.7 Bemessungsgrundlage bei Vermittlungsleistungen

Ist eine steuerbare Vermittlungsleistung nicht nach § 4 UStG befreit, ist sie steuerpflichtig. Sie unterliegt nach § 12 Abs. 1 UStG dem Regelsteuersatz. Bei der Bemessungsgrundlage ist besonders zu beachten, dass nach § 10 Abs. 1 Satz 5 UStG durchlaufende Posten nicht zum Entgelt gehören. Durchlaufende Posten in diesem Sinne liegen nach § 10 Abs. 1 Satz 5 UStG dann vor, wenn der Vermittler Beträge im Namen und für Rechnung eines anderen vereinnahmt und verausgabt. Um keine durchlaufenden Posten handelt es sich demnach, wenn der Vermittler seinem Auftraggeber z. B. Reisekosten und sonstige Spesen berechnet, die bei ihm in eigener Person entstanden sind.

## 2.8 Vermittlungsleistungen der Handelsvertreter und Handelsmakler

Die Berufsbezeichnungen lassen sich wie folgt festlegen:

**a) Definition des Handelsvertreters:**
Nach § 84 HGB ist Handelsvertreter, wer als selbständiger Gewerbetreibender ständig damit betraut ist, für einen anderen Unternehmer Geschäfte zu vermitteln oder in dessen Namen abzuschließen.

**b) Definition des Handelsmaklers:**
Nach § 93 HGB ist Handelsmakler, wer gewerbsmäßig für andere Personen, ohne von ihnen auf Grund eines Vertragsverhältnisses ständig damit betraut zu sein, die Vermittlung von Verträgen über Anschaffung oder Veräußerung von Waren oder Wertpapieren, über Versicherungen, Güterbeförderungen, Schiffsmiete oder sonstige Gegenstände des Handelsverkehrs übernimmt.

Sowohl die Handelsvertreter als auch die Handelsmakler erbringen danach mit ihrer berufstypischen Tätigkeit Vermittlungsleistungen i. S. d. UStG. Beim Handelsmakler ist es dabei durchaus möglich, dass er gleichzeitig zwei Vermittlungsleistungen erbringt, nämlich jeweils eine Vermittlungsleistung an jede der beiden Vertragsparteien, zwischen denen er vermittelt.

Das Wesentliche der Vermittlungsleistung ist es, dass der Vermittler **im fremden Namen** und **auf fremde Rechnung** handelt. Handelt er dagegen im eigenen Namen auf fremde Rechnung, kann er Kommissionär i. S. d. § 3 Abs. 3 UStG oder Dienstleistungskommissionär i. S. v. § 3 Abs. 11 UStG sein.

**BEISPIELE**

a) Handelsvertreter H in Rottweil ist für den Maschinenfabrikanten M in Sindelfingen ständig damit betraut, im Namen von M Kaufverträge über die von M hergestellten Maschinen mit Kunden im Bereich Baden-Württemberg, Schweiz und Italien abzuschließen. Nach dem Handelsvertretervertrag steht H pro vermitteltem Vertrag eine Provision in Höhe von 20 % des Kaufpreises zu. Außerdem ist

er berechtigt, M seine hierbei entstandenen Fahrtkosten mit dem Pkw in Höhe von 0,30 € pro km sowie Bewirtungskosten in Rechnung zu stellen. Dementsprechend stellte H dem M anlässlich des Abschlusses eines Vertrags über die Lieferung einer Maschine an den Kunden S in Sigmaringen folgende Rechnung aus:
a)

| | |
|---|---|
| Fahrtkosten 150 km à 0,30 € | 45,00 € |
| Bewirtungskosten lt. beigefügter Rechnung (netto) | 79,95 € |
| **Gesamtbetrag (netto)** | **124,95 €** |

Nach Ausführung des Liefergeschäfts erteilte M dem H folgende Gutschrift:

| | |
|---|---|
| Provision für die Lieferung der Maschine an S | |
| 20 % des Kaufpreises netto (9 000 €) | 1 800,00 € |
| + Spesen laut Ihrer Abrechnung | 124,95 € |
| Summe netto | 1 924,95 € |
| + USt 19 % | 365,74 € |
| **Gesamtbetrag** | **2 290,69 €** |

**LÖSUNG** Die Vermittlungsleistung des H gegenüber M ist steuerbar und steuerpflichtig. Zur Bemessungsgrundlage gehören auch die vergüteten Spesen, da es sich insoweit nicht um durchlaufende Posten bei H handelt. Das Bruttoentgelt für die Vermittlungsleistung des H beträgt somit entsprechend der Gutschrift 2 290,69 €. Die USt beträgt, wie in der Gutschrift ausgewiesen, 365,74 €.

b) Handelsvertreter H in Rottweil ist für den Maschinenfabrikanten M in Sindelfingen ständig damit betraut, im Namen von M Kaufverträge über die von M hergestellten Maschinen mit Kunden im Bereich Baden-Württemberg, Schweiz und Italien abzuschließen. Nach dem Handelsvertretervertrag steht H pro vermitteltem Vertrag eine Provision in Höhe von 20 % des Kaufpreises zu. H konnte auch mit dem Kunden S in Luzern (Schweiz) im Namen des M einen Kaufvertrag über eine Maschine abschließen. M beförderte die Maschine mit einem werkseigenen Lkw zu S.
**LÖSUNG** Die Lieferung der Maschine von M an S ist nach § 3 Abs. 6 Satz 1 UStG steuerbar, jedoch nach § 4 Nr. 1 Buchst. a i. V. m. § 6 Abs. 1 Nr. 1 UStG steuerfrei.
Der Leistungsort für die Vermittlungsleistung von H an M bestimmt sich gem. § 3a Abs. 2 UStG nach dem Leistungsempfängerort Sindelfingen. Die Leistung ist steuerbar. Da die vermittelte Lieferung steuerfrei ist, ist auch die Vermittlungsleistung des H nach § 4 Nr. 5 Buchst. a UStG steuerfrei.

c) Handelsvertreter H in Rottweil ist für den Maschinenfabrikanten M in Sindelfingen ständig damit betraut, im Namen von M Kaufverträge über die von M hergestellten Maschinen mit Kunden im Bereich Baden-Württemberg, Schweiz und Italien abzuschließen. Nach dem Handelsvertretervertrag steht H pro vermittelten Vertrag eine Provision in Höhe von 20 % des Kaufpreises zu.
H konnte auch mit dem Kunden B in Parma (Italien) im Namen des M einen Kaufvertrag über eine Maschine abschließen. M beförderte die Maschine mit einem werkseigenen Lkw zu B. B erteilte den Lieferauftrag an M unter Verwendung seiner italienischen USt-IdNr.
**LÖSUNG** Da die Maschine bei der Lieferung von M an B von Deutschland nach Italien gelangt, ist zunächst zu prüfen, ob ein innergemeinschaftlicher Erwerb vorliegt. Da B den Kaufvertrag unter Verwendung seiner italienischen USt-IdNr. abschließt, ist davon auszugehen, dass er Unternehmer ist und die Maschine für sein Unternehmen erwirbt. Somit erfüllt B alle Voraussetzungen für den innergemeinschaftlichen Erwerb in Italien (entsprechend § 1a UStG).
Der Lieferort ist für die Lieferung von M an B nach § 3 Abs. 6 Satz 1 UStG in Sindelfingen. Die Lieferung ist steuerbar, jedoch als innergemeinschaftliche Lieferung nach § 4 Nr. 1 Buchst. b i. V. m. § 6a UStG steuerfrei.
Die Vermittlungsleistung des H an M ist nach § 3a Abs. 2 UStG steuerbar. Es ist die Steuerbefreiung nach § 4 Nr. 5 UStG zu prüfen. Da die vermittelte Leistung nach § 4 Nr. 1 Buchst. b und nicht nach § 4 Nr. 1 Buchst. a UStG steuerfrei ist, ist die Vermittlungsleistung des H nicht nach § 4 Nr. 5a UStG steuerfrei, sondern steuerpflichtig.

d) Sachverhalt wie Beispiel a) in E 5. 8. Handelsvertreter H in Rottweil war für den Maschinenfabrikanten M in Sindelfingen bis zum Ende des Jahres 10 ständig damit betraut, im Namen von M Kaufverträge über die von M hergestellten Maschinen mit Kunden im Bereich Baden-Württemberg, Schweiz und Italien abzuschließen. Entsprechend der Regelung in § 89b HGB kamen M und H anlässlich der Beendigung des Vertragsverhältnisses überein, dass M dem H noch eine Entschädigung in Höhe einer nach dem Durchschnitt der letzten fünf Jahre der Tätigkeit des H berechneten Jahresprovision zahlt. Da die durchschnittliche Jahresprovision einschließlich USt 65 000 € betrug, zahlte M an H 65 000 €. H behandelte diese Zahlung als Schadensersatz und unterwarf sie nicht der USt. Die Provisionseinnahmen der letzten fünf Jahre entfielen zu 70 % auf steuerpflichtige und zu 30 % auf steuerfreie Vermittlungsleistungen.

**LÖSUNG** Die Entschädigung, die H von M erhält, stellt ein nachträgliches Entgelt für Leistungen des H an M dar (vgl. BFH vom 22. 12. 1966 BStBl II 1967, 282). Der Ausgleichszahlung liegt keine selbständige Leistung des H zugrunde. Sie stellt vielmehr ein zusätzliches Entgelt für die erbrachten Vermittlungsleistungen dar (vgl. BFH vom 25. 06. 1998 UR 1999, 72). Dementsprechend sind nur 70 % der Ausgleichszahlung, d. h. 45 500 €, steuerpflichtig. Die USt beträgt somit 19/119 von 45 500 €, d. h. 7 264,70 €. Zur Vereinfachung wird unterstellt, dass in den vergangenen 5 Jahren der Steuersatz 19 % betragen hat. Im Falle einer Steuersatzänderung müsste eine weitere Aufteilung erfolgen.

e) Handelsmakler H in Böblingen erhält von dem Privatmann P den Auftrag, den Ankauf eines Oldtimer-Sportwagens von dem Eigentümer E zu vermitteln. P gab H zur Ausführung des Auftrages einen Vorschuss in Höhe von 20 000 € Bargeld. H schloss mit E im Namen des P einen Kaufvertrag über den Sportwagen ab. Er erwarb dementsprechend den Sportwagen für 19 000 €. H rechnete darüber mit P wie folgt ab:

f)

| | |
|---|---|
| Kaufpreis | 19 000 € |
| + meine Provision (10 %) | 1 900 € |
| + USt 19 % | 361 € |
| ./. Anzahlung | 20 000 € |
| **Restforderung** | **1 261 €** |

**LÖSUNG** H erbringt eine steuerbare und steuerpflichtige Vermittlungsleistung an P. Die USt beträgt 19/119 von 2 261 €, d. h. 361 €. Die 20 000 €, die H von P vereinnahmt und in Höhe von 19 000 € in dessen Namen ausgegeben hat, stellen insoweit (in Höhe von 19 000 €) einen durchlaufenden Posten dar und gehören nach § 10 Abs. 1 Satz 5 UStG nicht zur Bemessungsgrundlage der Vermittlungsleistung des H.

## 2.9 Tankstellenagenten

Mineralölgesellschaften betreiben i. d. R. den Mineralölverkauf über Tankstellenagenten. Die Tankstellenbesitzer vertreiben das Mineralöl im Namen und auf Rechnung der Mineralölgesellschaften. Sie erbringen somit Vermittlungsleistungen an die Mineralölgesellschaft und die Mineralölgesellschaft erbringt unmittelbar Lieferungen an die Mineralölbezieher.

Es kommt vor, dass die Tankstellenagenten für eigene Zwecke Kraft- und Schmierstoffe entnehmen und hierfür Rechnungen ausstellen, in denen zum Ausdruck kommt, dass sie diese Waren im Namen und für Rechnung der betreffenden Mineralölgesellschaft an sich selbst veräußern. Nach Verwaltungsauffassung kann in diesem Fall ein zivilrechtlich gewolltes In-sich-Geschäft vorliegen, welches dann auch umsatzsteuerrechtlich anzuerkennen ist. Der Tankstellenagent erbringt in diesem Fall an die Mineralölgesellschaft eine Vermittlungsleistung, die darin besteht, dass er den Verkauf von Treibstoff der Mineralölgesellschaft an sich selbst vermittelt (vgl. A 3.7 Abs. 5 UStAE).

**BEISPIEL**

Der Tankstellenpächter T erhält für den Verkauf von Treibstoff eine Provision von 5 % des Bruttoverkaufspreises. Er bezieht für sich selbst Treibstoff und stellt sich hierüber im Namen der Mineralölgesellschaft M eine Rechnung über 1 000 € zuzüglich 190 € USt aus. M schreibt ihm hierfür im Rahmen der übrigen Provisionen 50 € zuzüglich 9,50 € USt gut.

**LÖSUNG** M erbringt eine Lieferung von Treibstoff. Die USt hierfür beträgt 190 € (19/119 von 1 190 €). Die Bemessungsgrundlage mindert sich nicht um die T gutgeschriebene Provision, da es sich hierbei um Entgelt für die Vermittlungsleistung des T an M handelt. T hat aus der Treibstofflieferung den Vorsteuerabzug, wenn er den Treibstoff für unternehmerische Zwecke bezogen hat.
T erbringt bezüglich des von ihm selbst erworbenen Treibstoffs eine Vermittlungsleistung an M. Das Entgelt hierfür beträgt brutto 59,50 €. Seine USt daraus beläuft sich auf 9,50 €. M kann aus der T erteilten Gutschrift den Vorsteuerabzug in Höhe von 9,50 € geltend machen.

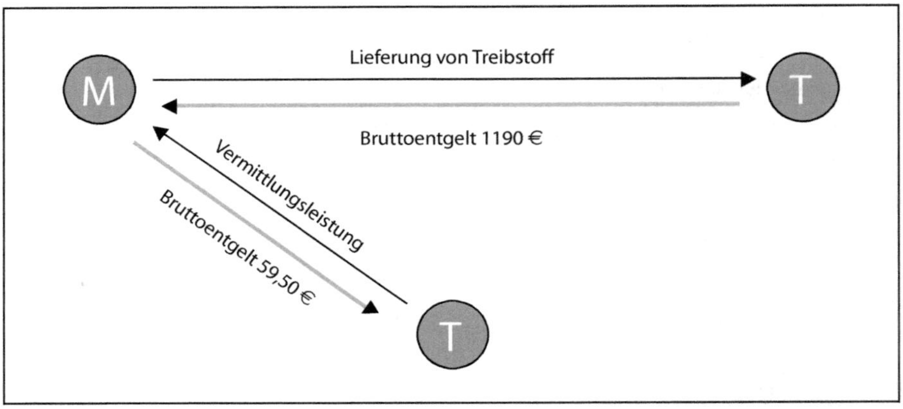


# 3 Kommission

## 3.1 Allgemeines

Nach § 383 HGB ist Kommissionär, wer es gewerbsmäßig übernimmt, Waren oder Wertpapiere für Rechnung eines anderen (des Kommittenten) im eigenen Namen zu kaufen oder zu verkaufen. Dem steht nach § 406 HGB gleich, wenn ein Kaufmann, der nicht Kommissionär ist, es im Betrieb seines Handelsgewerbes übernimmt, Waren oder Wertpapiere für Rechnung eines anderen (des Kommittenten) im eigenen Namen zu kaufen oder zu verkaufen (sog. Gelegenheitskommission).

Das Umsatzsteuerrecht geht in § 3 Abs. 3 UStG entsprechend dem Verweis auf § 383 HGB vom handelsrechtlichen Kommissionsbegriff aus. Nach § 3 Abs. 3 Satz 1 UStG liegt zwischen dem Kommittenten und dem Kommissionär eine Lieferung vor. Nach § 3 Abs. 3 Satz 2 UStG liefert bei der Verkaufskommission der Kommittent an den Kommissionär und umgekehrt. Bei der Einkaufskommission der Kommissionär an den Kommittenten. Demzufolge ergibt sich nach § 3 Abs. 3 UStG i. V. m. den allgemeinen umsatzsteuerrechtlichen Grundsätzen für die Verkaufskommission folgendes Bild:

Der Kommittent liefert an den Kommissionär (§ 3 Abs. 3 UStG). Der Kommissionär liefert nach allgemeinen umsatzsteuerrechtlichen Grundsätzen an den Käufer, weil zwischen dem Käufer und dem Kommissionär ein Kaufvertrag abgeschlossen und erfüllt wird.

Für die Einkaufskommission ergibt sich folgendes Bild:

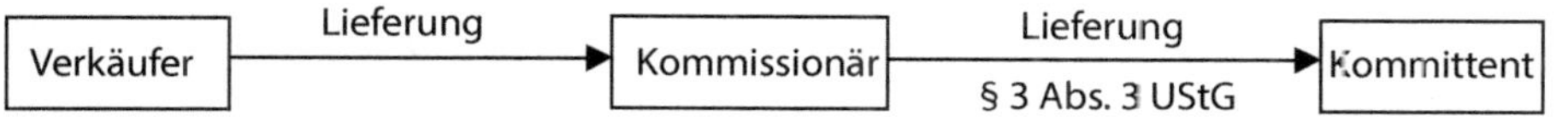


Der Verkäufer liefert nach allgemeinen umsatzsteuerrechtlichen Grundsätzen an den Kommissionär, weil zwischen dem Verkäufer und dem Kommissionär ein Kaufvertrag abgeschlossen und erfüllt wird. Der Kommissionär liefert an den Kommittenten (§ 3 Abs. 3 UStG).

Ohne die Regelung des § 3 Abs. 3 UStG würde man nach allgemeinen umsatzsteuerrechtlichen Grundsätzen zum Ergebnis kommen, dass der Kommissionär sowohl bei der Einkaufs- als auch bei der Verkaufskommission eine Geschäftsbesorgungsleistung (sonstige Leistung) an den Kommittenten erbringt (vgl. hierzu die BFH-Rechtsprechung zur missbräuchlichen Zwischenvermietung, z. B. Urteile vom 15. 12. 1983 BStBl II 1984, 388 ff.). § 3 Abs. 3 UStG wandelt die Geschäftsbesorgungsleistung mit dem gesetzgeberischen Mittel der Fiktion in den Tatbestand der Lieferung entsprechend der oben dargestellten Lösungen um. Insoweit werden beide Lieferungen in dieser Kette hinsichtlich Zeitpunkt und Ort gleichgestellt.

Die Regelung des § 3 Abs. 3 UStG entspricht Art. 14 Abs. 2c MwStSystRL und stellt eine Spezialregel für das handelsrechtliche Kommissionsgeschäft dar, die dem besonderen Wesen dieses Geschäftstyps Rechnung trägt. Die Tätigkeit des Kommissionärs steht dem Eigenhandel weit näher als der bloß vermittelnden Tätigkeit und wurde demzufolge im Umsatzsteuerrecht dem Eigenhandel gleichgestellt. Die Regelung des § 3 Abs. 3 UStG schließt eine sonst vorliegende Lücke in der Lieferkette. Dies hat nicht nur Auswirkungen auf die Zahl der zu versteuernden Lieferungen, sondern auch auf den Vorsteuerabzug.

**BEISPIEL**

Kommissionär K hat vom Maschinenfabrikanten M 10 Maschinen des Typs M 237 übernommen mit dem Auftrag, sie im eigenen Namen für je 2 300 € zu verkaufen. Für jedes verkaufte Exemplar erhält K eine Provision von 20 %. Nach dem Verkauf rechnet K mit M wie folgt ab (auszugsweise Darstellung):

| | | |
|---|---|---|
| Erlös für den Verkauf der 10 Maschinen | | 23 000,00 € |
| ./. 20 % Provision | ./. | 4 600,00 € |
| Gutschrift | | 18 400,00 € |
| hierin enthaltene USt 19 % | | 2 937,81 € |

**LÖSUNG** Nach § 3 Abs. 3 UStG ist davon auszugehen, dass M Lieferungen an K erbracht hat. Konsequenterweise muss alles, was M in diesem Zusammenhang von K an Vergütung erhält, als Entgelt für diese Lieferungen angesehen werden. Bei einem Bruttoentgelt von 18 400 € und einem Steuersatz von 19 % beträgt die USt bei M 2 937,81 €. Sofern K in der Gutschrift auch das Nettoentgelt von 15 462,19 € (18 400 € ./. 2 937,81 €) angibt, ist er berechtigt, diese 2 937,81 € als Vorsteuer geltend zu machen. K muss seinerseits seine Lieferungen an die Kunden versteuern. Die USt beträgt hierfür 3 672,27 € bei einem Bruttoentgelt von 23 000 € und einem Steuersatz von 19 %. Die Kunden sind wiederum hieraus zum Vorsteuerabzug berechtigt, soweit sie die Maschinen für ihr Unternehmen erworben und eine ordnungsgemäße zum Vorsteuerabzug berechtigende Rechnung erhalten haben. Da K die von ihm abzuführende USt dem M nicht weiterberechnet, andererseits aber aus der an ihn erbrachten fiktiven Lieferung den Vorsteuerabzug hat, schmälert sich sein Rohgewinn um 734,46 € (3 672,27 € ./. 2 937,81 €).

Aus obigem Beispiel ist ersichtlich, dass nicht nur die Geschäftsbesorgungsleistung in eine Lieferung »umqualifiziert« wird, sondern konsequenterweise auch das Entgelt für die Geschäftsbesorgungsleistung (die Provision) in ein Entgelt für eine Lieferung.

Insoweit gilt: Entgelt für die Lieferung des Kommittenten an den Kommissionär bei der **Verkaufs**kommission ist alles, was der Kommissionär aufgrund des ausgeführten Kommissionsgeschäfts an den Kommittenten als Erlös herausgibt. Das ist i. d. R. der vom Kunden bezahlte Kaufpreis abzüglich der Provision des Kommissionärs sowie weiterer Kosten, die beim Kommissionär in eigener Person entstanden sind und dem Kommittenten weiterberechnet werden.

**Entgelt des Kommittenten bei der Verkaufskommission:**

Erlös beim Kunden
./. Provision
./. sonstige Kosten des Kommissionärs
Bruttoentgelt

Entgelt für die Lieferung des Kommissionärs an den Kommittenten bei der **Einkaufs**kommission ist alles, was der Kommittent an den Kommissionär aufgrund des Kommissionsgeschäfts zu entrichten hat. Das ist i. d. R. der an den Verkäufer zu zahlende Kaufpreis, die Provision des Kommissionärs sowie die sonstigen beim Kommissionär entstandenen und an den Kommittenten weiterberechneten Kosten.

**Entgelt des Kommissionärs bei der Einkaufskommission:**

Kaufpreis des Verkäufers
+ Provision des Kommissionärs
+ sonstige Kosten des Kommissionärs
Bruttoentgelt

Durchlaufende Posten, die nach § 10 Abs. 1 Satz 5 UStG nicht zum Entgelt gehören, liegen i. d. R. nicht vor, da es sich nach der Legaldefinition des durchlaufenden Postens in § 10 Abs. 1 Satz 5 UStG nur dann um einen durchlaufenden Posten handelt, wenn er nicht nur auf fremde Rechnung vereinnahmt und verausgabt wird, sondern dies auch im fremden Namen geschieht. Der Kommissionär handelt aber gerade im **eigenen** Namen. Ein durchlaufender Posten kann sich allenfalls z. B. daraus ergeben, dass der Kommissionär den Gegenstand der Verkaufskommission im Namen und für Rechnung des Kommittenten versichert. Die vom Kommissionär verauslagte Versicherungsprämie ist dann durchlaufender Posten.

## 3.2 Zeitpunkt und Ort der Lieferungen im Kommissionsgeschäft

Der Zeitpunkt der Lieferung des Kommissionärs an den Käufer bei der Verkaufskommission ergibt sich aus den allgemeinen umsatzsteuerrechtlichen Grundsätzen. Entsprechendes gilt für die Lieferung des Verkäufers an den Einkaufskommissionär.

Für den Zeitpunkt der Lieferung zwischen dem Kommissionär und dem Kommittenten bei der Einkaufs- und der Verkaufskommission fehlt eine gesetzliche Regelung. Hat man jedoch bei der Verkaufskommission den Zeitpunkt der Lieferung des Kommissionärs an den Käufer ermittelt, ergibt sich daraus ohne weiteres auch der Zeitpunkt der Lieferung des Kommittenten an den Kommissionär. Denn diese Lieferung erfolgt eine logische Sekunde zuvor, also praktisch gleichzeitig. Mit dieser Auffassung (vgl. A 3.1 Abs. 3 Satz 7 UStAE) hatte sich die Verwaltung dem Urteil des BFH vom 25.11.1986 BStBl II 1987, 278 angeschlossen. Der BFH hatte seine Entscheidung damit begründet, dass die Annahme eines früheren Lieferzeitpunkts (etwa bei

Übergabe der Kommissionsware) für die Verfolgung des gesetzgeberischen Zwecks des § 3 Abs. 3 UStG nicht erforderlich sei. Die Lösung ist zudem insoweit praktisch, als in den Fällen, in denen es nicht zur Ausführung des Kommissionsgeschäfts kommt, eine Berichtigung der Umsatzsteuer beim Kommittenten und der Vorsteuer beim Kommissionär entfällt.

Aufgrund des Zusammenfallens der Lieferzeitpunkte ergibt sich weiterhin, dass der Kommissionär den Vorsteuerabzug aus der Lieferung des Kommittenten frühestens für den Voranmeldungszeitraum geltend machen kann, in dem er das Kommissionsgeschäft ausgeführt hat. Üblicherweise verschafft sich der Kommissionär den Vorsteuerabzug dadurch, dass er nach Ausführung des Kommissionsgeschäfts gegenüber dem Kommittenten mittels einer Gutschrift abrechnet, in der er die USt gesondert ausweist.

Da die Lieferung vom Kommittenten an den Kommissionär bei der Verkaufskommission erst eine logische Sekunde vor der Lieferung des Kommissionärs an den Dritten erfolgt, liegt bei der Übergabe der Kommissionsware an den Kommissionär noch keine Lieferung vor. Ebenso kann bei der Beförderung bzw. Versendung der Kommissionsware vom Kommittenten an den Kommissionär nicht die Rechtsfolge des § 3 Abs. 6 Satz 1 UStG eingreifen. Der Transport stellt ein sog. rechtsgeschäftsloses Verbringen dar. Erfolgt allerdings dieses Verbringen von einem Mitgliedstaat der EU in einen anderen Mitgliedstaat, fingiert § 3 Abs. 1a UStG eine innergemeinschaftliche Lieferung aus dem Abgabestaat und spiegelbildlich § 1a Abs. 2 UStG einen innergemeinschaftlichen Erwerb des **Kommittenten** im Bestimmungsmitgliedstaat. Zur Vereinfachung lässt die Verwaltung jedoch zu, dass dieser »Zwischenschritt« übersprungen wird und bereits bei der Übergabe der Ware an den Kommissionär bzw. mit Beginn der Beförderung oder Versendung eine innergemeinschaftliche Lieferung des Kommittenten an den Kommissionär erfolgt (vgl. A 3.1 Abs. 3, Satz 8 und A 1a.2 Abs. 7 Satz 2 und 3 UStAE). Dies hat für den Kommittenten den Vorteil, dass er sich im Bestimmungsmitgliedstaat nicht für Zwecke der Umsatzsteuer registrieren lassen muss.

**BEISPIEL**

Verkaufskommissionär V in Stuttgart veräußert im April im Auftrag des Fabrikanten N in Nancy (Frankreich) auf Kommissionsbasis eine Maschine an den Abnehmer F in Frankfurt/Main. V hat die Maschine im März bei N in Nancy abgeholt. Nach erfolgter Lieferung an F rechnet V mit Gutschrift gegenüber N ab.

**LÖSUNG** V erbringt im April eine steuerbare und steuerpflichtige Lieferung der Maschine an F. Eine logische Sekunde zuvor hat N die Maschine an V gem. § 3 Abs. 3 UStG geliefert. Die Lieferung des N ist somit an sich ebenfalls steuerbar und steuerpflichtig. Aufgrund der Vereinfachungsregelung der Verwaltung kann jedoch die Lieferung des N an V bereits mit der Übergabe in Nancy angenommen werden. Infolgedessen tätigt V gem. § 1a UStG im März einen steuerbaren und steuerpflichtigen innergemeinschaftlichen Erwerb der Maschine. N erbringt im März in Frankreich eine nach französischem UStG steuerbare und steuerfreie innergemeinschaftliche Lieferung.
Eine fiktive innergemeinschaftliche Lieferung des N an sich selbst als fiktiven innergemeinschaftlichen Erwerber (§ 1a Abs. 2 UStG) entfällt aufgrund der Vereinfachungsregelung. Ebenso entfällt eine steuerbare und steuerpflichtige Lieferung des N in Deutschland.

Auch bei der Einkaufskommission fällt der Zeitpunkt der Lieferung vom Kommissionär an den Kommittenten mit dem Zeitpunkt der Lieferung des Verkäufers an den Kommissionär zusammen.

Bereits dann geht die Gefahr des zufälligen Untergangs bzw. der Verschlechterung der Sache auf den Kommittenten über (vgl. § 390 HGB), mit der Folge der Steuerbarkeit der Lieferung. Der Anspruch des Kommissionärs auf Provision und Vergütung seiner Auslagen entsteht ebenfalls zu diesem Zeitpunkt (vgl. § 396 HGB).

Als Ergebnis ist festzuhalten, dass (vorbehaltlich der o. a. Vereinfachungsregelung im innergemeinschaftlichen Warenverkehr) die beiden Lieferungen beim Kommissionsgeschäft sowohl bei der Verkaufs- als auch bei der Einkaufskommission zeitlich zusammenfallen.

### 3.2.1 Verkaufskommission

Hinsichtlich des Orts der Lieferung beim Kommissionsgeschäft gilt Folgendes: Bei der Verkaufskommission bestimmt sich der Ort der Lieferung des **Kommissionärs an den Dritten** nach den allgemeinen Vorschriften gem. § 3 Abs. 6 Satz 1 UStG danach, wo die Beförderung oder Versendung beginnt, oder gem. § 3 Abs. 7 Satz 1 UStG danach, wo sich der Liefergegenstand im Zeitpunkt des Verschaffens der Verfügungsmacht befindet. Es kann sich jedoch auch eine Verlagerung des Lieferorts nach § 3 Abs. 8 und § 3c UStG ergeben.

Bei der **Lieferung des Kommittenten** an den Kommissionär liegt eine Lieferung ohne Warenbewegung nach § 3 Abs. 7 Satz 1 UStG vor. Entsprechend der Fiktion des § 3 Abs. 3 Satz 1 UStG folgt sie in Bezug auf Inhalt, Ausgestaltung und Ort der Lieferung des Kommissionärs an den Dritten. Lediglich die persönlichen Merkmale von Kommissionär und Kommittenten wie z. B. die Unternehmereigenschaft oder die Eigenschaft als Kleinunternehmer sind unterschiedlich zu behandeln. Die Lieferung des Kommissionärs an den Dritten ist auch dann als bewegte Lieferung anzusehen, wenn die Ware direkt vom Kommittenten zum Dritten befördert wird. In diesem Fall befördert der Kommittent die Ware als Erfüllungsgehilfe des Kommissionärs (kein Reihengeschäft!).

**BEISPIEL**

Verkaufskommissionär V in Stuttgart veräußert im eigenen Namen jedoch für Rechnung des Kommittenten K in Köln eine Ware an den Abnehmer A in Amiens (Frankreich). Nach Abschluss des Kaufvertrags versendet K über den Frachtführer F im Auftrag des V die Ware direkt zu A. A ist Privatmann und erwirbt die Ware für private Zwecke. V überschreitet die für Frankreich maßgebliche Lieferschwelle nicht und verzichtet auch nicht gem. § 3c Abs. 4 UStG auf sie.

**LÖSUNG** Da V den mit A abgeschlossenen Kaufvertrag erfüllt, erbringt V eine Lieferung an A. Eine logische Sekunde zuvor liefert K die Ware gem. § 3 Abs. 3 UStG an V. Die Lieferung V an A ist eine Versendungslieferung nach § 3 Abs. 6 Satz 3 UStG mit Lieferort in Köln. K handelt insoweit als Erfüllungsgehilfe des V. Der Lieferort verlagert sich nicht gem. § 3c UStG, da V weder die für Frankreich maßgebliche Lieferschwelle überschreitet noch auf die Anwendung der Lieferschwelle verzichtet. Die Lieferung des V an A ist somit in Deutschland steuerbar und steuerpflichtig.

Der Lieferort für die Lieferung von K an V folgt gem. der Fiktion des § 3 Abs. 3 Satz 1 UStG inhaltlich der zuvor geprüften Lieferung und liegt gem. § 3 Abs. 7 Satz 1 UStG ebenfalls in Köln. Die Lieferung K an V ist somit steuerbar und steuerpflichtig.

### 3.2.2 Einkaufskommission

Bei der Einkaufskommission bestimmt sich der Ort der Lieferung des Dritten an den Kommissionär ebenfalls nach den allgemeinen Vorschriften.

Hinsichtlich der Lieferung des Kommissionärs an den Kommittenten liegt auch eine Lieferung ohne Warenbewegung nach § 3 Abs. 7 Satz 1 UStG vor, da entsprechend der Fiktion des § 3 Abs. 3 HS 2 UStG der Kommissionär beim Erwerb der Ware dem Kommittenten den Besitz vermittelt. Entsprechend den bei der Verkaufskommission erörterten Grundsätzen ist die Lieferung des Dritten an den Kommissionär auch dann als bewegte Lieferung anzusehen, wenn die Ware direkt vom Kommittenten beim Dritten abgeholt wird. In diesem Fall befördert der Kommittent die Ware als Erfüllungsgehilfe des Kommissionärs.

**BEISPIEL**

Einkaufskommissionär E in Stuttgart erwirbt im eigenen Namen jedoch für Rechnung des Kommittenten K in Köln eine Maschine vom Lieferer L in Oslo (Norwegen). Nach Abschluss des Kaufvertrags versendet L im Auftrag des E die Maschine direkt zu K. Die deutsche Einfuhrumsatzsteuer wird vom Frachtführer F in mittelbarer Stellvertretung für L entrichtet.

**LÖSUNG** L erbringt eine Versendungslieferung nach § 3 Abs. 6 Satz 1 UStG an E. Der Ort der Lieferung des L liegt somit gem. § 3 Abs. 6 Satz 1 UStG in Oslo, sofern sich keine Verlagerung des Lieferorts nach § 3 Abs. 8 UStG ergibt. Da F als Beauftragter des L Schuldner der Einfuhrumsatzsteuer ist, verlagert sich der Lieferort gem. § 3 Abs. 8 UStG ins Inland. Die Lieferung des L ist steuerbar und steuerpflichtig.

E erbringt seinerseits eine Lieferung an K. Aufgrund der Lieferfiktion des § 3 Abs. 3 Satz 2 UStG gilt K als Abnehmer, d. h. zum Zeitpunkt des Versendungsbeginns (= Verschaffen der Verfügungsmacht an E) liegt ein Besitzmittlungsverhältnis zwischen E und K vor, aufgrund dessen diese Lieferung nach § 3 Abs. 7 Satz 1 UStG als ruhende Lieferung zu qualifizieren ist. Lieferort für die Lieferung des K an V ist entsprechend der Fiktion des § 3 Abs. 3 Satz 1 UStG in Köln. Die Lieferung ist damit steuerbar und steuerpflichtig.

## 3.3 Untergang der vom Kommissionär versicherten Kommissionsware

Geht bei der **Verkaufs**kommission das Kommissionsgut vor Lieferung des Kommissionärs an den Dritten unter, kann es nicht mehr zur Ausführung des Kommissionsgeschäfts und damit auch nicht mehr zu einer Lieferung des Kommittenten an den Kommissionär kommen. Hat der Kommissionär in einem solchen Fall das Kommissionsgut versichert und ersetzt die Versicherung den Wert des Kommissionsguts, handelt es sich somit um **echten Schadensersatz**

Im Fall der **Einkaufs**kommission hat dagegen der Untergang des Kommissionsguts beim Kommissionär grundsätzlich **keine** Auswirkung auf die bereits erfolgte steuerpflichtige Lieferung an den Kommittenten. Denn nach § 3 Abs. 3 Satz 2 HS 2 UStG gilt bei dieser Form der Kommission der Kommittent als Abnehmer, d. h. gleichzeitig mit der Lieferung an den Kommissionär erfolgt auch die Lieferung an den Kommittenten. Wird in einem solchen Fall die Entgeltforderung des Kommissionärs gegenüber dem Kommittenten mit der Schadensersatzforderung des Kommittenten gegenüber der Versicherung verrechnet, handelt es sich konsequenter Weise um eine Zahlung im abgekürzten Zahlungsweg.

## 3.4 Beispiele zur Kommission

**BEISPIELE**

a) Möbelhändler M hat von dem Möbelfabrikanten F eine Schrankwand in Kommission genommen. Die Schrankwand wird von der Fa. F mit eigenem Lkw bei M am 15. 11. 01 angeliefert. Nach den zwischen M und F getroffenen Vereinbarungen ist M für den Weiterverkauf ein Verkaufspreis von netto 6 000 € vorgeschrieben. Transportkosten zum Käufer darf M zusätzlich dem Käufer berechnen. M erhält als Provision netto 1 000 €. Er darf außerdem die dem Käufer berechneten Transportkosten für sich behalten. Am 10. 12. 01 konnte M die Schrankwand an den Kunden K verkaufen. Die Auslieferung durch M erfolgte am 13. 12. 01. M stellte zugleich dem K folgende auszugsweise dargestellte Rechnung aus:

| | |
|---|---|
| Lieferung Schrankwand | 6 000 € |
| + Transportkosten | 200 € |
| | 6 200 € |
| + 19 % USt | 1 178 € |
| **insgesamt** | **7 378 €** |

Am 17. 12. 01 rechnete M mit F über diese Schrankwand wie im Folgenden auszugsweise dargestellt ab:

| | | |
|---|---|---|
| Verkauf der Schrankwand an K | | 6 000 € |
| + Transportkosten | | 200 € |
| ./. Provision | ./. | 1 000 € |
| ./. Transportkosten | ./. | 200 € |
| | | 5 000 € |
| + 19 % USt | | 950 € |
| **insgesamt** | | **5 950 €** |

**LÖSUNG** M erbringt im VZ Dezember an K eine steuerpflichtige Lieferung der Schrankwand. Die USt beim M beträgt, wie dem K berechnet 1 178 €.
F erbringt nach § 3 Abs. 3 UStG ebenfalls eine Lieferung an M. Sie erfolgt eine logische Sekunde vor Ausführung des Kommissionsgeschäfts und ist damit ebenfalls erst steuerbar und steuerpflichtig im VZ Dezember 01. Die Bemessungsgrundlage brutto beinhaltet alles, was M dem F vereinbarungsgemäß aufgrund der Ausführung des Kommissionsgeschäfts herauszugeben hat, also 5 950 €. Die USt beträgt 950 €, wie sie in der Gutschrift ausgewiesen wurde. Aus der Gutschrift kann M für den VZ Dezember 01 die Vorsteuer in Höhe von 950 € geltend machen.

b) M ist Inhaber eines Bullenmastbetriebes (keine Besteuerung nach § 24 UStG). M gibt dem Viehhändler V am 13. 01. 01 einen Jungbullen in Kommission. Vom Verkaufspreis soll V 10 % Provision erhalten. Weiterhin ist V berechtigt, vom Verkaufspreis seine Kosten in Höhe einer Pauschale von netto 200 € sowie die Kosten einer im eigenen Namen zugunsten des M abgeschlossenen Transportversicherung (30 €) abzuziehen.
V veräußerte den Bullen sofort an den Schlachthof S für 2 000 € zuzüglich 140 € USt. Mit Gutschrift vom 20. 01. 01 rechnet V hierüber wie nachfolgend auszugsweise dargestellt ab:

| | | |
|---|---|---|
| Nettoverkaufspreis | | 2 000,00 € |
| ./. Kommissionskosten pauschal | ./. | 200,00 € |
| ./. Transportversicherung | ./. | 30,00 € |
| ./. Provision (10 % von 2 000 €) | ./. | 200,00 € |
| verbleiben (Entgelt) | | 1 570,00 € |
| + 7 % USt | | 109,90 € |
| Gutschrift | | 1 679,90 € |

**LÖSUNG** M erbringt gem. § 3 Abs. 3 UStG an V und V an S im VZ Januar 01 eine steuerpflichtige Lieferung. Der Steuersatz beträgt nach § 12 Abs. 2 Nr. 1 UStG i. V. m. Nr. 1c der Anlage 2 zum UStG 7 %. Die USt bei V für die Lieferung an S beträgt, wie ausgewiesen, 140 €. Die USt für die Lieferung von M an V errechnet sich aufgrund eines Bruttoentgelts von 1 679,90 € und beträgt somit, wie von M in der Gutschrift ausgewiesen wurde, 109,90 €. Die Zahlung für die Transportversicherung wirkt sich nicht entgelterhöhend aus, weil es sich insoweit nicht um einen durchlaufenden Posten handelt. V zahlt diesen Betrag im eigenen Namen. V hat aus der Gutschrift für den VZ Januar 01den Vorsteuerabzug in Höhe von 109,90 €.

c) M ist Inhaber eines Bullenmastbetriebes (keine Besteuerung nach § 24 UStG). M gibt dem Viehhändler V am 13. 01. 01 einen Jungbullen in Kommission. Vom Verkaufspreis soll V 10 % Provision erhalten. Weiterhin ist V berechtigt, vom Verkaufspreis seine Kosten in Höhe einer Pauschale von netto 200 € sowie die Kosten einer im eigenen Namen zugunsten des M abgeschlossenen Transportversicherung (30 €) abzuziehen.
Auf dem Transport zum Schlachthof S, an den V den Bullen veräußern wollte, kam V der Bulle unauffindbar abhanden. Er wurde vermutlich während eines Gaststättenbesuchs des V aus dem Transporter gestohlen. Die Transportversicherung zahlte an V 1 800 €. V rechnete hierüber wie nachfolgend auszugsweise dargestellt ab:

| | | |
|---|---|---|
| Schadensersatzversicherung | | 1 800 € |
| ./. Kommissionskosten pauschal | ./. | 200 € |
| ./. Transportversicherung | ./. | 30 € |
| ./. Provision (10 % von 1 800 €) | ./. | 180 € |
| verbleiben (Gutschrift) | | 1 390 € |

In diesem Betrag ist die USt bei einem Entgelt von 1 299,07 € mit 90,93 € enthalten.

**LÖSUNG** Da noch keine Lieferung von V an den Schlachthof erfolgt ist, kam es auch noch zu keiner Lieferung von M an V gem. § 3 Abs. 3 UStG (vgl. A 3.1 Abs. 3 Satz 8 UStAE und BFH vom 25. 11. 1986 BStBl II 1987, 278). Die Versicherungszahlung stellt gegenüber M echten Schadensersatz dar. Die Versicherung zahlt nämlich nicht, weil M an V eine Lieferung erbracht hat, sondern weil M ein Schaden entstanden ist und er hiergegen durch die Versicherung, die V zu seinen Gunsten abgeschlossen hatte, versichert war.

Die Provision, die V erhält, ist nicht als Entgelt für eine Leistung des V an M anzusehen, weil bei der Verkaufskommission aufgrund von § 3 Abs. 3 UStG nicht der V an M, sondern der M an V leistet. Die Provisionszahlung ist als eine Art Schadensersatz von V nicht zu versteuern.

Bei der Abrechnung des V gegenüber M handelt es sich nicht um eine Rechnung, sondern um eine Gutschrift. V will nicht über eine vermeintliche Besorgungsleistung abrechnen, da er als Entgelt nicht die Provision zugrunde legt. Er rechnet wie in den Fällen der Ausführung des Kommissionsgeschäfts, also über eine an ihn vermeintlich erbrachte Lieferung nach § 3 Abs. 3 UStG mittels Gutschrift ab. Diese Gutschrift hat die Wirkung einer Rechnung. Wenn M ihr nicht widerspricht, schuldet er die ausgewiesene Umsatzsteuer nach § 14c Abs. 2 UStG. V kann hieraus keinen Vorsteuerabzug geltend machen.

d) Der Unternehmer A beauftragt den Kommissionär K am 07. 01. 01 im eigenen Namen auf Rechnung des A für A einen gebrauchten Pkw zu erwerben. Als Provision des A wurden 20 % des Kaufpreises vereinbart. K erwirbt dementsprechend von dem Unternehmer D am 31. 01. 01 im eigenen Namen einen Pkw für 4 800 € zuzüglich 912 € USt. Der Pkw wird K am 31. 01. 01 übergeben. K rechnet hierüber mit A bei Übergabe des Pkw an A am 01.02.01 wie nachfolgend auszugsweise dargestellt ab:

| | |
|---|---|
| Kaufpreis netto | 4 800,00 € |
| + 20 % Provision | 960,00 € |
| insgesamt netto | 5 760,00 € |
| + 19 % USt | 1 094,40 € |
| **Rechnungsbetrag brutto** | **6 954,40 €** |

**LÖSUNG** M erbringt an K am 31. 01. 01 eine steuerbare und steuerpflichtige Lieferung. Die USt hierfür beträgt wie ausgewiesen 912 €. K kann diese USt für den VZ Januar 01 als Vorsteuer geltend machen.

Gleichzeitig mit der Lieferung von D an K erfolgte auch eine Weiterlieferung des Pkw von K an A, denn bereits zu diesem Zeitpunkt geht die Gefahr des zufälligen Untergangs bzw. der Verschlechterung des Pkw auf K über (vgl. § 390 HGB und § 3 Abs. 3 Satz 2 UStG). Die Lieferung ist zu diesem Zeitpunkt bereits steuerbar, da der Anspruch des K auf seine Provision ebenfalls zu diesem Zeitpunkt entsteht (vgl. § 396 HGB). K hat seine Lieferung an A somit ebenfalls für den VZ Januar 01 zu versteuern. Das Bruttoentgelt beträgt 6 954,40 €, da der weiterberechnete Kaufpreis ebenfalls hierzu gehört. Beim weiterberechneten Kaufpreis handelt es sich nicht um einen durchlaufenden Posten, da der Kaufpreis von K im eignen Namen an D bezahlt wurde. Die USt beträgt wie in der Rechnung ausgewiesen 1 094,40 €. A kann hieraus den Vorsteuerabzug erst für den VZ Februar 01 geltend machen, da er erst im Februar die Rechnung erhalten hat.

# 4 Besorgungsleistungen (Dienstleistungskommission)

## 4.1 Allgemeines

Wie bereits erläutert, handelt es sich sowohl bei der Agentur als auch bei der Kommission um Besorgungsleistungen. Indessen hat sich im fachlichen Sprachgebrauch eingebürgert, den Oberbegriff »Besorgungsleistung« nur für die im Folgenden darzustellenden »sonstigen Besorgungsleistungen« zu verwenden. Wird also nachfolgend die Bezeichnung »Besorgungsleistung« verwendet, handelt es sich um **»sonstige Besorgungsleistungen«**.

In Anlehnung an den Begriff der Kommission kann man diese Besorgungsleistungen untergliedern in Fälle des Einkaufs (die besorgte Leistung wird von einem Dritten erbracht) und des Verkaufs einer sonstigen Leistung (die besorgte Leistung wird vom Auftraggeber des Besorgers erbracht).

Der Besorgung des Leistungsein- und des Leistungsverkaufs ist gemeinsam, dass zwischen dem Besorger und dem Dritten eine sonstige Leistung erbracht wird. Beim Leistungseinkauf leistet der Dritte an den Besorger, beim Leistungsverkauf der Besorger an den Dritten. Dies ergibt sich aus dem allgemeinen umsatzsteuerrechtlichen Grundsatz, dass die Leistung immer vom Beauftragten an den Auftraggeber erfolgt, es sei denn, es ist wie in § 3 Abs. 3 und 11 UStG (Art. 28 MwStSystRL) für die Liefer- und Dienstleistungskommission ausdrücklich abweichend geregelt.

Zwischen dem Besorger und seinem Auftraggeber liegt ebenfalls eine Leistung vor. Hierbei fingiert § 3 Abs. 11 UStG in den Fällen des Leistungs**verkaufs** entsprechend der Regelung bei der Lieferkommission nach § 3 Abs. 3 UStG eine Leistung vom Auftraggeber an den Besorger. Die an sich vom Besorger an den Auftraggeber erbrachte Besorgungsleistung wird also in die Gegenrichtung »umqualifiziert«.

Die Leistung vom Auftraggeber an den Besorger wird nach denselben Vorschriften beurteilt wie die Leistung, die der Besorger an einen Dritten erbringt. Es ergibt sich danach folgendes Bild:

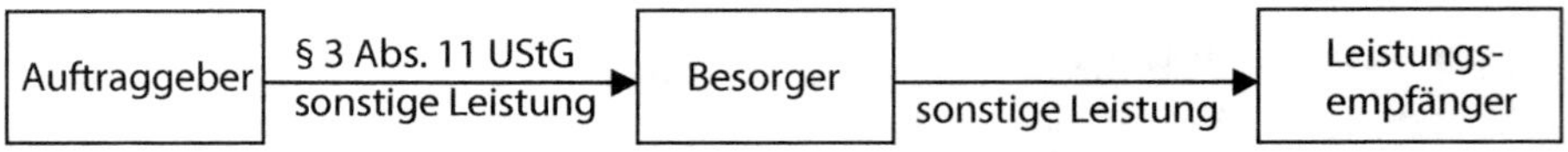


In den Fällen des Leistungs**einkaufs** wird zwar die Leistungsrichtung hinsichtlich der Leistung des Besorgers an den Auftraggeber beibehalten, jedoch fingiert § 3 Abs. 11 UStG entsprechend der Regelung bei der Einkaufskommission nach § 3 Abs. 3 UStG eine der eingekauften Leistung entsprechende sonstige Leistung vom Besorger an den Auftraggeber. Sie wird nach denselben Vorschriften beurteilt wie die vom Dritten (Leistenden) an den Besorger erbrachte sonstige Leistung. Es ergibt sich folgendes Bild:

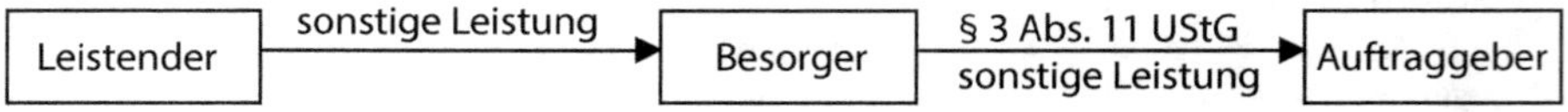


Die jeweils zwischen Auftraggeber und Besorger erbrachte Leistung schließt die Leistungskette entsprechend der Regelung des § 3 Abs. 3 UStG, weil die Tätigkeit des Besorgers, der im eigenen Namen auf Rechnung des Auftraggebers eine sonstige Leistung einkauft oder verkauft, dem Eigenhandel weit näher steht als einer bloß vermittelnden Tätigkeit.

## 4.2 Besorgung des Leistungseinkaufs

§ 3 Abs. 11 UStG fingiert, dass der Besorger die gleiche sonstige Leistung an seinen Auftraggeber erbringt wie die sonstige Leistung, die an den Besorger erbracht wird.

**BEISPIELE**

a) Auftraggeber A in Stuttgart beauftragt den Spediteur S in Stuttgart, im eigenen Namen auf Rechnung des A Waren des A von Bukarest (Rumänien) nach Istanbul (Türkei) zu transportieren. S beauftragt im eigenen Namen den Frachtführer F in Wien mit dem Transport der Ware. Nach Ausführung des Transports rechnet S hierüber mit A in der Weise ab, dass er unter Vorlage der Rechnung des F den Rechnungsbetrag zuzüglich 20 % Provision von A erhebt.

**LÖSUNG** F erbringt eine Beförderungsleistung an seinen Auftraggeber S. S erbringt an seinen Auftraggeber A gem. § 3 Abs. 11 UStG ebenfalls eine (fiktive) Beförderungsleistung.
Der Ort der Beförderungsleistung des F an S bestimmt sich nach § 3a Abs. 2 UStG und liegt in Stuttgart, d. h. die Leistung des F ist steuerbar und steuerpflichtig.
Der Ort der (fiktiven) Beförderungsleistung des S an A bestimmt sich nach § 3 Abs. 11 i. V. m. § 3a Abs. 2 UStG ebenfalls nach dem Sitzort des Leistungsempfängers. Somit ist diese Leistung des S an A auch steuerbar und steuerpflichtig.

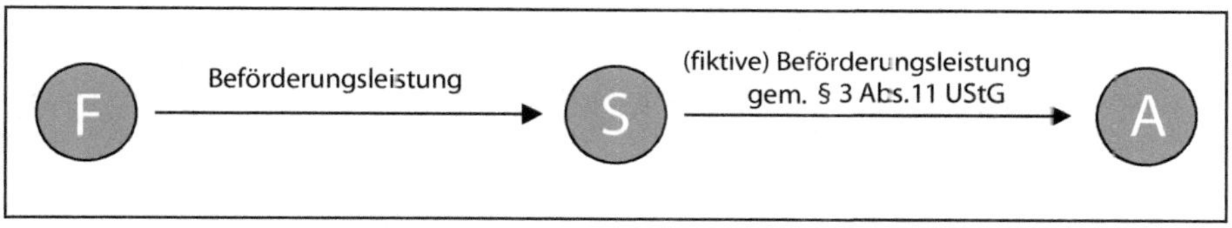


b) Auftraggeber A in Stuttgart beauftragt den Spediteur S in Stuttgart, im eigenen Namen auf Rechnung des A Waren des A von Stuttgart nach Zürich (Schweiz) transportieren zu lassen. S beauftragt im eigenen Namen den Frachtführer F in Freiburg mit dem Transport der Ware. Nach Ausführung des Transports rechnet S hierüber mit A in der Weise ab, dass er unter Vorlage der Rechnung des F den Rechnungsbetrag zuzüglich 20 % Provision von A erhebt.

**LÖSUNG** Wie oben in Beispiel a) erbringt F erbringt eine Beförderungsleistung an seinen Auftraggeber S. S erbringt an seinen Auftraggeber A gem. § 3 Abs. 11 UStG ebenfalls eine (fiktive) Beförderungsleistung.
Der Ort der Beförderungsleistung des F an S bestimmt sich gem. § 3a Abs. 2 UStG nach dem Leistungsempfängerort Ludwigsburg. Die Leistung ist insgesamt steuerbar. Sie ist nach § 4 Nr. 3 Buchst. a Doppelbuchst. aa UStG steuerfrei, da es sich bei der Leistung des F um die grenzüberschreitende Beförderung von Gegenständen handelt und die Ware bei der Beförderung in die Schweiz ausgeführt wird.
Der Ort der fiktiven Beförderungsleistung des S an A bestimmt sich gem. § 3 Abs. 11 i. V. m. § 3a Abs. 2 UStG nach dem Leistungsempfängerort Stuttgart. Die Leistung ist insgesamt steuerbar. Sie ist nach § 3 Abs. 11 i. V. m. § 4 Nr. 3 Buchst. a Doppelbuchst. aa UStG steuerfrei, da S eine grenzüberschreitende Beförderung von Gegenständen besorgt und die Ware im Zuge der Beförderung in die Schweiz ausgeführt wird.

c) Auftraggeber A in Ludwigsburg beauftragt den Spediteur S in Stuttgart, im eigenen Namen auf Rechnung des A Waren des A von Ludwigsburg nach Stuttgart transportieren zu lassen. Die Waren sind für den Export bestimmt und sollen im Anschluss an den Transport nach Stuttgart sofort weiter transportiert werden (endgültiger Bestimmungsort Zürich/Schweiz). S beauftragt im eigenen Namen den Frachtführer F in Stuttgart mit dem Transport der Ware von Ludwigsburg nach Stuttgart. Nach Ausführung des Transports rechnet S hierüber mit A in der Weise ab, dass er unter Vorlage der Rechnung des F den Rechnungsbetrag zuzüglich 20 % Provision von A erhebt. Während S den buchmäßigen Nachweis gem. § 21 UStDV erbringt, dass es sich um Gegenstände der Ausfuhr handelt, liegen bei F keine derartigen Aufzeichnungen vor.

**LÖSUNG** F erbringt eine Beförderungsleistung an seinen Auftraggeber S. S erbringt an seinen Auftraggeber A gem. § 3 Abs. 11 UStG ebenfalls eine (fiktive) Beförderungsleistung.
Der Ort der Beförderungsleistung des F an S bestimmt sich gem. § 3a Abs. 2 UStG nach dem Leistungsempfängerort Ludwigsburg. Die Leistung ist steuerbar. Sie ist nicht nach § 4 Nr. 3 Buchst. a Doppelbuchst. aa UStG steuerfrei. Zwar handelt es sich bei der Leistung des F um eine Beförderungsleistung, die sich unmittelbar auf eine Ware bezieht, die dann in die Schweiz ausgeführt wird. Jedoch greift die Steuerbefreiung nicht ein, weil F den buchmäßigen Nachweis nach § 21 UStDV nicht erbringt.
Der Ort der fiktiven Beförderungsleistung des S an A bestimmt sich gem. § 3 Abs. 11 i. V. m. § 3a Abs. 2 UStG nach dem Leistungsempfängerort Stuttgart. Die Leistung ist steuerbar. Sie ist nach § 3 Abs. 11 i. V. m. § 4 Nr. 3 Buchst. a Doppelbuchst. aa UStG steuerfrei, da sie sich auf Ware bezieht, die im Zuge der besorgten Beförderung in die Schweiz ausgeführt wird, und da S im Gegensatz zu F den buchmäßigen Nachweis nach § 21 UStDV erbringt.

An o. g. Beispiel zeigt sich, dass § 3 Abs. 11 UStG nicht einfach die Schlussfolgerung zulässt: Ist die besorgte Leistung steuerpflichtig, ist auch die Besorgungsleistung steuerpflichtig. Es sind nur dieselben Rechtsvorschriften anwendbar, jedoch ist nicht zwingend, dass sich daraus jeweils dieselben Rechtsfolgen ergeben.

**MERKSATZ**

Personenbezogene umsatzsteuerrechtliche Merkmale der besorgten Leistung sind auf die Besorgungsleistung nicht übertragbar (vgl. A 3.15 Abs. 3 UStAE).

**BEISPIEL**

Kinobetreiber K in Frankfurt beauftragt den Unternehmer M in München, für ihn Filmvorführungsrechte zur Aufführung bestimmter Western-Filme in Deutschland bei der in den USA ansässigen Filmgesellschaft F zu erwerben. Vereinbarungsgemäß erwirbt M die Filmvorführungsrechte von F im eigenen Namen zum Preis von 4 Mio. € (Nettorechnung). Die Filme werden M in den USA ausgehändigt. M übergibt K in Frankfurt/Main die Filme und erteilt dem K folgende Rechnung:

| | |
|---|---|
| Einkaufspreis der Filme netto | 4 000 000 € |
| zuzüglich 10 % Provision | 400 000 € |
| Nettoentgelt | 4 400 000 € |
| zuzüglich 7 % USt | 308 000 € |
| Gesamtbetrag brutto | 4 708 000 € |

**LÖSUNG**

F erbringt mit der Übertragung der Filmvorführungsrechte an seinen Vertragspartner M eine sonstige Leistung, die unter das Urheberrechtsgesetz fällt. Die Übergabe der Filme ist hierzu unselbständige Nebenleistung und teilt das Schicksal der Hauptleistung. Der Leistungsort für die Leistung von F an M ist nach § 3a Abs. 2 UStG am Leistungsempfängerort München. Die Leistung ist steuerbar und steuerpflichtig. Da F ein im Ausland ansässiger Unternehmer ist, geht die Steuerschuldnerschaft gem. § 13b Abs. 5 Satz 1 i. V. m. Abs. 2 Nr. 1 UStG auf M über. Die Umsatzsteuer bei M beträgt gem. § 12 Abs. 2 Nr. 7 Buchst. c UStG 7 % von 4 Mio. € = 280 000 €. In gleicher Höhe hat M hieraus nach § 15 Abs. 1 Nr. 4 UStG den Vorsteuerabzug.
M erbringt aufgrund des Geschäftsbesorgungsvertrags gem. § 3 Abs. 11 UStG eine entsprechende fiktive sonstige Leistung. Leistungsort für die Leistung ist nach § 3a Abs. 2 UStG am Leistungsempfängerort Frankfurt. Die Leistung ist steuerbar und steuerpflichtig. Der Steuersatz beträgt gem. § 12 Abs. 2 Nr. 7 Buchst. c i. V. m. § 3 Abs. 11 UStG 7 %. Zur Bemessungsgrundlage gehört neben der Provision auch der Preis, den M für die Filmvorführungsrechte an F bezahlt hat, da insoweit kein durchlaufender Posten vorliegt. Die Umsatzsteuer beträgt also 7/107 von 4 708 000 € = 308 000 €. Diese Umsatzsteuer kann K als Vorsteuer abziehen.

## 4.3 Besorgung des Leistungsverkaufs (Leistungsverkaufskommission)

Hierbei handelt es sich um Fälle, in denen ein Unternehmer für Rechnung eines anderen im eigenen Namen Leistungen an einen Dritten erbringt (z. B. Grundstücksvermietung, Darlehensgewährung im eigenen Namen für fremde Rechnung).

**BEISPIELE**

a) Unternehmer L mit Sitz in Liechtenstein handelt mit Adressenlisten von Personen, die als Werbungsadressaten nach besonderen Kriterien ausgewählt sind. U. a. veräußert er zum Nettopreis von 1 500 € eine Diskette mit Adressen über sog. Besserverdienende im Raum Süddeutschland an den Anlageberater A in München. Die Adressenliste hat der Unternehmer K mit Sitz in Konstanz zusammengestellt und dem A auf einer Diskette übergeben. Zwischen K und L war vereinbart, dass L die Adressen im eigenen Namen für Rechnung des K veräußert und vom Veräußerungspreis eine Provision von 30 % erhält. Dementsprechend vergütete L dem K 1 050 €.

**LÖSUNG** Da L den Vertrag im eigenen Namen mit A abgeschlossen hat, erbringt L eine sonstige Leistung an A (Überlassung von Informationen). Die Übergabe der Diskette führt zu keiner Lieferung, da die Diskette lediglich Nebenleistung zur Informationsleistung ist. Der Leistungsort ist nach § 3a Abs. 2 UStG der Sitz des A in München. Die Leistung ist somit steuerbar und steuerpflichtig. Der Steuersatz beträgt 19 %, da die Leistung nicht urheberrechtlich geschützt ist und deshalb der ermäßigte Steuersatz nach § 12 Abs. 2 Nr. 7 Buchst. c UStG ausscheidet. Da L ein im Ausland ansässiger Unternehmer ist, geht die Steuerschuldnerschaft nach § 13b Abs. 5 Satz 1 i. V. m. Abs. 2 Nr. 1 UStG auf A über. Die Umsatzsteuer bei A beträgt 19 % von 1 500 € = 285 €. In gleicher Höhe kommt für A hieraus nach § 15 Abs. 1 Nr. 4 UStG ein Vorsteuerabzug in Betracht, sofern er keine vorsteuerschädlichen Ausgangsumsätze tätigt.

Zugleich erbringt K eine entsprechende sonstige Leistung an L der Leistungsort richtet sich nach § 3a Abs. 2 UStG, d. h. der Umsatz wird am Sitz des L in Liechtenstein ausgeführt. Diese Leistung ist nicht steuerbar.

b) A errichtet in München ein Mietshaus. Bei der Vermietung an Endmieter möchte er nicht in Erscheinung treten. Er beauftragt daher die Hausverwaltung H, die Wohnungen im eigenen Namen zu vermieten. Es ist vereinbart, dass H als Entgelt für diese Tätigkeit 10 % der Mieteinnahmen für sich behalten darf.

**LÖSUNG** H erbringt Vermietungsleistungen an die Mieter, da die Mietverträge direkt zwischen H und den Mietern zustande kommen. Die Vermietungsleistungen des H sind zwar steuerbar (Leistungsort ist nach § 3a Abs. 3 Nr. 1 Buchst. a UStG München), jedoch nach § 4 Nr. 12 Buchst. a UStG steuerfrei. Zugleich erbringt A entsprechende sonstige Leistungen an H, die ebenfalls steuerbar und steuerfrei nach § 4 Nr. 12 Buchst. a UStG sind. A kann diesbezüglich nicht auf die Steuerbefreiung verzichten, da das Optionsverbot nach § 9 Abs. 2 UStG eingreift.

A ist bezüglich der aus der Errichtung des Gebäudes angefallenen Vorsteuern nicht zum Vorsteuerabzug berechtigt. Er fällt unter das Abzugsverbot des § 15 Abs. 2 UStG.

c) V in Stuttgart vertreibt als Verkaufskommissionär der in Frankfurt ansässigen Firma F Computer. Zugleich mit dem Computer können die Kunden (Privatpersonen) ein Servicepaket (Wartung, Reparatur, Beratung bei auftauchenden Problemen) erwerben. Für das Servicepaket zahlt der Kunde K an V 1 000 €. Hiervon erhält V 40 % Provision und hat an F 60 % = 600 € abzuführen. V hat dafür den Service zu erbringen. Bei der Serviceleistung wird V von F unterstützt durch Lieferung von Ersatzteilen und durch Übermittlung von Know-how.

**LÖSUNG** V erbringt an den Kunden K eine Lieferung des Computers und eine Dienstleistung bezüglich des Servicepakets.

Bei der Lieferung des Computers von V an K erbringt F zugleich im Rahmen einer Verkaufskommission eine Lieferung an V. Diese Lieferungen sollen hier nicht weiter erörtert werden.

Die Dienstleistung (Servicepaket) von V an K stellt wirtschaftlich eine einheitliche Leistung dar, die sowohl Elemente der Werkleistung i. S. d. § 3a Abs. 3 Nr. 3 Buchst. c UStG (Arbeiten an beweglichen körperlichen Gegenständen), Elemente einer Leistung i. S. d. § 3a Abs. 4 Nr. 5 UStG (Überlassung von Informationen) als auch Elemente des § 3a Abs. 1 UStG enthält. Der Leistungsort ist deshalb nach der Grundregel des § 3a Abs. 1 UStG zu bestimmen (Stuttgart) Die Leistung ist steuerbar und steuerpflichtig. Die USt beträgt 19/119 von 1 000 € = 159,66 €.

Die Leistung zwischen F und V bezüglich des Servicepakets stellt eine Besorgungsleistung (Leistungsverkauf) dar. Die Besorgungsleistung wird so behandelt, als ob die Serviceleistung zuvor von F an V erbracht wird (entsprechend der Lieferung des Computers). Die Leistung ist nach § 3a Abs. 2 UStG in Stuttgart steuerbar und steuerpflichtig. Die Umsatzsteuer bei F hieraus beträgt 19/119 von 600 € = 95,80 €.

V darf die 95,80 € als Vorsteuer abziehen, sofern er dem F etwa folgende auszugsweise dargestellte Gutschrift erteilt:

| | | |
|---|---|---|
| Erlös für Service-Paket | | 1 000,00 € |
| abzüglich Provision | ./. | 400,00 € |
| Gutschrift: | | 600,00 € |
| hierin enthaltene USt Steuersatz 19 % | | 95,80 € |
| Bemessungsgrundlage netto | | 504,20 € |

Dem V verbleiben also 336,14 € (400 € ./. 159,66 € + 95,80 €).

d) K erwarb in einer Wohnanlage ein Ferienhaus. Die Eigentümer der Häuser in der Wohnanlage schlossen sich zu einer GbR zusammen. Die GbR vermietete die Ferienhäuser im eigenen Namen auf Rechnung der Eigentümer an Feriengäste. Aus dem Erwerb des Ferienhauses wurde dem K insgesamt USt in Höhe von rund 50 000 € gesondert in Rechnung gestellt. Diese USt machte K als Vorsteuer geltend. Für die Vermietung an die GbR im Kalenderjahr der erstmaligen Verwendung erklärte K USt in Höhe von rund 1 200 €.

**LÖSUNG** Die GbR erbringt eine steuerbare und steuerpflichtige Vermietungsleistung an die Feriengäste (kurzfristige Beherbergung nach § 4 Nr. 12 Satz 2 UStG). Die Besorgung der Vermietung gegenüber K ist zu behandeln, als ob K eine entsprechende sonstige Leistung an die GbR erbracht hätte, also ebenfalls steuerpflichtig an die GbR vermietet hätte. Aufgrund der steuerpflichtigen Leistung von K an die GbR darf K die Vorsteuer aus dem Erwerb des Ferienhauses in Höhe von 50 000 € abziehen.

## 4.4 Dienstleistungskommission für elektronische Dienstleistungen

Seit dem 01.01.2015 regelt § 3 Abs. 11a UStG die bis dahin in § 45 h Abs. 4 Telekommunikationsgesetz (TKG) normierte Dienstleistungskommission für besondere elektronische Dienstleistungen. Demnach wird eine Dienstleistungskommission im Sinne von § 3 Abs. 11 UStG fingiert, wenn ein Endnutzer über seinen Netzbetreiber Leistungen vorgelagerter Unternehmer in Anspruch nimmt. Dieser Netzbetreiber wird als im eigenen Namen und für fremde Rechnung handelnd angesehen und damit wie ein Kommissionär behandelt. Diese »Branchenlösung« sichert die Besteuerung des Letztverbrauchs im Bestimmungsland, da nur der Netz- bzw. Plattformbetreiber über die maßgeblichen Informationen zur Leistungsortbestimmung und zur Rechnungserteilung verfügt.

**BEISPIEL**

Studierender A aus Stuttgart bestellt über seinen inländischen Internetanbieter V ein Simulationsprogramm für komplexe Aufgaben in der Strömungslehre (Download) bei einem chinesischen Anbieter für diese Spezialsoftware. Die Abrechnung erfolgt durch V.

**LÖSUNG** Der chinesische Anbieter erbringt eine elektronische Dienstleistung an V (§ 3 a Abs. 2 UStG im Inland); dieser erbringt seinerseits nach § 3 Abs. 11 a UStG eine inhaltlich entsprechende Leistung an A.

Unionsrechtliche Grundlage des § 3 Abs. 11a UStG ist Art. 9a DVO zur MWStSystRL, der unmittelbar im deutschen Umsatzsteuerrecht gilt und nicht umgesetzt werden braucht. Danach gilt Art. 28 MWStSystRL (Dienstleistungskommission) mit der Vorgabe, dass bei elektronisch erbrachten Dienstleistungen, wenn sie über ein Telekommunikationsnetz, eine Schnittstelle oder ein Portal (z. B. Appstore) erbracht werden, davon auszugehen ist, dass ein an dieser Erbringung beteiligter Unternehmer im eigenen Namen, aber für Rechnung des Anbieters dieser Dienstleistung tätig wird.

Im Folgenden gilt es, den Aufbau der Regelung des § 3 Abs. 11a UStG zu verdeutlichen:

§ 3 Abs. 11a, **S. 1** UStG enthält zunächst die **gesetzliche Vermutung** einer Leistungskommission für den Fall des Vorliegens der dort genannten Tatbestandsmerkmale.

Nach § 3 Abs. 11a **Satz 2** UStG wird diese **Vermutung widerlegt**, wenn der Netzbetreiber den *Anbieter* der sonstigen Leistung *gegenüber seinem Kunden ausdrücklich benennt* und dies vertraglich zum Ausdruck kommt. Dies ist gemäß **Satz 3** der Fall, wenn

- *in alle Rechnungen* an der Leistungserbringung beteiligten Unternehmer, die *jeweiligen Leistungen* und deren *Erbringer* angegeben sind (§ 3 Abs. 11 a Satz 3 Ziff. 1) *und*
- in der *Rechnung an den Leistungsempfänger* die konkreten *sonstigen Leistungen* und deren *Erbringer* angegeben werden (§ 3 Abs. 11 a Satz 3 Ziff. 2).

§ 3 Abs. 11 a **Satz 4** UStG fingiert **stets eine Dienstleistungskommission** *(Rückausnahmen)*, wenn der eingeschaltete Unternehmer hinsichtlich der Erbringung der sonstigen Leistung

- **die Abrechnung gegenüber dem Leistungsempfänger autorisiert,** er also entsprechende Zahlungsmodalitäten auf elektronischem Weg zur Verfügung stellt (BT-Drs. 18/1529),
- **die Erbringung der sonstigen Leistung genehmigt,** d. h. wenn der Unternehmer als Inhaber der Plattform auftritt, über die die Leistung bezogen werden kann, oder
- **die allgemeinen Bedingungen der Leistungserbringung festlegt,** d. h. die sonstigen Leistungen auf Grundlage der allgemeinen Geschäftsbedingungen des eingeschalteten Unternehmers und damit von dessen Entscheidung abhängig sind.

§ 3 Abs. 11 a **Satz 5** UStG stellt klar, dass **keine Dienstleistungskommission** fingiert wird, wenn der Unternehmer **lediglich Zahlungen** in Bezug auf die erbrachte sonstige Leistung abwickelt und darüber hinaus nicht an der Leistungserbringung beteiligt ist. § 3 Abs. 11a UStG erfasst zum einen entsprechend Art. 9a DVO zur MwStSystRL **elektronisch erbrachte Dienstleistungen** i. S. v. Art. 7 Abs. 1 DVO zur MwStSystRL sowie **VoIP-Dienste (Voice over Internet Protocol)**. Zum anderen geht § 3 Abs. 11a UStG über die unionsrechtliche Vorgabe hinaus und betrifft, entsprechend dem früheren § 45 h TKG alle **sonstigen Leistungen, die über ein Telekommunikationsnetz, eine Schnittstelle oder ein Portal erbracht werden** (BT-Drs. 18/1529).

Hingewiesen sei in diesem Zusammenhang auf eine aufschlussreiche Entscheidung des BFH vom 01.06.2016, XI R 29/14 zum Begriff der elektronischen Dienstleistung (Partnervermittlungsbörsen).

## 5 Übungsfälle zur Einschaltung von Mittelspersonen

M ist Inhaber einer Maschinengroßhandlung in Stuttgart. Er veräußert Produkte verschiedener Hersteller, und zwar zum Teil auf eigene Rechnung, zum Teil auf Provisionsbasis (10 % Provision). Teilweise veräußert er die Maschinen im Namen der Hersteller, teilweise im eigenen Namen. Auch besorgt M teilweise im Auftrag von Kunden Maschinen ausländischer Hersteller.

1. M veräußert im eigenen Namen eine bei ihm lagernde Maschine des Herstellers H an den Kunden K zum Preis von 100 000 € zuzüglich 19 000 € USt. Nach Abzug seiner Provision überweist M an H 107 100 € (119 000 € ./. 11 900 €).
2. M veräußert im Namen des H eine bei ihm lagernde Maschine des Herstellers H an den Kunden K zum Preis von 100 000 € zuzüglich 19 000 € USt. Nach Abzug seiner Provision überweist M an H 107 100 € (119 000 € ./. 11 900 €).
3. M veräußert im eigenen Namen eine bei ihm lagernde Maschine des Herstellers H an den Kunden K in Zürich (Schweiz) zum Nettopreis von 100 000 €. Vereinbarungsgemäß übergibt M die Maschine am 15. 03. 01 einem Frachtführer zum Transport nach Zürich. M erteilt H folgende Gutschrift:

| | |
|---|---|
| Verkaufspreis netto | 100 000 € |
| abzüglich 10 % Provision | ./. 10 000 € |
| Nettoentgelt | 90 000 € |
| zuzüglich 19 % USt | 17 100 € |
| **Gesamtbetrag brutto** | **107 100 €** |

4. M veräußert im eigenen Namen eine bei ihm lagernde Maschine des Herstellers H an den Kunden K in Marseille (Frankreich) zum Preis von 100 000 € zuzüglich evtl. USt. Vereinbarungsgemäß übergibt M die Maschine am 15. 03. 01 einem Frachtführer zum Transport nach Marseille. K erwirbt die Maschine unter seiner französischen USt-IdNr. für sein Unternehmen. M erteilt H folgende Gutschrift:

| | |
|---|---|
| Verkaufspreis netto | 100 000 € |
| abzüglich 10 % Provision | ./. 10 000 € |
| Nettoentgelt | 90 000 € |
| zuzüglich 19 % USt | 17 100 € |
| **Gesamtbetrag brutto** | **107 100 €** |

5. M veräußert im Namen des H eine bei ihm lagernde Maschine des inländischen Herstellers H an den Kunden K in Marseille (Frankreich) zum Preis von 100 000 €. Vereinbarungsgemäß übergibt M die Maschine am 15. 03. 01 einem Frachtführer zum Transport nach Marseille. K erwirbt die Maschine unter seiner französischen USt-IdNr. für sein Unternehmen. Nach Abzug seiner Provision überweist M an H 90 000 € (100 000 € ./. 10 000 €). H erteilte M den Vermittlungsauftrag unter Verwendung seiner deutschen USt-IdNr.
6. M veräußert im Namen des H eine bei ihm lagernde Maschine des inländischen Herstellers H an den Kunden K in Marseille (Frankreich) zum Preis von 100 000 €. K ist kein Unternehmer und erwirbt die Maschine für private Zwecke. Vereinbarungsgemäß übergibt M die Maschine am 15. 03. 01 einem Frachtführer zum Transport nach Marseille. Nach Abzug seiner Provision überweist M an H 90 000 € (100 000 € ./. 10 000 €). H hat mit seinen Lieferungen in Vorjahr die französische Lieferschwelle überschritten. H erteilte M den Vermittlungsauftrag unter Verwendung seiner deutschen USt-IdNr.
7. M veräußert im eigenen Namen eine bei ihm lagernde Maschine des Herstellers H an den Kunden K in Marseille (Frankreich) zum Preis von 20 000 €. K ist kein Unternehmer und erwirbt die Maschine für private Zwecke. Vereinbarungsgemäß übergibt M die Maschine am 15. 03. 01 einem Frachtführer zum Transport nach Marseille. M hat mit seinen Lieferungen in Vorjahr die französische Lieferschwelle nicht überschritten und hat sie auch im laufenden Jahr noch nicht überschritten. M erteilt H folgende Gutschrift:

| | | |
|---|---|---|
| Verkaufspreis brutto | | 20 000,00 € |
| abzüglich 10 % Provision | ./. | 2 000,00 € |
| Bruttoentgelt (Gutschriftsbetrag) | | 18 000,00 € |
| enthaltene USt 19 % (19/119) | ./. | 2 873,95 € |
| **Nettoentgelt** | | **15 126,05 €** |

8. M veräußert im eigenen Namen eine Maschine des Herstellers H in Oslo (Norwegen) an den Kunden K in Marseille (Frankreich) zum Preis von 100 000 € zuzgl. evtl. USt. K erwirbt die Maschine unter seiner französischen USt-IdNr. für sein Unternehmen. Auf Anweisung des M übergibt H die bestellte Maschine am 15. 03. 01 einem Spediteur zum Transport über Deutschland nach Marseille. Die deutsche Einfuhrumsatzsteuer wird vereinbarungsgemäß im Namen des M vorbehaltlich der Steuerbefreiung nach § 5 Abs. 1 Nr. 3 UStG entrichtet. Nach Abzug seiner Provision überweist M an H 90 000 € (100 000 € ./. 10 000 €).
9. M veräußert im Namen des H eine Maschine des Herstellers H in Oslo (Norwegen) an den Kunden K in Marseille (Frankreich) zum Preis von 100 000 €. Vereinbarungsgemäß übergibt H die Maschine am 15. 03. 01 einem Spediteur zum Transport nach Marseille. Die französische Einfuhrumsatzsteuer wird vereinbarungsgemäß für H entrichtet. H erteilt M eine Gutschrift über 10 000 €. H verwendete bei der Erteilung des Vermittlungsauftrags an M keine USt-IdNr.
10. Im Namen des Kunden K in Stuttgart bestellte M beim Hersteller H in Saigon (Vietnam) eine Maschine zum Preis von 100 000 €. K erteilte M den Vermittlungsauftrag unter seiner deutschen USt-IdNr. M beauftragte den inländischen Spediteur S, die Maschine bei H in Saigon abzuholen zu lassen. S besorgte den Transport der Maschine zu M unter Einschaltung eines Frachtführers und berechnete M hierfür 12 000 € sowie die im Namen des M entrichtete Einfuhrumsatzsteuer. Die Kosten des Frachtführers und des S sind in der Bemessungsgrundlage für die bei der Einfuhr erhobene Einfuhrumsatzsteuer enthalten. S kann den nach § 21 UStDV erforderlichen Buchnachweis erbringen, der Frachtführer dagegen nicht. M berechnete K neben seiner Vermittlungsprovision von 10 000 € die an S entrichteten Transportkosten sowie die Einfuhrumsatzsteuer.
11. Für den Kunden K in Stuttgart bestellte M beim Hersteller H in Saigon (Vietnam) im eigenen Namen eine Maschine zum Preis von 100 000 €. M beauftragte den inländischen Spediteur S, die Maschine bei H in Saigon abzuholen. S besorgte den Transport der Maschine zu M unter Einschaltung eines Frachtführers und berechnete M hierfür 12 000 € sowie die im Namen des M entrichtete Einfuhrumsatzsteuer in Höhe von 22 000 €. Die Kosten des Frachtführers und des S sind in der Bemessungsgrundlage für die bei der Einfuhr erhobene Einfuhrumsatzsteuer enthalten. S kann den nach § 21 UStDV erforderlichen Buchnachweis erbringen, der Frachtführer dagegen nicht. M berechnete K neben dem an H entrichteten Kaufpreis seine Vermittlungsprovision von 10 000 €, die an S entrichteten Transportkosten sowie die bei M angefallene USt.
12. I ist freiberuflich tätig als Image-Berater mit Sitz in Basel (Schweiz). I hat zahlreiche Kunden aus dem Bereich der Personen des öffentlichen Lebens. Im Zusammenhang mit dieser Tätigkeit beauftragt er u. a. das Meinungsforschungsinstitut M mit Sitz in Wiesbaden bei einem repräsentativen Personenkreis Meinungsumfragen zu bestimmten Themen bzw. Personen durchzuführen. Für den Politiker A in Frankfurt/Main (Nichtunternehmer) beauftragt I das Meinungsforschungsinstitut M im eigenen Namen mit einer Befragung über den Bekanntheitsgrad des A. Nach Durchführung des Auftrags berechnet M dem I

hierfür 30 000 €. I berechnet A diesbezüglich unter Vorlage der Rechnung des M 30 000 € zuzüglich 6 000 € Provision.

13. W ist ein Werbeberatungsunternehmen mit Sitz in Dortmund. Der Kosmetik-Hersteller K mit Sitz in London (Großbritannien) beauftragt W mit der Erstellung eines Werbekonzepts bezüglich der Produkte des K. W beauftragt diesbezüglich die Firma F mit Sitz in Basel (Schweiz) mit einer Marktanalyse. F berechnet W für die Durchführung des Auftrags 50 000 €. W berechnet K diesbezüglich unter Vorlage der Rechnung des F 50 000 € zuzüglich 10 000 € Provision.
14. A ist Anlageberater mit Sitz in München. Für den Kunden K (regelversteuernder Unternehmer) in Bregenz (Österreich) legt A im eigenen Namen bei der B-Bank auf der Kanalinsel Jersey 2 Mio. € als Darlehen zum Zinssatz von 7 % an. Als Provision erhält A von K 2 % der Darlehenssumme, d. h. 40 000 €.
15. A ist Anlageberater mit Sitz in Basel. Für den Kunden K (regelversteuernder Unternehmer) in Freiburg legt A im eigenen Namen bei der B-Bank auf der Kanalinsel Jersey 1 Mio. € als Darlehen zum Zinssatz von 7 % an. Als Provision erhält A von K 2,5 % der Darlehenssumme, d. h. 25 000 €.
16. Maschinenhersteller M in Stuttgart lässt das Fabrikgebäude renovieren.
    a) M beauftragt den Generalunternehmer G mit Sitz in Stuttgart, die notwendigen Arbeiten im eigenen Namen auf Rechnung des M zu vergeben. G erhält dafür jeweils eine Provision in Höhe von 25 %. G beauftragt dementsprechend die in Polen ansässige Firma P, die Wände mit Hochdruckreinigern zu säubern. P berechnet G für die Arbeiten 60 000 €. G berechnet M diesbezüglich unter Vorlage der Rechnung der Firma P 60 000 € zuzüglich 15 000 € Provision zuzüglich anfallender USt.
    b) Die in den Niederlanden ansässige Firma N erhält den Auftrag, die Wände neu zu streichen. Sie berechnet G hierfür 70 000 €. G berechnet M diesbezüglich unter Vorlage der Rechnung der Firma N 70 000 € zuzüglich 17 500 € Provision zuzüglich anfallender USt.
    c) G beauftragt den Frachtführer F, das Baumaterial, mit dem das Dach neu gedeckt werden soll, beim Lieferanten S in Straßburg (Frankreich) abzuholen. F berechnet G hierfür 3 000 €. G berechnet M diesbezüglich unter Vorlage der Rechnung des F 3 000 € zuzüglich 750 € Provision.
    d) Das Baumaterial hat G bei der Firma S in Straßburg bestellt. S berechnet G hierfür 35 000 €. G berechnet M diesbezüglich unter Vorlage der Rechnung der Firma S 35 000 € zuzüglich 8 750 € Provision zuzüglich anfallender USt.
17. C ist App-Entwickler mit Sitz in Wien (Österreich). Er hat eine App zur Konzeption eines Einfamilienwohnhauses samt Innenausstattung entwickelt. Die App bietet C über den App Store Pear (P) an. In den Abrechnungen mit den Kunden weist P ausdrücklich darauf hin, dass C Entwickler der App und Leistungserbringer ist. Im Jahr 01 laden Kunden aus Deutschland für insgesamt 20 000 € die Planungsapp herunter. Weiterhin laden auch Kunden aus verschiedenen anderen EU-Mitgliedstaaten die App herunter. C ist umsatzsteuerlich lediglich in Deutschland registriert.

# Teil J Grundstücksumsätze

## 1 Allgemeines

Typische Grundstücksumsätze liegen vor bei

- Vermietung von Grundstücken,
- Verpachtung von Grundstücken,
- Veräußerung von Grundstücken,
- Nießbrauchsbestellung an Grundstücken,
- Eigenverbrauch in Bezug auf Grundstücke,
- Umsätze von Wohnungseigentümergemeinschaften.

Der **Begriff des Grundstücks** i. S. d. UStG ist in A 3a.3 Abs. 2 Sätze 2 und 3 UStAE geregelt. Es handelt sich um einen eigenständigen Begriff des Unionsrechts; er richtet sich nicht mehr nach dem zivilrechtlichen Begriff eines Grundstücks. Unter einem Grundstück ist zu verstehen:

- ein bestimmter über- oder unterirdischer Teil der Erdoberfläche, an dem Eigentum und Besitz begründet werden kann,
- jedes mit oder in dem Boden über oder unter dem Meeresspiegel befestigte Gebäude oder jedes derartige Bauwerk, das nicht leicht abgebaut oder bewegt werden kann,
- jede Sache, die einen wesentlichen Bestandteil eines Gebäudes oder eines Bauwerks bildet, ohne die das Gebäude oder das Bauwerk unvollständig ist, wie zum Beispiel Türen, Fenster, Dächer, Treppenhäuser und Aufzüge,
- Sachen, Ausstattungsgegenstände oder Maschinen, die auf Dauer in einem Gebäude oder einem Bauwerk installiert sind und die nicht bewegt werden können, ohne das Gebäude oder das Bauwerk zu zerstören oder zu verändern.

Neben den Grundstücken gibt es auch Rechte, die wie Grundstücke behandelt werden. Es handelt sich dabei um:

- Erbbaurecht,
- Wohnungseigentum,
- Teileigentum,
- Gebäude auf fremdem Grund und Boden.

## 2 Vermietung von Grundstücken

Der Ort der Grundstücksvermietung bestimmt sich nach § 3a Abs. 3 Nr. 1 Buchst. a UStG nach dem Lageort des Grundstücks. Die Vermietung von Grundstücken, die im Inland liegen, ist in aller Regel steuerbar. Auch derjenige, welcher außerhalb der Vermietung nicht unternehmerisch tätig ist, wird durch die Vermietung i. d. R. zum Unternehmer (Ausnahme evtl. bei juristischen Personen des öffentlichen Rechts vgl. M 5), da die Vermietung für sich schon eine nachhaltige Tätigkeit in Einnahmeerzielungsabsicht ist (A 1.6 Abs. 7 Nr. 1 und 2.3 Abs. 6 UStAE).

Die Vermietung von Grundstücken ist im Falle ihrer Steuerbarkeit grundsätzlich gem. § 4 Nr. 12 Buchst. a UStG von der Umsatzsteuerpflicht befreit. Nach dem EuGH-Urteil vom 15. 12. 1993 (BStBl II 1995, 480) ist der gegen Zahlung einer Abfindung ausgesprochene Verzicht auf einen Mietvertrag ebenfalls eine Leistung i. S. d. Begriffs »Vermietung von Grundstücken« gem. Art. 135 Buchst. l MwStSystRL (siehe auch A 4.12.1 Abs. 1 Satz 7 UStAE). Ist die vorangegangene Vermietung steuerfrei, ist auch die Verzichtsleistung steuerfrei. Die Verzichtsleistung ist dagegen steuerpflichtig, wenn die vorangegangene Vermietungsleistung steuerpflichtig war (vgl. hierzu BFH vom 13.12.2017 BStBl II 2018, 727 und A 15.12 Abs. 1 Satz 18 UStAE).

Damit eine Grundstücksvermietung der in § 4 Nr. 12 UStG bezeichneten Art (vgl. § 3a Abs. 3 Nr. 1 Buchst. a UStG) vorliegt, müssen folgende Voraussetzungen gegeben sein (vgl. A 4.12.1 Abs. 1 UStAE):

- der Mietvertrag muss ein Grundstück zum Gegenstand haben,
- der Mieter muss das Grundstück so in Besitz nehmen können, als ob er dessen Eigentümer wäre, wodurch er jede andere Person vom Besitzrecht ausschließen kann,
- maßgeblich sind nicht die Vorschriften des nationalen Zivilrechts, sondern die des Unionsrechts.

Der Vermieter gewährt dem Benutzer den Gebrauch einer **bestimmten**, nur ihm zur Verfügung stehenden Grundstücksfläche **unter Ausschluss anderer** auf eine bestimmte Zeit. Es ist aber nicht erforderlich, dass die vermietete Grundstücksfläche von vornherein beim Abschluss des Mietvertrages bestimmt ist. Der Mietvertrag kann auch über eine zunächst unbestimmte, aber bestimmbare Grundstücksfläche (z. B. Fahrzeugabstellplatz) geschlossen werden. Die spätere Konkretisierung der Grundstücksfläche kann durch den Vermieter oder den Mieter erfolgen (vgl. A 4.12.1 Abs. 2 UStAE). Auf die Dauer des Vertragsverhältnisses kommt es nicht an. Auch eine **kurzfristige** (z. B. stundenweise) Gebrauchsüberlassung eines Grundstücks kann die Voraussetzungen einer Vermietung erfüllen (vgl. A 4.12.1 Abs. 2 Sätze 4 und 5 sowie A 4.12.9 Abs. 1 Satz 3 UStAE). Es braucht dabei nicht das ganze Grundstück überlassen zu werden. Eine Grundstücksvermietung liegt auch dann vor, wenn der Vertrag die Gebrauchsüberlassung eines bestimmbaren Grundstücksteils gewährt (vgl. hierzu z. B. A 3a.3 Abs. 9 Nr. 3 UStAE).

**BEISPIELE**

a) Vermieter V vermietet eine Einliegerwohnung in seinem Zweifamilienhaus in Frankfurt/Main zu Wohnzwecken an P.

**LÖSUNG** V erbringt eine steuerbare Vermietungsleistung an P. Es handelt sich um eine steuerfreie Grundstücksvermietung i. S. d. § 4 Nr. 12 Buchst. a UStG.

b) Der Hallenbadbetreiber H verlangt von den Benutzern des Hallenbades 5 € Eintritt. Sie dürfen dafür das Bad jeweils 2 Stunden benutzen.

**LÖSUNG** Es liegen steuerbare Leistungen des H an die Benutzer vor. Hierbei handelt es sich jedoch nicht um Grundstücksvermietungen i. S. d. § 4 Nr. 12 Buchst. a UStG, da den Benutzern nicht der Gebrauch eines bestimmten Teils unter Ausschluss anderer eingeräumt wird. Die Leistungen des H sind steuerpflichtig (vgl. A 4.12.6 Abs. 2 Nr. 8 UStAE). Sie unterliegen gem. § 12 Abs. 2 Nr. 9 UStG dem ermäßigten Steuersatz.

c) Der Hallenbadbetreiber H vermietet das gesamte Hallenbad jeweils von dienstags 18 Uhr bis 20 Uhr an den Schwimmverein S.

**LÖSUNG** H erbringt an S eine Vermietungsleistung. Mit Urteil vom 31. 05. 2001 BStBl II 2001, 658 hat der BFH entschieden, dass die Überlassung von Sportanlagen grundsätzlich insgesamt steuerpflichtig ist. Dies gilt auch bei der Überlassung der gesamten Anlage unter Ausschluss der Benutzung durch andere (vgl. A 4.12.6 Abs. 2 Nr. 8 UStAE). Näheres hierzu vgl. 2.2 zu d).

d) Parkplatzunternehmer P betreibt einen Parkplatz. Die Benutzer zahlen für das Abstellen ihres Fahrzeugs auf dem Platz pro Stunde 2 €.

**LÖSUNG** Der Vertrag bezieht sich zwar nicht auf die Überlassung einer von vornherein bestimmten Grundstücksfläche. Gleichwohl handelt es sich um einen Mietvertrag. Die Vermietung von Plätzen für das Abstellen von Fahrzeugen ist nach § 4 Nr. 12 Satz 2 UStG grundsätzlich steuerpflichtig.

e) Hausbesitzer H gestattet der Firma F, an der Außenwand seines Hauses einen Werbespruch anzubringen und erhält hierfür monatlich 40 €.

**LÖSUNG** Der Vertrag zwischen H und F ist kein Mietvertrag. Das Wesentliche dieses Vertrags ist nicht die Überlassung eines Grundstücksteils (hier der Hauswand), sondern die Duldung der Werbung (vgl. A 4.12.6 Abs. 2 Nr. 6 UStAE).

Wie die Beispiele zeigen, ist nicht jeder entgeltliche Vertrag, der sich auf die Nutzung eines Grundstücks bezieht, ein Mietvertrag. Für die Einstufung eines Vertrages als Mietvertrag ist insbesondere nicht maßgeblich, ob in einem Vertrag die Bezeichnung »Miete« gebraucht wird. Entscheidend ist vielmehr, ob der Vertrag **inhaltlich** als Mietvertrag anzusehen ist (vgl. A 4.12.1 Abs. 1 Satz 5 UStAE). Im Hinblick auf die Anwendung der Steuerbefreiung nach § 4 Nr. 12 Buchst. a UStG unterscheidet man

- reine Grundstücksmietverträge,
- gemischte Verträge,
- Verträge besonderer Art.

## 2.1 Reine Grundstücksmietverträge

Bei reinen Grundstücksmietverträgen ist die Leistung nach § 4 Nr. 12 Buchst. a UStG in vollem Umfang steuerfrei, sofern nicht eine der Ausnahmen in § 4 Nr. 12 Satz 2 UStG zutrifft. Eine **reine Grundstücksvermietung** liegt dann vor, wenn die Grundstücksüberlassung die Hauptleistung ist und es sich bei evtl. damit verbundenen anderen Leistungen um Nebenleistungen handelt.

**BEISPIELE**

a) A hat ein Appartementhaus mit 20 Einzimmerappartements errichtet. Er hat die Appartements möbliert und in langfristigen Mietverträgen an Singles vermietet.

**LÖSUNG** Die Vermietung jedes einzelnen Appartements stellt eine einheitliche Leistung dar. Das Leistungselement Vermietung des Gebäudeteils ist dabei die Hauptleistung. Das Leistungselement Möbelvermietung ist demgegenüber Nebenleistung. Somit ist die gesamte Vermietungsleistung des A nach § 4 Nr. 12 Buchst. a UStG steuerfrei (A 4.12.1 Abs. 3 Satz 4 UStAE und BFH vom 11. 11. 2015 BStBl II 2017, 1259).

b) Vermieter V vermietet an den Versicherungsmakler M Büroräume inklusive Büromobiliar.

**LÖSUNG** Auch die Vermietung des Büromobiliars ist nach dem o. a. Urteil des BFH vom 11. 11. 2015 Nebenleistung zur Grundstücksvermietung. Die gesamte Vermietungsleistung des V ist nach § 4 Nr. 12 Buchst. a UStG steuerfrei. Ausgenommen von der Steuerbefreiung wäre nur die Vermietung von Betriebsvorrichtungen (vgl. A 4.12.1 Abs. 3 Satz 4 letzter Halbsatz UStAE).

## 2.2 Gemischte Verträge

Ein sog. **gemischter Vertrag** liegt nach A 4.12.5 Abs. 1 Satz 1 UStAE vor, wenn er sowohl die Merkmale einer Vermietung als auch die Merkmale anderer Leistungen aufweist, ohne dass ein so starkes Zurücktreten der Merkmale der einen oder anderen Gruppe gegeben ist, sodass sie umsatzsteuerrechtlich nicht mehr zu beachten wären. Es ist zu prüfen, ob eine einheitliche Leistung vorliegt, oder ob mehrere selbständige Leistungen vorliegen (vgl. A 4.12.5 Abs. 1 Satz 2 UStAE). Danach ist eine weitere Prüfung vorzunehmen. Es ist zu entscheiden, ob die einzelnen Leistungen jeweils für sich zu beurteilen oder ob sie nach den

Grundsätzen von Haupt- und Nebenleistung einheitlich zu beurteilen sind (vgl. A 4.12.5 Abs. 1 Satz 3 UStAE).

In seinem Urteil vom 21.04.1993 BStBl II 1994, 266 hat der BFH entschieden, dass bei der Unterbringung von Personen in einem Altenpflegeheim zwar ein gemischter Vertrag vorliegt, der aus Elementen des Dienstvertrages, Mietvertrages und Kaufvertrages zusammengesetzt ist. Diese Elemente bilden jedoch ein einheitliches Ganzes. Der Vertrag kann daher umsatzsteuerrechtlich nicht in seine verschiedenen Bestandteile zerlegt werden. Die umsatzsteuerrechtliche Behandlung richtet sich nach dem Element, bei dem der Schwerpunkt des Vertrages liegt. Liegt der Schwerpunkt bei der Wohnungsvermietung, ist die Leistung nach § 4 Nr. 12 Buchst. a UStG insgesamt steuerfrei. Liegt dagegen der Schwerpunkt bei der Pflege und ist die Unterbringung lediglich Teil und Voraussetzung der Pflege, ist i. d. R. die Steuerbefreiungsvorschrift des § 4 Nr. 16 UStG einschlägig.

## 2.3 Verträge besonderer Art

Verträge besonderer Art liegen vor (vgl. A 4.12.6 Abs. 1 Satz 1 UStAE), wenn die Gebrauchsüberlassung des Grundstücks gegenüber anderen wesentlicheren Leistungen zurücktritt und das Vertragsverhältnis ein einheitliches, unteilbares Ganzes darstellt. Bei einem Vertrag besonderer Art ist die Steuerbefreiung nach § 4 Nr. 12 Buchst. a UStG insgesamt ausgeschlossen (vgl. A 4.12.6 Abs. 1 Satz 2 UStAE). In A 4.12.6 Abs. 2 UStAE sind zahlreiche Beispiele für Verträge besonderer Art aufgeführt, u. a. auch die in 2 aufgeführten Beispiele b), c) und e).

Hinsichtlich der Nutzung von Sportanlagen durch Sporttreibende (z. B. stundenweise Anmietung eines Tennisplatzes) wurde früher die Auffassung vertreten, es handle sich um eine nach § 4 Nr. 12 Buchst. a UStG steuerfreie Vermietungsleistung. Steuerpflicht bestehe nur insoweit, als das Nutzungsentgelt auf mit überlassene Betriebsvorrichtungen entfällt. In A 4.12.11 UStAE wurde demzufolge für eine Vielzahl von Sportanlagen dargestellt, inwieweit eine solche Nutzungsüberlassung auf die Betriebsvorrichtungen bzw. Grundstücksteile aufzuteilen ist. Diese Aufteilung ist jedoch weitgehend bedeutungslos geworden; sie gilt nur noch in den Fällen der »Zwischenvermietung« an einen Betreiber. Mit Urteil vom 31.05.2001 BStBl II 2001, 658 hat der BFH entschieden, dass die Nutzungsüberlassung von Sportanlagen an Sporttreibende im Rahmen eines Vertrags besonderer Art erfolgt und somit eine insgesamt steuerpflichtige Leistung darstellt. Er begründet dies wie folgt:

- Steuerbefreiungen sollen einfach anwendbar sein.
- Aus der Sicht des Durchschnittsverbrauchers handelt es sich um eine wirtschaftlich einheitliche Leistung, die im Interesse eines funktionierenden Mehrwertsteuersystems nicht aufgeteilt werden sollte.
- Nach dem Sinn und Zweck des § 4 Nr. 12 Buchst. a UStG ist eine einschränkende Auslegung der Vorschrift geboten. Die Steuerbefreiung des § 4 Nr. 12 Buchst. a UStG wurde in das Umsatzsteuerrecht im sozialen Interesse des Leistungsempfängers eingefügt, um das Wohnen nicht zu verteuern. Dieser Zweck spielt keine Rolle bei der Sportanlagenüberlassung.
- Zu berücksichtigen ist auch, dass die Anlagen zunehmend aufwendiger gestaltet sind. Dem Benutzer einer Sportanlage kommt es in erster Linie darauf an, die beabsichtigte sportliche Betätigung mit Hilfe der dafür erforderlichen Vorrichtungen ausüben zu können. Zwar ist regelmäßig das Grundstück wesentliche Voraussetzung für die darauf errichtete Sportanlage, vorrangig ist jedoch die Nutzbarkeit der Sportvorrichtung. Eine Aufteilung in einen befreiten Leistungsteil Grundstücksüberlassung und einen steuerpflichtigen Teil Betriebsvorrichtung wäre künstlich und würde nicht dem Funktionieren des Mehrwertsteuersystems dienen.

- Für die Beurteilung der Nutzungsüberlassung von Sportanlagen als einheitliche steuerpflichtige Leistung sprechen auch die in Art. 135 Abs. 1 Buchst. a bis d MwStSystRL und § 4 Nr. 12 Satz 2 UStG) aufgeführten Ausnahmen von der Befreiung (kurzfristige Beherbergung, Vermietung von Fahrzeugstellplätzen, Vermietung von auf Dauer eingebauten Vorrichtungen und Maschinen). Die Nutzungsüberlassung von Sportanlagen ist diesen Ausnahmen vergleichbar und kann ihnen deshalb im Wege der Auslegung gleichgestellt werden. Damit liegt eine steuerfreie Vermietung von Sportanlagen grundsätzlich nur noch dann vor, wenn eine auf Dauer angelegte Vermietung einer Sportanlage z. B. von einem sog. Investor an einen sog. Betreiber erfolgt, der seinerseits dann jedoch wiederum eine steuerpflichtige Nutzungsüberlassung an die Sporttreibenden tätigt. Insoweit ist A 4.12.11 Abs. 2 UStAE noch von Bedeutung.

Die im BFH-Urteil vom 31. 05. 2001 (BStBl II 2001, 658) entwickelten Grundsätze führen dazu, dass auch bei anderen Arten von kurzfristigen Nutzungsüberlassungen z. B. Vermietung von Veranstaltungsräumen an einen Veranstalter für Konzerte, Theateraufführungen, Hochzeiten usw. eine steuerpflichtige Nutzungsüberlassung aufgrund eines Vertrages besonderer Art anzunehmen sein kann (vgl. A 4.12.11 Abs. 1 Sätze 2 und 3 UStAE). Näheres zur Frage, ob eine einheitliche steuerfreie, eine einheitliche steuerpflichtige oder eine gemischte Leistung vorliegt, ist in A 4.12.11 Abs. 4 UStAE geregelt.

## 2.4 Ausnahmen von der Befreiung nach § 4 Nr. 12 Satz 2 UStG

Liegt ein reiner Grundstücksmietvertrag vor, ist die Leistung grundsätzlich steuerfrei nach § 4 Nr. 12 UStG, liegt ein gemischter Vertrag vor, ist der Teil der Leistung, der in der Grundstücksvermietung inklusive Nebenleistungen besteht, grundsätzlich steuerfrei. Haben die weiteren Leistungen aus der Sicht eines Durchschnittsverbrauchers ein eigenständiges wirtschaftliches Gewicht, sind sie als weitere Hauptleistungen steuerpflichtig. Es ist jedoch stets zu prüfen, ob die Steuerfreiheit nach § 4 Nr. 12 Satz 2 UStG ausdrücklich ganz oder teilweise aufgehoben ist.

Nach § 4 Nr. 12 Satz 2 UStG sind von der Befreiung ausgenommen:

a) die **Vermietung von Wohn- und Schlafräumen**, die ein Unternehmer **zur kurzfristigen Beherbergung von Fremden** bereithält,
b) die **Vermietung von Plätzen für das Abstellen von Fahrzeugen,**
c) die **kurzfristige Vermietung auf Campingplätzen,**
d) die **Vermietung von Betriebsvorrichtungen**.

**Zu a) Kurzfristige Vermietung von Wohn- und Schlafräumen**

Kurzfristig i. S. d. § 4 Nr. 12 Satz 2 UStG bedeutet nicht länger als sechs Monate (vgl. A 12.16 Abs. 1 Satz 2 i. V. m. A 4.12.3 Abs. 2 Satz 1 UStAE). Bei der Vermietung von Wohn- und Schlafräumen, die ein Unternehmer zur kurzfristigen Beherbergung von Fremden (hierzu gehören auch Arbeitnehmer) bereithält, kommt es (anders als bei der Vermietung auf Campingplätzen) nicht entscheidend auf die tatsächliche Mietdauer, sondern auf die **Absicht** des Unternehmers an, die Räume nicht auf Dauer und damit nicht für einen dauernden Aufenthalt i. S. d. § 8 und 9 AO zur Verfügung zu stellen (vgl. A 4.12.9 Abs. 1 Satz 2 UStAE).

**BEISPIELE**

a) Der wohlhabende Tourist T aus Texas steigt im Hotel H in Heidelberg auf unbestimmte Zeit ab und reist erst nach acht Monaten wieder ab.

**LÖSUNG** Die Steuerfreiheit der Vermietungsleistung an T ist gem. § 4 Nr. 12 Satz 2 UStG ausgeschlossen. Die Dauer der Unterbringung des T übersteigt zwar sechs Monate, jedoch hält das Hotel das Zimmer zur kurzfristigen Beherbergung bereit, da T jederzeit abreisen kann.

b) Die Zimmervermieterin Z in Tübingen vermietet ein Zimmer an Studenten. Da das Zimmer sehr ungemütlich ist, hat es zum Leidwesen der Z noch kein Student länger als drei Monate darin ausgehalten.

**LÖSUNG** Die Vermietungsleistung der Z ist steuerfrei nach § 4 Nr. 12 Buchst. a UStG, da sie das Zimmer nicht zur kurzfristigen Beherbergung bereithält.

c) A (kein Kleinunternehmer nach § 19 Abs. 1 UStG) hat im Jahr 01 im Schwarzwald eine Ferienwohnung schlüsselfertig erworben. Die Baufirma stellte ihm neben dem Kaufpreis 20 000 € USt gesondert in Rechnung. Im Jahr 02 hat A die Ferienwohnung wie folgt genutzt:

- Vermietung über eine örtliche Agentur — 12 Wochen
- Eigennutzung — 4 Wochen
- Leerstand — 36 Wochen

Im Jahr 02 sind für die Wohnung Ausgaben i. S. v. § 10 Abs. 4 Nr. 2 UStG i. H. v. 11 000 € angefallen.

**LÖSUNG** A ist mit der Vermietung der Ferienwohnung unternehmerisch tätig. Die Vermietung ist nach § 4 Nr. 12 Satz 2 UStG steuerpflichtig. Sofern A die Ferienwohnung zu 100 % seinem Unternehmen zuordnet, ist die Eigennutzung gem. § 3 Abs. 9a Nr. 1 UStG einer sonstigen Leistung gegen Entgelt gleichgestellt, daher nach § 1 Abs. 1 Nr. 1 UStG steuerbar und ebenfalls nach § 4 Nr. 12 Satz 2 UStG steuerpflichtig. Die Steuerpflicht für die Eigennutzung ergibt sich nach dem Urteil des EuGH vom 08. 05. 2003 BStBl II 2004, 378 und dem Urteil des BFH vom 24. 07. 2003 BStBl II 2004, 371 im Fall Seeling bereits daraus, dass die Befreiung nach § 4 Nr. 12 UStG von vornherein auf die Privatnutzung nicht anwendbar ist (vgl. 6.2 und A 4.12.1 Abs. 3 Satz 7 UStAE). Als Folge darf A die gesamte ihm von der Baufirma berechnete USt i. H. v. 20 000 € als Vorsteuer abziehen.
Die Bemessungsgrundlage für die sonstige Leistung nach § 3 Abs. 9a Nr. 1 UStG sind die hierauf entfallenden anteiligen Ausgaben i. S. v. § 10 Abs. 4 Nr. 2 UStG (vgl. 6.2). Hierzu hat der EuGH im Urteil vom 26. 09. 1996 (Fall Enkler, UR 1996, 418) entschieden, dass die anteiligen Ausgaben zu ermitteln sind nach dem Verhältnis der Dauer der Eigennutzung (vier Wochen) zur Dauer der Gesamtnutzung (Eigennutzung + Vermietung = 16 Wochen). Die Leerstandszeiten werden weder ausschließlich der Vermietung noch ausschließlich der Eigennutzung, sondern grundsätzlich jeweils anteilig zugerechnet (vgl. A 10.6 Abs. 5 UStAE). Somit errechnet sich die USt für die sonstige Leistung nach § 3 Abs. 9a Nr. 1 UStG wie folgt:

| | |
|---|---|
| Ausgaben i. S. v. § 10 Abs. 4 Nr. 2 UStG | 11 000,00 € |
| hiervon anteilig 4/16 | 2 750,00 € |
| USt 19 % | 524,40 € |

Während die Vermietungsumsätze der Ferienwohnung nach § 12 Abs. 2 Nr. 11 UStG dem ermäßigten USt-Satz von 7 % unterliegt, ist die Eigennutzung als unentgeltliche Wertabgabe dem Regelsteuersatz von 19 % zu unterwerfen (vgl. A 12.16 Abs. 5 letzter Spiegelstrich). A könnte die Besteuerung der sonstigen Leistung nach § 3 Abs. 9a Nr. 1 UStG dadurch vermeiden, dass er die Ferienwohnung nur zu dem Teil seinem Unternehmen zuordnet, zu dem er sie vermietet (vgl. hierzu 4). Bei einer Zuordnung von nur 75 % zu seinem Unternehmen entfällt die Besteuerung der Verwendung für den privaten Bedarf. A hat dafür aber auch nur einen Vorsteuerabzug i. H. v. 75 % von 20 000 €, d. h. 15 000 €. Dieser Weg empfiehlt sich aber nur dann, wenn zu erwarten ist, dass die Eigennutzung gleichbleibend 25 % beträgt.

Eine nach § 4 Nr. 12 Satz 2 UStG steuerpflichtige Vermietung von Wohn- und Schlafräumen liegt auch dann vor, wenn der Vermieter die Räume wahlweise zur lang- oder kurzfristigen Vermietung an Fremde anbietet (vgl. BFH vom 20. 04. 1988 BStBl II 1988, 795 und A 4.12.9 Abs. 2 Satz 2 UStAE, sog. Infektionstheorie). Steuerpflichtig ist auch die kurzfristige Überlassung von Räumen an Saisonpersonal. Die wahlweise Bereithaltung zur kurzfristigen Beherbergung ist auch hier schädlich für die Steuerbefreiung (vgl. A 4.12.9 Abs. 2 Satz 3 UStAE). Keine kurzfristige Vermietung liegt dagegen bei der Vermietung an eine Behörde auf unbestimmte Zeit vor, wenn diese in den gemieteten Räumen Flüchtlinge oder Asylbewerber unterbringt, die jeweils nur kurzfristig verbleiben (vgl. hierzu Vfg. der OFD Frankfurt vom 21. 03. 2016, S 7168 A – 15 – St 16).

### 2.4.1 Vermietung für das Abstellen von Fahrzeugen

Die Vermietung von Plätzen für das Abstellen von Fahrzeugen ist generell steuerpflichtig. Unter die Steuerpflicht fällt insbesondere die Vermietung von Parkplätzen und Garagen. Dies gilt auch für die Vermietung eines Parkplatzgrundstücks, wenn der Mieter dort zwar nicht selbst parken will, aber entsprechend der Vereinbarung im Mietvertrag das Grundstück Dritten zum Parken überlässt (vgl. A 4.12.2 Abs. 3 Satz 3 UStAE). Die Vermietung eines Fahrzeugstellplatzes kann aber steuerfrei sein, wenn sie Nebenleistung zu einer steuerfreien Vermietung nach § 4 Nr. 12 UStG ist. Erforderlich ist lediglich ein räumlicher Zusammenhang (vgl. A 4.12.2 Abs. 3 Satz 8 UStAE).

**BEISPIEL**

W vermietet an den Mieter M eine Wohnung und eine auf demselben Grundstück gelegene Garage.

**LÖSUNG** Die Garagenvermietung ist Nebenleistung zur steuerfreien Wohnungsvermietung und damit ebenfalls steuerfrei. Nach Verwaltungsauffassung liegt eine Nebenleistung selbst dann vor, wenn W und M für die Wohnung und die Garage zwei verschiedene Mietverträge zu unterschiedlichen Zeiten abgeschlossen haben (vgl. A 4.12.2 Abs. 3 Sätze 4 bis 9 UStAE).

### 2.4.2 Kurzfristige Vermietung auf Campingplätzen

Eine kurzfristige Vermietung auf Campingplätzen liegt nach A 4.12.3 Abs. 2 UStAE dann vor, wenn die **tatsächliche Gebrauchsüberlassung** nicht mehr als sechs Monate beträgt.

**BEISPIEL**

Der Campingplatzbetreiber C vermietet u. a. auch sog. Dauercampingplätze. C schließt mit dem Mieter M einen Mietvertrag über den Platz Nr. 223 auf unbestimmte Dauer ab. Die Miete beträgt pro Quartal 300 €. M kündigt den Mietvertrag zum Ablauf des ersten Quartals.

**LÖSUNG** Es handelt sich um einen Mietvertrag über einen Grundstücksteil. Somit greift grundsätzlich die Befreiung nach § 4 Nr. 12 Buchst. a UStG ein. Da die Vermietung jedoch nicht mehr als sechs Monate dauert, ist die Befreiung nach § 4 Nr. 12 Satz 2 UStG ausgeschlossen.

### 2.4.3 Vermietung von Betriebsvorrichtungen

Nach § 4 Nr. 12 Satz 2 UStG ist die Befreiung insoweit ausgeschlossen, als bei der Grundstücksvermietung eine Betriebsvorrichtung mitvermietet wird. Es handelt sich also grundsätzlich nur um einen teilweisen Ausschluss der Steuerbefreiung. Abweichend vom Grundsatz der Einheitlichkeit der Leistung gilt also bei Mitvermietung von Betriebsvorrichtungen ein gesetzlich normiertes Aufteilungsgebot, auch wenn die Betriebsvorrichtung wesentlicher Bestandteil des Grundstücks ist. In diesem Fall ist eine einheitliche Leistung aufzuteilen bzw. teilt die Nebenleistung ausnahmsweise nicht das Schicksal der Hauptleistung. Die Zulässigkeit einer solchen gesetzlichen Maßnahme wird durch das Urteil des BFH vom 24. 04. 2013 BStBl II 2014, 86 bestätigt.

Der Begriff der Betriebsvorrichtung i. S. v. § 4 Nr. 12 Satz 2 UStG ist identisch mit dem Begriff Betriebsvorrichtung i. S. d. Bewertungsrechts (§ 68 Abs. 2 Nr. 2 BewG); vgl. A 4.12.10 Satz 2 UStAE.

In A 4.12.11 UStAE ist ausführlich dargestellt, inwieweit bei der Vermietung von Sportanlagen Betriebsvorrichtungen mitvermietet werden und wie die Aufteilung der Miete in einen steuerpflichtigen Teil hinsichtlich der Betriebsvorrichtungen und in einen steuerfreien Teil hinsichtlich der Grundstücksteile vorzunehmen ist. Diese Aufteilung ist zwar weitgehend bedeutungslos geworden, da bei der kurzfristigen Vermietung von Sportanlagen ein Vertrag besonderer Art angenommen wird (vgl. 2.3). Gleichwohl kann sie noch von Bedeutung sein, wenn eine solche Anlage auf Dauer vermietet wird (vgl. A 4.12.11 Abs. 2 Satz 1 UStAE). In diesen Fällen ist weiterhin eine Aufteilung der Vermietung in einen steuerpflichtigen und einen steuerfreien Teil vorzunehmen, sofern bezüglich des steuerfreien Teils nicht auf die Steuerbefreiung verzichtet wird.

**BEISPIELE**

a) Die kommunale GmbH der Gemeinde G vermietet einen Sportplatz mit Betriebsvorrichtungen (vgl. A 4.12.11 Abs. 2 Nr. 1b UStAE) auf Dauer an einen Sportverein, der den Platz ausschließlich in seinem nichtwirtschaftlichen (ideellen) Bereich nutzt.

**LÖSUNG** Die Vermietung ist grundsätzlich nach § 4 Nr. 12 UStG steuerfrei. Soweit jedoch Betriebsvorrichtungen vorliegen, ist die Vermietung steuerpflichtig. Die Aufteilung der Miete kann entsprechend der in A 4.12.11 Abs. 3 UStAE dargestellten Berechnungsmethode erfolgen.

b) Der Investor I hat eine Tennishalle errichtet. Er vermietet die Tennishalle auf Dauer an den Betreiber B. B vermietet die Halle stundenweise an Tennisspieler. I möchte aus der Errichtung der Tennishalle einen höchstmöglichen Vorsteuerabzug erreichen.

**LÖSUNG** Die Vermietung von B an die Tennisspieler ist als Vertrag besonderer Art insgesamt steuerpflichtig. Die Vermietung von I an B ist grundsätzlich nach § 4 Nr. 12 UStG steuerfrei. Soweit allerdings Betriebsvorrichtungen enthalten sind (vgl. A 4.12.11 Abs. 2 Nr. 3b UStAE) ist die Vermietung nach § 4 Nr. 12 Satz 2 UStG steuerpflichtig. Infolge der teilweise steuerfreien Vermietung wäre I nur teilweise (hinsichtlich der Betriebsvorrichtungen) zum Vorsteuerabzug berechtigt. I hat jedoch die Möglichkeit, gem. § 9 UStG auf die Steuerfreiheit zu verzichten. Das Optionsverbot des § 9 Abs. 2 UStG greift nicht ein, da B mit dem Grundstück ausschließlich steuerpflichtige Umsätze tätigt. Infolge des zulässigen Verzichts auf die Befreiung wird die Vermietung des I an B insgesamt steuerpflichtig. Dadurch hat I das Recht zum vollen Vorsteuerabzug.

## 2.5 Option gemäß § 9 UStG bei Grundstücksvermietungen

Gem. § 9 UStG kann eine gem. § 4 Nr. 12 UStG steuerfreie Grundstücksvermietung durch Verzicht auf die Steuerbefreiung steuerpflichtig werden, wenn

- die Vermietung an ein Unternehmen erfolgt (§ 9 Abs. 1 UStG) und
- § 9 Abs. 2 UStG eine Option nicht ausschließt (vgl. 2.7 und Teil P).

Die Vermietung an ein Unternehmen liegt immer dann vor, wenn das durch den Mietvertrag begründete Nutzungsrecht dem Unternehmen des Mieters zuzurechnen ist (Unternehmensvermögen des Mieters wird). Nutzt der Mieter das angemietete Grundstück ausschließlich für sein Unternehmen, ist die Voraussetzung für den Verzicht auf die Befreiung nach § 9 Abs. 1 UStG gegeben. Keine Verzichtsmöglichkeit nach § 9 Abs. 1 UStG besteht für privat genutzte Räume, wenn der Mieter das Grundstück teils unternehmerisch und teils privat nutzt. Dies liegt nach dem BFH-Urteil vom 14. 10. 2015 BStBl II 2016, 717 daran, dass ein Zuordnungswahlrecht nur für die Herstellung und Anschaffung von Gegenständen gilt, während der Bezug von sonstigen

Leistungen vom Zuordnungswahlrecht nicht umfasst wird (vgl. auch USt-Kartei der OFD Karlsruhe vom 05. 04. 2011 zu § 9 UStG S 7198 Karte 2).

**BEISPIEL**

Der Vermieter V vermietet an den Rechtsanwalt R eine Wohnung für eine monatliche Miete von 1 500 € zuzüglich 285 € Umsatzsteuer. Entsprechend seiner Vereinbarung mit V nutzt R zwei Räume (30 % der Nutzfläche) für seine Rechtsanwaltspraxis und den Rest zu Wohnzwecken.

**LÖSUNG** Ein optionsfähiger Umsatz liegt nur insoweit vor, als die Vermietungsleistung für den unternehmerischen Bereich des Mieters bestimmt ist. Somit fällt infolge der Option nach § 9 UStG regulär nur Umsatzsteuer i. H. v. 19 % von 450 € = 85,50 € an. Die restliche ausgewiesene Umsatzsteuer i. H. v. 199,50 € schuldet V nach § 14c Abs. 1 UStG. Als Folge hat V lediglich den Vorsteuerabzug für den unternehmerisch genutzten Raum. Bei einem »neuen Gebäude« (vgl. § 27 Abs. 16 UStG) ist der Vorsteuerabzug beim Mieter nach § 15 Abs. 1b UStG und damit auch beim Vermieter mangels Optionsmöglichkeit ohnehin ausgeschlossen.

## 2.6 Zwischenvermietung

Die unter 2.3 dargestellte Voraussetzung für die Option, dass das Nutzungsrecht dem Unternehmen des Mieters zuzurechnen ist, ist auch dann gegeben, wenn der Mieter den Mietgegenstand nicht selbst nutzt, sondern weitervermietet. Die unternehmerische Nutzung erfolgt nämlich im Falle der Weitervermietung zu 100 %. Aus diesem Grund wurde in der Vergangenheit häufig in den Fällen, in denen der Mietgegenstand letztlich zu Wohnzwecken genutzt wurde, der Weg der Zwischenvermietung gewählt, damit der Eigentümer auf die Steuerbefreiung verzichten konnte und dadurch das Vorsteuerabzugsverbot nach § 15 Abs. 2 UStG für die bei der Anschaffung bzw. Herstellung seines Gebäudes angefallenen Vorsteuern vermeiden konnte.

Der Gesetzgeber hat versucht, dieser Umgehung des Vorsteuerabzugsverbots durch § 9 Abs. 2 UStG (vgl. 2.7) einen Riegel vorzuschieben. Tatsächlich sind seitdem die Fälle der Zwischenvermietung erheblich zurückgegangen. § 9 Abs. 2 UStG macht nämlich u. a. in den Fällen, in denen ein Gebäude letztlich an Nichtunternehmer vermietet wird oder für steuerfreie vorsteuerschädliche Umsätze genutzt wird, einen Verzicht auf die Befreiung nach § 9 Abs. 1 UStG unmöglich. Aufgrund der Übergangsregelung in § 27 Abs. 2 UStG gilt jedoch § 9 Abs. 2 UStG nicht für sog. Altgebäude (z. B. Gebäude, die vor dem 01. 01. 1985 fertig gestellt worden sind). Einzelheiten zum Begriff Altgebäude in diesem Bereich vgl. 2.8.

Wegen der Altgebäude nach § 27 Abs. 2 UStG hat die Konstruktion der Zwischenvermietung in bestimmten Fällen immer noch eine praktische Bedeutung. Werden Altgebäude im Wege der Zwischenvermietung vermietet, hat dies grundsätzlich zur Folge, dass der Eigentümer seine Vermietung an den Zwischenmieter durch Verzicht auf die Befreiung nach § 9 Abs. 1 UStG steuerpflichtig machen kann.

**BEISPIEL**

E hat ein Zweifamilienhaus renoviert. Die Arbeiten wurden im März 01 abgeschlossen. Es handelt sich um ein sog. Altgebäude i. S. von § 27 Abs. 2 UStG. In eine Wohnung zieht E selbst ein. Die andere Wohnung vermietet E ab Mai an die Firma F, welche die Wohnung ihrem Prokuristen P als Dienstwohnung überlässt. Auf Anregung der Fa. F hat E das Gebäude zu 100 % seinem Unternehmen zugeordnet und möchte soweit möglich auf die Steuerbefreiung gem. § 9 Abs. 1 UStG verzichten.

**LÖSUNG** Die Vermietung von E an F ist steuerbar, jedoch grundsätzlich nach § 4 Nr. 12a UStG steuerfrei. Da F die Wohnung an ihren Prokuristen P weitervermietet, nutzt sie die Wohnung zu

100 % unternehmerisch. Die Voraussetzung für einen Verzicht auf die Befreiung nach § 9 Abs. 1 UStG bei E ist somit gegeben. Da es sich lt. Sachverhalt um ein Altgebäude handelt, steht dem Verzicht auf die Befreiung auch § 9 Abs. 2 UStG nicht entgegen. Infolge des zulässigen Verzichts auf die Befreiung wird die Vermietung von E an F steuerpflichtig. Als Folge darf E die im Zusammenhang mit der Renovierung dieser Wohnung angefallene USt als Vorsteuer geltend machen, da insoweit das Vorsteuerabzugsverbot nach § 15 Abs. 2 UStG nicht eingreift. Die Vermietung von F an P ist dagegen nach § 4 Nr. 12 Buchst. a UStG steuerfrei, ohne dass ein Verzicht auf die Befreiung gem. § 9 Abs. 1 UStG möglich ist. F fällt daher mit der USt aus der Vermietung von E voll unter das Vorsteuerabzugsverbot nach § 15 Abs. 2 UStG.

Die Nutzung der von E selbst bezogenen Wohnung ist gem. § 3 Abs. 9a Nr. 1 UStG einer sonstigen Leistung gegen Entgelt gleichgestellt und damit nach § 1 Abs. 1 Nr. 1 UStG steuerbar. Die Befreiung nach § 4 Nr. 12 UStG greift nicht ein (vgl. 6.2). Somit fällt E auch für die auf diese Wohnung entfallende anteilige Vorsteuer nicht unter das Vorsteuerabzugsverbot. E darf also die ihm aus der Renovierung berechnete USt voll als Vorsteuer abziehen. Allerdings muss er für die eigen genutzte Wohnung eine unentgeltliche Wertabgabe nach § 3 Abs. 9a Nr. 1 UStG versteuern. Handelt es sich bei den Renovierungskosten um Erhaltungsaufwendungen, fließen diese insgesamt und sofort in die Bemessungsgrundlage nach § 10 Abs. 4 Nr. 2 UStG ein. Handelt es sich um nachträgliche Anschaffungs- oder Herstellungskosten, sind diese nach § 10 Abs. 4 Nr. 2 Satz 3 UStG auf den Berichtigungszeitraum für Gebäude von zehn Jahren zu verteilen (vgl. N 3.2.2).

Vorstehender Absatz entspricht nicht der (äußerst fragwürdigen) Verwaltungsauffassung. Danach ist der Vorsteuerabzug aus den bei Renovierungen nach dem 31. 12. 2010 bezogenen Erhaltungsaufwendungen nach § 15 Abs. 1b UStG ausgeschlossen, auch wenn es sich – wie im Beispiel – um ein Altgebäude i. S. d. § 27 Abs. 16 UStG handelt (vgl. A 15.6a Abs. 8 Sätze 3 und 4 UStAE). Dies kann nicht dem Willen des Gesetzgebers entsprechen.

### 2.6.1 Zwischenvermietung im Rahmen einer Besorgungsleistung

Seit dem 01. 01. 2004 gibt es nach nationalem Umsatzsteuerrecht die sog. Dienstleistungskommission. Gem. § 3 Abs. 11 UStG wird die Besorgungsleistung wie die Vermietungsleistung behandelt. Auch diese Vermietung ist grundsätzlich nach § 4 Nr. 12 UStG steuerfrei. Wenn es sich aber um ein sog. Altgebäude (vgl. 2.8) i. S. v. § 27 Abs. 2 UStG handelt und deshalb das Optionsverbot des § 9 Abs. 2 UStG nicht eingreift, kann auch der Besorger hinsichtlich seiner (fiktiven) Vermietungsleistung gem. § 9 Abs. 1 UStG auf die Befreiung verzichten.

**BEISPIEL**

E hat ein Zweifamilienhaus renoviert, das er zu 100 % seinem Unternehmen zugeordnet hat. Die Arbeiten wurden im März 01 abgeschlossen. Es handelt sich um ein sog. Altgebäude i. S. v. § 27 Abs. 2 UStG. In eine Wohnung zieht E selbst ein. Die andere Wohnung vermietet E ab Mai an den gewerblichen Zwischenvermieter, die F-GmbH. Die F-GmbH mietet die Wohnung erst an, nachdem sie M als Mieter gefunden hat, dem sie die Wohnung für eine Miete von monatlich 1 000 € vermietet. Der Mietvertrag enthält eine Mietanpassungsklausel, wonach die Miete jeweils 90 % der vom Endmieter bezahlten Miete betragen soll. Weiterhin ist vereinbart, dass für die Zeiten, in denen eine Weitervermietung nicht möglich ist, die F-GmbH an E keine Miete zu zahlen braucht. E erklärt gegenüber dem Finanzamt bezüglich der Vermietung an die F-GmbH den Verzicht auf die Steuerbefreiung gem. § 9 Abs. 1 UStG.

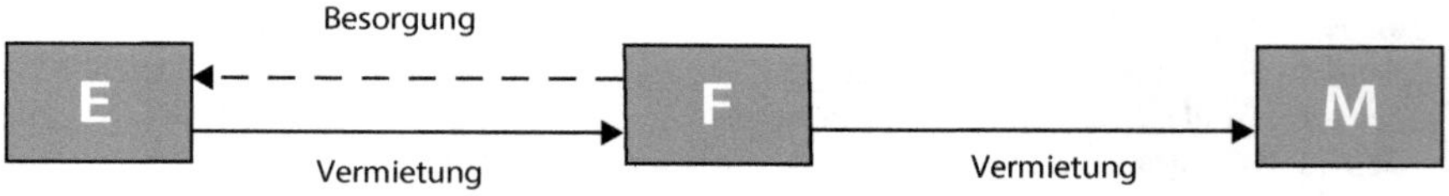

**LÖSUNG** Da die F-GmbH in die Erbringung sonstiger Leistungen (Vermietungsleistungen nach § 4 Nr. 12 Satz 2 UStG) eingeschaltet wird und dabei im eigenen Namen, jedoch für fremde Rechnung handelt, gelten die Leistungen als an sie und von ihr erbracht. Da es sich lt. Sachverhalt um ein Altgebäude i. S. d. § 27 Abs. 2 UStG handelt, greift für die Vermietungsleistung von E das Optionsverbot des § 9 Abs. 2 UStG nicht ein. Infolge der zulässigen Option nach § 9 UStG ist die Vermietungsleistung des E an die F-GmbH steuerpflichtig. Die USt beträgt 19/119 von 900 € = 143,70 €. Die F-GmbH erbringt eine nach § 4 Nr. 12 Buchst. a UStG steuerfreie Vermietungsleistung an M, da ein Verzicht auf die Befreiung gem. § 9 Abs. 1 UStG nicht möglich ist. F fällt daher mit der USt aus der Vermietung von E voll unter das Vorsteuerabzugsverbot nach § 15 Abs. 2 UStG.
Aufgrund der steuerpflichtigen Vermietung greift für E hinsichtlich der für diese Wohnung anfallenden Vorsteuer aus der Renovierung das Vorsteuerabzugsverbot nach § 15 Abs. 2 UStG nicht ein. E darf die anteilig auf die Wohnung entfallende Vorsteuer abziehen. Die vorstehende Lösung wäre nur dann abzulehnen, wenn dem E eine missbräuchliche Gestaltung i. S. d. § 42 AO vorzuwerfen wäre. Dies ist jedoch nicht gegeben, da es für die Einschaltung der F-GmbH als Zwischenmieter nach dem konkreten Sachverhalt auch außersteuerliche Gründe gibt. Hinsichtlich der eigengenutzten Wohnung gilt das in der Lösung des obigen Beispiels unter 2.6 Gesagte.

Der vorliegende Fall zeigt, dass auch im Rahmen der Leistungskommission Steuersparmodelle im Bereich der sog. Altgebäude i. S. d. § 27 Abs. 2 UStG noch möglich sind.

### 2.6.2 Zwischenvermieter als Strohmann

In den o. a. Fällen der Leistungskommission wird eine Vermietungsleistung des Zwischenvermieters an den Endmieter angenommen. Nach der Rechtsprechung des BFH gilt dies jedoch nicht, wenn es sich bei dem Zwischenvermieter um einen sog. Strohmann handelt. Hierzu stellt der BFH im Urteil vom 15. 09. 1994 BStBl II 1995, 275 fest, dass »im Falle eines Strohmannverhältnisses die von dem (weisungsgebundenen) Strohmann bewirkten Leistungen trotz selbständigen Auftretens im Außenverhältnis dem Hintermann als Leistendem zuzurechnen sind.«

Nach der Rechtsprechung erfolgt die Abgrenzung zwischen dem Besorger und dem Strohmann wohl danach, dass der Besorger weitgehend weisungsfrei im eigenen Namen handelt, während der Strohmann

- überhaupt nicht handelt oder
- Arbeitnehmer des Hintermannes ist oder
- zwar nicht Arbeitnehmer, aber in einer arbeitnehmerähnlichen Stellung ist.

Bei einem Strohmann als Zwischenvermieter liegt demzufolge eine unmittelbare Vermietungsleistung des Eigentümers an den Endmieter vor. Nutzt der Endmieter das angemietete Grundstück nicht im Rahmen eines Unternehmens, entfällt für den Eigentümer bereits gem. § 9 Abs. 1 UStG die Möglichkeit zum Verzicht auf die Steuerbefreiung. Der Strohmann ist dagegen als Nichtunternehmer umsatzsteuerrechtlich gar nicht relevant.

## 2.7 Optionsverbot nach § 9 Abs. 2 UStG

Nach § 9 Abs. 2 UStG ist die Option nach § 9 Abs. 1 UStG zur Steuerpflicht bei steuerfreien Leistungen nach § 4 Nr. 12 UStG nur zulässig, soweit das Grundstück oder ein räumlich abgrenzbarer Teil des Grundstücks vom Leistungsempfänger (Mieter) ausschließlich für vorsteuerunschädliche Ausgangsumsätze verwendet wird (vgl. Q 5). Zugleich trifft § 9 Abs. 2 UStG auch noch eine Beweislastregelung dahingehend, dass der Vermieter, der auf die Befreiung nach § 9 Abs. 1 UStG verzichten will, nachweisen muss, dass die Voraussetzungen für das Optionsverbot nicht vorliegen. Gelingt ihm dieser Nachweis nicht, wird die Vermietung als steuerfrei behandelt.

Bei der Anwendung des § 9 Abs. 2 UStG ist zu beachten, dass diese Vorschrift mehrmals verschärft wurde und deshalb jeweils nach § 27 UStG Übergangsregelungen getroffen wurden, wonach die Verschärfung auf bereits vorhandene Gebäude bzw. Gebäude, mit deren Errichtung bereits begonnen war, nicht angewandt wurde. Gebäude, auf die danach das jeweilige Optionsverbot Anwendung findet, werden im Folgenden als Neugebäude, die anderen als Altgebäude bezeichnet. Die Abgrenzung Altgebäude – Neugebäude wird unter 2.8 erläutert. Nachfolgend wird die Regelung des § 9 Abs. 2 UStG zunächst anhand ihrer letzten, seit 01. 01. 1994 gültigen Fassung vorgestellt. Betroffen hiervon sind im Allgemeinen nur Gebäude, mit deren Errichtung nach dem 10. 11. 1993 begonnen worden ist.

**BEISPIEL**

Vermieter V vermietet ein zweigeschossiges Gebäude. Das Erdgeschoss vermietet er an A als Ladengeschäft, das Obergeschoss an B als Arztpraxis. V möchte seine Vermietungsleistungen, wenn möglich, steuerpflichtig machen.

**LÖSUNG** Der Grundstücksteil Erdgeschoss wird vom Mieter A ausschließlich für vorsteuerunschädliche Ausgangsumsätze verwendet. Das Optionsverbot gem. § 9 Abs. 2 UStG greift daher nicht ein. V kann das Erdgeschoss steuerpflichtig an A vermieten.

Der Grundstücksteil Obergeschoss wird vom Mieter B für vorsteuerschädliche Ausgangsumsätze nach § 4 Nr. 14 UStG verwendet. Das Optionsverbot gem. § 9 Abs. 2 UStG greift daher ein. Die Vermietung von V an B ist zwingend steuerfrei.

Nach dem Wortlaut des § 9 Abs. 2 UStG würde das Optionsverbot bereits dann greifen, wenn der Mieter neben seinen steuerpflichtigen Ausgangsumsätzen in geringem Umfang auch vorsteuerschädliche Ausgangsumsätze bewirkt. Die Verwaltung lässt jedoch die Option in solchen Fällen zu, wo die Verwendung für vorsteuerschädliche Umsätze die Bagatellgrenze von 5 % der gesamten Verwendung nicht überschreitet (vgl. A 9.2 Abs. 3 UStAE).

**BEISPIELE**

a) Vermieter V vermietet ein Gebäude an das Industrieunternehmen I. I nutzt das Gebäude als Verwaltungsgebäude. In den Räumen werden auch Werkswohnungen verwaltet, die steuerfrei an Arbeitnehmer von I vermietet werden. Diese Verwendung lässt sich nach dem Organisationsablauf nicht auf einzelne Räume beschränken und macht 3 % der Gesamtverwendung aus. Im Übrigen wird das Gebäude jedoch für vorsteuerunschädliche Ausgangsumsätze verwendet. V möchte seine Vermietungsleistungen, wenn möglich, steuerpflichtig machen.

**LÖSUNG** Da die vorsteuerschädliche Nutzung beim Mieter I die Bagatellgrenze von 5 % nicht übersteigt, greift das Optionsverbot nach § 9 Abs. 2 UStG nicht ein. V kann das Gebäude insgesamt steuerpflichtig an I vermieten.

b) Vermieter V vermietet ein Gebäude mit acht Räumen (R1 bis R8) an den Zahnarzt Z als Praxisräume. Z betreibt in den Räumen R7 und R8 ein eigenes Zahnlabor. In diesen Räumen tätigt er ausschließlich steuerpflichtige Umsätze (vgl. § 4 Nr. 14 Buchst. a Satz 2 UStG). In den Räumen R3 bis R6 tätigt er ausschließlich steuerfreie Umsätze nach § 4 Nr. 14 Buchst. a Satz 1 UStG. Die Räume R1 und R2 verwendet er zu jeweils 20 % für steuerpflichtige und zu 80 % für steuerfreie Umsätze. V möchte seine Vermietungsleistung an Z soweit wie möglich steuerpflichtig machen.

**LÖSUNG** Die Vermietung von V an Z ist grundsätzlich steuerfrei nach § 4 Nr. 12 Buchst. a UStG. Da Z die Räume ausschließlich unternehmerisch nutzt, liegen die Voraussetzungen für den Verzicht auf die Steuerbefreiung nach § 9 Abs. 1 UStG für die gesamte Vermietungsleistung vor. Zum Teil greift jedoch das Optionsverbot nach § 9 Abs. 2 UStG ein. Es greift zunächst für die Räume R3 bis R6, da er diese Räume ausschließlich für Umsätze verwendet, die den Vorsteuerabzug gem. § 15 Abs. 2 UStG ausschließen. Es greift aber auch für die Räume R1 und R2, da er diese Räume zu 80 % und damit zu mehr als 5 % für vorsteuerschädliche Umsätze verwendet, also nicht ausschließlich für Umsätze verwendet, die den Vorsteuerabzug gem. § 15 Abs. 2 UStG nicht ausschließen. Kein Optionsverbot besteht also lediglich für die Räume R7 und R8. Insoweit kann V seine Vermietung an Z anteilig steuerpflichtig machen. Das Entgelt ist entsprechend der Nutzfläche in einen steuerpflichtigen und einen steuerfreien Anteil aufzuteilen.

## 2.8 Abgrenzung Altgebäude – Neugebäude

§ 27 Abs. 2 UStG trifft eine Übergangsregelung dahingehend, dass § 9 Abs. 2 UStG nicht zur Anwendung kommt für Gebäude, die

- bis zu einem bestimmten Zeitpunkt fertig gestellt wurden und
- mit deren Errichtung bis zu einem bestimmten Zeitpunkt begonnen wurde.

In der Praxis hat sich für diese Gebäude der Begriff Altgebäude gebildet. Während also bei Altgebäuden § 9 Abs. 2 UStG unbeachtlich ist, kann nach § 9 Abs. 2 UStG bei Neugebäuden nicht wirksam auf die Steuerbefreiung verzichtet werden, wenn die Voraussetzung des § 9 Abs. 2 UStG nicht erfüllt sind. Entsprechend der Entstehungsgeschichte des § 9 Abs. 2 UStG mit der ständigen Verschärfung des Optionsverbotes liegt bei ein und demselben Gebäude je nach Nutzungsart ein Altgebäude bzw. Neugebäude vor. Wird ein Gebäude in räumlich abgegrenzten Teilen unterschiedlich genutzt, ist für jeden Teil gesondert zu entscheiden, ob ein Altgebäude oder Neugebäude vorliegt. Im Hinblick auf die Qualifizierung als Altgebäude oder Neugebäude sind für die Anwendung des § 9 Abs. 2 UStG gem. § 27 Abs. 2 UStG verschiedene Nutzungsarten zu unterscheiden, nämlich

- Nutzung für Wohnzwecke,
- Nutzung für andere nicht unternehmerische Zwecke (als Wohnzwecke),
- Nutzung für unternehmerische Zwecke.

Bei der Einordnung unter diese drei Nutzungsarten ist darauf abzustellen, wie der Mieter nutzt. Wird ein Zwischenmieter eingeschaltet, ist darauf abzustellen, wie der Endmieter nutzt.

**BEISPIELE**

a) Eigentümer E vermietet sein Einfamilienhaus an den Unternehmer U. U vermietet das Einfamilienhaus an seinen Arbeitnehmer A.

**LÖSUNG** E und U nutzen das Einfamilienhaus jeweils für unternehmerische Zwecke, nämlich für die steuerbare Vermietung. A nutzt das Einfamilienhaus für unternehmensfremde Zwecke und zwar für Wohnzwecke. A ist der Endmieter. Deshalb kommt es auf die Nutzung des A an. I. S. d. § 27 Abs. 2 UStG liegt also eine Nutzung für Wohnzwecke vor.

b) T ist Eigentümer einer Tennishalle. T vermietet die Tennishalle an den Tennislehrer L. L erteilt in der Tennishalle dem Schüler S Tennisunterricht.

**LÖSUNG** T und L nutzen die Tennishalle jeweils für unternehmerische Zwecke, nämlich T für die Vermietung und L für den Unterricht. S nutzt die Tennishalle im Rahmen des Tennisunterrichts für unternehmensfremde (sportliche) Zwecke. Endmieter ist im vorliegenden Fall L, da L die Tennishalle nicht weitervermietet, sondern im Rahmen seiner unternehmerischen Lehrtätigkeit nutzt. Somit liegt eine Nutzung für unternehmerische Zwecke i. S. d. § 27 Abs. 2 UStG vor.

c) E ist Eigentümer einer Ferienwohnung. E vermietet die Ferienwohnung langfristig an den Unternehmer B, der die Ferienwohnung tageweise oder wochenweise an Urlauber vermietet.

**LÖSUNG** E und B nutzen die Wohnung unternehmerisch. Die Urlauber nutzen die Wohnung wenn auch nur vorübergehend für Wohnzwecke. Endmieter sind die Urlauber. Daher ist eine Nutzung für Wohnzwecke i. S. d. § 27 Abs. 2 UStG gegeben. Die Vermietung von B an die Urlauber ist jedoch nach

§ 4 Nr. 12 Satz 2 UStG steuerpflichtig (Vermietung von Wohn- und Schlafräumen, die ein Unternehmer zur kurzfristigen Beherbergung von Fremden bereithält). Deshalb greift für die Vermietung von E an B das Optionsverbot nach § 9 Abs. 2 UStG nicht, da bei E die Voraussetzung des § 9 Abs. 2 UStG erfüllt ist, dass sein Leistungsempfänger B die Ferienwohnung ausschließlich für (steuerpflichtige) Umsätze verwendet, die den Vorsteuerabzug nicht ausschließen.

d) Eigentümer E vermietet sein Einfamilienhaus an den Unternehmer U. U vermietet das Einfamilienhaus im Rahmen des NATO-Truppenstatuts steuerfrei an G, einen Angehörigen der amerikanischen Streitkräfte, als Wohnung.

**LÖSUNG** E und U nutzen die Wohnung unternehmerisch. G nutzt die Wohnung für Wohnzwecke. Endmieter ist G. Daher ist eine Nutzung für Wohnzwecke i. S. d. § 27 Abs. 2 UStG gegeben. Die Vermietung von U an G ist steuerfrei und zwar sowohl nach § 4 Nr. 12 Buchst. a UStG als auch nach dem NATO-ZAbk. Die Steuerbefreiung nach dem NATO-ZAbk. ist jedoch nach § 15 Abs. 3 Nr. 1 Buchst. a i. V. m. § 26 Abs. 5 Nr. 2 UStG nicht vorsteuerschädlich (vgl. auch A 15.13 Abs. 2 UStAE). Deshalb greift für die Vermietung von E an U das Optionsverbot nach § 9 Abs. 2 nicht, da bei E die Voraussetzung des § 9 Abs. 2 UStG erfüllt ist, dass sein Leistungsempfänger U die Räume ausschließlich für Umsätze verwendet, die den Vorsteuerabzug nicht ausschließen. Ausnahmsweise ist in diesem Fall die Steuerbefreiung, die den Vorsteuerabzug ausschließt, nicht vorrangig (vgl. A 15.13 Abs. 5 Satz 3 UStAE).

e) Investor I hat ein sog. Ärztehaus errichtet. I vermietet das Haus insgesamt an den Apotheker A. A nutzt das Erdgeschoss als Apotheke. Das 1. und 2. Obergeschoss vermietet A an die Ärzte B und C als Arztpraxen. Das Dachgeschoss vermietet A an den Hausmeister H als Wohnung.

**LÖSUNG** I nutzt das gesamte Haus unternehmerisch, indem er es vermietet. A nutzt es ebenfalls insgesamt unternehmerisch, zum Teil indem er es als Apotheke nutzt, zum Teil durch Vermietung. B und C nutzen ihr Geschoss jeweils unternehmerisch für ihre Arztpraxis. H nutzt das Dachgeschoss zu Wohnzwecken. Somit ist bezüglich des Dachgeschosses H Endmieter. Bezüglich des 1. und 2. Obergeschosses sind B und C Endmieter. Bezüglich des Erdgeschosses ist A Endmieter. Das Ärztehaus ist somit für die Anwendung des § 27 Abs. 2 UStG aufzuteilen. Bezüglich des Dachgeschosses liegt für die Anwendung des § 27 Abs. 2 UStG eine Nutzung für Wohnzwecke vor. Bezüglich des Erdgeschosses, des ersten und zweiten Obergeschosses liegt für die Anwendung des § 27 Abs. 2 UStG eine unternehmerische Nutzung vor.

### 2.8.1 Nutzung für Wohnzwecke

Wird das Gebäude bzw. ein abgegrenzter Gebäudeteil vom Eigentümer direkt an einen Endmieter vermietet, der das Gebäude ausschließlich zu Wohnzwecken nutzt, liegt von vornherein die Voraussetzung für die Option nach § 9 Abs. 1 UStG nicht vor. Das Optionsverbot wird bei der Endnutzung zu Wohnzwecken nur dann relevant, wenn der Mieter das Gebäude oder einen Gebäudeteil weitervermietet und der Endmieter das Gebäude zu Wohnzwecken nutzt. § 9 Abs. 2 UStG kommt bei der Endnutzung zu Wohnzwecken gem. § 27 Abs. 2 UStG zur Anwendung (Neugebäude), wenn

- mit der Errichtung des Gebäudes nach dem 31. 05. 1984 begonnen worden ist, oder
- das Gebäude erst nach dem 31. 03. 1985 fertig gestellt worden ist (§ 27 Abs. 2 Nr. 1 UStG).

Bei der Endnutzung zu Wohnzwecken liegen Altgebäude auch dann vor, wenn ältere Gebäude (z. B. aus dem Jahr 1930) generalrenoviert worden sind, aufgestockt worden sind oder einen Anbau erhalten haben und

- mit den Baumaßnahmen nach dem 31. 05. 1984 begonnen worden ist oder
- die Baumaßnahmen erst nach dem 31. 03. 1985 abgeschlossen worden sind (§ 27 Abs. 2 Nr. 1 UStG).

Dies gilt jedoch dann nicht, wenn infolge der Baumaßnahmen ertragsteuerrechtlich ein selbständiges bzw. anderes Wirtschaftsgut hergestellt worden ist. In diesem Fall liegt nur dann ein Altgebäude vor, wenn

- mit den Baumaßnahmen vor dem 11. 11. 1993 begonnen worden ist und
- die Baumaßnahmen noch vor dem 01. 01. 1998 abgeschlossen werden (vgl. A 9.2 Abs. 6 UStAE).

Wird das Gebäude nach Durchführung der Baumaßnahmen vom Eigentümer (Erstvermieter) als Altgebäude i. S. d. § 27 Abs. 2 UStG über eine Zwischenvermietung (vgl. 2. 6) steuerpflichtig vermietet, kann der Erstvermieter die oft beträchtlichen Vorsteuern aus den Baumaßnahmen abziehen.

**BEISPIELE**

a) Eigentümer E lässt sein Gebäude aus dem Jahr 1935 von Oktober 2018 bis Dezember 2019 renovieren. Er vermietet das Gebäude anschließend an den Fabrikanten F, der es an Arbeitnehmer seines Fabrikationsbetriebs weitervermietet.

**LÖSUNG** Die Vermietung von E an F ist grundsätzlich nach § 4 Nr. § 12 Buchst. a UStG steuerfrei. Da F das angemietete Gebäude weitervermietet, liegt bei E die Voraussetzung für die Option gem. § 9 Abs. 1 UStG vor. Die Endvermietung durch F ist zwingend nach § 4 Nr. 12 Buchst. a UStG steuerfrei, da bei F schon die Voraussetzung nach § 9 Abs. 1 UStG für einen Verzicht auf die Befreiung nicht vorliegt. Aufgrund der vorsteuerschädlichen Endnutzung greift das Optionsverbot nach § 9 Abs. 2 UStG ein, es sei denn, es handelt sich bei der vorgesehenen Nutzung zu Wohnzwecken um ein Altgebäude i. S. d. § 27 Abs. 2 Nr. 1 UStG. Wenn bei den Renovierungsarbeiten nicht von grundlegenden Umbaumaßnahmen auszugehen ist, durch die das Gebäude in seinem Zustand so wesentlich verändert wird, dass es bei objektiver Betrachtung als neues Wirtschaftsgut erscheint, liegt weiterhin ein Altgebäude vor. Für die Annahme eines Neugebäudes ist darüber hinaus nach dem BFH-Urteil vom 05. 06. 2003 BStBl II 2004, 28 erforderlich, dass z. B. bei der Entkernung eines Gebäudes der Altbau durch den Umbau eine wesentliche Funktions- und Zweckänderung erfährt. Liegen keine derartigen umfangreichen Umbaumaßnahmen vor, findet das Optionsverbot nach § 9 Abs. 2 UStG keine Anwendung (vgl. auch Umsatzsteuerkartei der OFD Karlsruhe vom 05. 04. 2011 zu § 9 UStG S 7198 Karte 3). E kann dann bei der Vermietung an F auf die Befreiung gem. § 9 Abs. 1 UStG verzichten und die gesamte Vorsteuer aus der Renovierung geltend machen.

b) Eigentümer E (kein Kleinunternehmer nach § 19 Abs. 1 UStG) hat im Jahr 2013 ein Gebäude errichtet und es zunächst an Privatleute zu Wohnzwecken vermietet. Im Jahr 2018 vermietet E das Gebäude an den Fabrikanten F, der es an seine Arbeitnehmer weitervermietet. E möchte, wenn möglich, auf die Steuerfreiheit seiner Vermietung verzichten.

**LÖSUNG** Die Vermietung von E an F ist grundsätzlich nach § 4 Nr. 12 Buchst. a UStG steuerfrei. Da F das angemietete Gebäude weitervermietet, liegt bei E die Voraussetzung für die Option gem. § 9 Abs. 1 UStG vor. Die Endvermietung durch F ist zwingend nach § 4 Nr. 12 Buchst. a UStG steuerfrei, da bei F schon die Voraussetzung nach § 9 Abs. 1 UStG für einen Verzicht auf die Befreiung nicht vorliegt. Aufgrund der vorsteuerschädlichen Endnutzung greift das Optionsverbot nach § 9 Abs. 2 UStG ein, es sei denn, es handelt sich bei der vorgesehenen Nutzung zu Wohnzwecken um ein Altgebäude i. S. d. § 27 Abs. 2 Nr. 1 UStG. Da das Gebäude jedoch erst nach dem Jahr 1985 fertig gestellt worden ist, liegt kein solches Altgebäude vor. E kann bei der Vermietung an F nicht auf die Befreiung gemäß § 9 UStG verzichten und aufgrund des Vorsteuerabzugsverbots nach § 15 Abs. 2 UStG keine Vorsteuer geltend machen. Im Falle einer zulässigen Option nach § 9 UStG hätte E nach § 15a UStG nachträglich auch einen Teil der Vorsteuer aus der Gebäudeerrichtung erhalten können.

### 2.8.2 Nutzung für andere nicht unternehmerische Zwecke (als Wohnzwecke)

Bei der Nutzung auf der Endstufe für andere nicht unternehmerische Zwecke als Wohnzwecke gilt grundsätzlich dasselbe wie bei der Endnutzung für Wohnzwecke, nur dass andere Fristen für die Einstufung als Altgebäude festgelegt sind. Solche nicht unternehmerische (nichtwirtschaftliche) Zwecke liegen z. B. vor

- bei der Nutzung durch die öffentliche Hand für hoheitliche Zwecke,
- bei der Nutzung durch Vereine für ideelle Zwecke.

Wird das Gebäude bzw. ein abgegrenzter Gebäudeteil vom Eigentümer an einen Endmieter vermietet, der das Gebäude ausschließlich für andere nicht unternehmerische Zwecke als Wohnzwecke nutzt, liegt von vornherein die Voraussetzung für die Option nach § 9 Abs. 1 UStG nicht vor. Das Optionsverbot wird nur dann relevant, wenn der Mieter das Gebäude oder einen Gebäudeteil weitervermietet und der Endmieter das Gebäude für andere nicht unternehmerische Zwecke als Wohnzwecke nutzt. Bezüglich der vorsteuerschädlichen Nutzung i. S. d. § 9 Abs. 2 UStG ist auf die steuerfreie Vermietung an den Endmieter abzustellen, die zwingend steuerfrei ist, weil schon die Voraussetzungen nach § 9 Abs. 1 UStG nicht gegeben sind. Das Optionsverbot bei der Endnutzung für andere nicht unternehmerische Zwecke als Wohnzwecke greift gemäß § 27 Abs. 2 UStG ein, wenn

- mit der Errichtung des Gebäudes nach dem 31. 05. 1984 begonnen worden ist oder
- das Gebäude erst nach dem 31. 12. 1985 fertig gestellt worden ist (§ 27 Abs. 2 Nr. 2 UStG).

**BEISPIEL**

B hat im Jahr 2011 ein Bürogebäude errichtet und nach der Fertigstellung wie von vornherein beabsichtigt steuerpflichtig an den gewerblichen Vermieter V vermietet. V hat die einzelnen Einheiten des Gebäudes steuerpflichtig an verschiedene Unternehmer weitervermietet, welche die gemieteten Räume zur Ausführung von steuerpflichtigen Umsätzen verwendeten. Im Jahr 2018 vermietet V eine Etage des Gebäudes an das Land Baden-Württemberg, das darin eine staatliche Behörde unterbringt.

**LÖSUNG** Die Vermietung von B an V ist grundsätzlich nach § 4 Nr. 12 Buchst. a UStG steuerfrei. Da V das angemietete Gebäude weitervermietet, liegt bei B die Voraussetzung für die Option gem. § 9 Abs. 1 UStG vor. Die Vermietung an den Endmieter Staat (Behörde) ist zwingend nach § 4 Nr. 12 Buchst. a UStG steuerfrei, da insoweit bei V schon die Voraussetzung nach § 9 Abs. 1 UStG für einen Verzicht auf die Befreiung nicht vorliegt. Aufgrund der vorsteuerschädlichen Endnutzung greift für B das Optionsverbot nach § 9 Abs. 2 UStG ein, es sei denn, es handelt sich bei der vorgesehenen Nutzung zu hoheitlichen Zwecken um ein Altgebäude i. S. d. § 27 Abs. 2 Nr. 2 UStG. Da das Gebäude jedoch erst nach dem Jahr 1985 fertig gestellt worden ist, liegt kein solches Altgebäude vor. B kann bei der Vermietung an V bezüglich der an den Staat weitervermieteten Etage nicht auf die Befreiung gemäß § 9 UStG verzichten und aufgrund des Vorsteuerabzugsverbots nach § 15 Abs. 2 UStG keine Vorsteuer geltend machen. B hat die Vorsteuer aus der Errichtung des Gebäudes aufgrund der beabsichtigten steuerpflichtigen Vermietung im Erstjahr zu Recht abgezogen. Nun muss B aber gemäß § 15a UStG anteilig Vorsteuer aus der Errichtung des Gebäudes zurückzahlen.

### 2.8.3 Nutzung für unternehmerische Zwecke

Wird das Gebäude vom Mieter ausschließlich für vorsteuerunschädliche (insbesondere steuerpflichtige) Ausgangsumsätze verwendet, kommt es nicht darauf an, ob es sich um ein Altgebäude i. S. d. § 27 Abs. 2 UStG oder um ein Neugebäude handelt. Liegt ein Altgebäude vor, ist § 9 Abs. 2 UStG unbeachtlich, liegt ein Neugebäude vor, sind die verschärften Voraussetzungen des § 9 Abs. 2 UStG für eine Option zur Steuerpflicht erfüllt. Die Einordnung als Altgebäude ist aber dann von Bedeutung, wenn die unternehmerische Nutzung ganz oder teilweise vorsteuerschädlich i. S. d. § 15 Abs. 2 UStG ist. Ein Altgebäude liegt bei einer Nutzung für unternehmerische Zwecke dann vor, wenn

- mit den Baumaßnahmen vor dem 11. 11. 1993 begonnen worden ist und
- die Baumaßnahmen noch vor dem 01. 01. 1998 abgeschlossen worden sind.

Diese Fristen gelten für die Anerkennung als Altgebäude auch dann, wenn ein älteres Gebäude generalrenoviert worden ist, aufgestockt worden ist oder einen Anbau erhalten hat und wenn infolge der Baumaßnahmen ertragsteuerrechtlich ein selbständiges bzw. anderes Wirtschaftsgut hergestellt worden ist (vgl. A 9.2 Abs. 6 UStAE).

### 2.8.4 Baubeginn und Fertigstellung des Gebäudes bzw. der Baumaßnahme

Die Übergangsvorschrift des § 27 Abs. 2 UStG stellt auf den Baubeginn und auf den Zeitpunkt der Fertigstellung des Gebäudes ab. Dagegen spielt es keine Rolle, zu welchem Zeitpunkt ein bereits fertiges Gebäude erworben wurde.

Unter **Baubeginn** versteht man entsprechend den bei der Einkommensteuer entwickelten Grundsätzen den Zeitpunkt, in dem einer der folgenden Sachverhalte als erster verwirklicht worden ist (vgl. A 9.2 Abs. 5 UStAE):

a) Beginn der Ausschachtungsarbeiten oder
b) Erteilung eines spezifizierten Bauauftrags an den Bauunternehmer oder
c) Anfuhr nicht unbedeutender Mengen von Baumaterial auf dem Bauplatz.

Im Allgemeinen liegt kein Baubeginn vor

- bei Stellung des Bauantrages,
- bei Beginn der Abbrucharbeiten eines vorhandenen Gebäudes (ausgenommen, der Steuerpflichtige hat die Entscheidung zu bauen für sich bindend und unwiderruflich nach außen hin erkennbar gemacht).

Für den Zeitpunkt der **Fertigstellung** gelten die in H 7.4 EStH niedergelegten Grundsätze. Danach ist das Gebäude fertiggestellt, wenn ein Bebauungszustand erreicht ist, der die bestimmungsgemäße Nutzung des Gebäudes zulässt. Ein Wohngebäude ist daher fertig gestellt, sobald es nach Abschluss der wesentlichen Bauarbeiten bewohnbar ist. Ein Bürogebäude ist fertiggestellt, sobald es seinem Zweck entsprechend benutzbar ist.

### 2.8.5 Beispiele zum Optionsverbot nach § 9 Abs. 2 UStG

**BEISPIELE**

a) Vermieter V vermietet ein Gebäude an den Gewerbetreibenden G, der es ausschließlich für vorsteuerunschädliche Ausgangsumsätze (steuerpflichtige Warenlieferungen) verwendet.

**LÖSUNG** G ist Erstmieter und zugleich Endmieter. Da G das Gebäude für vorsteuerunschädliche Ausgangsumsätze nutzt, greift das Optionsverbot nach § 9 Abs. 2 UStG auch in seiner seit 01. 01. 1994 gültigen schärfsten Form nicht ein. V kann auf die Befreiung nach § 4 Nr. 12 UStG gem. § 9 Abs. 1 UStG verzichten.

b) Vermieter V vermietet ein Gebäude an den gewerblichen Vermieter W. W vermietet das Gebäude weiter an den Gewerbetreibenden G, der es ausschließlich für vorsteuerunschädliche Ausgangsumsätze (steuerpflichtige Warenlieferungen) verwendet.

**LÖSUNG** Bei der Vermietung von W an G greift das Optionsverbot nach § 9 Abs. 2 UStG auch in seiner seit 01. 01. 1994 gültigen schärfsten Form nicht ein. W kann bei der Vermietung an G auf die Befreiung nach § 4 Nr. 12 UStG gem. § 9 Abs. 1 UStG verzichten. Wenn W bei der Vermietung an G auf die Befreiung gem. § 9 UStG verzichtet, greift auch für V das Optionsverbot nach § 9 Abs. 2 UStG nicht ein, denn sein Leistungsempfänger verwendet das Grundstück ausschließlich für vorsteuerunschädliche Umsätze. Dann kann auch V bei der Vermietung an W auf die Befreiung nach § 4 Nr. 12 UStG gem. § 9 Abs. 1 UStG verzichten.

c) V errichtet ein sog. Ärztehaus. Der Baubeginn war im Oktober 1993. Fertigstellungstermin war März 1995. Seitdem wurde das Gebäude an Ärzte als Arztpraxen vermietet. Das Erdgeschoss wurde an einen Apotheker als Apotheke vermietet. V will im Kalenderjahr 2018 so viel wie möglich Vorsteuer aus Erhaltungsaufwendungen für das Gebäude abziehen und verzichtet deshalb soweit möglich auf die Befreiung nach § 4 Nr. 12 UStG gem. § 9 UStG.

**LÖSUNG** Die Vermietung von V an die Ärzte und den Apotheker ist grundsätzlich steuerfrei nach § 4 Nr. 12 Buchst. a UStG. Da die Ärzte und der Apotheker (Erstmieter und zugleich Endmieter) die Räume ausschließlich unternehmerisch nutzen, liegen die Voraussetzungen für den Verzicht auf die Steuerbefreiung nach § 9 Abs. 1 UStG für die gesamten beabsichtigten Vermietungsleistungen vor. Es ist zu prüfen, ob das Optionsverbot nach § 9 Abs. 2 UStG eingreift. Die Ärzte verwenden das Gebäude für ihre steuerfreien Umsätze nach § 4 Nr. 14 Buchst. a Satz 1 UStG. Die Nutzung ist also auf der Endstufe der Vermietung beim Mieter zwar unternehmerisch, aber für vorsteuerschädliche Ausgangsumsätze. Damit greift das Optionsverbot nach § 9 Abs. 2 UStG, sofern nicht in Bezug auf die vorgesehene Nutzung ein Altgebäude gem. § 27 Abs. 2 Nr. 3 UStG vorliegt. Da mit der Errichtung des Gebäudes bereits vor dem 11. 11. 1993 begonnen wurde, liegt ein solches Altgebäude vor, und das Optionsverbot nach § 9 Abs. 2 UStG greift nicht ein. Aufgrund des Verzichts auf die Steuerbefreiung gem. § 9 UStG kann V alle im Zusammenhang mit dem Gebäude anfallenden Vorsteuerbeträge abziehen.
Für die Verwendung des Erdgeschosses greift das Optionsverbot des § 9 Abs. 2 UStG von vornherein nicht ein, weil der Apotheker in seiner Apotheke typischerweise mindestens 95 % steuerpflichtige Umsätze tätigt. V kann auch insoweit gem. § 15 UStG die Vorsteuer geltend machen.

d) V errichtet ein sog. Ärztehaus. Der Baubeginn war im Kalenderjahr 2003. Die Fertigstellung erfolgte im Kalenderjahr 2004. Seither wurde das Gebäude an Ärzte als Arztpraxen vermietet. Das Erdgeschoss wurde an einen Apotheker als Apotheke vermietet. V will im Kalenderjahr 2018 so viel wie möglich Vorsteuer aus Erhaltungsaufwendungen für das Gebäude abziehen und verzichtet deshalb soweit möglich auf die Steuerbefreiung nach § 4 Nr. 12 UStG gem. § 9 UStG.

**LÖSUNG** Die Vermietung von V an die Ärzte und den Apotheker ist grundsätzlich steuerfrei nach § 4 Nr. 12 Buchst. a UStG. Da die Ärzte und der Apotheker (Erstmieter und zugleich Endmieter) die Räume ausschließlich unternehmerisch nutzen, liegen die Voraussetzungen für den Verzicht auf die Steuerbefreiung nach § 9 Abs. 1 UStG für die gesamten Vermietungsleistungen vor. Zum Teil greift jedoch das Optionsverbot nach § 9 Abs. 2 UStG ein. Die Ärzte verwenden das Gebäude für ihre steuerfreien Umsätze nach § 4 Nr. 14 Buchst. a Satz 1 UStG, also für vorsteuerschädliche Ausgangsumsätze. Da mit der Errichtung des Gebäudes erst nach dem 10. 11. 1993 begonnen wurde, liegt bezüglich der an die Ärzte vermieteten Gebäudeteile ein Neugebäude vor. Die Vermietung an die Ärzte ist daher zwingend steuerfrei. V kann insoweit gem. § 15 Abs. 2 UStG keine Vorsteuer aus der Gebäudeerrichtung geltend machen.
Für das Erdgeschoss ist aufgrund der Verwendung ebenfalls von einem Neugebäude auszugehen. § 9 Abs. 2 findet daher Anwendung. Es sind jedoch die verschärften Voraussetzungen gem. § 9 Abs. 2 UStG für den Verzicht auf die Steuerbefreiung nach § 4 Nr. 12 Buchst. a UStG erfüllt, weil der Apotheker in seiner Apotheke typischerweise mindestens 95 % steuerpflichtige Umsätze tätigt. V kann insoweit gem. § 15 UStG die Vorsteuer anteilig aus den Erhaltungsaufwendungen geltend machen.

e) V errichtet ein sog. Ärztehaus. Der Baubeginn war im Kalenderjahr 2003. Die Fertigstellung erfolgte im Kalenderjahr 2004. Danach wurde das Gebäude an den gewerblichen Vermieter W vermietet. Dieser vermietete das Gebäude an Ärzte als Arztpraxen weiter. V will im Kalenderjahr 2018 so viel wie möglich Vorsteuer aus Erhaltungsaufwendungen für das Gebäude abziehen und verzichtet deshalb soweit möglich auf die Steuerbefreiung nach § 4 Nr. 12 UStG gem. § 9 UStG.

**LÖSUNG** Die Vermietung des W an die Ärzte ist zwingend steuerfrei nach § 4 Nr. 12 Buchst. a UStG, weil für W das Optionsverbot nach § 9 Abs. 2 eingreift. Die beabsichtigte Nutzung des Gebäudes durch seine Mieter (die Ärzte) ist zwar unternehmerisch (Endstufe der Vermietung). Die Ärzte ver-

wenden das Gebäude jedoch für ihre steuerfreien Umsätze nach § 4 Nr. 14 Buchst. a Satz 1 UStG, also für vorsteuerschädliche Ausgangsumsätze. Da mit der Errichtung des Gebäudes erst nach dem 10. 11. 1993 begonnen wurde, liegt bezüglich der Endnutzung ein Neugebäude vor.
Die Vermietung von V an W ist ebenfalls zwingend steuerfrei nach § 4 Nr. 12 Buchst. a UStG. Da W das Gebäude durch die Weitervermietung an die Ärzte ausschließlich unternehmerisch nutzt, liegen zwar die Voraussetzungen für den Verzicht auf die Steuerbefreiung nach § 9 Abs. 1 UStG für die gesamte Vermietungsleistung an W vor. Jedoch greift das Optionsverbot nach § 9 Abs. 2 UStG ein, da W zwingend steuerfrei an die Ärzte vermietet und somit der Leistungsempfänger des V (W) das Grundstück ausschließlich für vorsteuerschädliche Ausgangsumsätze verwendet. § 9 Abs. 2 UStG findet Anwendung, da kein Altgebäude gem. § 27 Abs. 2 Nr. 3 UStG vorliegt (s. o.). V kann gem. § 15 Abs. 2 UStG keine Vorsteuer aus den Erhaltungsaufwendungen geltend machen.

## 3 Verpachtung von Grundstücken

Der Unterschied zwischen Vermietung und Verpachtung liegt darin, dass der Pächter neben dem **Recht zur Nutzung** auch noch das **Recht zur Fruchtziehung** hat (vgl. A 4.12.1 Abs. 1 Satz 6 und A 24.3 Abs. 7 Satz 1 UStAE). Typische Fälle der Verpachtung sind:

- Verpachtung eines landwirtschaftlichen Grundstücks.
- Verpachtung eines ganzen Unternehmens, z. B. Verpachtung einer Gastwirtschaft. (Nur insoweit, als in dem Unternehmen ein Grundstück enthalten ist, greift § 4 Nr. 12 UStG ein, im Übrigen dagegen nicht.)
- Abbauverträge betreffend »Bodenschätze«, z. B. Sand, Kies (vgl. A 4.12.4 UStAE). Keine Verpachtung liegt jedoch vor, wenn der »Pächter« von vornherein nur eine bestimmte Menge abbauen darf. In diesem Fall handelt es sich wirtschaftlich um einen Kauf.
- Jagdpacht; jedoch handelt es sich dabei um keine Verpachtung eines Grundstücks, sondern lediglich des Jagdrechts. § 4 Nr. 12 UStG findet deshalb keine Anwendung. Dasselbe gilt bei der Fischereipacht.

Auch die Grundstücksverpachtung ist im Falle der Steuerbarkeit (§ 3a Abs. 3 Nr. 1 Buchst. a UStG) steuerfrei gem. § 4 Nr. 12 UStG. Auf die Steuerfreiheit kann unter den Voraussetzungen des § 9 Abs. 1 und 2 UStG verzichtet werden.

**BEISPIEL**

Die Brauerei B verpachtet dem Gastwirt G die Gastwirtschaft »Zum goldenen Huhn« für monatlich 4 000 € zuzüglich 760 € USt. Die Miete ist monatlich zum 1. des jeweiligen Monats fällig und wird von der Brauerei B per Lastschrifteinzug erhoben. Der Pachtvertrag läuft vom 01. 01. 01 bis 31. 12. 05. Das Pachtentgelt verteilt sich wie folgt:

| | |
|---|---|
| Grundstück | 20 % |
| Gebäude (ohne Betriebsvorrichtungen) | 30 % |
| Betriebsvorrichtungen, die fest mit dem Gebäude verbunden sind | 10 % |
| sonstige Betriebsvorrichtungen | 15 % |
| Zubehör | 5 % |
| Firmenwert (Kundenstamm usw.) | 20 % |

**LÖSUNG** Die Verpachtung von B an G ist steuerbar. Es handelt sich um einen gemischten Vertrag. Für den Teil der Leistung, der darin besteht, dass ein Grundstück mit Gebäude verpachtet wird, greift an sich die Steuerbefreiung gem. § 4 Nr. 12 Buchst. a UStG. Nicht befreit dagegen sind von vornherein aufgrund der Ausnahmeregelung von § 4 Nr. 12 Satz 2 UStG die Leistungsteile, die in der Verpachtung von Betriebsvorrichtungen und Zubehör bestehen. Zwar erwähnt § 4 Nr. 12 Satz 2 UStG nur die

Betriebsvorrichtungen. Indessen kann daraus gefolgert werden, dass, wenn schon Betriebsvorrichtungen nicht befreit sind, dies erst recht nicht beim Zubehör der Fall ist. Die Mitverpachtung des Firmenwerts ist ein eigenständiger Leistungsteil im Rahmen eines sog. gemischten Vertrags (vgl. A 4.12.5 UStAE). Eine Aufteilung in einen steuerfreien und einen steuerpflichtigen Leistungsteil erübrigt sich indessen, weil B bezüglich des an sich steuerfreien Leistungsteils auf die Steuerbefreiung gem. § 9 UStG zulässig verzichtet. Somit ist die Leistung insgesamt steuerpflichtig. Die USt beträgt wie ausgewiesen für die monatliche Teilleistung 760 €.

## 4 Veräußerung von Grundstücken

Der Ort der Grundstückslieferung bestimmt sich stets gem. § 3 Abs. 7 UStG nach dem Lageort des Grundstücks. Eine Grundstückslieferung ist grundsätzlich steuerbar, wenn sie im Inland im Rahmen des Unternehmens erfolgt. Dies gilt aber dann nicht, wenn die Grundstückslieferung im Rahmen einer Geschäftsveräußerung bewirkt wird. Aufgrund der Regelung zur Geschäftsveräußerung nach § 1 Abs. 1a UStG ist die Lieferung in diesem Fall nicht steuerbar. Bei Grundstücksveräußerungen ist zu beachten, dass auch ein Grundstück für sich allein ein Unternehmen oder ein in der Gliederung des Unternehmens gesondert geführter Betrieb i. S. v. § 1 Abs. 1a UStG sein kann, soweit mit der Grundstücksveräußerung ein bestehender Mietvertrag auf den Erwerber übergeht. Das Grundstück stellt ein Unternehmen dar, wenn die einzige unternehmerische Betätigung in der Vermietung des Grundstücks besteht. Wird das Grundstück neben der übrigen unternehmerischen Betätigung des Unternehmers vermietet, handelt es sich um einen in der Gliederung des Unternehmens gesondert geführten Betrieb. Auf besondere organisatorische Abgrenzungen ist hierbei nicht abzustellen (vgl. auch BFH vom 19. 12. 2012 BStBl II 2013, 1053).

Wird demzufolge ein solches Grundstück an einen anderen Unternehmer für dessen Unternehmen veräußert, ist die Grundstücksveräußerung gem. § 1 Abs. 1a UStG nicht steuerbar. Keine Geschäftsveräußerung liegt jedoch vor, soweit der Eigentümer ein bisher vermietetes Grundstück nach der Beendigung des Mietverhältnisses veräußert und der Erwerber einen neuen Mietvertrag mit einem anderen Mieter abschließt (vgl. BFH vom 11. 10. 2007 BStBl II 2008, 447). Der Abschluss eines neuen Mietvertrags mit dem bisherigen Mieter führt zur Fortführung des Mietverhältnisses und ist deshalb unschädlich für eine Geschäftsveräußerung i. S. d. § 1 Abs. 1a UStG (vgl. BFH vom 06. 05. 2010 BB 2010, 3066). Die für die Geschäftsveräußerung im Ganzen notwendige Fortführung des Unternehmens muss nur dem Grunde nach gesichert sein und muss bei einer mehrfachen Übertragung nicht höchstpersönlich beim jeweiligen Erwerber vorliegen (vgl. BFH vom 25. 11. 2015 BB 2016, 403 und BFH-Beschluss vom 15. 04. 2016 UStB 2016, 233).

Nach dem BFH-Urteil vom 06. 07. 2016 (BStBl II 2016, 909) liegt bei der Übertragung eines verpachteten Grundstücks nur hinsichtlich eines Grundstückteils eine Geschäftsveräußerung i. S. d. § 1 Abs. 1a UStG vor, wenn der Erwerber die Verpachtung auch nur hinsichtlich eines Teils des Gebäudes fortsetzt. Dies gilt unabhängig davon, ob der verpachtete Gebäudeteil »zivilrechtlich selbständig« ist oder nicht (vgl. A 1.5 Abs. 2. Sätze 5 und 6 UStAE). Außerhalb der Geschäftsveräußerung ist die Grundstücksveräußerung steuerbar, wenn das veräußerte Grundstück dem Unternehmen des veräußernden Unternehmers zugeordnet (Unternehmensvermögen) war. Dies ist dann der Fall, wenn das Grundstück bisher wenigstens geringfügig unternehmerisch genutzt wurde und der Unternehmer das Grundstück als Unternehmensvermögen behandelt hat. Für die Zuordnung eines Grundstücks zum Unternehmen ist nach § 15 Abs. 1 Satz 2 UStG erforderlich, dass der Unternehmer das Grundstück zu wenigstens 10 % für sein Unternehmen nutzt.

Es ist zulässig, ein nur teilweise unternehmerisch genutztes Grundstück auch nur teilweise dem Unternehmen zuzuordnen (vgl. A 15.2c Abs. 2 Nr. 2 Buchst. b UStAE). Die Veräußerung eines Grundstücks ist dann zum Teil steuerbar und zum Teil nicht steuerbar (vgl. A 15.2c Abs. 4 Sätze 5 ff. UStAE). Hiernach werden gemischt genutzte Grundstücke (teilweise unternehmerische und teilweise unternehmensfremde Nutzung) wie folgt behandelt:

- Der Gegenstand kann dem außerunternehmerischen Bereich zu 100 % zugeordnet werden.
- Der Gegenstand kann zu 100 % dem Unternehmen zugeordnet werden.
- Der Unternehmer kann Gebäudeteile, die er unternehmensfremd nutzt, von vornherein seinem nicht unternehmerischen Bereich zuordnen.

Die Frage der teilweisen Zuordnung eines gemischt genutzten Grundstücks zum Unternehmen ist in der Regel nicht relevant, weil mit der Zulassung der Teiloption bei Grundstücksveräußerungen (vgl. 4.3.2) das Interesse des Unternehmers an einer Aufteilung eines Grundstücks entfällt. Jedem Unternehmer ist deshalb anzuraten, beim Erwerb oder bei der Herstellung eines mit Umsatzsteuer belasteten Grundstücks, dieses zu 100 % seinem Unternehmen zuzuordnen, um mögliche Nachteile zu vermeiden. In diesem Fall kann der Unternehmer bei einer nachträglichen Ausdehnung der unternehmerischen Nutzung innerhalb des Berichtigungszeitraums des § 15a UStG eine Vorsteuerberichtigung nach § 15a UStG zu seinem Gunsten vornehmen. Umgekehrt erleidet er bei einer Verringerung des Grades der unternehmerischen Nutzung keinen Nachteil gegenüber der Position, in der er sich bei einer nur teilweisen Zuordnung des Grundstücks zu seinem Unternehmen befindet.

Die Verwaltung verlangt für die Zuordnung eines Grundstücks zum Unternehmen, dass die Zuordnung entweder konkludent oder z. B. durch eine Erklärung gegenüber dem Finanzamt erfolgt. Die konkludente Zuordnung kann in der Geltendmachung des Vorsteuerabzugs liegen. Ist ein Vorsteuerabzug nicht oder nur teilweise zulässig, muss der Unternehmer, der ein Grundstück seinem Unternehmen zuordnet, dies durch eine gegenüber dem Finanzamt abgegebene **schriftliche Erklärung** dokumentieren (vgl. A 15.2c Abs. 18 Satz 3 UStAE). Der BFH hat mit zwei Urteilen vom 07. 07. 2011 BStBl II 2014, 76 und 81 entschieden, dass die Zuordnungsentscheidung spätestens und mit endgültiger Wirkung noch in einer »zeitnah« erstellten Umsatzsteuererklärung für das Jahr, in das der Leistungsbezug fällt, nach außen dokumentiert werden muss, wenn frühere Anhaltspunkte für eine vollständige oder teilweise Zuordnung der bezogenen Leistung zum Unternehmen fehlen. Eine zeitnahe gesonderte Dokumentation der Zuordnungsentscheidung liegt vor, wenn sie bis zur gesetzlichen Abgabefrist für Steuererklärungen, vorliegt. Fristverlängerungen für die Abgabe der Steuererklärungen haben darauf keinen Einfluss (vgl. A 15.2c Abs. 16 Sätze 4 bis 6 und Abs. 18 Satz 5 UStAE).

Bei Herstellungsvorgängen, die sich über mehr als ein Kalenderjahr erstrecken, hat der Unternehmer grundsätzlich die Anzahlungen und Leistungsbezüge dem jeweiligen Kalenderjahr zuzuordnen. Er kann auch seine Zuordnungsentscheidung für das sich im Herstellungsprozess befindliche Gebäude durch eine rechtzeitige schriftliche Erklärung in Jahr des Herstellungsbeginn dokumentieren (A 15.2c Abs. 19 Beispiel 1 UStAE). Eine zeitnahe Dokumentation der Zuordnungsentscheidung kann spätestens bis zur gesetzlichen Regelabgabefrist für Steuererklärungen erfolgen (A 15.2c Abs. 16 UStAE). Die Zuordnungsentscheidung muss für Leistungsbezüge bzw. Anzahlungen, die bis zum 31. 12. 2017 erfolgt sind, bis zum 31. Mai des Folgejahrs und für nach dem 31. 12. 2017 bezogene Leistungen bzw. verausgabte Anzahlungen bis zum 31. Juli des Folgejahrs dokumentiert werden (vgl. auch USt-Kartei der OFD Karlsruhe vom 13. 08. 2019 zu § 15 UStG S 7300 Karte 5). Bis zu diesem Zeitpunkt kann auch eine im Voranmeldungsverfahren getroffene Zuordnungsentscheidung korrigiert werden.

Macht der Unternehmer bis zu diesem Zeitpunkt jeweils keinen Vorsteuerabzug geltend und liegen keine anderen Beweisanzeichen für eine Zuordnung zum Unternehmen vor, kann diese nicht unterstellt werden (vgl. A 15.2c Abs. 19 Sätze 1 und 2 UStAE).

## 4.1 Steuerbefreiung nach § 4 Nr. 9 Buchst. a UStG

Im Falle der Steuerbarkeit ist die Grundstücksveräußerung in der Regel gem. § 4 Nr. 9 Buchst. a UStG steuerfrei, da die Grundstücksveräußerung unter das Grunderwerbsteuergesetz fällt. Genau genommen ist allerdings schon der Grundstückskauf bzw. Grundstücksverkauf nach dem Grunderwerbsteuergesetz steuerbar, während bei der USt erst die Grundstückslieferung steuerbar ist. Gleichwohl ist die Steuerfreiheit unstreitig, zumal sie sich durch richtlinienkonforme Auslegung aufgrund von Art. 135 Abs. 1 Buchst. j und k MwStSystRL ergibt (ausgenommen von der Steuerbefreiung sind unionsrechtlich allerdings Neubauten).

Nicht unter das Grunderwerbsteuergesetz fällt jedoch die Mitveräußerung von Betriebsvorrichtungen mit der Folge, dass insoweit auch die Steuerbefreiung nach § 4 Nr. 9 Buchst. a UStG nicht greift. Ebenso wie die Vermietung von Betriebsvorrichtungen ist somit auch die Veräußerung von Betriebsvorrichtungen steuerpflichtig.

**BEISPIEL**

T ist Eigentümer mehrerer Tennishallen, die er im Rahmen eines einheitlichen Betriebes an Tennisspieler stundenweise vermietet. Aus finanziellen Gründen veräußert er eine der Tennishallen an den Erwerber E. Eine Geschäftsveräußerung i. S. v. § 1 Abs. 1a UStG soll nicht vorliegen. Der Kaufpreis beträgt insgesamt 500 000 € inklusive der gesetzlichen USt. Vom Kaufpreis entfallen prozentual auf:

| | |
|---|---|
| Grundstück | 20 % |
| Gebäude (ohne Betriebsvorrichtungen) | 50 % |
| Betriebsvorrichtungen | 30 % |

**LÖSUNG** Die Veräußerung von T an E ist steuerbar (keine Geschäftsveräußerung nach § 1 Abs. 1a UStG). Soweit die Veräußerung das Grundstück mit aufstehendem Gebäude (ohne Betriebsvorrichtungen) betrifft, ist sie steuerbar nach dem Grunderwerbsteuergesetz und somit nach § 4 Nr. 9 Buchst. a UStG umsatzsteuerfrei, im Übrigen ist sie umsatzsteuerpflichtig. Der steuerfreie Teil wird nicht durch eine an sich mögliche Option steuerpflichtig. Eine Option zur Steuerpflicht nach § 9 UStG wurde nicht ausgesprochen. Dies ergibt sich daraus, dass der Kaufpreis insgesamt 500 000 € (brutto) beträgt und darin nur die **gesetzliche** USt enthalten ist. Somit sind nur 30 % vom Bruttoentgelt von 500 000 € umsatzsteuerpflichtig. Die USt beträgt somit 19/119 von 150 000 €, d. h. 23 949,58 €.

## 4.2 Steuerbefreiung nach § 4 Nr. 9a UStG i. R. v. Bauherrenmodellen

Das wesentliche Merkmal der Bauherrenmodelle ist, dass aufgrund eines ganzen Geflechts von Verträgen

- zwischen dem Bauherrn einerseits und
- einer ganzen Reihe von bei der Errichtung eines Gebäudes eingeschalteten Unternehmern andererseits möglichst hohe Kosten in den Bereichen produziert werden, in denen die Kosten sofort steuerlich abzugsfähigen Aufwand darstellen. So wird beispielsweise das

Grundstück verhältnismäßig billig abgegeben, dafür hat der Bauherr jedoch z. B. besonders hohe Finanzierungskosten. Das gesamte Vertragswerk ist so gestaltet, dass kein Vertrag für sich ohne die anderen Bestand haben kann.

Daraus hat der BFH wiederholt, z. B. mit Urteil vom 27. 10. 1999 BStBl II 2000, 34, den Schluss gezogen, dass das ganze Vertragsgeflecht als ein einheitliches auf den Erwerb eines fertigen Gebäudes gerichtetes Vertragswerk anzusehen ist und zwar auch dann, wenn die Vertragspartner der Einzelverträge verschiedene Personen sind. Die weitere Folge daraus ist, dass alle in den Einzelverträgen vereinbarten Entgelte in die Bemessungsgrundlage der Grunderwerbsteuer einzubeziehen sind. Auf diese Weise kann z. B. der Werkvertrag des Malermeisters unter die Grunderwerbsteuer fallen.

Die aufgrund dieser Verträge erbrachten Leistungen der Architekten, der einzelnen Bauunternehmer und der Bauhandwerker sind nicht nach § 4 Nr. 9a UStG umsatzsteuerfrei (vgl. A 4.9.1 Abs. 1 Satz 4 UStAE). Der BFH begründet dies im Urteil vom 24. 02. 2000 BStBl I 2000, 278 damit, dass die Leistungen der Bauhandwerker als solche nicht der Grunderwerbsteuer unterliegen. Lediglich das Entgelt für diese Leistungen werde (zur Begegnung von Missbrauch) in die Bemessungsgrundlage für die Grundstücksveräußerung mit einbezogen.

## 4.3 Option gemäß § 9 UStG bei Grundstücksveräußerungen

Gem. § 9 UStG kann auf die Steuerbefreiung nach § 4 Nr. 9 Buchst. a UStG verzichtet werden, wenn die steuerbare Veräußerung an ein Unternehmen erfolgt, wenn also das Grundstück beim Erwerber Unternehmensvermögen wird. Im Falle der zulässigen Option nach § 9 UStG wird die Grundstückslieferung steuerpflichtig und unterliegt gem. § 12 Abs. 1 UStG dem Regelsteuersatz. Nach der BFH-Rechtsprechung (erstmals mit Urteil vom 26. 06. 1996 BStBl II 1997, 98) kommt bei einer Gebäudelieferung, insbesondere bei unterschiedlichen Nutzungsarten der Gebäudeteile, eine Teiloption in Betracht (vgl. A 9.1 Abs. 6 UStAE). Die Aufteilung ist nach räumlichen Gesichtspunkten (nicht quotal) vorzunehmen (evtl. anderer Auffassung ist der EuGH im Urteil vom 04. 10. 1995 BStBl II 1996, 390). Danach könnte die Option nach § 9 UStG z. B. auf das Erdgeschoss beschränkt werden.

Der Verzicht auf die Befreiung kann nach § 9 Abs. 3 Satz 2 UStG nur noch in der Weise wirksam vorgenommen werden, dass er in dem gem. § 311b Abs. 1 BGB notariell zu beurkundenden Vertrag erklärt wird. Dies ist der Verpflichtungsvertrag, der der Auflassung und der Eintragung in das Grundbuch vorhergeht. In seinem Urteil vom 21. 10. 2015 BStBl II 2017, 852 gelangte der BFH zu dem Ergebnis, dass der Verzicht auf die Umsatzsteuerbefreiung der Lieferung eines Grundstücks nach Maßgabe des § 9 Abs. 3 Satz 2 UStG nur in dem ursprünglichen notariell beurkundeten Kaufvertrag erklärt werden könne und dass – entgegen der bisher großzügigeren Verwaltungsauffassung – ein späterer Verzicht auf die Umsatzsteuerbefreiung unwirksam sei, auch wenn dieser notariell beurkundet werde.

Damit verneint der BFH im Falle der Grundstückslieferung die Wirksamkeit jeglicher nachträglicher Optionserklärungen. Da nach dieser Rechtsprechung auch der Widerruf der Optionserklärung zeitlich auf den Abschluss des ursprünglichen Grundstückskaufvertrags begrenzt ist, ist ein Widerruf praktisch nicht mehr möglich. Grund für die höheren Anforderungen an eine Option ist die Steuerschuldnerschaft des Erwerbers gem. § 13b Abs. 5 Satz 1 i. V. m. Abs. 2 Nr. 3 UStG bei steuerpflichtigen Grundstückslieferungen. Der Erwerber muss deshalb davor geschützt werden, dass der Veräußerer gegen seinen Willen auf die Umsatzsteuerbefreiung verzichtet. A 9.1 Abs. 3 Satz 4 und 9.2 Abs. 9 UStAE wurde an diese Rechtsprechung angepasst. Nach einer Übergangsregelung im BMF-Schreiben vom 02. 08. 2017 BStBl I

2017, 1240 kann im Fall einer nachträglichen notariellen Vertragsergänzung oder -änderung die Option oder ihr Widerruf als wirksam anerkannt werden, wenn die Erklärung vor dem 01. 01. 2018 und vor dem Eintritt der formellen Bestandskraft der betreffenden Jahressteuerfestsetzung abgegeben worden ist.

**BEISPIEL**

Bauunternehmer B veräußerte an Baustoffhändler H mit einem am 01. 04. 2017 notariell beurkundeten Kaufvertrag ein Lagergrundstück. Der Übergang von Nutzen und Lasten erfolgte zum 01. 07. 2017. Eine Option nach § 9 UStG hat B erst im Rahmen einer notariellen Vertragsergänzung vom 01. 09. 2017 erklärt. Die Umsatzsteuer-Jahreserklärung für 2017 hat B im November 2018 beim Finanzamt eingereicht.

**LÖSUNG** Die nachträgliche Optionserklärung des B für die Grundstückslieferung ist wirk-sam, da sie noch vor dem 01. 01. 2018 im Rahmen einer notariellen Vertragsergänzung erfolgt ist und im Zeitpunkt der Erklärung noch gar keine Jahressteuerfestsetzung für 2017 vorlag (somit konnte die Steuerfestsetzung auch noch nicht formell bestandskräftig sein). Ein Verzicht auf die Steuerbefreiung nach dem 31. 12. 2017 wäre unwirksam.

Bei Grundstücksveräußerungen im Zwangsversteigerungsverfahren ist zum Schutz des Ersteigerers vor einer nicht einkalkulierten USt die Option gem. § 9 Abs. 3 Satz 1 UStG nur zulässig, sofern sie bereits vor der Aufforderung zur Abgabe von Geboten im Versteigerungstermin erklärt wurde (A 9.2 Abs. 8 UStAE).

### 4.3.1 Ermittlung der Umsatzsteuer bei Option zur Steuerpflicht

Da bei steuerpflichtigen Grundstücksveräußerungen die Umsatzsteuer gemäß § 13b Abs. 5 Satz 1 i. V. m. Abs. 2 Nr. 3 vom Erwerber im Reverse-Charge-Verfahren geschuldet wird, ist der vom Erwerber an den Veräußerer zu entrichtende Betrag ein Nettobetrag. Die Umsatzsteuer ist somit mit 19 % auf diesen Betrag zu errechnen (vgl. A 13b.13 Abs. 1 Satz 1 UStAE). Die vom Erwerber und Veräußerer gesamtschuldnerisch geschuldete Grunderwerbsteuer gehört auch dann nicht zum Entgelt für die Grundstücksveräußerung, wenn der Erwerber die Grunderwerbsteuer vereinbarungsgemäß allein zu tragen hat. Der Erwerber begleicht aufgrund der Gesamtschuldnerschaft mit der Zahlung eine eigene Verbindlichkeit (vgl. A 10. 1 Abs. 7 Satz 6 UStAE) und nicht zur Hälfte die des Grundstücksveräußerers. Gleiches gilt hinsichtlich der vom Käufer zu tragenden Kosten der Beurkundung des Kaufvertrags und der Auflassung, der Eintragung ins Grundbuch sowie der zu Eintragungen erforderlichen Erklärungen (§ 448 Abs. 2 BGB).

**BEISPIELE**

a) A ist Eigentümer eines Bürogebäudes, welches er bisher zu 1/5 eigenbetrieblich genutzt und zu 4/5 steuerpflichtig an die Fa. F vermietet hat. A schließt mit F am 01. 07. 05 einen Kaufvertrag, wonach das Gebäude mit Wirkung ab 01. 01. 06 an F veräußert wird. Der von F an A zu entrichtende Kaufpreis beträgt 1 Mio. €. Außerdem verpflichtet sich F, die anfallende GrESt voll zu übernehmen. Zwischen A und F ist im notariellen Kaufvertrag vereinbart, dass A auf die Steuerbefreiung nach § 4 Nr. 9 Buchst. a UStG verzichtet.

**LÖSUNG** Die Veräußerung des Bürogebäudes von A an F ist steuerbar, sofern keine Geschäftsveräußerung i. S. d. § 1 Abs. 1a UStG vorliegt. Die Veräußerung erfolgt an einen Unternehmer für dessen Unternehmen. Bei dem Gebäude handelt es sich jedoch um keinen in der Gliederung des Unternehmens gesondert geführten Betrieb des A, da das Gebäude zu 1/5 in den Betrieb des A eingegliedert war und F diesen Betrieb nicht mitveräußert hat. Da die restlichen 4/5 an den Erwerber F vermietet waren, liegt auch insoweit keine Geschäftsveräußerung i. S. d. § 1 Abs. 1a UStG vor. F kann in keinen Mietvertrag eintreten. Da der wirtschaftliche Vorgang unter das GrEStG fällt, ist die Veräußerung grundsätzlich steuerfrei nach § 4 Nr. 9 Buchst. a UStG. A verzichtet jedoch auf die Befreiung nach § 9 Abs. 1 UStG. Der Verzicht ist zulässig, da die Veräußerung an das Unternehmen von F erfolgt. Somit ist die Veräußerung steuerpflichtig. F schuldet die Umsatzsteuer gem. § 13b Abs. 5 Satz 1 i. V. m. Abs. 2 Nr. 3 UStG im Reverse-Charge-Verfahren. Sie beträgt 19 % von 1 Mio. € = 190 000 €.

b) A ist Eigentümer einer Lagerhalle, welche er bisher zu 1/5 eigenbetrieblich genutzt und zu 4/5 steuerpflichtig an die Fa. F vermietet hat. A schließt mit F am 01. 07. 05 einen Kaufvertrag, wonach die Lagerhalle mit Wirkung ab 01. 01. 06 an F veräußert wird. Der von F an A entrichtete Kaufpreis beträgt 1 Mio. €. Außerdem verpflichtet sich F, die anfallende GrESt voll zu übernehmen. Zwischen A und F ist im notariellen Kaufvertrag vereinbart, dass A auf die Steuerbefreiung nach § 4 Nr. 9 Buchst. a UStG verzichtet. Zur Lagerhalle gehören Betriebsvorrichtungen, auf die 200 000 € des von F an A entrichteten Betrags entfallen.

**LÖSUNG** Die Veräußerung der Lagerhalle von A an F ist steuerbar (keine nicht steuerbare Geschäftsveräußerung nach § 1 Abs. 1a UStG, wie in Fall a). Da der wirtschaftliche Vorgang, soweit es sich nicht um Betriebsvorrichtungen handelt, unter das GrEStG fällt, ist die Veräußerung grundsätzlich insoweit steuerfrei nach § 4 Nr. 9 Buchst. a UStG. A verzichtet jedoch auf die Befreiung nach § 9 Abs. 1 UStG. Der Verzicht ist zulässig, da die Veräußerung an das Unternehmen von F erfolgt. Somit ist die Veräußerung steuerpflichtig. Soweit die Veräußerung unter das Grunderwerbsteuergesetz fällt, schuldet F die Umsatzsteuer gem. § 13b Abs. 5 Satz 1 i. V. m. Abs. 2 Nr. 3 UStG im Reverse-Charge-Verfahren. Sie beträgt 19 % von 800 000 € = 152 000 €. Die Veräußerung der Betriebsvorrichtungen fällt nach § 2 Abs. 1 Nr. 1 GrEStG nicht unter das Grunderwerbsteuergesetz. Deshalb greift insoweit das Reverse-Charge-Verfahren gem. § 13b Abs. 5 Satz 1 i. V. m. Abs. 2 Nr. 3 UStG nicht ein. Insoweit ist also A Schuldner der Umsatzsteuer. Sie beträgt 19/119 von 200 000 € = 31 932,77 €.

### 4.3.2 Teiloption bei Grundstücksveräußerungen

Nach A 9.1 Abs. 6 UStAE kann der Unternehmer hinsichtlich einer insgesamt steuerbaren Grundstückslieferung für bestimmte abgrenzbare Teile auf die Befreiung gem. § 4 Nr. 9 Buchst. a UStG verzichten und den Umsatz insoweit steuerpflichtig machen. Mit der Teiloption kann der Unternehmer bei teils steuerpflichtig, teils steuerfrei genutzten Grundstücken eine Vorsteuerberichtigung nach § 15a UStG verhindern ohne dass beim Erwerber Vorsteuer anfällt, welcher dieser infolge des Vorsteuerabzugsverbots nach § 15 Abs. 2 UStG nicht abziehen könnte.

**BEISPIELE**

a) Unternehmer U ist Eigentümer eines Gebäudes. Er nutzt es zu 50 % eigenbetrieblich für steuerpflichtige Umsätze. Die restlichen 50 % des Gebäudes vermietet er steuerfrei an Privatpersonen. U hat bei der Errichtung des Gebäudes die Vorsteuer zu 50 % geltend gemacht. U veräußert das Gebäude an E, der es ebenfalls zu 50 % eigenbetrieblich für steuerpflichtige Umsätze nutzen will. Die restlichen 50 % will E an (andere) Privatpersonen vermieten. U optiert im Einvernehmen mit E hinsichtlich des eigenbetrieblich genutzten Teils zur Steuerpflicht.

**LÖSUNG** Das Gebäude ist notwendiges Unternehmensvermögen sowohl bei U als auch bei E, da es zu 100 % unternehmerisch genutzt wird. Es besteht damit ein Zuordnungsgebot (vgl. A 15.2c Abs. 1 Satz 1 UStAE). Die Grundstücksveräußerung ist in vollem Umfang steuerbar (keine nicht steuerbare Geschäftsveräußerung nach § 1 Abs. 1a UStG). Sie ist grundsätzlich nach § 4 Nr. 9 Buchst. a UStG steuerfrei. Somit sind die Voraussetzungen für eine Option zur Steuerpflicht gem. § 9 Abs. 1 UStG in vollem Umfang gegeben. Es ist aber auch eine Teiloption zulässig. Bei einer Teiloption vermeidet U eine Vorsteuerberichtigung nach § 15a UStG zu seinen Ungunsten hinsichtlich der geltend gemachten Vorsteuer. E kann die gesamte anfallende und ihm in Rechnung gestellte USt als Vorsteuer abziehen, da er den steuerpflichtigen Grundstücksteil für seine vorsteuerunschädlichen Ausgangsumsätze verwendet.

b) A ist Eigentümer eines Einfamilienhauses, das er zum 31. 12. 01 fertig gestellt und ab 01. 01. 02 selbst bewohnt hat. Zum 31. 12. 04 veräußert er das Einfamilienhaus an E. Bis zur Veräußerung hatte A in seinem Einfamilienhaus ein Arbeitszimmer (20 % der Nutzfläche), das er als freier Architekt nutzte. Bei der Errichtung des Einfamilienhauses hatte er für dieses Arbeitszimmer 20 % der ihm in Rechnung gestellten USt von insgesamt 60 000 €, d. h. 12 000 €, als Vorsteuer abgezogen. A hat nur den unternehmerisch genutzten Teil des Einfamilienhauses seinem Unternehmen zugeordnet. E ist freiberuflich tätiger Rechtsanwalt, der ebenfalls ein Zimmer des Einfamilienhauses als Arbeitszimmer nutzen will, allerdings nicht dasselbe, sondern ein anderes, das ebenfalls 20 % der Nutzfläche ausmacht. A optiert im Einvernehmen mit E hinsichtlich des unternehmerisch genutzten Teils des Einfamilienhauses zur Steuerpflicht. Als Nettokaufpreis wird der Betrag von 600 000 € vereinbart. E übernimmt zusätzlich die gesamte anfallende GrESt und USt. Auf den unternehmerisch genutzten Teil des Einfamilienhauses entfallen 20 % des Nettokaufpreises.

**LÖSUNG** Da A nur den unternehmerisch genutzten Teil des Einfamilienhauses seinem Unternehmen zugeordnet hat, ist nur die Veräußerung dieses Teils des Einfamilienhauses steuerbar. Folgt man der Verwaltung und Rechtsprechung, die nur eine räumliche Zuordnung zulässt, ist die Veräußerung des Arbeitszimmers des A steuerpflichtig, allerdings nur dann, wenn E das Gebäude insgesamt seinem Unternehmen zuordnet. Die Veräußerung des Zimmers, welches E als Arbeitszimmer nutzt, käme aus dem Privatbereich das A und wäre nicht steuerbar. A hätte in diesem Fall eine Vorsteuerberichtigung nach § 15a UStG vermieden; E hätte jedoch aus der von ihm nach § 13b Abs. 5 Satz 1 i. V. m. Abs. 2 Nr. 3 UStG geschuldeten USt i. H. v. 120 000 € x 19 % = 22 800 € nach § 15 Abs. 1b UStG keinen Vorsteuerabzug. Auch hinsichtlich des vom ihm genutzten Arbeitszimmers hätte er dann mangels Vorsteuer keinen Vorsteuerabzug.

c) B ist Eigentümer eines zweigeschossigen Gebäudes. Nach Fertigstellung zum 31. 12. 01 hat er ab 01. 01. 02 das Erdgeschoss an einen Unternehmer als Ladengeschäft für monatlich 3 000 € zuzüglich 570 € USt vermietet. Das Obergeschoss hat er ebenfalls ab 01. 01. 02 an Privatleute für monatlich 1 500 € vermietet. B veräußert das Gebäude mit Wirkung ab 01. 01. 05 an D, der in die bestehenden Mietverträge eintritt. Der Kaufpreis beträgt 600 000 €. Außerdem übernimmt D die gesamte anfallende GrESt. B ist im Übrigen nicht unternehmerisch tätig. Bezüglich der Errichtung des Gebäudes wurden B 50 000 € USt gesondert in Rechnung gestellt, von der B 25 000 € als Vorsteuer abgezogen hat.

**LÖSUNG** Das Gebäude stellt das gesamte Unternehmen des B dar. Es liegt somit eine Geschäftsveräußerung im Ganzen vor, die nach § 1 Abs. 1a UStG nicht steuerbar ist. Eine Option zur Steuerpflicht ist daher nicht möglich aber auch nicht nötig. Die nicht steuerbare Geschäftsveräußerung löst bei B keine Vorsteuerberichtigung nach § 15a UStG aus. D tritt an die Stelle des B. Bei D läuft der Berichtigungszeitraum des § 15a UStG weiter und endet am 31. 12. 11. Sofern D in diesem Zeitraum eine vorsteuerrelevante Nutzungsänderung vornimmt, kann sich bei D eine Vorsteuerberichtigung nach § 15a UStG ergeben.

Ein Sonderproblem bei der Teiloption ist die Frage, ob bei Lieferung eines Gebäudes und dem dazugehörenden Grund und Boden die Option zur Besteuerung auf das Gebäude begrenzt werden kann. Mit Urteil vom 08. 06. 2000 BStBl II 2003, 452 hat der EuGH die Auffassung vertreten, dass sich die Option zur Steuerpflicht bei bebauten Grundstücken nicht auf das Gebäude beschränken lässt (A 9.1 Abs. 6 Satz 4 sowie auch A 15.2c Abs. 11 UStAE).

## 4.4 Zwangsversteigerung eines Grundstücks

Im Falle der Zwangsversteigerung eines zu einem Unternehmen gehörenden Grundstücks liegt eine steuerbare Lieferung vom bisherigen Eigentümer an den Ersteigerer vor, die grundsätzlich steuerfrei nach § 4 Nr. 9a UStG ist, jedoch bei Ersteigerung für ein Unternehmen durch den Verzicht des Eigentümers auf die Befreiung gem. § 9 Abs. 1 UStG steuerpflichtig werden kann. Nach § 9 Abs. 3 Satz 1 UStG wird der Verzicht des bisherigen Eigentümers auf die

Befreiung nur wirksam, wenn er spätestens bis zur Aufforderung zur Abgabe von Geboten im Versteigerungstermin erklärt wird. Diese Vorschrift steht im Zusammenhang mit § 13b UStG. Nach § 13b Abs. 5 Satz 1 i. V. m. Abs. 2 Nr. 3 UStG schuldet in einem solchen Fall der Ersteigerer die Umsatzsteuer. Er soll deshalb bei Abgabe des Gebots wissen, dass diese Steuerschuld auf ihn zukommt. Das Meistgebot ist bei der Berechnung der Steuer als Nettobetrag zu Grunde zu legen (A 13b.13 Abs. 2 UStAE).

**BEISPIEL**

B hat im Kalenderjahr 01 ein Bürogebäude errichtet. Hierfür wurde ihm insgesamt USt i. H. v. 200 000 € gesondert in Rechnung gestellt, die er als Vorsteuer abzog. Die Büroräume vermietete B ab 01. 10. 01 an verschiedene Unternehmer. Infolge gestiegener Zinsen konnte B im Kalenderjahr 02 seinen Bankverpflichtungen nicht mehr nachkommen. Auf Betreiben einer Bank, zu deren Gunsten eine Hypothek auf dem Grundstück eingetragen war, wurde das Grundstück am 01. 07. 02 zwangsversteigert. E erhielt den Zuschlag für 1 Mio. €. Vor der Aufforderung zur Abgabe von Geboten im Versteigerungstermin hatte B den Verzicht gemäß § 9 UStG auf die Befreiung nach § 4 Nr. 9 Buchst. a UStG erklärt. E beabsichtigt, das Grundstück ausschließlich für steuerpflichtige Umsätze in seinem eigenen Unternehmen zu verwenden.

**LÖSUNG** Die Zwangsversteigerung des Bürogebäudes stellt eine nach § 1 Abs. 1 Nr. 1 UStG i. V. m. § 3 Abs. 1 UStG steuerbare Lieferung von B an E dar. Eine nicht steuerbare Geschäftsveräußerung i. S. d. § 1 Abs. 1a UStG liegt nicht vor, da E das Vermietungsunternehmen nicht fortführt. Die Lieferung ist grundsätzlich steuerfrei nach § 4 Nr. 9 Buchst. a UStG, jedoch infolge des Verzichts auf die Steuerbefreiung steuerpflichtig. Durch den Verzicht auf die Steuerbefreiung kann B eine Vorsteuerberichtigung nach § 15a UStG zu seinen Ungunsten i. H. v. 185 000 € (111/120 von 200 000 €) vermeiden. Das Meistgebot ist als Nettobetrag der Umsatzsteuer zu unterwerfen (vgl. A 13b.13 Abs. 2 UStAE). Nach § 13b Abs. 5 Satz 1 i. V. m. Abs. 2 Nr. 3 UStG ist E Schuldner der anfallenden USt. Sie errechnet sich wie folgt:

| | |
|---|---|
| Entgelt (abgegebenes Gebot) | 1 000 000 € |
| Umsatzsteuer 19 % | 190 000 € |

Diese von ihm geschuldete USt darf E nach § 15 Abs. 1 Nr. 4 UStG als Vorsteuer abziehen.

## 5 Nießbrauchsbestellung an Grundstücken

Der Nießbrauch an einem Grundstück ist ein dingliches Recht, welches den Nießbraucher berechtigt, die Nutzungen aus dem Grundstück zu ziehen. Grundstücksnutzungen sind der Gebrauch des Grundstücks sowie die Fruchtziehung (vgl. §§ 1030, 100 BGB). Die Einräumung des Nießbrauchs stellt eine sonstige Leistung des Grundstückseigentümers an den Nießbraucher dar. Dabei handelt es sich um eine **Dauerleistung** für die Zeit des Nießbrauchs.

Der Eigentümer, der einem anderen den **entgeltlichen** Nießbrauch an seinem Grundstück einräumt, wird allein schon dadurch nachhaltig und in Einnahmeerzielungsabsicht tätig und damit gem. § 2 UStG Unternehmer (vgl. A 2.3 Abs. 6 zweiter Spiegelstrich UStAE). Der Ort der in der Nießbrauchsgewährung bestehenden sonstigen Leistung bestimmt sich gem. § 3a Abs. 3 Nr. 1 Buchst. a UStG, also nach dem Lageort des Grundstücks (vgl. A 3a.3 Abs. 9 Nr. 1 UStAE).

Die steuerbare Nießbrauchsgewährung ist nach § 4 Nr. 12 Buchst. c UStG steuerfrei. Auf die Befreiung kann jedoch nach § 9 Abs. 1 UStG verzichtet werden, soweit der Nießbrauch einem Unternehmen gewährt wird und § 9 Abs. 2 UStG nicht entgegensteht.

**BEISPIEL**

A ist Eigentümer eines unbebauten Grundstücks in zentraler Lage. Im Kalenderjahr 01 errichtet A auf diesem Grundstück ein Warenhaus. Hierbei wurde ihm USt i. H. v. 500 000 € gesondert in Rechnung gestellt. Das Warenhaus wurde Ende Dezember 01 fertig gestellt. Schon vor Baubeginn hatte sich A in einem notariell beurkundeten Vertrag gegenüber H verpflichtet, diesem auf die Dauer von zehn Jahren ab 01. 01. 02 den Nießbrauch an dem Grundstück einzuräumen. Der Nießbrauch wurde kurz danach im Grundbuch eingetragen. H war verpflichtet, ab 01. 01. 02 ein jährliches Nießbrauchsentgelt von 300 000 € zuzüglich USt, fällig jeweils am 15. 03., an A zu entrichten. A und H sind sich einig, dass auf die Befreiung nach § 9 UStG verzichtet werden soll.

**LÖSUNG** Aufgrund der entgeltlichen Nießbrauchsbestellung wird A nachhaltig in Einnahmeerzielungsabsicht tätig und somit Unternehmer. Die Nießbrauchsbestellung ist steuerbar. Sie fällt unter die Steuerbefreiung nach § 4 Nr. 12 Buchst. c UStG. A kann jedoch auf diese Steuerbefreiung nach § 9 UStG verzichten, da sämtliche Voraussetzungen des § 9 UStG erfüllt sind. Infolge des Verzichts auf die Befreiung darf A die ihm berechnete USt in voller Höhe von 500 000 € als Vorsteuer abziehen. Die USt beträgt für die jährliche Teilleistung 19 % von 300 000 €, d. h. 57 000 €. Sie entsteht nach § 13 Abs. 1 Nr. 1 Buchst. a Sätze 2 und 3 UStG jeweils mit Ablauf des VZ März.

Von den Fällen des entgeltlichen Nießbrauchs sind die Fälle des **unentgeltlichen** Nießbrauchs streng zu unterscheiden. Wer als Nichtunternehmer an seinem Grundstück einem anderen einen Nießbrauch unentgeltlich einräumt, handelt nicht in Einnahmeerzielungsabsicht und wird deshalb nicht zum Unternehmer. Räumt ein **Unternehmer** einem anderen an einem zu seinem Unternehmen gehörenden Grundstück einen lebenslänglichen unentgeltlichen Nießbrauch ein, entnimmt er im Regelfall zuvor das Grundstück (vgl. BFH vom 16. 09. 1987 BStBl II 1988, 205; Verfügung der OFD Hannover vom 16. 09. 2011 S 7109–10-St 172 Sachverhalt 3). Die Entnahme ist gem. § 3 Abs. 1b Nr. 1 UStG einer Lieferung gegen Entgelt gleichgestellt und damit nach § 1 Abs. 1 Nr. 1 UStG steuerbar. Sie ist steuerfrei (vgl. 6.1).

Von den Fällen der Nießbrauchsübertragung sind die Fälle zu unterscheiden, in denen ein Grundstück unter Nießbrauchsvorbehalt übertragen wird. Hierzu hat der BFH in seinem Urteil vom 13. 11. 1997 BB 1998, 251 entschieden, dass ein Grundstück noch nicht geliefert wird, wenn der Unternehmer zwar das Eigentum daran überträgt, es aber aufgrund eines gleichzeitig vorbehaltenen Nießbrauchs wie bisher besitzt und den Ertrag durch Fortsetzung der bestehenden Mietverhältnisse zieht. Erst mit Beendigung des Vorbehaltsnießbrauchs liegt – je nach Sachverhalt – eine Lieferung, eine Entnahme oder eine nicht steuerbare Geschäftsveräußerung vor (Verfügung der OFD Hannover vom 16. 09. 2011 S 7109–10-St 172, Sachverhalt 2).

## 6 Eigenverbrauch bei Grundstücken

### 6.1 Entnahme des Grundstücks

Die Entnahme eines zu einem Unternehmensvermögen gehörenden Grundstücks ist gem. § 1 Abs. 1 Nr. 1 i. V. m. § 3 Abs. 1b Nr. 1 UStG steuerbar, sofern das Grundstück zum vollen oder teilweisen Vorsteuerabzug berechtigt hat (§ 3 Abs. 1b Satz 2 UStG). Nach A 4.9.1 Abs. 2 Nr. 6 UStAE ist die Entnahme von Grundstücken steuerfrei. Nach Art. 16 MwStSystRL stellt die Entnahme eines Gegenstands durch einen Steuerpflichtigen aus seinem Unternehmen für seinen privaten Bedarf einer Lieferung gegen Entgelt gleich. Über die Gleichstellungsfiktion des Art. 16 MwStSystRL sind grundsätzlich auch die Steuerbefreiungsvorschriften auf Entnahmen anwendbar. Für den Fall einer nach § 3 Abs. 1b Satz 1 Nr. 1 und Satz 2 UStG steuerbaren Entnahme eines Grundstücks aus dem Unternehmen bedeutet dies, dass die Steuerbefreiung des § 4 Nr. 9 Buchst. a UStG unabhängig davon Anwendung findet, ob mit der Entnahme ein Rechtsträgerwechsel am Grundstück verbunden ist (vgl. A 4.9.1 Abs. 2 Nr. 6 UStAE).

In den Fällen des § 3 Abs. 1b Nr. 1 und 2 UStG kann auf die Steuerbefreiung nicht gem. § 9 UStG verzichtet werden, da keine Leistung an ein Unternehmen erfolgt (vgl. A 9.1 Abs. 2 Satz 3 UStAE). Der Verzicht wäre auch nicht sinnvoll, da die anfallende USt nicht als Vorsteuer abgezogen werden könnte.

## 6.2 Entnahme der Nutzung eines Grundstücks

Die private Nutzung eines zum Unternehmensvermögen gehörenden Grundstücks ist nach § 1 Abs. 1 Nr. 1 i. V. m. § 3 Abs. 9a Nr. 1 UStG steuerbar, sofern das Grundstück zum vollen oder teilweisen Vorsteuerabzug berechtigt hat. Nach früherer Auffassung war die private Nutzung entsprechend der Grundstücksvermietung nach § 4 Nr. 12 UStG steuerfrei. Hierzu hat der EuGH mit Urteil vom 08. 05. 2003 BStBl II 2004, 378 jedoch entschieden, dass die private Nutzung eines dem Unternehmen zugeordneten Gebäudes nicht unter die Befreiung nach Art. 135 Buchst. l MwStSystRL) fällt und damit steuerpflichtig ist. Entsprechend hat der BFH mit Urteil vom 24. 07. 2003 BStBl II 2004, 371 entschieden, dass die private Nutzung des dem Unternehmen zugeordneten Gebäudes infolge richtlinienkonformer Auslegung des § 4 Nr. 12 UStG nicht steuerfrei ist (vgl. A 3.4 Abs. 7 Satz 3 und 4.12.1 Abs. 3 Satz 8 UStAE). Die Steuerpflicht der privaten Nutzung hat zur Folge, dass die im Zusammenhang mit der privaten Nutzung angefallene USt als Vorsteuer abgezogen werden darf. Dies und die nachfolgenden Beispiele gelten nur für Grundstücke, die die zeitlichen Grenzen des § 27 Abs. 16 UStG erfüllen (Bauantrag oder Anschaffung vor dem 01. 01. 2011, s. u.).

**BEISPIELE**

a) Der Arbeitnehmer A hat ein Zweifamilienhaus errichtet. Eine Wohnung nutzte er ab Fertigstellung selbst, die andere vermietet er steuerfrei an Privatleute. A will die Nutzung seiner selbst genutzten Wohnung versteuern und macht im Gegenzug die Hälfte der ihm für das Zweifamilienhaus berechneten USt als Vorsteuer aus der Errichtung des Gebäudes geltend.

**LÖSUNG** A ist infolge der Vermietung der Wohnung Unternehmer. Er kann das gesamte Gebäude seinem Unternehmen zuordnen. A ist zwar Kleinunternehmer nach § 19 UStG, kann jedoch auf die Anwendung des § 19 gem. § 19 Abs. 2 UStG verzichten. Die Steuerpflicht der privaten Nutzung setzt ihre Steuerbarkeit voraus. Hierzu ist vorrangig erforderlich, dass A wenigstens teilweise hinsichtlich des Zweifamilienhauses zum Vorsteuerabzug berechtigt ist. Da A jedoch die andere Wohnung steuerfrei vermietet, ist er nicht zum Vorsteuerabzug berechtigt. Die private Nutzung ist daher nicht gem. § 3 Abs. 9a Nr. 1 UStG einer entgeltlichen sonstigen Leistung gleichgestellt. Infolgedessen verwendet er auch die eigengenutzte Wohnung nicht für steuerpflichtige Umsätze und hat deshalb insgesamt keinen Vorsteuerabzug (vgl. Beispiel 1 in A 3.4 Abs. 7 UStAE).

b) Der Gewerbetreibende G errichtet ein zweigeschossiges Gebäude. Die Fertigstellung erfolgt Ende des Kalenderjahres 01. Das Erdgeschoss verwendet er ab 01. 01. 02 für seinen Gewerbebetrieb, das Obergeschoss nutzt er ab 01. 01. 02 als Wohnung. Für die Errichtung des Gebäudes wurden ihm insgesamt Rechnungen über 600 000 € zuzüglich 19 % USt = 114 000 € erteilt. G macht die gesamte USt als Vorsteuer geltend und versteuert im Gegenzug die private Nutzung des Obergeschosses. Es sind noch weitere Kosten angefallen, für die jedoch keine USt berechnet wurde.

**LÖSUNG** Durch die Geltendmachung des vollen Vorsteuerabzugs ordnet G das gesamte Gebäude konkludent seinem Unternehmen zu. Hinsichtlich des gewerblich genutzten Teils des Gebäudes ist G zum Vorsteuerabzug berechtigt. Infolgedessen tätigt G mit der privaten Nutzung des Obergeschosses eine nach § 3 Abs. 9a Nr. 1 UStG einer entgeltlichen sonstigen Leistung gleichgestellte Verwendung. Sie ist steuerbar und steuerpflichtig. Als Bemessungsgrundlage hat G gemäß § 10 Abs. 4 Nr. 2 Satz 2

UStG auch die auf den Berichtigungszeitraums des § 15a UStG verteilten Herstellungskosten anzusetzen. Die USt für die private Nutzung im Kalenderjahr 02 beträgt danach 19 % von 1/2 von 60 000 € = 5 700 €. Dafür darf G die ihm berechnete USt in voller Höhe von 114 000 € als Vorsteuer abziehen.

Die Versteuerung einer unentgeltlichen Wertabgabe entfällt für Gebäude, die nach dem 31. 12. 2010 (§ 27 Abs. 16 UStG) angeschafft oder hergestellt (Bauantrag ist maßgebend) worden sind (vgl. A 3.4 Abs. 5a Satz 1 UStAE). Bei diesen Gebäuden ist der Vorsteuerabzug nach § 15 Abs. 1b UStG ausgeschlossen, soweit sie für nichtunternehmerische Zwecke verwendet werden.

## 7 Leistungen von Wohnungseigentümergemeinschaften

Wohnungseigentümergemeinschaften sind in der Regel nachhaltig und in Einnahmeerzielungsabsicht tätig und damit Unternehmer.

Sie erbringen u. a. folgende typischen Leistungen an die Wohnungseigentümer:

- Wärmelieferungen,
- Wasserlieferungen,
- Warmwasserlieferungen,
- Instandhaltung und Instandsetzung des gemeinschaftlichen Eigentums,
- Bereithalten des Personenaufzugs,
- Bereithalten der Treppenhausbeleuchtung.

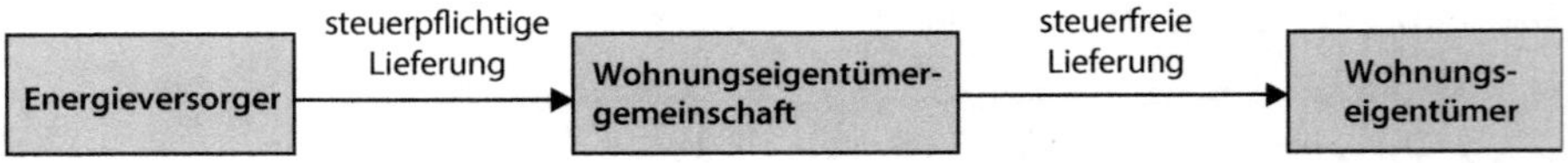


Da sie die hierbei anfallenden Kosten den Wohnungseigentümern konkret oder pauschal berechnen, handeln sie in Einnahmeerzielungsabsicht.

Gem. § 4 Nr. 13 UStG sind die Wohnungseigentümergemeinschaften bezüglich ihrer typischen Leistungen von der Umsatzsteuer befreit. Sie können jedoch auf die Befreiung nach § 9 UStG verzichten, soweit sie Leistungen an Unternehmen erbringen. Soweit es sich um Leistungen handelt, die nicht in § 4 Nr. 13 UStG aufgeführt sind, sind diese steuerpflichtig. So ist z. B. die Instandhaltung und Verwaltung von Sondereigentum steuerpflichtig (vgl. A 4.13.1 Abs. 2 Satz 5 UStAE).

Nach Verwaltungsauffassung können die Wohnungseigentümergemeinschaften neben den o. a. steuerbaren Leistungen auch **nicht steuerbare Gemeinschaftsleistungen** erbringen, soweit es sich um Maßnahmen handelt, die den Gesamtbelangen aller Mitglieder dienen (vgl. A 4.13.1 Abs. 2 Satz 1 UStAE). Soweit der Gemeinschaft diesbezüglich Vorsteuern in Rechnung gestellt werden, kann sie diese nicht abziehen, da die Leistungen nicht an ihren Unternehmensbereich erbracht werden.

## 8 Errichtung von Gebäuden auf fremdem Grund und Boden

Bei Gebäuden auf fremdem Grund und Boden erfolgt umsatzsteuerlich eine Loslösung vom zivilrechtlichen Eigentumsrecht.

**BEISPIEL**

Fabrikant F ist verheiratet mit E. E ist Eigentümerin eines unbebauten Grundstücks. Im Einvernehmen mit E beauftragt F den Bauunternehmer B mit der Errichtung eines Fabrikgebäudes auf dem Grundstück der E. F nutzt das Gebäude nach Fertigstellung für sein Fabrikationsunternehmen. F zahlt an E keine Miete für die Nutzung des Gebäudes.

**LÖSUNG** B erbringt die Bauleistungen an seinen Auftraggeber F. F kann hieraus den Vorsteuerabzug vornehmen. Obwohl E bürgerlich-rechtliche Eigentümerin des Gebäudes wird, erfolgt keine Weiterlieferung von F an E. Eine Weiterlieferung an E liegt erst vor, wenn die Nutzung auf E übergeht.

Die Lösung vom bürgerlichen Recht bei Gebäuden auf fremdem Grund und Boden führt auch dazu, dass Gebäudeteile umsatzsteuerrechtlich als selbständige Liefergegenstände behandelt werden können. Wird demnach die Nutzungsmöglichkeit bezüglich eines Gebäudeteils dem Eigentümer übertragen, liegt nur eine Lieferung dieses Gebäudeteils vom Besteller an den Eigentümer vor. Nähere Einzelheiten hierzu vgl. A 15.2d Abs. 1 Nr. 1 UStAE mit Hinweis auf das BMF-Schreiben vom 23. 07. 1986 BStBl I 1986, 432.

**BEISPIEL**

Der Betreiber einer Kfz-Werkstatt W hat ein unbebautes Grundstück auf unbestimmte Zeit von V angemietet. Entsprechend einer Klausel im Mietvertrag errichtete A auf dem Grundstück des V ein Gebäude, welches er unternehmerisch und steuerpflichtig nutzte. W hat den Vorsteuerabzug aus der Herstellung des Werkstattgebäudes in Anspruch genommen. Vor Ablauf von zehn Jahren wird der Mietvertrag beendet. W möchte das Gebäude zur Vermeidung einer Vorsteuerberichtigung nach § 15a UStG steuerpflichtig an V veräußern.

**LÖSUNG** Die nach § 9 Abs. 3 Satz 2 UStG vorgeschriebene Option im notariell zu beurkundenden Vertrag ist nicht möglich. Der Vorgang kann grundsätzlich nicht nach § 311b Abs. 1 BGB notariell beurkundet werden, da der Vermieter bereits mit der Errichtung des Gebäudes dessen zivilrechtlicher Eigentümer ist (§ 94 BGB). Die obersten Finanzbehörden des Bundes und der Länder haben deshalb entschieden, dass bei der Veräußerung von Gebäuden auf fremdem Grund und Boden aus sachlichen Billigkeitsgründen eine Option nach § 9 UStG auch ohne notariellen Vertrag zulässig ist.

## 9 Übertragung eines Miteigentumsanteils an einem Grundstück

Die Übertragung eines Miteigentumsanteils an einem Grundstück stellt aufgrund einer Änderung der Rechtsprechung eine Lieferung dar. Der BFH hat mit Urteil vom 18. 02. 2016 BStBl II 2019, 333 entschieden, dass die Veräußerung des Miteigentumsanteils an einer Sache (hier an einem Buch) Gegenstand einer Lieferung sein kann. Der BFH beruft sich insbesondere auf die EuGH-Rechtsprechung nach welcher nicht nur Gebäude, sondern auch Gebäudeteile Gegenstand einer Lieferung sein können. Der EuGH hatte in seinem Urteil vom 15. 12. 2005, C 63/04 BB 2006, 392 sowohl die Einräumung eines Besitzrechts an einem bebauten Grundstück als auch die eng damit verbundene Übertragung des Resteigentums an einen anderen Erwerber jeweils als Lieferung beurteilt. Dies hat zur Folge, dass in Bezug auf einen Gegenstand **gleichzeitig** mehrere Lieferungen bewirkt werden können. Mit BMF-Schreiben vom 23. 05. 2019 BStBl I, 511 wurde die Änderung der Rechtsprechung umgesetzt. In A 3.5 Abs. 2 UStAE wurde bei den Lieferungen eine Nr. 6 angefügt; in A 3.5 Abs. 3 UStAE wurde bei den sonstigen Leistungen die Übertragung von Miteigentumsanteilen gestrichen. Wie eine Lieferung war bereits die Übertragung als sonstige Leistung grundsätzlich nach § 4 Nr. 9 Buchst. a UStG steuerfrei. Erfolgt die steuerfreie Anteilsübertragung innerhalb des zehnjährigen Berichtigungszeitraums des § 15a UStG, löst sie eventuell die Vorsteuerberichtigung nach § 15a UStG aus. Dies kann jedoch vermieden werden, sofern die Miteigentumsanteilsübertragung an einen Unternehmer für dessen Unternehmen erfolgt. In diesem Fall kann der Übertragende gem. § 9 UStG auf die Steuerbefreiung verzichten.

**BEISPIEL**

Gastwirt G hat in den Jahren 01 bis 02 auf einem ihm gehörenden Grundstück ein Gastwirtschaftsgebäude errichtet und darin ab 01. 07. 02 seine Gastwirtschaft betrieben. Die ihm bei der Errichtung des Gebäudes in Rechnung gestellte USt i. H. v. insgesamt 80 000 € hat G voll als Vorsteuer geltend gemacht. Mit Wirkung zum 01. 07. 07 überträgt G auf seine Ehefrau F entgeltlich einen Miteigentumsanteil von 50 % am Grundstück. G nutzt das Grundstück aufgrund eines Pachtvertrages mit seiner Ehefrau F zu einer ortsüblichen Pacht weiterhin für seine Gastwirtschaft.

**LÖSUNG** Die Verpachtung ihres Grundstückanteils an den Ehemann macht die Ehefrau F zur Unternehmerin. Die Verpachtung ist grundsätzlich steuerfrei gem. § 4 Nr. 12 Buchst. a UStG. Jedoch kann F gem. § 9 Abs. 1 i. V. m. Abs. 2 UStG nach vorheriger Option zur Regelbesteuerung gem. § 19 Abs. 2 UStG auf die Befreiung verzichten. Ihre Leistung an den G wird damit steuerpflichtig. F kann die hieraus resultierende USt dem G gesondert in Rechnung stellen, und G kann sie gem. § 15 UStG als Vorsteuer abziehen.

Die Veräußerung des Miteigentumsanteils von G an F ist grundsätzlich nach § 4 Nr. 9 Buchst. a UStG steuerfrei. Die steuerfreie Veräußerung des Anteils von 50 % würde bei G zu 50 % die Vorsteuerberichtigung nach § 15a UStG bezüglich der bei der Errichtung des Gebäudes in Rechnung gestellten Umsatzsteuer auslösen. G kann die Vorsteuerberichtigung nach § 15a UStG jedoch vermeiden, indem er gem. § 9 Abs. 1 UStG auf die Befreiung nach § 4 Nr. 9 Buchst. a UStG verzichtet. Der Verzicht ist möglich, weil F durch die Verpachtung ihres Anteils an M zur Unternehmerin wird. Die infolge des Verzichts bei F nach § 13b Abs. 5 i. V. m. Abs. 2 Nr. 3 UStG entstehende USt kann F aufgrund der steuerpflichtigen Verpachtung ihres Anteils nach § 15 Abs. 1 Nr. 4 UStG wieder voll als Vorsteuer abziehen. Den ihm verbliebenen Grundstücksanteil von 50 % nutzt G weiterhin aufgrund eigenen Rechts. Diesbezüglich ist umsatzsteuerrechtlich nichts zu veranlassen.

Erfolgt eine Anteilsübertragung unentgeltlich, liegt eine nach § 1 Abs. 1 Nr. 1 i. V. m. § 3 Abs. 1b Nr. 1 UStG steuerbare Leistung vor. Sie ist steuerfrei (vgl. A 4.9.1 Abs. 2 Nr. 2 bzw. 6 UStAE). Eine Option zur Steuerpflicht nach § 9 UStG ist nach Verwaltungsauffassung nicht möglich (vgl. A 9.1 Abs. 2 Satz 3 UStAE). Falls eine solche Option zulässig wäre, wäre sie auch nicht sinnvoll. Der Leistungsempfänger könnte hieraus keinen Vorsteuerabzug geltend machen, da die Umsatzsteuer für eine Leistung nach § 3 Abs. 1b UStG nicht gesondert in Rechnung gestellt werden darf (Umkehrschluss aus § 14 Abs. 4 Satz 2 UStG). Erfolgt die steuerfreie Anteilsübertragung innerhalb des zehnjährigen Berichtigungszeitraums des § 15a UStG, löst sie eine Vorsteuerberichtigung nach § 15a UStG aus (vgl. A 15a.2 Abs. 6 Nr. 3 Buchst. a bzw. c UStAE).

Bei der Übertragung des Miteigentumsanteils an einem Grundstück ist daher den Beteiligten anzuraten, wenigstens ein Teilentgelt zu vereinbaren. In einem solchen Fall darf nämlich die anfallende USt nach § 13b UStG bei einer Fallgestaltung entsprechend dem vorstehenden Beispiel kostenneutral als Vorsteuer abgezogen werden.

Bei der Übertragung eines Miteigentumsanteils vom bisherigen Alleineigentümer auf eine weitere Person entsteht eine Bruchteilsgemeinschaft i. S. v. §§ 741 ff. BGB. Handelt es sich dabei um ein vermietetes Grundstück, liegt eine nicht steuerbare Geschäftsveräußerung i. S. v. § 1 Abs. 1a UStG vor (vgl. BFH vom 22. 11. 2007 BStBl II 2008, 448 und A 1.5 Abs. 2a Satz 3 UStAE).

**BEISPIEL**

Gewerbetreibender G hat zur Geldanlage in den Jahren 01 bis 02 auf einem ihm gehörenden Grundstück ein Bürogebäude errichtet und dieses ab 01. 07. 02 an andere Unternehmer steuerpflichtig für deren Unternehmen vermietet. Die ihm bei der Errichtung des Gebäudes in Rechnung gestellte USt i. H. v. insgesamt 80 000 € hat G voll als Vorsteuer geltend gemacht. Mit Wirkung zum 01. 07. 02 überträgt G auf seine Ehefrau F teilentgeltlich einen Miteigentumsanteil von 50 % am Grundstück. Ab 01. 07. 02 vermietet die Grundstücksgemeinschaft an die bisherigen Mieter. Weitere Vereinbarungen wurden nicht getroffen.

**LÖSUNG** Die Übertragung des Anteils stellt eine Geschäftsveräußerung dar. Diese ist nach § 1 Abs. 1a UStG nicht steuerbar. Die Grundstücksgemeinschaft tritt als Rechtsnachfolgerin an die Stelle des G. Da sie die bisherigen Mietverträge mit den Mietern fortsetzt, vermietet sie ebenfalls steuerpflichtig. Infolgedessen ergibt sich keine Vorsteuerberichtigung nach § 15a UStG (vgl. auch A 15a.2 Abs. 4 UStAE).

# 10 Übungsfälle zu den Grundstücksumsätzen

## 10.1 Übungsfälle zu den Grundstückslieferungen

1. Unternehmer U veräußert ein Grundstück mit aufstehendem Fabrikgebäude (keine Geschäftsveräußerung i. S. v. § 1 Abs. 1a UStG) an den Erwerber E.
2. Unternehmer U veräußert ein Grundstück mit aufstehendem Fabrikgebäude (keine Geschäftsveräußerung i. S. v. § 1 Abs. 1a UStG) an den Erwerber E. Der von E an U zu entrichtende Kaufpreis beträgt 1,5 Mio. €. Hiervon entfallen auf Betriebsvorrichtungen 500 000 €.
3. Unternehmer U veräußert ein Grundstück mit aufstehendem Fabrikgebäude (keine Geschäftsveräußerung i. S. v. § 1 Abs. 1a UStG) an seinen Sohn S.
4. Unternehmer U veräußert ein Grundstück mit aufstehendem Fabrikgebäude (keine Geschäftsveräußerung i. S. v. § 1 Abs. 1a UStG) an den Erwerber E. Der Kaufpreis beträgt netto 1,5 Mio. €. Hiervon entfallen auf Betriebsvorrichtungen 500 000 €. Im notariellen Kaufvertrag ist vereinbart, dass U auf die Befreiung nach § 4 Nr. 9 Buchst. a UStG verzichtet. E übernimmt die gesamte anfallende GrESt.
5. Campingplatzbetreiber C hat seinen Campingplatz parzelliert und auf den einzelnen Parzellen Wohnwagen aufgestellt. Die Wohnwagen haben Stromanschluss und Wasseranschluss. C veräußert den gesamten Campingplatz mitsamt den Wohnwagen an den Erwerber E für 500 000 €. Hiervon entfallen auf den Campingplatz 200 000 €, auf die Wohnwagen 180 000 € und auf Betriebsvorrichtungen 120 000 €. E übernimmt zusätzlich die gesamte anfallende GrESt.

## 10.2 Übungsfälle zu den Grundstücksvermietungen

1. A vermietet an den Bauunternehmer B ein Grundstück als Lagerplatz.
2. A vermietet an den Unternehmer B ein Bürogebäude.
3. A vermietet an M eine Wohnung in seinem Sechsfamilienhaus.
4. A vermietet an den Rechtsanwalt B eine Etage in seinem Bürogebäude.
5. Die Rentnerin R vermietet zwei möblierte Zimmer ihrer Wohnung an Studenten.
6. A (kein Kleinunternehmer nach § 19 Abs. 1 UStG) vermietet an B eine Garage.

7. Hotelier H vermietet Hotelzimmer.
8. T betreibt eine Tennishalle. Er vermietet die Halle stundenweise.
9. S betreibt ein Schwimmbad. Die Eintrittskarte kostet 6 €.
10. Gastwirt G vermietet eine Kegelbahn, die Stunde für 15 €.
11. Das Parkhausunternehmen P verlangt für eine Stunde Parken 2 €.
12. Campingplatzunternehmer C vermietet Parzellen auf seinem Campingplatz für jeweils sieben Monate.
13. Gastwirt G lässt den Automatenbesitzer A einen Zigarettenautomaten in der Gastwirtschaft aufstellen. G ist dafür mit 5 % am Umsatz beteiligt.
14. Hausbesitzer H duldet, dass die Fa. F eine Leuchtreklame an seiner Hauswand anbringt. H erhält hierfür jährlich 600 €.
15. Altenheimbetreiber A verlangt für die Unterbringung von Senioren mtl. 3 000 €. Hiervon entfallen auf das möblierte Einzelzimmer 500 €, der Rest auf die Verpflegung und Betreuung.

## 10.3 Übungsfälle zur Zwischenvermietung

1. A hat ein Altgebäude i. S. v. § 27 Abs. 2 Nr. 1 UStG bis zum Jahr 13 für 2 000 € zuzüglich 380 € USt an den Unternehmer B vermietet, der es als Büroräume nutzte. Ab 01. 01. des Jahres 14 vermietet B das Gebäude an einige seiner Arbeitnehmer als Wohnungen.
2. A hat ein 4-Familienhaus (kein Altgebäude i. S. v. § 27 Abs. 2 UStG) im Jahr 01 errichtet. Er vermietet es ab 01. 01. 02 für 6 000 € zuzüglich 1 140 € USt an den Unternehmer B. B vermietet die Wohnungen im Gebäude weiter an vier seiner Arbeitnehmer.
3. Prüfen Sie in den nachfolgenden Fällen der Gebäudeerstellung, ob i. S. d. § 27 Abs. 2 UStG ein Altgebäude oder ein Neugebäude vorliegt und zwar jeweils, wenn der Endmieter das Gebäude

- zu Wohnzwecken,
- zu anderen außerunternehmerischen Zwecken,
- zu vorsteuerschädlichen unternehmerischen Zwecken nutzt.

a) Baubeginn 01. 05. 1984, Fertigstellung 15. 03. 1985,
b) Baubeginn 01. 06. 1984, Fertigstellung 15. 03. 1985,
c) Baubeginn 01. 05. 1984, Fertigstellung 15. 05. 1985,
d) Baubeginn 01. 06. 1984, Fertigstellung 30. 11. 1985,
e) Baubeginn 01. 02. 1993, Fertigstellung 15. 03. 1994,
f) Baubeginn 01. 12. 1993, Fertigstellung 15. 03. 1995.

4. B hat ein Wohngebäude (Altgebäude i. S. d. § 27 Abs. 2 Nr. 1 UStG) errichtet. Er vermietet es ab 01. 01. 01 an den Zwischenvermieter Z. Z vermietet die einzelnen Wohnungen weiter an Mieter, die mit ihren Familien einziehen. Im Mietvertrag ist vereinbart, dass die Miete des Z jeweils 90 % der von Z tatsächlich erzielten Mieteinnahmen beträgt. Im Jahr 01 nahm Z 40 000 € Miete ein und zahlte an B 36 000 € Miete. Für die Einschaltung des Z als Zwischenmieter gibt es nach dem konkreten Sachverhalt auch außersteuerliche Gründe. B will an Z steuerpflichtig vermieten.
5. A hat im Jahr 01 ein Hotelgebäude (Neugebäude) errichtet. Er vermietet es für eine jährliche Miete von 300 000 € zuzüglich 57 000 € USt an den Hotelier H, der die Zimmer an Hotelgäste vermietet.

## 10.4 Übungsfälle zu Errichtung von Gebäuden auf fremdem Boden

1. B hat von A ein Grundstück unkündbar auf die Dauer von zehn Jahren gemietet. B beauftragt den H, auf dem Grundstück eine Werkhalle zu errichten (betriebsgewöhnliche Nutzungsdauer 30 Jahre). H berechnet dem B hierfür 300 000 € zuzüglich 57 000 € USt. Zwischen A und B ist vereinbart, dass A dem B nach Ablauf der Mietzeit für die Halle eine Entschädigung von 100 000 € zahlt.
2. B hat von A ein Grundstück unkündbar auf die Dauer von 20 Jahren gemietet. B beauftragt den H, auf dem Grundstück eine Werkhalle zu errichten (betriebsgewöhnliche Nutzungsdauer 30 Jahre). H berechnet dem B hierfür 300 000 € zuzüglich 57 000 € USt. Zwischen A und B ist vereinbart, dass A dem B nach Ablauf der Mietzeit für die Halle eine Entschädigung in Höhe des von einem unabhängigen Gutachter ermittelten Zeitwertes zahlt. Nach Ablauf von fünf Jahren seit Ingebrauchnahme der Werkhalle kommen A und B überein, dass das Mietverhältnis endet und A dem B für die Werkhalle eine Abfindung von 200 000 € zahlt.
3. B hat von A ein Grundstück unkündbar auf die Dauer von 30 Jahren gemietet. B beauftragt den H, auf dem Grundstück ein zweigeschossiges Gebäude zu errichten (betriebsgewöhnliche Nutzungsdauer 30 Jahre). H berechnet dem B hierfür 1 Mio. € zuzüglich 190 000 € USt. Zwischen A und B ist vereinbart, dass A das Obergeschoss (OG) nach Fertigstellung gegen Vergütung von 500 000 € als Wohnung nutzt. Das bei B verbleibende Erdgeschoss (EG) nutzt B als Verkaufsräume. Nach Ablauf der Mietzeit soll das EG entschädigungslos auf A übergehen.
4. Gewerbetreibender G beauftragt H, auf dem Grundstück der E (Ehefrau des G) ein zweigeschossiges Gebäude zu errichten (betriebsgewöhnliche Nutzungsdauer 30 Jahre). H berechnet dem G hierfür 1 Mio. € zuzüglich 190 000 € USt. G nutzt das EG nach Fertigstellung als Verkaufsräume. Das OG vermietet E an den Mieter M für Wohnzwecke. E beteiligte sich mit 595 000 € an den Gebäudekosten.
5. Gewerbetreibender G beauftragt H, auf dem Grundstück der E (Ehefrau des G) ein zweigeschossiges Gebäude zu errichten (betriebsgewöhnliche Nutzungsdauer 30 Jahre). H berechnet dem G hierfür 1 Mio. € zuzüglich 190 000 € USt. G nutzt das EG nach Fertigstellung als Verkaufsräume. Das OG vermietet E an den Mieter M für Wohnzwecke. E beteiligte sich mit 300 000 € an den Gebäudekosten.
6. Gewerbetreibender G beauftragt H, auf dem Grundstück der E (Ehefrau des G) ein zweigeschossiges Gebäude zu errichten (betriebsgewöhnliche Nutzungsdauer 30 Jahre). H berechnet dem G hierfür 1 Mio. € zuzüglich 190 000 € USt. G nutzt das EG nach Fertigstellung als Verkaufsräume. Das OG vermietet E an den Mieter M für Wohnzwecke. E beteiligte sich mit 1 000 € an den Gebäudekosten. G macht aus der Rechnung des H den Vorsteuerabzug i. H. v. 95 000 € geltend.
7. Gewerbetreibender G beauftragt H, auf dem Grundstück der E (Ehefrau des G) ein zweigeschossiges Gebäude zu errichten (betriebsgewöhnliche Nutzungsdauer 30 Jahre). H berechnet dem G hierfür 1 Mio. € zuzüglich 190 000 € USt. G nutzt das EG nach Fertigstellung als Verkaufsräume. Das OG nutzen G und E gemeinsam als Wohnung. G macht aus der Rechnung des H den Vorsteuerabzug i. H. v. 95 000 € geltend.
8. Gewerbetreibender G beauftragt H, auf dem Grundstück der E (Ehefrau des G) ein zweigeschossiges Gebäude zu errichten (betriebsgewöhnliche Nutzungsdauer 30 Jahre). H berechnet dem G hierfür 1 Mio. € zuzüglich 190 000 € USt. G nutzt das gesamte Gebäude

nach Fertigstellung (30. 06. 01) als Verkaufsräume. Mit Wirkung zum 01. 07. 06 veräußert E das Grundstück mit aufstehendem Gebäude an F.

## 10.5 Übungsfälle zu Grundstücken

1. Gewerbetreibender G beauftragt H, auf seinem Grundstück (des G) ein zweigeschossiges Gebäude zu errichten. H berechnet dem G hierfür 1 Mio. € zuzüglich 190 000 € USt. G nutzt das Erdgeschoss nach Fertigstellung ab 01. 07. 01 als Verkaufsräume. Das Obergeschoß vermietet G nach Fertigstellung ab 01. 07. 01 an Privatpersonen zu Wohnzwecken. Von der ihm berechneten USt macht G die Hälfte, d. h. 95 000 €, als Vorsteuer geltend. Mit Wirkung zum 01. 01. 07 veräußert G sein gesamtes Geschäft und damit auch das Grundstück an E, der das Gebäude ebenso wie G nutzt (das Erdgeschoss als Verkaufsräume, das Obergeschoss vermietet er weiterhin an die bisherigen Mieter als Wohnung). Zwischen G und E ist im Rahmen des Gesamtkaufpreises für das Grundstück ein Nettokaufpreis von 1,2 Mio. € vereinbart.
2. Investor A erwarb am 01. 07. 01 ein altes Fabrikgebäude. Es handelt sich um ein sog. Altgebäude i. S. d. § 27 Abs. 2 UStG. Er ließ das Gebäude sofort von Grund auf renovieren. Lediglich die Außenfassaden blieben teilweise erhalten. Die Renovierungsarbeiten waren am 30. 06. 02 abgeschlossen. Ab 01. 07. 02 vermietete A das Gebäude wie folgt: Das Erdgeschoss als Apotheke an einen Apotheker für monatlich 5 000 € zuzüglich 950 € USt. Das 1. Obergeschoss als Praxis an einen Arzt für monatlich 3 000 € zuzüglich 570 € USt. Das 2. Obergeschoss als Praxis an den Rechtsanwalt R für monatlich 2 500 € zuzüglich 475 € USt. Das 3. Obergeschoss gleichfalls an R für monatlich 1 500 € zuzüglich 285 € USt. R vermietete es seinerseits weiter als Wohnung an seinen Bürovorsteher. Anlässlich des Erwerbs des Gebäudes berechnete der Notar dem A 4 000 € zuzüglich 760 € USt. Für die Renovierungsarbeiten wurde A von den Handwerkern insgesamt 60 000 € USt gesondert in Rechnung gestellt. Alle Geschosse haben die gleiche Fläche.

# Teil K Finanzumsätze

## 1 Allgemeines

In § 4 Nr. 8 Buchst. a bis g UStG sind die sog. Finanzumsätze von der USt befreit.

Diese erfüllen zwar den Tatbestand des Leistungsaustauschs, sind aber im Vergleich zu den übrigen entgeltlichen Leistungen eher atypisch: Es findet lediglich eine Bewegung von Kapital anstelle eines steuerwürdigen Endverbrauchs statt. Dies begründet die weitgehende Steuerfreiheit dieser Umsätze, die regelmäßig mit dem Verlust des Vorsteuerabzugs einhergeht. Betreffen die Geschäfte ganz überwiegend den unternehmerischen Bereich des Leistungsempfängers, ist ein Verzicht auf manche der Steuerbefreiungen möglich (vgl. § 9 Abs. 1 UStG).

§ 4 Nr. 8 UStG setzt Art. 135 Abs. 1 Buchst. b bis h MwStSystRL in nationales Recht um. Er folgt dabei im Grundsatz den Befreiungstatbeständen der Richtlinie. Danach gilt für Bank- und Finanzdienstleistungen nach dem Kreditwesengesetz (KWG) oder dem Gesetz über den Wertpapierhandel (WpHG) bei aufsichtspflichtigen Geschäften das **Prinzip der Einzelbefreiung**. Die nach § 4 Nr. 8 UStG steuerfreien Finanzdienstleistungen lassen sich systematisch in drei Hauptgruppen einordnen:

- **Leistungen mit unmittelbarem Geldbezug:**
  Geld ist hier jeweils unmittelbarer Leistungsgegenstand, sei es, dass Geld zur Nutzung überlassen (§ 4 Nr. 8 Buchst. a UStG), umgetauscht (§ 4 Nr. 8 Buchst. b UStG) oder transportiert (§ 4 Nr. 8 Buchst. d UStG) wird.
- **Umsätze mit Geld als Vermögensgegenstand:**
  Diese Steuerbefreiungen (§ 4 c, e, f und i UStG) beruhen darauf, dass Umsätze mit Vermögensgegenständen ausgeführt werden, die auf Geldzahlung gerichtet sind.
- **Absicherung finanzieller Risiken und Mehrung von Geldvermögen als Leistungsgegenstand:**
  § 4 Nr. 8 Buchst. g UStG befreit die Absicherung gegen Zahlungsausfall, während § 4 Nr. 8 Buchst. h UStG die mit der Geldanlage bezweckte Vermögensmehrung steuerfrei stellt.

Zu beachten ist, dass nicht alle Leistungen mit Geldbezug von der Umsatzsteuer befreit sind. So sind das Einziehen von Forderungen nach § 4 Nr. 8 Buchst. c UStG und die Verwahrung und Verwaltung von Wertpapieren (§ 4 Nr. 8 Buchst. e UStG) steuerpflichtig.

Aus den in § 4 Nr. 8 UStG genannten Leistungen werden nachfolgend beispielhaft einige besonders häufig vorkommende Umsätze vorgestellt. Es handelt sich hierbei um

- Kreditgewährung (§ 4 Nr. 8 Buchst. a UStG),
- Kreditvermittlung (§ 4 Nr. 8 Buchst. a UStG),
- Umsätze mit gesetzlichen Zahlungsmitteln (§ 4 Nr. 8 Buchst. b UStG),
- Umsätze mit Forderungen (§ 4 Nr. 8 Buchst. c UStG),
- Bankumsätze (§ 4 Nr. 8 Buchst. d UStG),
- Umsätze mit Gesellschaftsanteilen (§ 4 Nr. 8 Buchst. f UStG).

## 2 Kreditgewährung

Die Kreditgewährung ist eine sonstige Leistung in Form einer Dauerleistung, die – beim Geldkredit – die Kapitalnutzung zum Gegenstand hat. Entgelt für diese Leistung sind Zinsen,

Damnum und sonstige zu entrichtenden Gebühren. Hingabe und Rückzahlung des Kreditbetrags sind dagegen nicht Gegenstand des Leistungsaustauschs.

Neben dem Geld- kommt gelegentlich auch der Sachkredit (nach herrschender Auffassung steuerpflichtig) vor. Dieser hat die Überlassung vertretbarer Sachen zum Gegenstand.

Ob eine Kreditgewährung im Inland liegt und damit steuerbar ist, hängt beim Geldkredit vom Leistungsempfänger ab. Dies kann bei einer Darlehensvergabe sein:

- ein Unternehmer nach § 3a Abs. 2 UStG,
- Privatpersonen in der EU nach § 3a Abs. 1 UStG,
- Privatpersonen im Drittland nach § 3a Abs. 4 Nr. 6 Buchst. a UStG und
- juristische Personen des öffentlichen Rechts ohne unternehmerischen Bereich bzw. USt-IdNr. sowie einem Kreditgeber mit Sitz im Drittland nach § 3a Abs. 6 Nr. 2 UStG.

**BEISPIEL**

Die B-Bank mit Sitz in London gewährt der X-AG mit Sitz in Frankfurt/Main ein Darlehen i. H. v. 1 Mio. €.

**LÖSUNG** Der Ort der Darlehensgewährung bestimmt sich gem. § 3a Abs. 2 UStG nach dem Sitzort des leistungsempfangenden Unternehmens X-AG. Die Leistung ist somit steuerbar.

Unter den verschiedenen Arten von Kreditgewährungen sind vor allem praktisch relevant:

- Geldkapitalkredite,
- Warenkredite,
- Wechselkredite.

## 2.1 Geldkapitalkredit

Unter Geldkapitalkredit versteht man die Hingabe von Geldkapital zur Nutzung, verbunden mit der Begründung eines Rückzahlungsanspruchs. Entgelt für die Überlassung ist nicht der Rückzahlungsanspruch, sondern die geschuldeten Zinsen einschließlich der Abschluss- (Damnum) und sonstiger Gebühren. Hingabe und Rückzahlung des Darlehens stehen außerhalb des Leistungsaustauschs.

Die Gewährung von Darlehen ist nach § 4 Nr. 8 Buchst. a UStG steuerfrei. Wird jedoch der Kredit an ein Unternehmen erbracht, kann nach § 9 UStG auf die Befreiung verzichtet werden.

**BEISPIELE**

a) Bank B gewährt dem Unternehmer U am 01. 02. 01 einen betrieblichen Kredit über 100 000 € zu folgenden Bedingungen:

Laufzeit zwei Jahre, Auszahlung 98 %, abzüglich Bearbeitungsgebühr 500 € und gesetzliche USt nach Option. Zinssatz 6 % zuzüglich USt. Die Zinsen sind jeweils im Nachhinein zum Quartalsende, erstmals am 31. 03. 01 zu entrichten.

Entsprechend den Kreditbedingungen erteilte die B-Bank dem U über die Auszahlung des Darlehens folgende Abrechnung:

| | | |
|---|---|---|
| Darlehenssumme | | 100 000 € |
| ./. Damnum | ./. | 2 000 € |
| ./. Bearbeitungsgebühr | ./. | 500 € |
| ./. USt (19 % von 2 500 €) | ./. | 475 € |
| Auszahlungsbetrag | | 97 025 € |

**LÖSUNG** Die B-Bank erbringt mit der Darlehensgewährung an U eine steuerbare sonstige Leistung. Sie ist grundsätzlich steuerfrei nach § 4 Nr. 8 Buchst. a UStG. Da die Leistung jedoch an das Unternehmen des U erbracht wird, kann die B-Bank auf die Befreiung gem. § 9 UStG verzichten. Infolge der zulässigen Option nach § 9 UStG wird die Leistung steuerpflichtig. Der Steuersatz beträgt 19 %. Zur Bemessungsgrundlage gehören neben den Zinsen auch das Damnum und die Bearbeitungsgebühr. Das Entgelt beträgt somit insgesamt:

| | |
|---|---|
| 6 % von 100 000 € = 6 000 € × 2 Jahre | 12 000 € |
| Damnum und Bearbeitungsgebühr | 2 500 € |
| Entgelt insgesamt | 14 500 € |
| USt (19 % von 14 500 €) | 2 755 € |

Die USt entsteht gem. § 13 Abs. 1 Nr. 1 UStG mit Ablauf des VZ, in dem die Leistung insgesamt erbracht, d. h. der Darlehensbetrag vollständig zurückbezahlt wurde. Ist jedoch Entgelt bereits vor Ausführung der Leistung entrichtet worden oder liegen Teilleistungen vor, entsteht die USt bereits früher (§ 13 Abs. 1 Nr. 1a Sätze 2 bis 4 UStG).
Die Mindestistbesteuerung (§ 13 Abs. 1 Nr. 1a, Satz 4 UStG) greift ein bezüglich Damnum und Bearbeitungsgebühr. Denn insoweit ist das Entgelt der B-Bank bei Auszahlung des um diese Beträge gekürzten Darlehens zugeflossen. Die USt im VZ Februar 01 beträgt dementsprechend 475 €. Da das Darlehen nach wirtschaftlichen Kriterien eine zeitlich teilbare Leistung darstellt und für jeweils ein Quartal eine gesonderte Entgeltvereinbarung getroffen wurde, liegen Teilleistungen i. S. v. § 13 Abs. 1 Nr. 1 Buchst. a Satz 2 UStG vor. Die USt fällt somit für die einzelne Teilleistung jeweils zum Quartalsende an. Die USt für das 1. Quartal 01 beträgt 2/12 von 6 000 € × 19 %, d. h. 190 €.
U kann die ihm in Rechnung gestellte USt als Vorsteuer in dem VZ abziehen, in dem die Teilleistung erbracht ist und die Rechnung mit gesondertem USt-Ausweis hierfür vorliegt. Die USt aus der Auszahlungsabrechnung kann U für den VZ Februar 01 nach § 15 Abs. 1 Nr. 1 Satz 2 UStG abziehen.
Die B-Bank hat aufgrund der steuerpflichtigen Darlehensgewährung die Möglichkeit, anteilig aus ihren Verwaltungsgemeinkosten den Vorsteuerabzug geltend zu machen.

b) Sachverhalt wie Beispiel a), jedoch handelt es sich für die B-Bank erkennbar lediglich i. H. v. 80 000 € um ein betriebliches Darlehen, i. H. v. 20 000 € dagegen verwendet U das Darlehen zum Erwerb eines Brillantringes für seine Frau.
**LÖSUNG** Nach der Verwaltungsauffassung (vgl. A 15.2b Abs. 2, Satz 6 und A 15.2c Abs. 2 Nr. 1 UStAE) erbringt die B-Bank das Darlehen nur zu 4/5 an das Unternehmen des U, zu 1/5 dagegen an dessen Privatbereich. Nur bezüglich der 4/5 für das Unternehmen kann die B-Bank auf die Steuerbefreiung verzichten. Die USt in der Auszahlungsabrechnung hätte daher richtigerweise nur i. H. v. 19 % von 2 000 € (4/5 von 2 500 €), d. h. 80 € berechnet werden dürfen. Die B-Bank schuldet dennoch den gesamten ausgewiesenen USt-Betrag; für die zu hoch ausgewiesene USt (i. H. v. 80 €) hat sie nach § 14c Abs. 1 UStG einzustehen. Bei der Berechnung der Steuer nach § 14c Abs. 1 UStG ist davon auszugehen, dass das Bruttoentgelt 2 975 € beträgt und hiervon 4/5, d. h. 2 380 € steuerpflichtig sind. Die richtige USt hiervon beträgt 19/119, d. h. 380 €. Die Steuer nach § 14c Abs. 1 UStG beträgt somit 95 € (475 € ./. 380 €). U darf aus der Abrechnung den Vorsteuerabzug nur i. H. v. 380 € geltend machen, da die restlichen 95 € USt für den privaten Darlehensteil berechnet wurden und nicht regulär geschuldet werden.
Die Bank hat den Vorsteuerabzug nur, soweit sie ein steuerpflichtiges Darlehen gewährt. Die Steuer nach § 14c Abs. 1 UStG berechtigt dagegen nicht zum Vorsteuerabzug.

## 2.2 Warenkredit

Unter Warenkredit versteht man die Streckung des Zahlungsziels im Zusammenhang mit einer Lieferung.

Grundsätzlich fällt auch ein Warenkredit unter die Steuerbefreiung nach § 4 Nr. 8 Buchst. a UStG. Voraussetzung ist allerdings, dass es sich nicht um eine unselbständige Nebenleistung zur Warenlieferung handelt (vgl. A 4.8.2 Abs. 1 Satz 1 i. V. m. A 3.11 UStAE). Nach A 3.11 Abs. 2 UStAE ist die Kreditgewährung nur dann als gesonderte Leistung anzusehen, wenn eine eindeutige Trennung zwischen Kreditgeschäft und Warenlieferung vorliegt. Folgende Anhaltspunkte sprechen nach A 3.11 Abs. 1 Satz 4 UStAE dafür:

- eine gesonderte Vereinbarung von Lieferung oder sonstiger Leistung und Kreditgewährung,
- die eigenständige Bildung von Leistungspreisen sowie
- die gesonderte Rechnungsstellung.

Die Steuerfreiheit des selbständigen Warenkredits entfällt, wenn der leistende Unternehmer nach § 9 UStG auf die Steuerbefreiung verzichtet. Dies setzt voraus, dass die Leistung an einen Unternehmer für dessen Unternehmen erbracht wird. Ein Verzicht ist dann sinnvoll, wenn beim leistenden Unternehmer im Zusammenhang mit der Kreditgewährung Vorsteuern anfallen, die bei Steuerfreiheit des Warenkredits unter das Vorsteuerabzugsverbot nach § 15 Abs. 2 UStG fallen würden.

**BEISPIEL**

Das Versandhaus V liefert P eine Wohnungseinrichtung. Der Barzahlungspreis beträgt 20 000 € zuzüglich 3 800 € USt. V räumt P jedoch Ratenzahlungen in 40 Monatsraten à 714 € ein und berechnet ihm dementsprechend zusätzlich 4 000 € zzgl. 760 € USt. Auch im zugrunde liegenden schriftlichen Vertrag sind das Entgelt für die Kreditgewährung und die Lieferung jeweils getrennt ausgewiesen.

**LÖSUNG** V erbringt an P Lieferungen und überdies einen selbständigen Warenkredit: Das Entgelt für die Kreditgewährung wie auch für die Lieferung (vgl. A 3.11 Abs. 1 Satz 4 UStAE). Die Kreditgewährung ist deshalb gem. § 4 Nr. 8 Buchst. a UStG steuerfrei. Eine Option zur Steuerpflicht gem. § 9 UStG scheidet jedoch aus, da die Leistung nicht an ein Unternehmen erbracht wird. Da V gleichwohl für die steuerfreie Kreditgewährung USt gesondert in Rechnung gestellt hat, schuldet es diese gem. § 14c Abs. 1 UStG. V kann die Steuer nach § 14c Abs. 1 UStG dadurch vermeiden, dass er die zu hoch ausgewiesene USt i. H. v. 760 € in der Rechnung berichtigt (§ 31 Abs. 5 UStDV, § 17 Abs. 1 UStG analog). Die USt nach § 14c Abs. 1 UStG hebt bei V das Vorsteuerabzugsverbot nach § 15 Abs. 2 UStG für im Zusammenhang mit der Kreditgewährung stehende Vorsteuern nicht auf.

Kein steuerfreier Warenkredit liegt vor, wenn der leistende Unternehmer die Möglichkeit des Skontoabzugs einräumt, der Leistungsempfänger den Skontoabzug jedoch nicht in Anspruch nimmt und damit gewissermaßen für die Einräumung des Zahlungsziels das Skonto aufwendet (vgl. A 3.11 Abs. 5 UStAE).

### 2.3 Wechselkredit

Beim Wechselkredit handelt es sich um einen durch einen (oder mehrere) Wechsel gesicherten Kredit. Dies kann sowohl ein Geldkapital- als auch ein Warenkredit sein.

Auch der Warenwechselkredit kann bei Vorliegen der unter 2.2 genannten Voraussetzungen ein selbständiger Kredit sein, der damit grundsätzlich unter die Steuerbefreiung nach § 4 Nr. 8 Buchst. a UStG fällt (vgl. A 10.3 Abs. 6, Satz 5 UStAE). Da Wechsel jedoch üblicherweise nur zwischen Unternehmern hingegeben werden, erfolgt in der Praxis in den meisten Fällen der Verzicht auf die Steuerbefreiung gem. § 9 UStG.

## 3 Kreditvermittlung, Kreditverwaltung

Auch die Kredit**vermittlung** ist im Falle ihrer Steuerbarkeit grundsätzlich gem. § 4 Nr. 8 Buchst. a UStG steuerfrei.

Der Ort der Kreditvermittlung bestimmt sich wie die Kreditgewährung selbst nach § 3a Abs. 2, § 3a Abs. 1, § 3a Abs. 4 Nr. 6 Buchst. a oder § 3a Abs. 6 Nr. 2 UStG.

Auch bei der Kreditvermittlung kann der Unternehmer gem. § 9 UStG auf die Befreiung verzichten, wenn er die Leistung an ein Unternehmen erbringt. Bezüglich der Untervermittlung vgl. I 2.6.1!

## 4 Umsätze von gesetzlichen Zahlungsmitteln

Die Steuerbarkeit der Hingabe eines gesetzlichen Zahlungsmittels setzt zunächst voraus, dass es sich um eine eigenständige Leistung i. S. d. USt-Rechts handelt. Nicht jede Zahlung ist eine solche Leistung. Dies lässt sich aus der Sonderregelung für den Tausch und den tauschähnlichen Umsatz (§ 3 Abs. 12 UStG) folgern; ansonsten wäre jeder Leistungsaustausch ein Tausch bzw. tauschähnlicher Umsatz.

Um eine Leistung im umsatzsteuerrechtlichen Sinne handelt es sich nur dann, wenn die »Leistung« (im bürgerlich-rechtlichen Sinne) eine über die bloße Entgeltsentrichtung hinausgehende wirtschaftliche Bedeutung hat (vgl. A 1.1 Abs. 3 Satz 2 und 3 UStAE).

Eine Leistung im umsatzsteuerrechtlichen Sinn in Bezug auf gesetzliche Zahlungsmittel liegt insbesondere vor:

- im Geldsortengeschäft (bei An- und Verkauf ausländischer Währung),
- bei Verkauf von Münzen aufgrund ihres Metallgehalts,
- bei Verkauf von Münzen oder Banknoten aufgrund ihres Sammlerwerts.

Beim Verkauf von Münzen handelt es sich um Lieferungen. Das Geldsortengeschäft (Geldwechselgeschäft) hingegen ist eine sonstige Leistung (vgl. A 3.5 Abs. 3 Nr. 17 UStAE). Dabei stellt der Bruttoertrag der Geschäfte während eines bestimmten Zeitraums die Bemessungsgrundlage dar. Der Ort der sonstigen Leistung bestimmt sich auch insoweit wieder nach den einschlägigen Regeln: § 3a Abs. 2, § 3a Abs. 1, § 3a Abs. 4 Nr. 6 Buchst. a oder § 3a Abs. 6 Nr. 2 UStG.

Gem. § 4 Nr. 8 Buchst. b UStG sind steuerbare Umsätze mit gesetzlichen Zahlungsmitteln steuerfrei. Dies betrifft sowohl die Umsätze mit inländischen als auch mit ausländischen gesetzlichen Zahlungsmitteln. Es handelt sich insoweit um eine Steuerbefreiung mit Vorsteuerabzugsverbot (Ausnahme § 15 Abs. 3 Nr. 1 Buchst. b UStG). Werden solche Umsätze an Unternehmen erbracht, kann auf die Steuerbefreiung verzichtet und dadurch das Vorsteuerabzugsverbot nach § 15 Abs. 2 UStG vermieden werden.

Sog. virtuelle Währungen (Kryptowährungen wie z. B. Bitcoin) werden den gesetzlichen Zahlungsmitteln gleichgestellt, soweit diese von den an der Transaktion Beteiligten als alternatives vertragliches und unmittelbares Zahlungsmittel akzeptiert wurden und keinem anderen Zweck dienen als der Verwendung als Zahlungsmittel. Die Finanzverwaltung folgt in diesem durchaus konträr diskutierten Thema der Entscheidung des EuGH im Urteil vom 22. 10. 2015 (Rs. C-264/14, Hedqvist, BStBl II 2018, 211; A 4.8.3 Abs. 3a UStAE). Die Gleichstellung mit den gesetzlichen Zahlungsmitteln erfolgt nicht für virtuelles Spielgeld, das als sog. Spiel- oder Ingame-Währung insbesondere bei Onlinespielen eingesetzt wird.

Keine Umsätze mit gesetzlichen Zahlungsmitteln i. S. v. § 4 Nr. 8 Buchst. b UStG sind die durch Geldspielautomaten erzielten Umsätze (vgl. A 4.8.3 Abs. 4 UStAE). Die Steuerbefreiung nach § 4 Nr. 8 Buchst. b UStG kommt daher für diese Umsätze nicht in Betracht (BFH vom 04. 02. 1971 BStBl II 1971, 467).

Von der Befreiung ausgenommen sind gem. § 4 Nr. 8 Buchst. b Satz 2 UStG die Umsätze, bei denen die Zahlungsmittel wegen ihres Metallgehalts oder Sammlerwerts umgesetzt werden.

Dies kann man immer dann unterstellen, wenn die Zahlungsmittel außerhalb des Geldsortengeschäfts mit einem höheren Wert als ihrem Nennwert gehandelt werden (A 4.8.3 Abs. 2 UStAE). Die Lieferung von Goldmünzen, die als gesetzliche Zahlungsmittel gelten, ist unter den Voraussetzungen des § 25c Abs. 2 Nr. 2 UStG steuerfrei.

Soweit Umsätze von gesetzlichen Zahlungsmitteln steuerpflichtig sind, unterliegen sie grundsätzlich gem. § 12 Abs. 1 UStG dem Regelsteuersatz. Bei Sammlermünzen kann jedoch gem. § 12 Abs. 2 Nr. 12 UStG i. V. m. Nr. 54 der Anlage 2 zum UStG der ermäßigte Steuersatz gegeben sein. Nach Nr. 54 Buchst. c Doppelbuchst. cc der Anlage 2 zum UStG ist das bei Münzen aus Edelmetallen (Gold, Silber, Platin) nur dann der Fall, wenn die Bemessungsgrundlage mehr als 250 % des Metallwerts beträgt.

**BEISPIELE**

a) Tourist T in Stuttgart erwirbt für eine Reise in die USA bei der Kreissparkasse 1 000 US-Dollar. Die Kreissparkasse bucht ihm dafür 960 € ab. Der Ankaufskurs beträgt 0,90 €/US-Dollar, der Verkaufskurs 0,96 €/US-Dollar.

**LÖSUNG** Die Kreissparkasse erbringt mit dem Umtausch von Euro in US-Dollar an T eine sonstige Leistung im Geldsortengeschäft. Das Entgelt liegt in der Differenz zwischen Mittelkurs und Sortenverkaufskurs multipliziert mit der Menge der umgetauschten US-Dollar. Der Mittelkurs zwischen Ankaufs- und Verkaufskurs beträgt 1,86 € (0,90 € + 0,96 €) : 2 = 0,93 €. Die Differenz zum Verkaufskurs beträgt somit 0,03 € (0,96 € ./. 0,93 €). Da T 1 000 US-Dollar eingetauscht hat, beträgt sein Entgelt für die nach § 4 Nr. 8 Buchst. b UStG steuerfreie sonstige Leistung der Kreissparkasse 30 €.

b) Münzhändler M in Mannheim erwirbt von einer Filiale der D-Bank in Basel unter Vermittlung des Münzhändlers S in Stuttgart:

- 10 Platinmünzen zum Preis von insgesamt 9 200 € (Metallwert 7 000 €),
- zehn 5-€-Sonderprägungen (gesetzliches Zahlungsmittel), kein Edelmetall zum Preis von insgesamt 80 €.

Die Lieferung erfolgt »verzollt und versteuert« zu Händen des S. Dieser erhält für seine Vermittlung von M 10 % Provision.

**LÖSUNG** Die D-Bank liefert die Münzen an M. Die Lieferungen sind gem. § 3 Abs. 8 UStG durch Aushändigung der Münzen an S als Erfüllungsgehilfen des M steuerbar. Da alle Münzen entweder wegen ihres Metallgehalts oder Sammlerwerts erworben werden, scheidet die Steuerbefreiung aufgrund von § 4 Nr. 8 Buchst. b Satz 2 UStG aus. Alle Lieferungen sind daher steuerpflichtig.
Bezüglich des Steuersatzes kommt der ermäßigte Steuersatz gem. § 12 Abs. 2 Nr. 12 UStG i. V. m. Nr. 54 der Anlage 2 zum UStG in Betracht. Gem. Nr. 54 Buchst. c Doppelbuchst. cc der Anlage 2 zum UStG ist der ermäßigte Satz bei Münzen aus Edelmetallen (den Platinmünzen) aber nur dann gegeben, wenn die Bemessungsgrundlage 250 % des Metallwerts übersteigt. Dies ist nicht der Fall. Die USt für die Platinmünzen beträgt somit 19/119 von 9 200 €, d. h. 1 468,91 €.
Bei den übrigen Münzen handelt es sich nicht um Münzen aus Edelmetall. Sie fallen unter Nr. 54 Buchst. c Doppelbuchst. bb der Anlage 2 zum UStG. Für sie gilt daher der ermäßigte Steuersatz jedoch ebenfalls nicht, da insoweit der Tatbestand der Einfuhr nicht realisiert wurde.
Die USt für die 5 €-Sonderprägungen für insgesamt 80 € beträgt 12,77 €.
S erbringt mit seiner Vermittlung eine sonstige Leistung an M. Sie ist gem. § 3a Abs. 2 UStG steuerbar. Die Befreiung nach § 4 Nr. 8 Buchst. b UStG greift wegen der Ausnahmeregelung des Satz 2 nicht ein. Die Vermittlungsleistung ist daher steuerpflichtig. Sie unterliegt insgesamt gem. § 12 Abs. 1 UStG dem Regelsteuersatz. Die USt bei S beträgt somit 19/119 von 928 € (10 % von 9 280 €), d. h. 148,17 €.

c) Münzhändler W in Basel (Schweiz) erwirbt bei einer Filiale der D-Bank in Stuttgart unter Vermittlung des Münzhändlers S in Stuttgart Münzen. S bringt die Münzen dem W drei Tage später anlässlich einer Reise nach Basel mit. Der Sachverhalt ist im Übrigen wie oben in Beispiel b).

**LÖSUNG** Die Lieferungen sind steuerbar. Da die Münzen durch einen Erfüllungsgehilfen des Abnehmers (S) ins Drittlandsgebiet gelangen, ist die Steuerbefreiung gem. § 4 Nr. 1 Buchst. a i. V. m. § 6 Abs. 1 Nr. 2 UStG zu prüfen. W ist ausländischer Abnehmer. W erwirbt die Münzen für sein Unternehmen. Deshalb greifen die verschärfenden Bestimmungen des § 6 Abs. 3a UStG und § 17 UStDV nicht ein. Die Lieferung an W ist steuerfrei nach § 4 Nr. 1 Buchst. a i. V. m. § 6 Abs. 1 Nr. 2 UStG. Die D-Bank muss den Erwerb des W für unternehmerische Zwecke buchmäßig nachweisen.
Die Vermittlungsleistung des S ist nach § 3a Abs. 2 UStG nicht steuerbar, da die Leistung am Sitz des Leistungsempfängers in Basel ausgeführt wird.

# 5 Umsätze von Forderungen

## 5.1 Allgemeines

Die Abtretung einer Forderung stellt eine sonstige Leistung i. S. d. UStG dar, wenn die Abtretung (Übertragung) eine über die bloße Entgeltsentrichtung hinausgehende wirtschaftliche Bedeutung hat.

Wird eine Forderung nur **zur Sicherung** abgetreten, liegt ebenso wie in den Fällen der Sicherungsübereignung keine Leistung im umsatzsteuerrechtlichen Sinne vor. Solche Sicherungsabtretungen kommen vor allem im Zusammenhang mit Kreditgewährungen vor.

Forderungsabtretungen zwecks **Inkasso** (sog. unechtes Factoring) sowie im Rahmen des echten Factoring (vgl. 5.2) stellen wirtschaftlich keine eigenständigen Leistungen des Abtretenden an den Abtretungsempfänger, sondern vielmehr umgekehrt eine Inkassoleistung des Abtretungsempfängers an den Abtretenden dar. Diese Inkassoleistung fällt unter keine Befreiungsvorschrift. § 4 Nr. 8c UStG nimmt vielmehr die Einziehung von Forderungen ausdrücklich von der Steuerbefreiung aus. Inkassobüros, die Forderungen für andere einziehen, müssen sich hierzu diese Forderungen abtreten lassen, damit sie nicht gegen das Rechtsberatungsgesetz verstoßen. In den Fällen der Abtretung zwecks Inkasso bleibt die Forderung wirtschaftlich beim Abtretenden. Vgl. folgendes Schaubild:

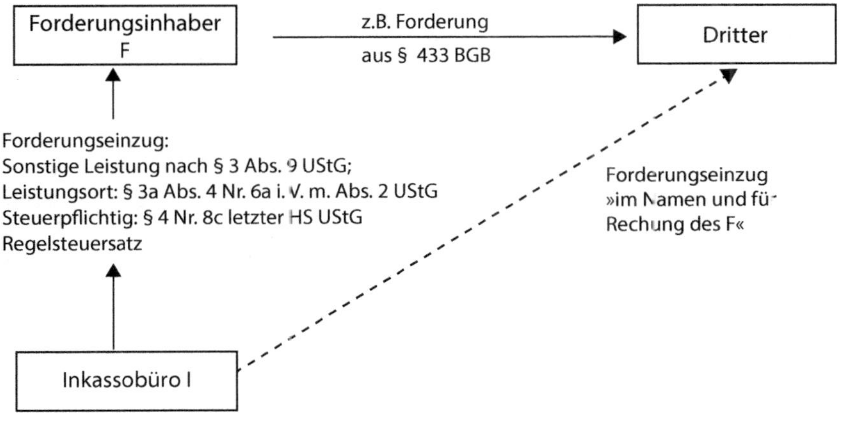

**BEISPIELE**

a) Der Unternehmer U nimmt bei der B-Bank ein Darlehen zur Bezahlung der Löhne an seine Arbeitnehmer i. H. v. 20 000 € auf. Zur Sicherung des Darlehens tritt er an die B-Bank eine Forderung aus einer Warenlieferung an C i. H. v. 25 000 € ab.

**LÖSUNG** Die B-Bank erbringt mit der Darlehensgewährung eine sonstige Leistung i. S. v. § 4 Nr. 8 Buchst. a UStG an U. Die Sicherungsabtretung der Forderung stellt wirtschaftlich lediglich eine Absicherung dieser Darlehensgewährung dar. Ebenso wie in der Sicherungsübereignung liegt darin noch keine Leistung im umsatzsteuerrechtlichen Sinne.

b) Der Installateur I bezieht vom Lieferanten L Kupferrohre zum Preis von 10 000 €. Zur Bezahlung des Kaufpreises tritt I (zahlungshalber) eine fällige Forderung an seinen Kunden K i. H. v. 10 000 € ab.

**LÖSUNG** Die Abtretung der Forderung stellt ihrem wirtschaftlichen Gehalt nach lediglich eine Form der Entgeltsentrichtung dar (abgekürzter Zahlungsweg). Es liegt somit keine Leistung des I an L vor.

c) Das Reinigungsunternehmen R hat gegen den Kunden K eine fällige Forderung i. H. v. 10 000 €. R tritt diese Forderung zwecks Inkasso an das Inkassobüro I ab. I zieht die Forderung gegen K im eigenen Namen ein und leitet, nachdem K die 10 000 € an I überwiesen hat, hiervon 9 500 € an R weiter.

**LÖSUNG** Da die Forderung nur zwecks Inkasso und ohne Risikoübernahme von I abgetreten wurde, liegt wirtschaftlich keine Forderungsabtretung vor. Das Inkassobüro erbringt vielmehr eine sonstige Leistung an R, nämlich den Einzug der Forderung. Es handelt sich um eine Leistung vergleichbar der eines Rechtsanwalts, der für einen Mandanten eine Forderung eintreibt. Die Abtretung zwecks Inkasso erfolgt in erster Linie, um einen Verstoß gegen das Rechtsberatungsgesetz zu vermeiden. Die Inkassoleistung ist eine sonstige Leistung. Der Leistungsort richtet sich nach § 3a Abs. 2 UStG, die Leistung ist damit steuerbar. Mangels Befreiung ist sie auch steuerpflichtig. Das Entgelt liegt in den von I einbehaltenen 500 € als Bruttobetrag. Die USt hieraus beträgt 19/119, d. h. 79,83 €.

Soweit eine Forderungsabtretung eine Leistung i. S. d. UStG darstellt, ist zu prüfen, ob der Leistungsort im Inland liegt. Hierfür gelten § 3a Abs. 4 Nr. 6 Buchst. a, § 3a Abs. 6 Nr. 2, § 3a Abs. 2 bzw. Abs. 1 UStG.

Im Falle der Steuerbarkeit einer Forderungsabtretung greift die Steuerfreiheit nach § 4 Nr. 8 Buchst. c UStG ein.

**BEISPIEL**

Unternehmer U hat bei der Firma D in Sindelfingen einen Geschäfts-Pkw zum Preis von 35 700 € bestellt. Die Lieferfrist beträgt 1 Jahr. Zwei Wochen vor Auslieferung veräußert U seine Ansprüche aus dem Kaufvertrag an den Unternehmer A. Dieser übernimmt als Gegenleistung sämtliche Verpflichtungen des U aus dem Kaufvertrag gegenüber D (kumulative Schuldübernahme) und zahlt außerdem an U noch 1 000 €.

**LÖSUNG** U und A schließen einen Kaufvertrag über einen Kaufvertrag ab (!). Gegenstand der Leistung ist damit nicht die Lieferung des Pkw, sondern die Forderungsabtretung. Es handelt sich dabei um eine sonstige Leistung, deren Leistungsort sich nach § 3a Abs. 2 UStG bestimmt. Die Leistung ist steuerbar, jedoch nach § 4 Nr. 8 Buchst. c UStG steuerfrei.

Die Firma D hat einen Pkw-Kaufvertrag mit U abgeschlossen. Infolge der Erfüllung dieses Kaufvertrages erbringt D eine Lieferung an U. Dass U seine Ansprüche aus dem Kaufvertrag abgetreten hat, spielt hierfür keine Rolle, da er der Fa. D keinen anderen Abnehmer aufzwingen darf. Einen Anspruch auf eine Rechnung mit USt-Ausweis gegenüber D hat daher nur U und nicht A. Die bei D anfallende USt errechnet sich aus brutto 35 700 € und beträgt daher 19/119, d. h. 5 700 €.

Eigentümer des Pkw wird letztlich A, wobei dahingestellt bleiben kann, ob das Eigentum bürgerlich-rechtlich unmittelbar von D auf A oder mittelbar über U auf A übergeht. U erbringt keine Weiterlieferung an A. Vielmehr stellt die Umwandlung des schuldrechtlichen Anspruchs des A (auf Erhalt des Pkw) in Eigentum (am Pkw) einen nichtsteuerbaren Vorgang dar. Das schuldrechtliche Anwartschaftsrecht erstarkt zum (sachenrechtlichen) Vollrecht.

Die steuerfreie Abtretung einer Forderung kann durch Verzicht auf die Steuerbefreiung nach § 9 UStG steuerpflichtig werden, sofern die Forderung an ein Unternehmen abgetreten wird.

## 5.2 Factoring

Der Forderungskauf, bei dem der Forderungseinzug durch den Forderungskäufer in eigenem Namen und für eigene Rechnung erfolgt, ist nach dem EuGH-Urteil vom 26.06.2003, BStBl II 2004, 688 zu beurteilen. Sowohl beim sog. echten Factoring als auch beim sog. unechten Factoring, liegt eine unternehmerische Tätigkeit des Forderungskäufers (Factor) vor, wenn er den Forderungsverkäufer (Anschlusskunde) von der Einziehung der Forderung und dem Risiko ihrer Nichterfüllung entlastet (vgl. A 2.4 Abs. 1 UStAE).

Zu Verdeutlichung und Klärung der unterschiedlichen Begrifflichkeiten mag folgendes Schaubild dienen:

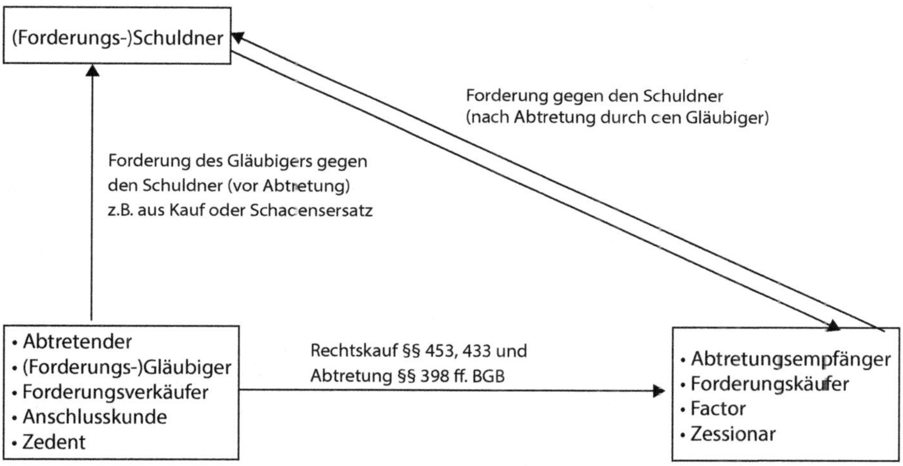


Einen Sonderfall stellen die sog. notleidenden oder zahlungsgestörten Forderungen (sog. Non-Performing-Loans) dar. Dies ist dann der Fall, wenn die Forderung bei Fälligkeit nicht oder nur zu einem geringen Teil seit mehr als 90 Tagen nicht ausgeglichen wurde bzw. eine Kündigung erfolgte oder die Voraussetzungen für eine Kündigung vorliegen (vgl. A 2.4 Abs. 7 UStAE). Bei der Übertragung einer solchen Forderung unter Übernahme des Ausfallrisikos durch den Erwerber besteht der wirtschaftliche Gehalt in der Entlastung des Verkäufers vom wirtschaftlichen Risiko und nicht im Einziehen der Forderung. Da die Differenz zwischen dem Nennwert der übertragenen Forderung und deren Kaufpreis vor allem auf der Beurteilung der Werthaltigkeit dieser Forderung beruht, stellt sie keine Vergütung dar, mit der unmittelbar eine vom Käufer erbrachte Dienstleistung entgolten werden soll. Der Forderungserwerber erbringt daher keine wirtschaftliche Tätigkeit im Sinne von Art. 2 Nr. 1 MwStSystRL. Vielmehr leistet der Verkäufer nach § 4 Nr. 8 Buchstabe c UStG steuerfrei an den Erwerber (A 2.4 Abs. 8 Satz 7 UStAE). Dies war in jüngster Vergangenheit umstritten, wurde jedoch durch Entscheidungen des EuGH vom 27.10.2011, C-93/10 GFKL und des BFH vom 04.07.2013, V R 8/10 geklärt.

**BEISPIEL**

Der Unternehmer A hat am 15. 10. 01 an den B eine Maschine zum Preis von 100 000 € zuzüglich 19 000 € USt verkauft und ausgeliefert. Der Kaufpreis ist am 15.04.02 zu entrichten. A veräußert die Kaufpreisforderung im Nennbetrag von 119 000 € sofort an den Factor F zum Festpreis von 107 100 €. F übernimmt das Ausfallrisiko.

**LÖSUNG** Es liegt die Vertragsgestaltung des echten Factoring vor. F erbringt damit an den Anschlusskunden A eine steuerpflichtige sonstige Leistung. Bemessungsgrundlage ist der Unterschiedsbetrag zwischen Ankaufspreis und Nennwert also 11 900 € (119 000 € ./. 107 100 €). Die hierin enthaltene USt beträgt 19/119 von 11 900 € = 1 900 €. Diese USt kann F dem A gesondert in Rechnung stellen und A kann sie als Vorsteuer abziehen.

Im Rahmen des Factoring stellt sich die Frage, welche Auswirkungen es auf das Entgelt für steuerpflichtige Leistungen hat, wenn

a) der Factor für die Forderung weniger als den Nennwert bezahlt,
b) der Factor nicht den vollen Nennwert der Forderung einziehen kann.

Die Lösung der Frage ergibt sich jeweils aus § 10 Abs. 1 UStG, wonach Entgelt alles ist, was der Empfänger der steuerpflichtigen Leistung aufwendet.

Im Fall a) bei Abtretung der Forderung unter dem Nennwert bestimmt sich deshalb das Entgelt nach den tatsächlichen Aufwendungen des Leistungsempfängers, i. d. R. also nach dem Nennwert (vgl. A 2.4 Abs. 8 i. V. m. Abs. 7 und A 10.1 Abs. 4 Satz 4 UStAE). Soweit es sich hierbei um den Fall des Erwerbs zahlungsgestörter Forderungen handelt, unterliegt die Spanne zwischen Kaufpreis und Nennbetrag nicht der Umsatzsteuer, wenn der Käufer die Forderung auf eigenes Risiko kauft (vgl. A 2.4 Abs. 7 und 8 UStAE).

Im Fall b) bestimmt sich das Entgelt ebenfalls nach den tatsächlichen Aufwendungen des Leistungsempfängers. Es tritt somit eine Entgeltminderung nach § 17 Abs. 2 Nr. 1 UStG ein (vgl. Beispiel in A 17.1 Abs. 6 und 2.4 Abs. 8 UStAE).

**BEISPIELE**

a) Das Unternehmensberatungsbüro A hat dem Kunden S 10 000 € zuzüglich 1 900 € USt berechnet. S hat die fällige Forderung noch nicht beglichen. A tritt diese Forderung an das Factoring-Institut F zum Festpreis von 8 000 € ab. Bei Vertragsabschluss gingen F und A davon aus, dass F nur noch insgesamt 8 000 € von S einziehen kann. Tatsächlich kann F von S noch 10 000 € einziehen, bevor das Insolvenzverfahren über sein Vermögen eröffnet wird.

**LÖSUNG** A hat an S eine steuerbare und steuerpflichtige sonstige Leistung erbracht. Die USt fällt aufgrund der Sollbesteuerung bereits im VZ der Erbringung der Leistung an und beträgt 1 900 €.

Aufgrund der Eröffnung des Insolvenzverfahrens über das Vermögen des S steht fest, dass der über die bereits bezahlten 10 000 € hinausgehende Teil der Forderung i. S. d. UStG uneinbringlich ist (vgl. A 17.1 Abs. 5 Satz 5 UStAE). Da S somit weniger als vereinbart für die Leistung von A aufwendet, ergibt sich eine Entgeltminderung und folglich gem. § 17 Abs. 2 Nr. 1 i. V. m. § 17 Abs. 1 Nr. 1 UStG eine USt-Berichtigung für A. Die USt ermäßigt sich auf 19/119 von 10 000 €, d. h. 1 596,64 €, der Berichtigungsbetrag beläuft sich somit auf 303,36 €.

Die USt-Berichtigung bei A setzt voraus, dass A die teilweise Uneinbringlichkeit der Forderung nachweist. A muss sich also Kenntnis verschaffen, welchen Betrag F tatsächlich noch einziehen konnte (vgl. Beispiel in A 17.1 Abs. 6 UStAE).

Die Forderungsabtretung an F für 8 000 € hat dagegen keine Auswirkung auf das Entgelt für die Leistung von A an S.

F erbringt im Rahmen des Factoring eine steuerpflichtige sonstige Leistung an A. Bemessungsgrundlage für diese Leistung ist zunächst die Differenz zwischen Festpreis und dem im Abtretungszeitpunkt nach Ansicht von F und A voraussichtlich realisierbaren Teil der dem F abgetretenen Forderung i. H. v. 10 000 € (wirtschaftlicher Nennwert), also brutto 2 000 € (10 000 € ./. 8 000 €). Die USt beträgt somit für die Inkassoleistung des F 19/119 von 2 000 € = 319,32 € (vgl. A 2.4 Abs. 6 UStAE).

b) Das Unternehmensberatungsbüro A hat dem Kunden S 10 000 € zuzüglich 1 900 € USt berechnet. S hat die fällige Forderung noch nicht beglichen. A tritt diese Forderung an das Factoring-Institut F zum Festpreis von 10 000 € ab. F kann von S noch 7 000 € einziehen, bevor das Insolvenzverfahren über sein Vermögen eröffnet wird. Bei Vertragsabschluss gingen F und A davon aus, dass die Forderung in vollem Umfang von 11 900 € realisierbar ist.

**LÖSUNG** Die Lösung entspricht zunächst dem Beispiel a). Infolge der Eröffnung des Insolvenzverfahrens über das Vermögen von S mindert sich das Entgelt nunmehr jedoch auf brutto 7 000 €, die USt also auf 1 117,65 €. Der Berichtigungsbetrag beläuft sich also auf 782,36 € (1 900 € ./. 1 117,65 €). Es spielt keine Rolle, dass A für die Forderung 10 000 € erlösen konnte. Dies ist lediglich die Folge des Geschicks bzw. Glücks von A, für eine Forderung mehr zu erlösen als sie objektiv wert war.

Die USt-Berichtigung bei A setzt voraus, dass A die teilweise Uneinbringlichkeit der Forderung nachweist. A muss sich also Kenntnis verschaffen, welchen Betrag F tatsächlich noch einziehen konnte (vgl. Beispiel in A 17.1 Abs. 6 UStAE).

F erbringt im Rahmen des Factoring eine steuerpflichtige sonstige Leistung an A. Bemessungsgrundlage für diese Leistung ist die Differenz zwischen Festpreis und Nennbetrag also brutto 1 900 € (11 900 € ./. 10 000 €). Die USt beträgt somit 19/119 von 1 900 € = 303,36 €. Der Umstand, dass F tatsächlich nur 7 000 € erhält, mindert nach Verwaltungsauffassung die Bemessungsgrundlage für seine Inkassoleistung nicht, da davon auszugehen ist, dass bei Forderungsabtretung der wirtschaftliche Nennwert dem tatsächlichen Nennwert der Forderung entsprach (Umkehrschluss aus A 2.4 Abs. 6 UStAE).

c) Das Unternehmensberatungsbüro A hat dem Kunden S 10 000 € zuzüglich 1 900 € USt berechnet. S hat die fällige Forderung noch nicht beglichen. A tritt diese Forderung an das Inkassobüro I zwecks Inkasso ab. I kann von S noch 9 000 € einziehen, bevor das Insolvenzverfahren über sein Vermögen eröffnet wird. I überweist A hiervon 8 500 €.

**LÖSUNG** I erbringt im Rahmen des unechten Factoring eine Inkassoleistung an A. Diese Leistung ist steuerbar und steuerpflichtig. Das Entgelt besteht in dem von I einbehaltenen Betrag i. H. v. brutto 500 €. Die USt beträgt somit 19/119, d. h. 79,83 €. Aufgrund des Forderungsausfalls ergibt sich bei A für seine Beratungsleistung eine Entgeltsminderung auf brutto 9 000 €. Die USt mindert sich folglich um 463,03 € auf 1 436,97 €.

## 5.3 Übungsfälle zum echten und unechten Factoring

1. Das Unternehmen A hat am 15. 03. 01 an den Kunden K eine steuerpflichtige Werkleistung erbracht. K schuldet A hierfür 10 000 € zuzüglich 1 900 € USt. Der Gesamtbetrag von 11 900 € ist am 15. 06. 01 zu entrichten. A tritt die Forderung noch am 15. 03. 01 an die Bank B zum Festpreis von 11 500 € ab. Bei Fälligkeit zahlt K an die B-Bank 11 900 €.
2. Das Unternehmen A hat am 15. 03. 01 an den Kunden K eine steuerpflichtige Werkleistung erbracht. K schuldet A hierfür 10 000 € zuzüglich 1 900 € USt. Der Gesamtbetrag von 11 900 € ist am 15. 06. 01 zu entrichten. A tritt die Forderung noch am 15. 03. 01 an die Bank B zum Festpreis von 11 500 € ab. Am 15. 05. 01 wird über das Vermögen des K das Insolvenzverfahren eröffnet.
3. Das Unternehmen A hat am 15. 03. 01 an den Kunden K eine steuerpflichtige Werkleistung erbracht. K schuldet A hierfür 10 000 € zuzüglich 1 900 € USt. Der Gesamtbetrag von 11 900 € ist am 15. 06. 01 zu entrichten. A tritt die Forderung noch am 15. 03. 01 an die Bank B zwecks Inkasso ab. Die B-Bank schrieb A sofort 11 500 € gut. Bei Fälligkeit zahlt K an die B-Bank 11 900 €. Bei Vertragsabschluss gingen B und A davon aus, dass die Forderung in vollem Umfang von 11 900 € realisierbar ist.
4. Das Unternehmen A hat am 15. 03. 01 an den Kunden K eine steuerpflichtige Werkleistung erbracht. K schuldet A hierfür 10 000 € zuzüglich 1 900 € USt. Der Gesamtbetrag von

11 900 € ist am 15. 06. 01 zu entrichten. A tritt die Forderung noch am 15. 03. 01 an die Bank B zwecks Inkasso ab. Die B-Bank schrieb A sofort 11 500 € gut. Am 15. 05. 01 wird über das Vermögen des K das Insolvenzverfahren eröffnet. Die B-Bank übertrug darauf die Forderung an K auf A zurück und berechnete A 11 200 € zuzüglich 388 € Zinsen zuzüglich 300 € Gebühren.

## 6 Bankumsätze nach § 4 Nr. 8d UStG

Gem. § 4 Nr. 8 Buchst. d UStG sind typische Bankumsätze steuerfrei. Es handelt sich beispielsweise um die Umsätze im Kontokorrentverkehr (z. B. Anfertigung von Kontoabschriften, vgl. A 4.8.7 UStAE). Die Ortsbestimmungen für diese sonstigen Leistungen richten sich, je nach Sachverhalt, nach § 3a Abs. 2, § 3a Abs. 1, § 3a Abs. 4 Nr. 6 Buchst. a oder § 3a Abs. 6 Nr. 2 UStG.

Auch bei diesen Leistungen kann der Unternehmer (die Bank) gem. § 9 UStG auf die Befreiung verzichten, wenn er die Leistung an ein Unternehmen erbringt. Im Falle des zulässigen Verzichts auf die Steuerbefreiung kann der Unternehmer die mit diesen Leistungen im Zusammenhang stehenden Vorsteuern abziehen.

Der EuGH hat mit Urteil vom 03. 10. 2019, C 42/18 entschieden, dass für sonstige Leistungen an eine Bank, welche den Zahlungsverkehr betreffen, keine Steuerbefreiung in Betracht kommt. Im Urteilsfall hat ein Unternehmen verschiedene Dienstleistungen an eine Bank erbracht. Diese umfassten im Einzelnen das Aufstellen von Geldautomaten, die Wartung dieser, die Befüllung mit Bargeld sowie die Bestückung mit Hard- und Software zum Einlesen der Geldkartendaten, Weiterleitung von Autorisierungsanfragen wegen Bargeldabhebungen an die Bank sowie die verwendeten Geldkarten auszugeben, die gewünschte Bargeldauszahlung vorzunehmen und einen Datensatz über die Auszahlungen zu generieren.

Das folgende Schaubild soll die typischen Leistungsbeziehungen verdeutlichen:

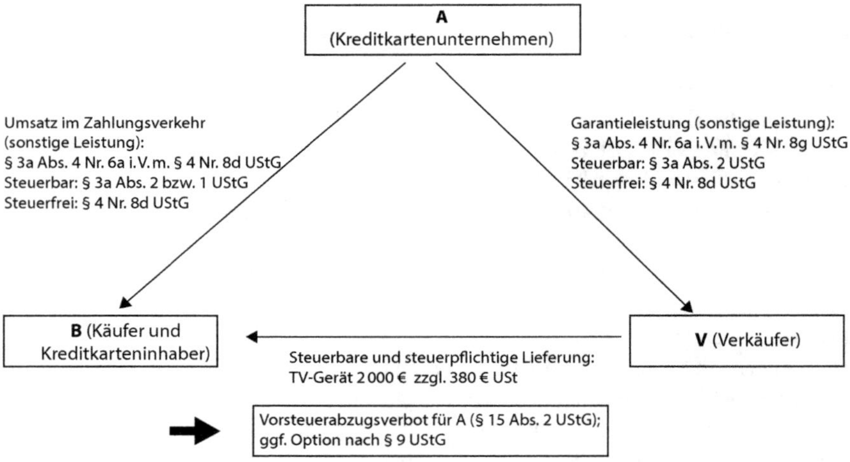

# 7 Umsätze von Gesellschaftsanteilen

Umsätze von Gesellschaftsanteilen sind grundsätzlich nach § 4 Nr. 8 Buchst. f UStG steuerfrei (die Steuerbarkeit vorausgesetzt).

Aus dieser Regelung folgt, dass bei der Übertragung eines Anteils an einer Personengesellschaft bezüglich der im Gesamthandsvermögen befindlichen Liefergegenstände keine Teillieferungen vorliegen. Die Übertragung eines Gesellschaftsanteils stellt demnach eine sonstige Leistung dar, gleichgültig wie viele körperliche Vermögensgegenstände hierdurch zur gesamten Hand erworben werden. Der Leistungsort bestimmt sich nach § 3a Abs. 2, § 3a Abs. 1, § 3a Abs. 4 Nr. 6 Buchst. a oder § 3a Abs. 6 Nr. 2 UStG.

§ 4 Nr. 8 Buchst. f UStG betrifft sowohl die Anteile an Personen- als auch an Kapitalgesellschaften. Die Übertragung von Aktien fällt somit sowohl unter § 4 Nr. 8 Buchst. e UStG als auch unter § 4 Nr. 8 Buchst. f UStG (vgl. A 4.8.10 Abs. 1 Satz 1 UStAE). Typische Fälle des § 4 Nr. 8 Buchst. f UStG sind:

- Übereignung einer Aktie,
- Übertragung eines GmbH-Anteils,
- Übertragung eines Kommandit-Anteils,
- Übertragung eines OHG-Anteils,
- Übertragung eines Anteils an einer Erbengemeinschaft.

Steuerfrei ist nach § 4 Nr. 8 Buchst. f UStG auch die Vermittlung von Anteilen an Gesellschaften. Schaltet der Vermittler dabei einen selbständigen Untervermittler ein, kann auch dessen Leistung nach § 4 Nr. 8 Buchst. f UStG steuerfrei sein (vgl. Ausführungen bei I 2.6.1).

# Teil L Sonstige branchenspezifische Umsätze

## 1 Beförderungsleistungen der Frachtführer

**Definition Frachtführer:** Nach § 407 HGB wird der Frachtführer durch den Frachtvertrag verpflichtet, das Frachtgut zum Bestimmungsort zu befördern und dort an den Empfänger abzuliefern. Das HGB regelt die rechtlichen Beziehungen im Frachtgeschäft durch gewerbliche Unternehmer in den §§ 407 bis 466 HGB sehr detailliert. So kann beispielsweise nach § 444 HGB über die Verpflichtung zur Auslieferung des Frachtgutes von dem Frachtführer ein Ladeschein ausgestellt werden. Durch die Übergabe dieses Ladescheines an einen Erwerber des Frachtgutes tritt nach § 448 HGB dieselbe Rechtsfolge ein wie bei Übergabe des Gutes. D. h., eine Eigentumsübertragung am Frachtgut ist durch die bloße Einigung des bisherigen Eigentümers mit dem Erwerber und die Übergabe des Ladescheines möglich. Mit Eigentumsübertragung geht auch die umsatzsteuerrechtliche Verfügungsmacht auf den Erwerber über.

Der Frachtführer braucht die Güterbeförderung nicht selbst bzw. durch eigene Arbeitnehmer auszuführen. Er kann die Beförderung auch durch andere selbständige Beauftragte (insbesondere andere Frachtführer) als Erfüllungsgehilfen vornehmen lassen (vgl. A 4.3.2 Abs. 4 Satz 1 UStAE). Allerdings ergibt sich aus der Abgrenzung zum Speditionsgeschäft nach § 453 HGB, dass er bei der Einschaltung von Erfüllungsgehilfen **auf eigene Rechnung** handelt. Handelt er dagegen zwar im eigenen Namen, jedoch auf Rechnung seines Auftraggebers, besorgt er die Güterversendung und ist Spediteur. Der Ort der Beförderungsleistung des Frachtführers bestimmt sich nach § 3a Abs. 2, § 3b Abs. 1 oder nach § 3b Abs. 3 UStG (vgl. B 6.5). Für die Güterbeförderungen der Frachtführer kommt die Steuerbefreiung nach § 4 Nr. 3 UStG in Betracht. Güterbeförderungen an Unternehmer werden nach § 3a Abs. 2 UStG am Sitzort des Leistungsempfängers erbracht. Bei Leistungen an Nichtunternehmer ist § 3b UStG einschlägig.

**BEISPIELE**

a) Der Frachtführer befördert im Auftrag der Privatperson P einen Gegenstand vom Inland ins Drittlandsgebiet.

**LÖSUNG** Die Beförderungsleistung ist gem. § 3b Abs. 1 Satz 2 UStG in einen steuerbaren inländischen und in einen nicht steuerbaren ausländischen Anteil aufzuteilen. Der steuerbare inländische Anteil ist nach § 4 Nr. 3 Buchst. a Doppelbuchst. aa UStG als grenzüberschreitende Beförderung eines Gegenstandes der Ausfuhr steuerfrei.

b) Der Frachtführer F1 befördert im Auftrag des inländischen Unternehmers U einen Gegenstand, der zur Ausfuhr bestimmt ist, vom Ort A im Inland an den Ort B im Inland. Vom Ort B wird der Gegenstand durch den Frachtführer F2 im Auftrag des inländischen Unternehmers U an den Ort C im Drittlandsgebiet ausgeführt.

**LÖSUNG** Die Beförderungsleistung des F1 ist gem. § 3a Abs. 2 UStG in vollem Umfang steuerbar. Sie ist als sonstige Leistung, die sich unmittelbar auf einen Gegenstand der Ausfuhr bezieht, nach § 4 Nr. 3 Buchst. a Doppelbuchst. aa UStG steuerfrei (vgl. A 4.3.4 Abs. 1 Satz 1 Nr. 2 UStAE). Auch die Beförderungsleistung des F2 ist gem. § 3a Abs. 2 UStG steuerbar und ebenfalls gem. § 4 Nr. 3 Buchst. a Doppelbuchst. aa UStG steuerfrei.

c) Der Frachtführer F1 befördert im Auftrag des inländischen Unternehmers L einen Gegenstand, der zur Ausfuhr bestimmt ist, vom Ort A im Inland an den Ort B in einem anderen Mitgliedstaat der Europäischen Union. Vom Ort B wird der Gegenstand im Auftrag des L durch den Frachtführer F2 an den Ort C im Drittlandsgebiet ausgeführt.

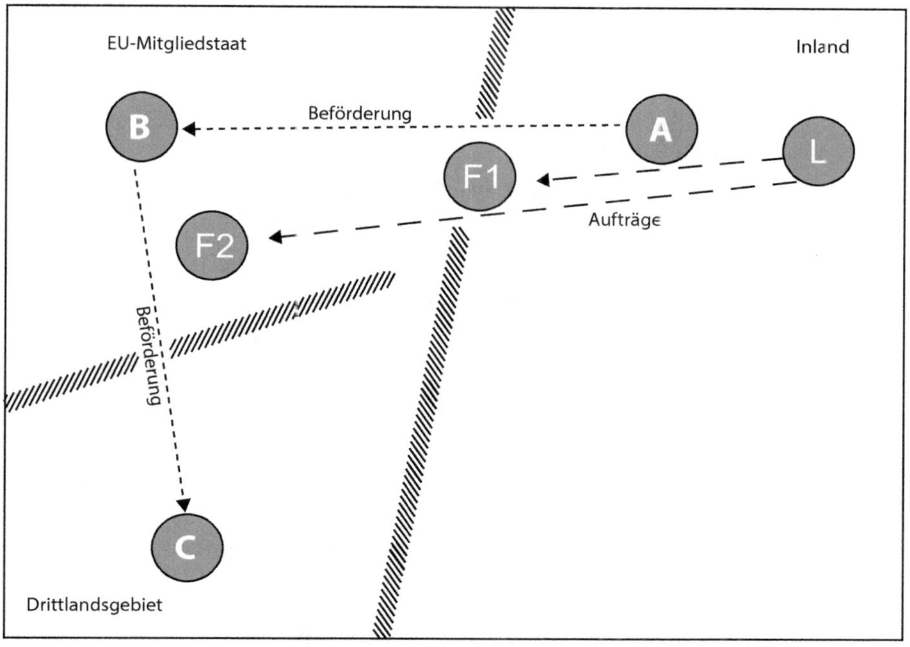


**LÖSUNG** Ort der Beförderungsleistung des F1 ist gem. § 3a Abs. 2 UStG der Leistungsempfängerort. Die Beförderungsleistung ist somit insgesamt steuerbar. Sie ist als sonstige Leistung, die sich unmittelbar auf einen Gegenstand der Ausfuhr bezieht, nach § 4 Nr. 3 Buchst. a Doppelbuchst. aa UStG aber steuerfrei (vgl. A 4.3.4 Abs. 1 Satz 1 Nr. 2 UStAE). Das Gleiche gilt sowohl hinsichtlich des Leistungsorts als auch der Steuerbefreiung für die Beförderungsleistung des F2.

d) Der Frachtführer F befördert im Auftrag des im Inland ansässigen Unternehmers L einen Gegenstand vom Drittlandsgebiet ins Inland. Für die Einfuhr erhebt der deutsche Zoll Einfuhrumsatzsteuer. Das Beförderungsentgelt, das L an F zu entrichten hat, ist in die Bemessungsgrundlage der Einfuhrumsatzsteuer einbezogen worden.
**LÖSUNG** Ort der Beförderungsleistung ist gem. § 3a Abs. 2 UStG der Leistungsempfängerort im Inland. Die Beförderungsleistung ist somit insgesamt steuerbar. Die Beförderungsleistung ist nach § 4 Nr. 3 Buchst. a Doppelbuchst. bb UStG steuerfrei, da sie sich auf einen Gegenstand der Einfuhr bezieht und die Kosten hierfür in der Bemessungsgrundlage für diese Einfuhr enthalten sind.

e) Der in Deutschland ansässige Frachtführer F1 befördert im Auftrag einer Privatperson einen Gegenstand vom Ort A im Inland an den Ort B in Frankreich.
**LÖSUNG** Die Beförderungsleistung ist als innergemeinschaftliche Beförderung gem. § 3b Abs. 3 UStG im Inland in vollem Umfang steuerbar, da dort die Beförderung beginnt. Die Leistung ist auch steuerpflichtig.

f) Der Frachtführer F1 befördert einen Gegenstand, der zum Transport nach Frankreich bestimmt ist, vom Ort A im Inland an den Ort B im Inland. Vom Ort B im Inland wird der Gegenstand durch den Frachtführer F2 nach Frankreich transportiert. Auftraggeber von F1 und F2 ist der in Frankreich ansässige Spediteur S.
**LÖSUNG** Der Ort sowohl für die Beförderungsleistung des F2 als auch des F1 bestimmt sich gem. § 3a Abs. 2 UStG nach dem Leistungsempfängerort Frankreich. Die Beförderungsleistungen sind in Deutschland nicht steuerbar.

g) Der in Deutschland ansässige Frachtführer F1 befördert einen Gegenstand vom Ort A im Inland an den Ort B in Frankreich. Vom Ort B wird der Gegenstand durch den in Frankreich ansässigen

Frachtführer F2 an den Ort C in Frankreich transportiert. Auftraggeber von F1 und F2 ist der inländische Spediteur S.
**LÖSUNG** Der Ort der Beförderungsleistung sowohl des F1 als auch des F2 bestimmt sich gem. § 3a Abs. 2 UStG nach dem Leistungsempfängerort. Die Beförderungsleistungen sind somit im Inland steuerbar und steuerpflichtig. Die Umsatzsteuer aus der Leistung des F2 schuldet S nach § 13b Abs. 5 Satz 1 i. V. m. Abs. 1 UStG.

h) Der Frachtführer F1 befördert im Auftrag der Privatperson P einen Gegenstand, der zur Ausfuhr bestimmt ist, vom Ort A im Inland an den Ort B in Belgien. Vom Ort B wird der Gegenstand im Auftrag des P durch den Frachtführer F2 ins Drittlandsgebiet ausgeführt.
**LÖSUNG** Ort der Beförderungsleistung des F1 ist gem. § 3b Abs. 3 UStG der Ort, an dem die Beförderung beginnt. Da dieser im Inland liegt, ist die Beförderungsleistung insgesamt steuerbar. Sie ist als sonstige Leistung, die sich unmittelbar auf einen Gegenstand der Ausfuhr bezieht, nach § 4 Nr. 3 Buchst. a Doppelbuchst. aa UStG aber steuerfrei (vgl. A 4.3.4 Abs. 1 Satz 1 Nr. 2 UStAE). Die Beförderungsleistung des F2 ist nach § 3b Abs. 1 UStG im Ausland erbracht und deshalb nicht steuerbar.

i) Der in Deutschland ansässige Frachtführer F1 soll im Auftrag der Privatperson P einen Gegenstand vom Ort A im Inland an den Ort C in den Niederlanden befördern. F1 befördert den Gegenstand vom Ort A im Inland an den Ort B in Belgien. Vom Ort B wird der Gegenstand im Auftrag des F1 durch den Frachtführer F2 an den Ort C in den Niederlanden befördert.
**LÖSUNG** Ort der Beförderungsleistung des F1 von A nach C ist gem. § 3b Abs. 3 UStG der Ort an dem die Beförderung beginnt. Da dieser im Inland liegt, ist die Beförderungsleistung insgesamt steuerbar und steuerpflichtig. Der Ort der Beförderungsleistung des F2 des bestimmt sich gem. § 3a Abs. 2 UStG nach dem Leistungsempfängerort. Da F1 im Inland ansässig ist, ist die Beförderungsleistung des F2 von B nach C im Inland steuerbar und steuerpflichtig. Die Umsatzsteuer aus der Leistung des F2 schuldet F1 nach § 13b Abs. 5 Satz 1 i. V. m. Abs. 1 UStG, sofern F2 im anderen Mitgliedstaat ansässig ist.

j) Der in Deutschland ansässige Frachtführer F1 soll im Auftrag der Privatperson P einen Gegenstand vom Ort A im Inland an den Ort C in den Niederlanden befördern. F1 befördert den Gegenstand vom Ort A im Inland an den Ort D der ebenfalls im Inland liegt. Vom Ort D wird der Gegenstand im Auftrag des F1 durch den Frachtführer F2 an den Ort C in den Niederlanden befördert.
**LÖSUNG** Ort der Beförderungsleistung des F1 von A nach C ist gem. § 3b Abs. 3 UStG der Ort an dem die Beförderung beginnt. Da dieser im Inland liegt, ist die Beförderungsleistung insgesamt steuerbar und steuerpflichtig. Der Ort der Beförderungsleistung des F2 des bestimmt sich gem. § 3a Abs. 2 UStG nach dem Leistungsempfängerort. Da F1 im Inland ansässig ist, ist die Beförderungsleistung von D nach C im Inland steuerbar und steuerpflichtig.

k) Frachtführer F1 befördert im Auftrag der Privatperson P einen Gegenstand vom Ort A im Inland an den Ort D der ebenfalls im Inland liegt. Vom Ort D wird der Gegenstand durch den Frachtführer F2 im Auftrag des P an den Ort C in den Niederlanden befördert.
**LÖSUNG** Ort der Beförderungsleistung des F1 von A nach D ist gem. § 3b Abs. 1 UStG die Strecke im Inland. Die Beförderungsleistung ist damit insgesamt steuerbar und steuerpflichtig. Der Ort der Beförderungsleistung des F2 von D nach C ist gem. § 3b Abs. 3 UStG der Ort an dem die Beförderung beginnt. Da dieser im Inland liegt, ist auch diese Beförderungsleistung insgesamt steuerbar und steuerpflichtig.

Weitere Beispiele finden Sie noch in den A 3b.3 und 3b.4 UStAE.

## 2 Spediteure

Nach § 453 HGB ist Spediteur, wer es gewerbsmäßig übernimmt, Güterversendungen für Rechnung eines anderen (des Versenders) zu besorgen. Gem. § 454 Abs. 3 HGB kann der Spediteur dabei im eigenen Namen oder bei entsprechender Vollmacht im Namen des Versenders auftreten. Der Spediteur ist auch grundsätzlich befugt, die Beförderung des Guts selbst auszuführen. Er hat jedoch in diesem Fall nach § 458 HGB die Rechte und Pflichten eines Frachtführers und ist deshalb in diesen Fällen auch umsatzsteuerrechtlich als Frachtführer zu behandeln (vgl. A 4.3.2 Abs. 5 Satz 1 UStAE).

Ebenso ist der Spediteur bei einer **Spedition zu festen Kosten** nach § 459 HGB als Frachtführer zu behandeln (vgl. A 4.3.2 Abs. 5 Sätze 1 und 3 UStAE). Er handelt in einem solchen Fall nicht mehr auf fremde, sondern auf eigene Rechnung. Er ist deshalb auch umsatzsteuerrechtlich als Frachtführer zu behandeln, der über einen selbständigen Erfüllungsgehilfen eine Beförderungsleistung erbringt. Tritt der Spediteur gegenüber dem Frachtführer im eigenen Namen auf, wird seine Speditionsleistung gem. § 3 Abs. 11 UStG wie eine Beförderungsleistung behandelt (vgl. B 6.3.11). Tritt der Spediteur gegenüber dem Frachtführer im Namen des Versenders auf, erbringt er eine Vermittlungsleistung, deren Ort sich nach § 3a Abs. 2 oder Abs. 3 Nr. 4 UStG bestimmt.

Über § 3 Abs. 11 UStG findet auf die im eigenen Namen erbrachte Speditionsleistung auch die Befreiung nach § 4 Nr. 3 UStG Anwendung. Besorgt demnach der Spediteur z. B. eine Güterbeförderung vom Inland ins Drittlandsgebiet, ist die Leistung nach § 4 Nr. 3 Buchst. a i. V. m. § 3 Abs. 11 UStG steuerfrei. Ist eine im eigenen Namen erbrachte Speditionsleistung in vollem Umfang steuerbar, ist sie i. d. R. (vorbehaltlich des § 4 Nr. 3 UStG) auch steuerpflichtig. Bemessungsgrundlage für die USt beim Spediteur ist in diesem Fall nicht nur seine Provision, sondern alles was er von seinem Auftraggeber (dem Versender) erhält.

**BEISPIEL**

Der Maschinengroßhändler M in Stuttgart beauftragt den Spediteur S in Stuttgart, eine Webmaschine zu seinem Abnehmer W in Reutlingen zu versenden. S beauftragt mit der Beförderung der Maschine den Frachtführer F in Stuttgart. Nach erfolgter Beförderung berechnete F dem S hierfür 1 000 € zuzüglich 190 € USt.
S erteilte M folgende Rechnung:

| | |
|---|---|
| Transportkosten (vgl. beigefügte Rechnungsdurchschrift von F) | 1 000 € |
| + Provision laut Vereinbarung 20 % | 200 € |
| Summe netto | 1 200 € |
| + USt 19 % | 228 € |
| Gesamtbetrag | 1 428 € |

**LÖSUNG** Die Speditionsleistung von S an M wird gem. § 3 Abs. 11 UStG wie eine Beförderungsleistung behandelt und ist steuerbar und steuerpflichtig. Der Steuersatz beträgt gem. § 12 Abs. 1 UStG 19 %. Bruttobemessungsgrundlage ist nach § 10 Abs. 1 UStG alles, was M gegenüber S aufwendet, also 1 428 €. Die USt beträgt somit wie berechnet 19/119 von 1 428 €, d. h. 228 €. Bei den 1 000 €, die S dem M weiterberechnet, handelt es sich **nicht** um einen durchlaufenden Posten i. S. v. § 10 Abs. 1 Satz 6 UStG, da er zwar auf Rechnung des M verauslagt und vereinnahmt wird, jedoch nicht im Namen des M sondern im eigenen Namen des S an F bezahlt wird. Zu Recht berechnet S dem M nur 1 000 € weiter, da er die ihm von F in Rechnung gestellte USt von 190 € als Vorsteuer abziehen darf. Bezüglich dieser 190 € kommt ein Vorsteuerabzug des M nicht in Betracht, da er nicht der Empfänger der Beförderungsleistung des F ist.

## 3 Leasingunternehmen

Leasing tritt im Wirtschaftsleben in vielen verschiedenen Varianten auf. Gemeinsam ist, dass der Leasinggeber ein Wirtschaftsgut erwirbt oder herstellt und dieses Wirtschaftsgut dem Leasingnehmer aufgrund des Leasingvertrages zur sofortigen Nutzung überlässt, ohne dass der Leasingnehmer das Wirtschaftsgut sofort bezahlen muss. Für das USt-Recht genügt es, bei den verschiedenen Formen des Leasings zwischen dem so genannten Kaufleasing und dem so genannten Mietleasing zu unterscheiden. Kaufleasing liegt danach vor, wenn das Wirtschaftsgut nach ertragsteuerrechtlichen Kriterien beim Leasingnehmer zu aktivieren ist. Mietleasing liegt dagegen vor, wenn das Wirtschaftsgut beim Leasinggeber zu aktivieren ist. Beim Kaufleasing liegt eine Lieferung vom Leasinggeber an den Leasingnehmer vor, die bereits bei Übergabe des Wirtschaftsguts an den Leasingnehmer erfolgt. Beim Mietleasing liegt umsatzsteuerrechtlich eine Vermietungsleistung vor.

Innerhalb der EU ist die Abgrenzung beim Leasing zwischen den Fällen der Lieferung und der sonstigen Leistung nicht einheitlich. Es könnte dadurch in manchen Fällen zu einer Nichtbesteuerung bzw. zu einer Doppelbesteuerung kommen. Deshalb trifft A 3.5 Abs. 5 Satz 4 UStAE hierzu folgende Regelung: Erfolgt bei einer grenzüberschreitenden Überlassung eines Leasing-Gegenstands (sog. **Cross-Boarder-Leasing**) die Zuordnung dieses Gegenstands auf Grund des Rechts eines anderen Mitgliedstaates ausnahmsweise abweichend von der Beurteilung nach deutscher Rechtsauffassung bei dem im Inland ansässigen Vertragspartner, ist dieser Zuordnung zur Vermeidung von endgültigen Steuerausfällen zu folgen. Ist die Zuordnung dabei abweichend von der Beurteilung nach deutscher Rechtsauffassung bei dem im anderen Mitgliedstaat ansässigen Vertragspartner erfolgt, kann dieser gefolgt werden, wenn der Nachweis erbracht wird, dass die Überlassung in dem anderen Mitgliedstaat besteuert wurde.

### 3.1 Mietleasing

Wird ein Gebäude verleast, ist der Ort der sonstigen Leistung (Vermietungsleistung) gem. § 3a Abs. 3 Nr. 1 Buchst. a UStG der Lageort des Grundstücks. Ist die Vermietungsleistung steuerbar, ist sie grundsätzlich nach § 4 Nr. 12 Buchst. a UStG steuerfrei. Wenn der Leasingnehmer das Gebäude für sein Unternehmen anmietet, kann unter den weiteren Voraussetzungen des § 9 Abs. 2 UStG der Leasinggeber zur Steuerpflicht optieren (vgl. J 2.5).

Beim Mietleasing in Bezug auf Beförderungsmittel, z. B. Pkw (vgl. hierzu die Aufzählung in A 3a.5 Abs. 2 UStAE), liegt i. d. R. eine langfristige Vermietung vor. Der Leistungsort bestimmt sich gem. § 3a Abs. 3 Nr. 2 Satz 3 UStG nach dem (Wohn)-Sitz des Leasingnehmers, wenn dieser eine Privatperson ist. Ist der Leistungsempfänger Unternehmer, bestimmt sich der Leistungsort gem. § 3a Abs. 2 UStG ebenfalls nach dem Sitzort des Leistungsempfängers.

**BEISPIEL**

Automobilhersteller A stellt seinen Außendienstmitarbeitern für ihre Tätigkeit jeweils einen Pkw zur Verfügung. Die Fahrzeuge dürfen die Arbeitnehmer auch für private Zwecke verwenden. Die Mitarbeiter wohnen im Inland, in Frankreich und in der Schweiz.

**LÖSUNG** Es liegt ein tauschähnlicher Umsatz i. S. d. § 3 Abs. 12 Satz 2 UStG vor. Der Vermietungsleistung des A steht ein Teil der Arbeitsleistung der Arbeitnehmer gegenüber. Leistungsort ist jeweils nach § 3a Abs. 3 Nr. 2 Satz 3 UStG zu bestimmen. Maßgeblich ist der Wohnort des jeweiligen Arbeitnehmers. Die Vermietungsleistungen sind somit im Inland, in Frankreich und in der Schweiz erbracht.

Auch bei der langfristigen Vermietung von Sportbooten (Begriff vgl. A 3a.5 Abs. 12 UStAE) an Privatpersonen ist Leistungsort grundsätzlich der Ort, an dem der Leistungsempfänger seinen Wohnsitz oder Sitz hat. Hiervon abweichend richtet sich der Leistungsort nach dem Ort, an dem das Sportboot dem Leistungsempfänger übergeben wird, wenn sich auch der Sitz, die Geschäftsleitung oder eine Betriebsstätte des Vermieters am Übergabeort befindet (§ 3a Abs. 3 Nr. 2 Satz 4 UStG).

**BEISPIEL**

Das Bootsvermietungsunternehmen B mit Sitz in Stuttgart vermietet an den Privatmann P mit Wohnsitz in Köln eine Yacht für vier Monate. Die Übergabe der Yacht erfolgt an der Betriebsstätte des B in einem italienischen Adriahafen.

**LÖSUNG** Der Leistungsort für die langfristige Vermietung eines Sportboots durch B an P ist in Italien, dem Ort, an dem das vermietete Boot tatsächlich von B an P übergeben wird, da sich an dem Übergabeort auch eine Betriebsstätte des B befindet. Die Vermietungsleistung ist im Inland nicht steuerbar.

Ist der Vermieter im Drittland ansässig, wird der Ort der Leistung nach § 3a Abs. 5 Satz 1 Nr. 1 UStG bei der kurzfristigen Vermietung eines Beförderungsmittels an Unternehmer oder an Privatpersonen und bei der langfristigen Vermietung an Privatpersonen in das Inland verlagert, wenn das Fahrzeug im Inland überwiegend genutzt wird. Bei der langfristigen Vermietung eines Beförderungsmittels an einen Unternehmer ist § 3a Abs. 2 UStG einschlägig.

Beim Mietleasing in Bezug auf andere bewegliche Wirtschaftsgüter, z. B. Maschinen, richtet sich der Leistungsort gem. § 3a Abs. 1 UStG nach dem Sitz bzw. nach der Betriebsstätte des Leasingunternehmens, wenn der Leasingnehmer eine im Gemeinschaftsgebiet (also in der EU) ansässige Privatperson ist. Ist der Leasingnehmer eine im Drittland ansässige Privatperson, bestimmt sich der Leistungsort gem. § 3a Abs. 4 Satz 1 i. V. m. Satz 2 Nr. 10 UStG nach dem Sitzort des Leistungsempfängers. Ist der Leistungsempfänger Unternehmer, bestimmt sich der Leistungsort gem. § 3a Abs. 2 UStG nach dem Sitzort des Leistungsempfängers unabhängig davon, ob er im Gemeinschaftsgebiet oder im Drittland ansässig ist. Beim Mietleasing gliedert sich die Leistung meist in Teilleistungen. Eine Teilleistung liegt vor, wenn für einen bestimmten Zeitabschnitt (z. B. Monat, Jahr) eine bestimmte Leasingrate vereinbart ist. Die Umsatzsteuer für die Teilleistung fällt in dem Voranmeldungszeitraum an, in dem der jeweilige Zeitabschnitt endet. Wird allerdings eine Zahlung bereits vor dem betreffenden VZ geleistet, fällt die USt aufgrund der »Mindestistbesteuerung« nach § 13 Abs. 1 Nr. 1 Buchst. a Satz 4 UStG bereits im VZ der Zahlung an. Dies ist insbesondere für die zu Beginn des Leasingverhältnisses fällige Grundgebühr relevant.

**BEISPIEL**

Das Leasingunternehmen L verleast im Wege des Mietleasings an den Leasingnehmer N eine Maschine für dessen Unternehmen. Bei Übergabe der Maschine hat N eine Grundgebühr von 119 000 € zu entrichten. Für jeden Monat wird eine Leasingrate von 23 800 € fällig.

**LÖSUNG** L erbringt aufgrund des Mietleasings eine steuerbare und steuerpflichtige sonstige Leistung an N. Die USt fällt für die einzelne Teilleistung in dem VZ an, in dem der jeweilige Leasingmonat endet (§ 13 Abs. 1 Nr. 1 Buchst. a Satz 2 UStG). Sie beträgt z. B. für das Leasing im März im Voranmeldungszeitraum März 19/119 von 23 800 €, d. h. 3 800 €. Die USt für die Grundgebühr fällt aufgrund der »Mindestistbesteuerung« gem. § 13 Abs. 1 Nr. 1 Buchst. a Satz 4 UStG bereits im VZ der Zahlung i. H. v. 19/119 von 119 000 €, d. h. 19 000 € an. Bei entsprechender Rechnungsausstellung mit USt-Ausweis kann N hieraus die USt als Vorsteuer abziehen.

Häufig hat der Leasingnehmer nach Ablauf einer bestimmten Grundmietzeit das Recht, den Leasingvertrag zu kündigen bzw. das Leasingobjekt zu einem vorbestimmten Preis käuflich zu erwerben.

**BEISPIEL**

Im obigen Beispiel kann N nach Ablauf von drei Jahren die Maschine für 238 000 € käuflich erwerben oder den Leasingvertrag kündigen.

a) N macht von der Kaufoption keinen Gebrauch. Er kündigt den Leasingvertrag.

b) N macht von der Kaufoption Gebrauch.

**LÖSUNG**

a) Die sonstige Leistung endet. Es ergeben sich keine weiteren umsatzsteuerrechtlichen Folgen.

b) An die vorhergehende Vermietung schließt sich eine Lieferung an. Diese ist steuerbar und steuerpflichtig. Die USt fällt im VZ der Lieferung i. H. v. 19/119 von 238 000 €, d. h. 38 000 € an. Bei entsprechender Rechnungsausstellung mit USt-Ausweis kann N hieraus die USt als Vorsteuer abziehen.

## 3.2 Kaufleasing

Der Ort der Lieferung beim Kaufleasing richtet sich nach den allgemeinen Vorschriften des Lieferorts. Wird das Leasingobjekt vom Leasinggeber an den Leasingnehmer befördert oder versendet, ist § 3 Abs. 6 Satz 1 UStG einschlägig. Ist die Lieferung steuerpflichtig, gehört zur Bemessungsgrundlage alles, was der Leasingnehmer insgesamt für das Leasingobjekt aufzuwenden hat. Zur Bemessungsgrundlage gehört insbesondere auch der Betrag, den der Leasingnehmer im Falle der Ausübung einer Kaufoption aufzuwenden hat. Dies gilt auch dann, wenn der Leasingnehmer von dieser Kaufoption keinen Gebrauch macht.

**BEISPIEL**

Das Leasingunternehmen L verleast im Wege des Kaufleasings an den Leasingnehmer N eine Maschine für dessen Unternehmen. Bei Übergabe der Maschine hat N eine Grundgebühr von 119 000 € zu entrichten. Für jeden Monat wird eine Leasingrate von 23 800 € fällig. Nach Ablauf einer Grundmietzeit von zwei Jahren kann N die Maschine für 238 000 € käuflich erwerben oder den Leasingvertrag kündigen.

a) N macht von der Kaufoption Gebrauch.

b) N macht von der Kaufoption keinen Gebrauch. Er kündigt den Leasingvertrag und gibt die Maschine zurück.

**LÖSUNG**

a) L erbringt mit der Übergabe der Maschine an N eine steuerbare und steuerpflichtige Lieferung. Bemessungsgrundlage brutto ist alles, was N insgesamt aufzuwenden hat, also die Grundgebühr von 119 000 €, die Summe der Leasingraten 24 × 23 800 €, d. h. 571 200 € und der Restkaufpreis von 238 000 € insgesamt also 928 200 €. Die hierin enthaltene USt beträgt 19/119, d. h. 148 200 €. Sie entsteht bereits im VZ der Lieferung, also zu Beginn des Leasingverhältnisses. Bei entsprechender Rechnungsausstellung mit USt-Ausweis kann N hieraus die USt für den VZ, in dem das Leasingverhältnis beginnt, als Vorsteuer abziehen. Er kann also die volle Grundgebühr aus der Vorsteuer finanzieren. Aus den Leasingraten hat N dann allerdings keinen Vorsteuerabzug mehr.

b) L erbringt ebenso wie im Fall a) eine steuerbare und steuerpflichtige Lieferung zu Beginn des Leasingverhältnisses und die USt beträgt hierfür im VZ der Übergabe 148 200 €. Die Rückgabe der Maschine stellt eine steuerbare und steuerpflichtige Rücklieferung dar. Bemessungsgrundlage brutto ist der Betrag, den N im Falle der Ausübung der Kaufoption noch an L hätte bezahlen müssen. Es handelt sich um eine Entgeltsentrichtung im Wege der Verrechnung. Die USt bei N beträgt hierfür 19/119 von 238 000 €, d. h. 38 000 €. Bei entsprechender Rechnungsausstellung mit USt-Ausweis (bzw. Gutschrifterteilung) kann L hieraus die USt als Vorsteuer abziehen.

In den Fällen des Kaufleasings kommt es immer wieder vor, dass der Leasingnehmer die Leasingraten nicht mehr bezahlen kann. In diesen Fällen holt der Leasinggeber den Leasinggegenstand wieder zurück. Mit dieser Rücknahme wird die Lieferung vom Leasinggeber an den Leasingnehmer rückgängig gemacht. An die Stelle der Lieferung tritt eine Vermietungsleistung für die Zeit der Nutzungsüberlassung. Als Folge hat der Leasinggeber seine USt aus der Lieferung (§ 17 Abs. 1 i. V. m. Abs. 2 Nr. 3 UStG) und der Leasingnehmer seine Vorsteuer (§ 17 Abs. 1 Satz 2 UStG) aus der Lieferung rückgängig zu machen. Da der Leasingnehmer jedoch insolvent ist, kann das Finanzamt den Vorsteuerrückforderungsanspruch gegen den Leasingnehmer i. d. R. nicht realisieren.

## 4 Franchisingunternehmen

Auch das Franchising ist ein Wirtschaftszweig, der mehr und mehr wächst. Der Verbraucher ist sich oft nicht bewusst, dass ein Großteil seines Konsums mit Hilfe von Franchisingunternehmen ermöglicht wird. Das Franchising reicht vom Schuhkauf einer bestimmten Marke bis zur Hotelunterbringung im First-Class-Hotel. Beim Franchising unterscheidet man den Franchisegeber und den Franchisenehmer. Der Unternehmer, der die Leistung an den Außenstehenden erbringt (z. B. den Gast bei MacDonalds), ist der Franchisenehmer. Er tritt gegenüber seinem Abnehmer nicht unter seinem eigenen Namen, sondern unter dem (Marken-)Namen des Franchisegebers auf. Er wird aber auf eigene Rechnung tätig, trägt das Geschäftsrisiko. Deshalb werden ihm die Umsätze an den Abnehmer zugerechnet und nicht dem Franchisegeber, unter dessen Namen der Umsatz getätigt wird.

Der Franchisegeber (z. B. McDonald's, Eismann) ist in diesen Fällen auch Unternehmer. Seine Umsätze bestehen in Leistungen an die Franchisenehmer. Er überlässt ihnen z. B. entgeltlich Know-how, Markenzeichen, Geschäftsräume und Einrichtungsgegenstände. Er liefert an sie das vom Franchisenehmer für seine Leistungen an Dritte benötigte Material (Waren und Rohstoffe).

## 5 Kreditkartengeschäft

Ein großer Teil des Geschäftsverkehrs wird unter Verwendung von Kreditkarten abgewickelt. Unter den verschiedenen Arten des Kreditkartengeschäfts gibt es folgendes typisches Beispiel.

**BEISPIEL**

Der Kreditkartenherausgeber K hat mit dem Karteninhaber I einen Vertrag abgeschlossen, wonach I gegen eine Jahresgebühr von 50 € von K eine Kreditkarte erhält. K hat mit einer Vielzahl von Unternehmen (Handelsunternehmen, Dienstleister) vereinbart, dass die Kreditkarteninhaber unter Vorlage der Kreditkarte deren Leistungen beziehen können, ohne das Entgelt hierfür an diese Unternehmen (so genannte Vertragsunternehmen) entrichten zu müssen.

I erwirbt vom Vertragsunternehmen V am 12. 06. 01 unter Vorlage seiner Kreditkarte eine digitale Systemkamera für 500 € zuzüglich 95 € USt. V teilt K den Kauf mit und K überweist V am 10. 07. 01 den Kaufpreis nach Abzug eines Disagios von 5 %, d. h. 29,75 € (Überweisungsbetrag 565,25 €). Zum 30. 06. 01 erhebt K von I den Betrag von 595 €.

**LÖSUNG** Aufgrund des zwischen I und K abgeschlossenen Vertrags erbringt K an I eine sonstige Leistung nach § 3 Abs. 9 UStG. Im Falle der Steuerbarkeit ist die Leistung nach § 4 Nr. 8 Buchst. d UStG (Umsatz im Zahlungs- und Überweisungsverkehr) steuerfrei. Das Disagio stellt wirtschaftlich ein Entgelt für eine Leistung von K an V dar. Hierbei handelt es sich ebenfalls um eine sonstige Leistung. Im Falle der Steuerbarkeit ist die Leistung (Garantieleistung) nach § 4 Nr. 8 Buchst. g UStG steuerfrei. V erbringt an I eine steuerbare und steuerpflichtige Lieferung der Systemkamera. Die USt hierfür beträgt 19/119 aus 595 €. Das Disagio beeinflusst die Bemessungsgrundlage nicht, da es sich hierbei wirtschaftlich um eine Entgeltsverwendung handelt, nämlich als Entgelt für die steuerfreie Garantieleistung von K an V.

Wie das Beispiel zeigt, hat die Zahlung mit der Kreditkarte auf das Geschäft zwischen dem Vertragsunternehmen und dem Karteninhaber umsatzsteuerrechtlich keine Auswirkung. Umsatzsteuerrechtliche Auswirkungen ergeben sich zum einen im Geschäft zwischen dem Kreditkartenherausgeber und dem Kreditkarteninhaber. Die steuerfreie Leistung löst beim Kreditkartenherausgeber das Vorsteuerabzugsverbot nach § 15 Abs. 2 UStG aus. Ist der Kreditkarteninhaber ein zum Vorsteuerabzug berechtigter Unternehmer, kann das Vorsteuerabzugsverbot beim Kreditkartenherausgeber dadurch vermieden werden, dass er gem. § 9 Abs. 1 UStG auf die Befreiung gem. § 4 Nr. 8 Buchst. d UStG verzichtet.

Ebenso löst die steuerfreie Leistung vom Kreditkartenherausgeber an das Vertragsunternehmen beim Kreditkartenherausgeber das Vorsteuerabzugsverbot nach § 15 Abs. 2 UStG aus. Ist das Vertragsunternehmen ein zum Vorsteuerabzug berechtigter Unternehmer, kann das Vorsteuerabzugsverbot beim Kreditkartenherausgeber dadurch vermieden werden, dass er gem. § 9 Abs. 1 UStG auf die Befreiung gem. § 4 Nr. 8 Buchst. d UStG verzichtet.

# Teil M Unternehmer, Unternehmen

## 1 Allgemeines

Wenn bisher das Tatbestandsmerkmal »Unternehmer« auftrat, wurde stets unterstellt, dass ohne weitere Vorkenntnisse richtig entschieden werden kann, ob dieses Tatbestandsmerkmal vorliegt. Nun soll dieses Tatbestandsmerkmal näher erläutert und die Fähigkeit vermittelt werden, auch in schwierigeren Fällen entscheiden zu können, ob die Unternehmereigenschaft vorliegt. Diese Frage ist insbesondere von Bedeutung:

- bei der Steuerbarkeitsprüfung nach § 1 Abs. 1 Nr. 1 und 5 UStG,
- bei der Bestimmung des Leistungsorts nach § 3a UStG,
- bei der Steuerfreiheit nach § 4 Nr. 1 Buchst. a i. V. m. § 6 Abs. 1 Nr. 3 Buchst. a, bzw. Abs. 3 Nr. 1 UStG, § 7 Abs. 1 Nr. 3 Buchst. b UStG,
- bei der Option nach § 9 UStG,
- beim Vorsteuerabzug nach § 15 UStG.

Die Frage der Unternehmereigenschaft beantwortet sich nach § 2 UStG i. V. m. Art. 9 und 10 MwStSystRL. Nach § 2 Abs. 1 Satz 1 UStG ist Unternehmer, **wer eine gewerbliche oder berufliche Tätigkeit selbständig ausübt.** Die gewerbliche oder berufliche Tätigkeit wird in § 2 Abs. 1 Satz 3 UStG definiert. Gewerblich oder beruflich ist danach jede nachhaltige Tätigkeit zur Erzielung von Einnahmen, auch wenn die Absicht, Gewinn zu erzielen, fehlt oder eine Personenvereinigung nur gegenüber ihren Mitgliedern tätig wird. Unternehmer kann sein:

- jede Person i. S. d. bürgerlichen Rechts (natürliche und juristische Personen),
- jede Personenvereinigung (s. § 2 Abs. 1 Satz 3 und § 10 Abs. 5 Nr. 1 UStG).

Zur nachhaltigen Tätigkeit in Einnahmeerzielungsabsicht gilt im Einzelnen Folgendes:

- Gewinnerzielungsabsicht ist nicht erforderlich (§ 2 Abs. 1 Satz 3 UStG). Einnahmeerzielungsabsicht besteht auch dann, wenn man sich lediglich die Kosten erstatten lässt (typisch z. B. bei Wohnungseigentümergemeinschaften i. S. v. § 4 Nr. 13 UStG).
- Teilnahme am allgemeinen wirtschaftlichen Verkehr ist nicht erforderlich (vgl. § 2 Abs. 1 Satz 3: »auch wenn eine Personenvereinigung nur gegenüber ihren Mitgliedern tätig wird«). Das Gleiche gilt z. B. bei einer Grundstücksvermietung durch die Ehefrau an den Ehemann.
- Tätigwerden i. S. v. § 2 Abs. 1 UStG bedeutet: Nachhaltig Leistungen i. S. v. § 1 UStG erbringen.
- Nachhaltig i. S. v. § 2 Abs. 1 UStG bedeutet, nach dem Gesamtbild der Verhältnisse Leistungen von einigem wirtschaftlichem Gewicht erbringen (vgl. A 2.3 Abs. 5 Satz 1 bis 4 UStAE und BFH vom 18. 07. 1991 BStBl II 1991, 776). Dies ist z. B. der Fall bei einer Vermietung mit Mieteinnahmen von jährlich 2 000 €. Dies ist z. B. nicht der Fall bei der Veräußerung von Jahreswagen durch Werksangehörige in Abständen von mehr als einem Jahr (vgl. A 2.3 Abs. 6 Satz 2 1. Spiegelstrich UStAE).
- Nachhaltig können auch die Verkäufe einer Vielzahl fremder Gebrauchsgegenstände über eine elektronische Handelsplattform (z. B. eBay) sein. Unschädlich für die Nachhaltigkeit kann es sein, dass die Tätigkeit nur kurzfristig und ohne Gewinn ausgeübt wird (vgl. A 2.3 Abs. 6 Satz 1 7. Spiegelstrich UStAE).

Die Unternehmereigenschaft ist auch dann gegeben, wenn jemand sich auf Dauer zur Unterlassung von Wettbewerb verpflichtet und hierfür ein Entgelt erhält (vgl. A 2.3 Abs. 6 Satz 1

5. Spiegelstrich UStAE). Die Unternehmereigenschaft beginnt bereits mit dem ersten nach außen erkennbaren Tätigwerden, also bereits mit dem Bezug von Eingangsleistungen. Der Unternehmensbeginner ist hieraus sofort zum Vorsteuerabzug berechtigt. Die Unternehmereigenschaft setzt nicht voraus, dass tatsächlich nachhaltig Leistungen erbracht werden. Auch der erfolglose Unternehmensbeginner ist Unternehmer, sofern die Ausführung entgeltlicher Leistungen ernsthaft beabsichtigt war. Gibt er seine Absicht auf, bevor er nachhaltig Leistungen in Einnahmeerzielungsabsicht erbracht hat, behält er den Vorsteuerabzug, sofern er die Ernsthaftigkeit seiner Absicht durch objektive Merkmale nachweist oder glaubhaft macht (vgl. EuGH vom 29. 02. 1996 BStBl II 1996, 655 und A 2.6 Abs. 1 Sätze 1 und 2 UStAE).

Die Ernsthaftigkeit der Absicht, nachhaltig Leistungen in Einnahmeerzielungsabsicht zu erbringen, kann der erfolglose Unternehmensbeginner nachweisen bzw. glaubhaft machen, wenn er Eingangsleistungen bezogen hat, die dem Gesamtbild der Verhältnisse ihrer Art nach nur unternehmerisch genutzt werden können. Hierunter fallen nach A 2.6 Abs. 2 UStAE u. a.:

- der Erwerb umfangreichen Inventars,
- die Anmietung oder die Errichtung von Büro- oder Lagerräumen,
- die Durchführung einer größeren Anzeigenaktion,
- die Anforderung einer Rentabilitätsstudie,
- die Abgabe eines Angebots.

Werden dagegen nur Eingangsleistungen bezogen, die ihrer Art nach sowohl zur unternehmerischen als auch zur nicht unternehmerischen Verwendung bestimmt sein können, lehnt die Verwaltung die Unternehmereigenschaft ab und fordert gegebenenfalls die vergüteten Vorsteuerbeträge zurück, wenn die unternehmerische Verwendungsabsicht nicht durch objektive Anhaltspunkte nachgewiesen wird (vgl. A 2.6 Abs. 3 UStAE). Erst recht lehnt die Verwaltung die Unternehmereigenschaft ab, wenn nur Eingangsleistungen bezogen wurden, die ihrer Art nach typischerweise zur nicht unternehmerischen Verwendung bestimmt sind (z. B. Erwerb eines Wohnmobils oder Segelschiffs). In diesem Fall wird der Nachweis der unternehmerischen Verwendungsabsicht durch objektive Anhaltspunkte nur gelingen, wenn tatsächlich nachhaltig Ausgangsumsätze bewirkt werden.

**Tätigwerden** i. S. v. § 2 UStG erfordert nicht, dass der Unternehmer selbst tätig wird. Der Unternehmer kann die Tätigkeit ausschließlich durch Erfüllungsgehilfen vornehmen lassen, die für seine Rechnung tätig sind. Der Unternehmer muss daher weder geschäftsfähig noch handlungsfähig sein. Unternehmer kann daher sein:

- ein Baby (zwar rechtsfähig, aber handlungsunfähig und geschäftsunfähig),
- eine GmbH (zwar rechtsfähig, aber handlungsunfähig, sie handelt nur über ihre Geschäftsführer),
- eine GbR (weder rechtsfähig noch selbst handlungsfähig, sie handelt nur über ihre Gesellschafter).

Die Erfüllungsgehilfen können selbständig oder unselbständig (Arbeitnehmer) sein. Die **unselbständigen Erfüllungsgehilfen** können dabei im Namen des Unternehmers tätig werden, sie können jedoch auch im eigenen Namen tätig werden (vgl. A 2.2 Abs. 1 Satz 7 UStAE). Ihre Tätigkeit wird ihrem Arbeitgeber wie eigene Tätigkeit zugerechnet. Wird der Erfüllungsgehilfe im eigenen Namen tätig, handelt der Unternehmer über seinen Erfüllungsgehilfen unter fremdem Namen. Der Erfüllungsgehilfe handelt in einem solchen Fall als so genannter Strohmann. Hierzu stellt der BFH in seinem Urteil vom 15. 09. 1994 BStBl II 1995, 275 fest: Im Falle eines Strohmannverhältnisses sind die von dem (weisungsgebundenen) Strohmann bewirkten Leistungen trotz selbständigen Auftretens im Außenverhältnis dem Hintermann als Leistendem zuzurechnen.

Der Strohmann ist abzugrenzen von den **selbständigen Erfüllungsgehilfen**, die im eigenen Namen auf fremde Rechnung tätig werden. Bei ihnen geht das Umsatzsteuerrecht in § 3 Abs. 3 UStG (Kommission) und § 3 Abs. 11 UStG (Besorgungsleistung) davon aus, dass sie selbst Leistungen erbringen. Nach der Rechtsprechung des BFH erfolgt die Abgrenzung danach, dass der Kommissionär/Besorger weitgehend weisungsfrei im eigenen Namen handelt, während der Strohmann

- Arbeitnehmer des Hintermannes ist oder
- zwar nicht Arbeitnehmer, aber in einer arbeitnehmerähnlichen Stellung ist oder
- überhaupt nicht handelt.

Wenn der Strohmann überhaupt nicht handelt, wird der Hintermann selbst unter fremdem Namen (des Strohmanns) tätig. Er handelt im Unterschied zum Vermittler (Agent) auf eigene Rechnung. In allen diesen Fällen werden die Umsätze dem Hintermann zugerechnet und dieser muss sie im Falle der Steuerpflicht versteuern. Ein Strohmann, der im eigenen Namen Gegenstände verkauft und dem Abnehmer tatsächlich die Verfügungsmacht verschafft, kann aber umsatzsteuerrechtlich Leistender sein (vgl. BFH vom 28.01.1999 BStBl II 1999, 628 und A 2.3 Abs. 3 Satz 8 i. V. m. A 15.2a Abs. 2 Satz 8 Nr. 2 Satz 5 UStAE).

Ein weiterer Fall des Handelns unter fremdem Namen liegt beim sog. Franchising vor (vgl. L 4). Vom Handeln unter fremdem Namen ist das Handeln im fremden Namen abzugrenzen. Wer in fremdem Namen handelt, ist Erfüllungsgehilfe desjenigen, in dessen Namen er handelt. Er handelt als Vertreter i. S. d. § 164 BGB notwendigerweise auch auf fremde Rechnung. Ist der Vertreter selbständig, erbringt er z. B. als Handelsvertreter Vermittlungsleistungen. Die vermittelte Leistung kommt dagegen zwischen dem Vertretenen und einem Dritten zustande.

## 1.1 Rahmen des Unternehmens

Die selbständige gewerbliche oder berufliche Tätigkeit macht eine Person nicht nur zum Unternehmer, sondern steckt auch im Wesentlichen den Rahmen des Unternehmens ab. Nach § 2 Abs. 1 Satz 2 UStG umfasst das **Unternehmen** die gesamte gewerbliche und berufliche Tätigkeit. Daraus folgt der Grundsatz der Unternehmenseinheit. Er besagt: Ein Unternehmer kann durchaus mehrere Betriebe haben. Sie bilden jedoch zusammen stets das **eine Unternehmen** des Unternehmers und zwar auch dann, wenn die Betriebe völlig unterschiedlicher Natur sind, z. B. ein freiberuflicher Betrieb und ein Betrieb der Landwirtschaft. Davon zu unterscheiden ist aber der Fall, dass eine Person an verschiedenen Unternehmen (Gesellschaften, Gemeinschaften) beteiligt sein kann. Unternehmer ist in einem solchen Fall nicht der Beteiligte, sondern die Gesellschaft bzw. Gemeinschaft. Der Unternehmensbereich umfasst im Ausgangsumsatzbereich alle

- Grundgeschäfte,
- Hilfsgeschäfte,
- Nebengeschäfte.

**Grundgeschäfte** bilden den eigentlichen Gegenstand der geschäftlichen Betätigung (vgl. A 2.7 Abs. 2 Satz 1 UStAE). Sie begründen die Unternehmereigenschaft. **Hilfsgeschäfte** liegen z. B. vor, wenn der Unternehmer Gegenstände des Anlagevermögens veräußert. Auf die Nachhaltigkeit kommt es hierbei nicht an (vgl. A 2.7 Abs. 2 Satz 3 UStAE). Die Veräußerung des gebrauchten Geschäfts-Pkw erfolgt im Rahmen des Unternehmens und ist daher steuerbar. **Nebengeschäfte** liegen vor, wenn sie sich aus der unternehmerischen Haupttätigkeit ergeben.

Innerhalb des einheitlichen Unternehmens sind steuerbare Umsätze (ausgenommen fiktive Verbringensumsätze nach § 3 Abs. 1a bzw. § 1a Abs. 2 UStG) nicht möglich (vgl. A 2.7

Abs. 1 Satz 3 UStAE). Umsätze innerhalb des Unternehmens nennt man nicht steuerbare Innenumsätze.

**BEISPIEL**

Kunsthändler K kauft Kunstgegenstände an und verkauft sie. Im Zusammenhang mit seiner Tätigkeit hat sich die einmalige Gelegenheit ergeben, den Verkauf eines Gemäldes von A an B gegen eine Provisionszahlung zu vermitteln.

**LÖSUNG** Bei der Vermittlungsleistung des K handelt es sich um ein Nebengeschäft, welches trotz fehlender Nachhaltigkeit in den Rahmen des Unternehmens des K fällt und steuerbar ist.

Neben dem Ausgangsumsatzbereich ist auch der Eingangsumsatzbereich für das USt-Recht bedeutsam, insbesondere für den Vorsteuerabzug (vgl. Q 2.3) aber auch für die unentgeltlichen Wertabgaben nach § 3 Abs. 1b und Abs. 9a UStG (vgl. N). Der Unternehmensbereich umfasst im Eingangsumsatzbereich alle **Gegenstände**, die der Unternehmer wenigstens zu 10 % unternehmerisch nutzt, wenn er den Eingangsumsatz seinem Unternehmen zuordnet. Die Zuordnungsmöglichkeit ist für Gegenstände unzulässig, soweit ein Verein diese für seine nicht wirtschaftlichen (ideellen) oder eine juristische Person des öffentlichen Rechts für ihre nicht wirtschaftlichen (hoheitlichen) Tätigkeiten verwendet (vgl. A 15.2c Abs. 2 Nr. 2 Buchst. a und 15.6a Abs. 1 Satz 4 UStAE).

Bezieht der Unternehmer **sonstige Leistungen**, ist für die Zuordnung zum Unternehmen grundsätzlich darauf abzustellen, ob sie im Unternehmen verwendet werden oder nicht. Erfolgt eine teilweise unternehmerische Verwendung, gelangt grundsätzlich nur der entsprechende Leistungsteil ins Unternehmen (vgl. A 15.2c Abs. 2 Nr. 1 Satz 1 UStAE). Dieser Grundsatz müsste eigentlich uneingeschränkt gelten. Irritationen löst der Wortlaut des A 15.2c Abs. 9 Satz 1 UStAE aus, der auch den Bezug einer sonstigen Leistung als Objekt einer Zuordnungsentscheidung qualifiziert. Offensichtlich kann der Grundsatz nach Verwaltungsauffassung durchbrochen werden bei der Anmietung eines Kraftfahrzeugs, das sowohl unternehmerisch als auch nicht unternehmerisch genutzt wird. In diesem Fall kann der Unternehmer (nicht Vereine und juristische Personen des öffentlichen Rechts, vgl. A 15.2c Abs. 2 Nr. 2 Buchst. a und 15.19 Abs. 3 Satz 1 UStAE) das Nutzungsrecht dem Unternehmen zu 100 % zuordnen (vgl. A 15.23 Abs. 7 Satz 4 UStAE). Nach A 15.2b Abs. 2 Satz 7 UStAE gilt dies wohl auch für andere angemietete (geleaste) Gegenstände. Ist ein gemischt genutzter beweglicher Gegenstand oder hier die sonstige Leistung zu 100 % zugeordnet, kommt auch für die laufenden Betriebskosten nach A 15.2c Abs. 2 Satz 6 UStAE ein voller Vorsteuerabzug in Betracht. Im Gegenzug sind diese Aufwendungen in die Bemessungsgrundlage der zu besteuernden unentgeltlichen Wertabgabe einzubeziehen.

Der Unternehmer kann wie das Fahrzeug selbst auch das Nutzungsrecht jedoch auch zu dem Teil dem Unternehmen zuordnen, zu dem er ihn unternehmerisch nutzt. In diesem Fall hat er aus der Anmietung und den laufenden Betriebskosten nur anteilig den Vorsteuerabzug, muss dafür aber auch die nicht unternehmerische Nutzung nicht nach § 3 Abs. 9a Nr. 1 UStG versteuern. Sinnvoll ist eine solche Entscheidung i. d. R. nicht, vor allem dann, wenn das Verhältnis der unternehmerischen zur nichtunternehmerischen Nutzung nicht gleichbleibend ist.

Kein Recht auf Zuordnung zum Unternehmen besteht, wenn der Unternehmer bereits beim Leistungsbezug beabsichtigt, die bezogene Leistung ausschließlich (d. h. zu 100 %) und unmittelbar für eine steuerbare unentgeltliche Wertabgabe i. S. d. § 3 Abs. 1b oder 9a UStG zu verwenden (A 3.3 Abs. 1 Satz 7 UStAE).

### 1.2 Aufnahme einer weiteren unternehmerischen Tätigkeit

Nimmt ein Unternehmer eine neue unternehmerische Tätigkeit auf, die in keinem sachlichen Zusammenhang mit seiner bisherigen unternehmerischen Tätigkeit steht, und bezieht er für den neuen Tätigkeitsbereich Leistungen, erfolgen diese Leistungen auch dann für sein Unternehmen, wenn er die neue unternehmerische Tätigkeit wieder aufgibt, bevor er hiermit nachhaltig Leistungen in Einnahmeerzielungsabsicht erbracht hat. Er erhält und behält den Vorsteuerabzug ebenso wie der erfolglose Unternehmensbeginner, sofern im Rahmen der neuen Tätigkeit die Ausführung entgeltlicher Leistungen ernsthaft beabsichtigt war und er die Ernsthaftigkeit seiner Absicht durch objektive Merkmale nachweist oder glaubhaft macht (vgl. A 2.6 Abs. 4 UStAE).

## 2 Natürliche Personen als Unternehmer

Die Tatbestandsmerkmale für den Unternehmerbegriff erfüllen zunächst einmal alle diejenigen, die als **Einzelpersonen** Einkünfte aus einer der Gewinneinkunftsarten des EStG erzielen. Unternehmer i. S. d. UStG sind danach: **Gewerbetreibende, Landwirte, Freiberufler.** Weiterhin erfüllen diese Merkmale im Prinzip auch alle, die als **Einzelpersonen** Einkünfte aus einer der Überschusseinkunftsarten des EStG erzielen, mit einer einzigen Ausnahme: Diejenigen, die Einkünfte aus nichtselbständiger Arbeit haben, können **mit ihrer nichtselbständigen Arbeit** nicht Unternehmer sein, da bei ihnen das Tatbestandsmerkmal »**selbständig**« nicht vorliegt.

Bei der Auslegung des Begriffs der Selbständigkeit i. S. d. § 2 Abs. 1 Satz 1 UStG kommt der einkommensteuer-, arbeits- oder sozialrechtlichen Behandlung der Einkünfte oder Einnahmen nur eine indizielle Bedeutung, aber keine Bindungswirkung für das Umsatzsteuerrecht zu. Das ergibt sich auch daraus, dass der Begriff der Selbständigkeit ein solcher des Gemeinschaftsrechts ist (Art. 10 MwStSystRL). Bei der Entscheidung, ob eine Tätigkeit selbständig ausgeübt wird oder ob ein Unterordnungsverhältnis besteht, ist maßgebend auf das Innenverhältnis zwischen den Beteiligten abzustellen. Die einzelnen Merkmale, die für und gegen die Selbständigkeit i. S. v. § 2 Abs. 2 Nr. 1 UStG sprechen, sind unter Berücksichtigung des Gesamtbildes der Verhältnisse gegeneinander abzuwägen (BFH vom 25.06.2009 BStBl II 2009, 873; vom 14.05.2008 BStBl II 2008, 912 und vom 10.03.2005 BStBl II 2005, 730).

Nach dem BFH-Urteil vom 14.04.2010 BStBl II 2011, 433 kann ein geschäftsführender Komplementär einer KG umsatzsteuerrechtlich unselbständig sein. Keinen Einfluss auf die umsatzsteuerliche Behandlung der Vergütungen für die Ausübung einer **nicht selbständigen** Geschäftsführertätigkeit eines Gesellschafters hat deren Umqualifizierung zu Gewinneinkünften auf Grund der Sonderregelung des § 15 Abs. 1 Satz 1 Nr. 2 EStG (vgl. A 2.2 Abs. 2 UStAE).
Für die persönliche Selbständigkeit sprechen:

- Selbständigkeit in der Organisation und bei der Durchführung der Tätigkeit,
- Unternehmerrisiko,
- Unternehmerinitiative,
- Bindung nur für bestimmte Tage an den Betrieb,
- geschäftliche Beziehungen zu mehreren Vertragspartnern.

Gegen die persönliche Selbständigkeit sprechen:

- Weisungsgebundenheit bezüglich Ort, Zeit und Inhalt der Tätigkeit,
- feste Arbeitszeiten,
- Ausübung der Tätigkeit gleichbleibend an einem bestimmten Ort,

- feste Bezüge,
- Urlaubsanspruch,
- Anspruch auf sonstige Sozialleistungen,
- Fortzahlung der Bezüge im Krankheitsfall,
- die Notwendigkeit der engen ständigen Zusammenarbeit mit anderen Mitarbeitern,
- Eingliederung in den Betrieb,
- Schulden der Arbeitskraft und nicht eines Erfolgs.

Besondere Bedeutung kommt noch dem Handeln auf eigene Rechnung und Eigenverantwortung und dem Unternehmerrisiko (Vergütungsrisiko) zu. Wird eine Vergütung für Ausfallzeiten nicht gezahlt, spricht dies für Selbständigkeit; ist der Steuerpflichtige von einem Vermögensrisiko der Erwerbstätigkeit grundsätzlich freigestellt, spricht dies gegen Selbständigkeit.

Ein Arbeitnehmer kann jedoch Unternehmer sein mit einer Tätigkeit außerhalb seines Arbeitsverhältnisses. So kann er auch dadurch Unternehmer sein, dass er seinen Pkw an seinen Arbeitgeber vermietet (vgl. BFH vom 11.10.2007 BStBl II 2008, 443). Unternehmer sind auch solche, die als **Einzelpersonen** Einkünfte haben aus **Vermietung und Verpachtung**. Auch diejenigen mit **Einkünften aus Kapitalvermögen** können durchaus Unternehmer sein. So ist beispielsweise die Darlehensgewährung eine selbständige nachhaltige Tätigkeit in Einnahmeerzielungsabsicht (grundsätzlich steuerfrei nach § 4 Nr. 8 Buchst. a UStG). Nicht zum Unternehmer wird man jedoch durch die Anlage von Geld auf einem Sparbuch (vgl. BFH vom 11.10.1973 BStBl II 1974, 47; A 2.3 Abs. 1 Satz 5 UStAE). Auch als Gesellschafter einer Kapitalgesellschaft wird man nicht zum Unternehmer, da insoweit die Kapitalgesellschaft selbst die Unternehmereigenschaft für sich in Anspruch nimmt (vgl. A 2.3 Abs. 2 UStAE zum Halten von Beteiligungen).

Über die oben genannten Personen hinaus sind aber auch Unternehmer grundsätzlich diejenigen, die nur deshalb nicht unter diese Einkunftsarten fallen, weil bei ihnen die **Absicht, Gewinn zu erzielen**, nicht vorhanden ist. Denn die Absicht, Gewinn zu erzielen, ist nach § 2 Abs. 1 Satz 3 UStG **kein Tatbestandsmerkmal** für den umsatzsteuerrechtlichen Unternehmerbegriff. Hobbytreibende sind jedoch grundsätzlich auch dann **keine Unternehmer**, wenn sie im Rahmen ihrer Freizeitbeschäftigung nachhaltig in Einnahmeerzielungsabsicht tätig werden. Insoweit ist die weite Unternehmerdefinition des § 2 Abs. 1 UStG EG-richtlinienkonform einschränkend auszulegen (vgl. Art. 9 MwStSystRL). Beispielsweise werden Briefmarkensammler nicht schon dadurch zum Unternehmer, dass sie dauernd Briefmarken tauschen, Kollektionen erwerben, um die noch fehlenden Einzelstücke herauszusuchen und den Rest wieder zu veräußern, bzw. die gesamte Sammlung ganz oder teilweise veräußern. Ihre Tätigkeit ist als typische Freizeitbeschäftigung dem privaten nicht unternehmerischen Bereich zuzuordnen (vgl. A 2.3 Abs. 6 Satz 2, 2. Spiegelstrich UStAE und z. B. BFH vom 12.08.2015 BStBl II 2015, 919). Der Briefmarkensammler würde erst dadurch zum Unternehmer, wenn er sich wie ein Briefmarkenhändler am Markt beteiligt.

Die Geschäftsfähigkeit ist ebenfalls kein Tatbestandsmerkmal des Unternehmerbegriffs. Unternehmer kann durchaus auch ein neugeborener Säugling sein. Er braucht lediglich ein Unternehmen z. B. geerbt zu haben, das sein gesetzlicher Vertreter für ihn weiterbetreibt oder weiterbetreiben lässt. Für die Unternehmereigenschaft ist nämlich nicht entscheidend, **wer tätig wird**, sondern **in wessen Namen und auf wessen Rechnung** eine unternehmerische Tätigkeit ausgeübt wird.

# 3 Juristische Personen des privaten Rechts als Unternehmer

Juristische Personen sind Unternehmer, wenn sie die Tatbestandsmerkmale des § 2 Abs. 1 UStG erfüllen, also **selbständig nachhaltig zur Erzielung von Einnahmen tätig werden**.

Auch juristische Personen des öffentlichen Rechts können Unternehmer sein. Für sie gelten jedoch die Einschränkungen nach § 2 Abs. 3 UStG bzw. frühestens ab dem 01. 01. 2017 nach § 2b UStG (vgl. 4). Allerdings kann nach dem EuGH-Urteil vom 29. 10. 2015 C-174/14 Saudacor auch eine organschaftlich eingegliederte juristische Person des Privatrechts als sonstige **Einrichtung des öffentlichen Rechts** i. S. d. Art. 13 MwStSystRL anzusehen sein, wenn

- ihr Kapital der Beteiligungen von Einzelnen nicht offensteht,
- sie mit Aufgaben der öffentlichen Verwaltung beliehen ist,
- hoheitliche Befugnisse innehat sowie
- der Aufsicht einer juristischen Person des öffentlichen Rechts untersteht.

Sie gilt in diesem Fall als organschaftlich eingegliedert, obwohl sie keine unternehmerische Tätigkeit ausübt. Näheres regelt das BMF-Schreiben vom 18. 09. 2019 III C 2 – S 7107/19/10006 :003.

Juristische Personen erfüllen in aller Regel das Tatbestandsmerkmal der Selbständigkeit. Dieses Tatbestandsmerkmal fehlt vor allem dann, wenn es sich bei einer juristischen Person um eine so genannte **Organgesellschaft** handelt (vgl. 3.2).

Typische Unternehmer sind die juristischen Personen des Handelsrechts, die GmbH und die Aktiengesellschaft. Unternehmer können jedoch auch die eingetragenen Vereine (e. V.) sein. Die bürgerlich-rechtliche Rechtsfähigkeit einer juristischen Person beginnt mit der Eintragung in ein Register (bei der GmbH und der AG mit der Eintragung ins Handelsregister). Die Umsatzsteuerrechtsfähigkeit deckt sich jedoch nicht mit der bürgerlich-rechtlichen Rechtsfähigkeit. Sie beginnt in aller Regel schon früher. Im Zusammenhang mit z. B. der Gründung einer GmbH sind nach Verwaltungsauffassung drei Stadien zu unterscheiden nämlich

1. das Stadium der Vorgründungsgesellschaft,
2. das Stadium der Gründungsgesellschaft und
3. das Stadium der eingetragenen GmbH.

Das Stadium der Vorgründungsgesellschaft reicht von der ersten Vorbereitungshandlung zur Gründung der GmbH bis zum Zeitpunkt der notariellen Beurkundung des Gesellschaftsvertrags. Ab der notariellen Beurkundung des Gesellschaftsvertrages bis zur Eintragung der GmbH ins Handelsregister ist eine sog. Gründungsgesellschaft vorhanden. Mit der Eintragung ins Handelsregister ist dann die GmbH als bürgerlich-rechtliches Rechtssubjekt existent. Gründungsgesellschaft und eingetragene GmbH werden umsatzsteuerrechtlich als identische Rechtssubjekte betrachtet (vgl. BFH vom 09. 03. 1978 BStBl II 1978, 486). Erfüllt also erst die GmbH die Voraussetzungen für die Unternehmereigenschaft i. S. d. § 2 Abs. 1 UStG, indem sie nachhaltig entgeltliche Leistungen erbringt, wird diese Unternehmereigenschaft auch schon der Gründungsgesellschaft zugerechnet. Die Gründungsgesellschaft darf daher die bei ihr angefallene Vorsteuer abziehen. Ist die Eingangsleistung an die Gründungsgesellschaft erbracht worden, die Rechnung mit gesondertem USt-Ausweis aber erst nach der Eintragung ins Handelsregister erteilt worden, darf die GmbH die Vorsteuer geltend machen. Der Unterschied zwischen GmbH und Gründungsgesellschaft ist praktisch nur formal darin zu sehen, dass mit der Eintragung der Gesellschaft ins Handelsregister ein Namenswechsel stattfindet.

Von der Gründungsgesellschaft ist die Vorgründungsgesellschaft zu unterscheiden. Die Grundsätze der Rechtsprechung des EuGH zum erfolglosen Unternehmer sind auch auf Vorgründergesellschaften anzuwenden. Auch der sog. gescheiterte Unternehmer hat ein Recht auf

Vorsteuerabzug und kann sein gescheitertes Unternehmen im Rahmen einer nach § 1 Abs. 1a UStG nicht steuerbaren Geschäftsveräußerung übertragen. Nach A 1.5 Abs. 1a Satz 3 UStAE kann das Vorliegen der Voraussetzungen für eine nicht steuerbare Geschäftsveräußerung nicht mit der Begründung verneint werden, es werde noch kein »lebendes Unternehmen« übertragen, da der tatsächliche Betrieb des Unternehmens noch nicht aufgenommen worden sei (vgl. BFH vom 08. 03. 2001 BStBl II 2003, 430).

Bezieht demnach die Vorgründergesellschaft Eingangsleistungen, die nur unternehmerisch genutzt werden können, wird ihr hierfür der Vorsteuerabzug gewährt. Ebenso erhält sie den Vorsteuerabzug für den Bezug von Gegenständen, die mit der notariellen Beurkundung des Gesellschaftsvertrags auf die Gründungsgesellschaft übergehen. Nach A 15.2b Abs. 3 Sätze 8 und 9 UStAE ist eine Vorgründungsgesellschaft auch ohne steuerbare Ausgangsumsätze zum Abzug der Vorsteuer für den Bezug von Dienstleistungen und Gegenständen berechtigt. In der Regel werden die bezogenen Leistungen nach Gründung der Kapitalgesellschaft an diese im Rahmen einer Geschäftsveräußerung in einem Akt veräußert. Maßgebend für den Vorsteuerabzug sind unter den Voraussetzungen des § 15 UStG insoweit die beabsichtigten Umsätze der Kapitalgesellschaft.

Seit dem BFH-Urteil vom 11. 11. 2015 (BB 2016, 725) ist fraglich, ob die Vorgründungsgesellschaft aus allen bezogenen Dienstleistungen einen Vorsteuerabzug geltend machen kann. Der BFH ist der Auffassung, dass nur dann ein Vorsteuerabzug möglich ist, wenn der Leistungsbezug bei der gegründeten GmbH zu einem Investitionsumsatz führt. Es müsse sich bei den durch die von der Vorgründungsgesellschaft bezogenen Leistungen um auf eine GmbH übertragbare Vermögenswerte handeln. Da das Urteil bisher nicht im BStBl I veröffentlicht wurde ist davon auszugehen, dass es (zu Recht) von der Verwaltung nicht angewendet wird. Es gibt keinen sinnvollen Grund, den Vorsteuerabzug bei Beratungsleistungen zu versagen, da auch diese letztendlich der sich in der Gründungsphase befindlichen GmbH zu Gute kommen.

Die Unternehmerfähigkeit der juristischen Person endet nicht bereits mit dem Zeitpunkt der Löschung im Handelsregister, sondern erst dann, wenn der letzte Gegenstand aus dem Unternehmen veräußert oder entnommen ist (vgl. A 2.6 Abs. 6 Sätze 6 ff. UStAE). So hat der BFH im Urteil vom 09. 12. 1993 BStBl II 1994, 483 die Unternehmereigenschaft einer bereits gelöschten GmbH hinsichtlich der Verwertung von Sicherungsgut nach erfolgter Löschung bejaht.

## 4 Organschaft

Eine Organgesellschaft liegt nach § 2 Abs. 2 Nr. 2 UStG vor, wenn eine juristische Person oder auch ausnahmsweise eine Personengesellschaft (vgl. A 2.2 Abs. 5 UStAE) nach dem Gesamtbild der tatsächlichen Verhältnisse finanziell, wirtschaftlich und organisatorisch in ein Unternehmen eingegliedert ist. Für Personengesellschaften gilt dies – in Ergänzung zum Gesetzeswortlaut – zwingend erst seit dem 01. 01. 2019. Grund ist die geänderte höchstrichterliche Rechtsprechung (vgl. in erster Linie BFH vom 02. 12. und 03. 12. 2015 BStBl II 2017, 547 und 563).

Ist eine solche Eingliederung gegeben, besteht eine sog. **Organschaft**. Nach § 2 Abs. 2 Nr. 2 Satz 2 UStG endet die Wirkung der Organschaft allerdings an den Grenzen des Inlands. Wenn eine Organschaft besteht, hat das folgende Auswirkungen:

- Umsätze einer Organgesellschaft werden dem Organträger, also dem Unternehmer zugerechnet, in dessen Unternehmen die Organgesellschaft eingegliedert ist.

- Umsätze im Organkreis (zwischen einer Organgesellschaft und dem Organträgerunternehmen sowie zwischen Organgesellschaften) sind umsatzsteuerrechtlich **nicht steuerbare Innenumsätze**, da die Organgesellschaft Bestandteil des Organträgerunternehmens ist.

**Abrechnungen** über Umsätze im Organkreis (zwischen einer Organgesellschaft und dem Organträgerunternehmen bzw. zwischen Organgesellschaften) sind keine Rechnungen i. S. d. § 14 UStG. Wenn in einer derartigen Abrechnung USt ausgewiesen sein sollte, löst dies deshalb nicht die Folge des § 14c Abs. 2 UStG aus (vgl. A 14.1 Abs. 4 und 14c.2 Abs. 2a UStAE sowie BFH vom 28. 10. 2010 BStBl II 2011, 391).

**Vorsteuern**, die der Organgesellschaft von anderen Unternehmern in Rechnung gestellt werden, können vom Organträger ohne weiteres abgezogen werden, auch wenn die Rechnung an die Organgesellschaft adressiert ist.

Die Organschaft ist **außerhalb des USt-Rechts** auch im Bereich der Körperschaftsteuer und der Gewerbesteuer anzutreffen. Es wäre jedoch falsch anzunehmen, dass die Voraussetzungen für eine Organschaft in allen drei Rechtsgebieten identisch sind. Es bestehen Abweichungen. Die Frage, ob eine Organschaft vorliegt, ist für die Umsatzsteuer deshalb ausschließlich nach den Kriterien des § 2 Nr. 2 UStG zu beantworten.

**Organträgerunternehmen** kann jedes beliebige Unternehmen i. S. d. UStG sein.

## 4.1 Finanzielle Eingliederung

Unter der finanziellen Eingliederung ist der Besitz der entscheidenden Anteilsmehrheit an der Organgesellschaft zu verstehen, die es ermöglicht, Beschlüsse in der Organgesellschaft durchzusetzen (vgl. A 2.8 Abs. 5 Satz 1 UStAE). Beispielsweise besteht die finanzielle Eingliederung dann, wenn der Organträger mehr als 50 % der Anteile an der Kapitalgesellschaft hält, sofern die Beteiligungsverhältnisse den Stimmrechtsverhältnissen entsprechen. Einzelheiten zur Wertung der Stimmrechte ergeben sich aus A 2.8 Abs. 5 Sätze 3 und 4 UStAE. Danach zählen z. B. Mehrfachstimmrechte nur dann, wenn sie sich aus der Satzung ergeben.

Ist der Organträger selbst ebenfalls eine Kapitalgesellschaft, setzt die finanzielle Eingliederung grundsätzlich voraus, dass die Organträgergesellschaft nicht unwesentlich an der Organgesellschaft beteiligt ist. Es ist auch ausreichend, wenn die finanzielle Eingliederung mittelbar über eine unternehmerisch oder nicht unternehmerisch tätige Tochtergesellschaft des Organträgers erfolgt.

Ein Organkreis

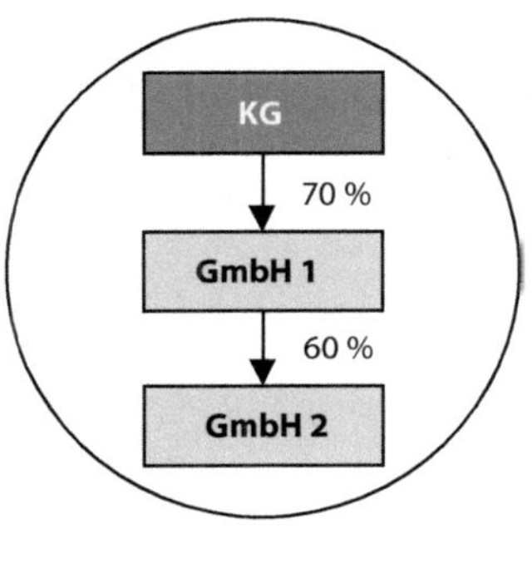

Eine nicht unternehmerisch tätige Tochtergesellschaft wird nach Verwaltungsauffassung dadurch jedoch nicht Bestandteil des Organkreises. Personen, die keine Unternehmer i. S. d. § 2 Abs. 1 UStG sind, können weder Organträger noch Organgesellschaft sein (vgl. A 2.8 Abs. 2 Satz 9 UStAE).

Werden die Anteile zweier Kapitalgesellschaften ausschließlich von natürlichen Personen, die nicht Unternehmer sind, gehalten, ist eine Organschaft zwischen den beiden Kapitalgesellschaften nicht möglich (vgl. BFH vom 18. 12. 1996 BStBl II 1997, 441). Das Gleiche gilt auch für die Eingliederung in eine Personengesellschaft (BFH vom 22. 04. 2010 BStBl II 2011, 597 und vom 01. 12. 2010 BStBl II 2011, 600). Danach reicht es für die finanzielle Eingliederung nicht aus, wenn nur ein oder auch mehrere Gesellschafter auch mit Stimmenmehrheit an der Organgesellschaft beteiligt sind (vgl. A 2.8 Abs. 5b Sätze 4 ff. UStAE). Es handelt sich dann um gleich geordnete Schwestergesellschaften. Auch ein Beherrschungsvertrag und Gewinnabführungsvertrag kann das Fehlen einer eigenen Beteiligung der Gesellschaft nicht ersetzen.

Keine finanzielle Eingliederung

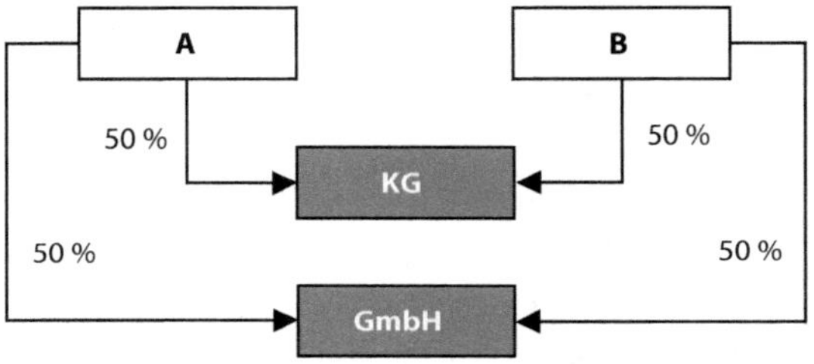


Schwesterngesellschaften

### 4.1.1 Finanzielle Eingliederung einer Personengesellschaft

Voraussetzung für die (ausnahmsweise) Eingliederung einer Personengesellschaft ist, dass Gesellschafter der (eingegliederten) Personengesellschaft neben dem Organträger nur Personen sind, die nach § 2 Abs. 2 Nr. 2 UStG in das Unternehmen des Organträgers finanziell eingegliedert sind. Damit ist auch bei der möglichen Anwendung des **Einstimmigkeitsprinzips** bei der Gesellschafterversammlung die erforderliche Durchgriffsmöglichkeit des Organträgers gewährleistet (vgl. A 2.8 Abs. 5a UStAE). Dabei reicht eine **mittelbare Beteiligung** des Organträgers an den anderen beteiligten Gesellschaften aus.

Die Eingliederung einer Personengesellschaft scheidet damit aus, wenn zu deren Gesellschaftern auch natürliche Personen gehören. Die Beteiligung einer natürlichen Person steht einer Eingliederung nur dann nicht entgegen, wenn die **natürliche Person der Organträger** ist.

Ist neben dem Organträger z. B. eine Personengesellschaft Mitgesellschafter, kommt es entscheidend darauf an, dass auch in Bezug auf deren Gesellschafter eine finanzielle Eingliederung ausnahmslos – in einer bis zum Organträger reichenden Organkette – zu bejahen ist.

**BEISPIEL**

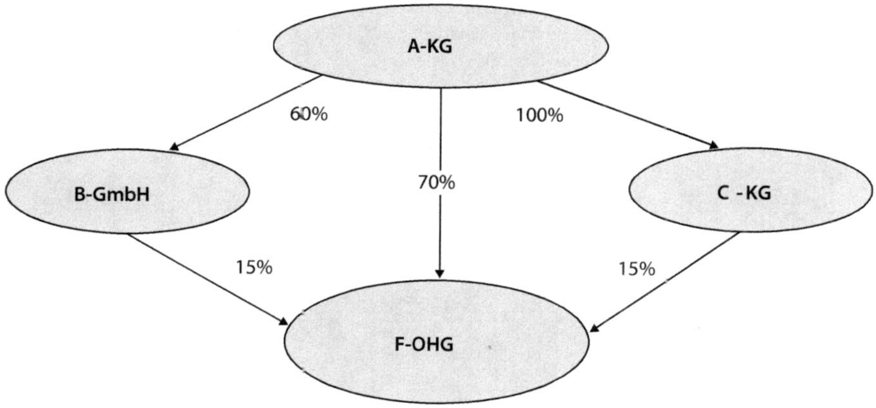


**LÖSUNG** Die A-KG hält die Mehrheit an der F-OHG. Außerdem sind auch die restlichen Gesellschafter finanziell in das Unternehmen der A-KG eingegliedert. Bei der B-GmbH sind es mehr als 50 %, bei der C-KG sind es aufgrund der möglichen Anwendung des Einstimmigkeitsprinzips die notwendigen 100 %. Damit ist die OHG in das Unternehmen der A-KG finanziell eingegliedert.

**BEISPIEL**

Gesellschafter der A-KG sind die Komplementär-A-GmbH mit 75 % und die B-GmbH als Kommanditistin mit 25 % der Anteile. Unternehmer U hält an der A-GmbH 70 % und 55 % an der B-GmbH.

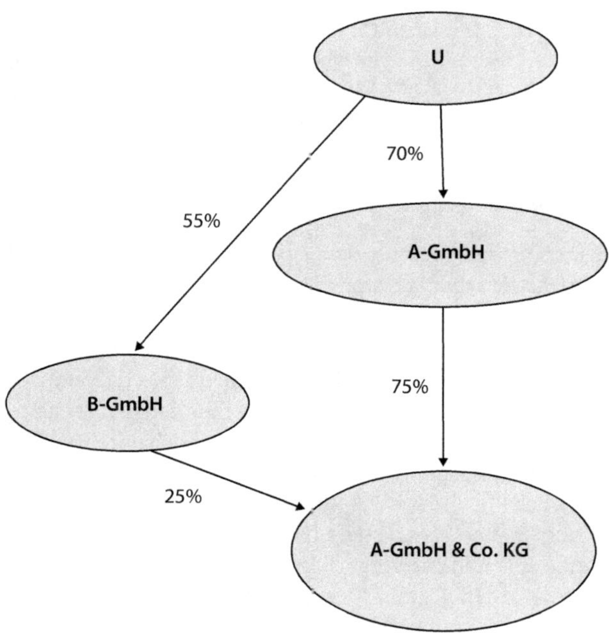


**LÖSUNG** Alle Gesellschaften der GmbH & Co. KG sind finanziell in das Unternehmen des U eingegliedert. Damit ist auch die A-GmbH & Co. KG in das Unternehmen des U finanziell eingegliedert.

**BEISPIEL**

Gesellschafter der A-KG sind die Komplementär-A-GmbH mit 75 % und als Kommanditisten die B-GmbH mit 20 % sowie die natürliche Person N mit 5 % der Anteile. Unternehmer U hält an der A-GmbH 70 % und 55 % an der B-GmbH.

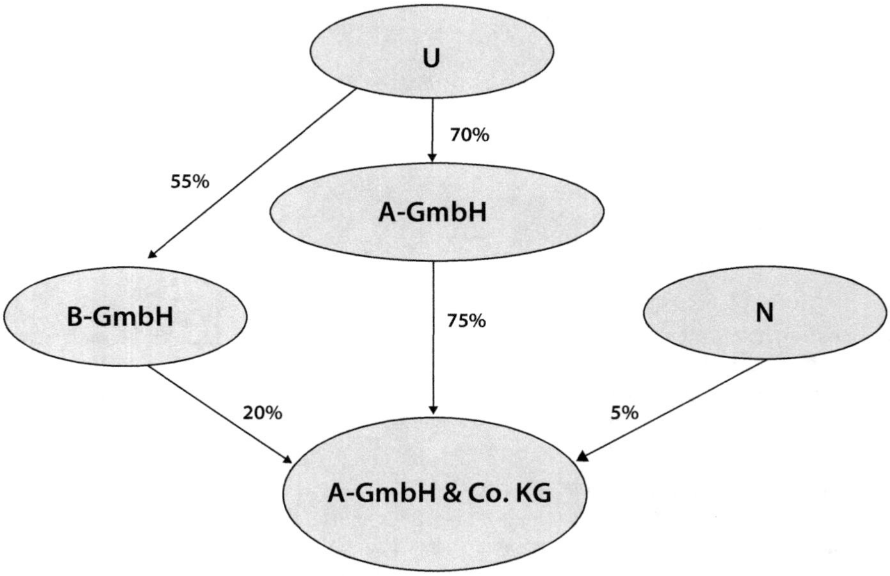


**LÖSUNG** N kann als natürliche Person nicht in ein Unternehmen finanziell eingegliedert sein. Da damit nicht alle Gesellschafter der GmbH & Co. KG finanziell in das Unternehmen des U eingegliedert sind, ist auch die GmbH & Co. KG nicht finanziell in das Unternehmen des U eingegliedert.

### 4.1.2 Wirtschaftliche Eingliederung

Die wirtschaftliche Eingliederung setzt voraus, dass sich das Organträgerunternehmen und die Organgesellschaft in betriebswirtschaftlich sinnvoller Weise ergänzen (nähere Einzelheiten vgl. A 2.8 Abs. 6 bis 6c UStAE). Beispielsweise ist ein Indiz für die wirtschaftliche Eingliederung, wenn die Warenwege von dem Organträgerunternehmen zur Organgesellschaft oder umgekehrt von der Organgesellschaft zum Organträgerunternehmen verlaufen.

Bei deutlicher Ausprägung der finanziellen und organisatorischen Eingliederung reichen geringere wirtschaftliche Beziehungen aus. Sie dürfen nur nicht unerheblich sein (vgl. BFH vom 29. 10. 2008 BStBl II 2009, 256). Eine wirtschaftliche Abhängigkeit der Organgesellschaft vom Organträger ist dann nicht erforderlich (vgl. auch A 2.8 Abs. 6 Sätze 3 und 4 UStAE).

Bei einer **Betriebsaufspaltung** in eine Besitzgesellschaft (Personengesellschaft) und eine Betriebsgesellschaft (Kapitalgesellschaft) und der Verpachtung des Betriebsvermögens von der Besitzgesellschaft an die Betriebsgesellschaft liegt im Allgemeinen eine wirtschaftliche Eingliederung der Kapitalgesellschaft in die Personengesellschaft vor (A 2.8 Abs. 6b UStAE).

### 4.1.3 Organisatorische Eingliederung

Die organisatorische Eingliederung liegt vor, wenn der Organträger durch organisatorische Maßnahmen sicherstellt, dass in der Organgesellschaft im Kernbereich der laufenden Geschäftsführung sein Wille auch tatsächlich ausgeführt wird (A 2.8 Abs. 7 Sätze 1 bis 3 UStAE). Aus dem Vorliegen der finanziellen Eingliederung (Durchsetzung des Willens bei der Gesellschafterversammlung) kann nicht auf die organisatorische Eingliederung geschlossen werden (vgl. BFH vom 05. 12. 2007 BStBl II 2008, 931 und vom 03. 04. 2008 BStBl II 2008, 905). Dadurch wird im Allgemeinen eine organisatorische Eingliederung dann vorliegen, wenn die Geschäftsführung bei dem Organträger und der Organgesellschaft in **Personalunion** ausgeübt wird. Da die Beteiligten aus Haftungsgründen insbesondere in den Fällen der Betriebsaufspaltung überhaupt kein Interesse am Bestehen einer Organschaft haben, können sie eine solche einfach verhindern, indem sie eine Personalunion vermeiden und einen selbständigen Geschäftsführer installieren. Der Umstand, dass der Geschäftsführer der Organgesellschaft eine Vertrauensperson des Organträgers ist, reicht zur Bejahung einer organisatorischen Eingliederung nicht aus.

Der aktienrechtlichen Abhängigkeitsvermutung aus § 17 AktG kommt keine Bedeutung im Hinblick auf die organisatorische Eingliederung zu. Der eindeutigste Fall der Beherrschung der laufenden Geschäftsführung der Organgesellschaft und damit die stärkste Form der organisatorischen Eingliederung ist die **vollständige Personenidentität** beider Leitungsorgane. Eine vollständige Personenidentität ist gegeben, wenn alle Geschäftsführer der Organgesellschaft auch Geschäftsführer des Organträgers sind.

Es reicht aber für eine organisatorische Eingliederung auch aus, wenn nur einzelne Geschäftsführer des Organträgers Geschäftsführer der Organgesellschaft sind und die personenidentischen Geschäftsführer über die **Stimmenmehrheit** verfügen (vgl. BFH vom 28. 01. 1999 BStBl II 1999, 258 und vom 17. 01. 2002 BStBl II 2002, 373).

**BEISPIEL**

Geschäftsführer des Organträgers sind A, B und C. Geschäftsführer der Organgesellschaft sind B und C.

**LÖSUNG** Für die Beurteilung der organisatorischen Eingliederung handelt es sich um einen Fall der teilweisen Personenidentität. Die organisatorische Eingliederung liegt vor, da keine fremden Geschäftsführer beteiligt sind.

**BEISPIEL**

Geschäftsführer des Organträgers sind A, B und C. Geschäftsführer der Organgesellschaft sind B, C und D.

**LÖSUNG** Für die Beurteilung der organisatorischen Eingliederung handelt es sich um einen Fall der teilweisen Personenidentität. B und C sind in der Organgesellschaft jeweils »personenidentische« Geschäftsführer; D ist dort ein »fremder« Geschäftsführer.

Ob eine nur teilweise Personenidentität der Geschäftsführungen für die Herstellung der organisatorischen Eingliederung ausreichend ist, richtet sich nach der Ausgestaltung der Geschäftsführungsbefugnis in der Organgesellschaft. Eine organisatorische Eingliederung liegt vor, wenn in der Organgesellschaft eine Gesamtgeschäftsführungsbefugnis vereinbart wurde. Haben die personenidentischen Geschäftsführer die Stimmenmehrheit oder herrscht zumindest Stimmengleichheit, reicht es aus, wenn die Entscheidungen in der Organgesellschaft durch Mehrheitsbeschluss gefasst werden.

Bei einer Stimmenminderheit der personenidentischen Geschäftsführer oder bei Einzelgeschäftsführungsbefugnis des fremden Geschäftsführers sind zusätzliche institutionell abgesicherte Maßnahmen erforderlich, um den Willen des Organträgers in der Organgesellschaft durchsetzen zu können. Insbesondere kann ein aus Gründen des Nachweises und der Inhaftungnahme schriftlich vereinbartes Letztentscheidungsrecht des personenidentischen Geschäftsführers eine Beherrschung der Organgesellschaft durch den Organträger sicherstellen (A 2.8 Abs. 8 Satz 9 UStAE). Nach dem BFH-Urteil vom 12. 10. 2016 BStBl II 2017, 597 reicht es für eine organisatorische Eingliederung auch aus, wenn der (fremde) Geschäftsführer für seine Handlungen der Einwilligung der Gesellschafterversammlung oder des Mehrheitsgesellschafters bedarf.

Neben dem Regelfall der personellen Verflechtung kann sich die organisatorische Eingliederung auch daraus ergeben, dass Mitarbeiter des Organträgers als Geschäftsführer der Organgesellschaft tätig sind (A 2.8 Abs. 9 UStAE). Denn der Organträger kann über seine Mitarbeiter auf Grund seiner unmittelbaren umfassenden Weisungsbefugnis, die sich aus dem Arbeitsvertrag ergibt, dieselben Einflussmöglichkeiten auf die Geschäftsführung der Organgesellschaft ausüben wie bei einer personellen Verflechtung über die Geschäftsführung von Organträger und Organgesellschaft. Erforderlich ist, dass ein uneingeschränktes Abberufungsrecht des Organträgers besteht, nicht nur bei Vorliegen eines wichtigen Grundes (vgl. BFH vom 20. 08. 2009 BStBl II 2010, 863 und vom 07. 07. 2011 BStBl II 2013, 218).

Hat die Organgesellschaft mit dem Organträger einen Beherrschungsvertrag nach § 291 AktG abgeschlossen oder ist die Organgesellschaft nach §§ 319, 320 AktG in die Gesellschaft des Organträgers eingegliedert, kann nach dem Eintrag im Handelsregister regelmäßig von dem Vorliegen einer organisatorischen Eingliederung ausgegangen werden (A 2.8 Abs. 10 Sätze 4 und 7 UStAE).

### 4.1.4 Gesamtbild der Verhältnisse

Grundsätzlich müssen alle drei Merkmale für die Organschaft vorliegen:

1. finanzielle Eingliederung,
2. wirtschaftliche Eingliederung,
3. organisatorische Eingliederung.

Die finanzielle und organisatorische Eingliederung muss unabdingbar vorliegen. Die Aussage in A 2.8 Abs. 1 Sätze 2 und 3 UStAE) ist etwas irreführend. Nicht ausreichend ist nämlich, wenn die Eingliederung nur in Bezug auf zwei der drei Eingliederungsmerkmale besteht. Liegt die finanzielle und organisatorische Eingliederung vor, kann die wirtschaftliche Eingliederung dagegen etwas zurückbleiben. Allerdings sind Umsätze (zumindest in eine Richtung) zwischen den Gesellschaften in jedem Fall erforderlich.

### 4.1.5 Beispiele zur Organschaft

**BEISPIELE**

a) A und B sind zu je 50 % an der AB-OHG beteiligt. Die AB-OHG hält 70 % der Anteile an der C-GmbH. Die AB-OHG stellt Lederwaren her. Die Lederwaren werden zu 80 % an den Einzelhandel, zu 20 % an die C-GmbH veräußert. A und B sind gemeinsam Geschäftsführer der AB-OHG und der C-GmbH.

**LÖSUNG** Die C-GmbH ist Organgesellschaft der AB-OHG, wenn sie finanziell, wirtschaftlich und organisatorisch in das Unternehmen der AB-OHG eingegliedert ist.

**Finanzielle Eingliederung:**
Da die AB-OHG 70 % der Anteile an der C-GmbH hält, hat sie die entscheidende Anteilsmehrheit an der C-GmbH, die es der AB-OHG ermöglicht, Beschlüsse in der C-GmbH durchzusetzen. Die finanzielle Eingliederung ist damit gegeben.
**Wirtschaftliche Eingliederung:**
Die AB-OHG und C-GmbH müssen sich in betriebswirtschaftlich sinnvoller Weise ergänzen. Ein Indiz hierfür ist der Verlauf der Warenwege. Hier verläuft der Warenweg von der AB-OHG zur C-GmbH. Allerdings werden nicht alle Waren, die von der AB-OHG hergestellt werden, über die C-GmbH veräußert. Dies ist jedoch auch nicht erforderlich. Es ist für die AB-OHG schon von erheblicher Bedeutung, dass 20 % ihres Warenabsatzes durch die C-GmbH gesichert ist.
**Organisatorische Eingliederung:**
A und B sind Geschäftsführer der AB-OHG. Zugleich sind sie auch Geschäftsführer der C-GmbH. Diese Personalunion stellt sicher, dass der Wille des Organträgers (AB-OHG) in der C-GmbH auch tatsächlich ausgeführt wird. Die organisatorische Eingliederung ist somit ebenfalls gegeben.
**Gesamtbild der Verhältnisse:**
Da alle drei Merkmale für die Organschaft vorliegen, ist die C-GmbH Organgesellschaft der AB-OHG.

b) A und B sind zu je 50 % an der AB-OHG beteiligt. Die AB-OHG hält 70 % der Anteile an der C-GmbH. Die restlichen 30 % der Anteile hält C. Die C-GmbH hält 30 % der Anteile an der C-AG. An der C-AG hält auch C 45 % der Anteile und B 25 % der Anteile.
Die AB-OHG stellt Lederwaren her. Die Lederwaren werden zu 80 % an den Einzelhandel, zu 20 % an die C-GmbH veräußert. Die C-AG stellt Leder her. Das Leder veräußert sie zu 10 % an die AB-OHG 90 % an andere Abnehmer. Das von der C-AG bezogene Leder stellt bei der AB-OHG 30 % ihrer Warenbezugs dar. A und B sind gemeinsam Geschäftsführer der AB-OHG, der C-GmbH und der C-AG.

**LÖSUNG**

**1. Prüfung, ob die C-GmbH Organgesellschaft der AB-OHG ist:**
Die C-GmbH ist Organgesellschaft der AB-OHG, wenn sie finanziell, wirtschaftlich und organisatorisch in das Unternehmen der AB-OHG eingegliedert ist.

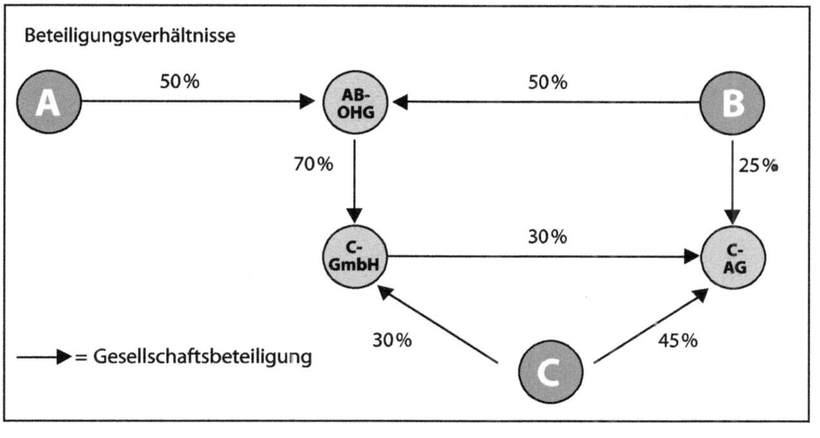


**Finanzielle Eingliederung:**
Da die AB-OHG 70 % der Anteile an der C-GmbH hält, hat sie die entscheidende Anteilsmehrheit an der C-GmbH, die es der AB-OHG ermöglicht, Beschlüsse in der C-GmbH durchzusetzen. Die finanzielle Eingliederung ist damit gegeben.
**Wirtschaftliche Eingliederung:**
Die AB-OHG und C-GmbH müssen sich in betriebswirtschaftlich sinnvoller Weise ergänzen. Ein Indiz hierfür ist der Verlauf der Warenwege. Hier verläuft der Warenweg von der AB-OHG zur

C-GmbH. Allerdings werden nicht alle Waren, die von der AB-OHG hergestellt werden, über die C-GmbH veräußert. Dies ist jedoch auch nicht erforderlich. Es ist für die AB-OHG schon von erheblicher Bedeutung, dass 20 % ihres Warenabsatzes durch die C-GmbH gesichert ist. Die wirtschaftliche Verflechtung ist somit ebenfalls eindeutig gegeben.

**Organisatorische Eingliederung:**

A und B sind Geschäftsführer der AB-OHG. Zugleich sind sie auch Geschäftsführer der C-GmbH. Diese Personalunion stellt sicher, dass der Wille des Organträgers (AB-OHG) in der C-GmbH auch tatsächlich ausgeführt wird. Die organisatorische Eingliederung ist somit ebenfalls gegeben.

**Gesamtbild der Verhältnisse:**

Da alle drei Merkmale für die Organschaft vorliegen, ist die C-GmbH Organgesellschaft der AB-OHG.

**2. Prüfung, ob die C-AG Organgesellschaft der AB-OHG ist:**

Die C-AG ist Organgesellschaft der AB-OHG, wenn sie finanziell, wirtschaftlich und organisatorisch in das Unternehmen der AB-OHG eingegliedert ist.

**Finanzielle Eingliederung:**

Die C-GmbH ist, wie oben festgestellt wurde, Organgesellschaft der AB-OHG. Somit hält die AB-OHG über die C-GmbH 30 % der Anteile an der C-AG. Die AB-OHG hält also nicht nur 70 % der 30 % Anteile, denn sie bestimmt, in welchem Sinne das Stimmrecht bezüglich dieser 30 % ausgeübt wird.

Es fragt sich nun, ob auch die Beteiligung des B an der C-AG i. H. v. 25 % der AB-OHG zugerechnet werden kann. Dies ist dann möglich, wenn klar ist, dass B sein Stimmrecht stets in dem Sinne ausübt, wie es dem Willen der AB-OHG entspricht. Nach den BFH-Urteilen vom 22. 04. 2010 BStBl II 2011, 597 und vom 01. 12. 2010 BStBl II 2011, 600 kann die finanzielle Eingliederung nicht mittelbar über einen oder mehrere Gesellschafter des Organträgers erfolgen. Bei der finanziellen Eingliederung kommt es auf die rechtliche Durchsetzungsmöglichkeit an und diese muss dem Organträger selbst zustehen. Die bloße Anteilsmehrheit mehrerer oder eines Gesellschafters an zwei Schwestergesellschaften reicht hierfür nicht aus, da die Gesellschafter die ihnen zustehenden Stimmrechte nicht einheitlich ausüben müssen. Da die Mehrheit von mehr als 50 % der Stimmanteile nur über B erreicht werden kann, und auch über C die finanzielle Eingliederung nicht erreicht wird, ist nach der BFH-Rechtsprechung die finanzielle Eingliederung nicht verwirklicht.

**Wirtschaftliche Eingliederung:**

Dadurch dass die AB-OHG 30 % ihrer Waren von der C-AG bezieht und die C-AG ihr bei weitem wichtigster Zulieferer ist, ist die wirtschaftliche Eingliederung gegeben.

**Organisatorische Eingliederung:**

Da A und B auch gemeinsam Geschäftsführer der C-AG sind, ist durch die Personalunion sichergestellt, dass der Wille des Organträgers (AB-OHG) in der C-AG auch tatsächlich durchgeführt wird. Die organisatorische Eingliederung ist somit ebenfalls gegeben.

**Gesamtbild der Verhältnisse:**

Da die unabdingbare finanzielle Eingliederung eindeutig nicht vorliegt, reichen die wirtschaftliche Eingliederung und die organisatorische Eingliederung nicht aus, um nach dem Gesamtbild der Verhältnisse auch die C-AG als Organgesellschaft in die AB-OHG einzugliedern. Nur die AB-OHG und die C-GmbH bilden einen Organkreis. Unternehmer ist die AB-OHG. Ebenfalls eigenständiger Unternehmer ist die C-AG.

c) F und G sind an der FG-OHG zu je 50 % beteiligt. Sie gründen zum 01. 01. 02 die FG-GmbH, an der sie ebenfalls zu je 50 % beteiligt sind. Die FG-GmbH wird am 31. 03. 02 ins Handelsregister eingetragen. Geschäftsführer der FG-GmbH sind – wie auch bei der FG-OHG – F und G. Die FG-OHG, die sich bis 31. 12. 01 mit dem Handel von Lebensmitteln befasst hatte, verpachtete ab 01. 01. 02 ihre gesamten Grundstücke und Betriebsvorrichtungen an die FG-GmbH, die damit ab 01. 01. 02den Lebensmittelhandel fortführte. Für Monat Januar 02 berechnete die FG-OHG der FG-GmbH 10 000 € zuzüglich 1 900 € USt als Nutzungsentgelt. Ebenso wurde für die folgenden Monate verfahren.

**LÖSUNG** Die FG-GmbH muss nur dann USt-Erklärungen abgeben, wenn sie Unternehmer ist. Dies ist dann nicht der Fall, wenn die FG-GmbH Organgesellschaft der FG-OHG ist. Die FG-GmbH ist

Organgesellschaft der FG-OHG, wenn sie finanziell, wirtschaftlich und organisatorisch in das Unternehmen der FG-OHG eingegliedert ist.

**Finanzielle Eingliederung:**

F und G bestimmen zwar gemeinsam die Geschäftspolitik der FG-OHG und der FG-GmbH. Nach dem BFH-Urteil vom 22. 04. 2010 BStBl II 2011, 597 kann die finanzielle Eingliederung aber nicht mittelbar über mehrere Gesellschafter des Organträgers erfolgen. Bei der finanziellen Eingliederung kommt es auf die rechtliche Durchsetzungsmöglichkeit an, und diese muss dem Organträger selbst zustehen. Die bloße Anteilsmehrheit mehrerer Gesellschafter an zwei Schwestergesellschaften reicht hierfür nicht aus, da die Gesellschafter die ihnen zustehenden Stimmrechte nicht einheitlich ausüben müssen. Nach der BFH-Rechtsprechung ist die finanzielle Eingliederung nicht verwirklicht (vgl. A 2.8 Abs. 5b UStAE). Es wäre erforderlich, dass die FG-OHG unmittelbar an der FG-GmbH beteiligt ist.

**Wirtschaftliche Eingliederung:**

Aufgrund der Verpachtung des Betriebsvermögens der FG-OHG an die FG-GmbH ergänzen sich die FG-OHG und die FG-GmbH in betriebswirtschaftlich sinnvoller Weise. Die FG-GmbH ist somit wirtschaftlich in die FG-OHG eingegliedert. Es handelt sich um eine Betriebsaufspaltung, bei der grundsätzlich die wirtschaftliche Eingliederung gegeben ist (vgl. A 2.8 Abs. 6b UStAE)

**Organisatorische Eingliederung:**

Die organisatorische Eingliederung ist aufgrund der Personalunion der Geschäftsführer eindeutig gegeben.

**Gesamtbild der Verhältnisse:**

Nach dem Gesamtbild der Verhältnisse ist mangels der unabdingbaren finanziellen Eingliederung die FG-GmbH nicht als Organgesellschaft in die FG-OHG eingegliedert.

d) F und G sind an der FG-GmbH zu je 50 % beteiligt. Sie gründen zum 01. 01. 02 die BFG-GmbH, an der sie zu je 20 % beteiligt sind. Die übrigen 60 % hält die FG-GmbH. Die BFG-GmbH wird am 31. 03. 02 ins Handelsregister eingetragen. Geschäftsführer der BFG-GmbH sind – wie auch bei der FG-GmbH – F und G. Die FG-GmbH, die sich bis 31. 12. 01 mit dem Handel von Lebensmitteln befasst hatte, verpachtete ab 01. 01. 02 ihre gesamten Grundstücke und Betriebsvorrichtungen an die BFG-GmbH, die damit ab 01. 01. 02den Lebensmittelhandel fortführt. Für Monat Januar 02 berechnete die FG-GmbH der BFG-GmbH 10 000 € zuzüglich 1 900 € USt als Nutzungsentgelt. Ebenso wurde für die folgenden Monate verfahren.

**LÖSUNG** Die BFG-GmbH muss nur dann USt-Erklärungen abgeben, wenn sie Unternehmer ist. Dies ist dann nicht der Fall, wenn die BFG-GmbH Organgesellschaft der FG-GmbH ist. Die BFG-GmbH ist Organgesellschaft der FG-GmbH, wenn sie finanziell, wirtschaftlich und organisatorisch in das Unternehmen der FG-GmbH eingegliedert ist.

**Finanzielle Eingliederung:**

Da die FG-GmbH unmittelbar 60 % der Anteile an der BFG-GmbH hält, hat sie die entscheidende Anteilsmehrheit an der BFG-GmbH, die es der FG-GmbH ermöglicht, Beschlüsse in der BFG-GmbH durchzusetzen. Die finanzielle Eingliederung ist damit gegeben.

**Wirtschaftliche Eingliederung:**

Aufgrund der Verpachtung des Betriebsvermögens der FG-GmbH an die BFG-GmbH ergänzen sich beide in betriebswirtschaftlich sinnvoller Weise. Die BFG-GmbH ist somit wirtschaftlich in die FG-GmbH eingegliedert. Es handelt sich um eine Betriebsaufspaltung, bei der grundsätzlich die wirtschaftliche Eingliederung gegeben ist (vgl. A 2.8 Abs. 6b UStAE).

**Organisatorische Eingliederung:**

Die organisatorische Eingliederung ist aufgrund der Personalunion der Geschäftsführer eindeutig gegeben.

**Gesamtbild der Verhältnisse:**

Da alle drei Merkmale für die Organschaft vorliegen, ist die BFG-GmbH Organgesellschaft der FG-GmbH.

**Sonderproblem:**

Es fragt sich, ob die Organschaft schon ab 01. 01. 02 oder erst ab 31. 03. 02 bestehen kann. Erst mit der Eintragung der BFG-GmbH ins Handelsregister erlangt die BFG-GmbH die rechtliche Selbständigkeit. Vorher unterliegt sie bürgerlich-rechtlich den Regeln der Personengesellschaften. Es wäre äußerst umständlich, die BFG-GmbH bis 31. 03. 02 als selbständigen Unternehmer anzusehen, um sie dann erst als unselbständigen Bestandteil in der FG-GmbH aufgehen zu lassen. Es bleibt somit dabei, dass die BFG-GmbH bereits ab 01. 01. 02 Organgesellschaft der FG-GmbH ist (vgl. A 2.8 Abs. 1 Satz 8 UStAE). Da die BFG-GmbH Organgesellschaft der FG-GmbH ist, ist sie nicht Unternehmer. Die Umsätze der BFG-GmbH sind von der FG-GmbH an das Finanzamt zu erklären. Zwischen der FG-GmbH und der BFG-GmbH können nur nicht steuerbare Innenumsätze vorliegen. Die Abrechnung zwischen der FG-GmbH und der BFG-GmbH über die Nutzung, die USt ausweist, ist keine Rechnung i. S. d. § 14 UStG und führt daher auch nicht zu einer Steuer nach § 14c Abs. 2 UStG (vgl. A 14.1 Abs. 4, A 14c.2 Abs. 2a UStAE).

e) F und G sind an der FG-GmbH zu je 50 % beteiligt. An einer zum 01. 01. 02 gegründeten BFG-KG ist die FG-GmbH zu 70 % beteiligt. Die übrigen 30 % halten je zur Hälfte die X-GmbH und die Y-KG. Die FG-GmbH ist wiederum zu 55 % an der X-GmbH und zu 60 % an der Y-KG beteiligt. Je 20 % halten an der Y-KG die A-KG und B-OHG, an denen wiederum die FG-GmbH zu 80 % bzw. 70 % beteiligt ist. Geschäftsführer der BFG-KG sind – wie auch bei der FG-GmbH – F und G. Die FG-GmbH, die sich bis 31. 12. 01 mit dem Handel von Lebensmitteln befasst hatte, verpachtete ab 01. 01. 02 ihre gesamten Grundstücke und Betriebsvorrichtungen an die BFG-KG, die damit ab 01. 01. 02den Lebensmittelhandel fortführt. Für den Monat Januar 02 berechnete die FG-GmbH der BFG-KG 10 000 € zuzüglich 1 900 € USt als Nutzungsentgelt. Ebenso wurde für die folgenden Monate verfahren. Die anderen genannten Gesellschaften haben eigene Geschäftsführer und eigene geschäftliche Interessen.

**LÖSUNG** Die BFG-KG ist Organgesellschaft der FG-GmbH, wenn sie finanziell, wirtschaftlich und organisatorisch in das Unternehmen der FG-GmbH eingegliedert ist.

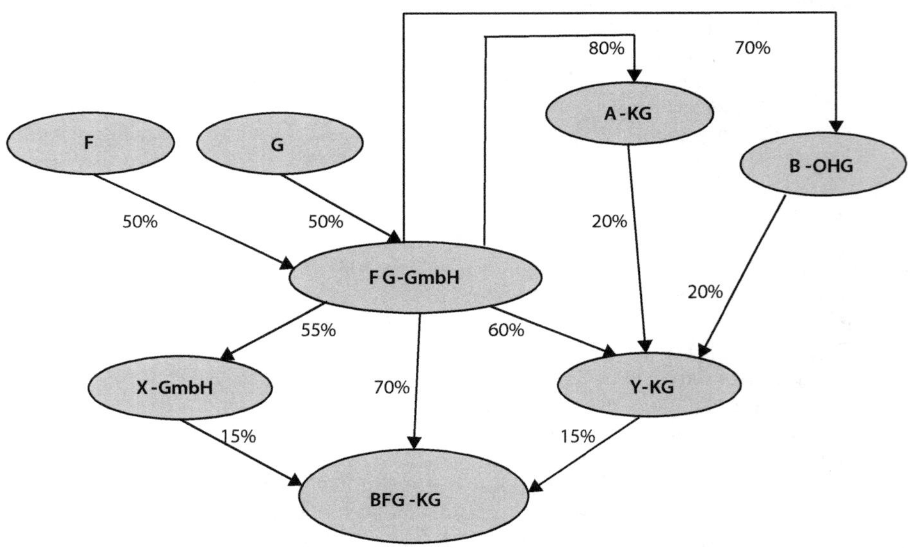


**Finanzielle Eingliederung:**
Da die FG-GmbH unmittelbar 70 % der Anteile an der BFG-KG hält, hat sie die zwar die Anteilsmehrheit an der BFG-KG. Aufgrund der stets möglichen Anwendung des Einstimmigkeitsprinzips ist die Durchgriffsmöglichkeit der FG-GmbH aber nur gewährleistet, wenn auch die X-GmbH und Y-KG finanziell in die FG-GmbH eingegliedert sind. Die Anteilsmehrheit bei der X-GmbH reicht für eine finanzielle Eingliederung aus. Auch die Durchsetzung von Beschlüssen in der Y-KG, und somit die finanzielle Eingliederung, ist gewährleistet, da die FG-GmbH die anderen an der Y-KG beteiligten Gesellschaften (A-KG und B-OHG) beherrscht. Die finanzielle Eingliederung ist damit gegeben.

**Wirtschaftliche Eingliederung:**
Aufgrund der Verpachtung des Betriebsvermögens der FG-GmbH an die BFG-KG ergänzen sich beide in betriebswirtschaftlich sinnvoller Weise. Die BFG-GmbH ist somit wirtschaftlich in die FG-GmbH eingegliedert. Es handelt sich um eine Betriebsaufspaltung, bei der grundsätzlich die wirtschaftliche Eingliederung gegeben ist (vgl. A 2.8 Abs. 6b UStAE). Eine wirtschaftliche Eingliederung der anderen Gesellschaften (X-GmbH, Y-KG, A-KG und B-OHG) liegt nach dem Sachverhalt nicht vor.
**Organisatorische Eingliederung:**
Die organisatorische Eingliederung ist aufgrund der Personalunion der Geschäftsführer eindeutig gegeben. Eine organisatorische Eingliederung der anderen Gesellschaften (X-GmbH, Y-KG, A-KG und B-OHG) liegt aufgrund der unterschiedlichen Geschäftsführer nicht vor.
**Gesamtbild der Verhältnisse:**
Da alle drei Merkmale für die Organschaft vorliegen, ist die BFG-KG Organgesellschaft der FG-GmbH. Aufgrund der beträchtlichen Anforderungen an eine finanzielle Eingliederung handelt es sich um einen Sonderfall.
Da die BFG-KG Organgesellschaft der FG-GmbH ist, ist sie nicht Unternehmer. Die Umsätze der BFG-KG sind von der FG-GmbH an das Finanzamt zu erklären. Zwischen der FG-GmbH und der BFG-KG können nur nicht steuerbare Innenumsätze vorliegen. Die Abrechnung zwischen der FG-GmbH und der BFG-KG über die Nutzung, die USt ausweist, ist keine Rechnung i. S. d. § 14 UStG und führt daher auch nicht zu einer Steuer nach § 14c Abs. 2 UStG (vgl. A 14.1 Abs. 4 und A 14c.2 Abs. 2a UStAE).

### 4.1.6 Sonderfall GmbH & Co. KG

Die GmbH & Co. KG wird auch als **kapitalistische KG** bezeichnet, weil ihr einziger persönlich haftender Gesellschafter eine Kapitalgesellschaft ist. Obwohl es sich also um eine Personengesellschaft handelt, haftet im Ergebnis keine natürliche Person uneingeschränkt für die Verbindlichkeiten der KG. Das ist auch der Sinn der GmbH & Co. KG, die unbeschränkte Haftung auszuschließen, obwohl ein Unternehmen in der Form einer Personengesellschaft betrieben wird. Regelmäßig sind bei der GmbH & Co. KG die Kommanditisten zugleich Gesellschafter der GmbH. Gem. § 164 HGB ist die GmbH alleinige Geschäftsführerin der KG. Es stellt sich nun die Frage, ob die GmbH in derartigen Fällen als Organgesellschaft der KG angesehen werden kann. Dies wurde bisher von der Rechtsprechung abgelehnt, ist jedoch inzwischen (spätestens ab 01. 01. 2019, vgl. 4) überholt.

Nur bei einer sog. Einheits-GmbH & Co. KG wurde schon bisher regelmäßig eine Organschaft angenommen (vgl. ursprüngliche Fassung des A 2.8 Abs. 2 Satz 5 UStAE). In diesem Fall ist die finanzielle Eingliederung der GmbH in die KG gegeben, da die KG sämtliche Anteile an der GmbH hält. Nunmehr genügt auch bei einer GmbH & Co. KG eine mehrheitliche Beteiligung der KG an der GmbH (vgl. A 2.2 Abs. 6 Satz 3 und 2.8 Abs. 2 Satz 8 UStAE) für eine finanzielle Eingliederung. Umgekehrt bedeutet dies wohl, dass die KG in eine geschäftsführende GmbH eingegliedert sein kann, wenn die GmbH mehrheitlich an der KG beteiligt ist, an der KG keine natürlichen Personen beteiligt sind und die weiteren beteiligten Gesellschaften an der KG finanziell in die GmbH eingegliedert sind.

### 4.1.7 Grenzüberschreitende Organschaft

Nach § 2 Abs. 2 Nr. 2 Satz 2 UStG beschränkt sich die Wirkung einer Organschaft auf Innenleistungen zwischen den im Inland gelegenen Unternehmensteilen. Zu einem Organkreis gehören folgende Unternehmensteile, zwischen denen keine steuerbaren Umsätze möglich sind:

- der Organträger,
- die Organgesellschaften im Inland,
- im Inland gelegenen Betriebsstätten, z. B. Zweigniederlassungen des Organträgers,
- im Inland gelegenen Betriebsstätten, z. B. Zweigniederlassungen einer Organgesellschaft,
- im Ausland gelegenen Betriebsstätten, z. B. Zweigniederlassungen des Organträgers (A 2.9 Abs. 6 Satz 1 UStAE).

Nicht dazu gehören im Ausland gelegenen Betriebsstätten, z. B. Zweigniederlassungen einer Organgesellschaft. Sie gehören nur zum Unternehmen dieser Organgesellschaft. Nur zwischen diesen (beiden) können somit Innenumsätze vorliegen. Daraus folgt:

- Erfolgen Umsätze zwischen im Inland belegenen Organteilen, handelt es sich um nicht steuerbare Innenumsätze.
- Erfolgen Umsätze zwischen zivilrechtlich selbständigen Organteilen im Inland und zivilrechtlich selbständigen Organteilen im Ausland, sind die Umsätze wie ganz normale Umsätze zu behandeln.
- Umsätze zwischen einem Organteil und einer zivilrechtlich unselbständigen Betriebsstätte dieses Organteils sind nicht steuerbare Innenumsätze, auch wenn sich der Organteil im Inland und seine Betriebsstätte im Ausland bzw. die Betriebsstätte im Inland und der Organteil im Ausland befinden.
- Befindet sich der Organträger im Ausland und hat er mehrere zivilrechtlich selbständige Organteile im Inland, bilden die Organteile im Inland ein Unternehmen. Als Unternehmer wird in diesem Falle gem. § 2 Abs. 2 Nr. 2 Satz 4 UStG der im Inland wirtschaftlich bedeutendste Organteil fingiert.

Nähere Einzelheiten und Beispielsfälle hierzu finden sich im A 2.9 UStAE (siehe auch 7.2.2 Übungsfälle zur grenzüberschreitenden Organschaft).

## 5 Juristische Personen des öffentlichen Rechts als Unternehmer nach alter Rechtslage

Im Rahmen des Steueränderungsgesetzes 2015 wurde die Besteuerung der öffentlichen Hand neu geregelt (siehe 6). Bis Ende 2020 kann sowohl die alte Vorschrift des § 2 Abs. 3 UStG als auch die neue des § 2b UStG zur Anwendung kommen. Möglicherweise wird der Gesetzgeber die Frist in § 27 Abs. 22 Satz 3 UStG nochmals um zwei Jahre bis zum 01.01.2023 verlängern.

### 5.1 Allgemeines zu § 2 Abs. 3 UStG

Nach § 2 Abs. 3 UStG ist die Unternehmereigenschaft der juristischen Person des öffentlichen Rechts eingeschränkt. Die juristischen Personen des öffentlichen Rechts sind danach nur in folgenden Fällen Unternehmer:

a) im Rahmen ihrer Betriebe gewerblicher Art,
b) im Rahmen ihrer land- oder forstwirtschaftlichen Betriebe,
c) im Rahmen der in § 2 Abs. 3 Satz 2 Nr. 2 bis 5 UStG aufgezählten Tätigkeiten.

Damit sind Leistungen der juristischen Personen des öffentlichen Rechts, die bei Anwendung der allgemeinen umsatzsteuerrechtlichen Kriterien steuerbar wären, der Umsatzbesteuerung entzogen, wenn sie außerhalb des oben dargestellten Rahmens (a)–c)) erfolgen.

**BEISPIEL**

Die staatliche Schule S veranstaltet dreimal im Jahr ein gemeinsames Schulfest für Schüler und Lehrer, bei dem zur Deckung der Kosten für eine Tanzkapelle Eintrittsgelder erhoben werden und Getränke verkauft werden. Es werden auf diese Weise jährlich zwischen 10 000 € und 20 000 € umgesetzt.

**LÖSUNG** Die Umsätze werden nicht im Rahmen eines Betriebs gewerblicher Art erzielt und sind somit nicht steuerbar. Ohne die Einschränkung des § 2 Abs. 3 UStG wären die Umsätze steuerbar und steuerpflichtig.

Voraussetzung für die Anwendung des § 2 Abs. 3 UStG ist zunächst, dass die Umsätze von einer juristischen Person des öffentlichen Rechts erzielt werden. Juristische Personen des öffentlichen Rechts i. S. v. § 2 Abs. 3 UStG sind insbesondere die Gebietskörperschaften (Bund, Länder, Gemeinden, Gemeindeverbände, Zweckverbände), die öffentlich-rechtlichen Religionsgesellschaften, die Innungen, Handwerkskammern, Industrie- und Handelskammern, Rundfunkanstalten und sonstigen Gebilde, die auf Grund öffentlichen Rechts eigene Rechtspersönlichkeit besitzen, z. B. Anstalten und Stiftungen des öffentlichen Rechts (vgl. A 2.11 Abs. 1 Satz 1 UStAE).

## 5.2 Betriebe gewerblicher Art

Ob ein Betrieb gewerblicher Art vorliegt, ist nach § 1 Abs. 1 Nr. 6 KStG i. V. m. § 4 KStG zu bestimmen. Hierbei sind die von der Rechtsprechung und Verwaltung für das Gebiet **der Körperschaftsteuer** entwickelten Grundsätze anzuwenden (vgl. A 2.11 Abs. 4 Satz 2 UStAE). Diese Grundsätze sind im Wesentlichen in R 4.1 ff. der KStR zusammengefasst. Ob hiernach ein Betrieb gewerblicher Art vorliegt, ist bei der USt und bei der Körperschaftsteuer grundsätzlich einheitlich zu entscheiden (vgl. A 2.11 Abs. 4 Satz 3 UStAE). In der Praxis legt die mit der USt befasste Stelle des Finanzamts bzw. der OFD die Frage der mit der Körperschaftsteuer befassten Stelle des Finanzamts bzw. der OFD vor, die dann die verbindliche Entscheidung trifft.

Ein Betrieb gewerblicher Art setzt zunächst voraus, dass sich die juristische Person des öffentlichen Rechts außer im hoheitlichen Bereich auch im wirtschaftlichen Bereich betätigt (vgl. 5.2.1). Die Betätigung im wirtschaftlichen Bereich führt jedoch nur dann zu einem Betrieb gewerblicher Art, wenn hierbei eine Einrichtung vorliegt, die das äußere Bild eines Gewerbebetriebs hat. Der Begriff »Einrichtung« in diesem Sinn setzt jedoch nicht voraus, dass die Tätigkeit im Rahmen einer verselbständigten Abteilung ausgeübt wird. Sie kann auch innerhalb des allgemeinen Betriebs miterledigt werden (vgl. R 4.1 Abs. 2 Satz 1 KStR). Näheres vgl. 5. 2. 2.

Kein Betrieb gewerblicher Art liegt von vornherein dann vor, wenn es sich bei der Tätigkeit der juristischen Person des öffentlichen Rechts um reine **Vermögensverwaltung** handelt. Reine Vermögensverwaltung liegt insbesondere i. d. R. bei reinen Grundstücksvermietungen vor (bezüglich Verpachtungen vgl. 5.2.4).

### 5.2.1 Abgrenzung des hoheitlichen Bereichs zum wirtschaftlichen Bereich

Zum **hoheitlichen Bereich** (nicht wirtschaftlicher Bereich i. e. S.) gehört zunächst die Ausübung öffentlicher Gewalt (z. B. die Tätigkeit der Polizei und der Ordnungsämter, die Handlungen eines Gerichtsvollziehers bei Versteigerungen und freihändigen Verkäufen). Weiterhin gehört zum hoheitlichen Bereich die Erfüllung von Aufgaben, die der öffentlichen Gewalt eigentümlich und vorbehalten sind. Dies sind z. B. folgende von juristischen Personen des öffentlichen Rechts betriebene Einrichtungen: Feuerwehr, Forschungsanstalten, Wetterwarten, Schlachthöfe, Anstalten zur Lebensmitteluntersuchung, zur Desinfektion, zur Müllbeseitigung und Müllverbrennung, zur Straßenreinigung und zur Abführung von Abwässern und Abfällen (vgl. R 4.4 Abs. 1 und 4.5 KStR).

Umstritten ist, ob die Behandlung der Müllbeseitigung und Abwasserbeseitigung durch die öffentliche Hand als hoheitliche und damit nicht unternehmerische Tätigkeit gegen die MwStSystRL verstößt. Nach der Rechtsprechung des EuGH zu Art. 4 Abs. 5 der 6. EG-Richtlinie (entspricht Art. 13 MwStSystRL) bleibt es im Grundsatz den Mitgliedstaaten überlassen, ob sie diese Tätigkeit als hoheitlich und damit nicht unternehmerisch oder als nicht hoheitlich als unternehmerisch behandeln (vgl. z. B. EuGH vom 06. 02. 1997, UVR 1997, 130). So behandelt Österreich die Müllabfuhr und die Abwasserbeseitigung als steuerpflichtige Tätigkeit. Der BFH hat in seinem Urteil vom 08. 01. 1998 BStBl II 1998, 410 jedenfalls entschieden, dass die Abwasserbeseitigung durch einen Zweckverband im Land Brandenburg kein Betrieb gewerblicher Art ist.

Hoheitlich ist der Betrieb von öffentlichen Schulen (Umkehrschluss aus § 4 Nr. 21 Buchst. a UStG, zum Schulschwimmen vgl. A 2.11 Abs. 18 UStAE und R 4.5 Abs. 5 KStR). Zum hoheitlichen Bereich rechnen auch die typischen Tätigkeiten einer juristischen Person des öffentlichen Rechts, z. B. Fortbildungsveranstaltungen von Industrie- und Handelskammern, Tätigkeiten öffentlich-rechtlicher Religionsgemeinschaften wie Taufe, Trauung, Beerdigung. Zum hoheitlichen Bereich gehören auch Nebenleistungen und Hilfsgeschäfte, die im Zusammenhang mit den oben dargestellten hoheitlichen Tätigkeiten bewirkt werden.

Zum **wirtschaftlichen Bereich** gehören die entgeltlichen Leistungen der juristischen Person des öffentlichen Rechts, die nicht dem oben dargestellten Hoheitsbereich (nicht wirtschaftlicher Bereich i. e. S.) zuzurechnen sind. Dem wirtschaftlichen Bereich ist z. B. zuzurechnen:

- Elektrizitätsversorgung, Wasserversorgung, Gasversorgung, Fernheizung (sog. Versorgungsbetriebe), und zwar jeweils auch dann, wenn ein Anschluss- bzw. Benutzungszwang gegeben ist,
- die Tätigkeit der gemeindlichen Kurverwaltungen (vgl. A 2.11 Abs. 13 UStAE),
- der Betrieb von Krankenhäusern, Diagnosekliniken (vgl. aber § 4 Nr. 14 Buchst. b UStG), Altenheimen, Pflegeheimen (vgl. aber § 4 Nr. 16 Buchst. a UStG),
- die Umsätze der Theater, Orchester, Kammermusikensembles, Chöre, botanischen Gärten, zoologischen Gärten, Tierparks, Archive, Büchereien, Denkmäler der Bau- und Gartenbaukunst (vgl. aber § 4 Nr. 20 Buchst. a UStG).

### 5.2.2 Einrichtung mit dem äußeren Bild eines Gewerbebetriebs

Nach R 4.1 Abs. 4 und 5 KStR kann sich die »Einrichtung« aus unterschiedlichen Merkmalen ergeben, z. B.:

a) aus organisatorischen Merkmalen, z. B. aus einer besonderen Leitung, aus einem geschlossenen Geschäftskreis, aus der Buchführung oder aus einem ähnlichen, auf eine Einheit hindeutenden Merkmal;
b) aus anderen Merkmalen, die die wirtschaftliche Selbständigkeit verdeutlichen, z. B., wenn Betriebsmittel (Maschinen, Personal usw.) sowohl im hoheitlichen als auch im wirtschaftlichen Bereich eingesetzt werden, sofern ein zeitlich abgegrenzter Einsatz für den wirtschaftlichen Bereich möglich ist, oder wenn der Jahresumsatz aus der wirtschaftlichen Tätigkeit beträchtlich ist, bzw. wegen des Umfangs der damit verbundenen Tätigkeit eine organisatorische Abgrenzung geboten erscheint. Übersteigt der Jahresumsatz i. S. v. § 1

Abs. 1 Nr. 1 UStG den Betrag von 130 000 €, ist dies ein wichtiges Merkmal für die wirtschaftliche Selbständigkeit (R 4.1 Abs. 4 KStR). Liegen die oben unter a) oder b) aufgeführten Merkmale vor, muss weiter geprüft werden, ob

c) die wirtschaftliche Tätigkeit von einigem Gewicht ist (vgl. R 4.1 Abs. 5 KStR).Ein wichtiger Anhaltspunkt hierfür ist es, dass der Jahresumsatz aus der wirtschaftlichen Tätigkeit i. S. d. § 1 Abs. 1 Nr. 1 UStG 35 000 € nachhaltig übersteigt. Auf das Verhältnis der Einnahmen aus der wirtschaftlichen Tätigkeit zum Gesamthaushalt der juristischen Person des öffentlichen Rechts kommt es dagegen nicht an. Fehlt es an der Gewichtigkeit i. S. v. c), kann an die Stelle dieses Merkmals die Prüfung treten, ob
d) die juristische Person des öffentlichen Rechts mit ihrer wirtschaftlichen Tätigkeit zu anderen Unternehmen **unmittelbar** in Wettbewerb tritt (vgl. R 4.1 Abs. 5 Satz 5 KStR).

### 5.2.3 Mehrere wirtschaftliche Tätigkeiten einer juristischen Person des öffentlichen Rechts

Eine juristische Person des öffentlichen Rechts kann mehrere Betriebe gewerblicher Art haben. Hat eine juristische Person des öffentlichen Rechts mehrere Betriebe gewerblicher Art, stellen diese Betriebe zusammen das eine Unternehmen der juristischen Person des öffentlichen Rechts i. S. d. UStG dar. Für die Frage, ob die einzelne Einrichtung ein Betrieb gewerblicher Art ist, muss bezüglich der Frage der Gewichtigkeit (35 000 €-Umsatz) bzw. der Frage, ob überhaupt eine selbständige Einrichtung vorliegt (130 000 €-Umsatz) auf die einzelne Einrichtung, bzw. die jeweilige Tätigkeit abgestellt werden.

Für die Prüfung, ob eine Einrichtung eine wirtschaftliche Tätigkeit von einigem Gewicht entfaltet (ob die 35 000 €-Umsatzgrenze nachhaltig überstiegen wird), dürfen nur gleichartige Einrichtungen zusammengefasst werden, bzw. zwischen den Einrichtungen muss nach dem Gesamtbild der tatsächlichen Verhältnisse objektiv eine enge wechselseitige technisch-wirtschaftliche Verflechtung bestehen (vgl. R 4.2 KStR i. V. m. § 4 Abs. 6 KStG). Gleiches gilt für die Prüfung, ob eine selbständige wirtschaftliche Tätigkeit aufgrund eines Umsatzes von mehr als 130 000 € vorliegt. Hierbei dürfen nur Tätigkeiten zusammengefasst werden, die gleichartig sind, bzw. zwischen denen eine enge wechselseitige technisch-wirtschaftliche Verflechtung besteht. Zu einem einheitlichen Betrieb gewerblicher Art können zusammengefasst werden:

- alle Versorgungsbetriebe einer juristischen Person des öffentlichen Rechts,
- alle Verkehrsbetriebe einer juristischen Person des öffentlichen Rechts,
- alle Hafenbetriebe einer juristischen Person des öffentlichen Rechts.

### 5.2.4 Verpachtung eines Betriebs gewerblicher Art

Verpachtet die juristische Person des öffentlichen Rechts eine Einrichtung, die ein Betrieb gewerblicher Art wäre, wenn sie von der juristischen Person des öffentlichen Rechts selbst betrieben würde, kann auch die Verpachtung ein Betrieb gewerblicher Art sein. Dies setzt jedoch voraus, dass es sich nicht um reine Vermögensverwaltung handelt, wenn also die Verpachtung einen erheblichen Verwaltungsaufwand erfordert, wenn z. B. die Führung des Betriebs größeres Inventar erfordert und die Inventarstücke von der juristische Person des öffentlichen Rechts beschafft und dem Pächter zur Nutzung überlassen sind. Bei der Prüfung der Gewichtigkeit (35 000 €-Umsatz) ist nicht auf die Pachteinnahmen, sondern auf den Umsatz des Pächters abzustellen (R 4.1 Abs. 5 Sätze 6 und 7 KStR).

Mehrere Verpachtungen können nur zusammengefasst werden, wenn es sich um gleichartige Betriebe handelt. Auch die Zusammenfassung von einem verpachteten Betrieb mit einem anderen Betrieb der juristischen Person des öffentlichen Rechts ist nur dann zulässig, wenn es sich um gleichartige Betriebe handelt (vgl. § 4 Abs. 6 Satz 1 Nr. 1 KStG). Die steuerliche Anerkennung der Zusammenfassung setzt stets voraus, dass die juristische Person des öffentlichen Rechts die Verpachtungen in ihrer Haushaltsführung, Verwaltung und Überwachung organisatorisch nicht eindeutig als mehrere Betriebe behandelt.

### 5.3 Land- oder forstwirtschaftliche Betriebe

Im Gegensatz zu den Betrieben gewerblicher Art liegt ein land- oder forstwirtschaftlicher Betrieb unabhängig von irgendwelchen Umsatzgrenzen vor. Ob ein land- oder forstwirtschaftlicher Betrieb vorliegt, ist nach den allgemeinen Merkmalen zu beurteilen, die im Umsatzsteuerrecht gelten (vgl. A 2.11 Abs. 5 UStAE).

Die **Jagdverpachtung** ist zwar ein land- und forstwirtschaftlicher Betrieb i. S. v. § 2 Abs. 3 UStG, fällt jedoch nicht unter die Pauschalregelung für Land und Forstwirte nach § 24 UStG (vgl. A 2.11 Abs. 19 UStAE).

### 5.4 In § 2 Abs. 3 Satz 2 Nr. 2 bis 5 UStG aufgezählte Tätigkeiten

Bei den in § 2 Abs. 3 Satz 2 Nrn. 3 bis 5 UStG aufgezählten Tätigkeiten handelt es sich nach traditioneller Auffassung noch um hoheitliche Tätigkeiten. Sie werden jedoch durch § 2 Abs. 3 Satz 2 UStG fiktiv als unternehmerische Tätigkeiten behandelt. Die Regelung erfolgte zur Herstellung der Wettbewerbsneutralität.

## 6 Juristische Personen des öffentlichen Rechts als Unternehmer nach neuer Rechtslage

Im Rahmen des Steueränderungsgesetzes 2015 wurde die Besteuerung der öffentlichen Hand neu geregelt. Die bisherige Regelung des § 2 Abs. 3 UStG entfällt. An ihre Stelle tritt ein neuer § 2b UStG. Das nationale Recht sollte dadurch an Art. 13 der MwStSystRL und die auf dem Unionsrecht basierende aktuelle BFH-Rechtsprechung angepasst werden. Zur Frage, ob dies gelungen ist, gibt es unterschiedliche Auffassungen. Jedenfalls ist eine wesentliche Verschärfung der Besteuerung der juristischen Person des öffentlichen Rechts mit der Gesetzesänderung nicht verbunden.

Nach der Übergangsregelung des § 27 Abs. 22 UStG ist die Neuregelung erstmals ab dem 01. 01. 2017 anzuwenden. Zudem hatten die juristischen Personen des öffentlichen Rechts bis 31. 12. 2016 ein einmaliges Optionsrecht, das es ihnen erlaubt, die Altregelung des § 2 Abs. 3 UStG bis längstens 31. 12. 2020 (evtl. bis 31. 12. 2022 – vgl. oben 5) anzuwenden. Das Optionsrecht kann nur für sämtliche wirtschaftliche Tätigkeiten ausgeübt werden. Eine Beschränkung auf einzelne Tätigkeitsbereiche oder Leistungen (z. B. einzelne Behörden oder Betriebe) ist nicht zulässig. Ein Widerruf der Option zu Beginn eines Kalenderjahres ist (auch rückwirkend) möglich. Näheres zur Option in diesen Fällen finden Sie im BMF-Schreiben vom 19. 04. 2016 BStBl I 2016, 481.

## 6.1 Allgemeines zu § 2b UStG

Durch § 2b UStG wird festgelegt, in welchen Fällen juristische Personen des öffentlichen Rechts nicht unternehmerisch tätig sind und inwieweit sie als Unternehmer der Umsatzsteuer unterliegen (vgl. auch hierzu das BMF-Schreiben vom 16. 12. 2016 BStBl I 2016, 1451).

Wesentliche Aussage ist, dass juristische Personen des öffentlichen Rechts keine Unternehmer sind, soweit sie Tätigkeiten ausüben, die ihnen im Rahmen der öffentlichen Gewalt obliegen (§ 2b Abs. 1 Satz 1 UStG). Dieser Grundsatz gilt prinzipiell unverändert weiter. Juristische Personen des öffentlichen Rechts i. S. v. § 2 Abs. 3 UStG sind insbesondere die Gebietskörperschaften (Bund, Länder, Gemeinden, Gemeindeverbände, Zweckverbände), die öffentlich-rechtlichen Religionsgesellschaften, die Innungen, Handwerkskammern, Industrie- und Handelskammern, Rundfunkanstalten und sonstigen Gebilde, die aufgrund öffentlichen Rechts eigene Rechtspersönlichkeit besitzen, z. B. Anstalten und Stiftungen des öffentlichen Rechts (vgl. A 2.11 Abs. 1 Satz 1 UStAE). Die Aufgabenübertragung kann erfolgen durch

- Gesetz,
- Rechtsverordnung,
- Satzung (z. B. Studentenwerk regelt per Satzung den öffentlich-rechtlichen Beitrag zum Studentenwerk),
- Staatsvertrag (z. B. über die Errichtung einer gemeinsamen Einrichtung für die Hochschulzulassung),
- verfassungsrechtlichen Vertrag,
- Verwaltungsabkommen,
- Verwaltungsvereinbarungen (z. B. über die gemeinsame Ausbildung von Steuerbeamten),
- öffentlich-rechtlichen Vertrag (z. B. über die Tätigkeit einer Landesärztekammer im Rahmen der Qualitätssicherung.

**BEISPIEL**

Durch Bundesgesetz sind für die Ausstellung von Personalausweisen nach § 7 PAuswG die hierfür von den Ländern bestimmten Behörden zuständig. Die zuständige Stadt Pforzheim verlangt hierfür vom Antragsteller Gebühren in Höhe von 28,80 €.

**LÖSUNG** Der Staat ist hier im Rahmen der Ausübung der öffentlichen Gewalt tätig. Die Gebühren unterliegen nicht der Umsatzsteuer. Ein Wettbewerb mit privaten Unternehmern besteht nicht.

Klarer ist nunmehr geregelt, dass juristische Personen des öffentlichen Rechts auch mit ihren hoheitlichen Tätigkeiten unternehmerisch tätig sind, wenn größere Wettbewerbsverzerrungen vorliegen (§ 2b Abs. 1 Satz 2 UStG).

Ebenso sind Leistungen von juristischen Personen des öffentlichen Rechts – mit wenigen Ausnahmen – im Rahmen eines Unternehmens erbracht, wenn sie auf privatrechtlicher Grundlage erfolgen.

## 6.2 Unternehmerische Tätigkeiten bei größeren Wettbewerbsverzerrungen

Welche Tätigkeiten zum wirtschaftlichen und damit zum unternehmerischen Bereich gehören, ergibt sich zunächst nach wie vor aus 5.2.1. Des Weiteren unterliegen Tätigkeiten im Rahmen der öffentlichen Gewalt der Umsatzbesteuerung, wenn eine Nichtbesteuerung zu größeren Wettbewerbsverzerrungen führen würde (§ 2b Abs. 1 Satz 2 UStG). Diese liegen unwiderlegbar bei Umsätzen über **17 500 €** pro Kalenderjahr aus **gleichartiger Tätigkeit** vor (§ 2b

Abs. 2 Nr. 1 UStG). Gleichartige Tätigkeiten der jPöR sind zusammenzufassen. Die Einnahmen sind am Anfang des Jahres maßgeblich zu schätzen. Wird die Grenze nicht überschritten, liegen nie größere Wettbewerbsverzerrungen vor. Die jPöR haben insoweit kein Wahlrecht. Bei Neuaufnahme einer Tätigkeit im Laufe des Jahres ist keine Umrechnung auf einen fiktiven Jahresumsatz vorzunehmen.

**BEISPIEL**

Die Gemeinde L, die auf öffentlich-rechtlicher Grundlage Pkw-Stellplätze in einer Tiefgarage gegen Parkgebühren überlässt, wird mit dieser Tätigkeit voraussichtlich 13 500 € pro Jahr erzielen.

**LÖSUNG** L wird mit ihrer Tätigkeit insoweit nicht zum Unternehmer, weil die Grenze von 17 500 € nicht überschritten wird und damit keine größeren Wettbewerbsverzerrungen vorliegen. Will L aus den Errichtungs- oder Unterhaltskosten für die Tiefgarage den Vorsteuerabzug geltend machen, muss L die Stellplätze auf privatrechtlicher Grundlage vermieten.

### 6.2.1 Vorliegen einer Wettbewerbssituation

Nach Verwaltungsauffassung muss ein echter Wettbewerb bestehen. Es muss also eine marktrelevante Tätigkeit ausgeübt werden. Durch die Tätigkeit der öffentlichen Hand müssen dieselben Bedürfnisse befriedigt werden wie durch private Unternehmer. Grundsätzlich genügt eigentlich ein potenzieller europaweiter Wettbewerb. Ein Wettbewerb liegt aber nach Verwaltungsauffassung dann nicht vor, wenn der Zugang privater Unternehmer zum betroffenen lokalen Markt ausgeschlossen ist, weil die Leistung typischerweise regional beschränkt von jPöR erbracht wird und die öffentliche Hand originär gegen Gebühr hoheitlich handelt (für private Unternehmer nicht möglich). Der Eintritt privater Wirtschaftsteilnehmer in den relevanten Markt ist damit rein hypothetisch und nicht real. Oder es besteht z. B. ein Annahme- und Benutzungszwang des Leistungsempfängers. Dies gilt auch in einem räumlich abgrenzbaren Bereich, z. B. in einem Bundesland.

**BEISPIEL**

Die Stadt H in Baden-Württemberg führt regelmäßig Feuerbestattungen gegen Gebühren durch.

**LÖSUNG** Bei den Feuerbestattungen wird ein potenzieller Wettbewerb angenommen. Zwar darf in Baden-Württemberg die Leistung nur öffentlich-rechtlich erbracht werden. Wegen der fehlenden Abnahmeverpflichtung ist jedoch auch die Inanspruchnahme privater Anbieter in anderen Bundesländern möglich, die privaten Unternehmern den Betrieb von Krematorien erlauben. Die Gebühren unterliegen der USt (vgl. hierzu auch das BFH-Urteil vom 05. 10. 2006 BStBl II 2007, 243).

Aufgrund des BFH-Urteils vom 01. 12. 2011 DB 2012, 324 macht die Verwaltung eine Ausnahme bei einem dem öffentlichen Verkehr gewidmeten Parkhaus mit Standplatzzuteilung gegen Gebühr. Hier genügt auch ein rein potenzieller Wettbewerb. Der BFH beruft sich in seinem Urteil insbesondere auf das EuGH-Urteil vom 16. 09. 2008, Isle of Wight Council, DB 2008, 2407. Danach ist für die Wettbewerbsbeurteilung nicht nur der gegenwärtige, sondern auch der potenzielle Wettbewerb zu berücksichtigen. Es kommt für die Wettbewerbsbeurteilung bei »entsprechender Tätigkeit« nicht auf die Verhältnisse auf dem jeweiligen »lokalen Markt« an. Wettbewerbsverzerrungen sind nur dann zu verneinen, wenn die Behandlung der öffentlichen Hand als Nichtsteuerpflichtige lediglich zu unbedeutenden Wettbewerbsverzerrungen führen würde.

**BEISPIEL**

Die Gemeinde L, die auf öffentlich-rechtlicher Grundlage Pkw-Stellplätze in einer Tiefgarage gegen Parkgebühren überlässt, wird mit dieser Tätigkeit voraussichtlich 20 000 € pro Jahr erzielen. Das nächstgelegen Parkhaus befindet sich in der nächsten Gemeinde, die 25 km entfernt ist.

**LÖSUNG** L ist mit ihrer Tätigkeit grundsätzlich Unternehmer, da im vorliegenden Fall ein potenzieller Wettbewerb genügt. Im Gegensatz zum obigen Beispiel bestehen auch größere Wettbewerbsverzerrungen, weil die Grenze von 17 500 € überschritten wird. Damit unterliegen die Parkgebühren der USt.

### 6.2.2 Ausnahmen von der Besteuerung bei Hilfsgeschäften

Hilfsgeschäfte auch aus dem nichtwirtschaftlichen (hoheitlichen) Bereich werden regelmäßig auf privatrechtlicher Grundlage erbracht. Sie stellen nach Verwaltungsauffassung aber keine nachhaltige (unternehmerische) Tätigkeit dar, auch wenn sie wiederholt und mit einer gewissen Regelmäßigkeit ausgeführt werden. Solche Hilfsgeschäfte sind z. B.

- Verkauf von Kraftfahrzeugen,
- Verkauf von Einrichtungsgegenständen,
- Verkauf von Altpapier,
- Überlassung des Telefons zur privaten Nutzung an Arbeitnehmer,
- Überlassung von Kraftfahrzeugen zur privaten Nutzung an Arbeitnehmer.

### 6.2.3 Ausnahmen von der Besteuerung bei Kooperationen mit anderen juristischen Personen des öffentlichen Rechts

Nach § 2b Abs. 3 UStG liegen größere Wettbewerbsverzerrungen ausdrücklich nicht vor bei vertikaler oder horizontaler Zusammenarbeit von juristischen Personen des öffentlichen Rechts. Bedingung ist, dass

- die Leistung aufgrund gesetzlicher Bestimmungen nur von juristischen Personen des öffentlichen Rechts erbracht werden darf (§ 2b Abs. 3 Nr. 1 UStG), die Leistungserbringung also privaten Unternehmern verwehrt ist und dass
- die Zusammenarbeit durch gemeinsame spezifische öffentliche Interessen bestimmt ist (§ 2b Abs. 3 Nr. 2 UStG). Dies ist zu prüfen anhand der Kriterien in § 2b Abs. 3 Nr. 2 Satz 2 UStG. Danach müssen

a) die Leistungen auf langfristigen öffentlich-rechtlichen Vereinbarungen beruhen,
b) die Leistungen dem Erhalt (inkl. Errichtung und Ausbau) der öffentlichen Infrastruktur und der Wahrnehmung einer allen Beteiligten obliegenden öffentlichen Aufgabe dienen,
c) die Leistungen ausschließlich gegen Kostenerstattung erbracht werden und
d) der Leistende gleichartige Leistungen im Wesentlichen (mindestens 80 %) an andere juristische Personen des öffentlichen Rechts erbringt.

**BEISPIEL**

Die Gemeinde M übernimmt auf der Grundlage einer langfristigen öffentlich-rechtlichen Vereinbarung in Gänze die Aufgaben, die bisher vom Bauhof der Gemeinde P wahrgenommen wurden. Die angefallenen Kosten (inkl. der Personalkosten) werden durch M von P erhoben.

**LÖSUNG** Die Vereinbarung ist langfristig und öffentlich-rechtlich. Sie dient dem Erhalt der Funktionsfähigkeit aller gemeindlichen Anlagen, also der öffentlichen Infrastruktur. Es ist eine beiden Gemeinden obliegende öffentliche Aufgabe. Eine gleichartige Leistung am freien Markt ist nicht denkbar. Ein Gewinn aus der Tätigkeit wird von M nicht erzielt.

### 6.3 Unternehmerische Tätigkeiten bei privatrechtlichen Verträgen

Die Unternehmereigenschaft wird auch unterstellt, wenn die juristische Person des öffentlichen Rechts eine Leistung in privatrechtlicher Handlungsform erbringt.

Von der Besteuerung ausgenommen sind nach § 2b Abs. 2 Nr. 2 UStG mangels Wettbewerbsverzerrungen aber steuerfreie, nicht optionsfähige Leistungen (z. B. Museumsumsätze nach § 4 Nr. 20 UStG, Unterrichtstätigkeit nach § 4 Nr. 21 UStG). Dagegen sind nach § 9 UStG optionsfähige Leistungen zur **Vermeidung von Wettbewerbsnachteilen für die juristische Person** des öffentlichen Rechts nicht von der Besteuerung ausgenommen, unabhängig davon, ob die juristische Person des öffentlichen Rechts aktuell optiert hat oder nicht.

**BEISPIEL**

Die Gemeinde K hat ein Gebäude erstellt, welches sie zur Hälfte zu hoheitlichen Zwecken als Rathaus nutzt. Die andere Hälfte ist an Einzelhandelsgeschäfte vermietet. K erzielt daraus eine monatliche Nettomiete von 9 000 €.

**LÖSUNG** Da die Vermietungsumsätze auf privatrechtlicher Grundlage erbracht werden, ist K unternehmerisch tätig. Die Ausschlussvorschrift des § 2b Abs. 2 Nr. 2 UStG greift nicht, da die Vermietungsumsätze optionsfähig sind. Optiert K zur Steuerpflicht, kann sie bei der Erstellung des Gebäudes einen anteiligen Vorsteuerabzug geltend machen. Sollte es sich bei der Vermietung um die einzige wirtschaftliche Tätigkeit von K handeln, wird bei einer Option allein aufgrund der Mieteinnahmen die Kleinunternehmergrenze des § 19 Abs. 1 UStG überschritten.

### 6.4 Aufgrund einer Fiktion unternehmerische Tätigkeiten

Die in § 2b Abs. 4 UStG genannten Tätigkeiten ziehen stets die Unternehmereigenschaft nach sich. Sie entsprechen den bisher in § 2 Abs. 3 Satz 2 UStG genannten Tätigkeiten. Die Nrn. 1 und 2 sind überholt und wurden – mit etwas Verspätung – Ende 2019 aufgehoben. Neu hinzugekommen sind Tätigkeiten aus Anhang I der MwStSystRL. Deren Umfang darf jedoch nicht unbedeutend sein. Es sind z. B.

- die Lieferung von Wasser, Gas, Strom und thermischer Energie,
- die Lieferung von neuen Gegenständen zum Zweck ihres Verkaufs (also keine Hilfsgeschäfte),
- die Veranstaltung von Messen mit gewerblichem Charakter,
- die Lagerhaltung,
- Umsätze aus betriebseigenen Kantinen und Verkaufsstellen.

Diese Leistungen unterlagen in der Regel bereits nach altem Recht der Umsatzsteuer.

### 6.5 Wirtschaftliche Betätigung der juristischen Person des öffentlichen Rechts in der Form privatrechtlicher Gesellschaften

Soweit sich die juristischen Personen des öffentlichen Rechts über privatrechtliche Gesellschaften (z. B. AG, GmbH, OHG und KG) wirtschaftlich betätigen, greifen sowohl die Beschränkungen der Unternehmereigenschaft des § 2b UStG als auch die des § 2 Abs. 3 UStG nicht ein. Hier gilt der Grundsatz, dass die Gesellschaft selbst i. S. d. UStG Unternehmer ist. Es ist unerheblich, wer als Gesellschafter an einer solchen privatrechtlichen Gesellschaft beteiligt ist.

Auch wenn eine juristische Person des öffentlichen Rechts über eine privatrechtliche Gesellschaft eine ansonsten hoheitliche Tätigkeit entfaltet (z. B. Betrieb eines Schlachthofs, einer Müllverbrennungsanlage in der Form einer GmbH), ist die Gesellschaft unter den allgemeinen Voraussetzungen des § 2 Abs. 1 UStG ein Unternehmen (vgl. A 2.11 Abs. 20 Satz 2 UStAE). Zu typisch hoheitlichen Tätigkeiten bei voller Beherrschung durch die öffentliche Hand s. 3.1, EuGH vom 29. 10. 2015 C-174/14 Saudacor.

Eine solche Gesellschaft verliert die (eigene) Unternehmereigenschaft unter den Voraussetzungen für die **Organschaft** nach § 2 Abs. 2 Nr. 2 UStG. Dies setzt jedoch voraus, dass die juristische Person des öffentlichen Rechts selbst eine unternehmerische Tätigkeit i. S. d. § 2b bzw. § 2 Abs. 3 UStG entfaltet und die Gesellschaft in den unternehmerischen Bereich der juristische Person des öffentlichen Rechts finanziell, wirtschaftlich und organisatorisch eingegliedert ist (vgl. A 2.11 Abs. 20 Satz 4 UStAE). Die finanzielle Eingliederung wird in diesen Fällen auch dann angenommen, wenn die Anteile an der juristischen Person nicht im Unternehmensbereich, sondern im Hoheitsbereich der juristischen Person des öffentlichen Rechts verwaltet werden (A 2.11 Abs. 20 Satz 5 UStAE).

**BEISPIEL**

Die Stadt S betreibt mehrere Krankenhäuser. Die Krankenhäuser werden von einem Fernheizwerk beheizt. Dieses wird in der Form einer GmbH betrieben, an der die Stadt S 100 % der Anteile hält. Die Anteile werden im Hoheitsbereich der Stadt S verwaltet. Die Krankenhäuser nehmen 80 % der Leistung des Fernheizwerkes ab. Organisatorisch ist gewährleistet, dass die Stadt eine von ihrem Willen abweichende Willensbildung der GmbH verhindern kann.

**LÖSUNG** Die GmbH ist Unternehmer, sofern sie nicht als Organgesellschaft in das Unternehmen der Stadt S eingegliedert ist. Die finanzielle Eingliederung ist zu 100 % gegeben. Es schadet nicht, dass die Anteile nicht im unternehmerischen Bereich verwaltet werden. Die wirtschaftliche Eingliederung ist dadurch gegeben, dass die GmbH den Hauptteil ihrer Wärmeproduktion bei den Betrieben gewerblicher Art der Stadt S absetzt.

Die organisatorische Eingliederung ist laut Sachverhalt ebenfalls gegeben. Somit ist die GmbH nach dem Gesamtbild der Verhältnisse finanziell, wirtschaftlich und organisatorisch in das Unternehmen der Stadt S eingegliedert. Als Folge handelt es sich bei den Wärmelieferungen an die Krankenhäuser um nicht steuerbare Innenumsätze.

Eine wirtschaftliche Eingliederung in den **Unternehmensbereich** der juristischen Personen des öffentlichen Rechts kann dann nicht vorliegen, wenn die Tätigkeit der juristischen Person der Erfüllung öffentlich-rechtlicher Aufgaben dient (vgl. A 2.11 Abs. 20 Satz 8 UStAE). Die organschaftliche Eingliederung nach dem unter 3.1 zitierten EuGH-Urteil vom 29. 10. 2015 C-174/14 Saudacor bildet eine Ausnahme und findet ausschließlich im nichtunternehmerischen Bereich statt.

**BEISPIEL**

Die Gemeinde G hält 100 % der Anteile an einer Schlachthof-GmbH. G betreibt im Rahmen ihrer wirtschaftlichen Tätigkeit die gemeindliche Wasserversorgung (§ 2b Abs. 4 Nr. 5 und Umkehrschluss aus § 2b Abs. 2 UStG bzw. § 2 Abs. 3 Satz 1 UStG). Die GmbH bezieht das benötigte Wasser aus der gemeindlichen Wasserversorgung.

**LÖSUNG** Da der Betrieb eines Schlachthofs eine öffentlich-rechtliche Aufgabe darstellt (vgl. R 4.4 Abs. 1 und R 4.5 Abs. 3 KStR), kommt eine wirtschaftliche Eingliederung der GmbH in den unternehmerischen Bereich Wasserversorgung der Gemeinde G nicht in Frage. Die Schlachthof-GmbH ist daher ein selbständiges Unternehmen. Umsätze zwischen dem Wasserversorgungsbetrieb und der GmbH (Wasserlieferungen an den Schlachthof) sind steuerbar und steuerpflichtig.

## 6.6 Folgen der unternehmerischen Betätigung von juristischen Personen des öffentlichen Rechts

Umsätze der juristischen Personen des öffentlichen Rechts im Rahmen einer unternehmerischen Betätigung i. S. v. § 2b bzw. § 2 Abs. 3 UStG gegenüber Dritten weisen keine Besonderheiten gegenüber anderen Unternehmen auf. Umsätze der juristischen Personen des öffentlichen Rechts außerhalb des Rahmens einer unternehmerischen Betätigung sind als nichtwirtschaftliche Tätigkeit i. e. S. stets nicht steuerbar. Umsätze zwischen mehreren Betrieben (wirtschaftlichen Bereichen) einer juristischen Person des öffentlichen Rechts sind nicht steuerbare Innenumsätze. Umsätze von einem wirtschaftlichen Bereich an den Hoheitsbereich der juristischen Person des öffentlichen Rechts werden unter den Voraussetzungen des § 3 Abs. 1b und Abs. 9a UStG entgeltlichen Leistungen gleichgestellt.

Umsätze vom Hoheitsbereich an den wirtschaftlichen Bereich erfolgen außerhalb des Rahmens des Unternehmens und sind nicht steuerbar.

Vorsteuern, die einer juristische Person des öffentlichen Rechts in Rechnung gestellt worden sind, führen nur dann zum Vorsteuerabzug, wenn die zugrunde liegende Leistung an den unternehmerischen Bereich erbracht wurde.

### 6.6.1 Beispiele zur unternehmerischen Tätigkeit von juristischen Personen des öffentlichen Rechts

**BEISPIELE**

a) Die Gemeinde G errichtet ein Hallenbad, das sowohl dem Schulschwimmen als auch dem öffentlichen Badebetrieb dienen soll. Bei der Errichtung des Hallenbades wurde der Gemeinde G insgesamt USt i. H. v. 260 000 € gesondert in Rechnung gestellt. Hiervon entfallen 10 000 € auf Betriebsvorrichtungen. Das Schulschwimmen findet vormittags von Montag bis Freitag in der Zeit von 9 bis 12 Uhr statt. Der öffentliche Badebetrieb findet in den übrigen Zeiten statt, in denen das Bad benutzt werden kann. Das Schulschwimmen nimmt insgesamt 25 % der Nutzungszeit ein. Aus dem Verkauf der Eintrittskarten für den öffentlichen Badebetrieb werden im Jahr zwischen 40 000 € und 50 000 € erlöst. G möchte das Hallenbad ihrem Unternehmen zuordnen, um möglichst viel Vorsteuer aus der Errichtung des Hallenbades geltend machen zu können.

**LÖSUNG** Die Nutzung für den öffentlichen Badeverkehr ist eine wirtschaftliche Tätigkeit i. S. d. § 2b und § 2 Abs. 3 UStG (vgl. auch A 2.11 Abs. 18 Satz 1 UStAE). Die Tätigkeit ist von einigem Gewicht, da der Jahresumsatz i. S. d. § 1 Abs. 1 Nr. 1 UStG 35 000 € nachhaltig übersteigt. Somit liegt mit dem öffentlichen Badebetrieb ein Betrieb gewerblicher Art der Gemeinde G vor, auch nach § 2b UStG liegt aufgrund der privatrechtlichen Verträge eine unternehmerische Tätigkeit vor. Der Verkauf der Eintrittskarten für den öffentlichen Badebetrieb führt zu steuerbaren und steuerpflichtigen Umsätzen. Die sonstigen Leistungen bestehen in der Verschaffung der Schwimmgelegenheit.

Nach der BFH-Rechtsprechung (vgl. BFH vom 03. 03. 2011 BStBl II 2012, 74) haben juristische Personen des öffentlichen Rechts bei teilunternehmerischer Nutzung von Gegenständen nur noch ein eingeschränktes Zuordnungswahlrecht. Nicht wirtschaftlich genutzte Gebäudeteile können nicht mehr zugeordnet werden. Die nicht wirtschaftliche Tätigkeit ist nach Auffassung des BFH nicht vergleichbar mit dem Privatbereich eines Einzelunternehmers (vgl. A 15.2c Abs. 2 Nr. 2 Buchst. a Satz 1 sowie 3.4 Abs. 5a Satz 3 UStAE). Deshalb ist ab 01. 04. 2012 nur noch ein Vorsteuerabzug von 75 % möglich und zwar unabhängig davon, ob § 15 Abs. 1b UStG einschlägig ist oder nicht. Nähere Ausführungen finden Sie noch in A 2.11 Abs. 18 UStAE.

Das Hallenbad wird zu 75 % unternehmerisch genutzt und kann somit nach A 15.2c Abs. 2 Nr. 2 Buchst. a UStAE in diesem Umfang dem Unternehmen der Gemeinde G zugeordnet werden. Wegen der steuerpflichtigen Nutzung für den öffentlichen Badebetrieb steht G aus der Errichtung des Hallenbades ein teilweiser Vorsteuerabzug zu. Die Nutzung für nicht wirtschaftliche Zwecke i. e. S. im

Rahmen des Schulschwimmens unterliegt somit nicht als unentgeltliche Wertabgabe nach § 3 Abs. 9a Nr. 1 UStG der Umsatzsteuer (vgl. A 3.4 Abs. 5a Satz 1 UStAE). G kann somit 75 % von 260 000 € = 195 000 € als Vorsteuer abziehen.
Das Schulschwimmen stellt eine hoheitliche Tätigkeit dar, unabhängig davon, ob das Schwimmbad den Schulen zeitweise ganz überlassen wird oder ob das Schulschwimmen während des öffentlichen Badebetriebs stattfindet.

b) Die Stadt S betreibt ein Elektrizitätswerk im Rahmen ihrer wirtschaftlichen Tätigkeit (§ 2b Abs. 4 Nr. 5 UStG und Umkehrschluss aus § 2b Abs. 2 UStG bzw. § 2 Abs. 3 Satz 1 UStG). Sie bezieht hiervon den Strom für die städtische Straßenbeleuchtung. Das Elektrizitätswerk wird mit Ferngas betrieben.
**LÖSUNG** Die städtische Straßenbeleuchtung dient der Aufrechterhaltung der öffentlichen Sicherheit und Ordnung und ist somit dem Hoheitsbereich zuzuordnen. Erfolgt ein Eingangsumsatz (Bezug von Ferngas) sowohl für den unternehmerischen als auch für den nichtunternehmerischen Bereich der juristischen Person des öffentlichen Rechts, ist ein Vorsteuerabzug nur im Umfang der beabsichtigten Verwendung für die unternehmerische Tätigkeit möglich (vgl. A 15.19 Abs. 3 und 15.2b Abs. 2 UStAE). Die Umsatzsteuer ist entsprechend dem Verwendungszweck in einen abziehbaren und einen nicht abziehbaren Anteil aufzuteilen. Maßgebend dabei sind die Verhältnisse beim Bezug der Eingangsleistung.

c) Die Stadt S betreibt ein Elektrizitätswerk im Rahmen ihrer wirtschaftlichen Tätigkeit. Sie bezieht hiervon den Strom für das städtische Krankenhaus (wirtschaftliche Tätigkeit). Das Elektrizitätswerk wird mit Ferngas betrieben.
**LÖSUNG** Das städtische Elektrizitätswerk sowie das städtische Krankenhaus gehören zum unternehmerischen Bereich und bilden ein einheitliches Unternehmen der Stadt S. Bei der Stromversorgung des städtischen Krankenhauses handelt es sich somit um einen nicht steuerbaren Innenumsatz. Da das städtische Krankenhaus steuerfreie Umsätze nach § 4 Nr. 14 Buchst. b UStG ausführt, löst dies das Vorsteuerabzugsverbot nach § 15 Abs. 2 UStG bei der Stadt S aus. Die Vorsteuer z. B. aus dem Ferngasbezug, darf deshalb anteilig nicht abgezogen werden, soweit der daraus gewonnene Strom im Krankenhaus verbraucht wird.

## 7 Nichtrechtsfähige Personenvereinigungen als Unternehmer

Unternehmer können auch nichtrechtsfähige Personengesellschaften sein. Darüber hinaus können auch andere nichtrechtsfähige Personenvereinigungen und Gemeinschaften Unternehmer sein (vgl. z. B. § 10 Abs. 5 Nr. 1 UStG). Unternehmer können somit insbesondere sein:

- Personengesellschaften des Handelsrechts (OHG und KG),
- Gesellschaften des bürgerlichen Rechts, z. B. Arbeitsgemeinschaften im Baugewerbe (vgl. A 2.1 Abs. 4 Sätze 1 und 2 UStAE), Sozietäten (vgl. z. B. § 4 Nr. 14 Buchst. d UStG),
- Erbengemeinschaften,
- Wohnungseigentümergemeinschaften (vgl. § 4 Nr. 13 UStG).

Der BFH hat in seinem Urteil vom 22. 11. 2018, V R 65/17 entschieden, dass eine **Bruchteilsgemeinschaft** mangels Rechtsfähigkeit nicht umsatzsteuerlicher Unternehmer sein kann. Bei einer Gemeinschaft nach Bruchteilen gem. §§ 741 ff. BGB sei der einzelne Gemeinschafter, nicht aber die Gemeinschaft leistender Unternehmer auch hinsichtlich der mit gemeinschaftlichem Recht erbrachten Leistungen. Derzeit wird überlegt, ob die Unternehmereigenschaft einer Bruchteilsgemeinschaft durch eine **gesetzliche Festschreibung** gesichert werden soll. Art. 11 MwStSystRL sollte diese sinnvolle Gesetzesänderung ermöglichen.

Damit eine Personenvereinigung Unternehmer wird, muss sie die übrigen nach § 2 UStG für die Unternehmereigenschaft geforderten Merkmale erfüllen, nämlich eine nachhaltige Tätigkeit zur Erzielung von Einnahmen entfalten. Hierzu gehört insbesondere,

- dass die Personenvereinigung als Leistungsgeber nach außen auftritt,
- ihre Selbständigkeit,
- die Nachhaltigkeit und
- die Einnahmeerzielungsabsicht.

## 7.1 Auftreten der Personenvereinigung nach außen

Das Auftreten der Personenvereinigung nach außen zeigt sich daran, dass die Personenvereinigung gegenüber dem Leistungsempfänger Schuldner der Leistung ist (vgl. A 2.1 Abs. 3 Satz 1 UStAE). Keine Unternehmer sind demnach Innengesellschaften (vgl. A 2.1 Abs. 5 Satz 1 UStAE). Solche liegen z. B. vor bei

- typischen und atypischen stillen Gesellschaften,
- Ehegattengemeinschaften (Zugewinngemeinschaft, Gütergemeinschaft), wenn nicht die Gemeinschaft, sondern der einzelne Ehegatte gegenüber dem Leistungsempfänger als Schuldner der Leistung auftritt.

Ein Auftreten nach außen setzt jedoch nicht voraus, dass die Personenvereinigung gegenüber Außenstehenden Leistungen erbringt. Nach § 2 Abs. 1 Satz 3 UStG wird das Merkmal auch dann erfüllt, wenn eine Personenvereinigung nur gegenüber ihren Mitgliedern tätig wird (A 2.1 Abs. 1 Satz 4 UStAE).

**BEISPIEL**

Die Ehegatten A und B sind Miteigentümer eines gewerblichen Grundstücks. A betreibt auf diesem Grundstück einen Gewerbebetrieb. Der Mietvertrag ist zwischen A als Mieter und der Grundstücksgemeinschaft als Vermieter abgeschlossen.

**LÖSUNG** Gegenüber dem Leistungsempfänger A tritt die Grundstücksgemeinschaft AB als Schuldner der Leistung auf. Bereits damit erfüllt die Grundstücksgemeinschaft die Voraussetzung »Auftreten nach außen«. Da auch die übrigen Voraussetzungen für die Unternehmereigenschaft vorliegen, ist die Grundstücksgemeinschaft AB Unternehmer.

Bei stillen Gesellschaften ist Unternehmer derjenige Beteiligte, der gegenüber einem Leistungsempfänger als Schuldner der Leistung auftritt.

**BEISPIEL**

Der Kaufmann K hat mit S eine stille Gesellschaft i. S. d. §§ 230 ff. HGB gebildet. Gegen eine Einlage von 100 000 € ist S mit 20 % am Gewinn und Verlust einschließlich der stillen Reserven beteiligt. K betreibt ein Einzelhandelsgeschäft.

**LÖSUNG** Die Umsätze des K in seinem Einzelhandelsgeschäft werden nicht der (stillen) Gesellschaft zugerechnet, da nicht diese, sondern K gegenüber den Kunden als Schuldner der Warenlieferungen auftritt. K ist also Unternehmer, dessen Unternehmen das Einzelhandelsgeschäft darstellt. Dass es sich nicht um eine typische, sondern eine atypische stille Gesellschaft handelt, vermag daran nichts zu ändern. Aufgrund des Urteils des EuGH vom 26. 06. 2003 UR 2003, 443 (vgl. A 1.1 Abs. 15 und 15.21 Abs. 1 UStAE) wird sowohl die Begründung als auch das Halten von Gesellschaftsanteilen als nicht steuerbarer Vorgang angesehen. Deshalb bewirken weder K mit der Aufnahme des S noch dieser mit seiner Einlage eine umsatzsteuerrechtliche Leistung.

## 7.2 Selbständigkeit

Die OHG und KG sind stets selbständig, wenn sie nicht ausnahmsweise nach § 2 Abs. 2 UStG in das Unternehmen eines Organträgers eingegliedert sind (vgl. A 2.2 Abs. 5 Satz 1 UStAE). Im Übrigen kann eine nichtrechtsfähige Personenvereinigung nach § 2 Abs. 2 Nr. 1 UStG auch dann unselbständig sein, wenn sie sich lediglich als kollektiver Zusammenschluss von Arbeitnehmern zwecks Anbietung der Arbeitskraft gegenüber einem gemeinsamen Arbeitgeber darstellt (vgl. A 2.2 Abs. 5 Satz 2 UStAE und BFH vom 08. 02. 1979 BStBl II 1979, 362).

**BEISPIEL**

Die Musiker A und B bilden die Musikkapelle A & B. Sie treten gemeinsam in die Dienste des Tanzlokalbesitzers T in der Weise, dass T stets mit der aus A und B gebildeten Gemeinschaft abrechnet. Die Arbeitszeit ist genau geregelt. Sie erhalten u. a. bezahlten Urlaub.

**LÖSUNG** Gegenüber T tritt die Musikkapelle A & B als Schuldner der Leistung auf. Das Merkmal »Auftreten nach außen« liegt damit für A & B vor. Das Tatbestandsmerkmal der Selbständigkeit ist jedoch nach § 2 Abs. 2 Nr. 1 UStG nicht gegeben.

## 7.3 Einnahmeerzielungsabsicht

In den Fällen, in denen Personenvereinigungen nur gegenüber ihren Mitgliedern tätig werden, kommt es häufig vor, dass die Personenvereinigung von den Mitgliedern lediglich einen Kostenbeitrag erhebt. Die für die Unternehmereigenschaft erforderliche Einnahmeerzielungsabsicht liegt auch in diesen Fällen vor, da nach § 2 Abs. 1 Satz 3 UStG keine Gewinnerzielungsabsicht erforderlich ist. So sind beispielsweise die Wohnungseigentümergemeinschaften mit ihren typischen Leistungen an die Wohnungseigentümer, z. B. Wärmelieferungen, Unternehmer, obwohl sie typischerweise nur ihre Kosten berechnen. Die Leistungen der Wohnungseigentümergemeinschaften sind allerdings grundsätzlich steuerfrei nach § 4 Nr. 13 UStG. Auch steuerfrei sind unter den Voraussetzungen des § 4 Nr. 29 UStG die Leistungen der Zusammenschlüsse von Personen gegenüber ihren Mitgliedern, wenn diese Mitglieder eine nach § 4 Nrn. 11b, 14 bis 18, 20 bis 25 oder 27 steuerfreie Tätigkeit ausüben.

# 8 Die Unternehmereigenschaft der Mitglieder von Personenvereinigungen

Anders als der Gewinn im Einkommensteuerrecht werden die Umsätze der Personenvereinigung nicht deren Mitgliedern als Mitunternehmern, sondern der Personenvereinigung selbst als Unternehmer zugerechnet. Daraus ergibt sich, dass die Mitglieder von Personenvereinigungen in ihrer Eigenschaft als Mitglieder keine Unternehmer sein können. Sie können jedoch aus anderen Gründen Unternehmer sein, wenn sie nämlich selbst alle Tatbestandsmerkmale für den Unternehmerbegriff nach § 2 UStG erfüllen. Sie können auch dadurch zum Unternehmer werden, dass sie ausschließlich gegenüber der Personenvereinigung tätig werden (vgl. A 1.6 UStAE).

**BEISPIEL**

Die Rechtsanwälte A und B haben sich zu der Anwaltssozietät AB zusammengeschlossen. Ihre anwaltliche Tätigkeit erfolgt stets im Namen der AB-Sozietät. A erwirbt einen Pkw zum Preis von 40 000 € zuzüglich 7 600 € USt. A schließt mit B, der dabei als Vertreter der AB-Sozietät auftritt, einen Mietvertrag, in dem A den Pkw der Sozietät für eine kostendeckende Miete von monatlich 800 €

zuzüglich 152 € USt in vollem Umfang (keine Privatnutzung) zur Nutzung überlässt. Außerhalb der Sozietät entfaltet A im Übrigen keinerlei unternehmerische Tätigkeit.

**LÖSUNG** A wird allein durch die Vermietung des Pkw an die AB-Sozietät zum Unternehmer i. S. d. § 2 UStG. Er fällt zwar aufgrund seines geringen Jahresumsatzes grundsätzlich unter die Kleinunternehmerregelung des § 19 Abs. 1 UStG (vgl. T 2), kann jedoch nach § 19 Abs. 2 UStG auf die Anwendung dieser Regelung verzichten. Als Folge darf er die beim Erwerb des Pkw angefallene USt von 7 600 € als Vorsteuer geltend machen. Andererseits hat er seine Vermietungsumsätze gegenüber der AB-Sozietät der USt zu unterwerfen. Die AB-Sozietät hat bezüglich der im Zusammenhang mit der Pkw-Anmietung angefallenen USt den Vorsteuerabzug.

Auch der Geschäftsführer einer Personengesellschaft erbringt nach dem BFH-Urteil vom 06. 06. 2002 BStBl II 2003, 36 mit seiner Geschäftsführertätigkeit eine Leistung i. S. d. Umsatzsteuerrechts an die Personengesellschaft. Für die Frage, ob der Gesellschafter steuerpflichtige Leistungen an die Gesellschaft erbringt, gelten folgende Grundsätze:

a) der Leistung muss eine konkrete Gegenleistung gegenüberstehen und
b) der Gesellschafter muss Unternehmer sein.

**Zu a)**: Keine konkrete Gegenleistung liegt vor, wenn es sich bei der Leistung um einen Gesellschafterbeitrag handelt, der durch die Beteiligung des Gesellschafters am Gewinn oder Verlust der Gesellschaft abgegolten wird (vgl. Beispiel 1 in A 1.6 Abs. 4 UStAE). Er muss vielmehr für seine Leistung ein Sonderentgelt erhalten. Zwischen der erbrachten Leistung und dem Sonderentgelt muss ein unmittelbarer Zusammenhang bestehen. Ob ein Sonderentgelt vorliegt, ist unabhängig von der Bezeichnung der Vergütung. Auch unter der Bezeichnung Aufwendungsersatz, Kostenerstattung oder Umsatzbeteiligung kann ein Sonderentgelt gegeben sein. Wird eine Vergütung im Rahmen der Ergebnisermittlung bei der Handelsbilanz als Aufwand behandelt, liegt ein Sonderentgelt vor (vgl. A 1.6 Abs. 4 Satz 4 UStAE und Beispiel 4). Erhält der Gesellschafter sowohl ein Sonderentgelt als auch eine gewinnabhängige Vergütung, ist die USt nur aus dem Sonderentgelt zu berechnen (vgl. A 1.6 Abs. 5 UStAE).

Nach A 1.1 Abs. 12 Satz 2 und 1.6 Abs. 3 Satz 6 UStAE sind Leistungen der Geschäftsführung oder Vertretung für eine Personengesellschaft dann steuerbar, wenn eine gesonderte Vergütung für die Geschäftsführungsleistung erfolgt und die Leistung nicht mit der Teilnahme am Ergebnis des Gesellschaft abgegolten ist (BFH vom 06. 06. 2002 BStBl II 2003, 36). Wird zum Geschäftsführungsentgelt eine Haftungsvergütung gewährt, ist diese zusätzliches Sonderentgelt für die steuerpflichtige Geschäftsführungsleistung. Wird an einen persönlich haftenden Gesellschafter lediglich eine Haftungsvergütung gewährt, liegt ein eigenes Leistungsaustauschverhältnisses vor. Aufgrund des BFH-Urteils vom 03. 03. 2011 UR 2011, 585 besitzt sowohl die Haftungsübernahme als auch die Geschäftsführung und Vertretung ihrer Art nach einen eigenen Leistungscharakter und können daher auch im Fall der isolierten Erbringung Gegenstand eines umsatzsteuerbaren Leistungsaustausches sein (A 1.6 Abs. 6 Satz 2 UStAE).

**Zu b)**: Der Gesellschafter muss selbständig sein. Die Selbständigkeit ist nach Verwaltungsauffassung für die USt nach denselben Grundsätzen wie für die Einkommensteuer und Gewerbesteuer zu beurteilen (vgl. BMF vom 23. 12. 2003 BStBl I 2004, 240). Zur Selbständigkeit eines Gesellschafters einer Personengesellschaft (vgl. 2 und dort insbesondere BFH vom 14. 04. 2010 BStBl II 2011, 433).

**BEISPIELE**

a) A ist Geschäftsführer der A-KG. Er hat mit der KG keinen Arbeitsvertrag abgeschlossen. Für seine Geschäftsführertätigkeit erhält er eine gewinnunabhängige Vergütung von monatlich 4 000 €.

**LÖSUNG** A erbringt als Geschäftsführer ständig Leistungen an die KG. Da er für seine Tätigkeit ein Sonderentgelt erhält, sind seine Leistungen steuerbar und steuerpflichtig. Die USt beträgt monatlich

19/119 von 4 000 € = 638,65 €. Diese USt kann er der A-KG in Rechnung stellen und die A-KG kann sie als Vorsteuer geltend machen. Soweit bei A für seine Geschäftsführertätigkeit aus Vorbezügen USt anfällt kann er diese als Vorsteuer geltend machen.

b) A ist Architekt und zusammen mit dem Betriebswirt B Gesellschafter einer OHG. Zweck der Gesellschaft ist der Erwerb von Grundstücken, deren Bebauung mit Eigentumswohnungen und die Veräußerung derselben. Im Gesellschaftsvertrag vereinbarten die Gesellschafter, dass sie je zur Hälfte am Gewinn und Verlust beteiligt sein sollten. Jeder Gesellschafter ist verpflichtet, der Gesellschaft seine Arbeitskraft zur Verfügung zu stellen. A erbringt die mit der Grundstückserschließung und der Errichtung der Bauvorhaben zusammenhängenden Architektenleistungen. Der Mitgesellschafter B erledigt die kaufmännischen Aufgaben. Als Vergütung für seine Tätigkeit erhält A die Architekten- und Bauleitungsgebühr nach der Gebührenordnung für Architekten. Dem Gesellschafter B steht nach dem Gesellschaftsvertrag eine Abgeltung i. H. v. 2/3 der Architektenhonorare des A zu. Die Gesellschafter stellen der Gesellschaft ihre Leistungen dementsprechend in Rechnung. Die so berechneten Beträge werden vor Ermittlung und Verteilung des Gewinns oder Verlustes der Gesellschaft an die Gesellschafter geleistet und von der Gesellschaft als Betriebsausgaben geltend gemacht.

**LÖSUNG** Die von A und B gesondert abgerechneten Leistungen stellen keine nicht steuerbaren Gesellschafterbeiträge, sondern steuerpflichtige Leistungen dar. Für die umsatzsteuerrechtliche Beurteilung dieser Leistungen ist unerheblich, dass die Verpflichtung auf dem Gesellschaftsvertrag beruht. Soweit A und B sich als Geschäftsführer betätigen, wird ihre Tätigkeit mit ihrer Gewinnbeteiligung abgegolten. Insoweit handelt es sich daher um einen nicht steuerbaren Gesellschafterbeitrag.

# 9 Übungsfälle zu Unternehmer, Unternehmen

## 9.1 Übungsfälle zur Unternehmereigenschaft

1. Das Ehepaar A und B ist bei einem Flugzeugabsturz tödlich verunglückt. Alleinerbe ist ihr Sohn C. C hat u. a. das Fabrikationsunternehmen des A geerbt. Das Vormundschaftsgericht bestimmt V als Vormund. V ordnet an, dass das Unternehmen mit dem bisherigen Personal unter der Leitung des bisherigen Prokuristen P fortgeführt wird.
2. Über das Vermögen des Bauunternehmers B wird zum 01. 04. 01 das Insolvenzverfahren eröffnet. Das Insolvenzgericht setzt I zum Insolvenzverwalter ein. I ordnet an, dass bereits begonnene Bauten fertig gestellt werden.
3. A ist angestellter Architekt. Er beabsichtigt jedoch, sich zum 01. 01. 02 selbständig zu machen. Zu diesem Zweck schließt er am 10. 08. 01 einen Mietvertrag bezüglich der Anmietung eines Büros (Mietbeginn 01. 01. 02). Am 05. 09. 01 bestellt A bei der Firma B Büromöbel. Am 10. 09. 01 erleidet A einen Herzinfarkt, der ihn veranlasst, die Absicht aufzugeben sich selbständig zu machen. A kündigt daher den Mietvertrag zum 31. 03. 02 (erstmöglicher Termin). Die bestellten Möbel werden am 20. 01. 02 angeliefert. B berechnet ihm hierfür 22 000 € zuzüglich 4 180 € USt. A veräußert sie am 25. 01. 02 an den Unternehmer C für 18 000 € zuzüglich 3 420 € USt.
4. Die AB-OHG wurde zum Ende des Jahres 04 aufgelöst und im Juni 05 im Handelsregister gelöscht. Steuerberater S hat die steuerlichen Angelegenheiten der AB-OHG wahrgenommen. Im September 05 muss S wegen einer Steuernachforderung des Finanzamts für die AB-OHG tätig werden. Sein Honoraranspruch beträgt hierfür 1 000 € zuzüglich 190 € USt.
5. Das Ehepaar M und F lebt im Güterstand der Gütergemeinschaft. F betreibt unter ihrem Namen ein Friseurgeschäft.

6. Die Steuerberater A und B betreiben gemeinsam eine Steuerberaterkanzlei. Auf den Briefköpfen werden A und B stets gemeinsam aufgeführt.
7. Die Steuerberater A und B unterhalten aus Kostenersparnisgründen gemeinsam ein Büro. Gegenüber den Mandanten treten A und B jeweils getrennt auf und rechnen auch getrennt ab. Die Bürokosten werden von A und B hälftig getragen.
8. Steuerberater A nimmt Steuerberater B in seine Kanzlei auf. A und B vereinbaren, dass A und B am Gewinn beteiligt werden und zwar A zu 70 % und B zu 30 %. Auf den Briefbögen und den Abrechnungen erscheint vereinbarungsgemäß immer nur der Name des A.
9. A stellt den Blinden B als Tankwart an. B hat eine geregelte Arbeitszeit, Urlaub und Anspruch auf ein festes Gehalt. Entsprechend den Vereinbarungen zwischen A und B tritt B als Inhaber der Tankstelle auf. Sämtliche Umsätze werden auf den Namen des B abgewickelt. Die USt-Erklärung wird unter dem Namen des B abgegeben.
10. A vereinbart mit dem Blinden B, dass A seine Tankstelle unter dem Namen des B betreiben darf. B erhält von A hierfür jährlich 2 000 €.

## 9.2 Übungsfälle zur Organschaft

### 9.2.1 Übungsfälle zur finanziellen Eingliederung

1. A ist kein Unternehmer. Er hält an der X-AG 51 % der Aktien. An der Y-AG hält er 70 % der Aktien. Die X-AG und die Y-AG halten keine Aktien an der jeweils anderen Gesellschaft.
2. Die Y-AG hält an der X-AG 50,1 % der Aktien.
3. Die Y-AG hält an der X-AG 30 % der Aktien. Bei 50 % der Aktien der X-AG handelt es sich um nicht stimmberechtigte Vorzugsaktien. Die Aktien der Y-AG sind keine Vorzugsaktien.
4. Das Stammkapital der ABC-GmbH beträgt 90 000 €. Hiervon halten A, B und C jeweils 30 000 €. Das Stammkapital der CBA-GmbH beträgt 120 000 €. Hiervon halten die ABC-GmbH 48 000 €, A, B und C jeweils 24 000 €.
5. Das Stammkapital der ABC-GmbH beträgt 90 000 €. Hiervon halten A, B und C jeweils 30 000 €. Das Stammkapital der CBD-GmbH beträgt 120 000 €. Hiervon halten die ABC-GmbH 38 000 €, D 40 000 €, A und B jeweils 21 000 €.
6. A ist Gesellschafter der AB-OHG und hält an 60 % der Anteile, weiterer Gesellschafter ist B, der 40 % Anteile hält. An der AB-GmbH ist A mit 60 % und B mit 40 % beteiligt.
7. Die X-AG ist Gesellschafter der Y-KG und hält 100 % der Anteile.
8. Die X-AG ist Gesellschafter der Y-KG und hält 60 % der Anteile. Je 20 % der Anteile halten die Y-AG und Y-GmbH. Die X-AG hält 57 % der Aktien der Y-AG und ist als Gesellschafter an der Y-GmbH zu 70 % beteiligt.
9. Die A-OHG ist Gesellschafter der B-KG und hält 80 % der Anteile. Nichtunternehmer C hält als Gesellschafter die restlichen 20 %.

### 9.2.2 Übungsfälle zur grenzüberschreitenden Organschaft

1. Die AB-OHG in Stuttgart hat eine Organgesellschaft, die A-SA in Paris, gegründet. Die A-SA bezieht unter Verwendung ihrer französischen USt-IdNr. von der AB-OHG produzierte Waren und veräußert diese in Frankreich.

a) Die A-SA holt die Waren in Stuttgart ab.
b) Die AB-OHG befördert die Waren zur A-SA.

2. Die AB-SA in Paris hat eine Organgesellschaft, die A-GmbH in Stuttgart, gegründet. Die A-GmbH bezieht unter Verwendung ihrer deutschen USt-IdNr. von der AB-SA produzierte Waren und veräußert diese in der Bundesrepublik.
a) Die A-GmbH holt die Waren in Paris ab.
b) Die AB-SA befördert die Waren zur A-GmbH.
3. Die AB-SA in Paris hat zwei Organgesellschaften gegründet, die A-GmbH in Stuttgart und die B-GmbH in München. Die A-GmbH bezieht von der B-GmbH produzierte Waren und veräußert diese in der Bundesrepublik.
4. Die AB-SA in Paris hat zwei Organgesellschaften gegründet, die A-GmbH in Stuttgart und die B-GmbH in München. Die A-GmbH bezieht von der B-GmbH produzierte Waren und veräußert diese an die AB-SA in Paris. Die AB-SA verwendet beim Wareneinkauf gegenüber der A-GmbH ihre französische USt-IdNr.
a) Die AB-SA holt die Waren in Stuttgart ab.
b) Die A-GmbH befördert die Waren zur AB-SA.
5. Die AB-OHG hat eine unselbständige Zweigniederlassung (Z) in Brüssel. Z veräußert die von der AB-OHG bezogene Ware in Belgien. Die AB-OHG hat für ihre Niederlassung Z eine belgische USt-IdNr.
6. Die AB-OHG in Stuttgart hat eine Organgesellschaft, die A-GmbH in München gegründet. Die A-GmbH eröffnet ihrerseits eine unselbständige Zweigniederlassung (Z) in Basel (Schweiz). Z bezieht unter ihrer Adresse in Basel von der AB-OHG Ware und veräußert diese in der Schweiz.
a) Die Z holt die Waren in Stuttgart ab. Die schweizerische Einfuhrumsatzsteuer wird von Z entrichtet.
b) Die AB-OHG befördert die Waren zur Z. Die schweizerische Einfuhrumsatzsteuer wird von der AB-OHG entrichtet.
7. Die AB-OHG in Stuttgart hat eine Organgesellschaft, die A-GmbH in München gegründet. Die A-GmbH eröffnet ihrerseits eine unselbständige Zweigniederlassung (Z) in Prag (CR). Die A-GmbH bezieht von der AB-OHG Ware. Einen Teil der Ware transportiert die A-GmbH zu Z.

### 9.2.3 Übungsfälle zur GmbH & Co. KG

1. Die A-GmbH & Co. KG zahlt der A-GmbH aufgrund einer entsprechenden Rechnung für ihre Geschäftsführertätigkeit 100 000 € zuzüglich 19 000 € USt. An der KG sind die A-GmbH als Komplementär mit 30 % und A und B als Kommanditisten mit je 35 % beteiligt. A und B halten je 40 % des Stammkapitals der A-GmbH. Die restlichen 20 % hält C.
2. Die A-GmbH führt die Geschäfte der A-GmbH & Co. KG. Geschäftsführer der A-GmbH ist Kommanditist B. B hat weder mit der GmbH noch mit der KG einen Arbeitsvertrag. Die KG überweist B aufgrund einer entsprechenden Rechnung der A-GmbH für die Geschäftsführertätigkeit 100 000 € zuzüglich 19 000 € USt. Für die Übernahme der Haftung erhält die A-GmbH von der A-GmbH & Co. KG jährlich 15 000 €. An der KG sind die A-GmbH als Komplementär mit 30 % und A und B als Kommanditisten mit je 35 % beteiligt. A und B halten je 40 % des Stammkapitals der A-GmbH. Die restlichen 20 % hält C.
3. Die A-GmbH & Co. KG zahlt der A-GmbH jährlich eine Haftungsvergütung von 15 000 €. An der KG sind die A-GmbH als Komplementär mit 30 % und A und B als Kommanditisten mit je 35 % beteiligt. A und B halten je 40 % des Stammkapitals der A-GmbH. Die restlichen 20 % hält C. A führt die Geschäfte der KG.

4. Die A-GmbH der A-GmbH & Co. KG erbringt Geschäftsführungs- und Vertretungsleistungen gegen Sonderentgelt an die KG durch den von der KG eingesetzten Geschäftsführer. An der KG sind die A-GmbH als Komplementär mit 30 % und A und B als Kommanditisten mit je 35 % beteiligt. An der GmbH sind A und B mit je 20 % und die A-KG mit 60 % beteiligt.

# Teil N Unentgeltliche Wertabgaben

## 1 Allgemeine Ausführungen

Der Bereich der unentgeltlichen Wertabgaben im USt-Recht ist in § 3 Abs. 1b und Abs. 9a UStG geregelt. Hiernach gilt die Fiktion, wonach z. B. die Entnahme eines Gegenstandes gem. § 3 Abs. 1b Nr. 1 UStG einer Lieferung gegen Entgelt gleichgestellt wird und damit unter den Tatbestand des § 1 Abs. 1 Nr. 1 UStG fällt. Ebenso wird z. B. die private Verwendung eines dem Unternehmen zugeordneten Gegenstandes unter den Voraussetzungen des § 3 Abs. 9a Nr. 1 UStG einer sonstigen Leistung gegen Entgelt gleichgestellt und fällt damit ebenfalls unter den Tatbestand des § 1 Abs. 1 Nr. 1 UStG.

Für die Bejahung der Steuerbarkeit nach § 1 Abs. 1 Nr. 1 UStG ist dann lediglich noch erforderlich, dass der einer Lieferung oder sonstigen Leistung gleichgestellte Umsatz im Inland erfolgt. Hierfür hat der Gesetzgeber eine Sonderregelung in § 3f UStG getroffen. Der Umsatz wird danach an dem Ort ausgeführt, von dem aus der Unternehmer sein Unternehmen betreibt. Hat der Unternehmer sowohl im Inland als auch im Ausland Betriebsstätten, ist der Ort des Umsatzes dort, wo sich die Betriebsstätte befindet, von der aus die Wertabgabe erfolgt ist (§ 3f Satz 2 UStG). § 3f UStG wurde zum 18.12.2019 aufgehoben. Nunmehr gelten die normalen Ortsbestimmungen in den §§ 3, 3a, 3b und 3c UStG. Ist der Umsatz danach steuerbar, ist zu prüfen, ob eine Steuerbefreiungsvorschrift nach § 4 UStG eingreift. Es gelten grundsätzlich dieselben Befreiungen, die für die entsprechenden entgeltlichen Leistungen gelten. Ausgeschlossen ist lediglich die Befreiung für Ausfuhrlieferungen (§ 6 Abs. 5 UStG) und für Lohnveredelungen an Gegenständen der Ausfuhr (§ 7 Abs. 5 UStG).

## 2 Den Lieferungen gleichgestellte Wertabgaben

### 2.1 Tatbestandsvoraussetzungen

§ 3 Abs. 1b UStG unterscheidet drei Fälle, in denen die Entnahme bzw. die unentgeltliche Zuwendung eines Gegenstands durch einen Unternehmer einer Lieferung gegen Entgelt gleichgestellt werden und zwar

- § 3 Abs. 1b Nr. 1 UStG: die Entnahme für Zwecke, die außerhalb des Unternehmens liegen,
- § 3 Abs. 1b Nr. 2 UStG: die unentgeltliche Zuwendung an sein Personal für dessen privaten Bedarf,
- § 3 Abs. 1b Nr. 3 UStG: jede andere unentgeltliche Zuwendung für Zwecke des Unternehmens.

**Gemeinsame Voraussetzung** für alle drei Fälle ist, dass

- der Gegenstand seinem Unternehmen zugeordnet war (Unternehmensvermögen) und
- der Gegenstand oder seine Bestandteile zum vollen oder teilweisen Vorsteuerabzug berechtigt haben.

Weitere Voraussetzung ist

- bei § 3 Abs. 1b Nr. 2 UStG, dass es sich bei der Zuwendung an das Personal um keine Aufmerksamkeit handelt,
- bei § 3 Abs. 1b Nr. 3 UStG, dass es sich bei der Zuwendung für Zwecke des Unternehmens nicht um Geschenke von geringem Wert und nicht um Warenmuster handelt.

## 2.2 Gegenstand, der dem Unternehmen zugehört (Unternehmensvermögen)

Es muss sich um einen Liefergegenstand handeln, der vor der Entnahme zum Unternehmen des Unternehmers gehört hat (sog. Unternehmensvermögen). Der Unternehmer hat ein Wahlrecht, ob er einheitliche Gegenstände, die sowohl unternehmerisch als auch unternehmensfremd (privat) verwendet werden, vollständig, gar nicht oder teilweise (im Umfang der unternehmerischen Nutzung) seinem Unternehmen zuordnet (vgl. A 15.2c Abs. 2 Satz 1 Nr. 2 Buchst. b und Abs. 14 UStAE). Kein Wahlrecht hinsichtlich der Zuordnung zum Unternehmen besteht bei Gegenständen, die ausschließlich für unternehmerische (Zuordnungsgebot) oder nicht unternehmerische Zwecke (Zuordnungsverbot) genutzt werden (vgl. A 15.2c Abs. 1 UStAE). Diese Grundsätze gelten auch hinsichtlich der Zuordnung eines Miteigentumsanteils an einem Gegenstand (vgl. A 15.2c Abs. 2 Satz 1 Nr. 2 Buchst. b Sätze 5 und 6 UStAE).

Nach § 15 Abs. 1 Satz 2 UStG kann jedoch keine Zuordnung zum Unternehmen erfolgen, wenn eine unternehmerische Nutzung von weniger als 10 % beabsichtigt ist. Eine Zuordnung zum Unternehmen ist seit dem 01. 04. 2013 aufgrund der geänderten BFH-Rechtsprechung ebenfalls nicht zulässig, wenn der Unternehmer bereits bei der Beschaffung eines Gegenstands beabsichtigt, diesen **ausschließlich** und unmittelbar im Rahmen einer unentgeltlichen Wertabgabe nach § 3 Abs. 1b oder Abs. 9a UStG zu verwenden (vgl. A 3.3 Abs. 1 Satz 7, 15.2b Abs. 2 Satz 5 und 15.15 Abs. 1 Satz 1 UStAE). Die Zuordnung eines Gegenstandes zum Unternehmen erfordert eine durch Beweisanzeichen gestützte Zuordnungsentscheidung des Unternehmers bei Anschaffung oder Herstellung des Gegenstandes. Die Geltendmachung des Vorsteuerabzugs ist regelmäßig ein gewichtiges Indiz für die Zuordnung eines Gegenstandes zum Unternehmen, die Unterlassung des Vorsteuerabzugs ein ebenso gewichtiges Indiz gegen die Zuordnung eines Gegenstandes zum Unternehmen.

Die Zuordnungsentscheidung muss zeitnah (gegenüber dem Finanzamt) dokumentiert werden A 15.2c Abs. 16 Sätze 3 ff. UStAE). Eine zeitnahe Dokumentation liegt nach der BFH-Rechtsprechung vor, wenn sie bis zur gesetzlichen Abgabefrist für Steuererklärungen erfolgt. Bis zu diesem Zeitpunkt kann auch eine zuvor getroffene Zuordnungsentscheidung korrigiert werden. Eine Verlängerung der Frist ist nicht möglich. Die Zuordnungsentscheidung muss für Leistungsbezüge bzw. Anzahlungen, die bis zum 31. 12. 2017 erfolgt sind, bis zum 31. Mai des Folgejahres und für nach dem 31. 12. 2017 bezogene Leistungen bzw. verausgabte Anzahlungen **bis zum 31. Juli des Folgejahres** dokumentiert werden (vgl. auch J 4). Bis zu diesem Zeitpunkt kann auch eine im Voranmeldungsverfahren getroffene Zuordnungsentscheidung korrigiert werden. Gibt es keine Beweisanzeichen für eine Zuordnung zum Unternehmen, kann diese nicht unterstellt werden. Bei zu später Zuordnungsentscheidung ist der Vorsteuerabzug zu versagen (BFH vom 28. 02. 2002 BStBl II 2003, 815 und A 15.2c Abs. 17 Satz 3 UStAE).

Das Zuordnungswahlrecht gilt seit 01. 01. 2013 nicht mehr für Gegenstände, die ein Verein für seine nichtwirtschaftlichen (ideellen) oder eine juristische Person des öffentlichen Rechts für ihre nicht wirtschaftlichen (hoheitlichen) Tätigkeiten verwendet. Soweit ein Gegenstand für eine nichtwirtschaftliche Tätigkeit i. e. S. verwendet wird, darf dieser – im Gegensatz zu einem Gegenstand, der auch unternehmensfremd genutzt wird – nicht dem Unternehmen zugeordnet werden (vgl. A 3.4 Abs. 5a Satz 3, 15.2c Abs. 2 Satz 1 Nr. 2 Buchst. a, 15.6a Abs. 1 Satz 4 und 15.19 Abs. 3 UStAE).

Der Unternehmensbereich umfasst im Eingangsumsatzbereich somit alle Gegenstände, die der »normale« Unternehmer wenigstens zu 10 % unternehmerisch nutzt, wenn er den Eingangsumsatz seinem Unternehmen zuordnet. Damit gilt für die Zuordnung eines Gegenstandes zum Unternehmen Folgendes:

a) Ein Gegenstand, der mindestens zu 10 % unternehmerisch genutzt werden soll (gemischt genutzter Gegenstand), kann dem Unternehmen ganz oder teilweise (Ausnahme siehe oben für Vereine und juristische Personen des öffentlichen Rechts) zugeordnet werden. Ordnet der Unternehmer den Gegenstand dem Unternehmen nur teilweise (im Rahmen der unternehmerischen Nutzung) zu, wird der nicht zugeordnete Teil als separater Gegenstand angesehen, der nicht für das Unternehmen bezogen wird und deshalb weder im Rahmen des Unternehmens geliefert noch aus dem Unternehmen entnommen werden kann.
b) Ein gemischt genutzter Gegenstand kann dem Unternehmen auch insgesamt angehören. In diesem Fall kann die nicht unternehmerische Nutzung gem. § 3 Abs. 9a Nr. 1 UStG einer sonstigen Leistung gegen Entgelt gleichgestellt sein. Privatentnahmen i. d. S. sind aber nur Entnahmen für den privaten Bedarf des Unternehmers als natürliche Person und für den privaten Bedarf seines Personals, nicht dagegen eine Verwendung für z. B. ideelle Zwecke eines Vereins oder für den Hoheitsbereich einer juristischen Person des öffentlichen Rechts (vgl. A 2.3 Abs. 1a und 2.10 Abs. 5 UStAE).
c) Ein gemischt genutzter Gegenstand kann insgesamt dem nicht unternehmerischen Bereich zugehören.
d) Ein ausschließlich unternehmerisch genutzter Gegenstand gehört zwingend dem Unternehmen an.
e) Ein Gegenstand, der im Zeitpunkt des Erwerbs zu weniger als 10 % unternehmerisch genutzt werden soll, kann jedenfalls zunächst dem Unternehmen nicht zugeordnet werden. Ein Vorsteuerabzug aus dem Erwerb ist somit ausgeschlossen. Wenn sich zu einem späteren Zeitpunkt die Verwendungsabsicht ändert und der Gegenstand zu wenigstens 10 % genutzt werden soll, kann er dem Unternehmen zugeordnet werden (Einlage). Aus der Einlage ergibt sich jedoch keine Vorsteuerabzugsberechtigung, weshalb in der Regel eine später mögliche Zuordnung zum Unternehmen nicht sinnvoll ist (nähere Einzelheiten vgl. Q 2.3.4). Keine Konsequenzen hat die Verwaltung bisher aus der Entscheidung des EuGH vom 25. 07. 2018, C-140/17, Gmina Ryjewo gezogen. Der EuGH hat – entgegen seiner bisherigen ständigen Rechtsprechung – einer (polnischen) Gemeinde aufgrund einer Einlage eines zunächst nur hoheitlich genutzten Investitionsguts eine Vorsteuerberichtigung zugestanden.

Ist ein Vorsteuerabzug aus der Anschaffung eines Gegenstandes nicht möglich, z. B. weil der Gegenstand von einem Kleinunternehmer nach § 19 UStG erworben wird, und macht der Unternehmer aus den laufenden für den Gegenstand anfallenden Kosten den Vorsteuerabzug geltend, ist daraus nicht abzuleiten, dass der Gegenstand dem Unternehmen zugeordnet wurde. Hierzu hat der EuGH im Fall Bakcsi (EuGH vom 08. 03. 2001, UR 2001, 149) entschieden, dass das Recht auf den Vorsteuerabzug für die Anschaffung des Gegenstandes und das Recht auf den Vorsteuerabzug, z. B. aus Wartungskosten, getrennt zu beurteilen ist (vgl. auch A 15.2c. Abs. 3 Sätze 2 und 3 UStAE). Das Recht auf den Vorsteuerabzug aus den Wartungskosten hänge davon ab, ob ein Zusammenhang mit besteuerten Umsätzen des Steuerpflichtigen bestehe. Demnach kann der Unternehmer einen Vorsteuerabzug aus Betriebskosten für einen Gegenstand vornehmen, soweit er den Gegenstand zur Ausführung steuerpflichtiger Umsätze verwendet, auch wenn er den Gegenstand nicht seinem Unternehmen zugeordnet hat bzw. zuvor seinem Unternehmen entnommen hat.

Unter Berücksichtigung der o. a. Grundsätze ergeben sich im Einzelnen die folgenden Falltypen:

### 2.2.1 Bewegliche Gegenstände des Anlagevermögens

Die folgenden Beispiele behandeln die Frage der Zuordnung beweglicher Gegenstände.

**BEISPIELE**

a) Unternehmer U tätigt ausschließlich steuerpflichtige Ausgangsumsätze. U erwirbt im Jahr 01 einen neuen Pkw für 30 000 € zuzüglich 5 700 € USt, den er entsprechend seiner bisherigen Pkw-Nutzung zu 65 % unternehmerisch und zu 35 % nicht unternehmerisch nutzt. U macht die ihm beim Erwerb berechnete USt in voller Höhe als Vorsteuer geltend. Im Jahr 02 schenkt er den Pkw seinem Sohn.

**LÖSUNG** Aufgrund der Geltendmachung des Vorsteuerabzugs aus der Anschaffung des Pkw hat A den Pkw zulässigerweise in vollem Umfang seinem Unternehmen zugeordnet und deshalb die USt in voller Höhe als Vorsteuer geltend gemacht. Der Pkw bleibt auf Grund dieser Zuordnung solange dem Unternehmen zugeordnet, bis er veräußert wird, abhandenkommt, zerstört oder entnommen wird. Im vorliegenden Fall wird der Pkw mit der Schenkung an den Sohn entnommen.

b) Unternehmer U ist Handelsvertreter und zugleich Versicherungsvertreter. U erwirbt im Jahr 01 einen neuen Pkw für 30 000 € zuzüglich 5 700 € USt, den er entsprechend seiner bisherigen Pkw-Nutzung zu 50 % für seine steuerpflichtige Tätigkeit als Handelsvertreter, zu 30 % für seine steuerfreie Tätigkeit als Versicherungsvertreter und zu 20 % privat verwendet. U macht aus der ihm beim Erwerb berechneten USt in Höhe von 3 990 € als Vorsteuer geltend. Im Jahr 02 schenkt er den Pkw seinem Sohn.

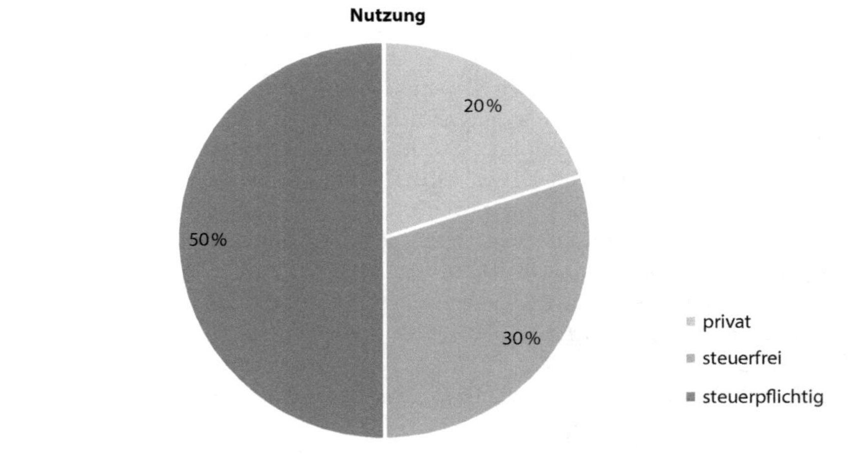


Abziehbare Vorsteuer 100 %, abzugsfähige Vorsteuer 70 %

**LÖSUNG** Aufgrund der Geltendmachung des Vorsteuerabzugs i. H. v. 3 990 € aus der Anschaffung des Pkw hat U zum Ausdruck gebracht, dass er den Pkw in vollem Umfang seinem Unternehmen zugeordnet hat und ihn zu 70 % für steuerpflichtige Umsätze verwendet. Die Privatnutzung des Pkw ist gem. § 3 Abs. 9a Nr. 1 UStG einer entgeltlichen sonstigen Leistung gleichgestellt und somit steuerbar und steuerpflichtig. Aufgrund der 30 %-Nutzung für steuerfreie Umsätze nach § 4 Nr. 11 UStG ist der Vorsteuerabzug nach § 15 Abs. 2 UStG in Höhe von 30 % ausgeschlossen. Der Pkw bleibt so lange dem Unternehmen zugeordnet, bis er veräußert wird, abhandenkommt, zerstört oder entnommen wird. Im vorliegenden Fall wird der Pkw mit der Schenkung an den Sohn entnommen. Die Entnahme ist gem. § 3 Abs. 1b Nr. 1 UStG einer entgeltlichen Lieferung gleichgestellt und damit steuerbar und steuerpflichtig. Aufgrund der steuerpflichtigen Entnahme ergibt sich für U eine Vorsteuerberichtigung nach § 15a UStG zu seinen Gunsten.

c) Unternehmer U ist Versicherungsvertreter (Regelbesteuerer, keine Besteuerung nach § 19 Abs. 1 UStG). U erwirbt im Jahr 01 einen neuen Pkw für 30 000 € zuzüglich 5 700 € USt, den er entsprechend seiner bisherigen Pkw-Nutzung zu 70 % für seine steuerfreie Tätigkeit als Versicherungsvertreter und zu 30 % privat verwendet. U macht die ihm beim Erwerb berechnete USt nicht als Vorsteuer geltend. Im Jahr 02 schenkt er den Pkw seinem Sohn.

**LÖSUNG** Aus dem Umstand, dass U keinen Vorsteuerabzug aus der Anschaffung des Pkw geltend macht, kann gefolgert werden, dass U den Pkw seinem nicht unternehmerischen Bereich voll zuordnet. Die Verwaltung geht davon aus, dass der Unternehmer die Zuordnung zum Unternehmen grundsätzlich durch die Geltendmachung des Vorsteuerabzugs zum Ausdruck bringt. Macht er einen bei Zuordnung zum Unternehmen möglichen Vorsteuerabzug nicht geltend, geht sie davon aus, dass der Unternehmer den Gegenstand zum nicht unternehmerischen Bereich zuordnet (vgl. A 15.2c Abs. 17 und 15.23 Abs. 1 UStAE). Im vorliegenden Fall ist nach Verwaltungsauffassung überhaupt kein Vorsteuerabzug möglich, weil die unternehmerische Nutzung steuerfrei und die private Nutzung damit nicht steuerbar ist (vgl. Beispiel 1 in A 15.2c Abs. 2 Nr. 2 Satz 1 Buchst. b UStAE). Hieraus ergibt sich aber, dass U wegen der fehlenden Vorsteuerabzugsberechtigung auch kein Interesse an der Zuordnung zum Unternehmen hat. Eine Zuordnung des Pkw zum Unternehmen des U könnte man deshalb nur dann unterstellen, wenn U den Pkw ausdrücklich seinem Unternehmen zugeordnet hätte. Somit tätigt U mit der Schenkung an seinen Sohn keine Entnahme und damit keinen steuerbaren Umsatz nach § 1 Abs. 1 Nr. 1 i. V. m. § 3 Abs. 1b Satz 2 UStG.

d) Unternehmer U tätigt ausschließlich steuerpflichtige Ausgangsumsätze. U erwirbt im Jahr 01 einen neuen Pkw für 30 000 € zuzüglich 19 % USt = 5 700 €, den er entsprechend seiner bisherigen Pkw-Nutzung zu 40 % unternehmerisch und zu 60 % nicht unternehmerisch nutzt. U macht die ihm beim Erwerb berechnete USt von 5 700 € zu 40 %, d. h. 2 280 € als Vorsteuer geltend. Im Jahr 04 schenkt er den Pkw seinem Sohn

**LÖSUNG** Aufgrund der Geltendmachung des Vorsteuerabzugs aus der Anschaffung des Pkw hat A den Pkw zulässigerweise i. H. v. 40 % seinem Unternehmen zugeordnet und deshalb zu Recht 40 % der ihm berechneten USt als Vorsteuer geltend gemacht. Wird der unternehmensfremd genutzte Teil eines Gegenstandes dem nicht unternehmerischen Bereich zugeordnet, wird dieser als separater Gegenstand angesehen, der nicht »für das Unternehmen« i. S. d. § 15 Abs. 1 Satz 1 Nr. 1 UStG bezogen wurde (vgl. A 15.2c Abs. 4 Satz 1 UStAE). Der Pkw bleibt auf Grund dieser Zuordnung so lange zu 40 % dem Unternehmen zugeordnet, bis er veräußert wird, abhandenkommt, zerstört oder entnommen wird. Im vorliegenden Fall wird der dem Unternehmen zugeordnete Teil des Pkw mit der Schenkung an den Sohn entnommen. Die Entnahme (40 % des Pkw) ist nach § 3 Abs. 1b Nr. 1 UStG einer entgeltlichen Lieferung gleichgestellt und steuerbar und steuerpflichtig.

e) Unternehmer A ist Inhaber eines Autohauses. Er beauftragt seine Angestellte B, in einem Buchladen einen Bildband im Wert von 120 € über deutsche Oldtimer zu erwerben. Diesen will er seinem Angestellten W anlässlich eines geplanten Besuches im Krankenhaus schenken. W hatte sich bei einem Unfall in der Werkstatt verletzt.

**LÖSUNG** Da das Buch ausschließlich und unmittelbar im Rahmen einer unentgeltlichen Wertabgabe nach § 3 Abs. 1b Nr. 2 UStG verwendet werden soll, ist eine Zuordnung und somit ein Vorsteuerabzug aus der Anschaffung des Buches nicht möglich (vgl. A 3.3 Abs. 1 Satz 7 UStAE). Es handelt sich nicht um eine Aufmerksamkeit (bis 60 € brutto), welche einen Vorsteuerabzug ermöglichen würde (vgl. hierzu auch H 3.2).

Im Allgemeinen wird der Unternehmer einen Gegenstand, den er gemischt (teils unternehmerisch, teils nicht unternehmerisch) nutzt, in vollem Umfang seinem Unternehmen zuordnen, sofern er nicht aufgrund des Vorsteuerabzugsverbots nach § 15 Abs. 2 UStG oder aufgrund der BFH-Rechtsprechung (vgl. 2.2 und M 1.1) vom Vorsteuerabzug ausgeschlossen ist. Gelangt ein Gegenstand beim Erwerb von einem Mitgliedstaat in einen anderen Mitgliedstaat der EU und verwendet der Unternehmer beim Erwerb des Gegenstandes gegenüber dem liefernden Unternehmer eine USt-IdNr., ist grundsätzlich davon auszugehen, dass er den Gegenstand in vollem Umfang für sein Unternehmen erwirbt.

### 2.2.2 Gegenstände des Umlaufvermögens

Erwirbt ein Unternehmer Gegenstände, um sie eventuell nach vorheriger Be- oder Verarbeitung weiter zu veräußern, werden sie in vollem Umfang Unternehmensvermögen. Auch bei Gegenständen, mit denen der Unternehmer üblicherweise Handel treibt, spricht die Vermutung dafür, dass er sie für sein Unternehmen erworben hat, auch wenn er diese später entnimmt. Werden solche Gegenstände entnommen, tätigt der Unternehmer Entnahmen, die gem. § 3 Abs. 1b Nr. 1 UStG i. d. R. einer entgeltlichen Lieferung gleichgestellt sind.

Erwirbt ein Unternehmer dagegen einen Gegenstand von vornherein in der Absicht, ihn **ausschließlich** privat zu verwenden, besteht keine Zuordnungsmöglichkeit und ein Vorsteuerabzug kommt nicht in Betracht (vgl. 2.2 sowie A 3.3 Abs. 1 Satz 7, 15.2b Abs. 2 Satz 5 und 15.15 Abs. 1 Satz 1 UStAE).

Gegenstände, die typischerweise sowohl für den Unternehmensbereich als auch für den Privatbereich bezogen werden, wie z. B. elektrischer Strom, Wärme, Heizöl, Gas, werden im Allgemeinen als aufteilbare Gegenstände beim Bezug sofort in einen für das Unternehmen und einen für den privat bezogenen Teil aufgeteilt. Anders ist es nur, wenn z. B. ein Heizölhändler Heizöl erwirbt und einen Teil davon in seinem privaten Einfamilienhaus verheizt. In diesem Fall erfolgt der Bezug zunächst in vollem Umfang für das Unternehmen. Anschließend wird der privat verwendete Teil entnommen (vgl. entsprechend A 15.19 Abs. 4 Sätze 4 und 5 UStAE).

### 2.2.3 Freizeitgegenstände

Bei der Anschaffung von Freizeitgegenständen, z. B. von Segelbooten, Segelflugzeugen und Wohnwagen, ist davon auszugehen, dass diese Gegenstände i. d. R. dem nicht unternehmerischen Bereich zuzuordnen sind (vgl. entsprechend A 2.3 Abs. 7 Sätze 1 bis 3 UStAE). Kann der Unternehmer aber beweisen, dass er bereits bei der Anschaffung des Gegenstandes die Absicht hatte, ihn wenigstens geringfügig (mindestens zu 10 %) unternehmerisch zu nutzen, muss bei einer entsprechenden Zuordnungsentscheidung des Unternehmers von einer Anschaffung fürs Unternehmen ausgegangen werden. Dies ist beispielsweise der Fall bei der Anschaffung eines Reisemobils, wenn der Erwerber E mit dem Veräußerer V vereinbart hat, dass V das Reisemobil außerhalb der Zeit der Nutzung durch E im Namen und für Rechnung des E an Dritte vermietet. Dagegen ist die nur gelegentliche Vermietung eines im Übrigen privat genutzten Wohnmobils keine unternehmerische Tätigkeit; vgl. A 2.3 Abs. 7 Satz 2 UStAE. Dementsprechend kann ein solches Wohnmobil nicht dem Unternehmen zugeordnet werden. Anders ist es dagegen, wenn der Unternehmer das Wohnmobil gelegentlich auch für Geschäftsreisen verwendet, sofern die unternehmerische Nutzung wenigstens 10 % der Gesamtnutzung ausmacht.

### 2.2.4 Mit Mitteln des Unternehmens erworbene Gegenstände

**BEISPIEL**

Unternehmer U (Baustoffhändler) liefert dem Kunstmaler K Baustoffe und erhält dafür ein von K gemaltes Bild, welches U in seinem Wohnzimmer aufhängt.

**LÖSUNG** Das Bild ist zwar Entgelt für die Lieferung der Baustoffe, wird jedoch nicht Unternehmensvermögen.

Im Urteil vom 28. 07. 1994, BStBl II 1995, 274 hat der BFH in einem vergleichbaren Fall diese Lösung bestätigt. Ein Tankstellenpächter hat als Entgelt für seine Vermittlungsleistungen an die Mineralölfirma eine Reise erhalten, an der er mit seiner Frau teilgenommen hat. Der BFH hat bezüglich der Reise einen einer sonstigen Leistung gegen Entgelt gleichgestellten Umsatz (Eigenverbrauch) abgelehnt. Er führt hierzu aus: »Besteht das Entgelt in einer sonstigen Leistung, wird diese nicht zwangsläufig, sondern nur dann und in dem Umfang für das Unternehmen bezogen, in dem sie dem Unternehmen zugeordnet werden kann und wird.«

Wird ein nichtunternehmenstypischer Gegenstand angeschafft in der Absicht, diesen für das Unternehmen zu verwenden, wird diese Absicht jedoch nicht realisiert, ändert das nichts an der Berechtigung zum Vorsteuerabzug aus der Anschaffung des Gegenstandes, da es bezüglich des Vorsteuerabzugs auf die Verhältnisse im Zeitpunkt des Erwerbs ankommt (vgl. A 15.12 Abs. 1 Sätze 5 bis 12 UStAE). Demzufolge ist der Gegenstand zunächst dem Unternehmen zuzuordnen und wird dann später entnommen.

**BEISPIELE**

Fabrikant F erwirbt im September 01 für ein im Oktober 01 geplantes Betriebsfest (im üblichen finanziellen Rahmen) 100 Flaschen Sekt. Nach dem Betriebsfest bei F, an dem wie geplant 100 Arbeitnehmer teilnahmen, sind von den für das Unternehmen erworbenen 100 Flaschen noch 20 Flaschen übrig. F nimmt sie nach Hause mit und trinkt sie im privaten Kreise.

**LÖSUNG** Die 100 Flaschen sind Unternehmensvermögen geworden, weil sie für das Unternehmen erworben wurden. Aus der späteren Änderung der Zweckbestimmung der 20 Flaschen kann sich rückwirkend keine Änderung für die Frage der Zugehörigkeit zum Unternehmen geben. F hat also aus dem Erwerb der 100 Flaschen den Vorsteuerabzug. Nach dem Betriebsfest tätigt F bezüglich der übrigen 20 Flaschen eine Entnahme, die gem. § 3 Abs. 1b Nr. 1 UStG einer entgeltlichen Lieferung gleichgestellt ist. Sie ist nach § 1 Abs. 1 Nr. 1 UStG steuerbar und steuerpflichtig. Eine Anpassung des Vorsteuerabzugs im Voranmeldungsverfahren oder in der Jahreserklärung, wie sie nunmehr für Gemeinkosten in A 15.2c Abs. 2 Satz 5 und A 15.16 Abs. 2a UStAE vorgesehen ist, kommt in diesem Fall nicht in Betracht.

### 2.2.5 Grundstücke

Wie bereits in J 4 dargelegt wurde, können auch Grundstücke, die teils unternehmerisch und teils nicht unternehmerisch genutzt werden, für die Zugehörigkeit zum Unternehmen aufgeteilt werden. Sofern ein Gebäude erstellt wird, und deshalb in den Baukosten Umsatzsteuer enthalten ist, ist es jedoch immer vorteilhaft, ein Grundstück dem Unternehmen zuzuordnen. Der Unternehmer muss daher ausdrücklich oder konkludent zum Ausdruck bringen, dass er sein Grundstück dem Unternehmen zuordnet. Die konkludente Zuordnung kann durch die Geltendmachung des Vorsteuerabzugs erfolgen.

Ist bei Anschaffung oder Herstellung eines Gebäudes kein oder nur ein teilweiser Vorsteuerabzug möglich, muss der Unternehmer die Zuordnung durch eine gegenüber dem Finanzamt abgegebene schriftliche Erklärung dokumentieren (vgl. A 15.2c Abs. 18 Satz 3 UStAE). Bei der Herstellung eines Gebäudes sollte die Zuordnung zum Unternehmen bereits beim ersten Leistungsbezug oder bei der ersten Anzahlung erfolgen (A 15.2c Abs. 15 Satz 1 UStAE). Eine zeitnahe Dokumentation der Zuordnungsentscheidung liegt vor, wenn sie bis zur gesetzlichen Abgabefrist für Steuererklärungen, also am **31. Juli des Folgejahres,** abgegeben wird (vgl. 2.2).

**BEISPIEL**

Unternehmer U hat im Oktober 01 ein Grundstück mit einem zweigeschossigen Gebäude erworben. Beim Erwerb ist USt i. H. v. 100 000 € angefallen. U nutzt das Erdgeschoss für seinen Gewerbebetrieb und das Obergeschoss zu eigenen Wohnzwecken. Die Nutzflächen im Erdgeschoss und Obergeschoss sind gleich. U macht nach § 15 Abs. 1 Nr. 4 UStG USt i. H. v. 50 %, d. h. 50 000 €, als Vorsteuer geltend.

**LÖSUNG** U kann das ganze Grundstück seinem Unternehmen zuordnen, er kann stattdessen auch 50 % seinem Unternehmen zuordnen. Indem U nur 50 000 € Vorsteuer geltend macht, ordnet er konkludent nur 50 % des Gebäudes seinem Unternehmen zu. Um im Laufe der nächsten zehn Jahre bei einer Änderung der Verhältnisse im Obergeschoss in den Genuss einer Vorsteuerberichtigung nach § 15a UStG zu kommen, muss U gegenüber dem Finanzamt bis zum 31. 07. 02 schriftlich die vollständige Zuordnung erklären.

Kein Zuordnungswahlrecht hat ein Unternehmer bei einem Grundstück, das er insgesamt unternehmerisch nutzt, zum Teil jedoch zu steuerfreien Ausgangsumsätzen.

**BEISPIEL**

Unternehmer U hat im Oktober 01 ein Grundstück mit einem zweigeschossigen Gebäude erworben. Er nutzt das Erdgeschoss für seinen Gewerbebetrieb und das Obergeschoss vermietet er steuerfrei an einen Arbeitnehmer seines Gewerbebetriebs.

**LÖSUNG** Da U das Grundstück zu 100 % unternehmerisch nutzt, hat er kein Zuordnungswahlrecht. Das Grundstück ist zwingend dem Unternehmen zuzuordnen (Zuordnungsgebot, vgl. A 15.2c Abs. 1 Satz 1 UStAE). Eine Zuordnungserklärung gegenüber dem Finanzamt ist nicht erforderlich.

## 2.3 Vorsteuerabzugsberechtigung bezüglich des Gegenstands oder seiner Bestandteile

Hat der Unternehmer den Gegenstand erworben, muss er nach § 3 Abs. 1b Satz 2 UStG hinsichtlich des Erwerbs wenigstens teilweise zum Vorsteuerabzug berechtigt gewesen sein. Die fehlende Vorsteuerabzugsberechtigung kann sich zum einen daraus ergeben, dass die Voraussetzungen nach § 15 Abs. 1 UStG nicht vorlagen z. B.

- Rechnung ohne gesonderten Umsatzsteuerausweis,
- Bezug von einem Nichtunternehmer,
- Bezug von einem Kleinunternehmer nach § 19 Abs. 1 UStG,
- Erwerb zunächst nicht für das Unternehmen und spätere Einlage ins Unternehmen.

Die fehlende Vorsteuerabzugsberechtigung kann sich zum anderen aus den Vorsteuerabzugsverboten nach § 15 Abs. 1a, Abs. 1b und Abs. 2 UStG ergeben (vgl. Q 5). Hat der Unternehmer den Gegenstand selbst hergestellt, muss er wenigstens bezüglich eines seiner Bestandteile zum Vorsteuerabzug berechtigt gewesen sein. Hat der Unternehmer einen Gegenstand ohne Vorsteuerabzugsberechtigung erworben und nimmt er anschließend oder später einen Ausbau oder Umbau des Gegenstands vor, kommt es für die Vorsteuerabzugsberechtigung darauf an, ob die beim Ausbau oder Umbau verwendeten Gegenstände in den Gegenstand eingegangen sind und wenigstens teilweise zum Vorsteuerabzug berechtigt haben. Deshalb ist nach A 3.3 Abs. 2 bis 4 UStAE der § 3 Abs. 1b Satz 2 UStG nicht erfüllt:

a) wenn der Einbau lediglich zur Werterhaltung beigetragen hat (sogenannter Erhaltungsaufwand);
b) wenn die Aufwendungen für den Bestandteil unter einer gewissen Bagatellgrenze liegen.

**Zu a):** Erhaltungsaufwand liegt vor, wenn bei einem Fahrzeug die abgefahrenen Reifen durch neue ersetzt werden.

**Zu b):** Die Bagatellgrenze ist nicht überschritten, wenn die vorsteuerentlasteten Aufwendungen 20 % der Anschaffungskosten für den Gegenstand oder einen Betrag von 1 000 € nicht übersteigen. Dabei wird jeder einzelne Bestandteil für sich beurteilt, auch wenn mehrere Bestandteile in einem zeitlichen und sachlichen Zusammenhang eingebaut werden. Sonstige Leistungen einschließlich hierzu erforderlicher kleinerer Lieferungen von Gegenständen (z. B. Karosserie- und Lackarbeiten an einem Pkw), führen nicht zu Bestandteilen des Gegenstandes (A 3.3 Abs. 2 Satz 4 UStAE).

**BEISPIELE**

a) Der Unternehmer U hat von einer Privatperson einen gebrauchten Pkw zum Preis von 15 000 € erworben, den er seinem Unternehmen in vollem Umfang zuordnet. U lässt in das Fahrzeug eine Klimaanlage für 2 500 € zuzüglich 475 € USt und eine neue Windschutzscheibe für 900 € zuzüglich 171 € USt einbauen.

**LÖSUNG** Der Einbau der Windschutzscheibe bleibt schon deshalb unberücksichtigt, weil die Kosten sowohl unter 20 % der Anschaffungskosten des Pkw (3 000 €) liegen als auch den Betrag von 1 000 € nicht übersteigen. Aus Vereinfachungsgründen wird für den Einbau der Windschutzscheibe keine dauerhafte Werterhöhung des Wirtschaftsguts angenommen. Das aufgewendete Entgelt für den nachträglichen Einbau der Klimaanlage beträgt 2 500 €, also ebenfalls weniger als 20 % der ursprünglichen Anschaffungskosten; aber der Betrag von 1 000 € ist überschritten. Der Einbau der Klimaanlage wird berücksichtigt.

b) Unternehmer U hat von einem Nichtunternehmer einen PC erworben. Nachdem die Festplatte defekt wurde, hat er sie durch eine neue ersetzt, die er für 200 € zuzüglich 38 € USt im Fachhandel erworben hat. U macht den Vorsteuerabzug von 38 € geltend. Später schenkt er den PC seinem Sohn.

**LÖSUNG** Bei den Kosten für die neue Festplatte handelt es sich um ertragsteuerrechtlich sofort abziehbaren Erhaltungsaufwand. Somit liegt die Voraussetzung nicht vor, dass U hinsichtlich eines Bestandteils zum Vorsteuerabzug berechtigt war. Die Schenkung des PC an den Sohn ist zwar eine Entnahme. Jedoch ist diese nicht gem. § 3 Abs. 1b Nr. 1 UStG einer Lieferung gegen Entgelt gleichgestellt. In diesem Fall wäre grundsätzlich eine Vorsteuerberichtigung nach § 15a Abs. 3 Satz 3 UStG möglich, die jedoch im konkreten Fall ausscheidet, weil die Gewichtigkeitsgrenze nach § 44 Abs. 1 UStDV nicht überschritten ist (vgl. A 15a.6 Abs. 16 und 17 UStAE und § 44 Abs. 1 UStDV).

## 2.4 Entnahme für außerunternehmerische Zwecke nach § 3 Abs. 1b Nr. 1 UStG

Eine Entnahme für außerunternehmerische Zwecke liegt vor, wenn der Unternehmer durch eine eindeutige Handlung zum Ausdruck bringt, dass er beabsichtigt, den Gegenstand endgültig aus dem Unternehmen herauszulösen. Typische Beispiele hierfür sind:

- Der Unternehmer verschenkt den Gegenstand aus privaten Gründen.
- Der Unternehmer nutzt den Gegenstand später nur noch zu einem erheblich geringeren Maße im Unternehmen und will ihn deshalb aus dem Unternehmen herauslösen. Er dokumentiert diese Absicht durch Versteuerung der Entnahme nach § 3 Abs. 1b Nr. 1 UStG.

**BEISPIEL**

Der Unternehmer U hat im Jahr 01 einen Pkw in der Absicht erworben, diesen zu mehr als 50 % unternehmerisch zu nutzen, und den Vorsteuerabzug aus der Anschaffung des Pkw geltend gemacht. In den folgenden Jahren ist die unternehmerische Nutzung zugunsten der privaten Nutzung immer mehr abgesunken, sodass die unternehmerische Nutzung im Jahr 02 gerade noch 5 % ausmacht. U entschließt sich daraufhin, den Pkw aus dem Unternehmen herauszunehmen, um künftig die buchungstechnischen Schwierigkeiten bezüglich der Versteuerung der privaten Verwendung gem. § 3 Abs. 9a Nr. 1 UStG zu vermeiden. Er versteuert daher im VZ März 02 die Entnahme als einen Umsatz, der gem. § 3 Abs. 1b Nr. 1 UStG einer Lieferung gegen Entgelt gleichgestellt ist.

**LÖSUNG** Aufgrund der zunächst beabsichtigten unternehmerischen Nutzung von mehr als 50 % und der Geltendmachung des Vorsteuerabzugs ist der Pkw Unternehmensvermögen des U geworden. Das Absinken der unternehmerischen Nutzung auf unter 10 % führt nicht zu einer Zwangsentnahme des Pkw. Die Entnahme erfolgt im VZ März 02 infolge der nach außen dokumentierten Willensentscheidung durch die Versteuerung der Entnahme im VZ März 02.

Keine Entnahme liegt vor, wenn der Unternehmer bezüglich des Gegenstandes eine sog. gemischte Schenkung tätigt.

**BEISPIEL**

Der Unternehmer U veräußert einen bisher zu seinem Unternehmen gehörigen Pkw an seinen Sohn S zum Freundschaftspreis von 950 €, obwohl der Einkaufspreis für einen derartigen gebrauchten Pkw 5 000 € netto betragen würde.

**LÖSUNG** Es liegt eine entgeltliche nach § 1 Abs. 1 Nr. 1 UStG steuerbare Lieferung an S vor. Der Tatbestand des § 1 Abs. 1 Nr. 1 UStG ist direkt und nicht erst über die Gleichstellung nach § 3 Abs. 1b Nr. 1 UStG gegeben. Da U an seinen Sohn und damit an eine ihm nahe stehende Person liefert, greift die Mindestbemessungsgrundlage gem. § 10 Abs. 5 Nr. 1 UStG ein. Bemessungsgrundlage ist daher gem. § 10 Abs. 4 Nr. 1 UStG der Einkaufspreis für einen gleichartigen Pkw. Die USt beträgt deshalb 19 % von 5 000 €, d. h. 950 €.

Sinkt bei einem ganz oder teilweise dem Unternehmen zugeordneten beweglichen Gegenstand oder bei einem Gebäude, das quotal unterschiedlich (nicht flächenmäßig abgrenzbar) genutzt wird, in einem späteren Jahr der Grad der unternehmerischen Nutzung ab, kann der Unternehmer den Gegenstand auch quotal entnehmen z. B. bis zu der Quote, zu der der Gegenstand aufgrund der veränderten Umstände unternehmerisch genutzt wird.

**BEISPIEL**

Unternehmer U hat im Jahr 01 ein Ferienhaus erworben, das er zunächst zu 90 % an Feriengäste vermietet und zu 10 % selbst nutzt. Aus dem Erwerb des Ferienhauses hat U in vollem Umfang den Vorsteuerabzug geltend gemacht. Ab dem Jahr 12 vermietet er es nur noch zu 30 % an Feriengäste und nutzt es im Übrigen selbst.

**LÖSUNG** Aufgrund der Geltendmachung des vollen Vorsteuerabzugs hat U das Ferienhaus zu 100 % seinem Unternehmen zugeordnet. Die private Verwendung wird gem. § 3 Abs. 9a Nr. 1 UStG einer entgeltlichen sonstigen Leistung gleichgestellt und ist nicht nach § 4 Nr. 12 UStG steuerfrei (vgl. EuGH vom 08. 05. 2003, BStBl II 2004, 378 und BFH vom 24. 07. 2003, BStBl II 2004, 371). Während die Vermietung der Ferienwohnung nach § 12 Abs. 2 Nr. 11 UStG dem ermäßigten USt-Satz von 7 % unterliegt, ist die Eigennutzung als unentgeltliche Wertabgabe dem Regelsteuersatz von 19 % zu unterwerfen (vgl. A 12.16 Abs. 5 letzter Spiegelstrich UStAE).

Wenn U die Versteuerung der privaten Nutzung i. H. v. 70 % ab dem Jahr 12 vermeiden will, muss er die Quote von 70 % des Ferienhauses entnehmen. I. H. v. 70 % ist dann die Entnahme gem. § 3 Abs. 1b Nr. 1 UStG einer Lieferung gegen Entgelt gleichgestellt und damit nach § 1 Abs. 1 Nr. 1 UStG steuerbar. Die Entnahme ist nach § 4 Nr. 9 Buchst. a UStG steuerfrei (vgl. A 4.9.1 Abs. 2 Nr. 6 UStAE und J 6.1). Da der Berichtigungszeitraum des § 15a UStG im Kalenderjahr 12 bereits abgelaufen ist, löst die Entnahme keine Vorsteuerberichtigung nach § 15a UStG hinsichtlich der aus dem Erwerb des Ferienhauses abgezogenen Vorsteuer aus.

### 2.4.1 Umfang und Zeitpunkt der Entnahme

Entnommen wird, was im konkreten Fall Gegenstand der Wertabgabe ist. Im Grundsatz kann ein Unternehmer einen Gegenstand, der nicht zur ausschließlichen Nutzung für sein Unternehmen bestimmt ist, jederzeit entnehmen. Die Entnahme erfordert lediglich eine Entnahmehandlung, durch die der Unternehmer eindeutig dokumentiert, dass er den Gegenstand ab einem bestimmten Zeitpunkt seinem außerunternehmerischen Bereich zuordnet. Solange diese eindeutige Entnahmehandlung nicht erfolgt, bleibt der Gegenstand im Unternehmen und Leistungen, die an diesem Gegenstand erbracht werden erfolgen ebenfalls an das Unternehmen. So ist bei einem Rohbauunternehmer, der für eigene Wohnzwecke ein schlüsselfertiges Haus auf einem seinem Unternehmen zugeordneten Grundstück errichtet, Gegenstand der Entnahme das schlüsselfertige Haus und nicht lediglich der Rohbau (vgl. A 3.3 Abs. 7 Satz 1 UStAE). Der Zeitpunkt der Entnahme ist dann der Zeitpunkt, zu dem der Unternehmer das bebaute Grundstück ausdrücklich oder konkludent entnimmt. Die konkludente Entnahme kann typisierend in dem Zeitpunkt angenommen werden, in dem er in das Haus zu eigenen Wohnzwecken einzieht.

### 2.4.2 Steuersätze bei Entnahme von Gegenständen

Es gelten dieselben Steuersätze wie bei entgeltlichen Leistungen. Soweit also Gegenstände der Anlage 2 entnommen werden, gilt der ermäßigte Steuersatz gem. § 12 Abs. 2 Nr. 1 UStG. Nachdem Restaurationsumsätze als sonstige Leistungen angesehen werden und somit nicht als Lieferungen von Gegenständen der Anlage zum UStG gem. § 12 Abs. 2 Nr. 1 UStG ermäßigt besteuert werden können (vgl. G 4), stellt sich die Frage, ob der Eigenverzehr des Gastwirts als Entnahme einer sonstigen Leistung ebenfalls dem Regelsteuersatz unterliegt. Nach Verwaltungsauffassung ist zu unterscheiden, ob der Gastwirt das Essen in der Gastwirtschaft oder in privaten Räumen einnimmt. Bei der Einnahme in privaten Räumen liegen Entnahmen von Gegenständen vor, die dem ermäßigten Steuersatz gem. § 12 Abs. 2 Nr. 1 UStG i. V. m. der Anlage 2 zum UStG unterliegen können. Nimmt er dagegen das Essen in der Gastwirtschaft ein, ist die Wertabgabe gem. § 3 Abs. 9a Nr. 2 UStG einer sonstigen Leistung gegen Entgelt gleichgestellt und unterliegt damit nicht dem ermäßigten Steuersatz nach § 12 Abs. 2 Nr. 1 UStG. Derartige Wertabgaben werden jedoch im Allgemeinen nach Pauschbeträgen versteuert (vgl. 2.7).

Des Weiteren unterliegt die Eigennutzung einer Ferienwohnung oder eines Ferienhauses dem Regelsteuersatz (vgl. A 12.16 Abs. 5 letzter Spiegelstrich UStAE).

## 2.5 Unentgeltliche Zuwendungen von Gegenständen für den privaten Bedarf des Personals nach § 3 Abs. 1b Nr. 2 UStG

Die Zuwendungen sind für den privaten Bedarf, wenn sie nicht im überwiegenden betrieblichen Interesse erfolgen. Nicht für den privaten Bedarf ist z. B. die Zuwendung typischer Berufskleidung, deren private Nutzung so gut wie ausgeschlossen ist. Auch die Zuwendung so genannter Aufmerksamkeiten fällt nicht unter § 3 Abs. 1b Nr. 2 UStG. Näheres vgl. H 3.2.1.

## 2.6 Andere unentgeltliche Zuwendungen von Gegenständen für Zwecke des Unternehmens nach § 3 Abs. 1b Nr. 3 UStG

Durch § 3 Abs. 1b Nr. 3 UStG werden unentgeltliche Zuwendungen von Gegenständen besteuert, die aus unternehmerischen Gründen (z. B. zu Werbezwecken, zur Verkaufsförderung oder zur Imagepflege) erbracht werden. Hierunter fallen z. B. Sachspenden an Vereine, Warenabgaben anlässlich von Preisausschreiben, Verlosungen usw. zu Werbezwecken. Ausgenommen von der Besteuerung werden lediglich Geschenke von geringem Wert oder die Abgabe von Warenmustern. Geschenke von geringem Wert sind analog der Regelung in § 4 Abs. 5 Nr. 1 Satz 2 EStG dann gegeben, wenn die Anschaffungskosten bzw. die Herstellungskosten pro Empfänger und Kalenderjahr insgesamt netto 35 € nicht übersteigen (A 3.3 Abs. 11 UStAE).

Geschenke und andere unternehmerisch veranlasste Warenabgaben werden auch nur besteuert, wenn die Anschaffungs- oder Herstellungskosten des abgegebenen Gegenstandes oder seine Bestandteile mit USt belastet waren und der Unternehmer hinsichtlich dieser Steuer entweder zum vollen oder zumindest teilweisen Vorsteuerabzug berechtigt war. Deswegen fallen höherwertige Geschenke an Geschäftsfreunde, die nichtabzugsfähige Betriebsausgaben nach § 4 Abs. 5 Nr. 1 EStG darstellen, nicht unter diese Regelung, weil bereits der Vorsteuerabzug nach § 15 Abs. 1a UStG ausgeschlossen ist.

**BEISPIELE**

a) Unternehmer U schenkt einem Kunden eine Flasche Champagner zum Einkaufspreis von 30 € zuzüglich 5,70 € USt.

**LÖSUNG** U tätigt mit der Abgabe der Flasche Champagner eine unentgeltliche Lieferung. Da es sich bei dem Champagner um ein Geschenk von geringem Wert handelt (Nettobetrag nicht über 35 €), kann dieses Geschenk nicht einer entgeltlichen Lieferung gem. § 3 Abs. 1b Nr. 3 UStG gleichgestellt werden. U kann die beim Einkauf des Champagners angefallene USt i. H. v. 5,70 € als Vorsteuer geltend machen.

b) Unternehmer U schenkt einem Kunden eine Kiste Champagner zum Einkaufspreis von 180 € zuzüglich 34,20 € USt.

**LÖSUNG** Es handelt sich nicht mehr um ein Geschenk von geringem Wert. Die Schenkung könnte daher einer entgeltlichen Lieferung gem. § 3 Abs. 1b Nr. 3 UStG gleichgestellt und damit steuerbar sein. Da aber einkommensteuerrechtlich nicht abzugsfähige Betriebsausgaben gem. § 4 Abs. 5 Nr. 1 EStG vorliegen und somit die Vorsteuer gem. § 15 Abs. 1a UStG nicht abzugsfähig ist, ist die Lieferung nach § 3 Abs. 1b Satz 2 UStG keiner Lieferung gegen Entgelt nach § 3 Abs. 1b Nr. 3 UStG gleichgestellt.

c) Der Sekthersteller S überlässt seinen Kunden (Getränkeeinzelhändler) bei Abnahme von 10 Paletten à 4 000 € netto ohne besondere Berechnung eine weitere Palette. Dementsprechend bestellt der Getränkeeinzelhändler G bei S 10 Paletten Sekt zum Preis von 40 000 € zuzüglich 7 600 € USt. S liefert bei G die 10 bestellten Paletten sowie eine weitere Palette ab.

**LÖSUNG** Es liegt keine unentgeltliche Wertabgabe i. S. d. § 3 Abs. 1b Nr. 3 UStG vor. Nach wirtschaftlicher Betrachtungsweise hat G bei S 11 Paletten zum Preis von 10 Paletten erworben. Letztendlich handelt es sich um eine Art von Rabatt. Es liegen somit entgeltliche Lieferungen von 11 Paletten vor, die sämtlich nach § 1 Abs. 1 Nr. 1 UStG steuerbar sind. Die USt bei S hierfür beträgt wie berechnet 7 600 € (vgl. A 3.3 Abs. 18 Satz 1 UStAE).

Strittig war folgender Fall:

**BEISPIEL**

Der Suppen- und Fertiggerichthersteller H überlässt der Supermarktkette S unentgeltlich zur besseren Präsentation der Produkte von H besonders gestaltete Verkaufsständer mit dem Firmenlogo von H. Die Verkaufsständer hat H für insgesamt 200 000 € zuzüglich 38 000 € USt erworben.

**LÖSUNG** Die Verwaltung vertrat hierzu zunächst die Auffassung, die Zuwendung sei steuerbar und steuerpflichtig, da alle Voraussetzungen des § 3 Abs. 1b Nr. 3 UStG erfüllt sind: H hat aus der Anschaffung der Verkaufsständer den vollen Vorsteuerabzug. Das Abzugsverbot nach § 15 Abs. 1a UStG greift nicht ein, da die Verkaufsständer nicht als Geschenke i. S. d. § 4 Abs. 5 Nr. 1 EStG angesehen werden, weil sie bei S ausschließlich betrieblich verwendet werden können (vgl. R 4.10 Abs. 2 Satz 4 EStR). Die Zuwendung wäre danach gem. § 3 Abs. 1b Nr. 3 UStG steuerbar. Die USt betrüge 19 % der Anschaffungskosten von 200 000 €, d. h. 38 000 €. H dürfte S hierüber keine Rechnung mit USt-Ausweis ausstellen (vgl. Umkehrschluss zu § 14 Abs. 4 Satz 2 UStG).

Dieses Ergebnis wurde jedoch allgemein als systemwidrig empfunden, weil in der Unternehmerkette USt anfällt, die nicht als Vorsteuer abgezogen werden kann. Deshalb vertritt nun die Verwaltung die Auffassung, § 3 Abs. 1b Nr. 3 UStG sei einschränkend dahingehend auszulegen, dass die Vorschrift nur auf Zuwendungen von Gegenständen anzuwenden ist, die auch im privaten Bereich Verwendung finden können (vgl. A 3.3 Abs. 15 Sätze 2 und 3 UStAE).

## 2.7 Bemessungsgrundlage bei Lieferungen i. S. d. § 3 Abs. 1b UStG

Für die Bemessungsgrundlage nach § 10 Abs. 4 Nr. 1 UStG ist auch bei im eigenen Unternehmen hergestellten Gegenständen der fiktive Einkaufspreis maßgebend. Nur, wenn der hergestellte Gegenstand eine Sonderanfertigung ist, für die sich ein Marktpreis nicht ermitteln lässt, sind die Selbstkosten zum Zeitpunkt des Umsatzes anzusetzen (vgl. BFH vom 12. 12. 2012 BStBl II 2014, 809 und A 10.6 Abs. 1 Sätze 3 ff. UStAE). Anzusetzen ist,

a) wenn er den Gegenstand unmittelbar nach dem Erwerb oder der Herstellung entnimmt: der Einkaufspreis zuzüglich der üblichen Nebenkosten;

**BEISPIEL**

Der Pkw-Händler H bestellt beim Hersteller einen Pkw für 30 000 € zuzüglich 5 700 € USt, den er in seinem Unternehmen nutzen will. Kurz nach der Auslieferung schenkt er – entgegen seiner ursprünglichen Absicht – den Pkw seinem Sohn.

**LÖSUNG** Der Gegenstandseigenverbrauch bemisst sich nach dem Einkaufspreis von 30 000 € netto. Die USt beträgt 19 % von 30 000 €, d. h. 5 700 € USt. H darf die ihm vom Hersteller berechnete USt als Vorsteuer abziehen.

b) wenn er den Gegenstand nach Ablauf einiger Zeit gebraucht entnimmt: der Einkaufspreis für einen gleichartigen gebrauchten Gegenstand zuzüglich der Nebenkosten;

**BEISPIEL**

Der Pkw-Händler H erwirbt beim Hersteller einen Pkw für 30 000 € zuzüglich 5 700 € USt. Er nutzt den Pkw zunächst als Vorführwagen. Nach sechs Monaten schenkt er ihn seinem Sohn. Für den Erwerb eines derartigen (gebrauchten) Fahrzeugs müsste H 25 500 € zuzüglich 4 845 € USt aufwenden.

**LÖSUNG** Der Gegenstandseigenverbrauch bemisst sich nach dem Einkaufspreis eines gleichartigen Fahrzeugs von 25 500 € netto. Die USt beträgt 19 % von 25 500 €, d. h. 4 845 € USt. H darf die ihm vom Hersteller berechnete USt von 5 700 € als Vorsteuer abziehen.

c) wenn er den Gegenstand nach Ablauf einiger Zeit ungebraucht entnimmt: der Einkaufspreis, der zum Zeitpunkt der Entnahme zu zahlen wäre, zuzüglich der Nebenkosten.

**BEISPIEL**

Der Münzhändler M erwirbt vom Münzhändler H u. a. eine Sammlermünze zum Preis von 2 000 € zuzüglich 380 € USt. Ein Jahr später schenkt er die Münze seiner Ehefrau. Zu diesem Zeitpunkt würde ihn die Münze aufgrund inzwischen gefallener Preise nur 1 800 € zuzüglich 342 € USt kosten.

**LÖSUNG** Der Gegenstandseigenverbrauch bemisst sich nach dem Einkaufspreis, den die Münze im Zeitpunkt der Entnahme hätte. Die USt beträgt somit 19 % von 1 800 €, d. h. 342 €. M darf gleichwohl die ihm von H berechnete USt als Vorsteuer abziehen.

d) wenn er den Gegenstand selbst hergestellt hat und ihn nach Ablauf einiger Zeit ungebraucht entnimmt: der Einkaufspreis, der zum Zeitpunkt der Entnahme zu zahlen wäre, zuzüglich der Nebenkosten für einen gleichartigen Gegenstand oder bei einer Sonderanfertigung die um einen Wertverbrauch (AfA) verminderten Herstellungskosten.

Vereinfacht kann man davon ausgehen, dass ganz allgemein bei der Entnahme eines Gegenstandes die Wiederbeschaffungskosten als Bemessungsgrundlage anzusetzen sind. Wegen der Schwierigkeiten bei der Erfassung des Eigenverbrauchs ermittelt die Verwaltung den Eigenverbrauch für Sachentnahmen bei bestimmten Unternehmern anhand von amtlich festgesetzten **Pauschalwerten**. Solche Pauschalwerte bestehen für einkommensteuerrechtliche und umsatzsteuerrechtliche Zwecke z. B. bei Bäckern, Metzgern, Gastwirten, Konditoreien, Lebensmittelhändlern (Pauschbeträge für das Kalenderjahr 2020 vgl. BMF vom 02.12.2019 BStBl I 2019, 1287).

**BEISPIEL**

Gastwirt G betreibt in Mannheim eine Gastwirtschaft mit Abgabe von kalten und warmen Speisen. Er entnimmt den privaten Bedarf für sich und seine Familie soweit möglich aus der Gastwirtschaft. Zu seiner Familie zählen seine Frau und seine zwei Kinder im Alter von 10 und 13 Jahren. Die Familie nimmt das Essen nicht in der Gastwirtschaft ein. Ab und zu isst G auch in der Gastwirtschaft.

**LÖSUNG** Soweit das Essen nicht in der Gastwirtschaft eingenommen wird, liegt kein Restaurationsumsatz i. S. d. A 3.6 Sätze 3 ff. UStAE vor, der nach § 3 Abs. 9a Nr. 2 UStG einer sonstigen Leistung gegen Entgelt gleichgestellt ist. G entnimmt vielmehr Gegenstände, die zum Teil unter die Anlage 2 zum UStG fallen und deshalb gem. § 12 Abs. 2 Nr. 1 UStG dem ermäßigten Steuersatz unterliegen. Soweit G in der Gastwirtschaft isst, entnimmt er dagegen nach Verwaltungsauffassung keine Gegenstände, sondern eine sonstige Leistung (Restaurationsleistung i. S. v. A 3.6 Sätze 3 ff. UStAE). Die Verwaltung hat für diese Entnahmen von Gegenständen und Restaurationsleistungen insgesamt Pauschalwerte festgelegt, die anzuwenden sind, ohne dass im konkreten Fall geprüft wird, wo jeweils das Essen eingenommen wird (vgl. o. a. BMF vom 02.12.2019 BStBl I 2019, 1287).

## 2.8 Entnahme von Grundstücken

Wird ein Grundstück entnommen und hat das Grundstück ganz oder teilweise zum Vorsteuerabzug berechtigt, ist die Entnahme gemäß § 3 Abs. 1b Nr. 1 UStG einer Lieferung gegen Entgelt gleichgestellt und steuerbar. Sie ist steuerfrei (A 4.9.1 Abs. 2 Nr. 6 und 3.3 Abs. 7 Satz 4 UStAE). Keine Entnahme i. S. d. UStG liegt dagegen vor, wenn ein vermietetes Gebäude aus dem einkommensteuerrechtlichen Betriebsvermögen ins Privatvermögen überführt wird, sofern es weiterhin vermietet wird. Aufgrund der Vermietung bleibt es Unternehmensvermögen.

## 2.9 Beispiele zu den Lieferungen gleichgestellten Wertabgaben

**BEISPIELE**

a) Juwelier J aus Pforzheim besucht seine Tochter in der Schweiz. Er nimmt anlässlich des Besuchs bei seiner Tochter eine Auswahl von Schmuckstücken im Wert von jeweils ca. 5 000 € mit und lässt sie daraus ein Schmuckstück aussuchen, welches er ihr schenkt.

**LÖSUNG** J entnimmt mit der Schenkung an seine Tochter das Schmuckstück aus seinem Unternehmen für Zwecke, die außerhalb seines Unternehmens liegen. Er tätigt damit fiktiv eine entgeltliche Lieferung gem. § 3 Abs. 1b Nr. 1 UStG. Gem. § 3 Abs. 6 UStG ist der Ort der Lieferung dort, wo der Unternehmer mit der Beförderung der Schmuckstücke beginnt, da bei Beförderungsbeginn die Abnehmerin feststeht, also im Inland. Damit ist die fiktive entgeltliche Lieferung gem. § 1 Abs. 1 Nr. 1 UStG steuerbar. Sie ist nicht als Ausfuhrlieferung steuerfrei (vgl. § 6 Abs. 5 UStG) und somit steuerpflichtig.

b) Fabrikant F in Stuttgart schenkt seinem unselbständigen Außendienstmitarbeiter A in Zürich zu dessen 40. Geburtstag einen Laptop, den er hierzu für 2 000 € zuzüglich 380 € USt erworben hat. F bringt den Laptop persönlich zur Geburtstagsfeier des A in Zürich mit.

**LÖSUNG** Bei dem Laptop handelt es sich um mehr als eine Aufmerksamkeit. Somit liegt fiktiv gem. § 3 Abs. 1b Nr. 2 UStG eine entgeltliche Lieferung vor. Der Lieferort bestimmt sich nach § 3 Abs. 6 UStG und ist dort, wo F mit der Beförderung beginnt, da bei Beförderungsbeginn der Abnehmer feststeht, also in Stuttgart. Die Lieferung ist steuerbar. Sie ist nicht als Ausfuhrlieferung steuerfrei, da § 6 Abs. 5 UStG für Lieferungen i. S. d. § 3 Abs. 1b UStG die Befreiung ausschließt. Sie ist daher steuerpflichtig. Die USt beträgt 19 % von 2 000 € = 380 €.

Erwirbt F den Laptop mit dem Ziel, ihn zu verschenken, ist aus dem Kauf des Laptops kein Vorsteuerabzug möglich, sodass eine Besteuerung einer unentgeltlichen Wertabgabe entfällt (A 3.3 Abs. 1 Satz 7 und 15.15 Abs. 1 Satz 1 UStAE).

## 3 Den sonstigen Leistungen gleichgestellte Wertabgaben

Nach § 3 Abs. 9a UStG werden bestimmte Wertabgaben durch einen Unternehmer sonstigen Leistungen gegen Entgelt gleichgestellt, wenn sie erfolgen

- für Zwecke, die außerhalb des Unternehmens liegen oder
- für den privaten Bedarf des Personals, sofern keine Aufmerksamkeiten vorliegen.

Dabei unterscheidet § 3 Abs. 9a UStG zwei Fälle, nämlich

- § 3 Abs. 9a Nr. 1 UStG: die Verwendung eines dem Unternehmen zugeordneten Gegenstandes und
- § 3 Abs. 9a Nr. 2 UStG: die unentgeltliche Erbringung einer anderen sonstigen Leistung.

Während bei der Verwendung eines dem Unternehmen zugeordneten Gegenstandes eine Vorsteuerabzugsberechtigung für Vorbezüge erforderlich ist, damit der Umsatz steuerbar ist, ist bei der unentgeltlichen Erbringung einer anderen sonstigen Leistung die Steuerbarkeit unabhängig von einer Vorsteuerabzugsberechtigung für Vorbezüge gegeben.

### 3.1 Tatbestandsvoraussetzungen für sonstige Leistungen nach § 3 Abs. 9a Nr. 1 UStG für die Steuerbarkeit

Die Verwendung eines dem Unternehmen zugeordneten Gegenstandes ist steuerbar,

a) wenn sie für Zwecke erfolgt die außerhalb des Unternehmens liegen oder für den privaten Bedarf des Personals, sofern keine Aufmerksamkeiten vorliegen und

b) der Gegenstand zum vollen oder teilweisen Vorsteuerabzug berechtigt hat und

Wegen des Vorsteuerabzugsverbots nach § 15 Abs. 1a UStG ist häufig das Tatbestandsmerkmal unter b) nicht erfüllt.

Hauptfall der Anwendung des § 3 Abs. 9a Nr. 1 UStG ist die private Nutzung von Pkw. Im Übrigen könnte man meinen, dass § 3 Abs. 9a Nr. 1 UStG Bedeutung hat für die Fälle der Pkw-Überlassung durch den Arbeitgeber an die Arbeitnehmer. Dies trifft jedoch nach Verwaltungsauffassung nicht zu, weil die Verwaltung in diesen Fällen bis auf wenige Ausnahmen davon ausgeht, es handle sich um tauschähnliche Umsätze, die unmittelbar zur Anwendung des § 1 Abs. 1 Nr. 1 UStG führen (vgl. A 15.23 Abs. 8 und 9 UStAE). Voraussetzung für die Steuerbarkeit ist dann nicht, dass der Gegenstand zum Vorsteuerabzug berechtigt hat.

### 3.1.1 Bemessungsgrundlage

Nach § 10 Abs. 4 Nr. 2 UStG sind Bemessungsgrundlage für sonstige Leistungen nach § 3 Abs. 9a Nr. 1 UStG die bei der Verwendung entstandenen Ausgaben, soweit sie zum vollen oder teilweisen Vorsteuerabzug berechtigt haben. Daher gehören bei der privaten Kraftfahrzeugnutzung z. B. die anteilige Kfz-Steuer und die anteilige Haftpflichtversicherung nicht zur Bemessungsgrundlage. Abweichend von der einkommensteuerrechtlichen Behandlung sind die Anschaffungskosten des Fahrzeugs gem. § 10 Abs. 4 Nr. 2 Sätze 2 und 3 UStG entsprechend dem Berichtigungszeitraum des § 15a UStG auf fünf Jahre verteilt anteilig anzusetzen. Reparaturkosten infolge eines Unfalls gehen ebenfalls in die anteilige Bemessungsgrundlage ein. Dabei wird nicht unterschieden, ob sich der Unfall auf einer betrieblichen oder einer privaten Fahrt ereignet hat. Soweit derartige Ausgaben durch eine Kaskoversicherung ersetzt werden, sind sie nicht in die Bemessungsgrundlage einzubeziehen.

In den Fällen der steuerpflichtigen privaten Nutzung von Gebäuden sind Bemessungsgrundlage nach § 10 Abs. 4 Nr. 2 UStG die Ausgaben, soweit sie zum Vorsteuerabzug berechtigt haben. Die nicht mit Vorsteuer belasteten Ausgaben wie Grundsteuer, Gebäudeversicherung und Schuldzinsen gehören damit nicht zur Bemessungsgrundlage. Im Wesentlichen verbleiben als Bemessungsgrundlage:

- die Anschaffungskosten bzw. Herstellungskosten, soweit sie zum Vorsteuerabzug berechtigt haben, anteilig verteilt entsprechend dem Berichtigungszeitraum des § 15a UStG auf zehn Jahre,
- Reparatur- und Wartungskosten.

### 3.1.2 Beispiele

**BEISPIELE**

a) Unternehmer U erwirbt am 01.03.04 vom Kfz-Händler H einen Pkw für 50 000 € zuzüglich 19 % USt = 9 500 €. U nutzt den Pkw sowohl betrieblich als auch privat. Er führt kein Fahrtenbuch. Aus der Anschaffung des Pkw hat U den vollen Vorsteuerabzug geltend gemacht. Im Kalenderjahr 04 sind für den Pkw insgesamt Kosten in Höhe von 18 000 € i. S. v. § 10 Abs. 4 Nr. 2 UStG angefallen. Hiervon haben Kosten in Höhe von 3 000 € nicht zum Vorsteuerabzug berechtigt. Einkommensteuerrechtlich setzt U seine private Nutzung entsprechend der 1 %-Regelung nach § 6 Abs. 1 Nr. 4 EStG an, da er anhand geeigneter Unterlagen nachweist, dass er das Fahrzeug zu 75 % betrieblich nutzt.

**LÖSUNG** Da U den vollen Vorsteuerabzug aus der Anschaffung des Pkw geltend macht, ordnet er das Fahrzeug konkludent zu 100 % seinem Unternehmen zu. Infolgedessen hat U aus der Anschaffung und den laufenden Kosten den vollen Vorsteuerabzug. Hinsichtlich der Privatnutzung des Pkw tätigt U einen gem. § 3 Abs. 9a Nr. 1 UStG einer sonstigen Leistung gegen Entgelt gleichgestellten Umsatz, der steuerbar und steuerpflichtig ist. Da U kein Fahrtenbuch führt, hat er nach A 15.23 Abs. 5 Satz 4 Nr. 1 Buchst. a UStAE ebenfalls die 1 %-Regelung anzuwenden.

| | | |
|---|---|---|
| 1 % vom Listenpreis brutto 59 500 € | | 595,00 € |
| abzüglich 20 % für nicht vorsteuerbelastete Kosten | ./. | 119,00 € |
| Bemessungsgrundlage für einen Monat | | 476,00 € |
| USt 19 % für einen Monat | | 90,44 € |
| USt für 04 (10 Monate) | | 904,40 € |

Die Bemessungsgrundlage kann ausnahmsweise nach den tatsächlichen Kosten ermittelt werden (vgl. A 15.23 Abs. 5 Satz 4 Nr. 3 UStAE), wenn die ertragsteuerlichen Wertansätze durch die sog. Kostendeckelung begrenzt würde.

b) Unternehmer U erwirbt am 01. 03. 04 vom Kfz-Händler H einen Pkw für 50 000 € zuzüglich 19 % USt = 9 500 €. U nutzt den Pkw sowohl betrieblich als auch privat. Aus der Anschaffung des Pkw hat U den vollen Vorsteuerabzug geltend gemacht. Im Kalenderjahr 04 sind für den Pkw insgesamt Kosten in Höhe von 18 000 € i. S. v. § 10 Abs. 4 Nr. 2 UStG angefallen. Hiervon haben Kosten in Höhe von 3 000 € nicht zum Vorsteuerabzug berechtigt. Anhand eines Fahrtenbuchs weist U nach, dass er im Kalenderjahr 04den Pkw zu 80 % für betriebliche Fahrten und zu 20 % für private Fahrten verwendet hat.

**LÖSUNG** Wie in Fall a) hat U aus der Anschaffung und den laufenden Kosten des Pkw den vollen Vorsteuerabzug. Die USt für die Privatnutzung kann er entsprechend der ertragsteuerlichen Behandlung nur nach der sog. Fahrtenbuchmethode (A 15.23 Abs. 5 Satz 4 Nr. 1 Buchst. b UStAE) wie folgt ermitteln:

| | | |
|---|---|---|
| Gesamtkosten für den Pkw in 04 | | 18 000 € |
| abzüglich nicht vorsteuerbelastete Kosten | ./. | 3 000 € |
| verbleiben | | 15 000 € |
| hiervon entfallen anteilig auf die Privatnutzung 20 % | | 3 000 € |
| USt 19 % von 3 000 € | | 570 € |

c) Unternehmer U erwirbt am 01. 03. 04 vom Kfz-Händler H einen Pkw für 50 000 € zuzüglich 19 % USt = 9 500 €. U nutzt das Fahrzeug nur in geringem Umfang unternehmerisch. Entsprechend A 15.23 Abs. 2 Satz 2 UStAE weist er unter Einbeziehung der Fahrten zwischen seiner Wohnung und dem Betrieb eine unternehmerische Nutzung von 15 % nach. Ohne die Fahrten zwischen Wohnung und Betrieb betrüge die unternehmerische Nutzung nur 5 %. U hat aus der Anschaffung des Pkw die volle Vorsteuer geltend gemacht. Seine private Nutzung will er nach der 1 %-Regelung versteuern.

**LÖSUNG** Zur unternehmerischen Nutzung des Pkw rechnen auch die Fahrten des U zwischen seiner Wohnung und dem Betrieb. Damit beträgt die unternehmerische Nutzung 15 % und U kann den Pkw in vollem Umfang seinem Unternehmen zuordnen. Als Folge hat er aus der Anschaffung und den laufenden Kosten den vollen Vorsteuerabzug. Die Anwendung der 1 %-Regelung setzt jedoch voraus, dass sie auch ertragsteuerrechtlich angewandt werden kann. Dies ist aber nur möglich, wenn das Fahrzeug überwiegend unternehmerisch genutzt wird. Deshalb ist die USt für die Privatnutzung aufgrund der Schätzung des nicht unternehmerischen Nutzungsanteils mit 85 % der zum Vorsteuerabzug berechtigenden Ausgaben i. S. v. § 10 Abs. 4 Nr. 2 UStG zu ermitteln (A 15.23 Abs. 5 Satz 4 Nr. 2 UStAE).

d) Unternehmer U erwirbt zum 01. 03. 04 einen Pkw für 50 000 € zuzüglich 9 500 € USt. U nutzt den Pkw zu etwa 60 % betrieblich und etwa 40 % privat. Aus der Anschaffung des Pkw macht U den vollen Vorsteuerabzug geltend. Im Mai erleidet er infolge grober Fahrlässigkeit (Trunkenheitsfahrt) einen Unfall. Die Reparaturkosten belaufen sich auf 15 000 € zuzüglich 2 850 € USt. U versteuert seine private Nutzung nach der 1 %-Regelung.

**LÖSUNG** Da der Pkw dem Unternehmen zugeordnet ist, ist aus den Reparaturkosten ein Vorsteuerabzug von 2 850 € möglich. Hätte sich der Unfall auf einer privaten Trunkenheitsfahrt ereignet, könnte analog dem BFH vom 11. 04. 2013 BStBl II 2013, 840 in Betracht gezogen werden, den Vorsteuerabzug zu versagen. Im Urteilsfall wurde der Vorsteuerabzug aus Rechtsanwaltskosten versagt, die aufgrund eines Verfahrens wegen Bestechung entstanden waren. Die Fälle sind jedoch nicht vergleichbar, da das Fahrzeug eindeutig zur Erzielung von vorsteuerunschädlichen Ausgangsumsätzen genutzt wird. Die USt für 04 hinsichtlich der privaten Nutzung beläuft sich wie im Fall a) nach der 1 %-Regelung auf 904,40 €. Aufgrund der Pauschalierung wirken sich die Unfallkosten nicht aus.

e) Bauunternehmer B nimmt mit seiner Planierraupe persönlich Erdbewegungen auf seinem privaten Grundstück vor. Die anteilig auf diese Verwendung entfallenden Ausgaben i. S. v. § 10 Abs. 4 Nr. 2 UStG betragen 300 €. Sie haben in vollem Umfang zum Vorsteuerabzug berechtigt.

**LÖSUNG** Die private Verwendung der Planierraupe stellt gem. § 3 Abs. 9a Nr. 1 UStG einen einer sonstigen Leistung gegen Entgelt gleichgestellten Umsatz dar. Der Umsatz ist somit nach § 1 Abs. 1 Nr. 1 UStG steuerbar und steuerpflichtig. Bemessungsgrundlage sind nach § 10 Abs. 4 Nr. 2 UStG die bei der Verwendung entstandenen Ausgaben i. S. v. § 10 Abs. 4 Nr. 2 UStG, soweit sie zum Vorsteuerabzug berechtigt haben. Die USt beträgt 19 % von 300 €, d. h. 57 €.

f) Mit dem Internetprovider O hat der Unternehmer U einen Vertrag abgeschlossen, der es ihm gegen eine monatliche Flatrate von 150 € zuzüglich 28,50 € ermöglicht, das Internet mit mehreren Geräten zu nutzen sowie zu telefonieren. U nutzt die Geräte zu 70 % betrieblich und zu 30 % privat.

**LÖSUNG** Bei der privaten Internet- und Telefonnutzung liegt keine unentgeltliche Wertabgabe nach § 3 Abs. 9a Nr. 2 UStG vor. Bei derartigen Leistungen erfolgt von vornherein eine Aufteilung in einen Teil, der für das Unternehmen bezogen wird, und einen Teil, der für den nicht unternehmerischen Bereich bezogen wird (vgl. A 3.4 Abs. 4 Satz 5 und A 15.2c Abs. 2 Satz 1 Nr. 1 UStAE). U darf 70 % der USt, also monatlich 19,95 €, als Vorsteuer geltend machen.

## 3.2 Tatbestandsvoraussetzungen für sonstige Leistungen nach § 3 Abs. 9a Nr. 2 UStG

Die unentgeltliche Erbringung einer anderen sonstigen Leistung (als die Verwendung eines dem Unternehmen zugeordneten Gegenstands) ist steuerbar, wenn sie für Zwecke erfolgt, die außerhalb des Unternehmens liegen oder für den privaten Bedarf des Personals, sofern keine Aufmerksamkeiten vorliegen. Nicht erforderlich ist, dass der Unternehmer hinsichtlich der für eine solche Leistung bezogenen Vorbezüge vorsteuerabzugsberechtigt war. In folgenden Fällen liegen typische Leistungen i. S. v. § 3 Abs. 9a Nr. 2 UStG vor:

a) Der Gastwirt nimmt in seiner Gastwirtschaft das Essen ein.
b) Der Gastwirt lässt in seiner Gastwirtschaft nahestehende Personen unentgeltlich das Essen einnehmen.
c) Der Unternehmer gibt in der unternehmenseigenen Kantine unentgeltlich Mahlzeiten an seine Arbeitnehmer ab. Ist dies im Arbeitsvertrag explizit geregelt, liegt ein tauschähnlicher Umsatz vor.
d) Der Unternehmer bestellt für seine Arbeitnehmer in einer Gaststätte das Mittagessen, das die Arbeitnehmer dort unentgeltlich einnehmen dürfen (eventuell tauschähnlicher Umsatz, s. o.). Ausnahmefall: A 1.8 Abs. 3 Satz 3 UStAE!
e) Der Unternehmer setzt in seinem Betrieb angestelltes Personal in seinem privaten Bereich ein (Dienstleistungen), vgl. A 3.4 Abs. 5 UStAE.
f) Der Unternehmer lässt von seinem Betrieb in seinem privaten Bereich Werkleistungen vornehmen
g) Der Unternehmer befördert seine Arbeitnehmer zwischen Wohnung und Betrieb, vgl. A 1.8 Abs. 15 UStAE.

Erbringt der Unternehmer unentgeltlich ein Leistungsbündel, wird dieses für die umsatzsteuerrechtliche Behandlung aufgeschnürt und jedes Leistungselement für sich umsatzsteuerrechtlich beurteilt. Wird dagegen eine einheitliche Leistung erbracht, die aus mehreren unterschiedlichen Leistungselementen besteht (die einzelnen Elemente greifen so ineinander, dass sie bei natürlicher Betrachtung hinter dem Ganzen zurücktreten), ist die einheitliche Leistung als Ganzes für die Einordnung unter § 3 Abs. 1b oder Abs. 9a UStG umsatzsteuerrechtlich zu beurteilen. Enthält demnach die einheitliche Leistung Lieferungselemente i. S. v. § 3 Abs. 1b UStG, Leistungselemente i. S. v. § 3 Abs. 9a Nr. 1 UStG und Leistungselemente i. S. v. § 3 Abs. 9a Nr. 2 UStG, ist zu unterscheiden:

a) liegt der Schwerpunkt des Leistungspakets bei den Lieferungselementen (vgl. auch § 3 Abs. 4 UStG), erfolgt die umsatzsteuerrechtliche Behandlung nach den Grundsätzen des § 3 Abs. 1b UStG;

b) liegt der Schwerpunkt bei den Elementen der sonstigen Leistung, die in der Überlassung eines Gegenstandes besteht, erfolgt die umsatzsteuerrechtliche Behandlung nach den Grundsätzen des § 3 Abs. 9a Nr. 1 UStG;

c) liegt der Schwerpunkt bei den Elementen der sonstigen Leistung, steht jedoch nicht die Verwendung eines Gegenstandes eindeutig im Vordergrund, erfolgt die umsatzsteuerrechtliche Behandlung nach den Grundsätzen des § 3 Abs. 9a Nr. 2 UStG.

**BEISPIELE**

a) Einzelunternehmer E hat einen Chauffeur eingestellt. Von diesem lässt er sich mit dem Firmenfahrzeug sowohl geschäftlich als auch privat fahren.

**LÖSUNG** Die Privatfahrten stellen eine einheitliche sonstige Leistung dar, gleichgültig ob das Fahrziel von vornherein feststeht (Beförderungsleistung) oder ob E erst während der Fahrt den Chauffeur anweist, wohin er fahren soll (Nutzung eines bemannten Beförderungsmittels). Im Falle der Beförderungsleistung sind die Privatfahrten nach § 3 Abs. 9a Nr. 2 UStG einer entgeltlichen sonstigen Leistung gleichgestellt.

Im Fall der Nutzung eines bemannten Beförderungsmittels greift ebenfalls § 3 Abs. 9a Nr. 2, und nicht § 3 Abs. 9a Nr. 1 UStG, mit der Folge, dass in die Bemessungsgrundlage auch die nicht vorsteuerbelasteten Kosten für den Chauffeur eingehen. Der Leistungsort bei einer Personenbeförderung liegt nach § 3b Abs. 1 Satz 1 UStG dort, wo die Beförderung tatsächlich bewirkt wird, also dort, wo das Beförderungsmittel gefahren wird.

b) Einzelunternehmer E hat den Gärtner G zur Pflege des Betriebsgeländes eingestellt. Während der gewöhnlichen Arbeitszeit lässt E den G auch den Park seiner privaten Villa pflegen. Hierbei entstehen auch Kosten in nennenswertem Umfang durch den Einsatz von Arbeitsgeräten, die dem Unternehmen des E zugeordnet sind, für die aber wegen fehlender Rechnungsbelege ein Vorsteuerabzug nicht möglich war.

**LÖSUNG** Die Pflege des Parks durch G stellt eine einheitliche sonstige Leistung dar, die nach § 3 Abs. 9a Nr. 2 UStG zu beurteilen ist. Zur Bemessungsgrundlage gehören neben den Personalkosten daher auch die Kosten für die Arbeitsgeräte.

### 3.2.1 Bemessungsgrundlage für sonstige Leistungen nach § 3 Abs. 9a Nr. 2 UStG

Nach § 10 Abs. 4 Nr. 3 UStG sind Bemessungsgrundlage für sonstige Leistungen nach § 3 Abs. 9a Nr. 2 UStG die bei der Ausführung entstandenen Kosten. Auch nicht vorsteuerbelastete Kosten wie z. B. Personalkosten oder Versicherungsbeiträge gehören zur Bemessungsgrundlage.

### 3.2.2 Beispiele zu den sonstigen Leistungen gleichgestellten Wertabgaben

**BEISPIELE**

a) Restaurateur R restaurierte für seinen Sohn S ein wertvolles Ölgemälde. S wohnt in Zürich. Er brachte das Gemälde zu R nach Stuttgart und R sandte das restaurierte Gemälde zu S nach Zürich. Bei der Restaurierung sind im Wesentlichen Personalkosten i. H. v. 3 000 € angefallen.

**LÖSUNG** Die Restaurierung stellt gem. § 3 Abs. 9a Nr. 2 UStG einen einer sonstigen Leistung gegen Entgelt gleichgestellten Umsatz dar. Der Ort der Leistung ist nach § 3a Abs. 3 Nr. 3 Buchst. c UStG in Stuttgart. Der Umsatz ist somit nach § 1 Abs. 1 Nr. 1 UStG steuerbar. Er ist auch steuerpflichtig, da die Befreiung für Lohnveredelungen an Gegenständen der Ausfuhr nach § 7 Abs. 5 UStG ausgeschlossen ist. Bemessungsgrundlage sind nach § 10 Abs. 4 Nr. 3 UStG die bei der Restaurierung entstandenen Kosten, also 3 000 €, obwohl diese nicht zum Vorsteuerabzug berechtigt haben. Die USt beträgt 19 % von 3 000 €, d. h. 570 €.

b) Malermeister M hat einen Malerbetrieb. Er ist auch Eigentümer eines Mietshauses. Nach Auszug eines Mieters streicht er die Wände der Wohnung neu an. Der Anstrich erfolgt nicht im Auftrag des alten bzw. neuen Mieters.

**LÖSUNG** Nach dem Grundsatz der Unternehmenseinheit hat ein Unternehmer immer nur ein Unternehmen. Zum einheitlichen Unternehmen des M gehört sowohl sein Malerbetrieb als auch sein Mietshaus. Das Anstreichen der Wände in diesem Mietshaus erfolgt somit nicht für außerunternehmerische Zwecke. Eine Leistung nach § 3 Abs. 9a Nr. 2 UStG kommt daher nicht in Betracht. Bezüglich der verwendeten Farbe kann das Vorsteuerabzugsverbot nach § 15 Abs. 2 UStG eingreifen oder eine Vorsteuerberichtigung nach § 15a Abs. 2 UStG in Betracht kommen.

Mit dem obigen Beispiel darf folgendes Beispiel nicht verwechselt werden:

**BEISPIEL**

Malermeister M hat einen Malerbetrieb. Er ist gemeinsam mit seiner Ehefrau E Miteigentümer eines Mietshauses. Die Mietverträge werden stets im Namen beider Ehegatten abgeschlossen. Nach Auszug eines Mieters streichen Arbeitnehmer des M die Wände der Wohnung neu an. Der Anstrich erfolgt nicht im Namen des alten oder neuen Mieters. M erhält hierfür auch keine Vergütung von der Ehegattengemeinschaft.

**LÖSUNG** Das Mietshaus gehört nicht zum Unternehmen des M. Insoweit ist die Ehegattengemeinschaft Unternehmer und damit auch Leistungsempfänger bezüglich der Malerarbeiten des M. Die Leistung erfolgt somit unentgeltlich an einen anderen Leistungsempfänger. Da die Leistung auch nicht mittelbar zur Erzielung von Einnahmen für das Einzelunternehmen des M erbracht wird, liegt eine Leistung nach § 3 Abs. 9a Nr. 2 UStG vor (vgl. A 1.6 Abs. 7 Nr. 2 Beispiel 4 Sätze 4 und 5 UStAE). Bezüglich der verwendeten Farbe kann das Vorsteuerabzugsverbot nach § 15 Abs. 2 UStG eingreifen oder eine Vorsteuerberichtigung nach § 15a Abs. 2 UStG in Betracht kommen, sodass nur die Personalkosten in die Bemessungsgrundlage für die unentgeltliche Wertabgabe einfließen.

# 4 Übungsfälle zu den unentgeltlichen Wertabgaben

## 4.1 Übungsfälle zu Wertabgaben, die den Lieferungen gleichgestellt sind

### 4.1.1 Übungsfälle zur Zugehörigkeit von Gegenständen zum Unternehmen

1. Der Gewerbetreibende G ist Eigentümer einer Eigentumswohnung, die er an seinen Sohn vermietet hat. Bezüglich dieser Wohnung erklärt er einkommensteuerrechtlich Einkünfte aus Vermietung und Verpachtung. G schenkt seinem Sohn die Eigentumswohnung.
2. Der Gewerbetreibende G hat ein Grundstück erworben, um es in einigen Jahren mit einem Einkaufszentrum zu bebauen. G macht aus den Notarkosten den Vorsteuerabzug geltend.
3. Der Gewerbetreibende G hat ein Grundstück erworben, um es in einigen Jahren mit einem Miethaus zu bebauen.
4. Der Gewerbetreibende G hat ein Grundstück erworben, um es in einigen Jahren mit einem Einfamilienhaus zu bebauen.
5. Fahrradhändler F verlost im Rahmen einer Werbeveranstaltung unter allen Anwesenden ein Handy und zwei Karten zu einem Timberlake-Konzert. Beides hat er zuvor zu diesem Zweck erworben. Das Handy hat 360 € incl. 19 % USt gekostet, die beiden Karten 360 € incl. 7 % USt.

### 4.1.2 Übungsfälle zur Entnahme von Gegenständen aus dem Unternehmen

1. Der Gewerbetreibende G verschenkt aus seinem Gewerbebetrieb gebrauchtes Mobiliar an einen Angehörigen.
2. Der Gewerbetreibende G verschenkt aus seinem Gewerbebetrieb gebrauchtes Mobiliar an einen Arbeitnehmer.
3. Der Gewerbetreibende G veräußert aus seinem Gewerbebetrieb gebrauchtes Mobiliar an einen Angehörigen zum Preis von insgesamt 200 €. Der gemeine Wert des Mobiliars beträgt 800 €.
4. Der Gewerbetreibende G fährt nach einem privaten Zechgelage den betrieblichen Pkw infolge grober Fahrlässigkeit zu Schrott. Sein Blutalkoholspiegel wird auf die Zeit des Unfalls mit 2,4 Promille ermittelt.
5. Der Gewerbetreibende G ist lebensmüde und benutzt den betrieblichen Pkw zur Selbsttötung, indem er mit Vollgas eine Hauswand ansteuert. Der Pkw erleidet Totalschaden. G kommt infolge besonders glücklicher Umstände mit dem Leben davon.
6. Ein in Freiburg im Breisgau ansässiger Steuerberater befindet sich auf einer Geschäftsreise in Luzern (Schweiz). Während seines Aufenthalts in Luzern schenkt er seiner Freundin, die in Zürich wohnt, seinen betrieblichen Pkw.

### 4.1.3 Übungsfälle zum Ort der Lieferungen nach § 3 Abs. 1b UStG

1. Der Antiquitätenhändler A in Stuttgart schenkt seiner in Frankreich wohnenden Tochter aus seinem Antiquitätengeschäft ein wertvolles Gemälde. Er versendet das Gemälde von Stuttgart nach Frankreich. A überschreitet nicht die französische Lieferschwelle.
2. Der Antiquitätenhändler A in Stuttgart schenkt seiner in Frankreich wohnenden Tochter ein wertvolles Gemälde aus seinem Antiquitätengeschäft. Er übergibt das Gemälde seiner Tochter als sie ihn in Stuttgart besucht.
3. Der Antiquitätenhändler A in Stuttgart schenkt seiner in der Schweiz wohnenden Tochter ein wertvolles Gemälde aus seinem Antiquitätengeschäft. Er versendet das Gemälde von Stuttgart in die Schweiz. Die schweizerische Einfuhrumsatzsteuer wird von A entrichtet.

### 4.1.4 Übungsfälle zum Umfang der Lieferungen nach § 3 Abs. 1b UStG

1. Der Rohbauunternehmer R errichtet auf einem zu seinem umsatzsteuerrechtlichen Privatvermögen gehörenden Grundstück ein Einfamilienhaus. Nach Erstellung des Rohbaus beauftragt er andere Unternehmer des Baunebengewerbes mit den weiteren Ausbauarbeiten, z. B. den Installateur I mit der Installation der Wasserleitungen usw. Die von I erteilte Rechnung wurde über ein betriebliches Konto des R beglichen. R macht daraus den Vorsteuerabzug geltend.
2. Der Rohbauunternehmer R errichtet auf einem zu seinem umsatzsteuerrechtlichen Privatvermögen gehörenden Grundstück ein Einfamilienhaus. Nach Erstellung des Rohbaus beauftragt er andere Unternehmer des Baunebengewerbes mit den weiteren Ausbauarbeiten, z. B. den Installateur I mit der Installation der Wasserleitungen usw. Die von I erteilte Rechnung wurde über ein privates Konto des R beglichen. Die Fremdleistungen des I wurden im Rahmen der betrieblichen Organisation des R beschafft. R macht aus den Bauhandwerkerrechnungen den Vorsteuerabzug geltend.

3. Der Rohbauunternehmer R errichtet auf einem zu seinem umsatzsteuerrechtlichen Privatvermögen gehörenden Grundstück ein Einfamilienhaus in der Absicht, dieses zu vermieten. Nach Erstellung des Rohbaus beauftragt er andere Unternehmer des Baunebengewerbes mit den weiteren Ausbauarbeiten, z. B. den Installateur I mit der Installation der Wasserleitungen usw. Die von I erteilte Rechnung wurde über ein betriebliches Konto des R beglichen.
4. Der Rohbauunternehmer R errichtet auf einem zu seinem umsatzsteuerrechtlichen Privatvermögen gehörenden Grundstück ein Einfamilienhaus in der Absicht, dieses zu vermieten. Nach Erstellung des Rohbaus beauftragt er andere Unternehmer des Baunebengewerbes mit den weiteren Ausbauarbeiten, z. B. den Installateur I mit der Installation der Wasserleitungen usw. Die von I erteilte Rechnung wurde über ein betriebliches Konto des R beglichen. Nach Fertigstellung ändert er seine Pläne und zieht selbst in das Einfamilienhaus auf Dauer ein.
5. Der Installateur I errichtet auf einem zu seinem umsatzsteuerrechtlichen Privatvermögen gehörenden Grundstück ein Einfamilienhaus. Mit der Erstellung des Rohbaus beauftragt er den Rohbauunternehmer R. Die von R erteilte Rechnung wurde über ein betriebliches Konto des I beglichen. Nach Fertigstellung des Rohbaus nimmt I die Installationsarbeiten selbst vor. Die weiteren Ausbauarbeiten überträgt er anderen Unternehmern des Baunebengewerbes.

### 4.1.5 Übungsfälle zum Steuersatz bei unentgeltlichen Wertabgaben

1. Ein gemeinnütziger Verein tätigt im Rahmen eines Zweckbetriebs Entnahmen nach § 3 Abs. 1b Nr. 1 UStG. Er möchte den ermäßigten Steuersatz nach § 12 Abs. 2 Nr. 8 UStG in Anspruch nehmen.
2. Der Gastwirt G nimmt mit seiner Familie in seiner Gastwirtschaft regelmäßig sein Essen ein.
3. A und B betreiben gemeinsam die Gastwirtschaft G. A und B nehmen in der Gastwirtschaft unentgeltlich das Essen ein.

### 4.1.6 Übungsfälle zur Bemessungsgrundlage bei Lieferungen nach § 3 Abs. 1b UStG

1. Der Gewerbetreibende G verschenkt seinen gebrauchten Betriebs-Pkw seinem Sohn S anlässlich dessen bestandenen Abiturs. Der Teilwert (Wiederbeschaffungspreis) des Pkw beträgt 12 500 €, der gemeine Wert 13 000 € und der Buchwert 6 000 €.
2. Die X-GmbH verschenkt ihren gebrauchten Betriebs-Pkw an ihren Gesellschafter G. Der Teilwert (Wiederbeschaffungspreis) des Pkw beträgt 12 500 €, der gemeine Wert 13 000 € und der Buchwert 6 000 €.
3. Der Installateur I errichtet auf einem zu seinem umsatzsteuerrechtlichen Privatvermögen gehörenden Grundstück ein Einfamilienhaus. Mit der Erstellung des Rohbaus beauftragt er den Rohbauunternehmer R. Die von R erteilte Rechnung wurde über ein betriebliches Konto des I beglichen. Nach Fertigstellung des Rohbaus nimmt I die Installationsarbeiten selbst vor. Die weiteren Ausbauarbeiten überträgt er anderen Unternehmern des Baunebengewerbes. Für die Installationen fallen Materialkosten i. H. v. 20 000 € und Arbeitslöhne i. H. v. 4 000 € an. Seine eigene Mitarbeit hat ihm Arbeitslöhne i. H. v. 3 000 € gespart. Einem Kunden hätte er für die Installationen insgesamt 30 000 € zuzüglich 5 700 € USt berechnet.

## 4.2 Übungsfälle zu den sonstigen Leistungen nach § 3 Abs. 9a UStG

### 4.2.1 Übungsfälle zur Abgabe einer sonstigen Leistung zu unternehmensfremden Zwecken

1. Der Gewerbetreibende G hat einen Pkw ab Februar 19 geleast (Mietleasing). Er nutzt das Fahrzeug zu 80 % betrieblich und zu 20 % privat.
2. Der Gewerbetreibende G hat einen Pkw ab Februar 19 geleast (Kaufleasing). Er nutzt das Fahrzeug zu 60 % betrieblich und zu 40 % privat. G macht die ihm vom Leasingunternehmen in Rechnung gestellte USt voll als Vorsteuer geltend.
3. Der Gewerbetreibende G nutzt seinen Telefonanschluss zu 80 % betrieblich und zu 20 % privat. Die Telefonanlage hat G käuflich für 400 € zuzüglich 76 € USt erworben. Er hat sofort die Umsatzsteuer in voller Höhe als Vorsteuer geltend gemacht.
4. Der Bauunternehmer B ist Mitglied des Tennisclubs T. Zum Bau eines neuen Vereinsheims des T lässt B seinen Arbeitnehmer A unter Einsatz des dem B gehörigen Baggers die Baugrube unentgeltlich ausheben.
5. Der Bauunternehmer B ist Mitglied des Tennisclubs T. Zum Bau eines neuen Vereinsheims des T lässt B seinen Arbeitnehmer A unter Einsatz des dem B gehörigen Baggers die Baugrube ausheben. B berechnet dem T lediglich den anteiligen Arbeitslohn des A in Höhe von 200 €. Normalerweise hätte er einem Kunden hierfür 1 500 € zuzüglich 285 € USt berechnet.

### 4.2.2 Übungsfälle zum Ort der Leistungen nach § 3 Abs. 9a UStG

1. Der Gewerbetreibende G in Stuttgart fuhr seinen betrieblichen Pkw, den er im Jahr 04 erworben hat, im Kalenderjahr 05 insgesamt 20 000 km. Hiervon fuhr er privat 3 000 km im Inland und 2000 km im Ausland.
2. Der Gewerbetreibende G in Stuttgart hat in Österreich ein Ferienappartement, welches er über eine Agentur ständig an Feriengäste vermietet. Er selbst nutzt es jährlich für ca. drei Wochen.
3. Die in Bregenz (Österreich) wohnende Ehefrau E des Rechtsanwalts R, der seine Praxis in Lindau (Deutschland) betreibt, ist in Bregenz wegen eines Straßenverkehrsdelikts angeklagt. R beauftragt den bei ihm angestellten Rechtsanwalt A mit der Verteidigung der E.
4. Der in Deutschland ansässige Architekt A erbringt für seine Tochter T unentgeltlich eine Planungsleistung für die Errichtung eines Einfamilienhauses auf einem Grundstück, das in Polen liegt.

### 4.2.3 Übungsfälle zur Bemessungsgrundlage bei den Leistungen nach § 3 Abs. 9a UStG

1. Der Gewerbetreibende G hat einen am 01. 03. 19 für 20 000 € zuzüglich 3 800 € USt angeschafften Pkw, den er zu 80 % betrieblich und zu 20 % privat nutzt. Den Umfang der unternehmerischen Nutzung weist G anhand geeigneter Unterlagen nach. Auf dem Kfz-Konto wurden für das Jahr 19 Kosten i. H. v. 5 000 € (ohne AfA) verbucht. Davon sind i. H. v. 1 000 € nicht vorsteuerbelastete Kosten. G hat den Pkw zu 100 % seinem Unternehmen zugeordnet. Von der 1 %-Regelung zur pauschalen Ermittlung der Bemessungsgrundlage für die private Nutzung möchte G keinen Gebrauch machen.

2. Der Gewerbetreibende G hat einen am 01. 03. 19 für 20 000 € zuzüglich 3 800 € USt angeschafften Pkw, den er zu 80 % betrieblich und zu 20 % privat nutzt. Den Umfang der unternehmerischen Nutzung weist G anhand geeigneter Unterlagen nach. Auf dem Kfz-Konto wurden für das Jahr 19 Kosten i. H. v. 5 000 € (ohne AfA) verbucht. Davon sind i. H. v. 1 000 € nicht vorsteuerbelastete Kosten. Nicht verbucht wurde bisher ein Betrag i. H. v. 3 000 € zuzüglich 570 € USt. Dieser Betrag wurde für eine Reparatur des Pkw aufgrund eines Unfalls bei einer Privatfahrt aufgewendet. Eine Kaskoversicherung besteht nicht. G hat den Pkw zu 100 % seinem Unternehmen zugeordnet. Von der 1 %-Regelung zur pauschalen Ermittlung der Bemessungsgrundlage für die private Nutzung möchte G keinen Gebrauch machen.
3. Der Gewerbetreibende G hat einen am 01. 03. 19 für 20 000 € zuzüglich 3 800 € USt angeschafften Pkw, den er zu 80 % betrieblich und zu 20 % privat nutzt. Den Umfang der unternehmerischen Nutzung weist G anhand geeigneter Unterlagen nach. Auf dem Kfz-Konto wurden für das Jahr 19 Kosten i. H. v. 5 000 € (ohne AfA) verbucht. Davon sind i. H. v. 1 000 € nicht vorsteuerbelastete Kosten. Nicht verbucht wurde bisher ein Betrag i. H. v. 3 000 € zuzüglich 570 € USt. Dieser Betrag wurde für eine Reparatur des Pkw aufgrund eines Unfalls bei einer Privatfahrt aufgewendet. Die Kaskoversicherung des G ersetzte ihm hiervon 2 000 €. G verbuchte diese 2 000 € auf dem Betriebskonto »sonstige Erträge«. G hat den Pkw zu 100 % seinem Unternehmen zugeordnet. Von der 1 %-Regelung zur pauschalen Ermittlung der Bemessungsgrundlage für die private Nutzung möchte G keinen Gebrauch machen.
4. Der Gewerbetreibende G hat einen am 01. 03. 19 für 20 000 € zuzüglich 3 800 € USt angeschafften Pkw, den er zu 80 % betrieblich und zu 20 % privat nutzt. Den Umfang der unternehmerischen Nutzung weist G anhand geeigneter Unterlagen nach. Auf dem Kfz-Konto wurden für das Jahr 19 Kosten i. H. v. 5 000 € (ohne AfA) verbucht. Davon sind i. H. v. 1 000 € nicht vorsteuerbelastete Kosten. Nicht verbucht wurde bisher ein Betrag i. H. v. 3 000 € zuzüglich 570 € USt. Dieser Betrag wurde für eine Reparatur des Pkw aufgrund eines Unfalls bei einer Privatfahrt aufgewendet. Die Kaskoversicherung des G ersetzte ihm hiervon 2 000 €. G wies die Versicherung an, das Geld auf ein privates Konto zu überweisen. Von diesem Konto nahm G immer das Geld, welches er für amouröse Abenteuer benötigte, von denen seine in der Buchhaltung mitarbeitende Ehefrau nichts erfahren durfte. G hat den Pkw zu 100 % seinem Unternehmen zugeordnet. Von der 1 %-Regelung zur pauschalen Ermittlung der Bemessungsgrundlage für die private Nutzung möchte G keinen Gebrauch machen.
5. Der Gewerbetreibende G hat einen am 01. 03. 19 für 20 000 € zuzüglich 3 800 € USt angeschafften Pkw, den er zu 80 % betrieblich und zu 20 % privat nutzt. Den Umfang der unternehmerischen Nutzung weist G anhand geeigneter Unterlagen nach. Auf dem Kfz-Konto wurden für das Jahr 02 Kosten i. H. v. 5 000 € (ohne AfA) verbucht. Davon sind i. H. v. 1 000 € nicht vorsteuerbelastete Kosten. Am 31. 12. des Jahres 20 baute G mit dem Pkw nach erheblichem Alkoholgenuss einen Unfall, in dessen Folge ein Totalschaden am Fahrzeug eintrat. Der Buchwert des Pkw am 01. 01. 20 betrug noch 16 000 €. Der Teilwert (Nettowert) des Fahrzeugs am 31. 12. 20 betrug vor dem Unfall noch 15 000 €, nach dem Unfall 1 000 € (Schrottwert). Die Kaskoversicherung ersetzte aufgrund der Trunkenheitsfahrt nichts. G hat den Pkw zu 100 % seinem Unternehmen zugeordnet. Von der 1 %-Regelung zur pauschalen Ermittlung der Bemessungsgrundlage für die private Nutzung möchte G keinen Gebrauch machen.

# Teil O Innergemeinschaftlicher Erwerb

## 1 Allgemeines

Seit dem 01. 01. 1993 sind die innergemeinschaftlichen Zollgrenzen entfallen. Infolgedessen wird bei grenzüberschreitenden Warenbewegungen innerhalb der EU keine Einfuhrumsatzsteuer mehr erhoben. Soweit es sich hierbei um Warenbewegungen im unternehmerischen Bereich handelt (von Unternehmen zu Unternehmen bzw. von Betriebsstätte zu Betriebsstätte) oder um Erwerbe durch juristische Personen, tritt (abgesehen von bestimmten Ausnahmen) an die Stelle der Einfuhrumsatzsteuer der Tatbestand des innergemeinschaftlichen Erwerbs (vgl. § 1 Abs. 1 Nr. 5, § 1a und § 1b UStG). Während die Einfuhrumsatzsteuer nach wie vor von den Zollbehörden erhoben wird, ist die Erwerbsumsatzsteuer beim Finanzamt anzumelden und an dieses abzuführen. Zweck dieser Regelung ist es, in diesen Fällen – wie früher durch die Einfuhrumsatzsteuer – weiterhin eine Besteuerung im Bestimmungsland der Ware zu erreichen. Wie die Einfuhrumsatzsteuer kann auch die Erwerbsumsatzsteuer als Vorsteuer abgezogen werden, wenn die Ware vom erwerbenden Unternehmer für steuerpflichtige Umsätze verwendet wird.

Der innergemeinschaftliche Erwerb wurde bereits im Teil D 8 im Zusammenhang mit den innergemeinschaftlichen Lieferungen dargestellt. Nachfolgend werden die Ausführungen um weitere Einzelheiten ergänzt.

## 2 Allgemeine Tatbestandsvoraussetzungen des innergemeinschaftlichen Erwerbs

Ein innergemeinschaftlicher Erwerb liegt grundsätzlich nach § 1 Abs. 1 Nr. 5 i. V. m. § 1a Abs. 1 UStG vor, wenn folgende Voraussetzungen vorliegen:

a) ein Gegenstand gelangt bei einer Lieferung aus dem Gebiet eines anderen Mitgliedstaates der EU in das Inland (§ 1a Abs. 1 Nr. 1 UStG),
b) der Abnehmer ist
- entweder ein Unternehmer, der den Gegenstand für sein Unternehmen erwirbt (§ 1a Abs. 1 Nr. 2 Buchst. a UStG),
- oder eine juristische Person (§ 1a Abs. 1 Nr. 2 Buchst. a oder b UStG),

c) der Lieferer ist ein Unternehmer, der die Lieferung gegen Entgelt im Rahmen seines Unternehmens bewirkt, und die Lieferung ist nicht in dem Mitgliedstaat, der für die Besteuerung des Lieferers zuständig ist, aufgrund der Sonderregelung für Kleinunternehmer steuerfrei (§ 1a Abs. 1 Nr. 3 Buchst. a und b UStG),
d) der Erwerb erfolgt im Inland (§ 1 Abs. 1 Nr. 5 UStG),
e) der Erwerber fällt nicht unter die Ausnahmeregelung des § 1a Abs. 3 bis 5 UStG,
f) es liegt kein Fall eines sog. Konsignationslagers i. S. d. § 6b UStG vor (§ 1a Abs. 2a UStG).

**Zu a):** Der Gegenstand kann durch den Abnehmer selbst oder durch einen Erfüllungsgehilfen des Abnehmers in dem anderen EU-Land abgeholt werden. Der Gegenstand kann auch durch den Lieferer oder einen Erfüllungsgehilfen des Lieferers vom anderen EU-Land ins Inland befördert oder versendet werden.

**Zu b):** Ist der Erwerber keine juristische Person, jedoch Unternehmer, muss der Gegenstand bei ihm Unternehmensvermögen werden (vgl. N 2.2).

Ist der Erwerber eine juristische Person, kommt eine Erwerbsbesteuerung auch dann in Frage, wenn sie nicht Unternehmer ist bzw. zwar Unternehmer ist, jedoch den Gegenstand nicht für ihr Unternehmen erwirbt. Eine Erwerbsbesteuerung kommt demnach z. B. auch in Frage bei Erwerben durch nichtunternehmerisch tätige Holdinggesellschaften, bei Erwerben durch eingetragene Vereine für ihren ideellen Bereich und bei Erwerben durch juristische Personen des öffentlichen Rechts für ihren Hoheitsbereich.

**Zu c):** Die Lieferung muss beim Lieferer in irgendeinem EU-Mitgliedstaat steuerbar sein. Die Steuerbarkeit kann sich auch aus § 3 Abs. 8 UStG ergeben, wenn der Gegenstand vom Drittlandsgebiet im Zuge des § 3 Abs. 6 Satz 1 UStG durch den Lieferer ins Gemeinschaftsgebiet gelangt und der Lieferer oder sein Beauftragter Schuldner der bei der Einfuhr zu entrichtenden Einfuhrumsatzsteuer ist (vgl. § 1a Abs. 1 Nr. 1 Satz 1 letzter Halbsatz UStG). Ist der Lieferer nach dem Recht des für seine Besteuerung zuständigen Mitgliedstaates als Kleinunternehmer von der Steuerpflicht befreit, liegt kein innergemeinschaftlicher Erwerb vor (§ 1a Abs. 1 Nr. 3 Buchst. b UStG). Der Erwerb wird außerdem nicht besteuert, wenn die Lieferung im anderen Mitgliedstaat der Differenzbesteuerung entsprechend § 25a UStG unterliegt (vgl. § 25a Abs. 7 Nr. 2 UStG).

**Zu d):** Der innergemeinschaftliche Erwerb ist nach § 1 Abs. 1 Nr. 5 UStG nur dann steuerbar, wenn er **im Inland** erfolgt. Der innergemeinschaftliche Erwerb erfolgt gem. § 3d Satz 1 UStG im Inland, wenn sich der Gegenstand am Ende der Beförderung oder Versendung im Inland befindet. Berührt ein Gegenstand also das Inland nur im Wege der Durchfuhr, liegt kein steuerbarer innergemeinschaftlicher Erwerb vor.

Verwendet der Erwerber gegenüber dem Lieferer eine USt-IdNr., die von einem Mitgliedstaat erteilt wurde, in welchem die Beförderung oder Versendung nicht endet, gilt der Erwerb nach § 3d Satz 2 UStG so lange in dem Gebiet dieses Mitgliedstaates als bewirkt, von dem die USt-IdNr. erteilt wurde. Die Erwerbsteuer entfällt, sobald der Erwerber nachweist, dass der Erwerb durch den Mitgliedstaat besteuert worden ist, in dem sich der Gegenstand am Ende der Beförderung oder Versendung befindet (vgl. § 17 Abs. 2 Nr. 4 UStG). Der Erwerbsort nach § 3d Satz 1 UStG bleibt bestehen und wird nicht durch § 3d Satz 2 UStG verlagert. § 3d Satz 2 UStG fingiert zusätzlich einen Erwerb in dem Mitgliedstaat, dessen USt-IdNr. vom Erwerber verwendet wird. Damit soll gesichert werden, dass der Erwerb mindestens in einem EU-Land erfasst wird.

Der EuGH (Urteil vom 22.04.2010, UR 2010, 418) ist der Auffassung, dass § 3d Satz 2 UStG dazu dient, die Besteuerung des innergemeinschaftlichen Erwerbs im Bestimmungsmitgliedstaat sicherzustellen. Die gleichzeitige Besteuerung in dem Mitgliedstaat, dessen (abweichende) USt-IdNr. verwendet wurde, ist damit eine Art Strafsteuer, die bestehen bleibt, bis der Erwerber nachweist, dass der Erwerb durch den Mitgliedstaat besteuert worden ist, in dem sich der Gegenstand am Ende der Beförderung oder Versendung befindet. Der BFH hat sich mit seinen Urteilen vom 01.09.2010, BStBl II 2011, 658 und 08.09.2010, BStBl II 2011, 661 dem EuGH angeschlossen. Der BFH hat konsequenterweise entschieden, dass der Unternehmer die Steuer für den innergemeinschaftlichen Erwerb von Gegenständen für sein Unternehmen nicht nach § 15 Abs. 1 Nr. 3 UStG als Vorsteuer abziehen kann, wenn sich der Ort des innergemeinschaftlichen Erwerbs nach § 3d Satz 2 UStG bestimmt (vgl. auch A 15.10 Abs. 2 Satz 2 UStAE). Würde der Vorsteuerabzug gewährt werden, ginge der Strafsteuercharakterverloren. Der Gesetzgeber hat § 15 Abs. 1 Nr. 3 UStG inzwischen dementsprechend angepasst.

**BEISPIEL**

Unternehmer A aus Frankfurt/Main erwirbt beim Unternehmer L in Lyon (Frankreich) unter Verwendung seiner deutschen USt-IdNr. eine Maschine. A holt die Maschine direkt bei L ab und transportiert sie in sein Zweigwerk in Gent (Belgien).

**LÖSUNG** Nach § 3d Satz 1 UStG wird der innergemeinschaftliche Erwerb in Belgien bewirkt und ist demzufolge in Deutschland nicht steuerbar. A muss den innergemeinschaftlichen Erwerb in Belgien anmelden und versteuern. Kommt A dieser Verpflichtung nach, kann er die Besteuerung im Bestimmungsland Belgien nachweisen. Die Fiktion des § 3d Satz 2 UStG greift dann nicht ein und der Erwerb ist im Inland nicht steuerbar. Weist A dagegen die Besteuerung in Belgien nicht nach, wird sein Erwerb aufgrund der Fiktion des § 3d Satz 2 UStG der Besteuerung in Deutschland unterworfen. Ein Vorsteuerabzug aus der Erwerbsteuer ist nicht möglich. Die Besteuerung in Deutschland befreit A auch nicht von der Verpflichtung, den Erwerb in Belgien zu versteuern.

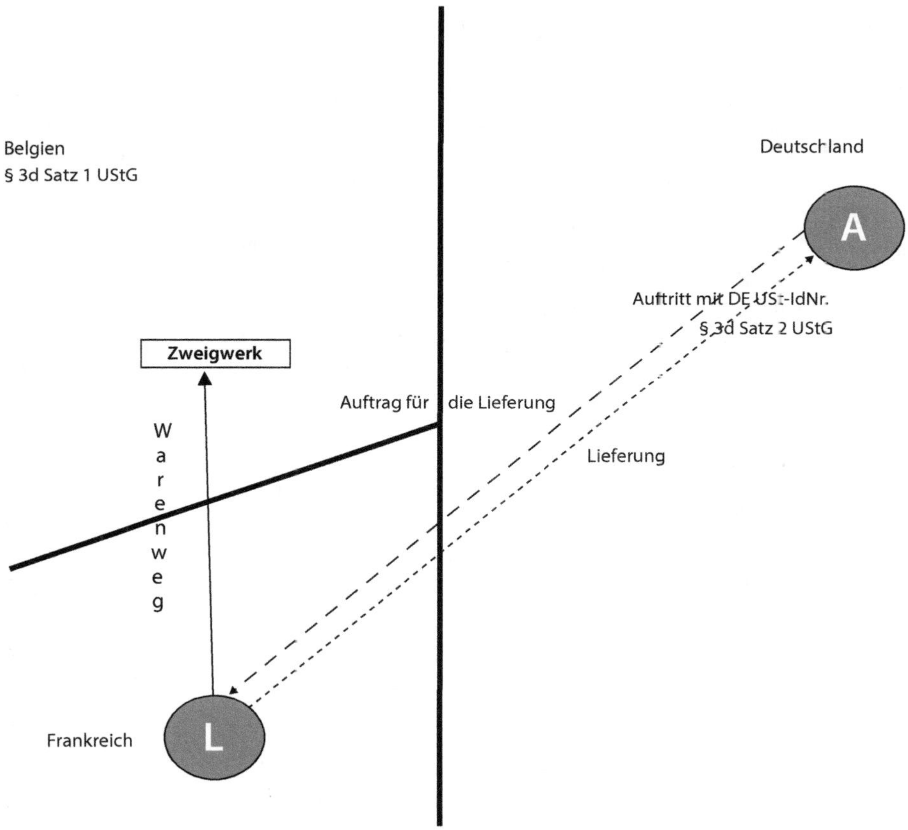


Der Tatbestand wird dem Finanzamt dadurch bekannt, dass der französische Lieferant seine innergemeinschaftliche Lieferung an A in Frankreich unter Angabe der (deutschen) USt-IdNr. des A melden muss (Zusammenfassende Meldung) und der Datenabgleich zwischen Deutschland und Frankreich ergibt, dass A seinen innergemeinschaftlichen Erwerb nicht versteuert hat.

**Zu e):** Vom innergemeinschaftlichen Erwerb ausgenommen sind Erwerbe durch so genannte Exoten (§ 1a Abs. 3 UStG). Das sind zum einen bestimmte Unternehmer, die das UStG in die Nähe von Privatleuten rückt (sogenannte Halbunternehmer) nämlich

- Unternehmer, die ausschließlich steuerfreie vorsteuerschädliche Ausgangsumsätze bewirken (§ 1a Abs. 3 Nr. 1 Buchst. a UStG),
- Unternehmer nach § 19 Abs. 1 UStG (§ 1a Abs. 3 Nr. 1 Buchst. b UStG),
- Unternehmer nach § 24 UStG (§ 1a Abs. 3 Nr. 1 Buchst. c UStG), und zum andern
- juristische Personen, die nicht Unternehmer sind oder den Gegenstand nicht für ihr Unternehmen erwerben (§ 1a Abs. 3 Nr. 1 Buchst. d UStG),

sofern

- es sich nicht um neue Fahrzeuge bzw. verbrauchsteuerpflichtige Waren handelt (§ 1a Abs. 5 UStG) und
- die Erwerbsschwelle von 12 500 € nicht überschritten wird (§ 1a Abs. 3 Nr. 2 UStG).

Verbrauchsteuerpflichtige Waren sind nach § 1a Abs. 5 Satz 2 UStG Mineralöle, Alkohol, alkoholische Getränke und Tabakwaren. Zu den alkoholischen Getränken gehört z. B. auch der Wein, der auch im Inland verbrauchsteuerpflichtig ist, jedoch mit dem Nullsatz besteuert wird.

Die Erwerbsschwelle richtet sich gem. § 1a Abs. 3 Nr. 2 UStG grundsätzlich danach, ob der Erwerber im Vorjahr innergemeinschaftliche Erwerbe getätigt hat, derer Summe der Bemessungsgrundlagen über 12 500 € gelegen hat. Bei der Berechnung der Erwerbsschwelle bleiben die Erwerbe von verbrauchsteuerpflichtigen Waren und Neufahrzeugen unberücksichtigt (vgl. A 1a.1 Abs. 2 Satz 2 UStAE). Lag die Summe im Vorjahr nicht über dieser Erwerbsschwelle, ist noch zu prüfen, ob der Erwerber im laufenden Jahr die Erwerbsschwelle voraussichtlich übersteigen wird. Ist die Prognose zu Beginn des laufenden Jahres negativ (kein Übersteigen der Erwerbsschwelle), entfällt die Besteuerung des innergemeinschaftlichen Erwerbs (A 1a.1 Abs. 2 Satz 5 UStAE).

Nach § 1a Abs. 4 UStG kann der Erwerber jedoch auf die Ausnahmeregelung nach § 1a Abs. 3 UStG verzichten. Der Verzicht ist sinnvoll, sofern die Besteuerung in der Bundesrepublik günstiger ist als in anderen EU-Ländern, zumal die Bundesrepublik mit ihrem Regelsteuersatz im unteren Bereich der in der EU geltenden Regelsteuersätze liegt. Soweit der ermäßigte Steuersatz in Betracht kommt, kann es ebenfalls sinnvoll sein, die Ausnahmeregelung nach § 1a Abs. 3 UStG in Anspruch zu nehmen. Dies gilt z. B. für den Bezug von Düngemitteln aus Frankreich durch Landwirte. Wird auf die Ausnahmeregelung nach § 1a Abs. 3 UStG verzichtet, bindet dieser Verzicht den Erwerber für mindestens zwei Kalenderjahre (§ 1a Abs. 4 Satz 3 UStG). Der Verzicht ist auch dadurch möglich, dass der Erwerber eine ihm erteilte USt-IdNr. gegenüber dem Lieferer verwendet (§ 1a Abs. 4 Satz 2 UStG).

## 3 Weitere Fälle des innergemeinschaftlichen Erwerbs

Ein innergemeinschaftlicher Erwerb wird weiterhin nach § 1a Abs. 2 UStG fingiert beim rechtsgeschäftslosen Verbringen eines Gegenstandes des Unternehmens (Unternehmensvermögen) aus dem Gebiet eines anderen Mitgliedstaates der EU in das Inland (§ 1a Abs. 2 UStG).

Schließlich liegt innergemeinschaftlicher Erwerb immer dann vor, wenn ein Neufahrzeug bei einer Lieferung an den Abnehmer aus dem Gebiet eines anderen Mitgliedstaates der EU in das Inland gelangt (§ 1b UStG). In diesem Fall ist vor allem auch der Erwerb durch Privatleute steuerbar. Die Steuer wird dann im Wege der Einzelbesteuerung erhoben (§ 16 Abs. 5a und § 18 Abs. 5a UStG).

### 3.1 Fiktiver innergemeinschaftlicher Erwerb beim rechtsgeschäftslosen Verbringen

Die Fiktion des § 1a Abs. 2 UStG greift nur dann, wenn der Gegenstand nicht zu einer nur vorübergehenden Verwendung ins Inland verbracht wird (Näheres unter D 8.1.1). Kein innergemeinschaftlicher Erwerb liegt nach § 1a Abs. 2a UStG auch in den Fällen der Ausnahmeregelung für sog. Konsignationslager nach § 6b (vgl. hierzu D 8.3).

Keine nur vorübergehende Verwendung liegt vor, wenn der Gegenstand als Umlaufvermögen ins Inland verbracht wird und im Inland – eventuell nach einer vorangegangenen Be- oder Verarbeitung – veräußert werden soll. Beim Verbringen in Zuge einer Verkaufskommission greift die Vereinfachungsregelung der Verwaltung, wonach die Lieferung bereits im Ursprungsland entsprechend § 3 Abs. 6 Satz 1 UStG angenommen wird (vgl. I 3.2 und A 1a.2 Abs. 7 UStAE).

Liegt bei einem Verbringen ein fiktiver innergemeinschaftlicher Erwerb vor, meldet der verbringende Unternehmer im Ursprungsland eine fiktive innergemeinschaftliche Lieferung gem. Art. 17 MwStSystRL an (dem entspricht in Deutschland § 3 Abs. 1a UStG). Derselbe Unternehmer meldet entsprechend im Inland einen innergemeinschaftlichen Erwerb an.

### 3.2 Innergemeinschaftlicher Erwerb neuer Fahrzeuge

Sofern der Erwerb eines Fahrzeugs nicht schon nach § 1a UStG zu einem innergemeinschaftlichen Erwerb führt, kann sich ein solcher innergemeinschaftlicher Erwerb auch aus § 1b UStG ergeben. Voraussetzung hierfür ist

a) es muss sich um ein Fahrzeug i. S. d. § 1b Abs. 2 UStG handeln, nämlich motorgetriebene (zulassungspflichtige) Landfahrzeuge (§ 1b Abs. 2 Nr. 1 UStG), Wasserfahrzeuge mit einer Länge von mehr als 7,5 Metern (§ 1b Abs. 2 Nr. 2 UStG), Luftfahrzeuge, deren Starthöchstmasse mehr als 1 550 kg beträgt (§ 1b Abs. 2 Nr. 3 UStG),
b) die Fahrzeuge müssen neu i. S. d. § 1b Abs. 3 UStG sein. Dies ist der Fall wenn

- bei Landfahrzeugen (§ 1b Abs. 3 Nr. 1 UStG)
  - entweder die erste Inbetriebnahme im Zeitpunkt des Erwerbs nicht mehr als sechs Monate zurückliegt oder
  - das Landfahrzeug nicht mehr als 6 000 km zurückgelegt hat
- bei Wasser- oder Luftfahrzeugen
  - entweder die erste Inbetriebnahme im Zeitpunkt des Erwerbs nicht mehr als drei Monate zurückliegt oder
  - das Wasserfahrzeug nicht mehr als 100 Betriebsstunden auf dem Wasser zurückgelegt hat (§ 1b Abs. 3 Nr. 2 UStG)
  - das Luftfahrzeug nicht länger als 40 Betriebsstunden genutzt worden ist (§ 1b Abs. 3 Nr. 3 UStG).

Es genügt, wenn eine der Voraussetzungen jeweils vorliegt.

Über § 1b UStG wird der Erwerb neuer Fahrzeuge durch Privatpersonen als innergemeinschaftlicher Erwerb erfasst. Die Besteuerung erfolgt in diesem Fall im Wege der Einzelbesteuerung (vgl. § 16 Abs. 5a und § 18 Abs. 5a UStG). Die Steuer entsteht gem. § 13 Abs. 1 Nr. 7 UStG am Tag des Erwerbs und ist gem. § 18 Abs. 5a UStG bis zum Ablauf des 10. Tages nach dem Erwerbstag vom Erwerber nach einem amtlich vorgeschriebenen Vordruck anzumelden und abzuführen.

## 4 Steuerbefreiungen für den innergemeinschaftlichen Erwerb

Der innergemeinschaftliche Erwerb ist im Allgemeinen steuerpflichtig. Nach § 4b UStG ist er in bestimmten Fällen befreit (vgl. D 8.1.2). Die Befreiung nach § 4b Nr. 4 UStG kommt nur dann in Betracht, wenn beim Erwerb bereits feststeht, dass der Gegenstand zur Ausführung von (steuerfreien oder nicht steuerbaren) Umsätzen verwendet werden soll, für die der Ausschluss vom Vorsteuerabzug nach § 15 Abs. 3 UStG nicht eintritt. In diesem Fall kann der Erwerber jedoch auch statt der Geltendmachung der Befreiung den Vorsteuerabzug bezüglich der Erwerbssteuer geltend machen.

## 5 Berechnung der Steuer

Für den Erwerb eines Gegenstandes gelten nach § 12 UStG dieselben Steuersätze wie für die Lieferung des Gegenstandes. Ebenso wie bei den Lieferungen ist Bemessungsgrundlage gem. § 10 Abs. 1 UStG das Entgelt. Entgelt ist der volle Betrag, den der Erwerber an den Veräußerer entrichtet. Die USt ist also nicht etwa herauszurechnen. Der an den Veräußerer entrichtete Betrag ist ein Nettobetrag, weil die vom Lieferer getätigte Lieferung im Ursprungsland als innergemeinschaftliche Lieferung steuerfrei ist.

Im Sonderfall des rechtsgeschäftslosen Verbringens ergibt sich die Bemessungsgrundlage wie bei den unentgeltlichen Lieferungen i. S. d. § 3 Abs. 1b UStG aus § 10 Abs. 4 Nr. 1 UStG (vgl. N 2.7).

# Teil P Option nach § 9 UStG

## 1 Allgemeine Ausführungen

Nach § 9 UStG kann der Unternehmer unter bestimmten Voraussetzungen auf die Steuerbefreiungen verzichten. Der Verzicht ist vor allem dann sinnvoll, wenn der Unternehmer seine Leistung nicht an einen Endverbraucher, sondern an einen anderen Unternehmer erbringt, der die infolge des Verzichts entstehende USt als Vorsteuer abziehen kann.

**BEISPIEL**

Der blinde B betätigt sich als freiberuflicher Dolmetscher. Er übersetzt simultan für deutsche Firmen (F), die Besuch von Firmenvertretern aus Fernost erhalten. Die F zahlen ihm hierfür im Jahr 03 insgesamt 10 000 € zuzüglich eventueller USt.

**LÖSUNG** Die Leistung des B ist grundsätzlich nach § 4 Nr. 19 Buchst. a UStG steuerfrei. Belässt er es bei der Befreiung, erhält er von F 10 000 €. B braucht keine USt an das Finanzamt abzuführen. Er hat jedoch andererseits auch keinen Vorsteuerabzug bezüglich der bei ihm im Zusammenhang mit dem Umsatz angefallenen Vorsteuern (z. B. aus Fahrtkosten).

Wenn B auf die Befreiung nach § 9 UStG verzichtet, erhält er von F zu den 10 000 € auch noch die USt i. H. v. 1 900 €. F zahlen die 1 900 € zusätzlich, weil sie diese wieder als Vorsteuer abziehen können. B muss grundsätzlich die 1 900 € an das Finanzamt abführen. Aufgrund des Verzichts auf die Befreiung nach § 9 UStG darf B jedoch die im Zusammenhang mit diesem Umsatz bei ihm angefallenen Vorsteuern geltend machen.

Darüber hinaus kann ein Verzicht auf die Befreiung auch dann sinnvoll sein, wenn die Leistung an einen Unternehmer erfolgt, der aufgrund seiner steuerfreien Umsätze nach § 15 Abs. 2 UStG keinen Vorsteuerabzug geltend machen kann, wenn jedoch der infolge des Verzichts auf die Befreiung beim verzichtenden Unternehmer ermöglichte Vorsteuerabzug höher ist als die sich infolge des Verzichts ergebende USt. Diese Situation kann sich aufgrund der relativ kurzen Berichtigungszeiträume nach § 15a UStG bei langlebigen Wirtschaftsgütern, insbesondere bei Gebäuden ergeben. Der Verzicht kann außerdem bei einer Grundstücksvermietung allein schon deshalb sinnvoll sein, weil die Vorsteuer sofort abgezogen werden darf, während die USt aus der Vermietung erst nach und nach zu entrichten ist.

**BEISPIEL**

Der Unternehmer U lässt im Kalenderjahr 01 ein ihm gehörendes Altgebäude i. S. v. § 27 Abs. 2 UStG umfassend renovieren, ohne dass deshalb nach ertragsteuerlichen Grundsätzen ein anderes Wirtschaftsgut entsteht (A 9.2 Abs. 6 Sätze 1 und 2 UStAE). Das Gebäude bleibt also auch nach der Renovierung ein Altgebäude, auf welches das Optionsverbot nach § 9 Abs. 2 UStG keine Anwendung findet. Für die Renovierung werden ihm von dem damit beauftragten Generalrenovierer G insgesamt 500 000 € zuzüglich 95 000 € USt berechnet. Ab Beginn des Kalenderjahrs 02 vermietet U das Gebäude als Ärztehaus an verschiedene Ärzte für insgesamt monatlich 4 000 € zuzüglich 760 € USt.

**LÖSUNG** Die Vermietung ist grundsätzlich nach § 4 Nr. 12 UStG steuerfrei. Da U jedoch an die Ärzte für deren Unternehmen vermietet und das Optionsverbot nach § 9 Abs. 2 UStG nicht eingreift, kann U zulässigerweise auf die Befreiung verzichten. Die jährliche Umsatzsteuer beträgt dann 12 × 760 € = 9 120 €. Aufgrund der infolge des Verzichts steuerpflichtigen Vermietung darf U im Kalenderjahr 01 die Vorsteuer von 95 000 € in voller Höhe abziehen. Um diesbezüglich die Vorsteuerberichtigung nach § 15a Abs. 3 oder 6 UStG zu vermeiden, muss U auf die Dauer von zehn Jahren steuerpflichtig vermieten. Nach zehn Jahren hat U weniger USt abgeführt, als er Vorsteuer abgezogen hat.

## 2 Voraussetzungen für die Option nach § 9 UStG

Nach § 9 UStG müssen folgende Voraussetzungen für die Option vorliegen:

- es muss sich um einen Umsatz handeln, der steuerfrei ist nach § 4 Nr. 8 Buchst. a bis g, Nr. 9 Buchst. a, Nr. 12, 13 oder 19 UStG,
- der Umsatz muss an einen anderen Unternehmer bewirkt werden,
- der Umsatz muss für dessen Unternehmen bewirkt werden.

Eine Option ist somit nach § 9 UStG auch dann möglich, wenn der leistungsempfangende Unternehmer seinerseits nur steuerfreie Umsätze ausführt und deshalb nicht zum Vorsteuerabzug berechtigt ist. § 9 UStG enthält diesbezüglich keine Einschränkung, ausgenommen nach § 9 Abs. 2 UStG bei der Bestellung und Übertragung von Erbbaurechten (§ 4 Nr. 9 Buchst. a UStG) und bei den steuerfreien Umsätzen nach § 4 Nr. 12 UStG. Sofern es sich allerdings um sog. Altgebäude i. S. v. § 27 Abs. 2 UStG handelt, gibt es selbst in diesen Fällen keine Einschränkung. Typische Beispiele für einen derartigen Verzicht sind die Vermietung (vgl. obiges Beispiel unter 1) und die Zwischenvermietung von sog. Altgebäuden (vgl. J 2.8).

## 3 Umfang der Option

Nach § 9 UStG besteht die Optionsmöglichkeit für jeden einzelnen Umsatz (A 9.1 Abs. 1 Satz 2 UStAE). Erbringt der Unternehmer mehrere steuerfreie Leistungen, für welche die Voraussetzungen der Option nach § 9 UStG gegeben sind, braucht er die Option nicht für alle diese Leistungen vorzunehmen.

Tätigt der Unternehmer nur eine einzige einheitliche Leistung, für welche die Voraussetzung der Option nach § 9 UStG gegeben ist, kann er die Option hierfür grundsätzlich nur einheitlich vornehmen. Gliedert sich die Leistung in Teilleistungen, kann die Option auch für die einzelne Teilleistung gesondert vorgenommen werden, da das Umsatzsteuerrecht die einzelne Teilleistung grundsätzlich wie eine selbständige Leistung behandelt.

**BEISPIEL**

Vermieter V hat ein Altgebäude i. S. d. § 27 Abs. 2 Nr. 3 UStG errichtet und sofort nach Fertigstellung ab 01. 07. 03 an A vermietet. A kündigt den Mietvertrag auf 31. 03. 26 und räumt das Gebäude fristgemäß. Ab 01. 04. 26 vermietet V das Gebäude an B. Beide Mieter haben das Gebäude im Rahmen ihres Unternehmens genutzt. A tätigte als Rechtsanwalt steuerpflichtige Umsätze. B ist Versicherungsvertreter und tätigt nur steuerfreie Umsätze nach § 4 Nr. 11 UStG. Im Kalenderjahr 28 fallen bei V erstmals erhebliche Vorsteuern aus Reparaturen am Gebäude an. Die Miete ist jeweils monatlich zu entrichten.

**LÖSUNG**

**Vermietung an A:**

Die Vermietung ist steuerbar, jedoch grundsätzlich nach § 4 Nr. 12 Buchst. a UStG steuerfrei. Gem. § 9 UStG bestand die Möglichkeit, auf die Steuerbefreiung zu verzichten. Der Verzicht nach § 9 UStG auf die Steuerbefreiung war sinnvoll, da V dadurch die Möglichkeit hatte, die ihm für die Errichtung des Gebäudes berechnete USt als Vorsteuer abzuziehen.

Da V monatliche Teilleistungen erbringt, kann er für jede Teilleistung gesondert entscheiden, ob er auf die Steuerbefreiung verzichtet. Er könnte den Verzicht auf das Kalenderjahr 03 beschränken. In diesem Fall könnte er ebenfalls zunächst die gesamte USt aus der Gebäudeerrichtung als Vorsteuer abziehen, müsste dann allerdings für jedes folgende Kalenderjahr, für das er nicht auf die Steuerbefreiung verzichtet, eine anteilige Vorsteuerberichtigung (von 1/10) nach § 15a UStG vornehmen. Ab 01. 07. 13 könnte V auch erwägen, auf die Option zur Steuerpflicht zu verzichten, da der Berichtigungszeitraum abgelaufen ist. Da Mieter A zum Vorsteuerabzug berechtigt ist, macht eine steuerfreie Vermietung jedoch keinen Sinn.

**Vermietung an B:**
Die Vermietung ist steuerbar, jedoch grundsätzlich nach § 4 Nr. 12 Buchst. a UStG steuerfrei. Gem. § 9 UStG besteht die Möglichkeit, auf die Steuerbefreiung zu verzichten. Das Optionsverbot nach § 9 Abs. 2 UStG greift nicht ein, weil es sich laut Sachverhalt um ein Altgebäude i. S. v. § 27 Abs. 2 Nr. 3 UStG handelt. Da B aufgrund seiner steuerfreien Umsätze nach § 4 Nr. 11 UStG nicht zum Vorsteuerabzug berechtigt ist, ist es wohl nicht sinnvoll, dass V in den Jahren 26 und 27 von der Optionsmöglichkeit Gebrauch macht. Bezüglich des Kalenderjahres 28 kann dagegen eine erneute Option aufgrund der erheblichen Vorsteuern aus Reparaturen sinnvoll sein. Sollte V den Verzicht auf die Befreiung für die Vermietung an B auf das Kalenderjahr 28 beschränken, könnte eine Vorsteuerberichtigung nach § 15a UStG ab dem Kalenderjahr 29 pro rata temporis zu Ungunsten in Betracht kommen.

## 4 Vornahme der Option

Die Vornahme der Option erfolgt zum Beispiel dadurch, dass der Unternehmer den an sich steuerfreien Umsatz als steuerpflichtig behandelt (vgl. A 9.1 Abs. 3 Satz 6 UStAE). Dies geschieht z. B., indem er dem Leistungsempfänger die USt offen in Rechnung stellt und die Umsatzsteuer dem Finanzamt im Rahmen seiner Steueranmeldung anmeldet. Zur Erteilung einer Rechnung mit Umsatzsteuerausweis ist der Unternehmer ohnehin im Falle der Option zur Steuerpflicht gem. § 14 Abs. 2 Nr. 2 Satz 2 i. V. m. Abs. 4 Nr. 8 UStG verpflichtet.

Bei Grundstücksveräußerungen ist gem. § 9 Abs. 3 UStG für die Option eine besondere Form vorgeschrieben (vgl. hierzu J 4.3).

## 5 Frist für die Option

Sowohl die Optionserklärung als auch deren Rücknahme sind zulässig, solange die Steuerfestsetzung für das Jahr der Leistungserbringung noch anfechtbar oder aufgrund eines Vorbehalts der Nachprüfung gem. § 164 AO noch änderbar ist (vgl. BFH vom 19. 12. 2013 BStBl II, 837 und 841 sowie A 9.1 Abs. 3 Satz 1 UStAE).

Zur sehr formalistischen Option bei der Lieferung von Grundstücken nach § 9 Abs. 3 Satz 2 UStG im notariellen Vertrag vgl. J 4. 3. Im Zwangsversteigerungsverfahren muss die Option nach § 9 Abs. 3 Satz 1 UStG spätestens vor der Aufforderung zur Abgabe von Geboten im Versteigerungstermin erklärt werden (vgl. J 4. 3 am Ende).

Hat der Unternehmer aufgrund einer inzwischen widerrufenen Option die USt gesondert ausgewiesen, schuldet er diese USt nach § 14c Abs. 1 UStG (vgl. § 14c Abs. 1 Satz 3 UStG). Diese USt kann berichtigt werden. Dabei ist jedoch das Verfahren nach § 14c Abs. 2 Sätze 3 bis 5 UStG einzuhalten (vgl. auch A 14c.1 Abs. 11 UStAE).

## 6 Einschränkung der Option durch § 9 Abs. 2 UStG

§ 9 Abs. 2 UStG bringt in bestimmten Fällen des § 9 Abs. 1 ein sog. Optionsverbot. Das Optionsverbot greift ein bei

- steuerfreien Umsätzen nach § 4 Nr. 12 UStG (insbesondere Vermietung),
- bei der steuerfreien Bestellung und Übertragung von Erbbaurechten nach § 4 Nr. 9 Buchst. a UStG,

sofern der Unternehmer nicht nachweist, dass das Grundstück oder ein räumlich abgrenzbarer Teil des Grundstücks vom Leistungsempfänger (Mieter) ausschließlich für vorsteuerunschädliche Ausgangsumsätze verwendet wird (vgl. J 2.5 und J 2.6).

## 7 Hypothetische Option

Eine Option zur Steuerpflicht setzt stets voraus, dass der Umsatz, bei welchem auf die Steuerfreiheit verzichtet werden soll, zunächst steuerbar ist.

**BEISPIEL**

A errichtet in Frankreich ein Bürogebäude, um dieses an andere Unternehmer mit steuerpflichtigen Umsätzen zu vermieten. Hierfür fällt bei A beim Einkauf von Baumaterial im Inland Vorsteuer an. A macht diese als Vorsteuer geltend. Seine Vermietung ist in Frankreich steuerpflichtig.

**LÖSUNG** Bei der Grundstücksvermietung in Frankreich (Ausland) ist zunächst erforderlich, dass die Vermietung im Ausland tatsächlich steuerpflichtig ist. Des Weiteren ist nach § 15 Abs. 2 Satz 1 Nr. 2 UStG zu prüfen, ob diese steuerfrei (vorsteuerabzugsschädlich) wäre, wenn sie im Inland ausgeführt würde. Dies bestimmt sich nach den Vorschriften des § 4 Nr. 12 Buchst. a und des § 9 UStG. Die Grundstücksvermietung wäre im Inland nicht steuerfrei gewesen, da die Voraussetzungen des § 9 UStG für den Verzicht auf die Steuerbefreiung einer Grundstücksvermietung vorliegen (vgl. A 15.14 Abs. 1 Sätze 3 bis 5 UStAE und BFH vom 06. 05. 2004 BStBl II 2004, 856). Somit greift das Vorsteuerabzugsverbot nach § 15 Abs. 2 Nr. 2 UStG nicht ein und A macht zu Recht die Vorsteuer in Deutschland geltend.

Voraussetzung für die Vorsteuerabzugsberechtigung ist also, dass

a) bei einer entsprechenden Leistung im Inland die Voraussetzungen für die Option gem. § 9 UStG vorgelegen hätten und
b) die entsprechende Leistung im Ausland tatsächlich als steuerpflichtig behandelt wurde. Dabei wird nicht unterschieden, ob die Leistung im Drittlandsgebiet oder EU-Ausland bewirkt wird.

Bezüglich eines nicht erfolgten Umsatzes (bei sog. Fehlmaßnahmen) kann nicht gem. § 9 UStG optiert werden. Dies hat jedoch auf den Vorsteuerabzug keine Auswirkung. Nach der Rechtsprechung des EuGH (vgl. Urteil vom 08. 06. 2000 UR 2000, 330) kommt es nämlich für den Vorsteuerabzug ausschließlich auf die beabsichtigte Verwendung im Zeitpunkt des Anfalls der Vorsteuer an. Kommt der beabsichtigte Umsatz, bei dem auf die Steuerfreiheit verzichtet werden sollte, nicht zustande, bleibt der geltend gemachte Vorsteuerabzug bestehen (vgl. A 15.12 Abs. 1 Satz 13 und 2.6 Abs. 1 Sätze 2 und 3 UStAE). Erfolgt später eine vorsteuerschädliche Verwendung, führt dies zu einer Vorsteuerberichtigung nach § 15a UStG (so auch der BFH, vgl. z. B. Urteil vom 22. 02. 2001 BStBl II 2003, 426).

Demnach gelten folgende Grundsätze:

- Hat der Steuerpflichtige die ernsthafte Absicht, steuerpflichtige Umsätze zu tätigen, darf es keinen Unterschied machen, ob die beabsichtigte Leistung von vornherein steuerpflichtig ist oder erst durch Option gem. § 9 UStG steuerpflichtig wird.
- Bezieht der Steuerpflichtige Leistungen in der Absicht, damit besteuerte Umsätze zu bewirken, hat er das Recht zum Vorsteuerabzug für die aus den bezogenen Leistungen entrichtete USt.
- Dieses Recht kann ihm nicht rückwirkend genommen werden, da die Grundsätze des Vertrauensschutzes und der Rechtssicherheit Teil der Gemeinschaftsrechtsordnung sind.

- Entspricht die spätere tatsächliche Verwendung nicht der zunächst beabsichtigten Verwendung, führt die tatsächliche Verwendung zu einer Vorsteuerberichtigung nach § 15a UStG.

**BEISPIEL**

A ist bereits Eigentümer mehrerer Bürogebäude, die er steuerpflichtig an Gewerbetreibende vermietet. Er plant die Errichtung eines weiteren Bürogebäudes, um dieses an andere Unternehmer zu vermieten, die steuerpflichtige Umsätze tätigen. Aufgrund der Planung fällt bei A USt an. A macht die USt als Vorsteuer geltend. Aufgrund besonderer Umstände ergibt sich, dass A seinen Plan aufgeben muss. A erklärt nachvollziehbar, er habe bei Durchführung seines Planes auf die Befreiung nach § 4 Nr. 12 UStG gem. § 9 UStG verzichtet.

**LÖSUNG** Die Vermietung nach Durchführung des Plans wäre grundsätzlich nach § 4 Nr. 12 UStG steuerfrei gewesen. A hätte jedoch gem. § 9 UStG auf die Befreiung verzichten können. Da das Gebäude nicht errichtet wird und somit keine Vermietungsleistungen diesbezüglich erbracht werden, geht ein Verzicht auf die Befreiung nach § 4 Nr. 12 UStG ins Leere. Gleichwohl kann A die Vorsteuer abziehen. A hat die den Kosten zugrunde liegenden Leistungen für sein Unternehmen bezogen, da das geplante Gebäude seine bisherige unternehmerische Tätigkeit ausweiten sollte. Der Vorsteuerabzug wird auch nicht durch das Abzugsverbot nach § 15 Abs. 2 UStG ausgeschlossen, da A darlegen kann, dass er ernsthaft die Absicht hatte, mit Hilfe der Vorbezüge Vermietungsumsätze zu tätigen und diese durch eine zulässige Option nach § 9 UStG steuerpflichtig zu machen.

# Teil Q Vorsteuerabzug und Vorsteuerberichtigung nach § 15a UStG

## 1 Allgemeines

Die Vorsteuer stellt neben der Ausgangsumsatzsteuer die zweite Säule des Umsatzsteuersystems dar. Der Vorsteuerabzug kommt für alle Fallarten der Umsatzsteuer in Betracht. Für

- die gesetzlich geschuldete Steuer für Lieferungen und sonstige Leistungen (§ 15 Abs. 1 Nr. 1 UStG),
- die Einfuhrumsatzsteuer (§ 15 Abs. 1 Nr. 2 UStG),
- die Steuer für den innergemeinschaftlichen Erwerb (§ 15 Abs. 1 Nr. 3 UStG),
- die Steuer für Leistungen nach § 13b Abs. 1 und 2 UStG (Reverse-Charge-Verfahren) und
- für die nach § 13a Abs. 1 Nr. 6 UStG geschuldete Steuer (§ 15 Abs. 1 Nr. 5 UStG).

Ziel des Vorsteuerabzugs ist die Kostenneutralität der Umsatzsteuer-Belastung innerhalb der Unternehmerkette.

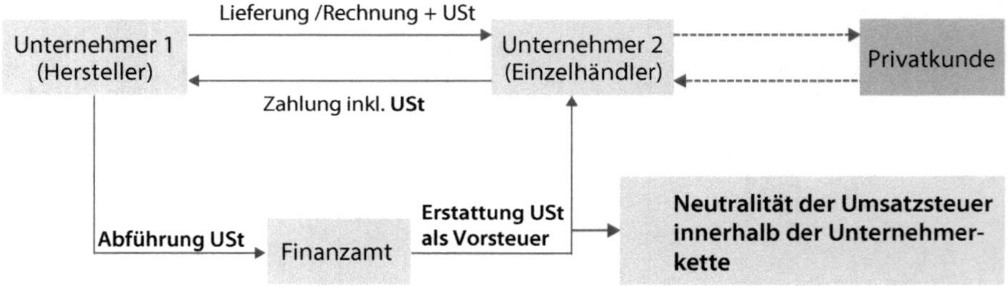


Die Vorsteuer kann grundsätzlich unabhängig von den Ausgangsumsätzen abgezogen werden und auch dann, wenn Ausgangsumsätze des Unternehmens erst später erfolgen. Allerdings schließen § 15 Abs. 1a, Abs. 1b und Abs. 2 UStG in bestimmten Fällen den Vorsteuerabzug aus. Steht eine Vorsteuer jedoch nicht in Verbindung mit diesen sog. Ausschlussumsätzen, kann sie abgezogen werden, sobald die Voraussetzungen erfüllt sind, die § 15 Abs. 1 UStG normiert.

**BEISPIEL**

A möchte sich ab 01.01.02 als Handelsvertreter selbständig machen. Im Hinblick auf seine Tätigkeit als selbständiger Handelsvertreter erwirbt er am 15.08.01 vom Kfz-Händler K einen Pkw. K erteilt A sofort eine Rechnung, in der er die USt gesondert ausweist. A verwendet den Pkw auch für private Fahrten.

**LÖSUNG** A kann den Pkw seinem Unternehmen zu 100 % zuordnen (§ 15 Abs. 1, Satz 2 UStG) und erfüllt damit die Voraussetzungen des § 15 Abs. 1 Nr. 1 UStG. Da er den Pkw im Rahmen seiner Tätigkeit als Handelsvertreter für steuerpflichtige Umsätze verwendet und die private Nutzung ebenfalls steuerpflichtig ist (§ 3 Abs. 9a Nr. 1 UStG), greift kein Vorsteuerabzugsverbot und er darf die USt in vollem Umfang als Vorsteuer abziehen.

Der Gesetzgeber hat die Vorschriften über den Vorsteuerabzug entsprechend den Vorschriften über die Ausgangs-USt aufgebaut.

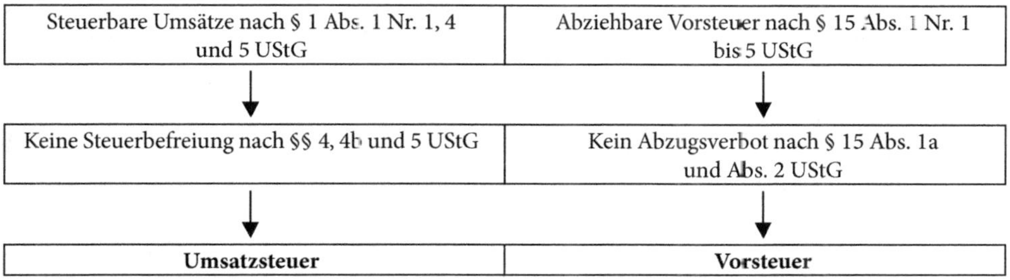


Der Aufbau ist im Ansatz spiegelbildlich. Nimmt man jeweils den Haupttatbestand nach § 1 Abs. 1 Nr. 1 bzw. § 15 Abs. 1 Nr. 1 UStG, entspricht der **Leistung des Unternehmens** nach § 1 Abs. 1 Nr. 1 UStG eine **Leistung an das Unternehmen** nach § 15 Abs. 1 Nr. 1 UStG.

Des Weiteren hängt die Steuerpflicht eines Umsatzes davon ab, dass kein Steuerbefreiungstatbestand erfüllt ist. Entsprechendes gilt für die Abzugsfähigkeit der Vorsteuer: Abgesehen von den Fällen des § 15 Abs. 1a und 1b UStG hängt diese davon ab, dass nach § 15 Abs. 2 UStG keine Steuerbefreiung (vorbehaltlich der Ausnahmen nach § 15 Abs. 3 UStG) für die geleisteten Ausgangsumsätze vorliegt.

Für die Prüfung des Vorsteuerabzugs bedeutet dies, dass zunächst die **Abziehbarkeit** der Vorsteuer nach § 15 Abs. 1 Nr. 1 bzw. Nr. 2, 3, 4 und 5 UStG vorliegen muss. Erst wenn dies zu einem positiven Ergebnis geführt hat, wird im zweiten Schritt das Vorliegen eines Abzugsverbots und damit die Abzugsfähigkeit geprüft.

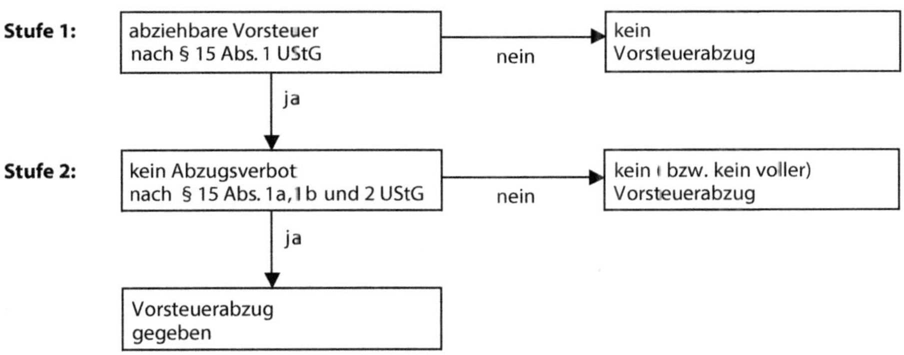


Innerhalb der Prüfung der Abziehbarkeit der Vorsteuer ist streng zwischen den einzelnen Tatbeständen des § 15 Abs. 1 UStG und deren Voraussetzungen zu trennen!

**BEISPIELE**

a) Lieferer L in Basel versendet durch Einschaltung des Frachtführers F im Auftrag seines Abnehmers A in Karlsruhe eine Maschine von Basel nach Karlsruhe. F hat entsprechend den Lieferbedingungen die bei Einfuhr ins Inland erhobene USt für L entrichtet. L erteilt A für die Lieferung der Maschine folgende auszugsweise dargestellte Rechnung, die A begleicht:

| | |
|---|---|
| Lieferung der Maschine netto | 10 000 € |
| + Einfuhrumsatzsteuer | 1 900 € |
| Summe | 11 900 € |

L hat das durch die Ausfuhrzollstelle elektronisch übermittelte PDF-Dokument »Ausgangsvermerk« zu seien Unterlagen genommen.

**LÖSUNG** L erbringt an A eine Versendungslieferung nach § 3 Abs. 6 Satz 1 UStG. Nach § 3 Abs. 8 UStG tritt eine Verlagerung des Lieferorts ein, da F die USt für den Lieferer L entrichtet. Die Lieferung gilt als im Inland bewirkt und ist damit steuerbar und steuerpflichtig.
A ist gleichwohl vorerst nicht berechtigt, USt als Vorsteuer abzuziehen, da er keine Rechnung mit Ausweis der USt erhalten hat. Er hat allerdings nach § 14 Abs. 2 Satz 1 Nr. 2 Satz 2 i. V. m. Abs. 4 UStG einen Anspruch auf Erteilung einer solchen Rechnung.
Die Einfuhrumsatzsteuer kann A nicht als Vorsteuer abziehen, da die Maschine nicht für sein Unternehmen eingeführt wurde und er auch nicht im Besitz des zollamtlichen Belegs ist.

b) Lieferer L in Basel versendet durch Einschaltung des Frachtführers F im Auftrag seines Abnehmers A in Karlsruhe eine Maschine von Basel nach Karlsruhe. F hat entsprechend den Lieferbedingungen die bei der Einfuhr ins Inland erhobene USt im Namen des Abnehmers A (nicht für L) entrichtet. L erteilt A für die Lieferung der Maschine folgende auszugsweise dargestellte Rechnung, die A begleicht:

| | |
|---|---|
| Lieferung der Maschine netto | 10 000 € |
| + Einfuhrumsatzsteuer | 1 900 € |
| Summe | 11 900 € |

L (nicht A) hat das durch die Ausfuhrzollstelle elektronisch übermittelte PDF-Dokument »Ausgangsvermerk« zu seinen Unterlagen genommen.
**LÖSUNG** L erbringt an A eine Versendungslieferung nach § 3 Abs. 6 Satz 1 UStG. Die Lieferung ist somit in Basel bewirkt und nicht steuerbar. Eine Verlagerung des Lieferorts nach § 3 Abs. 8 UStG tritt nicht ein, da nicht der Lieferer L, sondern der Abnehmer A Schuldner der Einfuhrumsatzsteuer ist.
A ist nicht berechtigt, USt als Vorsteuer abzuziehen, weil aufgrund der Nichtsteuerbarkeit der Lieferung keine reguläre USt geschuldet wird und A auch keine Rechnung mit Ausweis der USt erhalten hat. Die Voraussetzungen des § 15 Abs. 1 Nr. 1 UStG sind daher nicht erfüllt. A hat auch keinen Anspruch auf Erteilung einer Rechnung mit Ausweis der üblichen USt, da ein solcher Anspruch nach § 14 Abs. 2 Satz 1 Nr. 2 UStG eine steuerpflichtige Lieferung voraussetzt.
A kann auch die Einfuhrumsatzsteuer nicht als Vorsteuer abziehen, da er hierzu im Besitz des zollamtlichen Belegs sein müsste (vgl. A 15.11 Abs. 1 Nr. 2 UStAE). Der Ausweis der Einfuhrumsatzsteuer in der Rechnung reicht nicht für den Vorsteuerabzug bezüglich der Einfuhrumsatzsteuer (§ 15 Abs. 1 Nr. 2 UStG).
Auch L darf die Einfuhrumsatzsteuer nicht als Vorsteuer abziehen. Er hat zwar den zollamtlichen Beleg, jedoch wurde die Maschine nicht für sein Unternehmen eingeführt.
L hat A in der Rechnung Einfuhrumsatzsteuer berechnet. L schuldet daraus keine USt nach § 14c Abs. 1 UStG. Voraussetzung für eine USt nach § 14c Abs. 1 UStG ist, dass USt berechnet wird.

Gemeinsames Tatbestandsmerkmal für die Fälle des § 15 Abs. 1 UStG ist die Unternehmereigenschaft dessen, der die Vorsteuer geltend macht. Dieser braucht dabei nicht im Inland ansässig zu sein (vgl. A 15.1 Abs. 2 UStAE). Für im Drittlandsgebiet ansässige Unternehmer kann jedoch der Vorsteuerabzug eingeschränkt oder sogar ausgeschlossen sein (vgl. A 18.11 Abs. 4 UStAE).

**MERKSATZ**

Vorsteuerabzugsberechtigt sind nur Unternehmer – auch außerhalb des Inlands.

Allerdings erlaubt das Umsatzsteuergesetz nicht jedem Unternehmer den Vorsteuerabzug. So schließt es z. B. den Kleinunternehmer vom Anwendungsbereich der Regelung aus (vgl. § 19 Abs. 1 Satz 4 UStG).

Überdies gibt es Unternehmer, die den Vorsteuerabzug pauschal vornehmen können, z. B. die Land- und Forstwirte nach § 24 UStG sowie alle diejenigen, die ihre Vorsteuern nach allgemeinen Durchschnittsätzen gem. §§ 69 und 70 UStDV i. V. m. der Anlage zur UStDV ermitteln. Neben einem solchen pauschalen Vorsteuerabzug kommt **kein** konkreter Vorsteuerabzug nach

§ 15 UStG in Frage. Denn dies würde zu einer unsystematischen und damit unzulässigen doppelten Abzugsmöglichkeit führen (vgl. § 24 Abs. 1 Satz 4 UStG, § 70 Abs. 1 Satz 2 UStDV).

**MERKSATZ**

- Unternehmer nach § 19 Abs. 1 Satz 1 UStG haben keinen Vorsteuerabzug.
- Ein pauschaler Vorsteuerabzug schließt einen konkreten Vorsteuerabzug nach § 15 UStG für denselben Umsatz aus.

Für im Drittlandsgebiet ansässige Unternehmer kann der Vorsteuerabzug ausgeschlossen sein, sofern sie im Inland keine Umsätze bewirken, die sie im normalen Veranlagungsverfahren versteuern müssen. Sie können die Vorsteuern dann nur im Vorsteuervergütungsverfahren geltend machen. Davon sind sie jedoch in bestimmten Fällen ausgeschlossen (vgl. X 5.1).

# 2 Abziehbarkeit der Vorsteuer nach § 15 Abs. 1 Nr. 1 UStG

## 2.1 Tatbestandsvoraussetzungen nach § 15 Abs. 1 Nr. 1 UStG

Vorsteuern sind nach § 15 Abs. 1 Nr. 1 UStG abziehbar, wenn folgende Voraussetzungen vorliegen:

- Eingangsleistung an den, der die Vorsteuer geltend macht,
- Eingangsleistung an das Unternehmen des Leistungsempfängers,
- steuerpflichtige Eingangsleistung,
- gesonderter Ausweis der geschuldeten Umsatzsteuer in einer Rechnung i. S. d. § 14 UStG (vorbehaltlich bestimmter Ausnahmen).

Das Tatbestandsmerkmal der Steuerpflichtigkeit der Eingangsleistung ergibt sich daraus, dass nach § 15 Abs. 1 Nr. 1 UStG nur die gesetzlich geschuldete USt abgezogen werden darf. USt, die lediglich aufgrund ihres unrichtigen bzw. unberechtigten Ausweises nach § 14c Abs. 1 oder 2 UStG geschuldet wird, darf nicht als Vorsteuer abgezogen werden (vgl. A 15.2 Abs. 1 UStAE). Abziehbar sind nur die nach dem deutschen Steuerrecht geschuldeten Steuerbeträge und damit auch die Steuer für die Lieferungen und sonstigen Leistungen, die nach § 1 Abs. 3 UStG wie Umsätze im Inland behandelt werden.

Auch wenn die vorgenannten Voraussetzungen vorliegen, sind Vorsteuern aufgrund der Sonderregelung des § 25 Abs. 4 UStG dann nicht abziehbar, wenn sie für **Reisevorleistungen** (§ 25 Abs. 1 Satz 5 UStG) in Rechnung gestellt wurden. Ebenso darf der **Wiederverkäufer** gem. § 25a Abs. 5 Satz 3 UStG in den Fällen des § 25a Abs. 2 UStG die Vorsteuer für den Bezug von Kunstgegenständen nicht abziehen.

## 2.2 Leistungen an den, der die Vorsteuer geltend macht

### 2.2.1 Allgemeines

Für den Vorsteuerabzug nach § 15 Abs. 1 Nr. 1 UStG ist i. d. R. erforderlich, dass Leistungen an denjenigen erbracht werden, der die Vorsteuer geltend machen will. Dies gilt auch in den Sonderfällen des § 15 Abs. 1 Nr. 1 Satz 3 UStG, in denen der Vorsteuerabzug bereits vor Ausführung der Leistung an das Unternehmen geltend gemacht werden kann. Kommt es später nicht zur beabsichtigten Leistung, ist der bereits vorgenommene Vorsteuerabzug zu korrigieren.

Im Sonderfall der unfreien Versendung wird unter den Voraussetzungen des § 40 UStDV fingiert, die Beförderungsleistung sei nicht an den eigentlichen Leistungsempfänger (den Versender), sondern an einen Dritten (den Empfänger der Sendung) erbracht worden (s. 2.2.2).

Leistungen i. S. d. USt-Rechts setzen im Allgemeinen voraus, dass zwischen Leistendem und Leistungsempfänger ein Verpflichtungsgeschäft abgeschlossen wurde. Letzterer erteilt dem Leistenden den Auftrag, an ihn eine Leistung zu erbringen. Die Erfüllung dieses Verpflichtungsgeschäfts (Auftrags) stellt die umsatzsteuerrechtliche Leistung dar. Ob das zugrunde liegende Rechtsgeschäft bürgerlich-rechtlich Wirksamkeit erlangt, ist dabei nicht maßgeblich. Für die Frage nach dem Leistungsempfänger kommt es daher grundsätzlich darauf an, wer Vertragspartner des Auftraggebers oder Besteller der Leistung ist. Im Allgemeinen wird Leistungsempfänger derjenige sein, auf dessen Namen der Leistende die Rechnung ausstellt. Fallen jedoch Rechnungsempfänger und Vertragspartner des Verpflichtungsgeschäfts (Auftraggeber) auseinander, ist allein auf den Auftraggeber abzustellen (vgl. BFH vom 13.09.1984 BStBl II 1985, 21 und A 15.2b Abs. 1 Satz 2 UStAE). Eine Ausnahme von diesem Grundsatz kommt lediglich im seltenen Fall des Vertrags zugunsten Dritter in Betracht.

**MERKSATZ**

Die Leistung erfolgt grundsätzlich an den Auftraggeber.

**BEISPIEL**

Der Gesellschafter G der F-G-OHG erwirbt im eigenen Namen vom Händler H einen Pkw, den er in vollem Umfang der F-G-OHG zur Nutzung überlässt. G erhält hierfür keine besondere Vergütung. Ihm steht lediglich der im Gesellschaftsvertrag bestimmte Gewinnanteil zu.

**LÖSUNG** Leistungsempfänger ist G, da der Kaufvertrag bezüglich des Pkw zwischen H und ihm zustande gekommen ist. G ist jedoch als bloßer Gesellschafter der F-G-OHG kein Unternehmer und hat deshalb keinen Vorsteuerabzug. Er wäre nur dann Unternehmer, wenn er als Geschäftsführer ein Sonderentgelt bekäme oder den Pkw der F-G-OHG entgeltlich zur Nutzung überlassen hätte. In der Gewinnbeteiligung des G liegt noch kein Entgelt für die Nutzungsüberlassung des Pkw.

Die F-G-OHG ist zwar Unternehmer. Ihr steht jedoch kein Vorsteuerabzug für die Lieferung des Pkw durch H zu, da nicht sie, sondern G der Leistungsempfänger ist (vgl. BFH vom 26.01.1984, BStBl II 1984, 231 und A 1.6 Abs. 7 Buchst. b Beispiel 3 UStAE).

### 2.2.2 Leistungsempfänger bei unfreien Versendungen gemäß § 40 UStDV

Entsprechend dem o. a. Grundsatz, dass die Leistung immer an den Auftraggeber erfolgt, ist der Leistungsempfänger der Beförderungsleistung des Frachtführers bei der unfreien Versendung der Versender und nicht der Empfänger der Sendung, dem die Beförderungsleistung berechnet wird. Wegen des Auseinanderfallens von Leistungs- und Rechnungsempfänger **fingiert** § 40 Abs. 1 Satz 1 UStDV für den Vorsteuerabzug den Empfänger der Frachtsendung als Auftraggeber und damit als Leistungsempfänger der Beförderungsleistung des Frachtführers (bezüglich näherer Einzelheiten vgl. A 15.7 UStAE). In diesem Fall braucht der Versender die Frachtkosten aus Vereinfachungsgründen auch nicht in die Bemessungsgrundlage seiner Lieferung einzubeziehen (vgl. A 10.1 Abs. 3 Satz 13 UStAE).

### 2.2.3 Leistungsempfänger bei Gemeinschaftsobjekten

Haben sich mehrere Personen zu einer Gemeinschaft zusammengeschlossen und beziehen sie gemeinsam eine Leistung, sind die einzelnen Gemeinschafter Leistungsempfänger, sofern die Gemeinschaft nicht selbst Unternehmer ist. Nach der Rechtsprechung des EuGH (Urteil vom 21. 04. 2005 UR 2005, 324) gilt Folgendes:

- Im Fall der Bestellung eines Investitionsguts durch eine Ehegattengemeinschaft, die keine Rechtspersönlichkeit besitzt und selbst keine wirtschaftliche Tätigkeit i. S. d. MwStSystRL ausübt, sind die Miteigentümer, die diese Gemeinschaft bilden, für die Zwecke der Anwendung dieser Richtlinie als Leistungsempfänger anzusehen (vgl. A 15.2b Abs. 1 Satz 8 UStAE).
- Bei Erwerb eines Investitionsguts durch zwei eine Gemeinschaft bildende Ehegatten, von denen einer einen Teil des Gegenstands ausschließlich für unternehmerische Zwecke verwendet, steht diesem Ehegatten und Miteigentümer das Recht auf Vorsteuerabzug für die gesamte Mehrwertsteuerbelastung des von ihm für unternehmerische Zwecke verwendeten Teils des Gegenstands zu, sofern der Abzugsbetrag nicht über den Miteigentumsanteil des Steuerpflichtigen an dem Gegenstand hinausgeht (vgl. A 15.2b Abs. 1 Satz 4 UStAE).
- Der Steuerpflichtige muss nach Art. 178 Satz 1 Buchst. a MwStSystRL i. V. m. Art. 220 ff. MwStSystRL zur Ausübung des Rechts auf Vorsteuerabzug nicht über eine auf seinen Namen ausgestellte Rechnung verfügen, in der die auf seinen Miteigentumsanteil entfallenden Teilbeträge des Preises und der Mehrwertsteuer ausgewiesen sind. Eine Rechnung, die ohne Unterscheidung an die Ehegatten, die die Gemeinschaft bilden, ausgestellt ist, reicht zu diesem Zweck aus.

Entsprechend der vorgenannten Entscheidung hat der BFH mit Urteil vom 06. 10. 2005, BStBl II 2007, 16 dem Ehemann den Vorsteuerabzug für sein unternehmerisch genutztes Arbeitszimmer in dem der Ehegattengemeinschaft gehörenden Haus zugebilligt. Der Vorsteuerabzug wurde gewährt, obwohl die Rechnung nicht, wie dies § 14 Abs. 4 Nr. 1 UStG vorsieht, auf den Ehemann, sondern auf die Eheleute ausgestellt war. Er wies dabei darauf hin, dass bei den Anforderungen an eine Rechnung der Grundsatz der Verhältnismäßigkeit gewahrt bleiben müsse, und eine auf den Namen des Ehemanns ausgestellte Rechnung dann nicht gefordert werden dürfe, wenn keine Gefahr bestünde, dass es zu Steuerhinterziehungen oder Missbräuchen komme.

Der EuGH lässt aber auch die Möglichkeit der Leistung an die Gemeinschaft zu, sofern diese Unternehmereigenschaft i. S. d. Umsatzsteuerrechts besitzt. Dies wäre z. B. dann der Fall, wenn die Gemeinschaft das Haus ganz oder teilweise z. B. an den Ehemann vermietet. In diesem Fall könnte die Gemeinschaft das ganze Grundstück ihrem Unternehmen zuordnen; die gesamte Vorsteuer für das Grundstück wäre unter den Voraussetzungen des § 15 Abs. 1 und Abs. 1b UStG abziehbar.

Die Verwaltung hat diese Rechtsprechung im Grundsatz übernommen (vgl. A 15.2b Abs. 1 Sätze 4 bis 11, A 15.2a Abs. 3 Sätze 7 und 8 und A 15.2c Abs. 2 Sätze 5 und 6 mit Beispielen 1 und 2 UStAE).

## 2.3 Leistungen an das Unternehmen

Maßgebend für den Vorsteuerabzug ist der Leistungsbezug für das Unternehmen. Mit dieser Voraussetzung ist eine Reihe von Fragestellungen verbunden, die in den nachfolgenden Unterkapiteln systematisch und im jeweiligen Zusammenhang dargestellt werden.

### 2.3.1 Verhältnisse im Zeitpunkt der Leistung

Eine Leistung ist dann für das Unternehmen erbracht, wenn bezweckt ist, sie für das Unternehmen zu verwenden. Hierbei sind die Verhältnisse zum Zeitpunkt der Leistung maßgebend (vgl. A 15.2b Abs. 3 Sätze 3 und 4 UStAE). Ein Vorsteuerabzug ist also dann nicht möglich, wenn ein Gegenstand zunächst für private Zwecke erworben wurde und zu einem späteren Zeitpunkt der Verwendungszweck dahingehend geändert wird, dass der Gegenstand dem Unternehmen dienen soll.

Der Vorsteuerabzug scheidet ferner auch dann aus, wenn der Unternehmer bereits bei Leistungsbezug beabsichtigt, die bezogene Leistung nicht für seine unternehmerische Tätigkeit, sondern ausschließlich und unmittelbar für die Erbringung unentgeltlicher Wertabgaben im Sinne der § 3 Abs. 1b oder 9a UStG zu unternehmensfremden Zwecken zu verwenden (vgl. A 15.2b Abs. 2, Satz 5 UStAE).

**BEISPIEL**

Der Unternehmer U erwirbt am 01. 03. 01 vom Kunsthändler K ein Gemälde für 20 000 € zuzüglich 1 400 € USt, um es in seiner Privatwohnung aufzuhängen. Nach zwei Wochen kann er es nicht mehr sehen und entfernt es aus seiner Wohnung. Um es nicht nutzlos herumstehen zu haben, hängt er es in der Kantine seines Unternehmens auf.

**LÖSUNG** Im Zeitpunkt der Lieferung des Gemäldes von K an U hatte U nicht die Absicht, das Gemälde für sein Unternehmen zu verwenden. Deshalb ist die Leistung nicht für sein Unternehmen, sondern für seinen Privatbereich erfolgt. Ein Vorsteuerabzug für das Gemälde ist somit ausgeschlossen, obwohl die Zuführung zum Unternehmen noch im selben VZ erfolgte. Bei dieser Zuführung handelt es sich um eine Nutzungseinlage ins Unternehmen aus dem Privatbereich.

**MERKSATZ**

Einlagen aus dem Privatbereich berechtigen nicht zum Vorsteuerabzug.

Umgekehrt braucht die unternehmerische Nutzung einer Leistung nicht sofort im Anschluss an den Leistungsbezug erfolgen. Sie kann durchaus zunächst privat genutzt werden, sofern zu diesem Zeitpunkt die feste (plausible) Absicht besteht, die Leistung unternehmerisch zu verwenden (vgl. A 15.2b Abs. 3 Satz 4 UStAE).

Eine Leistung an das Unternehmen erfolgt auch dann, wenn ein Unternehmensgründer, ohne bereits nachhaltig entgeltliche Leistungen zu erbringen, Leistungen für seine spätere unternehmerische Tätigkeit bezieht. Dieser ist selbst dann Unternehmer, wenn er erfolglos bleibt und nicht nachhaltig entgeltliche Leistungen erbringt (vgl. A 2.6 Abs. 1 Sätze 2 und 3 UStAE).

### 2.3.2 Unternehmenstypische Gegenstände

Erwirbt ein Unternehmer Waren, die er üblicherweise in seinem Unternehmen führt (unternehmenstypische Waren), wird man wohl zunächst davon auszugehen haben, dass er diese für sein Unternehmen bezieht, zumal wenn er die Zuordnung zum Unternehmen mit der Geltendmachung des Vorsteuerabzugs belegt. Beabsichtigt er allerdings von vorneherein, die bezogene Leistung ausschließlich und unmittelbar für unentgeltliche Wertabgaben zu verwenden, ist er nicht zum Vorsteuerabzug berechtigt (BFH vom 09. 12. 2010 BStBl II 2012, 53; A 15.15 Abs. 1 Satz 1 und A 15.2b Abs. 2 Satz 5 UStAE).

**BEISPIEL**

Der Unterhaltungselektronikhändler U erwirbt unter seiner Firma im Großhandel ein Farbfernsehgerät. Er lässt es sich direkt zu seiner Privatwohnung senden, wo er es auf Dauer aufstellt. U macht aus der Rechnung den Vorsteuerabzug geltend.

**LÖSUNG** Nach dem vorliegenden Sachverhalt ist davon auszugehen, dass U bereits bei Leistungsbezug das Fernsehgerät nicht für seine unternehmerische Tätigkeit, sondern ausschließlich und unmittelbar zur Erbringung einer unentgeltlichen Wertabgabe nach § 3 Abs. 1b Nr. 1 UStG zu verwenden beabsichtigte. Der Vorsteuerabzug erfolgte damit zu Unrecht (A 15.2b Abs. 2 Satz 5 m. w. N.).

Ist im Zeitpunkt des Erwerbs bezweckt, die Leistung nur zum Teil für das Unternehmen zu nutzen, kommt es für die Frage des Umfangs des Vorsteuerabzugs zunächst darauf an, um welche Art von Leistung es sich handelt (A 15.2b Abs. 2 Sätze 6 und 7 UStAE und das dortige Schaubild).

### 2.3.3 Aufteilbare Sachen und sonstige Leistungen

Besteht der Gegenstand der Leistung in der Lieferung von Sachen, die nach Zahl, Maß oder Gewicht bestimmbar sind (sog. vertretbare Sachen nach § 91 BGB) oder in einer sonstigen Leistung, gilt es, entsprechend der beabsichtigten Verwendung aufzuteilen: nur die Vorsteuer, die auf den Teil der Leistung entfällt, die in den Unternehmensbereich eingeht, ist nach § 15 Abs. 1 UStG abziehbar (Aufteilungsgebot, vgl. A 15.2c Abs. 2 Nr. 1 UStAE).

**BEISPIEL**

Der Fabrikant F erwirbt beim Heizölhändler H 20 000 Liter Heizöl. Er lässt hiervon 15 000 Liter in die Tanks seiner Fabrik, 3 000 Liter in den Tank eines von ihm vermieteten Zweifamilienhauses und 2 000 Liter in den Tank seines eigengenutzten Einfamilienhauses einfüllen. H stellt F hierüber eine einheitliche Rechnung über den Bezug von 20 000 Liter Heizöl mit gesondert ausgewiesener USt aus.

**LÖSUNG** Das Heizöl ist eine vertretbare Sache i. S. v. § 91 BGB. Es ist daher für die Zuordnung zum Unternehmen des F in einen unternehmerisch genutzten und einen nichtunternehmerisch genutzten Teil aufzuteilen. Zum Unternehmen des F gehören nach dem Grundsatz der Unternehmenseinheit (§ 2 Abs. 1 Satz 2 UStG) neben dem Fabrikationsbetrieb auch die Vermietung des Mietshauses. Somit erwirbt F eine Teilmenge von 18 000 Litern Heizöl für sein Unternehmen.

### 2.3.4 Einheitliche Gegenstände

Ist Gegenstand der Leistung die Lieferung eines einheitlichen Gegenstands, z. B. eines Pkws, der sowohl für unternehmerische als auch für nichtunternehmerische Tätigkeiten verwendet wird, ist zu differenzieren (vgl. insoweit A 15.23 UStAE und Schaubild in 15.2b Abs. 2):

**a) Teilunternehmerische nichtwirtschaftliche Verwendung im engeren Sinn**

Besteht die nichtunternehmerische Tätigkeit in einer sog. nichtwirtschaftlichen Tätigkeit im engeren Sinne wie z. B. bei unentgeltlichen Tätigkeiten eines Vereins, die aus idellen Vereinszwecken verfolgt werden (BFH vom 06. 05. 2010 BStBl II 2010, 885 und weitere Beispiele in A 2.3. Abs. 1a Satz 4 UStAE) hat der Unternehmer die Leistung grundsätzlich aufzuteilen (Aufteilungsgebot, BFH vom 03. 03. 2010 BStBl II 2012, 74); ein Zuordnungswahlrecht steht ihm bei dieser Fallkonstellation **nicht** zu. Lediglich aus Billigkeitsgründen erlaubt die Verwaltung die volle Zuordnung zum nichtunternehmerischen Bereich, was allerdings eine späteren Vorsteuerberichtigung zu seinen Gunsten nach A 15a.1 Abs. 7 UStAE ausschließt (A 15.2c Abs. 2 Nr. 2a und A 15.23 Abs. 6 UStAE).

**b) Teilunternehmerische unternehmensfremde (private) Verwendung**

Besteht die nichtunternehmerische Tätigkeit in einer unternehmensfremden Verwendung, d. h. in einer Nutzung für den privaten Bedarf des Unternehmers als natürliche Person, für den privaten Bedarf seines Personals oder für private Zwecke des Gesellschafters (BFH vom 03. 03. 2011 BStBl II 2012, 74 und vom 12. 01. 2011 BStBl II 2012, 58 sowie A 2.3 Abs. 1a, Satz 3 UStAE) und wird der Gegenstand zu mindestens 10 % unternehmerisch nutzt, hat der Unternehmer ein dreifaches Zuordnungswahlrecht (vgl. A 15.2c Abs. 2 Nr. 2 Buchst. b und A 15.23 Abs. 2 ff. UStAE). Er kann

- den Gegenstand zu dem Teil dem Unternehmen zuordnen, zu dem er ihn unternehmerisch nutzt,
- zu 100 % seinem Unternehmen zuordnen oder
- zu 100 % seinem außerunternehmerischen Bereich zuordnen.

In der Regel übt der Unternehmer sein Zuordnungswahlrecht durch die Geltendmachung des Vorsteuerabzugs im VZ der Anschaffung (Zuordnung vom Unternehmen) bzw. das Unterlassen des Vorsteuerabzugs im VZ der Anschaffung (Zuordnung zum außerunternehmerischen Bereich) aus.

Wie bereits in N 2. 2 ausgeführt, ist die Zuordnung eines Gegenstandes zum Unternehmen nach § 15 Abs. 1 Satz 2 UStG nur möglich, sofern dieser zu mindestens 10 % unternehmerisch genutzt wird. Insoweit stellt sich die Frage, nach welchen Kriterien dieses Mindestmaß an Nutzungsumfang zu bemessen ist. Ausgangspunkt ist der Umstand, dass es für die Beurteilung des Vorsteuerabzugs ausschließlich auf den Zeitpunkt des Erwerbs ankommt (EuGH vom 15. 01. 1998, UR 1998, 149). Zwar hatte der EuGH in diesem Verfahren über die Art der Verwendung des Gegenstands, nämlich für vorsteuerschädliche bzw. vorsteuerunschädliche Ausgangsumsätze zu entscheiden. Wenn der EuGH aber bereits bei dieser zweitrangigen Frage auf die Nutzungsabsicht abstellt, ist daraus zu folgern, dass er bei der erstrangigen Frage des Bezugs für das Unternehmen erst recht die **Nutzungsabsicht** (sinngemäß A 15.12 Abs. 1 Sätze 4 bis 7 UStAE) als das ausschlaggebende Tatbestandsmerkmal qualifiziert. Das bedeutet nun aber nicht, dass der Unternehmer eine Zuordnung zum Unternehmen vornehmen kann aufgrund der bloßen Behauptung, er wolle den Gegenstand zu wenigstens 10 % unternehmerisch nutzen. Wenn die tatsächliche Nutzung des Gegenstands unter der 10 %-Grenze bleibt, wird man im Allgemeinen davon ausgehen müssen, dass die behauptete Nutzungsabsicht von vorneherein nicht bestand. Kann der Unternehmer allerdings glaubhaft darlegen, dass nachträglich eingetretene Umstände dazu geführt haben, dass die tatsächliche unternehmerische Nutzung hinter der beabsichtigten zurückgeblieben ist, erfolgte die Zuordnung des Gegenstandes zum Unternehmen zu Recht und der Unternehmer behält den Vorsteuerabzug. Die zum erfolglosen Unternehmensgründer aufgestellten Grundsätze können hierbei entsprechend angewandt werden (vgl. M 1).

Ist eine natürliche Person Unternehmer und erwirbt dieser z. B. einen sog. Zweit- oder Drittwagen, ohne dass dieser zur Nutzung durch das Personal bestimmt ist, geht die Verwaltung von einer unter der 10 %-Grenze liegenden Nutzung aus, was die Zuordnung zum Unternehmen grundsätzlich ausschließt (vgl. A 15.23 Abs. 2 Sätze 4 und 5 UStAE). Allerdings ist dem Unternehmer der Gegenbeweis gestattet. Er kann diesen sowohl durch ein Fahrtenbuch (§ 6 Abs. 1 Nr. 4 Satz 3 EStG) erbringen, als auch, indem er die Jahreskilometerleistung des Fahrzeugs und die betrieblichen Fahrten mit Kilometerleistung und Fahrtziel aufzeichnet. Dabei ist jedoch klarzustellen, dass es bei der Umsatzsteuer nicht wie bei der Einkommensteuer mit ihrer Abschnittsbesteuerung für die Zuordnung zum Unternehmen auf das einzelne Kalenderjahr ankommt, sondern vielmehr auf den gesamten Nutzungszeitraum.

**BEISPIELE**

a) Rechtsanwalt R erwirbt einen Pkw, um ihn zu 80 % unternehmerisch zu nutzen. Er macht aus der Anschaffung den vollen Vorsteuerabzug geltend.

**LÖSUNG** Bei dem Pkw handelt es sich um einen einheitlichen Gegenstand. Da dieser auch unternehmerisch genutzt wird, besteht ein dreifaches Zuordnungswahlrecht. Durch Geltendmachung des vollen Vorsteuerabzugs ordnet er den Pkw zu 100 % seinem Unternehmen zu.

b) Rechtsanwalt R erwirbt einen Pkw, um ihn zu 10 % unternehmerisch zu nutzen. Er macht keinen Vorsteuerabzug aus der Anschaffung geltend.

**LÖSUNG** Bei dem Pkw handelt es sich um einen einheitlichen Gegenstand. Da dieser auch unternehmerisch genutzt werden soll, hat R das Zuordnungswahlrecht. Indem er auf den Vorsteuerabzug aus der Anschaffung verzichtet, ordnet er den Pkw zu 100 % seinem außerunternehmerischen Bereich zu.

c) Rechtsanwalt R erwirbt einen Pkw, um ihn zu 8 % unternehmerisch zu nutzen. Er macht aus der Anschaffung den vollen Vorsteuerabzug geltend.

**LÖSUNG** Bei dem Pkw handelt es sich um einen einheitlichen Gegenstand. Da er nur zu 8 % unternehmerisch genutzt werden soll, schließt § 15 Abs. 1 Satz 2 UStG die Zuordnung zum Unternehmen aus. R ist der Vorsteuerabzug versagt; die Geltendmachung erfolgte zu Unrecht.

### 2.3.5 Gesamtdarstellung der Gegenstände bezüglich ihrer Zugehörigkeit zum Unternehmen

a) **Erwerb für das Unternehmen**

- bei aufteilbaren Gegenständen und sonstigen Leistungen der unternehmerisch genutzte Teil (Aufteilungsgebot);
- einheitliche Gegenstände, die ausschließlich zur Erbringung entgeltlicher Leistungen genutzt werden (Zuordnungsgebot);
- einheitliche Gegenstände, die wenigstens zu 10 % (unternehmerisch) und im Übrigen nichtwirtschaftlich i. e. S. verwendet werden, soweit sie zur Erbringung entgeltlicher Leistungen (unternehmerisch) genutzt werden (Aufteilungsgebot);
- einheitliche Gegenstände, die wenigstens zu 10 % zur Erbringung entgeltlicher Leistungen (unternehmerisch) und im Übrigen zu unternehmensfremden Zwecken genutzt werden, soweit sie der Unternehmer willentlich dem Unternehmen zuordnet, zu 100 % oder in Höhe des unternehmerisch genutzten Teils.

b) **Erwerb nicht für das Unternehmen**

- bei aufteilbaren (nichtunternehmenstypischen) Gegenständen und sonstigen Leistungen der nichtunternehmerisch genutzte Teil;
- einheitliche Gegenstände, die zu weniger als 10 % unternehmerisch genutzt werden;
- einheitliche Gegenstände, die wenigstens zu 10 % (unternehmerisch) und im Übrigen nichtwirtschaftlich i. e. S. verwendet werden, soweit sie zu nichtwirtschaftlichen Zwecken im engeren Sinn verwendet werden (Aufteilungsgebot);
- einheitliche Gegenstände, die zu wenigstens 10 % unternehmerisch genutzt werden, zu 100 % oder in Höhe des zu unternehmensfremden Zwecken genutzten Teils.

Die Aufteilbarkeit von gemischt genutzten Gegenständen hinsichtlich ihrer Zuordnung zum Unternehmen spielt in der Praxis in der Regel eine geringe Rolle. Im Allgemeinen besteht die für den Unternehmer günstigste Lösung in der vollen Zuordnung des Gegenstands zu seinem Unternehmen. Trotz der vollen Zuordnung eines Gegenstands zum Unternehmen kann gleichwohl der Vorsteuerabzug wegen § 15 Abs. 1a UStG i. V. m. § 12 Nr. 1 EStG insgesamt ausgeschlossen sein.

Allerdings gilt dies nicht gleichmäßig für alle Aufwendungen, sodass nicht von einem gänzlichen »Gleichklang« der Einkommen- und der Umsatzsteuer ausgegangen werden kann. Beispielhaft sei hier insbesondere das Urteil des FG Berlin-Brandenburg vom 09.04.2019, 5 K 5119/18 benannt, in der es um den Vorsteuerabzug im Zusammenhang mit Bewirtungsaufwendungen ging. Nach Auffassung des FG führt ein Verstoß gegen die einkommensteuerrechtlichen Aufzeichnungspflichten für Bewirtungsaufwendungen (z. B. ein fehlender Bewirtungsbeleg) nicht zugleich zur Versagung des Vorsteuerabzugs; entscheidend ist insoweit vielmehr, ob die unternehmerische Verwendung der Bewirtungsleistungen nachgewiesen und die Aufwendungen nach allgemeiner Verkehrsauffassung als angemessen zu beurteilen sind. Die Versagung des Vorsteuerabzugs allein auf Grundlage der Nichteinhaltung von Formvorschriften – unabhängig davon, ob der Steuerpflichtige die materiellen Voraussetzungen des Vorsteuerabzugs nachweisen könne, so das FG, stelle eine mit dem mehrwertsteuerrechtlichen Neutralitätsgrundsatz nicht zu vereinbarende Belastung des Steuerpflichtigen dar. Das FG hat die Revision zugelassen; insoweit bleibt die Stellungnahme des BFH zu dieser Fragestellung abzuwarten.

### 2.3.6 Vermietung nichtaufteilbarer Gegenstände

Bei der Anmietung (auch Mietleasing) einheitlicher Gegenstände, die sowohl unternehmerisch als auch nichtunternehmerisch genutzt werden, ist davon auszugehen, dass ebenso wie beim Ankauf ein Zuordnungswahlrecht besteht. Bezieht der Unternehmer sonstige Leistungen, ist für die Zuordnung zum Unternehmen grundsätzlich darauf abzustellen, ob sie im Unternehmen verwendet werden oder nicht. Erfolgt eine teilweise unternehmerische Verwendung, gelangt grundsätzlich nur der entsprechende Leistungsteil ins Unternehmen (vgl. A 15.2c Abs. 2 Nr. 1 UStAE mit dem Beispiel der Telefondienstleistungen).

Dieser Grundsatz gilt uneingeschränkt. Lediglich aus Vereinfachungsgründen lässt die Verwaltung bei der Anmietung eines Gegenstands, der sowohl unternehmerisch als auch nichtunternehmerisch genutzt wird (z. B. Kraftfahrzeug), zu, dass der Unternehmer (ab 01. 04. 2012 nicht mehr der Verein oder die juristische Person des öffentlichen Rechts) das Nutzungsrecht dem Unternehmen zu 100 % zuordnet und die nichtunternehmerische Nutzung nach § 3 Abs. 9a UStG versteuert (vgl. A 15.23 Abs. 7 mit Verweis auf Abs. 5 UStAE). Ordnet er den Gegenstand nur zum Teil dem Unternehmen zu, hat er aus der Anmietung eben nur anteilig den Vorsteuerabzug, muss dafür aber auch die nichtunternehmerische Nutzung nicht nach § 3 Abs. 9a Nr. 1 UStG versteuern (vgl. ebenfalls A 15.23 Abs. 7 UStAE sowie Schaubild in 15.2b Abs. 2 und auch M 1.1).

**BEISPIEL**

Unternehmer L mietet ab 01. 04. 04 vom Mietwagenunternehmer M einen Pkw. Er nutzt ihn zu 60 % unternehmerisch. Den Umfang der unternehmerischen Nutzung weist G anhand geeigneter Unterlagen nach. Hinsichtlich der bei der Anmietung berechneten USt strebt L eine umsatzsteuerrechtlich kostengünstige Lösung an.

**LÖSUNG** L kann nach der Vereinfachungsregelung der Verwaltung (A 15.23 Abs. 7, Satz 4 i. V. m. Abs. 5 UStAE) das gesamte Nutzungsrecht seinem Unternehmen zuordnen und die ihm berechnete USt voll als Vorsteuer abziehen. Den privaten Nutzungsanteil versteuert L nach § 3 Abs. 9a Nr. 1 UStG i. H. v. 40 % seiner vorsteuerbelasteten Kosten. Hierzu rechnen auch 40 % der Nettomiete, weiterhin Kosten für Treibstoff, Wartung, Reparaturen.

Wahlweise kann L das Nutzungsrecht auch zu 60 % seinem Unternehmen zuordnen, mit der Folge des 60 %igen Vorsteuerabzugs; er muss dann allerdings auch keine Leistung nach § 3 Abs. 9a Nr. 1 UStG versteuern.

Der Aufteilung des Nutzungsrechts folgt bei jedem einzelnen weiteren Leistungsbezug eine entsprechende Aufteilung.

Bei voller Zuordnung des Nutzungsrechts zum Unternehmen kann dagegen die Vorsteuer voll geltend gemacht werden, wenn nur klar ist, dass überhaupt eine unternehmerische Nutzung erfolgt. Der Anteil der unternehmerischen Nutzung ist dann im Nachgang zu ermitteln.

### 2.3.7 Andere sonstige Leistungen (als die in 2.3.6 genannten)

Sonstige Leistungen werden dann an ein Unternehmen erbracht, wenn sie dem Unternehmen unmittelbar oder mittelbar zugutekommen sollen. Bei Reparaturleistungen an Gegenständen hat der EuGH im Fall Bakcsi (Urteil vom 08. 03. 2001, UR 2001, 149) entschieden, dass das Recht auf den Vorsteuerabzug für die Anschaffung des Gegenstands und das Recht auf den Vorsteuerabzug z. B. aus Wartungskosten getrennt zu beurteilen seien. Das Recht auf den Vorsteuerabzug aus Reparaturkosten hänge davon ab, ob ein Zusammenhang mit besteuerten Umsätzen des Steuerpflichtigen bestehe. Demnach kann der Unternehmer einen Vorsteuerabzug aus Betriebs- Reparatur- und Wartungskosten für einen nicht dem Unternehmen zugeordneten Gegenstand anteilig vornehmen, soweit er den Gegenstand zur Ausführung steuerpflichtiger Umsätze verwendet (vgl. A 15.2c Abs. 3 Sätze 2 und 3 UStAE).

Erfolgt eine Reparatur an einem Gegenstand, der dem Unternehmen zugeordnet ist, kann jedoch wie bisher davon ausgegangen werden, dass die Reparaturleistung in vollem Umfang an das Unternehmen erfolgt, da der Gegenstand auch hinsichtlich der nichtunternehmerischen Nutzung für steuerbare Umsätze nach § 3 Abs. 9a Nr. 1 UStG verwendet wird (A 15.2c Abs. 2 Satz 6 UStAE).

Ein gewichtiges Indiz für die Zuordnung einer sonstigen Leistung zum Unternehmen liegt dann vor, wenn das Entgelt für die Leistung einkommensteuerrechtlich als Betriebsausgabe oder bei den Einkünften aus Vermietung und Verpachtung als Werbungskosten anerkannt wird.

Kommt eine einheitliche sonstige Leistung sowohl dem Unternehmen als auch dem außerunternehmerischen Bereich zugute, ist die Leistung grundsätzlich (ausgenommen die Fälle nach 2. 3.6) aufzuteilen (vgl. A 15.2c Abs. 2 Satz 2 UStAE). Die Aufteilung hat erforderlichenfalls im Schätzungswege zu erfolgen. Ein Vorsteuerabzug scheidet jedoch auf jeden Fall dann aus, wenn die vom Unternehmer bezogene Leistung ausschließlich dazu dienen soll, als sog. unentgeltliche Wertabgabe seinen Arbeitnehmern die Möglichkeit zu verschaffen, in der Betriebskantine verbilligte Speisen und Getränke zu beziehen (BFH vom 29. 01. 2014 XI R4/12).

**BEISPIEL**

Unternehmer U erwirbt bei den Verkehrsbetrieben der Stadt S eine Netzkarte für das S-Bahnsystem. Er unternimmt damit sowohl Fahrten zu Kunden als auch Privatfahrten.

**LÖSUNG** Es handelt sich um eine einheitliche sonstige Leistung, die sowohl dem Unternehmen als auch dem nichtunternehmerischen Bereich des U zugutekommt. Die Leistung muss im Schätzungswege in einen unternehmerischen und einen nichtunternehmerischen Teil aufgeteilt werden. U trägt für die Höhe des unternehmerischen Anteils die Darlegungslast.

### 2.3.8 Gegenstände, die sowohl einem Gewerbebetrieb als auch einem land- und forstwirtschaftlichen Betrieb dienen

Unterhält ein Unternehmer sowohl einen Gewerbe- als auch einen land- und forstwirtschaftlichen Betrieb und erwirbt er einen Gegenstand, den er in beiden betrieblichen Bereichen (Besteuerung nach § 24 UStG), jedoch nicht außerunternehmerisch, verwendet, gehört dieser Gegenstand zu 100 % zum Unternehmen. Dennoch kann der Unternehmer nur den Teil der Vorsteuer geltend machen, der auf die Nutzung in seinem Gewerbebetrieb entfällt (vgl. Mähdrescherurteil des BFH vom 16. 12. 1993, BStBl II 1994, 339 und A 24.7 Abs. 2 UStAE). Für den auf den land- und forstwirtschaftlichen Betrieb entfallenden Anteil ist der konkrete Vorsteuerabzug aufgrund der Durchschnittssatzbesteuerung nach § 24 UStG ausgeschlossen (§ 24 Abs. 1 Satz 4 UStG).Diese Regelung entfaltet die gleiche Wirkung wie das Vorsteuerabzugsverbot nach § 15 Abs. 2 UStG. Vgl. § 15a Abs. 7 UStG und Beispiel b) in U 1.6.

## 2.4 Steuerpflichtige Eingangsleistung

Gem. § 15 Abs. 1 Nr. 1 Satz 1 UStG kann der Unternehmer nur die **gesetzlich geschuldete** USt als Vorsteuer abziehen. Damit ist ein Vorsteuerabzug ausgeschlossen, wenn eine Steuer nach § 14c Abs. 1 oder 2 UStG aufgrund eines unrichtigen bzw. unberechtigten Steuerausweises geschuldet wird (vgl. A 15.2 Abs. 1 Sätze 1 und 2 UStAE).

Daraus ergeben sich schwerwiegende Folgen für den Wirtschaftsverkehr: Leistungsempfänger sind zur Vermeidung von Verlusten gehalten, bei Zweifeln über die Steuerpflicht des Umsatzes oder dem zugrunde gelegten Steuersatz die Rechnung um den zweifelhaften Steuerbetrag zu kürzen.

**BEISPIEL**

a) Privatmann P gibt sich gegenüber dem Kfz-Händler H als Unternehmer aus und veräußert seinen gebrauchten Pkw als angeblichen Geschäfts-Pkw an H für 8 000 € zuzüglich 1 520 € USt.

**LÖSUNG** P ist kein Unternehmer. Deshalb ist seine Lieferung nicht steuerbar. P schuldet die ausgewiesene USt nach § 14c Abs. 2 Satz 2 UStG (unberechtigter Steuerausweis). H darf die ausgewiesene USt nicht als Vorsteuer abziehen.

b) Der freiberuflich tätige Arzt A (Kleinunternehmer nach § 19 Abs. 1 UStG) veräußert seinen gebrauchten Pkw an den Kfz-Händler H für 8 000 € zuzüglich 1 520 € USt. Er hat den Pkw bisher zu 70 % für seine Tätigkeit als Arzt und zu 30 % privat genutzt.

**LÖSUNG** Als Kleinunternehmer nach § 19 Abs. 1 UStG wird die Umsatzsteuer bei A nicht erhoben; spiegelbildlich ist ihm deshalb der Vorsteuerabzug untersagt (§ 19 Abs. 1 Satz 4 UStG). Die ausgewiesene USt schuldet A daher nach § 14c Abs. 2 Satz 1 UStG. H darf die ausgewiesene USt nicht als Vorsteuer abziehen.

c) Der freiberuflich tätige Arzt A (regelbesteuernder Unternehmer) veräußert seinen gebrauchten Pkw an den Kfz-Händler H für 8 000 € zuzüglich 1 520 € USt. Er hat den Pkw bisher zu 70 % für seine Tätigkeit als Arzt und zu 30 % privat genutzt.

**LÖSUNG** A nutzt den Pkw für steuerfreie Umsätze nach § 4 Nr. 14 UStG. Die private Nutzung ist nicht gem. § 3 Abs. 9a Nr. 1 UStG einer entgeltlichen sonstigen Leistung gleichgestellt, da der Pkw wegen der steuerfreien Umsätze des A nicht zum Vorsteuerabzug berechtigt hat. Somit ist die Lieferung des Pkw steuerfrei nach § 4 Nr. 28 UStG. A schuldet die ausgewiesene USt nach § 14c Abs. 1 UStG (A 14c.1 Abs. 1 Nr. 2 UStAE). H darf die ausgewiesene USt nicht als Vorsteuer abziehen.

d) Frau G hat sich überreden lassen, Kosmetikartikel einer bestimmten Firma auf eigene Rechnung an der Haustüre zu vertreiben. Sie bestellt deshalb einen Posten Kosmetikartikel. Noch vor der Auslieferung der Kosmetikartikel hat sie sich entschlossen, ihre Absicht aufzugeben. Sie findet D, der die Waren an ihrer Stelle vertreiben will. Ihm veräußert sie den gesamten Posten zum halben Preis und stellt ihm hierfür USt in Rechnung.

**LÖSUNG** G ist Unternehmerin (vgl. EuGH vom 29. 02. 1996, BStBl II 1996, 661 und A 2.6 Abs. 1 UStAE); sie hat aus der Anschaffung der Kosmetikartikel den Vorsteuerabzug. Die Veräußerung an D stellt noch keine Geschäftsveräußerung i. S. v. § 1 Abs. 1a UStG dar, da lediglich Waren veräußert werden. Die Veräußerung ist steuerbar und steuerpflichtig. D hat hieraus den Vorsteuerabzug.

## 2.5 Ausweis der geschuldeten Umsatzsteuer in einer nach §§ 14, 14a UStG ausgestellten Rechnung

### 2.5.1 Allgemeines

Nach § 15 Abs. 1 Nr. 1 Satz 2 UStG erfordert der Vorsteuerabzug eine nach §§ 14, 14a UStG ausgestellte Rechnung. Da § 15 Abs. 1 Nr. 1 UStG überdies die Unternehmereigenschaft dessen, der den Vorsteuerabzug geltend macht, und dessen, der leistet, bedingt, sind für den Vorsteuerabzug nur diejenigen Abrechnungen von Interesse, die zwischen einem leistenden Unternehmer und einem Unternehmer als Leistungsempfänger erstellt werden. Diese können sowohl als Rechnungen als auch in Form von Gutschriften durch den Leistungsempfänger erfolgen (§ 14 Abs. 2 Satz 2 UStG). Die Abrechnung braucht nicht als Rechnung bezeichnet sein. Der Legaldefinition des § 14 Abs. 1 Satz 1 UStG zufolge ist eine Rechnung jedes Dokument, mit dem über eine Lieferung oder sonstige Leistung (Leistungsaustausch!) abgerechnet wird. Dies kann sowohl papiergebunden als auch auf elektronischem Weg erfolgen (§ 14 Abs. 1 Satz 2 UStG).

Die Abrechnung muss nicht durch den Leistenden bzw. Leistungsempfänger selbst, sondern kann auch von einem Dritten ausgestellt werden, sofern dieser im Namen und für Rechnung des Leistenden bzw. des Leistungsempfängers handelt (§ 14 Abs. 2 Satz 4 UStG).

Die Anforderungen an den Inhalt der Rechnung wurden zunehmend verschärft. Fehlen die geforderten Angaben oder sind sie unzutreffend, hat dies grundsätzlich den Verlust des Vorsteuerabzugs zur Folge. Im Einzelnen handelt es sich um folgende in § 14 Abs. 4 Nr. 1 bis 10 UStG vorgeschriebene Inhalte:

- Name und Anschrift des leistenden Unternehmers und des Leistungsempfängers,
- Steuernummer oder USt-IdNr. des leistenden Unternehmers,
- Ausstellungsdatum,
- Fortlaufende Nummer (Rechnungsnummer),
- Menge und Art der gelieferten Gegenstände oder Umfang und Art der sonstigen Leistung,
- Zeitpunkt der Leistung und Vereinnahmung des Entgelts,
- Entgelt,
- im Voraus vereinbarte Minderung des Entgelts,
- Steuersatz und Steuerbetrag.
- in den Fällen des § 14b Abs. 1 Satz 4 einen Hinweis auf die Aufbewahrungspflicht des Leistungsempfängers und
- in den Fällen der Ausstellung einer Rechung als Gutschrift die Angabe »Gutschrift«.

Darüber hinaus normiert § 14a UStG zusätzliche Pflichten bei der Ausstellung von Rechnungen in besonderen Fällen. Soweit es sich dabei um Angaben im Zusammenhang mit steuerpflichtigen Leistungen handelt, müssen diese Angaben ebenfalls vorliegen, damit die Rechnung den Leistungsempfänger zum Vorsteuerabzug berechtigt. So verlangt § 14a Abs. 1 UStG in den Fällen, in denen eine sonstige Leistung infolge der Verwendung einer deutschen USt-IdNr. im Inland erbracht wird, die Angabe der USt-IdNr. sowohl des leistenden Unternehmers als auch des Leistungsempfängers (vgl. hierzu aber 2.5.3). Überdies sehen § 14a Abs. 1 und 3 UStG eine Frist bis zum 15. des Folgemonats der Ausführung der Leistung vor, innerhalb der die Rechnung vom leistenden Unternehmer zu erteilen ist.

Die Voraussetzung »Besitz einer Rechnung« ist nicht in dem Sinne zu verstehen, dass der Unternehmer den Vorsteuerabzug verliert, wenn er die Rechnung zu einem nachfolgenden Zeitpunkt verloren hat. Hat die Rechnung bei Ablauf des Besteuerungszeitraums (= VZ) vorgelegen, bringt der spätere Verlust des Abrechnungspapiers den bereits entstandenen Abzugsanspruch nicht rückwirkend zum Erlöschen. Es ist unerheblich, warum die Rechnung verloren ging. Dem Unternehmer, der den Vorsteuerabzug geltend macht, obliegt allerdings die objektive Beweislast dafür, dass er die Rechnung ursprünglich besessen hat. Er hat darzulegen und nachzuweisen, dass der andere Unternehmer eine Rechnung mit gesondertem Steuerausweis erstellt und ihm selbst oder einem von ihm beauftragten Dritten ausgehändigt hat (vgl. BFH vom 31. 07. 2007 BFH/NV 2008, 416).

Der EuGH hat mit Urteil vom 21. 11. 2018 C-664/16 (Vădan) entschieden, dass die Vorlage von Rechnungen für den Vorsteuerabzug nicht zwingend erforderlich ist. Die strikte Anwendung des Erfordernisses Rechnungen vorzulegen, verstoße gegen den Neutralitätsgrundsatz und den Verhältnismäßigkeitsgrundsatz. Die Vorlage der Rechnung ist keine materielle Voraussetzung zum Vorsteuerabzug, sondern lediglich eine formelle Voraussetzung. Demnach können Unternehmer den Vorsteuerabzug auch dann geltend machen, wenn sie durch objektive Nachweise belegen können, dass die materiellen Voraussetzungen des Vorsteuerabzugsrechts erfüllt sind. Für Unternehmer, denen die Finanzbehörden mangels Rechnungen den Vorsteuerabzug verwehrt haben, eröffnen sich nun neue Möglichkeiten.

Fraglich ist, wie die deutsche Finanzverwaltung dieses Urteil umsetzen wird. Eine ordnungsgemäße Rechnung bleibt weiterhin das wichtigste Beweismittel für den Vorsteuerabzug.

### 2.5.2 Einzelheiten zu den in § 14 Abs. 4 UStG vorgeschriebenen Angaben

Mit den §§ 31 und 32 UStDV werden die Anforderungen in Bezug auf den Rechnungsinhalt herabgesetzt. So kann eine Rechnung nach § 31 Abs. 1 Satz 1 UStDV aus mehreren Dokumenten bestehen, aus denen sich insgesamt die nach § 14 Abs. 4 UStG geforderten Angaben ergeben. Dabei sind in einem Dokument das Entgelt und der darauf entfallende Steuerbetrag jeweils zusammengefasst anzugeben und alle weiteren Dokumente zu bezeichnen, aus denen sich die noch fehlenden Angaben ergeben (§ 31 Abs. 1 Satz 2 UStDV). Insgesamt müssen die Angaben leicht und eindeutig nachprüfbar sein (§ 31 Abs. 1 Satz 3 UStDV). Weitere Erleichterungen für den Vorsteuerabzug ergeben sich aus A 14.5 und A 15.2a UStAE.

In Bezug auf die Regelung des § 31 Abs. 1 UStDV gilt es, die Entscheidung des EuGH vom 15. 09. 2016 (C-516/14, Barlis 06) im Blick zu haben. Der EuGH hatte sich in dieser Entscheidung sowohl mit der Leistungsbezeichnung als auch mit dem Zeitraum bzw. Zeitpunkt der Leistung und den Folgen eines Verstoßes gegen die Rechnungspflichtangaben auseinanderzusetzen. Insoweit wird man annehmen müssen, dass ungenaue oder unterbliebene Rechnungspflichtangaben vom Rechnungsempfänger mit allen Beweismitteln nachgeholt bzw. ergänzt werden können, ohne dass sich diese auf die Rechnung selbst direkt beziehen müssen (vgl. insoweit auch EuGH vom 15. 11. 2017, Rs. C-374/16 (Geisel) und C-375/16 (Butin)).

**ÜBERSICHT Pflichtangaben auf Rechnungen über steuerpflichtige Leistungen (§ 14 Abs. 4 UStG i. V. m. § 31 UStDV)**

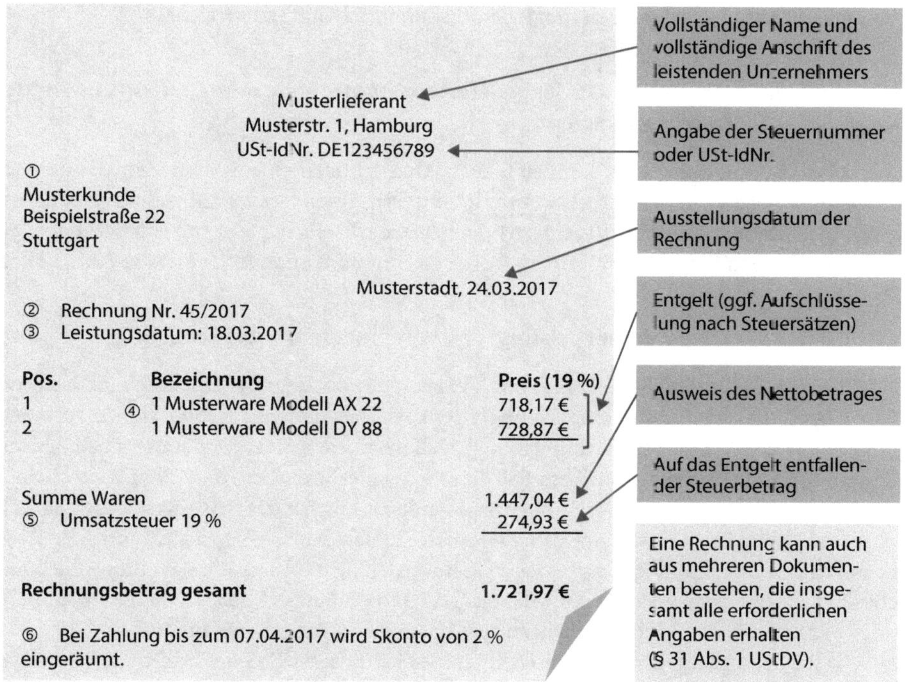


① Vollständiger Name und vollständige Anschrift des Leistungsempfängers
② Fortlaufende und einmalige Rechnungsnummer
③ Zeitpunkt der Lieferung oder sonstigen Leistung oder bei Anzahlung Zeitpunkt der Anzahlung
④ Leistungsbeschreibung (Menge und handelsübliche Bezeichnung der Lieferung oder Art und Umfang der sonstigen Leistung)
⑤ Anwendbarer Steuersatz
⑥ Jede im Voraus vereinbarte Minderung des Entgelts

### 2.5.2.1 Name und Anschrift des leistenden Unternehmers und des Leistungsempfängers

Nach § 31 Abs. 2 UStDV genügt es, wenn sich aufgrund der in der Rechnung aufgenommenen Bezeichnung Name und Anschrift eindeutig feststellen lassen. Es können auch Abkürzungen, Buchstaben, Zahlen oder Symbole verwendet werden, wenn ihre Bedeutung eindeutig festgelegt ist (in der Rechnung oder in anderen Unterlagen). Die erforderlichen Unterlagen müssen dabei sowohl beim Aussteller als auch beim Empfänger der Rechnung vorhanden sein (§ 31 Abs. 3 UStDV).

Hinzuweisen ist in diesem Zusammenhang erneut auf die v. g. Entscheidung des EuGH vom 15. 11. 2017, Rs. C-374/16 (Geisel) und C-375/16 (Butin) m. w. N. Dort vertrat er die Auffassung, dass der Vorsteuerabzug nicht davon abhängen könne, dass der Rechnungsaussteller unter der in der Rechnung genannten Anschrift tatsächlich eine wirtschaftliche Tätigkeit ausübe. Unter Verweis auf seine Rechtsprechung vom 22. 10. 2015, PPUH Stehcemp (C-277/14) schlussfolgerte er, dass der Umstand, dass am Gesellschaftssitz keine wirtschaftliche Tätigkeit ausgeübt werden könne, es nicht ausschlösse, dass diese an anderen Orten ausgeführt würde, was insbesondere für entmaterialisierte Tätigkeiten unter Verwendung neuer Informationstechnologien gelte. Die Mitgliedstaaten dürften insoweit keine strengeren Verpflichtungen vorsehen als die MwStSystRL, d. h. ihnen sei es nicht gestattet, das Recht auf den Vorsteuerabzug nach eigenem Gutdünken von den Voraussetzungen betreffend den Inhalt der Rechnung abhängig zu machen.

#### 2.5.2.2 Menge und Art der gelieferten Gegenstände oder Umfang und Art der sonstigen Leistung

Nach § 31 Abs. 3 UStDV können hierfür Abkürzungen, Buchstaben, Zahlen oder Symbole verwendet werden, wenn ihre Bedeutung eindeutig festgelegt ist (in der Rechnung oder in anderen Unterlagen z. B. in Katalogen). Die erforderlichen Unterlagen müssen dabei sowohl beim Aussteller als auch beim Empfänger der Rechnung vorhanden sein (§ 31 Abs. 3 UStDV).

#### 2.5.2.3 Zeitpunkt der Leistung und Vereinnahmung des Entgelts

Nach § 31 Abs. 4 UStDV ist die konkrete Angabe des Tags der Leistung nicht erforderlich. Es genügt die Angabe des Kalendermonats der Leistungsausführung. Statt der Angabe des Leistungszeitpunkts auf der Rechnung kann sich diese aus dem Lieferschein ergeben, auf den die Rechnung Bezug nimmt. In diesem Fall ist es jedoch erforderlich, dass der Lieferschein neben der Datumsangabe des Lieferscheins eine gesonderte Angabe des Leistungsdatums enthält.

Sofern das Leistungsdatum dem Datum des Lieferscheins entspricht, kann auf eine gesonderte Angabe des Leistungsdatums verzichtet werden. Dann muss die Rechnung einen entsprechenden Hinweis enthalten (vgl. BMF vom 26. 09. 2005 BStBl I 2005, 937).

**a) Lieferzeitpunkt bei Beförderungs- und Versendungslieferungen:**

Wird der Liefergegenstand im Rahmen des § 3 Abs. 6 UStG befördert oder versendet, gilt als Lieferort der Ort, an dem die Beförderung oder Versendung nach § 3 Abs. 6 UStG beginnt. Entsprechend ist Lieferzeitpunkt der Tag des Beginns der Beförderung oder Versendung (A 14.5 Abs. 16 Nr. 2 UStAE). Dieser Zeitpunkt ist dementsprechend in der Rechnung anzugeben. Gemäß § 31 Abs. 4 UStDV reicht dafür allerdings die Angabe des Kalendermonats.

**b) Lieferzeitpunkt bei unbewegten Lieferungen:**

Der Zeitpunkt ist nach den in A 3. 1 Abs. 2 UStAE dargelegten Grundsätzen zu ermitteln (A 14.5 Abs. 16 Nr. 3 UStAE). Bei Werklieferungen am Ort des Abnehmers gilt als Lieferzeitpunkt der Zeitpunkt der Übergabe und Abnahme des Werks (A 13.2 Abs. 1 Satz 2 Nr. 1 UStAE bei Werklieferungen in der Bauwirtschaft). Anstelle des genauen Tags der Lieferung reicht nach § 31 Abs. 4 UStDV die Angabe des Kalendermonats.

Bei Dauermietverhältnissen liegen in der Regel Teilleistungen vor. Für den Vorsteuerabzug bedarf es einer Rechnung, in welcher die jeweilige abzurechnende Teilleistung angegeben ist (z. B. Miete für März 01). Nun kann zwar der Mietvertrag grundsätzlich als Rechnung angesehen werden, jedoch erfüllt er diese Voraussetzung nicht. Hilfestellung bietet § 31 Abs. 1 Satz 1 UStDV, wonach eine Rechnung auch aus mehreren Dokumenten bestehen kann. Als solches ergänzendes Dokument kann der Zahlungsbeleg (z. B. Überweisungsauftrag, Kontoauszug) angesehen werden (A 14.1 Abs. 2 UStAE). Bei diesen periodisch wiederkehrenden Zahlungen ist davon auszugehen, dass die Zahlung für die Periode erfolgt, in welcher sie geleistet wird. Dabei kann der Beleg auch vom Leistungsempfänger ausgestellt werden (A 14.5 Abs. 17 UStAE).

**BEISPIEL**

Im Mietvertrag über eine steuerpflichtige Grundstücksvermietung ist u. a. festgelegt, dass die Miete monatlich 1 000 € zuzüglich 190 € USt beträgt und jeweils bis zum 3. des betreffenden Mietmonats zu entrichten ist. Mieter M gibt seiner Bank einen Dauerauftrag, wonach die Miete jeweils zum 3. eines Monats überwiesen wird.

**LÖSUNG** Der Mietvertrag zusammen mit dem Kontoauszug berechtigt M, den Vorsteuerabzug jeweils für die monatliche Teilleistung vorzunehmen, in der die Abbuchung erfolgt ist.

Der Zeitpunkt der Vereinnahmung des Entgelts ist anzugeben, wenn das Entgelt vor dem Zeitpunkt der Leistung entrichtet wird. Ist dieser mit dem Rechnungsdatum identisch, genügt das Ausstellungsdatum der Rechnung (A 14.5 Abs. 16 Nr. 5 UStAE). Steht zum Beispiel bei einer Vorausrechnung der Zeitpunkt der Vereinnahmung des Entgelts noch nicht fest, ist nur kenntlich zu machen, dass über eine noch nicht erbrachte Leistung abgerechnet wird.

#### 2.5.2.4 Steuernummer oder Umsatzsteuer-Identifikationsnummer des leistenden Unternehmers

Verfügt der leistende Unternehmer über keine USt-IdNr., ist zwingend seine Steuernummer anzugeben. Sind angegebene Steuernummer oder USt-IdNr. des leistenden Unternehmers falsch, verliert der Leistungsempfänger die Berechtigung zum Vorsteuerabzug nur dann, wenn er dies erkennen konnte (A. 15.2a Abs. 6 Sätze 1 bis 4 UStAE).

#### 2.5.2.5 Fortlaufende Nummer (Rechnungsnummer)

Zweck der Nummer ist es, die Einmaligkeit der Rechnung sicherzustellen. Es ist deshalb zulässig, mehrere Zahlen- oder Buchstabenreihen bzw. eine Kombination von Ziffern und Buchstaben zu wählen. Durch die Rechnungsnummer muss der Unternehmer dem Rechnungsempfänger nicht offenbaren, dass er nur wenige Kunden hat. Deshalb muss die Nummer nicht bei 1 beginnen. Ist die angegebene Nummer falsch, verliert der Leistungsempfänger dadurch die Berechtigung zum Vorsteuerabzug nur dann, wenn er dies erkennen konnte (A 15.2a Abs. 6 Sätze 1 bis 4 UStAE).

#### 2.5.2.6 Angabe des Entgelts

Nach § 14 Abs. 4 Nr. 7 UStG ist auf der Rechnung das nach Steuersätzen aufgeschlüsselte Entgelt als Nettobetrag anzugeben. Fehlt das Netto-Entgelt, entfällt der Vorsteuerabzug.

#### 2.5.2.7 Im Voraus vereinbarte Minderung des Entgelts

Falls Boni, Skonti und Rabatte im Voraus vereinbart sind, ist diese Entgeltminderung ebenfalls auf der Rechnung anzugeben. Steht allerdings im Zeitpunkt der Rechnungserstellung die Höhe der Entgeltminderung noch nicht fest, ist nur auf die entsprechende Vereinbarung hinzuweisen (A 14.5 Abs. 19 Sätze 1 und 2 UStAE).

#### 2.5.2.8 Angabe von Steuersatz und Steuerbetrag

Infolge der Angabe des Steuersatzes und des Entgelts wird nachvollziehbar, ob der angegebene Steuerbetrag richtig ist. Ist die angegebene Steuer zu hoch, wird sie nach § 14c Abs. 1 UStG vom leistenden Unternehmer geschuldet, kann jedoch gleichwohl nicht als Vorsteuer abgezogen werden, da nach § 15 Abs. 1 Nr. 1 Satz 1 lediglich die gesetzlich geschuldete USt abgezogen werden darf. Es fragt sich, ob in diesem Fall aufgrund des unzutreffenden Steuerbetrags überhaupt ein Vorsteuerabzug möglich ist. Nach Verwaltungsauffassung darf in diesem Fall jedoch wenigstens die gesetzlich geschuldete USt abgezogen werden (A 15.2a Abs. 6 Satz 12 UStAE).

### 2.5.2.9 Fehlende oder unrichtige Angaben in der Rechnung

Fehlende bzw. unrichtige Angaben, die nach § 14 Abs. 4 UStG erforderlich sind, haben grundsätzlich den Verlust des Vorsteuerabzugs zur Folge. Gem. § 31 Abs. 5 UStDV kann jedoch eine solche Rechnung berichtigt werden. Dabei sind nur die fehlenden oder unzutreffenden Angaben zu ergänzen oder zu berichtigen. Die Berichtigung muss durch ein Dokument erfolgen, das spezifisch und eindeutig auf die Rechnung bezogen ist. Dies ist regelmäßig durch Angabe der spezifischen Rechnungsnummer der Fall.

Nur der Rechnungsaussteller selbst kann die Berichtigung einer Rechnung vornehmen. Lediglich in dem Fall, in dem ein Dritter mit der Ausstellung der Rechnung beauftragt wurde (§ 14 Abs. 2 Satz 5 UStG), kann die Berichtigung durch den leistenden Unternehmer oder im Fall der Gutschrift durch den Aussteller der Gutschrift vorgenommen werden (A. 14.11 Abs. 2 UStAE).

Ist die Berichtigung allerdings erfolgt, wirkt dies zurück auf den Zeitpunkt, zu dem der Leistungsempfänger (erstmalig) eine Rechnung erhalten hat (vgl. EuGH vom 15.09.2016, C-518/14, Senatex). Insoweit ist die in A 15.2a Abs. 7 Satz 2 UStAE enthaltene Regelung, wonach der Vorsteuerabzug erst zu dem Zeitpunkt in Anspruch genommen werden kann, in dem der Rechnungsaussteller die Rechnung nach § 31 Abs. 5 UStDV berichtigt und die zu berichtigenden Angaben an den Rechnungsempfänger übermittelt hat, überholt.

Der v. g. Entscheidung des EuGH hat sich der BFH mit Urteil vom 20.10.2016, V R 26/15 angeschlossen und die Rückwirkung der Rechnungsberichtigung auf den Zeitpunkt der ursprünglichen Ausstellung bejaht. Eine berichtigungsfähige Rechnung, so der BFH, liege jedenfalls dann vor, wenn sie Angaben zum Rechnungsaussteller, zum Leistungsempfänger, zur Leistungsbeschreibung, zum Entgelt und zur gesondert ausgewiesenen Umsatzsteuer enthalte. Er hat überdies die Zulässigkeit der Berichtigung bis zum Zeitpunkt der letzten mündlichen Verhandlung vor dem FG für zulässig erklärt.

### 2.5.3 Weitere Voraussetzungen nach § 14a UStG

§ 14a enthält Vorschriften für Rechnungen in besonderen Fällen, nämlich solche, die über steuerfreie Umsätze (§ 14a Abs. 3 und 4 UStG) und über Leistungen ausgestellt werden, bei denen die Steuerschuld auf den Leistungsempfänger übergeht (§ 14a Abs. 5 UStG). Da insoweit ein Vorsteuerabzug nach § 15 Abs. 1 Nr. 1 UStG, aus Rechnungen, ohnehin nicht in Betracht kommt, sind sie für den Vorsteuerabzug uninteressant.

Von Bedeutung ist jedoch § 14a Abs. 1 UStG. Er betrifft die Fälle sonstiger Leistungen mit Verlagerung des Leistungsorts nach § 3a UStG ins Inland und der sich daran anknüpfenden Steuerpflicht. In der Rechnung muss dann sowohl die USt-IdNr. des leistenden Unternehmers als auch die USt-IdNr. des Leistungsempfängers angegeben sein. Fehlen diese Angaben, berechtigt die Rechnung nicht zum Vorsteuerabzug (§ 15 Abs. 1 Nr. 1 Satz 2 UStG). Allerdings wird der Leistungsempfänger aus der Rechnung gar keinen Vorsteuerabzug geltend machen können, da diese keine Umsatzsteuer enthalten darf (§ 14a Abs. 5 Satz 3 UStG). Also stellt sich die Frage, ob der Vorsteuerabzug nach § 15 Abs. 1 Nr. 4 UStG für die nach § 13b Abs. 5 Satz 1 i. V. m. § 13b Abs. 1 UStG geschuldete Umsatzsteuer bei einer fehlerhaften Rechnung zu versagen ist. Dies ist nach dem EuGH-Urteil vom 01.04.2004, UR 2004, 367 und auch nach der Verwaltungsauffassung eindeutig nicht der Fall, da für den Vorsteuerabzug nach § 15 Abs. 1 Nr. 3 bis 5 UStG überhaupt keine Rechnung benötigt wird (A 15.10 Abs. 1 und A 13b.15 Abs. 2 UStAE). Zu beachten ist insoweit der Wortlaut des § 14a Abs. 1 UStG, wonach für sonstige Leistungen

i. S. d. § 3a Abs. 2 UStG eine Frist zur Rechnungserstellung bis zum 15. Tag des auf die Leistungsausführung folgenden Monats normiert wurde.

### 2.5.4 Besonderheiten bei Gutschriften

Die zum Vorsteuerabzug berechtigende Abrechnung kann wahlweise durch Rechnung oder Gutschrift erfolgen. Stellt der Leistungsempfänger oder ein von ihm beauftragter Dritter gem. § 14 Abs. 2 Satz 2 UStG die Rechnung aus, muss diese die Angabe »Gutschrift« enthalten (§ 14 Abs. 4 Nr. 10 UStG; A 14.5 Abs. 24 UStAE).

Die Gutschrift setzt für die Anerkennung als Rechnung voraus, dass die Abrechnung durch Gutschrift vereinbart wurde (§ 14 Abs. 2 Satz 2 UStG). Nach § 14 Abs. 2 Satz 3 UStG kann der leistende Unternehmer der Gutschrift die Wirkung nehmen, indem er ihr widerspricht. Erstellt der Leistungsempfänger die Abrechnung, vergibt er die Rechnungsnummer. Hinsichtlich der Angabe der Steuernummer oder USt-IdNr. gem. § 14 Abs. 4 Nr. 2 UStG ist auch bei der Gutschrift auf den leistenden Unternehmer abzustellen (vgl. A 14.3 UStAE).

**ÜBERSICHT Gutschriften (§ 14 Abs. 2 Satz 2 UStG)**

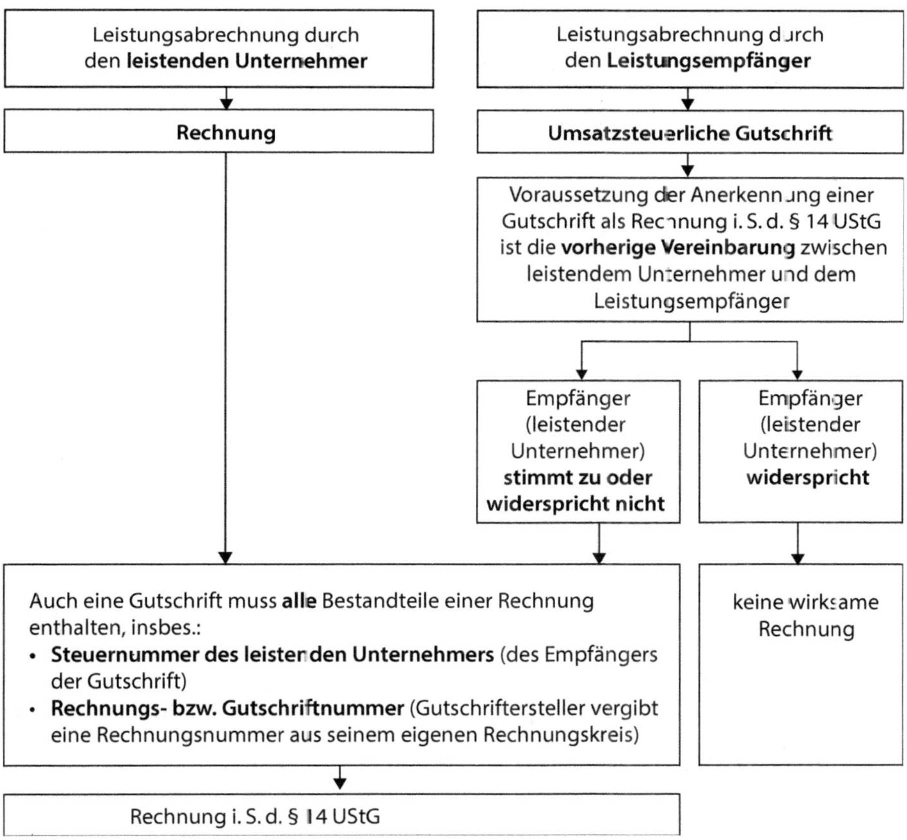

### 2.5.5 Rechnungen in den Fällen der Mindestbemessungsgrundlage

Nach § 14 Abs. 4 Satz 2 UStG ist in den Fällen der Mindestbemessungsgrundlage zusätzlich zum Rechnungsbetrag die Mindestbemessungsgrundlage und die darauf entfallende Steuer in der Rechnung anzugeben. Aufgrund dieser Sonderregelung kann die gesamte auf die Mindestbemessungsgrundlage entfallende USt gesondert in Rechnung gestellt und bei Vorliegen der übrigen Voraussetzungen des § 15 UStG als Vorsteuer abgezogen werden.

**BEISPIELE**

a) Unternehmer U veräußert seinem Neffen N zum Preis von 1 570 € seinen gebrauchten Betriebs-Pkw, um diesem den Start als selbständiger Rechtsanwalt zu erleichtern. Die Wiederbeschaffungskosten dieses Pkw betragen netto 3 000 €.

**LÖSUNG** Die Lieferung des U an N ist steuerbar und steuerpflichtig. Die USt beläuft sich aufgrund der Mindestbemessungsgrundlage nach § 10 Abs. 5 Nr. 1 i. V. m. Abs. 4 Nr. 1 auf 19 % von 3 000 €, d. h. 570 €.

U kann N folgende Rechnung ausstellen:

| | |
|---|---|
| Entgelt | 1 000 € |
| + USt | 570 € |
| | 1 570 € |

Die USt errechnet sich aufgrund der Mindestbemessungsgrundlage von 3 000 €.

b) Die ABC-OHG schenkt ihrem Gesellschafter A die fabrikneue Maschine Typ XY 21 (Einkaufspreis netto 10 000 €), die dieser in seinem Einzelunternehmen (Fabrikationsbetrieb) einsetzt. Die Schenkung an A erfolgte ausschließlich aufgrund dessen Gesellschafterstellung und nicht aus unternehmerischen Gründen.

**LÖSUNG** Die Schenkung ist nach § 1 Abs. 1 Nr. 1 i. V. m. § 3 Abs. 1b Nr. 1 UStG steuerbar und steuerpflichtig. Bemessungsgrundlage ist nach § 10 Abs. 4 Nr. 1 UStG der Einkaufspreis der Maschine. Die USt beträgt 19 % von 10 000 €, d. h. 1 900 €. Die ABC-OHG darf dem A diese USt jedoch nicht gesondert in Rechnung stellen (Umkehrschluss aus § 14 Abs. 4 Satz 2 UStG). A hat aus der Schenkung keinen Vorsteuerabzug.

c) F hat an ihren Ehemann M ein Gebäude steuerpflichtig zur verbilligten Miete von monatlich 2 000 € zuzüglich 380 € USt für dessen Gewerbebetrieb vermietet. Das FA stellt bei einer Betriebsprüfung fest, dass die Kosten im betreffenden Kalenderjahr monatlich 3 000 € betragen und noch unter der ortsüblichen Miete liegen. Es setzt die Steuer in Änderungsbescheiden aufgrund der Mindestbemessungsgrundlage entsprechend hoch. F akzeptiert die Auffassung des Finanzamts und will dementsprechend dem M eine berichtigte Rechnung i. S. v. § 14 Abs. 4 Satz 2 UStG erteilen.

**LÖSUNG** Die berichtigte Rechnung kann auszugsweise wie folgt aussehen:

| | |
|---|---|
| monatliche Miete | 2 000 € |
| Kostenmiete monatlich (Mindestbemessungsgrundlage) | 3 000 € |
| darauf entfallene USt | 570 € |

M darf die bisher noch nicht abgezogene Vorsteuer i. H. v. 190 € (570 € ./. 380 €) im VZ der Erteilung der berichtigten Rechnung als Vorsteuer abziehen.

d) Unternehmer U schenkt seinem Sohn S seinen gebrauchten Betriebs-Pkw, um diesem den Start als selbständiger Rechtsanwalt zu erleichtern. Die Wiederbeschaffungskosten dieses Pkw betragen netto 3 000 €.

**LÖSUNG** Die Schenkung ist nach § 1 Abs. 1 Nr. 1i. V. m. § 3 Abs. 1b Nr. 1 UStG steuerbar und steuerpflichtig. Bemessungsgrundlage sind nach § 10 Abs. 4 Nr. 1 UStG die Wiederbeschaffungskosten des Pkw. Die USt beträgt somit 19 % von 3 000 €, d. h. 570 €. Mangels einer § 14 Abs. 4 Satz 2 UStG entsprechenden Regelung kann U dem S die anfallende USt nicht in Rechnung stellen, S sie dementsprechend nicht als Vorsteuer abziehen.

Während aus unentgeltlichen Leistungen ein Vorsteuerabzug ausgeschlossen ist, kann aus teilentgeltlichen Leistungen (Fälle der Mindestbemessungsgrundlage) ein Vorsteuerabzug vorgenommen werden. Nachteile aus dieser unterschiedlichen Behandlung können jedoch bei einer anderen Gestaltung des Sachverhalts leicht vermieden werden. Könnte im vorliegenden Beispiel S die von U zu entrichtende USt als Vorsteuer abziehen, hätte U dem S zusätzlich zum Pkw auch noch 570 € zugewendet. Diese Zuwendung entspricht in der Regel nicht dem Willen des U. Es ist ihm deshalb zu empfehlen, den Fall wie im folgenden Beispiel e) abzuwickeln.

e) Unternehmer U veräußert seinem Sohn S seinen gebrauchten Betriebs-Pkw zum Preis von 570 €, um diesem den Start als selbständiger Rechtsanwalt zu erleichtern. Die Wiederbeschaffungskosten dieses Pkw betragen netto 3 000 €.

**LÖSUNG** Die Lieferung des U an S ist steuerbar und steuerpflichtig. Die USt beläuft sich aufgrund der Mindestbemessungsgrundlage nach § 10 Abs. 5 Nr. 1 i. V. m. Abs. 4 Nr. 1 UStG auf 19 % von 3 000 €, d. h. 570 €.

**LÖSUNG** U kann S folgende Rechnung aufstellen:

| | |
|---|---|
| Bruttoentgelt | 570 € |
| inkl. USt | 570 € |

Die USt errechnet sich aufgrund der Mindestbemessungsgrundlage von 3 000 €.
Bei dieser Gestaltung erfolgt die Übertragung des Pkw bezüglich der USt kostenneutral, da S die ihm von U berechnete USt als Vorsteuer abziehen darf.

### 2.5.6 Elektronische Abrechnung

Nach § 14 Abs. 1 Satz 7 UStG können sowohl bei Abrechnungen durch den leistenden Unternehmer als auch bei Gutschriften die Rechnungen auf elektronischem Weg übermittelt werden, sofern der Rechnungsempfänger zustimmt. Die Zustimmung bedarf dabei keiner besonderen Form; es muss lediglich Einvernehmen zwischen Rechnungsaussteller und -empfänger über die Verfahrensweise bestehen. Die Zustimmung kann z. B. in Form einer Rahmenvereinbarung erklärt werden. Auch eine nachträgliche Einverständniserklärung ist möglich. Es genügt ferner, dass die Beteiligten diese Verfahrensweise tatsächlich praktizieren und damit stillschweigend billigen.

Unter welchen Voraussetzungen eine elektronisch übermittelte Rechnung (vgl. § 14 Abs. 1 Satz 8 UStG) zum Vorsteuerabzug berechtigt, ergibt sich aus § 14 Abs. 3 UStG. Hiernach sind bei elektronischer Übermittlung der Rechnung die Echtheit der Herkunft und die Unversehrtheit des Inhalts zu gewährleisten. Dies kann auf folgende Arten erfolgen:

- mit qualifizierter elektronischer Signatur oder mit qualifizierter elektronischer Signatur mit Anbieter-Akkreditierung nach dem Signaturgesetz (§ 14 Abs. 3 Nr. 1 UStG) oder
- im EDI-Verfahren nach Art. 2 der Empfehlung 94/820/EG der Kommission vom 19. 10. 1994 über die rechtlichen Aspekte des elektronischen Datenaustauschs (ABl. EG 1994 L 338, 98; vgl. überdies Ausführungen in A. 14.4 UStAE)).

#### 2.5.6.1 Qualifizierte elektronische Signatur

Gem. § 14 Abs. 3 UStG ist eine elektronisch übermittelte Rechnung mit einer qualifizierten elektronischen Signatur (§ 2 Nr. 3 SigG) oder mit einer qualifizierten elektronischen Signatur mit Anbieter-Akkreditierung (§ 2 Nr. 15 SigG) zu versehen. Zur Erstellung der Signatur wird ein qualifiziertes Zertifikat benötigt, das von einem Zertifizierungsdiensteanbieter ausgestellt und mit dem die Identität des Zertifikatsinhabers bestätigt wird (§ 2 Nr. 7 SigG). Dieses Zertifikat kann nach § 2 Nr. 7 SigG nur auf natürliche Personen ausgestellt werden.

### 2.5.6.2 Elektronischer Datenaustausch (EDI-Rechnungen)

Gem. § 14 Abs. 3 UStG ist es zulässig, eine Rechnung im EDI-Verfahren zu übermitteln.

Um eine Veränderung der elektronischen Abrechnungen auf ihrem Transport durch das offene Netz oder durch den Empfänger zu verhindern, muss die Abrechnung mit einer digitalen Signatur versehen sein. Eine zentrale Position im Rahmen der elektronischen Rechnung nimmt deshalb die digitale Signatur ein. Sie ist geregelt im Signaturgesetz vom 16. 05. 2001 (BGBl I 2001, 876).

Das Signaturverfahren baut auf zwei mathematischen Schlüsseln auf (sog. asymmetrisches Verfahren):

a) dem privaten Schlüssel und
b) dem öffentlichen Schlüssel.

Die beiden Schlüssel unterscheiden sich zwar, sind aber eindeutig einander zugeordnet. Der persönliche private Schlüssel verbleibt immer bei dem Besitzer der Signatur und muss geheim gehalten, der öffentliche Schlüssel hingegen kann bekannt gegeben werden.

In der Praxis sollte man wie folgt vorgehen:

Der Absender einer Rechnung erstellt eine E-Mail, die er irreversibel komprimiert. So entsteht ein sog. digitaler Fingerabdruck. Dieser wird mit dem privaten Schlüssel des Absenders versehen, an den Originaltext als digitale Signatur angehängt und übermittelt. Die dadurch erzeugte Signatur identifiziert zum einen ihre Zugehörigkeit zu dieser E-Mail und zum anderen zu einem bestimmten Absender.

Kommt die E-Mail beim Empfänger an, wird die Signatur mit dem bekannten öffentlichen Schlüssel des Absenders entschlüsselt. Als Erzeugnis erhält der Empfänger das Komprimat des Absenders. Dann wird der Originaltext der E-Mail herangezogen und auf dieselbe Weise komprimiert. Nun ist ein Vergleich der beiden Komprimate möglich. Bei deren Übereinstimmung kann der Empfänger die Unverfälschtheit der Daten im Originaltext erkennen.

In der Praxis ist die elektronische Abrechnung ganz einfach:

Die Rechnung wird im Computer erstellt. Ist sie fertig, muss nur noch der Befehl »Signieren« angeklickt werden. Dann wird der Anwender aufgefordert, seine Smartcard (Plastikkarte mit Chip) in den Chipkartenleser zu stecken. Alles Weitere erledigt der PC.

Damit die Sicherheit einer digitalen Signatur gewährleistet ist, darf sie nur von bestimmten Institutionen ausgestellt werden. Wer eine digitale Signatur erhalten möchte, muss sich an sog. Zertifizierungsstellen (Trustcenter) wenden. Dazu gehört u. a. die Deutsche Telekom, die Deutsche Post AG und der DIHK.

### 2.5.7 Elektronische Abrechnung

Gegenüber vorhergehenden Gesetzesversionen wurden im Lauf der Zeit die umsatzsteuerrechtlichen Anforderungen für die elektronische Übermittlung von Rechnungen deutlich reduziert. Eine elektronische Rechnung ist eine Rechnung, die in einem elektronischen Format ausgestellt und auch elektronisch empfangen wird. Sie kann z. B. per E-Mail (ggf. mit Bilddatei- oder Textdokumentanhang), De-Mail, Computer-Fax, Faxserver, Web-Download, EDI oder auf jede andere elektronische Art übermittelt werden. Papier- und elektronische Rechnungen sind seit dem 01. 07. 2011 umsatzsteuerrechtlich gleich zu behandeln (§ 14 Abs. 1 UStG). Allerdings sind elektronische Rechnungen i. S. d. § 14 Abs. 1 Satz 8 UStG grundsätzlich in dem elektronischen Format aufzubewahren, in dem sie ausgestellt bzw. empfangen wurden (§§ 146 Abs. 5, 147 Abs. 6 AO).

Eine Rechnung, die auf einem Standardtelefax-Gerät eingeht, gilt als Papierrechnung.

Diese Gleichstellung führt zu keiner Erhöhung der Anforderungen an die Ordnungsmäßigkeit einer Papierrechnung. Sowohl Papier- als auch elektronische Rechnungen müssen nach § 14 Abs. 1 UStG die Echtheit der Herkunft, die Unversehrtheit des Inhalts und die Lesbarkeit der Rechnung gewährleisten. Dies wird durch innerbetriebliche Kontrollverfahren erreicht, die einen verlässlichen Prüfpfad zwischen Rechnung und Leistung herstellen können. § 14 Abs. 3 Nr. 1 und 2 UStG nennt deshalb die qualifizierte elektronische Signatur oder die qualifizierte elektronische Signatur mit Anbieter-Akkreditierung und den elektronischen Datenaustausch (EDI) **nur noch als Beispiele** für Technologien, die die Echtheit der Herkunft und die Unversehrtheit des Inhalts einer elektronischen Rechnung gewährleisten.

In der Praxis werden sich die Durchführung des Kontrollverfahrens und Prüfung der Voraussetzungen des Vorsteuerabzugs überschneiden. Ist der Nachweis für die Voraussetzungen des Vorsteuerabzugs nach § 15 UStG erbracht, kommt der Frage der Durchführung des innerbetrieblichen Kontrollverfahrens im konkreten Einzelfall keine eigenständige Bedeutung mehr zu. Dies kann insbesondere nicht zur Versagung des Vorsteuerabzugs führen.

Einzelheiten zur elektronischen Rechnungsstellung werden in A 14.4, insbes. in den Abs. 7–9 UStAE erörtert.

### 2.5.8 Kleinbetragsrechnungen

Nach § 35 Abs. 1 UStDV kann ein Unternehmer bei Kleinbetragsrechnungen, die den Anforderungen des § 33 UStDV genügen, den Vorsteuerabzug in Anspruch nehmen, auch wenn die Angabe von Entgelt und Steuerbetrag fehlt, sofern er den Rechnungsbetrag selbst in Entgelt und Steuerbetrag aufteilt.

Eine Kleinbetragsrechnung i. S. d. § 33 UStDV erfordert zunächst, dass der Gesamtbetrag der Rechnung 250 € insgesamt nicht übersteigt.

In diesem Fall ist für den Vorsteuerabzug nur erforderlich:

- Name und Anschrift des leistenden Unternehmers,
- Ausstellungsdatum,
- Menge und Art der gelieferten Gegenstände oder Umfang und Art der sonstigen Leistung,
- Bruttoentgelt,
- Steuersatz.

Entbehrlich ist also:

- die Angabe des Leistungsempfängers,
- eine getrennte Angabe von Entgelt und Steuerbetrag,
- eine Angabe über den Leistungszeitpunkt.

Die nach § 33 Nr. 4 UStDV erforderliche Angabe des Steuersatzes liegt nur dann vor, wenn ein im Gesetz (z. B. § 12 oder § 24 Abs. 1 UStG) vorgeschriebener Steuersatz angegeben ist. Die Angabe des Umrechnungsfaktors (z. B. 15,96 % oder 6,54 % vgl. A 15.4 Abs. 3 UStAE) berechtigt nicht zum Vorsteuerabzug.

**BEISPIEL**

Der Unternehmer U erhält für den Einkauf von Büromaterial bei der Fa. B folgende Rechnung:
Fa. B, Ludwigsburg, Myliusstr. 33
Büromaterial: 36 €
In diesem Betrag sind 19 % USt enthalten.

**LÖSUNG** Da der Gesamtbetrag der Rechnung nicht über 200 € liegt, handelt es sich um eine Kleinbetragsrechnung i. S. d. § 33 UStDV. Die Rechnung erfüllt alle in § 33 UStDV geforderten Angaben. U darf somit das Bruttoentgelt in Entgelt und Steuerbetrag aufteilen und die so ermittelte USt von 5,75 € als Vorsteuer abziehen.

Für die nach § 35 Abs. 1 UStDV erforderliche Trennung des Rechnungsbetrags in Entgelt und Steuerbetrag lässt die Verwaltung zu, dass der leistungsempfangende Unternehmer sämtliche auf einen VZ entfallenden Kleinbetragsrechnungen, auf denen derselbe Steuersatz angegeben ist, zusammenfasst (vgl. A 15.4 Abs. 1 UStAE). Die für die Trennung erforderlichen Umrechnungsfaktoren bzw. Divisoren sind in A 15.4 Abs. 2 und 3 UStAE aufgelistet.

### 2.5.9 Fahrausweise

Nach § 35 Abs. 2 UStDV kann ein Unternehmer bei Fahrausweisen i. S. d. § 34 UStDV den Vorsteuerabzug in Anspruch nehmen, sofern er den Fahrpreis selbst in Entgelt und Steuerbetrag aufteilt.

Fahrausweise i. S. d. § 34 UStDV sind Urkunden, die einen Anspruch auf Beförderung von Personen beinhalten. Davon zu unterscheiden sind Quittungen, die lediglich über die Entrichtung des Fahrpreises ausgestellt werden. Nicht um Fahrausweise i. S. d. § 34 UStDV handelt es sich daher bei Quittungen im Taxi-, Mietwagen- und im Gelegenheitsverkehr mit Omnibussen (vgl. A 15.5 Abs. 7 UStAE). Für solche Quittungen gelten allenfalls die Erleichterung für Kleinbetragsrechnungen.

Liegt ein Fahrausweis (Fahrkarte) vor, braucht dieser, um zum Vorsteuerabzug zu berechtigen, nicht alle für eine Rechnung erforderlichen Angaben enthalten.

In den Fällen, in denen die Beförderungsleistung dem ermäßigten Steuersatz nach § 12 Abs. 2 Nr. 10 UStG unterliegt, sind für den Vorsteuerabzug erforderlich:

- Name und Anschrift des leistenden Unternehmers,
- Ausstellungsdatum und
- Bruttoentgelt.

Entbehrlich sind also:

- eine Angabe über den Leistungsempfänger,
- eine getrennte Angabe von Entgelt und Steuerbetrag,
- eine Angabe über den Leistungszeitpunkt und
- eine Angabe über den Steuersatz.

Für den Vorsteuerabzug darf die Vorsteuer in diesem Fall nur mit dem ermäßigten Steuersatz aus dem Fahrpreis ermittelt werden (vgl. § 35 Abs. 2 Satz 3 UStDV).

Dies gilt jedoch nicht für Fahrausweise im Luftverkehr. In diesem Fall ist ein Vorsteuerabzug nur zulässig, wenn der Regelsteuersatz nach § 12 Abs. 1 UStG angegeben ist (vgl. § 35 Abs. 2 Satz 4 UStDV und A 15.5 Abs. 5 UStAE).

Unterliegt die Beförderungsleistung dem Regelsteuersatz und macht der Leistungsempfänger die Vorsteuer in voller Höhe geltend, bedarf es darüber hinaus der Angabe des Regelsteuersatzes (§ 34 Abs. 1 Nr. 4 UStDV).

Bei grenzüberschreitenden Personenbeförderungen ist ein Vorsteuerabzug nur möglich, wenn eine Bescheinigung des Beförderungsunternehmers darüber vorliegt, welcher Anteil des Beförderungspreises auf die Strecke im Inland entfällt und welcher Steuersatz gilt (vgl. § 34 Abs. 2 UStDV). In diesem Fall darf die abziehbare Vorsteuer nur aus dem auf das Inland entfallenden Entgeltanteil errechnet werden.

Zuschlagskarten werden behandelt wie die dazugehörige Fahrkarte (vgl. A 15.5 Abs. 2 Satz 1 UStAE).

Die Regelung für Fahrausweise gilt für Belege im Reisegepäckverkehr entsprechend (vgl. § 34 Abs. 3 UStDV). Der Transport des Reisegepäcks stellt umsatzsteuerrechtlich eine Nebenleistung zur Personenbeförderung dar und teilt deshalb deren Schicksal.

### 2.5.10 Sonderfälle von Rechnungen

#### 2.5.10.1 Rechnungen mit verschiedenen Steuersätzen

Grundsätzlich muss für den Vorsteuerabzug nach § 15 Abs. 1 Nr. 1 UStG für jede Einzelleistung in der Rechnung die USt gesondert ausgewiesen und das hierauf entfallende Entgelt angegeben werden. Dies ist erforderlich, um den Betrag der abziehbaren Vorsteuer genau ermitteln zu können, wenn beispielsweise nur eine von mehreren abgerechneten Leistungen für das Unternehmen erbracht wurde. § 32 UStDV lässt jedoch zur Vereinfachung eine Zusammenfassung der Entgelte und Steuerbeträge zu, die demselben Steuersatz unterliegen. Die Regelung ermöglicht sogar den Ausweis des Steuerbetrags in einer Summe, wenn für die Einzelpositionen in der Rechnung der Steuersatz angegeben wird.

#### 2.5.10.2 Rechnungen mit mehreren Leistenden

Leistungen verschiedener Unternehmer können in einem Dokument abgerechnet werden, wenn z. B. der Unternehmer für sich selbst und zugleich als Beauftragter für einen anderen abrechnet. In diesem Fall hat jedoch für die Anerkennung des Vorsteuerabzugs jedoch zutreffende Trennung der Einzelleistungen zu erfolgen (z. B. mit den unterschiedlichen Steuernummern oder USt-IdNrn. der leistenden Unternehmer (vgl. A 14.10 Abs. 3 Satz 2 UStAE m. w. N.).

Die Abrechnung eines jeden Unternehmers ist in diesem Fall als selbständige Rechnung anzusehen. Für die Frage, ob noch eine Kleinbetragsrechnung i. S. d. § 33 UStDV vorliegt, ist auf jede Rechnung gesondert abzustellen.

**BEISPIEL**

| | |
|---|---|
| Fa. L, Esso-Tankstelle<br>und Kfz-Werkstätte<br>Marienstr. 12 | Stuttgart, den 06. 12. 01 |
| An<br>Fa. K<br>Webergasse 6<br>Stuttgart | |
| **Rechnung** | |
| Behebung des Blechschadens | 500,00 € |
| + 19 % USt | 95,00 € |
| Summe | 595,00 € |
| 65 l Superbenzin* | 99,00 € |
| Gesamtbetrag | 687,00 € |

* Die Lieferung erfolgt im Namen und für Rechnung der Firma Esso. In dem Betrag sind 19 % Umsatzsteuer enthalten.

**LÖSUNG** Das Abrechnungspapier enthält zwei Rechnungen: eine der Fa. L und eine der Fa. Esso. Da über die Leistungen eines jeden Unternehmers getrennt abgerechnet ist, sind die Rechnungen insoweit nicht zu beanstanden. Soweit auch die übrigen Voraussetzungen für den Vorsteuerabzug erfüllt sind, kann K die ausgewiesene USt in Höhe von 95 € als Vorsteuer geltend machen.
Bei der Rechnung der Fa. Esso ist die USt nicht gesondert ausgewiesen. Der Rechnungsbetrag übersteigt jedoch nicht den Betrag von 250 €. Es handelt sich insoweit um eine Kleinbetragsrechnung i. S. v. § 33 UStDV. Alle Voraussetzungen des § 33 UStDV liegen vor. Sofern auch die übrigen Voraussetzungen für den Vorsteuerabzug erfüllt sind, kann K die 99 € in Entgelt und USt-Betrag trennen und die USt i. H. v. 19/119 von 99 €, d. h. 15,81 € als Vorsteuer geltend machen.

### 2.5.10.3 Rechnungen, die auf den Namen Dritter ausgestellt sind

Wie unter 2.2.2 dargestellt, wird bei unfreien Versendungen gemäß § 40 UStDV der Empfang der Leistung durch einen anderen als den eigentlichen Leistungsempfänger fingiert. In solchen Fällen wird auch die Rechnung meist nicht auf den fiktiven, sondern den eigentlichen Leistungsempfänger ausgestellt. Für den Vorsteuerabzug beim fiktiven Leistungsempfänger reicht es aus, wenn er diese Rechnung bei seinen Unterlagen aufbewahrt und aus den Aufzeichnungen hervorgeht, dass er als fiktiver Leistungsempfänger gilt.

Das Problem von Rechnungen, die auf den Namen Dritter ausgestellt sind, taucht nicht auf, wenn es sich um Kleinbetragsrechnungen bzw. Fahrausweise handelt. Bei diesen wird der Leistungsempfänger nicht genannt.

Im Fall der umsatzsteuerlichen Organschaft können Name und Anschrift der Organgesellschaft angegeben werden, wenn der leistende Unternehmer bzw. der Leistungsempfänger unter dem Namen und der Anschrift der Organgesellschaft die Leistung erbracht bzw. bezogen haben (vgl. A 14.5 Abs. 4 Satz 1 UStAE).

### 2.5.10.4 Vorausrechnungen und Rechnungen über Anzahlungen

Es ist zulässig, eine Rechnung mit gesondertem USt-Ausweis bereits vor Erbringung der Leistung auszustellen. Erfolgt in einem solchen Fall eine Zahlung vor Ausführung der Leistung (sog. Anzahlung oder Abschlagszahlung), ist der Vorsteuerabzug bereits zum Zeitpunkt der **Zahlung** möglich (vgl. § 15 Abs. 1 Nr. 1 Satz 3 UStG).

Da in der Rechnung der Zeitpunkt der Leistung angegeben sein muss, ergibt sich in der Regel aus dieser Angabe, dass es sich um eine Vorausrechnung handelt. Ist der Zeitpunkt der Leistung noch nicht bekannt, ist der voraussichtliche Leistungszeitpunkt anzugeben. Zumindest muss die Rechnung einen Hinweis darauf enthalten, dass die Leistung erst später erbracht wird. Fehlt dieser Hinweis und entsteht dadurch der Eindruck, die Leistung, über die abgerechnet wird, sei bereits erbracht worden, handelt es sich um eine sog. Scheinrechnung, aus der ein Vorsteuerabzug mangels zugrunde liegender Leistung nicht zulässig ist. In diesem Fall schuldet der Rechnungsaussteller die darin ausgewiesene Steuer nach § 14c Abs. 2 UStG (A 14c.2 Abs. 2 Nr. 2 UStAE).

Wurde in einer Vorausrechnung über den Gesamtbetrag mit USt-Ausweis abgerechnet und wird vor Erbringung der Leistung nur ein Teil dieses Betrags bezahlt, hat der Leistungsempfänger nach § 15 Abs. 1 Nr. 1 Satz 2 UStG nur einen anteiligen Vorsteuerabzug in der Höhe, der sich aus dem Verhältnis von Gesamtbetrag und bezahltem Betrag ergibt (§ 15 Abs. 1 Nr. 1 Satz 3 UStG: »soweit«).

**BEISPIEL**

A hat im Januar 01 bei L eine Baumaschine bestellt. L stellte A hierüber sofort eine Gesamtrechnung über 100 000 € zzgl. 19 000 € USt aus. Auf der Rechnung ist vermerkt: »Voraussichtliche Lieferung im Juli 01«. Vereinbarungsgemäß leistete A hierauf im Januar eine Anzahlung von 23 800 €.

**LÖSUNG** Nach § 15 Abs. 1 Nr. 1 Satz 3 UStG kann A bezüglich der Anzahlung bereits für den VZ Januar 01 die Vorsteuer geltend machen, da eine Rechnung mit gesondert ausgewiesener USt vorliegt. Da A jedoch nur 1/5 des in der Gesamtrechnung berechneten Betrages anzahlt, darf er auch nur 1/5 des in der Gesamtrechnung ausgewiesenen USt-Betrages, also 3 800 €, als Vorsteuer für den VZ Januar 01 geltend machen (A 15.3 Abs. 4 UStAE).

### 2.5.10.5 Endrechnungen

Wird in Fällen, in denen Rechnungen mit gesondertem USt-Ausweis über Anzahlungen bzw. Abschlagszahlungen erteilt wurden, nach Erbringung der Leistung endgültig abgerechnet (sog. Endrechnung), hat der Abrechnende nach § 14 Abs. 5 Satz 2 UStG in der Endrechnung die vor Ausführung der Leistung vereinnahmten Teilentgelte und die auf sie entfallenden Steuerbeträge abzusetzen. Diese Vorschrift soll verhindern, dass der Leistungsempfänger die Vorsteuer nicht zum einen teilweise aus den Rechnungen über Anzahlungen bzw. Abschlagszahlungen und zum andern zusätzlich in vollem Umfang aus der Endrechnung abzieht. Kommt der Leistende dieser Verpflichtung nicht nach, schuldet er den Teil der in der Endrechnung ausgewiesenen Steuer, der auf die vor der Leistung vereinnahmten Teilentgelte entfällt, nach § 14c Abs. 1 UStG (A 14.8 Abs. 10 Satz 3 UStAE). Da er bereits in der Anzahlungsrechnung die USt gesondert ausgewiesen hat, weist er diese insgesamt doppelt und damit zu hoch aus. Gleichwohl darf der Leistungsempfänger auch in diesem Fall nur den Teil der in der Endrechnung ausgewiesenen Vorsteuer abziehen, den er nicht schon zuvor aufgrund der Zahlungen vor Erbringung der Leistung abgezogen hat ( A 14.8 Abs. 10 Satz 4 und A 15.3 Abs. 5 UStAE).

**BEISPIEL**

A hat im Januar 01 bei L eine Baumaschine für insgesamt 119 000 € bestellt. L vereinbarte mit A hierfür eine sofortige Anzahlung von 23 800 € und stellte ihm auch sofort hierüber eine Rechnung aus, die A nach § 15 Abs. 1 Nr. 1 Satz 3 UStG zum Vorsteuerabzug berechtigt. Aufgrund der geleisteten Anzahlung machte A die Vorsteuer i. H. v. 3 800 € in der USt-Voranmeldung für Januar 01 geltend.
Nach Übergabe der Baumaschine im Juli 01 erteilte L dem A für die Lieferung der Baumaschine eine Endrechnung über 100 000 € zuzüglich 19 000 € USt. Auf dieser Rechnung sind die Anzahlung und die darauf entfallende USt nicht abgesetzt.

**LÖSUNG** A hat zu Recht die auf die Anzahlung entfallende USt i. H. v. 3 800 € für den VZ Januar geltend gemacht (vgl. § 15 Abs. 1 Nr. 1 Satz 3 UStG).
Aus der Endrechnung darf er nicht 19 000 €, sondern nur 15 200 € (19 000 € ./. 3 800 €) als Vorsteuer für den VZ Juli geltend machen. Auch ohne dass L die auf die Anzahlung entfallende USt in der Endrechnung absetzt, weiß A aus seinen Geschäftsunterlagen, dass er schon einen Teil der auf die Lieferung entfallenden USt als Vorsteuer abgezogen hat und deshalb nicht mehr die volle USt geltend machen darf. Die Tatsache, dass L i. H. v. 3 800 € die USt nach § 14c Abs. 1 UStG schuldet, ändert an diesem Ergebnis nichts. Denn nur regulär geschuldete USt kann als Vorsteuer abgezogen werden (vgl. A 15.2. Abs. 1 Sätze 1 und 2 UStAE).
Die von L geschuldete USt nach § 14c Abs. 1 UStG entfällt, sobald L dem A eine berichtigte Rechnung erteilt, in der die Anzahlung und die darauf entfallende USt entsprechend § 14 Abs. 5 UStG abgesetzt ist.

### 2.6 Rechnungen mit mehreren Leistungsempfängern

Wie in 2.2.3 dargestellt wurde, können beim Leistungsbezug durch Gemeinschaften im Zusammenhang mit Gemeinschaftsobjekten unter bestimmten Voraussetzungen die einzelnen Gemeinschafter direkt als Leistungsempfänger angesehen werden. In derartigen Fällen ist keine auf den Namen des einzelnen Gemeinschafters ausgestellte Rechnung für den Vorsteuerabzug dieses Gemeinschafters erforderlich.

Für Zwecke des Vorsteuerabzugs eines unternehmerischen Gemeinschafters kann in der Rechnung über die Leistung an die Gemeinschaft nach § 14 Abs. 4 Satz 1 Nr. 1 UStG nur die Angabe des vollständigen Namens und der vollständigen Anschrift der Gemeinschaft als Leistungsempfänger verlangt werden. Aus den durch die den Vorsteuerabzug begehrenden Gemeinschafter nach § 22 UStG zu führenden Aufzeichnungen müssen sich die Namen und Anschriften der übrigen Gemeinschafter sowie die auf die Gemeinschafter entfallenden Anteile am Gemeinschaftsvermögen ergeben (vgl. A 15.2a Abs. 3 Sätze 8 und 9 UStAE).

## 3 Abziehbarkeit der Einfuhrumsatzsteuer als Vorsteuer nach § 15 Abs. 1 Nr. 2 UStG

### 3.1 Allgemeines

Die Einfuhr-USt entsteht mit der Freigabe des Gegenstands in den freien Verkehr im Inland. Der Unternehmer, der zu diesem Zeitpunkt die Verfügungsmacht an dem Gegenstand hat, ist berechtigt, die Einfuhr-USt als Vorsteuer abzuziehen.

Dementsprechend müssen folgende Tatbestandsvoraussetzungen für den Vorsteuerabzug der Einfuhr-USt vorliegen:

a) Unternehmereigenschaft dessen, der den Vorsteuerabzug bezüglich der Einfuhr-USt geltend macht;
b) Entrichtung der (deutschen) Einfuhr-USt für die Einfuhr des Gegenstandes durch eine beliebige Person (A 15.8 Abs. 7 UStAE);
c) der Unternehmer, der die Einfuhr-USt als Vorsteuer geltend macht, hat im Zeitpunkt der Überführung in den freien Verkehr die Verfügungsmacht am Gegenstand (A 15.8 Abs. 4 Satz 2 UStAE);
d) der Gegenstand befindet sich im Zeitpunkt der Freigabe in den freien Verkehr im Unternehmensvermögen des Unternehmers, der die Einfuhr-USt als Vorsteuer geltend macht (A 15.8 Abs. 4 Satz 1 UStAE);
e) der Unternehmer, der die Einfuhr-USt als Vorsteuer geltend macht, ist im Besitz des zollamtlichen Belegs über die Entrichtung der Einfuhr-USt;
f) kein Vorsteuerausschluss nach § 15 Abs. 1a und 2 UStG und keine Sonderregelung, insbesondere nach § 19 oder § 24 UStG.

Ergänzend dazu gilt es, § 4 Nr. 4 Buchst. b UStG zu berücksichtigen. Danach ist die einer Einfuhr vorangehende Lieferung von Gegenständen steuerfrei, wenn der Abnehmer oder dessen Beauftragter den Gegenstand der Lieferung einführt. Auch diejenigen Lieferungen sind steuerfrei, die solchen vorausgegangen sind.

**BEISPIEL**

Der Obstimporteur O in Panama ließ eine Ladung Bananen von Panama nach München transportieren. Nach Ankunft des Obsts in München am 15. 12. 01 findet sich der Käufer K. Das Eigentum an den Bananen wurde dem K durch Einigung und Übergabe des Ladescheins am 15. 12. 01 übertragen (§ 448 HGB i. V. m. § 929 BGB). Nach erfolgter Eigentumsübertragung entrichtet K beim Zollamt in München die Einfuhr-USt für das Obst. O berechnet dem K lediglich Nettopreise.

**LÖSUNG** Mit der Eigentumsübertragung erbringt O an K am 15. 12. 01 die Lieferung der Bananen. Der Ort der Lieferung ist nach § 3 Abs. 7 Satz 1 UStG in München. Die Lieferung ist somit steuerbar. Sie ist nach § 4 Nr. 4 Buchst. b UStG steuerfrei. K hat bei Entrichtung der Einfuhr-USt die Verfügungsmacht an den Bananen. Somit darf K gem. § 15 Abs. 1 Nr. 2 UStG die Einfuhr-USt als Vorsteuer abziehen.

## 3.2 Zeitpunkt der Entstehung des Vorsteueranspruchs bezüglich der Einfuhrumsatzsteuer

Der Anspruch auf den Vorsteuerabzug hinsichtlich der Einfuhr-USt entsteht grundsätzlich gleichzeitig mit der Entrichtung der Einfuhr-USt (§ 15 Abs. 1 Nr. 2 i. V. m. § 16 Abs. 7 und § 21 Abs. 2 UStG). D. h., das Recht auf Vorsteuerabzug ist für den Voranmeldungszeitraum auszuüben, in dem das Abzugsrecht entstanden ist und die Ausübungsvoraussetzungen vorliegen (so auch BFH vom 13. 02. 2014, V R 8/13).

Die Entrichtung der Einfuhr-USt erfolgt grundsätzlich zum Zeitpunkt der Freigabe in den freien Verkehr. Es besteht allerdings die Möglichkeit des Zahlungsaufschubs nach § 223 AO. In diesem Fall entsteht der Anspruch auf den Vorsteuerabzug bereits im vorangehenden Voranmeldungszeitraum, auch wenn die Einfuhr-USt aufgrund des Zahlungsaufschubs bis zum 16. Tag des Folgemonats zu entrichten ist (§ 21 Abs. 3 UStG).

**BEISPIEL**

Der Unternehmer A hat eine Maschine aus der Schweiz nach Deutschland eingeführt und sie am 20. 02. 01 beim Zollamt in Stuttgart in den freien Verkehr überführen lassen. Dabei wurde ihm Zahlungsaufschub hinsichtlich der in Höhe von 12 000 € festgesetzten Einfuhr-USt bis zum 16. 03. 01 gewährt.

**LÖSUNG** A darf die Einfuhr-USt bereits für den Voranmeldungszeitraum Februar als Vorsteuer geltend machen.

## 3.3 Nachweis der Entrichtung der Einfuhrumsatzsteuer

Der Nachweis ist grundsätzlich durch einen zollamtlichen Beleg bzw. durch einen vom zuständigen Zollamt bescheinigten Ersatzbeleg zu führen (A 15.8 Abs. 1 i. V. m. A 15.11 Abs. 1 Satz 2 Nr. 2 UStAE).

## 3.4 Beispiele zur Einfuhrumsatzsteuer

**BEISPIELE**

a) L in Oslo (Norwegen) liefert an A in Stuttgart Stahlbleche zur Lieferkondition unverzollt und unversteuert. A zahlt dementsprechend die Einfuhr-USt in Höhe von 21 000 €. A will die von ihm entrichtete Einfuhr-USt als Vorsteuer geltend machen. Der Transport der Stahlbleche erfolgte durch einen von L beauftragten Frachtführer.

**LÖSUNG** Die Stahlbleche wurden für denjenigen eingeführt, der bei der Einfuhr die Verfügungsmacht daran hat bzw. für den die Verfügungsmacht bei der Einfuhr nach § 3 Abs. 6 Satz 1 UStG fingiert wird (vgl. A 15.8 Abs. 4 bis 6 UStAE). Die Lieferung von L an A gilt gem. § 3 Abs. 6 Satz 1 UStG in Oslo als bewirkt. Eine Verlagerung des Lieferorts nach § 3 Abs. 8 UStG tritt nicht ein, weil nicht L, sondern A die Einfuhr-USt entrichtet. Damit hat A bei der Einfuhr (Freigabe zum freien Verkehr) die Verfügungsmacht. Folglich kann A die Einfuhr-USt als Vorsteuer abziehen, sofern die übrigen Voraussetzungen hierfür vorliegen (A 15.8 Abs. 5 Satz 2 UStAE).

b) L in Oslo (Norwegen) liefert an A in Stuttgart Stahlbleche zur Lieferkondition verzollt und versteuert. L zahlt dementsprechend die Einfuhr-USt in Höhe von 21 000 €. L will die von ihm entrichtete Einfuhr-USt als Vorsteuer geltend machen. Der Transport der Stahlbleche erfolgte durch einen von L beauftragten Frachtführer.
**LÖSUNG** Die Stahlbleche wurden für denjenigen eingeführt, der bei der Einfuhr die Verfügungsmacht an ihnen hatte bzw. für den die Verfügungsmacht bei der Einfuhr nach § 3 Abs. 6 Satz 1 UStG fingiert wird (A 15.8 Abs. 4 bis 6 UStAE). Die Lieferung von L an A gilt gem. § 3 Abs. 6 Satz 1 UStG in Oslo als bewirkt. Damit hätte A bei der Einfuhr die Verfügungsmacht. Es tritt jedoch eine Verlagerung des Lieferorts nach § 3 Abs. 8 UStG ins Inland ein, weil L die Einfuhr-USt entrichtet. Damit hat L bei der Einfuhr die Verfügungsmacht. L kann also die Einfuhr-USt als Vorsteuer abziehen, sofern die übrigen Voraussetzungen hierfür vorliegen.

c) Lederwarenhändler L in Stuttgart bestellt beim Lederwarenfabrikanten F in Istanbul (Türkei) zehn Lederjacken zur Lieferkondition unverzollt und unversteuert. L holt die Lederjacken beim Zollamt in Stuttgart ab, nachdem er die Einfuhr-USt entrichtet hatte. Später entdeckt er bei genauerer Besichtigung, dass die Lederjacken Mängel aufweisen und schickt sie dem F zurück. L will die von ihm entrichtete Einfuhr-USt als Vorsteuer geltend machen.
**LÖSUNG** Die Lederjacken wurden für denjenigen eingeführt, der bei der Einfuhr die Verfügungsmacht an ihnen hat bzw. für den die Verfügungsmacht bei der Einfuhr nach § 3 Abs. 6 Satz 1 UStG fingiert wird (A 15.8 Abs. 4 bis 6 UStAE). Die Lederjacken wurden abgesandt und von L am Bestimmungsort abgenommen. Er wurde damit Eigentümer der Lederjacken. Nach § 3 Abs. 6 Satz 1 UStG gilt die Lieferung in Istanbul als bewirkt. Somit hat F die Verfügungsmacht an L in Istanbul übertragen, L hatte daher bei der Einfuhr die Verfügungsmacht und kann die Einfuhr-USt als Vorsteuer geltend machen. Die spätere Rückgängigmachung der Lieferung ändert an dieser Rechtslage nichts (A 15.8 Abs. 11 Nr. 1 Buchst. b UStAE).

d) L in New York (USA) liefert an A in Stuttgart einen Sportwagen zur Lieferkondition unverzollt und unversteuert. Der Sportwagen wird von L dem Spediteur S (Beauftragter des A) in New York zwecks des Transports nach Stuttgart übergeben. A verwendet den Sportwagen zu 20 % unternehmerisch und zu 80 % privat. A will die von ihm dem S vergütete Einfuhr-USt als Vorsteuer geltend machen.
**LÖSUNG** Der Sportwagen wurde für denjenigen eingeführt, der bei der Einfuhr die Verfügungsmacht an ihm hat. Da S den Sportwagen im Auftrag des A abholt, ist Lieferort nach § 3 Abs. 6 Satz 1 UStG New York und die Verfügungsmacht ist bereits mit Übergabe des Sportwagens an S auf A übergegangen. A hat also bei der Einfuhr die Verfügungsmacht am Sportwagen. Erforderlich für den Vorsteuerabzug der Einfuhr-USt ist weiterhin, dass der Sportwagen für das Unternehmen des A eingeführt worden ist. Aufgrund der teilweisen unternehmerischen Nutzung (20 %) hat A ein Zuordnungswahlrecht. Dieses übt A dahingehend aus, dass er den Sportwagen zu 100 % seinem Unternehmen zuordnet, indem er den Vorsteuerabzug bezüglich der Einfuhr-USt geltend macht.

e) Blumenzüchter A in Südafrika versendet eine Ladung frischer Blumen per Flugzeug nach Stuttgart, ohne bereits einen Abnehmer gefunden zu haben. Erst nach Ankunft der Blumen am Flughafen in Stuttgart veräußert er die Blumen an den deutschen Blumenimporteur B durch Indossierung des Ladescheins. B holt die Blumen am Flughafen ab und entrichtet zuvor im eigenen Namen die Einfuhr-USt.

**LÖSUNG** Mit der Indossierung des Ladescheins ist das Eigentum an den Blumen auf B übergegangen. Damit erfolgte zu diesem Zeitpunkt die Lieferung von A an B. Bei der Abfertigung der Blumen zum freien Verkehr durch die Entrichtung der Einfuhr-USt hatte B die Verfügungsmacht an den Blumen. B ist somit zum Abzug der Einfuhr-USt berechtigt. Die Lieferung von A an B ist nach § 3 Abs. 7 Satz 1 UStG am Flughafen in Stuttgart erfolgt und damit steuerbar. Sie ist nach § 4 Nr. 4 Buchst. b UStG steuerfrei, da B die Blumen anschließend einführt.

# 4 Vorsteuerabzug der Steuer für den innergemeinschaftlichen Erwerb und der Steuer nach § 13b UStG

## 4.1 Abzug der Steuer für den innergemeinschaftlichen Erwerb

Nach § 15 Abs. 1 Nr. 3 UStG kann ein Unternehmer die Steuer für den innergemeinschaftlichen Erwerb von Gegenständen für sein Unternehmen als Vorsteuer abziehen. Voraussetzung für diesen Vorsteuerabzug ist demzufolge, dass

- beim Unternehmer Erwerbsteuer für den Erwerb des Gegenstands angefallen ist,
- die Leistung nach der Ortsbestimmung des § 3d Satz 1 UStG im Inland bewirkt wurde und
- der Gegenstand zum Zeitpunkt des Erwerbs Unternehmensvermögen wurde.

Darüber hinaus gelten für den Abzug der Erwerbsteuer (abgesehen vom gesonderten USt-Ausweis) dieselben Voraussetzungen, die für den Abzug der Vorsteuer nach § 15 Abs. 1 Nr. 1 UStG gelten. Der Unternehmer darf also weder unter § 19 Abs. 1 UStG noch unter § 24 UStG oder eine andere Sonderregelung fallen und es darf kein Abzugsverbot nach § 15 Abs. 1a, 1b und 2 UStG eingreifen.

### 4.1.1 Anfall der Erwerbsteuer beim Unternehmer

Die Erwerbsteuer fällt gem. § 13 Abs. 1 Nr. 6 UStG an

- mit Ausstellung (Zugang beim Erwerber) der Rechnung (jedoch nicht vor dem Zeitpunkt des Erwerbs),
- spätestens mit Ablauf des dem Erwerb folgenden Kalendermonats.

Der Unternehmer kann die Erwerbsteuer bereits für den VZ als Vorsteuer abziehen, in dem sie angefallen ist. Sofern die übrigen Voraussetzungen für den Vorsteuerabzug der Erwerbsteuer erfüllt sind, darf der Unternehmer die Vorsteuer in derselben Voranmeldung geltend machen, in der er die Erwerbsteuer anzumelden hat.

### 4.1.2 Erwerb des Gegenstands für das Unternehmen

Handelt es sich um einen Unternehmer, der keine juristische Person ist, fällt die Erwerbsteuer nur an, wenn der Erwerb für das Unternehmen erfolgt. Die Voraussetzung für den Vorsteuerabzug ist somit in diesen Fällen immer gegeben. Handelt es sich dagegen um eine juristische Person, kann die Erwerbsteuer auch beim Erwerb für den außerunternehmerischen Bereich anfallen (§ 1a Abs. 1 Nr. 2 Buchst. b UStG). In diesem Fall ist der Erwerb für das Unternehmen nach denselben Kriterien zu prüfen, die für den Vorsteuerabzug nach § 15 Abs. 1 Nr. 1 UStG gelten (vgl. 2.3; A 15.2c Abs. 2 UStG). Hat der Unternehmer ein Zuordnungswahlrecht, ordnet er den Gegenstand seinem Unternehmen konkludent dadurch zu, dass er gegenüber dem Lieferer seine USt-IdNr. verwendet (vgl. auch § 1a Abs. 4 Satz 2 UStG).

In den Fällen des fiktiven Erwerbs beim Verbringen (§ 1a Abs. 2 UStG) ist ein Erwerb für das Unternehmen gegeben, wenn der verbrachte Gegenstand dem Unternehmen zugeordnet war.

## 4.2 Vorsteuerabzug der Steuer für Leistungen im Sinne des § 13b UStG

Nach § 15 Abs. 1 Nr. 4 UStG kann der Leistungsempfänger die von ihm geschuldete Steuer als Vorsteuer abziehen, sofern diese für unternehmensbezogene Leistungen angefallen ist (»für sein Unternehmen«).

**BEISPIEL**

Maschinenhersteller M mit Sitz in Zürich liefert an das Fabrikationsunternehmen F in Stuttgart eine Produktionsanlage, die in Stuttgart aus angelieferten Teilen von M zusammengebaut und nach einem erfolgreichen Probelauf am 01. 02. 02 übergeben wird. M erteilt F am 01. 02. 02 folgende auszugsweise dargestellte Rechnung:

| | |
|---|---|
| Lieferung Produktionsanlage | 600 000 € |

Sie schulden als Abnehmer die anfallende Umsatzsteuer.
Die Fa. F überweist am 11. 02. 02 an M 600 000 €.

**LÖSUNG** M erbringt an den Unternehmer F eine steuerbare und steuerpflichtige Werklieferung. Da die Firma M ein im Ausland ansässiger Unternehmer ist, ist F nach § 13b Abs. 5 Satz 1 i. V. m. Abs. 2 Nr. 1 UStG Schuldner der für die steuerpflichtige Lieferung von M an F anfallenden Umsatzsteuer. Sie beträgt 19 % von 600 000 € = 114 000 €. Sie entsteht nach § 13b Abs. 2 UStG mit Ausstellung der Rechnung, also am 01. 02. 02. F hat die Umsatzsteuer in seine Umsatzsteuervoranmeldung für Februar 02 aufzunehmen. Gleichzeitig kann er diese Umsatzsteuer als Vorsteuer geltend machen.

Da der leistende Unternehmer nicht Steuerschuldner ist, darf er auch keine Umsatzsteuer in der Rechnung ausweisen (§ 14a Abs. 5 Satz 3 UStG). Er hat vielmehr den Leistungsempfänger in der Rechnung auf dessen Steuerschuldnerschaft hinzuweisen.

Sofern der leistende Unternehmer entgegen § 14a Abs. 5 UStG dennoch die Umsatzsteuer ausweist, schuldet er diese nach § 14c Abs. 1 UStG (A 13b.14 Abs. 1 Satz 5 UStAE). Der Leistungsempfänger darf diese Umsatzsteuer nicht als Vorsteuer nach § 15 Abs. 1 Nr. 1 UStG abziehen.

Im Übrigen wurde zur Vermeidung einer Steuer nach § 14c Abs. 1 UStG in § 33 UStDV (Rechnungen über Kleinbeträge) ein Satz 3 eingefügt, wonach § 33 Satz 1 und 2 UStDV nicht für Rechnungen über Leistungen i. S. d. § 13b UStG gelten. Damit sind die Vorschriften über Kleinbetragsrechnungen nicht auf die Leistungen i. S. d. § 13b Abs. 1 und 2 UStG anwendbar.

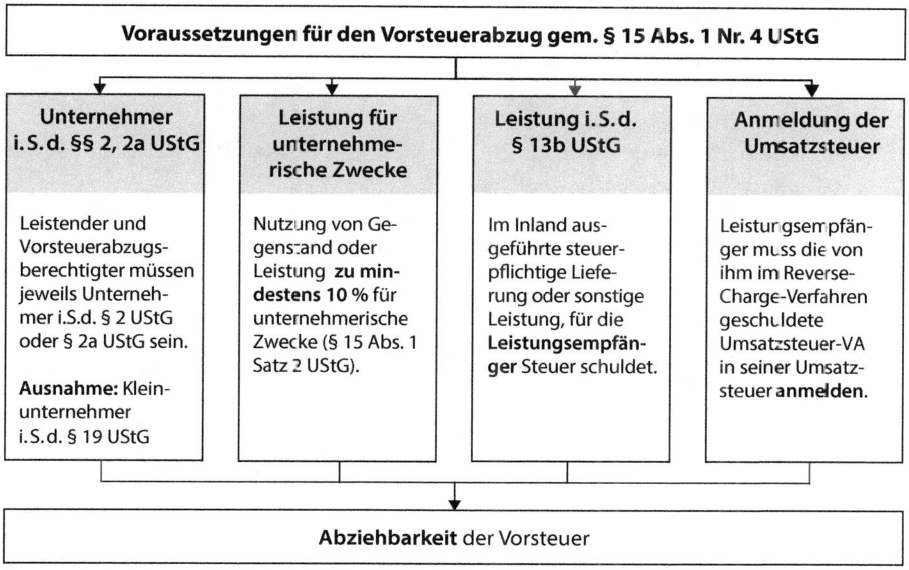


# 5 Vorsteuerabzugsverbote

## 5.1 Allgemeines

Nach den Vorsteuerabzugsverboten des § 15 Abs. 1a, 1b und 2 UStG darf Vorsteuer, die die Voraussetzungen des § 15 Abs. 1 UStG erfüllt, ganz oder zum Teil nicht abgezogen werden.

## 5.2 Vorsteuerabzugsverbot nach § 15 Abs. 1a UStG

### 5.2.1 Allgemeines

Für Aufwendungen, für die das Abzugsverbot des § 4 Abs. 5 Satz 1 Nr. 1 bis 4, 7 oder des § 12 Nr. 1 EStG gilt, wird gem. § 15 Abs. 1a UStG der Vorsteuerabzug ausgeschlossen.

### 5.2.2 Geschenke an Geschäftsfreunde nach § 4 Abs. 5 Nr. 1 EStG

Unter das Abzugsverbot des § 4 Abs. 5 Nr. 1 EStG fallen Aufwendungen für Geschenke an Geschäftsfreunde, soweit sie pro Jahr 35 € (netto) übersteigen (A 15.6 Abs. 4 Satz 1 UStAE).

Die Besteuerung nach § 3 Abs. 1b Nr. 3 UStG unterbleibt, da dieser in § 3 Abs. 1b Satz 2 UStG voraussetzt, dass der Gegenstand zum Vorsteuerabzug berechtigt hat. Dies ist wegen § 15 Abs. 1a UStG i. V. m. § 4 Abs. 5 Nr. 1 EStG hinsichtlich der Geschenke nicht der Fall, wenn die Aufwendungen die 35 €-Grenze übersteigen.

Geschenke unter 35 € pro Person und Kalenderjahr ermöglichen den Vorsteuerabzug. Eine Besteuerung nach § 3 Abs. 1b Satz 2 UStG unterbleibt dennoch, da nach § 3 Abs. 1b Nr. 3 UStG Geschenke von geringem Wert (bis 35 € netto) von der Besteuerung ausgenommen sind (A 3.3 Abs. 12 UStAE).

### 5.2.3 Bewirtung von Geschäftsfreunden

Nach § 4 Abs. 5 Nr. 2 EStG kann der Unternehmer

a) Aufwendungen für die Bewirtung von Geschäftsfreunden, sofern sie unangemessen sind, nicht als Betriebsausgaben geltend machen,

b) angemessene Aufwendungen für die Bewirtung von Geschäftsfreunden nur in Höhe von 70 % als Betriebsausgaben geltend machen.

§ 15 Abs. 1a Satz 2 UStG hingegen beschränkt den Vorsteuerabzug lediglich auf die angemessenen Betriebsausgaben. Insoweit unterscheidet er sich deutlich von den Regelungen des Einkommensteuerrechts (A 15.6 Abs. 6 UStAE).

**BEISPIEL**

Unternehmer U bewirtet anlässlich eines Vertragsabschlusses in München fünf Geschäftsfreunde (Kunden). Der ordnungsgemäße Bewirtungskostenbeleg beläuft sich auf 400 € zuzüglich 76 € USt.

**LÖSUNG** Die Bewirtungskosten sind angemessen. Die Vorsteuer in Höhe von 76 € ist abziehbar nach § 15 Abs. 1 UStG. Da der Vorsteuerausschluss nach § 15 Abs. 1a UStG i. V. m. § 4 Abs. 5 Nr. 2 EStG nur bezüglich unangemessener Aufwendungen eingreift, darf U die Vorsteuer in Höhe von 76 € voll abziehen.

### 5.2.4 Häusliches Arbeitszimmer

Der Abzug von Aufwendungen für das häusliche Arbeitszimmer ist gem. § 4 Abs. 5 Nr. 6b EStG eingeschränkt bzw. ausgeschlossen. § 15 Abs. 1a UStG ermöglicht hingegen auch für solche Ausgaben den Vorsteuerabzug (vgl. Wortlaut).

**BEISPIEL**

Der selbständige Rechtsanwalt R betreibt seine Rechtsanwaltskanzlei in gemieteten Räumen. R hat sich ein Einfamilienhaus gebaut (Bauantrag vor dem 01.01.2011) und darin auch ein häusliches Arbeitszimmer eingerichtet. 15 % des Gebäudes werden als Arbeitszimmer genutzt, die anteilige Vorsteuer beträgt 4 000 €.

**LÖSUNG** R darf für das häusliche Arbeitszimmer nach § 4 Abs. 5 Nr. 6b EStG keine Aufwendungen (z. B. anteilige AfA) geltend machen, da die Nutzung nicht mehr als 50 % seiner beruflichen Tätigkeit beträgt. Gleichwohl schließt § 15 Abs. 1a UStG den Vorsteuerabzug nicht aus, da Aufwendungen nach § 4 Abs. 5 Nr. 6b EStG nicht erwähnt sind. Voraussetzung ist allerdings, dass die Vorsteuern zunächst die Voraussetzungen des § 15 Abs. 1 Nr. 1 UStG erfüllen. R muss also das Arbeitszimmer seinem Unternehmen zugeordnet haben. Dies ist vorliegend im Hinblick auf die 10 %-Grenze des § 15 Abs. 1 Satz 2 UStG unproblematisch, da das Arbeitszimmer nicht weniger als 10 % des Einfamilienhauses ausmacht. R kann aber auch das ganze Einfamilienhaus seinem Unternehmen zuordnen. In diesem Fall führt die Vorsteuerabzugsberechtigung hinsichtlich des Arbeitszimmers dazu, dass die restliche private Nutzung des Einfamilienhauses nach § 3 Abs. 9a Nr. 1 UStG steuerbar und infolge des Urteils Seeling (vgl. J 6. 2) auch steuerpflichtig ist. Als Folge steht R der volle Vorsteuerabzug aus der Errichtung des Einfamilienhauses zu, da § 15 Abs. 1b UStG ebenfalls nicht einschlägig ist.

**Hinweis:** Erfolgt der Bauantrag nach dem 01.01.2011, greift die Regelung des § 15 Abs. 1b UStG. Insoweit ändert sich zwar nichts an den Möglichkeiten der Zuordnungsentscheidung, allerdings beschränkt sich der Vorsteuerabzug des R aus den anfallenden Kosten lediglich auf den unternehmerisch genutzten Teil des Hauses, also das Arbeitszimmer.

### 5.2.5 Fahrten zwischen Wohnung und Betrieb und Familienheimfahrten

Der Abzug von Aufwendungen für Fahrten zwischen Wohnung und Betrieb sowie Familienheimfahrten ist gem. § 4 Abs. 5 Nr. 6b EStG ebenfalls eingeschränkt. Dies führt jedoch nicht zu einem Vorsteuerausschluss nach § 15 Abs. 1a UStG, da § 4 Abs. 5 Nr. 6b EStG von § 15 Abs. 1a UStG ausgenommen wird (A 15.23 Abs. 2 Satz 2 UStAE).

### 5.2.6 Vorsteuerabzug aus Reisekosten

Vorsteuerbeträge aus unternehmerisch veranlassten Reisekosten (Übernachtungs-, Verpflegungs- und Fahrtkosten) kann der Unternehmer in voller Höhe geltend machen.

Der Vorsteuerabzug anlässlich von Dienstreisen der Arbeitnehmer ist jedoch davon abhängig, dass die Übernachtungs- und Verpflegungsleistungen an das Unternehmen erbracht werden. Dies setzt voraus, dass jeweils der Unternehmer in vertragliche Beziehungen zum Hotel bzw. zur Gaststätte tritt und dementsprechend auch die Rechnungen auf den Unternehmer ausgestellt werden.

**BEISPIELE**

a) Maschinenfabrikant M mit Sitz in Stuttgart beteiligt sich an der Maschinenmesse in Köln. Für drei Übernachtungen mit Frühstück berechnet ihm das Hotel H 240 € zuzüglich 16,80 € USt für die Übernachtung und 30 € zuzüglich 5,70 € für das Frühstück. Die Anreise und Abreise erfolgt mit dem betrieblichen Pkw, den M auch privat nutzt. Für einen Stellplatz in der Garage des Hotels berechnet ihm das Hotel 60 € zuzüglich 11,40 € USt.

**LÖSUNG** Bei der Vorsteuer aus den Kosten für Übernachtung und Frühstück handelt es sich um eine abziehbare Vorsteuer nach § 15 Abs. 1 UStG. Da kein Vorsteuerabzugsverbot eingreift, kann die Vorsteuer in voller Höhe von 22,50 € abgezogen werden.

Bei der USt für den Stellplatz handelt es sich um Vorsteuer, die auf den Betrieb des Fahrzeugs entfällt. Sie kann ebenfalls in vollem Umfang als Vorsteuer abgezogen werden.

b) Maschinenfabrikant M mit Sitz in Stuttgart schickt seinen Angestellten A mit einem ausschließlich betrieblich genutzten Pkw des M zur Maschinenmesse in Köln. Unterwegs tankt A für 80 € zuzüglich 15,20 € USt.

**LÖSUNG** Bei der Vorsteuer aus dem Tankbeleg handelt es sich um eine abziehbare Vorsteuer nach § 15 Abs. 1 UStG. Da kein Vorsteuerabzugsverbot eingreift, ist sie in vollem Umfang abzugsfähig.

c) Maschinenfabrikant M mit Sitz in Stuttgart schickt seinen Angestellten A zur Maschinenmesse in Köln. A fährt mit seinem eigenen Pkw. Unterwegs tankt A für 80 € zuzüglich 15,20 € USt. M ersetzt A pro gefahrenen km 0,30 € (insgesamt 210 €).

**LÖSUNG** Wenn M den A vor Antritt der Reise angewiesen hat, den Tankbeleg aufzubewahren und ihm später auszuhändigen, kann man unterstellen, dass A für M getankt hat (Geschäft, für den, den es angeht) und M dem A mit den 210 € die darin enthaltenen Treibstoffkosten in Höhe von 95,20 € ersetzt. Da es sich bei dem Tankbeleg um eine Kleinbetragsrechnung handelt, ist die Angabe des M als Leistungsempfänger nicht erforderlich.

Möglich ist ein Vorsteuerabzug für den Treibstoff, den der Arbeitnehmer im Namen und für Rechnung des Unternehmers tankt.

d) Maschinenfabrikant M mit Sitz in Stuttgart schickt seinen Angestellten A zur Maschinenmesse in Köln. Für eine Übernachtung mit Frühstück werden A vom Hotel H 75 € berechnet. Außerdem hat A weitere Verpflegungskosten in Höhe von 30 € zuzüglich 5,70 € USt, die durch Kleinbetragsrechnungen belegt sind. Gegen Aushändigung der Rechnungen ersetzte M dem A 110,70 €.

**LÖSUNG** Da der Vertrag unmittelbar zwischen A und H abgeschlossen wurde (nicht im Namen des M), hat das Hotel bei der Übernachtung mit Frühstück keine Leistung an M erbracht. Deshalb hat M hieraus keinen Vorsteuerabzug. Zur Ermöglichung des Vorsteuerabzugs bei M hätte A die Übernach-

tung im Namen des M buchen und die Rechnung auf M ausstellen lassen müssen (außer es ist der Leistungsempfänger wegen der Kleinbetragsrechnung nicht angegeben).
Ein Vorsteuerabzug aus den Verpflegungskosten in Höhe von 5,70 € ist möglich, da Kleinbetragsrechnungen (ohne Nennung des Leistungsempfängers) vorliegen und M dem A den Betrag ersetzt hat.

## 5.3 Vorsteuerabzugsverbot nach § 15 Abs. 1b UStG

Mit dem Jahressteuergesetz 2010 (BGBl I 2010, 1 768) hat der Gesetzgeber Art. 168a MwStSystRL zum 01. 01. 2011 in nationales Recht umgesetzt.

Verwendet der Unternehmer ein Grundstück sowohl für Zwecke seines Unternehmens als auch für Zwecke, die außerhalb des Unternehmens liegen, oder für den privaten Bedarf seines Personals, ist die Umsatzsteuer für die Lieferungen, die Einfuhr und den innergemeinschaftlichen Erwerb sowie die sonstigen Leistungen im Zusammenhang mit diesem Grundstück vom Vorsteuerabzug ausgeschlossen, soweit sie nicht auf die Verwendung des Grundstücks für Zwecke des Unternehmens entfällt.

Mit der Beschränkung des Vorsteuerabzugs durch § 15 Abs. 1b UStG hat der Gesetzgeber auf die sog. Seeling-Rechtsprechung des EuGH reagiert. Dieser hatte mit Urteil vom 08. 05. 2003, BStBl II 2004, 378 entschieden, dass dem Unternehmer bei einem gemischt genutzten Grundstück nach dem Gemeinschaftsrecht ein Zuordnungswahlrecht zu seinem unternehmerischen Bereich zustehe mit der Möglichkeit des vollen Vorsteuerabzugs aus den Anschaffungs- bzw. Herstellungskosten. Die anteilige Nutzung zu privaten Zwecken unterliege nach § 3 Abs. 9a Nr. 1 UStG als unentgeltliche Wertabgabe der Umsatzsteuer. In der nachfolgenden Entscheidung hatte sich der BFH dieser Rechtsprechung angeschlossen.

Dieser Gestaltungsmöglichkeit ist mit der Einführung des § 15 Abs. 1b UStG der Boden entzogen worden.

Das Vorsteuerabzugsverbot gilt für Wirtschaftsgüter i. S. d. § 15 Abs. 1b UStG, die aufgrund eines nach dem 31. 12. 2010 rechtswirksam abgeschlossenen obligatorischen Vertrags oder gleichstehenden Rechtsakts angeschafft wurden oder mit deren Herstellung nach dem 31. 12. 2010 begonnen wurde (§ 27 Abs. 16 UStG). Als Beginn der Herstellung gilt bei Gebäuden, für die eine Baugenehmigung erforderlich ist, der Zeitpunkt, in dem der Bauantrag gestellt wird; bei genehmigungsfreien Gebäuden, für die lediglich Bauunterlagen einzureichen sind, der Zeitpunkt, in dem die Bauunterlagen eingereicht werden.

Dies bedeutet, dass auch noch über Jahre hinaus sog. Seeling-Fälle möglich sind, wenn der Bauantrag rechtzeitig gestellt wurde.

**BEISPIELE**

a) Steuerberater S begann im Jahr 2011 mit der Erstellung eines Gebäudes (Bauantrag am 14. 10. 2010). Die erstmalige Nutzung beginnt am 20. 05. 2012. Das EG nutzt er für sein Steuerbüro, das flächenmäßig gleich große OG nutzt er zu Wohnzwecken. Im Jahr 2011 wurden S aus den Herstellungskosten Vorsteuern in Höhe von 60 000 €, im Jahr 2012 in Höhe von 20 000 € in Rechnung gestellt.

**LÖSUNG** Der Bauantrag wurde vor dem 01. 01. 2011 gestellt (§ 27 Abs. 16 UStG), daher kann S, wenn er das Gebäude insgesamt seinem Unternehmen zuordnet, auch die Vorsteuer in vollem Umfang (= 80 000 €) geltend machen. Die private Nutzung der Wohnung muss er als unentgeltliche Wertabgabe nach § 3 Abs. 9a Nr. 1 i. V. m. § 10 Abs. 4 Nr. 2 UStG besteuern.

b) Steuerberater S begann im Jahr 2011 mit der Erstellung eines Gebäudes (Bauantrag am 14.01.2011). Die erstmalige Nutzung beginnt am 20.05.2012. Das EG nutzt er für sein Steuerbüro, das flächenmäßig gleich große OG nutzt er zu Wohnzwecken. Im Jahr 2011 wurden S aus den Herstellungskosten Vorsteuern in Höhe von 60000 €, im Jahr 2012 in Höhe von 20000 € in Rechnung gestellt.

**LÖSUNG** Der Bauantrag wurde nach dem 01.01.2011 gestellt, daher kann S, auch wenn er das Gebäude insgesamt seinem freiberuflichen Unternehmen zuordnet, den Vorsteuerabzug gem. § 15 Abs. 1b UStG nur noch in Höhe der unternehmerischen Nutzung, also zu 50 %, geltend machen. D.h. 30000 € im Jahr 2011 und 10000 € im Jahr 2012. Die Versteuerung der unentgeltlichen Wertabgabe für die private Nutzung nach § 3 Abs. 9a Nr. 1 UStG entfällt.

Korrespondierend zu § 15 Abs. 1b UStG wurde für den Fall der späteren Änderung der unternehmerischen Nutzung die Vorsteuerberichtigung nach § 15a Abs. 6a UStG eingefügt (siehe 7.7.5).

Obwohl der Unternehmer bei einer gemischten Grundstücksnutzung nunmehr den Beschränkungen des Vorsteuerabzugs nach § 15 Abs. 1b UStG unterliegt, sollte regelmäßig das ganze Objekt dem Unternehmensvermögen zugeordnet werden. Andernfalls ist im Falle einer Erweiterung der unternehmerischen Nutzung die Vorsteuerberichtigung zu seinen Gunsten nach § 15a Abs. 6a UStG nicht möglich (vgl. A 15.6a Abs. 5 Satz 3 UStAE).

## 5.4 Abzugsverbot nach § 15 Abs. 2 UStG

### 5.4.1 Allgemeines

Nach § 15 Abs. 2 UStG ist die Vorsteuer, die die Voraussetzungen des § 15 Abs. 1 UStG erfüllt und nicht bereits den Ausschlussgründen nach § 15 Abs. 1a oder 1b UStG unterliegt (vgl. 5.1), vom Abzug ausgeschlossen, wenn die ihr zugrunde liegenden Umsätze (Lieferungen, sonstige Leistungen und Einfuhren, innergemeinschaftliche Erwerbe) zur Ausführung bestimmter in § 15 Abs. 2 i. V. m. Abs. 3 UStG beschriebener Ausgangsumsätze verwendet werden.

Folgende Ausgangsumsätze schließen i. d. R. den Vorsteuerabzug nach § 15 Abs. 2 i. V. m. Abs. 3 UStG aus:

- steuerfreie Umsätze nach § 4 Nr. 8 bis 29 UStG,
- nicht steuerbare Umsätze im Ausland, die im Inland nach § 4 Nr. 8 bis 29 UStG steuerfrei wären,
- nicht steuerbare Leistungen, die im Falle der Entgeltlichkeit nach § 4 Nr. 8 bis 29 UStG steuerfrei wären.

Ausnahme nach § 15 Abs. 3 Nr. 1 Buchst. b und Nr. 2 Buchst. b UStG:

- Steuerfreie Umsätze nach § 4 Nr. 8 Buchst. a bis g und Nr. 10 UStG schließen den Vorsteuerabzug dann nicht aus, wenn sie sich unmittelbar auf Gegenstände beziehen, die in das Drittlandsgebiet ausgeführt werden,
- nicht steuerbare Umsätze im Drittlandsgebiet, die im Inland steuerfrei nach § 4 Nr. 8 Buchst. a bis g und Nr. 10 UStG wären, schließen den Vorsteuerabzug dann nicht aus, wenn der Leistungsempfänger im Drittlandsgebiet ansässig ist,
- nicht steuerbare Leistungen, die im Falle der Entgeltlichkeit steuerfrei nach § 4 Nr. 8 Buchst. a bis g und Nr. 10 UStG wären, schließen den Vorsteuerabzug dann nicht aus, wenn der Leistungsempfänger im Drittlandsgebiet ansässig ist.

Den Vorsteuerabzug schließen somit folgende Ausgangsumsätze (vorsteuerunschädliche Ausgangsumsätze) **nicht** aus:

- alle steuerpflichtigen Umsätze,
- alle steuerfreien Umsätze nach § 4 Nr. 1 bis 7 UStG,
- alle steuerfreien Umsätze nach § 25 Abs. 2 UStG (bestimmte Reiseleistungen),
- alle steuerfreien Umsätze nach § 26 Abs. 5 UStG (Offshore-Steuerabkommen, NATO-Truppenstatut, NATO-Hauptquartiere),
- alle nicht steuerbaren Auslandsumsätze, die im Inland unter die vorstehend aufgeführten Umsätze fallen würden,
- alle nicht steuerbaren Leistungen, die im Falle der Entgeltlichkeit unter die vorstehend aufgeführten Umsätze fallen würden,
- alle Umsätze, die unter die o. a. Ausnahme nach § 15 Abs. 3 Nr. 1 Buchst. b und Nr. 2 Buchst. b UStG fallen.

### 5.4.2 Steuerfreie Umsätze nach § 4 Nr. 8 bis 29 UStG

Der Vorsteuerausschluss bei Umsätzen, die nach § 4 Nr. 8 Buchst. a bis g, Nr. 9 Buchst. a, Nr. 12, 13 oder 19 UStG steuerfrei sind und an ein Unternehmen erbracht werden, kann dadurch vermieden werden, dass auf die Steuerbefreiung gem. § 9 UStG verzichtet wird.

Fällt ein Umsatz unter eine Befreiung nach § 4 Nr. 8 bis 29 UStG und zugleich unter eine Befreiung, die den Vorsteuerabzug nicht ausschließt, geht die Steuerbefreiung, die den Vorsteuerabzug ausschließt, der in § 15 Abs. 3 Nr. 1 Buchst. a und Nr. 2 Buchst. a UStG aufgeführten Befreiungsvorschrift vor. Daher kann für diese Umsätze kein Vorsteuerabzug beansprucht werden (vgl. A 15.13 Abs. 5 UStAE).

### 5.4.3 Nichtsteuerbare Umsätze im Ausland, die im Inland nach § 4 Nr. 8 bis 29 UStG steuerfrei wären

Wird der Umsatz im Drittlandsgebiet bewirkt, ist eine hypothetische Prüfung dahingehend anzustellen, ob der Umsatz, wäre er im Inland bewirkt worden und damit nach **deutschem Umsatzsteuerrecht** steuerbar, nach § 4 Nr. 8 bis 29 des **deutschen UStG** steuerbefreit wäre. Es kommt nicht darauf an, ob der Umsatz nach ausländischem Recht zum Vorsteuerabzug berechtigt (A 15.14 Abs. 1 Satz 2 und 3 UStAE).

Der Ausschluss vom Vorsteuerabzug kann auch eintreten, wenn der Umsatz im Inland steuerfrei wäre, jedoch auf die Steuerbefreiung nach § 9 UStG verzichtet werden könnte. In diesem Fall ist der Vorsteuerabzug nur dann nicht ausgeschlossen, wenn der Umsatz im Ausland tatsächlich steuerpflichtig ist (A 15.14 Abs. 1 Satz 3 bis 5 UStAE und P 7).

### 5.4.4 Nichtsteuerbare Leistungen, die im Falle der Entgeltlichkeit nach § 4 Nr. 8 bis 29 UStG steuerfrei wären

Werden unentgeltliche Leistungen aus privaten Gründen erbracht, stellen § 3 Abs. 1b Nr. 1 bzw. § 3 Abs. 9a UStG diese den entgeltlichen Leistungen gleich. Werden sie aus betrieblichen Gründen erbracht, sind sie kein Selbstzweck, sondern dienen letztlich der Ausführung anderer Umsätze (A 15.12 Abs. 3 Beispiel 1 UStAE). In diesem Fall ist der Vorsteuerabzug nach § 15 Abs. 2 Nr. 1 UStG nur dann ausgeschlossen, wenn diese letztlich bezweckten Umsätze steuerfrei sind.

**BEISPIEL**

Der Apotheker A erwirbt ein älteres Gebäude, das er zunächst renovieren lässt, ohne dass dadurch ertragsteuerrechtlich ein neues Wirtschaftsgut entsteht. Anlässlich der Renovierung fallen Vorsteuern in Höhe von 30 000 € an. Nach erfolgter Renovierung richtet er im Erdgeschoss seine Apotheke ein. Die übrigen Stockwerke vermietet er an Ärzte als Praxen. Beim Gebäude handelt es sich um ein sog. Altgebäude i. S. d. § 27 Abs. 2 UStG. Den Ärzten gewährt er für die ersten drei Jahre Mietfreiheit, um sie zum Einzug zu bewegen. A legt glaubhaft dar, dass er bezüglich seiner künftigen entgeltlichen Vermietungsumsätze auf die Befreiung verzichten wird.

**LÖSUNG** Hinsichtlich der Nutzung als Apotheke tritt kein Vorsteuerabzugsverbot nach § 15 Abs. 2 Nr. 1 UStG ein, weil er damit steuerpflichtige Apothekenumsätze ausführt.

Die Vermietungsleistungen an die Ärzte sind mangels Entgelt nicht steuerbar nach § 1 Abs. 1 Nr. 1 UStG. Es liegt auch keine einer entgeltlichen sonstigen Leistung gleichgestellte Leistung nach § 3 Abs. 9a Nr. 1 UStG vor, da die unentgeltliche Überlassung aus unternehmerischen Gründen erfolgt. Im Falle der Entgeltlichkeit wären die Vermietungen nach § 4 Nr. 12a UStG steuerfrei. Da es sich um ein Altgebäude i. S. d. § 27 Abs. 2 Nr. 3 UStG handelt, kann A bei der später beabsichtigten entgeltlichen Vermietung auf die Steuerfreiheit nach § 9 UStG verzichten. Vermietet A zunächst unentgeltlich, um später entgeltliche Vermietungsumsätze an die Ärzte bewirken zu können, ist auf die späteren entgeltlichen Vermietungsumsätze an die Ärzte abzustellen. Da es sich laut Sachverhalt um ein Altgebäude i. S. d. § 27 Abs. 2 Nr. 3 UStG handelt, kann A bei diesen Umsätzen auf die Befreiung verzichten. Für die Gewährung des Vorsteuerabzugs nach § 15 UStG ist somit zunächst eine Prognose dahingehend anzustellen, ob A zur Steuerpflicht optieren wird (vgl. 5.5.4). Da diese Prognose positiv ausfällt, ist A der Vorsteuerabzug in voller Höhe von 30 000 € zu gewähren. Sollte sich später die Prognose als unrichtig herausstellen, ist der Vorsteuerabzug zu berichtigen (vgl. Beispiel 2 in A 15.15 Abs. 1 UStAE).

Entsprechend den vorstehenden Ausführungen (5.4.3 und 5.4.4) gilt es noch den selteneren Ausnahmefall zu lösen, dass es sich um eine unentgeltliche Leistung im Ausland handelt. Es ist also zu prüfen, ob der Unternehmer beabsichtigt, die Eingangsleistung zur Erzielung von Ausgangsumsätzen zu verwenden, die im Inland zum Vorsteuerabzug berechtigen würden. Dabei ist auf die gesamte, im Zeitpunkt des Leistungsbezugs bekannte Verwendungsprognose abzustellen. Eine Verwendung für zunächst unentgeltlich zu erbringende Ausgangsumsätze ist insoweit ebenfalls unschädlich.

### 5.4.5 Ausnahme nach § 15 Abs. 3 Nr. 1 Buchst. b und Nr. 2 Buchst. b UStG

Nähere Einzelheiten hierzu vgl. A 15.13 Abs. 3 und A 15.14 Abs. 3 und 4 UStAE.

## 5.5 Zusammenhang der Vorsteuern mit vorsteuerschädlichen Ausgangsumsätzen

### 5.5.1 Allgemeines

Vom Abzug ausgeschlossen sind nicht nur die Vorsteuerbeträge, bei denen ein unmittelbarer wirtschaftlicher Zusammenhang mit vorsteuerschädlichen Ausgangsumsätzen besteht. Der Ausschluss umfasst auch die Vorsteuerbeträge, die in einer **mittelbaren** wirtschaftlichen Verbindung mit vorsteuerschädlichen Ausgangsumsätzen stehen (A 15.12 Abs. 3 UStAE).

Im Allgemeinen kann man davon ausgehen, dass jeder Eingangsumsatz eines Unternehmers i. S. d. USt-Rechts letztlich auch wieder in Ausgangsumsätze mündet. Der Weg vom Eingangs- zum Ausgangsumsatz kann kurz sein.

**BEISPIEL**

Der Händler H kauft Waren ein und veräußert diese Waren wieder.

**LÖSUNG** Der Eingangsumsatz (Warenlieferung) steht im direkten Zusammenhang mit dem Ausgangsumsatz (Warenlieferung). Der Ausgangsumsatz ist steuerpflichtig oder steuerfrei nach § 4 Nr. 1 UStG. Somit ergibt sich kein Vorsteuerausschluss für die Vorsteuern aus dem Eingangsumsatz. (Ausnahme: H ist blind und der Ausgangsumsatz steuerfrei nach § 4 Nr. 19 UStG.)

Der Ausgangsumsatz kann jedoch auch viele Etappen innerhalb des Unternehmens durchlaufen, bevor er wieder in einen Ausgangsumsatz mündet.

**BEISPIEL**

Der Papierfabrikant P hat eine Maschinenmesse besucht. Auf der Messe hat er sich eine Maschine angesehen, die er schließlich bestellt. Mit der Maschine wird das Holz zerkleinert, aus dem schließlich Papier entsteht. Das Papier wird an die Abnehmer des P veräußert. Anlässlich des Messebesuchs sind bei P Vorsteuern aus der Fahrkarte der Deutschen Bahn AG angefallen.

**LÖSUNG** Die Vorsteuern stehen im mittelbaren wirtschaftlichen Zusammenhang mit Papierlieferungen, also mit vorsteuerunschädlichen Ausgangsumsätzen. P darf die Vorsteuern daher geltend machen.

### 5.5.2 Zusammenhang mit Innenumsätzen

Der Eingangsumsatz kann zunächst in einen sog. Innenumsatz eingehen. In diesem Fall ist zu verfolgen, zu welchen Ausgangsumsätzen dieser Innenumsatz letztlich führt.

**BEISPIEL**

Der Bauunternehmer B ist beteiligt an einer Wohnungsbau-GmbH (W-GmbH), die er finanziell, wirtschaftlich und organisatorisch beherrscht. Die W-GmbH ist nach § 2 Abs. 2 Nr. 2 UStG Organgesellschaft des B. B errichtet für die W-GmbH auf deren Grund und Boden Rohbauten. Die W-GmbH veräußert die Gebäude schlüsselfertig als Eigenheime. Für die Errichtung der Rohbauten bezog B Baustoffe, wobei Vorsteuer i. S. v. § 15 Abs. 1 Nr. 1 UStG angefallen ist.

**LÖSUNG** Die W-GmbH ist als Organgesellschaft Teil des Unternehmens des B. Bei der Errichtung der Rohbauten handelt es sich somit um einen nicht steuerbaren Innenumsatz. Dieser Innenumsatz mündet schließlich in die Lieferung von Eigenheimen. Die Lieferung ist steuerfrei nach § 4 Nr. 9a UStG. Somit ist die Vorsteuer aus dem Bezug von Baustoffen nach § 15 Abs. 2 Nr. 1 UStG vom Vorsteuerabzug ausgeschlossen.

### 5.5.3 Zusammenhang mit Einfuhren und innergemeinschaftlichem Erwerb (§ 1 Abs. 1 Nr. 4 und 5 UStG)

Der Eingangsumsatz kann auch im Zusammenhang mit der Einfuhr eines Gegenstands im Inland (steuerbarer Umsatz nach § 1 Abs. 1 Nr. 4 UStG) oder dem innergemeinschaftlichen Erwerb eines Gegenstands (steuerbarer Umsatz nach § 1 Abs. 1 Nr. 5 UStG) stehen. Die Einfuhr und der innergemeinschaftliche Erwerb sind jedoch ebenso wie der Innenumsatz noch kein Ausgangsumsatz. Es ist deshalb weiter zu prüfen, in welche Ausgangsumsätze der eingeführte bzw. erworbene Gegenstand mündet (A 15.12 Abs. 4 UStAE mit Beispielen).

### 5.5.4 Zeitlicher Zusammenhang

Zwischen Eingangs- und Ausgangsumsatz kann ein unbegrenzter Zeitraum liegen (u. U. mehrere Jahre). Für den Vorsteuerabzug nach § 15 UStG ist ausschließlich die Verwendungsabsicht im Zeitpunkt des Leistungsbezugs bzw. des Anfalls der Vorsteuer (vgl. EuGH vom 15. 01. 1998 UR 1998, 149) maßgebend. Wird ein Gegenstand in der Absicht angeschafft, ihn für vorsteuerunschädliche Ausgangsumsätze zu verwenden, hat der Unternehmer den Vorsteuerabzug nach § 15 UStG. Auch dann, wenn der Gegenstand tatsächlich abweichend von dieser Verwendungsabsicht für vorsteuerschädliche Ausgangsumsätze genutzt wird, bleibt der Vorsteuerabzug nach § 15 UStG erhalten; gegebenenfalls kommt es zu einer Berichtigung des Vorsteuerabzugs nach § 15a UStG.

**BEISPIEL**

Bauherr B errichtet ein Bürogebäude, wofür im Jahr 01 insgesamt 40 000 € Vorsteuern nach § 15 Abs. 1 Nr. 1 UStG angefallen sind. Das Bürogebäude wurde erst Ende 02 fertiggestellt und Anfang 03 in Gebrauch genommen. B macht die 40 000 € Vorsteuern in seiner Jahresanmeldung 01 geltend, die er im Februar 02 beim Finanzamt einreicht. Das Finanzamt erkennt die Vorsteuer an, nachdem B auf Rückfrage des Finanzamts erklärt, er wolle das Bürogebäude steuerpflichtig infolge Verzichts auf die Steuerbefreiung nach § 9 UStG an andere Unternehmer vermieten. Tatsächlich wurde das Gebäude im Jahr 03 an eine Behörde vermietet, weil B entgegen seiner Absicht keinen gewerblichen Mieter finden konnte.

**LÖSUNG** Die Vermietung an die Behörde ist steuerfrei nach § 4 Nr. 12 Buchst. a UStG. Ein Verzicht auf die Steuerbefreiung nach § 9 UStG scheidet aus, da die Vermietung nicht an ein Unternehmen erfolgt. Gleichwohl bleibt der Vorsteuerabzug des B nach § 15 UStG bestehen. Infolge der steuerfreien Vermietung im Kalenderjahr 03 muss B für das Kalenderjahr 03 eine anteilige Vorsteuerberichtigung nach § 15a UStG vornehmen. Das Gleiche gilt bei gleichbleibender Nutzung für die Folgejahre innerhalb des Berichtigungszeitraums von 10 Jahren ab Beginn der Vermietung.

Umgekehrt erhält der Unternehmer keinen Vorsteuerabzug nach § 15 UStG, wenn er bei Leistungsbezug die Absicht der vorsteuerschädlichen Verwendung hatte und dann später wider Erwarten die Leistung für vorsteuerunschädliche Umsätze verwendet. In diesem Fall kann es infolge der tatsächlichen Verwendung zu einer Vorsteuerberichtigung nach § 15a UStG zu Gunsten des Unternehmers kommen.

### 5.5.5 Fehlender Ausgangsumsatz

Es gibt gelegentlich auch Eingangsumsätze, die zu keinen Ausgangsumsätzen führen, nämlich dann, wenn die Eingangsleistung im Unternehmen untergeht (sog. Fehlmaßnahmen). Auch in diesen Fällen kommt es für den Vorsteuerabzug auf die Verwendungsabsicht im Zeitpunkt des Leistungsbezugs bzw. des Anfalls der Vorsteuer an. Hat der Unternehmer die Absicht, die bezogenen Leistungen für steuerpflichtige Umsätze zu verwenden, steht ihm der Vorsteuerabzug zu. Der Vorsteuerabzug bleibt auch erhalten, wenn es sich später herausstellt, dass es sich um eine Fehlmaßnahme handelte (A 2.6 Abs. 4 i. V. m. Abs. 1 Sätze 2 und 3 UStAE).

**BEISPIEL**

Unternehmer U hat steuerfrei Bürohäuser vermietet. Er plante nachweislich die Errichtung eines weiteren Bürohauses, das er steuerpflichtig vermieten wollte. Der Bau des Bürohauses musste wegen rechtlicher Schwierigkeiten aufgegeben werden. U machte die für die Planungskosten angefallene USt als Vorsteuer geltend.

**LÖSUNG** Da U zu dem Zeitpunkt, zu dem die Planungsleistungen an ihn bewirkt wurden, die Absicht hatte, das geplante Gebäude steuerpflichtig zu vermieten, kann er den Vorsteuerabzug aus den Planungskosten vornehmen (vgl. A 15.12 Abs. 1 Satz 12 UStAE).

Klärungsbedürftig ist hingegen, ob eine vom Willen des Steuerpflichtigen unabhängige Erfolglosigkeit, die zu einer bloßen Nichtnutzung eines Investitionsguts führt, eine Vorsteuerberichtigung auslöst. Dies ist aktuell Gegenstand eines Vorlageverfahrens an den EuGH (BFH vom 27.03.2019, V R 61/17), dem folgender Sachverhalt zugrunde liegt: Eine GmbH betreibt steuerfrei ein Alten- und Pflegeheim. Sie errichtete im Jahr 2003 in einem Anbau eine Cafeteria, die für Besucher und Heimbewohner zugänglich war. Überdies diente – unmittelbar angrenzend – der neue Speisesaal als Aufenthaltsraum; dort gab es Kaffee und Kuchen zum Teil kostenlos. Dem FA erschien es unwahrscheinlich, dass keiner der Heimbewohner mit seinen Besuchern die Cafeteria nutzte. Daraufhin kam es zu einer Verständigung, eine steuerfreie Nutzung der Cafeteria zu 10 % anzunehmen. Dies führte zur Annahme einer Berichtigung nach § 15a UStG für die Jahre ab 2003. Im Anschluss an eine Außenprüfung ging das Finanzamt davon aus, dass die GmbH in den Streitjahren 2009 bis 2012 in der Cafeteria keine Warenumsätze mehr ausgeführt habe; im Februar 2013 sei das diesbezügliche Gewerbe abgemeldet worden. Das Finanzamt nahm daher eine weitergehenden Berichtigung nach § 15a UStG an. Dagegen wendet sich die Steuerpflichtige.

### 5.5.6 Konkurrierende Ausgangsumsätze

Es kommt vor, dass Eingangs- in Ausgangsumsätze münden, die jedoch nicht den eigentlichen Geschäftszweck darstellen, sondern nur andere Ausgangsumsätze unterstützen, welche den eigentlichen Geschäftszweck des Unternehmens ausmachen. Aus der Vorsteueraufteilungsregelung des § 15 Abs. 4 UStG folgt, dass eine **wirtschaftliche** Zuordnung vorzunehmen und deshalb auf die Ausgangsumsätze abzustellen ist, auf die es dem Unternehmen letztlich ankommt.

**BEISPIEL**

Kreditinstitut K, das im Übrigen ausschließlich steuerfreie Umsätze nach § 4 Nr. 8 UStG tätigt, erwirbt für das Jahr 01 anlässlich seines 50-jährigen Jubiläums Silbermedaillen mit entsprechender Prägung zum Stückpreis von 10 € zuzüglich 1,90 € USt. Es veräußert die Medaillen zum reinen Silberwert für jeweils 5 €.

**LÖSUNG** Die Veräußerung der Medaillen ist steuerbar und steuerpflichtig. Die Vorsteuer aus dem Einkauf der Medaillen steht somit in unmittelbarem Zusammenhang mit vorsteuerunschädlichen Ausgangsumsätzen.

Die Medaillenverkäufe sollen aber auch der Darstellung des Kreditinstituts in der Öffentlichkeit und damit letztlich den steuerfreien Ausgangsumsätzen von K dienen. Sie stehen somit mittelbar im Zusammenhang mit vorsteuerschädlichen Ausgangsumsätzen. Damit steht der Eingangsumsatz sowohl mit steuerfreien vorsteuerschädlichen Ausgangsumsätzen als auch mit steuerpflichtigen vorsteuerunschädlichen Ausgangsumsätzen in einem wirtschaftlichen Zusammenhang. Die Vorsteuer ist daher nach § 15 Abs. 4 UStG aufzuteilen. Es erscheint als wirtschaftlich sachgerechte Schätzung, die Anschaffungskosten i. H. d. Veräußerungserlöses anteilig den Veräußerungserlösen zuzurechnen. Somit darf je Medaille die Vorsteuer in Höhe von 1,90 × 5,00/11,90 €, d. h. 0,80 € abgezogen werden. Die Vorsteuer entspricht damit der je Medaille angefallenen USt von 19/119 von 5 €, d. h. 0,80 € (BFH vom 16.09.1993 BStBl II 1994, 271).

# 6 Vorsteueraufteilung

## 6.1 Allgemeines

Tätigt ein Unternehmer ausschließlich vorsteuerunschädliche Ausgangsumsätze, greift das Vorsteuerabzugsverbot nach § 15 Abs. 2 UStG nicht, und es kann die Vorsteuer i. S. d. § 15 Abs. 1 UStG in voller Höhe geltend gemacht werden.

Tätigt ein Unternehmer ausschließlich vorsteuerschädliche Ausgangsumsätze, greift das Vorsteuerabzugsverbot nach § 15 Abs. 2 UStG in vollem Umfang; der Abzug der Vorsteuer nach § 15 Abs. 1 UStG unterbleibt.

Führt ein Unternehmer sowohl vorsteuerunschädliche als auch vorsteuerschädliche Umsätze aus, kommt es zu einer Aufteilung der Vorsteuern nach § 15 Abs. 4 UStG in einen abziehbaren und einen nicht abziehbaren Teil.

Für die Vorsteueraufteilung sind die Vorsteuerbeträge in drei verschiedene Gruppen aufzugliedern und zwar

1. in Vorsteuern, die ausschließlich im Zusammenhang mit vorsteuer**un**schädlichen Ausgangsumsätzen stehen (Vorsteuern Gruppe 1, A 15.17 Abs. 1 Nr. 1 UStAE). Sie dürfen voll abgezogen werden. Dies sind z. B. Vorsteuern aus Wareneinkäufen, die steuerpflichtig oder steuerfrei nach § 4 Nr. 1 UStG veräußert werden.
2. in Vorsteuern, die ausschließlich im Zusammenhang mit vorsteuer**schädlichen** Ausgangsumsätzen stehen (Vorsteuern Gruppe 2, A 15.17 Abs. 1 Nr. 2 UStAE). Sie dürfen nicht abgezogen werden. Darunter fallen z. B. Vorsteuern aus der Errichtung eines Gebäudes, das in vollem Umfang steuerfrei nach § 4 Nr. 12 Buchst. a UStG vermietet wird.
3. In Vorsteuern, die im Zusammenhang sowohl mit vorsteuer**un**schädlichen als auch mit **vorsteuerschädlichen** Ausgangsumsätzen stehen (Vorsteuern Gruppe 3, A 15.17 Abs. 1 Nr. 3 UStAE). Diese Vorsteuern sind **aufzuteilen** nach der wirtschaftlichen Zurechnungsmethode gem. § 15 Abs. 4 UStG. Die Aufteilung der Vorsteuer kann durch den Unternehmer im Wege einer sachgerechten Schätzung vorgenommen werden (§ 15 Abs. 4 Satz 2 UStG). Nach § 15 Abs. 4 Satz 3 UStG ist eine Aufteilung der Vorsteuer nach dem Umsatzverhältnis grundsätzlich nicht zulässig. Dies ist nur ausnahmsweise gestattet, wenn keine andere wirtschaftliche Zurechnung möglich ist. Daher kommt bei gemischt genutztem Gebäude eine Aufteilung nach dem Umsatzverhältnis (= Verhältnis der Ertragswerte) nur beim Erwerb von Gebäuden in Betracht (A 15.17 Abs. 7 Satz 8 UStAE). Bei der Errichtung von Gebäuden erfolgt die Aufteilung dagegen in der Regel nach dem Verhältnis der Nutzfläche bzw. des umbauten Raums (A 15.17 Abs. 7 Satz 4 UStAE), es sei denn, die Ausstattung der unterschiedlich genutzten Räume weicht erheblich voneinander ab (A 15.17 Abs. 7 Satz 6 UStAE).
4. Entsprechend der Rechtsprechung des BFH (vgl. BFH vom 22.11.2007, UR 2008, 664) wird unterschieden zwischen Vorsteuern aus der Anschaffung oder Herstellung und Vorsteuern aus der Erhaltung, Nutzung oder dem Gebrauch. Die Vorsteuern aus der Anschaffung oder Herstellung sind grundsätzlich nach dem prozentualen Verhältnis der Nutzung des gesamten Gebäudes für vorsteuerschädliche und vorsteuerunschädliche Ausgangsumsätze aufzuteilen (A 15.17 Abs. 5 Satz 3 UStAE). Dagegen richtet sich der Vorsteuerabzug für sog. Erhaltungsaufwendungen danach, für welchen Nutzungsbereich die Aufwendungen vorgenommen werden (A 15.17 Abs. 5 Satz 4 UStAE). Die Begriffe der Anschaffungs- oder Herstellungskosten inkl. die der nachträglichen sowie der Erhaltungsaufwendungen

sind nach den für das Einkommensteuerrecht geltenden Grundsätzen auszulegen. Dies gilt jedoch nicht, wenn Erhaltungsaufwendungen nach § 6a Abs. 1 Nr. 1a EStG zu anschaffungsnahen Herstellungskosten umqualifiziert werden (A 15.17 Abs. 6 UStAE).

**BEISPIELE**

a) Vorsteuern aus der Errichtung eines Gebäudes, das zum Teil steuerpflichtig gewerblich und zum Teil steuerfrei vermietet wird. Die Vorsteuern sind grds. nach dem Verhältnis der Nutzflächen bzw. nach dem Verhältnis des umbauten Raums aufzuteilen.

b) Vorsteuern aus der Anschaffung eines Pkw, der zum Teil für die nach § 4 Nr. 14 UStG steuerfreie Tätigkeit als Arzt und zum Teil für eine steuerpflichtige Vortragstätigkeit verwendet wird. Die Vorsteuern sind aufzuteilen nach dem Verhältnis der gefahrenen km, die notfalls geschätzt werden müssen.

c) Vorsteuern aus Verwaltungsgemeinkosten eines Bauunternehmens, das zum Teil steuerpflichtige Werklieferungen von Gebäuden erbringt, zum Teil schlüsselfertige Häuser mit Grund und Boden steuerfrei nach § 4 Nr. 9 Buchst. a UStG veräußert. Die Vorsteuern sind nach der betrieblichen Kostenrechnung aufzuteilen.

## 6.2 Funktionsweise der wirtschaftlichen Zurechnungsmethode

Nach § 15 Abs. 4 UStG ist die Aufteilung der Vorsteuern, die sowohl vorsteuerschädlichen als auch vorsteuerunschädlichen Ausgangsumsätzen zuzurechnen sind, nach dem Prinzip der wirtschaftlichen Zurechnung vorzunehmen. Hierbei ist die betriebliche Kostenrechnung oder die Aufwands- und Ertragsrechnung in der Regel als geeigneter Anhaltspunkt (Hilfsmittel) heranzuziehen (A 15.17 Abs. 2 Satz 7 UStAE). Der Unternehmer kann die nicht abziehbaren Teilbeträge im Wege einer sachgerechten Schätzung ermitteln (§ 15 Abs. 4 Satz 2 UStG).

Sachgerechte Aufteilungsmaßstäbe in Bezug auf Vorsteuern sind z. B.:

- Für Pkw: Die Fahrleistung, das Verhältnis der für vorsteuerunschädliche Ausgangsumsätze gefahrenen km zu den für vorsteuerschädliche Ausgangsumsätze gefahrenen km.
- Für Gebäude: Bei Vorsteuern aus Anschaffungskosten oder Herstellungskosten das Verhältnis der Nutzflächen, das Verhältnis des umbauten Raumes (A 15.17 Abs. 7 Satz 4 UStAE), das Verhältnis der zeitlichen Nutzung des Gebäudes bzw. einzelner Gebäudeteile (siehe aber 6.3).

Ausgangspunkt für den Aufteilungsmaßstab ist die im Zeitpunkt des Leistungsbezugs bestehende Verwendungsabsicht hinsichtlich der Leistung, die der Vorsteuer zugrunde liegt. Erfolgt die spätere Verwendung hinsichtlich der Vorsteuerabzugsverbote anders, als dies im Zeitpunkt des Leistungsbezugs beabsichtigt war, ist die Vorsteuer nach § 15a UStG zu berichtigen.

**BEISPIELE**

a) A betätigt sich als Versicherungs- und zugleich als Grundstücksmakler. Er erwirbt zum 01. 09. 01 einen Pkw für 50 000 € zuzüglich 9 500 € Umsatzsteuer. Er schätzt die Verwendung entsprechend der Nutzung seines bisherigen Pkw auf 50 % für die Tätigkeit als Versicherungsmakler, 30 % für die Tätigkeit als Grundstücksmakler und 20 % für Privatfahrten. A führt ein Fahrtenbuch. Hieraus ergibt sich, dass er den Pkw im Kalenderjahr 01 zu 52 % für die Tätigkeit als Versicherungsmakler, 27 % für die Tätigkeit als Grundstücksmakler und 21 % für Privatfahrten verwendet hat. Im folgenden Kalenderjahr 02 steigt der Anteil der Fahrten für die Tätigkeit als Grundstücksmakler auf 41 %, während er für die Tätigkeit als Versicherungsmakler auf 31 % absinkt. A ordnet den Pkw in vollem Umfang seinem Unternehmen zu.

**LÖSUNG** Die 9 500 € USt aus dem Erwerb des Pkw erfüllen bei A die Voraussetzungen für den Vorsteuerabzug nach § 15 Abs. 1 UStG. Die Umsätze aus der Tätigkeit als Versicherungsmakler sind steuerfrei nach § 4 Nr. 11 UStG und somit vorsteuerschädlich. Die Umsätze aus der Tätigkeit als Grundstücksmakler sind steuerpflichtig und daher vorsteuerunschädlich. Die private Nutzung des Pkw ist nach § 3 Abs. 9a Nr. 1 UStG einer entgeltlichen sonstigen Leistung gleichgestellt und damit steuerbar und steuerpflichtig.
Das Vorsteuerabzugsverbot nach § 15 Abs. 2 UStG richtet sich nach der beabsichtigten Nutzung. Somit darf A von der Vorsteuer von 9 500 € 50/100 = 4 750 € als Vorsteuer abziehen. Dass die tatsächliche Nutzung im Kalenderjahr 01 geringfügig von der beabsichtigten Nutzung abweicht, hat keine Auswirkung. Der Vorsteuerabzug nach § 15 UStG bleibt davon unberührt. Die Abweichung könnte allenfalls zu einer Vorsteuerberichtigung nach § 15a UStG führen. Sie unterbleibt jedoch wegen Geringfügigkeit nach § 44 Abs. 2 UStDV. Die Nutzungsänderung im Kalenderjahr 02 ist dagegen gewichtig i. S. d. § 44 Abs. 2 UStDV und führt zu einer Vorsteuerberichtigung nach § 15a UStG.

b) Mit dem in Beispiel a) dargestellten Pkw erlitt A im Kalenderjahr 01 bei einer Fahrt anlässlich seiner Tätigkeit als Versicherungsmakler einen selbst verschuldeten Unfall. Bei der dadurch erforderlichen Reparatur des Pkw fiel Vorsteuer nach § 15 Abs. 1 UStG i. H. v. 1 000 € an. Im Zeitpunkt der Reparatur hat sich die Verwendungsabsicht gegenüber der Verwendungsabsicht zum 01. 09. 01 nicht geändert.
**LÖSUNG** Der Reparaturaufwand erhöht generell die Fahrkosten mit dem Pkw. Somit sind die Vorsteuern nicht ausschließlich den vorsteuerschädlichen Umsätzen als Versicherungsmakler zuzuordnen, sondern entsprechend der im Zeitpunkt der Reparatur bestehenden Verwendungsabsicht aufzuteilen. Die Vorsteuer von 1 000 € darf A somit ebenfalls zu 50/100 = 500 € als Vorsteuer geltend machen. Die tatsächlichen Nutzungsverhältnisse in den Kalenderjahren 01 und 02 bleiben unberücksichtigt. Sie führen im Kalenderjahr 01 zu keiner Vorsteuerberichtigung nach § 15a UStG, weil die Gewichtigkeitsgrenze nach § 44 Abs. 2 UStDV nicht überschritten ist.

c) B errichtet im Kalenderjahr 01 auf eigenem Grund und Boden ein Gebäude, welches zum 01. 04. 02 fertiggestellt wird. Anlässlich der Errichtung des Gebäudes sind bei B im Kalenderjahr 01 Vorsteuern nach § 15 Abs. 1 UStG i. H. v. 100 000 € angefallen. Das Gebäude hat eine Gesamtnutzfläche von 400 qm. Alle Räume sind gleich hoch. B nutzt ab 01. 04. 02 hiervon 300 qm eigengewerblich für steuerpflichtige Umsätze. Die restlichen 100 qm vermietet er ab 01. 04. 02 als Hausmeisterwohnung. Die Nutzung im Kalenderjahr 02 war von vornherein geplant.
**LÖSUNG** Die Vermietung als Hausmeisterwohnung ist steuerfrei nach § 4 Nr. 12a UStG (vgl. auch BFH vom 30. 07. 1986 BStBl II 1986, 877) und somit vorsteuerschädlich. Die Vorsteuer aus der Errichtung des Gebäudes ist somit entsprechend den Nutzungsverhältnissen im Kalenderjahr der erstmaligen Verwendung (Kalenderjahr 02) aufzuteilen. B darf somit 3/4, d. h. 75 000 € der Vorsteuer für das Jahr 01 geltend machen.

d) B errichtet im Kalenderjahr 01 auf eigenem Grund und Boden ein Gebäude, welches zum 01. 04. 02 fertiggestellt wird. Anlässlich der Errichtung des Gebäudes sind bei B im Kalenderjahr 01 Vorsteuern nach § 15 Abs. 1 UStG i. H. v. 90 000 € angefallen. B nutzt das Gebäude ab 01. 04. 02 wie geplant in vollem Umfang eigengewerblich für steuerpflichtige Umsätze. Infolge finanzieller Schwierigkeiten gibt B seinen Betrieb Ende September 02 auf. Ab 01. 10. 02 vermietet B das Gebäude steuerfrei an eine staatliche Behörde. Der Mietvertrag läuft zunächst auf fünf Jahre.
**LÖSUNG** Die steuerfreie Vermietung ab 01. 10. 02 ist vorsteuerschädlich. Der Vorsteuerabzug gem. § 15 UStG richtet sich nach der beabsichtigten steuerpflichtigen Nutzung. B darf damit im Kalenderjahr 01 die i. H. v. 90 000 € angefallenen Vorsteuern voll abziehen. Die steuerfreie Vermietung ab 01. 10. 02 ist vorsteuerschädlich. Die tatsächliche Nutzung des Gebäudes im Hinblick auf das Vorsteuerabzugsverbot nach § 15 Abs. 2 UStG weicht somit erheblich von der beabsichtigten Nutzung ab und ist für das Kalenderjahr 02 nur zu 6/9 vorsteuerunschädlich. Es ergibt sich somit für das Kalenderjahr 02 eine Nutzungsänderung von 100 ./. 66,67 = 33,33 %. Diese Nutzungsänderung führt bereits für das Kalenderjahr 02 zu einer Vorsteuerberichtigung nach § 15a UStG in Höhe von 2 249,77 €. Für das Kalenderjahr 03 ergibt sich eine Vorsteuerberichtigung nach § 15a UStG in Höhe von 9 000 € (vgl. 7. 6).

e) B errichtet im Kalenderjahr 01 auf eigenem Grund und Boden ein viergeschossiges Gebäude, welches zum 01. 04. 02 fertiggestellt wird. Anlässlich der Errichtung des Gebäudes sind bei B im Kalenderjahr 01 Vorsteuern nach § 15 Abs. 1 UStG i. H. v. 120 000 € angefallen. Das Gebäude hat eine Gesamtnutzfläche von 400 qm. Alle Räume sind gleich hoch. B nutzt hiervon das Erdgeschoss und die 1. Etage (insgesamt 200 qm) ab 01. 04. 02 eigengewerblich für steuerpflichtige Umsätze. Die 2. und 3. Etage (insgesamt 200 qm) vermietet er ab 01. 04. 02 an Arbeitnehmer seines Betriebs als Wohnungen (keine Vermietung zur kurzfristigen Beherbergung nach § 4 Nr. 12 Satz 2 UStG). Diese Nutzung war von vornherein beabsichtigt. Im Verlauf des Kalenderjahres 02 entschließt sich B, auch die 2. Etage als Geschäftsräume zu nutzen. Er beendet daher das Mietverhältnis mit den Arbeitnehmern zum 30. 09. 02 und nutzt die 2. Etage ab 01. 10. 02 ebenfalls eigengewerblich.

**LÖSUNG** Die Vermietung der Wohnungen ist steuerfrei nach § 4 Nr. 12a UStG und somit vorsteuerschädlich. Die Vorsteuer aus der Errichtung des Gebäudes muss entsprechend der beabsichtigten Nutzung aufgeteilt werden. Da beabsichtigt ist, die 2. und 3. Etage steuerfrei an die Arbeitnehmer zu vermieten, beträgt die beabsichtigte vorsteuerunschädliche Nutzung 50 %. B darf also 50 % der Vorsteuer von 120 000 € = 60 000 € abziehen.

Aufgrund der Nutzung der 2. Etage ab 01. 10. 02 für steuerpflichtige Umsätze ergibt sich für das Kalenderjahr 02 eine Nutzungsänderung. Die Nutzung für vorsteuerunschädliche Umsätze erfolgt für 3 Monate, bezogen auf das ganze Jahr ab 01. 04. 3/9 und bezogen auf das gesamte Gebäude 1/4 insgesamt also 8,33 %. Gegenüber der beabsichtigten Nutzung von 50 % für steuerpflichtige Umsätze beträgt nun die Nutzung für steuerpflichtige Umsätze 58,33 %, die Nutzungsänderung also 8,33 % zugunsten des B. Die Vorsteuerberichtigung nach § 15a UStG im Kalenderjahr 02 zugunsten des B würde somit 8,33 % von 9 000 € = 749,70 € betragen. Damit sind jedoch die Gewichtigkeitsgrenzen des § 44 Abs. 2 UStDV nicht überschritten. Eine Vorsteuerberichtigung nach § 15a UStG unterbleibt. Für das Kalenderjahr 03 beträgt die Nutzungsänderung 25 % und die Vorsteuerberichtigung nach § 15a UStG zu Gunsten des B ist vorzunehmen. Sie beträgt 25 % von 12 000 € = 3 000 €.

f) B errichtet im Kalenderjahr 01 auf eigenem Grund und Boden ein Gebäude, welches zum 01. 04. 02 fertiggestellt wird. Anlässlich der Errichtung des Gebäudes sind bei B im Kalenderjahr 01 Vorsteuern nach § 15 Abs. 1 UStG in Höhe von 120 000 € angefallen. B beabsichtigt, das Gebäude steuerpflichtig zu vermieten. Da er keinen geeigneten Mieter findet, lässt er das Gebäude bis 31. 12. 02 leer stehen. Ab Januar 03 vermietet B das Gebäude steuerfrei an eine staatliche Behörde. Der Mietvertrag läuft zunächst auf fünf Jahre.

**LÖSUNG** Der Vorsteuerabzug gem. § 15 UStG richtet sich nach der zunächst beabsichtigten steuerpflichtigen Nutzung. B darf daher im Kalenderjahr 01 die Vorsteuer nach § 15 Abs. 1 UStG in Höhe von 120 000 € voll als Vorsteuer abziehen.

Für das Kalenderjahr der erstmaligen Verwendung 03 ergibt sich bereits eine Vorsteuerberichtigung nach § 15a UStG (vgl. 7.6). Die Vorsteuerberichtigung beträgt für das Kalenderjahr 03 12 000 € zu Ungunsten des B.

g) B errichtete im Kalenderjahr 01 auf eigenem Grund und Boden ein dreigeschossiges Gebäude, welches zum 01. 04. 02 fertiggestellt wurde. Anlässlich der Errichtung des Gebäudes sind bei B im Kalenderjahr 01 Vorsteuern nach § 15 Abs. 1 UStG in Höhe von 90 000 € angefallen. B nutzt ein Geschoss ab 01. 04. 02 eigengewerblich für steuerpflichtige Ausgangsumsätze. Ein Geschoss vermietet er ab 01. 04. 02 steuerpflichtig an einen gewerblichen Mieter. Für das 3. Geschoss suchte er ebenfalls einen gewerblichen Mieter, an welchen er steuerpflichtig vermieten wollte, fand jedoch keinen. Mit Wirkung zum 01. 04. 03 veräußerte B das gesamte Gebäude steuerfrei an eine Behörde (keine Geschäftsveräußerung i. S. d. § 1 Abs. 1a UStG).

**LÖSUNG** Der Vorsteuerabzug gem. § 15 UStG richtet sich nach der zunächst beabsichtigten steuerpflichtigen Nutzung. B darf daher im Kalenderjahr 01 die Vorsteuer nach § 15 Abs. 1 UStG in Höhe von 90 000 € voll als Vorsteuer abziehen. Hinsichtlich der Vorsteuerberichtigung nach § 15a UStG läuft ein einheitlicher Berichtigungszeitraum ab 01. 04. 02. Hinsichtlich des nichtgenutzten 3. Geschosses ist auf die beabsichtigte Nutzung abzustellen (A 15a.3 Abs. 2 Satz 4 und 5 UStAE). Damit ergibt sich für das Kalenderjahr 02 keine Nutzungsänderung und keine Vorsteuerberichtigung nach § 15a UStG.

Die steuerfreie Veräußerung löst die Vorsteuerberichtigung nach § 15a UStG aus (vgl. 7.7.2). Die Vorsteuerberichtigung ist insgesamt für den ganzen Rest des Berichtigungszeitraums vorzunehmen und beträgt insgesamt 81 000 € (9/10 von 90 000 €) zuungunsten des B.

## 6.3 Funktionsweise der Umsatzverhältnismethode

Eine Aufteilung nach dem Umsatzverhältnis kommt nur in wenigen Fällen in Betracht, z. B. wenn ein Unternehmer ein fertiges Gebäude steuerpflichtig erwirbt. In diesen Fällen hat der Unternehmer ein Aufteilungswahlrecht. Er kann die Aufteilung nach dem Verhältnis der Nutzfläche bzw. des umbauten Raums vornehmen. Er kann stattdessen die Aufteilung auch nach dem Ertragswertverfahren = Umsatzverhältnis vornehmen. In diesem Fall wird man die Aufteilung zweckmäßigerweise in entsprechender Anwendung der Art. 173 bis 175 MwStSystRL vornehmen. Hierzu bestimmt Art. 174 Abs. 1 MwStSystRL:

Die abziehbare Vorsteuer errechnet sich mittels eines Pro-rata-Satzes aus der Vorsteuer nach § 15 Abs. 1 UStG. Der Pro-rata-Satz ergibt sich aus einem Bruch. Dieser enthält:

- im Zähler den je Jahr ermittelten Gesamtbetrag der zum Vorsteuerabzug berechtigenden Umsätze, abzüglich der Mehrwertsteuer;
- im Nenner den je Jahr ermittelten Gesamtbetrag der im Zähler stehenden sowie der nicht zum Vorsteuerabzug berechtigenden Umsätze, abzüglich der Mehrwertsteuer.

Aus dem Bruch wird ein Prozentsatz der zum Vorsteuerabzug berechtigenden Umsätze ermittelt. Dieser Prozentsatz wird auf einen vollen Prozentsatz aufgerundet.

Da die Umsatzverhältnismethode nur im Rahmen des § 15 Abs. 4 UStG anwendbar ist, darf nicht das Verhältnis der gesamten Umsätze des Unternehmers zugrunde gelegt werden. Bei vermieteten Gebäuden ist nur eine Aufteilung nach dem Verhältnis der erzielten Mieten sachgerecht. Nicht sachgerecht wäre eine Aufteilung bei teils eigengewerblich genutzten teils vermieteten Gebäuden, wenn man in das Umsatzverhältnis die Umsätze aus dem eigengewerblich genutzten Teil einbeziehen würde. Anstelle der Umsätze aus dem eigengewerblich genutzten Teil wäre wohl die ortsübliche Miete anzusetzen.

Probleme für die Anwendung der Umsatzverhältnismethode ergeben sich daraus, dass oftmals der Pro-rata-Satz im Zeitpunkt des Leistungsbezugs noch nicht feststeht. Nach der Rechtsprechung des EuGH ist dann auf den beabsichtigten Pro-rata-Satz abzustellen. Weicht der tatsächliche Pro-rata-Satz vom beabsichtigten ab, ist eine Berichtigung des Vorsteuerabzugs vorzunehmen. Dies gilt auch, wenn sich das Verhältnis der Mieteinnahmen während des Berichtigungszeitraums ändert.

Mit Urteil vom 22. 08. 2013, V R 19/09 hat der BFH im Anschluss an die Rechtsprechung des EuGH in der Rs. C-511/10 »BLC Baumarkt« zu der Frage Stellung bezogen, inwieweit die Vorsteueraufteilung in § 15 Abs. 4 UStG für Eingangsleistungen, die der Unternehmer nur teilweise für zum Vorsteuerabzug berechtigende Zwecke verwendet, mit dem Unionsrecht vereinbar ist. Nach seiner Auffassung verstößt der Ausschluss des Umsatz- durch den Flächenschlüssel nach § 15 Abs. 4 UStG nicht gegen Unionsrecht. Ein objektbezogener Flächenschlüssel ermögliche eine präzisere Bestimmung des Pro-rata-Satzes als der auf die Gesamtumsätze des Unternehmens bezogene Umsatzschlüssel nach Art. 17 Abs. 5 der 6. EG-Richtlinie (Art. 173 Abs. 1 MwStSystRL). Ferner erlaube das Unionsrecht laut EuGH keine generelle Abweichung von dem auf die Gesamtumsätze des Unternehmes bezogenen Umsatzschlüssel, sondern lasse dies nur für ganz bestimmte Fälle zu. Daraus folgert der BFH, dass § 15 Abs. 4 Satz 1 UStG teleologisch dahingehend auszulegen sei, dass die im Gesetz vorgesehene Aufteilung von Vorsteuerbeträgen nur für nach § 15a UStG berichtigungspflichtige Vorsteuerbeträge gelte. Welche Folgen sich für nicht der Berichtigung nach § 15a UStG unterliegende Vorsteuerbeträge ergeben, wie z. B. für Reinigungskosten eines nur teilweise steuerpflichtig vermieteten Gebäudes, hat der BFH im streitgegenständlichen Fall allerdings offengelassen. In einer weiteren Entscheidung (BFH vom 07. 05. 2014, V R 1/10) weicht der V. Senat allerdings von der Begründung der Entscheidung vom 22. 08. 2013 ab und ergänzt sie um folgende Überlegungen:

- Das deutsche Recht weicht nicht in allen Fällen von den europäischen Regelungen ab. Grundsätzlich lässt § 15 Abs. 4 Satz 1 UStG eine umsatzbezogene Vorsteueraufteilung zu.
- Die Aufteilung nach einem Umsatzsteuerschlüssel ist jedoch nur eingeschränkt zulässig. Die Einschränkung gilt, wenn keine andere wirtschaftliche Zurechnung möglich ist. Wann dies der Fall ist, muss richtlinienkonform ausgelegt werden. In seiner aktuellen Entscheidung vom 10. 08. 2016, XI R 31/09 (veröffentlicht am 28. 09. 2016), bestätigte der BFH erneut seine Auffassung, dass der objektbezogene Flächenschlüssel regelmäßig eine sachgerechtere und »präzisere« Berechnung gewährleiste als der gesamtumsatz- oder objektbezogene Umsatzschlüssel.
- Es bleibt abzuwarten, wie die Finanzverwaltung diese Urteile umsetzen wird, zumal der BFH auch mit dem neuen Urteil nicht abschließend zu allen Konsequenzen des § 15 Abs. 4 Satz 1 UStG Stellung bezogen hat. Allerdings lässt sich festhalten, dass bereits die aktuellen Ausführungen in A 15.17 Abs. 7 UStAE mit der Rechtsprechung weitgehend konform gehen.

## 6.4 Ingebrauchnahme entsprechend dem Baufortschritt

Bei Gebäuden kommt es vor, dass Teile des Gebäudes bereits in Verwendung genommen werden, bevor das Gebäude insgesamt fertiggestellt ist. Aus § 15a UStG ergibt sich hierzu, dass jeder gesondert in Verwendung genommene Teil für die Anwendung des § 15a UStG selbständig zu beurteilen ist, da § 15a UStG nach § 15a Abs. 6 UStG auch für nachträgliche Anschaffungs- oder Herstellungskosten gilt (§ 15a Abs. 6 UStG). Daraus folgt, dass auch schon für die Gewährung des erstmaligen Vorsteuerabzugs nach § 15 UStG auf die Nutzungsabsicht bezüglich jedes einzelnen Teils abzustellen ist.

**BEISPIEL**

B errichtet im Kalenderjahr 01 auf eigenem Grund und Boden ein Gebäude. Anlässlich der Errichtung des Gebäudes sind bei B im Kalenderjahr 01 Vorsteuern nach § 15 Abs. 1 UStG in Höhe von 120 000 € angefallen. Das Gebäude hat eine Gesamtnutzfläche von 400 qm. Alle Räume sind gleich hoch. B nutzt hiervon ab 01. 04. 02 sofort nach Fertigstellung 300 qm eigengewerblich für steuerpflichtige Umsätze. Die restlichen 100 qm sind als Hausmeisterwohnung vorgesehen. Die Fertigstellung dieses Teils erfolgt erst zum 01. 12. 02. Der Hausmeister bezieht die Räume ab Januar 03. Von den 120 000 € Vorsteuern für 01 entfallen 105 000 € auf die gewerblich genutzten Räume, 15 000 € auf die Hausmeisterwohnung.

**LÖSUNG** Für den Vorsteuerabzug nach § 15 UStG sind gewerblicher Teil und Hausmeisterwohnung getrennt zu sehen (A 15a.3 Abs. 2 Satz 1 UStAE). Es ist jeweils auf die beabsichtigte Nutzung abzustellen. Somit darf die auf den gewerblichen Teil entfallende Vorsteuer in Höhe von 105 000 € voll abgezogen werden, während die auf die Hausmeisterwohnung entfallende Vorsteuer von 15 000 € nicht abzugsfähig ist.

## 6.5 Gebrauch mit anschließender Veräußerung

Wird ein Wirtschaftsgut erworben, um es zunächst im Unternehmen zu verwenden, dann aber als noch verwendungsfähiges Wirtschaftsgut zu veräußern oder zu entnehmen, ist für die Anwendung des Vorsteuerabzugsverbots auf die insgesamt beabsichtigte Nutzung abzustellen. Die Veräußerung ist dabei nach den Grundsätzen des § 15a Abs. 8 und 9 UStG so zu behandeln, als würde das Wirtschaftsgut für den Rest des Berichtigungszeitraums entsprechend der Veräußerung genutzt. Weicht die tatsächliche von der beabsichtigten Nutzung ab, kommt eine Vorsteuerberichtigung nach § 15a UStG in Betracht.

**BEISPIEL**

B errichtet im Kalenderjahr 01 auf eigenem Grund und Boden ein Gebäude, welches zum 01. 04. 02 fertiggestellt wurde. Insoweit sind im Kalenderjahr 01 Vorsteuern nach § 15 Abs. 1 UStG in Höhe von 90 000 € angefallen. B nutzte das Gebäude von 01. 04. bis 30. 09. 02 für eigengewerbliche Zwecke. Entsprechend seiner vorgefassten Absicht veräußerte es B mit Wirkung zum 01. 10. 02 steuerfrei.

**LÖSUNG** Für den Vorsteuerabzug nach § 15 UStG ist auf die beabsichtigte Verwendung abzustellen. Die steuerfreie Veräußerung ist dabei entsprechend den Grundsätzen in § 15a Abs. 8 und 9 UStG als vorsteuerschädliche Verwendung für die Zeit ab Oktober 02 bis 31. 03. 12 zu behandeln. Somit beträgt die beabsichtigte vorsteuerunschädliche Nutzung 6/120 = 5 %. B darf 5 % von 90 000 € = 4 500 € als Vorsteuer abziehen. Da die beabsichtigte der tatsächlichen Nutzung entspricht, erfolgt keine Vorsteuerberichtigung nach § 15a UStG.

## 6.6 Vorsteuerabzug aus den Veräußerungskosten bei einer Geschäftsveräußerung nach § 1 Abs. 1a UStG

Die Geschäftsveräußerung ist nach § 1 Abs. 1a UStG nicht steuerbar. Im Zusammenhang mit der Veräußerung fallen häufig beim Veräußerer Vorsteuern an. Das UStG enthält keine Regelung für Vorsteuern im Zusammenhang mit nicht steuerbaren Geschäftsveräußerungen. Soweit Grundstücke mitveräußert werden, fallen hierbei regelmäßig Kosten an, die mit USt belastet sind. Nach Auffassung der Vertreter der obersten Finanzbehörden des Bundes und der Länder (vgl. OFD Erfurt vom 25. 04. 1996 UR 1996, 311) richtet sich der Vorsteuerabzug aus Veräußerungskosten im Falle einer Geschäftsveräußerung i. S. d. § 1 Abs. 1a UStG danach, in welchem Umfang das Grundstück vor der Veräußerung zur Ausführung von sog. Ausschlussumsätzen i. S. d. § 15 Abs. 2 UStG verwendet wurde. Maßgebend ist dabei grundsätzlich das Kalenderjahr, in dem die Veräußerung erfolgt. Ist allerdings der Besteuerungszeitraum im Kalenderjahr der Veräußerung zu kurz, um die Ermittlung einer realistischen Quote zuzulassen, kann der vorherige Besteuerungszeitraum dafür herangezogen werden.

**BEISPIEL**

E ist Eigentümer eines Mietwohngrundstücks, das er zu 40 % steuerpflichtig und zu 60 % steuerfrei vermietet hatte. Das Unternehmen des E beschränkt sich auf diese Vermietung. Im Kalenderjahr 02 veräußert E das Mietwohngrundstück steuerfrei an eine Vermietungsgesellschaft. Mit dem Verkauf hat E einen Makler beauftragt, der E über die Maklercourtage eine Rechnung mit gesondertem USt-Ausweis erteilt. Die Vermietungsgesellschaft führt die Mietverträge wie E fort.

**LÖSUNG** Da das Mietwohngrundstück den einzigen Unternehmensgegenstand des E darstellt, handelt es sich bei der Veräußerung um eine nicht steuerbare Geschäftsveräußerung nach § 1 Abs. 1a UStG.

Die Vorsteuer aus der Maklerrechnung erfüllt bei E die Voraussetzungen des § 15 Abs. 1 UStG. Hinsichtlich des Vorsteuerabzugsverbots nach § 15 Abs. 2 UStG ist entsprechend den Grundsätzen des EuGH und BFH auf die beabsichtigte Nutzung durch die Vermietungsgesellschaft abzustellen (A 15a.2 Abs. 3 UStAE). Da diese die bisherige Nutzung fortführt, darf E die Vorsteuer in Höhe von 40 % abziehen.

# 7 Vorsteuerberichtigung nach § 15a UStG

## 7.1 Allgemeines

§ 15a UStG ergänzt die Regelung des § 15 UStG in den Fällen, in denen die für den Vorsteuerabzug nach § 15 UStG maßgebliche Nutzungsabsicht nicht mit der späteren tatsächlichen Nutzung der Vorumsätze übereinstimmt.

**BEISPIEL**

B errichtet im Kalenderjahr 01 ein Bürogebäude, welches er steuerpflichtig an Gewerbetreibende vermieten will. Anlässlich der Errichtung des Gebäudes sind im Kalenderjahr 01 Vorsteuern nach § 15 Abs. 1 UStG in Höhe von 100 000 € angefallen, die B entsprechend seiner Verwendungsabsicht als Vorsteuer abzog. Nach Fertigstellung des Gebäudes Anfang 02 findet er keinen geeigneten Mieter. Das Gebäude steht leer. Ab Januar 03 vermietet B das Gebäude steuerfrei an eine Behörde.

**LÖSUNG** B hat entsprechend seiner Nutzungsabsicht den Vorsteuerabzug in Höhe von 100 000 € zu Recht geltend gemacht. Da jedoch die tatsächliche Nutzung nicht der Nutzungsabsicht entspricht, muss A ab dem Kalenderjahr der tatsächlichen Nutzung 03 jährlich bis zum Ende des zehnjährigen Berichtigungszeitraums eine Vorsteuerberichtigung nach § 15a UStG zu seinen Ungunsten in Höhe von 1/10 der Vorsteuer = 10 000 € (vgl. § 15a Abs. 5 Satz 1 2. Alt. i. V. m. Abs. 1 UStG) vornehmen.

Wie das obige Beispiel zeigt, bleibt B immerhin noch ein Zinsvorteil insoweit, als er die 100 000 € sofort als Vorsteuer geltend machen konnte, die Vorsteuerberichtigung dagegen nur anteilig Jahr für Jahr vorzunehmen ist. Dieses Ergebnis nahm der Gesetzgeber in Kauf. Er hat bei seiner Regelung typisierend unterstellt, dass die beabsichtigte der tatsächlichen Nutzung entspricht.

Die Regelung des § 15a UStG greift jedoch nicht nur in der Weise, dass geltend gemachte Vorsteuer wieder zurückgezahlt werden muss. Es kann sich auch umgekehrt ergeben, dass ein Vorsteuerabzug, der nach § 15 Abs. 2 UStG ausgeschlossen war, aufgrund von Nutzungsänderungen nachgeholt werden kann (»Änderung zu Gunsten«).

**BEISPIEL**

B (regelversteuernder Unternehmer) errichtet im Kalenderjahr 01 auf eigenem Grund und Boden ein Fertighaus, welches ihm zum 01. 12. 01 schlüsselfertig übergeben wird. Anlässlich der Errichtung des Gebäudes sind bei B im Kalenderjahr 01 Vorsteuern nach § 15 Abs. 1 UStG in Höhe von 60 000 € angefallen. Ab Dezember 01 vermietet B das Fertighaus wie von vornherein beabsichtigt an den Mieter M ausschließlich für Wohnzwecke. Infolge des unvorhergesehenen Auszugs von M zum 31. 12. 02 vermietet B das Fertighaus ab 01. 01. 03 steuerpflichtig an den Architekten A als Büro.

**LÖSUNG** Die Vermietung an M ist steuerfrei nach § 4 Nr. 12a UStG und somit vorsteuerschädlich. Aufgrund der beabsichtigten vorsteuerschädlichen Nutzung ist der Vorsteuerabzug nach § 15 UStG in vollem Umfang ausgeschlossen. Die Vermietung an A ist aufgrund des nach § 9 UStG zulässigen Verzichts auf die Steuerbefreiung steuerpflichtig. Ab dem Kalenderjahr 03 kann B somit über § 15a UStG für jedes volle Jahr der steuerpflichtigen Nutzung (bis zum Ablauf des 10-Jahreszeitraums) 1/10 der Vorsteuer nach § 15 Abs. 1 UStG (6 000 €) nachholen.

§ 15a UStG unterscheidet hinsichtlich der Vorsteuerberichtigung nach § 15a UStG verschiedene Berichtigungsobjekte und damit folgende Fallgruppen:

a) Vorsteuern auf Investitionsgüter (Wirtschaftsgüter, die dem Unternehmen auf eine gewisse Dauer dienen, in der Regel Anlagevermögen; § 15a Abs. 1 UStG),
b) Vorsteuern auf nachträgliche Anschaffungs- bzw. Herstellungskosten für Investitionsgüter (§ 15a Abs. 6 i. V. m. Abs. 1 UStG),
c) Vorsteuern auf Wirtschaftsgüter des Umlaufvermögens (§ 15a Abs. 2 UStG),
d) Vorsteuern auf nachträgliche Anschaffungs- bzw. Herstellungskosten für Wirtschaftsgüter des Umlaufvermögens (§ 15a Abs. 6 i. V. m. Abs. 2 UStG),
e) Vorsteuern auf Leistungen, die in ein Wirtschaftsgut (Investitionsgut oder Umlaufvermögen) eingehen (Erhaltungsaufwand) (§ 15a Abs. 3 UStG),
f) Vorsteuern auf sonstige Leistungen, bei denen eine vorsteuerrelevante Verwendungsänderung erfolgt (§ 15a Abs. 4 UStG).

§ 15a UStG lag die Zielsetzung des Gesetzgebers zugrunde, den vollen Vorsteuerabzug bei Eingangsumsätzen nur dann zu gewähren, wenn tatsächlich eine vorsteuerunschädliche Verwendung erfolgt. Kommt es jedoch entgegen der für den Vorsteuerabzug nach § 15 UStG maßgeblichen Prognose später ganz oder teilweise zu einer vorsteuerschädlichen Nutzung, wird der Vorsteuerabzug entsprechend korrigiert (A 15a.1 Abs. 1 Satz 3 UStAE). Aus Gründen der Praktikabilität musste diese Zielsetzung mit den spezifischen Regelungen in den §§ 44 und 45 UStDV korrigiert werden.

Diese Korrekturen betreffen

a) die Nutzungsdauer,
b) Bagatellfälle und
c) geringfügige Nutzungsänderungen.

Die Nutzungsdauer deckt sich im Idealfall mit dem Berichtigungszeitraum i. S. d. § 15a Abs. 1 UStG. Bei der Festlegung des Berichtigungszeitraums ging man von einer typisierten Nutzungsdauer von fünf bzw. zehn Jahren aus. Nur bei tatsächlich kürzerer Nutzungsdauer entspricht der Berichtigungszeitraum der Nutzungsdauer.

Nicht jeder Eingangsumsatz, bei dem sich eine Nutzungsänderung ergibt, löst die Berichtigung nach § 15a UStG aus. Nach **§ 44 Abs. 1 UStDV** muss die auf das Berichtigungsobjekt entfallende Vorsteuer nach § 15 Abs. 1 UStG 1 000 € übersteigen.

Nicht jede geringfügige Nutzungsänderung verursacht die Vorsteuerberichtigung nach § 15a UStG. Nach **§ 44 Abs. 2 UStG** muss entweder die prozentuale vorsteuerrelevante Nutzung gegenüber der für den Vorsteuerabzug nach § 15 UStG maßgeblichen Nutzungsabsicht um mindestens zehn Prozentpunkte abweichen oder der absolute Betrag der Vorsteuerberichtigung 1 000 € pro Kalenderjahr übersteigen.

Insgesamt gesehen bedarf es für eine **Vorsteuerberichtigung nach § 15a UStG** folgender Tatbestandsmerkmale:

a) Es muss ein Eingangsumsatz vorliegen, bei dem die Verhältnisse, die für den Vorsteuerabzug nach § 15 UStG maßgeblich sind, von der tatsächlichen für den Vorsteuerabzug maßgeblichen Verwendung abweichen (Berichtigungsobjekt).
b) Die hierauf entfallende Vorsteuer nach § 15 Abs. 1 UStG muss 1 000 € übersteigen.
c) Wird der Eingangsumsatz nicht nur einmalig zur Ausführung von Umsätzen verwendet, muss innerhalb des Berichtigungszeitraums eine vorsteuerrelevante Nutzungsänderung erfolgt sein. Wird ein Wirtschaftsgut (Umlaufvermögen) nur einmalig zur Ausführung eines Umsatzes verwendet (durch Veräußerung), muss die Veräußerung die vorsteuerrelevante Nutzungsänderung darstellen.
d) Die Änderung der Nutzungsverhältnisse muss gewichtig sein (vgl. § 44 Abs. 2 UStDV).

## 7.2 Berichtigungsobjekte

§ 15a UStG umfasst zunächst die **Anschaffungs- bzw. Herstellungskosten** sämtlicher Wirtschaftsgüter des **Anlage- und Umlaufvermögens** (Abs. 1 und 2). Darüber hinaus umfasst die Vorschrift alle **nachträglichen Anschaffungs- und Herstellungskosten** auf solche Wirtschaftsgüter (Abs. 3). Weiterhin fallen unter § 15a UStG auch **Erhaltungsaufwendungen sowie sonstige Leistungen** (Abs. 4), die keine Wirtschaftsgüter darstellen, sofern sie sich nicht sofort verbraucht haben (A 15a.1 Abs. 2 UStAE).

Beispiele für solche sonstigen Leistungen sind in A 15a.7 Abs. 1 UStAE genannt, wie etwa Werbeleistungen oder gutachterliche Leistungen u. a. Nach § 15a Abs. 4 Satz 2 UStG wird die Vorsteuerberichtigung nach § 15a UStG auf solche Leistungen beschränkt, für die in der Steuerbilanz ein Aktivposten gebildet werden müsste. Meist liegt in diesen Fällen ein immaterielles Wirtschaftsgut (z. B. Patent) vor. Ein größerer Anwendungsbereich ergibt sich jedoch bei den Leistungen, die sich zwar sofort verbrauchen, bei denen aber ein Vorsteuerabzug schon erfolgt, bevor die Leistung erbracht wird, z. B. bei Vorauszahlungen auf Vermietungsleistungen, wie dies typischerweise in den Fällen des Mietleasings vorkommt. Zwar hat sich die jeweilige Teilleistung sofort mit Ablauf des betreffenden Mietzahlungszeitraums verbraucht. Eine Vorsteuerberichtigung nach § 15a UStG kann sich dennoch ergeben, wenn die vorsteuerrelevante Nutzungsabsicht im Zeitpunkt der Vorauszahlung abweicht von der vorsteuerrelevanten tatsächlichen Nutzung (A 15a.7 Abs. 4 UStAE).

## 7.3 Vorsteuern nach § 15 Abs. 1 UStG von mehr als 1 000 € für die Anschaffung oder Herstellung

Soweit es sich um die Vorsteuerberichtigung für Wirtschaftsgüter handelt, sind sämtliche Vorsteuern im Zusammenhang mit der Anschaffung oder Herstellung eines Wirtschaftsguts zusammenzufassen (A 15a.11 Abs. 2 Satz 2 UStAE).

**BEISPIEL**

A erwirbt vom Händler H am 01. 03. 01 einen Schreibtisch für sein Büro zum Preis von 5 200 € zuzüglich 988 € USt. Durch den Schlosser S lässt er noch am selben Tag an einer Schublade ein Spezialschloss für insgesamt 100 € zuzüglich 19 € USt anbringen. A nutzt den Schreibtisch zu 50 % für seine nach § 4 Nr. 11 UStG steuerfreie Tätigkeit als Versicherungsvertreter und zu 50 % für seine steuerpflichtige Tätigkeit als Grundstücksmakler.

**LÖSUNG** Die Vorsteuern nach § 15 Abs. 1 UStG für die Anschaffung des Wirtschaftsguts »Schreibtisch« belaufen sich insgesamt auf 1 007 € (988 € + 19 €). Somit liegen Vorsteuern für die Anschaffung von mehr als 1 000 € vor. Da A den Schreibtisch zu 50 % für vorsteuerschädliche Ausgangsumsätze verwendet, darf er nach § 15 Abs. 2 i. V. m. Abs. 4 UStG nur 503,50 € Vorsteuern geltend machen. Dies ändert jedoch nichts daran, dass die 1 000-€-Grenze nach § 44 Abs. 1 UStDV überschritten ist, weil es hierfür ausschließlich auf die Vorsteuer nach § 15 Abs. 1 UStG ankommt. Würde man auf die Vorsteuer abstellen, die nach § 15 UStG unter Berücksichtigung des Vorsteuerabzugsverbots abgezogen werden darf, wäre eine Vorsteuerberichtigung nach § 15a UStG zugunsten des Unternehmers von vornherein ausgeschlossen, wenn er beabsichtigt, das Wirtschaftsgut ausschließlich für vorsteuerschädliche Ausgangsumsätze zu verwenden. Dies würde aber Sinn und Zweck des § 15a UStG zuwiderlaufen (A 15a.1 Abs. 5 Satz 1 UStAE).

Fallen bei einem Wirtschaftsgut nachträgliche Anschaffungs- oder Herstellungskosten an, sind diese **nicht** in die Vorsteuern aus der Anschaffung oder Herstellung des Wirtschaftsguts einzubeziehen. Sie werden nach § 15a Abs. 6 UStG wie ein **eigenständiges** Wirtschaftsgut behandelt. Für sie ist daher **isoliert** zu prüfen, ob die auf sie entfallenden Vorsteuern nach § 15 Abs. 1 UStG insgesamt die 1 000 €-Grenze überschreiten. Dabei sind alle Vorsteuern auf die nachträglichen Anschaffungs- oder Herstellungskosten zusammenzufassen, die für Eingangsumsätze anfallen, welche bewirkt werden, bevor das Wirtschaftsgut wieder in Gebrauch genommen wird.

**Nachträgliche Anschaffungs- bzw. Herstellungskosten** liegen z. B. in Bezug auf das Wirtschaftsgut »Grundstück« bei dessen erstmaliger Bebauung, jedoch auch bei späterem Aus- bzw. Umbau des Gebäudes vor. Insoweit sind die Vorsteuern aus der erstmaligen Bebauung für die Anwendung und getrennt davon die Vorsteuern aus dem Ausbau zusammenzufassen. Für Letztere kommt eine selbständige Anwendung des § 15a UStG in Betracht.

Beim **Erhaltungsaufwand** nach § 15a Abs. 3 UStG werden gem. § 15a Abs. 3 Satz 2 UStG sämtliche Vorsteuern, die im Rahmen einer Maßnahme anfallen, zu einem Berichtigungsobjekt zusammengefasst. D. h., dass sämtliche im zeitlichen Zusammenhang bezogenen Leistungen, die ein Wirtschaftsgut betreffen und deren Bezug nach wirtschaftlichen Gesichtspunkten dem Erhalt oder der Verbesserung des Wirtschaftsguts dienen, zusammenzufassen sind. Hiervon kann vorbehaltlich anderer Nachweise ausgegangen werden, wenn die verschiedenen Leistungen für ein bewegliches Wirtschaftsgut innerhalb von drei Kalendermonaten und für ein unbewegliches Wirtschaftsgut innerhalb von sechs Monaten bezogen werden. Dabei sind auch Leistungen, die von verschiedenen leistenden Unternehmern bezogen worden sind, zu berücksichtigen (A 15a.6 Abs. 11 Satz 2 bis 4 UStAE). Auszuscheiden sind sonstige Leistungen, denen über den Zeitpunkt des Leistungsbezugs hinaus keine eigene Werthaltigkeit innewohnt (A 15a.6 Abs. 11 Satz 6 UStAE).

Werden zeitgleich in verschiedenen Gebäudeteilen Maßnahmen vorgenommen, sind diese **jeweils für sich** als Berichtigungsobjekt zu beurteilen (A 15a.6 Abs. 11 Satz 5 UStAE).

Wird der Vorsteuerabzug nach § 15 Abs. 1 UStG dadurch verfälscht, dass zu niedrige Umsatzsteuer ausgewiesen wurde, ist solange von den verfälschten Beträgen auszugehen, bis der Fehler durch Rechnungsberichtigung bereinigt ist.

**BEISPIEL**

A werden von L für die Anschaffung eines Büroschranks 5 300 € zuzüglich 997 € USt berechnet.

**LÖSUNG** Die Steuer ist zu niedrig ausgewiesen. Bezogen auf das Bruttoentgelt von 6 297 € beträgt die richtige USt 1 005,40 €. Die Vorsteuer nach § 15 Abs. 1 UStG beträgt bei A mangels ordnungsgemäßer Rechnung 997 €. Ohne eine berichtigte Rechnung ist eine Vorsteuerberichtigung nach § 15a UStG gem. § 44 Abs. 1 UStDV ausgeschlossen.

Während Mängel in der Rechnung heilbar sind, mit der Folge, dass es nach der Heilung zu einer Vorsteuerberichtigung nach § 15a UStG kommen kann, sind andere Mängel, die dazu führen, dass für die Vorsteuer die Voraussetzungen nach § 15 Abs. 1 UStG nicht erfüllt sind, i. d. R. nicht heilbar.

**BEISPIELE**

a) A hat im Kalenderjahr 01 einen Pkw als Zweitfahrzeug erworben, welches er in erster Linie zur Nutzung für seine Ehefrau vorsah und deshalb allenfalls zu 5 % unternehmerisch verwendete. Im Kalenderjahr 02 entschließt sich A, dieses Fahrzeug überwiegend für sein Unternehmen zu verwenden.

**LÖSUNG** Aufgrund der beim Erwerb des Pkw beabsichtigten Nutzung konnte A den Pkw nicht seinem Unternehmen zuordnen. Ab dem Kalenderjahr 02 ist die Zuordnung möglich. Dies führt zu einer Einlage aus dem nichtunternehmerischen Bereich. Die Vorsteuer aus dem Erwerb des Pkw erfüllt auch durch die nachträgliche Einlage ins Unternehmen nicht die Voraussetzung des § 15 Abs. 1 UStG; denn maßgebend ist insoweit ausschließlich der Zeitpunkt des Erwerbs. Die Voraussetzungen für den Vorsteuerabzug nach § 15 Abs. 1 UStG sind damit nicht gegeben, eine Berichtigung nach § 15a UStG scheidet damit aus.

b) Arzt A erwarb im Kalenderjahr 01 einen Pkw, wofür ihm Vorsteuern in Höhe von 8 000 € berechnet wurden. Er unterlag im Kalenderjahr 01 der Besteuerung nach § 19 Abs. 1 UStG. Ab Kalenderjahr 02 nimmt A eine steuerpflichtige Vortragstätigkeit auf, für die er den Pkw zu ca. 30 % einsetzt. Ab Kalenderjahr 03 unterliegt A nicht mehr der Besteuerung nach § 19 Abs. 1 UStG. A meint, ihm müsse über § 15a UStG ein anteiliger Vorsteuerabzug aus dem Erwerb des Pkw gewährt werden.

**LÖSUNG** Bei A liegen Vorsteuern nach § 15 Abs. 1 UStG in Höhe von 8 000 € vor. Damit ist die Gewichtigkeitsgrenze nach § 44 Abs. 1 UStDV überschritten. Das Vorsteuerabzugsverbot nach § 19 Abs. 1 Satz 4 UStG hindert gemäß § 15a Abs. 7 UStG nicht die Vorsteuerberichtigung nach § 15a UStG. Deshalb kann A ab dem Kalenderjahr 03 eine Vorsteuerberichtigung nach § 15a UStG zu seinen Gunsten in Höhe von 480 € pro Jahr vornehmen.

## 7.4 Vorsteuerrelevante Nutzungsänderung innerhalb des Berichtigungszeitraums

### 7.4.1 Allgemeines

Nach § 15a UStG gibt es **drei** verschiedene Arten von Berichtigungszeiträumen, nämlich

1. den typisierten Berichtigungszeitraum (fünf bzw. zehn Jahre, § 15a Abs. 1 UStG),
2. den Berichtigungszeitraum entsprechend der betriebsgewöhnlichen Nutzungsdauer und
3. den Berichtigungszeitraum entsprechend der tatsächlichen Nutzungsdauer.

In der Regel deckt sich die tatsächliche Nutzungsdauer weder mit dem typisierten Berichtigungszeitraum noch mit der betriebsgewöhnlichen Nutzungsdauer. In diesem Fall bemisst sich der Berichtigungszeitraum nach dem jeweils kürzesten Zeitraum (§ 15a Abs. 5 Satz 2 UStG und A 15a.3 Abs. 1 Satz 4 und Abs. 7 UStAE).

**BEISPIEL**

Der Bauunternehmer B errichtet neben Gebäuden auf fremdem Grund und Boden auch solche auf eigenem Grund und Boden, die er nach Fertigstellung steuerfrei nach § 4 Nr. 9a UStG veräußert. Der Anteil der vorsteuerschädlichen Ausgangsumsätze gestaltet sich von Jahr zu Jahr unterschiedlich.

Für den Transport von Baumaschinen zu den Baustellen verwendet B einen Tieflader. Dieser hat eine betriebsgewöhnliche Nutzungsdauer von acht Jahren. Drei Jahre nach der Ingebrauchnahme wird der Tieflader bei einem schweren Unfall zerstört.

**LÖSUNG** Aufgrund der unterschiedlichen Verwendung für vorsteuerschädliche Umsätze in den einzelnen Jahren kommt eine Vorsteuerberichtigung nach § 15a UStG in Betracht.
Die typisierte Nutzungsdauer beim Tieflader beträgt nach § 15a Abs. 1 Satz 1 UStG fünf Jahre. Somit ist die tatsächliche Nutzungsdauer von drei Jahren bis zur Zerstörung kürzer als der typisierte Berichtigungszeitraum und auch kürzer als die betriebsgewöhnliche Nutzungsdauer. Der maßgebliche Berichtigungszeitraum nach § 15a UStG beträgt deshalb drei Jahre (§ 15a Abs. 5 Satz 2 UStG).

### 7.4.2 Typisierter Berichtigungszeitraum

Der typisierte Berichtigungszeitraum beträgt bei Grundstücken zehn Jahre. Er gilt insoweit auch für nachträgliche Anschaffungs- oder Herstellungskosten und ferner für grundstücksgleiche Rechte, wie z. B. das Erbbaurecht sowie für Gebäude auf fremdem Grund und Boden (§ 15a Abs. 1 Satz 2 UStG). Der Berichtigungszeitraum verlängert sich nicht dadurch, dass z. B. ein Gebäude üblicherweise weit länger genutzt werden kann. Dies führt dazu, dass der Vorsteuerabzug bei Gebäuden, die nur für die Dauer des Berichtigungszeitraums steuerpflichtig genutzt werden, in aller Regel durch die mit ihrer Hilfe getätigten steuerpflichtigen Umsätze nicht ausgeglichen wird. Ein längerer Berichtigungszeitraum würde jedoch zu unvertretbaren Schwierigkeiten sowohl beim Steuerpflichtigen als auch bei dessen Überwachung durch die Finanzbehörden führen und war zunächst aufgrund von Art. 20 Abs. 2 Satz 5 der 6. EG-Richtlinie nicht zulässig. Nach Art. 187 Abs. 1 Satz 3 MwStSystRL könnte der Berichtigungszeitraum des § 15a UStG bei Grundstücken allerdings bis auf 20 Jahre verlängert werden.

In allen anderen Fällen, in denen der typisierte Berichtigungszeitraum von zehn Jahren nicht gilt, beträgt der typisierte Berichtigungszeitraum fünf Jahre (§ 15a Abs. 1 Satz 1 UStG). Auch dieser Zeitraum ist durch Art. 187 Abs. 1 MwStSystRL festgelegt.

Diese Berichtigungszeiträume gelten entsprechend für nachträgliche Anschaffungs- und Herstellungskosten. So erstreckt sich der Berichtigungszeitraum bei nachträglichen Herstellungskosten an Gebäuden im Allgemeinen auf zehn Jahre (A 15a.8 Abs. 1 Satz 3 UStAE).

Wird ein Wirtschaftsgut nur einmalig zur Ausführung eines Umsatzes verwendet, ist eine Vorsteuerberichtigung nach § 15a UStG immer durchzuführen, sofern die Verwendung eine vorsteuerrelevante Nutzungsänderung darstellt. Dies gilt auch dann, wenn die Verwendung (z. B. Veräußerung eines zuvor nicht verwendeten Grundstücks) später als zehn Jahre nach der Anschaffung erfolgt. Es gibt hier keinen Berichtigungszeitraum (§ 15a Abs. 2 UStG und A 15a.5 Abs. 1 Satz 1 UStAE).

Bei Erhaltungsaufwendungen läuft grundsätzlich für jede Leistung ein eigener Berichtigungszeitraum. Die Dauer des Berichtigungszeitraums richtet sich nach dem jeweiligen Wirtschaftsgut, auf welches sich der Aufwand bezieht (§ 15a Abs. 3 und Abs. 5 Satz 3 UStG und A 15a.6 Abs. 3 Satz 2 UStAE).

Bei sonstigen Leistungen, die sich nicht auf ein Wirtschaftsgut beziehen, gilt der typisierte Berichtigungszeitraum von fünf Jahren. Ist die tatsächliche Nutzungsdauer kürzer, weil sich die sonstige Leistung bereits früher verbraucht hat, entspricht der Berichtigungszeitraum der tatsächlichen kürzeren Nutzungsdauer (A 15a.7 Abs. 4 Beispiel 2 Satz 10 und Beispiel 3 Satz 6 UStAE).

### 7.4.3 Beginn und Ende des Berichtigungszeitraums

Der Berichtigungszeitraum beginnt grundsätzlich mit dem Tag der **erstmaligen Verwendung** des neu angeschafften bzw. durch nachträgliche Anschaffungs- oder Herstellungskosten geänderten Wirtschaftsguts. Soweit es sich um Leistungen in Form von Erhaltungsaufwand handelt, beginnt der Berichtigungszeitraum mit der Verwendung des Wirtschaftsguts nach erfolgter Leistung. Bei sonstigen Leistungen, die nicht an einem Wirtschaftsgut ausgeführt werden, beginnt der Berichtigungszeitraum mit der Verwendung der Leistung. Die Verwendung kann dabei schon vor dem umsatzsteuerrechtlichen Leistungszeitpunkt erfolgen (A 15a.7 Abs. 4 Satz 2 UStAE). Fallen bei einem Wirtschaftsgut der Zeitpunkt der Anschaffung und der Zeitpunkt der erstmaligen Verwendung auseinander, beginnt der Berichtigungszeitraum immer erst mit der tatsächlichen Verwendung.

**BEISPIEL**

A errichtet im Jahr 01 ein Bürohochhaus, um dieses zu vermieten. Es wird fertig zum 31. 03. 02. Da zu diesem Zeitpunkt eine wirtschaftliche Flaute besteht, kann A das Gebäude nicht zu einem kostendeckenden Preis vermieten. Er verzichtet deshalb zunächst auf eine Vermietung und lässt das Gebäude leer stehen. Ab 01. 06. 04 kann A schließlich erfolgreich und vor allem kostendeckend an die Firma F vermieten.

**LÖSUNG** Der Leerstand des Gebäudes ist noch keine Verwendung i. S. d. §§ 15 und 15a UStG (A 15a.3 Abs. 3 UStAE). Die erstmalige Verwendung erfolgt somit am 01. 06. 04. Der typisierte Berichtigungszeitraum nach § 15a Abs. 1 Satz 2 UStG von zehn Jahren beginnt somit am 01. 06. 04 und endet am 31. 05. des Jahres 14.

Durch eine anfängliche Nichtverwendung eines Wirtschaftsguts wird somit der Berichtigungszeitraum zeitlich hinausgeschoben. Dies gilt jedoch nicht für die zwischenzeitliche Nichtverwendung, da hierfür eine gesetzliche Ablaufhemmung fehlt. In seinem Urteil vom 25. 04. 2002, BStBl II 2003, 435 hatte der BFH unter Aufgabe seiner früheren Rechtsprechung folgende Grundsätze für Fälle der Vorsteuerberichtigung bei zwischenzeitlicher Nichtnutzung aufgestellt:

1. Der Berichtigungszeitraum verlängert sich nicht um die Zeit der Nichtnutzung.
2. Die Zeit der Nichtnutzung wird entsprechend der während dieser Zeit bestehenden Nutzungsabsicht beurteilt.

Die Verwaltung hat diese Grundsätze übernommen (A 15a.2 Abs. 8 UStAE). Damit die beabsichtigte Nutzung für die Anwendung des § 15a UStG zugrunde gelegt werden kann, ist diese plausibel anhand äußerer Umstände darzulegen.

**BEISPIEL**

Unternehmer U errichtet im Kalenderjahr 01 ein Bürogebäude. Für die Errichtung des Gebäudes wurde ihm USt in Höhe von insgesamt 100 000 € gesondert in Rechnung gestellt.

U vermietet das Gebäude entsprechend seiner vorgefassten Absicht vom 01. 01. 02 bis 31. 12. 04 steuerpflichtig an den Mieter M. Vom 01. 01. 05 bis 31. 12. 10 lässt U das Gebäude leer stehen, da er keinen Mieter findet, an den er das Bürogebäude steuerpflichtig zu den Konditionen vermieten kann, die er sich vorstellt. Er rechnet sich aus, dass er aufgrund der ständigen Wertsteigerung besser fährt, wenn er es leer stehen lässt, als wenn er es zu einer erzielbaren Miete vermietet. Ab 01. 03. 11 vermietet U das Gebäude zur Hälfte steuerpflichtig an N und zur Hälfte steuerfrei an O. Die Vermietung an O war ab 01. 01. 11 beabsichtigt.

**LÖSUNG** Die Vermietung vom 01. 01. 02 bis 31. 12. 04 ist infolge zulässiger Option nach § 9 UStG steuerpflichtig, also zu 100 % vorsteuerunschädlich.
Die Vermietung vom 01. 03. 11 bis 31. 12. 11 ist laut Sachverhalt zur Hälfte steuerpflichtig, also zu 50 % vorsteuerunschädlich.
Die USt in Höhe von 100 000 € erfüllt alle Voraussetzungen für den Vorsteuerabzug nach § 15 Abs. 1 UStG. Da U bei Errichtung des Gebäudes die Absicht hatte, es steuerpflichtig zu vermieten, darf U die 100 000 € USt in vollem Umfang als Vorsteuer nach § 15 UStG abziehen.
**Vorsteuerberichtigung nach § 15a UStG:**
Ob während des Leerstandes eine Nutzungsänderung eintritt, richtet sich nach der während der Zeit des Leerstands bestehenden Nutzungsabsicht. Da die beabsichtigte Nutzung eine steuerpflichtige Nutzung war, ergibt sich für die Kalenderjahre 05 bis 10 keine Nutzungsänderung und damit keine Vorsteuerberichtigung nach § 15a UStG. Da sich die Nutzungsabsicht ab 01. 01. 11 ändert, ist ab diesem Zeitpunkt von einer vorsteuerunschädlichen Nutzung in Höhe von nur 50 % auszugehen. Für das Kalenderjahr 11 ergibt sich eine Nutzungsänderung von 100 ./. 50 = 50 %. Damit beträgt die Vorsteuerberichtigung nach § 15a UStG für das Kalenderjahr 11 50 % von 10 000 € = 5 000 € zu Ungunsten des U. Diese Vorsteuerberichtigung ist nach § 44 Abs. 4 Satz 1 UStDV in der Umsatzsteuerjahresanmeldung für das Kalenderjahr 11 vorzunehmen.

Der Berichtigungszeitraum für ein Wirtschaftsgut verlängert sich auch nicht durch nachträgliche Anschaffungs- oder Herstellungskosten. Wird durch nachträgliche Anschaffungs- oder Herstellungskosten die betriebsgewöhnliche Nutzungsdauer verlängert, wirkt sich dies lediglich auf den eigenständigen Berichtigungszeitraum für die nachträglichen Anschaffungs- oder Herstellungskosten aus.

**BEISPIEL**

Der Tieflader im Beispiel 7.4.1 wird trotz völliger Zerstörung repariert und wieder in Gebrauch genommen. Die betriebsgewöhnliche Nutzungsdauer nach erfolgter Reparatur ist auf fünf Jahre zu veranschlagen.
**LÖSUNG** Der Berichtigungszeitraum für die Vorsteuern aus der Anschaffung ist durch die völlige Zerstörung des Tiefladers abgelaufen. Die Reparatur vermag daran nichts zu ändern. Es handelt sich jedoch bei der Reparatur um nachträgliche Herstellungskosten, für die aufgrund der neuen betriebsgewöhnlichen Nutzungsdauer und des typisierten Berichtigungszeitraums nach § 15a Abs. 1 Satz 1 UStG ein fünfjähriger Berichtigungszeitraum läuft.

### 7.4.4 Teilweise Ingebrauchnahme eines Wirtschaftsguts

Bei teilweiser Ingebrauchnahme eines Wirtschaftsguts (es wird sich i. d. R. nur um ein Grundstück bzw. Gebäude handeln können) beginnt der Berichtigungszeitraum nach der Verwaltungsauffassung bereits mit der Ingebrauchnahme (A 15a.3 Abs. 2 Satz 4 UStAE). Ausnahmsweise beginnt für jeden in Verwendung genommenen Teil des Wirtschaftsguts ein besonderer Berichtigungszeitraum entsprechend seiner erstmaligen Verwendung (A 15a.3 Abs. 2 Satz 1 UStAE). Dies rechtfertigt sich dadurch, dass es sich gewissermaßen jeweils um nachträgliche Herstellungskosten i. S. d. § 15a Abs. 6 UStG handelt.

### 7.4.5 Kalendermonatsprinzip nach § 45 UStDV

Damit sich der Berichtigungszeitraum mit vollen Kalendermonaten deckt, bringt § 45 UStDV eine Vereinfachungsregelung für das Ende und damit analog für den Beginn des Berichtigungszeitraums (A 15a.3 Abs. 1 Satz 6 und A 15a.3 Abs. 6 UStAE). Danach endet dieser, obwohl er an sich vor dem 16. eines Monats enden würde, bereits mit Ablauf des Vormonats, während der Berichtigungszeitraum, der an sich nach dem 15. eines Monates enden würde, erst mit Ablauf dieses Monats endet.

**BEISPIELE**

a) Der Berichtigungszeitraum endet eigentlich am 15. 07. 06.
**LÖSUNG** Nach § 45 UStDV endet der Berichtigungszeitraum bereits am 30. 06. 06.

b) Der Berichtigungszeitraum endet eigentlich am 16. 07. 06.
**LÖSUNG** Nach § 45 UStDV endet der Berichtigungszeitraum erst am 31. 07. 06.

## 7.5 Gewichtigkeit der Änderung der Nutzungsverhältnisse

Eine Änderung der Nutzungsverhältnisse in einem Kalenderjahr liegt dann vor, wenn der tatsächliche prozentuale Anteil der vorsteuerunschädlichen Nutzung eines Berichtigungsobjekts vom ursprünglich geplanten, der für den Vorsteuerabzug nach § 15 UStG maßgebend war (beabsichtigte Nutzung), abweicht. Deshalb gilt es, für die Vorsteuerberichtigung nach § 15a UStG zunächst zu ermitteln, zu welchem prozentualen Anteil die Vorsteuer gem. § 15 UStG geltend gemacht werden durfte. Weiterhin ist für alle Kalenderjahre innerhalb des maßgeblichen Berichtigungszeitraums zu ermitteln, wie hoch der prozentuale Anteil der Verwendung für vorsteuerunschädliche Ausgangsumsätze ist. Ergibt sich zwischen dem ermittelten Prozentsatz für den Vorsteuerabzug nach § 15 UStG und dem Prozentsatz eines Kalenderjahrs innerhalb des Berichtigungszeitraums eine rechnerische Differenz, liegt eine vorsteuerrelevante Änderung vor. Ergibt sich dagegen keine rechnerische Differenz, kann es sich nicht um eine Nutzungsänderung i. S. d. § 15a UStG handeln.

**BEISPIELE**

a) B errichtet im Kalenderjahr 01 auf eigenem Grund und Boden ein Fertighaus, welches ihm zum 01.02.02 schlüsselfertig übergeben wird. Anlässlich der Errichtung des Gebäudes sind bei B im Kalenderjahr 01 Vorsteuern nach § 15 Abs. 1 UStG in Höhe von 60 000 € angefallen. Ab Februar 02 vermietet B das Fertighaus, wie von vornherein beabsichtigt, an den Mieter M ausschließlich für Wohnzwecke. Infolge des Auszugs von M zum 30. 11. 02 vermietet B das Fertighaus ab 01. 12. 02 steuerpflichtig an den Architekten A als Büro.
**LÖSUNG** Der Vorsteuerabzug gem. § 15 UStG richtet sich nach der beabsichtigten steuerfreien Nutzung. B fällt somit voll unter das Vorsteuerabzugsverbot nach § 15 Abs. 2 UStG und darf von der Vorsteuer nach § 15 Abs. 1 UStG in Höhe von 60 000 € als Vorsteuer 0 € abziehen. Aufgrund der steuerpflichtigen Vermietung an A ergibt sich bereits für das Kalenderjahr der erstmaligen Verwendung 02 eine vorsteuerrelevante Nutzungsänderung. Die vorsteuerunschädliche Nutzung im Kalenderjahr 02 beträgt 1/11 = 9,09 %. Weil der Vorsteuerberichtigungsbetrag 499,95 € (9,09 % von 5 500 €) beträgt, ist nach § 44 Abs. 2 UStDV weder die relative Gewichtigkeitsgrenze von 10 % noch die absolute Gewichtigkeitsgrenze von 1 000 € überschritten. Somit erfolgt für das Kalenderjahr 02 keine Vorsteuerberichtigung. Für das Kalenderjahr 03 tritt eine Nutzungsänderung in Höhe von 100 % ein. Es erfolgt eine Vorsteuerberichtigung nach § 15a UStG in Höhe von 6 000 € zu Gunsten des B.

b) Versicherungsvertreter V erwirbt am 01. 02. 01 einen Pkw. Wie von vornherein beabsichtigt, nutzt er ihn im Jahr 01 zu 80 % für steuerfreie Umsätze nach § 4 Nr. 11 UStG und zu 20 % privat. Im Jahr 02 nutzt er ihn nur noch zu 60 % für steuerfreie Umsätze nach § 4 Nr. 11 UStG und zu 40 % privat.
**LÖSUNG** Die beabsichtigte Nutzung des Pkw im Unternehmen erfolgt ausschließlich für steuerfreie Umsätze nach § 4 Nr. 11 UStG. Deshalb darf V hierfür gem. § 15 Abs. 2 Nr. 1 UStG keinen Vorsteuerabzug vornehmen. Da V für die unternehmerische Nutzung des Pkw keinen Vorsteuerabzug hat, ist die private Nutzung nicht gem. § 3 Abs. 9a Nr. 1 UStG einer entgeltlichen sonstigen Leistung gleichgestellt. Sie ist nicht steuerbar. Da die private Nutzung nicht zu steuerpflichtigen Umsätzen

führt, ist insoweit auch der Vorsteuerabzug ausgeschlossen (richtlinienkonforme Auslegung des § 15 Abs. 2 UStG gem. Art. 168 MwStSystRL). Damit ist die für den Vorsteuerabzug nach § 15 UStG maßgebliche beabsichtigte Nutzung zu 0 % vorsteuerunschädlich.
Im Kalenderjahr 02 erfolgt zwar eine Verschiebung zwischen der unternehmerischen und nichtunternehmerischen Nutzung. Diese Verschiebung führt jedoch im Ergebnis ebenso zu 0 % vorsteuerunschädlicher Nutzung. Damit ergibt sich für das Kalenderjahr 02 keine Nutzungsänderung i. S. d. § 15a UStG. Eine Vorsteuerberichtigung nach § 15a UStG unterbleibt.

Bei der Prüfung, zu welchem prozentualen Anteil das Berichtigungsobjekt nach § 15 UStG für vorsteuerunschädliche Ausgangsumsätze verwendet wurde, ist die jeweilige Nutzungsabsicht im Zeitpunkt des Leistungsbezugs zugrunde zu legen. Für jeden Eingangsumsatz in Bezug auf das Berichtigungsobjekt ist zu ermitteln, in welcher Höhe die Vorsteuer abgezogen werden darf. Alle diese Vorsteuern sind dann zu addieren. Ebenso ist die Summe aller Vorsteuern zu ermitteln, die die Voraussetzungen des § 15 Abs. 1 UStG erfüllen. Der prozentuale Anteil der vorsteuerunschädlichen Verwendung ermittelt sich wie folgt:

$$\frac{\text{Summe aller Vorsteuern, die abgezogen werden dürfen} \times 100}{\text{Summe aller Vorsteuern nach § 15 Abs. 1 UStG}}$$

§ 44 Abs. 2 UStDV verlangt grundsätzlich, dass die Differenz mindestens zehn Prozentpunkte ergibt. Es kann somit nach folgender Formel verfahren werden (vgl. A 15a.11 Abs. 3 Satz 1 und 2 UStAE):

| | |
|---|---|
| Prozentualer Anteil der für den Vorsteuerabzug nach § 15 UStG maßgeblichen vorsteuerunschädlichen Ausgangsumsätze | x % |
| Prozentualer Anteil der vorsteuerunschädlichen Ausgangsumsätze des jeweiligen Kalenderjahrs des Berichtigungszeitraums | ./.y % |
| Differenz | d % |

Ist d ≥ 10, ist die Änderung gewichtig i. S. d. § 15a UStG und § 44 Abs. 2 UStDV steht einer Vorsteuerberichtigung nach § 15a UStG nicht entgegen (d muss dabei als absoluter Wert genommen werden. Die Gewichtigkeit ist auch gegeben bei d = ./. 10n.).

Ist d < 10 (absolut), ist eine Vorsteuerberichtigung durch § 44 Abs. 2 UStDV dann nicht ausgeschlossen, wenn der Berichtigungsbetrag für das betreffende Folgejahr, würde eine Berichtigung nach § 15a UStG durchgeführt, größer ist als 1 000 €. Für die Feststellung, ob die absolute Grenze von 1 000 € in § 44 Abs. 2 UStDV überschritten wird, genügt häufig eine grobe Schätzung. Bei Fällen, in denen der Berichtigungsbetrag nahe bei 1 000 € liegt, muss u. U. für die Frage nach der Vorsteuerberichtigung nach § 15a UStG zunächst exakt berechnet werden, wie hoch der Berichtigungsbetrag wäre, wenn eine Berichtigung vorgenommen würde. Wie sich der Berichtigungsbetrag berechnet, ist nachfolgend unter 7.6 dargestellt.

## 7.6 Errechnung des Berichtigungsbetrages

Die Regelung des § 15a UStG geht davon aus, dass sich der Vorsteueranspruch nach der gesamten vorsteuerrelevanten Nutzung im Berichtigungszeitraum richtet. Wenn z. B. der Unternehmer für ein Berichtigungsobjekt mit einem Berichtigungszeitraum von fünf Jahren aufgrund einer beabsichtigten vorsteuerunschädlichen Nutzung von 100 % die volle Vorsteuer im Jahr der Anschaffung geltend machen darf, dann nur deshalb, weil zunächst (unwiderlegbar) unterstellt wird, dass er dieses Wirtschaftsgut bis zum Ablauf des Berichtigungszeitraums vorsteuerunschädlich nutzen wird. Er erhält gewissermaßen bezüglich der Vorsteuer, die auf die einzelnen Jahre des Berichtigungszeitraums entfällt, eine Vorauszahlung. Endgültig darf er die volle Vorsteuer nur dann behalten, wenn er das Wirtschaftsgut tatsächlich während des ganzen Berichtigungszeitraums vorsteuerunschädlich genutzt hat. Ändert sich die vorsteuerrelevante Nutzung in einem Kalenderjahr des Berichtigungszeitraums, wirkt sich dies anteilig auf den geltend gemachten Vorsteuerabzug aus, er muss die insoweit unverdiente Vorauszahlung aufgrund von § 15a UStG zurückerstatten.

Deshalb empfiehlt sich folgendes Vorgehen:

1. Die **anteilig im Vorgriff für das Kalenderjahr des Berichtigungszeitraums (KB) in Anspruch genommene Vorsteuer** ermittelt sich wie folgt:
   insgesamt nach § 15 UStG unter Berücksichtigung von § 15 Abs. 2 und 3 UStG geltend gemachte Vorsteuer (Vorsteuer nach § 15 UStG)
   : Zahl der Kalendermonate des gesamten Berichtigungszeitraums (Monate des BZ)
   × Zahl der Kalendermonate, die auf das Kalenderjahr KB entfallen (Monate des KB)
   = anteilig im Vorgriff für das Kalenderjahr KB nach § 15 UStG abgezogene Vorsteuer (anteilig abgezogene Vorsteuer KB)
   Es ergibt sich also folgende Formel:
   $$\text{anteilig abgezogene Vorsteuer KB} = \frac{(\text{Vorsteuer nach § 15 UStG}) \times (\text{Monate des KB})}{\text{Monate des BZ}}$$
2. Die auf das Wirtschaftsgut entfallende Vorsteuer nach § 15 Abs. 1 UStG (ohne Berücksichtigung von § 15 Abs. 2 und 3 UStG) ist genau zeitanteilig auf die einzelnen Kalenderjahre des Berichtigungszeitraums zu verteilen.
   Hierfür ergibt sich folgende Formel:
   $$\text{anteilige Vorsteuer KB § 15 Abs. 1 UStG} = \frac{(\text{Vorsteuer nach § 15 Abs. 1 UStG}) \times (\text{Monate des KB})}{\text{Monate des BZ}}$$
3. Es ist zu ermitteln, wie viel Vorsteuer von dem auf ein Jahr entfallenden Vorsteuerbetrag nach § 15 Abs. 1 UStG aufgrund der Nutzungsverhältnisse des betreffenden Folgejahres tatsächlich abgezogen werden darf. Dieser Betrag errechnet sich z. B. für das Kalenderjahr des Berichtigungszeitraums KB wie folgt:
   anteilig auf das Kalenderjahr KB entfallende Vorsteuer nach § 15 Abs. 1 UStG (anteilige Vorsteuer KB § 15 Abs. 1 UStG)
   × prozentualer Anteil der zum Vorsteuerabzug berechtigenden Nutzung
   für das Kalenderjahr KB (prozentualer Anteil KB)
   = anteilige Vorsteuer, die für das Kalenderjahr KB abgezogen werden darf (anteilige Vorsteuer KB)
   Es ergibt sich hierfür folgende Formel:
   anteilige Vorsteuer KB = (anteilige Vorsteuer KB § 15 Abs. 1 UStG) × (prozentualer Anteil KB)
4. Von der anteilig für das Kalenderjahr KB im Vorgriff abgezogenen Vorsteuer (vgl. 1. – anteilig abgezogene Vorsteuer KB) ist die Vorsteuer abzuziehen, die für das Kalenderjahr KB abgezogen werden darf (vgl. 3. – anteilige Vorsteuer KB). Die Differenz ist der Vorsteuerberichtigungsbetrag für das Kalenderjahr KB.
   Die Formel lautet:
   Vorsteuerberechtigungsbetrag für das Kalenderjahr KB =
   (anteilig abgezogene Vorsteuer KB) ./. (anteilige Vorsteuer KB)

Ergibt sich ein positiver Betrag, wurde zunächst zu viel Vorsteuer geltend gemacht und die Differenz muss als Vorsteuerberichtigungsbetrag zurückgezahlt werden.

Ergibt sich ein negativer Betrag, wurde zunächst zu wenig Vorsteuer geltend gemacht und die Differenz führt zu einer Vorsteuerberichtigung zugunsten des Unternehmers.

**BEISPIEL**

A betätigt sich als Versicherungs- und als Grundstücksmakler. Er erwirbt zum 01. 09. 01 einen Pkw für 30 000 € zuzüglich 5 700 € Umsatzsteuer. Der Pkw hat eine betriebliche Nutzungsdauer von vier Jahren. Er beabsichtigt den Pkw entsprechend dem bisherigen Pkw zu 20 % für vorsteuerunschädliche Umsätze als Grundstücksmakler, zu 40 % für vorsteuerschädliche Umsätze als Versicherungsmakler und zu 40 % für private Zwecke zu nutzen. Die tatsächliche Nutzung im Kalenderjahr 01 weicht nur geringfügig von dieser beabsichtigten Nutzung ab. Im Kalenderjahr 02 nimmt der Anteil der Fahrten für die Tätigkeit als Grundstücksmakler erheblich zu. Deshalb ergibt sich für das Kalenderjahr 02 eine Nutzung zu 45 % für vorsteuerunschädliche Umsätze als Grundstücksmakler, zu 25 % für vorsteuerschädliche Umsätze als Versicherungsmakler und zu 30 % für private Zwecke.

**LÖSUNG** A darf die Vorsteuer aus der Anschaffung des Pkw entsprechend seiner Nutzungsabsicht geltend machen. Dabei ist die private Nutzung gem. § 3 Abs. 9a Nr. 1 UStG einer entgeltlichen sonstigen Leistung gleichgestellt, damit steuerbar und steuerpflichtig. Somit errechnet sich der Prozentsatz der (bei der Anschaffung) beabsichtigten vorsteuerunschädlichen Nutzung wie folgt:

| Nutzung des Pkw | vorsteuerschädlich | vorsteuerunschädlich |
|---|---|---|
| für Versicherungsmaklertätigkeit | 40 % | 0 % |
| für Grundstücksmaklertätigkeit | 0 % | 20 % |
| für private Nutzung | 0 % | 40 % |
| Prozentsatz der vorsteuerunschädlichen Nutzung insgesamt: | | 460 % |

Aufgrund der beabsichtigten vorsteuerunschädlichen Nutzung von 60 % darf A 60 % der Vorsteuer von 5 700 € = 3 420 € abziehen. Da die tatsächliche Nutzung im Kalenderjahr 01 nur geringfügig von der beabsichtigten Nutzung abweicht, ergibt sich für das Kalenderjahr 01 keine vorsteuerrelevante Nutzungsänderung i. S. d. § 15a UStG. Der Prozentsatz der vorsteuerunschädlichen Nutzung im Kalenderjahr 02 errechnet sich wie folgt:

| Nutzung des Pkw | vorsteuerschädlich | vorsteuerunschädlich |
|---|---|---|
| für Versicherungsmaklertätigkeit | 25 % | 0 % |
| für Grundstücksmaklertätigkeit | 0 % | 45 % |
| für private Nutzung | 0 % | 30 % |
| Prozentsatz der vorsteuerunschädlichen Nutzung insgesamt: | | 75 % |

Die prozentuale Nutzungsänderung für das Kalenderjahr 02 beträgt somit 60 % ./. 75 % = ./. 15 %. Die Nutzungsänderung ist relevant i. S. v. § 44 Abs. 2 UStDV.

Es ist also eine Vorsteuerberichtigung nach § 15a UStG durchzuführen. Diese errechnet sich entsprechend den oben unter 1. bis 4. dargestellten Formeln wie folgt:

1. Anteilig abgezogene Vorsteuer 02 = 3 $\frac{3420€ \times 12}{48}$ = 855 €
2. Anteilige Vorsteuer 02 gem. § 15 Abs. 1 UStG = 5 $\frac{5700€ \times 12}{48}$ = 1 425 €
3. Anteilige Vorsteuer 02 = 1 425 € × 75 % = 1 068,75 €

4. Vorsteuerberichtigungsbetrag = 855 € ./. 1 068,75 € = ./. 213,75 €
Ergebnis: Nach § 15a UStG ergibt sich zugunsten des A für das Jahr 02 eine Vorsteuerberichtigung nach § 15a UStG in Höhe von 213,75 €.
Das obige Ergebnis lässt sich noch einfacher errechnen. Für die Frage der Gewichtigkeit der Änderung der Nutzungsverhältnisse muss ohnehin die Differenz der prozentualen Nutzungsverhältnisse zum Erstjahr ermittelt werden. Diese beträgt 60 % ./. 75 % = ./. 15 %.
Multipliziert man die anteilig auf das Jahr 02 entfallende Vorsteuer nach § 15 Abs. 1 UStG mit der Differenz von ./. 15 %, ergibt sich genau dasselbe Ergebnis:
1 425 € × ./. 15 % = ./. 213,75 €

Entsprechend der im obigen Beispiel praktizierten vereinfachten Berechnung ergibt sich folgendes Schema:

Berichtigungsbetrag = anteilige Vorsteuer KB § 15 Abs. 1 UStG × (% § 15 ./. % KB)

Setzt man in diese Formel die Formel für die Ermittlung der anteiligen Vorsteuer KB nach § 15 Abs. 1 UStG ein, ergibt sich die Formel zur Ermittlung des Berichtigungsbetrags des Jahres KB:

$$\text{Berichtigungsbetrag KB} = \frac{\text{Vorsteuer § 15 Abs. 1 UStG} \times \text{Monate KB} \times (\text{% § 15 ./. % KB})}{\text{Monate des BZ}}$$

Zur Berechnung und Überwachung der Vorsteuerberichtigung nach § 15a UStG hat die Verwaltung ein Überwachungsblatt entwickelt, welches auf Seite 392 vereinfacht dargestellt wird.

## 7.7 Berichtigungsverfahren

### 7.7.1 Allgemeines

Nach § 18 Abs. 1 Satz 3i. V. m. § 16 Abs. 2 Satz 2 UStG ist die Vorsteuerberichtigung nach § 15a UStG grundsätzlich für den VZ vorzunehmen, für den sich eine Änderung der Verhältnisse ergibt. Abweichend davon erfolgt die Vorsteuerberichtigung jedoch nach § 15a UStG gem. § 44 Abs. 3 Satz 1 UStDV erst im Rahmen der Jahreserklärung, wenn der Vorsteuerberichtigungsbetrag für das betreffende Kalenderjahr den Betrag von 6 000 € nicht übersteigt (A 15a.4 Abs. 1 Sätze 1 und 2 UStAE). Ergibt sich demnach eine Änderung der Verhältnisse, hat der Unternehmer den voraussichtlichen Berichtigungsbetrag für das betreffende Kalenderjahr zu errechnen, um zu ermitteln, ob die Berichtigung bereits in der USt-Voranmeldung oder erst in der USt-Jahreserklärung vorzunehmen ist.

**Überwachungsblatt zu § 15 UStG,** §§ 44 und 45 UStDV

1. Bezeichnung des Wirtschaftsguts bzw. der Maßnahme i.S.v. § 15a UStG:
2. Zeitpunkt der erstmaligen tatsächlichen Verwendung: ____________
3. Maßgeblicher Berichtigungszeitraum § (15a Abs. 1 UStG) Beginn: ____________
   Ende: ____________
4. Nach § 15 Abs. 1 UStG abziehbare Vorsteuerbeträge: ____________
5. Ursprünglicher Vorsteuerabzug unter Berücksichtigung von § 15 Abs. 2 und 3 UStG: ____________
6. Betrag aus Nr. 5 im Verhältnis zum Betrag aus Nr. 4 in %: ____________

7 a) Zeitanteiliger Vorsteuerabzug für das Erstjahr: Kalendermonate des Erstjahres/Kalendermonate des Berichtigungszeitraums x Betrag aus 4.: ____________

7 b) Zeitanteiliger Vorsteuerabzug für volle Jahre des Berichtigungszeitraums: 12 Kalendermonate des Berichtigungszeitraums x Betrag aus 4. ____________

7 c) Zeitanteiliger Vorsteuerabzug für das Letztjahr: Kalendermonate des Letztjahres/Kalendermonate des Berichtigungszeitraums x Betrag aus 4. (Beachte: Betrag aus 7a) + 7c) = Betrag aus 7b)): ____________

**Berechnung des Berichtigungsbetrags**

| Besteuerungs-zeitraum | Zum Vorsteuer-abzug berechti-gende Verwen-dung | Differenz aus Spalte 2 zu Nr. 6 | Berichtigungsbetrag: Betrag aus Nr. 7 x Prozentsatz aus Spalte 3 | Berichtigung durchführen<br>Ja/Nein |
|---|---|---|---|---|
| 1. Jahr | % | % | | |
| 2. Jahr | % | % | | |
| 3. Jahr | % | % | | |
| 4. Jahr | % | % | | |
| 5. Jahr | % | % | | |
| 6. Jahr | % | % | | |
| 7. Jahr | % | % | | |
| 8. Jahr | % | % | | |
| 9. Jahr | % | % | | |
| 10. Jahr | % | % | | |
| 11. Jahr | % | % | | |

**BEISPIEL**

Der Unternehmer U errichtet im Jahr 01 ein Gebäude, welches er entsprechend seiner Verwendungsabsicht nach Fertigstellung im Jahr 02 zu 100 % für vorsteuerunschädliche Umsätze verwendet. Im Jahr 03 verwendet er es zu 50 % für vorsteuerschädliche Umsätze, indem er es ab 01. 07. 03 steuerfrei vermietet. Der Berichtigungsbetrag beläuft sich für das Kalenderjahr 03 auf 4 000 €, für das Kalenderjahr 04 auf 8 000 € jeweils zu Ungunsten des U.

**LÖSUNG** Die Vorsteuerberichtigung für 03 ist bei der Steuerberechnung des Jahres 03 vorzunehmen, da der Vorsteuerberichtigungsbetrag für das Kalenderjahr 03 die Grenze von 6 000 € nicht übersteigt. U muss den Berichtigungsbetrag in Höhe von 4 000 €, zu seinen Ungunsten in die Jahresanmeldung für das Jahr 03 aufnehmen.
Die Vorsteuerberichtigung nach § 15a UStG für das Kalenderjahr 04 ist für die einzelnen VZ in Höhe von jeweils 1/12 von 8 000 €, d. h. 666,67 € zu berechnen und in die jeweiligen USt-Voranmeldungen des U aufzunehmen.

Wird ein Wirtschaftsgut aber während des maßgeblichen Berichtigungszeitraums veräußert oder nach § 3 Abs. 1b UStG geliefert, ist die Vorsteuerberichtigung nach § 15a UStG gem. § 44 Abs. 3 Satz 2 UStDV insgesamt für den VZ vorzunehmen, in dem die Lieferung stattgefunden hat.

### 7.7.2 Berichtigungsverfahren nach § 44 Abs. 3 Satz 2 UStDV

Wird das Wirtschaftsgut während des maßgeblichen Berichtigungszeitraums veräußert oder erfolgt ein Umsatz nach § 3 Abs. 1b UStG, ist die Berichtigung bezüglich des Jahres der Veräußerung bzw. der Lieferung nach § 3 Abs. 1b UStG sowie der folgenden Jahre nach § 44 Abs. 3 Satz 2 UStDV bereits für den VZ vorzunehmen, in dem die Veräußerung bzw. Lieferung nach § 3 Abs. 1b UStG erfolgt.

Für die Veräußerung bzw. Lieferung nach § 3 Abs. 1b UStG legen § 15a Abs. 8 und 9 UStG fest, dass der Berichtigungszeitraum nicht mit der Veräußerung bzw. Lieferung nach § 3 Abs. 1b UStG vorzeitig endet, sondern fiktiv wie bisher weiterläuft. Die Nutzungsverhältnisse werden ebenfalls fiktiv nach § 15a Abs. 9 UStG dahingehend festgelegt, dass eine vorsteuerschädliche Veräußerung oder Lieferung nach § 3 Abs. 1b UStG so behandelt wird, als ob das Wirtschaftsgut von der Veräußerung oder Lieferung nach § 3 Abs. 1b UStG an bis zum Ablauf des fiktiven Berichtigungszeitraum vorsteuerschädlich genutzt würde. Erfolgt dagegen eine vorsteuerunschädliche Veräußerung oder Lieferung nach § 3 Abs. 1b UStG, wird dies so behandelt, als ob das Wirtschaftsgut von der Veräußerung oder Lieferung nach § 3 Abs. 1b UStG an bis zum Ablauf des fiktiven Berichtigungszeitraum vorsteuerunschädlich genutzt würde.

Weil damit die vorsteuerrelevante Nutzung fiktiv für den restlichen (fiktiven) Berichtigungszeitraum festliegt, ist es möglich, für den VZ der Veräußerung bzw. der Lieferung nach § 3 Abs. 1b UStG die restliche Vorsteuerberichtigung nach § 15a UStG abschließend durchzuführen. Es spielt dann auch keine Rolle, wenn das Wirtschaftsgut vor Ablauf des fiktiven Berichtigungszeitraums zerstört würde, was in den anderen Fällen eine Abkürzung des Berichtigungszeitraums zur Folge hätte.

Da die Nutzung für die auf das Jahr der Veräußerung folgenden Jahre fiktiv gleich bleibt, kann die Vorsteuerberichtigung insofern vereinfacht berechnet werden. Es ist demzufolge für die Berichtigung wie folgt vorzugehen:

1. Ermittlung des Berichtigungsbetrags für das Jahr der Veräußerung bzw. Lieferung nach § 3 Abs. 1b UStG (L) nach der Formel:

$$\text{Berichtigungsbetrag L} = \frac{(\text{Vorsteuer § 15 Abs. 1 UStG}) \times (\text{Monate L}) \times (\text{\% § 15 UStG ./.\%L})}{\text{Monate des BZ}}$$

2. Ermittlung der Berichtigungsbeträge insgesamt für die der Veräußerung bzw. Entnahme folgenden Jahre (FF) nach folgender Formel:

$$\text{Berichtigungsbetrag FF} = \frac{(\text{Vorsteuer § 15 Abs. 1 UStG}) \times (\text{Monate FF}) \times (\text{\% § 15 UStG ./.\%FF})}{\text{Monate des BZ}}$$

Ist die Differenz aus prozentualer Nutzung, die für den Vorsteuerabzug nach § 15 UStG maßgeblich war, und prozentualer Nutzung für die Kalenderjahre des Berichtigungszeitraums geringer als 10 % (absolut), muss für jedes Kalenderjahr des Berichtigungszeitraums geprüft werden, ob die absolute Grenze von 1 000 € überstiegen wird. Bei vollen Kalenderjahren reicht hier insgesamt eine einmalige Prüfung. Ist danach die Grenze nicht überschritten, unterbleibt eine Berichtigung für alle Kalenderjahre des Berichtigungszeitraums, die dem Kalenderjahr der Veräußerung bzw. Lieferung nach § 3 Abs. 1b UStG folgen. Ist die absolute Grenze für volle Jahre überschritten, ist für diese Jahre die Berichtigung durchzuführen. Für das letzte Jahr des Berichtigungszeitraums, welches i. d. R. keine vollen zwölf Monate mehr umfasst, muss dann noch einmal gesondert geprüft werden, ob die 1 000 €-Grenze überschritten ist.

**BEISPIEL**

B errichtet im Kalenderjahr 01 auf eigenem Grund und Boden in Stuttgart ein viergeschossiges Gebäude, welches zum 01. 04. 02 fertiggestellt wird. Anlässlich der Errichtung des Gebäudes sind bei B im Kalenderjahr 01 Vorsteuern nach § 15 Abs. 1 UStG in Höhe von 162 000 € angefallen. Das Gebäude hat eine Gesamtnutzfläche von 400 qm. Entsprechend seiner Absicht bei Errichtung des Gebäudes nutzt B hiervon das Erdgeschoss und die 1. Etage (insgesamt 200 qm) ab 01. 04. 02 eigengewerblich für steuerpflichtige Umsätze. Die 2. und 3. Etage (insgesamt 200 qm) vermietet er ab 01. 04. 02 an Arbeitnehmer seines Betriebs als Wohnungen. Ab 01. 10. 02 wandelt er unvorhergesehen auch die 2. Etage (100 qm) in Geschäftsräume um, die er ebenfalls eigengewerblich nutzt.
Im Kalenderjahr 03 kommt B in finanzielle Schwierigkeiten mit der Folge, dass das Gebäude am 30. 06. 03 zwangsversteigert wird. Ein Verzicht auf die Steuerbefreiung nach § 4 Nr. 9a UStG gem. § 9 UStG wird von den Beteiligten nicht angestrebt.

**LÖSUNG** Der Vorsteuerabzug des B richtet sich nach der Nutzungsabsicht bei der Errichtung des Gebäudes. Somit darf B 50 % der Vorsteuer nach § 15 Abs. 1 UStG in Höhe von 162 000 € = 81 000 € Vorsteuer abziehen. Aufgrund der Nutzungsänderung bezüglich der 2. Etage im Kalenderjahr 02 beträgt die tatsächliche vorsteuerunschädliche Nutzung 58,33 % im Kalenderjahr 02. Die Nutzungsänderung beträgt 50 % ./. 58,33 % = ./. 8,33 %. Sie führt nach der Formel (vgl. 7. 6) zu folgender Vorsteuerberichtigung nach § 15a UStG für das Kalenderjahr 02:

$$\text{Berichtigungsbetrag 02} = 1\frac{162000€ \times 9 \times ./.\ 8{,}33\,\%}{120} = ./.\ 1\,012{,}09\,€$$

Da dieser Betrag gewichtig ist i. S. v. § 44 Abs. 2 UStDV, ist für das Kalenderjahr 02 eine Vorsteuerberichtigung nach § 15a UStG zugunsten des B in Höhe von 1 012,09 € vorzunehmen, und zwar erst in der Jahresanmeldung für das Kalenderjahr 02, da der Betrag von 6 000 € nicht überschritten wird.
Bei Beginn des Kalenderjahres 03 zeichnet sich aufgrund der Nutzung der 2. Etage als Geschäftsräume eine Vorsteuerberichtigung nach § 15a UStG zugunsten des B ab. Diese übersteigt jedoch nicht den Betrag von 6 000 €. Somit ist in den USt-Voranmeldungen für Januar bis Mai gem. § 44 Abs. 3 Satz 2 UStDV keine Vorsteuerberichtigung nach § 15a UStG vorzunehmen.
Die Zwangsversteigerung stellt eine steuerbare Lieferung von B an den Ersteigerer dar (vgl. BFH vom 19. 12. 1985 BStBl II 1986, 500 und A 1.2 Abs. 2 UStAE). Die Lieferung ist steuerfrei nach § 4 Nr. 9a UStG. Ein Verzicht auf die Steuerbefreiung wäre zwar möglich, wurde jedoch nicht ausgesprochen. Es ist somit zu prüfen, ob eine Vorsteuerberichtigung nach § 15a UStG durchzuführen ist.
Die Nutzungsverhältnisse für das Jahr 03 errechnen sich wie folgt:

**Nutzung vom 01. 01. bis 30. 06. 03:**
Drei Etagen werden vorsteuerunschädlich, eine vorsteuerschädlich genutzt. Somit ist die Nutzung für sechs Monate, bezogen auf das gesamte Gebäude, zu 3/4 = 75 % vorsteuerunschädlich. Umgerechnet auf zwölf Monate ergibt dies: 75/12 × 6 = 37,5 %.
**Nutzung vom 01. 07. bis 31. 12. 03:**
Nach § 15a Abs. 6 UStG gilt die vorsteuerschädliche Veräußerung als vorsteuerschädliche Nutzung für den Rest des Berichtigungszeitraums, also auch für die Zeit vom 01. 07. 03 bis 31. 12. 03.
Die vorsteuerunschädliche Nutzung beträgt somit für diese Zeit 0 %.
Insgesamt beträgt die vorsteuerunschädliche Nutzung für 03 somit 37,5 % + 0 % = 37,5 %.
Da die vorsteuerunschädliche Nutzung für den Vorsteuerabzug nach § 15 UStG 50 % ausgemacht hat, ist eine vorsteuerrelevante Nutzungsänderung gegeben.
Die Nutzungsänderung beträgt 50 % ./. 37,5 % = 12,5 %. Somit ist die Nutzungsänderung relevant i. S. d. § 44 Abs. 2 UStDV.
In den der Versteigerung folgenden Jahren beträgt die Nutzungsänderung 50 % ./. 0 % = 50 %. Die Nutzungsänderung ist somit auch für alle Folgejahre relevant i. S. d. § 44 Abs. 2 UStDV.
Es ist also eine Vorsteuerberichtigung nach § 15a UStG durchzuführen. Diese errechnet sich wie folgt:
a) Ermittlung des Berichtigungsbetrags für das Jahr der Versteigerung (03) nach der oben unter 1. dargestellten Formel:

$$\text{Berichtigungsbetrag 03} = 1\frac{162000€ \times 12 \times 12{,}5\,\%}{120} = 2\,025\ €$$

b) Ermittlung der Berichtigungsbeträge insgesamt für die der Versteigerung folgenden Jahre (04–12) nach der unter 2. dargestellten Formel:

$$\text{Berichtigungsbetrag 04} - 12 = 1\frac{162000€ \times (8 \times 12 + 3) \times 50\,\%}{120} = 66\,825\ €$$

Insgesamt sind somit für den VZ Juni 03 von B 2 025 € + 66 825 €, d. h. 68 850 € Vorsteuer nach § 15a UStG an das Finanzamt zu entrichten.

### 7.7.3 Berichtigungsverfahren bei aus der Sicht des § 15 Abs. 2 und 3 UStG sachlich unrichtigem Vorsteuerabzug nach § 15 UStG

War der Vorsteuerabzug nach § 15 UStG aus der Sicht des Vorsteuerabzugsverbots nach § 15 Abs. 2 UStG unrichtig, ist zu prüfen, ob er nach den Vorschriften der AO korrigiert werden kann. Erfolgte der Vorsteuerabzug deshalb zu Unrecht (zu hoch oder zu niedrig), weil das Finanzamt von einem falschen prozentualen Anteil der beabsichtigten Nutzung für vorsteuerunschädliche Ausgangsumsätze ausging, ist grundsätzlich zunächst der falsche Vorsteuerabzug entsprechend der richtig beurteilten beabsichtigten Verwendung zu berichtigen und zwar nicht nach § 15a UStG, sondern nach den Korrekturvorschriften der AO (A 15a.4 Abs. 3 Satz 1 UStAE). Dies dürfte in den meisten Fällen möglich sein, sei es über § 164 Abs. 2 oder § 173 AO. Nach erfolgter Korrektur für das Jahr bzw. die Jahre des fehlerhaften Vorsteuerabzugs kann die Vorsteuerberichtigung für die Folgejahre wie üblich durchgeführt werden.

Ist eine Korrektur aufgrund inzwischen eingetretener Festsetzungsverjährung oder mangels Anwendbarkeit der maßgebenden Korrekturvorschriften nicht mehr möglich, ist die ursprüngliche unrichtige Beurteilung der beabsichtigten Verwendungsumsätze für die Beurteilung einer Nutzungsänderung zugrunde zu legen. Dies gilt jedoch nur dann, wenn die Korrektur bereits in dem Kalenderjahr nicht mehr möglich war, für welches die Nutzungsänderung zwecks Vorsteuerberichtigung nach § 15a UStG zu prüfen ist (A 15a.4 Abs. 3 Satz 4 UStAE). War dagegen die Korrektur des Jahres bzw. der Jahre, in denen der Vorsteuerabzug nach § 15 UStG vorgenommen wurde bzw. vorzunehmen war, im betreffenden Kalenderjahr noch möglich, ist eine Vorsteuerberichtigung nach § 15a UStG für dieses Kalenderjahr auch dann ausgeschlossen, wenn im späteren Zeitpunkt der Steuerfestsetzung für das betreffende Kalenderjahr eine abgabenrechtliche Korrektur des Jahres, in dem der Vorsteuerabzug nach § 15 UStG vorgenommen wurde, z. B. wegen Ablauf der Festsetzungsfrist nicht mehr möglich sein sollte (A 15a.4 Abs. 3 Satz 5 UStAE).

**BEISPIELE**

a) A erwirbt zum 01. 01. 01 ein Gebäude von V. Aufgrund der Option des V zur Steuerpflicht fällt 50 000 € Vorsteuer an. A vermietet das Gebäude an B. Er behandelt die Vermietung als steuerpflichtig, obwohl die Voraussetzungen für einen Verzicht gem. § 9 Abs. 1 UStG auf die Steuerbefreiung nach § 4 Nr. 12 UStG nicht gegeben sind. Dementsprechend zieht A auch zu Unrecht die 50 000 € USt für das Jahr 01 als Vorsteuer ab. Die Korrektur dieses Fehlers ist ab dem Kalenderjahr 08 abgabenrechtlich nicht mehr möglich. Mit Wirkung zum 01. 01. 08 veräußert A das Gebäude steuerfrei an den Erwerber E.

**LÖSUNG** Die Vermietung erfolgt lt. Sachverhalt steuerfrei, d. h. mit 0 % vorsteuerunschädlich. Die Vermietung wurde jedoch als steuerpflichtig und damit zu 100 % vorsteuerunschädlich behandelt. Eine Korrektur dieser Behandlung ist im Kalenderjahr 08 abgabenrechtlich nicht mehr zulässig.
Die Veräußerung ist steuerfrei nach § 4 Nr. 9a UStG.

**Prüfung einer Nutzungsänderung für das Jahr 08:**

Die steuerfreie Veräußerung ist gemäß § 15a Abs. 8 i. V. m. Abs. 9 UStG als zu 0 % vorsteuerunschädliche Nutzung bis zum Ende des Berichtigungszeitraum des § 15a UStG anzusehen.
Nach A 15a.4 Abs. 3 Satz 2 UStAE ist die aufgrund der unanfechtbaren und nicht mehr änderbaren Steuerfestsetzung für das Erstjahr zugrunde liegende Beurteilung des Vorsteuerabzugs maßgebend, obwohl sie unzutreffend war. Ausgehend von dieser (fehlerhaften) Beurteilung liegt mit der steuerfreien Veräußerung eine Nutzungsänderung gegenüber dem Jahr der erstmaligen Verwendung vor. Sie beträgt 100 % ./. 0 % = 100 %. Eine Vorsteuerberichtigung nach § 15a UStG ist somit gem. § 44 Abs. 3 Satz 2 UStDV für den gesamten Rest des Berichtigungszeitraum des § 15a UStG in der USt-Voranmeldung für Januar 08 vorzunehmen. Der Berichtigungszeitraum des § 15a UStG läuft bis 31. 12. 10. Der Berichtigungsbetrag pro Jahr beträgt 100 % der anteilig auf ein volles Jahr entfallenden Vorsteuer von 5 000 €, für drei Jahre also insgesamt 15 000 €.
Für die Kalenderjahre vor 08 ist dagegen eine Vorsteuerberichtigung nach § 15a UStG ausgeschlossen, da in diesen Jahren eine Korrektur des Vorsteuerabzugs im Kalenderjahr 01 noch möglich gewesen wäre (vgl. Umkehrschluss aus A 15a.4 Abs. 3 Satz 5 UStAE).

b) A erwirbt zum 01. 01. 01 ein Gebäude von V. Aufgrund der Option des V zur Steuerpflicht fällt 50 000 € Vorsteuer an. A vermietet das Gebäude an B. Er behandelt die Vermietung als steuerpflichtig, obwohl die Voraussetzungen für einen Verzicht gem. § 9 Abs. 1 UStG auf die Steuerbefreiung nach § 4 Nr. 12 UStG nicht gegeben sind. Dementsprechend zieht A auch zu Unrecht die 50 000 € USt für das Jahr 01 als Vorsteuer ab. Die Korrektur dieses Fehlers ist im Kalenderjahr 08 abgabenrechtlich nicht mehr möglich. Mit Wirkung zum 01. 01. 08 veräußert A das Gebäude steuerpflichtig an den Erwerber E.

**LÖSUNG** Die Vermietung ist lt. Sachverhalt steuerfrei = 0 % vorsteuerunschädlich.
Die Vermietung wurde jedoch als steuerpflichtig und damit zu 100 % vorsteuerunschädlich behandelt. Eine Korrektur dieser Behandlung ist im Kalenderjahr 08 abgabenrechtlich nicht mehr zulässig.
Die Veräußerung ist infolge zulässiger Option nach § 9 UStG steuerpflichtig.

**Prüfung einer Nutzungsänderung für das Jahr 08:**

Die steuerpflichtige Veräußerung ist gem. § 15a Abs. 8 i. V. m. Abs. 9 UStG als zu 100 % vorsteuerunschädliche Nutzung anzusehen.
Nach A 15.4 Abs. 3 Satz 2 UStAE ist die aufgrund der unanfechtbaren und nicht mehr änderbaren Steuerfestsetzung für das Erstjahr zugrunde liegende Beurteilung des Vorsteuerabzugs maßgebend, obwohl sie unzutreffend war. Es liegt somit keine Nutzungsänderung gegenüber dem Jahr der erstmaligen Verwendung vor. Eine Vorsteuerberichtigung nach § 15a UStG kommt daher nicht in Frage.

c) Im Kalenderjahr 01 errichtete A ein Gebäude und vermietete es noch im Jahr 01 über einen Zwischenvermieter an einen Endmieter. Obwohl die Zwischenvermietung zwingend steuerfrei war, behandelte A seine Vermietungsumsätze als steuerpflichtig und zog die aus der Errichtung des Gebäudes resultierende USt als Vorsteuer ab und zwar 20 000 € für das Kalenderjahr 01 und für das Kalenderjahr 02den Betrag von 30 000 €. Bei den USt-Veranlagungen für die Kalenderjahre 01 und 02 wurde der Vorsteuerabzug zugelassen. Die USt-Veranlagung für 01 erfolgte unter dem Vorbehalt der Nachprüfung. Der USt-Bescheid für 01 wurde mit Ablauf des Kalenderjahrs 06 bestandskräftig. Der USt-Bescheid für 02 wurde bereits im Oktober 04 bestandskräftig. Das Finanzamt prüft, inwieweit es unter Änderung der USt-Bescheide für die noch nicht bestandskräftigen Kalenderjahre die Vorsteuerberichtigung nach § 15a UStG durchführen kann.

**LÖSUNG** Da die Vermietung zwingend steuerfrei war, war sie zu 0 % vorsteuerunschädlich. Die Vermietung wurde jedoch als steuerpflichtig und damit zu 100 % vorsteuerunschädlich behandelt.
Obgleich sich die tatsächliche Verwendung des Gebäudes nicht von der im Zeitpunkt des Leistungsbezugs gegebenen Verwendungsabsicht unterscheidet, ist in Bezug auf den USt-Bescheid 02 jeweils ein Zehntel, beginnend mit dem Kalenderjahr 05 bis zum Kalenderjahr 10, als Vorsteuerberichtigung (§ 15a UStG) zurückzubezahlen. In Bezug auf den davor liegenden Zeitraum (01–04) scheidet aufgrund der Bestandskraft eine Vorsteuerberichtigung aus. Die Nutzungsänderung beträgt jeweils 100 %. Der Berichtigungsbetrag pro Jahr beträgt somit 3 000 €.

Eine Vorsteuerberichtigung nach § 15a UStG hinsichtlich der für das Kalenderjahr 01 geltend gemachten Vorsteuer von 20 000 € scheidet für die Jahre 04 bis 06 aus, da das Kalenderjahr 01 noch bis zum Ablauf des Kalenderjahres 06 korrigierbar war. Eine Vorsteuerberichtigung nach § 15a UStG kommt diesbezüglich somit erst ab dem Kalenderjahr 07 in Betracht und beträgt pro Jahr weitere 2 000 € (A 15a.4 Abs. 3 Beispiele 1 und 2 UStAE).

### 7.7.4 Die Vorsteuerberichtigung nach § 15a Abs. 6a UStG

Wie unter 5.3 dargestellt, wurde zum 01. 01. 2011 das Vorsteuerabzugsverbot für nicht unternehmerisch genutzte Gebäudeanteile eingeführt (§ 15 Abs. 1b UStG). Gleichzeitig führte der Gesetzgeber die neue Vorsteuerberichtigungsvorschrift des § 15a Abs. 6a UStG ein, die Änderungen der Verhältnisse für diesen Bereich Rechnung tragen soll.

Während alle anderen Tatbestände an das Vorsteuerabzugsverbot des § 15 Abs. 2 i. V. m. Abs. 3 UStG anknüpfen, erfolgt eine Vorsteuerberichtigung nach § 15a Abs. 6a UStG, wenn sich das Verhältnis von unternehmerischer zu nichtunternehmerischer Nutzung ändert. Hierzu ist es allerdings, wie in den anderen Fällen auch, erforderlich, dass der Unternehmer das Gebäude seinem Unternehmen zuordnet, da eine Vorsteuerberichtigung nach § 15a UStG nur in Frage kommt, soweit das Grundstück dem Unternehmensvermögen zugeordnet wurde (A 15.6a Abs. 5 Satz 3 UStAE).

**BEISPIELE**

a) Steuerberater S begann im Jahr 2011 mit der Erstellung eines Gebäudes (Bauantrag am 14. 01. 2011). Die erstmalige Nutzung beginnt am 20. 05. 2012. Das EG nutzt er für sein Steuerbüro, das flächenmäßig gleich große OG nutzt er zu Wohnzwecken. Im Jahr 2011 wurden S aus den Herstellungskosten Vorsteuern i. H. v. 60 000 €, im Jahr 2012 i. H. v. 20 000 € in Rechnung gestellt. Zu Beginn des Januars 2013 wird ein Raum im EG (20 % der Fläche im EG) zum Kinderzimmer umgebaut.

**LÖSUNG** Der Bauantrag wurde nach dem 31. 12. 2010 gestellt, daher kann S, auch wenn er das Gebäude insgesamt seinem Unternehmen zuordnet, den Vorsteuerabzug gem. § 15 Abs. 1b UStG nur noch in Höhe der unternehmerischen Nutzung, also zu 50 %, geltend machen. D. h. 30 000 € im Jahr 2011 und 10 000 € im Jahr 2012. Die Versteuerung der unentgeltlichen Wertabgabe für die private Nutzung nach § 3 Abs. 9a Nr. 1 UStG entfällt.

Ab dem 01. 01. 2013 ändern sich die Verhältnisse. Ab diesem Zeitpunkt ist nach § 15a Abs. 6a UStG zu Ungunsten von S eine Vorsteuerberichtigung pro rata temporis durchzuführen. Die Nutzungsänderung beträgt auf das gesamte Gebäude bezogen 10 %. Damit muss S bis zum Ende des Berichtigungszeitraums für die vollen Jahre eine Vorsteuerberichtigung zu seinen Ungunsten in Höhe von 10 % von 8 000 € = 800 € durchführen. Im letzten Jahr (22) 5/12 = 333 €.

b) Steuerberater S begann im Jahr 2011 mit der Erstellung eines Gebäudes (Bauantrag am 14. 01. 2011). Die erstmalige Nutzung beginnt am 20. 05. 2012. Das EG nutzt er für sein Steuerbüro, das flächenmäßig gleich große OG nutzt er zu Wohnzwecken. Im Jahr 2011 wurden S aus den Herstellungskosten Vorsteuern i. H. v. 60 000 €, im Jahr 2012 i. H. v. 20 000 € in Rechnung gestellt. Zu Beginn des Januars 2013 wird ein Raum im OG (20 % der Fläche im OG) zum Büro umgebaut.

**LÖSUNG** Der Bauantrag wurde nach dem 31. 12. 2010 gestellt, daher kann S, auch wenn er das Gebäude insgesamt seinem Unternehmen zuordnet, den Vorsteuerabzug gem. § 15 Abs. 1b UStG nur noch in Höhe der unternehmerischen Nutzung, also zu 50 %, geltend machen. D. h. 30 000 € im Jahr 2011 und 10 000 € im Jahr 2012. Die Versteuerung der unentgeltlichen Wertabgabe für die private Nutzung nach § 3 Abs. 9a Nr. 1 UStG entfällt.
Ab dem 01. 01. 13 ändern sich die Verhältnisse. Ab diesem Zeitpunkt ist nach § 15a Abs. 6a UStG zu Gunsten von S eine Vorsteuerberichtigung pro rata temporis durchzuführen. Die Nutzungsänderung beträgt auf das gesamte Gebäude bezogen 10 %. Damit darf S bis zum Ende des Berichtigungszeitraums für die vollen Jahre eine Vorsteuerberichtigung zu seinen Gunsten i. H. v. 10 % von 8 000 € = 800 € durchführen. Im letzten Jahr (22) 5/12 = 333 €.

Da Vereine und juristische Personen des öffentlichen Rechts ab dem 01. 04. 2012 nicht wirtschaftlich i. e. S., d. h. ideell bzw. hoheitlich genutzte Gebäudeteile nicht mehr zuordnen können (A 3. 4 Abs. 5a Satz 3 UStAE), wird ihnen bei einer Änderung der Verhältnisse zu ihren Gunsten eine Vorsteuerberichtigung nach § 15a UStG aus Billigkeitsgründen gestattet (A 3. 4 Abs. 5a Satz 6 und A 15a.1 Abs. 7 UStAE). Der Gegenstand gilt dann auch insoweit dem Unternehmen zugeordnet.

Eine Vorsteuerberichtigung zuungunsten entfällt: Wenn sich die nicht wirtschaftliche Nutzung i. e. S. erhöht, ist stattdessen eine unentgeltliche Wertabgabe nach § 3 Abs. 9 Nr. 1 UStG i. V. m. § 10 Abs. 4 Nr. 2 UStG zu versteuern (A 3. 4 Abs. 2 Satz 4 und Abs. 5a Satz 4 UStAE).

### 7.7.5 Vorsteuerberichtigung nach § 15a UStG nach erfolgter Geschäftsveräußerung beim Erwerber gemäß § 15a Abs. 10 UStG

Eine Geschäftsveräußerung im Ganzen ist gem. § 1 Abs. 1a UStG nicht steuerbar. Sie löst für sich genommen keine Vorsteuerberichtigung nach § 15a UStG aus und führt wie bei der Gesamtrechtsnachfolge dazu, dass der Berichtigungszeitraum beim Erwerber weiterläuft (vgl. A 15a.10 Satz 2 und 3 UStAE). Dementsprechend bestimmt § 15a Abs. 10 UStG, dass der für das Wirtschaftsgut maßgebliche Berichtigungszeitraum nicht unterbrochen wird. Der Erwerber tritt gem. § 1 Abs. 1a Satz 3 UStG in die Rechtsstellung des Veräußerers.

Nutzt der Erwerber das Wirtschaftsgut zum selben Prozentsatz vorsteuerunschädlich wie der Veräußerer, erfolgt keine Vorsteuerberichtigung nach § 15a UStG.

Ändert sich dagegen beim Erwerber innerhalb des restlichen Berichtigungszeitraums der Prozentsatz der vorsteuerunschädlichen Nutzung, hat der Erwerber die Vorsteuerberichtigung nach § 15a UStG so vorzunehmen, wie der Veräußerer diese hätte vornehmen müssen, wenn er das Geschäft nicht veräußert hätte und bei ihm die entsprechende Nutzungsänderung eingetreten wäre. Es kann sich somit beim Erwerber eine Vorsteuerberichtigung sowohl zugunsten als auch zu Ungunsten ergeben.

Damit der Erwerber die Vorsteuerberichtigung vornehmen kann, hat ihm der Veräußerer gemäß § 15a Abs. 10 Satz 2 UStG die hierzu erforderlichen Angaben zu machen. Hierzu gehören:

a) die insgesamt für das Berichtigungsobjekt angefallene Vorsteuer nach § 15 Abs. 1 UStG;
b) der Beginn der erstmaligen Verwendung des Berichtigungsobjekts;
c) der Prozentsatz der für den Vorsteuerabzug nach § 15 UStG vorsteuerunschädlichen Nutzung und
d) die zugrunde gelegte Nutzungsdauer.

**BEISPIELE**

a) A errichtet im Kalenderjahr 01 ein Bürogebäude. Im Zusammenhang mit der Errichtung werden ihm 80 000 € Umsatzsteuer in Rechnung gestellt. Entsprechend seiner bereits bei Errichtung des Gebäudes bestehenden Absicht vermietet A das Gebäude nach Fertigstellung ab 01. 04. 02 steuerfrei an die Behörde B. Ab Januar 04 vermietet A das Gebäude steuerpflichtig an den Unternehmer U. Der Mietvertrag mit U ist auf unbestimmte Dauer abgeschlossen. Zum 01. 05. 04 veräußert A das Bürogebäude an den Erwerber E. E tritt in den Mietvertrag mit U ein.

**LÖSUNG** Bei A sind Vorsteuern nach § 15 Abs. 1 UStG in Höhe von 80 000 € angefallen. Hinsichtlich des Vorsteuerabzugsverbots nach § 15 Abs. 2 UStG ist auf die Nutzungsabsicht bei Errichtung des Gebäudes abzustellen. Aufgrund der beabsichtigten steuerfreien Vermietung beträgt die vorsteuerunschädliche Nutzung nach § 15 UStG 0 %. Deshalb ist der Vorsteuerabzug bei A in vollem Umfang ausgeschlossen.

Infolge der steuerpflichtigen Vermietung ab Januar 04 tritt eine vorsteuerrelevante Nutzungsänderung i. S. d. § 15a UStG ein. Die Nutzungsänderung beträgt 100 %. Der Berichtigungsbetrag für das Kalenderjahr 04 beträgt 8 000 €. Da damit die Grenze von 6 000 € nach § 44 Abs. 4 Satz 1 UStDV überschritten ist, hat A in seinen monatlichen Umsatzsteuervoranmeldungen jeweils eine Vorsteuerberichtigung nach § 15a UStG in Höhe von 1/12 von 8 000 € = 666,67 € zu seinen Gunsten anzumelden.

Die Veräußerung des Teilbetriebs führt zu keiner Vorsteuerberichtigung nach § 15a UStG. Sie hat jedoch zur Folge, dass ab 01. 05. 04 die Vorsteuerberichtigung nach § 15a UStG dem E zugutekommt. Von der anteilig auf 04 entfallenden Vorsteuer von 8 000 € entfallen auf E 8/12 = 5 333 €.

Da E ebenfalls steuerpflichtig an U vermietet, darf er hiervon 100 % = 5 333 € als Vorsteuerberichtigung nach § 15a UStG zu seinen Gunsten geltend machen. Weil der Gesamtbetrag der Vorsteuerberichtigung nach § 15a UStG im Kalenderjahr 04 über der Grenze von 6 000 € liegt, hat auch E die Vorsteuerberichtigung nach § 15a UStG in seinen monatlichen Umsatzsteuervoranmeldungen jeweils in Höhe von 666,67 € zu seinen Gunsten anzumelden.

b) A erwirbt am 01. 12. 01 ein Bürogebäude. Anlässlich des Erwerbs fallen 80 000 € Vorsteuern an. Entsprechend seiner bereits beim Erwerb des Gebäudes bestehenden Absicht vermietet A das Gebäude, das zunächst leer stand, ab 01. 04. 02 steuerpflichtig an den Unternehmer U. Da U wider Erwarten das Mietverhältnis zum 31. 12. 03 kündigt, vermietet A das Gebäude ab 01. 01. 04 steuerfrei an die Behörde B. Der Mietvertrag mit B ist auf unbestimmte Dauer abgeschlossen.

Zum 01. 05. 04 veräußert A das Bürogebäude an den Erwerber E. E tritt in den Mietvertrag mit B ein.

**LÖSUNG** Bei A sind Vorsteuern nach § 15 Abs. 1 UStG in Höhe von 80 000 € angefallen. Hinsichtlich des Vorsteuerabzugsverbots nach § 15 Abs. 2 UStG ist auf die Nutzungsabsicht bei Errichtung des Gebäudes abzustellen. Aufgrund der beabsichtigten steuerpflichtigen Vermietung beträgt die vorsteuerunschädliche Nutzung nach § 15 UStG 100 %. Deshalb hat A den vollen Vorsteuerabzug in Höhe von 80 000 €.

Infolge der steuerfreien Vermietung ab Januar 04 tritt eine vorsteuerrelevante Nutzungsänderung i. S. d. § 15a UStG ein. Die Nutzungsänderung beträgt 100 %. Der Berichtigungsbetrag für das Kalenderjahr 04 beträgt 8 000 € zu Ungunsten des A. Da damit die Grenze von 6 000 € nach § 44 Abs. 4 Satz 1 UStDV überschritten ist, hat A in seinen monatlichen Umsatzsteuervoranmeldungen jeweils eine Vorsteuerberichtigung nach § 15a UStG in Höhe von 1/12 von 8 000 € = 666,67 € zu seinen Ungunsten anzumelden.

Die Veräußerung des Teilbetriebs führt zu keiner Vorsteuerberichtigung nach § 15a UStG. Sie hat jedoch zur Folge, dass ab 01. 05. 04 die Vorsteuerberichtigung nach § 15a UStG den E trifft.
Von der anteilig auf 04 entfallenden Vorsteuer von 8 000 € entfallen auf E 8/12 = 5 333 €. Da E ebenfalls steuerfrei an B vermietet, muss er hiervon 100 % = 5 333 € als Vorsteuerberichtigung nach § 15a UStG zu seinen Ungunsten entrichten. Weil der Gesamtbetrag der Vorsteuerberichtigung nach § 15a UStG im Kalenderjahr 04 über der Grenze von 6 000 € liegt, hat auch E die Vorsteuerberichtigung nach § 15a UStG in seinen monatlichen Umsatzsteuervoranmeldungen jeweils in Höhe von 666,67 € zu seinen Ungunsten anzumelden.

### 7.7.6 Vorsteuerberichtigung nach § 15a UStG bei Übertragung eines Miteigentumsanteils an einem Grundstück

Es kommt z. B. im Zuge einer Erbfolgeregelung vor, dass ein Unternehmer an einem in seinem Alleineigentum stehenden Grundstück, das seinem Unternehmen dient, einer ihm nahe stehenden Person unentgeltlich oder teilentgeltlich einen Miteigentumsanteil überträgt.

Wird dabei das Miteigentum an einem vermieteten Grundstück übertragen, tritt die dadurch entstehende Bruchteilsgemeinschaft in den bestehenden Mietvertrag ein. In diesem Fall liegt eine nicht steuerbare Geschäftsveräußerung vor. Anlässlich der Anteilsübertragung ergibt sich keine Vorsteuerberichtigung nach § 15a UStG (vgl. BFH vom 22. 11. 2007 BStBl II 2008, 448).

Überträgt der Unternehmer einen Miteigentumsanteil an einem von ihm selbst zu Unternehmenszwecken genutzten Grundstück, das er weiterhin in seinem Betrieb nutzt, liegt keine Geschäftsveräußerung vor. Ob es dann zu einer Vorsteuerberichtigung nach § 15a UStG kommt, hängt von der Fallgestaltung ab.

**BEISPIELE**

a) A überträgt einen Miteigentumsanteil an seinem eigenbetrieblich genutzten Grundstück auf seine Ehefrau E. Diese übernimmt dafür anteilig die auf dem Grundstück lastenden Verbindlichkeiten. E vermietet ihr mit dem Miteigentumsanteil verbundenes Nutzungsrecht an A und verzichtet dabei auf die Befreiung nach § 4 Nr. 12 Buchst. a UStG gem. § 9 UStG. Ebenfalls verzichtet A im notariellen Vertrag mit E bezüglich der Anteilsübertragung auf die Befreiung nach § 4 Nr. 9 Buchst. a UStG i. V. m. § 9 UStG.

**LÖSUNG** E wird durch die Vermietung ihres Grundstücksanteils an A Unternehmerin. Die Vermietung wird durch den zulässigen Verzicht auf die Befreiung steuerpflichtig. A verzichtet ebenfalls zulässig bei der Übertragung des Anteils auf die Befreiung. Da E mit der Vermietung Unternehmerin wird, liegen bei A die Voraussetzungen für die Option nach § 9 UStG vor. Schuldner der sich aus der Anteilsübertragung ergebenden Umsatzsteuer ist gem. § 13b Abs. 5 Satz 1 i. V. m. Abs. 2 Nr. 3 UStG die E. Soweit die übernommenen Verbindlichkeiten nicht kostendeckend sind, greift gemäß § 10 Abs. 5 Nr. 1 i. V. m. Abs. 4 Nr. 2 UStG die Mindestbemessungsgrundlage. E darf die hieraus resultierende Umsatzsteuer jedoch zugleich wieder als Vorsteuer abziehen. Hinsichtlich des dem A verbliebenen Miteigentumsanteils ist keine Nutzungsänderung eingetreten (vgl. OFD Hannover vom 11. 06. 2008 UR 2007, 671 Sachverhalt 3; vgl. A 1.5 Abs. 2a UStAE).

b) Gastwirt G hat in den Jahren 01 bis 02 auf einem ihm gehörenden Grundstück ein Gastwirtschaftsgebäude errichtet und darin ab 01. 07. 02 seine Gastwirtschaft betrieben. Die ihm bei der Errichtung des Gebäudes in Rechnung gestellte USt in Höhe von insgesamt 80 000 € hat G voll als Vorsteuer geltend gemacht. Mit Wirkung zum 01. 07. 07 überträgt G auf seine Ehefrau F unentgeltlich einen Miteigentumsanteil von 50 % am Grundstück. G nutzt das Grundstück im Einvernehmen mit seiner Ehefrau weiterhin für seine Gastwirtschaft.

**LÖSUNG** Die unentgeltliche Übertragung des Miteigentums an dem Grundstück des G auf seine Ehefrau F ist eine nach § 4 Nr. 9 Buchst. a UStG steuerfreie Wertabgabe gem. § 3 Abs. 9a Nr. 2 UStG,

obwohl das Grundstück weiterhin für die Zwecke des Unternehmens des G verwendet wird. Die steuerfreie Wertabgabe stellt eine Nutzungsänderung i. S. d. § 15a Abs. 8 und 9 UStG dar und führt demzufolge zu einer Vorsteuerberichtigung nach § 15a UStG. Die fiktive vorsteuerschädliche Nutzung ab dem Zeitpunkt der Anteilsübertragung beträgt 50 %.
G nutzt das Grundstück nach erfolgter Anteilsübertragung zu 50 % aufgrund seines eigenen Miteigentumsanteils und zu 50 % aufgrund des ihm von F überlassenen Nutzungsrechts. Deshalb findet bezüglich des dem G verbliebenen Miteigentumsanteils keine sonstige Leistung und damit auch keine vorsteuerschädliche Nutzung statt.
Die Vorsteuerberichtigung nach § 15a UStG ist gem. § 44 Abs. 4 UStDV für den VZ Juli 07 bezüglich des gesamten restlichen Berichtigungszeitraums des § 15a UStG vorzunehmen. Sie beträgt 50 % der anteilig auf die restlichen fünf Jahre entfallenden Vorsteuer (40 000 €), d. h. 20 000 €.

c) Gewerbetreibender G hat zur Geldanlage in den Jahren 01 bis 02 auf einem ihm gehörenden Grundstück ein Bürogebäude errichtet und dieses ab 01. 07. 02 an andere Unternehmer steuerpflichtig für deren Unternehmen vermietet. Die ihm bei der Errichtung des Gebäudes in Rechnung gestellte Umsatzsteuer in Höhe von insgesamt 80 000 € hat G voll als Vorsteuer geltend gemacht. Mit Wirkung zum 01. 07. 07 überträgt G auf seine Ehefrau F teilentgeltlich gegen anteilige Übernahme von Grundschulden einen Miteigentumsanteil von 50 % am Grundstück. Ab 01. 07. 02 vermietet die Grundstücksgemeinschaft an die bisherigen Mieter. Weitere Vereinbarungen wurden nicht getroffen.
**LÖSUNG** Infolge der Übertragung des Miteigentumsanteils an dem vermieteten Grundstück tritt die dadurch entstehende Bruchteilsgemeinschaft in den bestehenden Mietvertrag ein. In diesem Fall liegt eine nicht steuerbare Geschäftsveräußerung vor. Die Anteilsübertragung ist nach § 1 Abs. 1a UStG nicht steuerbar. Anlässlich der Anteilsübertragung ergibt sich keine Vorsteuerberichtigung nach § 15a UStG (vgl. BFH vom 22. 11. 2007 BStBl II 2008, 448; A 1.5 Abs. 2a UStAE).

# 8 Übungsfälle

## 8.1 Übungsfälle zum Vorsteuerabzug nach § 15 Abs. 1 UStG

### 8.1.1 Übungsfälle zum notwendigen Inhalt einer Rechnung nach § 14 UStG

In den nachfolgenden Fällen ist zu prüfen, ob die gesetzlich geschuldete Umsatzsteuer i. S. v. § 15 Abs. 1 Nr. 1 UStG vorliegt und die Rechnungen die Anforderungen nach § 14 Abs. 4 Nr. 7 und 8 UStG erfüllen.

1. A berechnet B für seine Warenlieferung (auszugsweise dargestellt)

| | |
|---|---|
| Warenlieferung | 2 000 € |
| zuzüglich 19 % USt | 380 € |
| Gesamtbetrag | 2 380 € |

2. A berechnet B für seine Warenlieferung (auszugsweise dargestellt)

| | |
|---|---|
| Warenlieferung | 2 380 € |
| inklusive 19 % USt | 380 € |

3. A berechnet B für seine Warenlieferung (auszugsweise dargestellt)

| | |
|---|---|
| Warenlieferung | 1 800 € |
| zuzüglich 19 % USt | 432 € |
| Gesamtbetrag | 2 232 € |

4. A, ein in Österreich ansässiges Unternehmen, berechnet B für seine in Deutschland steuerpflichtige Warenlieferung (auszugsweise dargestellt)

| | |
|---|---|
| Warenlieferung | 2 000 € |
| zuzüglich 20 % USt | 400 € |
| Gesamtbetrag | 2 400 € |

5. A berechnet B für seine Warenlieferung (auszugsweise dargestellt)

| | |
|---|---|
| Warenlieferung | 2 000 € |
| zuzüglich Einfuhr-USt | 380 € |
| Gesamtbetrag | 2 380 € |

6. A berechnet B für seine Warenlieferung (auszugsweise dargestellt)

| | |
|---|---|
| Eisenrohre Best.-Nr. 379 lt. Katalog | 2 380 € |

Hierin ist die USt mit 19 % enthalten.
B vermerkte auf dem Papier: »19 % aus 2 380 € = 380 €«

7. A berechnet B für seine Warenlieferung (auszugsweise dargestellt)

| | |
|---|---|
| Eisenrohre Best.-Nr. 379 lt. Katalog | 100 € |

Hierin ist die USt mit 19 % enthalten.
B vermerkte auf dem Papier: »19 % aus 100 € = 15,97 €«

8. A berechnet B für seine Warenlieferung (auszugsweise dargestellt)

| | |
|---|---|
| Eisenrohre Best.-Nr. 379 lt. Katalog | 125 € |
| Kupferrohre Best.-Nr. 480 lt. Katalog | 140 € |
| Gesamtbetrag | 265 € |

Hierin ist die USt mit 19 % enthalten.
B vermerkte auf dem Papier: »19 % aus 165 € = 26,34 €«

9. A berechnet B für seine Warenlieferung (auszugsweise dargestellt)

| | |
|---|---|
| Eisenrohre Best.-Nr. 379 lt. Katalog | 125 € |
| Kupferrohre* Best.-Nr. 122 lt. Katalog der Firma C | 140 € |
| Gesamtbetrag | 265 € |

Hierin ist die USt mit 19 % enthalten.
* Die Lieferung der Kupferrohre erfolgt im Namen und auf Rechnung der Firma C.
B vermerkte auf dem Papier: 19 % aus 165 € = 26,34 €.

10. A berechnet B für seine steuerfreie Warenlieferung (auszugsweise dargestellt)

| | |
|---|---|
| Warenlieferung | 2 000 € |
| zuzüglich 19 % USt | 380 € |
| Gesamtbetrag | 2 380 € |

11. A ist Maschinenfabrikant. Er verkauft an B seine Wohnzimmercouch und berechnet B hierfür (auszugsweise dargestellt)

| | |
|---|---|
| Wohnzimmercouch | 2 000 € |
| zuzüglich 19 % USt | 380 € |
| Gesamtbetrag | 2 380 € |

12. Die O-GmbH lieferte an die M-AG Waren und berechnete der M-AG hierfür 200 000 € zuzüglich 38 000 € USt. Die O-GmbH ist Organgesellschaft der M-AG. Das Organschaftsverhältnis wurde erst später aufgrund der Feststellungen eines Außenprüfers des Finanzamts erkannt.
13. Nichtunternehmer N berechnet dem Fahrzeughändler H für die Lieferung seines gebrauchten Pkw an H 10 000 € zuzüglich 1 900 € USt.
14. Großhändler G erteilt dem Händler H eine Rechnung über die Lieferung von Waren die nicht G, sondern die Diebesbande D dem H geliefert hatte.
15. In einem Mietvertrag über Büroräume ist vermerkt:
»Die Miete beträgt monatlich 1 000 € zuzüglich 19 % USt = 190 €.«
16. In einem Mietvertrag über Büroräume ist vermerkt:
»Die Miete beträgt monatlich 1 190 €. Im Falle der USt-Pflicht beträgt die Miete monatlich 1 000 € zuzüglich 19 % USt = 190 €.«
17. Landwirt L hat dem Sägewerksbesitzer S Fichtenstämme geliefert und ihm hierfür 5 000 € zuzüglich 10,7 % USt = 535 €, insgesamt 5 535 € berechnet.
Hinweis: Vgl. § 24 Abs. 1 Nr. 1 und Nr. 3 UStG!
18. A hat B illegal Arbeitnehmer verliehen. Die Arbeitnehmer werden für Verschalungsarbeiten eingesetzt. A rechnet mit B hierüber wie folgt ab (auszugsweise dargestellt):

| | |
|---|---:|
| Verschalungsarbeiten | 2 000 € |
| zuzüglich 19 % USt | 380 € |
| Gesamtbetrag | 2 380 € |

19. A liefert an B. Er erteilt B für die Lieferung eine Rechnung mit USt-Ausweis, in der er als Lieferanten den C angibt. Damit soll erreicht werden, dass A als Lieferant (z. B. für das Finanzamt) nicht feststellbar ist.
20. A liefert an B. Er erteilt B für die Lieferung eine Rechnung mit USt-Ausweis, in der er als Lieferanten den C angibt. C ist der Deckname des A. Dass hinter dem Decknamen C der A steht, ist eindeutig und leicht nachprüfbar.

### 8.1.2 Übungsfälle zum notwendigen Inhalt einer Gutschrift

In den nachfolgenden Fällen ist die Zulässigkeit einer zum Vorsteuerabzug berechtigenden Gutschrift zu prüfen.

1. A erteilt nach entsprechender vorheriger Vereinbarung dem B für dessen steuerpflichtige Vermittlungstätigkeit eine Gutschrift (auszugsweise dargestellt)

| | |
|---|---:|
| Provision | 2 000 € |
| zuzüglich 19 % USt | 380 € |
| Gutschrift | 2 380 € |

2. A erteilt nach entsprechender vorheriger Vereinbarung dem B für dessen steuerfreie Vermittlungstätigkeit eine Gutschrift (auszugsweise dargestellt)

| | |
|---|---:|
| Provision | 2 000 € |
| zuzüglich 19 % USt | 380 € |
| Gutschrift | 2 380 € |

3. A ist Unternehmer. Er hat B privat (außerhalb seiner unternehmerischen Tätigkeit) ein Geschäft vermittelt. B erteilt nach entsprechender vorheriger Vereinbarung mit A diesem für dessen Vermittlungstätigkeit eine Gutschrift (auszugsweise dargestellt)

| | |
|---|---|
| Provision | 2 000 € |
| zuzüglich 19 % USt | 380 € |
| Gutschrift | 2 380 € |

4. A erteilt nach entsprechender vorheriger Vereinbarung dem B (Kleinunternehmer nach § 19 Abs. 1 UStG) für dessen Vermittlungstätigkeit eine Gutschrift (auszugsweise dargestellt)

| | |
|---|---|
| Provision | 2 000 € |
| zuzüglich 19 % USt | 380 € |
| Gutschrift | 2 380 € |

B hat der von A erteilten Gutschrift nicht widersprochen.

5. A erteilt nach entsprechender vorheriger Vereinbarung dem B für dessen steuerpflichtige Vermittlungstätigkeit eine Gutschrift (auszugsweise dargestellt)

| | |
|---|---|
| Provision | 890,00 € |
| zuzüglich 19 % USt | 196,10 € |
| Gutschrift | 1 086,10 € |

### 8.1.3 Übungsfälle zu den Fahrausweisen

1. Unternehmer U ist mit der Deutschen Bahn AG geschäftlich von Stuttgart nach München und zurück gefahren.
2. Unternehmer U ist mit der S-Bahn geschäftlich von Stuttgart nach Böblingen und zurück gefahren.
3. Unternehmer U hat sich für eine Geschäftsreise von Stuttgart nach Paris eine Eisenbahnrückfahrkarte gekauft.
4. Unternehmer U hat sich für eine Geschäftsreise von Stuttgart nach Paris eine Eisenbahnrückfahrkarte gekauft. Sein Reisegepäck gibt er auf und erwirbt zu diesem Zweck einen Gepäckschein.

### 8.1.4 Übungsfälle zur Unternehmereigenschaft des Leistenden

1. Privatmann P gibt sich gegenüber dem Kfz-Händler H als Unternehmer aus und veräußert seinen gebrauchten Pkw als angeblichen Geschäfts-Pkw an H für 8 000 € zuzüglich 1 520 € USt.
2. Der freiberuflich tätige Arzt A veräußert seinen gebrauchten Pkw an den Kfz-Händler H für 8 000 € zuzüglich 19 % USt = 1 520 €.
3. Frau G hat sich überreden lassen, Kosmetikartikel einer bestimmten Firma auf eigene Rechnung an der Haustüre zu vertreiben. Sie bestellt deshalb einen Posten Kosmetikartikel. Noch vor der Auslieferung der Ware hat sie sich entschlossen, ihre Absicht aufzugeben. Sie findet D, der die Waren an ihrer Stelle vertreiben will. Ihm veräußert sie den gesamten Posten zum halben Preis.

### 8.1.5 Übungsfälle zur Leistung an das Unternehmen

1. Einzelhändler E betreibt im Erdgeschoss seines Hauses sein Einzelhandelsgeschäft und im Obergeschoss wohnt er mit seiner Familie. Den benötigten Strom bezieht er vom Elektrizitätswerk über einen einzigen Zähler.
2. Arbeitnehmer A unternimmt eine Dienstreise. Er erwirbt hierzu eine Fahrkarte der Deutschen Bahn AG zum Preis von 120 €. Nach Beendigung der Dienstreise ersetzt ihm sein Arbeitgeber (der Unternehmer U) diese Kosten gegen Aushändigung der Fahrkarte.
3. Lieferant L lässt Ware durch den Transportunternehmer T an seinen Abnehmer A unfrei befördern. Dementsprechend zahlt A bei Empfang der Ware die Beförderungskosten des T in Höhe von 400 € zuzüglich 76 € USt.

### 8.1.6 Übungsfälle zum Vorsteuerabzug aus Vorausrechnungen

1. Bauunternehmer B bestellt im Januar beim Baumaschinenfabrikanten F einen Baukran. F erteilt B sofort eine nach § 14 Abs. 4 UStG ordnungsgemäße Rechnung über 240 000 € zuzüglich 45 600 € USt. Auf diese Rechnung leistet B sofort eine Anzahlung in Höhe von 45 600 €. Die Auslieferung des Baukrans erfolgt im Juli.
2. Bauunternehmer B errichtet für den Auftraggeber A ein Bürogebäude. Im schriftlichen Werkvertrag zwischen B und A, der die nach § 14 Abs. 4 UStG geforderten Angaben enthält, ist vereinbart, dass A jeweils nach dem Einziehen der Geschossdecke eine Abschlagszahlung in Höhe von 100 000 € zuzüglich 19 000 € USt zu leisten hat. Die Zahlung wird eine Woche nach Mitteilung des entsprechenden Baufortschritts und schriftlicher Aufforderung zur Abschlagszahlung fällig. A zahlt die Abschlagszahlungen immer pünktlich.
3. A bestellt beim Kfz-Händler K im Januar einen Pkw. K erteilt dem A sofort eine ordnungsgemäße Rechnung, in welcher der Kaufpreis mit 24 000 € zuzüglich 4 560 € USt fixiert ist. Die Auslieferung des Pkw soll im April erfolgen. K nimmt Ende März den gebrauchten Pkw des A für 5 000 € (gemeiner Wert) in Zahlung. Der Restbetrag in Höhe von 23 560 € entrichtet A bei Auslieferung des neuen Pkw in bar.
4. A bestellt beim Kfz-Händler K im Januar einen Pkw. K erteilt dem A sofort eine ordnungsgemäße Rechnung, in welcher der Kaufpreis mit 24 000 € zuzüglich 4 560 € USt fixiert ist. Die Auslieferung des Pkw soll im April erfolgen. K nimmt Ende März den gebrauchten Pkw des A für 5 000 € in Zahlung. Der Restbetrag in Höhe von 23 560 € entrichtet A bei Auslieferung des neuen Pkw in bar. Der gemeine Wert des gebrauchten Pkw beträgt 3 000 €.

### 8.1.7 Übungsfälle zum Abzug der Einfuhrumsatzsteuer

1. L in Oslo (Norwegen) liefert an A in Stuttgart Stahlbleche zur Lieferkondition »unverzollt und unversteuert«. A zahlt dementsprechend die Einfuhr-USt in Höhe von 21 000 €. L befördert die Stahlbleche zu A.
2. L in Oslo (Norwegen) liefert an A in Stuttgart Stahlbleche zur Lieferkondition »verzollt und versteuert«. L zahlt dementsprechend die Einfuhr-USt in Höhe von 21 000 €. L befördert die Stahlbleche zu A.
3. L in New York (USA) liefert an A in Stuttgart einen Sportwagen zur Lieferkondition »unverzollt und unversteuert«. Der Sportwagen wird von L dem Spediteur S in New York zwecks des Transports nach Stuttgart übergeben. S transportiert den Sportwagen im Auf-

trag des A und entrichtet vereinbarungsgemäß im Namen des A die deutsche Einfuhr-USt. A verwendet den Sportwagen zu 20 % unternehmerisch und zu 80 % privat. A ordnet den Sportwagen zu 100 % seinem Unternehmen zu.

4. Obstimporteur O in Panama ließ eine Ladung Südfrüchte von Panama nach München transportieren. Nach Ankunft des Obsts in München findet sich der Käufer K. Das Eigentum am Obst wurde dem K durch Einigung und Übergabe des Ladescheins übertragen (§ 448 HGB i. V. m. § 929 BGB). Nach erfolgter Eigentumsübertragung entrichtet K beim Zollamt in München die Einfuhr-USt für das Obst. O berechnet dem K lediglich Nettopreise.
5. Obstimporteur O in Panama ließ eine Landung Südfrüchte von Panama nach München transportieren. Während des Transports veräußert O das Obst an L in Mailand. Nach Ankunft des Obsts in München veräußert L das Obst an M in München. Das Eigentum am Obst wurde dem M durch Einigung und Übergabe des Ladescheins übertragen (§ 448 HGB i. V. m. § 929 BGB). Nach erfolgter Eigentumsübertragung entrichtet M beim Zollamt in München die Einfuhr-USt für das Obst. O und L berechnen ihren Käufern lediglich Nettopreise.
6. Der Tabakexporteuer A in Brasilien versendet eine Schiffsladung Tabak nach Bremen. Über die Schiffsladung wurde ein Orderkonnossement ausgestellt. Dieses wurde von A auf B übertragen und nach Ankunft des Tabaks in Bremen von B auf C. C entrichtet danach die Einfuhr-USt. A und B haben für ihre Lieferungen nur Nettopreise berechnet.

## 8.2 Übungsfälle zu den Vorsteuerabzugsverboten

### 8.2.1 Übungsfälle zu den Vorsteuerabzugsverboten nach § 15 Abs. 1a und 1b UStG

1. Gewerbetreibender G schenkt seinem Geschäftsfreund F ein Kaffeeservice, das er für 200 € zuzüglich 38 € USt erworben hat.
2. Gewerbetreibender G schenkt seinem Arbeitnehmer A ein Kaffeeservice, das er für 200 € zuzüglich 38 € USt erworben hat.
3. Gewerbetreibender G schenkt seinen Kunden Kunstkalender, die er für je 35 € zuzüglich 6,65 € USt erworben hat.
4. Gewerbetreibender G veranstaltet für seine Geschäftsfreunde ein Fest. Die Aufwendungen für das Fest sind zwar betrieblich veranlasst, jedoch aufgrund des § 12 Nr. 1 EStG nicht als Betriebsausgaben abzugsfähig.
5. E ist Eigentümer eines Geschäftshauses. Bei seinen Vermietungen hat er auf die Befreiung gemäß § 9 UStG zulässigerweise verzichtet. Er schenkt seinem Mieter M anlässlich eines Jubiläums einen Geschenkkorb, den er für 45 € zuzüglich 8,55 € USt erworben hat.
6. Gewerbetreibender G wohnt 10 km von seinem Betrieb entfernt Täglich fährt er mit seinem Sportwagen (Unternehmensvermögen, unternehmerische Nutzung 60 %), zweimal von seiner Wohnung zum Betrieb und wieder zurück. G führt kein Fahrtenbuch.
7. Dem selbständigen Rechtsanwalt R werden für die Erstellung eines Einfamilienhauses 120 000 € Vorsteuern in Rechnung gestellt. 80 % des Gebäudes nutzt R für Wohnzwecke, 20 % des Gebäudes als Arbeitszimmer. Den Bauantrag hat R im Februar 2011 gestellt.
8. Der Gemeinde K werden für die Erstellung eines Rathauses ab dem 01. 07. 2012 Vorsteuern in Höhe von 600 000 € Rechnung gestellt. 40 % des Gebäudes werden für die Verwaltung des Kommunalen Nahverkehrs in Form eines Betriebs gewerblicher Art genutzt, 60 % für das Bürgermeister- und Ordnungsamt.

### 8.2.2 Übungsfälle zum Vorsteuerabzugsverbot nach § 15 Abs. 2 UStG

1. Unternehmer U bezieht Ware für steuerfreie Ausfuhrlieferungen nach § 6 Abs. 1 Nr. 1 und 2 UStG.
2. Frachtführer F bezieht einen Lastzug für nach § 4 Nr. 3a UStG steuerfreie grenzüberschreitende Gütertransporte.
3. Handelsvertreter H erbringt ausschließlich steuerfreie Vermittlungsleistungen nach § 4 Nr. 5 UStG. Er erwirbt für seine Vermittlungstätigkeit einen Pkw.
4. Der freiberuflich tätige Arzt A bewirkt ausschließlich steuerfreie Umsätze nach § 4 Nr. 14 UStG. Er erwirbt ein Röntgengerät.
5. Zahnarzt Z betreibt ein eigenes Zahnlabor zur Herstellung von Zahnprothesen. Er erwirbt für dieses Labor Einrichtungsgegenstände.
6. Unternehmer U ist u. a. Eigentümer eines Wohnhauses, dessen Wohnungen er an seine Arbeitnehmer vermietet. Er lässt die Fassade des Hauses renovieren.
7. Versicherungsvertreter V tätigt ausschließlich steuerfreie Umsätze nach § 4 Nr. 11 UStG. Er veräußert seinen Pkw (zu 100 % Unternehmensvermögen), den er bisher für diese Tätigkeit zu 80 % und privat zu 20 % verwendet hat. V hat den Pkw über eine Annonce veräußert, für die ihm Vorsteuer in Rechnung gestellt wurde.
8. Unternehmer U ist u. a. Eigentümer eines Wohnhauses, dessen Wohnungen er im Rahmen des NATO-Truppenstatuts an Angehörige der amerikanischen Streitkräfte vermietet. U lässt die Fassade des Wohnhauses renovieren
9. Exporteur E lässt beim Versicherungsunternehmen V eine Maschine versichern, die er zu seinem Abnehmer nach Brasilien versendet (Transportversicherung). Anlässlich des Vertragsschlusses fallen bei V Vorsteuern an.
10. Unternehmer U ist u. a. Eigentümer eines Bürohauses in einem Drittland, in welchem er bisher eine Betriebsstätte unterhalten hat. U veräußert das Bürohaus an den Erwerber E in Stuttgart, der sich aufgrund einer Annonce des U in der Stuttgarter Zeitung gemeldet hat. Die Veräußerung ist im betreffenden Drittland steuerpflichtig. U hätte bei einem entsprechenden Umsatz im Inland auf die Befreiung nach § 4 Nr. 9a UStG verzichtet.
11. Versicherungsvertreter V (kein Unternehmer nach § 19 Abs. 1 UStG) erwirbt Kunstkalender zum Preis von je 30 € zuzüglich 5,70 € USt, um sie anlässlich des Weihnachtsfestes seinen Kunden zu schenken.
12. Versicherungsvertreter V (kein Unternehmer nach § 19 Abs. 1 UStG) erwirbt auch einige Kunstkalender zum Preis von je 50 € zuzüglich 9,50 € USt, um sie anlässlich des Weihnachtsfestes seinen Kunden zu schenken.
13. Maschinengroßhändler M hat vom Hersteller H im Februar 01 eine Maschine für 200 000 € zuzüglich 38 000 € USt bezogen. Die Maschine wird noch im Februar 01 aus seinem Lager gestohlen.
14. Unternehmer U beabsichtigt, auf einem im Stadtzentrum gelegenen Grundstück einen sog. Technologiepark zu errichten. In die von ihm geplanten Bauten sollen Unternehmer der sog. High-Tech-Industrie als Mieter einziehen, an die steuerpflichtig vermietet werden soll. Im Jahr 01 erhält U von einem Planungsbüro für Planungsarbeiten 20 000 € zuzüglich 3 800 € USt in Rechnung gestellt. Das Projekt scheitert, da eine Umweltschutzinitiative die Aufstellung eines entsprechenden Bebauungsplans durch die Stadt verhindert. U veräußert im Jahr 05 das Grundstück steuerfrei.
15. Bauunternehmer B hat vom Hersteller H einen Baukran für 200 000 € zuzüglich 38 000 € USt erworben. B setzt den Baukran im Jahr des Erwerbs ausschließlich zum Bau von Rei-

henhäusern ein, die er nach Fertigstellung schlüsselfertig mitsamt Grund und Boden an Privatleute veräußert. Im nachfolgenden Jahr setzt er den Baukran ausschließlich auf Baustellen ein, wo er lediglich den Rohbau auf dem Grund und Boden des Bestellers errichtet. B geht im Zeitpunkt des Erwerbs aufgrund einer sachgerechten Schätzung davon aus, dass er den Baukran innerhalb der betriebsgewöhnlichen Nutzungsdauer zu 60 % für steuerpflichtige Umsätze verwenden wird.

16. Bauunternehmer B hat vom Hersteller H einen Baukran für 200 000 € zuzüglich 38 000 € USt erworben. Er setzt den Baukran im Jahr des Erwerbs ausschließlich auf Baustellen ein, wo er lediglich den Rohbau auf dem Grund und Boden des Erstellers errichtet. In den nachfolgenden Jahren setzt er den Baukran ausschließlich zum Bau von Reihenhäusern ein, die er nach Fertigstellung schlüsselfertig mitsamt dem Grund und Boden an Privatleute veräußert. B geht im Zeitpunkt des Erwerbs aufgrund einer sachgerechten Schätzung davon aus, dass er den Baukran innerhalb der betriebsgewöhnlichen Nutzungsdauer zu 100 % für steuerpflichtige Umsätze verwenden wird.
17. Bauunternehmer B hat vom Hersteller H einen Baukran für 200 000 € zuzüglich 38 000 € USt erworben. Er setzt den Baukran im Jahr des Erwerbs zunächst auf Baustellen ein, wo er lediglich den Rohbau auf dem Grund und Boden des Erstellers errichtet (400 Betriebsstunden). Danach (noch im Jahr des Erwerbs) setzt er den Baukran zum Bau von Reihenhäusern ein, die er nach Fertigstellung schlüsselfertig mitsamt Grund und Boden an Privatleute veräußert (600 Betriebsstunden). B geht im Zeitpunkt des Erwerbs aufgrund einer sachgerechten Schätzung davon aus, dass er den Baukran innerhalb der betriebsgewöhnlichen Nutzungsdauer zu 60 % für steuerpflichtige Umsätze verwenden wird.
18. Unternehmer U hat im Jahr 01 ein viergeschossiges Gebäude errichten lassen, das Ende 01 fertiggestellt und ab 01. 01. 02 genutzt wurde. Alle vier Geschosse haben die gleiche Nutzfläche. Auch die Ausstattung der einzelnen Geschosse weicht nicht erheblich voneinander ab. Die Vorsteuer des U aus der Errichtung des Gebäudes beträgt insgesamt 100 000 €. Sie fiel insgesamt im Kalenderjahr 01 an. Die in diesem Jahr beabsichtigte Nutzung entspricht der tatsächlichen Nutzung im Kalenderjahr 02. Die im Kalenderjahr 02 erzielten Mieten entsprachen den bei der Planung des Gebäudes kalkulierten Mieten. U will im Kalenderjahr 01 einen möglichst hohen Vorsteuerabzug erreichen.
    Das Gebäude wurde ab 01. 01. 02 für das Jahr 02 wie folgt genutzt:

- **EG:** vom 01. 01. bis 31. 12. eigengewerbliche Nutzung (Handelsgeschäft) (Vergleichsmiete netto monatlich 2 000 €).
- **1. OG:** vom 01. 01. bis 31. 12. steuerpflichtig vermietet an einen Grundstücksmakler (Mieteinnahmen monatlich 1 500 € zuzüglich 285 € USt).
- **2. OG:** vom 01. 01. bis 31. 12. steuerpflichtig vermietet an einen Rechtsanwalt, der 50 % der Nutzfläche (zwei Räume) für seine Praxis und 50 % der Nutzfläche (drei Räume) als Wohnung nutzte (Miete für die Praxisräume monatlich 750 € zuzüglich 142,50 € USt, für die Wohnräume 600 €).
- **3. OG:** vom 01. 01. bis 31. 12. Überlassung je eines Raums an Arbeitnehmer des U (Miete insgesamt monatlich 1 200 €).

## 8.3 Übungsfälle zu § 15a UStG

### 8.3.1 Übungsfälle zu den Berichtigungsobjekten i. S. d. § 15a UStG

1. Das Unternehmen U führt Tiefenbohrungen, z. B. zum Aufsuchen von Thermalquellen, durch. Die hierbei verwendeten Bohrköpfe kosten 200 000 € zuzüglich 38 000 € USt pro Stück. Sie haben eine Nutzungsdauer von ca. 200 Bohrstunden. Danach sind sie nicht mehr verwendbar. Teilweise werden die Bohrungen auf Grundstücken vorgenommen, die U erworben hat und anschließend zum Teil steuerfrei veräußert.
2. Grundstücksverwertungsgesellschaft V kauft und verkauft Grundstücke. Das Grundstück G 1 erwirbt sie am 01. 07. 01 (Übergang von Nutzen und Lasten) und veräußert es am 01. 02. 02 (Übergang von Nutzen und Lasten). Das Grundstück ist mit einer Lagerhalle bebaut, die in dieser Zeit nicht genutzt wird.
3. Grundstücksverwertungsgesellschaft V kauft und verkauft Grundstücke. Das Grundstück G 2 erwirbt sie am 01. 07. 01 (Übergang von Nutzen und Lasten) und veräußert es am 01. 02. 02. (Übergang von Nutzen und Lasten). Das Grundstück ist mit einer Lagerhalle bebaut, die in dieser Zeit immer wieder kurzfristig an verschiedene Mieter vermietet wird.
4. Schauspielautor S veräußert das Urheberrecht an einem Theaterstück an das Theater T, das das Stück teilweise selbst aufführt (steuerfreie Umsätze nach § 4 Nr. 20 UStG), teilweise entsprechende Lizenzen an andere Theater vergibt (ermäßigter Steuersatz nach § 12 Abs. 2 Nr. 7 Buchst. c UStG).

### 8.3.2 Übungsfälle zu Leistungen an Wirtschaftsgütern

1. Unternehmer U lässt seinen sechs Jahre alten Baukran reparieren. Die Reparaturwerkstätte R berechnet ihm hierfür 12 000 € zuzüglich 2 280 € USt.
2. Unternehmer U lässt bei der Werkstätte W eine veraltete Maschine generalüberholen, sodass aus ihr ein Gegenstand völlig anderer Marktgängigkeit entsteht. W berechnet U hierfür 35 000 € zuzüglich 6 650 € USt.
3. U erwirbt 01 (Übergang von Nutzen und Lasten) ein Grundstück, welches mit einer Halle bebaut ist. Hierfür werden ihm 50 000 € USt berechnet. U lässt die Halle sofort abreißen und bezahlt dafür 3 000 € USt. Ab 01. 08. 01 bis 01. 04. 04 nutzt U das Grundstück als Lagerplatz. Anschließend wird es mit einem viergeschossigen Bürogebäude bebaut. Nach Fertigstellung nutzt er es ab 01. 06. 05 für sein Unternehmen. Im Jahr 07 wird das Gebäude um ein Stockwerk aufgestockt. Ab 01.10.07 nimmt er das zusätzliche Stockwerk ebenfalls für sein Unternehmen in Gebrauch.
4. Unternehmer U errichtet auf einem ihm seit mehr als zehn Jahren gehörenden Grundstück ein viergeschossiges Bürogebäude, welches wie folgt fertiggestellt und in Gebrauch genommen wird: Das EG wird zum 01. 02. 01 fertiggestellt und sofort eigengewerblich genutzt. Das 1. OG wird zum 01. 07. 01 fertiggestellt und sofort eigengewerblich genutzt. Das 2. OG wird zum 01. 11. 01 fertiggestellt und sofort eigengewerblich genutzt. Das 3. OG wird zum 01. 03. 02 fertiggestellt und sofort vermietet. Vgl. A 15a.3 Abs. 2 UStAE!

### 8.3.3 Übungsfälle zu Vorsteuern i. S. d. § 15a UStG

1. Unternehmer U hat vom Privatmann P dessen gebrauchten Pkw erworben. Dieser berechnet ihm hierfür 5 000 € USt.

2. Unternehmer U hat von K (Kleinunternehmer nach § 19 Abs. 1 UStG) einen gebrauchten Pkw erworben. K berechnete U 8 000 € zuzüglich 1 520 € USt. U beabsichtigt, den Pkw zu 70 % unternehmerisch zu nutzen und ordnet ihn seinem Unternehmen zu.
3. Unternehmer U erwirbt vom Landwirt L (Besteuerung nach § 24 UStG) einen gebrauchten Mähdrescher, wofür dieser ihm 20 000 € zuzüglich 3 800 € Umsatzsteuer in Rechnung stellte.

### 8.3.4 Übungsfälle zur Gewichtigkeit der Vorsteuern i. S. d. § 44 Abs. 1 UStDV

1. Unternehmer U erwirbt beim Lieferanten L eine Maschine für 5 160 € zuzüglich 980,40 € USt. Vor ihrer Ingebrauchnahme lässt er sie bei der Fa. W umbauen. W berechnet U für den Umbau 450 € zuzüglich 85,50 € USt.
2. Unternehmer U erwirbt für seine Datenverarbeitung von der Fa. M ein Programm zum Preis von 5 000 € zuzüglich 950 € USt. Das Programm erwarb U unter Vermittlung des V, der ihm hierfür 500 € zuzüglich 95 € USt berechnete.
3. Unternehmer U erwirbt umsatzsteuerfrei ein Grundstück, um es zu bebauen. Für die Errichtung des Gebäudes berechnen ihm Bauunternehmer insgesamt 600 000 € zuzüglich 114 000 € USt.
4. Unternehmer U erwirbt umsatzsteuerfrei ein Grundstück für eine eventuelle spätere Betriebserweiterung. Vorerst nutzt er es als Lagerplatz. Anlässlich des Erwerbs berechnete ihm der Notar Gebühren in Höhe von 6 000 € zuzüglich 1 140 € USt.
5. Unternehmer U erwirbt von der Fa. K vier PC zum Preis von je 1 500 € zuzüglich 285 € USt.
6. Unternehmer U erwirbt von der Fa. K eine Maschine zum Preis von 5 100 € zuzüglich 1 009 € USt.
7. Unternehmer U erwirbt von der Fa. K eine Maschine zum Preis von 5 300 € zuzüglich 997 € USt.
8. Unternehmer U erwirbt bei dem Lieferanten L am 01. 12. 01 eine Maschine für 5 160 € zuzüglich 980,40 € USt. Vor ihrer Ingebrauchnahme lässt er sie bei der Fa. W umbauen. W berechnet U für den im Januar 02 fertiggestellten Umbau im Januar 02 450 € zuzüglich 85,50 € USt.
9. Unternehmer U erwirbt ein Kopiergerät für 10 000 € zuzüglich 1 900 € USt. U nutzt es im Jahr der Anschaffung zur Hälfte für steuerpflichtige Umsätze und zur Hälfte für steuerfreie Umsätze nach § 4 Nr. 11 UStG.

### 8.3.5 Übungsfälle zur Dauer des Berichtigungszeitraums

1. Maschine, betriebsgewöhnliche Nutzungsdauer vier Jahre, tatsächliche Nutzungsdauer sieben Jahre.
2. Maschine, betriebsgewöhnliche Nutzungsdauer sieben Jahre, tatsächliche Nutzungsdauer sieben Jahre.
3. Maschine, betriebsgewöhnliche Nutzungsdauer sieben Jahre, tatsächliche Nutzungsdauer vier Jahre.
4. Maschine, betriebsgewöhnliche Nutzungsdauer drei Jahre, tatsächliche Nutzungsdauer vier Jahre.
5. Gebäude, betriebsgewöhnliche Nutzungsdauer 30 Jahre, tatsächliche Nutzungsdauer 25 Jahre.
6. Patent, betriebsgewöhnliche Nutzungsdauer 15 Jahre, tatsächliche Nutzungsdauer 12 Jahre.

### 8.3.6 Übungsfälle zu Beginn und Ende des Berichtigungszeitraums

1. Eine Maschine (betriebsgewöhnliche Nutzungsdauer acht Jahre) wird am 02. 03. 01 angeschafft, am 18. 03. 01 erstmals verwendet.
2. Ein Pkw (betriebsgewöhnliche Nutzungsdauer sechs Jahre) wird am 14. 03. 01 angeschafft.
3. Ein Pkw wird am 01. 03. 01 angeschafft und hat eine betriebsgewöhnliche Nutzungsdauer von sechs Jahren. Am 10. 02. 05 kommt es zu einem Totalschaden. Der Schrott wird am 18. 02. 05 veräußert.
4. Ein Pkw (betriebsgewöhnliche Nutzungsdauer sechs Jahre) wird am 01. 03. 01 angeschafft und am 01. 03. 03 veräußert.
5. Ein Pkw (betriebsgewöhnliche Nutzungsdauer sechs Jahre) wird am 01. 03. 01 angeschafft und am 01. 03. 03 entnommen.
6. Ein Pkw (betriebsgewöhnliche Nutzungsdauer sechs Jahre) wird am 01. 03. 01 angeschafft und am 25. 12. 01 veräußert.
7. Unternehmer U erwirbt zum 01. 07. 01 (Übergang von Nutzen und Lasten) ein Grundstück, welches mit einer Halle bebaut ist. Hierfür werden ihm 50 000 € USt berechnet. U lässt die Halle sofort abreißen. Dies kostet ihn 3 000 € USt. Vom 01. 08. 01 bis 01. 04. 04 nutzt U das Grundstück als Lagerplatz. Anschließend wird das Grundstück mit einem viergeschossigen Bürogebäude bebaut. Nach Fertigstellung nutzt er es ab 01. 06. 05 zu eigenen unternehmerischen Zwecken. Im Jahr 07 wird das Gebäude um ein Stockwerk aufgestockt und ab 01. 10. 07 ebenfalls für das eigene Unternehmen genutzt.
8. Unternehmer U errichtet auf einem ihm seit mehr als zehn Jahren gehörenden Grundstück ein viergeschossiges Bürogebäude, welches wie folgt fertiggestellt und in Gebrauch genommen wird: Das EG wird zum 01. 02. 01 fertiggestellt und sofort eigenbetrieblich genutzt. Das 1. OG wird zum 01. 07. 01 fertiggestellt und sofort eigenbetrieblich genutzt. Das 2. OG wird zum 01. 11. 01 fertiggestellt und ab 01. 01. 02 vermietet. Zwischenzeitlich bleibt es ungenutzt. Das 3. OG wird zum 01. 03. 02 fertiggestellt und sofort ab 01. 03. 02 an M vermietet. M bezieht das 3. OG jedoch erst ab 01. 05. 02.

### 8.3.7 Übungsfälle zur Gewichtigkeit der Nutzungsänderung i. S. d. § 44 Abs. 2 UStDV

1. A erwirbt im Jahr 01 einen Pkw (betriebsgewöhnliche Nutzungsdauer sechs Jahre) zum Preis von 25 000 € zuzüglich 4 750 € USt in der Absicht, ihn ausschließlich für steuerpflichtige Umsätze zu verwenden. Er nutzt ihn im Jahr 01 zu 100 % für steuerpflichtige Umsätze. In den folgenden Jahren geht die Nutzung für steuerpflichtige Umsätze um jeweils neun Prozentpunkte wie folgt zurück:
   - vorsteuerunschädliche Nutzung 02: 91 %,
   - vorsteuerunschädliche Nutzung 03: 82 %,
   - vorsteuerunschädliche Nutzung 04: 73 %,
   - vorsteuerunschädliche Nutzung 05: 64 %,
   - vorsteuerunschädliche Nutzung 06: 55 %.
2. A erwirbt im Jahr 01 einen Pkw (betriebsgewöhnliche Nutzungsdauer sechs Jahre) zum Preis von 25 000 € zuzüglich 4 750 € USt in der Absicht, ihn ausschließlich für steuerpflichtige Umsätze zu verwenden. Er nutzt ihn im Jahr 01 zu 100 % für steuerpflichtige Umsätze. Im Jahr 02 geht die Nutzung für steuerpflichtige Umsätze auf 90 Prozentpunkte zurück.

### 8.3.8 Übungsfälle zur Ermittlung des Prozentsatzes der Nutzungsänderung i. S. d. § 44 Abs. 2 UStDV

1. A errichtet im Kalenderjahr 01 ein zweigeschossiges Bürogebäude in der Absicht, das Erdgeschoss eigenbetrieblich zu nutzen und das Obergeschoss steuerpflichtig zu vermieten. Nach Fertigstellung nutzt er das Erdgeschoss (Nutzfläche 200 qm) ab Anfang Januar 02 wie vorgesehen für sein Unternehmen. Da er für das Obergeschoss (Nutzfläche 200 qm) keinen geeigneten Mieter findet, steht es zunächst leer. Ab 01. 04. 02 vermietet er es steuerfrei für monatlich 3 000 € an die Behörde B. A gab die Absicht, das OG steuerpflichtig zu vermieten Ende Februar 02 auf. Die ortsübliche Miete für das EG beträgt netto 4 000 €. Ab 01. 10. 03 vermietet er das OG an den Unternehmer U für monatlich 2 800 € zuzüglich 532 € USt. EG und OG haben die gleiche Nutzfläche.
2. A veräußert das Bürogebäude (siehe oben Fall 1) zum 01. 05. 04 an den Erwerber E. Er verzichtet auf die Befreiung nach § 4 Nr. 9 Buchst. a UStG. Es liegt keine Geschäftsveräußerung i. S. d. § 1 Abs. 1a UStG vor.
3. A veräußert das Bürogebäude (siehe oben Fall 1) zum 01. 05. 04 an den Erwerber E. Er verzichtet nicht auf die Befreiung nach § 4 Nr. 9 Buchst. a UStG. Es liegt keine Geschäftsveräußerung i. S. d. § 1 Abs. 1a UStG vor.
4. Ab Januar 04 nutzt A das EG des Gebäudes in 1. nicht mehr zu eigenen unternehmerischen Zwecken, sondern vermietet es steuerpflichtig an U. Zum 01. 05. 04 veräußert A das gesamte Gebäude an U, der das Gebäude ebenso wie A weitervermietet. Es handelt sich um eine Geschäftsveräußerung i. S. d. § 1 Abs. 1a UStG.

### 8.3.9 Übungsfall zur Ermittlung des Berichtigungsbetrags

A erwirbt am 01. 12. 01 ein Bürogebäude. Der Veräußerer stellte ihm hierfür 80 000 € USt gesondert in Rechnung. A hat beim Erwerb die Absicht, das Gebäude steuerpflichtig zu vermieten. A lässt das Gebäude bis Ende April 02 leer stehen. Von 01. 05. 02 bis 30. 11. 03 vermietet er es an den Unternehmer U für monatlich 3 000 € zuzüglich 570 € USt. Ab 01. 12. 03 vermietet er es an die Behörde B für monatlich 3 800 €. Der Mietvertrag mit B ist auf unbestimmte Dauer abgeschlossen. Das Jahr 04 ist inzwischen abgelaufen.

Ist eine Vorsteuerberichtigung für die Jahre 02 bis 04 vorzunehmen, gegebenenfalls in welcher Höhe?

### 8.3.10 Übungsfälle zum Zeitpunkt der Vorsteuerberichtigung

1. Unternehmer U errichtet im Jahr 01 ein Gebäude, das er nach Fertigstellung im Jahr 02 zu 100 % für vorsteuerunschädliche Umsätze verwendet. Ab 01. 07. 03 verwendet er es für vorsteuerschädliche Umsätze, indem er es steuerfrei vermietet. Wann ist die Vorsteuerberichtigung für 03 und 04 vorzunehmen, wenn die Vorsteuer nach § 15 UStG 75 000 € betragen hat?
2. Unternehmer U errichtet im Jahr 01 ein Gebäude, das er nach Fertigstellung im Jahr 02 zu 100 % für vorsteuerunschädliche Umsätze verwendet. Am 01. 07. 03 (Übergang von Nutzen und Lasten) veräußert er es steuerfrei. Wann sind die erforderlichen Vorsteuerberichtigungen vorzunehmen?

### 8.3.11 Übungsfälle zur Ermittlung des Berichtigungsbetrags bei Veräußerung des Wirtschaftsguts

1. A errichtet im Kalenderjahr 01 ein zweigeschossiges Bürogebäude in der Absicht, das EG zu eigenen unternehmerischen Zwecken zu nutzen und das OG steuerpflichtig zu vermieten. Anlässlich der Errichtung wurden ihm 80 000 € USt im Kalenderjahr 01 gesondert in Rechnung gestellt. Nach Fertigstellung nutzt er das EG ab Anfang Januar 02 wie vorgesehen eigenbetrieblich. Da er für das OG keinen geeigneten Mieter findet, steht es zunächst leer. Ab 01. 04. 02 vermietet er es steuerfrei für monatlich 3 000 € an die Behörde B. A gab die Absicht, das OG steuerpflichtig zu vermieten, Ende Februar 02 auf. Die ortsübliche Miete für das EG beträgt netto 4 000 €. Ab 01. 10. 03 vermietet er das OG an den Unternehmer U für monatlich 2 800 € zuzüglich 532 € USt. Mit Wirkung zum 01. 07. 05 veräußert A das Gebäude steuerfrei an den Erwerber E. EG und OG haben die gleiche Nutzfläche.
2. Wie Fall 1., jedoch erfolgt die Veräußerung zum 01. 07. 05 steuerpflichtig.

### 8.3.12 Übungsfall zur Vorsteuerberichtigung bei zwischenzeitlicher Nichtnutzung

Unternehmer U errichtet im Kalenderjahr 01 ein Bürogebäude. Für die Errichtung des Gebäudes wurde ihm USt in Höhe von insgesamt 100 000 € gesondert in Rechnung gestellt.

Wie von vornherein beabsichtigt vermietet U das Gebäude vom 01. 01. 02 bis 31. 12. 04 steuerpflichtig an Mieter M. Vom 01. 01. 05 bis 31. 10. 05 lässt U das Gebäude renovieren. Anschließend vermietet er es ab 01. 11. 05 bis 31. 12. 06 zur Hälfte steuerfrei und zur Hälfte steuerpflichtig. Diese Nutzung war bereits ab 01. 01. 05 beabsichtigt.

### 8.3.13 Übungsfälle zur Vorsteuerberichtigung nach § 15a UStG, bei sachlich unrichtiger Entscheidung in Bezug auf den Vorsteuerabzug

1. A erwirbt zum 01. 01. 01 ein Gebäude von V. V stellt A hierfür 100 000 € USt in Rechnung. A nutzt das Gebäude entsprechend seiner bereits beim Erwerb bestehenden Absicht teils eigengewerblich, teils durch Vermietung an bereits beim Erwerb feststehende Mieter. Er behandelt die Vermietung als steuerpflichtig, obwohl die Voraussetzungen hierfür von vornherein nicht vorlagen. Er macht die volle Vorsteuer geltend, obwohl er nach der beabsichtigten und tatsächlich erfolgten Nutzung lediglich 50 % hätte abziehen dürfen. Die Korrektur dieses Fehlers ist abgabenrechtlich ab dem Kalenderjahr 07 nicht mehr möglich. Die USt-Festsetzungen für die Jahre 01 bis 03 sind im Kalenderjahr 08, als das Finanzamt den Fehler bemerkt, nicht mehr abänderbar. Die USt-Festsetzungen für die Kalenderjahre ab dem Jahr 04 stehen unter dem Vorbehalt der Nachprüfung. Mit Wirkung zum 01. 01. 08 veräußert A das Gebäude steuerfrei an den Erwerber E. Nach den Umständen des Falles liegt keine Geschäftsveräußerung i. S. d. § 1 Abs. 1a UStG vor.
2. Wie Fall 1, jedoch veräußert A das Gebäude zum 01. 01. 08 steuerpflichtig.

# 9 Vorsteuerabzug des Fahrzeuglieferers bei Lieferung eines neuen Fahrzeugs in das übrige Gemeinschaftsgebiet

Wie unter O 3.2 dargestellt wurde, unterliegt gem. § 1b UStG der innergemeinschaftliche Erwerb eines neuen Fahrzeugs beim Erwerber auch dann der Umsatzsteuer, wenn der Erwerber kein Unternehmer i. S. d. § 2 UStG ist.

Spiegelbildlich hierzu wird nach § 2a UStG der Lieferer eines neuen Fahrzeugs, dessen Erwerb der Erwerbsteuer in einem anderen Mitgliedstaat unterliegt, auch wenn er nicht Unternehmer ist, als solcher behandelt. Erbringt ein Unternehmer **außerhalb** seines Unternehmens eine der Erwerbsteuer unterliegende Lieferung eines neuen Fahrzeugs, wird er nach § 2a Satz 2 UStG behandelt, wie wenn er die Lieferung im Rahmen seines Unternehmens bewirkt hätte.

Die Regelung des § 2a UStG hat zunächst zur Folge, dass der Fahrzeuglieferer fiktiv eine steuerbare innergemeinschaftliche Lieferung tätigt, die nach § 4 Nr. 1 Buchst. b i. V. m. § 6a UStG steuerfrei ist. Daraus folgt weiter, dass er in diesen Fällen nachträglich einen Vorsteuerabzug aus dem vorangegangenen Erwerb des Fahrzeugs geltend machen kann. Dies ergibt sich aus § 15 Abs. 4a UStG. Allerdings wird insoweit sein Vorsteuerabzug eingeschränkt:

a) Abziehbar ist nur die auf die an ihn erfolgte Lieferung oder die auf die von ihm vorgenommene Einfuhr oder die auf seinen innergemeinschaftlichen Erwerb des neuen Fahrzeugs entfallende Steuer (§ 15 Abs. 4a Nr. 1 UStG).
b) Die Steuer kann nur bis zu dem Betrag abgezogen werden, der für die Lieferung des neuen Fahrzeugs geschuldet würde, wenn die Lieferung nicht nach § 4 Nr. 1 Buchst. b UStG steuerfrei wäre, also bis zu der sog. Restmehrwertsteuer (§ 15 Abs. 4a Nr. 2 UStG).
c) Die Steuer kann erst in dem Zeitpunkt abgezogen werden, in dem der Fahrzeuglieferer die innergemeinschaftliche Lieferung des neuen Fahrzeugs ausführt (§ 15 Abs. 4a Nr. 3 UStG).

Die Regelung soll eine Mehrfachbelastung mit USt vermeiden.

**BEISPIEL**

Der Nichtunternehmer N erwirbt am 01. 04. 01 vom Händler H in Stuttgart ein neues Fahrzeug zum Preis von 50 000 € zuzüglich 9 500 € USt. H hat N hierüber eine Rechnung mit gesondertem Ausweis der USt erteilt. Am 01. 10. 01 veräußert N dieses Fahrzeug bei einem Kilometerstand von 2 500 km für 40 000 € an den Franzosen F, der das Fahrzeug in Frankreich zum Verkehr zulässt.

**LÖSUNG** Der Erwerb durch den Franzosen F ist von diesem als innergemeinschaftlicher Erwerb in Frankreich zu versteuern. Bei dem Fahrzeug handelt es sich um ein Neufahrzeug, da es nicht mehr als 6 000 km gefahren wurde (§ 1b Abs. 3 Nr. 1 UStG).

N gilt nach § 2a UStG als Unternehmer, der das Fahrzeug im Rahmen seines fiktiven Unternehmens geliefert hat. Bei dieser Lieferung handelt es sich um eine nach § 4 Nr. 1b i. V. m. § 6a UStG steuerfreie innergemeinschaftliche Lieferung.

Bei N liegen die Voraussetzungen für den Vorsteuerabzug nach § 15 Abs. 1 UStG aus dem Erwerb des Fahrzeugs von H vor. N ist fiktiv Unternehmer, der das Fahrzeug für sein Unternehmen erworben hat. Er hat auch eine Rechnung mit gesondertem Umsatzsteuerausweis. Das Vorsteuerabzugsverbot nach § 15 Abs. 2 UStG greift nicht, weil die steuerfreie Lieferung an F nach § 15 Abs. 3 Nr. 1 Buchst. a UStG nicht vorsteuerschädlich ist.

Somit könnte N nach den üblichen Regeln die Vorsteuer in Höhe von 9 500 € geltend machen. Aufgrund der Einschränkung nach § 15 Abs. 4a Nr. 2 UStG ist der Vorsteuerabzug jedoch beschränkt auf den Betrag von 19 % von 40 000 € = 7 600 €. Diese Vorsteuer kann N gem. § 15 Abs. 4a Nr. 3 UStG erst am 01. 10. 01 geltend machen.

# Teil R Umsatzsteuer nach § 14c UStG

## 1 Allgemeines

Neben den üblichen Grundsätzen normiert § 14c UStG die Schuld für die unrichtige bzw. zu Unrecht ausgewiesene Umsatzsteuer. Dabei handelt es sich um die Fälle von Scheinrechnungen, Rechnungen über nicht steuerbare oder steuerfreie Leistungen oder um schlicht zu hoch ausgewiesene Umsatzsteuer. Diese zu Unrecht ausgewiesene Steuer wird vom Unternehmer geschuldet, obwohl der Leistungsempfänger sie – da nicht gesetzlich geschuldete Steuer i. S. v. § 15 Abs. 1 Nr. 1 UStG – nicht als Vorsteuer abziehen kann (BFH vom 06. 12. 2007 BStBl II 2009, 203, A 15.2 Abs. 1 Sätze 1 und 2 sowie A 14c.1 Satz 6 UStAE).

Die Möglichkeiten des unrichtigen Steuerausweises nach **§ 14c Abs. 1 UStG** nennt A 14c.1 Abs. 1 Satz 5 Nr. 1 bis 5 UStAE. Ein höherer Steuerbetrag i. S. v. § 14c Abs. 1 UStG liegt danach auch dann vor, wenn überhaupt keine Steuer nach dem Gesetz geschuldet wird, z. B. im Fall der nicht steuerbaren Geschäftsveräußerung nach § 1 Abs. 1a UStG (vgl. § 14c Abs. 1 Satz 3 UStG). Fälle des § 14c Abs. 1 UStG sind demnach:

- für eine steuerpflichtige Leistung wurde die Steuer zu hoch berechnet, z. B. weil ein zu hoher Steuersatz, eine zu hohe Bemessungsgrundlage zugrunde gelegt wurden oder infolge eines Rechenfehlers;
- für steuerpflichtige Leistungen in den Fällen der Steuerschuldnerschaft des Leistungsempfängers (A 13b.14 Abs. 1 Satz 5 UStAE);
- für eine steuerfreie Leistung wurde USt berechnet;
- für eine nicht steuerbare Leistung (Auslandsleistung, unentgeltliche Leistung, Geschäftsveräußerung) wurde USt berechnet;
- für eine nicht versteuerte Leistung wird USt ausgewiesen, nachdem die Steuer wegen Ablaufs der Festsetzungsfrist nicht mehr erhoben werden kann.

Darüber hinaus ergibt sich eine USt nach § 14c Abs. 1 UStG auch in den Fällen

- von Kleinbetragsrechnungen mit Ausweis eines zu hohen Steuersatzes (A 14c.1 Abs. 2 UStAE) und
- von Fahrausweisen, in denen entweder ein zu hoher Steuersatz oder fälschlich eine Tarifentfernung von mehr als 50 km angegeben ist (A 14c.1 Abs. 2 UStAE).

Die Fälle des **§ 14c Abs. 2 UStG** beschreibt A 14c.2 Abs. 2 Nr. 1 bis 5 UStAE:

- der Unternehmer darf für seine Leistung die USt nicht gesondert ausweisen (Kleinunternehmer nach § 19 Abs. 1 Satz 4 UStG, Reiseleister nach § 25 Abs. 4 Satz 1 UStG und Differenzbesteuerer nach § 25a i. V. m. § 14a Abs. 6 UStG, A 25a.1 Abs. 16 Satz 2 UStAE);
- Abrechnungen über nur angebliche Leistungen (es wird keine Leistung erbracht oder eine andere als die bezeichnete; die Leistung wird von einem anderen Leistenden erbracht; die Leistung wird an einen anderen Leistungsempfänger erbracht);
- der Unternehmer erbringt die Leistung nicht im Rahmen seines Unternehmens;
- ein Nichtunternehmer rechnet wie ein leistender Unternehmer ab.

# 2 Umsatzsteuer nach § 14c Abs. 1 UStG

## 2.1 Allgemeines

Die ausgewiesene Umsatzsteuer, die über die gesetzlich geschuldete hinausgeht, wird nach § 14c Abs. 1 UStG geschuldet. Sie entsteht nach § 13 Abs. 1 Nr. 3 UStG im Zeitpunkt der Ausgabe der Rechnung.

Der Rechnungsaussteller (§ 13a Abs. 1 Nr. 1 UStG) kann die nach § 14c Abs. 1 UStG geschuldete Umsatzsteuer beseitigen, indem er die Rechnung berichtigt und für den Fall, dass der Mehrbetrag bereits entrichtet wurde, diesen zurückzahlt. Die Berichtigung erfolgt nach A 14c.1 Abs. 5 und 7 Sätze 2 bis 5 UStAE durch schriftliche Erklärung gegenüber dem Rechnungsempfänger. Im Falle der Berichtigung entfällt nach § 17 UStG die nach § 14c Abs. 1 UStG geschuldete Umsatzsteuer für den Voranmeldungszeitraum, in dem die schriftliche Erklärung dem Rechnungsempfänger zugeht (A 14c.1 Abs. 5 Satz 3 UStAE). Hat der leistende Unternehmer den Mehrbetrag allerdings schon vereinnahmt, erfolgt die Berichtigung erst in dem VAZ, in dem die Rückzahlung dieses Mehrbetrags erfolgt (A 14c.1 Abs. 5, Satz 4 UStAE mit nachfolgendem Beispiel). Die Berichtigung kann dann entsprechend § 17 UStG im normalen Voranmeldungsverfahren für diesen Voranmeldungszeitraum vorgenommen werden. Nach § 233a AO entstandene Nachforderungszinsen bleiben jedoch bestehen. Denn einer Rechnungsberichtigung i. S. d. § 14c Abs. 1 Satz 2 UStG kommt keine Rückwirkung zu (BFH vom 12.10.2016 DB 2017, 466 und vom 13.12.2018 DB 2019, 588).

## 2.2 Sonderregelung

Eine Sonderregelung wurde für die in § 14c Abs. 1 Satz 3 aufgeführten Fälle getroffen. Diese führen zu einer ausschließlichen Berichtigung nach § 14c Abs. 2 Sätze 3 bis 5 UStG (vgl. 3), sofern

a) für eine nach § 1 Abs. 1a UStG nicht steuerbare Geschäftsveräußerung USt gesondert ausgewiesen wurde,
b) für eine an sich steuerfreie Leistung infolge des Verzichts auf die Befreiung nach § 9 UStG Umsatzsteuer ausgewiesen und der Verzicht danach rückgängig gemacht wurde.

## 2.3 Umsatzsteuer nach § 14c Abs. 1 UStG bei Gutschriften

Umsatzsteuer nach § 14c Abs. 1 UStG kann sich auch ergeben, wenn anstelle des leistenden Unternehmers der Leistungsempfänger mittels Gutschrift abgerechnet hat (A 14c.1 Abs. 3 UStAE). Nach § 14 Abs. 2 Satz 2 UStG ist eine Gutschrift lediglich eine andere Erscheinungsform der Rechnung i. S. d. § 14c Abs. 1 UStG, sodass sich über die Fälle des zu hohen Umsatzsteuerausweises (A 14c.1 Abs. 1 Nr. 1 UStAE) hinaus Umsatzsteuer nach § 14c Abs. 1 ergeben kann, wenn in einer Gutschrift über eine steuerfreie oder nicht steuerbare Leistung (Fälle des A 14c.1 Abs. 1 Nr. 2 bis 4 UStAE) abgerechnet und dafür fälschlich Umsatzsteuer ausgewiesen wird. In diesen Fällen schuldet der Gutschriftenempfänger die USt nach § 14c Abs. 1 UStG. Er kann den Eintritt der Rechtsfolge verhindern, indem er der Gutschrift widerspricht (§ 14 Abs. 2 Satz 3 UStG). Mit anderen Worten: Er ist gehalten, die Gutschrift aufgrund der ihn treffenden Folgen sorgfältig zu prüfen.

# 3 Umsatzsteuer nach § 14c Abs. 2 UStG

## 3.1 Allgemeines

Weist der leistende Unternehmer unberechtigt Umsatzsteuer in einer Rechnung aus (z. B. als Kleinunternehmer entgegen § 19 Abs. 1 Satz 4 UStG) oder rechnet jemand wie ein leistender Unternehmer ab und weist einen Steuerbetrag gesondert aus, obwohl er nicht Unternehmer ist oder keine Leistung ausführt, schuldet er die ausgewiesene USt nach § 14c Abs. 2 UStG. Die Formulierung »rechnet jemand wie ein leistender Unternehmer ab . . .« ergibt sich aus dem Rechnungsbegriff nach § 14 Abs. 1 UStG.

Die Rechtsfolgen des § 14c Abs. 2 UStG treten unabhängig davon ein, ob die Rechnung alle in § 14 Abs. 4 UStG aufgeführten Angaben enthält. Es bedarf lediglich der Angabe des Rechnungsausstellers und des Entgelts als Grundlage des gesondert ausgewiesenen Steuerbetrags (A 14c.2 Abs. 1 Sätze 3 und 4 UStAE mit weiteren Nachweisen). Die Umsatzsteuer nach § 14c Abs. 2 UStG entsteht ebenso wie die nach § 14c Abs. 1 UStG gemäß § 13 Abs. 1 Nr. 3 UStG im Zeitpunkt der Ausgabe der Rechnung; Steuerschuldner ist der Aussteller der Rechnung (§ 13a Abs. 1 Nr. 4 UStG). Auch diese Umsatzsteuer kann der Unternehmer beseitigen. Er muss dabei jedoch dabei das in § 14c Abs. 2 Sätze 3 bis 5 UStG vorgeschriebenen Verfahren einhalten. Dies bedeutet:

1. der Aussteller hat das Abrechnungsdokument gegenüber dem Empfänger für ungültig erklärt,
2. durch den Umsatzsteuerausweis ist keine Gefährdung des Steueraufkommens eingetreten, weil entweder der Rechnungsempfänger die ausgewiesene Umsatzsteuer nicht als Vorsteuer geltend gemacht hat oder der Rechnungsempfänger zwar die ausgewiesene Umsatzsteuer als Vorsteuer geltend gemacht hat, die Gefährdung des Steueraufkommens jedoch durch die Rückzahlung der Vorsteuer an das Finanzamt wieder beseitigt wurde,
3. der Schuldner der Steuer nach § 14c Abs. 2 UStG beantragt die Berichtigung des geschuldeten Betrags gesondert schriftlich beim Finanzamt und
4. das Finanzamt muss der Berichtigung zustimmen.

Sind diese Voraussetzungen erfüllt, kann der Schuldner der Steuer in entsprechender Anwendung des § 17 UStG den geschuldeten Steuerbetrag für den Voranmeldungszeitraum berichtigen, indem die eingetretene Gefährdung beseitigt wurde bzw. wenn überhaupt keine Gefährdung eintrat, bereits für den Voranmeldungszeitraum, in dem die Steuer entstand.

§ 14c Abs. 2 UStG findet auch auf Gutschriften Anwendung, wenn der Gutschriftsempfänger der Gutschrift nicht widerspricht (vgl. Rz. 5 des BMF-Schreibens vom 29. 01. 2004, BStBl I 2004, 258).

**BEISPIEL**

Der Privatmann P veräußert seinen gebrauchten Pkw an den Gebrauchtwagenhändler G. P händigt dem G ein blanko unterschriebenes Papier aus, in das G den Vertragstext einfügen soll. Zum gesonderten Steuerausweis trifft P keine Aussage. G fertigt den Kaufvertrag und weist darin USt in Höhe von 3 000 € gesondert aus.

**LÖSUNG** P schuldet die ausgewiesene Steuer von 3 000 € nach § 14c Abs. 2 UStG (vgl. A 14c.2 Abs. 2 Nr. 5 Satz 2 UStAE), wenn er der Gutschrift nicht widerspricht (§ 14 Abs. 2 Satz 3 UStG).

### 3.2 Einzelheiten zum Umsatzsteuerausweis nach § 14c Abs. 2 UStG

Die Steuer nach § 14c Abs. 2 UStG entsteht unabhängig davon, ob der Empfänger des Abrechnungspapiers dieses nutzt, um den Vorsteuerabzug geltend zu machen. Nach der Rechtsprechung des BFH (zum früheren § 14 Abs. 3 UStG) handelt es sich um einen abstrakten Gefährdungstatbestand. Der Aussteller des Abrechnungspapiers schuldet daher die Steuer nach § 14c Abs. 2 UStG zunächst (vor der Berichtigung nach § 14c Abs. 2 Sätze 3 bis 5 UStG) selbst dann, wenn der Leistungsempfänger ein Nichtunternehmer ist, bei dem absolut sicher feststeht, dass er keinen Versuch unternimmt, die ausgewiesene Vorsteuer geltend zu machen.

Die Steuer nach § 14c Abs. 2 UStG kann auch derjenige schulden, der das Abrechnungspapier zwar nicht selbst erstellt, jedoch mitverantwortlich für dessen Entstehen ist, indem er z. B. dem Leistungsempfänger ein blanko unterschriebenes Papier zum Ausfüllen als Kaufvertrag aushändigt, ohne ausdrücklich den gesonderten Steuerausweis zu untersagen (A 14c.2 Abs. 2 Nr. 5 Satz 2 UStAE).

Nach dem Urteil des BFH vom 07. 04. 2011, BStBl II 2011, 954 setzt die Inanspruchnahme der in einer Rechnung als Aussteller bezeichneten Person nach § 14c Abs. 2 UStG (im Urteilsfall war es noch die Vorgängervorschrift des § 14 Abs. 3 UStG) voraus, dass diese an der Erstellung der Urkunde mitgewirkt hat. Dabei sind die Grundsätze der Stellvertretung, zu denen auch die Grundsätze der Anscheins- und Duldungsvollmacht gehören, zu berücksichtigen. Eine Anscheinsvollmacht liegt vor, wenn der Vertretene das Handeln eines angeblichen Vertreters nicht kennt, aber bei pflichtgemäßer Sorgfalt hätte erkennen und verhindern können und der Geschäftsgegner nach Treu und Glauben annehmen durfte, der Vertretene dulde und billige das Handeln seines angeblichen Vertreters. Eine Duldungsvollmacht liegt vor, wenn der Vertretene es wissentlich geschehen lässt, dass ein anderer für ihn wie ein Vertreter auftritt und der Geschäftsgegner dieses Dulden nach Treu und Glauben dahingehend verstehen darf, dass der als Vertreter Handelnde bevollmächtigt ist.

### 3.3 Steuer nach § 14c Abs. 2 UStG bei Kleinbetragsrechnungen und Fahrausweisen

USt nach § 14c Abs. 2 UStG kann sich auch in den Fällen
- der Kleinbetragsrechnung und
- der Fahrausweise

ergeben. Der angegebene Steuersatz hat die Wirkung des gesonderten Steuerausweises (A 14c.2 Abs. 1 Sätze 5 und 6 UStAE).

## 4 Steuer nach § 14c UStG im Zusammenhang mit Vorausrechnungen bzw. Rechnungen über Abschlagszahlungen

### 4.1 Allgemeines

Die Steuer nach § 14c Abs. 2 UStG entsteht nicht, wenn ein Unternehmer eine Rechnung für eine Leistung ausstellt, die er zu erbringen beabsichtigt. Dann muss sich aus der Rechnung eindeutig (auf den ersten Blick erkennbar!) ergeben, dass die Leistung erst in der Zukunft erbracht werden soll (A 14c.2 Abs. 2 Nr. 2 Satz 2 UStAE). Wird die beabsichtigte Leistung später nicht erbracht, führt dies dennoch nicht zur Steuer nach § 14c Abs. 1 oder 2 UStG (A 14.8 Abs. 2 UStAE). Es handelt sich vielmehr um einen Anwendungsfall des § 17 UStG.

Wird in einer Vorausrechnung die USt zu hoch ausgewiesen, entsteht die Steuer nach § 14c Abs. 1 UStG gem. § 13 Abs. 1 Nr. 3 UStG bereits mit der Ausgabe der Rechnung.

| **§ 14 Abs. 1 UStG<br>(A 14c.1 UStAE)** | **§ 14 Abs. 2 UStG<br>(A 14c.2 UStAE)** |
|---|---|
| Zu hoher (**unrichtiger**) USt-Ausweis in<br>• Rechnung<br>• Kleinbetragsrechnung<br>• Fahrausweis oder zu hohe Tarifentfernung | **Unberechtigter** Steuerausweis gem.<br>• Satz 1 in Rechnung (Kleinunternehmer)<br>• Satz 2 1. Alt. durch Nichtunternehmer<br>• Satz 2 2. Alt. bei nicht erbrachter Leistung (Scheinrechnung) |
| **Entstehung der Steuer:**<br>§ 13 Abs. 1 Nr. 3 UStG: mit Ausgabe der Rechnung | **Entstehung der Steuer:**<br>§ 13 Abs. 1 Nr. 3 UStG: mit Ausgabe der Rechnung |
| **Berichtigungsmöglichkeit**<br>§ 14c Abs. 1 Satz 2 UStG<br>• Berichtigung ggü. Leistungsempfänger und tatsächliche Rückzahlung des Mehrbetrags an Leistungsempfänger<br>• Ausnahmen: § 14c Abs. 1 Satz 3 UStG | **Berichtigungsmöglichkeit**<br>§ 14c Abs. 2 Sätze 3–5 UStG<br>• Beseitigung der Gefährdung des Steueraufkommens<br>• Schriftlicher Antrag beim FA<br>• Zustimmung des FA |

**BEISPIEL**

A bestellt bei Kfz-Händler K einen Pkw. K erteilt A sofort eine Vorausrechnung über 30 000 € zuzüglich 19 % USt = 6 000 €. A leistet sofort eine Anzahlung in Höhe von 3 500 €.

**LÖSUNG** Die USt ist zu hoch berechnet, da 19 % von 30 000 € nur 5 700 € betragen. Da A die USt in der Vorausrechnung gesondert ausgewiesen hat, entsteht die USt nach § 14c Abs. 1 UStG i. H. v. 252,10 € (6 000 € ./. 5 747,90 €) bereits mit der Ausgabe der Vorausrechnung. Die reguläre USt für die Lieferung des Pkw entsteht spätestens im VAZ der Lieferung. Da A jedoch sofort eine Anzahlung leistet, entsteht die auf die Anzahlung entfallende USt i. H. v. 478,99 € (19/119 von 3 500 €) gem. § 13 Abs. 1 Nr. 1 Buchst. a Satz 4 UStG im VAZ der Anzahlung.

## 4.2 Steuer nach § 14c Abs. 1 UStG bei Endrechnungen

Nach § 14 Abs. 5 UStG muss der Unternehmer, der über im Voraus vereinnahmte Teilentgelte Rechnungen mit gesondertem USt-Ausweis ausgestellt hat und später eine Endrechnung erteilt, in der Endrechnung die vor Ausführung der Leistung vereinnahmten Teilentgelte und die auf sie entfallenden Steuerbeträge absetzen. Entspricht er dieser Verpflichtung nicht, schuldet er aus der Endrechnung nach § 14c Abs. 1 UStG nochmals die volle USt, obwohl diese zum Teil schon vorher aus den Anzahlungen bzw. Abschlagszahlungen entstanden ist (A 14.8 Abs. 10 Satz 3 UStAE).

**BEISPIELE**

a) Bauunternehmer B erstellt dem Auftraggeber A einen Rohbau. Am 10.07.01 und am 10. 09. 01 fordert er jeweils schriftlich eine Abschlagszahlung in Höhe von 30 000 € zuzüglich 5 700 € USt an. Nach Fertigstellung des Rohbaus am 01. 12. 01 erteilt er dem A am 10. 12. 01 eine Endrechnung. Sie lautet, auszugsweise dargestellt, wie folgt:

| | |
|---|---|
| Nettopreis Rohbau | 90 000 € |
| zuzüglich 19 % USt | 17 100 € |
| Gesamtbetrag | 107 100 € |
| abzgl. Zahlungen | 71 400 € |
| verbleiben | 35 700 € |

Der Sachverhalt wird anlässlich einer Außenprüfung bei B im Februar 05 aufgedeckt. B berichtigt sofort die Endrechnung entsprechend § 14 Abs. 5 Satz 2 UStG.

**LÖSUNG** Die Endrechnung entspricht nicht den Anforderungen des § 14 Abs. 5 UStG, da die auf Abschlagszahlungen entfallende USt nicht gesondert abgesetzt wurde (Beispiele hierfür in A 14.8 Abs. 7 UStAE). Somit entsteht die USt aus der Endrechnung mit Ablauf des VZ Dezember 01 in Höhe von 17 100 €. Zuvor ist schon USt aus den beiden Abschlagszahlungen in Höhe von jeweils 5 700 € entstanden. Insgesamt ergibt sich somit aus der fehlerhaften Endrechnung nach A 14.8 Abs. 10 Satz 3 UStAE eine Steuer nach § 14c Abs. 1 UStG in Höhe von 11 400 €.

b) Wie Beispiel a), jedoch hatte B in der Anforderung der Abschlagszahlung vom 10. 07. 01 die USt nicht gesondert ausgewiesen, sondern lediglich einen unaufgegliederten Betrag von 35 700 € eingefordert.

**LÖSUNG** Da B für die Abschlagszahlung vom 10. 07. 01 die USt nicht gesondert ausgewiesen hatte, braucht er insoweit die hierauf entfallende USt in der Endrechnung nicht nach § 14 Abs. 5 UStG abzusetzen. Die Steuer nach § 14c Abs. 1 UStG entsteht somit lediglich wegen der nicht abgesetzten USt bezüglich der am 10.09. angeforderten Abschlagszahlung. Sie beträgt daher nur 5 700 €.

## 5 Übungsfälle zur Steuer nach § 14c Abs. 1 und 2 UStG

1. Bauunternehmer B ist Mitglied des örtlichen Sportvereins S. S errichtet in Eigenleistung der Vereinsmitglieder ein Vereinsheim. Da S nur dann öffentliche Zuschüsse erhält, wenn er entsprechende Rechnungen vorweist, erteilt B eine den Anforderungen des § 14 Abs. 4 UStG entsprechende Rechnung bezüglich der Erstellung des Rohbaus über 50 000 € zuzüglich 9 500 € USt. B hat an der Erstellung des Rohbaus jedoch nicht mitgewirkt. Der Verein hatte nachweislich nie die Absicht, einen Vorsteuerabzug geltend zu machen. Die Rechnung sollte ausschließlich zur Erlangung eines Zuschusses verwendet werden.
2. Kfz-Händler H hat dem Privatmann P einen Pkw für 20 000 € zuzüglich 19 % USt = 3 800 € veräußert und ihm darüber eine Rechnung mit allen nach § 14 Abs. 4 UStG erforderlichen Angaben ausgestellt. Er hat dabei den gebrauchten Pkw des P für 6 000 € in Zahlung genommen. Der gemeine Wert des gebrauchten Pkw betrug nur 3 000 €.
3. Kfz-Händler H hat dem Privatmann P einen Pkw für 20 000 € zuzüglich 19 % USt = 3 800 € veräußert und ihm darüber eine Rechnung ausgestellt, in welcher sowohl die Angabe des Lieferzeitpunkts als auch der Steuernummer (bzw. USt-IdNr.) fehlt. Er hat dabei den gebrauchten Pkw des P für 6 000 € in Zahlung genommen. Der gemeine Wert des gebrauchten Pkw betrug nur 3 000 €.
4. Friseur F (Kleinunternehmer nach § 19 Abs. 1 UStG) erteilt seinem Kunden K für das Haareschneiden eine Kleinbetragsrechnung über 20 €. Die Rechnung trägt den Aufdruck: »Inklusive 19 % USt.«
5. Friseur F (Kleinunternehmer nach § 19 Abs. 1 UStG) erteilt seinem Kunden K fürs Haareschneiden eine Kleinbetragsrechnung über 20 €. Die Rechnung trägt den Vermerk: »Hierin ist die USt mit 15,96 % enthalten.«

6. Privatmann P, wohnhaft in Basel (Schweiz) veräußert dem Kunsthändler K in Freiburg ein Gemälde und erteilt ihm hierüber eine Rechnung über 10 000 € zuzüglich 700 € Einfuhr-USt.
7. Privatmann P veräußert dem Gebrauchtwagenhändler G seinen gebrauchten Pkw für 11 900 €. P unterschreibt einen von G vorbereiteten Vertrag, in dem als Kaufpreis 10 000 € zuzüglich 1 900 € USt aufgeführt sind. Der Vertrag enthält alle nach § 14 Abs. 4 UStG erforderlichen Angaben.
8. Landwirt L (Besteuerung nach § 24 UStG) verpachtet dem Supermarkt S einen Acker für 5 000 € zuzüglich 19 % USt = 950 €. L erteilt S eine Rechnung.
9. Der Schriftsteller S (kein Kleinunternehmer nach § 19 Abs. 1 UStG) veräußert an das ZDF ein Originalmanuskript (Steuersatz 19 %) für 10 000 € zuzüglich 7 % USt = 700 €.
10. Kfz-Händler H hat mit dem Kunden K einen schriftlichen Kaufvertrag mit allen nach § 14 Abs. 4 UStG erforderlichen Angaben über einen Pkw abgeschlossen. Der Kaufpreis beträgt danach 30 000 € zuzüglich 5 700 € USt. H liefert den Pkw nie an K aus, weil er rechtzeitig erkennt, dass K zahlungsunfähig ist.
11. Z ist Zahnarzt. Er unterliegt der Kleinunternehmerregelung nach § 19 Abs. 1 UStG. Im Juli 01 hat er an die Dental-GmbH sein Zahnlabor veräußert (keine Teilbetriebsveräußerung i. S. d. § 1 Abs. 1a UStG). Im Dezember 02 stellte er der Dental-GmbH ein mit Rechnung überschriebenes Schriftstück aus mit dem Text: »Mehrwertsteuer für den Verkauf Labor Juli 01 18 000 €.«

# Teil S Ausgewählte Probleme bei Personenvereinigungen

## 1 Gründung von Personenvereinigungen

### 1.1 Allgemeines

Schließen sich Personen zwecks Gründung einer Personenvereinigung, die sich unternehmerisch betätigen soll, zusammen, ist davon auszugehen, dass die Personenvereinigung als USt-Subjekt von Anfang an existent und bereits der Vereinigungsvorgang an sich als Vorbereitungshandlung für die unternehmerische Betätigung anzusehen ist. Dies gilt sowohl für die Gründung einer Personen- (OHG, KG, GbR) als auch einer Kapitalgesellschaft (GmbH, AG).

Vorsteuern aus der Gründungsphase können nach den allgemeinen Grundsätzen des § 15 UStG abgezogen werden. Entscheidend für den Vorsteuerabzug ist, ob die Gesellschaft beabsichtigt, steuerpflichtige Umsätze zu tätigen. Die Ausgabe von Gesellschaftsanteilen als solche ist nicht steuerbar (A 1.6 Abs. 2 Satz 1 und Satz 2 UStAE). Fallen im Zusammenhang mit der Gründung Vorsteuern an, ist zu prüfen, ob die zugrundeliegenden Aufwendungen zu den Kostenelementen von beabsichtigten steuerpflichtigen Ausgangsumsätzen gehören. Dies ist gegeben, wenn durch die Ausgabe von Gesellschaftsanteilen bzw. Aktien das Kapital der Gesellschaft zugunsten seiner wirtschaftlichen Tätigkeit verstärkt werden soll und die Kosten als Teil ihrer allgemeinen Kosten zu den Preiselementen ihrer Produkte gehören. Führt die Gesellschaft sowohl vorsteuerunschädliche als auch vorsteuerschädliche Ausgangsumsätze aus, sind die Vorsteuern nach § 15 Abs. 4 UStG aufzuteilen. Nähere Einzelheiten hierzu in A 15.21 UStAE.

**BEISPIELE**

a) Zur Gründung der AB-GmbH bildete sich zunächst die Vorgründungsgesellschaft AB-GbR. Diese erwarb im Hinblick auf die Gründung der AB-GmbH Büromöbel für 90 000 € zuzüglich 17 100 € USt. Nach Abschluss des notariellen Gesellschaftsvertrags und Eintragung im Handelsregister übertrug die AB-GbR die Büromöbel auf die AB-GmbH. Die AB-GmbH tätigt ausschließlich vorsteuerunschädliche Umsätze.

**LÖSUNG** Die von der Vorgründungsgesellschaft bezogenen Gegenstände bilden Kostenelemente der späteren Umsätze der AB-GmbH. Zur Vermeidung von Wettbewerbsverzerrungen im Verhältnis zu anderen Unternehmen muss ein Vorsteuerabzug auch dann möglich sein, wenn die Ausgangsumsätze nicht von der AB-GbR, sondern von der AB-GmbH getätigt werden. Die Übertragung der Büromöbel auf die GmbH ist als Geschäftsveräußerung ein nicht steuerbarer Vorgang und scheidet deshalb als für den Vorsteuerabzug maßgeblicher Ausgangsumsatz aus. Deshalb ist hinsichtlich der Vorsteuerabzugsberechtigung auf die späteren Ausgangsumsätze der GmbH abzustellen. Da die AB-GmbH ausschließlich vorsteuerunschädliche Umsätze tätigt, darf die AB-GbR die Vorsteuer in Höhe von 17 100 € abziehen (A 15.2b Abs. 3, Satz 8 UStAE).

b) Die AB-OHG wurde zwecks Errichtung eines Einkaufszentrums gegründet, das an verschiedene Gewerbetreibende steuerpflichtig vermietet werden sollte. Anlässlich der Gründung ließ sich die AB-OHG vom Rechtsanwalt R beraten, der ihr hierfür 40 000 € zuzüglich 19 % USt = 7 600 € berechnete.

**LÖSUNG** Die Gründung der AB-OHG ist ein nicht steuerbarer Vorgang. Die Leistung des R dient letztlich den steuerpflichtigen Vermietungsumsätzen der AB-OHG. Somit darf die AB-OHG die ihr von R berechnete USt in Höhe von 7 600 € als Vorsteuer abziehen.

Von der Frage der Vorsteuerabzugsberechtigung der **Gesellschaft** ist die Frage zu unterscheiden, ob dem **Gesellschafter** der Vorsteuerabzug zusteht, wenn ihm anlässlich der Gründung der Gesellschaft USt in Rechnung gestellt wird. Dazu lässt sich festhalten, dass der Gesellschafter als solcher kein Unternehmer i. S. d. § 2 UStG ist; die Unternehmereigenschaft wird insoweit von der Gesellschaft in Anspruch genommen. Die einkommensteuerrechtliche Mitunternehmereigenschaft ist umsatzsteuerrechtlich irrelevant.

**BEISPIEL**

A und B waren bisher Arbeitnehmer. Sie gründen die AB-OHG, um in dieser Rechtsform ein Handelsgeschäft zu betreiben. Bei der Gründung ließ sich A vom Rechtsanwalt R beraten, der ihm hierfür 5 000 € zuzüglich 19 % USt = 950 € berechnete.

**LÖSUNG** A ist als Gesellschafter der AB-OHG kein Unternehmer. A hat deshalb aus der Rechnung des R keinen Vorsteuerabzug.

Ein Vorsteuerabzug beim Gesellschafter anlässlich der Gründung kommt nur dann in Betracht, wenn er aus anderen Gründen Unternehmer ist und die Gründung der Gesellschaft im Zusammenhang mit steuerpflichtigen Ausgangsumsätzen seines Unternehmens steht.

**BEISPIEL**

A ist Einzelhändler. Er gründet zusammen mit einigen anderen Einzelhändlern eine KG, die sich auf dem Großhandelssektor betätigen und unter anderem auch ihren Gesellschaftern einen günstigen Warenbezug ermöglichen soll. Bei der Gründung ließ sich A vom Rechtsanwalt R beraten, der ihm hierfür 5 000 € zuzüglich 19 % USt = 950 € berechnete.

**LÖSUNG** Im vorliegenden Fall dient die Beteiligung des A an der KG ersichtlich seinem Einzelunternehmen. Damit steht die Leistung des R im mittelbaren Zusammenhang mit den steuerpflichtigen Umsätzen des A als Einzelhändler. A kann deshalb die ihm von R berechnete USt in Höhe von 950 € als Vorsteuer abziehen.

Gewährt der Gesellschafter seine Einlage als sog. Sacheinlage, stellt sich bei ihm die Frage der Steuerpflicht und bei der Gesellschaft die Frage des Vorsteuerabzugs.

Die Sacheinlage des Gesellschafters ist nur dann steuerpflichtig, wenn der Gesellschafter sie aus seinem eigenen Unternehmen heraus erbringt.

**BEISPIELE**

a) Die Architekten A und B gründen gemeinsam eine Partnerschaft nach § 1 PartGG. Sie soll ihre freiberufliche Tätigkeit als Einzelunternehmer unterstützen. B, der bisher als Angestellter in einem Architekturbüro gearbeitet hat, bringt als Einlage u. a. seinen gebrauchten Pkw ein.

**LÖSUNG** B ist bisher kein Unternehmer gewesen und wird auch nicht durch seinen Eintritt in die Sozietät zum Unternehmer. Die Einlage des Pkw ist daher nicht steuerbar. Da die Sozietät den Pkw von einem Nichtunternehmer geliefert bekam, steht ihr hieraus nach § 15 Abs. 1 UStG kein Vorsteuerabzug zu.

b) Die selbständigen Ingenieure A und B gründen ein gemeinsames Entwicklungsbüro in der Form der Partnerschaft nach § 1 PartGG. A bringt als Einlage ein von ihm in seinem Ingenieurbüro entwickeltes Patent ein. A erhält dafür eine Beteiligung an der GbR im gemeinen Wert von 20 000 €. Daneben betreiben A und B auch weiterhin ihre freiberufliche Tätigkeit als Einzelunternehmer.

**LÖSUNG** Die Einbringung des Patents durch A ist steuerbar und steuerpflichtig (A 15.21 Abs. 7 Satz 2 UStAE). Die USt beträgt 7/107 von 20 000 € = 1 308,41 € (ermäßigter Steuersatz nach § 12 Nr. 7 Buchst. c UStG, A 12.7 Abs. 1 Satz 12 und A 3a.9 Abs. 1 UStAE). Die GbR kann aufgrund einer entsprechenden Rechnung des A die Umsatzsteuer als Vorsteuer geltend machen.

### 1.2 Erweiterung eines Einzelunternehmens durch Aufnahme eines Gesellschafters

Nimmt ein Einzelunternehmer eine weitere Person als Gesellschafter in sein Unternehmen auf und wird dieses nach außen ersichtlich als Gesellschaft fortgeführt, handelt es sich bei der Aufnahme des Gesellschafters umsatzsteuerrechtlich um eine nicht steuerbare Geschäftsveräußerung im Ganzen des Einzelunternehmens an die neugegründete Gesellschaft (§ 1 Abs. 1a Satz 2 UStG).

**BEISPIEL**

Die Architekten A und B gründen gemeinsam eine Sozietät (GbR). A hatte sich bisher allein als freiberuflicher Architekt betätigt. Er bringt sein bisheriges Einzelunternehmen in die Sozietät ein. Es besteht im Wesentlichen aus einigen Einrichtungsgegenständen im Wert von netto 10 000 €, sowie aus einem Firmenwert in Höhe von netto 30 000 €. B zahlt 40 000 € ein. A und B sind an der Sozietät zu je 50 % beteiligt. Die Sozietät verpflichtet sich, die aus der Einbringung bei A anfallende USt diesem zu vergüten.

**LÖSUNG** Von Seiten des A liegt eine Geschäftsveräußerung im Ganzen an die Sozietät vor. Sie ist nach § 1 Abs. 1a UStG nicht steuerbar. Aus der Übertragung der Besitzposten auf die GbR fällt keine USt an. Im Gegenzug gewährt die Gesellschaft A und B Gesellschaftsanteile. Dies ist jedoch kein steuerbarer Vorgang (A 15.21 Abs. 1 Sätze 1 und 2 UStAE).

## 2 Erweiterung einer Personenvereinigung um weitere Mitglieder

Nimmt eine bestehende Personenvereinigung weitere Mitglieder auf, bleibt die Unternehmeridentität gewahrt. Die Aufnahme eines weiteren Mitglieds ist ein nicht steuerbarer Vorgang (A 15.21 Abs. 1 Satz 1 UStAE).

**BEISPIEL**

Die A-B-OHG nimmt ab 01. 01. 03 den C als weiteren Gesellschafter auf. C leistet dafür eine Bareinlage von 100 000 €. Die OHG nennt sich ab 01. 01. 03 A-B-C-OHG. Im Zusammenhang mit der Aufnahme des C sind bei der OHG Vorsteuern angefallen.

**LÖSUNG** Die Aufnahme des C in die Gesellschaft ist ein nicht steuerbarer Vorgang (A 15.21 Abs. 1 Satz 1 UStAE).

Die Änderung des Firmennamens von A-B-OHG in A-B-C-OHG ist ebenfalls umsatzsteuerrechtlich irrelevant, vergleichbar der Namensänderung einer natürlichen Person bei der Eheschließung.

Die OHG hat den Vorsteuerabzug hinsichtlich der im Zusammenhang mit der Aufnahme des C angefallenen Vorsteuern, wenn die unternehmerische Tätigkeit der OHG zu steuerpflichtigen Umsätzen führt.

## 3 Veräußerung eines Gesellschaftsanteils durch einen Gesellschafter

Veräußert ein Gesellschafter seinen Gesellschaftsanteil an einen Dritten, bedarf er dazu i. d. R. der Zustimmung der übrigen Gesellschafter. Gleichwohl ist der Umsatz, der nach Zustimmung der übrigen Gesellschafter zustande kommt, ausschließlich dem veräußernden Gesellschafter zuzurechnen. Da Gesellschafter in dieser Eigenschaft als solcher keine Unternehmer sind, ist die Veräußerung regelmäßig nicht steuerbar. Etwas anderes gilt nur dann, wenn der Gesellschafter aus anderen Gründen Unternehmer i. S. d. UStG ist und sich der Gesellschaftsanteil in seinem Unternehmen befand. In diesem Fall wäre die Veräußerung steuerbar, jedoch nach § 4 Nr. 8 Buchst. f UStG steuerfrei.

Infolge der Veräußerung des Anteils verliert der veräußernde Gesellschafter sein Gesamthandseigentum am Vermögen der OHG. An seine Stelle tritt der erwerbende Dritte. Umsatzsteuerrechtlich ist dieser Vorgang neutral. Die Gesellschaft selbst verliert infolge des Gesellschafterwechsels nicht ihre Unternehmeridentität.

**BEISPIEL**

C ist als Gesellschafter an der A-B-C-OHG beteiligt. Mit Zustimmung von A und B veräußert er mit Wirkung zum 01. 01. 03 seinen Anteil an D. Die OHG nennt sich ab dem 01. 01. 03 A-B-D-OHG.

**LÖSUNG** Die Übertragung des Gesellschaftsanteils von C auf D erfolgt aufgrund eines zwischen C und D abgeschlossenen Verpflichtungsgeschäfts. Daher erbringt C an D eine sonstige Leistung, bestehend in der Übertragung des Gesellschaftsanteils. Da C als Gesellschafter der OHG nicht Unternehmer i. S. d. UStG ist, ist diese Leistung nicht steuerbar.

Mit der Übertragung des Anteils geht das Gesamthandsvermögen des C an der OHG auf D über. Dieser Vorgang hat sich umsatzsteuerrechtlich in der nicht steuerbaren Übertragung des Gesellschaftsanteils erschöpft.

Der mit der Übertragung des Gesellschaftsanteils erfolgte Gesellschafterwechsel vermag an der Unternehmeridentität der OHG nichts zu ändern. Es handelt sich lediglich um eine Namensänderung, vergleichbar einer Namensänderung bei der Eheschließung einer natürlichen Person.

Erwirbt bei einer Kapitalgesellschaft ein Gesellschafter alle Anteile der übrigen Gesellschafter, besteht die Gesellschaft grundsätzlich auch als Einmann-Kapitalgesellschaft fort. Insoweit ergeben sich gegenüber den vorstehenden Ausführungen keine Besonderheiten. Allerdings kann die Kapitalgesellschaft als Organgesellschaft in ein anderes Unternehmen, das vom Alleingesellschafter beherrscht wird, eingegliedert sein.

**BEISPIELE**

a) A betreibt als Einzelunternehmer eine Maschinenfabrik. Er vertreibt seine Maschinen über die B-GmbH, an der er zu 20 % beteiligt ist. Mit Wirkung zum 01. 01. 02 erwirbt A von den übrigen Gesellschaftern der B-GmbH die restlichen 80 % der Anteile und übernimmt die Geschäftsführung.

**LÖSUNG** Bei der Veräußerung der Anteile der übrigen Gesellschafter an A handelt es sich um die nicht steuerbare Übertragung von Gesellschaftsanteilen.

Mangels finanzieller Eingliederung besteht vor dem 01. 01. 02 keine Organschaft. Mit dem Erwerb der restlichen Anteile zum 01. 01. 02 erfolgt eine vollständige finanzielle Eingliederung der GmbH in das Unternehmen des A. Aufgrund wirtschaftlicher und organisatorischer Eingliederung infolge der Stellung des A als Geschäftsführer wird die B-GmbH ab 01. 01. 02 zur unselbständigen Organgesellschaft des Unternehmens des A (§ 2 Abs. 2 Nr. 2 UStG).

b) A betreibt als Einzelunternehmer eine Maschinenfabrik. Er ist außerdem zu 20 % an der Hotel-GmbH beteiligt. Mit Wirkung zum 01. 01. 02 erwirbt A von den übrigen Gesellschaftern der Hotel-GmbH die restlichen 80 % der Anteile. Die Maschinenfabrik und die Hotel-GmbH sind wirtschaftlich nicht miteinander verflochten.

**LÖSUNG** Die Übertragung der Gesellschaftsanteile der übrigen Gesellschafter auf A ist nicht steuerbar. Die Hotel-GmbH behält auch als Einmann-GmbH ihre rechtliche Selbständigkeit. Sie wird auch nicht als Organgesellschaft in das Unternehmen des A eingegliedert, weil es an der wirtschaftlichen Verflechtung fehlt (s. Wortlaut § 2 Abs. 2 Nr. 2 UStG).

Überträgt bei einer Personengesellschaft mit zwei Gesellschaftern der eine Gesellschafter seinen Anteil auf den andern, erlischt die Gesellschaft. Das Gesamthandsvermögen der

Gesellschaft wandelt sich kraft Gesetzes zum Alleineigentum des verbleibenden Gesellschafters. Auch in diesem Fall erschöpft sich die umsatzsteuerrechtliche Auswirkung in der nicht steuerbaren Übertragung des Gesellschaftsanteils auf den verbleibenden Gesellschafter. Der Übergang des Alleineigentums auf den verbleibenden Gesellschafter führt anders als bei der Aufnahme eines Gesellschafters in ein Einzelunternehmen (vgl. 1.2) zu keiner Geschäftsveräußerung, die im Übrigen ebenfalls nicht steuerbar wäre (§ 1 Abs. 1a UStG). Es handelt sich vielmehr um eine nicht steuerbare Gesamtrechtsnachfolge (A 15a.10 Satz 1 Nr. 3 UStAE). Der verbleibende Gesellschafter führt dann als Rechtsnachfolger das Unternehmen als Einzelunternehmen fort.

**BEISPIELE**

a) Die A-KG besteht aus A als Komplementär und B als Kommanditist. Zum 01. 01. 02 erwirbt A von B dessen Kommanditanteil für 50 000 €. A führt das Unternehmen als Firma A fort.

**LÖSUNG** Die Übertragung des Kommanditanteils von B auf A ist nicht steuerbar. Infolgedessen wird A Alleineigentümer bezüglich des Vermögens der A-KG. Dieser Vorgang ist als Gesamtrechtsnachfolge zu beurteilen und hat keine weiteren umsatzsteuerrechtlichen Auswirkungen.

b) Im obigen Beispiel a) hatte die A-KG im Jahr 01 eine Lagerhalle errichtet und die Vorsteuer hieraus in Höhe von 50 000 € geltend gemacht. Die Halle wurde ab 01. 07. 01 für die Lagerung von Handelsware verwendet. Zum 01. 07. 03 veräußerte der nunmehrige Alleineigentümer A die Halle steuerfrei an die Gemeinde G.

**LÖSUNG** Die steuerfreie Veräußerung der Lagerhalle löst bei A die Vorsteuerberichtigung nach § 15a Abs. 8 i. V. m. Abs. 9 UStG zu seinen Ungunsten aus, da bei A als Rechtsnachfolger der A-KG die Verhältnisse bei der A-KG uneingeschränkt maßgebend sind (A 15a.10 Satz 3 UStAE). Die Vorsteuerberichtigung bei A ist nach § 44 Abs. 3 Satz 2 UStDV für den VZ Juli 03 vorzunehmen, der Berichtigungsbetrag beläuft sich auf 8/10 von 50 000 € = 40 000 €.

Findet bei einer Kapitalgesellschaft gleichzeitig ein vollständiger Wechsel aller Gesellschafter statt, indem die bisherigen Gesellschafter ihre Anteile auf neue Gesellschafter übertragen, erschöpft sich auch dieser Vorgang in der nicht steuerbaren Übertragung der Gesellschaftsanteile.

Das Gleiche gilt bei einem vollständigen Wechsel der Gesellschafter einer Personengesellschaft (vgl. BFH vom 29. 10. 1987 BStBl II 1988, 92).

## 4 Ausscheiden eines Gesellschafters aus einer Gesellschaft durch Abfindung seitens der Gesellschaft

Scheidet ein Gesellschafter gegen eine Abfindung aus einer Gesellschaft aus, ist dies nach dem Urteil des EuGH vom 26. 06. 2003, UR 2003, 443 als nicht steuerbarer Vorgang zu beurteilen. Das Gesamthandsvermögen des ausscheidenden Gesellschafters wächst kraft Gesetzes den verbleibenden Gesellschaftern an. Dieser Vorgang ist umsatzsteuerrechtlich irrelevant.

Gewährt die Gesellschaft jedoch als Gegenleistung eine Abfindung in Sachwerten, erbringt sie damit einen steuerbaren Umsatz.

**BEISPIEL**

A scheidet aus der A-B-C-OHG aus. Er erhält als Abfindung einen der Lkws der OHG.

**LÖSUNG** Die Veräußerung des Gesellschaftsanteils gegen den Lkw an die OHG stellt auf Seiten des A eine nicht steuerbare Leistung dar.

Die Übertragung des Lkw an A gegen die Rückgewähr seines Gesellschaftsanteils ist bei der OHG steuerbar und steuerpflichtig. Bruttobemessungsgrundlage ist nach § 10 Abs. 2 UStG der gemeine Wert des Gesellschaftsanteils des A.

Die Anwachsung des Gesellschaftsvermögens des A bei B und C ist ein umsatzsteuerrechtlich nicht relevanter Vorgang. Die Unternehmeridentität der OHG bleibt trotz des Ausscheidens des A gewahrt.

Scheidet der vorletzte Gesellschafter aus einer Gesellschaft aus und wird er hierfür von der Gesellschaft abgefunden, stellt sich der Vorgang im Ergebnis nicht anders dar, als wenn der ausscheidende Gesellschafter seinen Anteil an den verbleibenden Gesellschafter veräußert (vgl. 3 erstes Beispiel a).

Die Veräußerung des Anteils an die Gesellschaft ist nicht steuerbar.

Infolge des Ausscheidens des Gesellschafters wachsen die Gesellschaftsrechte dem als Alleininhaber zurückbleibenden früheren Gesellschafter als Gesamtrechtsnachfolger zu.

Erfolgt die Abfindung des ausscheidenden Gesellschafters in Sachwerten, liegt darin ein steuerbarer Umsatz der Gesellschaft (vgl. A 1.5 Abs. 9 Satz 2 UStAE).

## 5 Auflösung einer Gesellschaft durch Liquidation

Wird eine Gesellschaft aufgelöst, indem ihr Vermögen liquidiert wird, besteht die Gesellschaft bis zur Vollauflösung fort. Die Veräußerungen von Sachwerten stellen steuerbare Hilfsumsätze dar.

Wird das Gesellschaftsvermögen nicht an Dritte veräußert, sondern unter den Gesellschaftern verteilt, liegt ebenfalls ein Leistungsaustausch vor. Entgelt für z. B. die Lieferung von Einrichtungsgegenständen an Gesellschafter ist der anteilige Wert des Gesellschaftsanteils, der auf diese Weise sukzessive an die Gesellschaft zurückgewährt wird.

## 6 Veränderungen in der Unternehmensform

Wird eine nicht rechtsfähige Personengesellschaft in eine andere nicht rechtsfähige Personengesellschaft umgewandelt, z. B. eine OHG in eine KG, ist dieser Vorgang umsatzsteuerrechtlich irrelevant. Die Unternehmeridentität bleibt trotz dieses Formwechsels gewahrt. Das Gleiche gilt bei der Umwandlung einer Kapitalgesellschaft in eine andere Kapitalgesellschaft, z. B. einer GmbH in eine AG.

Wird dagegen eine nicht rechtsfähige Personengesellschaft in eine Kapitalgesellschaft oder eine Kapitalgesellschaft in eine nicht rechtsfähige Personengesellschaft umgewandelt, kann nach Verwaltungsauffassung (A 1.5 Abs. 9 UStAE) und nach Auffassung des BFH (vgl. Urteil vom 22. 04. 1971, V R 86/67 BStBl II 1971, 657) darin eine nach § 1 Abs. 1a UStG nicht steuerbare Geschäftsveräußerung im Ganzen liegen, wenn das Vermögen der bisherigen Gesellschaft unmittelbar auf die neue Gesellschaft übertragen wird. Nach der gegenteiligen Auffassung handelt es sich von vornherein um einen nicht steuerbaren Vorgang, weil die Unternehmeridentität gewahrt ist.

# 7 Verschmelzung von Personenvereinigungen

Für die umsatzsteuerrechtliche Behandlung der Verschmelzung von Personenvereinigungen ist auf die Abwicklung im konkreten Einzelfall abzustellen. Im Regelfall stellt die Verschmelzung keine Geschäftsveräußerung im Ganzen, sondern eine nicht steuerbare Gesamtrechtsnachfolge dar.

**BEISPIELE**

a) Die X-GmbH erwirbt von den Gesellschaftern A und B der A-B-OHG sämtliche Anteile an der OHG.

**LÖSUNG** Die Veräußerung der Anteile von A und B an die X-GmbH stellt eine nicht steuerbare Übertragung von Gesellschaftsanteilen dar.
Durch die Vereinigung sämtlicher Anteile an der A-B-OHG in der Hand der X-GmbH erlischt die A-B-OHG. Das Gesamthandsvermögen der A-B-OHG wird Alleineigentum der X-GmbH. Dies ist ein Vorgang kraft Gesetz und stellt keinen steuerbaren Umsatz dar.

b) Die A-B-OHG erwirbt von den Gesellschaftern X und Y sämtliche Anteile an der X-GmbH. Im Anschluss an den Erwerb der Anteile wird das Vermögen der X-GmbH einschließlich der Schulden auf die AB-OHG übertragen.

**LÖSUNG** Die Übertragung der Anteile von X und Y auf die A-B-OHG stellt eine nicht steuerbare Übertragung von Gesellschaftsanteilen dar.
Die Übertragung des Vermögens der X-GmbH auf die A-B-OHG und die damit verbundene Auflösung der X-GmbH stellt eine übertragende Umwandlung dar, die umsatzsteuerrechtlich als Geschäftsveräußerung des Geschäfts der X-GmbH an die A-B-OHG zu beurteilen ist. Die Geschäftsveräußerung ist nach § 1 Abs. 1a Satz 1 UStG nicht steuerbar.

c) Die A-GmbH und die B-GmbH schließen sich zur C-AG zusammen. Zu diesem Zweck wird die C-AG gegründet und sämtliche Anteile von den bisherigen Gesellschaftern der A-GmbH und B-GmbH auf die C-AG übertragen. Sie erhalten dafür entsprechend ihren bisherigen Anteilen Aktien der C-AG. Unter Beachtung der Vorschriften des Umwandlungsgesetzes erfolgt die Verschmelzung der A-GmbH und der B-GmbH mit der C-AG. Mit der Eintragung der Verschmelzung ins Handelsregister erlöschen die A-GmbH und die B-GmbH.

**LÖSUNG** Die Übertragung der Anteile der bisherigen Gesellschafter der A-GmbH und der B-GmbH stellt eine nicht steuerbare Gewährung von Gesellschaftsanteilen dar. Sollte ausnahmsweise ein Gesellschaftsanteil Unternehmensvermögen sein, wäre die Leistung zwar steuerbar, jedoch nach § 4 Nr. 8 Buchst. f UStG steuerfrei.
Die anschließende Verschmelzung stellt eine übertragende Umwandlung dar, die umsatzsteuerrechtlich als Geschäftsveräußerung des Geschäfts der A-GmbH und der B-GmbH an die C-AG zu beurteilen ist. Die Geschäftsveräußerung ist nach § 1 Abs. 1a Satz 1 UStG nicht steuerbar.

# 8 Leistungsaustausch zwischen Personenvereinigung und Mitglied ohne Veränderung des Gesellschafts- bzw. Gesellschafterstatus

## 8.1 Leistungen der Personenvereinigung an das Mitglied

Leistungen der Personenvereinigungen an das Mitglied, für die das Mitglied ein Entgelt aufwendet, sind steuerbar nach § 1 Abs. 1 UStG. Ein Entgelt kann bei einer nicht rechtsfähigen Personengesellschaft des Handelsrechts auch darin liegen, dass das handelsrechtliche Privatkonto belastet wird. Für die Steuerbarkeit nach § 1 Abs. 1 Nr. 1 UStG spielt es keine Rolle, ob das Entgelt angemessen ist. Die Frage der Angemessenheit ist erst im Rahmen der Ermittlung der Bemessungsgrundlage zu prüfen. Ist das Entgelt unangemessen niedrig, berechnet sich nach § 10 Abs. 5 Nr. 1 UStG als Mindestbemessungsgrundlage das Entgelt nach § 10 Abs. 4 UStG und wird auf das marktübliche Niveau hochgeschleust.

Erfolgen unentgeltliche Leistungen der Personenvereinigung an das Mitglied, liegen entgeltlichen Leistungen gleichgestellte Lieferungen nach § 3 Abs. 1b Nr. 1 UStG oder sonstige Leistungen nach § 3 Abs. 9a UStG vor. Ausführliche Erläuterungen in A 1.6 Abs. 2 bis 7 UStAE.

**BEISPIELE**

a) Die Rechtsanwaltssozietät der Rechtsanwälte A und B unterhält einen Fuhrpark, bestehend aus einem Mercedes und einem BMW. A und B sind sich einig, dass sie diese Pkw jederzeit auch für Fahrten zwischen Wohnung und Büro sowie für Privatfahrten einsetzen dürfen, ohne hierfür einen Ausgleichsbetrag an die Sozietät entrichten zu müssen.

**LÖSUNG** Soweit die Pkw privat genutzt werden, wird dies gem. § 3 Abs. 9a Nr. 1 UStG entgeltlichen sonstigen Leistungen gleichgestellt. Die Privatnutzung ist damit steuerbar und steuerpflichtig. Bemessungsgrundlage sind die auf die Privatnutzung entfallenden anteiligen Kosten, soweit sie zum Vorsteuerabzug berechtigen. Nicht einzubeziehen sind die auf die Fahrten zum Büro entfallenden Kosten, da sie betrieblich veranlasst sind. Im Übrigen kann die Bemessungsgrundlage nach der einkommensteuerrechtlichen 1 %-Regelung pauschaliert werden (A 15.23 Abs. 5 UStAE; Beispiele in N 3.2.3).

b) Wie Beispiel a), jedoch berechnet die Sozietät ihren Gesellschaftern jeweils pauschal für die private Benutzung der Pkw jährlich 3 000 €. Der Listenpreis brutto für beide Pkw hat jeweils 71 400 € betragen. Die private Nutzung erfolgt jeweils zu etwa 40 %.

**LÖSUNG** Bezüglich der Privatfahrten liegt ein Vertrag besonderer Art vor, welcher einem Mietvertrag angenähert ist. Die Leistung ist entgeltlich und somit steuerbar nach § 1 Abs. 1 Nr. 1 UStG (der Leistungsort bestimmt sich nach § 3a Abs. 3 Nr. 2, S. 3 UStG). Bei der Bemessungsgrundlage ist zu prüfen, ob die Mindestbemessungsgrundlage nach § 10 Abs. 5 Nr. 1 i. V. m. Abs. 4 Nr. 2 UStG eingreift. Bei Ansatz der pauschalierten Kosten (siehe Beispiel a) in N 3.2.3) wäre die Bemessungsgrundlage wie folgt zu ermitteln:

| | | |
|---|---|---|
| 1 % vom Bruttolistenpreis | | 714,00 € |
| abzüglich pauschaler Abschlag für nicht vorsteuerbelastete Kosten 20 % | ./. | 142,80 € |
| verbleiben als Bemessungsgrundlage für einen Monat | | 571,20 € |
| Bemessungsgrundlage für ein Jahr (× 12) | | 6 854,40 € |

Da dieser Betrag höher ist als das von A und B zu entrichtende Entgelt, ist aufgrund der Mindestbemessungsgrundlage nach § 10 Abs. 5 Nr. 1 i. V. m. Abs. 4 Nr. 2 UStG jeweils der Betrag von 6 854,40 € der Besteuerung zugrunde zu legen. Die USt beträgt somit jeweils 19 % von 6 854,40 €, d. h. 1 302,34 €.

## 8.2 Leistungen des Mitglieds an die Personenvereinigung

In den Fällen, in denen das Mitglied selbst die Tatbestandsmerkmale für die Unternehmereigenschaft erfüllt, kann es auch zu einem für das Mitglied steuerbaren Leistungsaustausch zwischen diesem und der Personenvereinigung kommen. Dies setzt allerdings voraus, dass die Personenvereinigung eine konkrete Gegenleistung für die Leistung des Mitglieds erbringt. Die ohnehin gegebene Gewinnbeteiligung des Mitglieds an der Personenvereinigung kann auch nicht anteilig als Entgelt gewertet werden.

Aufgrund der Entscheidung des BFH vom 06. 06. 2002, BStBl II 2003, 36 ist anerkannt, dass der Gesellschafter einer Personengesellschaft mit seiner Geschäftsführertätigkeit Leistungen an die Gesellschaft erbringt. Soweit er nicht unselbständig ist und eine konkrete Vergütung für diese Tätigkeit erhält, sind sie steuerbar (A 1.1 Abs. 12 Satz 1 und 2 UStAE).

Bei Sozietäten von Freiberuflern (Architekten, Steuerberater, Rechtsanwälte) ist es typisch, dass diese ihre ganze Arbeitskraft in die Sozietät einbringen. Hierbei findet ein Leistungsaustausch statt, sofern die Tätigkeit nicht lediglich durch die Beteiligung am Gewinn bzw. Verlust abgegolten wird. Da die Gesellschafter einkommensteuerrechtlich Mitunternehmer, also keine Arbeitnehmer sind, ist grundsätzlich davon auszugehen, dass sie ihre Tätigkeit selbständig ausüben und damit die Unternehmereigenschaft vorliegt (A 2.2 Abs. 2 UStAE).

**BEISPIELE**

a) A ist Geschäftsführer der A-KG. Er erhält für seine Geschäftsführertätigkeit eine besondere Vergütung in Höhe von jährlich 100 000 €. Weiterhin erhält er aufgrund seiner Beteiligung an der A-KG einen Gewinnanteil von 30 %.

**LÖSUNG** Da A eine gewinnunabhängige Vergütung für seine Geschäftsführertätigkeit erhält, findet ein Leistungsaustausch statt. A ist als einkommensteuerrechtlicher Mitunternehmer kein Arbeitnehmer und somit selbständig. Er ist nachhaltig in Einnahmenerzielungsabsicht tätig und damit Unternehmer. Seine Geschäftsführervergütung ist steuerbar und steuerpflichtig. Die USt beträgt 19/119 von 100 000 € = 15 966,38 €.
Sein zusätzlicher Gewinnanteil fließt ihm aufgrund seiner Gesellschafterstellung außerhalb des Leistungsaustauschs zu und unterliegt nicht der USt.

b) A ist Geschäftsführer der A-GmbH. Er erhält für seine Geschäftsführertätigkeit eine besondere Vergütung in Höhe von jährlich 100 000 €. A ist Arbeitnehmer der A-GmbH i. S. d. Lohnsteuerrechts. Weiterhin erhält A aufgrund seiner Beteiligung an der A-GmbH einen Gewinnanteil von 30 %.

**LÖSUNG** Es liegt zwar ein Leistungsaustausch zwischen A und der A-GmbH vor. A ist jedoch einkommensteuerrechtlich Arbeitnehmer, daher umsatzsteuerrechtlich nicht selbständig und somit nicht Unternehmer (A 2.2 Abs. 2 Satz 1 UStAE). Seine Geschäftsführervergütung unterliegt der Lohnsteuer und nicht der USt. Die Gewinnbeteiligung erfolgt außerhalb des Leistungsaustauschs und ist deshalb ebenfalls nicht steuerbar.

c) K ist Kommanditist der A-KG. Aufgrund des Gesellschaftsvertrages ist er verpflichtet, der A-KG ein ihm gehörendes Grundstück mit aufstehendem Gebäude für eine Miete von jährlich 20 000 € zuzüglich 3 800 € USt zur Verfügung zu stellen. A ist im Übrigen nichtunternehmerisch tätig. Er hat gegenüber dem Finanzamt nach § 19 Abs. 2 UStG auf die Anwendung des § 19 Abs. 1 UStG verzichtet.

**LÖSUNG** Die Vermietung des Grundstücks an die A-KG erfolgt gegen Sonderentgelt. Somit ist ein Leistungsaustausch zwischen K und der A-KG gegeben. Die Vermietung ist steuerbar, da K allein durch die Vermietung an die A-KG zum Unternehmer i. S. d. § 2 UStG wird.
Die Leistung des K ist steuerbar. Da A nicht der Regelung des § 19 Abs. 1 UStG unterliegt, kann er auf die Befreiung nach § 4 Nr. 12 Buchst. a UStG gem. § 9 Abs. 1 UStG verzichten. Die Vermietungsleistung des K ist somit auch steuerpflichtig. Bei entsprechender Rechnungstellung hat die A-KG den Vorsteuerabzug.

d) K ist Kommanditist der A-KG. K hat selbst einen Zulieferbetrieb. Sein Hauptabnehmer ist die A-KG. Aufgrund des Gesellschaftsvertrages ist K ab 01. 01. 06 verpflichtet, der A-KG ein ihm gehörendes Grundstück mit aufstehendem Gebäude der A-KG unentgeltlich zur Verfügung zu stellen. K hat das Grundstück im Jahr 01 bebaut und aufgrund seiner eigenbetrieblichen Nutzung die volle Vorsteuer hieraus geltend gemacht.

**LÖSUNG** Die unentgeltliche Grundstücksüberlassung an die A-KG ist nicht nach § 1 Abs. 1 Nr. 1 UStG steuerbar. Eine Leistung nach § 3 Abs. 9a Nr. 1 UStG scheidet ebenfalls aus, da für die unentgeltliche Überlassung offenbar unternehmerische Gründe (Sicherung der Absatzwege) ausschlaggebend sind (A 1.6 Abs. 7 Beispiel 4 Satz 2 UStAE).
Die unentgeltliche Nutzungsüberlassung löst keine Vorsteuerberichtigung nach § 15a UStG aus. Sie dient dazu, die Absatzwege des K für seine steuerpflichtigen Lieferungen zu sichern. Somit stehen die

Grundstücksüberlassung und damit auch die Vorsteuer aus der Gebäudeerrichtung im wirtschaftlichen Zusammenhang mit vorsteuerunschädlichen Ausgangsumsätzen.

Bei der Überlassung von Gegenständen des Gesellschafters an die Gesellschaft besteht sowohl die Möglichkeit des Leistungsaustauschs, insbesondere durch Vermietungsleistungen des Gesellschafters an die Gesellschaft, als auch die Möglichkeit eines nicht steuerbaren Gesellschafterbeitrags. Der BFH fordert für einen Leistungsaustausch die Vereinbarung eines Nutzungsrechts bei der Gesellschaft. Wenn der Gesellschafter mit dem Pkw für die Gesellschaft fährt, muss deutlich erkennbar sein, dass er nunmehr sein Recht zur Nutzung aus dem Nutzungsrecht der Gesellschaft ableitet. Wird dagegen nur die Erstattung von Kosten für den Pkw vereinbart, liegt darin lediglich die Konkretisierung des Anspruchs auf Ersatz der Aufwendungen, die dem Gesellschafter im Zusammenhang mit der Geschäftsführung in seiner Eigenschaft als Gesellschafter entstanden sind.

e) Die Rechtsanwälte A und B bilden die Rechtsanwaltssozietät AB. A und B erwerben jeweils im eigenen Namen einen Pkw. Sie haben vereinbart, dass sie ihre Pkw der Sozietät, soweit erforderlich, zur Nutzung überlassen, im Übrigen jedoch auch privat mit diesen fahren. Als Nutzungsentgelt ist eine Kilometerpauschale von 0,50 € vereinbart. Für Fahrten zwischen Wohnung und Büro wird ihnen nichts vergütet. Die Kosten, die bei A für den Pkw pro km anfallen, belaufen sich auf 0,40 €, die Kosten bei B auf 0,80 €. Hierin sind anteilig nichtvorsteuerbelastete Kosten von 0,20 € enthalten. Insgesamt nutzen A und B ihre Pkw mehr für die Sozietät als privat.

**LÖSUNG** Es ist ein Nutzungsüberlassungsvertrag in Bezug auf die Pkw zustande gekommen. Dies genügt den Anforderungen des BFH für die Annahme eines Leistungsaustauschs zwischen der AB-Sozietät und den beiden Gesellschaftern A und B (BFH vom 09. 09. 1993, BStBl II 1994, 56). A und B werden somit nachhaltig und mit Einnahmeerzielungsabsicht tätig. Sie sind daher Unternehmer i. S. d. § 2 UStG. Ihre Leistungen sind steuerbar und steuerpflichtig. Bemessungsgrundlage sind die jeweils von der Sozietät vergüteten Beträge als Bruttoentgelte. Bei entsprechender Rechnungsstellung hat die Sozietät den Vorsteuerabzug.

Die Mindestbemessungsgrundlage für die Leistungen des B könnte eingreifen, wenn die Sozietät als eine dem B nahe stehende Person anzusehen ist. Zwar kann nicht jede Beteiligung eines Unternehmers an einem anderen Unternehmen dazu führen, dass es sich um nahe stehende Personen handelt. Jedoch wird man ähnlich dem Grad der Verwandtschaft davon ausgehen können, dass ab einer bestimmten Intensität der Beteiligung das Tatbestandsmerkmal des § 10 Abs. 5 Nr. 1 UStG erfüllt ist. Als maßgebliches Kriterium bietet sich die wesentliche Beteiligung i. S. v. § 74 Abs. 2 Satz 1 AO, also ab einer Beteiligung von 25 % an (so auch die Definition der nahe stehenden Person in § 138 Abs. 2 Nr. 1 InsO). Somit greift bei B die Mindestbemessungsgrundlage ein. Als Bemessungsgrundlage sind pro gefahrenem km die Kosten von 0,80 ./. 0,20 = 0,60 € anzusetzen, da gem. § 10 Abs. 4 Nr. 2 UStG solche Kosten ausscheiden, bei denen kein Vorsteuerabzug möglich ist.

Da A und B ihre Pkw auch privat nutzen, haben sie die Nutzungsentnahme als fiktive entgeltliche sonstige Leistung nach § 3 Abs. 9a Nr. 1 UStG zu versteuern.

## 8.3 Leistungen über die Gemeinschaft an das Mitglied

Bezieht eine juristische Person Leistungen, ist sie und nicht ihre Anteilsinhaber Leistungsempfänger i. S. d. USt-Rechts. Anders kann es jedoch sein, wenn eine nichtrechtsfähige Personenvereinigung eine Leistung bestellt. Hierzu hat sich aufgrund des Urteils des EuGH vom 21. 04. 2005, UR 2005, 324 und des Folgeurteils des BFH vom 06. 10. 2005, BStBl II 2007, 13 die Auffassung durchgesetzt, dass eine Gemeinschaft nur dann Leistungsempfänger sein kann, wenn sie selbst Unternehmer ist und die Leistung für ihr Unternehmen bezieht. Ist sie dagegen nicht Unternehmer oder bezieht sie die Leistung nicht für ihr Unternehmen, sind die Beteiligten an der Gemeinschaft die Leistungsempfänger.

In diesem Zusammenhang sei auf das Urteil des BFH vom 22. 11. 2018, V R 65/17 hingewiesen: der Kläger hatte zusammen mit weiteren Personen Systeme zur endoskopischen Gewebecharakterisierung entwickelt. Die Erfindungen lizensierten sie gemeinsam an eine KG, die ihnen für die Lizenzgewährung Gutschriften auf der Grundlage des seit 2007 geltenden Regelsteuersatzes von 19 % erteilte. Die auf den Kläger entfallenden Lizenzgebühren versteuerte dieser nur nach dem ermäßigten Steuersatz von 7 %. Das für den Kläger zuständige FA erfuhr hiervon im Rahmen einer Kontrollmitteilung und erließ gegenüber dem Kläger geänderte Steuerbescheide. Dieser machte u. a. geltend, dass nicht er, sondern eine zwischen ihm und den anderen Erfindern gebildete Bruchteilsgemeinschaft Unternehmer und damit Steuerschuldner für die Lizenzgewährung gegenüber der KG sei.

Unter ausdrücklicher Aufgabe seiner bisherigen Rechtsprechung entschied der BFH, dass eine Bruchteilsgemeinschaft nicht Unternehmer sein könne. Es lägen vielmehr zivil- und umsatzsteuerrechtlich durch die Gemeinschafter als jeweilige Unternehmer anteilig erbrachte Leistungen vor. Entsprechend seien bei gemeinschaftlich bezogener Leistung Gemeinschafter – entsprechend zivilrechtlicher Rechtslage – i. S. d. § 15 Abs. 1 Nr. 1 UStG Leistungsempfänger und damit zum Vorsteuerabzug berechtigt. Er begründete seine Auffassung damit, dass die Gemeinschaft unfähig sei, Trägerin von Rechten und Pflichten zu sein. Sie nehme weder selbst noch durch Vertreter am Rechtsverkehr teil. Seien mehrere Personen – als Mitglieder einer Gemeinschaft – z. B. Auftraggeber einer Leistung, würden daher mangels Rechtsfähigkeit der Gemeinschaft die einzelnen Gemeinschafter gem. §§ 420, 432 BGB Gläubiger der zu erbringenden Leistung. Der erkennende Senat halte hieran auch nach nochmaliger Prüfung der Sach- und Rechtslage entgegen einem Nichtanwendungserlass der Finanzverwaltung (BMF vom 09. 05. 2008 BStBl I 2008, 675) weiter fest.

Vgl. auch Q 2.2.3 und 2.6!

Bei der Leistung an den einzelnen Gemeinschafter handelt es sich nicht um Teilleistungen, sondern jeweils um die ganze unteilbare Leistung, die jeder Gemeinschafter vom Leistenden beanspruchen kann, insgesamt jedoch nur einmal. Daraus folgt ein quotaler Vorsteuerabzug entsprechend dem ideellen Anteil des Gemeinschafters an der Gemeinschaft bzw. entsprechend den unter den Gemeinschaftern getroffenen Abmachungen (A 15.2a Abs. 3 Sätze 5 bis 9 UStAE).

Dass die an der Gemeinschaft beteiligten Personen als Leistungsempfänger in Betracht kommen, liegt darin begründet, dass nur derjenige Leistungsempfänger sein kann, der rechtsfähig ist. Dies ist zunächst der Fall bei jeder natürlichen und juristischen Person. Darüber kommt jedoch nach dem Umsatzsteuergesetz auch den zivilrechtlich nichtrechtsfähigen Vereinigungen Unternehmerfähigkeit nach § 2 UStG zu. Wird von einer zivilrechtlich nichtrechtsfähigen Vereinigung ohne Unternehmereigenschaft eine Leistung bezogen, geht diese Leistung durch die Vereinigung hindurch bis zu ihren dahinter stehenden rechtsfähigen Mitgliedern. Ist die Vereinigung dagegen Unternehmer, wird die Leistung von ihr gewissermaßen »abgefangen« und kann nicht weiter zu den dahinter stehenden Personen gelangen.

Für die Beurteilung, ob die Gemeinschaft selbst Leistungsempfänger ist oder die an ihr beteiligten Personen, kommt es auf die Unternehmerfähigkeit der Gemeinschaft und den Bezug der Leistung für ihr Unternehmen an. Die Verwaltung vertritt abweichend hierzu die Auffassung, die Gemeinschaft sei eigentlich auch Leistungsempfänger, wenn sie den Gegenstand einem Gemeinschafter unentgeltlich überlasse und damit nichtunternehmerisch tätig sei. Lediglich für Zwecke des Vorsteuerabzugs sei der Gemeinschafter als Leistungsempfänger anzusehen (A 15.2b Abs. 1 Sätze 6 bis 8 UStAE). Spätestens mit dem Urteil des BFH vom 07. 07. 2011, UR 2011, 867 wurde klargestellt, dass umsatzsteuerrechtlich nicht an die Gemeinschaft, sondern an den unternehmerisch tätigen Ehegatten geliefert wird.

Der BFH stellt in seinem Urteil vom 01. 10. 1998, V R 31/98 BStBl II 2008, 497 für die Unternehmereigenschaft der Gemeinschaft darauf ab, ob die Gemeinschaft zur Aufnahme einer eigenen wirtschaftlichen Tätigkeit gegründet wurde. Wie in anderen Fällen ist auch hinsichtlich der Unternehmereigenschaft einer Gemeinschaft auf das Gesamtbild der Verhältnisse abzustellen.

Eine Gemeinschaft, z. B. Maschinen- bzw. Apparategemeinschaft, ist jedenfalls dann kein Unternehmer, wenn ihr Zweck nicht über das hinausgeht, was sich bereits kraft Gesetzes aus § 743 Abs. 2 BGB ergibt. Danach ist jeder Teilhaber zum Gebrauch des Gemeinschaftseigentums insoweit befugt, als nicht der Mitgebrauch der übrigen Teilhaber beeinträchtigt wird. Jeder Teilhaber hat danach ein originäres Nutzungsrecht, welches ihm nicht erst im Rahmen eines Leistungsaustauschs von der Gemeinschaft überlassen wird. Auch ein Beschluss nach § 745 BGB über die ordnungsgemäße Benutzung durch einen Teilhaber ist noch als Regelung dieses originären Nutzungsrechts anzusehen. In derartigen Fällen erbringt die Gemeinschaft nicht einmal eine Leistung, weil die Leistung unmittelbar vom Lieferer des Gemeinschaftsobjekts an den Gemeinschafter erfolgt.

Die Gemeinschaft kann jedoch dadurch zum Unternehmer werden, dass sie konkret über die Zurverfügungstellung des Gemeinschaftsobjekts mit dem einzelnen Benutzer unabhängig von seiner prozentualen Beteiligung abrechnet. Weitere Indizien für die Unternehmereigenschaft einer Gemeinschaft sind:

- die Gemeinschaft erbringt auch gegenüber Außenstehenden entgeltliche Leistungen,
- innerhalb der Gemeinschaft erfolgt eine eigene Wertschöpfung, indem z. B. eine Wohnungseigentümergemeinschaft aus Heizöl Wärme produziert, sofern die Wertschöpfung von einigem wirtschaftlichen Gewicht ist (vgl. auch A 2.1 Abs. 2–4 UStAE mit weiteren Einzelfällen).

Ist die Gemeinschaft Unternehmer, ist als Nächstes zu prüfen, ob sie die Leistung für ihr Unternehmen bezieht. Hierbei gelten die allgemeinen Grundsätze, wie sie in Q 2 dargestellt sind. Erfolgt danach eine Leistung ganz oder teilweise nicht an das Unternehmen der Gemeinschaft, wird sie an die hinter der Gemeinschaft stehenden Gemeinschafter erbracht. Sind diese Unternehmer und beziehen sie die Leistung für ihr Unternehmen, kommt insoweit für sie ein Vorsteuerabzug in Betracht. Zum Tatbestandsmerkmal gesonderter USt-Ausweis in einer Rechnung vgl. Q 2.5.2.8!

## 9 Grundzüge der Besteuerung von Vereinen

Der eigentliche Zweck von Vereinen ist in aller Regel auf die Verfolgung ideeller Ziele und nicht auf einen wirtschaftlichen Geschäftsbetrieb gerichtet. Nach § 21 BGB können nur Idealvereine durch Eintragung im Vereinsregister die bürgerlich-rechtliche Rechtsfähigkeit erlangen (sog. eingetragene Vereine, e. V.). Es gibt zwar auch wirtschaftliche Vereine. Diese erlangen die bürgerlich-rechtliche Rechtsfähigkeit jedoch nur durch staatliche Verleihung, die in besonders gelagerten Fällen erteilt wird (§ 22 BGB). Die bürgerlich-rechtliche Rechtsfähigkeit ist nicht Voraussetzung für die umsatzsteuerrechtliche Unternehmerfähigkeit (A 2.1 Abs. 1 Satz 3 UStAE). Allerdings handelt es sich wegen der bürgerlich-rechtlichen Rechtsfähigkeit bei den Vereinen regelmäßig um Idealvereine. Da diese kraft Satzung eben gerade keinen wirtschaftlichen Geschäftsbetrieb zum Ziel haben, sind sie nach der Verwaltungsauffassung bei der Verfolgung ihres eigentlichen Vereinszwecks keine Unternehmer i. S. d. USt-Rechts. Sie finanzieren sich in erster Linie durch Beiträge ihrer Mitglieder, zum Teil erhalten sie staatliche Zuschüsse. Die Betätigung des Vereins auf dem Bereich des ideellen Vereinszwecks finanziert durch Mitgliederbeiträge, stellt in aller Regel keinen umsatzsteuerrechtlichen Leistungsaustausch dar.

Dies gilt jedoch nur dann, wenn der Verein zur Erfüllung seiner **den Gesamtbelangen sämtlicher Mitglieder dienenden satzungsgemäßen Gemeinschaftszwecke** tätig wird (A 1.4 Abs. 1 UStAE). Erbringt der Verein dagegen Leistungen, die ihrer Art nach nur den Sonderbelangen der einzelnen Mitglieder dienen können, liegt ein Leistungsaustausch vor. Der Leistung des Vereins an das einzelne Mitglied steht dann der Mitgliedsbeitrag dieses Mitglieds als Entgelt gegenüber. Für die umsatzsteuerrechtliche Behandlung der Betätigung von Vereinen ist deshalb zunächst zu unterscheiden,

- ob die Leistung ihrer Art nach nur Sonderbelangen einzelner Mitglieder dient,
- ob die Leistung nur den Gesamtbelangen sämtlicher Mitglieder dient
- oder ob die Leistung weder eindeutig dem einen noch dem anderen Bereich zuordenbar ist.

## 9.1 Leistungen, die nur den Sonderbelangen der Mitglieder dienen können

Typisches Beispiel hierfür ist die Tätigkeit von Lohnsteuerhilfevereinen, die durch die Beratung von Lohnsteuerpflichtigen bei der Durchführung des Lohnsteuerjahresausgleichs in direkte Konkurrenz zu den steuerberatenden Berufen treten. Die Tätigkeiten dieser Vereine stellen steuerbare und steuerpflichtige Umsätze dar. Das Gleiche gilt eingeschränkt auch für Grundbesitzer- und Mietervereine, soweit sie die Rechtsberatung ihrer Mitglieder übernehmen. In diesen Fällen ist der Mitgliedsbeitrag aufzuteilen in den Teil, der sich als Entgelt für eine Leistung des Vereins an das Mitglied darstellt und in den anderen Teil, der als echter Mitgliedsbeitrag nicht steuerbar ist. Eine steuerbare Leistung des Vereins an das Mitglied liegt in diesen Fällen selbst dann vor, wenn das Mitglied die Beratungsleistung des Vereins überhaupt nicht in Anspruch nimmt. Die Leistung des Vereins besteht insoweit im Vorhalten dieser Leistungen (A 1.4 Abs. 3 UStAE).

**BEISPIEL**

Der Lohnsteuerhilfeverein L e. V. hat u. a. A und B als Mitglieder. Der Mitgliedsbeitrag ist für alle Mitglieder mit 100 € im Jahr gleich. A lässt sich vom Verein für das Jahr 01 die Einkommensteuererklärung ausfüllen, B verzichtet für das Jahr 01 auf die Durchführung der Antragsveranlagung.

**LÖSUNG** Der L e. V. erbringt steuerbare und steuerpflichtige Leistungen sowohl an A als auch an B. Die Leistung an B besteht in der Leistungsbereitschaft des Vereins. Die USt für beide Leistungen beträgt 19 % aus 100 € = 15,96 €.

## 9.2 Nicht eindeutig zuordenbare Leistungen

In Fällen, in denen der Art der Leistung nicht eindeutig entnommen werden kann, ob sie den Gesamtbelangen aller oder nur den Sonderbelangen einzelner Mitglieder dient, gilt es nach der bisherigen Auffassung der Finanzverwaltung abzugrenzen: Ist die Höhe des Mitgliedsbeitrags gestaffelt nach dem Grad der Tätigkeit des Vereins, spricht dies für einen Leistungsaustausch. Wird nicht nach tätigkeitsbezogenen (dies spricht für einen echten Mitgliedsbeitrag), sondern vielmehr nach persönlichen Merkmalen der Mitglieder, z. B. Vermögen, Einkommen, Umsatz, d. h. nach einem für alle Mitglieder verbindlichen Bemessungsmaßstab abgestuft (A 1.4 Abs. 2 Satz 2 UStAE), spricht dies für echte Mitgliedsbeiträge.

Mit Urteil vom 21. 03. 2002, Rs. C-174/00 UR 2002, 320 entschied der EuGH, dass auch dann ein Leistungsaustausch vorliegen könne, wenn alle Mitglieder einen gleichen Beitrag bezahlten und zwar unabhängig von der tatsächlichen Nutzung der Einrichtungen des Vereins. Die Entscheidung erging in Bezug auf einen Golfclub in den Niederlanden (Kennemer Golf & Country Club). Der EuGH stellte fest, dass der Verein durch das dauerhafte Zurverfügungstellen der Sportanlagen und der damit verbundenen Vorteile Leistungen an seine Mitglieder erbringe. Dafür entrichteten die Mitglieder als Pauschalentgelt ihre Jahresbeiträge. Der EuGH wies darauf hin, dass auch solche Zahlungen als Entgelt für Leistungen anzusehen seien. Andernfalls könne praktisch jeder Dienstleistende die Mehrwertsteuer durch Anwendung von Pauschalpreisen umgehen.

Dem folgte der BFH in mehreren Entscheidungen: Nach seinem Urteil vom 18. 06. 2009, V R 77/07 sind allgemein Leistungen eines Vereins, die dem konkreten Individualinteresse der Vereinsmitglieder dienen, steuerbar. Entgeltliche Leistungen erfolgen auch dann, wenn nicht wie für alle Mitglieder ein einheitlicher Beitragsbemessungsmaßstab besteht (BFH vom 29. 10. 2008, DStR 2009, 292). Selbst die Möglichkeit der Aufteilung der Mitgliedsbeiträge, wie A 1.4 Abs. 7 UStAE sie vorsieht, ist inzwischen in Frage gestellt. Denn in seinem Urteil vom 07. 10. 2010 BStBl II 2011, 303 betont der BFH, dass Zahlungen der Vereinsmitglieder wie z. B. Mitgliedsbeiträge Entgelt für Leistungen des Vereins an seine Mitglieder darstellen, »wenn« diese einen konkreten Vorteil erhalten.

Aufgrund dieser erheblichen Ausweitung der Steuerbarkeit durch die neuere Rechtsprechung ist davon auszugehen, dass Sportvereine, soweit sie von ihren aktiven Mitgliedern Beiträge erheben, an diese steuerbare Leistungen erbringen. Art. 132 Abs. 1 Buchst. m MwStSystRL sieht hierfür eine Befreiung vor, soweit der Verein eine Einrichtung ohne Gewinnstreben ist und an Personen, die Sport oder Körperertüchtigung ausüben, damit im engen Zusammenhang stehende Dienstleistungen erbringt. Die Steuerpflichtigen können sich auf diese Vorschrift berufen und damit die Steuerbefreiung in Anspruch nehmen (vgl. BFH vom 11. 10. 2007 UR 2008, 186 und vom 03. 04. 2008 UR 2008, 698).

Der deutsche Gesetzgeber hat noch keine entsprechende Befreiung in das UStG aufgenommen, da er bereits vom fehlenden Leistungsaustausch ausging. Ein Verein kann sich daher entweder auf die geltende Verwaltungspraxis (A 1.4 UStAE) und damit auf die Nichtsteuerbarkeit seiner Mitgliederbeiträge berufen. Er kann sich aber auch auf die Rechtsprechung des EuGH stützen und auf die Steuerbefreiung nach Art. 132 Abs. 1 Buchst. m MwStSystRL. Beruft sich der Verein nicht auf die Befreiung, erbringt er steuerpflichtige Leistungen, die gem. § 12 Abs. 2 Nr. 8 Buchst. a UStG dem ermäßigten Steuersatz unterliegen. Dafür hat der Verein aus den Vorbezügen den Vorsteuerabzug.

Macht dagegen der Verein die Befreiung geltend, fällt bei ihm insgesamt (auch hinsichtlich des Sonderleistungsentgelts) keine USt an; im Gegenzug erfolgt der Ausschluss vom Vorsteuerabzug gem. § 15 Abs. 2 Nr. 1 UStG. Demgegenüber haben die Sportvereine nach bisheriger Auffassung nur insoweit steuerbare Leistungen erbracht, als sie ein konkretes Sonderentgelt erhoben haben. Wenn sie sich nun gegen die allgemeine Versteuerung auf die Befreiung nach Art. 132 Abs. 1 Buchst. m MwStSystRL berufen, werden auch diese Leistungen befreit mit der Folge des Vorsteuerausschlusses.

**BEISPIELE**

a) Der Tennisverein TV e. V. erhebt von seinen Mitgliedern einen Jahresbeitrag von 200 €. Die Mitglieder haben das Recht, auf den Tennisplätzen des Vereins Tennis zu spielen. Pro Stunde muss das Mitglied 2 € entrichten. Der TV e. V. ist eine Einrichtung ohne Gewinnstreben.

**LÖSUNG** Soweit der Verein den Jahresbeitrag erhebt, liegt nach der noch gültigen Verwaltungsauffassung kein Leistungsentgelt, sondern ein echter nicht steuerbarer Mitgliederbeitrag vor. Dagegen handelt es sich um ein Sonderleistungsentgelt, soweit die Mitglieder für die Nutzung der Tennisplätze 2 €

in der Stunde entrichten müssen. Sofern sich der Verein auf die Befreiung nach Art. 132 Abs. 1 Buchst. m MwStSystRL beruft, sind die Leistungen steuerfrei. Aus Vorbezügen ist der Verein dann vom Vorsteuerabzug ausgeschlossen. Beruft sich der Verein nicht auf die Befreiung, sind die Leistungen steuerpflichtig und unterliegen gem. § 12 Abs. 2 Nr. 8 Buchst. a UStG dem ermäßigten Steuersatz. Diese Lösung ist dann vorteilhaft, wenn beim Verein hohe Vorsteuerbeträge anfallen.

b) Tennisverein TV e. V. hat eine Tennishalle errichtet. Er überlässt sie seinen Mitgliedern für 10 €/Stunde. Nichtmitglieder haben hierfür 15 €/Stunde zu zahlen. Der Verein ist als gemeinnützig anerkannt.

**LÖSUNG** Aufgrund des Sonderentgelts erbringt der Verein an die Mitglieder steuerbare Leistungen. Die Leistung ist nicht steuerfrei nach § 4 Nr. 12 UStG (vgl. BFH vom 31. 05. 2001 BStBl II 2001, 658), sondern insgesamt steuerpflichtig. Der Verein könnte sich jedoch auf die Befreiung nach Art. 132 Abs. 1 Buchst. m MwStSystRL berufen. Beruft er sich nicht darauf, sind die Leistungen steuerpflichtig. Der Steuersatz beträgt für die Überlassung der Halle an die Mitglieder nach § 12 Abs. 2 Nr. 8 Buchst. a Satz 1 UStG 7 %. Soweit die Halle an Nichtmitglieder vermietet wird, liegt ein wirtschaftlicher Geschäftsbetrieb vor, und der ermäßigte Steuersatz ist nach § 12 Abs. 2 Nr. 8 Buchst. a Satz 2 UStG ausgeschlossen.
Bezüglich der Hallenüberlassung an die Mitglieder ist zu prüfen, ob die Mindestbemessungsgrundlage nach § 10 Abs. 5 Nr. 1 i. V. m. Abs. 4 Nr. 2 UStG eingreift. Da jedoch der Verein gemeinnützig ist, kann nach A 10.7 Abs. 1 Beispiel 2b Satz 2 und 3 UStAE im Allgemeinen aus Vereinfachungsgründen davon ausgegangen werden, dass der von den Mitgliedern bezahlte Betrag kostendeckend ist, es sei denn, dies ist offensichtlich nicht der Fall. Somit ist Bemessungsgrundlage für die Hallenstunde für Mitglieder brutto 10 €. Geht man entsprechend dem Beschluss des BFH vom 21. 10. 1999, UR 2001, 396 davon aus, dass die gesamte Leistung steuerpflichtig ist, beträgt die USt für Nichtmitglieder 19/119 % aus 15 € = 2,39 €. Für Mitglieder beträgt die Umsatzsteuer 7 % aus 10 € = 0,65 €.

Die Grundsätze des EuGH-Urteils führen dazu, dass auch andere Vereine (z. B. Kleintierzüchtervereine, Haus- und Grundbesitzervereine) steuerbare Leistungen an ihre Mitglieder erbringen können, für die der Vereinsbeitrag als Entgelt anzusehen ist.

## 9.3 Gesellige Veranstaltungen von gemeinnützigen Vereinen

Soweit Vereine vereinsinterne Feste veranstalten, auf denen sie ihre Mitglieder gegen Entgelt bewirten, liegt eine unternehmerische Betätigung vor. Die Bewirtungen sind steuerbar und steuerpflichtig. Sie unterliegen im Allgemeinen dem Regelsteuersatz. Zwar gibt es für die Leistungen gemeinnütziger Vereine nach § 12 Abs. 2 Nr. 8 Buchst. a UStG den ermäßigten Steuersatz. Dieser ist jedoch nach § 12 Abs. 2 Nr. 8 Buchst. a Satz 2 UStG ausgeschlossen, soweit die Leistung im Rahmen eines wirtschaftlichen Geschäftsbetriebs ausgeführt wird. Die Definition des wirtschaftlichen Geschäftsbetriebs in § 14 AO ist zunächst weit gefasst, wird aber durch § 64 AO insoweit eingeschränkt, als es sich um einen Zweckbetrieb handelt. Dieser ist nach § 65 AO z. B. gegeben, wenn anlässlich der Hauptversammlung des Vereins Speisen und Getränke ausgegeben werden. Für Sportvereine wird der Zweckbetrieb nach § 67a AO auf alle sportlichen Veranstaltungen ausgedehnt, soweit die Einnahmen insgesamt 35 000 € im Jahr nicht übersteigen. Nach § 67a Abs. 1 Satz 2 AO werden allerdings der Verkauf von Speisen und Getränken sowie die Werbung aus den sportlichen Veranstaltungen ausgegrenzt.

## 9.4 Vorsteuerpauschalierung bei Vereinen

Mit § 23a UStG wurde für Vereine eine Vereinfachung bezweckt, die es ihnen ermöglichen soll, mit vertretbarem Aufwand ihren steuerlichen Verpflichtungen nachzukommen.

Die Vereine (Körperschaften, Personenvereinigungen und Vermögensmassen i. S. d. § 5 Abs. 1 Nr. 9 KStG) können in ihrem unternehmerischen Bereich (z. B. gesellige Veranstaltungen) anstelle einer konkreten Ermittlung der Vorsteuerbeträge die Vorsteuer pauschal mit 7 % ihrer Ausgangsumsätze ansetzen. Zur Verhinderung von Missbräuchen sind sie im Falle der Inanspruchnahme der Pauschalierung für fünf Kalenderjahre an die Pauschalierung gebunden. Für die Zeit danach können sie die Pauschalierung widerrufen. Der Widerruf hat zur Folge, dass der Verein erst wieder nach weiteren fünf Jahren die Pauschalierung in Anspruch nehmen kann (§ 23a Abs. 3 UStG).

Die Pauschalierung kann nach § 23a Abs. 2 UStG nicht in Anspruch genommen werden, wenn der steuerpflichtige Vorjahresumsatz 35 000 € überstiegen hat. Ein neugegründeter Verein kann die Pauschalierung im Erstjahr auf jeden Fall in Anspruch nehmen.

Damit Vereine sich nicht willkürlich aufspalten, um unter die Vorjahresumsatzgrenze und damit in den Genuss der Pauschalierung zu kommen, gelten nach § 51 AO funktionale Untergliederungen (Abteilungen) von Körperschaften nicht als selbständige Steuersubjekte.

Die 35 000 €-Grenze des § 23a Abs. 2 UStG eignet sich jedoch, um die fünfjährige Bindung nach § 23a Abs. 3 UStG zu unterlaufen. Kommt der Verein in einem Jahr über die Umsatzgrenze von 35 000 €, kann er seine konkreten Vorsteuern auf das Folgejahr konzentrieren und dann abziehen.

## 10 Übungsfälle zu Gesellschaftsleistungen

### 10.1 Unentgeltliche Leistungen der Gesellschaft an ihre Gesellschafter

1. Die A-KG stellt sowohl dem Gesellschafter-Geschäftsführer A als auch den nicht für die Gesellschaft tätigen Kommanditisten B und C einen Geschäfts-Pkw unentgeltlich zur Nutzung zur Verfügung. Das handelsrechtliche Privatkonto von A, B und C wird nicht belastet. In der Steuerbilanz werden allerdings hierfür Entnahmen angesetzt.
2. Die A-KG überlässt dem Gesellschafter A in seiner Eigenschaft als Geschäftsführer (ohne konkreten Arbeitsvertrag) neben seiner Geschäftsführervergütung in Höhe von monatlich 6 000 € unentgeltlich einen Pkw für Privatfahrten und Fahrten zwischen Wohnung und Betrieb. Die Kosten für den Pkw konnten nicht ermittelt werden, da die Kosten des gesamten Fuhrparks zusammengefasst ermittelt wurden. Der Listenpreis des Pkw als Neufahrzeug beträgt 50 000 € zuzüglich 9 500 € USt. Die betriebliche Nutzung des Fahrzeugs beträgt mehr als 50 %.
3. Die A-KG überlässt dem Gesellschafter A in seiner Eigenschaft als Geschäftsführer (ohne konkreten Arbeitsvertrag) neben seiner Geschäftsführervergütung in Höhe von monatlich 6 000 € unentgeltlich einen Pkw für Privatfahrten und Fahrten zwischen Wohnung und Betrieb. Die Kosten des Fahrzeugs für das Jahr 01 belaufen sich auf insgesamt 11 000 €. Hierin sind Kosten von 2 000 € enthalten, für die ein Vorsteuerabzug nicht möglich war. Die Kosten werden anhand von ordnungsgemäßen Belegen genau ermittelt. Es wird ein Fahrtenbuch geführt. Danach entfallen bei einer Fahrleistung von 20 000 km auf die Fahrten zwischen Wohnung und Betrieb (eine Fahrt pro Tag) 2 000 km und auf reine Privatfahrten 4 000 km.
4. Die X-GmbH ist Kfz-Händler. Sie schenkt der Ehefrau F ihres Gesellschafters X anlässlich deren Geburtstags ein Neufahrzeug. Der Einkaufspreis des Pkw betrug 30 000 € zuzüglich 5 700 € USt. Der Pkw wird üblicherweise für einen Betrag zwischen 38 000 und 44 000 €

brutto verkauft. F ist selbständige Modedesignerin (kein Unternehmer nach § 19 Abs. 1 UStG). Sie verwendet den Pkw zu 60 % für diese unternehmerische Betätigung.

5. Die X-KG hat im Kalenderjahr 01 ein Betriebsgebäude errichtet. Die Vorsteuer in Höhe von 100 000 € hat sie geltend gemacht. Das Gebäude wurde von der X-KG ab 01. 01. 02 eigengewerblich genutzt. Mit Wirkung zum 01. 01. 03 wird das Gebäude unentgeltlich in das Sonderbetriebsvermögen des Gesellschafters X überführt. X vermietet das Gebäude ab 01. 01. 03 steuerpflichtig an die X-KG.

## 10.2 Entgeltliche Leistungsabgabe von der Gesellschaft an den Gesellschafter (bzw. an diesem nahe stehende Personen)

1. Die ABC-OHG unterhält einen Fuhrpark mit verschiedenen Pkw und Lkw. Dazu gehört u. a. der Pkw LB-MD-93 (betriebsgewöhnliche Nutzung sechs Jahre). Er wurde als Neufahrzeug am 01. 07. 01 für 48 000 € zuzüglich 9 120 € USt erworben und sofort auf die ABC-OHG zugelassen. Das Fahrzeug ist zum ausschließlichen Gebrauch durch den Gesellschafter A bestimmt. Dieser nutzt es im Rahmen seiner Geschäftsführertätigkeit, für die täglichen Fahrten (an 15 Tagen im Monat) von seiner Wohnung zur ABC-OHG (Entfernung 10 km) und auch privat (sachgerecht geschätzt mit 30 %). Die Kosten des Fahrzeugs wurden bei einer Fahrleistung von 20 000 km für das Jahr 01 exakt mit insgesamt 10 000 € ermittelt. Hierin sind nicht enthalten die AfA mit 4 000 € sowie die Kosten für Kfz-Steuer, Haftpflichtversicherung und Kaskoversicherung mit zusammen 4 000 €. Sämtliche Kosten wurden von der ABC-OHG getragen.

a) Das handelsrechtliche Privatkonto des A wurde bezüglich seiner Privatnutzung des Pkw für 01 mit insgesamt 10 000 € belastet. Für die Fahrten zwischen Wohnung und OHG wurde sein handelsrechtliches Privatkonto mit 15 Tage × 20 km × 6 Monate × 1 € = 1 800 € belastet.

b) Das handelsrechtliche Privatkonto des A wurde bezüglich seiner Privatnutzung für 01 mit insgesamt 3 000 €, für Fahrten zwischen Wohnung und OHG mit (15 × 20 × 6 × 1 € = 1 800 €) ./. (15 × 20 × 6 × 0,35 € = 630 €) = 1 170 € belastet.

2. Die ABC-OHG stellt ihrem Geschäftsführer einen Pkw zur Verfügung, den er sowohl zu Fahrten für die OHG (70 %) und privat (30 %) nutzen darf. Die private Nutzung erfolgt unentgeltlich und wird zutreffend auf der Grundlage der sog. 1 %-Regelung erfasst. Der Pkw wird bei einer Privatfahrt des A infolge eines von A verschuldeten Unfalls schwer beschädigt. Die Reparaturwerkstätte berechnete der OHG für die Reparatur 8 000 € zuzüglich 1 520 € USt.

a) Hiervon ersetzte die Kaskoversicherung nichts, weil A bei der Fahrt volltrunken war. Die OHG belastete das handelsrechtliche Privatkonto des A mit 9 520 €.

b) Hiervon ersetzte die Kaskoversicherung nichts, weil A bei der Fahrt volltrunken war. Die OHG belastete das handelsrechtliche Privatkonto des A nicht.

c) Hiervon ersetzte die Kaskoversicherung 6 000 €. Aufgrund der Selbstbeteiligung in Höhe von 2 000 €. Die OHG belastete das handelsrechtliche Privatkonto des A mit 2 000 €.

3. Die H-KG betreibt eine Hotelkette. U. a. unterhält sie ein Hotel in Berchtesgaden. Der Kommanditist K verbringt dort einen zweiwöchigen Urlaub. Das Hotel war in dieser Zeit nicht ausgebucht. Einem normalen Gast hätte die KG hierfür 2 100 € berechnet, wobei diesem Preis kalkulierte Kosten fürs Essen von 600 € und für die Unterbringung von 500 € zugrunde liegen. Per Saldo sind der KG durch den Urlaub des K nur 200 € Kosten für Zimmerreinigung und weiteren Service entstanden.

a) Die H-KG berechnete K hierfür 2 100 € abzüglich 20 % Rabatt = 1 680 €.
b) Die H-KG berechnete K hierfür nichts.
c) Die H-KG berechnete K hierfür 200 €.

4. Gegenstand der T-KG ist ein Unternehmen, das Pkw, Wohnmobile, Wohnwagen und Sportboote vermietet. Dem Kommanditisten A überlässt sie für einen Monat ein Wohnmobil. Er reist damit in Urlaub nach Spanien. Einem normalen Mieter hätte sie hierfür 5 400 € berechnet. Die Kosten des Wohnmobils belaufen sich insgesamt auf 2 000 € pro Monat. Hierin sind die Anschaffungskosten entsprechend dem Berichtigungszeitraum des § 15a UStG anteilig enthalten. Die Kosten für Steuer und Versicherung sind nicht enthalten. Das Wohnmobil hätte in dieser Zeit nicht anderweitig vermietet werden können.

a) Die T-KG berechnete A hierfür 5 400 € abzüglich 20 % Rabatt = 4 320 €.
b) Die T-KG berechnete A hierfür nichts.
c) Die T-KG berechnete A hierfür 1 500 €.

5. Die Z-Bau-GmbH errichtet auf dem Grund und Boden ihres Gesellschafters A ein Einfamilienhaus und berechnet ihm dabei die angefallenen Materialkosten und Lohnkosten in Höhe von 250 000 € zuzüglich 47 500 € USt. Üblicherweise würde sie einem fremden Dritten für ein vergleichbares Gebäude 500 000 € brutto berechnen.

## 10.3 Leistungen des Mitglieds an die Personenvereinigung

1. A und B sind zu jeweils 50 % an der AB-OHG beteiligt. Die AB-OHG betreibt ein Gütertransportunternehmen. A ist Eigentümer eines mit einer Großgarage bebauten Grundstücks. Er überlässt im Kalenderjahr 04 die im Kalenderjahr 01 errichtete Garage der AB-OHG zur Nutzung. Seine Sonderbetriebsausgaben belaufen sich bezüglich dieser Garage auf jährlich 20 000 €. Hierin enthalten sind 2 % AfA = 8 000 €. Die Herstellungskosten der Garage betragen 400 000 €. Bei der Anschaffung des Grundstücks fiel keine Vorsteuer an.

a) Er vermietet die Garage zur ortsüblichen Miete für monatlich 2 000 € zuzüglich 380 € USt an die AB-OHG.
b) Er überlässt die Garage der AB-OHG unentgeltlich.
c) Er vermietet die Garage zur ortsüblichen Miete von 2 000 € netto für monatlich 1 000 € zuzüglich 190 € USt an die AB-OHG. In den Sonderbetriebsausgaben sind auch Zinsen in Höhe von 4 000 € für ein steuerfreies Darlehen enthalten.

2. A und B sind zu jeweils 50 % an der AB-OHG beteiligt. Diese betreibt ein Gütertransportunternehmen. B erwirbt im eigenen Namen und für eigene Rechnung einen Lastzug für 300 000 € zuzüglich 57 000 € USt. B überlässt den Lastzug der OHG zur Nutzung. Die AB-OHG setzt den Lastzug ausschließlich für Transporte über Italien nach Nordafrika ein. Die Sonderbetriebsausgaben des B diesbezüglich belaufen sich im Jahr 01 auf 120 000 €. Hierin enthalten sind 20 % AfA = 60 000 €. Der Lastzug hat eine betriebsgewöhnliche Nutzungsdauer von fünf Jahren.

a) Er vermietet ihn an die OHG für monatlich 10 000 € zuzüglich 1 900 € USt an die AB-OHG.
b) Er überlässt ihn der OHG unentgeltlich.
c) Er vermietet ihn für monatlich 6 000 € zuzüglich 1 140 € USt an die AB-OHG. In den Sonderbetriebsausgaben sind auch Zinsen in Höhe von 12 000 € für ein steuerfreies Darlehen enthalten.

3. Am 01. 01. 04 veräußert B den Lastzug (vgl. Fall 2a) für 200 000 € zuzüglich 38 000 € USt an die AB-OHG. Der Lastzug hat zu diesem Zeitpunkt einen gemeinen Wert von 100 000 €.

4. Am 01. 01. 04 veräußert B den Lastzug (vgl. Fall 2a) für 100 000 € zuzüglich 19 000 € an die AB-OHG. Der Lastzug hat zu diesem Zeitpunkt einen gemeinen Wert von 150 000 €.
5. Komplementär der A-GmbH & Co. KG ist die A-GmbH. Kommanditisten der A-GmbH & Co. KG sind A, B und C. A ist Alleingesellschafter der A-GmbH. Für ihre Geschäftsführertätigkeit bei der A-GmbH & Co. KG erhält die A-GmbH vorweg eine feste Vergütung von monatlich 10 000 €. Soweit die A-GmbH im Rahmen ihrer Geschäftsführertätigkeit einen Pkw einsetzt, berechnet sie der A-GmbH & Co. KG hierfür pro km 1 € zuzüglich 0,19 € USt. Die Kosten pro km betragen nach ADAC-Tabelle 0,60 €. Bezüglich der Pkw-Überlassung besteht eine besondere Nutzungsüberlassungsvereinbarung.

## 10.4 Übungsfälle zur Gründung von Personenvereinigungen

Der Mandantenstamm des Steuerberaters S hat sich ständig vergrößert. S nimmt daher zum 01. 02. 04 den Finanzbeamten F, der soeben die Steuerberaterprüfung erfolgreich abgelegt hat, als Sozius in seine Kanzlei auf. F wird an allen der Praxis zugehörigen Wirtschaftsgütern einschließlich der stillen Reserven sowie am Gewinn und Verlust zu 50 % beteiligt.

Es handelt sich im Einzelnen um folgende Wirtschaftsgüter:

| | |
|---|---|
| Mandantenstamm Teilwert | 400 000 € |
| Inventar, Steuersatz 19 % Teilwert | 80 000 € |
| Fachliteratur, Steuersatz 7 % Teilwert | 20 000 € |

1. F zahlt hierfür an S 300 000 €. Weiterhin ist vereinbart, dass die Sozietät die eventuell aus der Gründung bei S resultierende USt übernimmt.
2. F ist der Sohn des S. Er zahlt hierfür nichts. Zwischen F und S ist vereinbart, dass die Sozietät die eventuell aus der Gründung bei S resultierende USt übernimmt.
3. F zahlt hierfür 300 000 €. Weiterhin ist vereinbart, dass die Sozietät die eventuelle aus der Gründung bei S resultierende USt übernimmt. Die 300 000 € beschaffte sich F durch ein Darlehen der B-Bank. Die B-Bank berechnet ihm hierfür jährlich 8 % Zinsen zuzüglich USt.
4. F bringt zum 01. 01. 04 in die Sozietät ein Grundstück mit Gebäude ein. Die Sozietät zieht im Januar 05 in dieses Gebäude um. Es wird ausschließlich für die steuerberatende Tätigkeit der Sozietät genutzt. Das Grundstück hat einen Teilwert von 500 000 €. F hatte es bisher (ab 01. 01. 02) an einen Rechtsanwalt für eine monatliche Miete von 2 000 € zuzüglich 19 % USt vermietet. Die Sozietät trat in den Mietvertrag mit dem Rechtsanwalt ein. Nach erfolgter Kündigung räumte er das Gebäude Ende Dezember 04. Das Gebäude war von F im Jahr 01 errichtet worden (Fertigstellung Ende 01). F wurde diesbezüglich 60 000 € USt berechnet. Soweit umsatzsteuerrechtliche Gestaltungsmöglichkeiten bestehen, soll die günstigste gewählt werden. Weiterhin ist vereinbart, dass die Sozietät die eventuell aus der Gründung bei S und F resultierende USt sowie die anfallende Grunderwerbsteuer übernimmt.

# Teil T Kleinunternehmer nach § 19 UStG

## 1 Allgemeines

§ 19 UStG bringt für sog. Kleinunternehmer eine weitgehende Gleichstellung mit Nichtunternehmern. Der Begriff »Kleinunternehmer« leitet sich davon ab, dass ein Teil der unter diese Sonderregelung fallenden Unternehmer nur in geringem Umfang Umsätze tätigt. Der Begriff ist allerdings zum Teil irreführend, weil auch Unternehmer, die im Wesentlichen steuerfreie Umsätze tätigen, wie z. B. Ärzte, unter die Regelung fallen, auch wenn ihr Umsatz in die Millionen gehen sollte.

Der unter die Regelung nach § 19 UStG fallende Unternehmer kann auf seinen Sonderstatus verzichten und fällt dann unter die allgemeinen Vorschriften des UStG.

Die Sonderregelung nach § 19 UStG greift nur für Unternehmer, die im Inland (bzw. in den Gebieten nach § 1 Abs. 3 UStG z. B. Freihäfen) ansässig sind (vgl. A 19.1 Abs. 1 Satz 1 UStAE). Damit soll verhindert werden, dass ausländische Unternehmer mit hohen Auslandsumsätzen im Inland unter die Regelung des § 19 UStG fallen, weil bei der Bemessung der Umsatzgrenze des § 19 UStG grundsätzlich nur auf steuerbare Umsätze, also im Inland getätigte Umsätze abgestellt wird. Nach dem EuGH-Urteil vom 26. 10. 2010, C-97/092 verstößt die Beschränkung der Regelung auf im Inland ansässige Unternehmer nicht gegen die Dienstleistungsfreiheit nach Art. 56 des Vertrags über die Arbeitsweise der Europäischen Union.

## 2 Kleinunternehmer nach § 19 Abs. 1 UStG

Soweit es sich nicht um Unternehmer handelt, die vorwiegend solche steuerfreien Umsätze erbringen, welche bei der Berechnung des maßgeblichen Umsatzes nicht einbezogen werden, handelt es sich nahezu ausschließlich um Unternehmer im Nebenberuf, insbesondere um Arbeitnehmer, die nebenbei noch eine unternehmerische Betätigung ausüben. Nach der Vorstellung des Gesetzgebers sollen nämlich unter die Regelung des § 19 Abs. 1 UStG im Grundsatz diejenigen Unternehmer fallen, die mit ihren normalen steuerpflichtigen Einnahmen im Jahr nicht über 22 000 € (die Grenze gilt erstmals für das Vorjahr 2019, früher waren es 17 500 €) hinaus kommen. Nach § 19 Abs. 1 Satz 1 UStG darf der Unternehmer mit seinem Umsatz

- im Vorjahr nicht 22 000 € überstiegen haben und
- im laufenden Jahr voraussichtlich 50 000 € nicht übersteigen.

Welche Umsätze mit welchen Beträgen bei der Ermittlung des Gesamtumsatzes zu berücksichtigen sind, ergibt sich aus § 19 Abs. 1 Satz 2 i. V. m. Abs. 3 UStG. Vereinfacht dargestellt wird der Gesamtumsatz folgendermaßen ermittelt:

1. Summe der Bruttoeinnahmen aus allen steuerpflichtigen Ausgangsumsätzen, ausgenommen die Umsätze von Wirtschaftsgütern des Anlagevermögens
   zuzüglich
2. Summe der Einnahmen aus allen steuerfreien Umsätzen nach § 4 Nr. 1 bis 6, Nr. 8 Buchst. a bis h, Nr. 9 Buchst. a und Nr. 10 UStG, ausgenommen Hilfsumsätze.

Zum Gesamtumsatz gehören auch Umsätze, für die ein anderer als Leistungsempfänger Steuerschuldner nach § 13b Abs. 5 UStG ist. Nicht dazu gehören Umsätze, für die der Unternehmer als Leistungsempfänger die Steuer nach § 13b Abs. 5 UStG schuldet.

Lag der so ermittelte Gesamtumsatz im Vorjahr nicht über 22 000 €, darf der Unternehmer grundsätzlich für das laufende Jahr die Regelung des § 19 Abs. 1 UStG in Anspruch nehmen, welche ihn im Ergebnis einem Nichtunternehmer gleichstellt. Nimmt der Unternehmer seine gewerbliche oder berufliche Tätigkeit im Laufe eines Kalenderjahres neu auf, ist in diesen Fällen auf den voraussichtlichen Umsatz des laufenden Kalenderjahres abzustellen. Hierbei ist die Grenze von 22 000 € und nicht die Grenze von 50 000 € maßgebend (A 19.1 Abs. 4 UStAE).

Nach einem Beschluss des FG Sachsen-Anhalt vom 26.07.2016, 4 V 1379/15 trägt der Unternehmer, der die Kleinunternehmerregelung nach § 19 UStG anwendet, das Risiko der zutreffenden Ermittlung seiner Umsätze. Ergibt sich nachträglich, dass die Höhe des Vorjahresumsatzes die Umsatzgrenze auch nur geringfügig überschritten hat, kann die Kleinunternehmerregelung zwingend nicht mehr angewandt werden.

In den Fällen der Margenbesteuerung nach § 25 UStG sowie der Differenzbesteuerung nach § 25a UStG ist der Gesamtumsatz nach dem vereinnahmten Entgelt und nicht nach dem Differenzbetrag zu bestimmen (vgl. A 19.3 Abs. 1 Satz 5 UStAE). Der EuGH hat sich mit Urteil vom 29.07.2019, C-388/18 dieser Verwaltungsauffassung angeschlossen und entschieden, dass der Gesamtbetrag der ausgeführten Lieferungen und nicht deren Handelsspanne den Umsatz darstellt, der für die Anwendbarkeit der Sonderregelung für Kleinunternehmer zugrunde zu legen ist.

Ausnahmsweise darf der Unternehmer die Regelung des § 19 Abs. 1 UStG nicht in Anspruch nehmen, wenn zu Beginn des laufenden Jahres zu erwarten ist, dass er mit seinem Gesamtumsatz für das laufende Jahr 50 000 € übersteigen wird. Der Gesetzgeber hat diese voraussichtliche Umsatzgrenze so hoch gelegt, dass in normalen Fällen ein Unternehmer, welcher im Vorjahr mit seinem Gesamtumsatz 22 000 € nicht überschritten hat, zweifelsfrei für das laufende Jahr die Regelung des § 19 Abs. 1 UStG noch in Anspruch nehmen kann, auch wenn er erwartet, dass er im laufenden Jahr die Umsatzgrenze deutlich überschreiten wird.

Soweit die dargestellten Voraussetzungen des § 19 Abs. 1 UStG vorliegen, treten folgende Rechtsfolgen ein:

a) Die für Umsätze § 1 Abs. 1 Nr. 1 UStG geschuldete USt wird nicht erhoben (§ 19 Abs. 1 Satz 1 UStG).
b) Der Unternehmer hat keinen Vorsteuerabzug (§ 19 Abs. 1 Satz 4 UStG).
c) Der Unternehmer darf in seinen Rechnungen keine USt gesondert ausweisen (§ 19 Abs. 1 Satz 4 UStG), weist er dennoch USt gesondert aus, schuldet er diese nach § 14c Abs. 2 UStG (§ 19 Abs. 1 Satz 3 UStG).
d) Der Unternehmer darf nicht auf Steuerbefreiungen nach § 9 UStG verzichten (§ 19 Abs. 1 Satz 4 UStG).

Waren die Einnahmen eines Unternehmers im Vorjahr nur deshalb so gering, weil er seiner unternehmerischen Betätigung nicht das ganze Jahr über nachging, sind seine Einnahmen für die Ermittlung des Gesamtumsatzes auf einen Jahresumsatz umzurechnen (§ 19 Abs. 3 Satz 3 UStG). Zugunsten des Unternehmers können dabei angefangene Kalendermonate wie volle Kalendermonate behandelt werden (§ 19 Abs. 3 Satz 4 UStG).

**BEISPIEL**

Die angestellte Frisörin F möchte sich schrittweise selbständig machen und betreut ab September 01 mit Zustimmung ihres Arbeitgebers auf eigene Rechnung in ihrer Freizeit einige Kundinnen. In der Zeit von September bis Dezember 01 hat sie hierfür insgesamt 8 000 € eingenommen.

**LÖSUNG** Zur Ermittlung des Gesamtumsatzes für 01 sind die Einnahmen auf einen Jahresumsatz umzurechnen. Dieser beträgt 8 000 €/4 × 12 = 24 000 €. Somit unterliegt F für das Jahr 02 nicht der Regelung nach § 19 Abs. 1 UStG.

Im vorliegenden Fall ist auch zu klären, ob F wenigstens für das Jahr 01 der Regelung des § 19 Abs. 1 UStG unterliegt. War bereits bei Aufnahme der unternehmerischen Tätigkeit durch F im September 01 abzusehen, dass sie im Jahr 01 Einnahmen in Höhe von 8 000 € erzielen wird, liegt der voraussichtliche Gesamtumsatz über 22 000 € (siehe obige Umrechnung auf einen Jahresumsatz) und F unterliegt bereits für das Jahr 01 nicht der Regelung des § 19 Abs. 1 UStG. War jedoch im September 01 noch nicht zu erwarten, dass sie mehr als

$\frac{22\,000\,€ \times 4}{12} = 7\,333\,€$ einnehmen wird, kann sie für das Jahr 01

von der Regelung des § 19 Abs. 1 UStG Gebrauch machen.

## 3 Verzicht auf die Anwendung des § 19 Abs. 1 UStG

Nach § 19 Abs. 2 UStG kann ein Unternehmer, bei dem die Voraussetzungen des § 19 Abs. 1 Satz 1 UStG gegeben sind, auf die Anwendung des § 19 Abs. 1 UStG verzichten. Im Falle des Verzichts auf § 19 Abs. 1 UStG ist seine USt nach den allgemeinen Vorschriften des Gesetzes zu ermitteln.

Führt ein Unternehmer lediglich Umsätze aus, die unter die Steuerbefreiung nach § 4 Nr. 12 UStG fallen (Grundstücksvermietungen), und möchte er gem. § 9 UStG zur Erlangung des Vorsteuerabzugs auf die Befreiung verzichten, muss er zunächst auf die Anwendung des § 19 Abs. 1 UStG gem. § 19 Abs. 2 UStG verzichten (sog. Doppeloption). Ohne die Option nach § 19 Abs. 2 UStG ist nämlich der Verzicht nach § 9 UStG nicht zulässig (vgl. § 19 Abs. 1 Satz 4 UStG). Seine Umsätze sind damit steuerfrei und rechnen bei der Ermittlung des Gesamtumsatzes nicht mit. Er verbliebe also in der Regelung des § 19 Abs. 1 UStG, selbst wenn seine Vermietungsumsätze über 22 000 € liegen.

Für den Verzicht ist keine besondere Form vorgeschrieben. Er kann somit dem Finanzamt den Verzicht auch konkludent dadurch erklären, dass er Steueranmeldungen abgibt, in denen er die USt nach den allgemeinen Vorschriften des Gesetzes berechnet (vgl. A 19.2 Abs. 1 Nr. 2 UStAE). Der Verzicht auf die Anwendung des § 19 Abs. 1 UStG bindet den Unternehmer nach Eintritt der Unanfechtbarkeit der Steuerfestsetzung des Kalenderjahres, für welches der Verzicht erklärt wurde, gem. § 19 Abs. 2 Satz 2 UStG für insgesamt fünf Kalenderjahre.

Der Verzicht ist spätestens vor Eintritt der Unanfechtbarkeit der Steuerfestsetzung gegenüber dem Finanzamt zu erklären. Hat der Unternehmer eine USt-Jahreserklärung für ein bestimmtes Kalenderjahr abgegeben, in der er die Steuer aufgrund von § 19 Abs. 1 UStG mit 0 € anmeldet, liegt darin gem. § 168 AO eine Steuerfestsetzung unter dem Vorbehalt der Nachprüfung. Für diese tritt die Unanfechtbarkeit einen Monat nach Eingang der Anmeldung beim Finanzamt ein. Danach ist ein Verzicht nach § 19 Abs. 2 UStG für das betreffende Jahr nicht mehr möglich. Der bereits erklärte Verzicht nach § 19 Abs. 2 UStG kann grundsätzlich widerrufen werden (vgl. A 19.2 Abs. 2 Satz 1 UStAE). Ist jedoch die Steuerfestsetzung für das Kalenderjahr, für welches erstmals der Verzicht nach § 19 Abs. 2 UStG erklärt wurde, bereits unanfechtbar, ist ein Widerruf des Verzichts für dieses Jahr sowie für die vier nachfolgenden Jahre nicht zulässig (vgl. A 19.2 Abs. 3 UStAE).

**BEISPIEL**

Der Unternehmer U hat für das Jahr 01 am 01. 03. 02 eine USt-Jahreserklärung abgegeben, in der er die Steuer unter Verzicht auf § 19 Abs. 1 UStG erstmals nach den allgemeinen Vorschriften des Gesetzes mit 800 € errechnet hat. Das Finanzamt entdeckt bei einer späteren Überprüfung der Anmeldung einen Rechenfehler und erlässt deshalb am 05. 06. 02 einen Änderungsbescheid mit einer USt in Höhe von 1 500 €. U möchte daraufhin sofort seinen Verzicht nach § 19 Abs. 2 UStG widerrufen.

**LÖSUNG** Die USt-Jahreserklärung wirkt mit ihrem Eingang beim Finanzamt am 01. 03. 02 gem. § 168 AO als Steuerfestsetzung unter dem Vorbehalt der Nachprüfung. Diese Vorbehaltsfestsetzung wird am 01. 04. 02 unanfechtbar. Damit ist ab 01. 04. 02 ein Widerruf des Verzichts nicht mehr zulässig (vgl. auch BFH vom 19. 12. 1985 BStBl II 1986, 420). Die Unanfechtbarkeit ist, wie das Beispiel zeigt, nicht gleichbedeutend mit der Unabänderbarkeit, da Fehler bei der Vorbehaltsfestsetzung gem. § 164 Abs. 2 AO jederzeit korrigiert werden können.

Die Frage des Verzichts auf § 19 Abs. 1 UStG stellt sich vor allem bei Unternehmern, die neben Umsätzen an Endverbraucher auch Umsätze an andere zum Vorsteuerabzug berechtigte Unternehmer tätigen. Je nach dem Verhältnis dieser Umsätze zueinander kann die Anwendung des § 19 Abs. 1 UStG bzw. ein Verzicht auf die Anwendung des § 19 Abs. 1 UStG günstiger sein. Hat ein Unternehmer zu Beginn eines Jahres für dieses Jahr den Verzicht auf § 19 Abs. 1 UStG erklärt und dementsprechend Rechnungen mit gesondertem Ausweis der Umsatzsteuer erteilt, kommt er jedoch aufgrund seiner Umsätze im Verlauf des Jahres zum Ergebnis, dass die Anwendung des § 19 Abs. 1 UStG für ihn günstiger wäre, kann er den Verzicht nach § 19 Abs. 2 UStG widerrufen. In diesem Fall wird die gesondert ausgewiesene Steuer nach Verwaltungsauffassung aufgrund von § 19 Abs. 1 Satz 4 UStG zur Steuer nach § 14c Abs. 2 UStG. Die Rechnungen, in denen er die Umsatzsteuer gesondert ausgewiesen hat, kann der Unternehmer nach § 14c Abs. 2 Sätze 3 bis 5 UStG berichtigen. (vgl. A 19.2 Abs. 2 Satz 2 UStAE).

**BEISPIEL**

Der Gesamtumsatz des U hat 9 000 € im Kalenderjahr 01 betragen. Der Gesamtumsatz für das Kalenderjahr 02 beträgt, wie vorhergesehen, 12 500 €. U verzichtet für das Kalenderjahr 02 gem. § 19 Abs. 2 UStG auf die Anwendung des § 19 Abs. 1 UStG, da bei ihm im Jahr 02 hohe Vorsteuerbeträge angefallen sind. U möchte aber sobald wie möglich wieder zur Besteuerung nach § 19 Abs. 1 UStG zurückkehren. Der Gesamtumsatz für die Jahre 06 und 07 beträgt jeweils 9 000 €.

**LÖSUNG** U unterliegt grundsätzlich für das Jahr 02 der Besteuerung nach § 19 Abs. 1 UStG, da sein Gesamtumsatz für das Jahr 01 22 000 € nicht überstiegen hat und sein Gesamtumsatz für das Jahr 02 wie vorausgesehen 50 000 € nicht überstieg. Zur Anwendung der allgemeinen Vorschriften des Gesetzes für das Jahr 02 war daher ein Verzicht nach § 19 Abs. 2 UStG erforderlich und zulässig. Der Verzicht bindet U nach § 19 Abs. 2 Satz 2 UStG für insgesamt fünf Jahre, also bis einschließlich für das Kalenderjahr 06. U kann dem Finanzamt erklären, dass er für das Kalenderjahr 07 den Verzicht widerruft. Der Widerruf kann dem Finanzamt bereits im Jahr 02 erklärt werden, er muss nach § 19 Abs. 2 Satz 4 UStG spätestens bis zur Unanfechtbarkeit der Steuerfestsetzung für das Jahr 07 erklärt werden. Aufgrund des Widerrufs fällt U für das Jahr 07 wieder unter die Regelung des § 19 Abs. 1 UStG, da der Gesamtumsatz 22 000 € für das Jahr 06 nicht überstiegen hat und der Gesamtumsatz für das Jahr 07 ersichtlich 50 000 € nicht übersteigen wird.

Von den Fällen des § 19 Abs. 2 UStG sind die Fälle zu unterscheiden, in denen der Unternehmer aufgrund eines vorübergehend angestiegenen Umsatzes aus der Regelung des § 19 Abs. 1 UStG herausfällt.

**BEISPIEL**

Der Gesamtumsatz des U hat 12 000 € im Kalenderjahr 01 betragen. Der Gesamtumsatz für das Kalenderjahr 02 beträgt, wie vorhergesehen, 23 500 €. Der Gesamtumsatz für die Jahre 03 und 04 beträgt jeweils 12 000 €.

**LÖSUNG** Aufgrund des Gesamtumsatzes für das Kalenderjahr 01 und des voraussichtlichen Gesamtumsatzes für das Jahr 02 fällt U für das Jahr 02 unter die Besteuerung nach § 19 Abs. 1 UStG. Für das

Jahr 03 fällt U dagegen aus der Regelung des § 19 Abs. 1 UStG heraus, da der Gesamtumsatz für das Vorjahr 02 die 22 000 €-Grenze überstiegen hat. Für das Jahr 03 finden daher die allgemeinen Vorschriften des Gesetzes Anwendung, ohne dass es eines Verzichtes des U nach § 19 Abs. 2 UStG bedarf. Im Jahr 04 fällt U wieder automatisch unter die Regelung des § 19 Abs. 1 UStG, da sein Vorjahresumsatz 22 000 € nicht überstiegen hat und der Umsatz für das Jahr 04 ersichtlich 50 000 € nicht übersteigen wird. Eine fünfjährige Bindung ab dem Jahr 03 an die Besteuerung nach den allgemeinen Vorschriften des Gesetzes tritt im vorliegenden Fall nicht ein. U kann diese Situation zu seinem Vorteil dadurch ausnützen, dass er möglichst viel Vorsteuer in das Jahr 03 verlagert, indem er im Kalenderjahr 03 für sein Unternehmen Leistungen auf Vorrat bezieht. Grundsätzlich könnte in einem solchen Fall für nachfolgende Jahre eine Vorsteuerberichtigung nach § 15a UStG in Betracht kommen. Sie entfällt aber oft, weil die Gewichtigkeitsgrenze des § 44 Abs. 1 UStDV in Höhe von 1 000 € Vorsteuer pro Berichtigungsobjekt nicht überschritten ist.

## 4 Wechsel der Besteuerungsform

Geht der Unternehmer von der Regelung nach § 19 Abs. 1 UStG über zur Besteuerung nach den allgemeinen Vorschriften des Gesetzes oder wechselt er von der Besteuerung nach den allgemeinen Vorschriften des Gesetzes zur Regelung nach § 19 Abs. 1 UStG, ergeben sich jeweils Abgrenzungsprobleme. Hierbei gelten folgende Grundsätze:

- Maßgeblich für die Ausgangsumsatzsteuer ist die Besteuerungsform des Kalenderjahres, in welchem ein Umsatz getätigt wurde. Auf den Zeitpunkt der Vereinnahmung von Entgelten kommt es nicht an (vgl. A 19.5 Abs. 1 und 2 UStAE).
- Der Vorsteuerabzug bestimmt sich nach der Besteuerungsform des Kalenderjahres, in welchem die Eingangsleistung an das Unternehmen erbracht wurde. Beim Übergang von der Regelbesteuerung zur Kleinunternehmerregelung nach § 19 UStG kommt eine Vorsteuerberichtigung nach § 15a UStG zu Ungunsten des Unternehmers in Betracht (vgl. § 15a Abs. 7 UStG). Beim Übergang von der Kleinunternehmerregelung nach § 19 UStG zur Regelbesteuerung kommt eine Vorsteuerberichtigung nach § 15a UStG zu Gunsten des Unternehmers in Betracht.

**BEISPIEL**

Der Unternehmer U unterlag im Kalenderjahr 01 der Regelung des § 19 Abs. 1 UStG. Im Kalenderjahr 02 besteuert er seine Umsätze nach den allgemeinen Vorschriften des Gesetzes. U nimmt im Januar 02 noch 2 000 € ein für Umsätze, welche er bereits im Jahr 01 bewirkt hatte.

Im Januar 02 erbringt U steuerpflichtige Leistungen, für welche er bereits im Dezember 01 das Entgelt in Höhe von insgesamt 1 200 € eingenommen hatte. Im Dezember 01 hat U vom Kfz-Händler K einen Pkw erworben. Auf Bitte des U erteilt K dem U die Rechnung hierüber erst im Januar 02. Im Januar 02 hat U einen Anhänger für den Pkw erworben, welchen er bereits im Dezember 01 bestellt hat, für welchen ihm bereits im Dezember eine Rechnung mit gesondertem Umsatzsteuerausweis über 5 000 € zuzüglich 950 € Umsatzsteuer erteilt wurde und worauf er bereits im Dezember ein Anzahlung in Höhe von 2 000 € geleistet hatte.

**LÖSUNG** Obwohl der Gesamtumsatz des U für das Jahr 01 nach vereinnahmten Entgelten ermittelt wird, werden die im Januar 02 eingenommenen 2 000 € für Umsätze des Jahres 01 noch der Regelung des § 19 Abs. 1 UStG unterworfen. Dies gilt selbst dann, wenn U im Jahr 02 seine Umsätze ebenfalls nach vereinnahmten Entgelten versteuern sollte (vgl. A 19.5 Abs. 1 UStAE). Die bereits im Dezember eingenommenen 1 200 €, bei denen die zugrunde liegenden Leistungen im Januar 02 bewirkt wurden, sind im Januar bei der Ermittlung der USt nach den allgemeinen Bestimmungen des Gesetzes zu erfassen. Die USt hieraus beträgt 19/119 von 1 200 € = 191,60 €.

Die Vorsteuer für die Anschaffung des Pkw fällt noch unter die Regelung des § 19 Abs. 1 Satz 4 UStG und darf daher von U nicht abgezogen werden (vgl. A 15.1 Abs. 6 i. V. m. Abs. 5 Satz 1 Nr. 1 UStAE). Allerdings darf U gemäß § 15a Abs. 7 UStG ab 01. 01. 02 bis zum Ende des Berichtigungszeitraums die Vorsteuerberichtigung nach § 15a UStG zu seinen Gunsten in Anspruch nehmen. Der Wechsel von der Besteuerung nach § 19 UStG zur Regelbesteuerung wirkt wie ein Übergang von vorsteuerschädlichen zu vorsteuerunschädlichen Ausgangsumsätzen, sofern die Umsätze im Rahmen der Regelbesteuerung vorsteuerunschädlich sind. Die Vorsteuer für die Anschaffung des Anhängers fällt dagegen unter die Besteuerung nach den allgemeinen Vorschriften des Gesetzes. Sie darf deshalb für den Voranmeldungszeitraum Januar 02 voll in Höhe von 950 € abgezogen werden (vgl. A 15.1 Abs. 5 Satz 1 Nr. 1 UStAE und A 15.3 Abs. 2 UStAE).

# Teil U Besondere Besteuerungsformen

## 1 Sonderregelungen für die Land- und Forstwirtschaft

### 1.1 Allgemeines

Für die land- und forstwirtschaftlichen Betriebe bestehen in § 24 UStG Sonderregelungen. Wie sich bereits aus der Überschrift zu § 24 UStG ergibt, handelt es sich um eine Besteuerung nach Durchschnittsätzen.

Generell gilt, dass § 24 UStG unter Beachtung des Unionsrechts **eng** ausgelegt werden muss. Dies hat der BFH erneut in seinem Urteil vom 28. 05. 2013, DB 2014, 820, bestätigt (vgl. auch A 24.1 Abs. 1 UStAE). Insoweit hat der BFH ausgeführt, dass sowohl beim Zuverfügungsstellen von Flächen an eine Kommune zur Durchführung ökologischer Ausgleichsmaßnahmen als auch bei der Herstellung solcher Maßnahmen keine Leistungen vorliegen, die landwirtschaftlichen Zwecken dienen.

Die Auswirkung dieser Besteuerung zeigt folgendes stark vereinfachte Beispiel.

**BEISPIEL**

Der Landwirt L hat seinen landwirtschaftlichen Betrieb auf die Milchproduktion spezialisiert. Im Jahr 01 hat er ausschließlich Milchlieferungen an die Fa. M (Molkerei) getätigt, welche ihm hierfür insgesamt 40 000 € vergütete. Für den Zukauf von Futtermitteln, tierärztliche Betreuung usw. wurden ihm im Jahr 01 insgesamt 1 500 € USt in Rechnung gestellt.

**LÖSUNG** Gemäß § 24 Abs. 1 Nr. 3 UStG bemisst sich die USt bei L nach dem Durchschnittssatz von 10,7 %. Die Ausgangsumsatzsteuer für das Jahr 01 beträgt somit bei ihm 10,7/110,7 von 40 000 € = 3 866,30 €. Die Bemessungsgrundlage beträgt 100/110,7 von 40 000 € = 36 068,53 €. Die USt in Höhe von 3 866,30 € darf M bei Vorliegen einer entsprechenden Rechnung oder Gutschrift als Vorsteuer geltend machen.

Nach § 24 Abs. 1 Satz 3 UStG bemisst sich die Vorsteuer des L pauschal mit 10,7 % der Bemessungsgrundlage also mit 10,7/110,7 von 40 000 € = 3 866,30 €. Ein weiterer Vorsteueranspruch aufgrund der dem L in Rechnung gestellten USt entfällt gem. § 24 Abs. 1 Satz 4 UStG.

Der Ausgangsumsatzsteuer steht also die Vorsteuer in gleicher Höhe gegenüber.

Wie im dargestellten Beispiel ergibt sich in der Regel für einen durchschnittlichen Landwirt keine Zahllast, da die pauschalierte Vorsteuer die Ausgangsumsatzsteuer ausgleicht.

Bei diesem Ergebnis drängt sich die Frage auf, warum der Gesetzgeber den Landwirt nicht von vornherein von der Umsatzbesteuerung ausgenommen hat. Der Vorteil der geltenden Regelung ist jedoch, dass der Landwirt, obwohl er selbst keine USt abführt, seinem Leistungsempfänger USt in Rechnung stellen darf, die dieser unter den Voraussetzungen des § 15 UStG als Vorsteuer abziehen kann. Auf diesem indirekten Wege wird der Landwirt von der USt entlastet, soweit er seine Leistung an einen zum Vorsteuerabzug berechtigten Unternehmer erbringt. Darüber hinaus wirkt sich die Regelung auch als Subvention aus, da die pauschale Vorsteuer in der Regel höher ist als die tatsächlich angefallene Vorsteuer.

Der Land- und Forstwirt ist nicht gezwungen, von der Pauschalregelung des § 24 UStG Gebrauch zu machen. Nach § 24 Abs. 4 UStG kann er gegenüber dem Finanzamt erklären, dass er seine Umsätze nach den allgemeinen Vorschriften des Gesetzes besteuern will (vgl. 1.4). Er wird sich zu dieser Option dann entschließen, wenn seine tatsächliche Vorsteuer, z. B. wegen umfangreicher Baumaßnahmen, die Ausgangsumsatzsteuer erheblich überschreitet. Macht der

Landwirt von der Option Gebrauch, hat er nicht mehr den pauschalen Vorsteuerabzug nach § 24 UStG, sondern den konkreten Vorsteuerabzug nach § 15 UStG. Auch gelten für ihn nicht mehr die Durchschnittsteuersätze nach § 24 UStG, sondern die allgemeinen Steuersätze nach § 12 UStG.

## 1.2 Begriff »land- und forstwirtschaftlicher Betrieb«

Der Begriff ist definiert in § 24 Abs. 2 UStG. Nähere Erläuterungen enthält A 24.1 Abs. 1 und 2 UStAE.

Die Umsätze **mit zugekauften** Produkten (z. B. im Hofladen) sind von der Anwendung der Durchschnittsatzbesteuerung ausgeschlossen. Vermischt der Landwirt untrennbar selbst erzeugte mit zugekauften Produkten, gilt nach A 24.2 Abs. 3 UStAE eine Vereinfachungsregelung:

Die Lieferung des Endprodukts unterliegt noch der Durchschnittsatzbesteuerung, wenn die Beimischung des zugekauften Produkts nicht mehr als 25 % des Gesamtprodukts beträgt, wobei zugekaufte Zutaten und Nebenstoffe (z. B. Gewürze, Konservierungsmittel) außer Betracht bleiben. Auch die Warenumschließung ist unschädlich.

Werden nicht selbst erzeugte landwirtschaftliche Erzeugnisse im eigenen Betrieb durch urproduktive Tätigkeiten zu einem Produkt anderer Marktgängigkeit weiterverarbeitet, gelten diese hingegen als eigene Erzeugnisse. Solche eigenen Erzeugnisse liegen z. B. vor, wenn nicht selbst erzeugte land- und forstwirtschaftliche Erzeugnisse (z. B. zugekaufte Samen, Zwiebeln, Knollen, Stecklinge und Pflanzen) im eigenen Betrieb bis zur Verkaufsreife kultiviert werden oder spätestens nach Ablauf von drei Monaten (A 24.2 Abs. 1 Satz 6 UStAE).

Nach § 24 Abs. 2 Satz 3 UStG gilt ein **Gewerbebetrieb kraft Rechtsform** auch dann nicht als land- und forstwirtschaftlicher Betrieb, wenn im Übrigen die Merkmale eines solchen Betriebs vorliegen. Diese Regelung verstößt gegen das gemeinschaftsrechtliche Neutralitätsgebot, wonach bei der Umsatzsteuer Wirtschaftsteilnehmer, die gleichartige Umsätze bewirken, grundsätzlich nicht unterschiedlich behandelt werden dürfen. Dementsprechend hat der BFH mit Urteil vom 16. 04. 2008, BStBl II 2009, 1024 bei einer eingetragenen Genossenschaft die Anwendung des § 24 UStG zugelassen. Allgemein gilt nun, dass sowohl Einzelunternehmer als auch OHG, KG, GbR, GmbH und AG die Regelungen des § 24 UStG in Anspruch nehmen dürfen, sofern sie die sachlichen Merkmale eines land- und forstwirtschaftlichen Betriebs erfüllen. Die Unternehmer haben nunmehr ein Wahlrecht. Näheres regelt das BMF-Schreiben vom 01. 12. 2009, BStBl I 2009, 1611; A 24.1 Abs. 3 UStAE.

## 1.3 Übersicht über die Durchschnittsätze, Kürzungsbeträge und die Steuerzahllast

### 1.3.1 Typische landwirtschaftliche Erzeugnisse

Typische landwirtschaftliche Erzeugnisse sind z. B. Getreide, Vieh, Fleisch, Milch, Obst, Gemüse und Eier.

Für typische landwirtschaftliche Erzeugnisse gilt nach § 24 Abs. 1 Nr. 3 UStG ein Steuersatz von 10,7 %. Nach § 24 Abs. 1 Satz 3 UStG beträgt die pauschale Vorsteuer hierfür ebenfalls 10,7 % Ausgangsumsatzsteuer und Vorsteuer gleichen sich also in diesen Fällen immer aus. Vgl. Beispiel in 1 und weitere Erläuterungen in A 24.2 UStAE.

### 1.3.2 Lieferungen von Getränken, ausgenommen Milch

Bei Lieferungen von in der Anlage 2 zum UStG nicht aufgeführten Getränken (Säfte und alkoholische Getränke, nicht dagegen Milch) gilt nach § 24 Abs. 1 Nr. 2 UStG ein Steuersatz von 19 %. Die pauschale Vorsteuer hierfür beträgt nach § 24 Abs. 1 Satz 3 UStG 10,7 %. Es ergibt sich somit hierbei ausnahmsweise eine Steuerzahllast von 8,3 % der Bemessungsgrundlage.

**BEISPIEL**

Der Winzer W hat im Jahr 01 für insgesamt 50 000 € aus eigenen Trauben selbst hergestellten Wein an den Weinhändler H veräußert.

**LÖSUNG** Der Weinbau ist nach § 24 Abs. 2 Nr. 1 UStG landwirtschaftlicher Betrieb. Die USt für die Lieferungen von W an H beträgt nach § 24 Abs. 1 Nr. 2 UStG 19/119 von 50 000 € = 7 983,19 €. Diesen Betrag darf W dem H als USt in Rechnung stellen. Die Bemessungsgrundlage des W beträgt 50 000 € ./. 7 983,19 € = 42 016,81 €.

Die Vorsteuer beträgt nach § 24 Abs. 1 Satz 3 UStG 10,7 % von 42 016,81 = 4 495,80 €. Somit beträgt die Zahllast bei W 7 983,19 € ./. 4 495,80 € = 3 487,39 €. Dieser Betrag lässt sich auch wie folgt errechnen: 50 000 €/119 × 8,3 = 3 487,39 €.

### 1.3.3 Lieferungen von forstwirtschaftlichen Erzeugnissen

Forstwirtschaftliche Erzeugnisse sind insbesondere Holz in unbearbeiteter und bearbeiteter Form (vgl. A 24.2 Abs. 4 und 5 UStAE), also

- unbearbeitet:
  - Rund-, Schicht- und Abfallholz;
- bearbeitet:
  - Sägewerkserzeugnisse, die in der Anlage 2 zum UStG nicht aufgeführt sind, z. B. Kanthölzer, Bohlen, Bretter,
  - Sägewerkserzeugnisse, die in der Anlage 2 zum UStG Nr. 48 aufgeführt sind, z. B. Brennholz, Sägespäne.

Bei Holzlieferungen ist zunächst zu unterscheiden, ob es sich um unbearbeitetes Holz oder um Sägewerkserzeugnisse handelt. Die Bearbeitung kann in einem land- und forstwirtschaftlichen Nebenbetrieb erfolgt sein. Die Lieferung erfolgt dann immer noch i. R. d. § 24 UStG.

Bei unbearbeitetem Holz gilt gem. § 24 Abs. 1 Nr. 1 UStG ein Steuersatz von 5,5 %. Die Vorsteuer beträgt nach § 24 Abs. 1 Satz 3 UStG ebenfalls 5,5 %.

**BEISPIEL**

Land- und Forstwirt L veräußert einen im eigenen Wald geschlagenen Posten Rohholz für insgesamt 20 000 € an das Sägewerk S.

**LÖSUNG** Für Rohholz gilt nach § 24 Abs. 1 Nr. 1 UStG der Steuersatz von 5,5 %. L darf S USt in Höhe von 5,5/105,5 von 20 000 € = 1 042,65 € berechnen. Bei L ergibt sich keine Zahllast, da die pauschale Vorsteuer in gleicher Höhe entsteht wie die USt.

Bei Lieferungen von Sägewerkserzeugnissen ist zu unterscheiden, ob sie in der Anlage 2 zum UStG aufgeführt sind und deshalb außerhalb des § 24 mit 7 % versteuert werden, oder ob sie nicht in der Anlage zum UStG gelistet sind und deshalb außerhalb des § 24 UStG dem Regelsteuersatz unterliegen.

Sägewerkserzeugnisse, die nach den allgemeinen umsatzsteuerrechtlichen Regeln zu 7 % versteuert werden, unterliegen nach § 24 Abs. 1 Nr. 3 UStG dem Steuersatz von 10,7 %. Gem.

§ 24 Abs. 1 Satz 3 UStG beträgt die pauschale Vorsteuer hierfür ebenfalls 10,7 %. Bei Lieferungen von derartigen Sägewerkserzeugnissen ergibt sich daher keine Zahllast.

Bei Lieferungen von nicht in der Anlage 2 zum UStG gelisteten Sägewerkserzeugnissen gilt nach § 24 Abs. 1 Nr. 2 UStG ein Steuersatz von 19 %. Die pauschale Vorsteuer hierfür beträgt nach § 24 Abs. 1 Satz 3 UStG 10,7 %. Es ergibt sich somit ausnahmsweise eine Steuerzahllast von 8,3 % der Bemessungsgrundlage.

Veräußert ein Landwirt, der neben seinem landwirtschaftlichen Erzeugerbetrieb einen nicht landwirtschaftlichen Absatzbetrieb (begünstigter Nebenbetrieb) unterhält, selbst erzeugte landwirtschaftliche Erzeugnisse (A 24.1 Abs. 1 Satz 5 UStAE) an Dritte, sind auf diese Umsätze die Durchschnittsätze anzuwenden.

### 1.3.4 Ausfuhrlieferungen und Auslandslieferungen

Grundsätzlich gelten auch für die unter § 24 UStG fallenden Land- und Forstwirte die Steuerbefreiungen nach § 4 UStG, wobei ein Verzicht auf die Befreiungen nach § 9 UStG ausgeschlossen ist. Nach § 24 Abs. 1 Satz 2 UStG finden jedoch Steuerbefreiungen nach § 4 Nr. 1 bis 7 UStG keine Anwendung (A 24.4 UStAE). Ausfuhrlieferungen sind somit steuerpflichtig. Ebenso sind Lieferungen im Ausland, die nach den allgemeinen Regeln des UStG nicht steuerbar wären, im Rahmen eines land- und forstwirtschaftlichen Betriebs steuerpflichtig (vgl. A 24.5 UStAE). Soweit es sich um typische landwirtschaftliche Erzeugnisse handelt, gilt der Steuersatz von 10,7 % gem. § 24 Abs. 1 Nr. 3 UStG. Die Vorsteuer bemisst sich gem. § 24 Abs. 1 Satz 3 UStG mit 10,7 %.

**BEISPIEL**

Der Landwirt L hat seinen grenznahen landwirtschaftlichen Betrieb auf die Milchproduktion spezialisiert. Im Jahr 01 hat er Milchlieferungen an die im Drittlandsgebiet ansässige Fa. M (Molkerei) getätigt, die ihm hierfür insgesamt 40 000 € vergütete. M holte die Milch jeweils bei L ab und beförderte sie ins Drittlandsgebiet.

**LÖSUNG** Die Lieferung des L ist aufgrund von § 24 Abs. 1 Satz 2 UStG nicht nach § 4 Nr. 1 UStG von der USt befreit. Gem. § 24 Abs. 1 Nr. 3 UStG bemisst sich die USt bei L nach dem Durchschnittsatz von 10,7 %. Die Ausgangsumsatzsteuer beträgt somit bei ihm für die Milchlieferungen an M 10,7/110,7 von 40 000 € = 3 866,30 €. Die USt in Höhe von 3 866,30 € darf M bei Vorliegen einer entsprechenden Rechnung oder Gutschrift als Vorsteuer im Vorsteuervergütungsverfahren (vgl. X 5) geltend machen.

Bei L ergibt sich keine Zahllast, da er nach § 24 Abs. 1 Satz 3 UStG einen pauschalen Vorsteuerabzug von 10,7 % der Bemessungsgrundlage hat. Der Ausgangsumsatzsteuer steht die Vorsteuer in gleicher Höhe gegenüber. Die Zahllast des L beträgt somit 0 €.

Für Ausfuhrlieferungen von Sägewerkserzeugnissen, die außerhalb des § 24 UStG dem ermäßigten Steuersatz unterliegen, gilt ebenfalls ein Steuersatz von 10,7 % und in gleicher Höhe gibt es die pauschale Vorsteuer mit 10,7 % gem. § 24 Abs. 1 Satz 3 UStG.

Für Ausfuhrlieferungen von Getränken, die außerhalb des § 24 UStG dem Regelsteuersatz unterliegen, gilt ein Steuersatz von 10,7 %. Der Vorsteuerabzug beträgt nach § 24 Abs. 1 Satz 3 UStG pauschal 10,7 %.

## 1.4 Option zur Regelbesteuerung

Der Verzicht auf die Anwendung des § 24 UStG muss dem Finanzamt spätestens am 10. 01. erklärt werden, wenn er für das vorangegangene Jahr wirksam werden soll (§ 24 Abs. 4 Satz 1 UStG). Er ist formlos möglich (A 24.8 Abs. 1 Satz 1 UStAE). Der wirksam erklärte Verzicht bindet den Land- und Forstwirt und auch im Fall der Geschäftsveräußerung im Ganzen (§ 1 Abs. 1a UStG) den Erwerber nach § 24 Abs. 4 Satz 2 UStG für **mindestens fünf** Jahre. Für die Zeit nach Ablauf der fünf Jahre kann der Verzicht nach § 24 Abs. 4 Satz 3 UStG mit Wirkung vom Beginn eines Kalenderjahres an widerrufen werden. Der Widerruf muss grundsätzlich nach § 24 Abs. 4 Satz 4 UStG spätestens bis zum 10. 01. des Jahres erklärt werden, für das der Land- und Forstwirt zur Besteuerung nach § 24 UStG zurückkehren will. Die Frist kann jedoch verlängert werden (§ 24 Abs. 4 Satz 5 und 6 UStG).

**BEISPIEL**

Der Landwirt L hat im Jahr 01 einen Aussiedlerhof errichtet, wofür ihm USt in Höhe von ca. 100 000 € gesondert in Rechnung gestellt wurde. L möchte diese USt als Vorsteuer geltend machen. Im Übrigen möchte er aber seine Umsätze möglichst nach § 24 UStG versteuern.
Im Jahr 01 hat L aus dem Verkauf typischer landwirtschaftlicher Erzeugnisse insgesamt 80 000 € erlöst. Die L insgesamt für das Jahr 01 in Rechnung gestellte USt beträgt 104 000 €.

**LÖSUNG** Neben dem pauschalen Vorsteuerabzug nach § 24 Abs. 1 Satz 3 ist gem. § 24 Abs. 1 Satz 4 UStG ein weiterer Vorsteuerabzug ausgeschlossen. Um die Vorsteuern in Höhe von 104 000 € geltend machen zu können, muss L also nach § 24 Abs. 4 Satz 1 UStG auf die Anwendung des § 24 UStG verzichten. Er muss den Verzicht gegenüber dem Finanzamt spätestens bis 10. 01. 02 erklären, damit er die ihm für das Jahr 01 in Rechnung gestellte USt als Vorsteuer nach § 15 UStG geltend machen darf. Zweckmäßigerweise gibt er bereits für das Jahr 01 USt-Voranmeldungen ab, in denen er seine Vorauszahlungen bzw. Vorsteuervergütungen nach den allgemeinen Vorschriften des Gesetzes berechnet. Die Abgabe derartiger Voranmeldungen stellt bereits eine Option nach § 24 Abs. 4 Satz 1 UStG dar (A 24.8 Abs. 1 Satz 2 UStAE).
Die Option nach § 24 Abs. 4 Satz 1 UStG bindet L bis zum Ablauf des Jahres 05. Er kann die Option mit Wirkung vom Beginn des Jahres 06 an widerrufen. Der Widerruf muss dem Finanzamt bis spätestens 10. 01. 06 erklärt werden. Eine besondere Form ist dafür ebenfalls nicht vorgeschrieben.
Die USt für das Jahr 01 errechnet sich wie folgt:
Die Lieferungen typischer landwirtschaftlicher Erzeugnisse unterliegen gem. § 12 Abs. 2 Nr. 1 UStG i. V. m. der Anlage 2 dem ermäßigten Steuersatz. Die USt beträgt somit 7 % von brutto 80 000 € = 5 233,64 € (Bemessungsgrundlage 74 766,36 €). Nach Abzug der Vorsteuer von 104 000 € ergibt sich somit ein Vergütungsanspruch von 98 766,36 €.

Bei Nebenerwerbslandwirten mit geringen Umsätzen kann es sein, dass sie nach der Option gem. § 24 Abs. 4 UStG unter die Besteuerung nach § 19 Abs. 1 UStG fallen. Zur Erlangung eines Vorsteuerabzugs müssen sie in diesem Fall auch nach § 19 Abs. 2 UStG auf die Anwendung des § 19 Abs. 1 UStG verzichten.

Tätigen Kleinunternehmer Umsätze, bei denen sich nach § 24 UStG eine Zahllast ergibt, z. B. Getränkelieferungen, kann es für sie vorteilhaft sein, lediglich auf die Anwendung des § 24 UStG zu verzichten, um dann unter die Regelung des § 19 Abs. 1 UStG zu fallen. In einem solchen Fall ist der Unternehmer ausnahmsweise nicht auf fünf Jahre an den Verzicht gebunden. Nach § 71 UStDV kann er den Verzicht schon für das Folgejahr widerrufen.

**BEISPIEL**

Der Nebenerwerbslandwirt N beschränkt seine Tätigkeit im Wesentlichen auf den Anbau von Wein, den er selbst ausbaut und an private Abnehmer veräußert. Sein Umsatz für das Jahr 01 beträgt 9 500 €, für das Jahr 02 26 000 € und für das Jahr 03 15 000 €. N verzichtet für das Jahr 02 gem. § 24 Abs. 4 Satz 1 UStG auf die Anwendung des § 24 UStG. Für das Jahr 03 widerruft er den Verzicht.

**LÖSUNG** Infolge des Verzichts auf die Anwendung des § 24 UStG fällt N für das Jahr 02 unter die Besteuerung nach § 19 Abs. 1 UStG, da er im Vorjahr einen Umsatz von nicht mehr als 22 000 € erzielt hat und im laufenden Jahr 03 einen Umsatz von 50 000 € ersichtlich nicht übersteigt. Er hat

somit gem. § 19 Abs. 1 Satz 1 UStG für das Jahr 02 keine USt abzuführen. Andererseits hat er nach § 19 Abs. 1 Satz 4 UStG auch keinen Vorsteuerabzug.
Der Widerruf des Verzichts nach § 24 Abs. 4 UStG ist gem. § 71 UStDV bereits mit Wirkung für das Jahr 03 zulässig. Somit fällt N für das Jahr 03 wieder unter die Besteuerung nach § 24 UStG mit der Folge, dass sich bei ihm gem. § 24 Abs. 1 Nr. 2 i. V. m. Satz 3 UStG eine Zahllast von 8,3 % der Bemessungsgrundlage ergibt. Seine USt für das Jahr 03 beträgt somit 15 000 € × 8,3/119 = 1 046,22 €. Würde er den Verzicht für das Jahr 03 nicht widerrufen, müsste er nach den allgemeinen Bestimmungen des Gesetzes 19/119 von 15 000 € = 2 394,96 € an das Finanzamt entrichten.

## 1.5 Besonderheiten bei der Rechnungsstellung für Umsätze nach § 24 UStG und für den Vorsteuerabzug aus Rechnungen nach § 24 UStG

Nach § 24 Abs. 1 Satz 5 UStG muss der Landwirt auch noch den für den Umsatz maßgeblichen Durchschnittsatz in der Rechnung angeben. Die Regelung ist überflüssig wegen § 14 Abs. 4 Nr. 8 UStG.

Weist der Landwirt für seine Leistung einen höheren Umsatzsteuerbetrag aus, als er sich aus § 24 UStG ergibt, schuldet er den Mehrbetrag wie jeder andere Unternehmer auch nach § 14c Abs. 1 UStG (A 24.9 Satz 3 UStAE). Der Leistungsempfänger darf nur die nach dem maßgeblichen Durchschnittsatz geschuldete USt als Vorsteuer abziehen (§ 15 Abs. 1 Nr. 1 Satz 1 UStG).

**BEISPIEL**

Der Land- und Forstwirt L liefert dem Gewerbetreibenden G einen Posten Rundholz und erteilt ihm hierfür folgende auszugsweise dargestellte Rechnung:

| | |
|---|---|
| Für die Holzlieferung vom 07. 12. 01 | |
| berechne ich | 8 000 € |
| zuzüglich 10,7 % Umsatzsteuer | 856 € |
| Insgesamt | 8 856 € |

**LÖSUNG** Bei Rundholz handelt es sich nicht um ein Sägewerkserzeugnis. Somit unterliegt es nicht dem Steuersatz von 10,7 % gemäß § 24 Abs. 1 Nr. 3 UStG, sondern nach § 24 Abs. 1 Nr. 1 UStG dem Steuersatz von 5,5 %. L hat somit die USt zu hoch ausgewiesen und schuldet den Mehrbetrag nach § 14c Abs. 1 UStG. Die Steuer nach § 14c Abs. 1 UStG berechnet sich bei einem Bruttoentgelt von 8 856 € wie folgt:

| | |
|---|---|
| Umsatzsteuer nach § 24 Abs. 1 Nr. 1 UStG | |
| 5,5 % von brutto 8 856 € (5,5/105,5) | 461,69 € |
| berechnete USt | 856,00 € |
| Steuer nach § 14c Abs. 1 UStG | 394,31 € |

Da L nach § 24 Abs. 1 Satz 3 UStG einen Vorsteuerabzug in gleicher Höhe wie die reguläre USt hat (5,5 %), ergibt sich bei ihm eine Zahllast lediglich bezüglich der Steuer nach § 14c Abs. 1 UStG i. H. v. 394,31 €.
Nach § 15 Abs. 1 Nr. 1 Satz 1 UStG ist G nur berechtigt, die gesetzlich geschuldete USt i. H. v. 461,69 € als Vorsteuer abzuziehen (A 15.2 Abs. 1 Sätze 1 und 2 UStAE).

Veräußert ein Landwirt seinen Betrieb, führt dies zu einer nicht steuerbaren Geschäftsveräußerung im Ganzen gem. § 1 Abs. 1a UStG. Dies hat zur Folge, dass der nach § 24 UStG versteuernde Landwirt für die Betriebsveräußerung weder USt zu entrichten hat noch einen pauschalen Vorsteuerabzug geltend machen kann. Er darf dem Erwerber dementsprechend keine

USt berechnen. Tut er dies trotzdem, schuldet er die Umsatzsteuer nach § 14c Abs. 1 UStG. Der Erwerber hat – mangels »gesetzlich geschuldeter« Umsatzsteuer – keinen Vorsteuerabzug.

Falls die Regelung des § 1 Abs. 1a UStG vermieden werden könnte, wäre dies für die Beteiligten einer Betriebsveräußerung unter Umständen vorteilhaft. Deshalb wurde versucht, den § 1 Abs. 1a UStG auszuschalten, indem bei der Veräußerung wesentliche Betriebsgrundlagen zurückbehalten werden. Z. B. wurden die landwirtschaftlichen Grundstücke nicht mitübertragen, sondern lediglich an den Erwerber verpachtet. Gleichwohl wendet die Rechtsprechung in diesen Fällen den § 1 Abs. 1a UStG an (A 1.5 Abs. 3 UStAE).

### 1.6 Unternehmer, die sowohl der Besteuerung nach § 24 UStG als auch der Besteuerung nach den allgemeinen Vorschriften des Umsatzsteuergesetzes unterliegen

Hat ein Unternehmer neben einem Betrieb der Landwirtschaft auch noch einen anderen Betrieb, findet nach § 24 Abs. 3 UStG die Durchschnittssatzbesteuerung des § 24 UStG nur für den land- und forstwirtschaftlichen Betrieb Anwendung. Mit den Umsätzen aus dem anderen Betrieb unterliegt der Unternehmer den allgemeinen Bestimmungen des Gesetzes.

Zu beachten ist in derartigen Fällen, dass Vorsteuern, die im Rahmen des land- und forstwirtschaftlichen Betriebs pauschal gewährt werden, daneben nicht auch noch im Rahmen des anderen Betriebs konkret nach den Vorschriften des § 15 UStG abgezogen werden dürfen (A 24.7 Abs. 2 Satz 1 UStAE).

Bezieht ein Unternehmer über seinen der Regelbesteuerung unterliegenden Betriebsteil Waren, die er später teilweise in seinem landwirtschaftlichen Betriebsteil verwendet, ist der auf diese Waren anteilig entfallende Vorsteuerabzug durch den pauschalen Vorsteuerabzug im landwirtschaftlichen Betriebsteil abgegolten und darf nicht auch nochmals konkret geltend gemacht werden. Gegebenenfalls ist eine Aufteilung der Vorsteuerbeträge im Schätzungswege vorzunehmen. Der Grundsatz der Aufteilung gilt jedoch nicht nur bei vertretbaren Sachen, sondern auch bei sog. einheitlichen Gegenständen wie Maschinen und Fahrzeugen. Der Unternehmer darf daher bei einem Wirtschaftsgut, welches er sowohl in seinem Gewerbebetrieb als auch in seinem landwirtschaftlichen Betrieb einsetzt, nur den Anteil der Vorsteuer nach § 15 UStG abziehen, der dem Anteil der Verwendung im gewerblichen Betrieb entspricht. Die Aufteilung ist entsprechend der durch das Abzugsverbot nach § 15 Abs. 2 UStG gebotenen Aufteilung nach § 15 Abs. 4 UStG vorzunehmen. D. h., der Unternehmer hat beim Erwerb des Wirtschaftsguts die Aufteilung entsprechend dem Anteil der beabsichtigten Verwendung in beiden Bereichen vorzunehmen. Weicht bei einem Wirtschaftsgut des Anlagevermögens die tatsächliche von der beabsichtigten Verwendung ab, ist unter den Voraussetzungen des § 15a UStG eine Vorsteuerberichtigung vorzunehmen.

**BEISPIELE**

a) Landwirt L betreibt neben seiner Landwirtschaft auch einen Futtermittelhandel. Im Kalenderjahr 03 hat er für 100 000 € zuzüglich 7 000 € USt Kraftfutter eingekauft. Hiervon hat er in seiner eigenen Landwirtschaft Kraftfutter für 10 000 € netto verbraucht und den Rest im Rahmen seines Futtermittelhandels veräußert. Es war absehbar, in welchem Umfang dieses Kraftfutter in der Landwirtschaft verwendet werden sollte.

**LÖSUNG** Entsprechend der Verwendung ist die Vorsteuer aufzuteilen. Der Teil der Vorsteuer, der auf das für die Verwendung in der Landwirtschaft vorgesehene Kraftfutter entfällt, darf nicht konkret abgezogen werden, sondern wird durch den pauschalen Vorsteuerabzug in der Landwirtschaft abgegolten. Damit darf L nur 9/10 der Vorsteuer von 7 000 €, d. h. 6 300 € konkret abziehen.

b) G hat einen landwirtschaftlichen Betrieb und ein gewerbliches Lohnunternehmen. Im Februar 01 erwarb G einen Mähdrescher für 200 000 € zuzüglich 38 000 € USt, den er zu 90 % für das Lohnunternehmen und zu 10 % für seinen landwirtschaftlichen Betrieb einsetzen wollte. Der Mähdrescher hat eine betriebsgewöhnliche Nutzungsdauer von sechs Jahren.
Tatsächlich setzte er den Mähdrescher ab 01. 07. 01 zu 80 % für das Lohnunternehmen und zu 20 % für den landwirtschaftlichen Betrieb ein.
Im Jahr 02 setzte er den Mähdrescher zu 90 % für das Lohnunternehmen und zu 10 % für den landwirtschaftlichen Betrieb ein.

**LÖSUNG** G darf zunächst entsprechend der beabsichtigten Verwendung im Lohnunternehmen 90 % von 38 000 € = 34 200 € für den Voranmeldungszeitraum Februar als Vorsteuer abziehen.
Aufgrund der tatsächlichen Verwendung im Jahr 01 ergibt sich für das Kalenderjahr 01 eine Vorsteuerberichtigung nach § 15a UStG. Der Berichtigungszeitraum beträgt fünf Jahre und beginnt am 01. 07. 01. Auf das Kalenderjahr 01 entfallen anteilig 6/60 der Vorsteuer von 38 000 € = 3 800 €. Aufgrund der Nutzungsänderung von 10 % ergibt sich eine Vorsteuerberichtigung nach § 15a UStG i. H. v. 10 % von 3 800 € = 380 € zu Ungunsten des G.
Im Kalenderjahr 02 entspricht die tatsächliche Verwendung der für den Vorsteuerabzug maßgeblichen Verwendung. Es ergibt sich keine Nutzungsänderung und somit keine Vorsteuerberichtigung nach § 15a UStG.

Eine Vorsteuerberichtigung nach § 15a UStG kann sich auch ergeben, wenn ein Unternehmer aus der Besteuerung nach den allgemeinen Vorschriften des UStG in die Besteuerung nach § 24 UStG überwechselt.

**BEISPIEL**

Der Landwirt L hat im Jahr 01 ein neues Stallgebäude errichtet und ab 01. 10. 01 in Betrieb genommen. Hierfür wurde ihm USt i. H. v. 50 000 € gesondert in Rechnung gestellt. L hat für das Jahr 01 auf die Anwendung des § 24 UStG gem. § 24 Abs. 4 Satz 1 UStG verzichtet und die 50 000 € als Vorsteuer geltend gemacht. Mit Wirkung ab dem Jahr 06 hat er den Verzicht auf die Besteuerung nach § 24 UStG widerrufen.

**LÖSUNG** Das Stallgebäude wurde zunächst zu 100 % in einem der Besteuerung nach den allgemeinen Regeln des UStG unterliegenden Betrieb verwendet. Ab 01. 01. 06 wird es ausschließlich in einem Betrieb verwendet, der der Sonderregelung nach § 24 UStG unterliegt. Da nach § 24 UStG ein konkreter Vorsteuerabzug aus Rechnungen ausgeschlossen ist, ist nach § 15a Abs. 7 UStG ab dem Jahr 06 bis zum Ende des Berichtigungszeitraums des § 15a UStG (30. 09. 11) eine Vorsteuerberichtigung nach § 15a UStG zu Ungunsten des L durchzuführen. So hat L für das Jahr 06 1/10 von 50 000 € = 5 000 € Vorsteuer im Rahmen der Vorsteuerberichtigung nach § 15a UStG dem Finanzamt zurückzuzahlen.

## 1.7 Übungsfälle

1. Der Landwirt L liefert im Kalenderjahr 01 an die Absatzgenossenschaft A Milch für 10 000 € netto. Die Absatzgenossenschaft A liefert die Milch an die Molkerei M für netto 12 000 € weiter. Wie hoch ist die Umsatzsteuerzahllast

a) bei L?

b) bei der Absatzgenossenschaft A?

2. Der Landwirt L liefert im Kalenderjahr 01 an die Absatzgenossenschaft A Milch für 10 000 € zuzüglich 19 % USt, d. h. 1 900 €. Die Absatzgenossenschaft A liefert die Milch an die Molkerei M für netto 12 000 € weiter. Wie hoch ist die Umsatzsteuerzahllast

a) bei L?

b) bei der Absatzgenossenschaft A?

## 2 Sonderregelungen für Reiseleistungen nach § 25 UStG

### 2.1 Allgemeines

§ 25 UStG bringt für Reiseleistungen unter bestimmten Voraussetzungen eine Abkehr vom Allphasenbruttobesteuerungssystem mit Vorsteuerabzug. Denn in den Fällen des § 25 UStG unterwirft der Unternehmer, der die Reiseleistung erbringt, nicht das gesamte Entgelt, sondern lediglich die sog. Marge (Differenz zwischen Einnahmen und Aufwendungen für die Reisevorleistungen) der USt. Der Vorsteuerabzug für die Reisevorleistungen wird dafür ausgeschlossen.

Aufgrund seiner Unionsrechtswidrigkeit war die Anpassung des § 25 Abs. 1 Satz 1 und des Abs. 3 Satz 3 UStG an die EuGH-Rechtsprechung (Urteil vom 08. 02. 2018, C-380/16, Kommission/Deutschland) geboten.

§ 25 Abs. 1 Satz 1 UStG kommt seit 18.12.2019 nun auch zur Anwendung, wenn die Reiseleistungen für das Unternehmen des Leistungsempfängers (B2B-Geschäfte) bestimmt sind (§ 25 Abs. 1 Satz 1 UStG). Die Änderung betrifft Geschäftsreisende; voraussichtlich wird sie deren Reisen verteuern. Denn künftig darf der Reiseveranstalter, wie bisher schon bei Leistungen an Nichtunternehmer, die Umsatzsteuer nur noch auf seine Marge berechnen. D. h., dass ihm kein Vorsteuerabzug aus seinen Eingangsleistungen mehr zusteht. Insoweit belastet er für seine Eingangsleistungen entsprechend seine Bruttokosten als Nettopreis an den Reisenden weiter. Die Änderung des § 25 Abs. 1 Satz 1 UStG tritt am Tag nach der Verkündung des Gesetzes in Kraft (Art. 39 Abs. 1 JStG – am 18.12.2019) und ist auf Umsätze anzuwenden, die ab diesem Tag ausgeführt werden (§ 27 Abs. 1 Satz 1 UStG).

Überdies wird die Möglichkeit abgeschafft, eine Gesamtmarge als Bemessungsgrundlage zu bilden (bislang § 25 Abs. 3 Satz 3 UStG). Diese Änderung ist erstmals auf Umsätze anzuwenden, die nach dem 31. 12. 2021 bewirkt werden (§ 27 Abs. 26 UStG). Damit wird den Betroffenen genügend zeitlicher Vorlauf eingeräumt, ihre Buchführungssysteme sowie ihre betrieblichen Abläufe umzustellen. Für die Einbeziehung der B2B-Geschäfte in die bereits seit Jahren praktizierte Sonderregelung ist dies nicht erforderlich.

Die Vorschrift des § 25 UStG gilt nicht für jede Leistung, die üblicherweise als Reiseleistung angesehen wird. Sie gilt nach der Neufassung des § 25 Abs. 1 Satz 1 UStG für Reiseleistungen, soweit

a) der Unternehmer in eigenem Namen auftritt und
b) für die sog. Reisevorleistungen in Anspruch genommen werden.

Für andere Reiseleistungen gelten die allgemeinen Vorschriften des UStG.

Die Vorschrift hat vor allem Bedeutung für die Veranstalter von Pauschalreisen, gilt jedoch auch für andere Unternehmer, die Reiseleistungen erbringen (bezüglich näherer Einzelheiten vgl. A 25.1 bis 25.5 UStAE). Eine über die spezielle Gruppe der typischen Reiseveranstalter hinausgehende Bedeutung hat § 25 UStG für Unternehmer, die ihren Betriebsangehörigen sog. Incentive-Reisen zukommen lassen.

### 2.2 Begriffsbestimmungen

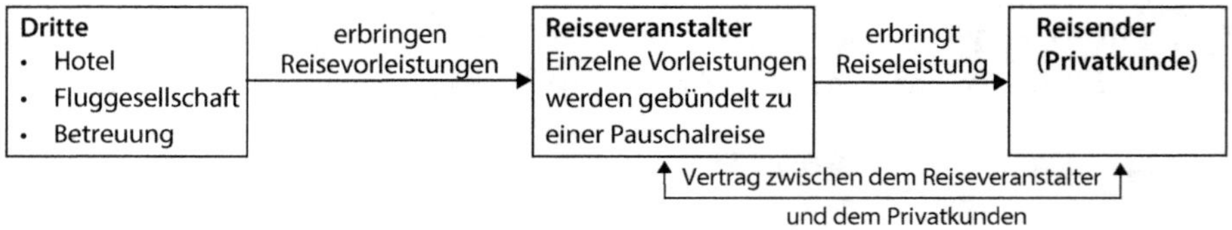

### 2.2.1 Reiseleistungen

Um Reiseleistungen handelt es sich nach A 25.1 Abs. 1 Satz 9 UStAE insbesondere bei

- Beförderung zu den einzelnen Reisezielen, Transfer,
- Unterbringung und Verpflegung,
- Betreuung durch den Reiseleiter,
- Durchführung von Veranstaltungen.

Der Unternehmer kann die Reiseleistung als sog. Eigenleister (im eigenen Namen und auf eigene Rechnung) erbringen, er kann sie jedoch auch als sog. Besorger (im eigenen Namen, jedoch auf fremde Rechnung) erbringen (vgl. aktuell EuGH, Urteil vom 19. 12. 2018, C-552/17 Alpenchalets; Beschluss des BFH vom 15. 07. 2011, UVR 2011, 325 und FG Nürnberg vom 07. 07. 2015, 2 K 261/13, Nichtzulassungsbeschwerde beim BFH V B 81/15).

Keine Reiseleistung liegt dagegen vor, wenn ein Unternehmer eine Reiseleistung als echter Agent (also im fremden Namen und auf fremde Rechnung) vermittelt. Auf eine derartige Leistung findet § 25 UStG von vornherein keine Anwendung, auch wenn der Unternehmer daneben noch echte Reiseleistungen erbringt. Die Besteuerung dieser Vermittlungsleistungen richtet sich nach den allgemeinen Vorschriften des UStG. Es kommt die Steuerbefreiung nach § 4 Nr. 5 UStG in Betracht (A 25.1 Abs. 4 UStAE).

### 2.2.2 Reisevorleistungen

Reisevorleistungen sind nach § 25 Abs. 1 Satz 5 UStG Lieferungen und sonstige Leistungen Dritter, die den Reisenden unmittelbar zugutekommen. Dies können alle diejenigen Leistungen sein, die der Reisende in Anspruch nehmen würde, würde er die Reise selbst durchführen, insbesondere Beförderung, Unterbringung und Verpflegung (A 25.1 Abs. 9 UStAE). Nicht um Reisevorleistungen handelt es sich bei Leistungen, die dem Reisenden nur mittelbar zugutekommen. Dies gilt selbst dann, wenn die Leistung unmittelbar mit der Reise zusammenhängt.

Keine Reisevorleistungen sind daher beispielsweise (A 25.1 Abs. 9 Satz 3 UStAE):

- die Vermittlung einer Pauschalreise gegenüber dem leistenden Unternehmer durch ein Reisebüro,
- die Reparatur des Reisebusses durch eine Kfz-Werkstatt.

Allgemein liegt keine Reisevorleistung vor, wenn die Eingangsleistung vom Unternehmer nicht unverändert weitergegeben wird.

**BEISPIEL**

Der Reiseveranstalter R veranstaltet eine 5-tägige Busreise durch Europa. Er mietet zu diesem Zweck beim Busunternehmer B einen Reisebus mit Fahrer an. Zwischen R und B ist vereinbart, dass R die Reiseziele frei bestimmen und jederzeit von der vorgesehenen Route abweichen kann. Der von B gestellte Fahrer hat den Anweisungen des R Folge zu leisten.

**LÖSUNG** B erbringt an R keine Beförderungsleistung, sondern vermietet ein bemanntes Beförderungsmittel. R erbringt mit Hilfe dieser Eingangsleistung Beförderungsleistungen an die Reisenden. Somit wird die Eingangsleistung von R nicht unverändert an die Reisenden weitergegeben. Es liegt keine Reisevorleistung i. S. v. § 25 Abs. 1 Satz 5 UStG vor (A 25.1 Abs. 8 Satz 7 UStAE).

## 2.3 Rechtsfolgen bei Vorliegen von Reiseleistungen nach § 25 Abs. 1 Satz 1 UStG

Grundsätzlich erbringen Reiseveranstalter im Rahmen von Pauschalreisen gegenüber Leistungsempfängern ein ganzes Bündel selbständiger Leistungen. Dieses Leistungsbündel wird nach § 25 Abs. 1 Satz 3 UStG zu einer einheitlichen sonstigen Leistung zusammengefasst. Dies gilt selbst dann, wenn die Leistung für sich eine Lieferung wäre (z. B. abgepackte Getränke). Der Ort dieser einheitlichen sonstigen Leistung bestimmt sich nach § 25 Abs. 1 Satz 4 UStG gem. § 3a Abs. 1 UStG, also nach dem Sitz des Unternehmers, der die Reiseleistung erbringt. Wobei nach dem o. a. EuGH-Urteil vom 19.12.2018, C-552/17, Alpenchalets, das vom BFH mit Urteil vom 22.08.2019, V R 12/19 (V R 9/16) bestätigt wurde, **eine** Reisevorleistung genügt, um mit diesem Umsatz unter die Sonderregelung des § 25 UStG zu fallen.

Es kommt nun vor, dass Reiseveranstalter im Rahmen einer einheitlichen Reise Reiseleistungen erbringen, für welche sie nur zum Teil Reisevorleistungen in Anspruch nehmen. In diesem Fall greift § 25 Abs. 1 UStG für diejenigen Leistungen, für welche der Reiseveranstalter Reisevorleistungen in Anspruch genommen hat. Für die übrigen Leistungen (Eigenleistungen) gelten dagegen die allgemeinen Bestimmungen des Gesetzes (A 25.1 Abs. 8 Satz 1 UStAE).

**BEISPIEL**

Der Reiseveranstalter R in Stuttgart veranstaltet eine fünftägige Pauschalreise mit dem Bus durch Mitgliedstaaten der Europäischen Gemeinschaft. Die Beförderung der Reisenden erfolgt mit einem eigenen Bus des R. Die Unterbringung und Verpflegung erfolgen in fremden Hotels.

**LÖSUNG** Bezüglich der Unterbringung und Verpflegung der Reisenden nimmt R Reisevorleistungen i. S. v. § 25 Abs. 1 Satz 5 UStG in Anspruch. R erbringt insoweit nach § 25 Abs. 1 UStG eine einheitliche sonstige Leistung. Ihr Leistungsort bestimmt sich gem. § 25 Abs. 1 Satz 4 i. V. m. § 3a Abs. 1 UStG nach dem Sitz des R. Diese Leistung ist somit steuerbar und mangels Steuerbefreiung auch steuerpflichtig. Nach § 25 Abs. 3 UStG ist Bemessungsgrundlage die Marge (der Unterschied zwischen dem Betrag, den die Leistungsempfänger aufwenden und dem Betrag, den R für die Reisevorleistungen aufwendet). Ein Vorsteuerabzug für R aus den Reisevorleistungen ist nach § 25 Abs. 4 UStG ausgeschlossen.

Daneben erbringt R jedoch auch noch eine selbständige Beförderungsleistung, deren Leistungsort sich nach § 3b Abs. 1 UStG bestimmt. Die Beförderungsleistung teilt sich danach entsprechend der Beförderungsstrecke auf die jeweiligen Mitgliedstaaten der EU auf und ist von R in dem jeweiligen Mitgliedstaat selbst zu versteuern. Für die Beförderungsleistung hat R den vollen Vorsteuerabzug bezüglich aller Eingangsleistungen, die mit der Beförderungsleistung (auch deren nicht steuerbarem Teil) in wirtschaftlichem Zusammenhang stehen.

## 2.4 Steuerfreiheit von Reiseleistungen i. S. v. § 25 UStG

Nach § 25 Abs. 2 UStG sind Reiseleistungen i. S. v. § 25 UStG steuerfrei, soweit die ihr zuzurechnenden Reisevorleistungen im Drittlandsgebiet bewirkt werden.

Nimmt ein Unternehmer für eine Reise sowohl Reisevorleistungen, die zur Steuerbefreiung nach § 25 Abs. 2 UStG führen, als auch andere Reisevorleistungen in Anspruch, greift die Befreiung anteilig ein. Die Marge ist dann entsprechend dem Verhältnis der Reisevorleistungen, die zu der Steuerbefreiung nach § 25 Abs. 2 UStG führen, zu den übrigen Reisevorleistungen in einen steuerfreien und einen steuerpflichtigen Teil aufzuteilen.

**BEISPIEL**

Reiseveranstalter R in München veranstaltet eine Nordafrika-Küstenkreuzfahrt als Pauschalreise einschließlich Busreise von Freiburg nach Marseille und zurück. Mit der Beförderung der Reisenden von Freiburg nach Marseille und zurück beauftragt R den Busunternehmer B. Die Busreise führt

nicht über die Schweiz. Mit der Schiffsreise beauftragt R das Unternehmen S. Das Schiff läuft ausschließlich Häfen an, die nicht zu Ländern der Europäischen Gemeinschaft gehören.
Der Normalpreis für einen Reisenden beträgt 4 200 €. R wendet hiervon für B anteilig brutto 400 € und für S anteilig brutto 2 600 € auf.

**LÖSUNG** Da R sämtliche Leistungen an die Reisenden unter Inanspruchnahme von Reisevorleistungen erbringt, liegt eine einheitliche sonstige Leistung des R an den einzelnen Reisenden vor. Diese Leistung ist nach § 25 Abs. 1 Satz 4 i. V. m. § 3a Abs. 1 UStG steuerbar.
Für die mit der Schiffsreise verbundenen Reisevorleistungen handelt es sich insgesamt um Leistungen, die außerhalb des Gebiets der Europäischen Gemeinschaft bewirkt werden. Insoweit ist die Leistung des R nach § 25 Abs. 2 UStG steuerfrei. Im Übrigen ist die Leistung des R steuerpflichtig, wobei jedoch als Bemessungsgrundlage lediglich die anteilige Marge anzusetzen ist.

Die USt errechnet sich somit pro Reisenden wie folgt:

| | | |
|---|---|---|
| Marge insgesamt: 4 200 € ./. 3 000 € | | 1 200 € |
| abzüglich steuerfreier Anteil 1 200 € × 2 600 €/3 000 € | ./. | 1 040 € |
| steuerpflichtiger Teil der Marge | | 160 € |

Hierin enthaltene USt 19/119 = 25,55 €.

## 2.5 Ermittlung der Bemessungsgrundlage

Für die Bemessungsgrundlage ist nach § 25 Abs. 3 UStG der Unterschiedsbetrag zu ermitteln zwischen dem Betrag, den der Leistungsempfänger aufwendet, um die Leistung zu erhalten, und dem Betrag, den der Unternehmer für die Reisevorleistungen aufwendet. Es ist dabei von den Bruttobeträgen auszugehen. Aus der Differenz, der Marge, ist die USt mit 19/119 heraus zu rechnen (§ 25 Abs. 3 Satz 2 UStG).

Nimmt der Unternehmer im Rahmen einer einheitlichen Reise nur teilweise Reisevorleistungen in Anspruch und erbringt er andere Leistungen mit eigenen Mitteln, erbringt er nur insoweit eine Reiseleistung nach § 25 UStG, als er Reisevorleistungen in Anspruch nimmt. Die übrigen Leistungen sind nach den allgemeinen Vorschriften des UStG zu beurteilen. Für die Ermittlung der Bemessungsgrundlage der Reiseleistung nach § 25 UStG ist eine Aufteilung des Pauschalpreises grundsätzlich im prozentualen Verhältnis der eigenen Leistungen zu den fremdbezogenen Reisevorleistungen vorzunehmen. Hierzu sind die eigenen Leistungen ebenso wie die Reisevorleistungen mit den dafür aufgewendeten Kosten zuzüglich der USt anzusetzen (A 25.3 Abs. 2 UStAE mit Beispiel).

Erbringt der Unternehmer im Rahmen einer einheitlichen Reise sowohl Leistungen mit eigenen Mitteln als auch Leistungen mit Hilfe von Reisevorleistungen und sind in den Reisevorleistungen zum Teil auch solche enthalten, die zur Befreiung nach § 25 Abs. 2 UStG führen, ist eine Aufteilung in doppelter Hinsicht vorzunehmen.

**BEISPIEL**

Der Reiseveranstalter R in Stuttgart veranstaltet eine fünftägige Pauschalreise mit dem Bus durch die Schweiz, Italien und Frankreich. Die Beförderung der Reisenden erfolgt mit einem eigenen Bus des R. Die Unterbringung und Verpflegung erfolgen in fremden Hotels.
R nimmt hierfür von den Reiseteilnehmern insgesamt 20 000 € ein.
Es entstehen ihm für die Reise folgende Aufwendungen:

| | |
|---|---|
| Unterbringung und Verpflegung in Italien und Frankreich brutto | 6 000 € |
| Unterbringung und Verpflegung in der Schweiz brutto | 4 000 € |
| kalkulatorische Kosten der Beförderung brutto | 4 000 € |
| hiervon auf das Inland entfallender Anteil brutto | 1 000 € |

**LÖSUNG** Bezüglich des Transports der Reisenden liegt keine Reiseleistung nach § 25 UStG vor, da R diese Leistung mit eigenen Mitteln erbringt. Es handelt sich um eine grenzüberschreitende Beförderung, deren inländischer Teil nach § 3b Abs. 1 Satz 2 UStG in Deutschland steuerbar und auch steuerpflichtig ist. Vom Gesamtpauschalentgelt entfallen auf die Beförderung 4 000 €/14 000 € × 20 000 € = 5 714 €. Auf deren inländischen Teil entfallen hiervon 1 000 €/4 000 € × 5 714 € = 1 428,50 €. Die USt beträgt somit 19/119 von 1 428,50 € = 228,08 €.
Bezüglich der Unterbringung und Verpflegung nimmt R Reisevorleistungen in Anspruch. Er erbringt somit nach § 25 Abs. 1 UStG eine einheitliche Leistung, die nach § 3a Abs. 1 UStG steuerbar ist. Die Unterbringung und Verpflegung in der Schweiz erfolgt mit Hilfe von Reisevorleistungen, die außerhalb des Gebiets der EU bewirkt werden (Verpflegung gem. § 3a Abs. 3 Nr. 3 Buchst. b UStG, Unterbringung gem. § 3a Abs. 3 Nr. 1 Buchst. a UStG). Dieser Teil der Reiseleistung ist somit nach § 25 Abs. 2 UStG steuerfrei.
Zur Ermittlung der Bemessungsgrundlage ist zunächst die Marge zu ermitteln und diese entsprechend dem Verhältnis der Reisevorleistungen aufzuteilen.
Auf die Reiseleistung entfallender Teil

| | | |
|---|---|---|
| des Gesamtpauschalentgelts 20 000 € ./. 5 714 € | | 14 286 € |
| abzüglich Aufwendungen für Reisevorleistungen brutto | ./. | 10 000 € |
| Marge | | 4 286 € |
| Hiervon steuerpflichtig 6 000 €/10 000 € × 4 286 € = | | 2 571,60 € |
| Die USt beträgt somit 19/119 × 2 571,60 € = | | 410,59 € |

## 2.6 Incentive-Reisen

Bei einer Incentive-Reise schenkt der Unternehmer einem seiner Betriebsangehörigen eine Reise als Anerkennung für dessen erfolgreichen Einsatz im Unternehmen. Erwirbt der Unternehmer eine derartige Reise als Pauschalreise von einem anderen Unternehmer, kommt aufgrund der Neuregelung § 25 UStG zur Anwendung. Zu beachten ist nach § 25 Abs. 4 UStG, dass der Abzug der auf den Erwerb der Reise entfallenden Vorsteuern ausgeschlossen ist (A 25.3 Abs. 5 Nr. 1 Satz 4 UStAE).

**BEISPIEL**

Kaufhaus K in Stuttgart erwirbt vom Reiseveranstalter R als Belohnung für seinen erfolgreichen Verkäufer V eine Kreuzfahrt ab dem Hafen Genua. Der Reisepreis umfasst auch die Anreise mit dem Bus und eine Hotelübernachtung in Genua. R berechnet K für die Reise pauschal 4 000 €.
**LÖSUNG** R erbringt an K Reiseleistungen nach § 25 UStG; er kann die Margenbesteuerung anwenden. Leistungsort ist nach § 3a Abs. 1 UStG der Unternehmenssitz des R. Dieser darf keine Umsatzsteuer ausweisen.
K gibt das Leistungsbündel weiter an V als einheitliche Reiseleistung i. S. d. § 25 UStG. Es liegt eine unentgeltliche Leistung i. S. d. § 3 Abs. 9a Nr. 2 UStG vor. Der Leistungsort ist gem. § 3a Abs. 1 UStG am Unternehmenssitz des K. Die Leistung ist somit steuerbar.
Soweit es bei der Reiseleistung um die als Reisevorleistung in Anspruch genommene Beförderung durch die Schweiz geht, ist die Reiseleistung nach § 25 Abs. 2 UStG steuerfrei. Ebenso ist der Teil der Leistung steuerfrei nach § 25 Abs. 2 UStG, bei dem die Reisevorleistungen auf dem offenen Meer erbracht werden (Transport, Unterbringung und Verpflegung auf dem Schiff). Eine Aufteilung der Marge kann jedoch unterbleiben, da diese ohnehin 0 € beträgt (A 25.3 Abs. 6 UStAE). Sie ermittelt sich wie folgt:

| | | |
|---|---|---|
| Bemessungsgrundlage nach § 10 Abs. 4 Nr. 2 UStG | | |
| die Kosten zuzüglich USt | | 4 000 € |
| abzüglich Aufwendungen brutto für den Erwerb | ./. | 4 000 € |
| Marge | | 0 € |
| Die USt bei K beträgt somit ebenfalls | | 0 € |

Werden derartige Pauschalreisen vom Unternehmer zwar nicht unentgeltlich, jedoch verbilligt zum Einkaufspreis oder sogar unter dem Einkaufspreis weitergegeben, ergibt sich kein anderes Ergebnis (vgl. A 25.3 Abs. 5 Nr. 1 Satz 3 UStAE).

**BEISPIEL**

Im obigen Beispiel kauft K noch eine zweite Reise für weitere 4 000 €. Diese Reise erwirbt V von K zum Preis von 2 000 €, um seine Ehefrau mitzunehmen.

**LÖSUNG** Auch in diesem Fall ergibt sich bei K keine Marge, da als Mindestbemessungsgrundlage nach § 10 Abs. 5 Nr. 2 i. V. m. Abs. 4 Nr. 3 UStG die Kosten in Höhe von 4 000 € anzusetzen und diese Kosten wieder zur Berechnung der Marge abzuziehen sind. Die USt bei K beträgt somit ebenfalls 0 €.

## 2.7 Zuwendung von Reisen an Geschäftsfreunde

Schenkt ein Unternehmer zur Pflege von Geschäftsbeziehungen einem sog. Geschäftsfreund eine Pauschalreise, erbringt er damit eine mangels Entgelt nicht steuerbare Leistung i. S. v. § 1 Abs. 1 Nr. 1 UStG. Bei der Zuwendung handelt es sich um Aufwendungen für Geschenke i. S. d. § 4 Abs. 5 Nr. 1 EStG (vgl. BFH vom 23. 06. 1993 BStBl II 1993, 806). Der Vorsteuerabzug ist somit gem. § 15 Abs. 1a UStG ausgeschlossen.

**BEISPIEL**

Das Unternehmen U in Stuttgart erwirbt vom Reiseveranstalter R eine Kreuzfahrt ab Hafen Genua. Der Reisepreis umfasst auch die Anreise mit dem Bus von Stuttgart aus und eine Hotelübernachtung in Genua. R berechnet U für die Reise pauschal 5 000 €.

U schenkt die Reise seinem Großkunden G zur Pflege der Geschäftsbeziehungen.

**LÖSUNG** R erbringt an U im Rahmen der Pauschalreise ein Bündel von Einzelleistungen. § 25 UStG findet nach der Neuregelung Anwendung. Leistungsort ist der Ort des Unternehmenssitzes des R (§ 3a Abs. 1 UStG). Dieser darf keine Umsatzsteuer ausweisen (§ 25 Abs. 4 UStG).

U gibt das Leistungsbündel unentgeltlich weiter an G. Bei den Aufwendungen des U für diese Reise handelt es sich somit um nichtabzugsfähige Betriebsausgaben nach § 4 Abs. 5 Nr. 1 EStG. Folglich ist der Vorsteuerabzug gemäß § 15 Abs. 1a UStG ausgeschlossen.

Die Weitergabe der Leistung von U an G erfolgt unentgeltlich. Sie ist nicht nach § 3 Abs. 9a Nr. 2 UStG einer sonstigen Leistung gegen Entgelt gleichgestellt, da sie aus unternehmerischem Anlass erfolgt.

# 3 Differenzbesteuerung nach § 25a UStG

## 3.1 Allgemeines

Bei der Differenzbesteuerung nach § 25a UStG handelt es sich um eine von der Regelbesteuerung abweichende Besteuerungsform. Sie kommt hauptsächlich für den Handel mit beweglichen Gegenständen in Betracht, für die kein Vorsteuerabzug möglich ist, und soll Wettbewerbsnachteile vermeiden, die in Bezug auf den gewerbsmäßigen Handel von Gebrauchsgegenständen im Vergleich zu Verkäufen von privat an privat entstanden. Während diese wegen fehlender Unternehmereigenschaft der Verkäufer nicht mit USt belastet waren, musste der Händler den Verkauf dem vollen Umsatzsteuersatz unterwerfen, ohne gleichzeitig einen Vorsteuerabzug in Anspruch nehmen zu können. Fällt der Unternehmer unter die Differenzbesteuerung, unterwirft er lediglich die Differenz zwischen Einkaufs- und Verkaufspreis (Marge) der USt. Diese Regelung bringt erhebliche Erleichterungen, insbesondere für den Gebrauchtwaren-, Antiquitäten- und Kunsthandel mit sich. Der agenturmäßige Verkauf dieser Gebrauchsgegenstände (A 25a.1 Abs. 1 Satz 2 UStAE) verliert damit weitgehend seine Bedeutung.

**BEISPIELE**

a) Gebrauchtwagenhändler K erwirbt von Kfz-Händler V einen gebrauchten Pkw für 10 000 € zzgl. 1 900 € USt. K veräußert das Fahrzeug weiter an seinen Kunden A für 12 000 € zzgl. 2 280 € USt.

**LÖSUNG** K führt 2 280 € USt an das Finanzamt ab und hat gleichzeitig den Vorsteuerabzug in Höhe von 1 900 €. Es ergibt sich eine Zahllast von 380 €.

b) **Abwandlung**

Gebrauchtwagenhändler K erwirbt den Pkw von einem Privatmann P für 10 000 € und verkauft ihn für 12 000 € zzgl. 2 280 € USt. Insoweit ergibt sich für K eine Zahllast von 2 280 €; ein Vorsteuerabzug scheidet mangels der Tatbestandsvoraussetzungen des § 15 Abs. 1 Nr. 1 UStG aus.

**LÖSUNG** Bei Anwendung des § 25a UStG bemisst sich der Umsatz des K nach der Differenz zwischen Einkaufs- und Verkaufspreis, abzüglich der Umsatzsteuer (§§ 25a Abs. 3 und 14a Abs. 6 Satz 2 UStG). K hat demnach die Umsatzsteuer aus 2 000 € (12 000 € ./. 10 000 €) zu berechnen. Es ergibt sich demnach eine Bemessungsgrundlage von 1 680,67 € und eine Umsatzsteuer von 319,33 €.

Insofern ist die oben genannte Wettbewerbsverzerrung beseitigt.

## 3.2 Voraussetzungen für die Differenzbesteuerung

Die Differenzbesteuerung greift bei der Lieferung eines beweglichen Gegenstands, wenn

a) der Unternehmer ein Wiederverkäufer ist,
b) der Gegenstand an den Wiederverkäufer im Gemeinschaftsgebiet geliefert wurde,
c) für diese Lieferung die Umsatzsteuer
   - nicht geschuldet oder
   - nach § 19 Abs. 1 UStG nicht erhoben oder
   - die Differenzbesteuerung nach § 25a UStG bzw. nach einer entsprechenden Vorschrift eines anderen Mitgliedstaates vorgenommen wurde,
d) es sich bei dem Gegenstand weder um einen Edelstein noch um ein Edelmetall handelt.

**Zu a):** Die Regelung gilt nur für sog. Wiederverkäufer. Das sind nach der Definition des § 25a Abs. 1 Nr. 1 Satz 2 UStG Unternehmer, die im Rahmen ihrer gewerblichen Tätigkeit üblicherweise bewegliche körperliche Gegenstände erwerben und sie anschließend im eigenen Namen wieder verkaufen, gegebenenfalls auch, nachdem sie diese zuvor instand gesetzt haben.

Darunter fallen ebenso diejenigen, die solche Gegenstände im eigenen Namen öffentlich versteigern. Der An- und Verkauf kann auf einen Teil- oder Nebenbereich des Unternehmens beschränkt sein. Dementsprechend fällt auch die Verwertung sicherungsübereigneter Gegenstände unter die Differenzbesteuerung (vgl. Beispiel in A 25a.1 Abs. 2 UStAE).

Handelt es sich bei dem Unternehmer um einen Wiederverkäufer, unterliegt auch der Verkauf von **Anlagevermögen** (z. B. Pkw, PC oder Einrichtungsgegenstand) der Differenzbesteuerung, wenn der Wiederverkauf des Gegenstands bei seinem Erwerb zumindest nachrangig beabsichtigt war und dieser Wiederverkauf auf Grund seiner Häufigkeit zur normalen Tätigkeit des Unternehmers gehört (A 25a.1 Abs. 4 Satz 3 UStAE).

Ein Kioskbetreiber kann bei der Veräußerung eines betrieblich genutzten Pkw die Differenzbesteuerung nicht in Anspruch nehmen, da der Wiederverkauf von Gegenständen nicht zur normalen Tätigkeit des Unternehmers gehört (BFH vom 29. 06. 2011 BStBl II 2011, 839).

**Zu b):** Wurden Gegenstände an den Wiederverkäufer im Drittlandsgebiet geliefert, fällt bei der Einfuhr ins Gemeinschaftsgebiet Einfuhrumsatzsteuer an. Diese kann der Unternehmer als Vorsteuer abziehen. Daher besteht insoweit kein Anlass, die USt auf die Differenz zwischen Einkaufs- und Verkaufspreis zu beschränken. Es besteht die Möglichkeit, bei den in § 25a Abs. 2 UStG genannten Gegenständen freiwillig die Differenzbesteuerung zu wählen. Das hat allerdings zur Folge, dass der Unternehmer dann die Einfuhrumsatzsteuer nicht als Vorsteuer abziehen darf (vgl. § 25a Abs. 5 Satz 3 UStG). Eine Option nach § 25a Abs. 2 UStG ist u.U. sinnvoll, da der ermäßigte Umsatzsteuersatz für die **Lieferungen** von Kunstgegenständen und Sammlungsstücken durch Händler seit dem 01.01.2014 weggefallen ist (vgl. § 12 Abs. 2 Nr. 12 und 13 UStG).

Nach § 25a Abs. 3 Satz 2 UStG kann daher ab dem 01.01.2014 die Marge auch pauschal mit **30 % des Verkaufspreises** angesetzt werden, wenn der Einkaufspreis für einen Kunstgegenstand nicht bekannt ist (vgl. A 25a.1 Abs. 11a UStAE und die hierzu abgedruckten Beispiele). Gleiches gilt, wenn der Einkaufspreis unbedeutend ist. Dies ist der Fall bis zu einem Nettobetrag von 500 € (A 25a.1 Abs. 11a Satz 10 UStAE).

Zur Option bei Erwerb von Kunstgegenständen im Rahmen einer steuerbefreiten innergemeinschaftlichen Lieferung vom Urheber oder dessen Rechtsnachfolger vgl. EuGH, Urteil vom 29.11.2018, C-264/17 Mensing.

**Zu c):** Der Wiederverkäufer kann nur unter folgenden Voraussetzungen die Differenzbesteuerung in Anspruch nehmen, wenn

- sein Vorlieferer Nicht- bzw. Kleinunternehmer war,
- die Lieferung nicht im Rahmen seines Unternehmens bewirkt wurde,
- die Lieferung steuerfrei war oder
- die Lieferung bereits unter die Differenzbesteuerung fiel.

In diesen Fällen hat der Wiederverkäufer aus dem Erwerb des Gegenstandes keinen Vorsteuerabzug.

Die Regelung greift **nicht**,

- wenn der Unternehmer aus mehreren Einzelgegenständen, die jeweils für sich die Voraussetzung der Differenzbesteuerung erfüllen, einen einheitlichen Gegenstand herstellt oder zusammenstellt (A 25a Abs. 4 Satz 7 UStAE) oder
- bei Einlagen aus dem Privatvermögen des Unternehmers (A 25a.1 Abs. 4 Satz 2 UStAE).

**Zu d):** Es darf sich nach § 25a Abs. 1 Nr. 3 UStG nicht um Edelsteine oder Edelmetalle handeln. Darunter fallen (entsprechend den genannten Zolltarifnummern) rohe oder bearbeitete Diamanten sowie andere Edelsteine, z. B. Rubine, Saphire, Smaragde und Schmucksteine der Positionen 71.02 und 71.03 des Zolltarifs (A 25a.1 Abs. 1 Satz 4 und 5 UStAE).

Edelmetalle i. S. d. Vorschrift sind insbesondere Silber, Gold, Platin. Edelmetalllegierungen und Edelmetallplattierungen gehören grundsätzlich nicht dazu (A 25a.1 Abs. 1 Satz 6 und 7 UStAE).

Erzeugnisse aus Edelsteinen und Edelmetallen, z. B. Schmuckwaren, Gold- und Silberschmiedewaren, fallen unter die Vorschrift des § 25a UStG (vgl. A 25a.1 Abs. 1 Satz 8 UStAE). Allerdings dann nicht, wenn die enthaltenen Edelmetalle oder Edelsteine ihre ursprüngliche Funktion nicht mehr erfüllen, sondern nur noch wegen des Wertes, der diesen Metallen und Steinen innewohnt, gehandelt werden (vgl. A 25a.1 Abs. 1 Sätze 8 und 9 UStAE).

**ÜBERSICHT Differenzbetrag: Voraussetzungen nach § 25a Abs. 1 UStG**

| **Unternehmer ist Wiederverkäufer** | **Lieferung beweglicher körperlicher Gegenstände** | **Erwerb im Gemeinschaftsgebiet** | **Erwerb ohne Vorsteuerabzug** | **Anwendung der Differenzbesteuerung** |
|---|---|---|---|---|
| Wiederverkäufer sind Unternehmer, die Gegenstände für ihr Unternehmen erwerben und sie danach im eigenen Namen wieder verkaufen. | Differenzbesteuerung findet nur auf die Lieferung beweglicher körperlicher Gegenstände Anwendung.<br><br>**Ausnahme:** Gegenstände dürfen keine Edelsteine oder Edelmetalle in unbearbeiteter Form sein. | Unternehmer erwirbt die Gegenstände im Gemeinschaftsgebiet, jedoch **nicht** als steuerfreie i. g. Lieferung.<br><br>Bei Erwerb im Drittland und späterer Einfuhr ins Inland ist Differenzbesteuerung nur unter den Voraussetzungen des § 25a Abs. 2 UStG anwendbar. | Unternehmer kauft von<br>• Privatpersonen,<br>• Kleinunternehmern,<br>• anderen Wiederverkäufern unter Anwendung der Differenzbesteuerung,<br>sodass für den Erwerb keine USt entsteht. | Umsatzsteuer wird nur auf die Marge zwischen Einkaufspreis und Verkaufspreis berechnet.<br><br>Die Umsatzsteuer ist aus der Marge herauszurechnen.<br><br>Verkaufspreis<br>./. Einkaufspreis<br>= **Bruttomarge**<br>./. enthaltene Umsatzsteuer<br>= **steuerpflichtige Marge (Nettomarge)** |

## 3.3 Bemessungsgrundlage

Der Umsatz wird nach § 25a Abs. 3 UStG grundsätzlich nach der Differenz zwischen Einkaufs- und Verkaufspreis bemessen. Die Umsatzsteuer ist – systemgerecht – herauszurechnen (§ 25a Abs. 3 Satz 2 UStG).

Nach § 25a Abs. 4 UStG kann der Wiederverkäufer vereinfacht die Bemessungsgrundlage als Gesamtdifferenz aus allen innerhalb eines Besteuerungszeitraums (Kalenderjahr) getätigten Einkäufen und Verkäufen bilden. Entsprechend kann er zunächst bei seinen USt-Voranmeldungen verfahren, wobei in der Jahresveranlagung ein Ausgleich positiver und negativer Margen erfolgt.

Die Vereinfachung nach § 25a Abs. 4 UStG ist ausgeschlossen bezüglich der Gegenstände, deren Einkaufspreis jeweils 500 € übersteigt. Diese sind daher von den übrigen Gegenständen gesondert zu erfassen. Die 500 €-Grenze gilt für den einzelnen Gegenstand. Insofern ist der Begriff der Sachgesamtheit relevant (vgl. B 3. 2.7).

Entnimmt der Unternehmer Gegenstände, die unter die Differenzbesteuerung des § 25a UStG fallen, ist Bemessungsgrundlage für die Lieferung nach § 3 Abs. 1b Nr. 1 UStG gem. § 25a Abs. 3 Satz 1 2. Halbsatz UStG die Differenz zwischen dem Entnahmewert nach § 10 Abs. 4 Nr. 1 UStG und dem Einkaufspreis. Auf diese Regelung hätte der Gesetzgeber allerdings verzichten können, da eine Besteuerung der Entnahme eines Gegenstands nach § 3 Abs. 1b Satz 2 UStG ausscheidet, wenn dessen Erwerb nicht zum Vorsteuerabzug berechtigt hat; genau dies ist aber die Voraussetzung für die Differenzbesteuerung.

## 3.4 Steuersatz und Vorsteuerabzug

Der Steuersatz bei Anwendung der Differenzbesteuerung beträgt gem. § 25a Abs. 5 UStG stets 19 %, auch wenn der Gegenstand nach den allgemeinen Vorschriften des UStG z. B. als Buch oder Rollstuhl dem ermäßigten Steuersatz unterliegen würde.

Der Vorsteuerabzug ist grundsätzlich nicht ausgeschlossen. Beschränkungen normiert insoweit § 25a Abs. 5 Satz 3 UStG für die Fälle des § 25a Abs. 2 UStG hinsichtlich der für die Einfuhr entrichteten Einfuhrumsatzsteuer bzw. der Steuer für die Eingangslieferung des Kunstgegenstands. Dagegen ist der Vorsteuerabzug z. B. für Reparaturen oder Gemeinkosten möglich. Ein Vorsteuerabzug aus dem Erwerb der Gegenstände ist nicht möglich, da nach den Voraussetzungen des § 25a Abs. 1 Nr. 2 UStG keine abziehbare Vorsteuer anfällt. Für Lieferungen, für welche die Differenzbesteuerung vorgenommen wurde, fällt ebenfalls keine Vorsteuer an, weil die Differenzumsatzsteuer nach § 14a Abs. 6 UStG nicht gesondert in Rechnung gestellt werden darf.

## 3.5 Option zur Besteuerung nach den allgemeinen Vorschriften des Umsatzsteuergesetzes gemäß § 25a Abs. 8 UStG

Voraussetzung für die Option zur Besteuerung nach den allgemeinen Vorschriften des UStG für einen einzelnen Umsatz ist, dass der Unternehmer nicht die Gesamtdifferenzbesteuerung nach § 25a Abs. 4 UStG anwendet. Da diese Regelung Gegenstände mit einem Einkaufspreis von mehr als 500 € ausnimmt, besteht insoweit stets die Möglichkeit, den Umsatz nach den allgemeinen Vorschriften des UStG zu versteuern.

**BEISPIEL**

Kfz-Händler K erwirbt aus einem Nachlass einen Pkw für 10 000 € und veräußert ihn an einen privaten Abnehmer A für 13 000 €.
Bemessungsgrundlage ist die Differenz zwischen Ankaufs- und Verkaufspreis, demnach 3 000 € abzüglich USt (§ 25a Abs. 3 Satz 1 UStG): die USt beträgt 479 €. K bleibt ein Nettoerlös von 12 521 €.
Verkauft K den Pkw jedoch an einen Unternehmer für dessen Unternehmen und verzichtet er auf die Anwendung des § 25a UStG (§ 25a Abs. 8 UStG), kann er 13 000 € zzgl. 19 % USt = 2 470 € erlösen. Sein Gewinn ist damit um die auf die Differenz entfallende Umsatzsteuer höher als im Ausgangsfall.

Bei Anwendung der Option nach § 25a Abs. 8 UStG auf Gegenstände, die infolge der Option nach § 25a Abs. 2 UStG der Differenzbesteuerung unterworfen sind, kann der Unternehmer den Vorsteuerabzug gem. § 25a Abs. 8 Satz 2 UStG frühestens für den Voranmeldungszeitraum geltend machen, in dem die Steuer für die Lieferung entsteht. Hätte der Unternehmer die allgemeinen Vorschriften des UStG originär (ohne Verzicht gem. § 25a Abs. 2 UStG und anschließendem Verzicht gem. § 25a Abs. 8 UStG) angewendet, wäre der Vorsteuerabzug grundsätzlich bereits für den Voranmeldungszeitraum des Entstehens des Vorsteueranspruchs möglich.

## 3.6 Verbot des gesonderten Steuerausweises in einer Rechnung

Nach § 14a Abs. 6 Satz 2 UStG findet die Vorschrift über den gesonderten Steuerausweis in einer Rechnung (§ 14 Abs. 4 Satz 1 Nr. 8 UStG) keine Anwendung. Wenn der Unternehmer die sich aus § 25a UStG ergebende USt seinem Abnehmer gesondert in Rechnung stellt, führt die in Rechnung gestellte USt zu einem Anwendungsfall des § 14c Abs. 2 UStG (A 25a.1 Abs. 16 UStAE). Diese Steuer fällt zusätzlich zur Steuer nach § 25a UStG an.

**BEISPIEL**

Der Musikalienhändler A veräußert dem Musikalienhändler B ein Klavier, das er für 3 000 € von privater Hand erworben hat, für 5 000 €. B veräußert es für 6 000 € an den Privatmann P. A berechnet B USt in Höhe von 19/119 von 2 000 € = 319,33 €. B zieht die 319,33 € als Vorsteuer ab und entrichtet für die Veräußerung an P 19/119 von 1 000 € = 159,66 € USt.

**LÖSUNG** Bei A sind die Voraussetzungen für die Differenzbesteuerung nach § 25a UStG gegeben. Die USt beträgt 19/119 von 2 000 € (5 000 € ./. 3 000 €) = 319,33 €. Da A entgegen § 14a Abs. 6 diese USt dem B gesondert in Rechnung gestellt hat, schuldet er den Betrag von 319,33 € nochmals zusätzlich nach § 14c Abs. 2 UStG.
Obwohl bei B grundsätzlich die Voraussetzungen für einen Vorsteuerabzug gegeben sind, da A diese USt gesetzlich nach § 25a UStG schuldet, ist wohl nach der Verwaltungsauffassung ein Vorsteuerabzug ausgeschlossen (A 15.2 Abs. 1 Satz 2 UStAE). Auch B darf die Differenzbesteuerung nach § 25a UStG für die Veräußerung an P anwenden (vgl. § 25a Abs. 1 Nr. 2b UStG). B schuldet hierfür 19/119 von 1 000 € = 159,66 € USt, die er laut Sachverhalt auch an das Finanzamt entrichtet hat.
Insgesamt fallen also für das Finanzamt 319,33 € + 319,33 € + 159,66 € = 798,32 € USt an.
Ohne die USt nach § 14c Abs. 2 UStG würden nur 478,99 € USt für den Fiskus anfallen.
Wendet A bei der Veräußerung des Klaviers keine Differenzbesteuerung an, kann er B 5 000 € zuzüglich 19 % USt = 950 € in Rechnung stellen. B kann diese 950 € als Vorsteuer abziehen, sodass es letztlich bei USt i. H. v. 159,66 € verbleibt.

## 3.7 Besonderheiten nach § 25a Abs. 7 UStG

Folgende Besonderheiten sind bei der Differenzbesteuerung zu beachten:

Die Differenzbesteuerung greift gem. § 25a Abs. 7 Nr. 1 Buchst. a UStG nicht, wenn auf die Lieferung an den Wiederverkäufer die Steuerbefreiung für innergemeinschaftliche Lieferungen angewendet wurde. Diese Regelung erfolgte, weil die Anwendung der Differenzbesteuerung nach § 25a UStG eine »Lieferung an den Wiederverkäufer im Gemeinschaftsgebiet, für die USt nicht geschuldet wurde«, voraussetzt. Dies ist auch bei der steuerfreien innergemeinschaftlichen Lieferung an den Wiederverkäufer gegeben. Es fällt zwar beim Wiederverkäufer Erwerbsumsatzsteuer an. Diese kann aber wieder als Vorsteuer abgezogen werden, da § 25a UStG grundsätzlich den Vorsteuerabzug nicht ausschließt (vgl. jedoch insoweit EuGH vom 29. 11. 2018, C-264/17 Mensing und 3.4).

a) Die Differenzbesteuerung greift gem. § 25a Abs. 7 Nr. 1 Buchst. b UStG ebenfalls nicht für die innergemeinschaftliche Lieferung eines neuen Fahrzeugs i. S. d. § 1b Abs. 2 und 3 UStG. Diese Vorschrift steht im Zusammenhang mit § 25a Abs. 7 Nr. 2 UStG und erfolgte als Angleichung an Art. 313 MwStSystRL. Demnach unterliegt der innergemeinschaftliche Erwerb dann nicht der Umsatzsteuer, wenn auf die Lieferung der Gegenstände an den Erwerber die Differenzbesteuerung im übrigen Gemeinschaftsgebiet angewandt wurde. Bei der innergemeinschaftlichen Lieferung eines neuen Fahrzeugs soll damit das Bestimmungslandprinzip erhalten werden. Die Regelung bringt es mit sich, dass bei Neufahrzeugen, die aus einem Mitgliedstaat der Europäischen Union in einen anderen Mitgliedstaat veräußert werden, eine Doppelbesteuerung eintreten kann, die in anderen Fällen durch § 25a UStG gerade vermieden werden soll. Insoweit bleibt die Möglichkeit, dass sich der Wiederverkäufer -wie vor Einführung der Margenbesteuerung nach § 25a UStG- lediglich als Agent in den direkten Verkauf von Privat an Privat einschaltet.
b) Bei Veräußerung anderer Gegenstände als Neufahrzeuge von Deutschland ins übrige Gemeinschaftsgebiet schließt § 25a Abs. 7 Nr. 3 UStG die Steuerbefreiung für innergemeinschaftliche Lieferungen nach § 4 Nr. 1 Buchst. b UStG aus. Auch ist der Erwerb im Bestimmungsland entsprechend § 25a Abs. 7 Nr. 2 UStG nicht steuerbar. Darüber hinaus kann sich der Lieferort nicht nach § 3c UStG ins Bestimmungsland verlagern. Mit der Differenzbesteuerung wird also abschließend eine Besteuerung im Ursprungsland vorge-

nommen. Entsprechende Regelungen gelten gem. Art. 4 Buchst. a und c MwStSystRL in den übrigen Mitgliedstaaten der EU.

## 3.8 Aufzeichnungspflichten und Kleinunternehmerregelung

Nach § 25a Abs. 6 UStG hat der Wiederverkäufer grundsätzlich für jeden einzelnen Gegenstand Einkaufs- und Verkaufspreis aufzuzeichnen. Bei der Anwendung der Kleinunternehmerregelung des § 19 UStG ist der Gesamtumsatz nach dem vereinnahmten Entgelt und nicht nach dem Differenzbetrag zu bestimmen (vgl. A 19.3 Abs. 1 Satz 5 UStAE). Diese Auffassung der Verwaltung hat der EuGH mit Urteil vom 29.07.2019, C-388/18 bestätigt.

Bildet er die Gesamtdifferenz nach § 25a Abs. 4 UStG, trifft ihn diese Verpflichtung nur für Gegenstände, deren Einkaufspreis 500 € übersteigt. Erwirbt der Wiederverkäufer in einem solchen Fall mehrere Gegenstände zu einem Gesamteinkaufspreis von über 500 €, hat er diesen aufzuteilen. Es genügt dabei die Aufteilung auf einzelne Gegenstände, wenn der Restbetrag nach Abzug des auf diese Gegenstände entfallenden Einkaufspreises den Betrag von 500 € nicht übersteigt (A 25a.1 Abs. 17 UStAE).

Für die Gegenstände, für die der Wiederverkäufer die Gesamtdifferenz nach § 25a Abs. 4 UStG bildet, genügt es, die Summen der Einkaufs- und die Summen der Verkaufspreise eines Besteuerungszeitraumes aufzuzeichnen.

## 3.9 Ergänzende Beispiele

**BEISPIELE**

a) Second-Hand-Shop S hat von Privatperson P ein Brautkleid für 1 200 € angekauft und veräußert es für 2 000 € an ein Brautpaar.

**LÖSUNG** S ist Wiederverkäufer (vgl. § 25a Abs. 1 Nr. 1 Satz 2 UStG). Das Brautkleid wurde an S im Gemeinschaftsgebiet geliefert (§ 25a Abs. 1 Nr. 2 Satz 1 UStG). Für diese (nicht steuerbare) Lieferung wurde keine USt geschuldet (§ 25a Abs. 1 Nr. 2 Satz 2a UStG). Die Voraussetzungen für die Differenzbesteuerung nach § 25a UStG liegen damit vor. Die USt bemisst sich mit 19 % (§ 25a Abs. 5 Satz 1 UStG) von der Marge (§ 25a Abs. 3 Nr. 1 UStG) und beträgt somit 19/119 von 800 € = 127,73 €.

b) Autohändler A erwirbt am 02. 07. 01 von Privatmann P einen Pkw für 20 000 €. Am 02. 09. 01 veräußert A den Pkw für 22 500 €. Für Schönheitsreparaturen am Pkw fielen bei A insgesamt Kosten in Höhe von 500 € zuzüglich 95 € USt an.

**LÖSUNG** Alle Voraussetzungen für die Besteuerung nach § 25a UStG liegen bei A vor. A muss für den Voranmeldungszeitraum September die Differenz von 2 500 € (22 500 € ./. 20 000 €) versteuern. Die USt beträgt 19/119 von 2 500 € = 399,16 €. Die aus den Schönheitsreparaturen angefallene USt von 95 € darf A als Vorsteuer geltend machen.

c) Autohändler A erwirbt am 02. 07. 01 von dem Privatmann P einen Pkw für 20 000 €. Am 02. 09. 01 veräußert A den Pkw für 19 000 €. Für Schönheitsreparaturen am Pkw fielen insgesamt Kosten in Höhe von 500 € zuzüglich 95 € USt an.

**LÖSUNG** Alle Voraussetzungen für die Besteuerung nach § 25a UStG liegen bei A vor. Die Differenz zwischen Verkaufs- und Einkaufspreis ist jedoch im vorliegenden Fall negativ. Es fällt daher keine USt bei A an. Die aus den Schönheitsreparaturen angefallene USt von 95 € darf A als Vorsteuer geltend machen.

Die Negativmarge kann nicht mit positiven Margen aus anderen Umsätzen nach § 25a UStG verrechnet werden. Zwar besteht nach § 25a Abs. 4 UStG die Möglichkeit, innerhalb eines Besteuerungszeitraums (Kalenderjahr) eine Gesamtdifferenz mit der Möglichkeit eines Ausgleichs zwischen positiven und negativen Margen zu bilden, jedoch sind hiervon die Gegenstände ausgenommen, deren Einkaufspreis 500 € übersteigt.

d) Autohändler A erwirbt am 02. 07. 01 von dem Privatmann P einen Pkw für 20 000 €. Am 02. 09. 01 veräußert A den Pkw für 22 000 € zuzüglich 4 180 € USt an Unternehmer U, der das Fahrzeug für ausschließlich unternehmerische Zwecke erwirbt. Für Schönheitsreparaturen am Pkw fielen insgesamt Kosten in Höhe von 500 € zuzüglich 95 € USt an.

**LÖSUNG** Alle Voraussetzungen für die Besteuerung nach § 25a UStG liegen bei A vor. Jedoch verzichtet A mit der gesonderten Rechnungstellung in Bezug auf die USt konkludent auf die Anwendung des § 25a UStG: Diese fällt – wie berechnet – nach den allgemeinen Vorschriften mit 19 % von 22 000 € = 4 180 € an. Die Option nach § 25a Abs. 8 UStG ist im vorliegenden Fall vorteilhafter als die Differenzbesteuerung, da A die USt in Höhe von 4 180 € dem U berechnet und dieser sie als Vorsteuer abziehen kann.
Die aus den Schönheitsreparaturen angefallene USt von 95 € kann A als Vorsteuer geltend machen.

e) Kunst- und Antiquitätenhändler K bezieht seine Ware teils von Privat, teils aus Einfuhren, teils direkt von schaffenden Künstlern. Er hat gegenüber dem FA erklärt, er werde die Differenzbesteuerung auch auf die in § 25a Abs. 2 UStG genannten Gegenstände anwenden.
Vom Kunstmaler K erwarb er im März 01 ein Gemälde (Kunstgegenstand) für 5 000 € zuzüglich 350 € USt. K veräußerte es im Juli 01 an den Privatmann P für 7 000 €. K bemisst seine USt nach der Gesamtdifferenz gem. § 25a Abs. 4 UStG.

**LÖSUNG** Das Gemälde fällt aufgrund der Option nach § 25a Abs. 2 UStG unter die Differenzbesteuerung (steuerpflichtige Lieferung von einem Nicht-Wiederverkäufer gem. § 25a Abs. 2 Nr. 2 UStG). Die USt beträgt 19/119 von 1 650 € (7 000 € ./. 5 350 €) = 263,44 €. Aus dem Erwerb des Bildes hat K gem. § 25a Abs. 5 Satz 2 UStG keinen Vorsteuerabzug.
Obwohl K seine USt nach der Gesamtdifferenz nach § 25a Abs. 4 UStG ermittelt, kann K auch gemäß § 25a Abs. 8 UStG auf die Differenzbesteuerung verzichten, da der Einkaufspreis des Bildes über 1 000 € lag. In diesem Fall beträgt die USt 19 %, da mit dem AmtsHilfeRLUmsG vom 26. 06. 2013 (BGBl I 2013, 1809) § 12 Abs. 2 Nr. 12 und 13 UStG eingefügt wurden und Nr. 13 Wiederverkäufer ausdrücklich von der Steuerermäßigung für Kunstgegenstände nach Nr. 53 der Anlage 2 ausnimmt. Insoweit beträgt die USt bei K 19 % von 7 000 € = 1 330 €. Aus dem Erwerb hat K allerdings für den Voranmeldungszeitraum Juli den Vorsteuerabzug in Höhe von 350 €. Die Zahllast beträgt somit aus diesem Geschäft insgesamt 1 330 € ./. 350 € = 980 €. Diese Option wird K nur dann wählen, wenn er das Bild nicht an einen Privatmann, sondern an einen Unternehmer für dessen Unternehmen veräußert. In diesem Fall wird er die Umsatzsteuer nach den allgemeinen Regeln berechnen und ausweisen, hat insoweit aber auch den Vorsteuerabzug. Soweit vor 2013 der ermäßigte Steuersatz für den gewerblichen Kunsthandel galt, war die aufgezeigte Lösung in allen Fällen günstiger. Mit der Änderung des § 12 Abs. 2 Nr. 1, Nr. 12 und Nr. 13 UStG wurde dies in erheblichem Umfang eingeschränkt.

f) Gebrauchtwagenhändler G in Karlsruhe erwirbt vom Privatmann O im Januar 02 ein Gebrauchtfahrzeug (Erstzulassung im Juli 01) für 20 000 € und veräußert es im Februar 02 bei einem km-Stand von 5 000 km für 25 000 € an den Privatmann P in Straßburg (Frankreich).

**LÖSUNG** G liefert an P ein Neufahrzeug i. S. v. § 1b Abs. 2 und 3 UStG (erste Inbetriebnahme zwar vor mehr als 6 Monaten, jedoch zurückgelegte km nicht mehr als 6 000). Deshalb scheidet die Differenzbesteuerung gem. § 25a Abs. 7 Nr. 1 Buchst. b UStG aus. G tätigt an P eine steuerbare aber steuerfreie innergemeinschaftliche Lieferung. P hat in Frankreich den innergemeinschaftlichen Erwerb des Neufahrzeugs zu versteuern (Bemessungsgrundlage 25 000 €, USt 19,6 % von 25 000 € = 4 900 €).

g) Gebrauchtwagenhändler G in Karlsruhe erwirbt vom Privatmann O im Januar 02 ein Gebrauchtfahrzeug (Erstzulassung im Juli 01) für 20 000 € und veräußert es im Februar 02 bei einem km-Stand von 7 000 km für 25 000 € an den Privatmann P in Straßburg (Frankreich).

**LÖSUNG** G liefert an P kein Neufahrzeug i. S. v. § 1b Abs. 2 und 3 UStG (erste Inbetriebnahme vor mehr als 6 Monaten, zurückgelegte km mehr als 6 000). Deshalb erfolgt kein Ausschluss der Differenzbesteuerung gem. § 25a Abs. 7 Nr. 1 Buchst. b UStG. G tätigt an P eine der Differenzbesteuerung in Deutschland unterliegende Lieferung, die USt beträgt 19/119 von 5 000 € = 798,32 €. In Frankreich ergibt sich kein steuerbarer Umsatz.

h) Kfz-Händler H veräußert Neuwagen der Marke XY üblicherweise zum Listenpreis von 22 000 € (gemeiner Wert). Dem Kunden K veräußert er einen Neuwagen für 22 000 €, indem er ihm für dessen Altfahrzeug 10 000 € anrechnete, obwohl sein gemeiner Wert nur 8 500 € betrug. K hatte also noch eine Baraufgabe von 12 000 € zu leisten. Das Altfahrzeug veräußerte H an den Privatmann P zum Preis von 10 000 €.

**LÖSUNG** Die Lieferung von H an P ist steuerbar und steuerpflichtig. Alle Voraussetzungen des § 25a UStG sind erfüllt. Somit kann H die Versteuerung nach § 25a UStG vornehmen. Für die Berechnung der Marge ist zunächst die Höhe des Einkaufspreises zu klären. Dabei ist zu berücksichtigen, dass der Altwagen im Rahmen eines Tauschs mit Baraufgabe erworben wurde. Der Einkaufspreis des H entspricht dem Verkaufspreis des K. Verkaufspreis des K ist nach § 10 Abs. 2 Satz 2 UStG der gemeine Wert des erworbenen Neuwagens abzüglich Baraufgabe. Der Verkaufspreis bei K = Einkaufspreis bei H beträgt somit 22 000 € ./. 12 000 € = 10 000 €. Die Marge beträgt 10 000 € ./. 10 000 € = 0 €. Die USt beträgt damit 0 €.

Abweichend von der hier vertretenen Lösung setzt die Verwaltung als Einkaufspreis des Altfahrzeugs den tatsächlichen Wert des Altfahrzeugs an, wenn bei der Lieferung des Neuwagens als Entgelt nicht der Anrechnungspreis zugrunde gelegt wird, sondern der niedrigere tatsächliche Wert, also ein verdeckter Preisnachlass geltend gemacht wird (A 25a.1 Abs. 10 UStAE). Die Marge beträgt bei dieser Auffassung 10 000 € ./. 8 500 € = 1 500 €. Die USt hieraus beträgt 19/119 von 1 500 € = 239,50 €.

Für die steuerpflichtige Lieferung des Neuwagens an K beträgt die Bemessungsgrundlage nach § 10 Abs. 2 Satz 2 UStG brutto 8 500 € (gemeiner Wert des Altwagens) + 12 000 € (Baraufgabe) = 20 500 €. Die USt beträgt hieraus 19/119 von 20 500 € = 3 273,11 €. Insgesamt ergibt sich somit bei H nach der hier vertretenen Auffassung für beide Lieferungen eine USt von 0 + 3 273,11 € = 3 273,11 €. Folgt man dagegen der Verwaltungsauffassung, ergibt sich bei H für beide Lieferungen insgesamt eine USt von 239,50 € + 3 273,11 € = 3 512,61 €.

Die Verwaltung lässt den Ansatz des Anrechnungspreises als Einkaufspreis des Altfahrzeugs nur dann zu, wenn bei der Veräußerung des Neuwagens kein verdeckter Preisnachlass geltend gemacht wird, also der Wert des Altfahrzeugs ebenfalls mit dem Anrechnungspreis angesetzt wird (A 25a.1 Abs. 10 Satz 4 UStAE). In diesem Fall ergibt sich für H in der Summe dieselbe USt wie bei Minderung des Entgelts des Neuwagens infolge des verdeckten Preisnachlasses und bei Ansatz des Einkaufspreises des Altfahrzeugs mit dem Anrechnungspreis.

Der Einkaufspreis des H bezüglich des Altwagens beträgt weiterhin 22 000 € ./. 12 000 € = 10 000 €, die Marge ist somit 10 000 € ./. 10 000 € = ./. 0 €, die USt bezüglich der Veräußerung des Altwagens ist somit unverändert 0 €.

Bei der Lieferung H an K beträgt die Bemessungsgrundlage 10 000 € + 12 000 € = 22 000 €. Die USt beträgt hieraus 19/119 von 22 000 € = 3 512,61 €.

Die USt ist bei dieser Berechnung höher, als wenn ein verdeckter Preisnachlass geltend gemacht werden würde. Der Händler wird also in derartigen Fällen ein Interesse daran haben, einen verdeckten Preisnachlass geltend zu machen. Dies ist ihm nach der Berechnungsmethode für den gemeinen Wert des Altwagens in A 10.5 Abs. 4 Nr. 2 UStAE möglich.

**BEISPIEL**

Kfz-Händler H veräußert Neuwagen der Marke XY üblicherweise unter Einräumung eines Rabattes von 10 % auf den von vornherein überhöhten Listenpreis von 22 000 €, also für 19 800 € (gemeiner Wert). Wird ein gebrauchtes Fahrzeug in Zahlung gegeben, gewährt H jedoch grundsätzlich keinen Rabatt. Dem Kunden K veräußert er einen Neuwagen für 22 000 €, indem er ihm für dessen Altfahrzeug 10 000 € anrechnete. K hatte also noch eine Baraufgabe von 12 000 € zu leisten. Das Altfahrzeug veräußerte H mehr als drei Monate später an den Privatmann P zum Preis von 10 000 €.

**LÖSUNG** Die Lieferung von H an P ist steuerbar und steuerpflichtig. Alle Voraussetzungen des § 25a UStG sind erfüllt. Somit kann H die Versteuerung nach § 25a UStG vornehmen. Für die Berechnung der Marge ist zunächst die Höhe des Einkaufspreises zu klären. Dabei ist zu berücksichtigen, dass der Altwagen im Rahmen eines Tauschs mit Baraufgabe erworben worden ist. Der Einkaufspreis des H entspricht dem Verkaufspreis des K. Verkaufspreis des K ist nach § 10 Abs. 2 Satz 2 UStG der gemeine Wert des erworbenen Neuwagens abzüglich Baraufgabe. Der gemeine Wert des Neuwagens entspricht lt. Sachverhalt nicht dem Listenpreis, sondern beträgt nur 19 800 €. Der Verkaufspreis bei K = Einkaufspreis bei H beträgt somit 19 800 € ./. 12 000 € = 7 800 €. Die Marge beträgt 10 000 € ./. 7 800 € = 2 200 €. Die USt beträgt 19/119 von 2 200 € = 351,26 €.

Abweichend von der hier vertretenen Lösung setzt die Verwaltung als Einkaufspreis des Altfahrzeugs den tatsächlichen Wert des Altfahrzeugs an. Der gemeine Wert des gebrauchten Fahrzeugs beträgt nach der Wertermittlungsmethode in A 10.5 Abs. 4 Nr. 3 UStAE 10 000 €. Die Marge beträgt also 10 000 € ./. 10 000 € = 0 €. Hieraus ergibt also 0 € USt.

Für die steuerpflichtige Lieferung des Neuwagens an K beträgt die Bemessungsgrundlage brutto 10 000 € + 12 000 € = 22 000 €. Die USt beträgt hieraus 19/119 von 22 000 € = 3 512,61 €. Insgesamt ergibt sich somit bei H für beide Lieferungen eine USt von 351,26 € + 3 512,61 € = 3 863,87 €. Folgt man dagegen der Verwaltungsauffassung, ergibt sich bei H für beide Lieferungen insgesamt eine USt von 0 € + 3 512,61 = 3 512,61 €.

Würde man im vorliegenden Fall ignorieren, dass der gemeine Wert des Neuwagens nicht dem Listenpreis entspricht, sondern davon ausgehen, dass der Listenpreis von 22 000 € dem gemeinen Wert entspricht, ergäbe sich für K in der Summe dieselbe USt wie nach Verwaltungsauffassung nämlich:

Der Verkaufspreis bei K = Einkaufspreis bei H beträgt 22 000 € ./. 12 000 € = 10 000 €. Die Marge beträgt 10 000 € ./. 10 000 € = ./. 0 €, die USt beträgt ebenfalls 0 €.

Für die steuerpflichtige Lieferung des Neuwagens an K beträgt die Bemessungsgrundlage brutto 10 000 € + 12 000 € = 22 000 €. Die USt beträgt hieraus 19/119 von 22 000 € = 3 512,61 €. Die USt ist im vorliegenden Fall bei dieser Berechnungsweise niedriger.

In den Fällen des Neuwagenhandels unter Inzahlungnahme von Altwagen handelt es sich um Tauschfälle mit der Folge, dass für die Bemessungsgrundlage nicht die von den Beteiligten angesetzten Preise, sondern nach § 10 Abs. 2 Satz 2 UStG die gemeinen Werte von Neu- und Altwagen maßgeblich sind. Sowohl der Anrechnungspreis des Altwagens als auch der Listenpreis des Neuwagens entsprechen dabei oftmals nicht den gemeinen Werten. Es muss somit unabhängig von Listenpreis und Anrechnungspreis eine Bewertung der Fahrzeuge zum gemeinen Wert erfolgen.

Aus dem Vergleich der obigen Beispiele zeigt sich, wie bedeutsam eine richtige Bewertung für die Umsatzsteuer ist. Für die Bewertung des Altwagens hilft hierbei die Regelung in A 10.5 Abs. 4 UStAE, wonach der gemeine Wert aus dem Weiterveräußerungspreis gefolgert wird. Für die Bewertung des Neuwagens ist darauf abzustellen, inwieweit der Händler üblicherweise Rabatte einräumt. Im Übrigen wird man tendenziell davon ausgehen können, dass in dem Maße, in dem der Anrechnungspreis des Altwagens über seinem gemeinen Wert liegt, auch der Listenpreis des Neuwagens übersetzt ist.

# 4 Durchschnittsatzbesteuerung nach § 23 UStG

Aufgrund der Ermächtigung in § 23 UStG wurde in § 69 und 70 UStDV i. V. m. der Anlage zur UStDV für bestimmte Unternehmer die Möglichkeit geschaffen, ihre **Vorsteuern** pauschal mit einem bestimmten Prozentsatz der Ausgangsumsätze zu ermitteln anstatt konkret aus den bezogenen Eingangsleistungen geltend zu machen.

**BEISPIEL**

Friseur F hatte im Kalenderjahr 01 einen Gesamtumsatz in Höhe von 40 000 € erzielt. Seine Einnahmen im Kalenderjahr 02 betragen 50 000 €. F möchte für das Kalenderjahr 02 von der Durchschnittsatzbesteuerung Gebrauch machen.

**LÖSUNG** Die Ausgangsumsatzsteuer bei F für das Kalenderjahr 02 beträgt 19/119 von 50 000 € = 7 983,19 €. Sein Umsatz beträgt 42 016,81 €. Die pauschale Vorsteuer beträgt nach Abschn. A I Nr. 8 der Anlage zur UStDV 4,5 % von 42 016,81 € = 1 890,76 €. Die Zahllast des F für das Kalenderjahr 02 beträgt somit 6 092,43 € (7 983,19 ./. 1 890,76).

Von der Durchschnittsatzbesteuerung können nur die Unternehmer Gebrauch machen, für die in der Anlage zur UStDV ein Durchschnittsatz aufgeführt ist. Es handelt sich hierbei im Wesentlichen um Handwerker (Abschn. A I), Einzelhandel (Abschn. A II) und bestimmte Angehörige freier Berufe (Abschn. A IV). Nach Abschn. B wird z. B. Architekten, Rechtsanwälten, Notaren und Schornsteinfegern die Vorsteuerpauschalierung für einen Teil der Vorsteuerbeträge gewährt.

Weitere Voraussetzung ist, dass der betreffende Unternehmer im vorangegangenen Kalenderjahr mit seinem Umsatz die Grenze von 61 356 € nicht überschritten hat.

Neben der pauschalen Vorsteuer ist ein weiterer Vorsteuerabzug ausgeschlossen (§ 70 Abs. 1 Satz 2 UStDV). Lediglich bei den in Abschn. B der Anlage zur UStDV aufgeführten Unternehmern ist gem. § 70 Abs. 2 UStDV für bestimmte Eingangsumsätze zusätzlich ein konkreter Vorsteuerabzug zulässig.

Die Durchschnittsatzbesteuerung wird dem Unternehmer auf Antrag gewährt. Der Unternehmer, der die Durchschnittsatzbesteuerung in Anspruch genommen hat, kann mit Wirkung zum Beginn eines Kalenderjahres den Antrag widerrufen und zur Regelbesteuerung mit konkretem Vorsteuerabzug übergehen (§ 23 Abs. 3 Sätze 2 und 3 UStG). Im Falle des Widerrufs kann der Unternehmer erst wieder nach Ablauf von fünf Kalenderjahren zur Durchschnittsatzbesteuerung übergehen.

Steuerfreie Umsätze nach § 4 Nr. 8, 9 Buchst. a, 10 und 21 UStG dürfen nicht in die Bemessungsgrundlage für die pauschale Vorsteuer einbezogen werden (§ 69 Abs. 2 UStDV).

# Teil V Sonderregelungen für Umsätze in bestimmten Gebieten bzw. mit bestimmten Personen

## 1 Umsätze in Freihäfen

Die Freihäfen, die Gewässer und Watten zwischen der Hoheitsgrenze und der Zollgrenze an der Küste, Büsingen und die Insel Helgoland gehören nach § 1 Abs. 2 Satz 1 UStG nicht zum Inland. Umsätze in diesen Gebieten sind daher grundsätzlich nicht steuerbar. Für bestimmte Umsätze in den Freihäfen und in den Gewässern und Watten zwischen der Hoheitsgrenze und der jeweiligen Strandlinie (nicht jedoch in Büsingen oder auf Helgoland) bestimmt jedoch § 1 Abs. 3 UStG, dass diese wie Umsätze im Inland zu behandeln sind. Im Einzelnen handelt es sich um folgende Umsätze:

- Umsätze für den Endverbrauch in diesen Gebieten (§ 1 Abs. 3 Nr. 1 bis 3 UStG),
- Umsätze im Rahmen eines zollamtlich bewilligten Freihafen-Veredelungsverkehrs bzw. einer zollamtlich besonders zugelassenen Freihafenlagerung (§ 1 Abs. 3 Nr. 4 Buchst. a und 5 UStG),
- Lieferungen von Gegenständen, die sich im Zeitpunkt der Lieferung einfuhrumsatzsteuerrechtlich im freien Verkehr befinden (§ 1 Abs. 3 Nr. 4 Buchst. b UStG),
- bestimmte Fälle des innergemeinschaftlichen Erwerbs, z. B. eines Neufahrzeugs durch Nichtunternehmer, Exoten und Halbunternehmer, vgl. B 5.2 (§ 1 Abs. 3 Nr. 7 UStG).

Nicht erfasst werden von dieser Regelung die Umsätze auf der Insel Helgoland und auf Schiffen und Flugzeugen außerhalb der deutschen Zollgrenze.

### 1.1 Umsätze für den Endverbrauch

Die Freihäfen werden für den Endverbrauch dem Inland gleichgestellt. Deshalb sind alle Leistungen, die zum Gebrauch oder Verbrauch in den Freihäfen bestimmt sind, wie Umsätze im Inland zu behandeln, sofern sie nicht an das Unternehmen des Abnehmers bewirkt werden oder von einem Unternehmer erworben werden, der die empfangenen Leistungen für eine nach § 4 Nr. 8 ff. UStG steuerfreie Tätigkeit verwendet (vgl. § 1 Abs. 3 Nr. 1 und 2 UStG). Ebenso sind die Lieferungen i. S. d. § 3 Abs. 1b UStG und sonstige Leistungen i. S. d. § 3 Abs. 9a UStG in den Freihäfen wie diese Leistungen im Inland zu behandeln (vgl. § 1 Abs. 3 Nr. 3 UStG).

Bei Lieferungen von Gegenständen, die zur Ausrüstung oder Versorgung eines Beförderungsmittels bestimmt sind, gilt die Lieferung als im Inland erbracht, auch wenn die Gegenstände nicht zum Gebrauch oder Verbrauch im Freihafen, sondern z. B. auf hoher See bestimmt sind. Dies gilt nur dann nicht, wenn die Lieferung an ein Unternehmen erbracht wird, der die Gegenstände für steuerpflichtige oder nach § 4 Nr. 1 bis 7 UStG steuerfreie Umsätze verwendet (§ 1 Abs. 3 Nr. 1 UStG).

Ob die Leistungen an ein Unternehmen erbracht werden und damit von der Regelung des § 1 Abs. 3 Nr. 1 bis 2 UStG ausgenommen sind, ist nach den gleichen Kriterien zu beurteilen, die bei § 6 Abs. 1 Nr. 3 Buchst. a UStG gelten. Hiernach ist bei Erwerb eines gemischtgenutzten einheitlichen nichtaufteilbaren Gegenstandes im Allgemeinen auf die überwiegende Zweckbestimmung abzustellen (vgl. A 6.1 Abs. 3 Satz 2 UStAE). Eine teilweise Nutzung für nach § 4 Nr. 8 ff. UStG steuerfreie Umsätze ist aber bereits schädlich.

In den Fällen, in denen Leistungsempfänger eine juristische Person des öffentlichen Rechts ist, stellt § 1 Abs. 3 Satz 2 UStG die Vermutung auf, dass die Leistung nicht an ein Unternehmen erbracht wurde. Die Vermutung kann jedoch z. B. durch eine Bescheinigung des Leistungsempfängers widerlegt werden (vgl. A 1.11 Abs. 3 Satz 2 UStAE).

Beispiele für Leistungen, die aufgrund von § 1 Abs. 3 Nr. 1 und 2 steuerbar und steuerpflichtig sind (vgl. A 1.11 Abs. 1 und 2 UStAE):

- Abgabe von Speisen, Getränken und dgl. in Personalkantinen und auf Schiffen,
- Verkauf von Tabakwaren aus Automaten in Freihäfen,
- Lieferungen von Schiffsausrüstungsgegenständen, Treibstoff und Proviant an private Schiffseigentümer zur Ausrüstung und Versorgung von Wassersportfahrzeugen,
- Reparaturen an Wassersportfahrzeugen,
- Beförderungen für private Zwecke.

## 1.2 Umsätze im Rahmen eines zollamtlich bewilligten Freihafenveredelungsverkehrs bzw. einer zollamtlich besonders zugelassenen Freihafenlagerung (§ 1 Abs. 3 Nr. 4 Buchst. a und 5 UStG)

In den Fällen eines zollamtlich bewilligten Freihafenveredelungsverkehrs bzw. einer zollamtlich besonders zugelassenen Freihafenlagerung werden Waren zur Erbringung der bewilligten Leistungen vom Zollgebiet in den Freihafen verbracht, um anschließend wieder in das Zollgebiet eingeführt zu werden. Werden diese Waren nach erfolgter Veredelung bzw. nach der Lagerung wieder ins Zollgebiet eingeführt, wird keine Einfuhrumsatzsteuer erhoben. Finden bezüglich derartiger Waren bereits im Freihafen Lieferungen statt, gelten diese Lieferungen nach § 1 Abs. 3 Nr. 4 Buchst. a UStG als im Inland erbracht. Auch die an diesen Waren erbrachten Leistungen gelten als im Inland bewirkt (vgl. § 1 Abs. 3 Nr. 5 UStG).

**BEISPIEL**

Unternehmer A in Bremen übergibt dem Lagerhalter L im Freihafen Bremerhaven zwei Maschinen (Maschine M1 und M2) zur Lagerung, da L gerade freie Lagerkapazität hat. Die Lagerung ist zollamtlich besonders zugelassen. Die Maschine M1 übergibt L im Auftrag des A dem Frachtführer F, der sie im Auftrag des A zu dessen Abnehmer B in Oldenburg transportiert. Die Maschine M2 übergibt L im Auftrag des A dem D. D ist der Abnehmer des C, an den A diese Maschine veräußert hat. D transportiert die Maschine zu seinem Unternehmen in Hamburg.

**LÖSUNG**

**Maschine 1:** Lieferort für die Maschine M1 ist nach § 3 Abs. 6 Satz 1 UStG der Freihafen. Die Lieferung wäre damit an sich im Ausland und deshalb nicht steuerbar. Aufgrund von § 1 Abs. 3 Nr. 4 Buchst. a UStG gilt jedoch die Lieferung als im Inland bewirkt, da sich die Maschine in einer zollamtlich besonders zugelassenen Freihafenlagerung befand. Die Lieferung von A an B ist somit steuerbar und steuerpflichtig.

**Maschine 2:** A hat über die Maschine 2 mit C und C mit D einen Kaufvertrag abgeschlossen. Beide Verträge werden erfüllt. Somit liefert A an C und C an D. Die Lieferung C an D ist gem. § 3 Abs. 6 Satz 1 UStG als Beförderungslieferung durch den Abnehmer im Freihafen erfolgt. Somit ist die Lieferung von A an C gem. § 3 Abs. 7 Satz 2 Nr. 1 UStG als ruhende Lieferung ebenfalls im Freihafen erfolgt. Gem. § 1 Abs. 3 Nr. 4 Buchst. a UStG gelten aber beide Lieferungen als im Inland bewirkt. Beide Lieferungen sind daher steuerbar und steuerpflichtig.

Der Ort der Lagerleistung des L bezüglich der Maschinen ist gem. § 3a Abs. 2 UStG in Bremen bei A. Die Leistung ist daher steuerbar und steuerpflichtig.

F erbringt eine Beförderungsleistung an A. Ort der Beförderungsleistung ist nach § 3a Abs. 2 UStG ebenfalls Bremen. Die Leistung ist steuerbar und steuerpflichtig. Die Befreiungsvorschrift des § 4 Nr. 3 Buchst. a UStG greift nicht (vgl. § 4 Nr. 3 Buchst. a Doppelbuchst. bb Satz 2 UStG und A 1.12 Abs. 5 UStAE).

### 1.3 Umsätze von Gegenständen, die sich einfuhrumsatzsteuerrechtlich im freien Verkehr befinden

Eine Ware kann auch schon vor dem Verlassen des Freihafens in den freien Verkehr gelangen, etwa dadurch, dass die Zollabfertigung bei einer vorgeschobenen Zollstelle erfolgt. Wird diese Ware nach der Zollabfertigung und vor Verlassen des Freihafens veräußert, ist diese Veräußerung nach § 1 Abs. 3 Nr. 4 Buchst. b UStG als Veräußerung im Inland zu behandeln.

## 2 Umsätze im Zusammenhang mit einem Umsatzsteuerlager

Entsprechend dem zollrechtlichen Steuerlager besteht seit dem 01. 01. 2004 auch für die USt die Möglichkeit, ein Steuerlager einzurichten. Wesentlicher Inhalt der Umsatzsteuerlagerregelung ist eine Steuerbefreiung für Umsätze, die sich auf Gegenstände der Anlage 1 zum UStG beziehen. Steuerfrei sind danach

- Lieferungen der Gegenstände, wenn diese im Zusammenhang mit der Lieferung in das Umsatzsteuerlager eingelagert werden (§ 4 Nr. 4a Buchst. a UStG),
- Lieferungen der Gegenstände, die sich in einem Umsatzsteuerlager befinden und dort verbleiben (§ 4 Nr. 4a Buchst. a UStG),
- der vor einer Einlagerung liegende innergemeinschaftliche Erwerb (§ 4b Nr. 2 UStG),
- die vor einer Einlagerung liegende Einfuhr (§ 5 Abs. 1 Nr. 4 UStG),
- bestimmte Leistungen, die mit der Lagerung, Erhaltung usw. der eingelagerten Gegenstände unmittelbar zusammenhängen (§ 4 Nr. 4a Buchst. b UStG),
- die Vermittlung von Umsätzen, die unter § 4 Nr. 4a UStG fallen (§ 4 Nr. 5 Buchst. a UStG).

Durch die Regelung soll insbesondere erreicht werden, dass nicht im Inland ansässige Unternehmer, die hier nur Umsätze im Zusammenhang mit Gegenständen erbringen, die sich in einem Umsatzsteuerlager befinden, sich nicht im Inland für umsatzsteuerliche Zwecke erfassen lassen müssen. Bei den in der Anlage aufgeführten Gegenständen handelt es sich um Rohstoffe in einer Form, in der sie nicht im Einzelhandel verwendet werden können (z. B. Rohzucker, Mineralöle, Erzeugnisse der chemischen Industrie, Silber in Rohform).

### 2.1 Umsatzsteuerlager

Umsatzsteuerlager kann jeder räumlich bestimmte Ort im Inland sein, der zur Lagerung von in der Anlage 1 zu § 4 Nr. 4a UStG genannten Gegenständen dienen soll und geeignet ist und von einem Lagerhalter betrieben wird. Lagerhalter kann jeder Unternehmer sein, der die in Anlage 1 zu § 4 Nr. 4a UStG genannten Gegenstände in seinem Unternehmen lagern kann. Der Lagerhalter muss sich das Umsatzsteuerlager von dem für ihn zuständigen Finanzamt bewilligen lassen. Die Bewilligung wird erteilt, wenn er zuverlässig ist (seinen steuerlichen Verpflichtungen regelmäßig und rechtzeitig nachkommt) und ein wirtschaftliches Bedürfnis für den Betrieb des Lagers geltend macht. Ein wirtschaftliches Bedürfnis kann angenommen werden, wenn die für die Einlagerung vorgesehenen Gegenstände mehrfach ohne Warenbewegung umgesetzt werden sollen.

## 2.2 Versteuerung bei Auslagerung

Werden die eingelagerten Gegenstände ausgelagert, erfolgt eine Besteuerung in der Weise, dass die zunächst gegebene Befreiung für die der Auslagerung vorangegangene Lieferung, den der Auslagerung vorangegangenen innergemeinschaftlichen Erwerb oder die der Auslagerung vorangegangene Einfuhr entfällt. Die Auslagerung kann durch den letzten Lieferanten in der Reihe oder durch dessen Abnehmer erfolgen. Auslagerer ist derjenige, der im Zeitpunkt der Auslagerung die Verfügungsmacht über den Gegenstand hat, also derjenige, der den Gegenstand aus dem Umsatzsteuerlager befördert oder versendet. Steuerschuldner ist dabei nach § 13a Abs. 1 Nr. 6 UStG der Auslagerer. Wird ein Gegenstand im Zusammenhang mit einer Lieferung ausgelagert, ist der liefernde Unternehmer als Auslagerer Steuerschuldner. Wird ein in ein Umsatzsteuerlager eingelagerter Gegenstand geliefert und zu einem späteren Zeitpunkt (nach der Lieferung) ausgelagert, ist der Abnehmer Steuerschuldner. In diesem Fall kann der Abnehmer die von ihm geschuldete USt nach § 15 Abs. 1 Nr. 5 UStG als Vorsteuer abziehen, sofern er nicht unter ein Vorsteuerabzugsverbot fällt.

Wie eine Auslagerung wird behandelt, wenn Leistungen an den eingelagerten Gegenständen erbracht werden, die nicht nach § 4 Nr. 4a Buchst. b UStG steuerfrei sind. Neben dem Auslagerer ist auch der Lagerhalter Steuerschuldner als Gesamtschuldner (§ 13a Abs. 1 Nr. 6 UStG), wenn er seiner Verpflichtung nicht nachkommt, die USt-IdNr. des Auslagerers aufzuzeichnen. Weitere Einzelheiten s. BMF vom 28. 01. 2004 BStBl I 2004, 242.

## 2.3 Beispiele zum Umsatzsteuerlager

**BEISPIELE**

a) Unternehmer A aus Köln liefert Silber in Rohform an den in Frankfurt ansässigen Unternehmer B. Das Silber wird unmittelbar in das Umsatzsteuerlager des U in Mannheim eingelagert. U nimmt das Silber im Auftrag des B in Verwahrung. B liefert das Silber an den Unternehmer C in Karlsruhe. C holt das Silber aus dem Umsatzsteuerlager ab.

**LÖSUNG** Das Silber ist in der Anlage 1 Nr. 17 aufgeführt. Die Lieferung des A an B ist als Lieferung in ein Umsatzsteuerlager steuerfrei nach § 4 Nr. 4a Satz 1 Buchst. a Satz 1 UStG. Die Lieferung von B an C ist zunächst ebenfalls nach § 4 Nr. 4a Buchst. a Satz 1 UStG steuerfrei. Die Befreiung dieser Lieferung entfällt mit der Auslagerung des Silbers durch C. Steuerschuldner für die aus der Lieferung des B an C resultierende USt ist C nach § 13a Abs. 1 Nr. 6 UStG. U erbringt mit der Einlagerung eine sonstige Leistung an B. Sie ist nach § 4 Nr. 4a Buchst. b UStG steuerfrei.

b) Unternehmer L in Stuttgart wurde ein Umsatzsteuerlager bewilligt. Unternehmer B in Stuttgart erwirbt vom Unternehmer A in Stuttgart einen Posten Kupfer (Nr. 21 der Anlage 1) zum Nettopreis von 50 000 €. Auf Anweisung des B transportiert A das Kupfer in das Umsatzsteuerlager des L. L berechnet B für die Einlagerung netto 500 €. B veräußert das im Lager befindliche Kupfer zum Nettopreis von 52 000 € an den Unternehmer C in Lyon (Frankreich). C veräußert das immer noch im Lager befindliche Kupfer zum Nettopreis von 53 000 € an den Unternehmer D in Brüssel (Belgien). D veräußert das Kupfer zum Nettopreis von 54 000 € schließlich an den Unternehmer E in Ludwigsburg. D beauftragt den Frachtführer F, das Kupfer aus dem Umsatzsteuerlager zu E nach Ludwigsburg zu transportieren.

**LÖSUNG** Die Lieferung von A an B ist nach § 4 Nr. 4a Buchst. a UStG steuerfrei. Steuerfrei ist auch die Lieferung von B an C und die Lieferung von C an D. Die Lieferung von D an E ist eine Versendungslieferung nach § 3 Abs. 6 Satz 1 UStG. Da bei dieser Lieferung das Kupfer ausgelagert wird, ist diese Lieferung steuerpflichtig. Die USt beträgt 19 % von 54 000 € = 10 260 €. Diese USt schuldet D als Lieferer gem. § 13a Abs. 1 Nr. 6 UStG. D muss daher dem E die USt zusätzlich in Rechnung stellen. Die Einlagerung stellt eine sonstige Leistung des L an B dar. Sie ist nach § 3a Abs. 2 UStG in Stuttgart steuerbar, jedoch nach § 4 Nr. 4a Buchst. b UStG steuerfrei.

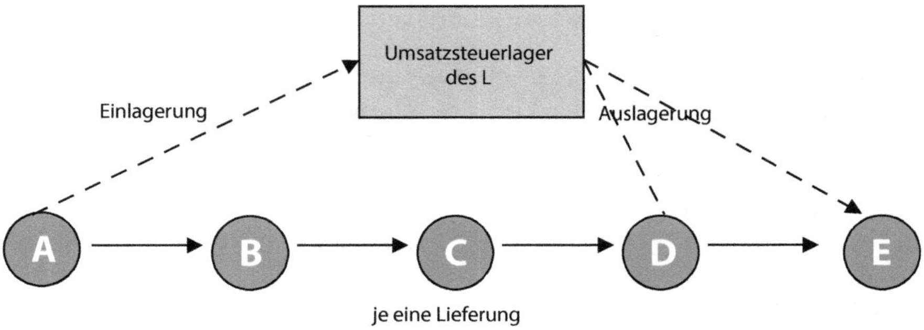


c) In Beispiel b) wird dem E das Eigentum durch Indossierung des Lagerscheins übertragen. E holt später das Kupfer aus dem Umsatzsteuerlager ab.

**LÖSUNG** Da E das Kupfer nach der Lieferung als Abnehmer auslagert, wird die an ihn von D erbrachte Lieferung steuerpflichtig. Steuerschuldner ist nach § 13a Abs. 1 Nr. 6 UStG E als Auslagerer. Er darf die von ihm zu entrichtende USt nach § 15 Abs. 1 Nr. 5 UStG als Vorsteuer abziehen.

d) Unternehmer L in Stuttgart wurde ein Umsatzsteuerlager bewilligt. Unternehmer A in Barcelona veräußert an den Unternehmer B in Stuttgart einen Posten Oliven zum Nettopreis von 5 000 €. Im Auftrag des B transportiert A die Oliven von Spanien in das Umsatzsteuerlager des L. Im Auftrag des B werden die Oliven von C in Beutel à 500 g abgefüllt.

**LÖSUNG** Die Lieferung der Oliven von A an B ist in Spanien als innergemeinschaftliche Lieferung steuerfrei. B tätigt in Deutschland einen steuerbaren innergemeinschaftlichen Erwerb. Aufgrund der Einlagerung der Oliven ins Umsatzsteuerlager des L ist der innergemeinschaftliche Erwerb des B nach § 4b Nr. 2 UStG steuerfrei. Mit dem Abfüllen in die Beutel werden die Oliven für die Lieferung auf der Einzelhandelsstufe aufbereitet. Diese Leistung ist steuerbar (§ 3a Abs. 2 UStG) und nach § 4 Nr. 4a Buchst. b Satz 2 UStG nicht steuerfrei. Infolge der Aufbereitung entfällt die Voraussetzung für die Befreiung (§ 4 Nr. 4a Buchst. a Satz 4 UStG). Der Erwerb wird steuerpflichtig. Die von B abzuführende USt beträgt 7 % von 5 000 € = 350 €.

## 3 Umsätze in Bezug auf im Inland stationierte ausländische Truppen

Zum Inland gehört auch der Militärbereich ausländischer Streitkräfte im Bundesgebiet. Auch innerhalb dieses Bereichs können daher steuerbare und steuerpflichtige Umsätze stattfinden. Durch Sonderregelungen (internationale Verträge) werden jedoch bestimmte Umsätze im Zusammenhang mit den ausländischen Truppen von der USt befreit. Dies gilt insbesondere für die der NATO angehörigen Truppen. Lieferungen und sonstige Leistungen der Truppe an ihre Mitglieder, an die Mitglieder des sog. zivilen Gefolges, sowie an deren Angehörige unterliegen nicht der Umsatzsteuerpflicht (vgl. Art. 67 Abs. 1 NATO-ZAbk.).

Erfolgen Lieferungen von Unternehmern an die Truppe bzw. an Truppenangehörige, liegen grundsätzlich keine steuerfreien Ausfuhrlieferungen vor, da zum einen keine Ausfuhr erfolgt und zum andern auch keine ausländischen Abnehmer vorhanden sind (vgl. Art. 68 Abs. 3 NATO-ZAbk.). Lieferungen und sonstige Leistungen an eine Truppe oder ein ziviles Gefolge sind jedoch nach Art. 67 Abs. 3 NATO-ZAbk. unter folgenden Voraussetzungen steuerfrei:

a) Auftraggeber (Leistungsempfänger) ist eine amtliche Beschaffungsstelle einer Truppe oder eines zivilen Gefolges (Näheres siehe 3.3),

b) die Leistung ist für den Gebrauch oder Verbrauch durch die Truppe, das zivile Gefolge, ihre Mitglieder oder deren Angehörige bestimmt,
c) die Bezahlung muss in der Währung des Entsendestaates entrichtet werden. Sie kann auch in Euro geleistet werden, wenn die Truppe oder eine von ihr bevollmächtigte Stelle die Euro durch Umtausch der Währung des Entsendestaates in der Bundesrepublik erworben hat oder die Zahlung in Euro durch besondere Vereinbarung zwischen den deutschen Behörden und den Behörden des Entsendestaates zugelassen worden ist (Näheres siehe 3.4),
d) die Steuerbefreiung ist bei der Berechnung des Preises zu berücksichtigen (Näheres siehe 3.5),
e) der Unternehmer hat die vorgenannten Voraussetzungen nachzuweisen (Näheres siehe 3.6).

Die Steuerbefreiung ist beim leistenden Unternehmer vorsteuerunschädlich (vgl. § 15 Abs. 3 i. V. m. § 26 Abs. 5 UStG). Es wird somit wie bei den Steuerbefreiungen der Ausfuhr eine vollständige Entlastung mit USt herbeigeführt.

## 3.1 Begriffsbestimmungen

Im Folgenden sind einige der in diesem Zusammenhang relevanten Begriffe definiert:

- **Truppe** ist das zu den Land-, See- oder Luftstreitkräften gehörende Personal einer Vertragspartei (vgl. Art. I Abs. 1 Buchst. a NATO-Truppenstatut).
- **Vertragsparteien** des Zusatzabkommens sind außer der Bundesrepublik Deutschland: Belgien, Frankreich, Kanada, Niederlande, Großbritannien und die USA.
- **Ziviles Gefolge** ist das die Truppe einer Vertragspartei begleitende Zivilpersonal, das bei den Streitkräften dieser Vertragspartei beschäftigt ist (Art. I Abs. 1 Buchst. b NATO-Truppenstatut).
- **Angehörige** sind der Ehegatte eines Mitglieds einer Truppe oder eines zivilen Gefolges sowie ein dem Mitglied gegenüber unterhaltsberechtigtes Kind (vgl. Art. I Abs. 1 Buchst. c NATO-Truppenstatut), außerdem nahe Verwandte i. S. v. Art. 2 Abs. 2a NATO-ZAbk.
- **Entsendestaat** ist die Vertragspartei, der die Truppe angehört (vgl. Art. I Abs. 1 Buchst. d NATO-Truppenstatut).

Die amtliche Beschaffungsstelle muss Vertragspartner des leistenden Unternehmers sein. Der Truppenangehörige, dem die Leistung letztlich zugutekommt, kann jedoch bei entsprechender Bevollmächtigung als Vertreter der amtlichen Beschaffungsstelle auftreten. Welche Stellen als amtliche Beschaffungsstellen infrage kommen, ergibt sich insbesondere aus dem BMF-Schreiben vom 02. 01. 2019 BStBl I 2019, 18.

## 3.2 Bezahlung

Zur Vermeidung von Missbräuchen wird in der Praxis die Vergünstigung nur gewährt bei unbarer Zahlung entweder durch Scheck oder Überweisung i. d. R. aus einem Konto der zahlenden Dienststelle. Bei Bezahlung in Euro wird unterstellt, dass die besonderen Voraussetzungen hierfür vorliegen.

Zur Beschaffung unter Verwendung einer Impac-VISA-Kreditkarte im amerikanischen Beschaffungsverfahren vgl. BMF vom 01. 04. 2009 BStBl I 2009, 526 und für Kraftfahrzeuge BMF vom 24. 07. 2017 BStBl I 2017, 998. Hiernach ist das Verfahren bei Beschaffungen bis zu einem Wert von 2 500 € bzw. 30 000 € bei dienstlichen Beschaffungen vereinfacht. Der Wert von

2 500 € gilt nach BMF vom 04. 02. 2013 BStBl I 2013, 266 auch für das britische Beschaffungsverfahren sowie nach BMF vom 29. 11. 2011 BStBl I 2011, 1161 bis 5 600 € für die GPC-VISA-Kreditkarte oder Corporate Card (Mastercard). Für das belgische Beschaffungsverfahren kann nach BMF vom 18. 08. 2015 BStBl I 2015, 654 bis 10 000 € die VISA-Kreditkarte verwendet werden.

Es muss deutlich werden, dass sich der Endpreis um den Betrag ermäßigt hat, der sich aus der Steuerbefreiung ergibt. Dies kann dadurch geschehen, dass der Unternehmer in der Rechnung vom normalen Bruttopreis die USt abzieht und so deutlich macht, dass er nur einen Nettopreis berechnet. Es kann aber auch dadurch geschehen, dass der Unternehmer den offenen Ausweis der USt unterlässt und in der Rechnung bestätigt, dass eine USt im Preis nicht enthalten ist.

## 3.3 Nachweis der Voraussetzungen

Nach § 73 UStDV wird der Nachweis der Voraussetzungen insbesondere durch Vorlage eines sog. Abwicklungsscheins (amtlich vorgeschriebener Vordruck) erbracht. Auf diesem Abwicklungsschein bestätigt ein Offizier der zuständigen Beschaffungsstelle durch Unterschrift und Dienststempel den Empfang der Leistung und die Art der Bezahlung. Näheres hinsichtlich der Anforderungen an einen Abwicklungsschein im vereinfachten Beschaffungsverfahren ergibt sich aus BMF vom 30. 04. 2012 BStBl I 2012, 534.

Nach § 73 Abs. 3 UStDV kann das Finanzamt auf den Abwicklungsschein verzichten, wenn die vorgeschriebenen Angaben aus anderen Belegen eindeutig und leicht nachprüfbar zu ersehen sind. Für den Bezug von Kraftfahrzeugen vgl. BMF vom 22. 12. 2004 BStBl I 2004, 1200, Tz. 33 und vom 24. 07. 2017 BStBl I 2017, 998.

Weiterhin hat der leistende Unternehmer die Voraussetzungen der Steuerbefreiung buchmäßig unter Hinweis auf z. B. den Abwicklungsschein nachzuweisen (§ 73 Abs. 2 UStDV).

## 3.4 Beispielsfälle

**BEISPIELE**

a) Unternehmer A errichtet ein Mehrfamilienhaus. Nach Fertigstellung vermietet er es an eine amtliche Beschaffungsstelle der US-Truppe. Die Miete wird monatlich in Euro von einem Konto der Beschaffungsstelle überwiesen. Zwischen A und der Beschaffungsstelle wurde ein schriftlicher Mietvertrag abgeschlossen. Im Mietvertrag wird darauf hingewiesen, dass die Miete aufgrund der Umsatzsteuerbefreiung nach Art. 67 Abs. 3 NATO-ZAbk. zu einem entsprechend niedrigeren Mietpreis führt. Die Beschaffungsstelle vermietet die einzelnen Wohnungen weiter an amerikanische Soldaten mit deren Familien. Aus der Errichtung des Gebäudes wurden A Vorsteuern in Höhe von 50 000 € in Rechnung gestellt.

**LÖSUNG** Die Vermietungsleistung des A erfolgt an eine amtliche Beschaffungsstelle als den Auftraggeber. Die Vermietung kommt ausschließlich Mitgliedern der Truppe bzw. deren Angehörigen zugute. Die Bezahlung erfolgt unbar von einem Konto der Beschaffungsstelle. Es ist unschädlich, dass die Zahlung in Euro erfolgt. Die Steuerbefreiung ist auch bei der Berechnung des Mietpreises berücksichtigt. Schließlich ist auch der Nachweis der Voraussetzungen der Befreiung aufgrund des Mietvertrages und der Kontoauszüge bezüglich der Zahlungen nach § 73 Abs. 3 UStDV erbracht. Somit greift die Befreiung nach Art. 67 Abs. 3 NATO-ZAbk. Die Vermietung ist steuerfrei. Nun wäre die Vermietung allerdings auch nach § 4 Nr. 12 Buchst. a UStG steuerfrei. Während die Befreiung nach § 4 Nr. 12 Buchst. a UStG jedoch den Vorsteuerabzug nach § 15 Abs. 2 UStG ausschließt, ist dies bei der Befreiung nach Art. 67 Abs. 3 NATO-ZAbk. nicht der Fall. Somit darf A die 50 000 € Vorsteuern geltend machen.

Wenn ein Umsatz, der sowohl unter eine der in § 15 Abs. 3 Nr. 1 Buchst. a und Nr. 2 Buchst. a UStG bezeichneten Befreiungsvorschriften fällt als auch unter eine Befreiungsvorschrift, die den Vorsteuerabzug ausschließt, wird ein Vorsteuerabzug nach A 15.13 Abs. 5 Sätze 1 und 2 UStAE nicht gewährt. Nach Satz 3 in tritt bei der in § 26 Abs. 5 UStG bezeichneten Befreiung (z. B Art. 67 Abs. 3 NATO-ZAbk.) der Ausschluss des Vorsteuerabzugs nicht ein, auch dann nicht, wenn gleichzeitig eine den Vorsteuerabzug ausschließende Steuerbefreiung greift, wie hier § 4 Nr. 12 Buchst. a UStG.

b) Im obigen Beispiel a) hat die Beschaffungsstelle auch einen schriftlichen Elektrizitätslieferungsvertrag mit dem Elektrizitätswerk E abgeschlossen. Im Vertrag ist vereinbart, dass der Strompreis ohne USt aufgrund von Art. 67 Abs. 3 NATO-ZAbk. berechnet wird. Aufgrund dieses Vertrages beliefert E das angemietete Gebäude mit Strom. Die Wohnungen sind mit Zwischenzählern ausgestattet. Das Elektrizitätswerk sendet entsprechend einer Vereinbarung mit der Beschaffungsstelle Einzelrechnungen für jede einzelne Wohnung an die Wohnungsinhaber und diese bezahlen den jeweiligen Rechnungsbetrag durch Überweisung unmittelbar an E.

**LÖSUNG** Es handelt sich um Reihengeschäfte. Im Rahmen dieser Reihengeschäfte liefert E den Strom an die Beschaffungsstelle und diese an den einzelnen Mieter. Die Lieferung von E erfolgt somit an die Beschaffungsstelle. Die Lieferung kommt auch den Mitgliedern der Truppe bzw. deren Angehörigen unmittelbar zugute. Es fehlt allerdings die Voraussetzung, dass die Zahlung von einem Konto der Truppe erfolgt. Insoweit handelt es sich um einen abgekürzten Zahlungsweg. Die Finanzverwaltung lässt in Fällen der Lieferung von Elektrizität, Gas, Wasser und Wärme die Befreiung nicht daran scheitern, dass die Zahlung wie vorliegend erfolgt. Die Nachweise liegen im Übrigen aufgrund des schriftlichen Mietvertrages vor (§ 73 Abs. 3 UStDV). Somit sind die Elektrizitätslieferungen von E aufgrund von Art. 67 Abs. 3 NATO-ZAbk. steuerfrei.

# Teil W Entstehungszeitpunkt der Umsatzsteuer

## 1 Allgemeines

Nach § 13 Abs. 1 Nr. 1 UStG ist bezüglich des Entstehungszeitpunktes der Steuer für Lieferungen und sonstige Leistungen zwischen der Soll- (Berechnung der Steuer nach vereinbarten Entgelten) und der Istbesteuerung (Berechnung der Steuer nach vereinnahmten Entgelten) zu unterscheiden.

Die Besteuerung nach vereinbarten Entgelten (Sollbesteuerung) ist der Regelfall. Die Istbesteuerung kommt nach § 20 UStG nur dann zur Anwendung, wenn das Finanzamt dem Unternehmer dies gestattet.

Kein Unterschied zwischen Soll- und Istbesteuerung besteht bei der USt für Leistungen i. S. d. § 3 Abs. 1b und 9a UStG. Da in diesen Fällen nichts vereinnahmt wird, kann auch nicht auf einen Zeitpunkt der Vereinnahmung abgestellt werden. Die Steuer entsteht daher sowohl bei der Soll- als auch bei der Istbesteuerung stets mit Ablauf des Voranmeldungszeitraums, in dem die **Leistungen ausgeführt** wurden (§ 13 Abs. 1 Nr. 2 UStG). Kein Unterschied zwischen Ist- und Sollbesteuerung besteht auch bei der USt für den innergemeinschaftlichen Erwerb (§ 13 Abs. 1 Nr. 6 UStG) und der vom Leistungsempfänger geschuldeten Steuer nach § 13b UStG (vgl. X 4).

## 2 Entstehungszeitpunkt der Steuer für Lieferungen und sonstige Leistungen bei der Sollbesteuerung

Bei der Sollbesteuerung richtet sich der Entstehungszeitpunkt abgesehen von den Fällen der sog. Mindestistbesteuerung (vgl. 3) nach dem Zeitpunkt der Ausführung der Leistung. Die Steuer entsteht mit Ablauf des Voranmeldungszeitraums, in dem die Leistung vollständig erbracht wurde. Teilleistungen werden dabei wie selbständige Leistungen behandelt (vgl. § 13 Abs. 1 Nr. 1 Buchst. a Sätze 2 und 3 UStG und 2.3).

Für die Ermittlung des Zeitpunkts der Leistung bzw. Teilleistung ist zu unterscheiden, ob es sich um Lieferungen oder um sonstige Leistungen handelt.

**ÜBERSICHT Besteuerung nach vereinbarten Entgelten (Sollbesteuerung, § 16 UStG)**

<table>
<tr><td>Regelfall</td><td colspan="2">Steuerentstehung mit Ablauf des VZ der Leistungsausführung<br>nach § 13 Abs. 1 Nr. 1 Buchst. a UStG</td></tr>
<tr><td>Zeitpunkt der Leistungsausführung</td><td>bei Lieferung/Werklieferung<br>• wenn der Leistungsempfänger die Verfügungsmacht über den Liefergegenstand erlangt<br>• bei Beförderung/Versendung eines Gegenstands (§ 3 Abs. 6 UStG) bei Beginn der Beförderung oder Versendung</td><td>bei sonstiger Leistung/Werkleistung<br>• bei Vollendung der Dienstleistung<br>• im Falle von Dauerleistungen mit Ablauf des jeweils vereinbarten Teilleistungszeitraums</td></tr>
</table>

## 2.1 Zeitpunkt der Leistung bei Lieferungen und Teillieferungen

Der Zeitpunkt der Lieferung ist unter Umständen bereits bei der Ermittlung der Steuerbarkeit von Bedeutung, da sich der Lieferort in den Fällen des § 3 Abs. 7 Satz 1 UStG danach richtet, wo sich der Liefergegenstand im Zeitpunkt der Lieferung (Zeitpunkt der Verschaffung der Verfügungsmacht) befindet. Es wird deshalb auf die Ausführungen unter B 1 bis 4 verwiesen.

Bei der Erfüllung von Sukzessivlieferungsverträgen liegt eine Mehrheit von Lieferungen vor. Für den Lieferzeitpunkt ist grundsätzlich auf jede einzelne Lieferung abzustellen (A 13.1 Abs. 2 Satz 3 UStAE). Soweit es sich allerdings um die Lieferung von elektrischem Strom, Gas, Wärme und Wasser handelt, ist davon auszugehen, dass für jeden Ablesezeitraum eine einheitliche Lieferung vorliegt. Diese Lieferung ist erst mit Ablauf des jeweiligen Ablesezeitraums erbracht (A 13.1 Abs. 2 Satz 4 UStAE).

## 2.2 Zeitpunkt der Leistung bei sonstigen Leistungen

In Bezug auf sonstige Leistungen bestimmt sich der Zeitpunkt der Leistung wie folgt:

a) **Werkleistungen:** Werkleistungen sind grundsätzlich im Zeitpunkt ihrer Vollendung ausgeführt (A 13.1 Abs. 3 Satz 1 UStAE).
b) **Duldungs- oder Unterlassensleistungen:** Sind die Leistungen zeitlich begrenzt, sind sie erst mit Beendigung des entsprechenden Rechtsverhältnisses ausgeführt (A 13.1 Abs. 3 Satz 2 UStAE). Sind die Leistungen dagegen zeitlich unbegrenzt und zergliedern sie sich auch nicht in Teilleistungen, sind sie sofort ausgeführt, sobald die entsprechende Vereinbarung getroffen ist und in Kraft tritt (Umkehrschluss aus A 13.1 Abs. 3 Satz 2 i. V. m. A 13.4 UStAE).
c) **Leistungen der Handelsvertreter:** Vermittlungsleistungen von Handelsvertretern sind, soweit ihr Provisionsanspruch erst mit der Ausführung des vermittelten Geschäfts entsteht (vgl. § 87a HGB), erst mit der Ausführung des vermittelten Geschäfts erbracht (vgl. BMF vom 29. 04. 1983, BStBl I 1983, 299 Rn. 43).
d) **Leistungen der Handelsmakler:** Die Leistung des Handelsmaklers wird im Zeitpunkt der Erteilung der Schlussnote (§ 94 HGB) ausgeführt (vgl. BMF vom 29. 04. 1983, BStBl I 1983, 299 Rn. 44).

## 2.3 Teilleistungen

### 2.3.1 Allgemeines

Nach § 13 Abs. 1 Nr. 1 Buchst. a Satz 2 UStG werden Teilleistungen in Bezug auf den Entstehungszeitpunkt wie selbständige Leistungen behandelt.

§ 13 Abs. 1 Nr. 1 Satz 3 UStG enthält hierzu eine Legaldefinition: Eine Teilleistung liegt vor, wenn für einen bestimmten Teil einer wirtschaftlich teilbaren Leistung das Entgelt gesondert vereinbart wird.

Eine Teilleistung setzt also voraus:

a) Die Gesamtleistung muss in wirtschaftlich sinnvolle Teile zerlegbar sein,
b) für einen solchen wirtschaftlich sinnvollen Teil wurde ein Entgelt gesondert vereinbart.

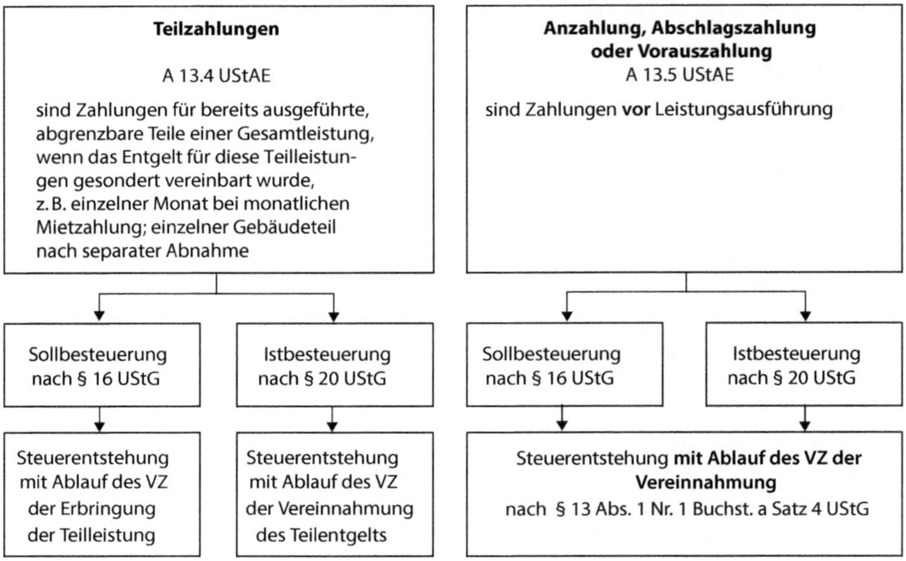


### 2.3.2 Zerlegbarkeit der Leistung in wirtschaftlich sinnvolle Teile

Unter die in wirtschaftlich sinnvolle Teile zerlegbaren Leistungen fallen in erster Linie Dauerleistungen wie z. B. Vermietungs-, Dienst- oder Unterlassensleistungen. Nicht ohne weiteres sinnvoll aufteilbar sind dagegen i. d. R. Werkleistungen und Werklieferungen.

### 2.3.3 Gesonderte Entgeltvereinbarung

Für den betreffenden Leistungsteil muss ein fixes Entgelt vereinbart werden. Keine gesonderte Entgeltvereinbarung liegt bei Abschlagszahlungen vor, da es sich hierbei lediglich um eine vorläufige Zahlung handelt (z. B. A 13.1 Abs. 2 Satz 5 UStAE). Bei Abschlagszahlungen greift die sog. Mindestistbesteuerung nach § 13 Abs. 1 Nr. 1 Satz 4 UStG ein.

**Hinweis:**

Diese Definition die Teilleistung in § 13 Abs. 1 Nr. 1a Satz 3 UStG entspricht nicht den Vorgaben der MwStSystRL. Dies ist durch die Historie dieser Regelung begründet, die bereits seit 1967 existiert. Eine richtlinienkonforme Auslegung ist damit nicht möglich. Dies hatte der BFH im Nachgang zum Urteil des EuGH vom 29. 11. 2018, C-548/14, baumgarten sports and more entschieden. In dem dem Verfahren zugrundeliegenden Sachverhalt erbringt eine Steuerpflichtige als Spielervermittlerin Dienstleistungen im Bereich des Profifußballs. Bei erfolgreicher Vermittlung eines Spielers an einen Verein erhält sie eine Provision, vorausgesetzt, der Spieler unterschreibt einen Arbeitsvertrag und ist Inhaber einer von der DFL-GmbH erteilten Lizenz. Die Provision wird halbjährlich ausbezahlt, solange der Spieler unter Vertrag bleibt und die Lizenz der DFL fortbesteht.

Aufgrund der Unvereinbarkeit des nationalen mit dem europäischen Recht können sich Unternehmer bei ratenweiser Vergütung von Vermittlungsleistungen auf eine unmittelbare Anwendung von Art. 64 Abs. 1 MwStSystRL berufen. Geben demnach Lieferungen von Gegenständen, die nicht die Vermietung eines Gegenstands oder den Ratenverkauf eines Gegenstands

i. S. d. Art. 14 Abs. 2 Buchst. b MwStSystRL betreffen, und Dienstleistungen zu aufeinander folgenden Abrechnungen oder Zahlungen Anlass, gelten sie jeweils als mit Ablauf des Zeitraums bewirkt, auf den sich diese Abrechnungen oder Zahlungen beziehen.

Es bleibt abzuwarten, wie der Gesetzgeber diese Rechtsprechung umsetzen wird.

## 3 Mindestistbesteuerung

Die Mindestistbesteuerung stellt eine Ergänzung der Sollbesteuerung dar. Wird das Entgelt insgesamt erst nach Erbringung der Leistung vereinnahmt, bleibt es bei dem Grundsatz, dass die Steuer mit Ablauf des Voranmeldungszeitraums entsteht, in dem die Leistung bzw. die Teilleistung vollständig erbracht wurde.

Wird dagegen das Entgelt bzw. ein Teil des Entgelts bereits in einem früheren Voranmeldungszeitraum vereinnahmt, entsteht die USt aufgrund der Mindestistbesteuerung bereits mit Ablauf des Voranmeldungszeitraums der Vereinnahmung (§ 13 Abs. 1 Nr. 1 Buchst. a Satz 4 UStG).

Die Anzahlung braucht nicht in Geld geleistet zu werden. Sie kann auch in einer Lieferung oder sonstigen Leistung bestehen (A 13.5 Abs. 2 UStAE). Um eine Vereinnahmung der Anzahlung anzunehmen, ist es nicht erforderlich, dass diese Leistung selbst noch nicht als ausgeführt gilt und die Steuer hierfür nach § 13 Abs. 1 Nr. 1 Buchst. a Satz 1 UStG noch nicht entstanden ist (A 13.5 Abs. 2 Satz 2 UStAE).

**BEISPIEL**

Lkw-Händler L vereinbart im März 01 mit A die Lieferung eines Lkw für insgesamt 59 500 €. Die Lieferung soll im Juli 01 erfolgen. L nimmt einen gebrauchten Lkw des A für insgesamt 15 000 € in Zahlung. L übergibt den gebrauchten Lkw dem L sofort nach Vertragsabschluss im März 01. Der gemeine Wert des in Zahlung genommenen Lkw beträgt 12 000 €.

**LÖSUNG** Bei der Lieferung des L handelt es sich um einen Tausch mit Baraufgabe. Die Lieferung im Juli ist steuerpflichtig. Als Bruttobemessungsgrundlage sind der gemeine Wert des gebrauchten Lkw (12 000 €) und die Barzahlung von 44 500 € (59 500 € ./. 15 000 €) anzusetzen. Die Umsatzsteuer beträgt somit 19/119 von 56 500 € (12 000 € + 44 500 €) = 9 021,01 €. Sie entsteht mit Ablauf des Voranmeldungszeitraums Juli, soweit sie nicht schon zuvor aufgrund der Mindestistbesteuerung entsteht. Die Hingabe des gebrauchten Lkw stellt eine Anzahlung im Wert von brutto 12 000 € dar. Deshalb entsteht die USt dafür bereits mit Ablauf des Voranmeldungszeitraums März 01 in Höhe von 19/119 von 12 000 € = 1 915,97 €. Im Voranmeldungszeitraum Juli entsteht dann der Rest von 9 021,01 € ./. 1 915,97 € = 7 105,04 €.

Eine Anzahlung ist nur dann zu versteuern, wenn im Zeitpunkt der Anzahlung die später zu erbringende Leistung bestimmt ist.

## 4 Entstehungszeitpunkt der Steuer bei der Istbesteuerung nach § 20 UStG

### 4.1 Allgemeines

Bei der Berechnung der Steuer nach vereinnahmten Entgelten (Istbesteuerung) entsteht die Steuer unabhängig vom Zeitpunkt der Leistung gem. § 13 Abs. 1 Nr. 1 Buchst. b UStG mit Ablauf des Voranmeldungszeitraums, in dem die Entgelte vereinnahmt wurden.

Für die Fälle der Mindestbemessungsgrundlage liegt bei der Istbesteuerung eine Regelungslücke vor. Wie diese Lücke zu schließen ist, ist zweifelhaft. Vertretbar ist, als Entstehungszeitpunkt des Teils der Steuer, welcher sich durch die Anwendung der Mindestbemessungsgrundlage ergibt, den Ablauf des Voranmeldungszeitraums anzunehmen, in dem die Leistung ausgeführt wurde. Dies lässt sich damit rechtfertigen, dass die Mindestbemessungsgrundlage eine Lücke zwischen den unentgeltlichen und den entgeltlichen Leistungen schließt und deshalb die Regelung in § 13 Abs. 1 Nr. 2 UStG entsprechend anwendbar ist.

## 4.2 Voraussetzung für die Anwendung der Istbesteuerung

Voraussetzung für die Besteuerung nach vereinnahmten Entgelten ist die Genehmigung durch das Finanzamt. Diese stellt einen **begünstigenden sonstigen Verwaltungsakt** i. S. d. §§ 130, 131 AO dar. Wurde er gewährt, kann der Unternehmer nach den Grundsätzen der Istbesteuerung versteuern, auch wenn die Genehmigung zu Unrecht erfolgt ist oder die Voraussetzungen für die Genehmigung nachträglich weggefallen sind. Die Genehmigung hat Bestand bis zu ihrer Rücknahme (§ 130 AO) bzw. bis zu ihrem Widerruf (§ 131 AO).

Nach § 20 UStG bedarf es für die Genehmigung keiner besonderen Form. Sie kann daher auch konkludent erfolgen, indem das Finanzamt in Kenntnis der Istbesteuerung diese Art der Versteuerung duldet.

§ 13 Abs. 1 Nr. 1b UStG hat nur Auswirkungen auf den Zeitpunkt der Versteuerung. Im Übrigen führt die Regelung nicht zu anderen steuerlichen Ergebnissen als bei der Sollbesteuerung. Insbesondere führt die Istbesteuerung bei Steuersatzänderungen nicht dazu, dass ein anderer Steuersatz anzuwenden wäre als bei Sollbesteuerung (§ 27 Abs. 1 UStG).

## 4.3 Voraussetzungen für die Gestattung der Istbesteuerung

Die Gestattung setzt voraus:

a) einen Antrag des Steuerpflichtigen;
b) der Vorjahresumsatz nach § 19 Abs. 3 UStG liegt nicht über 500 000 € (§ 20 Satz 1 Nr. 1 UStG) **oder**
   der Unternehmer ist gem. § 148 AO befreit von der Verpflichtung, Bücher zu führen und auf Grund jährlicher Bestandsaufnahmen regelmäßig Abschlüsse zu machen (§ 20 Satz 1 Nr. 2 UStG) **oder**
c) der Unternehmer bewirkt seine Umsätze aufgrund einer Tätigkeit als Angehöriger eines freien Berufes i. S. d. § 18 Abs. 1 Nr. 1 EStG (§ 20 Satz 1 Nr. 3 UStG).

Der Gesamtumsatz nach § 19 Abs. 3 UStG kann i. d. R. vereinfacht wie folgt ermittelt werden:

Summe aller steuerbaren Umsätze ./. steuerfreie, den Vorsteuerabzug ausschließende Umsätze

In den Fällen des § 20 Satz 1 Nr. 2 und Nr. 3 UStG kann die Istbesteuerung auf einzelne Betriebe des Unternehmers beschränkt werden (vgl. für § 20 Satz 2 UStG).

## 4.4 Beispielsfälle zur Istbesteuerung

Das Finanzamt hat dem Unternehmer U die Istbesteuerung nach § 20 UStG gestattet:

**BEISPIELE**

a) Unternehmer U in Ulm hat am 15. 04. 01 seinem Abnehmer A eine Maschine zum Preis von 10 000 € zuzüglich 1 900 € USt geliefert. Die Rechnung mit gesondertem USt-Ausweis wurde am 09. 02. 01 unter Hinweis auf den voraussichtlichen Lieferzeitpunkt Mitte April 01 erteilt. Die Bezahlung durch A erfolgte am Tag der Lieferung, dem 15. 04. 01.

**LÖSUNG** Die Lieferung des U an A ist steuerbar und steuerpflichtig. Die USt beträgt 19 % von 10 000 € = 1 900 €. Sie entsteht gem. § 20 UStG im Voranmeldungszeitraum der Vereinnahmung der 11 900 €, also im Voranmeldungszeitraum April 01.

b) Unternehmer U in Ulm hat am 15. 04. 01 seinem Abnehmer A eine Maschine zum Preis von 10 000 € zuzüglich 1 900 € USt geliefert. Die Rechnung mit gesondertem USt-Ausweis wurde am 09. 02. 01 unter Hinweis auf den voraussichtlichen Lieferzeitpunkt Mitte April 01 erteilt. Die Bezahlung durch A erfolgte am 03. 05. 01.
**LÖSUNG** Die Lieferung des U an A ist steuerbar und steuerpflichtig. Die USt beträgt 19 % von 10 000 € = 1 900 €. Sie entsteht gem. § 20 UStG im Voranmeldungszeitraum der Vereinnahmung der 11 900 €, also im Voranmeldungszeitraum Mai 01.

c) Unternehmer U in Ulm hat am 15. 04. 01 seinem Abnehmer A eine Maschine zum Preis von 10 000 € zuzüglich 1 900 € USt geliefert. Die Rechnung mit gesondertem USt-Ausweis wurde am 09. 02. 01 unter Hinweis auf den voraussichtlichen Lieferzeitpunkt Mitte April 01 erteilt. Die Bezahlung durch A erfolgte bereits im Voraus am 09. 02. 01.
**LÖSUNG** Die Lieferung des U an A ist steuerbar und steuerpflichtig. Die USt beträgt 19 % von 10 000 € = 1 900 €. Sie entsteht gem. § 20 UStG im Voranmeldungszeitraum der Vereinnahmung der 11 900 €, also im Voranmeldungszeitraum Februar 01.

d) Unternehmer U in Ulm hat am 15. 04. 01 seinem Abnehmer A eine Maschine zum Preis von 10 000 € zuzüglich 1 900 € USt geliefert. Die Rechnung mit gesondertem USt-Ausweis wurde am 09. 02. 01 unter Hinweis auf den voraussichtlichen Lieferzeitpunkt Mitte April 01 erteilt. A leistete noch am 09. 02. 01 eine Anzahlung in Höhe von 2 000 €. Die Restzahlung leistete A am 15. 04. 01.
**LÖSUNG** Die Lieferung des U an A ist steuerbar und steuerpflichtig. Die USt beträgt 19 % von 10 000 € = 1 900 €. Sie entsteht gem. § 20 UStG im Voranmeldungszeitraum der Vereinnahmung (Februar) der Anzahlung in Höhe von 19/119 von 2 000 € = 319,33 € und im Voranmeldungszeitraum der Restzahlung (April) in Höhe von 19/119 von 9 900 € = 1 580,67 €.

e) Unternehmer U in Ulm hat am 15. 04. 01 seinem Abnehmer A eine Maschine zum Preis von 10 000 € zuzüglich 1 900 € USt geliefert. Die Rechnung mit gesondertem USt-Ausweis wurde am 09. 02. 01 unter Hinweis auf den voraussichtlichen Lieferzeitpunkt Mitte April 01 erteilt. A leistete am 15. 04. 01 eine Anzahlung in Höhe von 3 900 €. Die restlichen 8 000 € waren gem. einer entsprechenden Vereinbarung mit U in Monatsraten von 1 000 € jeweils zum 01. 05. 01, 01. 06. 01 usw. zu entrichten. A leistete seine Ratenzahlungen jeweils am vereinbarten Termin, lediglich die am 01. 06. 01 zu entrichtende Rate entrichtete er bereits am 31. 05. 01 (Tag der Bankgutschrift auf dem Konto des U).
**LÖSUNG** Die Lieferung des U an A ist steuerbar und steuerpflichtig. Die USt beträgt 19 % von 10 000 € = 1 900 €. Sie entsteht gem. § 20 UStG in den jeweiligen Voranmeldungszeiträumen der Vereinnahmung, also im Voranmeldungszeitraum

| | | |
|---|---|---|
| April: | i. H. v. 19/119 von 3 900 € = | 622,69 € |
| Mai: | i. H. v. 19/119 von 2 000 € = | 319,33 € |
| Juli: | i. H. v. 19/119 von 1 000 € = | 159,66 € |
| August: | i. H. v. 19/119 von 1 000 € = | 159,66 € |
| September: | i. H. v. 19/119 von 1 000 € = | 159,66 € |
| Oktober: | i. H. v. 19/119 von 1 000 € = | 159,66 € |
| November: | i. H. v. 19/119 von 1 000 € = | 159,66 € |
| Dezember: | i. H. v. 19/119 von 1 000 € = | 159,66 € |
| **Summe** | | 1 899,98 € |

f) Unternehmer U in Ulm hat am 15. 04. 01 seinem Abnehmer A eine Maschine zum Preis von 10 000 € zuzüglich 1 900 € USt geliefert. Die Rechnung mit gesondertem USt-Ausweis wurde am 09. 02. 01 unter Hinweis auf den voraussichtlichen Lieferzeitpunkt Mitte April 01 erteilt. A leistete am 15. 04. 01 eine Anzahlung in Höhe von 8 000 €. Die restlichen 3 900 € sollten am 15. 05. 01 beglichen werden. Am 13. 05. 01 wurde das Insolvenzverfahren über das Vermögen des A eröffnet. Eine Bezahlung erfolgte nicht mehr. U hatte sich nicht das Eigentum an der Maschine bis zur vollständigen Bezahlung des Kaufpreises vorbehalten.

**LÖSUNG** Die Lieferung von U an A ist steuerbar und steuerpflichtig. Aufgrund der Istbesteuerung gem. § 20 UStG hat U die Anzahlung in Höhe von 8 000 € für den Voranmeldungszeitraum April 01 zu versteuern. Die USt hieraus beträgt 19/119 von 8 000 € = 1 277,31 €. Da weitere Zahlungen nicht erfolgen, ist bei U weiter nichts zu veranlassen.

g) Unternehmer U in Ulm hat am 15. 04. 01 seinem Abnehmer A eine Maschine zum Preis von 10 000 € zuzüglich 1 900 € USt geliefert. Die Rechnung mit gesondertem USt-Ausweis wurde am 09. 02. 01 unter Hinweis auf den voraussichtlichen Lieferzeitpunkt Mitte April 01 erteilt. A leistete am 15. 04. 01 eine Anzahlung in Höhe von 8 000 €. Die restlichen 3 900 € sollten am 15. 05. 01 beglichen werden. Am 13. 05. 01 wurde das Insolvenzverfahren über das Vermögen des A eröffnet. Eine Bezahlung erfolgte nicht mehr. U hatte sich das Eigentum an der Maschine bis zur vollständigen Bezahlung des Kaufpreises vorbehalten. Er verlangte deshalb am 20. 05. vom Insolvenzverwalter, er solle entweder bis 25. 05. 01den Restkaufpreis entrichten oder die Maschine herausgeben. Der Insolvenzverwalter lehnte die Zahlung des Restkaufpreises am 03. 06. 01 ab und gab U die Maschine noch am selben Tag zurück.

**LÖSUNG** Die Lieferung von U an A ist steuerbar und steuerpflichtig.
Aufgrund der Istbesteuerung gem. § 20 UStG hat U die Anzahlung in Höhe von 8 000 € für den Voranmeldungszeitraum April 01 zu versteuern. Die USt hieraus beträgt 19/119 von 8 000 € = 1 277,31 €. Ob eine Rückgängigmachung der Lieferung aufgrund der Rückgabe der Maschine am 03. 06. 01 vorliegt, ist aus der Sicht des A bzw. des Insolvenzverwalters zu beurteilen vgl. H 2.2. Da der Vertrag von beiden Seiten noch nicht vollständig erfüllt ist, hat der Insolvenzverwalter grundsätzlich ein Wahlrecht, den Vertrag zu erfüllen oder die Erfüllung des Vertrags abzulehnen. Hat der Insolvenzverwalter unter Berücksichtigung vorrangiger Verpflichtungen so viel Masse, um den Restkaufpreis bezahlen zu können und gibt er dennoch die Maschine zurück, liegt eine Rücklieferung vor. Andernfalls ist eine Rückgängigmachung gegeben mit der Folge, dass U seine USt in Höhe von 1 277,31 € und A seine Vorsteuer in Höhe von 1 277,31 € im Voranmeldungszeitraum Juni zu berichtigen haben (§ 17 Abs. 2 Nr. 3 i. V. m. Abs. 1 UStG). Im Falle der Rücklieferung bleibt es bei der Versteuerung der ersten Lieferung des U und dem Vorsteuerabzug des A hieraus. A hat die Rücklieferung an U im Voranmeldungszeitraum Juni zu versteuern, soweit er hierfür ein Entgelt erhält (Rückgabe der 8 000 €). U kann bei entsprechender Rechnung den Vorsteuerabzug aus der Rücklieferung vornehmen.

h) Unternehmer U in Ulm hat am 15. 04. 01 seinem Abnehmer A eine Maschine zum Preis von 10 000 € zuzüglich 1 900 € USt geliefert. Die Rechnung mit gesondertem USt-Ausweis wurde am 09. 02. 01 unter Hinweis auf den voraussichtlichen Lieferzeitpunkt Mitte April 01 erteilt. A übergab U am 15. 04. 01 zahlungshalber einen am 15. 07. 01 fälligen Wechsel über die Wechselsumme von 11 900 €. U indossierte den Wechsel am 16. 04. 01 an die B-Bank, die ihm hierfür folgende Gutschrift erteilte:

| | | |
|---|---|---|
| Wechselsumme | | 11 900 € |
| abzgl. Diskont | ./. | 230 € |
| abzgl. Spesen | ./. | 50 € |
| Gutschrift | | 11 620 € |

**LÖSUNG** Die Lieferung des U an A ist steuerbar und steuerpflichtig. Gem. § 20 UStG hat U die Versteuerung erst dann vorzunehmen, wenn das Entgelt vom Abnehmer bzw. für den Abnehmer entrichtet ist. Dies ist erst der Fall mit Einlösung des Wechsels durch A im Voranmeldungszeitraum Juli. Dann wendet A für die Lieferung des U im abgekürzten Zahlungsweg 11 900 € auf. Die USt hieraus beträgt 1 900 €. Der in diesem Betrag steckende Zins aus dem Warenkredit ist nicht nach § 4 Nr. 8 Buchst. a UStG steuerfrei, da keine klare Trennung in Zins und Lieferentgelt gegeben ist. Im Übrigen kann auch davon ausgegangen werden, dass U auf die Steuerbefreiung nach § 4 Nr. 8 Buchst. a UStG gegebenenfalls verzichten will (§ 9 UStG).
Die Zahlung der Bank an U im Voranmeldungszeitraum April 01 in Höhe von 11 620 € ist kein Entgelt für die Lieferung von U an A. Die Bank zahlt nicht, weil U an A geliefert hat, sondern weil sie im Zusammenhang mit der Wechseldiskontierung dem U einen Kredit gewährt.

Anmerkung: Bei der Istbesteuerung darf sich im Endeffekt kein anderes Ergebnis einstellen als bei Sollbesteuerung, ausgenommen der Zeitpunkt der Versteuerung.

i) Unternehmer U in Ulm hat am 15. 04. 01 an seinen Abnehmer A eine Maschine zum Preis von 10 000 € zuzüglich 1 900 € USt geliefert. Die Rechnung mit gesondertem USt-Ausweis wurde am 09. 02. 01 unter Hinweis auf den voraussichtlichen Lieferzeitpunkt Mitte April 01 erteilt. Die Bezahlung sollte am 15. 07. 01 erfolgen. U veräußerte die Forderung am 15. 04. 01 an das Factoringbüro F-KG zum Festpreis von 10 350 €. A bezahlte am 15. 07. 01 an die F-KG 11 900 €.

**LÖSUNG** Die Lieferung von U an A ist steuerpflichtig. Nach § 20 UStG hat U die Versteuerung erst in dem Voranmeldungszeitraum vorzunehmen, in dem das Entgelt von A bzw. für A entrichtet wird. Dies ist im Voranmeldungszeitraum Juli 01 der Fall; U hat 1 900 € USt abzuführen. Hierbei ergibt sich das Problem, wie U erfährt, wann A an die F-KG bezahlt. Sofern ihm die F-KG diesbezüglich keine Mitteilung macht, muss U davon ausgehen, dass A bei Fälligkeit bezahlt. Demzufolge muss U die Versteuerung für den Voranmeldungszeitraum der Fälligkeit vornehmen.

Die Zahlung der F-KG im Voranmeldungszeitraum April stellt kein Entgelt für die Lieferung von U an A dar. Die F-KG erbringt nach wirtschaftlicher Betrachtung im Rahmen des Factoring eine steuerpflichtige Inkassoleistung an U (A 2.4 Abs. 1 und Abs. 4 UStAE). Im Rahmen dieser Inkassoleistung erfolgt als Nebenleistung eine Vorfinanzierung des Kaufpreises durch F. Die USt bei F hierfür beträgt 19/119 von 1 550 € (11 900 € ./ 10 350 €) = 247,48 €. U kann diese Umsatzsteuer unter den Voraussetzungen des § 15 UStG als Vorsteuer abziehen.

j) Unternehmer U in Ulm hat am 15. 04. 01 seinem Abnehmer A eine Maschine zum Preis von 10 000 € zuzüglich 1 900 € USt geliefert. Die Rechnung mit gesondertem USt-Ausweis wurde am 09. 02. 01 unter Hinweis auf den voraussichtlichen Lieferzeitpunkt Mitte April 01 erteilt. Die Lieferung erfolgte am 15. 04. 01. Die Bezahlung sollte am 15. 07. 01 erfolgen. U veräußerte die Forderung am 15. 04. 01 an das Factoringbüro F-KG zum Festpreis von 10 350 €. A bezahlte an die F-KG erst nach Erlass eines Mahnbescheids durch das Amtsgericht in Ulm am 20. 08. 01.

Der Mahnbescheid lautete auf:

| | |
|---|---|
| Schuldbetrag | 11 900 € |
| zuzüglich Verzugszinsen | 115 € |
| zuzüglich Gerichts- und Mahnkosten | 550 € |
| Gesamtbetrag | 12 565 € |

**LÖSUNG** Die Lieferung von U an A ist steuerpflichtig. Aufgrund der Istbesteuerung nach § 20 UStG hat U die Versteuerung erst in dem Voranmeldungszeitraum vorzunehmen, in dem das Entgelt von A bzw. für A entrichtet wird, d. h. im August 01. U hat somit im Voranmeldungszeitraum August 1 900 € USt abzuführen. Das Entgelt brutto beträgt nur 11 900 €, da es sich bei den Verzugszinsen und Mahnkosten um echten Schadensersatz handelt.

Die Zahlung der F-KG im Voranmeldungszeitraum April stellt kein Entgelt für die Lieferung von U an A dar. Die F-KG erbringt nach wirtschaftlicher Betrachtung i. R. d. Factoring eine steuerpflichtige Inkassoleistung an U (A 2.4 Abs. 1 und 4 UStAE). Im Rahmen dieser Inkassoleistung erfolgt als Nebenleistung eine Vorfinanzierung des Kaufpreises durch F. Die USt bei F hierfür beträgt 19/119 von 1 550 € (11 900 € ./. 10 350 €) = 247,48 €. U kann diese Umsatzsteuer unter den Voraussetzungen des § 15 UStG als Vorsteuer abziehen.

k) Unternehmer U in Ulm hat am 15. 04. 01 seinem Abnehmer A eine Maschine zum Preis von 10 000 € zuzüglich 1 900 € USt geliefert. Die Rechnung mit gesondertem USt-Ausweis wurde am 09. 02. 01 unter Hinweis auf den voraussichtlichen Lieferzeitpunkt Mitte April 01 erteilt. Die Bezahlung sollte am 15. 07. 01 erfolgen. U veräußerte die Forderung am 15. 04. 01 an das Factoringbüro F-KG zum Festpreis von 10 350 €. Am 01. 07. 01 wurde das Insolvenzverfahren über das Vermögen des A eröffnet. Ein Eigentumsvorbehalt des U an der Maschine bestand nicht. Die Insolvenzquote für die F-KG betrug 0 %. Bei Vertragsabschluss gingen U und die F-KG davon aus, dass die Forderung gegen A in vollem Umfang einbringlich ist.

**LÖSUNG** Die Lieferung von U an A ist steuerpflichtig. Aufgrund der Istbesteuerung nach § 20 UStG hat U die Versteuerung erst in dem Voranmeldungszeitraum vorzunehmen, in dem das Entgelt von A

bzw. für A entrichtet wird. Aufgrund der Insolvenz des A erfolgt keine Zahlung und U hat auch keine Versteuerung vorzunehmen.
Die Zahlung der F-KG im Voranmeldungszeitraum April stellt kein Entgelt für die Lieferung von U an A dar. Die F-KG erbringt nach wirtschaftlicher Betrachtung i. R. d. Factoring eine steuerpflichtige Inkassoleistung an U (vgl. A 2.4 Abs. 1 und 4 UStAE). Im Rahmen dieser Inkassoleistung erfolgt als Nebenleistung eine Vorfinanzierung des Kaufpreises durch F sowie eine Risikoübernahme. Die USt bei F hierfür beträgt im Voranmeldungszeitraum April 19/119 von 1 550 € (11 900 € ./. 10 350 €) = 247,48 €. Der Forderungsausfall beeinflusst die Bemessungsgrundlage bei der F-KG nicht. Die F-KG hat mit dem Factoring das Risiko des Forderungsausfalls übernommen. Deshalb hat sie den mit dem Forderungsausfall verbundenen Schaden zu tragen (vgl. A 2.4 Abs. 1 UStAE).

l) Unternehmer U (Sollbesteuerung) hat am 02. 06. 01 seinem Abnehmer A einen Baukran (gemeiner Wert 297 500 €) geliefert und ihm hierfür zugleich eine nach § 14 Abs. 4 UStG ordnungsgemäße Rechnung erteilt über 250 000 € zuzüglich 47 500 € USt. Vom Rechnungsbetrag wurden 41 650 € (35 000 € zuzüglich 6 650 € USt) abgezogen, weil A (Istbesteuerung) gleichzeitig seinen alten Baukran (gemeiner Wert 30 000 €) in Zahlung gab. Danach hatte A noch 255 850 € (297 500 € ./. 41 650 €) an U zu entrichten. Sie waren in monatlichen Raten von 15 000 €, die letzte Rate mit 15 850 € zu bezahlen.
**LÖSUNG** Es liegt ein Tausch mit Baraufgabe vor. Im Rahmen dieses Tauschs liefert U an A steuerpflichtig den neuen Baukran und A an U steuerpflichtig den gebrauchten Baukran.
Die USt für die Lieferung von U an A ist wie folgt zu ermitteln:

| | |
|---|---|
| gemeiner Wert des gebrauchten Baukrans brutto | 30 000 € |
| zuzüglich Baraufgabe | 255 850 € |
| Bruttoentgelt | 285 850 € |
| enthaltene USt 19/119 = 45 639,91 € | |

Die USt entsteht bei U aufgrund der Sollbesteuerung bereits im Voranmeldungszeitraum der Lieferung Juni 01. U hat jedoch in der Rechnung 47 500 € USt gesondert ausgewiesen. Die überhöht ausgewiesene USt schuldet U nach § 14c Abs. 1 UStG und zwar ebenfalls im Voranmeldungszeitraum Juni 01 in Höhe von 1 860,09 € (47 500 € ./. 45 639,91 €).
Die USt für die Lieferung von A an U ist wie folgt zu ermitteln:

| | |
|---|---|
| gemeiner Wert des neuen Baukrans brutto | 297 500 € |
| abzüglich Baraufgabe | ./. 255 850 € |
| Bruttoentgelt | 41 650 € |
| enthaltene USt 19/119 = 6 650 € | |

Die USt entsteht bei A aufgrund der Istbesteuerung im Voranmeldungszeitraum der Vereinnahmung des Entgelts (der Lieferung des neuen Krans) Juni 01. Die Abrechnung des U stellt gegenüber A zugleich eine Gutschrift dar. Die USt des A ist in der Gutschrift richtig ausgewiesen. Es entsteht bei A keine Steuer nach § 14c Abs. 1 UStG.
A hat den Vorsteuerabzug aus der Rechnung des U nur in Höhe der gesetzlich geschuldeten USt von 45 639,91 € (§ 15 Abs. 1 Nr. 1 Satz 1 UStG). U hat den Vorsteuerabzug in Höhe von 6 650 € aus seiner dem A erteilten Gutschrift, sofern diese die nach § 14 Abs. 4 UStG erforderlichen Angaben enthält. Der Vorsteuerabzug ist jeweils für den Voranmeldungszeitraum Juni 01 vorzunehmen.

m) Unternehmer U benutzt den betrieblichen Pkw zu 30 % für private Fahrten. Den Umfang der betrieblichen und privaten Nutzung weist U anhand von geeigneten Unterlagen nach. Im Kalenderjahr 01 fielen für den Pkw in den Monaten Januar bis März folgende Ausgaben i. S. v. § 10 Abs. 4 Nr. 2 UStG an, die zum Vorsteuerabzug berechtigt haben:

| | |
|---|---|
| Januar | 3 500 € |
| Februar | 700 € |
| März | 1 300 € |

Die entsprechenden Entnahmebuchungen wurden vom Steuerberater des U erst bei der Bilanzerstellung zum 31. 12. 01 im September 02 vorgenommen.

**LÖSUNG** Es liegt eine steuerbare und steuerpflichtige Leistung nach § 3 Abs. 9a Nr. 1 UStG vor. Die Versteuerung ist nach § 13 Abs. 1 Nr. 2 UStG jeweils im Voranmeldungszeitraum der Leistung vorzunehmen. Es wären also jeweils 30 % der monatlich angefallenen Kosten zu versteuern, also im

- Voranmeldungszeitraum Januar 30 % von 3 500 € = 1 050 €, USt 19 % = 199,50 €
- Voranmeldungszeitraum Februar 30 % von 700 € = 210 €, USt 19 % = 39,90 €
- Voranmeldungszeitraum März 30 % von 1 300 € = 390 €, USt 19 % = 74,10 €

Da die exakte monatliche Versteuerung auf praktische Schwierigkeiten stößt, lässt die Verwaltung zu, dass die Versteuerung vorläufig anhand geschätzter Kosten aus dem Vorjahr vorgenommen wird.

n) Unternehmer U erteilte seinem Kegelfreund K am 20. 05. 01 eine Gefälligkeitsrechnung über eine Lieferung vom 19. 05. 01 zum Preis von 3 000 € zuzüglich 570 € USt, obwohl U an K überhaupt keine Lieferung erbracht hatte.

**LÖSUNG** U schuldet die zu Unrecht ausgewiesene USt nach § 14c Abs. 2 UStG. Die Steuer entsteht nach § 13 Abs. 1 Nr. 3 UStG bereits im Zeitpunkt der Ausgabe der Rechnung.

# 5 Wechsel von der Istbesteuerung zur Sollbesteuerung bzw. von der Sollbesteuerung zur Istbesteuerung

## 5.1 Allgemeines

Nach § 20 Satz 3 UStG dürfen bei einem Wechsel der Art der Steuerberechnung

- Umsätze nicht doppelt erfasst werden und
- Umsätze nicht unversteuert bleiben.

Ein Wechsel der Art der Steuerberechnung kann sich daraus ergeben, dass der Unternehmer vom Finanzamt die Genehmigung zur Istbesteuerung hatte und das Finanzamt diese mit dem Beginn eines Kalenderjahres widerruft.

Umgekehrt kann sich ein Wechsel der Art der Steuerberechnung daraus ergeben, dass das Finanzamt einem Unternehmer, der bisher der Sollversteuerung unterlag, mit dem Beginn eines Kalenderjahres die Genehmigung zur Istversteuerung erteilt.

Der Vorsteuerabzug wird durch den Wechsel der Art der Steuerberechnung nicht beeinflusst.

Wechselt der Unternehmer von der Berechnung der Steuer nach vereinnahmten Entgelten zur Berechnung der Steuer nach vereinbarten Entgelten, richtet sich der Zeitpunkt der Versteuerung für die vor dem Wechsel ausgeführten Leistungen weiterhin nach der Istbesteuerung. Wird in einem solchen Fall das Entgelt erst nach dem erfolgten Wechsel vereinnahmt, entsteht die Steuer erst im Voranmeldungszeitraum der Vereinnahmung (vgl. BFH vom 30. 01. 2003 BStBl II 2003, 817 und A 13.6 Abs. 3 UStAE).

Wechselt der Unternehmer von der Berechnung der Steuer nach vereinbarten Entgelten zur Berechnung der Steuer nach vereinnahmten Entgelten, richtet sich der Zeitpunkt der Versteuerung für die vor dem Wechsel ausgeführten Leistungen weiterhin nach der Sollbesteuerung. Für eine vor dem Wechsel erbrachte Leistung bleibt der Zeitpunkt des Entstehens der Steuer unverändert, auch wenn der Unternehmer das Entgelt erst nach dem Wechsel vereinnahmt (A 13.6 Abs. 3 UStAE).

## 5.2 Beispielsfälle

**BEISPIELE**

a) Unternehmer U hatte bisher seine Umsätze aufgrund einer Genehmigung des Finanzamts nach vereinnahmten Entgelten versteuert. Im Anschluss an eine Betriebsprüfung im Jahr 04 widerrief das Finanzamt die Genehmigung zur Istbesteuerung mit Wirkung ab 01. 01. 05. U tätigt ausschließlich steuerpflichtige Umsätze zum Regelsteuersatz. Er gibt monatlich Umsatzsteuervoranmeldungen ab.
Eine Bestandsaufnahme zum 01. 01. 05 ergab Folgendes:
Einige Kunden hatten Anzahlungen in Höhe von insgesamt 10 000 € für Umsätze geleistet, die erst im Verlauf des Jahres 05 bewirkt werden sollten. Diese Anzahlungen hat U bereits im Jahr 04 versteuert.
Im Jahr 04 waren andererseits Leistungen ausgeführt und nicht versteuert worden, für die das Entgelt in Höhe von insgesamt brutto 15 000 € im Jahr 04 noch nicht entrichtet war. Die Zahlung erfolgte i. H. v. 10 000 € im Januar und i. H. v. 5 000 € im Februar.
Im Januar hatte sich noch Folgendes ergeben: U hatte für insgesamt brutto 40 000 € steuerpflichtige Umsätze bewirkt. Hierauf waren im Jahr 04 Anzahlungen in Höhe von 6 000 € geleistet und versteuert worden.
Auf noch nicht ausgeführte Leistungen nahm U Anzahlungen in Höhe von 2 000 € ein.
**LÖSUNG** Für die bis Ende 04 erbrachten Leistungen richtet sich der Zeitpunkt der Versteuerung weiterhin nach der Istbesteuerung. Für die 15 000 €, die erst im Jahr 05 vereinnahmt werden, ist somit die USt wie folgt zu entrichten: Für den Voranmeldungszeitraum Januar 19/119 von 10 000 € = 1 596,63 €. Für den Voranmeldungszeitraum Februar 19/119 von 5 000 € = 798,32 €. Die im Januar bewirkten Umsätze sind wie folgt zu versteuern: Für die im Jahr 04 geleisteten Anzahlungen von 6 000 € bleibt es aufgrund der Mindestistbesteuerung nach § 13 Abs. 1 Nr. 1 Buchst. a Satz 4 UStG bei der bereits erfolgten Besteuerung. Hinsichtlich der verbleibenden 34 000 € (40 000 € ./. 6 000 €) ist die USt mit 19/119 = 5 428,57 € für den Voranmeldungszeitraum Januar zu entrichten. Die Anzahlungen von 2 000 € im Januar auf noch nicht ausgeführte Leistungen sind ebenfalls aufgrund der Mindestistbesteuerung nach § 13 Abs. 1 Nr. 1 Buchst. a Satz 4 UStG im Voranmeldungszeitraum Januar zu versteuern. Die USt hierfür beträgt 19/119 von 2 000 € = 319,33 €. Die Versteuerung der Anzahlungen in Höhe von 10 000 € im Kalenderjahr 04 für Leistungen, die erst im Verlauf des Kalenderjahr 05 erbracht werden, bleibt aufgrund der Mindestistbesteuerung nach § 13 Abs. 1 Nr. 1 Buchst. a Satz 4 UStG bestehen.

b) Unternehmer U hatte bisher seine Umsätze nach vereinbarten Entgelten versteuert. Aufgrund des Absinkens seiner Umsätze im Jahr 04 erteilte ihm das Finanzamt die Genehmigung zur Istbesteuerung mit Wirkung zum 01. 01. 05. U tätigt ausschließlich steuerpflichtige Umsätze zum Regelsteuersatz.
Eine Bestandsaufnahme zum 01. 01. 05 ergab Folgendes: Einige Kunden hatten Anzahlungen in Höhe von insgesamt 30 000 € für Umsätze geleistet, die erst im Verlauf des Jahres 05 bewirkt werden sollten. Sie waren aufgrund der Mindestistbesteuerung bereits versteuert worden.
Im Jahr 04 waren andrerseits Leistungen ausgeführt und versteuert worden, für die das Entgelt in Höhe von insgesamt brutto 15 000 € erst im Verlauf des 1. Quartals des Jahres 05 zu erwarten war.
Im Januar hatte sich noch Folgendes ergeben: U hatte insgesamt 40 000 € steuerpflichtige Bruttoentgelte vereinnahmt. Hiervon entfielen 3 000 € auf bereits im Jahr 04 erbrachte und versteuerte Leistungen. 29 000 € entfielen auf Leistungen, die im Januar erbracht und auch bezahlt wurden und 8 000 € entfielen auf Anzahlungen für noch nicht erbrachte Leistungen.
**LÖSUNG** Der Zeitpunkt der Versteuerung für die vor 05 ausgeführten Leistungen richtet sich weiter nach der Sollbesteuerung. Die bereits erfolgte Besteuerung der Leistungen, für die das Bruttoentgelt von 15 000 € erst im Jahr 05 vereinnahmt wird, bleibt somit bestehen (vgl. A 13.6 Abs. 3 UStAE). Werden die Beträge vereinnahmt, ist darauf zu achten, dass sie nicht nochmals versteuert werden. Die bereits erfolgte Versteuerung der im Kalenderjahr 04 geleisteten Anzahlungen in Höhe von 30 000 € für Leistungen, die erst in 05 erbracht werden, bleibt bestehen, da die Versteuerung sowohl nach der Mindestistbesteuerung als auch nach der Istbesteuerung im Kalenderjahr 04 zu erfolgen hatte. Von den im Januar 05 vereinnahmten Bruttoentgelten in Höhe von 40 000 € waren 3 000 €

bereits in 04 versteuert worden, da die Leistung in 04 ausgeführt wurde. Bei dieser Versteuerung bleibt es, da sich der Zeitpunkt der Versteuerung für die vor 05 ausgeführten Leistungen weiter nach der Sollbesteuerung richtet. Die restlichen 37 000 € sind nach den Grundsätzen der Istversteuerung im Januar zu versteuern.

## 6 Entstehungszeitpunkt der Steuer für den innergemeinschaftlichen Erwerb

Nach § 13 Abs. 1 Nr. 6 UStG entsteht die Steuer für den innergemeinschaftlichen Erwerb i. S. d. § 1a UStG mit Ausstellung der Rechnung, spätestens jedoch mit Ablauf des dem Erwerb folgenden Kalendermonats. Der Zeitpunkt des Erwerbs ist dabei identisch mit dem Zeitpunkt der Lieferung. Wird allerdings eine Vorausrechnung erteilt, entsteht die Steuer nicht vor dem Zeitpunkt des Erwerbs. Ohne Bedeutung für die Entstehung der Steuer ist der Zeitpunkt der Bezahlung.

**BEISPIELE**

a) Unternehmer E erwirbt vom französischen Unternehmer L eine Büromaschine. Der Erwerb der Maschine unterliegt der Steuer für den innergemeinschaftlichen Erwerb (§ 1 Abs. 1 Nr. 5 i. V. m. § 1a UStG). E holt die Maschine bei L am 15. 03. 01 ab. L händigt E zugleich mit der Maschine auch die Rechnung über diese Lieferung aus.

**LÖSUNG** Die Erwerbsteuer entsteht am 15. 03. 01 mit Aushändigung der Rechnung.

b) Unternehmer E erwirbt vom französischen Unternehmer L eine Büromaschine. Der Erwerb der Maschine unterliegt der Steuer für den innergemeinschaftlichen Erwerb (§ 1 Abs. 1 Nr. 5 i. V. m. § 1a UStG). L hat E die Maschine auf dessen telefonische Bestellung am 15. 03. 01 zugesandt. Nach den Lieferbedingungen trug L die Transportgefahr. Sie kam bei E am 18. 03. 01 an. Die Rechnung hierüber erhielt E erst am 23. 05. 01.

**LÖSUNG** Die Lieferung und damit auch der Erwerb der Maschine erfolgte gem. § 3 Abs. 6 Satz 1 UStG mit der Absendung am 15. 03. 01 (A 13.1 Abs. 2 Satz 2 UStAE und BFH vom 06. 12. 2007 BStBl II 2009, 490). Die Erwerbsteuer entsteht somit spätestens mit Ablauf des 30. 04. 01. Da die Rechnung erst nach diesem Zeitpunkt erteilt wird, ist Entstehungszeit der Ablauf des 30. 04. 01.

Abweichend von der Regelung in § 13 Abs. 1 Nr. 6 UStG entsteht die Steuer in den Fällen der Fahrzeugeinzelbesteuerung (§ 16 Abs. 5a i. V. m. § 1b UStG) gem. § 13 Abs. 1 Nr. 7 UStG am Tag des Erwerbs des Fahrzeugs.

Ein weiterer Fall der Erwerbsteuer ergibt sich aus § 6a Abs. 4 Satz 2 UStG. Hat nämlich der Lieferer eine Lieferung zu Unrecht als steuerfrei behandelt, weil er aufgrund unrichtiger Angaben des Abnehmers fälschlicherweise davon ausging, er erbringe eine nach § 4 Nr. 1 Buchst. b UStG steuerfreie innergemeinschaftliche Lieferung, ist die Lieferung nach § 6a Abs. 4 Satz 1 UStG als steuerfrei anzusehen, wenn der Lieferer die Unrichtigkeit dieser Angaben auch bei Beachtung der Sorgfalt eines ordentlichen Kaufmanns nicht erkennen konnte. Die dadurch entgangene Steuer schuldet nach § 6a Abs. 4 Satz 2 UStG der Abnehmer. Die Steuer (Erwerbsteuer) entsteht beim Abnehmer gem. § 13 Abs. 1 Nr. 8 UStG in dem Zeitpunkt, in dem die Lieferung an ihn ausgeführt wird.

## 7 Entstehungszeitpunkt für die vom Leistungsempfänger geschuldete Steuer nach § 13b UStG

Die Umsatzsteuer nach § 13b **Abs. 1** UStG entsteht mit Ablauf des Voranmeldungszeitraums, in dem die Leistung erbracht wird. Für die in § 13b **Abs. 2** Nr. 1 bis 11 UStG aufgeführten Leistungen entsteht die Umsatzsteuer nach § 13b Abs. 2 Satz 1 UStG mit Ausstellung der Rechnung, jedoch spätestens mit Ablauf des der Ausführung der Leistung folgenden Kalendermonats. § 13 Abs. 1 Nr. 1a Sätze 2 und 3 UStG gilt gemäß § 13b Abs. 4 Satz 1 UStG in Bezug auf Teilleistungen entsprechend.

Abweichend von § 13b Abs. 1 und 2 UStG entsteht die Umsatzsteuer bei Dauerleistungen über einen Zeitraum von mehr als einem Jahr spätestens mit Ablauf des Jahres, in dem sie erbracht wurden (§ 13b Abs. 3 UStG). Bei Vorauszahlungen vor Ausführung der Leistung bzw. Teilleistung entsteht insoweit die Steuer mit Ablauf des Voranmeldungszeitraums, in dem das Entgelt oder Teilentgelt vereinnahmt wurde (§ 13b Abs. 4 Satz 2 UStG; vgl. auch A 13b.12 UStAE; Näheres vgl. X 4.12).

# Teil X Besteuerungsverfahren

## 1 Allgemeine Ausführungen

Die USt ist ebenso wie die Einkommensteuer eine Veranlagungssteuer. Veranlagungszeitraum ist grundsätzlich das Kalenderjahr. Steuerpflichtiger ist der Unternehmer. Er hat für jedes Kalenderjahr eine USt-Erklärung in der Form der Steueranmeldung abzugeben. Er hat darin die für das betreffende Kalenderjahr zu entrichtende USt selbst zu berechnen.

Außer den USt-Jahresanmeldungen hat der Unternehmer jedoch auch USt-Voranmeldungen abzugeben. In den USt-Voranmeldungen hat der Unternehmer die USt für den betreffenden Voranmeldungszeitraum (Kalendermonat bzw. Quartal) selbst zu berechnen. Wird die USt für die einzelnen Voranmeldungszeiträume richtig angemeldet, muss im Allgemeinen die Summe der vorangemeldeten USt die Jahresumsatzsteuer ergeben. Eine Differenz kann sich in einem solchen Fall lediglich bei der Berechnung des Vorsteueranteils aus den Gemeinkosten (vgl. hierzu A 15.2c Abs. 2 Satz 5 und 15.16 Abs. 2a UStAE) oder aus Vorsteuerberichtigungen nach § 15a UStG ergeben, da die Vorsteuerberichtigung nach § 15a UStG in bestimmten Fällen (nur) in der Jahresanmeldung zu erklären ist (§ 44 Abs. 3 Satz 1 UStDV).

In der Praxis ergeben sich meist weitere Differenzen zwischen der Summe der vorangemeldeten USt und der in der Jahresanmeldung angemeldeten USt. Diese beruhen z. B. darauf, dass der Unternehmer aus Praktikabilitätsgründen die Besteuerung von Leistungen nach § 3 Abs. 1b und Abs. 9a UStG z. B. bezüglich der privaten Pkw-Nutzung zunächst anhand der Kosten des Vorjahres schätzt und erst nach Ablauf des betreffenden Kalenderjahres die Bemessungsgrundlage hierfür genau ermittelt.

Hinsichtlich der rechtlichen Wirkung einer USt-Jahresanmeldung ist zu unterscheiden, ob es sich um eine Anmeldung

- mit Zahllastfolge oder
- mit der Folge einer Erstattung oder Vergütung

handelt.

Die USt-Jahresanmeldung mit Zahllastfolge, in der die Steuer höher als die Summe der vorangemeldeten USt angemeldet wird, hat automatisch mit Eingang beim Finanzamt die Wirkung einer Steuerfestsetzung unter Vorbehalt der Nachprüfung. Der Unternehmer hat die Differenz zur vorangemeldeten USt nach § 18 Abs. 4 Satz 1 UStG einen Monat nach Eingang der Jahresanmeldung beim Finanzamt zu entrichten. Ergibt die USt-Jahresanmeldung eine niedrigere USt als die Summe der vorangemeldeten USt bzw. eine Vorsteuervergütung, erlangt sie die Wirkung einer Steuerfestsetzung unter dem Vorbehalt der Nachprüfung nach § 168 AO erst mit der Zustimmung des Finanzamts. Die Zustimmung kann im Nachhinein z. B. durch konkludentes Verhalten erteilt werden, indem das Finanzamt den Differenzbetrag erstattet. Die Zustimmung kann jedoch auch schon im Voraus erteilt werden. Das Finanzamt erteilt die Zustimmung im Voraus, wenn gegen die Zuverlässigkeit des Unternehmers keine Bedenken bestehen. In diesen Fällen hat die USt-Jahresanmeldung ebenso wie die Anmeldungen mit Zahllastfolge bereits die Wirkung einer Steuerfestsetzung unter dem Vorbehalt der Nachprüfung, wenn sie beim Finanzamt eingeht.

USt-Jahresanmeldungen hat grundsätzlich jeder Unternehmer i. S. d. UStG abzugeben. Auch Unternehmer, welche unter die Regelung des § 19 Abs. 1 UStG fallen, sind nicht davon befreit. Bei ihnen fällt zwar keine Steuer an. Das Finanzamt muss jedoch anhand der Erklärung überprüfen können, ob die Voraussetzungen des § 19 Abs. 1 UStG vorliegen. In der Praxis besteht das Finanzamt in derartigen Fällen häufig nicht darauf, dass die USt-Erklärung abgegeben wird, wie dies § 18 Abs. 3 UStG verlangt. Es genügt z. B., wenn ein Unternehmer mit ausschließlich steuerfreien Mietumsätzen seine Mieteinnahmen in der Einkommensteuererklärung angibt.

Unternehmer, die im Ausland ansässig sind (vgl. § 13b Abs. 7 UStG), haben im Allgemeinen (vorbehaltlich § 18 Abs. 9 Sätze 3 bis 5 UStG) auch dann den Vorsteuerabzug, wenn sie im Inland keinerlei steuerbare Umsätze ausführen. Sie können ihre Vorsteuern im sog. Vorsteuervergütungsverfahren geltend machen (vgl. 5). Das Gleiche gilt für ausländische Unternehmer, die zwar steuerpflichtige Umsätze tätigen, für die jedoch der Leistungsempfänger nach § 13b UStG Steuerschuldner ist.

## 2 Umsatzsteuervoranmeldungsverfahren

Nach § 18 Abs. 1 UStG hat der Unternehmer in der Regel USt-Voranmeldungen abzugeben, in denen er die USt für den Voranmeldungszeitraum selbst zu berechnen hat. Die berechnete Steuer hat er als Vorauszahlung bis zum 10. Tag nach Ablauf des Voranmeldungszeitraums anzumelden und an das Finanzamt zu entrichten. Die USt-Voranmeldungen sind gem. § 18 Abs. 1 Satz 1 UStG grundsätzlich auf elektronischem Wege nach Maßgabe der Steuerdaten-Übermittlungsverordnung abzugeben. Die Datensätze sind vorgeschrieben. Nur in Härtefällen kann das Finanzamt dem Unternehmer gestatten, die Umsatzsteuervoranmeldungen auf Papier abzugeben.

Voranmeldungszeitraum ist in der Regel der Kalendermonat. Hat die USt für das vorangegangene Kalenderjahr nicht mehr als 7 500 € betragen, ist das Kalendervierteljahr (Quartal) Voranmeldungszeitraum (vgl. § 18 Abs. 2 Satz 1 UStG).Wenn die Steuer für das vorangegangene Kalenderjahr nicht mehr als 1 000 € betragen hat, kann das Finanzamt den Unternehmer völlig von der Verpflichtung zur Abgabe der Voranmeldung und Entrichtung der Vorauszahlungen befreien (§ 18 Abs. 2 Satz 3 UStG). Die Freistellung von der Verpflichtung ist ein begünstigender Verwaltungsakt. Er bedarf keiner besonderen Form und kann deshalb auch durch konkludentes Verhalten des Finanzamts erteilt werden.

Nimmt der Unternehmer seine berufliche oder gewerbliche Tätigkeit auf, ist nach § 18 Abs. 2 Satz 4 UStG im laufenden und folgenden Kalenderjahr der Kalendermonat der Voranmeldungszeitraum, auch wenn sich für ihn keine oder nur eine ganz geringfügige Umsatzsteuerzahllast ergibt.

Bezüglich der Wirkung der vom Unternehmer abgegebenen USt-Voranmeldungen ist entsprechend den Jahresanmeldungen zu unterscheiden, ob es sich um

- Voranmeldungen mit Zahllastfolge oder
- Voranmeldungen mit Vorsteuervergütungsfolge

handelt. Voranmeldungen mit Zahllastfolge sind nach § 168 AO mit dem Eingang beim Finanzamt Steuerfestsetzungen unter dem Vorbehalt der Nachprüfung. Der Zeitpunkt der Abgabe der Voranmeldung hat keinen Einfluss auf den Zeitpunkt der Fälligkeit der Vorauszahlung.

**BEISPIELE**

Die nach den Vorschriften des UStG zu entrichtende Vorauszahlung des U für Januar 01 beträgt 6 000 €. U berechnet seine Vorauszahlung jedoch falsch mit 5 000 €. Die USt-Voranmeldung für Januar 01 übermittelt U am 20. 02. 01 durch Datenfernübertragung an das Finanzamt. Am selben Tag überweist er 5 000 €.

**LÖSUNG** Die USt-Vorauszahlung Januar 01 wird gem. § 18 Abs. 1 Satz 3 UStG am 10. 02. 01 in Höhe von 6 000 € fällig. Gleichwohl fallen keine Säumniszuschläge an, da nach § 240 Abs. 1 Satz 3 AO die Säumnis nicht eintritt, bevor die Steuer angemeldet worden ist. Dafür wird eventuell nach § 152 AO ein Verspätungszuschlag erhoben.

Voranmeldungen mit Vorsteuervergütungsfolge, bei denen sich also für den Voranmeldungszeitraum ein Überschuss der Vorsteuern über die USt ergeben hat, erlangen die Wirkung einer Steuerfestsetzung unter dem Vorbehalt der Nachprüfung, wenn das Finanzamt zustimmt. Ist die Zustimmung dem Unternehmer bereits im Voraus allgemein erteilt worden, hat die Anmeldung sofort mit dem Eingang beim Finanzamt die Wirkung einer Steuerfestsetzung unter dem Vorbehalt der Nachprüfung. Andernfalls erlangt die Anmeldung die Wirkung einer Steuerfestsetzung unter dem Vorbehalt der Nachprüfung mit der Genehmigung. Diese kann auch konkludent durch Auszahlung der Vergütung erteilt werden. Nach § 18f UStG kann die Zustimmung im Einvernehmen mit dem Unternehmer von einer Sicherheitsleistung abhängig gemacht werden.

## 3 Dauerfristverlängerung für die Umsatzsteuervoranmeldungen

Nach § 46 UStDV hat das Finanzamt dem Unternehmer grundsätzlich auf dessen Antrag die Fristen für die Abgabe der USt-Voranmeldungen und die Entrichtung der Vorauszahlungen um einen Monat zu verlängern. Nach § 47 UStDV ist die Fristverlängerung bei den Unternehmern, die ihre USt-Voranmeldungen monatlich abzugeben haben unter der Auflage zu gewähren, dass sie eine Sondervorauszahlung auf die Steuer eines jeden Kalenderjahres entrichten. Die Fristverlängerung ist ein begünstigender Verwaltungsakt, für den keine besondere Form vorgeschrieben ist. Davon zu unterscheiden ist der vom Unternehmer zu stellende Antrag auf Fristverlängerung, der elektronisch nach amtlich vorgeschriebenem Datensatz zu stellen ist (§ 48 Abs. 1 Satz 2 UStDV).

**BEISPIELE**

a) Unternehmer U hat seine USt-Voranmeldungen monatlich abzugeben. Er hat schon seit Jahren die Fristverlängerung nach § 46 Satz 1 UStDV. Die Summe der USt-Vorauszahlungen für die Voranmeldungszeiträume Januar bis November 02 beläuft sich auf 12 200 €. Für das Jahr 02 hat U am 10. 02. 02 eine Sondervorauszahlung i. H. v. 1 100 € geleistet. Am 10. 02. 03 muss U seine USt-Voranmeldung für Dezember 02 abgeben, sowie die Sondervorauszahlung für 03 anmelden. Die USt-Vorauszahlung für Dezember 02 beträgt vorbehaltlich der für das Jahr 02 geleisteten Sondervorauszahlung 1 000 €.
**LÖSUNG** Die Sondervorauszahlung für 02 ist gem. § 48 Abs. 4 bei der USt-Vorauszahlung für Dezember 02 anzurechnen. Somit ergibt sich ein Vergütungsanspruch von (1 000 € ./. 1 100 €) 100 €. Die Sondervorauszahlung für 03 ist nach § 48 Abs. 2 i. V. m. Abs. 1 Satz 2 UStDV nach amtlich vorgeschriebenem Datensatz bis 10. 02. 03 anzumelden. Sie beträgt 1/11 der Summe der Vorauszahlungen für das Jahr 02 (12 200 € + 1 000 €) also 13 200 €/11 = 1 200 €.

b) Unternehmer U hat zum 01. 01. 02den Gewerbebetrieb des V käuflich erworben. U war vorher nicht unternehmerisch tätig. Der Umsatz des V für 01 lässt für das Jahr 02 eine USt-Zahllast in Höhe von 16 500 € erwarten. U möchte die Fristverlängerung nach § 46 Satz 1 UStDV beantragen.
**LÖSUNG** U ist nach § 18 Abs. 1 Satz 1 UStG verpflichtet, seine USt-Voranmeldung für Januar 02 bis 10. 02. 02 abzugeben. Als Unternehmensgründer hat U nach § 18 Abs. 2 Satz 4 UStG auch ohne Rücksicht auf die für 02 zu erwartende USt-Schuld monatlich USt-Voranmeldungen abzugeben. Wenn U die Fristverlängerung bereits für den Voranmeldungszeitraum Januar 02 bekommen will, muss er den Antrag auf die Fristverlängerung spätestens bis zum 10. 02. 02 stellen (§ 48 Abs. 1 Satz 1

UStDV). Er muss den Antrag nach amtlich vorgeschriebenem Datensatz übermitteln (§ 48 Abs. 1 Satz 2 UStDV). In dem Antrag hat er die Sondervorauszahlung selbst zu berechnen und anzumelden (§ 48 Abs. 1 Satz 4 UStDV). Die Sondervorauszahlung ist aufgrund der zu erwartenden Vorauszahlungen des Jahres 02 zu berechnen (§ 47 Abs. 3 UStDV). Sie beträgt somit 1/11 von 16 500 € = 1 500 €.

c) Die USt des U für das Jahr 01 beträgt 1 500 €. Für das Jahr 02 möchte U erstmals die Fristverlängerung nach § 46 Satz 1 UStDV in Anspruch nehmen.

**LÖSUNG** Nach § 18 Abs. 2 Satz 1 UStG ist für U das Kalendervierteljahr Voranmeldungszeitraum. Er müsste somit seine USt-Vorauszahlung für das 1. Quartal 02 bis spätestens 10. 04. 02 anmelden. Nach § 48 Abs. 1 Satz 1 UStDV muss er demnach den Antrag auf Fristverlängerung bis 10. 04. 02 nach amtlich vorgeschriebenem Datensatz übermitteln. Eine Sondervorauszahlung nach § 47 UStDV hat er jedoch nicht zu leisten, da er die Voranmeldungen nicht monatlich abgeben muss.

## 4 Übergang der Steuerschuld nach § 13b UStG auf den Leistungsempfänger (Reverse-Charge-Verfahren)

Beim dem sog. Reverse-Charge-Verfahren geht die Steuerschuldnerschaft vom leistenden Unternehmer auf den Leistungsempfänger über. Voraussetzung ist nach § 13b Abs. 5 Satz 1 UStG, dass der Leistungsempfänger entweder Unternehmer oder eine juristische Person des öffentlichen Rechts ist. Die Steuerschuld geht auch dann über, wenn der Leistungsempfänger die Leistung für den nicht unternehmerischen Bereich bezieht (§ 13b Abs. 5 Satz 6 UStG). Ausgenommen hiervon sind die in § 13b Abs. 5 Satz 10 UStG bezeichneten sieben Leistungen, die ausschließlich an den nichtunternehmerischen Bereich von juristischen Personen des öffentlichen Rechts erbracht werden (vgl. A 13b.1 Abs. 1 Satz 4 UStAE). Dem Reverse-Charge-Verfahren nach § 13b UStG unterliegen folgende Umsätze:

1. im Inland ausgeführte steuerpflichtige sonstige Leistungen von im übrigen Gemeinschaftsgebiet ansässigen Unternehmern, wenn sich der Leistungsort nach § 3a Abs. 2 UStG bestimmt (vgl. § 13b Abs. 1 UStG);
2. die steuerpflichtigen Werklieferungen und sonstigen Leistungen von im Ausland ansässigen Unternehmern, grundsätzlich nicht jedoch andere Lieferungen (vgl. § 13b Abs. 2 Nr. 1 UStG);
3. die Lieferung sicherungsübereigneter Gegenstände durch den Sicherungsgeber an den Sicherungsnehmer außerhalb des Konkursverfahrens (vgl. § 13b Abs. 2 Nr. 2 UStG);
4. Umsätze, die unter das Grunderwerbsteuergesetz fallen (§ 13b Abs. 2 Nr. 3 UStG);
5. sog. Bauleistungen (vgl. 4.5) an Unternehmer, die selbst solche Bauleistungen erbringen (§ 13b Abs. 2 Nr. 4 UStG);
6. Lieferungen von Gas über das Erdgasverteilungsnetz und Elektrizität sowie Wärme und Kälte durch im Ausland ansässige Unternehmer und Lieferungen von Gas oder Elektrizität durch im Inland ansässige Wiederverkäufer jeweils an Wiederverkäufer im Inland (§ 13b Abs. 2 Nr. 5 i. V. m. § 3 g UStG); erweitert zum 01. 09. 2013
7. Handel (sonstige Leistungen) mit Treibhausgas-Emissionszertifikaten durch inländische Unternehmer an andere Unternehmer (§ 13b Abs. 2 Nr. 6 UStG) – seit 01. 07. 2010;
8. Lieferungen von Industrieschrott, Altmetallen und sonstigen Abfallstoffen (vgl. Anlage 3 zum UStG) an Unternehmer (§ 13b Abs. 2 Nr. 7 UStG) – seit 01. 01. 2011;
9. Reinigen von Gebäuden und Gebäudeteilen von im Inland ansässigen Unternehmern an Unternehmer, die selbst Gebäudereinigungsleistungen erbringen (§ 13b Abs. 2 Nr. 8 UStG) – seit 01. 01. 2011;

10. Lieferung von Gold oder Goldlegierungen in Rohform oder als Halbzeug sowie von platiniertem Gold und Goldplattierungen jeweils mit einem Feingehalt von mindestens 325 Tausendstel an Unternehmer (§ 13b Abs. 2 Nr. 9 UStG) – seit 01. 01. 2011;
11. Lieferungen von Mobilfunkgeräten sowie von integrierten Schaltkreisen an Unternehmer, wenn die Summe der Entgelte im Rahmen eines wirtschaftlichen Vorgangs mindestens 5 000 € beträgt (§ 13b Abs. 2 Nr. 10 UStG) – seit 01. 07. 2011;
12. Lieferungen von Tablet-Computern und Spielekonsolen an Unternehmer, wenn die Summe der Entgelte im Rahmen eines wirtschaftlichen Vorgangs mindestens 5 000 € beträgt (§ 13b Abs. 2 Nr. 10 UStG) – seit 01. 10. 2014;
13. Lieferungen von Edelmetallen und unedlen Metallen, die in der Anlage 4 bezeichnet sind (§ 13b Abs. 2 Nr. 11 UStG), wenn die Summe der Entgelte im Rahmen eines wirtschaftlichen Vorgangs mindestens 5 000 € beträgt – seit 01. 10. 2014.

Da der leistende Unternehmer nicht mehr Steuerschuldner ist, darf er dem Leistungsempfänger auch keine Umsatzsteuer in Rechnung stellen. Der Rechnungsaussteller muss vielmehr den Leistungsempfänger in der Rechnung darauf hinweisen, dass der Leistungsempfänger Steuerschuldner ist (§ 14a Abs. 5 UStG). Der fehlende Hinweis entbindet den Leistungsempfänger jedoch nicht von der Steuerschuldnerschaft (A 13b.14 Abs. 1 Satz 4 UStAE).

Die am 12. 02. 2008 verabschiedete Richtlinie 2008/8/EG schreibt ab 01. 01. 2010 verbindlich vor, dass sämtliche Mitgliedstaaten für sonstige Leistungen, deren Leistungsort sich nach dem Leistungsempfängerort bestimmt (vgl. B 6.8), das Reverse-Charge-Verfahren anwenden. Schuldet danach der Leistungsempfänger in einem anderen Mitgliedstaat die Umsatzsteuer, hat der leistende Unternehmer hierüber eine Zusammenfassende Meldung nach § 18a Abs. 2 UStG abzugeben. Damit soll die Versteuerung derartiger sonstiger Leistungen innerhalb der EU gewährleistet werden.

## 4.1 Reverse-Charge-Verfahren bei sonstigen Leistungen von im übrigen Gemeinschaftsgebiet ansässigen Unternehmern

Das Reverse-Charge-Verfahren nach § 13b Abs. 1 UStG kommt zur Anwendung, wenn folgende Tatbestandsvoraussetzungen erfüllt sind:

a) Der Leistungsgeber ist ein im übrigen Gemeinschaftsgebiet (nicht im Drittland) ansässiger Unternehmer,
b) der Leistungsgeber erbringt eine steuerpflichtige sonstige Leistung oder steuerpflichtige Werkleistung,
c) der Leistungsort bestimmt sich nach § 3a Abs. 2 UStG,
d) der Leistungsempfänger ist ein Unternehmer bzw. eine juristische Person.

**BEISPIEL**

Der in Graz (Österreich) ansässige Rechtsanwalt R vertritt die Druckerei D in Göppingen in einem Rechtsstreit mit einem österreichischen Abnehmer. Die Rechnung über 3 000 € stellte R, nachdem seine Tätigkeit am 10. 10. 01 abgeschlossen war, am 15. 11. 01.

**LÖSUNG** R erbringt an D eine sonstige Leistung i. S. d. § 3 Abs. 9 UStG. Ort der Leistung ist nach § 3a Abs. 2 UStG am Sitzort des Leistungsempfängers in Göppingen. Die sonstige Leistung ist somit im Inland steuerbar und steuerpflichtig. Das Entgelt nach § 10 Abs. 1 UStG beträgt 3 000 €. Der Steuersatz beträgt nach § 12 Abs. 1 UStG 19 %, die Umsatzsteuer damit 570 €. D schuldet nach § 13b Abs. 5 Satz 1 i. V. m. § 13b Abs. 1 UStG im VAZ Oktober (Zeitpunkt der Leistungserbringung) als Leistungsempfänger die Umsatzsteuer i. H. v. 570 €, da R als im übrigen Gemeinschaftsgebiet ansässiger Unternehmer an D im Inland eine sonstige Leistung i. S. d. § 3a Abs. 2 UStG erbracht hat.

## 4.2 Reverse-Charge-Verfahren bei Werklieferungen und sonstigen Leistungen ausländischer Unternehmer

Das Reverse-Charge-Verfahren nach § 13b Abs. 2 Nr. 1 UStG kommt grundsätzlich dann zur Anwendung, wenn § 13b Abs. 1 UStG nicht einschlägig ist und folgende Tatbestandsvoraussetzungen erfüllt sind:

a) Der Leistungsgeber ist ein nicht im Inland ansässiger Unternehmer,
b) der Leistungsgeber erbringt eine steuerpflichtige Werklieferung oder steuerpflichtige sonstige Leistung,
c) der Leistungsempfänger ist ein Unternehmer bzw. eine juristische Person.

### 4.2.1 Leistungsgeber ist ein nicht im Inland ansässiger Unternehmer

Diese Tatbestandsvoraussetzung ist in § 13b Abs. 7 UStG einschränkend dahingehend definiert, dass der Unternehmer weder im Inland noch in einem Zollfreigebiet einen Wohnsitz, seinen Sitz, seine Geschäftsleitung oder eine Zweigniederlassung hat (Näheres vgl. A 13b.11 UStAE). Hat der Unternehmer im Inland eine Betriebsstätte, reicht das nicht zur Ansässigkeit aus, es sei denn, er führt den Umsatz von dieser Betriebsstätte aus (§ 13b Abs. 7 Satz 3 UStG), dann gilt er als im Inland ansässig (vgl. auch A 13b.11 Abs. 1 Sätze 3 bis 6 UStAE). Hat der Unternehmer nur einen Wohnsitz im Inland, aber seinen Geschäftssitz oder seine Betriebsstätte im Ausland, gilt er aufgrund einer Gesetzesänderung ab dem 30. 06. 2013 als im Ausland ansässig. Damit wurde die Rechtsprechung des EuGH (Urteil vom 06. 10. 2011 UR 2012, 102) umgesetzt.

Unternehmer, die ein im Inland gelegenes Grundstück besitzen und steuerpflichtig vermieten, sind insoweit als im Inland ansässig zu behandeln (A 13b.11 Abs. 2 Satz 2 UStAE). Maßgeblich für die Frage der Ansässigkeit ist in allen Fällen, nach § 13b Abs. 7 Satz 4 UStG, der Zeitpunkt, in dem die Leistung erbracht wird. Ist es ungewiss, wo der leistende Unternehmer ansässig ist, schuldet der Leistungsempfänger die Steuer nur dann nicht, wenn ihm der leistende Unternehmer durch eine Bescheinigung des für ihn zuständigen Finanzamts i. S. d. § 13b Abs. 7 Satz 5 UStG nachweist, dass er kein Unternehmer ist (vgl. auch A 13b.11 Abs. 3 UStAE).

### 4.2.2 Werklieferung oder sonstige Leistung

Das Reverse-Charge-Verfahren greift nicht in den Fällen der normalen Lieferung. In diesen Fällen geht der Gesetzgeber davon aus, dass das Umsatzsteueraufkommen ausreichend abgesichert ist und zwar

- bei Einfuhren vom Drittland durch die Einfuhrumsatzsteuer,
- bei Lieferungen aus einem anderen Mitgliedstaat durch die Erwerbsteuer beim Abnehmer,
- bei Lieferungen von im Inland erworbenen Gegenständen durch die Besteuerung beim Vorlieferer.

Keine Werklieferung i. S. v. § 13b Abs. 2 Nr. 1 UStG ist in den Fällen anzunehmen, in denen der Werkunternehmer den Gegenstand der Werklieferung im Drittland vollständig herstellt und der fertige Gegenstand der Einfuhrumsatzsteuer unterworfen wird. Weiterhin ist der Begriff der Werklieferung i. S. v. § 13b Abs. 2 Nr. 1 UStG eng auszulegen, wenn im Zusammenhang mit einer reinen Lieferung weitere Leistungen übernommen werden, die nach dem Inhalt des Vertrags nicht wesentlich sind. Auch in einem solchen Fall handelt es sich um keine Werklieferung i. S. v. § 13b Abs. 2 Nr. 1 UStG.

### 4.2.3 Leistungsempfänger ist Unternehmer bzw. eine juristische Person

**BEISPIELE**

a) Der Maschinenhersteller M mit Sitz in Zürich liefert an das Fabrikationsunternehmen F in Stuttgart eine Produktionsanlage, die in Stuttgart aus angelieferten Teilen von M zusammengebaut und nach einem erfolgreichen Probelauf am 01. 02. 02 übergeben wird. M erteilt F am 01. 02. 02 folgende auszugsweise dargestellte Rechnung:

| | |
|---|---|
| An Firma F | |
| Lieferung Produktionsanlage netto | 300 000 € |
| Sie sind als Leistungsempfänger Steuerschuldner. | |
| Die Fa. F überweist am 11. 03. 02 an M 300 000 €. | |

**LÖSUNG** M erbringt an F eine steuerpflichtige Werklieferung zum Steuersatz von 19 %. Die Fa. F ist nach § 13b Abs. 5 Satz 1 i. V. m. Abs. 2 Nr. 1 UStG Schuldner der Umsatzsteuer aus der Lieferung des M. Sie hat die Umsatzsteuer in Höhe von 57 000 € für den Voranmeldungszeitraum Februar 02 in die USt-Voranmeldung aufzunehmen, da die Steuer im Februar mit der Ausstellung der Rechnung entstanden ist. Zugleich kann sie diesen Betrag nach § 15 Abs. 1 Nr. 4 UStG als Vorsteuer geltend machen.

b) Der Maschinenhersteller M mit Sitz in Zürich liefert an das Fabrikationsunternehmen F in Stuttgart eine Produktionsanlage, die in Stuttgart aus angelieferten Teilen von M zusammengebaut und nach einem erfolgreichen Probelauf am 01. 02. 02 übergeben wird. M erteilt F am 01. 02. 02 folgende auszugsweise dargestellte Rechnung:

| | |
|---|---|
| An Firma F | |
| Lieferung Produktionsanlage netto | 300 000 € |
| zuzüglich 19 % Umsatzsteuer | 57 000 € |
| Die Fa. F überweist am 11. 03. 02 an M 357 000 €. | |

**LÖSUNG** M erbringt an F eine steuerpflichtige Werklieferung zum Steuersatz von 19 %. Die Fa. F ist nach § 13b Abs. 5 Satz 1 i. V. m. Abs. 2 Nr. 1 UStG Schuldner der Umsatzsteuer aus der Lieferung des M. Sie hat die Umsatzsteuer in Höhe von 57 000 € für den Voranmeldungszeitraum Februar 02 in die USt-Voranmeldung aufzunehmen, da die Steuer im Februar mit der Ausstellung der Rechnung entstanden ist. Zugleich kann sie diesen Betrag nach § 15 Abs. 1 Nr. 4 UStG als Vorsteuer geltend machen. Auch wenn F 357 000 € überweist, erhöht sich die Umsatzsteuer nicht; sie ist vom Nettobetrag zu berechnen (vgl. A 13b.13 Abs. 1 Satz 1 UStAE). Da M für seine Leistung dem F Umsatzsteuer berechnet hat, obwohl er nach § 14a Abs. 5 Satz 2 UStG keine Umsatzsteuer ausweisen darf, schuldet er die ausgewiesene Umsatzsteuer nach § 14c Abs. 1 UStG (vgl. A 13b.14 Abs. 1 Satz 5 UStAE und A 14.1 Abs. 6 Satz 4 Beispiel 2 UStAE). Die ihm von M berechnete Umsatzsteuer darf F nicht als Vorsteuer abziehen, da diese lediglich nach § 14c Abs. 1 UStG geschuldet wird (vgl. A 15.2 Abs. 1 Sätze 1 und 2 UStAE).

Der Leistungsempfänger braucht nicht im Inland ansässig zu sein. Der Leistungsempfänger kann auch dann unter das Reverse-Charge-Verfahren fallen, wenn er selbst ein ausländischer Unternehmer ist (vgl. A 13b.1 Abs. 1 Satz 2 UStAE). Es ist nicht in allen Fällen erforderlich, dass der leistungsempfangende Unternehmer die Leistung für sein Unternehmen bezogen hat (vgl. § 13b Abs. 5 Satz 6 UStG). Auch ein Privatbezug kann das Reverse-Charge-Verfahren auslösen.

**BEISPIEL**

Der Unternehmer U lässt sich von dem ausländischen Bauunternehmen B den Rohbau seines privaten Einfamilienhauses in Karlsruhe errichten.

**LÖSUNG** U ist nach § 13b Abs. 5 Satz 1 i. V. m. Abs. 2 Nr. 1 UStG Schuldner der aufgrund der steuerpflichtigen Werklieferung der Fa. B entstandenen Umsatzsteuer. Es spielt keine Rolle, dass U die Werklieferung nicht für sein Unternehmen bezieht (vgl. § 13b Abs. 5 Satz 6 UStG).

### 4.2.4 Ausnahmen vom Reverse-Charge-Verfahren

Nach § 13b Abs. 6 UStG Nr. 1 bis 6 (A 13b.10 UStAE) findet § 13b UStG keine Anwendung,

- wenn die Leistung in einer Personenbeförderung besteht, die der Beförderungseinzelbesteuerung (§ 16 Abs. 5 UStG, § 18 Abs. 5 UStG) unterlegen hat;
- wenn die Personenbeförderung mit einem Fahrzeug i. S. d. § 1b Abs. 2 Satz 1 Nr. 1 UStG durchgeführt worden ist;
- wenn die Personenbeförderung im grenzüberschreitenden Luftverkehr erfolgt ist;
- wenn die Leistung in der Einräumung der Eintrittsberechtigung für Messen, Ausstellungen und Kongresse besteht.
  Ein Übergang der Steuerschuldnerschaft erfolgt nicht, wenn ein ausländischer Messeveranstalter Eintrittskarten an einen Unternehmer oder eine juristische Person veräußert. Damit entfallen Anwendungsschwierigkeiten bei den leistenden Unternehmern, wenn die Besucher sowohl Unternehmer als auch Privatpersonen sind. Die ausländischen Veranstalter sind im Inland für umsatzsteuerliche Zwecke regelmäßig erfasst und geben hier Umsatzsteuer-Voranmeldungen und Erklärungen ab. Dagegen müssten sich ausländische Unternehmer z. B. als Messebesucher erfassen lassen, wenn ein ausländischer Veranstalter an sie im Inland Umsätze erbringt (A 13b.10 Abs. 2 UStAE);
- bei einer sonstigen Leistung einer Durchführungsgesellschaft an im Ausland ansässige Unternehmer im Zusammenhang mit der Veranstaltung von Messen oder Ausstellungen (A 13b.10 Abs. 3 UStAE).Die im Ausland ansässigen Durchführungsgesellschaften sind für ihre im Inland steuerpflichtigen Leistungen ihrer Mitglieder (ausländische Aussteller) selbst Steuerschuldner. Dadurch ist nur ein Unternehmer zu erfassen;
- wenn die Leistung in der Abgabe von Speisen und Getränken zum Verzehr an Ort und Stelle (Restaurationsleistung) besteht, und diese Abgabe an Bord eines Schiffs, in einem Luftfahrzeug oder in einer Eisenbahn erfolgt (A 13b.10 Abs. 4 UStAE).

Beim ersten Tatbestand handelt es sich um Personenbeförderungen im Gelegenheitsverkehr mit Kraftomnibussen, die nicht im Inland zugelassen sind. Dieser Tatbestand ist zwar ausdrücklich gesetzlich vorgeschrieben, inzwischen aber überflüssig. Im Rahmen einer Gesetzesänderung des § 13b Abs. 6 UStG zum 01. 10. 2013 wurde der zweite Tatbestand eingeführt, der jedoch auch den ersten mit umfasst, da auch Kraftomnibusse unter § 1b Abs. 2 Satz 1 Nr. 1 UStG fallen.

§ 13b ist auch nicht anzuwenden, wenn die Leistung von einem Kleinunternehmer erbracht wird (§ 13b Abs. 5 Satz 8 UStG). Der Übergang der Steuerschuld kommt ab dem 01. 10. 2014 für die Lieferungen i. S. d. § 13b Abs. 2 Nrn. 2, 7 und 9 bis 11 UStG nicht in Betracht, bei denen der Veräußerer die Differenzbesteuerung nach § 25a UStG anwendet (vgl. § 13b Abs. 5 Satz 9 UStG).

## 4.3 Reverse-Charge-Verfahren bei Lieferung sicherungsübereigneter Gegenstände durch den Sicherungsgeber an den Sicherungsnehmer außerhalb des Insolvenzverfahrens

Verwertet ein Sicherungsnehmer (z. B. eine Bank) einen an ihn sicherungsübereigneten Gegenstand, indem er ihn an einen Dritten veräußert, erbringt zunächst der Sicherungsnehmer an den Dritten eine Lieferung. Dieser Lieferung geht eine logische Sekunde eine Lieferung des Sicherungsgebers an den Sicherungsnehmer voraus, da bei der Sicherungsübereignung keine

Verfügungsmacht verschafft wird (vgl. A 1. 2 Abs. 1 Sätze 1 und 2 UStAE). War der sicherungsübereignete Gegenstand beim Sicherungsgeber Unternehmensvermögen, ist die Lieferung des Sicherungsgebers an den Sicherungsnehmer steuerbar und in der Regel auch steuerpflichtig. Der Sicherungsnehmer schuldet die sich hieraus ergebende Umsatzsteuer. Voraussetzung für den Übergang der Steuerschuld auf den Sicherungsnehmer nach § 13b Abs. 5 Satz 1 i. V. m. Abs. 2 Nr. 2 UStG ist:

a) steuerpflichtige Lieferung eines sicherungsübereigneten Gegenstandes durch den Sicherungsgeber an den Sicherungsnehmer,
b) Leistungsempfänger ist ein Unternehmer oder eine juristische Person (§ 13b Abs. 5 Satz 1 UStG),
c) über das Vermögen des Sicherungsnehmers ist kein Insolvenzverfahren eröffnet.

Befindet sich der Sicherungsnehmer im Insolvenzverfahren, greifen die besonderen Regelungen der Insolvenzordnung ein.

**BEISPIELE**

a) Die B-Bank gab dem Omnibusunternehmer O im Kalenderjahr 01 ein Darlehen zur Anschaffung eines Omnibusses. Zur Sicherung aller bestehenden und künftigen Ansprüche gegen O erhielt sie den Omnibus von diesem übereignet. Im Kalenderjahr 02 geriet O in Zahlungsschwierigkeiten. Da er mit seinen Tilgungs- und Zinszahlungen in Verzug kam, machte die B-Bank ihr Sicherungseigentum geltend und holte den Bus bei O am 20. 09. 02 ab. Am 15. 10. 02 veräußerte die B-Bank den Bus an den Busunternehmer K gegen einen Kaufpreis von 120 000 € zuzüglich 19 % USt = 22 800 €. Den Kauferlös verrechnete die B-Bank nach Abzug der Umsatzsteuer und weiteren Veräußerungskosten in Höhe von 3 000 € mit ihrem Darlehensanspruch gegen O.

**LÖSUNG** Nach A 1.2 Abs. 1 UStAE liegt ein Doppelumsatz vor. O liefert den Bus an die B-Bank und die B-Bank liefert den Bus an K. Beide Lieferungen sind steuerbar und steuerpflichtig. Sie erfolgen gleichzeitig am 15. 10. 02.

Die Umsatzsteuer bei der B-Bank für die Lieferung an K beträgt wie berechnet 19 % von 120 000 € = 22 800 €. Für die Lieferung von O an die B-Bank greift das Reverse-Charge-Verfahren nach § 13b Abs. 5 Satz 1 i. V. m. Abs. 2 Nr. 2 UStG. Somit ist die B-Bank Schuldner der Umsatzsteuer. Entgelt für diese Lieferung ist alles, was die B-Bank dem K gutschreibt. Das sind außer den 117 000 € auch die Kosten von 3 000 €, die die B-Bank von O beanspruchen kann. Die Umsatzsteuer beträgt somit ebenfalls 19 % von 120 000 € = 22 800 €. Diese Umsatzsteuer hat die B-Bank anzumelden und kann sie zugleich gem. § 15 Abs. 1 Nr. 4 UStG als Vorsteuer abziehen.

Per Saldo muss die B-Bank also 22 800 € Umsatzsteuer an das Finanzamt abführen. K kann aus der Rechnung der B-Bank die Umsatzsteuer in Höhe von 22 800 € als Vorsteuer abziehen.

b) Die B-Bank gab dem Omnibusunternehmer O im Kalenderjahr 01 ein Darlehen zur Anschaffung eines Omnibusses. Zur Sicherung aller bestehenden und künftigen Ansprüche gegen O erhielt sie den Omnibus von diesem übereignet. Im Kalenderjahr 02 geriet O in Zahlungsschwierigkeiten. Da er mit den Zinszahlungen in Verzug kam, vereinbarte die B-Bank mit O, dass er den Bus im eigenen Namen veräußert. Den Kaufpreisanspruch aus der Veräußerung trat O im Voraus an die B-Bank ab. Dementsprechend veräußerte O den Bus am 15. 10. 02 an den Busunternehmer K gegen einen Kaufpreis von 120 000 € zuzüglich 22 800 € Umsatzsteuer. Den gesamten Kaufpreis in Höhe von 142 800 € vereinnahmte die B-Bank.

**LÖSUNG** Es liegt ein Dreifachumsatz vor (Näheres dazu in A 1.2 Abs. 1a UStAE). Der Sicherungsnehmer B-Bank erlangt mit der Verwertung des Sicherungsguts die Verfügungsmacht an diesem, gleichgültig, ob er das Sicherungsgut dadurch verwertet, dass er es selbst veräußert, oder dadurch, dass der Sicherungsgeber O es im Auftrag und für Rechnung des Sicherungsnehmers B-Bank veräußert. Es erfolgen somit drei Lieferungen. O tätigt eine Lieferung an K, da er mit K im eigenen Namen den Kaufvertrag abgeschlossen hat. O handelt dabei jedoch als Kommissionär, da er den Bus im eigenen Namen auf Rechnung der B-Bank veräußert. Somit geht der Lieferung von O an K eine Lieferung gem. § 3 Abs. 3 UStG von der B-Bank an O voraus. Dieser Lieferung geht die Lieferung des Busses von O an die B-Bank voraus.

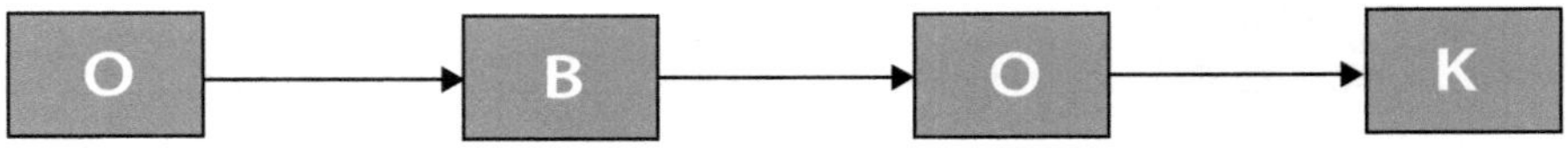


Die Umsatzsteuer aus der Lieferung des O an K beträgt 19 % von 120 000 € = 22 800 €. Die Umsatzsteuer für die Lieferung von der B-Bank an O beträgt ebenfalls 19/119 von 142 800 € = 22 800 €. Wenn die B-Bank dem O eine entsprechende Rechnung erteilt, hat dieser daraus den Vorsteuerabzug, sodass sich bei O Umsatzsteuer und Vorsteuer ausgleichen.
Die Umsatzsteuer für die Lieferung von O an die B-Bank beträgt ebenfalls 22 800 €. Diese Umsatzsteuer schuldet die B-Bank wie in Beispiel a) im Reverse-Charge-Verfahren. Diese Umsatzsteuer hat die B-Bank anzumelden und kann sie zugleich gem. § 15 Abs. 1 Nr. 4 UStG als Vorsteuer abziehen. Per Saldo muss die B-Bank also 22 800 € Umsatzsteuer an das Finanzamt abführen. K kann aus der Rechnung des O die Umsatzsteuer i. H. v. 22 800 € als Vorsteuer abziehen.

## 4.4 Reverse-Charge-Verfahren bei Umsätzen, die unter das Grunderwerbsteuergesetz fallen

Unter die Regelung fallen im Wesentlichen Grundstückslieferungen, die nicht im Rahmen einer Geschäftsveräußerung oder Teilbetriebsveräußerung i. S. d. § 1 Abs. 1a UStG veräußert werden und bei denen auf die Befreiung nach § 4 Nr. 9 Buchst. a gem. § 9 Abs. 1 i. V. m. Abs. 3 UStG verzichtet wurde. Erfolgt eine steuerbare Grundstückslieferung in Bezug auf ein Grundstück mit Betriebsvorrichtungen, fällt die Mitveräußerung der Betriebsvorrichtung nicht unter das Grunderwerbsteuergesetz. Sie ist steuerpflichtig. Für die sich hieraus ergebende USt greift das Reverse-Charge-Verfahren nicht ein.

Wird in einem solchen Fall auf die Befreiung nach § 4 Nr. 9 Buchst. a UStG verzichtet und damit die ganze Grundstückslieferung steuerpflichtig, geht die Steuerschuld nur für den Teil auf den Erwerber über, der infolge des Verzichts steuerpflichtig wird. Vgl. auch J 4.2!

## 4.5 Reverse-Charge-Verfahren bei Bauleistungen nach § 13b Abs. 2 Nr. 4 UStG

Hierunter fallen Werklieferungen und sonstigen Leistungen, die der Herstellung, Instandsetzung, Instandhaltung, Änderung oder Beseitigung von Bauwerken dienen. Erforderlich ist, dass der Leistungsempfänger selbst Bauleistungen erbringt. Der Leistungsempfänger muss Unternehmer sein, und die Bauleistungen müssen von einem im Inland ansässigen Unternehmer erbracht werden, ansonsten geht § 13b Abs. 2 Nr. 1 UStG vor.

Der Begriff Bauwerk i. S. d. § 13b Abs. 2 Nr. 4 UStG ist weit auszulegen und umfasst nicht nur Gebäude, sondern auch irgendwie mit dem Erdboden verbundene oder infolge ihrer eigenen Schwere auf ihm ruhende, aus Baustoffen oder Bauteilen hergestellte Anlagen (vgl. A 13b.2 Abs. 1 UStAE und A 3a.3 Abs. 2 Satz 3 Spiegelstriche 2 bis 4). Eine Bauleistung liegt vor, wenn sich die Leistung unmittelbar auf die Substanz auswirkt (A 13b.2 Abs. 3 UStAE). In welchen weiteren Fällen eine Bauleistung vorliegt, ergibt sich aus A 13b.2 Abs. 5 UStAE. Planungs- und Überwachungsleistungen sind keine Bauleistungen in diesem Sinne (A 13b.2 Abs. 6 UStAE).

Welche Leistungen ebenfalls nicht unter § 13b Abs. 2 Nr. 4 UStG fallen, steht in A 13b.2 Abs. 7 UStAE. Nicht unter die Regelung fällt auch die Vermietung von Baugeräten, die Arbeitnehmerüberlassung oder die bloße Reinigung von Bauwerken. Nach A 13b.2 Abs. 7 Nr. 15 UStAE fallen Reparatur- und Wartungsarbeiten an Bauwerken oder Teilen von Bauwerken nicht unter das Reverse-Charge-Verfahren, wenn das (Netto-) Entgelt für den einzelnen Umsatz nicht mehr als 500 € beträgt. Übersteigen Wartungsarbeiten an Bauwerken oder Teilen von Bauwerken diese Gewichtigkeitsgrenze, sind sie nur dann als Bauleistungen zu behandeln, wenn Teile verändert, bearbeitet oder ausgetauscht werden (vgl. A 13b.2 Abs. 7 Nr. 15 Satz 2 UStAE).

**BEISPIELE**

a) Unternehmer U erbringt selbst Bauleistungen. Unternehmer W wartete die Aufzugsanlage im Bürogebäude des U, ohne dass hierbei Teile verändert, bearbeitet oder ausgetauscht wurden. W ging davon aus, dass das Reverse-Charge-Verfahren eingreift und berechnete dem U einen Nettopreis von 600 €.

**LÖSUNG** W erbringt an U eine steuerpflichtige Werkleistung zum Steuersatz von 19 %. Da ein Nettopreis vereinbart ist, beträgt die Umsatzsteuer 19 % von 600 € = 114 €. Zu prüfen ist, ob das Reverse-Charge-Verfahren nach § 13b Abs. 2 Nr. 4 i. V. m. Abs. 5 Satz 2 UStG eingreift. Reine Wartungsarbeiten an Bauwerken oder Teilen von Bauwerken stellen jedoch keine Bauleistung dar, solange nicht Teile verändert, bearbeitet oder ausgetauscht werden. Somit greift das Reverse-Charge-Verfahren gem. § 13b Abs. 5 Satz 2 i. V. m. Abs. 2 Nr. 4 UStG nicht ein (vgl. A 13b.2 Abs. 7 Nr. 15 Satz 2 UStAE). Somit ist W Schuldner der Umsatzsteuer. Wenn U allerdings in Übereinstimmung mit W das Reverse-Charge-Verfahren anwendet, wird dies – sofern ein Irrtum nachvollziehbar ist – nicht beanstandet (vgl. § 13b Abs. 5 Satz 7 UStG in der ab 01. 10. 2014 geltenden Fassung).

b) Unternehmer U erbringt selbst Bauleistungen. Unternehmer W wartete die Aufzugsanlage im Bürogebäude des U, wobei verschiedene Teile ausgetauscht wurden. W ging davon aus, dass das Reverse-Charge-Verfahren eingreift und berechnete dem U einen Nettopreis von 510 €. Die nach erfolgter Wartung erteilte Rechnung vom 25. 03. 01 enthielt den Hinweis: Bei Zahlung innerhalb von zehn Tagen 3 % Skontoabzug. U überwies am 02. 04. 01 unter Abzug des Skonto den Betrag von 494,70 €.

**LÖSUNG** W erbringt an U eine steuerpflichtige Werklieferung zum Steuersatz von 19 %. Zu prüfen ist, ob das Reverse-Charge-Verfahren nach § 13b Abs. 5 Satz 2 i. V. m. Abs. 2 Nr. 4 UStG eingreift. Nach A 13b.2 Abs. 7 Nr. 15 Satz 1 UStAE liegt jedoch keine Bauleistung gem. § 13b Abs. 2 Nr. 4 UStG vor, da nach Abzug des Skonto das Entgelt nicht mehr als 500 € beträgt. Somit ist W Schuldner der Umsatzsteuer i. H. v. 19 % von 494,70 € = 93,99 €. Wenn U allerdings in Übereinstimmung mit W das Reverse-Charge-Verfahren anwendet, wird dies nicht beanstandet (vgl. § 13b Abs. 5 Satz 7 UStG in der ab 01. 10. 2014 geltenden Fassung).

Der Leistungsempfänger ist nur dann Steuerschuldner, wenn er selbst nachhaltig Bauleistungen im Sinne von § 13b Abs. 2 Nr. 4 UStG erbringt (§ 13b Abs. 5 Satz 2 UStG). Es ist davon auszugehen, dass der Leistungsempfänger Bauleistungen dann nachhaltig erbringt, wenn die Bemessungsgrundlage seiner Bauleistungen mindestens 10 % seines gesamten Weltumsatzes beträgt. Maßgeblich ist hierbei insbesondere die gültige Bescheinigung des Finanzamts USt 1 TG (vgl. A 13b.3 Abs. 3 UStAE).

Keine Bauleistungen sind die von sog. Bauträgern erbrachten Bauleistungen bei der Errichtung schlüsselfertiger Gebäude, die nach ihrer Fertigstellung auf den Erwerber übergehen. Hierbei handelt es sich um keine Bauleistungen, sondern um grundsätzlich nach § 4 Nr. 9 Buchst. a UStG steuerfreie Grundstückslieferungen (A 13b.3 Abs. 8 Sätze 3 bis 5 UStAE). Bauträger sind aber für (alle) an sie erbrachte Bauleistungen dann Steuerschuldner, wenn sie mindestens 10 % ihrer Umsätze z. B. als Generalunternehmer erbringen (vgl. A 13b.3 Abs. 8 Satz 3 UStAE). Hat der Unternehmer zunächst keine Bauleistungen ausgeführt, ist er auch schon vor der erstmaligen Erbringung von Bauleistungen als bauleistender Unternehmer anzusehen, wenn er beabsichtigt, künftig nachhaltig Bauleistungen zu erbringen (A 13b.3 Abs. 2 Satz 3 UStAE).

**BEISPIELE**

a) Unternehmer U in Ludwigsburg installiert Heizungsanlagen. Im Auftrag von U erstellt Bauunternehmer M aus Mannheim eine Lagerhalle für den Betrieb des U für netto 500 000 €.

**LÖSUNG** M erbringt an U eine Werklieferung zum Steuersatz von 19 %. Durch die Montage der Heizungsanlagen erbringt H ebenfalls Bauleistungen. H schuldet deshalb nach § 13b Abs. 5 Satz 2 i. V. m. Abs. 2 Nr. 4 UStG als Leistungsempfänger die USt i. H. v. 95 000 €. Diese kann U nach § 15 Abs. 1 Nr. 4 UStG als Vorsteuer abziehen.

b) Unternehmer U erbringt selbst Bauleistungen. Die Bauschreinerei B baute in das private Einfamilienhaus des U eine neue Tür ein und berechnete U hierfür 800 € zuzüglich 19 % USt = 152 €.

**LÖSUNG** B erbringt an U eine steuerpflichtige Werklieferung zum Steuersatz von 19 %. U schuldet nach § 13b Abs. 5 Satz 2 i. V. m. Abs. 2 Nr. 4 UStG als Leistungsempfänger die USt i. H. v. 152 €. Dies gilt nach § 13b Abs. 5 Satz 6 UStG auch, wenn er die Bauleistung für seinen Privatbereich bezieht. Die USt kann U nicht als Vorsteuer abziehen, da bereits die Voraussetzungen des nach § 15 Abs. 1 UStG nicht vorliegen. B darf dann nach § 14a Abs. 5 Satz 2 UStG keine Umsatzsteuer ausweisen. Macht er dies trotzdem, schuldet er die ausgewiesene Umsatzsteuer nach § 14c Abs. 1 UStG (vgl. A 13b.14 Abs. 1 Satz 5 und 14c.1 Abs. 1 Satz 5 Nr. 2 UStAE).

c) Unternehmer U erbringt selbst Bauleistungen. Bauunternehmen S streicht die Fassade eines steuerfrei vermieteten Vierfamilienhauses, welches dem U zusammen mit seiner Ehefrau gehört. S berechnete den Eheleuten hierfür 3.000 € zuzüglich 19 % USt = 570 €.

**LÖSUNG** S erbringt an die Eheleute eine Werkleistung i. S. d. § 3 Abs. 9 UStG (Farbe ist nach der BFH-Rechtsprechung kein Hauptstoff). Diese sind durch ihre Vermietungsumsätze Unternehmer. Da die Ehegattengemeinschaft aber selbst keine Bauleistungen erbringt, schuldet S die USt und hat diese somit in seiner Rechnung zurecht ausgewiesen. Aus der in Rechnung gestellten USt haben die Eheleute keinen Vorsteuerabzug, da sie mit dem Gebäude nach § 4 Nr. 12 Buchst. a UStG steuerfreie Umsätze erzielen und der Vorsteuerabzug damit nach § 15 Abs. 2 UStG ausgeschlossen ist.

## 4.6 Reverse-Charge-Verfahren bei Lieferungen von Gas, Elektrizität, Wärme und Kälte

Wenn im Ausland ansässige Unternehmer Gas über das Erdgasnetz, Elektrizität bzw. Wärme oder Kälte über Wärme- oder Kältenetze nach § 3 g UStG im Inland an Unternehmer liefern, ist nach § 13b Abs. 5 Satz 1 i. V. m. Abs. 2 Nr. 5 Buchst. a UStG der Abnehmer Steuerschuldner.

Durch das AmtshilfeRLUmsG wurde der Anwendungsbereich der Steuerschuldnerschaft des Leistungsempfängers auf Lieferungen von Gas oder Elektrizität durch einen im **Inland ansässigen** Unternehmer zum 01. 09. 2013 erweitert. Bei der Lieferung von Gas über das Erdgasnetz ist der Leistungsempfänger Steuerschuldner nach § 13b Abs. 5 Satz 3 i. V. m. Abs. 2 Nr. 5 Buchst. b UStG, wenn er ein Wiederverkäufer von Erdgas i. S. d. § 3 g Abs. 1 UStG ist. Bei Lieferungen von Elektrizität ist der Leistungsempfänger Steuerschuldner nach § 13b Abs. 5 Satz 4 i. V. m. Abs. 2 Nr. 5 Buchst. b UStG, wenn sowohl er als auch der liefernde Unternehmer Wiederverkäufer von Elektrizität im Sinne des § 3 g Abs. 1 UStG sind. Zum Bescheinigungsverfahren (USt 1 TH) vgl. A 13b.3a Abs. 2 Sätze 5 ff UStAE). Betreiber von dezentralen Stromgewinnungsanlagen (z. B. Photovoltaik- bzw. Windkraftanlagen, Biogas-Blockheizkraftwerke) sind keine Wiederverkäufer von Elektrizität i. S. d. § 3 g Abs. 1 UStG (vgl. A 13b.3a Abs. 2 Satz 3 UStAE).

**BEISPIELE**

a) Die in Russland ansässige Firma G liefert über eine Erdgasleitung aus Russland Erdgas an die Firma D in Düsseldorf. D erwirbt das Erdgas zur Weiterveräußerung.

**LÖSUNG** Der Lieferort ist nach § 3 g Abs. 1 UStG in Düsseldorf. Die Lieferung ist steuerbar und steuerpflichtig. Steuerschuldner ist nach § 13b Abs. 5 Satz 1 i. V. m. Abs. 2 Nr. 5 Buchst. a UStG der Abnehmer D.

b) Die in den Niederlanden ansässige Firma N liefert über eine Erdgasleitung aus den Niederlanden Erdgas an die Firma S in Stuttgart. S erwirbt das Erdgas zur Weiterveräußerung.

**LÖSUNG** Der Lieferort ist nach § 3 g Abs. 1 UStG in Stuttgart. Die Lieferung ist steuerbar und steuerpflichtig. Steuerschuldner ist nach § 13b Abs. 5 Satz 1 i. V. m. Abs. 2 Nr. 5 Buchst. a UStG der Abnehmer S. Der Transport des Erdgases aus den Niederlanden nach Stuttgart ist ein rechtsgeschäftsloses Verbringen. Diesbezüglich ergibt sich gem. § 3 g Abs. 3 UStG kein fiktiver innergemeinschaftlicher Erwerb gem. § 1a Abs. 2 UStG durch N.

c) Der Beamte B aus Düsseldorf liefert den mittels Photovoltaikanlage auf seinem Einfamilienhaus erzeugten Strom an das Energieversorgungsunternehmen R in Essen. B hat nach § 19 Abs. 2 UStG zur Regelbesteuerung optiert.

**LÖSUNG** Der Lieferort ist nach § 3 g Abs. 1 UStG in Essen. Die Lieferung ist steuerbar und steuerpflichtig. Eine Umkehr der Steuerschuldnerschaft kommt nicht in Betracht, da B nach A 13b.3a Abs. 2 Satz 3 UStAE kein Wiederverkäufer ist. B ist Steuerschuldner nach § 13a Abs. 1 Nr. 1 UStG.

## 4.7 Reverse-Charge-Verfahren bei der Lieferung von Industrieschrott, Altmetallen und sonstigen Abfallstoffen

Der Leistungsempfänger wird Steuerschuldner nach § 13b Abs. 5 Satz 1 i. V. m. Abs. 2 Nr. 7 UStG, wenn an ihn in der maßgeblichen Anlage 3 des UStG (A 13b.4 UStAE) bezeichnete Gegenstände geliefert werden und er selbst Unternehmer ist.

**BEISPIEL**

Unternehmer A übernimmt gegenüber dem Reifenhersteller R die Entsorgung von Fehlproduktionen und Materialresten für 80 € je Tonne. Die Beteiligten verabreden, dass R an den von A bei der Veräußerung von daraus gewonnenem Gummigranulat und Stahl erzielten Erlösen zu 25 % beteiligt wird. Im Ergebnis zahlt R nur 60 € je Tonne für die Entsorgungsleistung.

**LÖSUNG** A erbringt mit der Entsorgung eine sonstige Leistung an R, die nicht unter § 13b UStG fällt. Soweit R an dem Mehrerlös beteiligt wird, liegt ein tauschähnlicher Umsatz nach § 3 Abs. 12 Satz 2 UStG vor. Die Bemessungsgrundlage für die Entsorgungsleistung beträgt 80 € (60 € – 20 € für den Wert der überlassenen Abfälle). R erhält für die gelieferten Abfälle 20 € je Tonne. Da es sich um Liefergegenstände der Nr. 5 der Anlage 3 zum UStG handelt, ist A insoweit nach § 13b Abs. 5 Satz 1 i. V. m. Abs. 2 Nr. 7 UStG Steuerschuldner.

Problematisch bei der praktischen Anwendung ist der Fall, in dem sowohl Gegenstände geliefert werden, die unter die Anlage 3 des UStG fallen, als auch Gegenstände, die nicht unter die Anlage 3 des UStG fallen. Hierbei ergeben sich unterschiedliche Steuerschuldner, was auch bei der Rechnungsstellung zu beachten ist (vgl. hierzu das Beispiel 1 in A 13b.4 Abs. 2 UStAE). Werden Mischungen oder Warenzusammensetzungen geliefert, die sowohl aus in der Anlage 3 des UStG bezeichneten als auch dort nicht genannten Gegenständen bestehen, sind die Bestandteile grundsätzlich getrennt zu beurteilen. Ist eine getrennte Beurteilung nicht möglich, werden

Waren nach dem Stoff oder Bestandteil beurteilt, der ihnen ihren wesentlichen Charakter verleiht (A 13b.4 Abs. 3 UStAE).

## 4.8 Reverse-Charge-Verfahren bei Gebäudereinigungsleistungen

Unter die Reinigung von Gebäuden und Gebäudeteilen nach § 13b Abs. 2 Nr. 8 UStG fallen insbesondere die Hausfassadenreinigung, die Reinigung von Räumen und Inventar sowie die Fensterreinigung (vgl. A 13b.5 Abs. 2 UStAE mit weiteren Beispielen). Nicht zu den Gebäuden oder Gebäudeteilen gehören Baulichkeiten, die nur zu einem vorübergehenden Zweck mit dem Grund und Boden verbunden und daher keine Bestandteile eines Grundstücks sind, insbesondere Büro- oder Wohncontainer, Baubuden, Kioske, Tribünen oder ähnliche Einrichtungen (A 13b.5 Abs. 1 Satz 3 UStAE).

Keine Gebäudereinigungsleistung ist die Schornsteinreinigung und die Schädlingsbekämpfung; außerdem der Winterdienst und die Reinigung von Inventar, wie Möbel, Teppiche, Matratzen, Bettwäsche, Gardinen und Vorhänge, Geschirr, Jalousien und Bilder, soweit es sich um eine eigenständige Leistung handelt (vgl. A 13b.5 Abs. 3 UStAE).

Der Leistungsempfänger wird nur dann Steuerschuldner, wenn er Unternehmer ist und selbst Gebäudereinigungsleistungen erbringt (§ 13b Abs. 5 Satz 2 UStG). Die 10 %-Regelung für Bauleister und das Bescheinigungsverfahren (USt 1 TG) sind sinngemäß anzuwenden.

## 4.9 Reverse-Charge-Verfahren bei Goldlieferungen

Die Steuerschuldnerschaft des Leistungsempfängers nach § 13b Abs. 2 Nr. 9 UStG gilt für die Lieferung von Gold oder Goldlegierungen in Rohform oder als Halbzeug mit einem Feingehalt von mindestens 325 Tausendstel. Betroffen sind auch platiniertes Gold und Goldplattierungen sowie die Lieferungen von Barren, die in einer Verschmelzung von Schrott und verschiedenen goldhaltigen Metallgegenständen sowie verschiedenen anderen Metallen, Stoffen und Substanzen bestehen, jeweils mit einem Feingehalt von mindestens 325 Tausendstel. Nach A 13b.6 Abs. 1 Satz 1 UStAE fallen auch die steuerpflichtigen Lieferungen von Anlagegold mit einem Feingehalt von mindestens 995 Tausendstel nach § 25c Abs. 3 UStG unter das Reverse-Charge-Verfahren. Goldplattierungen sind Waren, bei denen auf einer Metallunterlage auf einer Seite oder auf mehreren Seiten Gold in beliebiger Dicke durch Schweißen, Löten, Warmwalzen oder ähnliche mechanische Verfahren (nicht galvanisch, hierbei handelt es sich um ein elektro-chemisches Verfahren) aufgebracht worden ist (A 13b.6 Satz 3 UStAE).

Seit dem 01. 10. 2014 unterliegen auch die Lieferungen von anderen Edelmetallen, unedlen Metallen und bestimmten Verbundmetallen dem Reverse-Charge-Verfahren. Hierzu hat der Gesetzgeber eine Anlage 4 herausgegeben, in der die betroffen Gegenstände aufgeführt sind (vgl. 4.11).

## 4.10 Reverse-Charge-Verfahren bei Lieferungen von Mobilfunkgeräten, Tablet-Computern, Spielekonsolen und integrierten Schaltkreisen

Die Lieferung von **Mobilfunkgeräten** unterliegt seit dem 01. 07. 2011 nach § 13b Abs. 2 Nr. 10 UStG dem Reverse-Charge-Verfahren. Mobilfunkgeräte (inkl. evtl. Zubehör) sind nach A 13b.7 Abs. 1 UStAE Geräte, die zum Gebrauch mittels eines zugelassenen Mobilfunk-Netzes auf bestimmten Frequenzen hergestellt oder hergerichtet wurden, unabhängig von etwaigen weiteren Nutzungsmöglichkeiten. In A 13b.7 Abs. 1 Satz 5 Nr. 1 bis 5 UStAE sind Geräte genannt, die nicht dazu gehören. Seit dem 01.10.2014 gilt die Umkehr der Steuerschuldnerschaft auch für die Lieferung von **Tablet-Computern** (vgl. A 13b.7 Abs. 1a UStAE) und **Spielekonsolen** (vgl. A 13b.7 Abs. 1b UStAE). § 13b Abs. 2 Nr. 10 UStG wurde entsprechend erweitert.

Ebenfalls nach § 13b Abs. 2 Nr. 10 UStG unterliegt die Lieferung von **integrierten Schaltkreisen** seit dem 01.07.2011 dem Reverse-Charge-Verfahren. Ein integrierter Schaltkreis ist nach A 13b.7 Abs. 2 UStAE eine auf einem einzelnen Chip untergebrachte elektronische Schaltung. Zu den integrierten Schaltkreisen zählen insbesondere Mikroprozessoren und CPUs. Wird ein integrierter Schaltkreis in einen anderen Gegenstand eingebaut oder verbaut, handelt es sich bei dem weiter gelieferten Wirtschaftsgut nicht mehr um einen integrierten Schaltkreis. In diesem Fall ist es unbeachtlich, ob der weiter gelieferte Gegenstand ein Endprodukt ist und auf der Einzelhandelsstufe gehandelt werden kann (vgl. A 13b.7 Abs. 2 Satz 5 UStAE).

Die Lieferungen von Mobilfunkgeräten, Tablet-Computern, Spielekonsolen und integrierten Schaltkreisen fallen nur unter die Regelung zur Steuerschuldnerschaft des Leistungsempfängers nach § 13b Abs. 2 Nr. 10 UStG, wenn der Leistungsempfänger ein Unternehmer ist und die Summe der Bemessungsgrundlagen **mindestens 5 000 €** beträgt. Abzustellen ist dabei auf alle im Rahmen eines zusammenhängenden wirtschaftlichen Vorgangs gelieferten Gegenstände der genannten Art (vgl. A 13b.7 Abs. 3 UStAE und das hierzu abgedruckte Beispiel).

## 4.11 Reverse-Charge-Verfahren bei Lieferungen von Edelmetallen und unedlen Metallen

Durch das KroatienG vom 25.07.2014 BGBl I 2014, 1266 wurde zum 01.10.2014 das Reverse-Charge-Verfahren auf die Lieferung von Edelmetallen und unedlen Metallen ausgedehnt und durch das Zollkodex-Anpassungsgesetz vom 22.12.2014 BGBl I 2014, 2417 zum 01.01.2015 nochmals geändert. Der Leistungsempfänger wird Steuerschuldner nach § 13b Abs. 5 Satz 1 i. V. m. Abs. 2 Nr. 11 UStG, wenn an ihn in der maßgeblichen Anlage 4 des UStG bezeichnete Gegenstände (A 13b.7a UStAE) geliefert werden und er selbst Unternehmer ist. Hierzu gehörten z. B. Platin, Silber, Palladium, Osmium, Kupfer, Nickel, Aluminium, Blei, Roheisen, Stahl und Cermets in Rohform oder als Pulver, Körner und Flitter. Bei Eisen gilt das Reverse-Charge-Verfahren auch für Masseln und Blöcke, bei den Edelmetallen wie Silber und Platin auch für Halbzeug sowie für Plattierungen. Die zugrunde liegenden zolltariflichen Einordnungen sind in A 13b.7a Abs. 1 Satz 1 Nr. 1 bis 11 UStAE näher erläutert. Entsprechend der Regelung des § 13b Abs. 2 Nr. 10 UStG wurde auch bei der Lieferung von in der Anlage 4 genannten Metallen eine Bagatellgrenze von 5 000 € eingeführt.

## 4.12 Berechnung, Entstehung und Abführung der im Reverse-Charge-Verfahren anfallenden Umsatzsteuer

Zuständig für die Besteuerung ist das Finanzamt, bei dem der Leistungsempfänger als Unternehmer umsatzsteuerrechtlich erfasst ist. Bei der Berechnung der Steuer sind die §§ 19 und 24 UStG nicht anzuwenden (§ 13b Abs. 8 UStG, A 13b.1 Abs. 1 Satz 3 UStAE). Auch wenn der Leistungsempfänger Kleinunternehmer nach § 19 UStG ist, hat er die Steuer zu entrichten. Im Übrigen ist die Steuer genauso zu ermitteln, wie sie ohne die Auswechslung der Steuerschuldnerschaft zu ermitteln wäre. Dabei ist davon auszugehen, dass der vom Leistungsempfänger an den leistenden Unternehmer entrichtete Betrag ein Nettobetrag ist (vgl. A 13b.13 Abs. 1 Satz 1 UStAE). In Tauschfällen ist der Wert der vom Leistungsempfänger aufgewendeten

Gegenleistung als Nettowert anzusetzen. Für den Entstehungszeitpunkt der Umsatzsteuer im Reverse-Charge-Verfahren sind folgende Zeitpunkte zu unterscheiden:

- Zeitpunkt der Leistung,
- Zeitpunkt der Zahlung,
- Zeitpunkt der Rechnungserteilung,
- Zeitpunkt des Ablaufs des dem Zeitpunkt der Leistung folgenden Kalendermonats.

Die Umsatzsteuer nach § 13b Abs. 1 UStG entsteht die USt mit Ablauf des Voranmeldungszeitraums, in dem die Leistung erbracht wird. Nach § 13b Abs. 2 Satz 1 UStG entsteht die Umsatzsteuer für die in § 13b Abs. 2 Nr. 1 bis 11 UStG aufgeführten Leistungen mit Ausstellung der Rechnung. Dies gilt jedoch nur dann, wenn zu diesem Zeitpunkt die Leistung bereits erbracht worden ist bzw. bereits eine Zahlung auf die Leistung erbracht wurde. Dies ergibt sich durch Auslegung aus der korrespondierenden Wirkung von USt und Vorsteuer. Da der Vorsteueranspruch nach § 15 Abs. 1 Nr. 4 UStG frühestens im Voranmeldungszeitraum der Leistung bzw. Zahlung entsteht, entsteht die USt auch nicht früher. Die Umsatzsteuer entsteht jedoch spätestens mit Ablauf des Kalendermonats, der dem Kalendermonat folgt, in dem die Leistung ausgeführt worden ist.

Der Zeitpunkt der Leistung ist zum einen von Bedeutung für die Ermittlung des Zeitpunkts des Ablaufs des dem Zeitpunkt der Leistung folgenden Kalendermonats, außerdem insoweit, als die Umsatzsteuer frühestens im Zeitpunkt der Leistung entstehen kann. Die USt entsteht allerdings schon vor der Leistung, wenn eine Vorauszahlung oder Anzahlung geleistet worden ist (vgl. § 13b Abs. 4 UStG). Ist eine Vorausrechnung erteilt worden und keine Zahlung vor dem Zeitpunkt der Leistung bewirkt worden, entsteht die Umsatzsteuer erst im Zeitpunkt der Leistung. Im Übrigen gilt das sog. Windhundprinzip: Die Umsatzsteuer entsteht beim Vergleich der Zeitpunkte zum frühesten Zeitpunkt.

Der Leistungsempfänger als Steuerschuldner hat nach **§ 15 Abs. 1 Nr. 4 UStG** unter den übrigen Voraussetzungen des § 15 UStG den **Vorsteuerabzug** hinsichtlich der von ihm geschuldeten Steuer.

Weist der **leistende Unternehmer** entgegen § 14a Abs. 5 Satz 2 UStG in seiner Rechnung gesondert **Umsatzsteuer aus**, schuldet er diese nach § 14c Abs. 1 UStG (vgl. A 13b.14 Abs. 1 Satz 5, A 14.1 Abs. 6 Satz 4 Beispiel 2 und A 14c.1 Abs. 1 Satz 5 Nr. 2 UStAE). Aus einer solchen Rechnung hat der Leistungsempfänger keinen Vorsteuerabzug (vgl. A 15.2 Abs. 1 Sätze 1 und 2 UStAE). Er hat den Vorsteuerabzug nur unter den Voraussetzungen des § 15 Abs. 1 Nr. 4 UStG.

Nach § 33 Satz 3 UStDV gelten die Vorschriften über Kleinbetragsrechnungen nach § 33 Satz 1 und 2 UStDV nicht für Rechnungen über Leistungen i. S. d. § 13b UStG.

## 4.13 Übungsfälle zum Reverse-Charge-Verfahren

### 4.13.1 Tatbestandsmerkmale für das Reverse-Charge-Verfahren

1. Prüfen Sie nachfolgend, ob der **Leistungsgeber (LG)** ein im Ausland ansässiger Unternehmer ist:

a) Der LG hat seinen Sitz am 01. 07. 01 von Basel (Schweiz) nach Stuttgart verlegt. Der Leistungsempfänger zahlt das Entgelt für die am 30. 06. 01 erbrachte Leistung am 03. 07. 01.

b) Der LG hat seinen Sitz auf Helgoland.

c) Der LG hat seinen Sitz im Freihafen C

d) Der LG hat seinen Sitz am 01.07.01 von Hamburg nach Dublin verlegt. Das Firmengrundstück des LG hat er ab diesem Zeitpunkt an die Fa. X für monatlich 5 000 € zuzüglich 950 € Umsatzsteuer vermietet. X zahlt die Miete für Juni 02 am 01.07.02.

2. Prüfen Sie nachfolgend, ob die Leistung des im Ausland ansässigen Unternehmers A an den Unternehmer B eine Werklieferung oder eine sonstige Leistung ist:

a) A hat die Maschine nach den Plänen des B im Drittlandsgebiet hergestellt und nach Fertigstellung zu B versandt (Lieferbedingung verzollt und versteuert).

b) A hat die Maschinenteile nach den Plänen des B im Drittlandsgebiet hergestellt, nach Fertigstellung zu B transportiert (Lieferbedingung verzollt und versteuert), bei B zusammenmontiert, aufgestellt und nach einem Probelauf übergeben.

3. Prüfen Sie nachfolgend, ob der **Leistungsempfänger B** für die von dem im Ausland ansässigen Unternehmer A erbrachte steuerpflichtige Werkleistung die Umsatzsteuer nach § 13b UStG schuldet:

a) B ist ein im Ausland ansässiger Unternehmer.

b) B ist Unternehmer, hat die Werkleistung jedoch für seinen außerunternehmerischen Bereich bezogen.

c) B ist Kleinunternehmer nach § 19 Abs. 1 UStG.

d) B ist Arbeitnehmer. Er hat eine Eigentumswohnung, die er vermietet hat.

4. A in Basel (Schweiz) erstellt für B in Freiburg einen Rohbau. Als Gegenleistung erhält A von B einen Baukran (gemeiner Wert 75 000 €). Vereinbarungsgemäß lässt B den Kran von F für 2 000 € von Freiburg zu A in Basel transportieren. Die Transportkosten erhält B von A vereinbarungsgemäß ersetzt.

5. Der im Ausland ansässige A erbringt an den Unternehmer B eine Werklieferung für dessen privaten Bereich (Erstellung eines Wintergartens). Nach Fertigstellung im Juni 02 berechnet A dem B einen Nettopreis von 24 000 €, den B sofort bezahlt.

6. Der im Ausland ansässige A stellt dem Bauunternehmer B in Karlsruhe Personal zur Verfügung. A erteilt B hierüber eine Rechnung über netto 30 000 €. B setzt das Personal für steuerpflichtige Werklieferungen ein.

7. Bauunternehmer B erstellt schlüsselfertige Häuser auf dem Grundstück der Besteller. Bei der Errichtung des Einfamilienhauses für den Auftraggeber A beauftragt B den Installateur I mit den Installationsarbeiten. B hat mit I hierfür einen Nettopreis von 30 000 € vereinbart.

8. Der in China ansässige Internet-Unternehmer C vertreibt Software über eine Onlineplattform an Unternehmer A für 50 €.

9. Der in China ansässige Internet-Unternehmer C vertreibt Software-Lizenzen über eine Onlineplattform an Unternehmer A für 50 €. A kann die Software 1 Jahr nutzen.

### 4.13.2 Ausnahmen vom Reverse-Charge-Verfahren

1. Der französische Busunternehmer B mit Sitz in Metz (Frankreich) führt im Auftrag des Reisebüros R in Stuttgart Ausflugsfahrten durch. Es handelt sich u. a. um folgende Fahrten:

a) von Saarbrücken nach Frankreich und zurück;

b) von Stuttgart in den Schwarzwald und zurück.

### 4.13.3 Ermittlung, Anmeldung und Abführung der Steuer

1. Der im Ausland ansässige A erbringt an den Unternehmer B eine Werklieferung für dessen privaten Bereich (Erstellung eines Wintergartens). Hierfür ist ein Nettopreis von 24 000 € vereinbart. Bei Vertragsabschluss wird eine entsprechende Vorausrechnung erteilt. Die Bezahlung erfolgte wie folgt:
- Bei Vertragsabschluss im Februar 01 Anzahlung von 4 800 €.
- Bei Materialanlieferung im Mai 01 Anzahlung von 7 200 €.
- Bei Fertigstellung im Juni 01 Abschlusszahlung von 12 000 €.
2. Die ausländische Musikkapelle M veranstaltete von 15.02. bis 15.03.02 allabendlich für den Konzertveranstalter K ein Konzert. M erteilte K hierüber im Januar 01 eine Vorausrechnung über 200 000 €. Am 15.02. leistete K hierauf eine Anzahlung von 100 000 €. Am 02.04. zahlte K weitere 100 000 €.

### 4.13.4 Übungsfälle zur Lieferung sicherungsübereigneter Gegenstände und zur Lieferung von Grundstücken

1. Bauunternehmer B hat der S-Bank zur Sicherung eines Darlehens das Eigentum an einem Baukran übertragen. B kann das Darlehen bei Fälligkeit nicht zurückzahlen. Die S-Bank lässt sich darauf von B den Baukran herausgeben und veräußert ihn an den Erwerber E (ebenfalls Bauunternehmer) für 100 000 € zuzüglich 19 % USt = 19 000 €. Den Erlös schreibt die S-Bank nach Abzug der Veräußerungskosten von 10 000 € und der USt von 19 000 € dem Darlehenskonto des B gut.
2. Die A-GmbH hat im Jahr 01 ein Bürogebäude errichtet und ab 01.01.02an Unternehmer steuerpflichtig vermietet. Für die Errichtung ist der A-GmbH USt in Höhe von 500 000 € gesondert in Rechnung gestellt worden, die A zu Recht als Vorsteuer geltend gemacht hat. Weil die A-GmbH ihre Verbindlichkeiten nicht mehr erfüllen konnte, wurde das Gebäude am 01.07.05 zwangsversteigert für 5 Mio. €. Erwerber war die B-GmbH. Es handelt sich um keine Geschäftsveräußerung i. S. d. 1 Abs. 1a UStG, da das Gebäude leer stand. Die B-GmbH hat nach dem Erwerb das Gebäude steuerpflichtig an neue Mieter vermietet. Zur Vermeidung der Vorsteuerberichtigung nach § 15a UStG hat die A-GmbH im Versteigerungstermin vor der Aufforderung zur Abgabe von Geboten auf die Befreiung nach § 4 Nr. 9 Buchst. a UStG gem. § 9 Abs. 1 und 3 UStG verzichtet. Der Erlös fiel in vollem Umfang unter die Grunderwerbsteuer, da keine Betriebsvorrichtungen vorhanden waren.
3. Wie Fall 2, jedoch handelt es sich um eine Geschäftsveräußerung i. S. d. § 1 Abs. 1a UStG.

## 5 Vorsteuervergütungsverfahren

Nach § 15 Abs. 1 Satz 1 UStG ist grundsätzlich jeder Unternehmer aus »inländischer« Umsatzsteuer zum Vorsteuerabzug berechtigt, auch wenn er in der Bundesrepublik keinen Sitz und keine Zweigniederlassung hat und keine steuerbaren Leistungen bewirkt. In derartigen Fällen erfolgt die Geltendmachung der Vorsteuer gem. §§ 59 bis 61 UStDV nicht im normalen USt-Veranlagungsverfahren gem. §§ 16 und 18 Abs. 1 bis 4 UStG, sondern im Vorsteuervergütungsverfahren. Das Vergütungsverfahren ist lediglich eine besondere Verfahrensform zur Erlangung der Vorsteuer. Es setzt wie das normale Veranlagungsverfahren für die Anerkennung von Vorsteuern voraus, dass die Voraussetzungen des § 15 UStG vorliegen. Stehen die Eingangsleistungen z. B. im Zusammenhang mit vorsteuerschädlichen Ausgangsumsätzen, ist auch im Vorsteuervergütungsverfahren der Vorsteuervergütungsanspruch ausgeschlossen. Ebenso sind Reiseveranstalter nach § 25 Abs. 4 Satz 1 UStG nicht berechtigt, die ihnen für Reisevorleistungen berechneten USt als Vorsteuer abzuziehen. Sie können daher diese Vorsteuern auch nicht im Vorsteuervergütungsverfahren geltend machen (vgl. A 18.11 Abs. 2 UStAE).

Das Vorsteuervergütungsverfahren betrifft nur Unternehmer, welche im Ausland ansässig sind. Nach § 13b Abs. 7 UStG handelt es sich dabei um die Unternehmer, auf deren Leistungen grundsätzlich auch das Reverse-Charge-Verfahren nach § 13b UStG Anwendung findet, die also weder im Inland noch in einem Zollfreigebiet einen Sitz, Wohnsitz, die Geschäftsleitung oder eine Zweigniederlassung haben. Ein Unternehmer ist auch dann im Inland ansässig, wenn er eine Betriebsstätte hat und von dieser tatsächlich Umsätze ausführt (BFH vom 05. 06. 2014 BStBl II 2014, 813 und A 18.10 Abs. 1 Satz 2 UStAE). Hat ein Unternehmer im Inland auch nur ein Grundstück, welches er steuerpflichtig oder steuerfrei vermietet oder vermieten will, ist das Vorsteuervergütungsverfahren nicht mehr anwendbar (vgl. A 18.10 Abs. 1 Satz 4 UStAE).

Die Vergütung der Vorsteuerbeträge für Unternehmer aus dem Drittland ist nach § 61a Abs. 4 UStDV davon abhängig, dass der Unternehmer durch eine behördliche Bescheinigung seines Staates, in dem er ansässig ist, nachweist, dass er als Unternehmer unter einer Steuernummer geführt wird (vgl. Nachweismuster in A 18.14 Abs. 7 UStAE). Für ausländische Unternehmer mit Sitz im Drittlandsgebiet ist das Vorsteuervergütungsverfahren eingeschränkt. Vom Vorsteuerabzug im Vorsteuervergütungsverfahren bei nicht im Gemeinschaftsgebiet ansässigen Unternehmern ausgeschlossen sind nach § 18 Abs. 9 Satz 5 UStG Vorsteuerbeträge, die auf den Bezug von Kraftstoffen entfallen. Außerdem wird einem in einem Drittstaat ansässigen Unternehmer nach dem Prinzip der Gegenseitigkeit die Vorsteuer nach § 18 Abs. 9 Satz 4 UStG nur vergütet, wenn

a) in dem Drittstaat keine USt oder ähnliche Steuer erhoben wird oder
b) in dem Drittstaat den im Inland (Deutschland) ansässigen Unternehmern die USt bzw. ähnliche Steuer vergütet wird.

In welchen Drittstaaten die Gegenseitigkeit i. S. v. § 18 Abs. 9 Satz 4 UStG gegeben ist, ergibt sich aus den Anlagen 1 und 2 zum Schreiben des BMF vom 17. 10. 2014 BStBl I 2014, 1369. So ist z. B. die Gegenseitigkeit in Norwegen, Liechtenstein, der Schweiz, USA und Kanada gegeben. Sie ist z. B. nicht gegeben in China (außer Hongkong), der Ukraine, die Republik Moldau und Russland.

## 5.1 Voraussetzungen für das Vorsteuervergütungsverfahren

Das Vorsteuervergütungsverfahren greift für im Ausland ansässige Unternehmer nach § 59 Satz 1 UStDV in folgenden Fällen ein:

a) Der Unternehmer hat im Vergütungszeitraum keine steuerbaren Umsätze nach § 1 Abs. 1 Nr. 1 und 5 UStG bewirkt.
b) Der Unternehmer hat im Vergütungszeitraum nur steuerfreie Umsätze nach § 4 Nr. 3 UStG bewirkt.
c) Der Unternehmer hat im Vergütungszeitraum nur Umsätze bewirkt, die dem Reverse-Charge-Verfahren nach § 13b UStG unterlegen haben.
d) Der Unternehmer hat im Vergütungszeitraum nur Umsätze bewirkt, die der Beförderungseinzelbesteuerung nach den §§ 16 Abs. 5 und 18 Abs. 5 UStG unterlegen haben.
e) Nach dem BFH-Urteil vom 19. 11. 2014, BFH/NV 2015, 634 kann ein im Ausland ansässiger Unternehmer die Vorsteuer im normalen Besteuerungsverfahren geltend machen,

auch wenn er nur Umsatzsteuer nach § 13a Abs. 1 Nr. 1 i. V. m. § 14c Abs. 1 oder § 13a Abs. 1 Nr. 4, i. V.m § 14c Abs. 2 UStG schuldet. Um Missbräuche, insbesondere von Unternehmern aus dem Drittland, zu vermeiden, wurde in § 18 Abs. 9 Satz 3 UStG in diesen Fällen das Vergütungsverfahren vorgeschrieben.

Das Vorsteuervergütungsverfahren greift nach seinem Sinn und Zweck auch dann ein, wenn der Unternehmer im Vergütungszeitraum zugleich Umsätze nach b), c), d) und e) bewirkt hat. Auch wenn die oben genannten Voraussetzungen vorliegen, greift das Vorsteuervergütungsverfahren jedoch für diejenigen im Vergütungszeitraum angefallenen Vorsteuern nicht ein, die mit anderen als den unter a) bis e) beschriebenen Umsätzen in Zusammenhang stehen. Diese vom Vergütungsverfahren ausgeschlossenen Vorsteuern sind im normalen Besteuerungsverfahren geltend zu machen.

**BEISPIELE**

a) Unternehmer A mit Sitz in Basel beliefert von Basel aus Abnehmer im Raum Südbaden. Im Zusammenhang mit dem Transport der bestellten Waren durch eigene Lkw fallen bei A Vorsteuern an. A tätigt im Inland keine weiteren Umsätze. Die Einfuhrumsatzsteuer für die Einfuhr der Waren wird jeweils von den Abnehmern entrichtet.

**LÖSUNG** A führt nach § 3 Abs. 6 Satz 1 UStG nicht steuerbare Beförderungslieferungen an die Abnehmer im Raum Südbaden aus. Er tätigt somit keine steuerbaren Umsätze nach § 1 Abs. 1 Nr. 1 und 5 UStG. Die Vorsteuern erfüllen bei A die Voraussetzungen des § 15 UStG. Er muss sie im Vergütungsverfahren nach §§ 59 bis 61a UStDV geltend machen. Aus dem Bezug von Kraftstoffen hat A jedoch gem. § 18 Abs. 9 Satz 5 UStG keinen Vorsteuerabzug.

b) Unternehmer A mit Sitz in Basel beliefert von Basel aus Abnehmer im Raum Südbaden. Im Zusammenhang mit dem Transport der bestellten Waren durch eigene Lkw fallen bei A Vorsteuern an. A tätigt im Inland keine weiteren Umsätze. A entrichtet die Einfuhrumsatzsteuer für die Einfuhr der Waren ins deutsche Zollgebiet.

**LÖSUNG** A führt Beförderungslieferungen nach § 3 Abs. 6 Satz 1 UStG an die Abnehmer im Raum Südbaden aus. Da er die Einfuhrumsatzsteuer entrichtet, verlagert sich der Lieferort nach § 3 Abs. 8 UStG ins Inland. A tätigt somit steuerbare und steuerpflichtige Lieferungen an die Abnehmer im Raum Südbaden. Die Vorsteuern erfüllen bei A die Voraussetzungen des § 15 UStG. Er kann sie nicht im Vergütungsverfahren geltend machen, sondern muss sie im normalen Veranlagungsverfahren geltend machen, wobei zugleich auch seine steuerpflichtigen Lieferungen erfasst werden. Da er seine Vorsteuern im normalen Besteuerungsverfahren geltend machen kann, kann er auch die Vorsteuern aus dem Bezug von Kraftstoffen geltend machen. Zuständiges Finanzamt ist das Finanzamt Konstanz nach § 1 Abs. 1 Nr. 25 der Umsatzsteuerzuständigkeitsverordnung (BGBl I 2001, 3794 und 2014, 2392).

c) Frachtführer F mit Sitz in Basel führt grenzüberschreitende Güterbeförderungen für Privatpersonen von der Schweiz in den Raum Südbaden und von dort in die Schweiz aus. F tätigt keine weiteren Umsätze im Inland. Im Zusammenhang mit dem Transport der Güter fallen bei F Vorsteuern z. B. für Kraftstoffe an.

**LÖSUNG** Nach § 3b Abs. 1 Satz 2 UStG ist der Teil der Beförderungen, welcher auf das Inland entfällt, steuerbar. Die Beförderungen von Südbaden in die Schweiz sind mit ihrem inländischen Streckenanteil steuerbar, jedoch nach § 4 Nr. 3 Buchst. a Doppelbuchst. aa UStG steuerfrei. Die Beförderungen von der Schweiz in den Raum Südbaden sind ebenfalls mit ihrem inländischen Streckenanteil steuerbar. Sie können nach § 4 Nr. 3 Buchst. a Doppelbuchst. bb steuerfrei sein, wenn die Beförderungskosten in der Bemessungsgrundlage für die bei der Einfuhr der beförderten Gegenstände erhobene Einfuhrumsatzsteuer enthalten sind. Falls sämtliche Beförderungsleistungen des F steuerfrei sind und er auch keine weiteren Umsätze im Inland tätigt, greift § 59 Satz 1 Nr. 1, 2. Alt. UStDV. Die Vorsteuern erfüllen bei F die Voraussetzungen des § 15 UStG. Er muss sie im Vergütungsverfahren nach §§ 59 bis 61 UStDV geltend machen. Aus dem Bezug von Kraftstoffen hat A jedoch gem. § 18 Abs. 9 Satz 5 UStG keinen Vorsteuerabzug.

d) Unternehmer A mit Sitz in Basel liefert Klimaanlagen. A beliefert auch Abnehmer im Raum Südbaden. Er transportiert die Anlagen von Basel zu den Abnehmern und nimmt dort die Installationen vor. Bei den Abnehmern handelt es sich ausschließlich um Unternehmer. Im Zusammenhang mit dem Transport und dem Einbau der Anlagen fallen bei A Vorsteuern an. A tätigt im Inland keine weiteren Umsätze. Er entrichtet die Einfuhrumsatzsteuer für die Einfuhr der Anlagen ins Zollgebiet. A erteilt den Abnehmern Nettorechnungen i. S. v. § 14a Abs. 5 UStG.

**LÖSUNG** A erbringt an die Abnehmer im Raum Südbaden Werklieferungen. Da nicht das fertige Werk zu den Abnehmern transportiert wird, sondern noch ein Einbau der Anlagen bei den Abnehmern erforderlich ist, kann § 3 Abs. 6 Satz 1 UStG nicht eingreifen. Die Werklieferungen werden somit nach § 3 Abs. 7 Satz 1 UStG mit der Übergabe und Abnahme des fertigen Werks im Inland bewirkt. Die Werklieferungen sind somit steuerbar und steuerpflichtig. Da die Abnehmer der Werklieferungen Unternehmer sind, geht die Steuerschuld nach § 13b Abs. 5 Satz 1 i. V. m. Abs. 2 Nr. 1 UStG auf die Abnehmer über. Damit erfüllt A die Voraussetzung des § 59 Satz 1 Nr. 2 UStDV. Er hat somit seine Vorsteuern im Vergütungsverfahren nach §§ 59 bis 61 UStDV geltend zu machen.

e) Busunternehmer B mit Sitz in Basel unternimmt u. a. Ausflugsfahrten für Touristen in den Schwarzwald, für die der Zoll im Wege der Einzelbesteuerung nach den §§ 16 Abs. 5 und 18 Abs. 5 UStG die USt erhebt. Im Übrigen tätigt B keine Umsätze im Inland. Anlässlich dieser Ausflugsfahrten fällt bei B Vorsteuer für den Bezug von Kraftstoff an.

**LÖSUNG** Die Vorsteuern erfüllen die Voraussetzung des § 15 UStG. B erfüllt die Voraussetzung nach § 59 Satz 1 Nr. 2, 2. Alt. UStDV. Somit hat B die Vorsteuern im Vergütungsverfahren nach §§ 59 bis 61a UStDV geltend zu machen. Aus dem Bezug von Kraftstoffen hat A jedoch gem. § 18 Abs. 9 Satz 5 UStG keinen Vorsteuerabzug.

f) Unternehmer A mit Sitz in Basel hat eine Baustoffhandlung sowie ein Bauunternehmen. Er beliefert von Basel aus Abnehmer im Raum Südbaden mit Baustoffen. Im Zusammenhang mit dem Transport der Baustoffe durch eigene Lkw fallen bei A Vorsteuern an. A tätigt im Inland im Jahr 01 keine weiteren Umsätze. Die Einfuhrumsatzsteuer für die Einfuhr der Waren wird jeweils von den Abnehmern entrichtet.
A hat auch die Errichtung des Rohbaus für ein Einfamilienhaus in der Nähe von Basel, jedoch im Inland übernommen. Auftraggeber ist ein Privatmann. Mit den Ausschachtungsarbeiten hat A den Subunternehmer S beauftragt, der ihm nach Durchführung des Auftrags Ende November 01 hierfür eine Nettorechnung i. S. v. § 14a Abs. 5 UStG erteilte. Der Rohbau wurde von A erst im Juni 02 fertig gestellt.

**LÖSUNG** Im Jahr 01 tätigt A mit seinen Baustofflieferungen keine steuerbaren Umsätze (vgl. Beispiel a). Die Erstellung des Rohbaus stellt im Juni 02 eine steuerbare und steuerpflichtige Werklieferung dar. Für diese Werklieferung geht die Steuerschuld nicht nach § 13b Abs. 5 Satz 1 i. V. m. Abs. 2 Nr. 1 UStG auf den Abnehmer über, da die Leistung an einen Nichtunternehmer erbracht wird. Somit liegen im Jahr 01 zwar die Voraussetzungen nach § 59 Satz 1 Nr. 1, 1. Alt UStDV vor und das Vergütungsverfahren greift ein. Hinsichtlich der Leistung des S ist A nach § 13b Abs. 5 Satz 2 i. V. m. Abs. 2 Nr. 4 UStG Steuerschuldner. Die im Reverse-Charge-Verfahren von A geschuldete USt darf A gem. § 15 Abs. 1 Nr. 4 UStG grundsätzlich als Vorsteuer geltend machen. Diese Vorsteuer kann jedoch nach § 59 Satz 1 Nr. 1 UStDV nicht im Vergütungsverfahren geltend gemacht werden, weil sie im Zusammenhang mit einer steuerpflichtigen Leistung steht, auf die das Reverse-Charge-Verfahren keine Anwendung findet. Nur soweit A seine Vorsteuern im Vergütungsverfahren geltend machen muss, ist der Abzug von Vorsteuern für Kraftstoffe gem. § 18 Abs. 9 Satz 5 UStG ausgeschlossen.

## 5.2 Durchführung des Vergütungsverfahrens

Nach § 61 Abs. 1 UStDV hat der Unternehmer die Vorsteuervergütung nach amtlich vorgeschriebenem Vordruck beim Bundeszentralamt für Steuern (BZSt) zu beantragen. Seit dem Kalenderjahr 2010 müssen Unternehmer, die im übrigen Gemeinschaftsgebiet ansässig sind, den Vergütungsantrag nach amtlich vorgeschriebenem Datensatz durch Datenfernübertragung stellen. Er ist spätestens innerhalb von neun Monaten nach Ablauf des Kalenderjahrs, in dem der Vergütungsanspruch entstanden ist, zu stellen. Der Antrag ist über den Ansässigkeitsmitgliedstaat an das BZSt zu richten. Die einzelnen Mitgliedstaaten haben hierzu ein sog. elektronisches Portal eingerichtet (vgl. § 61 UStDV).

Unternehmer, die im Drittlandsgebiet ansässig sind, können den Antrag direkt beim BZSt stellen und zwar entweder nach amtlich vorgeschriebenem Vordruck oder nach amtlich vorgeschriebenem Datensatz durch Datenfernübertragung. Er ist spätestens innerhalb von sechs Monaten nach Ablauf des Kalenderjahrs, in dem der Vergütungsanspruch entstanden ist, zu stellen (vgl. § 61a UStDV).

Der Unternehmer muss dabei die Vorsteuervergütung für einen bestimmten Vergütungszeitraum beantragen. Dieser Vergütungszeitraum kann grundsätzlich nach Wahl des Unternehmers einen Zeitraum von mindestens 3 Monaten bis zu höchstens einem Jahr umfassen (§ 60 Satz 1 UStDV). Der Vergütungszeitraum darf jedoch nur ein Kalenderjahr betreffen. Er kann sich deshalb auch bis auf einen Monat verkürzen, wenn es sich um die Vergütung von Vorsteuern für Dezember handelt (§ 60 Satz 2 UStDV). Handelt es sich um einen im Gemeinschaftsgebiet ansässigen Unternehmer, muss er den Vergütungszeitraum im Übrigen so bemessen, dass die Vergütung mindestens 400 € beträgt (§ 61 Abs. 3 UStDV). Ist der Vergütungszeitraum der Rest eines Kalenderjahres, kann die Vergütung auch gewährt werden, wenn sie mindestens 50 € beträgt (§ 61 Abs. 3 UStDV). Ist der Unternehmer nicht im Gemeinschaftsgebiet ansässig, muss die Vergütung mindestens 1 000 € bzw. beim Restvergütungszeitraum mindestens 500 € betragen (vgl. § 61a Abs. 3 UStDV).

Der im Drittlandsgebiet ansässige Unternehmer hat dem Vergütungsantrag, in welchem er die Vergütung selbst zu berechnen hat, die Rechnungen und Einfuhrbelege im Original beizufügen (§ 61a Abs. 2 UStG). Im Falle der Vergütung werden die Originalbelege durch das BZSt durch den Stempelaufdruck oder in anderer Weise entwertet (vgl. A 18.14 Abs. 9 UStAE). Dies ist erforderlich, um eine mehrmalige Vergütung zu verhindern. Bei Unternehmern, die im übrigen Gemeinschaftsgebiet ansässig sind, ist ab dem Kalenderjahr 2010 die Vorlage von Originalrechnungen bzw. Einfuhrdokumenten nicht mehr zwingend erforderlich. Der Vergütungsmitgliedstaat kann verlangen, dass der Antragsteller zusammen mit dem Vergütungsantrag auf elektronischem Wege eine Kopie einreicht, wenn das Entgelt für den Umsatz bestimmte Grenzen übersteigt (vgl. § 61 Abs. 2 UStDV).

Hinweis zum Verhältnis normales Besteuerungsverfahren – Vergütungsverfahren:

In einem Kalenderjahr kann durchaus das Vergütungsverfahren mit dem normalen Besteuerungsverfahren zusammentreffen, wenn z. B. nicht für alle Vergütungszeiträume die Voraussetzungen für das Vergütungsverfahren vorgelegen haben. Wie hierbei zu verfahren ist, ist ausführlich in A 18.15 UStAE geregelt.

# Teil Y Anleitung zur Lösung von Prüfungsaufgaben im Fach Umsatzsteuer

## 1 Vorbemerkung

Umsatzsteuerrechtliche Kenntnisse allein sind noch keine Garantie für das erfolgreiche Lösen von Prüfungsaufgaben. Das ständige Üben der erforderlichen Prüfungstechnik ist unverzichtbar. Hierfür gilt es einige Regeln zu berücksichtigen. Besondere Schwierigkeiten ergeben sich üblicherweise beim adäquaten Aufbau der Lösung. Dem soll in den nachfolgenden Ausführungen besonderes Gewicht beigemessen werden.

**ÜBERSICHT** **Prüfung eines umsatzsteuerrechtlichen Sachverhalts (Regelbesteuerung)**

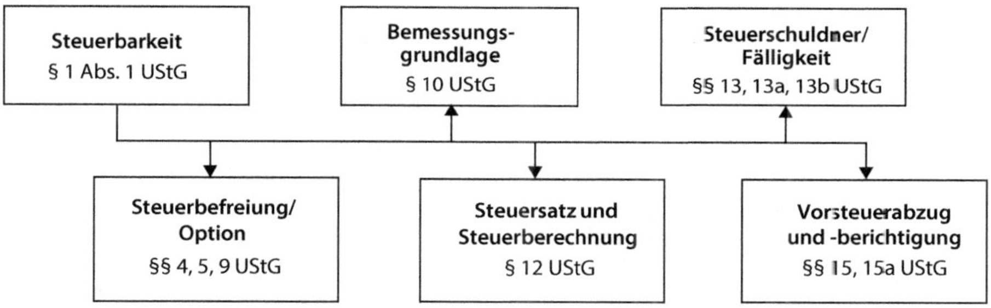

## Checkliste zur Prüfung umsatzsteuerlicher Sachverhalte in Klausur und Praxis

| | | |
|---|---|---|
| | **Allgemeine Angaben** | |
| 1 | Unternehmer (Organschaft) | § 2 UStG |
| 2 | Unternehmen (Einheitsbegriff) | § 2 UStG |
| 3 | Art der Umsatzbesteuerung | §§ 16, 20 UStG |
| 4 | Berechtigung zum VSt-Abzug/ Art der Ausgangsumsätze | §§ 15, 4 UStG |
| 5 | Besteuerungszeitraum/Abgabe der Voranmeldung | § 18 UStG |
| 6 | Spezielle Besteuerungsverfahren | §§ 19, 24, 25, 25a UStG |
| | **Ausgangsumsätze** | |
| 7 | Umsatzart | (Werk-)Lieferung (§ 3 Abs. 1, 4 UStG) oder sonstige Leistung (§ 3 Abs. 9 UStg) bzw. Ersatztatbestände (§ 3 Abs. 1b und 9a UStG) |
| 8 | Rahmen des Unternehmens | Grund-, Neben- oder Hilfsgeschäft |
| 9 | Leistungsaustausch/Entgelt | |
| 10 | Ort der Leistung | §§ 3, 3a–3f UStG, § 25 Abs. 1 UStG |
| 11 | Steuerbarkeit | § 1 Abs. 1 UStG |
| 12 | Steuerpflicht | § 4 UStG (Meldung in ZM nach § 18a UStG?) |
| 13 | Steuerschuldner | §§ 13a und 13b UStG (Meldung in ZM nach § 18a UStG?) |
| 14 | Bemessungsgrundlage | § 10 UStG |
| 15 | Steuersatz | § 12 UStG |
| 16 | Berechnung der USt | |
| 17 | Entstehung | §§ 13, 13b UStG |
| | **Eingangsumsätze** | |
| 18 | Reverse-Charge-Verfahren | § 13b UStG/i.g. Erwerb nach § 1a UStG |
| 19 | Rechnung | §§ 14, 14a UStG |
| 20 | Vorsteuerabzug | abziehbar (§ 15 Abs. 1 UStG), abzugsfähig (§ 15 Abs. 1a, 1b und 2 UStG) |
| 21 | Berechnung des Vorsteuerbetrags | |
| 22 | Berichtigung der Rechnung | § 17 UStG |
| 23 | Berichtigung der Vorsteuer | § 15a UStG |

## 2 Regeln

**Regel 1: Erfassen des Sachverhalts**

Lesen Sie aufmerksam den gesamten Sachverhalt, um Unternehmer, Geschäftszweig und Tätigkeiten kennenzulernen. Es empfiehlt sich, geeignete Skizzen zu fertigen. Fangen Sie in diesem Stadium noch nicht an, umsatzsteuerrechtliche Probleme zu lösen! Die Verinnerlichung des gesamten Sachverhalts ist der erste und in der Regel maßgebende Schritt zur sachgerechten Lösung. Ansonsten kann es vorkommen, dass wichtige Ergänzungen, die im Text erst nach und nach erscheinen, bei der Lösung nicht berücksichtigt werden und ggf. zu einem erneuten Beginn zwingen, wofür aber meist die Zeit nicht mehr reicht.

Bei der eigentlichen Bearbeitung der Aufgabe ist der Sachverhalt nochmals im Einzelnen zu erfassen. Lesen Sie ihn ruhig mehrmals; er ist immerhin Ihre Entscheidungsgrundlage! Erscheint Ihnen bei der Lektüre der Sachverhalt unlogisch oder unplausibel, ist dies in der Regel ein Hinweis darauf, ihn noch nicht ganz »verinnerlicht« zu haben. Üblicherweise handelt es sich an diesen Punkten um »Gefahrenstellen«, die zu lösen sind. Sie können grundsätzlich von plausiblen und logischen Sachverhaltsstellungen ausgehen. Sollte dies Ihrer Meinung nach nicht der Fall sei, liegt im Zweifel der Fehler (als Missverständnis) bei Ihnen und nicht beim Verfasser der Aufgabe!

**Regel 2: Typisierende Betrachtungsweise**

Bei einer vertieften Analyse des Sachverhalts kann es sich herausstellen, dass dieser lückenhaft oder unklar ist. Wenden Sie in einem solchen Fall die **typisierende Betrachtungsweise** an. D. h., gehen Sie von einem Sachverhalt aus, wie er nach der Lebenserfahrung im konkreten Fall am wahrscheinlichsten ist. Ggf. können Sie Ihre Annahme entsprechend formulieren (z. B. »Da keine Angaben im Sachverhalt erfolgen, nehme ich an, der Unternehmer hat seinen Unternehmenssitz im Inland.«). Erst wenn sich auch daraus keine Klarheit des Sachverhalts ergibt, kommen Alternativlösungen in Betracht. Es gilt jedoch der Grundsatz: **Alternativlösungen kommen nur ausnahmsweise in Frage.**

**Regel 3: Spitzfindigkeiten außen vor lassen**

Gehen Sie bitte davon aus, dass die Lösung der Aufgabe nicht in Spitzfindigkeiten liegt. Z. B. scheitert der Vorsteuerabzug i. d. R. nicht daran, dass in der Rechnung der Name des Leistungsempfängers falsch geschrieben ist bzw. die Anschrift (Wohnort, Straße, Hausnummer) des leistenden Unternehmers fehlt. In der Regel sehen insoweit die Bearbeitungshinweise einschlägige Erklärungen vor.

**Regel 4: Ziel aus Aufgabenstellung erkennen**

Lesen Sie die Aufgabenstellung und machen Sie sich klar, was bzw. wer das Ziel der Prüfung ist. Wird die Aufgabenstellung nicht beachtet, kommt es vor, dass nur Teile der gestellten Aufgabe gelöst oder Probleme abgearbeitet werden, die nicht Gegenstand der Aufgabe sind.

**Regel 5: Sämtliche entgeltlichen Leistungen prüfen**

Prüfen Sie innerhalb der einzelnen Textziffern des Sachverhalts zunächst sämtliche entgeltlichen Leistungen. Damit klärt sich meist auch zum großen Teil die Frage des Vorsteuerabzugs, z. B. die Frage des Vorsteuerabzugsverbots nach § 15 Abs. 2 UStG. Sie müssen den Sachverhalt auf Leistungen »abklopfen« (am besten gleich mit einem Textmarker markieren) und dann prüfen, ob etwas, das nach Leistung aussieht, auch tatsächlich eine Leistung und diese ggf. steuerbar ist.

Gelegentlich versteckt sich die Leistung im Sachverhalt. Hier hilft meist die Regel: »Das Entgelt ist die Fährte, welche die Leistung hinterlässt.« Erfolgt also eine Zahlung, sollte stets geprüft werden, ob die Zahlung für eine Leistung erfolgt. Nur wenn Sie feststellen, dass andere

Gründe für die Zahlung vorliegen, z. B. Schadensersatz oder eine Schenkung, kann die Suche nach der Leistung abgebrochen werden.

Sind in einem Sachverhalt mehrere Beteiligte vorhanden, ist vorrangig zu klären, wer an wen eine Leistung erbringt. Hierfür gilt der Grundsatz: »Die Leistung erfolgt an den Auftraggeber.« Der Auftraggeber ist meist identisch mit dem zivilrechtlichen Vertragspartner. Machen Sie sich hierzu Skizzen mit Pfeilen, bei denen Sie zur besseren Klarheit Farben verwenden (z. B. für den Auftrag Grün, für die Leistung Schwarz). In die Gegenrichtung des Auftragspfeils können Sie dann unbedenklich den Leistungspfeil zeichnen.

Seien Sie sich darüber im Klaren, dass bei einer Lieferung der Warenweg nicht zwingend mit dem Lieferweg identisch ist. Deshalb zeichnen Sie den Lieferweg wieder mit einer anderen Farbe (z. B. Blau). Aus dem Lieferweg können Sie dann erkennen, ob z. B. eine steuerfreie Ausfuhrlieferung gegeben ist. Hierzu sollten Sie noch die Grenzen – z. B. Inland und Ausland, Drittland und EU-Ausland – einzeichnen (z. B. Braun). Dabei kommt es überhaupt nicht auf geografische Genauigkeit an (z. B. ob das Ausland im Westen oder Osten liegt).

**Regel 6: Mit leicht überschaubaren Leistungen starten**

Prüfen Sie innerhalb eines Sachverhaltskomplexes immer zunächst die für Sie leichter überschaubaren Leistungen. Die verbleibenden Leistungen werden dadurch transparenter und leichter zu beurteilen.

**Regel 7: Prüfungsreihenfolge beachten**

Innerhalb der Prüfung einer entgeltlichen Leistung ist folgende Reihenfolge zu beachten:

a) Wer leistet an wen?
b) Art der Leistung
c) Steuerbarkeit mit
d) Unternehmereigenschaft,
e) Ort der Leistung?
f) Wenn erforderlich, Zeitpunkt der Leistung
g) Leistung im Rahmen des Unternehmens
h) Steuerbefreiung/Steuerpflicht
i) Übergang der Steuerschuld nach § 13b UStG auf den Leistungsempfänger
j) Steuersatz
k) Bemessungsgrundlage (bei Bejahung von g) ist der vom Leistungsempfänger aufgewendete Betrag ein Nettobetrag)
l) Regulär geschuldete Umsatzsteuer
m) Umsatzsteuer nach § 14c Abs. 1 UStG
n) Umsatzsteuer nach § 14c Abs. 2 UStG
o) Entstehungszeitpunkt der Umsatzsteuer (evtl. wie Zeitpunkt)

Ggf. können die Unternehmereigenschaft und der Umfang des Unternehmens des zu prüfenden Leistenden der genannten Prüfungsreihenfolge vorangestellt werden. Dann erübrigt sich dies bei der Steuerbarkeit des Umsatzes.

**Regel 8: Inhalte effizient abarbeiten**

Auf Selbstverständliches ist nicht einzugehen. Unproblematisches ist kurz und zusammenfassend zu behandeln.

**Beispiel:** A erbringt an B eine Lieferung. Die Steuerbarkeit und Steuerpflicht sind unproblematisch.

Schreiben Sie nur: Die Lieferung (§ 3 Abs. 1 UStG) des A an B ist steuerbar und steuerpflichtig.

**Regel 9: Konkret schreiben**

Formulieren Sie möglichst konkret und nutzen Sie die umsatzsteuerlichen Fachbegriffe.

**Beispiel:** A veräußert an B einen Pkw.

Schreiben Sie: A erbringt an B die **Lieferung** (§ 3 Abs. 1 UStG) eines Pkw.

Schreiben Sie nicht: A erbringt an B eine **Leistung**.

Dies wäre zwar nicht falsch, aber nicht konkret genug. Ist in einem Fall allerdings die Einordnung unter die Lieferung bzw. die sonstige Leistung nicht eindeutig oder nur unter großem Aufwand möglich und ergeben sich auch letztlich keine unterschiedlichen Auswirkungen; je nachdem, ob es sich um eine Lieferung oder eine sonstige Leistung handelt, können Sie die Einordnung dahingestellt sein lassen. Schreiben Sie dann **Leistung**.

**Regel 10: Schwerpunkte setzen**

Behandeln Sie schwerpunktmäßig die Fragen, die schwieriger Natur sind, bei denen Sie das Gefühl haben, dass Ihnen selbst oder einem Kollegen leicht Fehler passieren könnten. Gehen Sie allerdings nur auf solche Fragen ein, die entscheidungserheblich sind. Steuern Sie bewusst Ihrer Neigung entgegen, dort lange Ausführungen zu machen, wo Sie sich sicher sind, weil das Problem leicht ist. Damit machen Sie nur sich selbst vor, Sie hätten immerhin »etwas gebracht«.

**Regel 11: Fachbegriffe und Legaldefinitionen verwenden**

Verwenden Sie Fachbegriffe und vor allem die Legaldefinitionen, die Ihnen das UStG anbietet, z. B. den Begriff »Organschaft« (vgl. § 2 Abs. 2 Nr. 2 UStG). An diesen »Vokabeln« erkennt man den Profi! Und: Sie ersparen sich damit oft langatmige Umschreibungen.

**Regel 12: Fundstellen genau angeben**

Die Angabe der genauen Fundstelle im Gesetz ist zwingend erforderlich. Als Begründung reicht i. d. R. die ebenso genaue Angabe der Fundstelle aus dem UStAE; besser jedoch ist es, die Argumentation aus dem Gesetz abzuleiten und den UStAE lediglich als Bestätigung anzuführen.

**Regel 13: Mit innergemeinschaftlichem Erwerb beginnen**

Bei Lieferungen aus einem Mitgliedstaat in einen anderen Mitgliedstaat der EU können zugleich eine innergemeinschaftliche Lieferung und ein innergemeinschaftlicher Erwerb vorliegen. Aufgrund des Aufbaus der hier in Betracht kommenden umsatzsteuerrechtlichen Vorschriften ist dringend zu empfehlen, mit dem innergemeinschaftlichen Erwerb zu beginnen. Dies gilt selbst dann, wenn der Erwerber nach der Aufgabenstellung umsatzsteuerrechtlich nicht zu beurteilen ist. Dann genügt zwar eine etwas oberflächlichere Prüfung, vor allem wenn klar ist, dass der Erwerb in einem anderen Mitgliedstaat erfolgt. Gleichwohl ist der Erwerb schon im Hinblick auf die Steuerbefreiung der innergemeinschaftlichen Lieferung (vgl. § 6a Abs. 1 Nr. 3 UStG) zu prüfen. Hierbei wäre an und für sich das jeweilige UStG des betreffenden Mitgliedstaates heranzuziehen. Sie können aber dennoch von den entsprechenden Vorschriften des deutschen UStG ausgehen, da die anderen Mitgliedstaaten aufgrund der MwStSystRL entsprechende Vorschriften haben.

Erfolgen Warenbewegungen von einem EU-Land in eine anderes EU-Land, ohne dass es hierbei zu einer Lieferung kommt (so genanntes rechtsgeschäftsloses Verbringen), kann fiktiv nach § 1a Abs. 2 UStG ein innergemeinschaftlicher Erwerb und nach § 3 Abs. 1a UStG eine Lieferung gegen Entgelt vorliegen. Diese Möglichkeit ist zu überprüfen.

**Regel 14: Vorsteuern prüfen**

Erst, wenn Sie innerhalb einer Textziffer des Sachverhalts sämtliche entgeltlichen Leistungen geprüft haben, prüfen Sie in einem zweiten Durchgang sämtliche Vorsteuern, nach denen die Aufgabenstellung fragt.

Innerhalb der einzelnen Vorsteuerprüfung ist folgende Reihenfolge einzuhalten:

a) Abziehbarkeit nach § 15 Abs. 1 UStG,
b) Abzugsverbot nach § 15 Abs. 1a UStG,
c) Abzugsverbot nach § 15 Abs. 1b UStG,
d) Abzugsverbot nach § 15 Abs. 2 UStG,
e) Zeitpunkt des Vorsteuerabzugs.

Auch hier ist nicht auf Selbstverständliches einzugehen. Unproblematisches ist kurz und zusammenfassend zu behandeln.

**Beispiel:** A betreibt ein Lebensmittelgeschäft. Sein Lieferant L hat ihm am 16.07. Gemüse geliefert und hierfür in einer ordnungsgemäßen Rechnung 1 000 € zuzüglich 7 % USt = 70 € berechnet.

Schreiben Sie: Die Vorsteuer in Höhe von 70 € ist für den Voranmeldungszeitraum Juli abziehbar nach § 15 Abs. 1 UStG, da die zugrunde liegende Lieferung an das Unternehmen des A erbracht wurde und auch eine ordnungsgemäße Rechnung i. S. d. § 14 UStG vorliegt. Die Vorsteuer ist auch abzugsfähig, da kein Vorsteuerabzugsverbot eingreift.

Vorsteuern sind zu prüfen:

a) wenn eine Rechnung bzw. Gutschrift i. S. v. § 14 UStG erteilt wurde,
b) wenn eine steuerpflichtige Eingangsleistung an das Unternehmen erbracht wurde, für die sich der Unternehmer eine Rechnung mit USt-Ausweis erteilen lassen könnte, weil er hierauf nach § 14 Abs. 2 Satz 1 Nr. 1 und 2 UStG einen zivilrechtlichen Anspruch hat.

**Regel 15: Leistungen nach § 3 Abs. 1b und Abs. 9a UStG prüfen**

Erst wenn Sie innerhalb eines Sachverhaltskomplexes die Vorsteuern geprüft haben, prüfen Sie die Leistungen nach § 3 Abs. 1b und Abs. 9a UStG, da abgesehen von Leistungen nach § 3 Abs. 9a Nr. 2 UStG ihre Steuerbarkeit von einer Vorsteuerabzugsberechtigung abhängig ist.

Ist ein Sachverhalt gem. § 3 Abs. 1b bzw. Abs. 9a UStG einer Leistung gegen Entgelt gleichgestellt, ist für die Steuerbarkeit nach § 1 Abs. 1 Nr. 1 UStG lediglich noch zu prüfen, ob der Leistungsort nach den allgemeinen Regeln im Inland liegt. Anschließend sind zu prüfen

a) Steuerbefreiung/Steuerpflicht,
b) Steuersatz,
c) Bemessungsgrundlage,
d) Steuer.

**Regel 16: Vorsteuerberichtigung prüfen**

Prüfen Sie nun eine eventuell in Frage kommende Vorsteuerberichtigung nach § 15a UStG.

**Regel 17: Lösung übersichtlich und strukturiert darstellen**

Bei der Lösung der Aufgabe muss nicht unbedingt die Reihenfolge der Tz. eingehalten werden. Insbesondere, wenn Sie mit einer Tz. nicht weiterkommen, sollten Sie lieber zunächst eine andere Tz. behandeln.

Dabei sollten Sie sich allerdings das Wohlwollen des Korrektors nicht dadurch verscherzen, dass Sie ihm ein wirres Durcheinander servieren. Hier hilft ein ganz einfacher Trick: **Sparen Sie nicht mit Papier!**

Beginnen Sie jede Textziffer mit einer neuen Seite, lassen Sie die Rückseite stets frei. Nummerieren Sie Ihre Seiten zunächst nur mit Bleistift. Sie können dann hinterher ganz leicht die einzelnen Textziffern in die richtige Reihenfolge bringen.

**Regel 18: Verwaltungsmeinung darstellen**

Vorsicht vor abweichenden Rechtsauffassungen!

Ist Ihnen bekannt, dass zu einem Problem unterschiedliche Meinungen vertreten werden, können Sie dies zwar andeuten. Sie sollten sich jedoch im Allgemeinen an die Verwaltungsmeinung halten. Sie können davon ausgehen, dass der Prüfer die Verwaltungsmeinung mindestens nicht als abwegig ablehnt. In der Regel wird er diese teilen. Beim Nachvollzug Ihrer Ausführungen bewegt er sich damit auf eingefahrenen Gleisen. Mängel in der Argumentation wird er möglicherweise dadurch ausgleichen, dass er sich die fehlenden Argumente automatisch dazu denkt. Weitestgehend ergibt sich die Verwaltungsmeinung aus dem UStAE.

Von einer Änderung der Verwaltungsmeinung können Sie im Allgemeinen ausgehen, wenn der BFH von der bisherigen Verwaltungsmeinung abweichend geurteilt hat und das Urteil im Bundessteuerblatt veröffentlicht wurde. Dies gilt nur dann nicht, wenn zugleich ein so genannter Nichtanwendungserlass (Schreiben des BMF) ergeht oder das Urteil mit der Anmerkung versehen ist, es werde vorerst über den entschiedenen Fall hinaus nicht angewandt.

# Teil Z Lösungshinweise zu den Fällen

## 1 Lösungshinweise zu B 8 – Lieferungen und sonstige Leistungen gegen Entgelt

### 1.1 Lösungshinweise zu B 8.1 – Problemkreis Lieferung – sonstige Leistung

1. Bei einer einheitlichen Leistung, die sowohl Lieferungselemente als auch Elemente einer sonstigen Leistung enthält, richtet sich die Einstufung als Lieferung oder sonstige Leistung danach, welche Leistungselemente aus der Sicht des Durchschnittsverbrauchers und unter Berücksichtigung des Willens der Vertragsparteien den wirtschaftlichen Gehalt der Leistungen ausmachen. Hier handelt es sich um eine Lieferung, da sich die Tätigkeit des K auf die bloße Vervielfältigung von Dokumenten beschränkt (vgl. A 3.5 Abs. 2 Nr. 2 und Abs. 1 UStAE, EuGH vom 11.02.2010, C-88/09, UR 2010, 230).
   Die Lieferung des K an S unterliegt damit dem ermäßigten Steuersatz nach § 12 Abs. 2 Nr. 1 UStG i. V. m. Nr. 49 der Anlage zum UStG.
2. Nach Verwaltungsauffassung handelt es sich im vorliegenden Fall um eine Lieferung (vgl. A 3.5 Abs. 2 Nr. 3 UStAE). Der Lieferort ist nach § 3 Abs. 6 Satz 1 UStG am Ort des Beginns der Beförderung, also in Bern. Eine Verlagerung des Lieferorts nach § 3 Abs. 8 UStG tritt nicht ein, da nicht K, sondern B Schuldner der deutschen Einfuhrumsatzsteuer ist. Die Lieferung ist nicht steuerbar.

### 1.2 Lösungshinweise zu B 8.2 – Problemkreis Lieferort

1. Der Transport von einem Zweigwerk in das andere Zweigwerk ist ein rechtsgeschäftsloses Verbringen. Mit dem Transport vom Zweigwerk in Regensburg zu B erbringt A eine Beförderungslieferung an B. Der Ort der Lieferung ist nach § 3 Abs. 6 Satz 1 UStG in Regensburg.
2. Da der Baukran nur zum besseren Transport zerlegt wird, liegt eine Beförderungslieferung von A an B vor (vgl. A 3.12 Abs. 4 Satz 7 UStAE). Der Lieferort ist nach § 3 Abs. 6 Satz 1 UStG in der Schweiz. Der Lieferort kann sich nicht über § 3 Abs. 8 UStG ins Inland verlagern, da A nicht Schuldner der Einfuhrumsatzsteuer ist.
3. L erbringt an A eine gebrochene Beförderungs-Versendungslieferung, da bereits bei Beginn der Beförderung der Abnehmer A feststand. Der Lieferort ist somit nach § 3 Abs. 6 Satz 1 UStG in Duisburg. Die Lieferung ist steuerbar. Sie ist jedoch als Ausfuhrlieferung nach § 4 Nr. 1 Buchst. a i. V. m. § 6 Abs. 1 Nr. 1 UStG steuerfrei.
4. Die mit Beginn des Transports nach § 3 Abs. 6 Satz 1 UStG erfolgte Lieferung von L an A wurde rückgängig gemacht (§ 17 Abs. 2 Nr. 3 i. V. m. Abs. 1 UStG).
   L erbringt eine Lieferung an B. Diese Lieferung ist nach § 3 Abs. 6 Satz 1 UStG in Antwerpen bewirkt und somit nicht steuerbar.
5. Da L die Ware an A versendet, liegt bereits bei Beginn des Transports eine Lieferung vor (§ 3 Abs. 6 Sätze 1, 3 und 4 UStG). Der Verlust der Ware verhindert zwar den Eigentumsübergang nach § 929 BGB, macht jedoch die bereits erfolgte Lieferung nicht rückgängig. Da A die Transportgefahr trägt, muss er den Kaufpreis entrichten, obwohl er die Maschine nicht erhält. Die Lieferung ist somit steuerbar.

6. A überträgt an B am 15. 07. gem. § 931 BGB (Abtretung des Herausgabeanspruchs) das Eigentum am KOM 1. Der Lieferort ist nach § 3 Abs. 7 Satz 1 UStG in Italien. Die Lieferung ist nicht steuerbar.
7. A überträgt an B am 15. 07. gem. § 930 BGB (Vereinbarung eines Besitzkonstituts) das Eigentum am KOM 1. Aufgrund der Vereinbarung wird A mittelbarer (Fremd-)Besitzer. Der Lieferort ist nach § 3 Abs. 7 Satz 1 UStG in Italien. Die Lieferung ist nicht steuerbar.
8. Die Sicherungsübereignung führt nicht zu einer Lieferung, sondern stellt wirtschaftlich lediglich die Übertragung eines besitzlosen Pfandrechts zur Absicherung der Darlehensforderung dar. Erst die eventuelle Verwertung führt zu zwei Lieferungen (vgl. A 3.1 Abs. 3 und A 1.2 Abs. 1 Satz 2 UStAE).

## 1.3 Lösungshinweise zu B 8.3 – Problemkreis § 3 Abs. 8 UStG

1. Nach Verwaltungsauffassung handelt es sich im vorliegenden Fall um eine Lieferung (vgl. A 3.5 Abs. 2 Nr. 3 UStAE). Der Lieferort ist grundsätzlich nach § 3 Abs. 6 Satz 1 UStG am Ort des Beginns der Beförderung, also in Bern. Da jedoch K Schuldner der deutschen Einfuhrumsatzsteuer ist, tritt eine Verlagerung des Lieferorts nach § 3 Abs. 8 UStG ins Inland ein. Die Lieferung ist steuerbar und steuerpflichtig. K ist nach § 15 Abs. 1 Nr. 2 UStG zum Abzug der Einfuhrumsatzsteuer als Vorsteuer berechtigt, da er aufgrund der Verlagerung des Lieferorts ins Inland am Ort des Grenzübergangs die Verfügungsmacht am Liefergegenstand hat.
2. U erbringt eine Versendungslieferung an S. Der Ort der Lieferung ist nach § 3 Abs. 6 Satz 1 UStG in Deutschland. Die Lieferung ist steuerbar. Eine Verlagerung des Lieferorts nach § 3 Abs. 8 UStG scheidet aus, da die Maschine nicht eingeführt, sondern ausgeführt wird. Die Lieferung des U ist als Ausfuhrlieferung nach § 4 Nr. 1 Buchst. a i. V. m. § 6 Abs. 1 Nr. 1 UStG steuerfrei.
3. S erbringt eine Versendungslieferung an U. Der Ort der Lieferung ist nach § 3 Abs. 6 Satz 1 UStG in der Schweiz. Die Lieferung ist an sich nicht steuerbar. Es tritt jedoch eine Verlagerung des Lieferorts nach § 3 Abs. 8 UStG ins Inland ein, da F als Beauftragter des S die deutsche Einfuhrumsatzsteuer entrichtet hat.

## 1.4 Lösungshinweise zu B 8.4 – Problemkreis Reihengeschäft

1. W hat mit G und G mit F über denselben Liefergegenstand (Maschine) einen Kaufvertrag abgeschlossen. Beide Kaufverträge werden erfüllt. Somit liefert F an G und G an W. Die Versendung erfolgt unmittelbar von F zu W durch den Lieferer F. Es handelt sich um ein Reihengeschäft i. S. d. § 3 Abs. 6a Satz 1 UStG. Die Versendungslieferung wird gem. § 3 Abs. 6a Satz 2 UStG daher der Lieferung des F an G zugerechnet. Der Ort der Lieferung des F ist somit gem. § 3 Abs. 6 Satz 1 UStG in Frankfurt.
   Der Ort der Lieferung des G ist nach § 3 Abs. 7 Satz 2 Nr. 2 UStG in der Schweiz, da die Lieferung des G der Versendungslieferung des F nachfolgt und die Beförderung in der Schweiz endet. Gedanklich folgt sie sowohl räumlich als auch zeitlich der Lieferung des F an G nach. Die Lieferung des G ist nicht steuerbar.
2. W hat mit G und G mit F über denselben Liefergegenstand (Maschine) einen Kaufvertrag abgeschlossen. Beide Kaufverträge werden erfüllt. Somit liefert F an G und G an W. Die Versendung erfolgt unmittelbar von F zu W durch G. G ist zugleich Lieferer und Abnehmer. Da im Reihengeschäft nach § 3 Abs. 6a Satz 1 UStG nur eine der beiden Lieferungen

als Versendungslieferung behandelt wird, muss geklärt werden, ob G als Lieferer oder als Abnehmer versendet.

G ist Zwischenhändler i. S. d. § 3 Abs. 6a Satz 4 und verwendet gegenüber F aktiv eine deutsche Steuernummer bzw. USt-ID zum Beginn der Versendung (§ 3 Abs. 6a Satz 6 UStG). Die Steuernummer bzw. USt-ID ist vom Land des Beginns der Versendung erteilt, hier also Deutschland. Die Lieferung des F an den G ist somit die ruhende Lieferung die der Versendungslieferung vorangeht.

Der Ort der Lieferung des F ist somit gem. § 3 Abs. 7 Satz 2 Nr. 1 UStG in Frankfurt, da dort die die Versendung des Gegenstandes beginnt. Die Lieferung ist steuerbar.

Der Ort der Lieferung des G ist nach § 3 Abs. 6 Satz 1 UStG in Frankfurt, da dort die Versendung beginnt. Auch diese Lieferung ist steuerbar.

3. W hat mit H, H mit G und G mit F über denselben Liefergegenstand (Maschine) einen Kaufvertrag abgeschlossen. Alle drei Kaufverträge werden erfüllt. Somit liefert F an G, G an H und H an W. Bei den Lieferungen G an H und H an W handelt es sich um ein Reihengeschäft i. S. d. § 3 Abs. 6a Satz 1 UStG. Dem Reihengeschäft vorgeschaltet ist eine Lieferung von F an G. Ein Reihengeschäft mit vier Beteiligten ist ausgeschlossen, da F zunächst an G liefert (gebrochene Lieferung).

   F erbringt an G eine Beförderungslieferung. Hierbei gelangt die Maschine von Frankreich nach Deutschland. Damit ergibt sich bei G ein innergemeinschaftlicher Erwerb in Deutschland nach § 1 Abs. 1 Nr. 5 i. V. m. § 1a UStG, da er die Maschine für sein Unternehmen erwirbt. Der innergemeinschaftliche Erwerb des G ist nach § 4b Nr. 4 UStG steuerfrei, da G mit der Maschine nachfolgend eine steuerfreie Ausfuhrlieferung tätigt.

   Der Ort der Beförderungslieferung des F liegt gem. § 3 Abs. 6 Satz 1 UStG in Frankreich. Eine Verlagerung des Lieferorts nach § 3c UStG kann sich wegen des innergemeinschaftlichen Erwerbs des G für die Lieferung an G nicht ergeben. Die Lieferung ist in Deutschland nicht steuerbar.

   Die anschließende Versendung durch G erfolgt unmittelbar von G zu W. Der Ort der Lieferung des G an H ist somit gem. § 3 Abs. 6 Satz 1 UStG in Frankfurt. Sie ist steuerbar, jedoch als Ausfuhrlieferung nach § 4 Nr. 1 Buchst. a i. V. m. § 6 Abs. 1 Nr. 1 UStG steuerfrei.

   Die Lieferung des H an W ist die ruhende Lieferung. Der Ort der Lieferung des H ist daher nach § 3 Abs. 7 Satz 2 Nr. 2 UStG in der Schweiz, da die Lieferung des H der Versendungslieferung des G nachfolgt und die Beförderung in der Schweiz endet. Gedanklich folgt sie sowohl räumlich als auch zeitlich der Lieferung des G an H nach. Die Lieferung des H ist nicht steuerbar.

4. A hat mit G einen Werklieferungsvertrag über die Fertiggarage abgeschlossen. Der Leistungsinhalt der Leistung des S an G besteht im Transport und der fachmännischen Aufstellung einschließlich der Erstellung des Fundaments. Dies ist bei verständiger Würdigung der Gesamtumstände nach der Sicht eines Durchschnittsbetrachters als Werklieferung zu qualifizieren. Beide Verträge werden erfüllt. Somit erbringt S an G und G an A eine Werklieferung. Bei keiner der Lieferungen handelt es sich um eine Beförderungslieferung oder Versendungslieferung, da nicht die fertige Garage transportiert wird. Somit richtet sich der Lieferort nach § 3 Abs. 7 Satz 1 UStG. Die Lieferungen sind bewirkt mit der Übergabe der fertigen Garage und der Abnahme der Garage durch A. Der Lieferort für beide Lieferungen ist daher in Kehl. Die Lieferungen sind steuerbar und steuerpflichtig. Für die Lieferung des S schuldet G nach § 13b Abs. 2 Nr. 1 i. V. m. Abs. 5 Satz 1 UStG die anfallende USt.

## 1.5 Lösungshinweise zu B 8.5 – Problemkreis § 3 Abs. 8 UStG im Reihengeschäft

1. S hat mit G und G mit T über denselben Liefergegenstand (Maschine) einen Kaufvertrag abgeschlossen. Beide Kaufverträge werden erfüllt. Somit liefert T an G und G an S. Die Versendung erfolgt unmittelbar von T zu S durch den Lieferer T. Die Versendungslieferung wird daher der Lieferung des T an G zugerechnet. Es handelt sich um ein Reihengeschäft i. S. d. § 3 Abs. 6a Satz 1 UStG. Der Ort der Lieferung des T ist somit gem. § 3 Abs. 6 Satz 1 UStG in Tokio, sofern sich keine Verlagerung des Lieferorts nach § 3 Abs. 8 UStG ergibt. Da die Einfuhr-USt in mittelbarer Stellvertretung für T entrichtet wird, verlagert sich der Lieferort des T gem. § 3 Abs. 8 UStG ins Inland. Die Lieferung des T ist steuerbar und steuerpflichtig.
   Der Ort der Lieferung des G ist nach § 3 Abs. 7 Satz 2 Nr. 2 UStG in Deutschland, da die Lieferung des G der Versendungslieferung des T nachfolgt und die Beförderung in Deutschland endet. Gedanklich folgt sie sowohl räumlich als auch zeitlich der Lieferung des T an G nach. Die Lieferung des G ist steuerbar und steuerpflichtig.
   T, der die Maschine nach § 1 Abs. 1 Nr. 4 UStG für sein Unternehmen eingeführt hat, darf die deutsche Einfuhr-USt nach § 15 Abs. 1 Nr. 2 UStG als Vorsteuer abziehen.
2. S hat mit G und G mit T über denselben Liefergegenstand (Maschine) einen Kaufvertrag abgeschlossen. Beide Kaufverträge werden erfüllt. Somit liefert T an G und G an S. Die Versendung erfolgt unmittelbar von T zu S durch den Lieferer T. Es handelt sich um ein Reihengeschäft i. S. d. § 3 Abs. 6a Satz 1 UStG. Die Versendungslieferung wird daher der Lieferung des T an G zugerechnet. Der Ort der Lieferung des T ist somit gem. § 3 Abs. 6 Satz 1 UStG in Tokio, sofern sich keine Verlagerung des Lieferorts nach § 3 Abs. 8 UStG ergibt. Schuldner der Einfuhr-USt ist jedoch nicht T, sondern S. Somit verlagert sich der Lieferort des T nicht gem. § 3 Abs. 8 UStG ins Inland. Die Lieferung des T ist nicht steuerbar.
   Der Ort der Lieferung des G ist nach § 3 Abs. 7 Satz 2 Nr. 2 UStG in Deutschland, da die Lieferung des G der Versendungslieferung des T nachfolgt und die Beförderung in Deutschland endet. Gedanklich folgt sie sowohl räumlich als auch zeitlich der Lieferung des T an G nach. Mit der Ankunft der Maschine am Flughafen Stuttgart ist die Lieferung der Maschine an S erfolgt. Anschließend erfolgt die Abfertigung zum freien Verkehr durch S. Somit hat S die Maschine eingeführt. Die Lieferung des G an S ist steuerbar, jedoch nach § 4 Nr. 4b UStG steuerfrei. Da die Maschine für das Unternehmen des S nach § 1 Abs. 1 Nr. 4 UStG eingeführt worden ist, darf er diese Einfuhr-USt nach § 15 Abs. 1 Nr. 2 UStG als Vorsteuer abziehen.
3. S hat mit G und G mit T über denselben Liefergegenstand (Maschine) einen Kaufvertrag abgeschlossen. Beide Kaufverträge werden erfüllt. Somit liefert T an G und G an S. Es liegt kein Reihengeschäft vor, da die Maschine zunächst nur zu G transportiert wird (gebrochene Lieferung).
   Die Versendungslieferung von T zu G erfolgt gem. § 3 Abs. 6 Satz 1 UStG in Tokio und ist nicht steuerbar. Zu dem Zeitpunkt, zu dem G die Abfertigung zum freien Verkehr beantragt, hat G die Verfügungsmacht an der Maschine. Somit darf G die entrichtete Einfuhr-USt als Vorsteuer abziehen. Die anschließende Beförderung im Auftrag des G zu S stellt eine weitere Versendungslieferung dar, deren Ort gem. § 3 Abs. 6 Satz 1 UStG in Stuttgart ist. Die Lieferung des G an S ist steuerbar und nicht nach § 4 Nr. 4b UStG steuerfrei, also steuerpflichtig.

4. K hat mit H, H mit G und G mit F über denselben Liefergegenstand (Maschine) einen Kaufvertrag abgeschlossen. Alle drei Kaufverträge werden erfüllt. Somit liefert F an G, G an H und H an K. Die Lieferungen von G an H und H an K erfolgen im Reihengeschäft i. S. d. § 3 Abs. 6a Satz 1 UStG. Die Lieferung zwischen F und G ist eigenständig zu betrachten, da F nicht unmittelbar an K liefert, sondern zunächst an G (gebrochene Lieferung).
F erbringt an G eine Versendungslieferung. Der Ort der Lieferung des F ist grundsätzlich nach § 3 Abs. 6 Satz 1 UStG in Tokio. Da jedoch der von F eingeschaltete Frachtführer im Auftrag des F die deutsche Einfuhr-USt entrichtet, verlagert sich der Lieferort des F gem. § 3 Abs. 8 UStG nach Deutschland. Die Lieferung des F an G ist steuerbar und steuerpflichtig. F, der die Maschine nach § 1 Abs. 1 Nr. 4 UStG für sein Unternehmen eingeführt hat, kann die Einfuhr-USt als Vorsteuer abziehen.
Die anschließende Versendung durch G erfolgt unmittelbar von G zu K. Der Ort der Lieferung des G an H ist somit gem. § 3 Abs. 6 Satz 1 UStG in Frankfurt/Main. Sie ist steuerbar, jedoch als Ausfuhrlieferung nach § 4 Nr. 1 Buchst. a i. V. m. § 6 Abs. 1 Nr. 1 UStG steuerfrei. G kann die ihm von F berechnete USt als Vorsteuer abziehen.
Die Lieferung des H an K ist keine Versendungslieferung, sondern die ruhende Lieferung. Der Ort der Lieferung des H ist daher nach § 3 Abs. 7 Satz 2 Nr. 2 UStG in der Schweiz, da die Lieferung des H der Versendungslieferung des G nachfolgt und die Beförderung in der Schweiz endet. Gedanklich folgt sie sowohl räumlich als auch zeitlich der Lieferung des G an H nach. Die Lieferung des H ist nicht steuerbar.

## 1.6 Lösungshinweise zu B 8.6 – Problemkreis Ort der sonstigen Leistung

1. Die sonstige Leistung wird nach § 3a Abs. 3 Nr. 1 Buchst. c UStG dort erbracht, wo sich das Grundstück befindet, zu dessen wesentlichen Bestandteilen die Aufzugsanlage gehört (vgl. Beispiel in A 3a.3 Abs. 2 UStAE). Die Wartungsleistung ist somit steuerbar.
2. Die sonstige Leistung wird nach § 3a Abs. 3 Nr. 1 Buchst. c UStG dort erbracht, wo sich das Grundstück befindet, zu dessen wesentlichen Bestandteilen das Gebäude gehört (vgl. A 3a.3 Abs. 9 Nr. 4 UStAE). Die Reinigungsleistung ist somit steuerbar.
3. Die sonstige Leistung wird nach § 3a Abs. 3 Nr. 1 Buchst. c UStG dort erbracht, wo sich das Grundstück befindet, zu dessen wesentlichen Bestandteilen das Gebäude gehört (vgl. A 3a.3 Abs. 9 Nr. 4 UStAE). Die Reinigungsleistung ist somit nicht steuerbar.
4. A erbringt mit der Erstellung des Bauplans eine sonstige Leistung, die der Vorbereitung von Bauleistungen dient. Die sonstige Leistung wird nach § 3a Abs. 3 Nr. 1 Buchst. c UStG dort erbracht, wo sich das Grundstück befindet, auf welchem die Sporthalle errichtet werden soll (vgl. A 3a.3 Abs. 8 Satz 1 UStAE). Die Erstellung des Bauplans ist somit nicht steuerbar.
5. B erbringt mit der Erstellung des Gutachtens eine sonstige Leistung, die der Vorbereitung von Bauleistungen dient. Die sonstige Leistung wird nach § 3a Abs. 3 Nr. 1 Buchst. c UStG dort erbracht, wo sich das Grundstück befindet (vgl. A 3a.3 Abs. 8 Nr. 5 UStAE). Die Erstellung des Gutachtens ist somit steuerbar.
6. Die Vermittlungsleistungen des L werden wie folgt beurteilt:

a) Die Vermittlungsleistung des L fällt nicht unter § 3a Abs. 3 Nr. 4 UStG, sondern unter § 3a Abs. 3 Nr. 1 Buchst. b UStG. Damit richtet sich der Leistungsort für die Vermittlungsleistung des L gem. § 3a Abs. 3 Nr. 1 Buchst. b UStG nach dem Lageort des Grundstücks. Die Vermittlungsleistung wird somit in Stuttgart erbracht und ist steuerbar und steuerpflichtig.

b) Die Vermittlungsleistung des L fällt nicht unter § 3a Abs. 3 Nr. 4 UStG, sondern unter § 3a Abs. 3 Nr. 1 Buchst. b UStG. Somit richtet sich der Leistungsort für die Vermittlungsleistung des L nach dem Lageort des Grundstücks. Die Vermittlungsleistung wird somit in der Schweiz erbracht und ist nicht steuerbar.

c) Die Vermittlungsleistung (Vermittlung der Vermietung) des L fällt ebenfalls unter § 3a Abs. 3 Nr. 1 UStG, da es sich nicht um die Vermittlung der kurzfristigen Vermietung von Räumen zur Beherbergung handelt (vgl. A 3a.3 Abs. 9 Nr. 2 UStAE). Somit richtet sich der Leistungsort für die Vermittlungsleistung des L nach dem Lageort des Grundstücks. Die Vermittlungsleistung wird somit in Stuttgart erbracht und ist steuerbar und steuerpflichtig.

7. Die Vermittlungsleistungen des S werden wie folgt beurteilt:

a) Die Vermittlungsleistung des S fällt nicht unter § 3a Abs. 2 UStG, sondern unter § 3a Abs. 3 Nr. 1 Buchst. b UStG. Somit richtet sich der Leistungsort für die Vermittlungsleistung des S nach dem Lageort des Grundstücks. Die Vermittlungsleistung wird somit in Spanien erbracht und ist in Deutschland nicht steuerbar. Im Übrigen wäre der Leistungsort nach § 3a Abs. 2 UStG ebenfalls in Spanien.

b) Die Vermittlungsleistung (Vermittlung der Vermietung) des S fällt, da es sich um die Vermittlung der kurzfristigen Vermietung von Räumen zur Beherbergung handelt nach A 3a.3 Abs. 9 Nr. 2 UStAE) nicht unter § 3a Abs. 3 Nr. 1 UStG. Somit richtet sich der Ort der Vermittlungsleistung nach § 3a Abs. 2 UStG, da der Leistungsempfänger Unternehmer ist. Die Vermittlung ist in Deutschland nicht steuerbar. Die Vermittlungsleistung des S ist in Spanien steuerbar und steuerpflichtig. Die Steuerschuld geht im Reverse-Charge-Verfahren von S auf T über. S muss die Vermittlungsleistung in seine Zusammenfassende Meldung aufnehmen (§ 18a Abs. 2 UStG).

8. Mit der Veröffentlichung der Annonce erbringt die »Zeit« keine Leistung i. S. v. § 3a Abs. 3 Nr. 1 UStG (vgl. A 3a.3 Abs. 10 Nr. 5 UStAE). Es handelt sich vielmehr um eine Werbeleistung i. S. v. § 3a Abs. 4 Nr. 2 UStG. Da die Leistung an einen Leistungsempfänger nach § 3a Abs. 2 UStG erbracht wird, ist der Leistungsort am Leistungsempfängerort (Sitz des G in München). Die Leistung ist somit steuerbar und steuerpflichtig.

9. Mit der Veröffentlichung der Annonce erbringt die »Zeit« keine Leistung i. S. v. § 3a Abs. 3 Nr. 1 UStG (vgl. A 3a.3 Abs. 10 Nr. 5 UStAE). Es handelt sich vielmehr um eine Werbeleistung i. S. v. § 3a Abs. 4 Nr. 2 UStG. Da die Leistung an einen Unternehmer erbracht wird, ist der Leistungsort nach § 3a Abs. 2 UStG am Leistungsempfängerort (Sitz des G in der Schweiz). Die Leistung ist somit nicht steuerbar.

10. T erbringt Beförderungsleistungen und zwar Personenbeförderungen (keine Steuerbefreiung!).

a) Es handelt sich um eine grenzüberschreitende Beförderungsleistung. Nach § 3b Abs. 1 Satz 2 UStG ist die Leistung entsprechend der Beförderungsstrecke aufzuteilen in einen steuerbaren inländischen und in einen nicht steuerbaren ausländischen Teil. Der steuerbare inländische Teil beträgt 12/65 der Leistung. Zur Aufteilung der Bemessungsgrundlage vgl. A 3b.1 Abs. 4 bis 6 UStAE.

b) Es handelt sich zwar grundsätzlich auch um eine grenzüberschreitende Beförderungsleistung. Jedoch bestimmt hierzu § 5 UStDV, dass der inländische Teil der Strecke als ausländische Beförderungsstrecke anzusehen ist, da er nicht länger als 10 km ist. Somit ist die gesamte Beförderungsleistung nach § 3b Abs. 1 Satz 1 UStG nicht steuerbar.

c) Es handelt sich zwar grundsätzlich auch um eine grenzüberschreitende Beförderungsleistung. Jedoch bestimmt hierzu § 5 UStDV, dass der inländische Teil der Strecke als ausländische Beförderungsstrecke anzusehen ist, da er nicht länger als 10 km ist. Es spielt hierbei keine Rolle, dass der ausländische Streckenanteil noch kürzer ist. Somit ist die gesamte Beförderungsleistung nach § 3b Abs. 1 Satz 1 UStG nicht steuerbar.

d) Es handelt sich um eine grenzüberschreitende Beförderungsleistung. Nach § 3b Abs. 1 Satz 2 UStG ist die Leistung entsprechend der Beförderungsstrecke aufzuteilen in einen steuerbaren inländischen und in einen nicht steuerbaren ausländischen Teil. Der steuerbare inländische Teil beträgt 11/19 der Leistung. Eine dem § 5 UStDV vergleichbare Regelung, die den ausländischen Teil zur inländischen Beförderungsstrecke erklärt, besteht nicht. Zur Aufteilung der Bemessungsgrundlage vgl. A 3b.1 Abs. 4 bis 6 UStAE.

11. F erbringt eine grenzüberschreitende Güterbeförderung an einen Unternehmer. Der Leistungsort ist nach § 3a Abs. 2 UStG somit am Leistungsempfängerort. Die Leistung ist in der Schweiz und damit in Deutschland nicht steuerbar.

12. B erbringt eine sonstige Leistung. Der Leistungsort bestimmt sich nach § 3a Abs. 2 UStG, somit nach dem Leistungsempfängerort in Stuttgart. Die Leistung ist somit steuerbar und steuerpflichtig. Da B ein im Drittland ansässiger Unternehmer ist, geht die Steuerschuld gem. § 13b Abs. 2 Nr. 1 i. V. m. Abs. 5 Satz 1 UStG auf das Kaufhaus über.

13. Barum erbringt sonstige Leistungen nach § 3a Abs. 3 Nr. 3 Buchst. a UStG, da die Leistungsempfänger Nichtunternehmer sind. Der Leistungsort ist jeweils dort, wo die Leistung tatsächlich erbracht wird, also wo die einzelne Veranstaltung stattfindet. Die Leistungen sind somit steuerbar und steuerpflichtig, soweit die Tournee Städte in Deutschland betrifft.

14. B erbringt mit der Begutachtung eine sonstige Leistung an einen Unternehmer. Der Leistungsort ist somit nach § 3a Abs. 2 UStG am Leistungsempfängerort. Die Leistung ist steuerbar und steuerpflichtig. Da B ein im Drittland ansässiger Unternehmer ist, geht die Steuerschuld gem. § 13b Abs. 2 Nr. 1 i. V. m. Abs. 5 Satz 1 UStG auf die Staatsgalerie über. Die Staatsgalerie ist Unternehmer mit allerdings steuerfreien Umsätzen nach § 4 Nr. 20 Buchst. a UStG und hat deshalb keinen Vorsteuerabzug.

15. B erbringt mit der Begutachtung beweglicher körperlicher Gegenstände eine sonstige Leistung i. S. v. § 3a Abs. 3 Nr. 3 Buchst. c UStG an einen Leistungsempfänger, der vermutlich nicht Unternehmer ist. Der Leistungsort bestimmt sich deshalb nach dem Ort, an dem B tatsächlich tätig wurde. Das ist nach dem Sachverhalt nicht ganz klar, es könnte sowohl Donaueschingen sein, dann ist die Leistung ist steuerbar und steuerpflichtig, oder auch Wien, dann ist die Leistung nicht steuerbar. Da der Aufenthalt in Donaueschingen mehrere Wochen dauerte, dürfte dort der Leistungsort liegen.

16. K schließt mit R und R mit H jeweils einen Werkvertrag ab. Da bei der Erfüllung des Werkvertrags keine Hauptstoffe verwendet werden, handelt es sich jeweils um eine Werkleistung und nicht um eine Werklieferung (§ 3 Abs. 4 UStG). H erbringt seine Werkleistung an R und R seine Werkleistung an K. Dass R selbst nicht repariert, spielt für die Beurteilung der Leistung als Werkleistung keine Rolle, denn er handelt gegenüber K durch seinen selbstständigen Erfüllungsgehilfen H. R erbringt also keinesfalls eine Vermittlungsleistung oder Besorgungsleistung an K, denn er handelt **im eigenen Namen und auf eigene Rechnung**.

    Die Werkleistung des H an R wird nach § 3a Abs. 2 UStG am Leistungsempfängerort in Deutschland bewirkt. Sie ist steuerbar und steuerpflichtig. Da H ein im übrigen Gemeinschaftsgebiet ansässiger Unternehmer ist, geht die Steuerschuld im Reverse-Charge-Verfahren gem. § 13b Abs. 1 i. V. m. Abs. 5 Satz 1 UStG auf den Auftraggeber R über.

Die Werkleistung des R an K wird nach § 3a Abs. 2 UStG am Leistungsempfängerort in Deutschland bewirkt. Sie ist steuerbar und steuerpflichtig.

17a) J erbringt an E sonstige Leistungen i. S. d. § 3a Abs. 4 Nr. 1 UStG. Die Leistung wird nach § 3a Abs. 2 UStG am Leistungsempfängerort in Gent bewirkt. Die Leistung ist in Deutschland nicht steuerbar.

17b) Die Leistung erfolgt schwerpunktmäßig an das Zweigwerk in Stuttgart. Die Leistung ist somit gem. § 3a Abs. 2 UStG in Deutschland steuerbar und steuerpflichtig. Da J ein im Drittland ansässiger Unternehmer ist, geht die Steuerschuld gem. § 13b Abs. 2 Nr. 1 i. V. m. Abs. 5 Satz 1 UStG auf den Auftraggeber E über.

17c) Soweit Herstellung und Vertrieb in Gent erfolgen, ist der Leistungsort am Leistungsempfängerort in Gent. Die Leistung ist in Deutschland nicht steuerbar.

17d) Soweit die Herstellung in Gent und der Vertrieb in Stuttgart erfolgen, wird die Leistung schwerpunktmäßig an das Zweigwerk in Stuttgart erbracht. Die Leistung ist in Deutschland steuerbar und steuerpflichtig.
Die Leistung wird schwerpunktmäßig an die Betriebsstätte im anderen EU-Land (z. B. Frankreich) erbracht. Der Leistungsort ist am Leistungsempfängerort in Frankreich. Die Leistung ist in Deutschland nicht steuerbar.

18. Die Zeitungsverlage erbringen Lieferungen an ihre Leser im Inland. B erbringt sonstige Leistungen an die Zeitungsverlage. Diese Leistungen fallen unter das Urheberrecht und sind daher Leistungen i. S. v. § 3a Abs. 4 Nr. 1 UStG (vgl. A 12.7 Abs. 9 UStAE). Die Leistungen werden an Leistungsempfänger i. S. v. § 3a Abs. 2 UStG erbracht. Der Leistungsort ist jeweils am Leistungsempfängerort in Deutschland. Da B ein im Drittland ansässiger Unternehmer ist, geht die Steuerschuld gem. § 13b Abs. 2 Nr. 1 i. V. m. Abs. 5 Satz 1 UStG auf den jeweiligen Auftraggeber über.

19. F erbringt an H eine Werbeleistung i. S. v. § 3a Abs. 4 Nr. 2 UStG (vgl. A 3a.9 Abs. 4 Nr. 2 UStAE). Deren Ort bestimmt sich gem. § 3a Abs. 2 UStG nach dem Leistungsempfängerort. Der Leistungsort ist somit in Basel (Schweiz). Die Leistung ist in Deutschland nicht steuerbar.

20. Es handelt sich um Leistungen aus der Tätigkeit als Rechtsanwalt i. S. v. § 3a Abs. 4 Nr. 3 UStG. Der Ort der Leistung des P an R ist nach § 3a Abs. 2 UStG am Leistungsempfängerort in Deutschland. Die Leistung ist somit steuerbar und steuerpflichtig. Da P ein im übrigen Gemeinschaftsgebiet ansässiger Unternehmer ist, geht die Steuerschuld gem. § 13b Abs. 1 i. V. m. Abs. 5 Satz 1 UStG auf den Auftraggeber R über.

21. Die Leistung des R an M ist ebenfalls eine Leistung aus der Tätigkeit als Rechtsanwalt i. S. v. § 3a Abs. 4 Nr. 3 UStG. Sie erfolgt an einen privaten Auftraggeber mit Wohnort im Gemeinschaftsgebiet. Der Leistungsort bestimmt sich somit nach § 3a Abs. 1 UStG nach dem Sitzort des Leistenden. Die Leistung ist in Deutschland steuerbar und steuerpflichtig.

22. Die Leistung des R an M ist eine Leistung aus der Tätigkeit als Rechtsanwalt nach § 3a Abs. 4 Nr. 3 UStG. Sie erfolgt an einen privaten Auftraggeber mit Wohnort im Drittlandsgebiet. Der Leistungsort bestimmt sich somit nach § 3a Abs. 4 Satz 1 UStG. dem Leistungsempfängerort in New York. Die Leistung ist nicht steuerbar.

23. Die Tätigkeit als Aufsichtsrat ist eine sonstige Leistung i. S. v. § 3a Abs. 4 Nr. 3 UStG. Der Ort der Leistung des V an F und S ist nach § 3a Abs. 2 UStG am jeweiligen Leistungsempfängerort. Die Leistungen erfolgen somit in Frankreich bzw. in der Schweiz. Sie sind in Deutschland nicht steuerbar.

24. Die Tätigkeit als Aufsichtsrat ist eine sonstige Leistung i. S. v. § 3a Abs. 4 Nr. 3 UStG. Der Leistungsort ist nach § 3a Abs. 2 UStG am Leistungsempfängerort in Stuttgart. Die Leis-

tung ist steuerbar und steuerpflichtig. Da A ein im übrigen Gemeinschaftsgebiet ansässiger Unternehmer ist, geht die Steuerschuld gem. § 13b Abs. 1 i. V. m. Abs. 5 Satz 1 UStG auf den Auftraggeber D über.

25. Bei der Adressenüberlassung handelt es sich um eine sonstige Leistung i. S. v. § 3a Abs. 4 Nr. 5 UStG (vertretbar auch Nr. 2). Der Leistungsort ist nach § 3a Abs. 2 UStG am Leistungsempfängerort in Stuttgart. Die Leistung ist steuerbar und steuerpflichtig. Da L ein im Drittland ansässiger Unternehmer ist, geht die Steuerschuld gem. § 13b Abs. 2 Nr. 1 i. V. m. Abs. 5 Satz 1 UStG auf den Auftraggeber A über.
26. Bei der Darlehensgewährung handelt es sich um eine sonstige Leistung i. S. v. § 3a Abs. 4 Nr. 6 Buchst. a i. V. m. § 4 Nr. 8 Buchst. a UStG. Der Leistungsort ist nach § 3a Abs. 2 UStG am Leistungsempfängerort in Stuttgart. Die Leistung ist steuerbar, jedoch nach § 4 Nr. 8 Buchst. a UStG steuerfrei. Sie kann durch Verzicht auf die Befreiung nach § 9 UStG steuerpflichtig werden. Da die Z-Bank ein im Drittland ansässiges Unternehmen ist, geht die Steuerschuld im Falle der Option nach § 9 UStG gem. § 13b Abs. 2 Nr. 1 i. V. m. Abs. 5 Satz 1 UStG auf den Auftraggeber S über.
27. Die Z-Versicherung erbringt eine Versicherungsleistung an ihren Vertragspartner, die Fa. S. Es handelt sich um eine sonstige Leistung i. S. v. § 3a Abs. 4 Nr. 6 Buchst. a i. V. m. § 4 Nr. 10 UStG. Der Leistungsort für die Leistung der Z-Versicherung an S ist nach § 3a Abs. 2 UStG am Leistungsempfängerort in Stuttgart. Die Leistung ist steuerbar, jedoch nach § 4 Nr. 10 Buchst. a UStG steuerfrei.
    S erbringt an seine Arbeitnehmer sonstige Leistungen i. S. v. § 3a Abs. 4 Nr. 6 Buchst. a i. V. m. § 4 Nr. 10 Buchst. b UStG. Da die Leistungsempfänger nicht unter § 3a Abs. 2 UStG fallen und ihren Wohnort im Gemeinschaftsgebiet haben, richtet sich der Leistungsort nach § 3a Abs. 1 UStG nach dem Dienstleisterort, d. h. dem Sitz des S in Deutschland. Die Leistung erfolgt im Rahmen eines tauschähnlichen Umsatzes (gegen Arbeitsleistung). Sie ist steuerfrei nach § 4 Nr. 10 Buchst. b UStG.
28. Bei der Arbeitnehmerüberlassung handelt es sich um eine sonstige Leistung i. S. v. § 3a Abs. 4 Nr. 7 UStG (Personalgestellung). Der Leistungsort ist nach § 3a Abs. 2 UStG am Leistungsempfängerort in Süddeutschland. Die Leistung ist steuerbar und steuerpflichtig. Da Z ein im Drittland ansässiger Unternehmer ist, geht die Steuerschuld gem. § 13b Abs. 2 Nr. 1 i. V. m. Abs. 5 Satz 1 UStG auf die Auftraggeber über.
29. Im Rahmen eines tauschähnlichen Umsatzes (§ 3 Abs. 12 Satz 2 UStG) erbringen A an B und B an A Verzichtsleistungen i. S. v. § 3a Abs. 4 Nr. 9 UStG. Der Leistungsort für die Leistung des A an B ist nach § 3a Abs. 2 UStG am Leistungsempfängerort in Frankreich. Die Leistung ist nicht steuerbar.
    Der Leistungsort für die Leistung des B an A ist nach § 3a Abs. 2 UStG am Leistungsempfängerort in Deutschland. Die Leistung ist steuerbar und steuerpflichtig. Da B ein im übrigen Gemeinschaftsgebiet ansässiger Unternehmer ist, geht die Steuerschuld im Reverse-Charge-Verfahren gem. § 13b Abs. 1 i. V. m. Abs. 5 Satz 1 UStG auf A über.
30. G erbringt an P sonstige Leistungen i. S. v. § 3a Abs. 4 Nr. 1 UStG. Der Leistungsort ist nach § 3a Abs. 2 UStG am Leistungsempfängerort in München. Die Leistung ist somit steuerbar und steuerpflichtig. Da G ein im Drittland ansässiger Unternehmer ist, geht die Steuerschuld im Reverse-Charge-Verfahren gem. § 13b Abs. 2 Nr. 1 i. V. m. Abs. 5 Satz 1 UStG auf P über.

a) K erbringt seine Vermittlungsleistung an P. Der Leistungsort ist nach § 3a Abs. 2 UStG am Leistungsempfängerort in München. Die Leistung ist somit steuerbar und steuerpflichtig.

b) K erbringt seine Vermittlungsleistung an G. Der Leistungsort ist nach § 3a Abs. 2 UStG am Leistungsempfängerort in den USA. Die Leistung ist nicht steuerbar.

31. Die Vermietung der Geräte von F an die privaten Kunden stellt sonstige Leistungen i. S. v. § 3a Abs. 4 Nr. 10 UStG dar. Da die Leistungsempfänger ihren Wohnsitz im Gemeinschaftsgebiet haben, bestimmt sich der Leistungsort gem. § 3a Abs. 1 UStG nach dem Dienstleisterort. Der Leistungsort ist somit in Basel. Die Leistung ist nicht steuerbar. Der Ort für die Vermietung der Geräte von S an F bestimmt sich gem. § 3a Abs. 2 UStG nach dem Leistungsempfängerort und ist somit ebenfalls in Basel. Die Leistung ist nicht steuerbar.

32a) Der Leistungsort ist nach § 3a Abs. 3 Nr. 2 UStG am Übergabeort in Stuttgart. Die Leistung ist steuerbar und steuerpflichtig. § 3a Abs. 2 UStG ist auf diese Leistungen nicht anwendbar, da es sich um kurzfristige Vermietungen von Beförderungsmitteln handelt.

32b) Der Leistungsort ist ebenfalls nach § 3a Abs. 3 Nr. 2 UStG am Übergabeort in Stuttgart. Die Leistung ist steuerbar und steuerpflichtig.

33. L vermietet Beförderungsmittel an T (Mietleasing) und erbringt damit sonstige Leistungen. Der Leistungsort für die Leistung des L an T ist nach § 3a Abs. 2 UStG am Leistungsempfängerort in Stuttgart. Die Leistung ist steuerbar und steuerpflichtig. Da L ein im übrigen Gemeinschaftsgebiet ansässiger Unternehmer ist, geht die Steuerschuld im Reverse-Charge-Verfahren gem. § 13b Abs. 1 i. V. m. Abs. 5 Satz 1 UStG auf T über.

34. L vermietet Beförderungsmittel an T (Mietleasing) und erbringt damit sonstige Leistungen. Der Leistungsort für die Leistung des L an T ist nach § 3a Abs. 2 UStG am Leistungsempfängerort in Stuttgart. Die Leistung ist steuerbar und steuerpflichtig. Die Sonderregelung des § 3a Abs. 6 Nr. 1 UStG greift nicht, da nur in Bezug auf die Fälle des § 3a Abs. 1 UStG (Leistung an Nichtunternehmer) eine Verlagerung ins Inland erfolgt. Da L ein im Drittland ansässiger Unternehmer ist, geht die Steuerschuld im Reverse-Charge-Verfahren gem. § 13b Abs. 2 Nr. 1 i. V. m. Abs. 5 Satz 1 UStG auf T über.

35. Da die Leistung des N nicht an einen Leistungsempfänger nach § 3a Abs. 2 UStG geht, bestimmt sich der Leistungsort gem. § 3a Abs. 1 UStG nach dem Dienstleisterort. Nicht einschlägig ist § 3a Abs. 4 Nr. 3 UStG, da die Leistung eine Beurkundung beinhaltet (vgl. A 3a.9 Abs. 11 UStAE). Der Leistungsort ist somit in Stuttgart. Die Leistung ist steuerbar und steuerpflichtig.

36. Der Leistungsort für die Leistung des H an M ist nach § 3a Abs. 2 UStG am Leistungsempfängerort in Japan, da M eindeutig Unternehmer ist. Die Leistung ist nicht steuerbar.

37. D erbringt mit der Übersetzertätigkeit sonstige Leistungen i. S. v. § 3a Abs. 4 Nr. 3 UStG. Der Leistungsort für die Leistungen des D ist nach § 3a Abs. 2 UStG am Leistungsempfängerort. Die Leistungen an die inländischen Firmen sind somit steuerbar und steuerpflichtig. Die Leistungen an die ausländischen Firmen sind nicht steuerbar.

38. D erbringt mit der Übersetzertätigkeit sonstige Leistungen i. S. v. § 3a Abs. 4 Nr. 3 UStG. Der Leistungsort für die Leistungen des D ist nach § 3a Abs. 2 UStG am Leistungsempfängerort. Die Leistungen an die inländischen Firmen sind somit steuerbar und steuerpflichtig. Da D ein im Drittland ansässiger Unternehmer ist, geht die Steuerschuld im Reverse-Charge-Verfahren gem. § 13b Abs. 2 Nr. 1 i. V. m. Abs. 5 Satz 1 UStG auf die inländischen Firmen über.

39. D erbringt eine sonstige Leistung als Dolmetscher i. S. v. § 3a Abs. 4 Nr. 3 UStG. Das Europäische Parlament ist kein Leistungsempfänger nach § 3a Abs. 2 UStG, da es vermutlich

keinen unternehmerischen Bereich und keine USt-IdNr. hat (vgl. A 3a.2 Abs. 1 UStAE). Da es seinen Sitz im Gemeinschaftsgebiet hat, richtet sich der Leistungsort grundsätzlich gem. § 3a Abs. 1 nach dem Dienstleisterort. Der Leistungsort ist danach im Drittlandsgebiet.

40. L erbringt an seine Arbeitnehmer entgeltliche Vermietungsleistungen von Beförderungsmitteln. Die Vermietungen sind nicht kurzfristig. Somit bestimmt sich der Leistungsort nach § 3a Abs. 3 Nr. 2 Satz 3 UStG nach dem Wohnsitz oder Sitz des Empfängers. Soweit dieser im Inland liegt, sind die Leistungen steuerbar und steuerpflichtig.
41. Der Leistungsort für die Beförderungsleistung des F an D ist nach § 3a Abs. 2 UStG am Leistungsempfängerort in Hannover. Die Leistung ist steuerbar und steuerpflichtig.
42. Der Leistungsort für die Leistung des F an D ist nach § 3a Abs. 2 UStG am Leistungsempfängerort in Deutschland. Die Leistung ist steuerbar und steuerpflichtig.
43. Der Leistungsort für die Leistung des F an C ist nach § 3a Abs. 2 UStG am Leistungsempfängerort in Frankreich. Die Leistung ist in Deutschland nicht steuerbar.
44. Der Leistungsort für die Leistung des F an C ist nach § 3a Abs. 2 UStG am Leistungsempfängerort in Frankreich. Die Leistung ist in Deutschland nicht steuerbar.
45. Lieferort für die Maschine (Lieferung M an A) ist gem. § 3 Abs. 6 Satz 1 UStG der Freihafen. Die Lieferung ist nicht steuerbar. Der Leistungsort für die Vermittlungsleistung des H an M ist nach § 3a Abs. 2 UStG am Leistungsempfängerort in Lyon. Die Leistung ist in Deutschland nicht steuerbar.
46. Lieferort für die Maschine ist gem. § 3 Abs. 6 Satz 1 UStG der Freihafen. Die Lieferung ist nicht steuerbar. Der Leistungsort für die Vermittlungsleistung des H an M ist nach § 3a Abs. 2 UStG am Leistungsempfängerort. Die Leistung ist in Deutschland steuerbar und steuerpflichtig, da keine (steuerbare und) steuerfreie Ausfuhrlieferung i. S. d. § 4 Nr. 5 Buchst. a UStG vermittelt wird.
47. Der Leistungsort für die Vermietung des Beförderungsmittels von L an F ist nach § 3a Abs. 2 UStG am Leistungsempfängerort in Russland. Die Leistung ist in Deutschland nicht steuerbar. Die Sonderregelung des § 3a Abs. 3 Nr. 2 UStG ist nicht einschlägig, da davon auszugehen ist, dass die Vermietung nicht kurzfristig ist.

## 1.7 Lösungshinweise zu B 8.7 – Problemkreis Werklieferung – Werkleistung

1. Zur Erbringung der Leistung verwendet U als eigenen Stoff Lack. Bei einer Gesamtbetrachtung aus der Sicht des Durchschnittsbetrachters (vgl. A 3.8 Abs. 1 Satz 4, A 3.3 Abs. 2 Satz 4 und A 15a.6 Abs. 16 Satz 5 UStAE) ist Lack kein Hauptstoff, sondern lediglich Zutat (Nebenstoff). Somit erbringt U an A eine Werkleistung und keine Werklieferung (§ 3 Abs. 4 UStG).
2. Zur Erbringung der Leistung verwendet U als eigene Stoffe Schrauben und Splinte. Nach A 3.8 Abs. 1 Satz 7 UStAE sind Schrauben und Splinte keine Hauptstoffe, sondern lediglich Zutaten (Nebenstoffe). Auf die Unentbehrlichkeit kommt es für die Beurteilung als Hauptstoff nicht an (vgl. A 3.8 Abs. 1 Satz 6 UStAE). Somit erbringt U an A eine Werkleistung und keine Werklieferung (§ 3 Abs. 4 UStG).
3. Zur Erbringung der Leistung verwendet U als eigenen Stoff Zink. Das Zink geht bei der Verzinkung (Erhitzung auf 350 Grad) teilweise eine Verbindung mit dem Eisen ein, sodass die fertige Gießkanne aus drei Schichten besteht nämlich: Eisen, Eisen-Zink-Verbindung und Zink. Nach der Rechtsprechung des BFH und in richtlinienkonformer Auslegung der MwStSystRL ist davon ausgehen, dass nach der Sicht des Durchschnittsbetrachters die Ele-

mente der sonstigen Leistung überwiegen und deshalb eine Werkleistung vorliegt (vgl. BFH vom 09. 06. 2005 BStBl II 2006, 98).

4. Das Gehäuse ist nach der Verkehrsauffassung (Sicht des Durchschnittsbetrachters) Hauptstoff. U beschafft das Gehäuse im Namen und auf Rechnung des A. Er hat somit bei der Beschaffung dieses Hauptstoffes nur als Agent mitgewirkt. Damit muss der Stoff als von A beschafft angesehen werden (vgl. A 3.8 Abs. 4 Satz 3 UStAE). U erbringt somit an A Werkleistungen und keine Werklieferungen nach § 3 Abs. 4 UStG.
5. U verwendet zwar bei der Erbringung des Werks eigene Stoffe, nämlich Schleifsande und Dieselöl. Für eine Werklieferung ist jedoch erforderlich, dass der Werkunternehmer Hauptstoffe verwendet, die in den bearbeiteten Gegenstand Eingang finden (vgl. A 3.8 Abs. 1 Sätze 9 und 10 UStAE). Somit erbringt U an A Werkleistungen und keine Werklieferungen nach § 3 Abs. 4 UStG.
6. Nach A 3.7 Abs. 4 UStAE liegt bei einer Kraftfahrzeuginspektion mit Ölwechsel eine einheitliche sonstige Leistung vor (vgl. auch BFH vom 30. 09. 1999 BStBl II 2000, 12).
7. Mit dem Verpacken der Maschinen erfüllt U gegenüber A einen Werkvertrag. Das beim Verpacken verwendete Papier ist nach der Verkehrsauffassung (Sicht des Durchschnittsbetrachters) kein Hauptstoff, da es unabhängig von der Verwendung als Verpackung keinen dauernden selbstständigen Gebrauchswert hat (vgl. Rz. 10 des BMF vom 05. 08. 2004 BStBl I 2004, 638). U erbringt somit eine Werkleistung und keine Werklieferung nach § 3 Abs. 4 UStG.

## 2 Lösungshinweise zu C 4 – Problemkreis Inland – Ausland

1. Berlin gehört nach § 1 Abs. 2 Satz 1 UStG zum Inland.
2. Der Freihafen Bremerhaven ist Zollfreigebiet i. S. v. § 1 Abs. 3 UStG und somit nach § 1 Abs. 2 Satz 2 UStG Ausland. Er gehört jedoch gem. Art. 5 Abs. 1 bis 3 MwStSystRL gemeinschaftsrechtlich zum Gebiet der Bundesrepublik Deutschland, ist also Gemeinschaftsgebiet.
3. Büsingen ist nach § 1 Abs. 2 Sätze 1 und 2 UStG Ausland. Es handelt sich um sog. Drittlandsgebiet (§ 1 Abs. 2a Satz 3 UStG).
4. Sylt liegt im Geltungsbereich des UStG und ist somit nach § 1 Abs. 2 Satz 1 UStG Inland.
5. Oslo gehört zu Norwegen. Da Norwegen nicht der Europäischen Union beigetreten ist, handelt es sich um Drittlandsgebiet.
6. Basel gehört zur Schweiz und ist somit nach § 1 Abs. 2 Satz 2 UStG Ausland (Drittlandsgebiet nach § 1 Abs. 2a Satz 3 UStG).
7. Helgoland ist nach § 1 Abs. 2 Satz 1 und 2 UStG Ausland. Es handelt sich um sog. Drittlandsgebiet (§ 1 Abs. 2a Satz 3 UStG).
8. Ein Deutsches Schiff im Passagierhafen Emden gehört nach § 1 Abs. 2 Satz 1 UStG zum Inland.
9. Der Duty-free-Shop im Flughafen Frankfurt/Main gehört nach § 1 Abs. 2 Satz 1 UStG zum Inland. Seine Sonderstellung ergibt sich aus dem Zollrecht.
10. Die Amerikanische Kaserne in Stuttgart gehört nach § 1 Abs. 2 Satz 1 UStG zum Inland. Hierfür gelten gewisse Sonderregelungen nach dem NATO-Truppenstatut, insbesondere kann eine Steuerbefreiung eingreifen nach Art. 67 NATO-Truppenstatut.
11. Danzig gehört zu Polen und ist somit übriges Gemeinschaftsgebiet nach § 1 Abs. 2a Satz 1 UStG.

12. Monaco ist Ausland und zwar nach § 1 Abs. 2a Satz 2 UStG übriges Gemeinschaftsgebiet, da es als Gebiet der französischen Republik gilt.
13. Kopenhagen gehört zu Dänemark und ist somit übriges Gemeinschaftsgebiet nach § 1 Abs. 2a Satz 1 UStG.
14. Andorra ist Drittlandsgebiet nach § 1 Abs. 2a Satz 3 UStG (vgl. A 1.10 Abs. 2 UStAE).
15. Das Flugzeug der Delta-Air auf der Strecke München–Frankfurt/Main gehört nach § 1 Abs. 2 Satz 1 UStG zum Inland.
16. Die deutsche Botschaft in Dublin gehört zu Irland und ist somit Ausland nach § 1 Abs. 2 Satz 2 UStG. Es handelt sich um übriges Gemeinschaftsgebiet nach § 1 Abs. 2a Satz 1 UStG.
17. Die russische Botschaft in Berlin befindet sich im Geltungsbereich des UStG und ist somit im Inland nach § 1 Abs. 2 Satz 1 UStG. Es können jedoch Befreiungen eingreifen nach dem »Wiener Abkommen über diplomatische Beziehungen« vom 18.04.1961 (BGBl II 1964, 959).
18. Die Insel Madeira ist Ausland nach § 1 Abs. 2 Satz 2 UStG. Es handelt sich um übriges Gemeinschaftsgebiet nach § 1 Abs. 2a Satz 1 und 2 UStG, da sie als Gebiet Portugals gilt.
19. Die Kanarischen Inseln sind Ausland nach § 1 Abs. 2 Satz 2 UStG. Es handelt sich um sog. Drittlandsgebiet (vgl. A 1.10 Abs. 1 UStAE).
20. Salzburg gehört zu Österreich und ist somit nach § 1 Abs. 2 Satz 2 UStG Ausland. Es handelt sich um übriges Gemeinschaftsgebiet.
21. Schaffhausen gehört zur Schweiz und ist somit nach § 1 Abs. 2 Satz 2 UStG Ausland (vgl. A 6.9 Abs. 2 Satz 2 UStAE). Es handelt sich um sog. Drittlandsgebiet nach § 1 Abs. 2a Satz 3 UStG, da die Schweiz nicht zur EG gehört.
22. Der Bodensee bei Lindau liegt im Geltungsbereich des UStG und ist somit nach § 1 Abs. 2 Satz 1 UStG Inland. Der Teil des Bodensees ist jeweils Inland, der der BRD näher ist als einem anderen Bodensee-Anrainerstaat.
23. Das Wattenmeer in der Nordsee ist Ausland nach § 1 Abs. 2 Satz 2 UStG. Das Wattenmeer innerhalb der Zwölfseemeilenzone ist dabei Zollfreigebiet i. S. v. § 1 Abs. 3 UStG. Das Wattenmeer außerhalb der Zwölfseemeilenzone ist Drittlandsgebiet nach § 1 Abs. 2a Satz 3 UStG.
24. Tokio gehört zu Japan und ist somit nach § 1 Abs. 2 Satz 2 UStG Ausland. Es handelt sich um Drittlandsgebiet nach § 1 Abs. 2a Satz 3 UStG.
25. Der Vatikan ist Ausland nach § 1 Abs. 2 Satz 2 UStG. Es handelt sich um Drittlandsgebiet nach § 1 Abs. 2a Satz 3 UStG (vgl. A 1.10 Abs. 2 UStAE).
26. San Marino ist Ausland nach § 1 Abs. 2 Satz 2 UStG. Es handelt sich um Drittlandsgebiet nach § 1 Abs. 2a Satz 3 UStG (vgl. A 1.10 Abs. 2 UStAE).
27. Ein deutsches Schiff auf hoher See ist Drittlandsgebiet nach § 1 Abs. 2a Satz 3 UStG.
28. Ein Passagierschiff auf dem Rhein zwischen Basel und Breisach ist in Frankreich (vgl. A 3b.1 Abs. 18 Nr. 1 UStAE). Es befindet sich somit im Ausland (§ 1 Abs. 2 Satz 2 UStG). Es handelt sich um übriges Gemeinschaftsgebiet nach § 1 Abs. 2a Satz 1 UStG.
29. Ein Passagierschiff auf dem Rhein zwischen Breisach und Straßburg befindet sich etwa zu ein Viertel der Strecke im Inland und zu drei Viertel in Frankreich (Ausland, übriges Gemeinschaftsgebiet), vgl. A 3b.1 Abs. 18 Nr. 2 UStAE.
30. Ein Passagierschiff auf dem Nord-Ostsee-Kanal befindet sich an sich im Inland (§ 1 Abs. 2 Satz 1 UStG). Für Beförderungsleistungen gilt jedoch die Sonderregelung nach § 7 Abs. 3 UStDV.

31. Kufstein gehört zu Österreich und ist somit nach § 1 Abs. 2 Satz 2 UStG Ausland. Es handelt sich um übriges Gemeinschaftsgebiet nach § 1 Abs. 2a Satz 1 UStG.
32. Das Zolllager in Frankfurt ist Inland. Hierfür gelten nur zollrechtliche Besonderheiten.
33. Das Umsatzsteuerlager des L in Köln ist Inland. Im Zusammenhang mit dem Umsatzsteuerlager sind bestimmte Umsätze nach § 4 Nr. 4a UStG steuerfrei (vgl. V 2).

# 3 Lösungshinweise zu D 10

## 3.1 Lösungshinweise zu D 10.1 – Problemkreis steuerfreie Ausfuhrlieferungen

1. Lieferort für die Lieferung ist nach § 3 Abs. 6 Satz 1 UStG Stuttgart. Die Lieferung ist steuerbar. Die Ware gelangt ins Drittlandsgebiet (Schweiz). Somit ist die Steuerbefreiung der Ausfuhrlieferung nach § 4 Nr. 1 Buchst. a UStG zu prüfen. Es handelt sich um einen Fall des § 6 Abs. 1 Nr. 1 UStG (Ausfuhr durch den Lieferer). Die Lieferung ist somit als Ausfuhrlieferung steuerfrei.
2. Lieferort für die Lieferung ist nach § 3 Abs. 6 Satz 1 UStG Stuttgart. Die Lieferung ist steuerbar. Die Ware gelangt ins Drittlandsgebiet (Schweiz). Somit ist die Steuerbefreiung der Ausfuhrlieferung nach § 4 Nr. 1 Buchst. a UStG zu prüfen. Es handelt sich um einen Fall des § 6 Abs. 1 Nr. 1 UStG (Ausfuhr durch den Lieferer). Die Lieferung ist somit als Ausfuhrlieferung steuerfrei.
3. B hat mit A und A mit L über dieselbe Ware einen Kaufvertrag abgeschlossen. Beide Kaufverträge werden erfüllt. Somit liefert L an A und A an B. Die Beförderung erfolgt unmittelbar von L zu B durch A. Es liegt somit ein Reihengeschäft nach § 3 Abs. 6a Satz 1 UStG vor. A ist zugleich Lieferer und Abnehmer (Zwischenhändler) i. S. d. § 3 Abs. 6a Satz 4 UStG. Nur eine der beiden Lieferungen kann als Beförderungslieferung behandelt werden. Aufgrund des § 3 Abs. 6a Satz 4 UStG gilt als Beförderungslieferung die Lieferung des L an den A. A verwendet keine vom Mitgliedstaat des Beginns der Beförderung oder Versendung erteilte Umsatzsteuer-Identifikationsnummer oder Steuernummer. Der Ort der Lieferung des L ist somit gem. § 3 Abs. 6 Satz 1 UStG in Stuttgart. Die Lieferung ist steuerbar. Die Ware gelangt ins Drittlandsgebiet (Schweiz). Somit ist die Steuerbefreiung der Ausfuhrlieferung nach § 4 Nr. 1 Buchst. a UStG zu prüfen. Es handelt sich um einen Fall des § 6 Abs. 1 Nr. 2 UStG (Ausfuhr durch den Abnehmer). Erforderlich ist daher ein ausländischer Abnehmer. Da A seinen Sitz in Böblingen hat, ist er kein ausländischer Abnehmer (§ 6 Abs. 2 UStG). Die Lieferung ist somit nicht als Ausfuhrlieferung steuerfrei, sondern steuerpflichtig.
   Der Ort der Lieferung des A ist nach § 3 Abs. 7 Satz 2 Nr. 2 UStG in der Schweiz, da die Lieferung des A der Beförderungslieferung des L nachfolgt und die Beförderung in der Schweiz endet. Gedanklich folgt sie sowohl räumlich als auch zeitlich der Lieferung des L an A nach. Die Lieferung des A ist nicht steuerbar. A hat aus der Lieferung des L den Vorsteuerabzug.
4. B hat mit A und A mit L über dieselbe Ware einen Kaufvertrag abgeschlossen. Beide Kaufverträge werden erfüllt. Somit liefert L an A und A an B. Die Beförderung erfolgt unmittelbar von L zu B durch A. Es liegt somit ein Reihengeschäft nach § 3 Abs. 6a Satz 1 UStG vor. A ist zugleich Lieferer und Abnehmer (Zwischenhändler) i. S. d. § 3 Abs. 6a Satz 4 UStG. Nur eine der beiden Lieferungen kann als Beförderungslieferung behandelt werden. Auf-

grund des § 3 Abs. 6a Satz 4 UStG gilt als Beförderungslieferung die Lieferung des L an den A. Der Ort der Lieferung des L ist somit gem. § 3 Abs. 6 Satz 1 UStG in Stuttgart. Die Ware gelangt ins Drittlandsgebiet (Schweiz). Somit ist die Steuerbefreiung der Ausfuhrlieferung nach § 4 Nr. 1a UStG zu prüfen. Es handelt sich um einen Fall des § 6 Abs. 1 Nr. 2 UStG (Ausfuhr durch den Abnehmer). Erforderlich ist daher ein ausländischer Abnehmer. Da A seinen Sitz in Österreich hat, ist er nach § 6 Abs. 2 Nr. 1 UStG ausländischer Abnehmer. Die Lieferung ist somit als Ausfuhrlieferung steuerfrei.
Der Ort der Lieferung des A ist nach § 3 Abs. 7 Satz 2 Nr. 2 UStG in der Schweiz, da die Lieferung des A der Beförderungslieferung des L nachfolgt und die Beförderung in der Schweiz endet. Gedanklich folgt sie sowohl räumlich als auch zeitlich der Lieferung des L an A nach. Die Lieferung des A ist nicht steuerbar.

5. B hat mit A und A mit L über dieselbe Ware einen Kaufvertrag abgeschlossen. Beide Kaufverträge werden erfüllt. Somit liefert L an A und A an B. Hierbei liegt nach Verwaltungsauffassung (vgl. A 3.14 Abs. 4 Satz 1 UStAE) kein Reihengeschäft i. S. d. § 3 Abs. 6a Satz 1 UStG vor. Damit handelt es sich um zwei Lieferungen mit Warenbewegung, nämlich die Lieferung von L an A in den Freihafen und die Lieferung von A an B vom Freihafen nach Neu Seeland. Der Ort der Lieferung des L ist gem. § 3 Abs. 6 Satz 1 UStG in Stuttgart. Die Lieferung ist steuerbar. Die Ware gelangt in den Freihafen. Somit ist die Steuerbefreiung der Ausfuhrlieferung nach § 4 Nr. 1a UStG zu prüfen. Es handelt sich um einen Fall des § 6 Abs. 1 Nr. 3 UStG (Ausfuhr durch den Lieferer in den Freihafen). Erforderlich ist daher, dass

- entweder ein ausländischer Abnehmer vorliegt und die Ware ins Drittlandsgebiet gelangt (§ 6 Abs. 1 Nr. 3 Buchst. b UStG),
- oder A ein Unternehmer ist, der den Gegenstand für sein Unternehmen erworben hat (§ 6 Abs. 1 Nr. 3 Buchst. a UStG).

Die Ware gelangt zwar nach Neuseeland. A ist aber kein ausländischer Abnehmer. Es trifft jedoch § 6 Abs. 1 Nr. 3 Buchst. a UStG zu, da A die Ware für sein Unternehmen erwirbt (zwecks Weiterveräußerung). Somit ist die Lieferung des L an A steuerfrei.
Der Ort der Lieferung des A ist für die sich anschließende Versendungslieferung nach § 3 Abs. 6 Satz 1 UStG im Freihafen. Die Lieferung des A ist nicht steuerbar.

6. Die Ware gelangt teils durch Beförderung des L, teils durch Versendung des A ins Drittlandsgebiet (Norwegen). Es handelt sich also um eine gebrochene Beförderungs-Versendungslieferung. Lieferort für die Lieferung ist nach § 3 Abs. 6 Satz 1 UStG Stuttgart. Die Lieferung ist steuerbar. Die Ware wird zunächst durch L in den Freihafen befördert und von dort aus durch A ins Drittlandsgebiet Norwegen versendet. In Frage kommen sowohl § 6 Abs. 1 Nr. 2 als auch Nr. 3 UStG. Somit ist die Steuerbefreiung der Ausfuhrlieferung nach § 4 Nr. 1 Buchst. a UStG zu prüfen. Es handelt sich nicht um einen Fall des § 6 Abs. 1 Nr. 1 UStG da die Beförderung durch L im Freihafen endet. Die Voraussetzungen des § 6 Abs. 1 Nr. 2 UStG sind erfüllt, da die Ware ins Drittlandsgebiet Norwegen gelangt und A ausländischer Abnehmer ist.
Ebenso sind auch die Voraussetzungen des § 6 Abs. 1 Nr. 3 Buchst. a UStG erfüllt, da A Unternehmer ist und die Ware für sein Unternehmen erwirbt.
Die Lieferung L an A ist somit als Ausfuhrlieferung nach § 4 Nr. 1a i. V. m. § 6 Abs. 1 Nr. 2 bzw. Nr. 3 Buchst. a UStG steuerfrei.

7. B hat mit A und A mit L über dieselbe Ware einen Kaufvertrag abgeschlossen. Beide Kaufverträge werden erfüllt. Somit liefert L an A und A an B. Es handelt sich um ein Reihengeschäft i. S. d. § 3 Abs. 6a Satz 1 UStG. Die Beförderung erfolgt unmittelbar von L zu B

durch L. Der Ort der Lieferung des L ist somit gem. § 3 Abs. 6 Satz 1 UStG in Stuttgart. Die Lieferung ist steuerbar. Die Ware gelangt ins Drittlandsgebiet (Schweiz). Somit ist die Steuerbefreiung der Ausfuhrlieferung nach § 4 Nr. 1 Buchst. a UStG zu prüfen. Es handelt sich um einen Fall des § 6 Abs. 1 Nr. 1 UStG (Ausfuhr durch den Lieferer). Die Lieferung ist somit als Ausfuhrlieferung steuerfrei.
Der Ort der Lieferung des A ist nach § 3 Abs. 7 Satz 2 Nr. 2 UStG in der Schweiz, da die Lieferung des A der Beförderungslieferung des L nachfolgt und die Beförderung in der Schweiz endet. Gedanklich folgt sie sowohl räumlich als auch zeitlich der Lieferung des L an A nach. Die Lieferung des A ist nicht steuerbar.

8. B hat mit A und A mit L über dieselbe Ware einen Kaufvertrag abgeschlossen. Beide Kaufverträge werden erfüllt. Somit liefert L an A und A an B. Es handelt sich um ein Reihengeschäft i. S. d. § 3 Abs. 6a Satz 1 UStG. Die Beförderung erfolgt unmittelbar von L zu B durch B. Der Ort der Lieferung des A ist somit gem. § 3 Abs. 6 Satz 1 UStG in Stuttgart. Die Lieferung ist steuerbar. Die Ware gelangt ins Drittlandsgebiet (Schweiz). Somit ist die Steuerbefreiung der Ausfuhrlieferung nach § 4 Nr. 1 Buchst. a UStG zu prüfen. Es handelt sich um einen Fall des § 6 Abs. 1 Nr. 2 UStG (Ausfuhr durch den Abnehmer). Erforderlich ist daher ein ausländischer Abnehmer. Da B seinen Sitz in Basel hat, ist er nach § 6 Abs. 2 Nr. 1 UStG ausländischer Abnehmer. Die Lieferung des A an B ist somit als Ausfuhrlieferung nach § 6 Abs. 1 Nr. 2 UStG steuerfrei.
Der Ort der Lieferung des L ist nach § 3 Abs. 7 Satz 2 Nr. 1 UStG in Stuttgart, da sie der Lieferung des A an B vorangeht. Die Lieferung ist steuerbar. Sie ist nicht als Ausfuhrlieferung steuerfrei, da bei einer Ausfuhr im Reihengeschäft die Befreiung nur für die bewegte Lieferung in Betracht kommt (vgl. A 3.14 Abs. 14 Satz 11 UStAE).
9. C hat mit B, B mit A und A mit L über dieselbe Ware einen Kaufvertrag abgeschlossen. Alle Kaufverträge werden erfüllt. Somit liefert L an A, A an B und B an C. Es handelt sich um ein Reihengeschäft i. S. d. § 3 Abs. 6a Satz 1 UStG. Die Beförderung erfolgt unmittelbar von L zu C durch B. B ist zugleich Lieferer und Abnehmer. Da nur eine der drei Lieferungen als Beförderungslieferung behandelt wird, muss geklärt werden, ob B als Lieferer oder als Abnehmer befördert. Da B keine deutsche USt-ID oder Steuernummer verwendet, ist die Beförderung nach § 3 Abs. 6a Satz 4 UStG der Lieferung des A zuzuordnen. Der Ort der Lieferung des A ist somit gem. § 3 Abs. 6 Satz 1 UStG in Stuttgart. Die Lieferung ist steuerbar. Die Ware gelangt ins Drittlandsgebiet (Norwegen). Somit ist die Steuerbefreiung der Ausfuhrlieferung nach § 4 Nr. 1 Buchst. a UStG zu prüfen. Es handelt sich um einen Fall des § 6 Abs. 1 Nr. 2 UStG (Ausfuhr durch den Abnehmer). Erforderlich ist daher ein ausländischer Abnehmer. Da B seinen Sitz in Aachen hat, ist er nach § 6 Abs. 2 UStG kein ausländischer Abnehmer. Die Lieferung ist somit nicht als Ausfuhrlieferung steuerfrei und daher steuerpflichtig.
Der Ort der Lieferung des L ist nach § 3 Abs. 7 Satz 2 Nr. 1 UStG in Stuttgart, da die Lieferung des L der Beförderungslieferung des A vorangeht und die Beförderung in Stuttgart beginnt. Die Lieferung ist steuerbar. Die Lieferung ist nicht nach § 4 Nr. 1 Buchst. a i. V. m. § 6 Abs. 1 Nr. 2 UStG steuerfrei, da nicht der Abnehmer des L, sondern B als Abnehmer des A die Ware ausführt.
Der Ort der Lieferung des B ist nach § 3 Abs. 7 Satz 2 Nr. 2 UStG in Norwegen, da die Lieferung des B der Beförderungslieferung des A nachfolgt und die Beförderung in Norwegen endet.
Gedanklich folgt sie sowohl räumlich als auch zeitlich der Lieferung des L an A nach. Die Lieferung des B ist nicht steuerbar.

10. C hat mit B, B mit A und A mit L über dieselbe Ware einen Kaufvertrag abgeschlossen. Alle Kaufverträge werden erfüllt. Somit liefert L an A, A an B und B an C. Es handelt sich um ein Reihengeschäft i. S. d. § 3 Abs. 6a Satz 1 UStG. Die Beförderung erfolgt unmittelbar von L zu C durch B. B ist zugleich Lieferer und Abnehmer. Da nach § 3 Abs. 6a Satz 1 UStG nur eine der drei Lieferungen als Beförderungslieferung behandelt wird, muss geklärt werden, ob B als Lieferer oder als Abnehmer befördert. Da B nicht nachweist, dass er als Lieferer befördert, ist die Beförderung nach § 3 Abs. 6a Satz 4 UStG der Lieferung des A zuzuordnen. Der Ort der Lieferung des A ist somit gem. § 3 Abs. 6 Satz 1 UStG in Stuttgart. Die Lieferung ist steuerbar. Die Ware gelangt ins Drittlandsgebiet (Schweiz). Somit ist die Steuerbefreiung der Ausfuhrlieferung nach § 4 Nr. 1 Buchst. a UStG zu prüfen. Es handelt sich um einen Fall des § 6 Abs. 1 Nr. 2 UStG (Ausfuhr durch den Abnehmer). Erforderlich ist daher ein ausländischer Abnehmer. Da B seinen Sitz in Belgien hat, ist er nach § 6 Abs. 2 Nr. 1 UStG ein ausländischer Abnehmer. Die Lieferung ist somit als Ausfuhrlieferung steuerfrei.
    Der Ort der Lieferung des L ist nach § 3 Abs. 7 Satz 2 Nr. 1 UStG in Stuttgart, da die Lieferung des L der Beförderungslieferung des A vorangeht und die Beförderung in Stuttgart beginnt. Die Lieferung ist steuerbar. Die Lieferung ist nicht nach § 4 Nr. 1 Buchst. a i. V. m. § 6 Abs. 1 Nr. 2 UStG steuerfrei, da nicht der Abnehmer des L, sondern B als Abnehmer des A die Ware ausführt.
    Der Ort der Lieferung des B ist nach § 3 Abs. 7 Satz 2 Nr. 2 UStG in Norwegen, da die Lieferung des B der Beförderungslieferung des A nachfolgt und die Beförderung in Norwegen endet.
    Gedanklich folgt sie sowohl räumlich als auch zeitlich der Lieferung des L an A nach. Die Lieferung des B ist nicht steuerbar.
11. Da Z eine unselbstständige Zweigniederlassung der Firma Y ist, kommt der Kaufvertrag zwischen L und Y zustande. L liefert somit an Y (auch wenn er glaubt an Z zu liefern). Da Y die Ware bei L in Stuttgart abholt und in die Schweiz befördert, erfolgt die Lieferung gem. § 3 Abs. 6 Satz 1 UStG in Stuttgart. Die Lieferung von L an Y ist steuerbar. Die Ware gelangt ins Drittlandsgebiet. Somit ist die Steuerbefreiung für Ausfuhrlieferungen nach § 4 Nr. 1 Buchst. a UStG zu prüfen. Es handelt sich um einen Fall des § 6 Abs. 1 Nr. 2 UStG (Ausfuhr durch den Abnehmer). Für die Steuerbefreiung ist somit neben der Ausfuhr auch noch erforderlich, dass Y ausländischer Abnehmer ist. Dies ist an und für sich gem. § 6 Abs. 2 Nr. 1 UStG nicht der Fall. Jedoch hat die Zweigniederlassung Z, die ihren Sitz im Drittlandsgebiet (Schweiz) hat, die Ware im eigenen Namen (unter der ausländischen Adresse) bestellt. Somit ist Y doch für den vorliegenden Fall gem. § 6 Abs. 2 Nr. 2 UStG ausländischer Abnehmer. Die Lieferung des L an Y ist daher steuerfrei.
    Die Regelung des § 6 Abs. 2 Nr. 2 UStG vereinfacht dem Lieferer L die Klärung der Frage, ob er es mit einem ausländischen Abnehmer zu tun hat. Es genügt die Feststellung, dass derjenige, welcher als Abnehmer auftritt (hier Z), im Ausland ansässig ist. L weiß möglicherweise gar nicht, dass Y nur eine unselbstständige Zweigniederlassung eines im Inland ansässigen Unternehmens ist.
12. Da Z eine unselbstständige Zweigniederlassung der Firma Y ist, kommt der Kaufvertrag über die Ware zwischen L und Y zustande. Auch zwischen B und Y kommt ein Kaufvertrag über dieselbe Ware zustande. Beide Kaufverträge werden erfüllt. Somit liefert L an Y und Y an B (auch wenn B glaubt, Z sei der Lieferer).
    Die Beförderung erfolgt unmittelbar von L zu B durch Y. Y ist zugleich Lieferer und Abnehmer. Da nach § 3 Abs. 6a Satz 1 UStG nur eine der beiden Lieferungen als Beförde-

rungslieferung behandelt wird, muss geklärt werden, ob Y als Lieferer oder als Abnehmer befördert. Da Y keine deutsche USt-IdNr. oder Steuernummer gegenüber L verwendet, ist die Beförderung nach § 3 Abs. 6a Satz 4 UStG der Lieferung des L zuzuordnen. Der Ort der Lieferung des L ist somit gem. § 3 Abs. 6 Satz 1 UStG in Stuttgart. Die Lieferung ist steuerbar. Die Ware gelangt ins Drittlandsgebiet (Schweiz). Somit ist die Steuerbefreiung der Ausfuhrlieferung nach § 4 Nr. 1 Buchst. a UStG zu prüfen. Es handelt sich um einen Fall des § 6 Abs. 1 Nr. 2 UStG (Ausfuhr durch den Abnehmer). Erforderlich ist daher ein ausländischer Abnehmer. Dies ist an und für sich gem. § 6 Abs. 2 Nr. 1 UStG nicht der Fall. Jedoch hat die Zweigniederlassung Z, die ihren Sitz im Drittlandsgebiet (Schweiz) hat, die Ware im eigenen Namen (unter der ausländischen Adresse) bestellt. Somit ist Y doch für den vorliegenden Fall gem. § 6 Abs. 2 Nr. 2 UStG ausländischer Abnehmer. Die Lieferung des L ist daher nach § 6 Abs. 1 Nr. 2 UStG steuerfrei.

Der Ort der Lieferung des Y ist nach § 3 Abs. 7 Satz 2 Nr. 2 UStG in der Schweiz, da die Lieferung des Y der Beförderungslieferung des L nachfolgt und die Beförderung in der Schweiz endet. Gedanklich folgt sie sowohl räumlich als auch zeitlich der Lieferung des L an Y nach. Die Lieferung des Y ist nicht steuerbar.

13. Da Z eine unselbstständige Zweigniederlassung der Firma Y ist, kommt der Kaufvertrag zwischen L und Y zustande. L liefert somit an Y (auch wenn er glaubt an Z zu liefern). Da Z (Y) die Ware bei L in Stuttgart abholt und in die Schweiz befördert, erfolgt die Lieferung gem. § 3 Abs. 6 Satz 1 UStG in Stuttgart. Die Lieferung von L an Y ist steuerbar. Die Ware gelangt ins Drittlandsgebiet. Somit ist die Steuerbefreiung für Ausfuhrlieferungen nach § 4 Nr. 1 Buchst. a UStG zu prüfen. Es handelt sich um einen Fall des § 6 Abs. 1 Nr. 2 UStG (Ausfuhr durch den Abnehmer). Für die Steuerbefreiung ist somit neben der Ausfuhr auch noch erforderlich, dass Y ausländischer Abnehmer ist. Dies ist an und für sich gem. § 6 Abs. 2 Nr. 1 UStG der Fall. Jedoch hat die Zweigniederlassung Z, die ihren Sitz im Inland hat, die Ware im eigenen Namen (unter der inländischen Adresse) bestellt. Somit ist Y nach § 6 Abs. 2 Satz 2 UStG kein ausländischer Abnehmer. Die Lieferung des L an Y ist steuerbar und steuerpflichtig. Y hat aus der Lieferung des L den Vorsteuerabzug.

14. Lieferort für die Lieferung des L an A ist nach § 3 Abs. 6 Satz 1 UStG Stuttgart. B erhält die Ware als Erfüllungsgehilfe des A. Die Lieferung des L an A ist steuerbar. B erbringt an A eine Werkleistung im Inland (§ 3a Abs. 3 Nr. 3 Buchst. c UStG). Die Werkleistung ist steuerbar, jedoch als Lohnveredelung nach § 4 Nr. 1 Buchst. a i. V. m. § 7 Abs. 1 Nr. 1 UStG steuerfrei.

    Die Ware gelangt in bearbeiteter Form ins Drittlandsgebiet. Die Bearbeitung ist jedoch nicht ausfuhrschädlich, da sie durch einen selbstständigen Erfüllungsgehilfen des A vorgenommen wurde (§ 6 Abs. 1 Satz 2 UStG). Es handelt sich um einen Fall des § 6 Abs. 1 Nr. 2 UStG (Ausfuhr durch einen Erfüllungsgehilfen des Abnehmers). Für die Steuerbefreiung ist somit neben der Ausfuhr auch noch erforderlich, dass A ausländischer Abnehmer ist. Dies ist gem. § 6 Abs. 2 Nr. 1 UStG der Fall. Die Lieferung ist somit als Ausfuhrlieferung steuerfrei.

15. Lieferort für die Lieferung des L an A ist nach § 3 Abs. 6 Satz 1 Stuttgart. Z erhält die Ware als Unternehmensteil des A. Die Lieferung des L an A ist steuerbar.

    Die Bearbeitung der Ware durch Z ist ein nicht steuerbarer Innenumsatz.

    Die Ware gelangt in bearbeiteter Form ins Drittlandsgebiet. Die Bearbeitung ist ausfuhrschädlich, da sie durch einen unselbstständigen Erfüllungsgehilfen des A vorgenommen wurde (kein Fall des § 6 Abs. 1 Satz 2 UStG). Mangels Ausfuhr handelt es sich um keinen Fall des § 6 Abs. 1 Nr. 2 UStG. Die Lieferung des L ist somit steuerpflichtig.

16. E erbringt an A eine steuerbare Lieferung nach § 3 Abs. 6 Satz 1 bzw. Abs. 7 Satz 1 UStG. Das Benzin gelangt zum größten Teil in die Schweiz. Daher ist die Steuerbefreiung für Ausfuhrlieferungen nach § 4 Nr. 1 Buchst. a UStG zu prüfen. Es handelt sich um einen Fall des § 6 Abs. 1 Nr. 2 UStG (Ausfuhr durch den Abnehmer). Für die Steuerbefreiung ist somit auch noch erforderlich, dass A ausländischer Abnehmer ist. Dies ist gem. § 6 Abs. 2 Nr. 1 UStG der Fall. Die Lieferung wäre danach als Ausfuhrlieferung steuerfrei. Es handelt sich jedoch bei dem Benzin um einen Gegenstand zur Versorgung eines Beförderungsmittels. Die Steuerbefreiung ist deshalb gem. § 6 Abs. 3 UStG ausgeschlossen, da A kein Unternehmer ist. Es liegt auch keine Ausfuhr im Reisegepäck gem. § 6 Abs. 3a UStG vor, da das Benzin in den Fahrzeugtank eingefüllt ist (vgl. A 6.11 Abs. 1 Satz 4 UStAE).
17. E erbringt an U eine steuerbare Lieferung nach § 3 Abs. 6 Satz 1 bzw. Abs. 7 Satz 1 UStG. Das Benzin gelangt zum größten Teil in die Schweiz. Daher ist die Steuerbefreiung für Ausfuhrlieferungen nach § 4 Nr. 1 Buchst. a UStG zu prüfen. Es handelt sich um einen Fall des § 6 Abs. 1 Nr. 2 UStG (Ausfuhr durch den Abnehmer). Für die Steuerbefreiung ist somit auch noch erforderlich, dass U ausländischer Abnehmer ist. Dies ist gem. § 6 Abs. 2 Nr. 1 UStG der Fall. Die Lieferung wäre danach als Ausfuhrlieferung steuerfrei. Es handelt sich jedoch bei dem Benzin um einen Gegenstand zur Versorgung eines Beförderungsmittels. Die Steuerbefreiung ist deshalb gem. § 6 Abs. 3 UStG nur gegeben, wenn U Unternehmer ist und das Fahrzeug den Zwecken des Unternehmens des Abnehmers dient. Beides ist erfüllt. Somit ist die Lieferung des E grundsätzlich steuerfrei, sofern E einen Ausfuhrnachweis erbringen kann, was auf praktische Schwierigkeiten stößt.
Soweit die Steuerbefreiung wegen des fehlenden Ausfuhrnachweises ausgeschlossen ist, kommt grundsätzlich für U ein Vorsteuerabzug in Betracht. Als ausländischer Unternehmer kann U den Vorsteuerabzug aber nur im Vorsteuervergütungsverfahren geltend machen, außer er hätte auch steuerpflichtige Umsätze bewirkt (vgl. § 59 UStDV). Für Unternehmer, die im Drittlandsgebiet ansässig sind, ist jedoch der Vorsteuerabzug im Vorsteuervergütungsverfahren für den Bezug von Kraftstoffen nach § 18 Abs. 9 Satz 5 UStG ausgeschlossen.
18. K erbringt an A eine steuerbare Werklieferung (eingebautes Autoradio) gem. § 3 Abs. 7 Satz 1 UStG. Das Autoradio gelangt mit dem Pkw in die Schweiz. Daher ist die Steuerbefreiung für Ausfuhrlieferungen nach § 4 Nr. 1 Buchst. a UStG zu prüfen. Es handelt sich um einen Fall des § 6 Abs. 1 Nr. 2 UStG (Ausfuhr durch den Abnehmer).
Für die Steuerbefreiung ist somit neben der Ausfuhr noch erforderlich, dass A ausländischer Abnehmer ist. Dies ist gem. § 6 Abs. 2 Nr. 1 UStG der Fall. Die Lieferung ist danach als Ausfuhrlieferung steuerfrei. Das Autoradio dient zwar der Ausrüstung eines Beförderungsmittels, jedoch greift der Befreiungsausschluss nach § 6 Abs. 3 UStG nach seinem Sinn und Zweck in den Fällen der Werklieferungen nicht ein (vgl. A 6.4 Abs. 1 Satz 3 UStAE).
19. H erbringt an K steuerbare Lieferungen gem. § 3 Abs. 6 Satz 1 UStG. Die Reifen gelangen in die Schweiz. Daher ist die Steuerbefreiung für Ausfuhrlieferungen nach § 4 Nr. 1 Buchst. a UStG zu prüfen. Es handelt sich um Fälle des § 6 Abs. 1 Nr. 2 UStG (Ausfuhr durch den Abnehmer). Für die Steuerbefreiung ist somit neben der Ausfuhr auch noch erforderlich, dass A ausländischer Abnehmer ist. Dies ist gem. § 6 Abs. 2 Nr. 1 UStG der Fall. Die Lieferungen sind danach als Ausfuhrlieferungen steuerfrei. Die Autoreifen dienen zwar der Ausrüstung von Beförderungsmitteln, jedoch greift der Befreiungsausschluss nach § 6 Abs. 3 UStG nach seinem Sinn und Zweck nur in den Fällen ein, in denen die

Gegenstände zur Ausrüstung oder Versorgung desjenigen Beförderungsmittels bestimmt sind, mit welchem sie ausgeführt werden (vgl. A 6.4 Abs. 4 UStAE).

20. Nach A 3.7 Abs. 4 Satz 3 UStAE handelt es sich bei einer Kraftfahrzeuginspektion mit Ölwechsel (vgl. auch BFH vom 09. 06. 2005 BStBl II 2006, 98) um eine einheitliche Werkleistung an dem Pkw.
Der Leistungsort ist gem. § 3a Abs. 3 Nr. 3 Buchst. c UStG am Ort der tatsächlichen Leistungserbringung in Lörrach. Die Werkleistung des W ist somit steuerbar, jedoch als Lohnveredelung nach § 4 Nr. 1 Buchst. a i. V. m. § 7 Abs. 1 Nr. 2 UStG steuerfrei.
21. Der Ort der Werkleistung des W ist nach § 3a Abs. 2 UStG am Leistungsempfängerort in Basel. Die Leistung ist nicht steuerbar.

### 3.2 Lösungshinweise zu D 10.2 – Problemkreis Ausfuhrlieferungen im Reiseverkehr

1. Die Lieferungen von G an T sind nach § 3 Abs. 6 UStG steuerbar. Da T die Gegenstände in die Türkei (Drittlandsgebiet) mitnimmt, liegen Ausfuhren vor, für welche die Steuerbefreiung nach § 4 Nr. 1 Buchst. a UStG i. V. m. § 6 UStG zu prüfen ist.
Da T als Abnehmer die Gegenstände ins Drittlandsgebiet verbringt, handelt es sich grundsätzlich um Fälle des § 6 Abs. 1 Nr. 2 UStG. Hiernach muss T ausländischer Abnehmer sein, was nach § 6 Abs. 2 Nr. 1 UStG aber nicht gegeben ist (vgl. A 6.3 Abs. 3 Nr. 4 Satz 1 und 2 UStAE). Im Übrigen benötigte G für die Steuerfreiheit den Identitätsnachweis nach § 17 Nr. 2 UStDV. Dieser wird jedoch in den Fällen wie dem vorliegenden nicht erteilt (vgl. A 6.11 Abs. 8 Nr. 2 UStAE). Somit sind die Lieferungen von G an T steuerpflichtig.
2. Die Lieferungen von G an B sind nach § 3 Abs. 6 UStG steuerbar. Da T die Gegenstände für B als dessen Erfüllungsgehilfe in die Türkei (Drittlandsgebiet) mitnimmt, liegen Ausfuhren vor, für welche die Steuerbefreiung nach § 4 Nr. 1a UStG i. V. m. § 6 UStG zu prüfen ist. Da T als Erfüllungsgehilfe des Abnehmers die Gegenstände ins Drittlandsgebiet verbringt, handelt es sich grundsätzlich um Fälle des § 6 Abs. 1 Nr. 2 UStG. Hiernach muss B ausländischer Abnehmer sein, was nach § 6 Abs. 2 Nr. 1 UStG gegeben ist.
Im Übrigen benötigt G für die Steuerfreiheit den Identitätsnachweis nach § 17 Nr. 2 UStDV. Dieser wird jedoch in den Fällen wie dem vorliegenden nicht erteilt (vgl. A 6.11 Abs. 8 Nr. 1 UStAE).
Die Steuerbefreiung ist damit praktisch ausgeschlossen, es sei denn, es gelänge B, eine Bestätigung einer amtlichen Stelle der Bundesrepublik in der Türkei zu beschaffen, aus welcher hervorgeht, dass die Angaben über B als Abnehmer zutreffend waren (vgl. A 6.11 Abs. 9 UStAE).
3. Die Lieferungen an G sind nach § 3 Abs. 6 UStG steuerbar. Da G die Gegenstände in die Schweiz (Drittlandsgebiet) mitnimmt, liegen Ausfuhren vor, für welche die Steuerbefreiung nach § 4 Nr. 1 Buchst. a UStG i. V. m. § 6 UStG zu prüfen ist.
Da G die Gegenstände ins Drittlandsgebiet verbringt, handelt es sich grundsätzlich um Fälle des § 6 Abs. 1 Nr. 2 UStG. Hiernach muss G ausländischer Abnehmer sein, was nach § 6 Abs. 2 Nr. 1 UStG gegeben ist. G führt die Gegenstände im persönlichen Reisegepäck aus. Gleichwohl greifen die verschärfenden Bestimmungen nach § 6 Abs. 3a UStG i. V. m. § 17 UStDV nicht ein, da G die Gegenstände für sein Unternehmen erworben hat. Der Erwerb für das Unternehmen des G ist allerdings vom Lieferer nachzuweisen. Gelingt der Nachweis nicht, kann die Befreiung nach § 6 Abs. 3a UStG i. V. m. § 17 UStDV gegeben

sein, da G seinen Wohnort in der Schweiz (Drittlandsgebiet) hat und er den Identitätsnachweis nach § 17 UStDV erbringen kann.
Dieser wird in den Fällen wie dem vorliegenden ohne Weiteres erteilt.

4. Die Lieferungen von S an B sind nach § 3 Abs. 6 UStG steuerbar. Da B die Gegenstände in die Schweiz (Drittlandsgebiet) mitnimmt, liegen Ausfuhren vor, für welche die Steuerbefreiung nach § 4 Nr. 1 Buchst. a UStG i. V. m. § 6 UStG zu prüfen ist.
   Da B die Gegenstände ins Drittlandsgebiet verbringt, handelt es sich grundsätzlich um Fälle des § 6 Abs. 1 Nr. 2 UStG. Hiernach muss B ausländischer Abnehmer sein, was nach § 6 Abs. 2 Nr. 1 UStG gegeben ist.
   B erwirbt die Gegenstände nicht für unternehmerische Zwecke und führt sie in seinem persönlichen Reisegepäck aus. Daher greifen die verschärfenden Bestimmungen nach § 6 Abs. 3a UStG i. V. m. § 17 UStDV ein. Diese kann B erfüllen, da er seinen Wohnort in der Schweiz (Drittlandsgebiet) hat und er auch den Identitätsnachweis nach § 17 UStDV erbracht hat.
   S muss jedoch die Ausfuhren auch buchmäßig nachweisen. Der buchmäßige Nachweis kann nur dann ordnungsgemäß erbracht werden, wenn er unmittelbar nach Ausführung des jeweiligen Umsatzes (zumindest teilweise) vorgenommen wird (vgl. A 6.10 Abs. 3 Satz 1 UStAE). Dies ist nach dem vorliegenden Sachverhalt nicht mehr möglich. Somit sind die Lieferungen wegen des fehlenden Buchnachweises steuerpflichtig.

### 3.3 Lösungshinweise zu D 10.3 – Problemkreis Lohnveredelung an Gegenständen der Ausfuhr

1. L erbringt an A eine Werkleistung an einem beweglichen Gegenstand. Eine Werklieferung nach § 3 Abs. 4 UStG scheidet aus, da Lack nach der Verkehrsauffassung kein Hauptstoff ist.
   Der Ort der Werkleistung des L ist nach § 3a Abs. 2 UStG am Leistungsempfängerort in Basel. Die Leistung ist nicht steuerbar.
2. K erbringt an A nach § 3 Abs. 6 Satz 1 UStG eine steuerbare Lieferung.
   L erbringt an A eine Werkleistung an einem beweglichen Gegenstand. Eine Werklieferung nach § 3 Abs. 4 UStG scheidet aus, da Lack nach der Verkehrsauffassung kein Hauptstoff ist.
   Der Ort der Werkleistung des L ist nach § 3a Abs. 2 UStG am Leistungsempfängerort in Basel. Die Leistung ist nicht steuerbar.
   Da der von K erworbene Pkw ausgeführt wird, ist für die Lieferung des K an A die Steuerfreiheit nach § 4 Nr. 1 Buchst. a i. V. m. § 6 UStG zu prüfen. Der Pkw wird allerdings nicht so ausgeführt, wie er geliefert wurde (sondern mit auflackierten Streifen). Die Bearbeitung ist jedoch durch den selbstständigen Beauftragten L des A erfolgt. Deshalb ist die Bearbeitung nach § 6 Abs. 1 Satz 2 UStG ausfuhrunschädlich.
   Da A den Pkw selbst ausführt, bestimmt sich die Steuerfreiheit nach § 6 Abs. 1 Nr. 2 UStG. Es ist also für die Steuerfreiheit ein ausländischer Abnehmer erforderlich. A ist nach § 6 Abs. 2 Nr. 1 UStG ausländischer Abnehmer. Somit ist auch die Lieferung von K an A nach § 4 Nr. 1 Buchst. a i. V. m. § 6 Abs. 1 Nr. 2 UStG steuerfrei.
3. S erbringt an L eine Beförderungslieferung bzw. Versendungslieferung nach § 3 Abs. 6 Satz 1 UStG. Der Ort der Lieferung des S ist somit gem. § 3 Abs. 6 Satz 1 UStG in Korea, sofern sich keine Verlagerung des Lieferorts nach § 3 Abs. 8 UStG ergibt. Aufgrund der Lieferkondition ist davon auszugehen, dass die Einfuhr-USt für S in mittelbarer Stellver-

tretung entrichtet wurde. Somit verlagert sich der Lieferort des S gem. § 3 Abs. 8 UStG ins Inland. Die Lieferung des S ist steuerbar.
Da H für die Herstellung des Messgeräts laut Sachverhalt keine eigenen Hauptstoffe verwendet, erbringt H an L keine Werklieferungen nach § 3 Abs. 4 UStG, sondern eine Werkleistung an beweglichen Gegenständen.
Der Ort der Werkleistung des H an L ist nach § 3a Abs. 2 UStG am Leistungsempfängerort in Liechtenstein. Die Leistung ist nicht steuerbar.
L lässt das Messgerät nach seiner Herstellung durch seinen Erfüllungsgehilfen H zu seinem Abnehmer K in Bern transportieren. L erbringt damit nach § 3 Abs. 6 Satz 1 UStG eine steuerbare Versendungslieferung. Dass L nicht deutscher Staatsangehöriger ist und auch seinen Sitz nicht im Inland hat, ändert an der Steuerbarkeit nichts (vgl. § 1 Abs. 2 Satz 3 UStG).
Da das Messgerät ins Drittlandsgebiet (Schweiz) gelangt, kommt für die Lieferung des L an K die Steuerbefreiung nach § 4 Nr. 1 Buchst. a i. V. m. § 6 UStG in Betracht. Da der Lieferer über seinen Erfüllungsgehilfen H ausführt, richtet sich die Befreiung nach § 6 Abs. 1 Nr. 1 UStG. Deshalb genügt für die Befreiung die bloße Ausfuhr. K ist zwar nach § 6 Abs. 2 Nr. 1 UStG ausländischer Abnehmer, ein solcher wäre jedoch gar nicht erforderlich. Die Lieferung von L an K ist nach § 4 Nr. 1 Buchst. a i. V. m. § 6 Abs. 1 Nr. 1 UStG steuerfrei.
Für die Lieferung des S an L kommt die Befreiung nach § 4 Nr. 1 Buchst. a i. V. m. § 6 Abs. 1 Nr. 2 UStG nicht infrage, da L die zu Messgeräten verarbeiteten Feinteile nicht als Abnehmer des S, sondern als Lieferer des K ausführt. Die Lieferung des S an L ist somit steuerpflichtig.

4. S erbringt an L eine Beförderungslieferung bzw. Versendungslieferung nach § 3 Abs. 6 Satz 1 UStG. Der Ort der Lieferung des S ist somit gem. § 3 Abs. 6 Satz 1 UStG in Korea, sofern sich keine Verlagerung des Lieferorts nach § 3 Abs. 8 UStG ergibt. Aufgrund der Lieferkondition ist davon auszugehen, dass die Einfuhr-USt für S in mittelbarer Stellvertretung entrichtet wurde. Somit verlagert sich der Lieferort des S gem. § 3 Abs. 8 UStG ins Inland. Die Lieferung des S ist steuerbar.
Da H für die Herstellung der Messgeräte laut Sachverhalt das Gehäuse selbst beschafft, verwendet er hiermit einen eigenen Hauptstoff. Er erbringt somit an L eine Werklieferung nach § 3 Abs. 4 UStG. Nach der Fertigstellung versendet H die Messgeräte zu K, dem Abnehmer des L in die Schweiz. Damit erbringt auch L eine Lieferung an seinen Abnehmer K.
Für beide Lieferungen liegt nur ein Warenweg vor. Es ist deshalb zu prüfen, ob § 3 Abs. 6a Satz 1 UStG eingreift. Danach wäre nämlich nur eine der beiden Lieferungen eine Beförderungslieferung nach § 3 Abs. 6a Satz 1 UStG. § 3 Abs. 6a Satz 1 UStG setzt jedoch voraus, dass L und H über denselben Liefergegenstand Umsatzgeschäfte abgeschlossen haben. Dies ist nicht der Fall, denn L liefert an K das komplette Messgerät, während H an L das Messgerät ohne die von L beigestellten elektronischen Feinteile an L liefert. Somit ist der Lieferort für beide Lieferungen nach § 3 Abs. 6 Satz 1 UStG im Inland. Beide Lieferungen sind steuerbar.
Bei beiden Lieferungen handelt es sich um eine Beförderung bzw. Versendung durch den Lieferer. Es greift somit die Befreiung nach § 4 Nr. 1 Buchst. a i. V. m. § 6 Abs. 1 Nr. 1 UStG ein. Beide Lieferungen sind steuerfrei.
Für die Lieferung des S an L kommt die Befreiung nach § 4 Nr. 1 Buchst. a i. V. m. § 6 Abs. 1 Nr. 2 UStG nicht in Frage, da L die zu Messgeräten verarbeiteten Feinteile nicht als Abnehmer des S sondern als Lieferer des K ausführt. Die Lieferung des S an L ist somit steuerpflichtig.

5. Der Leistungsort für die Reinigungsleistung der Firma R an T bestimmt sich nach § 3a Abs. 2 UStG. Er ist somit am Leistungsempfängerort des T in Zürich. Die Leistung ist nicht steuerbar. Der Nachweis, dass die Leistung das Unternehmen des Leistungsempfängers betrifft, ist bereits dadurch erbracht, dass es sich um die Reinigung eines Tankwagens handelt, der nach A 7.1 Abs. 4 UStAE (und Umkehrschluss aus A 3a.2 Abs. 11 UStAE) stets als unternehmerischer Gegenstand einzuordnen ist.
6. Bei der Reparatur der Segelyacht kann es sich um eine Werklieferung oder um eine Werkleistung handeln. Im Falle einer Werklieferung bestimmt sich der Lieferort nach § 3 Abs. 6 Satz 1 UStG und ist somit in Bremerhaven (Inland) und steuerbar. Im Falle einer Werkleistung bestimmt sich der Leistungsort nach § 3a Abs. 3 Nr. 3 Buchst. c UStG und ist somit in Bremerhaven (Inland) und steuerbar.
   Eine Steuerbefreiung scheidet im Falle einer Werkleistung aus, da die Yacht nicht zwecks der Reparatur ins Gemeinschaftsgebiet eingeführt wurde, sondern wider Erwarten im Gemeinschaftsgebiet erst reparaturbedürftig wurde (vgl. A 7.1 Abs. 6 Satz 1 UStAE).
   Dagegen greift die Steuerbefreiung im Falle einer Werklieferung ein, da die Yacht nach erfolgter Reparatur wieder ausgeführt wird. Die Ausfuhr erfolgt durch den Abnehmer der Werklieferung. Die Befreiung beurteilt sich dementsprechend nach § 6 Abs. 1 Nr. 2 UStG und erfordert einen ausländischen Abnehmer. L ist ein solcher ausländischer Abnehmer nach § 6 Abs. 2 Nr. 1 UStG. Deshalb ist für die Steuerbefreiung entscheidend, dass es sich um eine Werklieferung handelt. Hiervon kann nach A 7.4 Satz 1 i. V. m. A 3.8 Abs. 6 Satz 6 UStAE aus Vereinfachungsgründen ausgegangen werden, da der Entgeltteil, der auf das bei der Reparatur verwendete Material entfällt, mehr als 50 % des für die Reparatur berechneten Gesamtentgelts beträgt.
7. Bei der Reparatur der Segelyacht kann es sich um eine Werklieferung oder um eine Werkleistung handeln. Im Falle einer Werklieferung bestimmt sich der Lieferort nach § 3 Abs. 6 Satz 1 UStG und ist somit in Bremerhaven (Inland) und steuerbar.
   Im Falle einer Werkleistung bestimmt sich der Leistungsort nach § 3a Abs. 3 Nr. 3 Buchst. c UStG und ist somit ebenfalls in Bremerhaven (Inland) und steuerbar.
   Eine Steuerbefreiung scheidet im Falle einer Werkleistung aus, da die Yacht nicht zwecks der Reparatur ins Gemeinschaftsgebiet eingeführt wurde, sondern wider Erwarten im Gemeinschaftsgebiet erst reparaturbedürftig wurde (vgl. A 7.1 Abs. 6 Satz 1 UStAE).
   Dagegen greift die Steuerbefreiung im Falle einer Werklieferung ein, da die Yacht nach erfolgter Reparatur wieder ausgeführt wird. Die Ausfuhr erfolgt durch den Abnehmer der Werklieferung. Die Befreiung beurteilt sich dementsprechend nach § Abs. 1 Nr. 2 UStG und erfordert einen ausländischen Abnehmer. L ist ein solcher ausländischer Abnehmer nach § 6 Abs. 2 Nr. 1 UStG. Deshalb ist für die Steuerbefreiung entscheidend, dass es sich um eine Werklieferung handelt.
   Die Vereinfachungsregelung nach A 7.4 Satz 1 i. V. m. A 3.8 Abs. 6 Satz 6 UStAE kann im vorliegenden Fall nicht angewandt werden, da der Entgeltteil, der auf das bei der Reparatur verwendete Material entfällt, weniger als 50 % des für die Reparatur berechneten Gesamtentgelts beträgt.
   Gleichwohl ergibt sich vorliegend aus allgemeinen Grundsätzen eine Werklieferung, da es sich bei den verwendeten Stahlblechen bei einer Gesamtbetrachtung aus der Sicht des Durchschnittsbetrachters nicht um bloße Zutaten handelt (vgl. A 3.8 Abs. 1 Satz 4 und 5 UStAE).

## 3.4 Lösungshinweise zu D 10.4 – Problemkreis innergemeinschaftliche Lieferungen

1. Bei der Lieferung von L an A gelangt die Ware im Zuge der Beförderung durch L von Deutschland nach Italien. Zunächst ist daher zu prüfen, ob A entsprechend dem § 1a UStG einen innergemeinschaftlichen Erwerb tätigt. A hat die Ware für sein Unternehmen erworben. Der Erwerb durch A unterliegt daher in Italien der Erwerbsbesteuerung.
   Die Lieferung von L an A erfolgt gem. § 3 Abs. 6 Satz 1 UStG in Stuttgart. Eine Verlagerung des Lieferorts nach § 3c UStG erfolgt nicht, da A der Erwerbsbesteuerung in Italien unterliegt (die Ware für sein Unternehmen erwirbt und somit die Voraussetzung nach § 3c Abs. 2 Nr. 1 UStG nicht vorliegt). Die Lieferung ist damit steuerbar.
   Da die Ware in das übrige Gemeinschaftsgebiet befördert wird, ist die Befreiung nach § 4 Nr. 1 Buchst. b i. V. m. § 6a UStG für innergemeinschaftliche Lieferungen zu prüfen. L befördert die Ware in das übrige Gemeinschaftsgebiet (§ 6a Abs. 1 Satz 1 Nr. 1 UStG). A hat die Ware für sein Unternehmen erworben (§ 6a Abs. 1 Nr. 2 Buchst. a UStG). Der Erwerb durch A unterliegt in Italien der Erwerbsbesteuerung (§ 6a Abs. 1 Nr. 3 UStG) und A verwendet gegenüber L eine von Italien erteilte gültige USt-IdNr. (§ 6a Abs. 1 Nr. 4 UStG). Die nach § 6a Abs. 3 UStG geforderten Nachweise sind laut Vorbemerkung erbracht. Somit ist die Lieferung von L an A nach § 4 Nr. 1 Buchst. b i. V. m. § 6a UStG als innergemeinschaftliche Lieferung steuerfrei.
2. L hat mit A und A mit B über dieselbe Ware einen Kaufvertrag abgeschlossen. Da beide Kaufverträge erfüllt werden, liefert L die Ware an A und A an B. Es liegen also zwei Lieferungen vor. A befördert die Ware direkt von L zu B. Somit ist nur ein Warenweg gegeben. Da nach § 3 Abs. 6a Satz 1 UStG nur eine der beiden Lieferungen als Beförderungslieferung behandelt wird, muss geklärt werden, ob A als Lieferer oder als Abnehmer versendet. Nach § 3 Abs. 6a Satz 5 UStG ist A durch die Verwendung seiner deutschen USt-IdNr. als Lieferer aufgetreten. Dies ist laut Sachverhalt gegeben. Somit ist die Lieferung des A an B gem. § 3 Abs. 6 Satz 1 UStG am Ort des Beginns der Beförderung in Frankfurt bewirkt. Eine Verlagerung des Lieferorts nach § 3c UStG erfolgt nicht, da B die Ware für sein Unternehmen erwirbt und somit die Voraussetzung nach § 3c Abs. 2 Nr. 1 UStG nicht vorliegt. Die Lieferung ist damit steuerbar.
   Bezüglich dieser Lieferung von A an B ist zu prüfen, ob sie als innergemeinschaftliche Lieferung nach § 4 Nr. 1 Buchst. b i. V. m. § 6a UStG steuerfrei ist. A hat die Ware als Lieferer des B in das übrige Gemeinschaftsgebiet (nach Italien) befördert (§ 6a Abs. 1 Nr. 1 UStG). Da B die Ware unter Verwendung seiner USt-IdNr. erwirbt, ist davon auszugehen, dass er sie für sein Unternehmen erworben hat (§ 6a Abs. 1 Nr. 2 Buchst. a UStG). Der Erwerb durch B unterliegt in Italien der Erwerbsbesteuerung (§ 6a Abs. 1 Nr. 3). Die nach § 6a Abs. 3 UStG erforderlichen Nachweise sind laut Vorbemerkung erbracht, somit ist die Lieferung von A an B nach § 4 Nr. 1 Buchst. b i. V. m. § 6a UStG steuerfrei.
   Die Lieferung von L an A ist nach § 3 Abs. 6a Satz 4 UStG im Umkehrschluss eine Lieferung ohne Warenbewegung. Ihr Lieferort ist nach § 3 Abs. 7 Satz 2 Nr. 1 UStG ebenfalls in Frankfurt. Die Lieferung von L an A ist damit steuerbar. Da es sich um eine Lieferung ohne Warenbewegung handelt, gelangt die Ware nicht bei dieser Lieferung von Deutschland nach Italien. Die Befreiung nach § 4 Nr. 1 Buchst. b i. V. m. § 6a UStG scheidet damit aus (§ 6a Abs. 1 Nr. 1 UStG). Die Lieferung von L an A ist steuerpflichtig. A kann daraus den Vorsteuerabzug vornehmen.

3. C hat mit B, B mit A und A mit L über dieselbe Ware einen Kaufvertrag abgeschlossen. Da alle drei Kaufverträge erfüllt werden, liefert L die Ware an A, A an B und B an C. Es liegen also drei Lieferungen vor. B befördert die Ware direkt von L zu C. Somit ist nur ein Warenweg gegeben. Da nach § 3 Abs. 6a Satz 1 UStG nur eine der drei Lieferungen als Beförderungslieferung behandelt wird, muss geklärt werden, ob B als Lieferer oder als Abnehmer versendet. Da B unter seiner deutschen USt-IdNr. auftritt und der Beginn der Beförderung der Ware in Deutschland ist, ist die Beförderung nach § 3 Abs. 6a Satz 4 i. V. m. Satz 5 UStG der Lieferung des B zuzuordnen. Die Lieferung des B erfolgt somit nach § 3 Abs. 6 Satz 1 UStG in Stuttgart. Eine Verlagerung des Lieferorts nach § 3c UStG erfolgt nicht, da B die Ware für sein Unternehmen erwirbt und somit die Voraussetzung nach § 3c Abs. 2 Nr. 1 UStG nicht vorliegt. Die Lieferung ist damit steuerbar.
   Weiterhin ist bezüglich der Lieferung von B an C ist zu prüfen, ob sie als innergemeinschaftliche Lieferung nach § 4 Nr. 1 Buchst. b i. V. m. § 6a UStG steuerfrei ist.
   B hat die Ware als Lieferer an C in das übrige Gemeinschaftsgebiet (nach Brüssel/Belgien) befördert (§ 6a Abs. 1 Nr. 1 UStG). C hat die Ware für sein Unternehmen erworben (§ 6a Abs. 1 Nr. 2 Buchst. a UStG), der Erwerb unterliegt in Belgien der Erwerbsbesteuerung (§ 6a Abs. 1 Nr. 3) und C verwendet eine von Belgien erteilte gültige USt-IdNr. (§ 6a Abs. 1 Nr. 4).
   Die nach § 6a Abs. 3 UStG geforderten Nachweise sind laut Vorbemerkung erbracht. Somit ist die Lieferung von B an C nach § 4 Nr. 1 Buchst. b i. V. m. § 6a UStG als innergemeinschaftliche Lieferung steuerfrei.
4. Die Lieferung des A an B erfolgt nach § 3 Abs. 7 Satz 2 Nr. 1 UStG in Stuttgart, da dort die Beförderung der Ware beginnt. Die Lieferung des A an B ist daher in Deutschland steuerbar. Bezüglich der Lieferung von A an B ist zu prüfen, ob sie als innergemeinschaftliche Lieferung nach § 4 Nr. 1 Buchst. b i. V. m. § 6a UStG steuerfrei ist. Die Voraussetzung des § 6a Abs. 1 Nr. 1 UStG liegt jedoch nicht vor. Somit ist die Lieferung des A an B steuerpflichtig. A muss sich in Deutschland für umsatzsteuerzwecke registrieren lassen.
   Die Lieferung des L an A erfolgt nach § 3 Abs. 7 Satz 2 Nr. 1 UStG in Deutschland, da dort die Beförderung der Ware beginnt. Die Lieferung des L an A ist daher steuerbar. Bezüglich der Lieferung von L an A ist zu prüfen, ob sie als innergemeinschaftliche Lieferung nach § 4 Nr. 1 Buchst. b i. V. m. § 6a UStG steuerfrei ist. Die Voraussetzung des § 6a Abs. 1 Nr. 1 UStG liegt jedoch nicht vor. Somit ist die Lieferung des L an A steuerpflichtig.
   A hat aus der Lieferung des L den Vorsteuerabzug.
   Bei der Lieferung von L an A gelangt die Ware im Zuge der Beförderung durch den Erfüllungsgehilfen B des A von Deutschland nach Frankreich.
   Zunächst ist daher zu prüfen, ob A entsprechend dem § 1a UStG einen innergemeinschaftlichen Erwerb tätigt. A hat die Ware für sein Unternehmen erworben. Der Erwerb des A unterliegt daher in Frankreich der Erwerbsbesteuerung.
   Der Lieferort für die Lieferung ist nach § 3 Abs. 6 Satz 1 UStG in Stuttgart. Eine Verlagerung des Lieferorts nach § 3c UStG erfolgt nicht, da die Ware nicht im Zuge der Beförderung durch L nach Frankreich gelangt. Die Lieferung ist damit steuerbar. Da die Ware in das übrige Gemeinschaftsgebiet befördert wird, ist die Befreiung nach § 4 Nr. 1 Buchst. b i. V. m. § 6a UStG für innergemeinschaftliche Lieferungen zu prüfen.
   A hat die Ware als Abnehmer des L in das übrige Gemeinschaftsgebiet (nach Frankreich) versendet (§ 6a Abs. 1 Nr. 1 UStG). Dass die Ware vor der Versendung nach Frankreich durch den selbstständigen Erfüllungsgehilfen B bearbeitet wurde, ist für die Befreiung gem. § 6a Abs. 1 Satz 2 UStG nicht schädlich. A hat die Ware für sein Unternehmen erwor-

ben (§ 6a Abs. 1 Nr. 2 Buchst. a UStG). Der Erwerb durch A unterliegt in Frankreich der Erwerbsbesteuerung (§ 6a Abs. 1 Nr. 3 UStG) und A verwendet eine von Frankreich erteilte gültige USt-IdNr. (§ 6a Abs. 1 Nr. 4).

Die nach § 6a Abs. 3 UStG geforderten Nachweise sind laut Vorbemerkung erbracht. Somit ist die Lieferung von L an A nach § 4 Nr. 1 Buchst. b i. V. m. § 6a UStG als innergemeinschaftliche Lieferung steuerfrei.

B erbringt an A eine Werkleistung. Der Ort der Werkleistung ist nach § 3a Abs. 2 UStG der Leistungsempfängerort in Frankreich. Die Werkleistung des B ist also in Deutschland nicht steuerbar. Die französische Umsatzsteuer für die Werkleistung des B wird im Reverse-Charge-Verfahren von A geschuldet.

5. Die Ware gelangt im Zuge der Beförderung von Deutschland nach Österreich. Jedoch nimmt A die Ware nicht direkt ab, sondern es erfolgt eine Zwischenlagerung in einem Lager des L zur späteren Abnahme.

   Grundsätzlich ist somit zunächst zu prüfen, ob ein innergemeinschaftliches Verbringen des L vorliegt, § 1a Abs. 2 UStG. Ein innergemeinschaftliches Verbringen liegt gem. § 1a Abs. 2a UStG nicht vor in den Fällen des § 6a UStG (Konsignationslagerregelung).

   Voraussetzung zur Anwendung ist:

- Beförderung oder Versendung eines Gegenstandes des Unternehmens aus dem Gebiet eines Mitgliedstaates in das Gebiet eines anderen Mitgliedstaates und im Zeitpunkt des Beginns der Beförderung oder Versendung der Erwerber bekannt ist (§ 6b Abs. 1 Nr. 1 UStG).
- Der leistende Unternehmer (L) hat im Bestimmungsland der Ware (hier Österreich) weder seinen Sitz noch seine Geschäftsleitung bzw. keine Betriebsstätte oder Wohnsitz/gewöhnlichen Aufenthalt (§ 6b Abs. 1 Nr. 2 UStG).
- Der Erwerber bei Beginn der Beförderung eine gültige USt-IdNr. aus Österreich verwendet und ein gesondertes Verzeichnis i. S. d. § 22 Abs. 4 g führt (§ 6b Abs. 1 Nr. 3 UStG).
- Der Lieferer die Beförderung oder Versendung in einem gesonderten Verzeichnis i. S. d. § 22 Abs. 4f UStG aufzeichnet und eine Meldung im Rahmen der Zusammenfassenden Meldung erfolgt (§ 6b Abs. 1 Nr. 4 UStG).
- Die Lieferung innerhalb von 12 Monaten nach dem Ende der Beförderung oder Versendung vom Erwerber entnommen wird (§ 6b Abs. 3 UStG).

   Die Voraussetzungen gelten als erfüllt, da laut Aufgabenstellung alle erforderlichen Nachweise als erbracht gelten. Somit ist die Beförderung des L an sein Call-Off-Stock kein innergemeinschaftliches Verbringen i. S. d. § 1a Abs. 2 UStG.

   Erst mit der Abholung der Ware durch den Erwerber wird eine innergemeinschaftliche Lieferung i. S. d. § 4 Nr. 1 Buchst. b i. V. m. § 6a UStG bewirkt (§ 6b Abs. 2 UStG).

6. Die Bearbeitung der Ware durch Z stellt einen nicht steuerbaren Innenumsatz dar. Das anschließende Verbringen der Ware nach Straßburg gilt jedoch gem. § 3 Abs. 1a UStG bei A als Lieferung gegen Entgelt und zugleich nach der dem § 1a Abs. 2 UStG entsprechenden Vorschrift des französischen UStG als innergemeinschaftlicher Erwerb. Der fiktive innergemeinschaftliche Erwerb ist in Frankreich steuerbar, da A die Ware für sein Unternehmen bezogen hat und die Ware nach erfolgter Bearbeitung durch ihn selbst (seine Zweigniederlassung) nicht nur vorübergehend nach Frankreich gelangt.

   Der Ort der fiktiven Lieferung ist nach § 3 Abs. 6 Satz 1 UStG in Ludwigsburg. Die fiktive Lieferung ist daher steuerbar.

   Da die Ware in das übrige Gemeinschaftsgebiet befördert wird und § 6a Abs. 2 Nr. 1 UStG das Verbringen als innergemeinschaftliche Lieferung fingiert, ist die Befreiung nach § 4 Nr. 1 Buchst. b i. V. m. § 6a UStG für innergemeinschaftliche Lieferungen zu prüfen (§ 6a

Abs. 2 UStG). A hat die Ware fiktiv für sein Unternehmen erworben (§ 6a Abs. 1 Nr. 2 Buchst. a UStG). Der fiktive Erwerb durch A unterliegt in Frankreich der Erwerbsbesteuerung (§ 6a Abs. 1 Nr. 3 UStG). Die nach § 6a Abs. 3 UStG geforderten Nachweise sind laut Vorbemerkung erbracht. Somit ist die fiktive Lieferung von A an A nach § 4 Nr. 1 Buchst. b i. V. m. § 6a UStG als innergemeinschaftliche Lieferung steuerfrei.
Der fiktiven Lieferung des A an sich selbst nach Frankreich geht eine tatsächliche Lieferung von L an A voraus Der Ort der Lieferung von L an A ist nach § 3 Abs. 6 Satz 1 UStG in Stuttgart. Die Lieferung ist damit steuerbar.
Da die Ware nach erfolgter Bearbeitung durch A (seine Zweigniederlassung Z) in das übrige Gemeinschaftsgebiet befördert wird, ist die Befreiung nach § 4 Nr. 1 Buchst. b i. V. m. § 6a UStG für innergemeinschaftliche Lieferungen zu prüfen. Die Bearbeitung durch die Zweigniederlassung ist jedoch schädlich. Gem. § 6a Abs. 1 Satz 2 UStG wäre sie nur dann unschädlich, wenn die Ware vor dem Transport durch einen selbstständigen Beauftragten bearbeitet worden wäre.
Die Lieferung von L an A ist somit steuerpflichtig. A hat hieraus den Vorsteuerabzug.

7. L hat mit A und A mit B über dieselbe Ware einen Kaufvertrag abgeschlossen. Beide Verträge werden erfüllt. Somit liegt eine Lieferung von L an A und eine Lieferung von A an B vor. L befördert die Ware direkt zu B. Somit liegt ein Reihengeschäft i. S. d. § 3 Abs. 6a Satz 1 UStG vor. Es kann nur eine Beförderungslieferung geben. Die Beförderung ist nach § 3 Abs. 6a Satz 4 UStG der Lieferung des L zuzuordnen. A verwendet keine USt-IdNr. des Mitgliedslandes, in dem die Beförderung beginnt (hier eine deutsche USt-IdNr.) Die Lieferung des L erfolgt daher nach § 3 Abs. 6 Satz 1 UStG in Stuttgart. Der Ort der Lieferung des A an B ist nach § 3 Abs. 7 Satz 2 Nr. 2 UStG in Ludwigsburg. Beide Lieferungen sind steuerbar und steuerpflichtig. Da die Ware nicht von einem EU-Land in ein anderes EU-Land gelangt, sondern in Deutschland verbleibt, greifen die Sonderregelungen für den innergemeinschaftlichen Warenverkehr nicht ein.

## 3.5 Lösungshinweise zu D 10.5 – Innergemeinschaftliches Reihengeschäft

1. A hat mit B und B mit C über den Lagertank einen Kaufvertrag abgeschlossen. Beide Kaufverträge werden erfüllt. Somit liefert C an B und B an A. Die Beförderung erfolgt unmittelbar von C zu A. Damit ist die Beförderung gem. § 3 Abs. 6a Satz 4 UStG der Lieferung C an B zuzuordnen. Die Lieferung C an B erfolgt nach § 3 Abs. 6 Satz 1 UStG in Straßburg. Eine Verlagerung des Lieferorts nach § 3c UStG erfolgt nicht, da B den Lagertank für sein Unternehmen erwirbt. Bei der Lieferung von C an B gelangt der Lagertank von Frankreich nach Deutschland. B tätigt damit gem. § 1a UStG einen steuerbaren und steuerpflichtigen innergemeinschaftlichen Erwerb. Die Lieferung des C an B ist in Frankreich als innergemeinschaftliche Lieferung steuerfrei.
Die Lieferung des B an A folgt im Rahmen des Reihengeschäfts logisch der Lieferung des C an B nach. Der Lieferort ist somit nach § 3 Abs. 7 Satz 2 Nr. 2 UStG in Kehl. Die Lieferung ist steuerbar und steuerpflichtig.
2. C hat mit B und B mit A über den Lagertank einen Kaufvertrag abgeschlossen. Beide Kaufverträge werden erfüllt. Somit liefert A an B und B an C. Die Beförderung erfolgt unmittelbar von A zu C. Damit ist die Beförderung gem. § 3 Abs. 6a Satz 4 UStG der Lieferung A an B zuzuordnen. Die Lieferung A an B erfolgt nach § 3 Abs. 6 Satz 1 UStG in Gent. Eine Verlagerung des Lieferorts nach § 3c UStG erfolgt nicht, da B den Lagertank für sein Unternehmen erwirbt. Die Lieferung ist nicht steuerbar.

B erbringt an C ebenfalls eine Lieferung. Der Ort der Lieferung des B ist nach § 3 Abs. 7 Satz 2 Nr. 2 UStG in Frankreich, wo die Beförderung endet. Die Lieferung ist in Frankreich steuerbar. Sie ist nicht als innergemeinschaftliche Lieferung steuerfrei, weil die Voraussetzungen nach § 6a Abs. 1 Nr. 1 und 3 UStG nicht erfüllt sind. Die Steuer für diese Lieferung wird jedoch in Frankreich nach der dem § 25b Abs. 2 UStG entsprechenden Vorschrift nicht von B, sondern seinem Abnehmer C geschuldet. Es liegt nämlich ein innergemeinschaftliches Dreiecksgeschäft vor, bei dem die **Voraussetzungen des § 25b Abs. 1 UStG** erfüllt sind, nämlich:

- Drei Unternehmer haben über denselben Gegenstand Umsatzgeschäfte abgeschlossen und diese wurden dadurch erfüllt, dass der Gegenstand unmittelbar vom ersten Lieferer an den letzten Abnehmer befördert wurde (§ 25b Abs. 1 Nr. 1 UStG).
- A, B und C sind in jeweils verschiedenen Mitgliedstaaten (Belgien, Deutschland und Frankreich) für Zwecke der USt erfasst (§ 25b Abs. 1 Nr. 2 UStG).
- Der Gegenstand der Lieferung ist aus Belgien nach Frankreich gelangt (§ 25b Abs. 1 Nr. 3 UStG).
- Der Gegenstand der Lieferung wurde durch den ersten Lieferer (A) befördert (§ 25b Abs. 1 Nr. 4 UStG).

Weiterhin sind die **Voraussetzungen nach § 25b Abs. 2 UStG** erfüllt, nämlich:

- Der Lieferung des B ist (siehe unten) ein innergemeinschaftlicher Erwerb (in Frankreich) vorausgegangen (§ 25b Abs. 2 Nr. 1 UStG)
- B ist in Frankreich, wo die Beförderung endete, nicht ansässig und hat sowohl gegenüber A als auch gegenüber C seine deutsche USt-IdNr. verwendet (§ 25b Abs. 2 Nr. 2 UStG).
- B hat C eine Nettorechnung ohne USt-Ausweis erteilt (§ 25b Abs. 2 Nr. 3 UStG).
- C verwendet die französische USt-IdNr., also die USt-IdNr. des Landes, in dem die Beförderung endet.

  B tätigt nach § 1a Abs. 1 UStG einen innergemeinschaftlichen Erwerb, weil der Lagertank bei der Lieferung an ihn aus Belgien nach Frankreich gelangt (§ 1a Abs. 1 Nr. 1 UStG) und er den Lagertank für sein Unternehmen erwirbt (§ 1a Abs. 1 Nr. 2 UStG). Der Ort des Erwerbs ist nach § 3d Satz 1 UStG in Frankreich.

  Obwohl B gegenüber A seine deutsche USt-IdNr. verwendet, wird der Erwerb nicht nach § 3d Satz 2 UStG in Deutschland fingiert. Denn der innergemeinschaftliche Erwerb gilt nach § 25b Abs. 3 UStG in Frankreich als besteuert und laut Sachverhalt kommt B seiner Erklärungspflicht nach § 18a Abs. 4 Satz 1 Nr. 3 UStG nach.

  C tätigt keinen innergemeinschaftlichen Erwerb nach § 1a Abs. 1 UStG, weil der Lagertank nicht bei der Lieferung an ihn aus Belgien nach Frankreich gelangt (§ 1a Abs. 1 Nr. 1 UStG). C darf gem. der dem § 25b Abs. 5 UStG entsprechenden Vorschrift des französischen UStG die von ihm selbst geschuldete USt für die Lieferung des B an ihn als Vorsteuer abziehen, obwohl er hierfür keine Rechnung mit gesondertem USt-Ausweis erhält.

  Die Folge für B ist, dass er weder in Deutschland noch in Frankreich einen Umsatz zu versteuern hat. Er hat außer der Verpflichtung zur Abgabe einer Zusammenfassenden Meldung nach § 18a Abs. 4 Nr. 3 UStG in Deutschland hinsichtlich seiner Lieferung keine weitere Erklärungspflicht, da die Steuerschuldnerschaft auf seinen Abnehmer übertragen wird. Gem. § 25b Abs. 6 Satz 2 UStG entfallen bei ihm die Aufzeichnungspflichten nach § 22 UStG.

In der **Zusammenfassenden Meldung nach § 18a Abs. 4 Nr. 3 UStG** muss er

- erklären, dass er an C eine Lieferung ausgeführt hat und die Bemessungsgrundlage hierfür angeben,
- die USt-IdNr. des Abnehmers C angeben,
- angeben, dass es sich um ein innergemeinschaftliches Dreiecksgeschäft handelt.

3. C hat mit B und B mit A über den Lagertank einen Kaufvertrag abgeschlossen. Beide Kaufverträge werden erfüllt. Somit liefert A an B und B an C. Die Beförderung erfolgt unmittelbar von A zu C. Damit ist die Beförderung gem. § 3 Abs. 6a Satz 4 UStG der Lieferung A an B zuzuordnen. Die Lieferung A an B erfolgt nach § 3 Abs. 6 Satz 1 UStG in Mulhouse. Eine Verlagerung des Lieferorts nach § 3c UStG erfolgt nicht, da B den Lagertank für sein Unternehmen erwirbt. Bei der Lieferung von A an B gelangt der Lagertank von Frankreich nach Deutschland. B tätigt damit in Deutschland gem. § 1a UStG einen steuerbaren und steuerpflichtigen innergemeinschaftlichen Erwerb. Die Lieferung des A an B ist in Frankreich jedoch nicht als innergemeinschaftliche Lieferung steuerfrei, weil B keine USt-IdNr. gegenüber A verwendet.
   Die Lieferung des B an C folgt im Rahmen des Reihengeschäfts logisch der Lieferung des A an B nach. Der Lieferort ist somit nach § 3 Abs. 7 Satz 2 Nr. 2 UStG in Freiburg. Die Lieferung ist steuerbar und steuerpflichtig.
4. A hat mit I und I mit L über den Wein einen Kaufvertrag abgeschlossen. Beide Kaufverträge werden erfüllt. Somit liefert L an I und I an A. Die Versendung erfolgt unmittelbar von L zu A. Damit ist die Beförderung gem. § 3 Abs. 6 Satz 5 UStG der Lieferung L an I zuzuordnen. Die Lieferung L an I erfolgt an sich nach § 3 Abs. 6 Satz 1 UStG in Algerien. Es ergibt sich jedoch eine Verlagerung des Lieferorts gemäß einer dem § 3 Abs. 8 UStG entsprechenden Vorschrift des französischen UStG nach Frankreich, da der Spediteur als Beauftragter des L die französische Einfuhr-USt entrichtet. Bei der Lieferung von L an I gelangt der Lagertank von Frankreich nach Deutschland. I tätigt damit gem. § 1a UStG einen in Deutschland steuerbaren und steuerpflichtigen innergemeinschaftlichen Erwerb. Die Lieferung des L an I ist in Frankreich als innergemeinschaftliche Lieferung steuerfrei.
   Die Lieferung des I an A folgt im Rahmen des Reihengeschäfts logisch der Lieferung des L an I nach. Der Lieferort ist somit nach § 3 Abs. 7 Satz 2 Nr. 2 UStG in Heilbronn. Die Lieferung ist in Deutschland steuerbar und steuerpflichtig.
5. A hat mit I und I mit L über den Wein einen Kaufvertrag abgeschlossen. Beide Kaufverträge werden erfüllt. Somit liefert L an I und I an A. Die Versendung erfolgt unmittelbar von L zu A. Damit ist die Beförderung gem. § 3 Abs. 6a Satz 4 UStG der Lieferung L an I zuzuordnen. Die Lieferung L an I erfolgt nach § 3 Abs. 6 Satz 1 UStG in Algerien. Eine Verlagerung des Lieferorts gem. § 3 Abs. 8 UStG nach Deutschland ergibt sich nicht, da der Spediteur als Beauftragter des I die deutsche Einfuhr-USt entrichtet. Die Lieferung L an I ist daher nicht steuerbar. Ein innergemeinschaftlicher Erwerb bei I kann sich nicht ergeben, da der Wein direkt nach Deutschland eingeführt wurde.
   Die Lieferung des I an A folgt im Rahmen des Reihengeschäfts logisch der Lieferung des L an I nach. Der Lieferort ist somit nach § 3 Abs. 7 Satz 2 Nr. 2 UStG in Heilbronn. Die Lieferung ist in Deutschland steuerbar und steuerpflichtig. I kann die entrichtete Einfuhr-USt als Vorsteuer geltend machen.

## 4 Lösungshinweise zu E 6 – Fehlender Leistungsaustausch

1. K zahlt nicht, weil P eine Leistung an ihn erbracht hat, sondern weil K einen Schaden verursacht hat und deshalb zum Schadensersatz verpflichtet ist. Es handelt sich somit bei P um echten nicht steuerbaren Schadensersatz. P braucht für die 100 €, die er von K erhält, keine USt abzuführen (vgl. A 1.3 Abs. 1 Satz 3 UStAE). P behält gleichwohl der Vorsteuerabzug aus der Anschaffung der Schale.

2. K zahlt nicht, weil P eine Leistung an ihn erbracht hat, sondern weil K einen Schaden verursacht hat und deshalb zum Schadensersatz verpflichtet ist. Es handelt sich somit bei P um echten nicht steuerbaren Schadensersatz. P braucht für die 150 €, die er von K erhält, keine USt abzuführen (vgl. A 1.3 Abs. 1 Satz 3 UStAE). Es spielt keine Rolle, dass P mehr erhält, als er für die Anschaffung der Schale bezahlt hat. P behält gleichwohl der Vorsteuerabzug aus der Anschaffung der Schale.
3. In der Form des abgekürzten Zahlungsweges leistet die Versicherung Schadensersatz an K und K Schadensersatz an P. K zahlt im abgekürzten Zahlungsweg und zwar nicht, weil P eine Leistung an K erbracht hat, sondern weil K einen Schaden verursacht hat und deshalb zum Schadensersatz verpflichtet ist. Es handelt sich somit bei P um echten nicht steuerbaren Schadensersatz. P braucht für die 100 €, die er erhält, keine USt abzuführen (vgl. A 1.3 Abs. 1 Satz 3 UStAE). P behält gleichwohl der Vorsteuerabzug aus der Anschaffung der Schale.
   Die Versicherung leistet Schadensersatz an K, weil bei K dadurch, dass er gegenüber P zum Schadensersatz verpflichtet ist, ein Schaden eingetreten ist und sich die Versicherung aufgrund des Versicherungsvertrages gegenüber K zum Ersatz derartiger Schäden verpflichtet hat. Die Versicherung erbringt damit gegenüber K keine Leistung i. S. d. UStG. Sie leistet zwar an K aufgrund des Versicherungsvertrages. Diese Leistung liegt jedoch darin, dass sie K ständigen Versicherungsschutz bietet, auch wenn kein Versicherungsfall eintritt. Diese Leistung der Versicherung ist steuerfrei nach § 4 Nr. 10 Buchst. a UStG.
4. L erbringt zwar mit der Wiederherstellung des ursprünglichen Zustandes Leistungen an N. Er erbringt diese Leistungen jedoch nicht gegen Entgelt, sondern weil er aufgrund des Schadens, den er angerichtet hat, zum Schadensersatz (Naturalrestitution) verpflichtet ist. Daran ändert es nichts, dass er zunächst versucht hat, vor N ein Entgelt zu erhalten, da er tatsächlich kein Entgelt bekommt, weil er keines zu beanspruchen hat. L braucht deshalb für seine Leistung keine USt abzuführen (vgl. A 1.3 Abs. 1 Satz 3 UStAE).
5. A zahlt nicht, weil G eine Leistung an ihn erbracht hat, sondern weil A einen Schaden verursacht hat und deshalb zum Schadensersatz verpflichtet ist. Es handelt sich somit bei G um echten nicht steuerbaren Schadensersatz. G braucht (sofern das Gartentor überhaupt Unternehmensvermögen ist) für die 2 000 €, die er von A erhält, keine USt abzuführen (vgl. A 1.3 Abs. 1 Satz 3 UStAE).
   Mit der Reparatur des Gartentores erbringt T an G eine steuerbare und steuerpflichtige Leistung. Die USt hieraus beträgt 228 €.
6. T repariert das Gartentor im Auftrag des A. T erbringt damit an A eine steuerbare und steuerpflichtige Leistung. A erbringt damit, dass er das Gartentor durch T reparieren lässt, an G eine Leistung. Diese Leistung erbringt er jedoch nicht gegen Entgelt, sondern weil er aufgrund des Schadens, den er angerichtet hat, zum Schadensersatz (Naturalrestitution) verpflichtet ist. Es handelt sich somit von Seiten des A gegenüber G um echten nicht steuerbaren Schadensersatz (vgl. A 1.3 Abs. 1 Satz 3 UStAE).
   Die Versicherung zahlt die Rechnung des T im abgekürzten Zahlungsweg. Die Versicherung leistet Schadensersatz an A, weil bei A dadurch, dass er gegenüber G zum Schadensersatz verpflichtet ist, ein Schaden eingetreten ist und sich die Versicherung aufgrund des Versicherungsvertrages gegenüber A zum Ersatz derartiger Schäden verpflichtet hat. Die Versicherung erbringt damit gegenüber A keine Leistung i. S. d. UStG. Sie leistet zwar an A aufgrund des Versicherungsvertrages. Diese Leistung liegt jedoch darin, dass sie A ständigen Versicherungsschutz bietet, auch wenn kein Versicherungsfall eintritt. Diese Leistung der Versicherung ist steuerfrei nach § 4 Nr. 10 Buchst. a UStG.

7. T repariert das Gartentor im Auftrag des A. T erbringt damit an A eine steuerbare und steuerpflichtige Leistung. A erbringt damit, dass er das Gartentor durch T reparieren lässt, an G eine Leistung. Diese Leistung erbringt er jedoch nicht gegen Entgelt, sondern weil er aufgrund des Schadens, den er angerichtet hat, zum Schadensersatz (Naturalrestitution) verpflichtet ist. Es handelt sich somit von Seiten des A gegenüber G um echten nicht steuerbaren Schadensersatz (vgl. A 1.3 Abs. 1 Satz 3 UStAE).
   Da der Schaden mit dem betrieblichen Fahrzeug angerichtet wurde, richtet sich der Schadensersatzanspruch an das Unternehmen des A. Somit erbringt T seine Reparaturleistung an das Unternehmen des A und A hat aus der Rechnung des T den Vorsteuerabzug in Höhe von 228 €.
   Die Versicherung zahlt an A 1 200 €. Die Versicherung leistet diesen Betrag als Schadensersatz an A, weil bei A dadurch, dass er gegenüber G zum Schadensersatz verpflichtet ist, ein Schaden eingetreten ist und sich die Versicherung aufgrund des Versicherungsvertrages gegenüber A zum Ersatz derartiger Schäden verpflichtet hat. Die Versicherung erbringt damit gegenüber A keine Leistung i. S. d. UStG. Sie leistet zwar an A aufgrund des Versicherungsvertrages. Diese Leistung liegt jedoch darin, dass sie A ständigen Versicherungsschutz (auch wenn nichts passiert) bietet. Diese Leistung der Versicherung ist steuerfrei nach § 4 Nr. 10 Buchst. a UStG.
   Die Versicherung zahlt nur den Nettobetrag, weil aufgrund des Vorsteuerabzugs des A nur insoweit bei A ein Schaden eingetreten ist.
8. Es handelt sich um einen Fall der Überlagerung von Schadensersatz und Leistungsaustausch.
   G erbringt an A eine Leistung, weil er von A beauftragt ist, gegen Entgelt die Reparatur vorzunehmen. Diese Leistung des G ist steuerbar und steuerpflichtig. Die USt beträgt 228 €. Zugleich erbringt A damit, dass er G beauftragt, den Schaden gegen Entgelt zu beseitigen, Schadensersatz in der Form der Naturalrestitution an G. Der Fall ist vergleichbar dem Fall 6 und unterscheidet sich von ihm nur dadurch, dass G und T ein und dieselbe Person sind.
   Die Versicherung zahlt die Rechnung des G im abgekürzten Zahlungsweg. Die Versicherung leistet Schadensersatz an A, weil bei A dadurch, dass er gegenüber G zum Schadensersatz verpflichtet ist, ein Schaden eingetreten ist und sich die Versicherung aufgrund des Versicherungsvertrages gegenüber A zum Ersatz derartiger Schäden verpflichtet hat. Die Versicherung erbringt damit gegenüber A keine Leistung i. S. d. UStG. Sie leistet zwar an A aufgrund des Versicherungsvertrages. Diese Leistung liegt jedoch darin, dass sie A ständigen Versicherungsschutz bietet, auch wenn kein Versicherungsfall eintritt. Diese Leistung der Versicherung ist steuerfrei nach § 4 Nr. 10 Buchst. a UStG.
9. M und R erbringen mit der Räumung gegen Entschädigung jeweils im Rahmen ihres Unternehmens steuerbare Leistungen an B (vgl. A 1.3 Abs. 13 Satz 1 und 3 UStAE).
   Systematisch zutreffend wäre, die Leistungen von M und R als steuerpflichtig einzuordnen (vgl. BFH vom 10. 02. 1972 BStBl II 1972, 403). Hierzu hat jedoch der EuGH mit Urteil vom 15. 12. 1993 BStBl II 1995, 480 anders entschieden. Auch der gegen Zahlung einer Abfindung ausgesprochene Verzicht auf einen Mietvertrag sei eine Leistung i. S. d. Begriffs »Vermietung von Grundstücken« gem. Art. 13 Teil B Buchst. b der 6. EG-Richtlinie (entspricht Art. 135 Buchst. l MwStSystRL) und müsse somit ebenso wie die vorangegangene steuerfreie Vermietung steuerfrei sein. Somit ist die Abfindung bei M und R gem. § 4 Nr. 12 UStG steuerfrei (vgl. A 4.12.1 Abs. 1 Satz 7 UStAE). M und R könnten jedoch auch auf diese Steuerbefreiung gem. § 9 UStG verzichten.

10. Die 3 570 €, die A an B zahlt sind bei B echter nicht steuerbarer Schadensersatz (vgl. A 1.3 Abs. 3 Satz 4 UStAE). A zahlt nämlich nicht, weil er eine Leistung von B erhalten hat, sondern weil er wegen Verletzung des Kaufvertrages zum Schadensersatz verpflichtet ist.
11. Bei der Vertragsstrafe handelt es sich um eine Zahlung mit Schadensersatzcharakter (vgl. A 1.3 Abs. 3 Satz 1 UStAE). Die von F zu zahlende Vertragsstrafe mindert daher das Entgelt für die Leistung des F an B nicht, auch wenn sie mit diesem Entgelt verrechnet wird (vgl. A 1.3 Abs. 3 Satz 3 UStAE). Die bei F anfallende USt beträgt somit weiterhin 5 700 € (19/119 von 35 700 €).
12. Bei den gezahlten Preisgeldern an L handelt es sich um platzierungsabhängige Preisgelder, die kein Entgelt für die Teilnahme an einem Wettbewerb darstellen (vgl. A 1.1 Abs. 24 Satz 3 UStAE). Die von L vereinnahmten Entgelte sind nicht steuerbar.
13. Bei der Vertragsstrafe handelt es sich um eine Zahlung mit Schadensersatzcharakter (vgl. A 1.3 Abs. 3 Satz 1 UStAE). Die von S zu zahlende Vertragsstrafe erhöht daher das Entgelt für die Leistung des F an S nicht, auch wenn sie mit diesem Entgelt zusammen erhoben wird (vgl. A 1.3 Abs. 3 Satz 2 UStAE). Die nach § 13b Abs. 5 i. V. m. Abs. 2 Nr. 7 UStG beim Leistungsempfänger S anfallende USt beträgt somit 19 % von 40 000 € = 7 600 €.
14. Verzugszinsen und Mahnkosten sind als Schadensersatz zu behandeln (vgl. A 1.3 Abs. 6 Satz 1 bis 3 UStAE). Sie erhöhen somit das Entgelt für die Leistung des A nicht. Die USt bei A beträgt somit weiterhin nur 19/119 von 10 000 € = 1 596,64 €.
15. Im Bestellerkonkurs beschränkt sich der Leistungsgegenstand nach A 3.9 Abs. 1 Satz 2 UStAE auf den vom Werkunternehmer B gelieferten Teil des Werks (Leistungstorso). Das Entgelt für diesen Teil beträgt brutto 59 500 €, die USt hieraus somit 9 500 €. Das Entgelt ist nicht höher, weil ein etwaiger weiterer Anspruch des B uneinbringlich ist (vgl. A 17.1 Abs. 5 Satz 4 UStAE).
16. Im Werkunternehmerkonkurs ist neu bestimmter Gegenstand der Werklieferung das nicht fertig gestellte Bauwerk (Leistungstorso; vgl. A 3.9 Abs. 1 Satz 1 UStAE). Das Entgelt für diese Leistung beträgt brutto 59 500 €, die USt hieraus somit 9 500 €.
17. Der Ausgleichsanspruch des Handelsvertreters nach § 89b HGB ist kein Schadensersatz, sondern eine Gegenleistung der F für erlangte Vorteile aus der Tätigkeit des H als Handelsvertreter (vgl. A 1.3 Abs. 12 Satz 1 UStAE). Es handelt sich um nachträgliches Entgelt für die von H in den letzten fünf Jahren erbrachten steuerpflichtigen Vermittlungsleistungen. Somit ist die Zahlung bei H bzw. im vorliegenden Fall bei der Witwe als Rechtsnachfolgerin des H zu versteuern (vgl. A 1.3 Abs. 12 Satz 2 UStAE). Die USt beträgt 19/119 von 95 200 € = 15 200 €. Die Firma F hat aus ihrer Gutschrift den Vorsteuerabzug in Höhe von 15 200 €.
18. Der Eigentumsübergang nach § 929 BGB setzt die Einigung und die Übergabe des Schmucks voraus. Aufgrund des Raubs konnte die Übergabe des Schmucks nicht erfolgen und das Eigentum an ihn nicht übergehen. Gleichwohl ist die Lieferung bereits mit dem Beginn der Versendung erfolgt A 13.1 Abs. 2 Satz 2 UStAE. Aufgrund des Gefahrübergangs muss J auch den Kaufpreis bezahlen. Die Lieferung des S an J ist daher steuerbar und steuerpflichtig. Es liegt kein nicht steuerbarer Schadensersatz vor. Die USt bei S beträgt 190 000 €. J darf diese USt als Vorsteuer abziehen.
19. Da L nicht zahlt und auch nicht mit einer Zahlung zu rechnen ist, ist die Kaufpreisforderung uneinbringlich geworden. Die USt reduziert sich gem. § 17 UStG auf 0 €. Die E-Versicherung zahlt zwar einen Betrag in Höhe des Kaufpreises von 1 Mio. € an M. Sie zahlt jedoch nicht, weil M an L geliefert hat, sondern weil bei M ein Schaden entstanden ist, dadurch, dass L sich weigert, den Kaufpreis zu entrichten. Die Zahlung der E-Versiche-

rung ist damit echter Schadensersatz und somit von M nicht zu versteuern (vgl. A 1.3 Abs. 7 Satz 1 UStAE).

Im Falle der Entgeltlichkeit wäre die Lieferung von M an L nicht nach § 4 Nr. 1 Buchst. a i. V. m. § 6 UStG steuerfrei, da aufgrund der falschen Deklarierung ein Ausfuhrnachweis für die Waffenlieferungen nicht erbracht werden kann.

20. Nach A 1.3 Abs. 15 UStAE ist zwar die Entschädigung, die Zeugen nach dem Justizvergütungs- und -entschädigungsgesetz (JVEG) erhalten, echter Schadensersatz. Dies gilt jedoch nicht für die Entschädigung von Sachverständigen, da ihnen das Gesetz nicht nur einen finanziellen Ausgleich für den Zeitverlust gewährt. Es handelt sich somit um Entgelt (vgl. auch Vfg. der OFD Frankfurt vom 14. 07. 2014 DStR 2014, 1924). Die USt des S beträgt 19/119 von 150 000 € = 23 949,58 €.
21. Da K nach dem Kaufvertrag für den Mangel einzustehen hat, leistet er mit der Behebung des Mangels echten nicht steuerbaren Schadensersatz an A.

    M hat seinerseits einen mangelhaften Pkw an K geliefert und haftet deshalb dem K für den Mangel. Somit stellt bei M der Ersatz der Einbaukosten Schadensersatz in Geld und die Lieferung des neuen Motors Schadensersatz in Form der Naturalrestitution dar (vgl. A 1.3 Abs. 8 Satz 1 und 2 UStAE).

    Beim Hersteller M liegt nach Verwaltungsauffassung keine Entgeltminderung vor (vgl. BMF vom 03. 12. 1975 BStBl I 1975, 1132). Die vom Hersteller für die Lieferung des Kfz ursprünglich berechnete USt bleibt daher unberührt.
22. Nach dem EuGH-Urteil vom 18. 12. 1997, C-384/95 UVR 1998, 51 liegt kein Leistungsaustausch vor. Die Verpflichtung der L-GmbH, nicht alle Kartoffeln abzuernten, stellt keine Leistung i. S. d. 6. EG-Richtlinie dar (entspricht der MwStSystRL). Die Mehrwertsteuer ist eine allgemeine Verbrauchsteuer auf Gegenstände und Dienstleistungen. Der Verzicht der L-GmbH stellt keinen solchen Verbrauch dar. Der Landkreis zahlt für den Verzicht im allgemeinen Interesse an der Förderung des ordnungsgemäßen Funktionierens Agrarmarktes. Um eine Leistung würde es sich nur dann handeln, wenn sich der Landkreis am Wirtschaftsleben beteiligt hätte und sich mit der Zahlung einen Vorteil verschafft hätte, der einen Kostenfaktor für seine wirtschaftliche Betätigung bildet (z. B. bei einer Wettbewerbsabsprache). Die L-GmbH hat somit die Zahlung nicht der USt zu unterwerfen.

## 5 Lösungshinweise zu F 7 – Bemessungsgrundlagenach § 10 Abs. 1 UStG

1. Der Steuersatz für die Lieferung von Fruchtsäften beträgt nach § 12 Abs. 1 UStG 19 %. Da E von einem Steuersatz von 7 % ausgegangen ist, ist die USt falsch berechnet. Ausgehend vom Bruttobetrag von 107 € beträgt die USt 19/119 von 107 € = 17,08 €.
2. Der Steuersatz für die Lieferung von Obst beträgt nach § 12 Abs. 2 UStG i. V. m. Nr. 11 der Anlage 2 zum UStG 7 %. Da E von einem Steuersatz von 19 % ausgegangen ist, ist die USt falsch berechnet. Ausgehend vom Bruttobetrag von 119 € beträgt die USt 7/107 von 119 € = 7,79 €. Da E jedoch die USt i. H. v. 19 € ausgewiesen hat, schuldet er den übersteigenden Betrag von 11,21 € nach § 14c Abs. 1 UStG.
3. Umsätze mit Geldspielautomaten sind steuerpflichtig (vgl. A 4.8.3 Abs. 4 und 4.9.2 Abs. 4 Satz 2 UStAE).

    Besteuert wird der nach Abzug der ausgeschütteten Gewinne verbleibende Kasseninhalt (Bruttoentgelt). Die USt beträgt somit 19/119 von 3 500 € = 558,82 €.

4. Der Versand des Liefergegenstandes ist Nebenleistung zur Lieferung. Somit gehört das Entgelt für den Transport ebenfalls zur Bemessungsgrundlage für die Lieferung. Die USt beträgt 19/119 von 540 € = 86,22 €.
5. Auch freiwillige Zahlungen des Leistungsempfängers gehören zur Bemessungsgrundlage (vgl. A 10.1 Abs. 5 Satz 1 UStAE), wenn wie vorliegend das Entgelt bestimmbar ist. Somit beträgt die USt 19/119 von 50 € = 7,98 €.
6. Das Trinkgeld wird unmittelbar der B zugewendet und kann somit kein Entgelt für die Lieferung des G sein (vgl. A 10.1 Abs. 5 Satz 3 UStAE). Die USt beträgt somit nur 19/119 von 47,50 € = 7,58 €.
7. Entgelt ist alles, was der leistende Unternehmer für die Lieferung erhält, auch die Zahlkartengebühr, insgesamt also 60 € (vgl. A 10.1 Abs. 3 Satz 14 UStAE).
   (Hinweis: Es handelt sich hier nicht um eine unfreie Versendung i. S. d. § 40 UStDV und A 10.1 Abs. 3 Satz 13 UStAE). Die USt beträgt somit 19/119 von 60 € = 9,58 €.
8. Bemessungsgrundlage für die Lieferung des M ist alles, was M für die Lieferung erhält, also brutto 59 500 €. Die USt beträgt somit 19/119 von 59 500 € = 9 500 €. Die Veräußerung der Kaufpreisforderung an F ändert an der Bemessungsgrundlage nichts, da A weiterhin 59 500 € aufzuwenden hat (vgl. A 10.1 Abs. 4 Satz 4 UStAE).
   F erbringt mit dem Einzug der Forderung eine steuerbare und steuerpflichtige Inkassoleistung an M (vgl. A 2.4 Abs. 1 Satz 2 und Abs. 2 Satz 3 UStAE).
9. Auch die Sektsteuer bekommt S von H für die Lieferung. Sie würde bei S nur dann nicht zur Bemessungsgrundlage gehören, wenn es sich bei der Sektsteuer um einen durchlaufenden Posten handeln würde. Dies ist jedoch deshalb nicht der Fall, weil S selbst Schuldner der Sektsteuer ist. Somit ist die Bemessungsgrundlage brutto 2 300 €. Die USt beträgt 19/119 von 2 300 € = 367,23 € (vgl. A 10.1 Abs. 6 Sätze 3 und 4 UStAE).
10. Als Tankstellenagent erbringt T Vermittlungsleistungen an die ESSO-AG und die ESSO-AG erbringt Treibstofflieferungen an die Kunden. Die Zapfsäule bleibt im Eigentum des T. Sie kommt jedoch insoweit der ESSO-AG zugute, als sie damit in die Lage versetzt wird, mehr Treibstoff abzusetzen, erfolgt also insoweit im Interesse der ESSO-AG. Da die ESSO-AG hierfür etwas zahlt, ist davon auszugehen, dass T an die ESSO-AG eine sonstige Leistung erbringt (vgl. A 10.2 Abs. 2 UStAE). Die Leistung ist steuerbar und steuerpflichtig. Die USt bei T hieraus beträgt 19/119 von 50 000 € = 7 983,19 €. Die USt kann die ESSO-AG bei einem entsprechenden Ausweis als Vorsteuer abziehen.
11. Mit der Freistellung des H von seiner Rücknahmeverpflichtung erbringt E an H eine sonstige Leistung, die steuerbar und steuerpflichtig ist. Entgelt brutto ist der gutgeschriebene Betrag. Die USt beträgt 19/119 von 1 600 € = 255,46 €. Es handelt sich somit bei der Gutschrift um keine Entgeltminderung bezüglich der Obstlieferungen. Die hierfür bei H anfallende USt beträgt weiterhin 7/107 von 80 000 € = 5 233,64 €. H und E haben bei einem entsprechenden USt-Ausweis hieraus jeweils den Vorsteuerabzug.
12. Nach den Gesamtumständen bezweckt der Zuschuss in erster Linie die Zuführung von Mitteln an E aus umweltpolitischen Gründen. Er bezweckt somit nicht die Abgeltung der Stromlieferungen an die Kunden. Es handelt sich um einen echten nicht steuerbaren Zuschuss (vgl. A 10.2 Abs. 7 Satz 2 UStAE).
13. Die dem H ersetzten Spesen sind bei H nur dann kein zusätzliches Entgelt für seine Vermittlungsleistungen, wenn es sich bei den Spesenzahlungen um durchlaufende Posten i. S. d. § 10 Abs. 1 Satz 6 UStG handelt. H ist jedoch jeweils selbst Schuldner der Gaststättenrechnung, zahlt also diese Beträge nicht in fremdem Namen, sondern im eigenen Namen. Durchlaufende Posten liegen daher nicht vor. H muss die 60 € zusätzlich als Ent-

gelt versteuern. Die USt beträgt 19/119 von 60 € = 9,58 €. Bei entsprechender Gutschrift hat F hieraus den Vorsteuerabzug. H hat aus der Gaststättenrechnung den Vorsteuerabzug.

## 6 Lösungshinweise zu G 13 – Steuersätze

1. Steuersätze für das Warenangebot des M-Großmarktes:
a) Pulverkaffee, Steuersatz 7 % gem. § 12 Abs. 2 Nr. 1 i. V. m. Nr. 12 der Anlage 2 zum UStG,
b) Kartoffeln, Steuersatz 7 % gem. § 12 Abs. 2 Nr. 1 i. V. m. Nr. 10a der Anlage 2 zum UStG,
c) Bananen, Steuersatz 7 % gem. § 12 Abs. 2 Nr. 1 i. V. m. Nr. 11 der Anlage 2 zum UStG,
d) Orangensaft, Steuersatz 19 %, da nicht in der Anlage 2 zum UStG aufgeführt,
e) Mineralwasser mit Kohlensäure, Steuersatz 19 %, vgl. Nr. 34 der Anlage 2 zum UStG,
f) Tafelwasser, kohlensäurearm, Steuersatz 19 %, vgl. Nr. 34 der Anlage 2 zum UStG,
g) Wein, Steuersatz 19 %, da nicht in der Anlage 2 zum UStG aufgeführt,
h) Sekt, Steuersatz 19 %, da nicht in der Anlage 2 zum UStG aufgeführt,
i) Cognac, Steuersatz 19 %, da nicht in der Anlage 2 zum UStG aufgeführt,
j) Pralinen mit Likör gefüllt, Steuersatz 7 % gem. § 12 Abs. 2 Nr. 1 i. V. m. Nr. 29, 30 der Anlage 2 zum UStG, vgl. auch BMF vom 05. 08. 2004 BStBl I 2004, 638, Rn. 107 Tz. 2;
k) Bretter, Steuersatz 19 %, vgl. Nr. 48 der Anlage 2 zum UStG und BMF vom 05. 08. 2004 BStBl I 2004, 638, Rn. 152 Tz. 7,
l) Schnittblumen, Steuersatz 7 % gem. § 12 Abs. 2 Nr. 1 i. V. m. Nr. 8 der Anlage 2 zum UStG,
m) Topfblumen, Steuersatz 7 % gem. § 12 Abs. 2 Nr. 1 i. V. m. Nr. 7 der Anlage 2 zum UStG, einschließlich Topf, vgl. BMF vom 05. 08. 2004 BStBl I 2004, 638, Rn. 38,
n) Käsezusammenstellung in aus Rohr geflochtenen Körbchen, Steuersatz 7 % gem. § 12 Abs. 2 Nr. 1 i. V. m. Nr. 4 der Anlage 2 zum UStG, einschließlich Körbchen, vgl. BMF vom 05. 08. 2004 BStBl I 2004, 638, Rn. 10,
o) Bücher der Unterhaltungsliteratur, Steuersatz 7 % gem. § 12 Abs. 2 Nr. 1 i. V. m. Nr. 49 Buchst. a der Anlage 2 zum UStG,
p) Bildbände, Steuersatz 7 % gem. § 12 Abs. 2 Nr. 1 i. V. m. Nr. 49 Buchst. c der Anlage 2 zum UStG,
q) Taschenkalender, Steuersatz 19 %, vgl. BMF vom 05. 08. 2004 BStBl I 2004, 638, Rn. 156 Tz. 8,
r) Wandkalender mit Gemäldereproduktionen anerkannter Künstler, Steuersatz 19 %, vgl. BMF vom 05. 08. 2004 BStBl I 2004, 638, Rn. 156 Tz. 8,
s) Illustrierte, Steuersatz 7 % gem. § 12 Abs. 2 Nr. 1 i. V. m. Nr. 49 Buchst. b der Anlage 2 zum UStG,
t) Schallplatten, Steuersatz 19 %, da nicht in der Anlage 2 zum UStG aufgeführt,
u) CDs und DVDs, jeweils Steuersatz 19 %, da nicht in der Anlage 2 zum UStG aufgeführt,
v) Kaviar, Steuersatz 19 % gem. Nr. 28 der Anlage 2 zum UStG,
w) Schnecken ohne Haus in Salzlake, Steuersatz 19 % gem. Nr. 28 der Anlage 2 zum UStG,
x) Milch, Steuersatz 7 % gem. § 12 Abs. 2 Nr. 1 i. V. m. Nr. 4 der Anlage 2 zum UStG,
y) Kakaomilch, Steuersatz 7 % gem. § 12 Abs. 2 Nr. 1 i. V. m. Nr. 35 der Anlage 2 zum UStG,
z) Blumenzwiebeln, Steuersatz 7 % gem. § 12 Abs. 2 Nr. 1 i. V. m. Nr. 6 der Anlage 2 zum UStG.
0) Damen Tampons, Steuersatz 7% gem. § 12 Abs. 2 Nr. 1 i.V.m. Nr. 55 Buchst. a der Anlage 2.
2. Steuersätze für das Warenangebot des Kiosk K:
a) Kaugummi, Steuersatz 7 % gem. § 12 Abs. 2 Nr. 1 i. V. m. Nr. 29 der Anlage 2 zum UStG, vgl. auch BMF vom 05. 08. 2004 BStBl I 2004, 638, Rn. 103 Tz. 4c, keine sonstige Leistung,

da keine Leistungselemente vorliegen, die über die Vermarktung des Kaugummis hinausgehen.

b) Eis am Stiel, verpackt, Steuersatz 7 % gem. § 12 Abs. 2 Nr. 1 i. V. m. Nr. 33 der Anlage 2 zum UStG, vgl. auch BMF vom 05. 08. 2004 BStBl I 2004, 638, Rn. 108 Tz. 9, keine sonstige Leistung, da keine Leistungselemente vorliegen, die über die Vermarktung des Eises hinausgehen.

c) Schokolade, Steuersatz 7 % gem. § 12 Abs. 2 Nr. 1 i. V. m. Nr. 30 der Anlage 2 zum UStG, keine sonstige Leistung, da keine Leistungselemente vorliegen, die über die Vermarktung der Schokolade hinausgehen.

d) Belegte Brötchen wahlweise verpackt oder auf einem Pappteller:
   - verpackt: Steuersatz 7 % gem. § 12 Abs. 2 Nr. 1 i. V. m. der Anlage 2 zum UStG, keine sonstige Leistung, da keine Leistungselemente vorliegen, die über die Vermarktung der Brötchen hinausgehen, weil sie zur Mitnahme abgegeben werden (vgl. auch A 3.6 Abs. 3 Satz 3 UStAE);
   - auf Pappteller: Steuersatz 19 %, da zum Verzehr vor Ort abgegeben wird und damit eine sonstige Leistung vorliegt, auf die der ermäßigte Steuersatz nach § 12 Abs. 2 Nr. 1 UStG keine Anwendung finden kann. Eine sonstige Leistung liegt vor, da K mit den Bierzeltgarnituren eine Verzehrvorrichtung zur Verfügung stellt und damit ein Leistungselement vorliegt, das über die Vermarktung der Brötchen hinausgeht, unabhängig davon, ob die Verzehrvorrichtungen tatsächlich genutzt werden (vgl. A 3.6 Abs. 4 Satz 11 und Abs. 6 Beispiel 2 UStAE).

e) Flaschenbier mit oder ohne Pappbecher, Steuersatz 19 %, da kein Gegenstand der Anlage 2 zum UStG vorliegt und deshalb der ermäßigte Steuersatz keine Anwendung finden kann, gleichgültig ob es sich um eine Lieferung oder eine sonstige Leistung handelt.

f) Milch in verschlossenen Tüten, Steuersatz 7 % gem. § 12 Abs. 2 Nr. 1 i. V. m. Nr. 4 der Anlage 2 zum UStG, keine sonstige Leistung, da keine Leistungselemente vorliegen, die über die Vermarktung der Milch hinausgehen.

g) Kakaomilch auch im Porzellan-Trinkbecher, Steuersatz 7 %, da mit der Stehtheke keine schädliche Verzehrvorrichtung zur Verfügung gestellt wird (vgl. A 3.6 Abs. 4 Satz 8 und Abs. 6 Beispiel 1 UStAE).

h) Pommes frites auf Pappschalen mit Plastikgabeln mit wahlweise Senf, Ketchup, Steuersatz 19 % für 100 % der Umsätze, da zum Verzehr vor Ort abgegeben wird und damit eine sonstige Leistung vorliegt, auf die der ermäßigte Steuersatz nach § 12 Abs. 2 Nr. 1 UStG keine Anwendung finden kann. Eine sonstige Leistung liegt vor, da K mit den Bierzeltgarnituren eine Verzehrvorrichtung zur Verfügung stellt und damit ein Leistungselement vorliegt, das über die Vermarktung der Pommes frites hinausgeht, unabhängig davon, ob die Verzehrvorrichtungen tatsächlich genutzt werden (vgl. A 3.6 Abs. 4 Satz 11 und Abs. 6 Beispiel 2 UStAE).

i) Heiße Würstchen auf Pappteller mit Senf und Brötchen und Servietten, Steuersatz 19 %, wie die Pommes frites unter Buchst. h).

3. Bewirtung durch den Partyservice P:

a) Essen heiß angeliefert und mit eigenem Personal auf eigenen Tellern und mit eigenem Besteck den Partygästen an Tischen des Gastgebers serviert: Steuersatz 19 %. Der ermäßigte Steuersatz nach § 12 Abs. 2 Nr. 1 UStG greift nicht ein, weil es sich um keine Lieferungen, sondern um sonstige Leistungen handelt, die dem Regelsteuersatz unterliegen. Mit dem Servieren der Speisen, der Gestellung von Bedienungspersonal und dem Portionieren einschließlich Ausgeben der Speisen vor Ort erbringt P Leistungselemente, die über die Vermarktung des Essens hinausgehen (vgl. A 3.6 Abs. 3 und Abs. 6 Beispiele 3 und 11 UStAE).

b) Fruchtsäfte, Tafelwasser, Wein, Bier und Sekt angeliefert und den Gästen in eigenen Gläsern serviert: Steuersatz 19 %, gleichgültig, ob es sich um Lieferungen oder um Restaurationsdienstleistungen handelt, da die Getränke keine Gegenstände der Anlage 2 zum UStG sind.

4. Rollstühle und Rollatoren unterliegen dem Steuersatz von 7 % gem. § 12 Abs. 2 Nr. 2 i. V. m. Nr. 51 der Anlage 2 zum UStG. Die USt beträgt 7/107 von 100 € = 6,54 €.
5. Steuersatz 19 % Nr. 1 Buchst. a (Pferde) der Anlage 2 zum UStG wurde zum 01. 07. 2012 aufgehoben, da die Begünstigung unionswidrig war (vgl. EuGH vom 12. 05. 2011, C-453/09). Die USt beträgt 19/119 von 30 € = 4,79 €/Stunde.
6. Für Pflanzen beträgt der Steuersatz 7 % gem. § 12 Abs. 2 Nr. 2 i. V. m. Nr. 7 der Anlage 2 zum UStG. Die USt beträgt 7/107 von 200 € = 13,08 €.
7. Vermietung der Bücher: Steuersatz 7 % gem. § 12 Abs. 2 Nr. 2 i. V. m. Nr. 49 Buchst. a der Anlage 2 zum UStG, Vermietung von Hörbüchern: Steuersatz 7 % gem. § 12 Abs. 2 Nr. 2 i. V. m. Nr. 50 der Anlage 2 zum UStG (seit dem 01. 01. 2015, vgl. BMF vom 01. 12. 2014 BStBl I 2014, 824). Im Übrigen Steuersatz 19 %, da keine Gegenstände der Anlage 2 zum UStG vermietet werden.
8. Die Anfertigung der Kopien ist eine Lieferung zum Steuersatz von 19 % vgl. A 3.5 Abs. 2 Nr. 2 UStAE.
9. Mit Urteil vom 14. 05. 1998 BStBl II 1999, 145 hat der BFH entschieden, dass keine Nebenleistung zur Theateraufführung vorliege. Eine von dem ermäßigten Steuersatz (oder nach § 4 Nr. 20 Buchst. a UStG von der Steuerbefreiung) begünstigte Nebenleistung liege nicht vor, wenn die Bewirtung für die Theateraufführung nicht unerlässlich ist oder wenn sie im Wesentlichen dazu bestimmt ist, dem Theater zusätzliche Einnahmen durch eine Tätigkeit zu verschaffen, die in unmittelbarem Wettbewerb mit Tätigkeiten von der Mehrwertsteuer unterliegenden gewerblichen Unternehmen durchgeführt werden. Die Bewirtung geschehe in unmittelbarem Wettbewerb zu Gaststätten und Restaurant (vgl. auch A 12.6 Abs. 3 Satz 3 und A 4.20.1 Abs. 3 Satz 4 UStAE). Somit unterliegen die Umsätze dem allgemeinen Steuersatz von 19 %, soweit es sich um Getränke handelt. Hinsichtlich der Speisen greift der ermäßigte Steuersatz von 7 %. Auf Tische und Stühle im Foyer als Verzehrvorrichtungen kommt es insoweit nicht an bei der Abgabe von Speisen und Getränken in Kinos, Theatern oder Stadien (vgl. A 3.6 Abs. 4 Satz 8 UStAE).
10. Steuersatz für Blu-ray Discs und DVDs 19 %, da keine Gegenstände der Anlage 2, auch kein ermäßigter Steuersatz nach § 12 Abs. 2 Nr. 7 Buchst. b und c, vgl. A 12.6 Abs. 4 Satz 3 UStAE (keine Überlassung zur öffentlichen Vorführung).
11. Steuersatz 7 % nach § 12 Abs. 2 Nr. 7 Buchst. c UStG, vgl. auch A 12.7 Abs. 6 UStAE.
12. Steuersatz 19 %, da keine Leistung nach dem Urheberrechtsgesetz, sondern nach dem Patentgesetz vorliegt. Die USt beträgt jährlich 19/119 von 30 000 € = 4 789,92 €.
13. Steuersatz 7 % gem. § 12 Abs. 2 Nr. 7 Buchst. c UStG, da EDV-Programme seit 1993 urheberrechtlich geschützt sind. Im vorliegenden Fall ist die Überlassung des Urheberrechts der Hauptbestandteil der Leistung des I. Die USt beträgt 7/107 von 10 000 € = 654,21 €.
14. Steuersatz 7 % nach § 12 Abs. 2 Nr. 9 UStG. Die USt beträgt je Besucher 7/107 von 4 € = 0,26 €.
15. Steuersatz 7 % nach § 12 Abs. 2 Nr. 10 Buchst. b UStG, da die Beförderungsstrecke nicht mehr als 50 km beträgt.

16. Steuersatz 19 %, da die Beförderungsstrecke mehr als 50 km beträgt und deshalb § 12 Abs. 2 Nr. 10 UStG nicht zutrifft.
17. Steuersatz für die Filmvorführungen 7 % nach § 12 Abs. 2 Nr. 7 Buchst. b UStG. Der Steuersatz für die Getränke beträgt dagegen 19 %, da sie nicht in der Anlage 2 zum UStG aufgeführt sind und es sich bei den Getränkelieferungen auch nicht um Nebenleistungen zu den Filmvorführungen handelt (vgl. A 12.6 Abs. 3 Satz 3 UStAE).
18. Die Übernachtung unterliegt nach § 12 Abs. 2 Nr. 11 UStG dem ermäßigten Steuersatz von 7 %. Alle anderen Leistungen unterliegen dem Regelsteuersatz von 19 % (vgl. A 12.16 Abs. 5 und 8 UStAE). Aus Vereinfachungsgründen wird es bei Hotelrechnungen – auch für Zwecke des Vorsteuerabzugs des Leistungsempfängers – von der Verwaltung nicht beanstandet, wenn folgende in einem Pauschalangebot enthaltene nicht begünstigte Leistungen in der Rechnung zu einem Sammelposten (z. B. Business-Package«, Servicepauschale«) zusammengefasst werden und der darauf entfallende Entgeltanteil in einem Betrag ausgewiesen wird. Es wird zugelassen, dass der auf diese Leistungen entfallende Entgeltanteil mit **20 %** des Pauschalpreises angesetzt wird (vgl. A 12.16 Abs. 12 UStAE). Die Rechnung kann deshalb wie folgt lauten:

| | |
|---|---|
| Übernachtung | 127,10 € |
| 7 % Umsatzsteuer | 8,90 € |
| Business-Package | 28,57 € |
| 19 % Umsatzsteuer | 5,43 € |
| Gesamtsumme | 170,00 € |

19. Die E-Books unterliegen nach § 12 Abs. 2 Nr. 14 UStG i. V. m. Anlage 2 Nr. 49 Buchst. a bis e und Nr. 50 dem ermäßigten Steuersatz von 7 %.

# 7 Lösungshinweise zu H

## 7.1 Lösungshinweise zu H 1.8 – Bemessungsgrundlage beim Tausch

1. Bemessungsgrundlage bei P für die Lieferung der Stute ist nach § 10 Abs. 2 Satz 2 UStG der Wert des Wallachs. Der Steuersatz beträgt seit dem 01. 07. 2012 nach § 12 Abs. 1 UStG 19 %. Die USt bei P beträgt 19/119 von 14 000 € = 2 235,29 €. Bemessungsgrundlage bei Z für die Lieferung des Wallachs ist nach § 10 Abs. 2 Satz 2 UStG der Wert der Stute. Die USt bei Z beträgt 19/119 von 12 000 € = 1 915, 97 €.
2. Es handelt sich um einen Tausch mit Baraufgabe. Bemessungsgrundlage brutto bei P für die Lieferung des Konzertflügels ist nach § 10 Abs. 2 Satz 2 UStG der Wert des alten Klaviers (3 000 €) zuzüglich die Baraufgabe (15 000 €). Die USt bei P beträgt 19/119 von 18 000 € = 2 873,95 €.
3. Bemessungsgrundlage bei H für die Lieferung des Pkw ist nach § 10 Abs. 2 Satz 2 UStG der Wert der 4 Maultiere. Der Steuersatz richtet sich nach dem hingegebenen Gegenstand. Die USt bei H beträgt 19/119 von 14 000 € = 2 235,29 €. Bemessungsgrundlage bei P für die Lieferung der Maultiere ist nach § 10 Abs. 2 Satz 2 UStG der Wert des Pkw. Die USt bei P beträgt 7/107 von 14 000 € = 915,89 €, da der Steuersatz für die Lieferung von Maultieren nach § 12 Abs. 2 Nr. 1 i. V. m. Nr. 1 Buchst. b der Anlage 2 zum UStG 7 % beträgt.
4. Es handelt sich um einen Tausch mit Baraufgabe. Bemessungsgrundlage brutto bei B für die Lieferung des Baggers ist nach § 10 Abs. 2 Satz 2 UStG der Wert des gebrauchten Bag-

gers (10 000 €) zuzüglich die Baraufgabe (100 000 €). Die USt bei P beträgt 19/119 von 110 000 € = 17 563,03 €.

Weist B in der Rechnung die USt mit 19 000 € aus, schuldet er den Differenzbetrag zwischen 19 000 € und 17 563,03 € = 1 436,97 € nach § 14c Abs. 1 UStG.

Auch die Lieferung des T ist als Hilfsgeschäft steuerbar und steuerpflichtig. Bemessungsgrundlage brutto bei K für die Lieferung des gebrauchten Baggers ist nach § 10 Abs. 2 Satz 2 UStG der Wert des neuen Baggers (Listenpreis brutto 119 000 €) abzüglich die Baraufgabe (100 000 €). Die USt bei P beträgt 19/119 von 19 000 € = 3 033,61 €.

## 7.2 Lösungshinweise zu H 3.5 – Leistungen des Arbeitgebers an den Arbeitnehmer

1. Mit dem Kantinenessen erbringt A an seine Arbeitnehmer unentgeltlich sonstige Leistungen, die nach § 1 Abs. 1 Nr. 1 UStG i. V. m. § 3 Abs. 9a Nr. 2 UStG steuerbar und steuerpflichtig sind. Die Sachzuwendungen sind unentgeltlich, da der Arbeitnehmer in derartigen Fällen seine Arbeit lediglich für den vereinbarten Barlohn und unabhängig von dem an alle Arbeitnehmer gerichteten Angebot erbringt (vgl. BFH vom 10. 06. 1999 BStBl II 1999, 582 und A 1.8 Abs. 2 Satz 3 UStAE). Der Steuersatz beträgt 19 %, da es sich um sonstige Leistungen handelt und für sonstige Leistungen der ermäßigte Steuersatz nach § 12 Abs. 2 Nr. 1 UStG nicht in Betracht kommt. Gem. A 1.8 Abs. 11 UStAE kann der Sachbezugswert nach der Sozialversicherungsentgeltverordnung von 3,30 € ab dem Kalenderjahr 2019 je Essen für normale Arbeitnehmer angesetzt werden. Die USt je Essen beträgt 19/119 von 3,30 € = 0,53 €. Diese durch einen wahrscheinlichen Vorsteuerüberhang günstige Lösung ist nach dem Anwendungserlass zulässig. Richtig wäre, den Vorsteuerabzug aus dem Bezug der Mahlzeiten vollumfänglich zu versagen, da beim Leistungsbezug feststeht, dass die Leistung ausschließlich für eine unentgeltliche Wertabgabe verwendet werden soll (vgl. A 15.15 Abs. 1 Satz 1 UStAE). Dann entfiele die Besteuerung.
2. G erbringt mit der Abgabe des Essens eine sonstige Leistung an A. Sie unterliegt dem Steuersatz von 19 %, da für sonstige Leistungen der ermäßigte Steuersatz nach § 12 Abs. 2 Nr. 1 UStG nicht in Betracht kommt. Die USt beträgt 19/119 von 4 € = 0,64 €.
   Die von G eingekaufte sonstige Leistung gibt A an seine Arbeitnehmer weiter. Sie ist nach § 1 Abs. 1 Nr. 1 UStG i. V. m. § 3 Abs. 9a Nr. 2 steuerbar und steuerpflichtig. Die USt beträgt 19/119 von 4 € = 0,64 €.
   Bei entsprechender Rechnungserteilung durch G hat A pro Essen einen Vorsteuerabzug von 0,64 €. USt und Vorsteuer bei A gleichen sich somit aus. Da in diesem Fall, nicht wie in Fall 1, ein Vorsteuerüberhang zustande kommt, ist die Versagung des Vorsteuerabzugs (vgl. A 15.15 Abs. 1 Satz 1 UStAE) und Nichtbesteuerung der unentgeltlichen Wertabgabe zu bevorzugen.
3. A erbringt mit der Abgabe der Essen sonstige Leistungen an seine Arbeitnehmer. Sie unterliegen dem Steuersatz von 19 %, da für sonstige Leistungen der ermäßigte Steuersatz nach § 12 Abs. 2 Nr. 1 UStG nicht in Betracht kommt.
   Der von den normalen Arbeitnehmern bezahlte Betrag liegt unter dem Bruttowert, der bei völlig unentgeltlicher Essensabgabe anzusetzen wäre (vgl. Lösung zu Fall 1). Somit greift die Mindestbemessungsgrundlage nach § 10 Abs. 5 Nr. 2 UStG i. V. m. § 10 Abs. 4 Nr. 3 UStG ein, wobei zur Vereinfachung auch insoweit vom Sachbezugswert nach der Sozialversicherungsentgeltverordnung von 3,30 € brutto ab dem Kalenderjahr 2019 ausgegan-

gen werden kann (vgl. A 1.8 Abs. 11 UStAE). Die USt je Essen beträgt somit 19/119 von 3,30 € = 0,53 €. Dies gilt auch für die Essensabgaben an die Azubis (vgl. A 1.8 Abs. 11 Satz 3 UStAE).

4. G erbringt mit der Abgabe des Essens eine sonstige Leistung an A. Sie unterliegt dem Steuersatz von 19 %, da für sonstige Leistungen der ermäßigte Steuersatz nach § 12 Abs. 2 Nr. 1 UStG nicht in Betracht kommt. Die USt beträgt 19/119 von 4 € = 0,64 €.
   Die von G eingekaufte sonstige Leistung gibt A an seine Arbeitnehmer weiter. Seine Leistung ist nach § 1 Abs. 1 Nr. 1 UStG steuerbar und steuerpflichtig. Da der Einkaufspreis (brutto) 4 € beträgt und über dem Abgabepreis von 2 € liegt, ist aufgrund der Mindestbemessungsgrundlage gem. § 10 Abs. 5 Nr. 2 i. V. m. Abs. 4 Nr. 3 UStG der Einkaufpreis von 4 € (brutto) je Essen anzusetzen (vgl. Beispiel 1 in A 1.8 Abs. 12 UStAE). Die USt beträgt 19/119 von 4 € = 0,64 €.
   Bei entsprechender Rechnungserteilung durch G hat A pro Essen einen Vorsteuerabzug von 0,64 €. USt und Vorsteuer gleichen sich somit aus.
5. I überlässt seinen Mitarbeitern den Imbiss anlässlich eines außergewöhnlichen Arbeitseinsatzes. Es handelt sich damit um eine Leistung des Arbeitgebers, die durch das betriebliche Interesse veranlasst ist (vgl. A 1.8 Abs. 4 Satz 2 Nr. 11 UStAE). Aus einer ordnungsgemäßen Rechnung der Gaststätte hat I einen Vorsteuerabzug, ohne eine unentgeltliche Wertabgabe versteuern zu müssen.
6. Die Schenkung des Kinderwagens ist gem. § 3 Abs. 1b Nr. 2 UStG einer entgeltlichen Lieferung gleichgestellt. Um eine Aufmerksamkeit i. S. d. § 3 Abs. 1b Nr. 2 UStG würde es sich handeln, wenn der Wert des Kinderwagens 60 € nicht übersteigen würde (vgl. A 1.8 Abs. 3 Satz 2 UStAE). Da dieser Betrag aber überschritten wird, liegt eine in vollem Umfang steuerbare und steuerpflichtige Sachzuwendung von A an P vor. Deshalb ist beim Erwerb des Kinderwagens der Vorsteuerabzug ausgeschlossen (vgl. A 15.15 Abs. 1 Satz 1 und A 15.2b Abs. 2 Satz 5 UStAE). Damit entfällt eine Besteuerung der unentgeltlichen Wertabgabe.
7. Die Sammelfahrten erfolgen zu einer nicht ständig wechselnden Arbeitsstätte. Es handelt sich deshalb um steuerbare und steuerpflichtige Leistungen des A an seine Arbeitnehmer nach § 1 Abs. 1 Nr. 1 i. V. m. § 3 Abs. 9a Nr. 2 UStG (vgl. A 1.8 Abs. 15 UStAE sog. Sammelbeförderungen). Gem. § 12 Abs. 2 Nr. 10 Buchst. b UStG greift der ermäßigte Steuersatz ein (vgl. A 12.13 Abs. 5 Satz 8 Nr. 1 UStAE).
8. B erbringt steuerbare und steuerpflichtige Beförderungsleistungen an A. Die Sammelfahrten erfolgen zu einer nicht ständig wechselnden Arbeitsstätte. Deshalb erbringt A nach § 1 Abs. 1 Nr. 1 i. V. m. § 3 Abs. 9a Nr. 2 UStG steuerbare und steuerpflichtige Beförderungsleistungen an seine Arbeitnehmer. Während für B nach § 12 Abs. 2 Nr. 10 Buchst. b UStG der ermäßigte Steuersatz eingreift, gilt für A der Regelsteuersatz (vgl. A 12.15 Abs. 3 Satz 4 UStAE). Bemessungsgrundlage für die Beförderungsleistung des A ist nach § 10 Abs. 4 Nr. 3 UStG der von A aufgewendete Nettobetrag von täglich 200 € (vgl. A 1.8 Abs. 16 Satz 1 UStAE). Die USt beträgt 19 % von 200 € = 38 €. A hat den Vorsteuerabzug aus den Beförderungsleistungen des B in Höhe von täglich 14 €.
9. Mit der Zurverfügungstellung des Pkw von A an P für Privatfahrten und für Fahrten zwischen Wohnung und Arbeitsstätte erbringt A an P nach Verwaltungsauffassung einen steuerpflichtigen tauschähnlichen Umsatz nach § 1 Abs. 1 Nr. 1 UStG. Da die Pauschalregelungen der Verwaltung im konkreten Fall für A am günstigsten sind, muss er hinnehmen, dass keine Kürzung für nicht vorsteuerentlastete Kosten gem. § 10 Abs. 4 Nr. 2 i. V. m. § 3 Abs. 9a Nr. 1 UStG erfolgt.

Die USt hierfür ermittelt sich daher wie folgt:

**a) Reine Privatfahrten:**

| | |
|---|---|
| 1 % vom Bruttolistenpreis | 309,40 € |
| USt hieraus für einen Monat (Bruttobetrag) 19/119 | 49,40 € |
| USt für ein volles Jahr (12 × 47,90 €) | 592,80 € |

**b) Fahrten zwischen Wohnung und Arbeitsstätte:**

| | |
|---|---|
| 0,03 % vom Bruttolistenpreis pro Monat und Entfernungskilometer (kein Abzug der Arbeitnehmerpauschale) | 9,28 € |
| Bruttobemessungsgrundlage pro Monat (9,28 € × 30 km) | 278,40 € |
| Umsatzsteuer hieraus für einen Monat (Bruttobetrag) 19/119 | 44,45 |
| Umsatzsteuer für ein volles Jahr (12 × 44,45 €) | 533,40 € |

**c) USt insgesamt pro Jahr:**

| | |
|---|---|
| Umsatzsteuer für die reinen Privatfahrten | 592,80 € |
| Umsatzsteuer für die Fahrten zwischen Wohnung und Arbeitsstätte | 533,40 € |
| **Summe** | 1 126,24 € |

A hat aus der Vermietungsleistung des L den Vorsteuerabzug und zwar für den Monat der Anzahlung 950 € sowie für jeden Monat der Nutzung 114 €.

10. Wie Fall 9. Für Elektrofahrzeuge oder für extern aufladbare Hybridelektrofahrzeuge ergibt sich keine Reduzierung des Bruttolistenpreises um 50 % wie im Ertragssteuerrecht (vgl. A 15.23 Abs. 5 Satz 4 Nr. 1 Buchst. a Satz 2 UStAE). Dies gilt auch für Fahrzeuge i. S. d. § 6 Abs. 1 Nr. 4 Satz 2 Nr. 1 EStG (Reduzierung des Bruttolistenpreises entsprechend der Kilowattstunde der Batteriekapazität).

11. Die Aufwendungen pro Arbeitnehmer betragen einschließlich USt 4 760 € : 150 = 31,73 €. Bis zur Höhe von 110 € je Betriebsfest (bei nicht mehr als zwei Betriebsfesten pro Jahr) ist die Zuwendung durch das betriebliche Interesse des Arbeitgebers veranlasst (vgl. A 1.8 Abs. 4 Nr. 6 UStAE). Somit hat A die Zuwendungen an seine Arbeitnehmer anlässlich des Betriebsfestes nicht zu versteuern. Aus der Rechnung des G hat A den Vorsteuerabzug in Höhe von 760 €.

12. Die Aufwendungen pro Arbeitnehmer betragen einschließlich USt 23 800 € : 150 = 158,67 €. Die Aufwendungen pro Arbeitnehmer überschreiten also die 110 €-Grenze (vgl. A 1.8 Abs. 4 Nr. 6 UStAE). Da keine besonderen Gründe dafür sprechen, dass die Aufwendungen von 158,67 € je Arbeitnehmer noch üblich sind, liegen insgesamt steuerbare und steuerpflichtige Sachzuwendungen an die Arbeitnehmer vor. Es handelt sich insgesamt um sonstige Leistungen, die gem. § 3 Abs. 9a Nr. 2 UStG sonstigen Leistungen gegen Entgelt gleichgestellt sind. Sie sind nach § 1 Abs. 1 Nr. 1 UStG steuerbar und steuerpflichtig. Damit ist der Vorsteuerabzug ausgeschlossen, weil A beim Leistungsbezug beabsichtigt, die von ihm bezogene Leistung ausschließlich im Rahmen einer unentgeltlichen Wertabgabe nach § 3 Abs. 9a UStG zu nutzen (vgl. A 3.3 Abs. 1 Satz 7 sowie A 15.2b Abs. 2 Satz 5 und A 15.15 Abs. 1 Satz 1 UStAE). Dementsprechend entfällt die Besteuerung einer unentgeltlichen Wertabgabe.
    Seit der Einführung des § 19 Abs. 1 Satz 1 Nr. 1a EStG zum 01. 01. 2015 gilt für die Zuwendungen im Rahmen einer Betriebsveranstaltung für die Arbeitnehmer ein Freibetrag i. H. v. 110 € in Bezug auf die lohnsteuerliche Behandlung. (Nur) der übersteigende Betrag ist der Lohnsteuer zu unterwerfen. Bei der Umsatzsteuer ist beim Überschreiten des Betrages von 110 € der Vorsteuerabzug jedoch gänzlich ausgeschlossen.

13. Sowohl das Mittagessen als auch das Abendessen sind sonstige Leistungen. Sie sind nach § 1 Abs. 1 Nr. 1 UStG steuerbar und steuerpflichtig. Die Leistungen unterliegen dem Regelsteuersatz, da der ermäßigte Steuersatz nach § 12 Abs. 2 Nr. 1 UStG auf sonstige Leistungen keine Anwendung findet. Bemessungsgrundlage sind die jeweils bezahlten Beträge (brutto). Die Mindestbemessungsgrundlage greift nicht ein, da die Preise lt. Sachverhalt kostendeckend sind.
Die Übernachtung unterliegt nach § 12 Abs. 2 Nr. 11 UStG dem ermäßigten Steuersatz. Das Frühstück dem Regelsteuersatz. Die Befreiung nach § 4 Nr. 12 Buchst. a UStG greift nicht ein, da es sich um die Überlassung zur kurzfristigen Beherbergung handelt, weil auch Nichtarbeitnehmer aufgenommen werden (vgl. A 1.8 Abs. 5 Satz 3 UStAE). Beide Leistungen sind nach § 3 Abs. 9a Nr. 2 UStG sonstigen Leistungen gegen Entgelt gleichgestellt und daher nach § 1 Abs. 1 Nr. 1 UStG steuerbar und steuerpflichtig. Der Vorsteuerabzug bei A ist für die entstanden Kosten ausgeschlossen, weil er beim Leistungsbezug beabsichtigt, die von ihm bezogene Leistung ausschließlich im Rahmen einer unentgeltlichen Wertabgabe nach § 3 Abs. 9a UStG zu nutzen (vgl. A 3.3 Abs. 1 Satz 7 sowie A 15.2b Abs. 2 Satz 5 und A 15.15 Abs. 1 Satz 1 UStAE).
14. Gelegentliche Sachzuwendungen bis zu einem Wert von 60 €, die dem Arbeitnehmer aus Anlass eines besonderen persönlichen Ereignisses zugewendet werden, sind nach Verwaltungsauffassung noch als Aufmerksamkeiten anzusehen, die zu keiner ins Gewicht fallenden Bereicherung des Arbeitnehmers führen (vgl. A 1.8 Abs. 3 UStAE). Da der Wert des Buches 60 € nicht überschreitet, liegt eine Aufmerksamkeit vor. Die Sachzuwendung ist deshalb nicht als unentgeltliche Wertabgabe der Umsatzsteuer zu unterwerfen. A hat aufgrund der Kleinbetragsrechnung nach § 33 UStDV aus der Anschaffung des Buchs einen Vorsteuerabzug in Höhe von 7/107 von 42 € = 2,75 €.
15. Die kostenlose Abgabe von Getränken wie Kaffee während der Dienstzeit stellt eine nicht steuerbare Aufmerksamkeit dar (vgl. A 1.8 Abs. 3 Satz 3 UStAE). A hat aus der Anschaffung der Kaffeemaschine sowie des Kaffees usw. den Vorsteuerabzug.
16. Die kostenlose Abgabe von Bier während der Dienstzeit stellt eine nicht steuerbare Aufmerksamkeit dar (vgl. A 1.8 Abs. 3 Satz 3 UStAE). Die hierbei konsumierte Menge spielt keine Rolle. Die Abgabe von Bier zum Mitnehmen ist dagegen eine nach § 1 Abs. 1 Nr. 1 UStG i. V. m. § 3 Abs. 1b Nr. 2 UStG steuerbare und steuerpflichtige Sachzuwendung. Bemessungsgrundlage sind die Selbstkosten. Die USt pro Kasten beträgt somit 19 % von 3,50 € = 0,66 €. Stattdessen können auch lohnsteuerrechtlich anerkannte Pauschalwerte angesetzt werden (vgl. A 1.8 Abs. 8 UStAE). Solche Pauschalwerte gibt es z. B. in Niedersachsen mit 33 € (netto) pro Hektoliter (vgl. Vfg. der OFD Hannover vom 25. 04. 2005 UR 2005, 512). Da der Pauschalwert pro Kasten Bier (10 l) 3,30 € (netto) ausmacht, ist dies günstiger. Die Umsatzsteuer beträgt 19 % von 3,30 € = 0,63 €. Der Ausschluss des Vorsteuerabzugs greift in diesen Fällen nicht, da den Sachzuwendungen keine konkreten (einzelnen) Leistungsbezüge zuordenbar sind.

## 8 Lösungshinweise zu I 5 – Einschaltung von Mittelspersonen

1. Da M die Maschine im eigenen Namen an K veräußert, erbringt M eine Lieferung an K. Diese Lieferung ist steuerbar und steuerpflichtig. Die USt beträgt 19/119 von 119 000 € = 19 000 €. Da M die Maschine im eigenen Namen, jedoch auf Rechnung des H veräußert, liegt eine Verkaufskommission vor. Mit der Lieferung von M an K wird zugleich nach § 3

Abs. 3 UStG eine Lieferung von H an M fingiert. Auch diese Lieferung ist steuerbar und steuerpflichtig. Bemessungsgrundlage (brutto) ist alles, was M aus dem Erlös an H weitergibt, also der Verkaufspreis abzüglich Provision (107 100 €). Die USt für die Lieferung H an M beträgt somit 19/119 von 107 100 € = 17 100 €.

2. Da M die Maschine im Namen des H an K veräußert, erbringt H seine Lieferung unmittelbar an K. Diese Lieferung ist steuerbar und steuerpflichtig. Die USt beträgt 19/119 von 119 000 € = 19 000 €.
   M erbringt eine Vermittlungsleistung an seinen Auftraggeber H. Die Vermittlungsleistung ist steuerbar und steuerpflichtig. Die USt beträgt 19/119 von 11 900 € = 1 900 €.
3. Da M die Maschine im eigenen Namen an K veräußert, erbringt M eine Lieferung an K. Da M die Maschine im eigenen Namen, jedoch auf Rechnung des H veräußert, liegt eine Verkaufskommission vor. Die Regelung des § 3 Abs. 3 UStG fingiert zugleich (eine logische Sekunde zuvor) eine Lieferung von H an M. Die Lieferung von H an M kann keine Lieferung mit Warenbewegung sein, weil die Warenbewegung für die Lieferung von H an M nur indirekt insoweit von Bedeutung ist, als die Lieferung nach § 3 Abs. 3 UStG eine Lieferung von M an K voraussetzt. Somit kann die Warenbewegung nur der Lieferung von M an K zugeordnet werden. Die Lieferung von M an K erfolgt nach § 3 Abs. 6 Satz 1 UStG am Ort des Beginns der Versendung in Stuttgart. Sie ist steuerbar, jedoch als Ausfuhrlieferung nach § 4 Nr. 1 Buchst. a i. V. m. § 6 Abs. 1 Nr. 1 UStG steuerfrei.
   Für die Lieferung von H an M greift die Sonderregelung nach § 3 Abs. 7 Satz 2 Nr. 1 UStG. Aufgrund der Lieferfiktion des § 3 Abs. 3 UStG ist nämlich davon auszugehen, dass i. S. d. § 3 Abs. 6a Satz 1 UStG mehrere Unternehmer (H und M) über die Maschine Umsatzgeschäfte abgeschlossen haben und die Maschine bei der Versendung unmittelbar vom ersten Unternehmer H an den letzten Abnehmer K gelangt. Der Lieferort für die Lieferung H an M ist somit ebenfalls am Ort des Beginns der Versendung in Stuttgart. Die Lieferung ist steuerbar und steuerpflichtig. Die Befreiung nach § 4 Nr. 1 Buchst. a i. V. m. § 6 UStG kann nicht eingreifen, da sie eine Lieferung mit Warenbewegung voraussetzt. Die USt für H beträgt 19/119 von 107 100 € (90 000 € + 17 100 €) = 17 100 €. M hat hieraus den Vorsteuerabzug.
4. Da M die Maschine im eigenen Namen an K veräußert, erbringt M eine Lieferung an K. Da M die Maschine im eigenen Namen, jedoch auf Rechnung des H veräußert, liegt eine Verkaufskommission vor. Die Regelung des § 3 Abs. 3 UStG fingiert zugleich (eine logische Sekunde zuvor) eine Lieferung von H an M. Die Lieferung von H an M kann keine Lieferung mit Warenbewegung sein, weil die Warenbewegung für die Lieferung von H an M nur indirekt insoweit von Bedeutung ist, als die Lieferung nach § 3 Abs. 3 UStG eine Lieferung von M an K voraussetzt. Somit kann die Warenbewegung nur der Lieferung von M an K zugeordnet werden.
5. Die Lieferung von M an K erfolgt nach § 3 Abs. 6 Satz 1 UStG am Ort des Beginns der Versendung in Stuttgart. Eine Verlagerung des Lieferorts nach § 3c UStG tritt nicht ein, weil K die Maschine für sein Unternehmen erwirbt (§ 3c Abs. 2 Nr. 1 UStG). Die Lieferung ist steuerbar, jedoch als innergemeinschaftliche Lieferung gem. § 4 Nr. 1 Buchst. b i. V. m. § 6a UStG steuerfrei, da K in Frankreich einen innergemeinschaftlichen Erwerb tätigt.
   Für die Lieferung von H an M greift die Sonderregelung nach § 3 Abs. 7 Satz 2 Nr. 1 UStG. Aufgrund der Lieferfiktion des § 3 Abs. 3 UStG ist nämlich davon auszugehen, dass i. S. d. § 3 Abs. 6a Satz 1 UStG mehrere Unternehmer (H und M) über die Maschine Umsatzgeschäfte abgeschlossen haben und die Maschine bei der Versendung unmittelbar vom ersten Unternehmer H an den letzten Abnehmer K gelangt. Der Lieferort für die Lieferung H

an M ist somit ebenfalls am Ort des Beginns der Versendung in Stuttgart. Die Lieferung ist steuerbar und steuerpflichtig. Die Befreiung nach § 4 Nr. 1 Buchst. b i. V. m. § 6a UStG kann nicht eingreifen, da sie eine Lieferung mit Warenbewegung voraussetzt. Die USt für H beträgt 19/119 von 107 100 € (90 000 € + 17 100 €) = 17 100 €. M hat hieraus den Vorsteuerabzug.

6. Da M die Maschine im Namen des H an K veräußert, erbringt H seine Lieferung unmittelbar an K. M versendet als Erfüllungsgehilfe des H die Maschine zu K. Deshalb ist der Ort der Lieferung grundsätzlich nach § 3 Abs. 6 Satz 1 UStG in Stuttgart. Eine Verlagerung des Lieferorts nach § 3c UStG tritt nicht ein, weil K die Maschine für sein Unternehmer erwirbt. Die Lieferung des H an K ist daher steuerbar. Es ist zu prüfen, ob die Lieferung nach § 4 Nr. 1 Buchst. b i. V. m. § 6a UStG als innergemeinschaftliche Lieferung steuerfrei ist.
   K hat die Maschine für sein Unternehmer erworben (§ 6a Abs. 1 Nr. 2 Buchst. a UStG). Der Erwerb durch K unterliegt in Frankreich der Erwerbsbesteuerung (§ 6a Abs. 1 Nr. 3 UStG i. V. m. Art. 2 Abs. 1b, 40 MwStSystRL). Sofern die nach § 6a Abs. 3 UStG geforderten Nachweise erbracht sind, ist die Lieferung von H an K nach § 4 Nr. 1 Buchst. b i. V. m. § 6a UStG als innergemeinschaftliche Lieferung steuerfrei.
   M erbringt eine Vermittlungsleistung an seinen Auftraggeber H. Der Ort der Vermittlungsleistung bestimmt sich nach § 3a Abs. 2 UStG und ist daher in Deutschland. Die Vermittlungsleistung ist steuerbar. Da die vermittelte Lieferung nach § 4 Nr. 1 Buchst. b UStG und nicht nach § 4 Nr. 1 Buchst. a UStG steuerfrei ist, ist die Vermittlungsleistung des M nicht nach § 4 Nr. 5 Buchst. a UStG steuerfrei, sondern steuerpflichtig. Die USt bei M beträgt 19/119 von 10 000 € = 1 596,64 €. Ob in diesem Fall H dem M die USt in Höhe von 19 % von 10 000 € = 1 900 € zusätzlich vergüten müsste, ist eine zivilrechtliche Frage.
7. Da M die Maschine im Namen des H an K veräußert, erbringt H seine Lieferung unmittelbar an K. Da M als Erfüllungsgehilfe des H die Maschine zu K versendet, ist der Ort der Lieferung grundsätzlich nach § 3 Abs. 6 Satz 1 UStG in Stuttgart. Es tritt jedoch eine Verlagerung des Lieferorts gem. § 3c UStG nach Frankreich ein, da K ein Nichtunternehmer ist und H die französische Lieferschwelle überschritten hat. Die Lieferung des H ist daher in Deutschland nicht steuerbar.
   M erbringt eine Vermittlungsleistung an seinen Auftraggeber H.
   Der Ort der Vermittlungsleistung bestimmt sich nach § 3a Abs. 2 UStG und ist daher in Deutschland. Die Vermittlungsleistung ist steuerbar.
   Da M die Maschine im eigenen Namen an K veräußert, erbringt M eine Lieferung an K. Da M die Maschine im eigenen Namen, jedoch auf Rechnung des H veräußert, liegt eine Verkaufskommission vor. Die Regelung des § 3 Abs. 3 UStG fingiert zugleich (eine logische Sekunde zuvor) eine Lieferung von H an M. Die Lieferung von H an M kann keine Lieferung mit Warenbewegung sein, weil die Warenbewegung für die Lieferung von H an M nur indirekt insoweit von Bedeutung ist, als die Lieferung nach § 3 Abs. 3 UStG eine Lieferung von M an K voraussetzt. Somit kann die Warenbewegung nur der Lieferung von M an K zugeordnet werden. Die Lieferung von M an K erfolgt nach § 3 Abs. 6 Satz 1 UStG am Ort des Beginns der Versendung in Stuttgart. Eine Verlagerung des Lieferorts nach § 3c UStG tritt nicht ein, weil M die französische Lieferschwelle nicht überschreitet. Die Lieferung ist in Deutschland steuerbar und steuerpflichtig. Die USt für M beträgt 19/119 von 20 000 € = 3 193,28 €.
   Für die Lieferung von H an M greift die Sonderregelung nach § 3 Abs. 7 Satz 2 Nr. 1 UStG. Aufgrund der Lieferfiktion des § 3 Abs. 3 UStG ist nämlich davon auszugehen, dass i. S. d.

§ 3 Abs. 6a Satz 1 UStG mehrere Unternehmer (H und M) über die Maschine Umsatzgeschäfte abgeschlossen haben und die Maschine bei der Versendung unmittelbar vom ersten Unternehmer H an den letzten Abnehmer K gelangt. Der Lieferort für die Lieferung H an M ist somit ebenfalls am Ort des Beginns der Versendung in Stuttgart. Die Lieferung ist steuerbar und steuerpflichtig. Die Befreiung nach § 4 Nr. 1 Buchst. b i. V. m. § 6a UStG kann nicht eingreifen, da sie eine Lieferung mit Warenbewegung voraussetzt. Die USt für H beträgt 19/119 aus 18 000 € = 2 873,95 €. M hat hieraus den Vorsteuerabzug.

8. Da M die Maschine im eigenen Namen an K veräußert, erbringt M eine Lieferung an K. Da M die Maschine im eigenen Namen, jedoch auf Rechnung des H veräußert, liegt eine Verkaufskommission vor. Die Regelung des § 3 Abs. 3 UStG fingiert zugleich (eine logische Sekunde zuvor) eine Lieferung von H an M. Die Lieferung von H an M kann keine Lieferung mit Warenbewegung sein, weil die Warenbewegung für die Lieferung von H an M nur indirekt insoweit von Bedeutung ist, als die Lieferung nach § 3 Abs. 3 UStG eine Lieferung von M an K voraussetzt. Somit kann die Warenbewegung nur der Lieferung von M an K zugeordnet werden. H versendet die Maschine als Erfüllungsgehilfe des M. Die Lieferung von M an K erfolgt nach § 3 Abs. 6 Satz 1 UStG am Ort des Beginns der Versendung in Oslo. Da jedoch die Maschine nach Deutschland eingeführt wird und M vorbehaltlich der Befreiung nach § 5 Abs. 1 Nr. 3 UStG Schuldner der deutschen Einfuhr-USt ist, verlagert sich der Lieferort nach Deutschland. Da die Maschine anschließend von dem EU-Land Deutschland in das EU-Land Frankreich gelangt und K die Maschine für sein Unternehmen erwirbt, tätigt K in Frankreich einen innergemeinschaftlichen Erwerb. Der Lieferort für die Lieferung von M an K kann sich deshalb nicht gem. § 3c UStG nach Frankreich verlagern. Die Lieferung des M an K ist in Deutschland steuerbar, aber als innergemeinschaftliche Lieferung gem. § 4 Nr. 1 Buchst. b i. V. m. § 6a UStG steuerfrei. Da die Maschine im Anschluss an die Einfuhr zur Ausführung einer innergemeinschaftlichen Lieferung verwendet worden ist, ist die Einfuhr nach § 5 Abs. 1 Nr. 3 UStG steuerfrei. Dennoch ist M Schuldner der Einfuhr-USt i. S. d. § 3 Abs. 8 UStG.
   Für die Lieferung von H an M greift die Sonderregelung nach § 3 Abs. 7 Satz 2 Nr. 1 UStG. Aufgrund der Lieferfiktion des § 3 Abs. 3 UStG ist nämlich davon auszugehen, dass i. S. d. § 3 Abs. 6a Satz 1 UStG mehrere Unternehmer (H und M) über die Maschine Umsatzgeschäfte abgeschlossen haben und die Maschine bei der Versendung unmittelbar vom ersten Unternehmer H an den letzten Abnehmer K gelangt. Der Lieferort für die Lieferung H an M ist somit am Ort des Beginns der Versendung in Oslo. Eine Verlagerung des Lieferorts nach § 3 Abs. 8 UStG scheidet aus, da § 3 Abs. 8 UStG eine Lieferung mit Warenbewegung voraussetzt. Die Lieferung ist nicht steuerbar.
9. Da M die Maschine im Namen H an K veräußert, erbringt H seine Lieferung unmittelbar an K. Da H die Maschine zu K versendet, ist der Ort der Lieferung grundsätzlich nach § 3 Abs. 6 Satz 1 UStG in Norwegen. Es tritt keine Verlagerung des Lieferorts gem. § 3 Abs. 8 UStG nach Deutschland ein, da keine deutsche Einfuhr-USt erhoben wird. Die Lieferung ist in Deutschland nicht steuerbar. Über § 3 Abs. 8 UStG verlagert sich der Lieferort für H nach Frankreich.
   M erbringt eine Vermittlungsleistung an seinen Auftraggeber H. Der Ort der Vermittlungsleistung bestimmt sich gem. § 3a Abs. 2 UStG nach dem Leistungsempfängerort in Oslo, da H eindeutig Unternehmer ist. Die Leistung ist in Deutschland nicht steuerbar.
10. Da M die Maschine im Namen des K bei H bestellt, erbringt H eine Lieferung an K. Der Lieferort ist nach § 3 Abs. 6 Satz 1 UStG in Saigon (Drittlandsgebiet), da die Maschine durch einen mittelbaren Erfüllungsgehilfen des K zu K versandt wurde. Eine Verlagerung

des Lieferorts nach § 3 Abs. 8 UStG ergibt sich nicht, da nicht H, sondern M als Erfüllungsgehilfe des K Schuldner der Einfuhr-USt ist. Die Lieferung ist somit nicht steuerbar.
M erbringt eine Vermittlungsleistung an seinen Auftraggeber K.
Der Ort der Vermittlungsleistung des M an K bestimmt sich gem. § 3a Abs. 2 UStG nach dem Leistungsempfängerort Stuttgart. Die Leistung ist steuerbar und nach § 4 Nr. 5 Buchst. c UStG steuerfrei.
Der vom Spediteur S eingeschaltete Frachtführer erbringt an S eine grenzüberschreitende Güterbeförderung.
Der Ort der Güterbeförderung von F an S bestimmt sich gem. § 3a Abs. 2 UStG nach dem Leistungsempfängerort und somit im Inland. Die Leistung ist insgesamt steuerbar. Sie ist steuerpflichtig. Die Befreiung nach § 4 Nr. 3 Buchst. a Doppelbuchst. bb UStG greift nicht ein, da F den nach § 21 UStDV erforderlichen Buchnachweis nicht erbringen kann. S erbringt an M gem. § 3 Abs. 11 UStG eine (fiktive) Beförderungsleistung. Der Ort bestimmt sich gem. § 3 Abs. 11 i. V. m. § 3a Abs. 2 UStG nach dem Leistungsempfängerort Stuttgart. Die Leistung ist insgesamt steuerbar. Sie ist steuerfrei nach § 4 Nr. 3 Buchst. a Doppelbuchst. bb UStG, da S den nach § 21 UStDV erforderlichen Buchnachweis erbringen kann.
M erbringt neben seiner Vermittlungsleistung auch noch die Besorgung der Speditionsleistung des S. Diese Leistung teilt als Nebenleistung zur Vermittlungsleistung deren Schicksal und ist somit ebenfalls steuerfrei.
K hat bereits ab Saigon die Verfügungsmacht an der Maschine. Er hat somit bei Entrichtung der Einfuhr-USt die Verfügungsmacht und darf deshalb nach § 15 Abs. 1 Nr. 2 UStG die für ihn entrichtete Einfuhr-USt als Vorsteuer abziehen.

11. Da M die Maschine im eigenen Namen bei H bestellt, erbringt H eine Lieferung an M. M bestellt die Maschine im eigenen Namen, jedoch auf Rechnung des K, daher liegt eine Einkaufskommission vor. Mit der Lieferung von H an M wird zugleich nach § 3 Abs. 3 UStG eine Lieferung von M an K fingiert. Die Lieferung von M an K kann keine Lieferung mit Warenbewegung sein, weil sich die Lieferung aus der Fiktion des § 3 Abs. 3 UStG ergibt. Somit kann die Warenbewegung nur der Lieferung von H an M zugeordnet werden. M versendet als Abnehmer des H die Maschine nach Deutschland. Die Lieferung von H an M erfolgt nach § 3 Abs. 6 Satz 1 UStG am Ort des Beginns der Versendung in Saigon. Eine Verlagerung des Lieferorts gem. § 3 Abs. 8 UStG tritt nicht ein, da nicht H, sondern M Schuldner der deutschen Einfuhr-USt ist. Die Lieferung des H an M ist daher nicht steuerbar.
Der Lieferort für die Lieferung von M an K bestimmt sich gem. § 3 Abs. 7 Satz 2 Nr. 2 UStG. Aufgrund der Lieferfiktion des § 3 Abs. 3 UStG ist nämlich davon auszugehen, dass i. S. d. § 3 Abs. 6a Satz 1 UStG mehrere Unternehmer (H und M) über dieselbe Maschine Umsatzgeschäfte abgeschlossen haben und die Maschine bei der Versendung unmittelbar vom ersten Unternehmer H an den letzten Abnehmer K gelangt. Der Lieferort für M ist somit gem. § 3 Abs. 7 Satz 2 Nr. 2 UStG in Stuttgart, wo die Versendung endet. Die Lieferung des M an K ist steuerbar und steuerpflichtig. Zur Bemessungsgrundlage gehört alles, was M dem K berechnet, also der Kaufpreis von 100 000 €, die Provision von 10 000 € und die Transportkosten von 12 000 €, insgesamt also netto 122 000 €. Die Einfuhrumsatzsteuer berechnet M dem K nicht weiter, da er sie als Vorsteuer abziehen darf. M ist vorsteuerabzugsberechtigt, weil er die Verfügungsmacht in Saigon erhalten hat und sie erst an K abgibt, wenn die Maschine dem K übergeben wird. Da M die Umsatzsteuer dem K zusätzlich berechnet, beträgt sie 19 % von 122 000 € = 23 180 €.

Der vom Spediteur S eingeschaltete Frachtführer erbringt an S eine grenzüberschreitende Güterbeförderung.

Der Ort der Beförderungsleistung von F an S bestimmt sich gem. § 3a Abs. 2 UStG nach dem Leistungsempfängerort und ist somit im Inland. Die Leistung ist steuerbar. Sie ist auch steuerpflichtig. Die Befreiung nach § 4 Nr. 3 Buchst. a Doppelbuchst. bb greift nicht ein, da F den nach § 21 UStDV erforderlichen Buchnachweis nicht erbringen kann. S erbringt an M gem. § 3 Abs. 11 UStG eine (fiktive) Beförderungsleistung. Der Ort bestimmt sich gem. § 3 Abs. 11 i. V. m. § 3a Abs. 2 UStG nach dem Leistungsempfängerort Stuttgart. Die Leistung ist insgesamt steuerbar. Sie ist steuerfrei nach § 4 Nr. 3 Buchst. a Doppelbuchst. bb UStG, da S den nach § 21 UStDV erforderlichen Buchnachweis erbringen kann.

M erbringt neben seiner Vermittlungsleistung auch noch die Besorgung der Speditionsleistung des S. Diese Leistung teilt als Nebenleistung zur Lieferung von M an K deren Schicksal und ist somit ebenfalls steuerpflichtig.

12. M erbringt eine sonstige Leistung an I. Der Leistungsort bestimmt sich gem. § 3a Abs. 2 UStG nach dem Leistungsempfängerort Basel. Die Leistung ist somit nicht steuerbar. I erbringt eine sonstige Leistung i. S. v. § 3a Abs. 4 Nr. 5 UStG (Überlassung von Informationen) an A. Da A kein Leistungsempfänger i. S. v. § 3a Abs. 2 UStG ist, bestimmt sich der Leistungsort gem. § 3a Abs. 1 UStG nach dem Dienstleisterort des I in Basel. Die Leistung somit ebenfalls nicht steuerbar.

13. Da W der F im eigenen Namen den Auftrag zur Marktanalyse erteilt hat, erbringt F eine sonstige Leistung an W. Der Leistungsort bestimmt sich gem. § 3a Abs. 2 UStG nach dem Leistungsempfängerort Dortmund. Die Leistung ist steuerbar und steuerpflichtig. Da F im Drittland ansässig ist, verlagert sich die Steuerschuld gem. § 13b Abs. 2 Nr. 1 i. V. m. Abs. 5 Satz 1 UStG von F auf W. Die Umsatzsteuer beträgt 19 % von 50 000 € = 9 500 €. In gleicher Höhe hat W hieraus nach § 15 Abs. 1 Nr. 4 UStG den Vorsteuerabzug.

    Da W im eigenen Namen auf Rechnung des K für den K eine Werbeleistung besorgt, erbringt W an K eine Besorgungsleistung (Leistungseinkauf) i. S. d. § 3 Abs. 11 UStG. Der Leistungsort bestimmt sich gem. § 3a Abs. 2 UStG nach dem Leistungsempfängerort London. Die Leistung des W ist somit in Deutschland nicht steuerbar.

14. Da A im eigenen Namen mit der B-Bank den Darlehensvertrag abgeschlossen hat, erbringt A an die B-Bank eine Kreditgewährung i. S. d. § 4 Nr. 8 Buchst. a UStG. Der Leistungsort bestimmt sich gem. § 3a Abs. 2 UStG nach dem Leistungsempfängerort Jersey. Die Darlehensgewährung ist daher nach § 3a Abs. 2 UStG nicht steuerbar. A erbringt gem. § 3 Abs. 11 UStG eine entsprechende sonstige Leistung an K. Der Leistungsort ist ebenfalls gem. § 3 Abs. 11 i. V. m. § 3a Abs. 2 UStG am Leistungsempfängerort, also in Bregenz. Die Leistung ist nicht steuerbar.

15. Da A im eigenen Namen mit der B-Bank den Darlehensvertrag abgeschlossen hat, erbringt A an die B-Bank eine Kreditgewährung i. S. d. § 4 Nr. 8 Buchst. a UStG. Der Leistungsort bestimmt sich gem. § 3a Abs. 2 UStG nach dem Leistungsempfängerort Jersey. Die Darlehensgewährung ist daher nicht steuerbar.

    A erbringt gem. § 3 Abs. 11 UStG eine entsprechende sonstige Leistung an K. Der Leistungsort ist ebenfalls gem. § 3 Abs. 11 i. V. m. § 3a Abs. 2 UStG am Leistungsempfängerort, also in Freiburg. Die Leistung ist steuerbar, jedoch nach § 4 Nr. 8 Buchst. a UStG steuerfrei.

16a) Da G der P im eigenen Namen den Auftrag zur Reinigung der Wände erteilt hat, erbringt P eine sonstige Leistung an G. Die Leistung ist eine Werkleistung i. S. d. § 3a Abs. 3 Nr. 1

Buchst. c UStG (Leistung, im Zusammenhang mit einem Grundstück, Vorbereitung von Bauleistungen, (vgl. A 3a.3 Abs. 2 Satz 1 und Abs. 8 Satz 2 Nr. 1 UStAE). Der Leistungsort ist daher nach § 3a Abs. 3 Nr. 1 Buchst. c UStG am Lageort des Grundstücks in Stuttgart und die Leistung des P an G ist steuerbar und steuerpflichtig. Da der leistende Unternehmer P im übrigen Gemeinschaftsgebiet ansässig ist, der Leistungsort sich aber nicht nach § 3a Abs. 2 UStG bestimmt, geht die Steuerschuldnerschaft nach § 13b Abs. 2 Nr. 1 i. V. m. Abs. 5 Satz 1 UStG auf G über. Die Umsatzsteuer bei G beträgt 19 % von 60 000 € = 11 400 €. In gleicher Höhe hat G hieraus nach § 15 Abs. 1 Nr. 4 UStG den Vorsteuerabzug.

Da G im eigenen Namen auf Rechnung des M für den M die Leistung besorgt, erbringt G an M gem. § 3 Abs. 11 UStG die gleiche (fiktive) Leistung. Der Leistungsort bestimmt sich gem. § 3a Abs. 3 Nr. 1 Buchst. c UStG i. V. m. § 3 Abs. 11 UStG nach dem Lageort des Grundstücks in Stuttgart. Die Leistung des G an M ist somit steuerbar und steuerpflichtig. Die USt bei G beträgt 19 % von 75 000 € = 14 250 €. Die Steuerschuld geht nicht gemäß § 13b Abs. 2 Nr. 4 i. V. m. Abs. 5 Satz 2 UStG auf M über, da M selbst keine Bauleistungen erbringt.

16b) Da G der N im eigenen Namen den Auftrag zum Streichen der Wände erteilt hat, erbringt N eine sonstige Leistung an G. Die Leistung ist eine Werkleistung i. S. d. § 3a Abs. 3 Nr. 1 Buchst. c UStG (Leistung, im Zusammenhang mit einem Grundstück, die der Ausführung von Bauleistungen dient). Es handelt sich um keine Werklieferung gem. § 3 Abs. 4 UStG, da die verwendete Farbe nach der Verkehrsauffassung kein Hauptstoff ist. Der Leistungsort ist nach § 3a Abs. 3 Nr. 1 Buchst. c UStG am Lageort des Grundstücks in Stuttgart und die Leistung des N an G ist steuerbar und steuerpflichtig.

Da der leistende Unternehmer N im übrigen Gemeinschaftsgebiet ansässig ist, der Leistungsort sich aber nicht nach § 3a Abs. 2 UStG bestimmt, geht die Steuerschuldnerschaft nach § 13b Abs. 2 Nr. 1 i. V. m. Abs. 5 Satz 1 UStG auf G über. Die USt bei G beträgt 19 % von 70 000 € = 13 300 €. In gleicher Höhe hat G hieraus nach § 15 Abs. 1 Nr. 4 UStG den Vorsteuerabzug.

Da G im eigenen Namen auf Rechnung des M für den M die Leistung besorgt, erbringt G an M gem. § 3 Abs. 11 UStG die gleiche (fiktive) Leistung. Der Leistungsort bestimmt sich gem. § 3a Abs. 3 Nr. 1 Buchst. c UStG i. V. m. § 3 Abs. 11 UStG nach dem Lageort des Grundstücks in Stuttgart. Die Leistung des G an M ist somit steuerbar und steuerpflichtig. Die USt bei G beträgt 19 % von 87 500 € = 16 625 €.

16c) Da G dem F im eigenen Namen den Auftrag zum Transport der Baumaterialien erteilt hat, erbringt F eine sonstige Leistung an G. Die Leistung ist eine grenzüberschreitende Güterbeförderung. Der Leistungsort bestimmt sich gem. § 3a Abs. 2 UStG nach dem Leistungsempfängerort Stuttgart. Die Leistung des F ist somit in vollem Umfang steuerbar und steuerpflichtig. Die USt des F beträgt 19/119 von 3 000 € = 478,99 €.

Da G im eigenen Namen auf Rechnung des M für den M die Beförderung besorgt, erbringt G an M gem. § 3 Abs. 11 UStG die gleiche (fiktive) Beförderungsleistung. Der Leistungsort bestimmt sich gem. § 3a Abs. 2 UStG nach dem Leistungsempfängerort Stuttgart. Die Leistung ist steuerbar und steuerpflichtig. Die Umsatzsteuer beträgt 19/119 von 3 750 € = 598,74 €.

16d) Da G im eigenen Namen auf Rechnung des M für den M das Baumaterial bei S bestellt, erbringt S an G eine Lieferung. Es handelt sich um eine Versendungslieferung nach § 3 Abs. 6 Satz 1 UStG. Der Lieferort ist somit in Frankreich. Die Lieferung ist nicht steuerbar. Bei der Lieferung von S an G gelangt das Baumaterial von Frankreich nach Deutschland. Da alle Voraussetzungen des § 1a UStG erfüllt sind, tätigt G einen innergemeinschaftlichen Erwerb in Deutschland. Der innergemeinschaftliche Erwerb ist steuerbar und steuerpflichtig. Die USt hierfür beträgt 19 % von 35 000 € = 6 650 €. Diese USt kann G gem. § 15 Abs. 1 Nr. 3 UStG als Vorsteuer abziehen.

Gleichzeitig mit der Lieferung des S an G tätigt G als Einkaufskommissionär gem. § 3 Abs. 3 UStG eine Weiterlieferung an M. Bei dieser Lieferung handelt es sich um eine Lieferung ohne Warenbewegung, weil sich die Lieferung nicht als Folge einer Einigung und Übergabe i. S. d. § 929 BGB ergibt, sondern gem. § 3 Abs. 3 UStG als Folge der Ausführung des Kommissionsgeschäfts. Voraussetzung für diese Lieferung ist keine Warenbewegung, sondern lediglich, dass eine Lieferung zwischen S und G vorliegt. Diese Lieferung ergibt sich zwar als Folge einer Warenbewegung. Sie könnte sich jedoch ebenso aus einer Eigentumsübertragung nach § 930 BGB, § 931 BGB oder durch Übergabe eines handelsrechtlichen Traditionspapiers ergeben.

Der Lieferort ist somit gem. § 3 Abs. 7 Satz 1 UStG zu bestimmen, sofern nicht die Sonderregelung des § 3 Abs. 7 Satz 2 UStG eingreift.

Die Anwendung des § 3 Abs. 7 Satz 2 UStG setzt voraus, dass mehrere Unternehmer über denselben Gegenstand Umsatzgeschäfte abgeschlossen haben und der Gegenstand bei der Beförderung oder Versendung unmittelbar vom ersten Unternehmer S an den letzten Abnehmer M gelangt (§ 3 Abs. 6a Satz 1 UStG). Das Kommissionsgeschäft ist als Umsatzgeschäft i. S. d. § 3 Abs. 6a Satz 1 UStG anzusehen, da es der Gesetzgeber wegen seiner sachlichen Nähe zum Eigenhandel gem. § 3 Abs. 3 UStG wie eine Lieferung behandelt. Der Gegenstand gelangt auch unmittelbar an den letzten Abnehmer M, da die Verfügungsmacht eine logische Sekunde nach der Lieferung des S an G auf M übergeht, M also das Baumaterial für M als dessen Erfüllungsgehilfe in Besitz nimmt. Somit kann § 3 Abs. 7 Satz 2 Nr. 2 UStG angewandt werden und der Lieferort für G an M ist in Deutschland. Die Lieferung des G an M ist steuerbar und steuerpflichtig. Die USt beträgt 19 % von 43 750 € (35 000 € + 8 750 €) = 8 312,50 €.

**Hinweis:** Nach A 3.8 Abs. 4 Satz 1 und 2 UStAE liegt eine Werklieferung vor, wenn der Werkunternehmer an der Beschaffung der Werkstoffe (hier Baumaterialien) als Kommissionär mitgewirkt hat. Gleichwohl erbringt G keine einheitliche Werklieferung bezüglich des Deckens des Dachs, weil er nicht Werkunternehmer ist, sondern das Dachdecken lediglich besorgt. Er handelt nicht auf eigene Rechnung (Eigenleister), sondern auf fremde Rechnung (Besorger). Die Besorgung der Leistungen verbindet diese nicht in dem Maße wie dies in den Fällen der Eigenleistung der Fall ist.

17. C erbringt sonstige Leistungen (§ 3 Abs. 9 Satz 1 UStG) in Form von elektronischen Dienstleistungen (A 3a.12 Abs. 1 Satz 1 und Abs. 3 Nr. 2 UStAE); der Leistungsort richtet sich nach § 3a Abs. 5 Satz 2 Nr. 3 UStG, d.h. danach, wo die Kunden ihren Wohnsitz haben. Denn C hat seinen Sitz nur in einem Mitgliedstaat, nämlich in Deutschland, und überschreitet mit dem Gesamtbetrag der Entgelte aus dem Verkauf der App die Geringfügigkeitsgrenze von 10 000 € (§ 3a Abs. 5 Satz 3 UStG). Insoweit sind im Inland nur die Leistungen an Kunden in Deutschland steuerbar und steuerpflichtig zum Steuersatz von 19 % (§ 12 Abs. 1 UStG). Die Steuer entsteht jeweils gem. § 13 Abs. 1 Nr. 1a Satz 1 UStG mit Ablauf des VAZ der Leistungsausführung (Download).

    C kann, da er umsatzsteuerlich in keinem Staat aus dem übrigen Gemeinschaftsgebiet registriert ist und seinen umsatzsteuerlichen Pflichten nachkommt, gem. § 18h Abs. 1 Satz 1 UStG am sog. MOSS-Verfahren teilnehmen. Dafür hat er seine Umsatzsteuererklärungen für die anderen Mitgliedstaaten bis zum Ablauf jedes Besteuerungszeitraums an das BZSt zu übermitteln und die berechnete Steuer auch an dieses zu entrichten (§ 18h Abs. 3 Sätze 1, 3 UStG).

# 9 Lösungshinweise zu J 10 – Grundstücksumsätze

## 9.1 Lösungshinweise zu J 10.1 – Grundstückslieferungen

1. Da das Grundstück mit einem Fabrikgebäude bebaut ist, ist davon auszugehen, dass es zum Unternehmen des U gehört. Die Lieferung ist somit steuerbar. Da der gesamte Umsatz unter das GrEStG fällt, ist die Lieferung steuerfrei nach § 4 Nr. 9 Buchst. a UStG.
2. Da das Grundstück mit einem Fabrikgebäude bebaut ist, ist davon auszugehen, dass es zum Unternehmen des U gehört. Die Lieferung ist somit steuerbar. Der Umsatz fällt unter das GrEStG, soweit es sich nicht um Betriebsvorrichtungen handelt. Die Lieferung ist steuerfrei nach § 4 Nr. 9 Buchst. a UStG. Bezüglich des auf die Betriebsvorrichtungen entfallenden Entgeltanteils ist der Umsatz steuerpflichtig. Die USt beträgt 19/119 von 500 000 € = 79 831,93 €. Hinsichtlich dieser USt bleibt die Steuerschuld bei U. Sie geht nicht gem. § 13b Abs. 5 Satz 1 i. V. m. Abs. 2 Nr. 3 UStG auf den Erwerber E über, da der steuerpflichtige Teil des Umsatzes nicht unter das GrEStG fällt.
3. Da das Grundstück mit einem Fabrikgebäude bebaut ist, ist davon auszugehen, dass es zum Unternehmen des U gehört. Die Lieferung ist somit steuerbar. Da der gesamte Umsatz unter das GrEStG fällt, ist die Lieferung steuerfrei nach § 4 Nr. 9 Buchst. a UStG. Es ist für die Steuerfreiheit nach § 4 Nr. 9 Buchst. a UStG unschädlich, dass der Umsatz nach § 3 Nr. 6 GrEStG von der GrESt befreit ist.
4. Da das Grundstück mit einem Fabrikgebäude bebaut ist, ist davon auszugehen, dass es zum Unternehmen des U gehört. Die Lieferung ist somit steuerbar. Der Umsatz fällt unter das GrEStG, soweit es sich nicht um Betriebsvorrichtungen handelt. Die Lieferung ist an und für sich steuerfrei nach § 4 Nr. 9 Buchst. a UStG. Bezüglich des auf die Betriebsvorrichtungen entfallenden Entgeltanteils ist der Umsatz steuerpflichtig. Da die Veräußerung an einen Unternehmer für dessen Unternehmen erfolgt, kann U bezüglich des steuerfreien Teils auf die Befreiung gem. § 9 Abs. 1 UStG verzichten. Damit ist die gesamte Lieferung steuerpflichtig. Hinsichtlich der infolge des Verzichts auf die Befreiung anfallenden USt ist gem. § 13b Abs. 5 Satz 1 i. V. m. Abs. 2 Nr. 3 UStG der Erwerber E Steuerschuldner, da der Umsatz insoweit unter das GrEStG fällt. Das vereinbarte Entgelt i. H. v. 1,5 Mio. € ist dabei das Nettoentgelt. Somit hat E im Reverse-Charge-Verfahren 19 % von 1 Mio. = 190 000 € USt abzuführen.
   Die auf die Betriebsvorrichtungen entfallende USt von 19 % von 500 000 € = 95 000 € schuldet U. Sie geht nicht gem. § 13b Abs. 5 Satz 1 i. V. m. Abs. 2 Nr. 3 UStG auf den Erwerber E über, da der steuerpflichtige Teil des Umsatzes nicht unter das GrEStG fällt.
5. Es handelt sich um eine Geschäftsveräußerung i. S. v. § 1 Abs. 1a UStG. Damit ist der gesamte Vorgang nicht steuerbar. E tritt in die Rechtsstellung des C gem. § 1 Abs. 1a Satz 3 UStG ein.

## 9.2 Lösungshinweise zu J 10.2 – Grundstücksvermietungen

1. A ist mit der Vermietung an B nachhaltig in Einnahmeerzielungsabsicht tätig und somit Unternehmer i. S. d. § 2 Abs. 1 UStG. Die Vermietung an B ist steuerbar, jedoch nach § 4 Nr. 12 Buchst. a UStG steuerfrei. Da die Vermietung an einen Unternehmer für dessen Unternehmen erfolgt, kann A auf die Steuerbefreiung nach § 9 UStG verzichten.
2. A ist mit der Vermietung an B nachhaltig in Einnahmeerzielungsabsicht tätig und somit Unternehmer i. S. d. § 2 Abs. 1 UStG. Die Vermietung an B ist steuerbar. Das Bürogebäude ist wesentlicher Bestandteil eines Grundstücks. Somit liegt eine steuerfreie Grundstücks-

vermietung i. S. d. § 4 Nr. 12 Buchst. a UStG vor. Da die Vermietung an einen Unternehmer für dessen Unternehmen erfolgt, kann A auf die Steuerbefreiung nach § 9 UStG verzichten.

3. Auch die Vermietung eines Grundstücksteils fällt unter die Steuerbefreiung nach § 4 Nr. 12 Buchst. a UStG (vgl. A 4.12.1 Abs. 3 Sätze 1 und 2 UStAE). Somit liegt eine steuerfreie Grundstücksvermietung i. S. d. § 4 Nr. 12 Buchst. a UStG vor.
4. Auch die Vermietung eines Grundstücksteils fällt unter die Steuerbefreiung nach § 4 Nr. 12 Buchst. a UStG (vgl. A 4.12.1 Abs. 3 Sätze 1 und 2 UStAE). Somit liegt eine steuerfreie Grundstücksvermietung i. S. d. § 4 Nr. 12 Buchst. a UStG vor. Da die Vermietung an einen Unternehmer für dessen Unternehmen erfolgt, kann A auf die Steuerbefreiung nach § 9 UStG verzichten.
5. R ist mit der Vermietung an die Studenten nachhaltig in Einnahmeerzielungsabsicht tätig und somit Unternehmerin i. S. d. § 2 Abs. 1 UStG. Die Vermietung ist steuerbar, jedoch nach § 4 Nr. 12 Buchst. a UStG steuerfrei. Auch die Mitvermietung der Möbel fällt als Nebenleistung zur Grundstücksvermietung unter die Befreiung (vgl. A 4.12.1 Abs. 5 UStAE und Umkehrschluss aus A 4.12.1 Abs. 6 Satz 2 UStAE). Im Übrigen fällt R unter die Kleinunternehmerregelung nach § 19 Abs. 1 UStG.
6. A ist mit der Vermietung an B nachhaltig in Einnahmeerzielungsabsicht tätig und somit Unternehmer i. S. d. § 2 Abs. 1 UStG. Die Vermietung an B ist steuerbar, und nicht nach § 4 Nr. 12 Buchst. a UStG steuerfrei, da die Vermietung von Plätzen für das Abstellen von Fahrzeugen nach § 4 Nr. 12 Satz 2 UStG von der Befreiung ausgeschlossen ist.
7. Die Vermietung ist gem. § 4 Nr. 12 Satz 2 UStG von der Befreiung ausgenommen, da die Hotelzimmer als Wohn- bzw. Schlafräume zur kurzfristigen Beherbergung von Fremden bereitgehalten werden. Soweit die Leistung unmittelbar der Vermietung der Räume dient, unterliegt sie § 12 Abs. 2 Nr. 11 UStG dem ermäßigten Steuersatz.
8. Die Vermietung ist insgesamt steuerpflichtig, da die Befreiung nach § 4 Nr. 12 UStG nach richtlinienkonformer Auslegung (Art. 135 MwStSystRL) auf derartige Leistungen nicht anwendbar ist (A 4.12.11 Abs. 1 Satz 1 UStAE).
9. Es handelt sich nicht um eine Grundstücksvermietung (vgl. A 4.12.6 Abs. 1 Satz 1 sowie A 4.12.11 Abs. 1 Satz 1 UStAE). Die Leistung ist als sog. Vertrag besonderer Art steuerpflichtig (A 4.12.6 Abs. 2 Nr. 8 UStAE). Sie unterliegt nach § 12 Abs. 2 Nr. 9 UStG dem ermäßigten Steuersatz. Die USt beträgt 7/107 von 6 € = 0,39 €.
10. Die Vermietung ist insgesamt steuerpflichtig, da die Befreiung nach § 4 Nr. 12 UStG nach richtlinienkonformer Auslegung (Art. 135 MwStSystRL) auf derartige Leistungen nicht anwendbar ist (A 4.12.11 Abs. 1 Satz 1 UStAE). Die USt je Stunde beträgt 19/119 von 15 € = 2,39 €.
11. Nach früherer Rechtsprechung des BFH handelte es sich nicht um eine Vermietungsleistung, sondern um eine Leistung aus einem Vertrag besonderer Art (Verwahrungsvertrag). Mit Urteil vom 08. 10. 1991 UR 1992, 78 hat der BFH diese Auffassung aufgegeben und kam zu dem Ergebnis, es handle sich um eine Vermietungsleistung, wenn das Schwergewicht der Vertragspflichten weniger auf der Obhutspflicht für die verwahrte Sache und mehr in der Gewährung des Raumteils liegt. Dem hat sich die Verwaltung angeschlossen (vgl. A 4.12.1 Abs. 2 Satz 2 UStAE). Diese Vermietungsleistung ist aufgrund der Ausnahmeregelung in § 4 Nr. 12 Satz 2 UStG steuerpflichtig. Die USt für eine Stunde Parken beträgt 19/119 von 2 € = 0,32 €.
12. Die Vermietung ist steuerfrei nach § 4 Nr. 12 Buchst. a UStG. Die Ausnahme nach § 4 Nr. 12 Satz 2 UStG, wonach die kurzfristige Vermietung auf Campingplätzen nicht befreit

ist, greift nicht ein, da die tatsächliche Gebrauchsüberlassung jeweils mehr als sechs Monate beträgt (vgl. A 4.12.3 Abs. 2 Satz 1 UStAE).

13. Es handelt sich nicht um eine Vermietungsleistung, sondern um eine steuerpflichtige Leistung aus einem Vertrag besonderer Art (vgl. A 4.12.6 Abs. 1 Satz 1 und Abs. 2 Nr. 14 UStAE). Die Grundstücksüberlassung tritt gegenüber einer anderen, wesentlicheren Leistung, der Duldung einer gewerblichen Betätigung zurück. Die jeweilige Umsatzbeteiligung ist das Bruttoentgelt, aus dem die USt mit 19/119 herauszurechnen ist.
14. Es handelt sich nicht um eine Vermietungsleistung, sondern um eine steuerpflichtige Leistung aus einem Vertrag besonderer Art (vgl. A 4.12.6 Abs. 1 Satz 1 und Abs. 2 Nr. 6 UStAE). Die USt beträgt 19/119 von 600 € = 95,80 €.
15. Betreiber eines Alten- oder Pflegeheims erbringen gegenüber pflegebedürftigen Heiminsassen umfassende medizinische und pflegerische Betreuung und Versorgung. Die nach § 4 Nr. 12 Satz 1 Buchst. a UStG steuerfreie Vermietung von Grundstücken tritt hinter diese Leistungen zurück (vgl. BFH vom 21. 04. 1993 BStBl II 1994, 266). Für die Leistungen der Alten- oder Pflegeheimbetreiber kann die Steuerbefreiung nach § 4 Nr. 16 Satz 1 Buchst. c, d oder k UStG in Betracht kommen (vgl. A 4.12.6 Abs. 2 Nr. 12 UStAE).

## 9.3 Lösungshinweise zu J 10.3 – Zwischenvermietung

1. Die Vermietung von B an seine Arbeitnehmer ist steuerfrei nach § 4 Nr. 12 Buchst. a UStG. Die Vermietung von A an B ist grundsätzlich nach § 4 Nr. 12 Buchst. a UStG steuerfrei. Auf die Steuerbefreiung kann A nach § 9 Abs. 1 UStG verzichten, da er an einen Unternehmer für dessen Unternehmen vermietet. Allerdings ist für die Vermietung ab 01. 01. 14 zu prüfen, ob das Optionsverbot nach § 9 Abs. 2 UStG eingreift, da die Nutzung auf der Endstufe der Vermietung (Vermietung des B an seine Arbeitnehmer) eine Nutzung zu Wohnzwecken ist. Nach § 27 Abs. 2 Nr. 1 UStG ist jedoch § 9 Abs. 2 UStG im vorliegenden Fall nicht anzuwenden, da es sich bei dem Gebäude um ein sog. Altgebäude handelt.
2. Die Vermietung von B an seine Arbeitnehmer ist steuerfrei nach § 4 Nr. 12 Buchst. a UStG. Die Vermietung von A an B ist grundsätzlich nach § 4 Nr. 12 Buchst. a UStG steuerfrei. Auf die Steuerbefreiung kann A nach § 9 Abs. 1 UStG verzichten, da er an einen Unternehmer für dessen Unternehmen vermietet. Allerdings ist zu prüfen, ob das Optionsverbot nach § 9 Abs. 2 UStG eingreift, da der Mieter B das Gebäude ausschließlich für Umsätze verwendet, die den Vorsteuerabzug ausschließen. Da das Gebäude erst nach den in § 27 Abs. 2 UStG genannten Terminen errichtet worden ist, handelt es sich um ein sog. Neugebäude, für welches das Optionsverbot nach § 9 Abs. 2 UStG uneingeschränkt Anwendung findet. Die Vermietung von A an B ist damit zwingend steuerfrei. A schuldet die ausgewiesene USt nach § 14c Abs. 1 UStG (vgl. A 14c.1 Abs. 1 Nr. 3 UStAE).
3.

- **Bei Nutzung durch den Endmieter zu Wohnzwecken:**

a) Altgebäude, da mit dem Bau vor dem 01. 06. 1984 begonnen wurde und die Fertigstellung vor dem 01. 04. 1985 erfolgte (§ 27 Abs. 2 Nr. 1 UStG),
b) Neugebäude, da mit dem Bau nicht vor dem Stichtag 01. 06. 1984 begonnen wurde. Dass die Fertigstellung noch vor dem 01. 04. 1985 erfolgte (§ 27 Abs. 2 Nr. 1 UStG) ändert daran nichts,
c) Neugebäude, da mit dem Bau zwar vor dem 01. 06. 1984 begonnen wurde aber die Fertigstellung nicht vor dem 01. 04. 1985 erfolgte (§ 27 Abs. 2 Nr. 1 UStG),
d) Neugebäude, da mit dem Bau nicht vor dem 01. 06. 1984 begonnen wurde. Auch erfolgte die Fertigstellung nicht vor dem 01. 04. 1985 (§ 27 Abs. 2 Nr. 1 UStG),

e) Neugebäude, da mit dem Bau nicht vor dem 01.06.1984 begonnen wurde. Auch erfolgte die Fertigstellung nicht vor dem 01.04.1985 (§ 27 Abs. 2 Nr. 1 UStG),
f) Neugebäude, da mit dem Bau nicht vor dem 01.06.1984 begonnen wurde. Auch erfolgte die Fertigstellung nicht vor dem 01.04.1985 (§ 27 Abs. 2 Nr. 1 UStG).

- **Bei Nutzung durch den Endmieter zu anderen außerunternehmerischen Zwecken:**

a) Altgebäude, da mit dem Bau vor dem 01.06.1984 begonnen wurde und die Fertigstellung vor dem 01.01.1986 erfolgte (§ 27 Abs. 2 Nr. 2 UStG),
b) Neugebäude, da mit dem Bau nicht vor dem Stichtag 01.06.1984 begonnen wurde. Dass die Fertigstellung noch vor dem 01.01.1986 erfolgte (§ 27 Abs. 2 Nr. 2 UStG) ändert daran nichts,
c) Altgebäude, da mit dem Bau vor dem 01.06.1984 begonnen wurde und die Fertigstellung vor dem 01.01.1986 erfolgte (§ 27 Abs. 2 Nr. 2 UStG),
d) Neugebäude, da mit dem Bau nicht vor dem 01.06.1984 begonnen wurde. Dass die Fertigstellung vor dem 01.01.1986 (§ 27 Abs. 2 Nr. 2 UStG) erfolgte, ändert daran nichts,
e) Neugebäude, da mit dem Bau nicht vor dem 01.06.1984 begonnen wurde. Auch erfolgte die Fertigstellung nicht vor dem 01.01.1986 (§ 27 Abs. 2 Nr. 2 UStG),
f) Neugebäude, da mit dem Bau nicht vor dem 01.06.1984 begonnen wurde. Auch erfolgte die Fertigstellung nicht vor dem 01.01.1986 (§ 27 Abs. 2 Nr. 2 UStG).

- **Bei Nutzung zu vorsteuerschädlichen unternehmerischen Zwecken:**

a) Altgebäude, da mit dem Bau vor dem 11.11.1993 begonnen wurde und die Fertigstellung vor dem 01.01.1998 erfolgte (§ 27 Abs. 2 Nr. 3 UStG),
b) Altgebäude, da mit dem Bau vor dem 11.11.1993 begonnen wurde und die Fertigstellung vor dem 01.01.1998 erfolgte (§ 27 Abs. 2 Nr. 3 UStG),
c) Altgebäude, da mit dem Bau vor dem 11.11.1993 begonnen wurde und die Fertigstellung vor dem 01.01.1998 erfolgte (§ 27 Abs. 2 Nr. 3 UStG),
d) Altgebäude, da mit dem Bau vor dem 11.11.1993 begonnen wurde und die Fertigstellung vor dem 01.01.1998 erfolgte (§ 27 Abs. 2 Nr. 3 UStG),
e) Altgebäude, da mit dem Bau vor dem 11.11.1993 begonnen wurde und die Fertigstellung vor dem 01.01.1998 erfolgte (§ 27 Abs. 2 Nr. 3 UStG),
f) Neugebäude, da mit dem Bau erst nach dem 11.11.1993 begonnen wurde. Die Fertigstellung vor dem 01.01.1998 (§ 27 Abs. 2 Nr. 3 UStG) ändert daran nichts.

4. Es liegt eine sog. Leistungskommission gem. § 3 Abs. 11 UStG vor. B erbringt Vermietungsleistungen an Z. Z erbringt als Besorger steuerfreie Vermietungsleistungen an die Mieter. Da es sich lt. Sachverhalt um ein Altgebäude i. S. d. § 27 Abs. 2 UStG handelt, greift für B das Optionsverbot des § 9 Abs. 2 UStG nicht ein. Infolge der zulässigen Option nach § 9 UStG ist die fiktive Vermietungsleistung des B an Z steuerpflichtig. Die USt beträgt 19/119 von 36 000 € = 5 747,90 €.
   Aufgrund der steuerpflichtigen Vermietung greift hinsichtlich der für dieses Gebäude anfallenden Vorsteuern das Vorsteuerabzugsverbot nach § 15 Abs. 2 UStG nicht ein. B darf die anfallenden Vorsteuern (z. B. aus Reparaturen am Gebäude) abziehen.
   Die vorstehende Lösung wäre nur dann abzulehnen, wenn dem B eine missbräuchliche Gestaltung i. S. d. § 42 AO vorzuwerfen wäre. Die ist jedoch nicht gegeben, da es für die Einschaltung des Z als Zwischenmieter nach dem konkreten Sachverhalt auch außersteuerliche Gründe gibt.
5. Die Vermietung von H an die Hotelgäste ist gem. § 4 Nr. 12 Satz 2 UStG von der Befreiung ausgenommen, da die Hotelzimmer als Wohn- bzw. Schlafräume zur kurzfristigen Beherbergung von Fremden bereitgehalten werden (Steuersatz nach § 12 Abs. 2 Nr. 11 UStG 7 %).

Die Vermietung von A an H ist grundsätzlich steuerfrei nach § 4 Nr. 12 Buchst. a UStG. A vermietet jedoch an einen Unternehmer für dessen Unternehmen (§ 9 Abs. 1 UStG). Das Optionsverbot des § 9 Abs. 2 UStG greift nicht ein, weil sein Mieter H das Hotelgebäude für steuerpflichtige Vermietungsumsätze verwendet. Somit kann A bei der Vermietung an H auf die Befreiung gem. § 9 UStG verzichten.

## 9.4 Lösungshinweise zu J 10.4 – Errichtung von Gebäuden auf fremdem Boden

1. H erbringt an seinen Auftraggeber B eine steuerpflichtige Werklieferung. Eine Weiterlieferung der Halle von B an A erfolgt erst nach Ablauf der Mietzeit. Diese Lieferung von B an A ist dann steuerfrei nach § 4 Nr. 9 Buchst. a UStG, da der Vorgang als Lieferung eines Gebäudes auf fremdem Grund und Boden nach § 2 Abs. 2 Nr. 2 GrEStG grunderwerbsteuerbar ist (vgl. auch BMF vom 23. 07. 1986 BStBl I 1986, 432, C II 2. und H Beispiel 3). B hat aus der Werklieferung des H den Vorsteuerabzug.
2. H erbringt an seinen Auftraggeber B eine steuerpflichtige Werklieferung. Eine Weiterlieferung der Halle von B an A erfolgt erst fünf Jahre später nach Ablauf der Mietzeit. Diese Lieferung von B an A ist steuerfrei nach § 4 Nr. 9 Buchst. a UStG, da der Vorgang als Lieferung eines Gebäudes auf fremdem Grund und Boden nach § 2 Abs. 2 Nr. 2 GrEStG grunderwerbsteuerbar ist (vgl. auch BMF vom 23. 07. 1986 BStBl I 1986, 432, C II 2. und H Beispiel 4).
   B hat aus der Werklieferung des H den Vorsteuerabzug. Aufgrund der steuerfreien Weiterlieferung an A nach fünf Jahren hat B – sofern er nicht zur Steuerpflicht optiert – seinen Vorsteuerabzug nach § 15a UStG zu berichtigen.
   Angenommen, die Beendigung des Mietverhältnisses erfolgt genau fünf Jahre seit Ingebrauchnahme der Halle, hat B 1/2 der Vorsteuer nach § 15a Abs. 8 i. V. m. Abs. 9 UStG i. V. m. § 44 Abs. 3 Satz 2 UStDV für den Voranmeldungszeitraum der Weiterlieferung zu berichtigen.
3. H erbringt an seinen Auftraggeber B eine steuerpflichtige Werklieferung.
   Während das EG bis zum Ablauf der Mietzeit in der Verfügungsmacht des B verbleibt, liefert B das OG sofort an A weiter. Diese Weiterlieferung ist steuerbar und steuerpflichtig. Die USt hieraus beträgt 19/119 von 500 000 € = 79 831,93 €.
   B hat den Vorsteuerabzug aus der Werklieferung des H in Höhe von 190 000 € (vgl. auch BMF vom 23. 07. 1986 BStBl I, 432, C III und H Beispiel 7).
4. H erbringt an seinen Auftraggeber G eine steuerpflichtige Werklieferung.
   Während das EG, solange es von G genutzt wird, in der Verfügungsmacht des G verbleibt, liefert G das OG sofort an E weiter. Diese Weiterlieferung ist steuerbar und steuerpflichtig. Die USt hieraus beträgt 19/119 von 595 000 € = 95 000 €. G hat den Vorsteuerabzug aus der Werklieferung des H in Höhe von 190 000 € (vgl. auch BMF vom 23. 07. 1986 BStBl I 1986, 432, C III, E und H Beispiel 10). E tätigt mit der Vermietung des OG eine nach § 4 Nr. 12 Buchst. a UStG steuerfreie Vermietungsleistung. Sie ist deshalb nach § 15 Abs. 2 UStG vom Vorsteuerabzug bezüglich der Lieferung des OG durch G ausgeschlossen.
5. H erbringt an seinen Auftraggeber G eine steuerpflichtige Werklieferung.
   Während das EG, solange es von G genutzt wird, in der Verfügungsmacht des G verbleibt, liefert G das OG sofort an E weiter. Diese Weiterlieferung ist steuerbar und steuerpflichtig. Da das bezahlte Entgelt niedriger ist als die Bemessungsgrundlage nach § 10 Abs. 4 Nr. 1 UStG (Selbstkosten), greift die Mindestbemessungsgrundlage des § 10

Abs. 5 UStG ein. Die USt beträgt somit 19 % von 500 000 € = 95 000 €. G hat den Vorsteuerabzug aus der Werklieferung des H in Höhe von 190 000 € (vgl. auch BMF vom 23. 07. 1986 BStBl I 1986, 432, C III, E und H Beispiel 10). E tätigt mit der Vermietung des OG eine nach § 4 Nr. 12 Buchst. a UStG steuerfreie Vermietungsleistung. Sie ist deshalb nach § 15 Abs. 2 UStG vom Vorsteuerabzug bezüglich der Lieferung des OG durch G ausgeschlossen.

6. H erbringt an seinen Auftraggeber G eine steuerpflichtige Werklieferung.
   Während das EG, solange es von G genutzt wird, in der Verfügungsmacht des G verbleibt, liefert G das OG sofort an E weiter. Diese Weiterlieferung ist nicht steuerbar. Der von E erbrachte finanzielle Beitrag ist nur ein symbolisches Entgelt, das in keinem Verhältnis zu dem von ihr erlangten Vorteil steht. Dies spricht dafür, dass es sich nicht um ein Entgelt für die erhaltene Lieferung, sondern um eine Zuwendung auf familiärer Grundlage handelt. Die Lieferung von G an E erfolgt damit unentgeltlich aus Gründen, die außerhalb seines Unternehmens liegen. Aus demselben Grund hat G den an E weitergelieferten Gebäudeteil überhaupt nicht für sein Unternehmen bezogen. Somit ist die Lieferung außerhalb des Rahmens des Unternehmens des G erbracht und daher nicht steuerbar. Sie ist daher auch nicht einer entgeltlichen Lieferung nach § 3 Abs. 1b Nr. 1 UStG gleichgestellt.
   G hat den Vorsteuerabzug aus der Werklieferung des H nur in Höhe des Teils der USt, der auf das EG entfällt, da er nur diesen Teil für sein Unternehmen bezogen hat, also nur in Höhe von 95 000 € (vgl. auch BMF vom 23. 07. 1986 BStBl I 1986, 432, C III, E und H Beispiel 10 am Ende). E tätigt mit der Vermietung des OG eine nach § 4 Nr. 12 Buchst. a UStG steuerfreie Vermietungsleistung. E hat aus der Lieferung des G keinen Vorsteuerabzug, zum einen, weil die Lieferung des G nicht steuerbar ist, zum anderen, weil sie aufgrund ihrer steuerfreien Vermietungsumsätze unter das Vorsteuerabzugsverbot nach § 15 Abs. 2 UStG fällt.
7. H erbringt an seinen Auftraggeber G eine steuerpflichtige Werklieferung.
   Während das EG, solange es von G genutzt wird, in der Verfügungsmacht des G verbleibt, liefert G das OG sofort an E weiter. Da G den Vorsteuerabzug aus der Rechnung des H nur zur Hälfte geltend macht, dokumentiert er, dass er nur das Erdgeschoss seinem Unternehmen zuordnet. Die Lieferung des Obergeschosses an E erfolgt damit außerhalb des Rahmens des Unternehmens des G und ist daher auch nicht einer entgeltlichen Lieferung nach § 3 Abs. 1b Nr. 1 UStG gleichgestellt. G hat den Vorsteuerabzug aus der Werklieferung des H nur in Höhe des Teils der USt, der auf das EG entfällt, da er nur diesen Teil für sein Unternehmen bezogen hat, also nur i. H. v. 95 000 € (vgl. auch BMF vom 23. 07. 1986 BStBl I 1986, 432, C III, E und H Beispiel 11).
   E wird aufgrund der Eigennutzung des OG nicht Unternehmerin. Sie tätigt somit überhaupt keinen steuerbaren Umsatz.
8. H erbringt an seinen Auftraggeber G eine steuerpflichtige Werklieferung.
   Das Gebäude verbleibt, solange es von G genutzt wird, in der Verfügungsmacht des G. G hat aus der Werklieferung des H den Vorsteuerabzug i. H. v. 190 000 €.
   Mit der Veräußerung des Grundstücks von E an F liefert E das Grundstück mit aufstehendem Gebäude an F. Die Lieferung ist mangels Unternehmereigenschaft der E nicht steuerbar.
   Der Lieferung der E geht eine Lieferung des Gebäudes von G an E am 01. 07. 06 voran. Diese Lieferung ist steuerbar, jedoch als Lieferung eines Gebäudes auf fremdem Grund und Boden steuerfrei nach § 4 Nr. 9 Buchst. a UStG. Der Vorgang ist nämlich nach § 2 Abs. 2 Nr. 2 GrEStG steuerbar (vgl. auch BMF vom 23. 07. 1986 BStBl I 1986, 432, F II). G

kann auf die Steuerfreiheit nicht nach § 9 Abs. 1 UStG verzichten, da E nicht Unternehmerin ist. Die steuerfreie Weiterlieferung des Gebäudes löst nach § 15a Abs. 8 i. V. m. Abs. 9 UStG eine Vorsteuerberichtigung nach § 15a UStG aus. Im Rahmen dieser Vorsteuerberichtigung muss G gem. § 44 Abs. 3 Satz 2 UStDV 95 000 € USt für den Voranmeldungszeitraum Juli 06 an das Finanzamt zurückzahlen.

## 9.5 Lösungshinweise zu J 10.5 – Grundstücke

1. G nutzt das Grundstück zu 100 % unternehmerisch, da auch die Vermietung an die Privatleute eine unternehmerische Nutzung darstellt. Nach Verwaltungsauffassung besteht in einem solchen Fall kein Zuordnungswahlrecht und das Grundstück ist zu 100 % im Unternehmen des G (Zuordnungsgebot vgl. A 15.2c Abs. 1 Satz 1 UStAE). Die Vermietung des Obergeschosses ist steuerfrei nach § 4 Nr. 12 Buchst. a UStG. Aufgrund der Verwendung für diesen steuerfreien Ausgangsumsatz fällt G hinsichtlich der ihm berechneten USt von 190 000 € zur Hälfte unter das Vorsteuerabzugsverbot nach § 15 Abs. 2 UStG und hat daher zu Recht nur 95 000 € als Vorsteuer geltend gemacht.
Die Veräußerung des Grundstücks an E im Rahmen der Geschäftsveräußerung ist nach § 1 Abs. 1a UStG nicht steuerbar. Solange E das Gebäude nutzt, wie bisher G, ergibt sich bei E keine Vorsteuerberichtigung nach § 15a UStG. Der Berichtigungszeitraum des § 15a UStG hinsichtlich der Vorsteuer von 190 000 €, die G in Rechnung gestellt wurde, läuft bei E weiter und endet am 30. 06. 11.
2. A ist mit seinen Vermietungen Unternehmer und tätigt steuerbare Vermietungsumsätze, die grundsätzlich nach § 4 Nr. 12 Buchst. a UStG steuerfrei sind. A will ersichtlich für sämtliche Vermietungsumsätze auf die Befreiung nach § 9 UStG verzichten. Die Voraussetzungen nach § 9 Abs. 1 UStG hierfür sind gegeben, da alle Mieter Unternehmer sind und die angemieteten Räume für ihr Unternehmen verwenden. Es ist jedoch zu prüfen, inwieweit das Optionsverbot nach § 9 Abs. 2 UStG greift. Hierbei ist grundsätzlich auf die Ausgangsumsätze der Mieter abzustellen, für die die angemieteten Räume verwendet werden.

- Der Apotheker tätigt in seiner Apotheke grundsätzlich steuerpflichtige Umsätze. Soweit er gelegentlich steuerfreie Umsätze tätigt (z. B. Lieferung von Blutkonserven nach § 4 Nr. 17 Buchst. a UStG) ist dies wegen der Bagatellgrenze gem. A 9.2 Abs. 3 UStAE nicht optionsschädlich.
- Der Arzt verwendet die Räume für seine steuerfreien Umsätze als Arzt nach § 4 Nr. 14 Buchst. a UStG, also für vorsteuerschädliche Ausgangsumsätze.
- R verwendet das 2. Obergeschoss für seine steuerpflichtigen Umsätze als Rechtsanwalt, also für vorsteuerunschädliche Ausgangsumsätze.
- R verwendet das 3. Obergeschoss für eine nach § 4 Nr. 12 Buchst. a UStG zwingend steuerfreie Vermietung, da er an einen Nichtunternehmer vermietet und die Voraussetzungen für eine Option nach § 9 Abs. 1 UStG schon nicht gegeben sind. Somit verwendet er das 3. Obergeschoss für vorsteuerschädliche Ausgangsumsätze.

Als Zwischenergebnis ist festzuhalten, dass das Optionsverbot für das Erdgeschoss und das 2. Obergeschoss nicht eingreift.
Für das 1. und 3. Obergeschoss kommt dagegen eine Option nach § 9 nur in Frage, soweit es sich im Hinblick auf die Endstufe der Vermietung um ein Altgebäude i. S. d. § 27 Abs. 2 UStG handelt und deshalb § 9 Abs. 2 UStG nicht anzuwenden ist.
Grundsätzlich liegt bei allen drei in § 27 Abs. 2 UStG aufgeführten Nutzungsarten ein Altgebäude vor, wenn das Gebäude vor 1985 fertig gestellt worden ist. Das war an und für sich

der Fall. Wird jedoch, wie im vorliegenden Fall, ein Altbau nachträglich durch Herstellungsarbeiten so umfassend saniert, dass nach ertragsteuerrechtlichen Grundsätzen ein anderes Wirtschaftsgut entsteht und wurden die Sanierungsarbeiten nicht vor dem 11. 11. 1993 begonnen, ist § 9 Abs. 2 UStG anzuwenden (vgl. A 9.2 Abs. 6 Sätze 2 und 3 UStAE sowie auch die Umsatzsteuerkartei der OFD Karlsruhe vom 05. 04. 2011 zu § 9 S 7198 Karte 3). Somit ist bei A die Vermietung des 1. und 3. Obergeschosses zwingend steuerfrei. A schuldet die hierfür ausgewiesene USt nach § 14c Abs. 1 UStG. Die USt nach § 14c Abs. 1 UStG hebt das Vorsteuerabzugsverbot des § 15 Abs. 2 UStG nicht auf. Somit hat A den Vorsteuerabzug nur bezüglich der anteilig auf das Erdgeschoss und 2. Obergeschoss entfallenden Vorsteuer. Da alle Geschosse gleich groß sind darf A 1/2 der ihm für das Gebäude berechneten Vorsteuer also 50 % von 60 760 € (60 000 € + 760 €) = 30 380 € abziehen. Die Aufteilung der Vorsteuer nach dem Verhältnis der Mieteinnahmen ist nach § 15 Abs. 4 Satz 3 UStG ausgeschlossen und käme nach der aktuellen Rechtsprechung nur bei unterschiedlicher Bauausstattung in Betracht (vgl. hierzu Teil Q 6.3).

## 10 Lösungshinweise zu K 5. 3 – Echtes und unechtes Factoring

1. Die USt für die steuerpflichtige Werkleistung von A an K entsteht in Höhe von 1 900 € mit Ablauf des Voranmeldungszeitraums März 01.
   Infolge der Forderungsabtretung der Forderung unter ihrem Nennwert ergibt sich keine Entgeltminderung für die steuerpflichtige Leistung von A an K, da Entgelt für diese Leistung weiterhin das ist, was der Leistungsempfänger K für die Leistung aufzuwenden hat nämlich 11 900 € (vgl. auch A 17.1 Abs. 6 UStAE).
   Die Bank B erbringt im Rahmen des echten Factorings eine steuerpflichtige Inkassoleistung an A. Die Bemessungsgrundlage ergibt sich als Differenz zwischen Festpreis und Nennwert der Forderung mit brutto 400 € (11 900 € ./. 11 500 €). Die USt bei B beträgt somit 19/119 von 400 € = 63,87 € (vgl. auch A 2.4 Abs. 6 UStAE).
2. Die USt für die steuerpflichtige Werkleistung von A an K entsteht i. H. v. 1 900 € mit Ablauf des Voranmeldungszeitraums März 01.
   Infolge der Forderungsabtretung der Forderung unter ihrem Nennwert ergibt sich noch keine Entgeltminderung für die steuerpflichtige Leistung von A an K, da Entgelt für diese Leistung weiterhin das ist, was der Leistungsempfänger K für die Leistung aufzuwenden hat nämlich 11 900 € (vgl. auch A 17.1 Abs. 6 UStAE). Die Entgeltminderung auf 0 € ergibt sich jedoch spätestens infolge der Eröffnung des Insolvenzverfahrens über das Vermögen des K. Spätestens zu diesem Zeitpunkt ist davon auszugehen, dass die Forderung an K uneinbringlich geworden ist (vgl. A 17.1 Abs. 5 Satz 2 UStAE). Demzufolge hat A gem. § 17 Abs. 2 Nr. 1 Satz 1 i. V. m. Abs. 1 Satz 1 UStG für den Voranmeldungszeitraum Mai 01 seine USt für die Werkleistung auf 0 € zu berichtigen. Gleichzeitig muss K gem. § 17 Abs. 2 Nr. 1 Satz 1 i. V. m. Abs. 1 Satz 2 UStG für den Voranmeldungszeitraum Mai 01den Vorsteuerabzug aus der Werkleistung auf 0 € zu berichtigen. Die Bank B erbringt i. R. d. echten Factoring eine steuerpflichtige Inkassoleistung an A. Die Bemessungsgrundlage ergibt sich als Differenz zwischen Festpreis und Nennwert der Forderung mit brutto 400 € - 11 900 € ./. 11 500 € (vgl. A 2.4 Abs. 6 Satz 1 UStAE). Die USt bei B beträgt somit 19/119 von 400 € = 63,87 €. Der Forderungsausfall beeinflusst die Bemessungsgrundlage bei der Bank B nicht. Die Bank hat mit dem Factoring das Risiko des Forderungsausfalls übernommen. Deshalb hat sie den mit dem Forderungsausfall verbundenen Schaden zu tragen.

3. Die USt für die steuerpflichtige Werkleistung von A an K entsteht i. H. v. 1 900 € mit Ablauf des Voranmeldungszeitraums März 01.
Bei der Forderungsabtretung von A an B zwecks Inkasso handelt es sich um sog. unechtes Factoring, da das Risiko des Zahlungseingangs bei A (Anschlusskunde) verbleibt. Die Forderungsabtretung stellt keine Leistung von A an B dar. Vielmehr erbringt B ein Leistungsbündel an A, von welchem die evtl. Kreditgewährung an den Anschlusskunden A steuerfrei ist (vgl. A 2.4 Abs. 5 Satz 5 UStAE). Das Entgelt für das Leistungsbündel beträgt im vorliegenden Fall brutto 400 €. Eine mit der Factoringleistung einhergehende Kreditgewährung ist nach dem BFH-Urteil vom 15. 05. 2012 BStBl II 2015, 966 regelmäßig von untergeordneter Bedeutung und teilt daher als unselbständige Nebenleistung das Schicksal der Hauptleistung (vgl. A 2.4 Abs. 4 Satz 4 UStAE). Damit ist der gesamte Betrag als steuerpflichtiges Entgelt zu behandeln. Die USt bei B beträgt somit 19/119 von 400 € = 63,87 €.
4. Die USt für die steuerpflichtige Werkleistung von A an K entsteht in Höhe von 1 900 € mit Ablauf des Voranmeldungszeitraums März 01.
Bei der Forderungsabtretung von A an B zwecks Inkasso handelt es sich um sog. unechtes Factoring, da das Risiko des Zahlungseingangs bei A (Anschlusskunde) verbleibt. Die Forderungsabtretung stellt keine Leistung von A an B dar. Vielmehr erbringt B ein Leistungsbündel an A, von welchem lediglich die Kreditgewährung an den Anschlusskunden A steuerfrei ist (vgl. A 2.4 Abs. 5 Satz 5 UStAE). Da die Kreditgewährung eine eigene wirtschaftliche Bedeutung hat, ist sie als eigenständige Hauptleistung zu beurteilen (vgl. A 2.4 Abs. 4 Satz 5 UStAE). Das Entgelt für die nach § 4 Nr. 8 Buchst. a UStG steuerfreie Kreditgewährung beträgt 388 €, das Entgelt für das restliche Leistungsbündel beträgt im vorliegenden Fall brutto 300 €. Die hierauf entfallende USt beträgt 19/119 von 300 € = 47,90 €.
Infolge der Eröffnung des Insolvenzverfahrens über das Vermögen des K ergibt sich eine Entgeltminderung bezüglich der Werkleistung von K an A auf 0 €. Spätestens zu diesem Zeitpunkt ist davon auszugehen, dass die Forderung an K uneinbringlich geworden ist (vgl. A 17.1 Abs. 5 Satz 2 UStAE). Demzufolge hat A gem. § 17 Abs. 2 Nr. 1 Satz 1 i. V. m. Abs. 1 Satz 1 UStG für den Voranmeldungszeitraum Mai 01 seine USt für die Werkleistung auf 0 € zu berichtigen. Gleichzeitig muss K gem. § 17 Abs. 2 Nr. 1 Satz 1 i. V. m. Abs. 1 Satz 2 UStG für den Voranmeldungszeitraum Mai 01den Vorsteuerabzug aus der Werkleistung auf 0 € zu berichtigen.

# 11 Lösungshinweise zu M 9 – Unternehmer, Unternehmen

## 11.1 Lösungshinweise zu M 9.1 – Unternehmereigenschaft

1. Die Unternehmereigenschaft kann nicht im Erbgang übergehen (vgl. A 2.6 Abs. 5 Satz 1 UStAE). Der Erbe kann aber dadurch Unternehmer werden, dass er selbst die Voraussetzungen des § 2 Abs. 1 UStG erfüllt (vgl. A 2.6 Abs. 5 Satz 2 UStAE). Unternehmer ist grundsätzlich derjenige, in dessen Namen und auf dessen Rechnung ein Unternehmen i. S. d. § 2 Abs. 1 UStG betrieben wird. Daher ist der minderjährige C Unternehmer.
2. Die Eröffnung des Insolvenzverfahrens bringt die Unternehmereigenschaft nicht zum Erlöschen. Auch die nach Eröffnung des Insolvenzverfahrens von I für die Insolvenzmasse bewirkten Umsätze sind B zuzurechnen. Wegen der verfahrensrechtlichen Besonderheiten im Insolvenzverfahren ist die Zuteilung einer zweiten Steuernummer üblich.

I ist mit seiner Tätigkeit als Insolvenzverwalter ebenfalls Unternehmer. Er erbringt insoweit nachhaltig Leistungen an B und muss aus seiner Vergütung als Insolvenzverwalter USt abführen.

3. Die Unternehmereigenschaft beginnt bereits mit dem ersten nach außen erkennbaren, auf eine Unternehmertätigkeit gerichteten Tätigwerden (vgl. A 2.6 Abs. 1 Satz 1 UStAE). Sie beginnt also am 10. 08. mit dem Abschluss des Mietvertrags. Die Unternehmereigenschaft entfällt nicht rückwirkend, nachdem A die Absicht aufgibt, sich selbstständig zu machen. Mit der Anmietung des Büros und der Bestellung der Büromöbel kann A nachweisen, dass er ernsthaft beabsichtigt hat, als selbstständiger Architekt entgeltliche Leistungen zu erbringen. Somit darf A die ihm für die Möbel berechneten 4 180 € USt als Vorsteuer abziehen. Die Veräußerung der Möbel an C erfolgt noch im Rahmen des Unternehmens des A und ist somit steuerpflichtig. A hat die hieraus resultierende USt von 3 420 € ans Finanzamt abzuführen und C hat diesbezüglich den Vorsteuerabzug (vgl. A 2.6 Abs. 1 Satz 2 UStAE).
4. Die AB-OHG besteht als umsatzsteuerrechtliches Rechtssubjekt auch nach der Löschung im Handelsregister so lange fort, bis alle Rechte und Verpflichtungen abgewickelt sind (vgl. A 2.6 Abs. 6 UStAE). Somit hat sie auch noch den Vorsteuerabzug aus der Leistung des S. Bezüglich der verfahrensrechtlichen Abwicklung vgl. Abschn. 96 AEAO zu § 122, Tz. 2.7.2.
5. Unternehmer ist F, da sie in ihrem Namen als Unternehmer auftritt. Der eheliche Güterstand, in welchem Eheleute leben, ist für die USt grundsätzlich irrelevant.
6. Unternehmer ist die Sozietät AB (vgl. A 2.1 Abs. 3 Sätze 1 bis 3 UStAE).
7. Unternehmer sind zunächst A und B jeweils für sich bezüglich ihrer Tätigkeit gegenüber den Mandanten. Unternehmer ist jedoch auch die Bürogemeinschaft AB insoweit, als sie die Büroleistungen an A bzw. B erbringt. Das Entgelt liegt in der jeweils hälftigen Kostentragung von A und B (vgl. § 2 Abs. 1 Satz 3 letzter Teil UStG).
8. Es handelt sich um eine Art von stiller Gesellschaft. Da die Kanzlei im Namen des A betrieben wird, sind die von der Kanzlei getätigten Umsätze A zuzurechnen (vgl. A 2.1 Abs. 5 Sätze 1 und 2 UStAE). Dagegen bewirkt B keine Leistung gegen Entgelt, da er keine leistungsbezogene Vergütung erhält. Auch seine Stellung als stiller Gesellschafter führt bei ihm zu keinem steuerbaren Umsatz. Aufgrund des Urteils des EuGH vom 26. 06. 2003 UR 2003, 443 (A 1.1 Abs. 15 und 15.21 Abs. 1 UStAE) wird sowohl die Begründung als auch das Halten von Gesellschaftsanteilen als nicht steuerbarer Vorgang angesehen.
9. B ist Arbeitnehmer des A. Seine Tätigkeit ist als die Tätigkeit eines unselbstständigen Erfüllungsgehilfen dem B zuzurechnen. A tritt somit unter fremdem Namen, dem Namen des B auf. Die Umsätze müssen A gleichwohl, ob er unter eigenem oder unter fremdem Namen auftritt, zugerechnet werden (vgl. BFH vom 15. 07. 1987 BStBl II 1987, 746). Es ist somit für die Frage der Zurechnung einer unternehmerischen Tätigkeit entscheidend, ob jemand **im fremden Namen** oder nur **unter fremdem Namen** auftritt.
   Da A nicht blind ist, kann er die Steuerbefreiung nach § 4 Nr. 19 Buchst. a UStG nicht in Anspruch nehmen.
10. Auch im vorliegenden Fall tritt A unter dem Namen des B, also unter fremdem Namen auf. Die Umsätze sind dem A zuzurechnen. B ist jedoch ebenfalls Unternehmer. Er erbringt nachhaltig eine Duldungsleistung gegen Entgelt an A. Diese Leistung ist steuerbar, jedoch nach § 4 Nr. 19 Buchst. a UStG steuerfrei. B kann gem. § 9 UStG auf diese Befreiung verzichten.

## 11.2 Lösungshinweise zu M 9.2 – Organschaft

### 11.2.1 Lösungshinweise zu M 9.2.1 – Finanzielle Eingliederung

1. Nach dem BFH-Urteil vom 18. 12. 1996 BStBl II 1997, 441 setzt die finanzielle Eingliederung in eine Kapitalgesellschaft grundsätzlich voraus, dass die Organträgergesellschaft unmittelbar nicht unwesentlich an der Organgesellschaft beteiligt ist. Eine mittelbare finanzielle Eingliederung einer der beiden Gesellschaften über ihren Gesellschafter A in die andere Gesellschaft ist danach nicht möglich (vgl. A 2.8 Abs. 5b Sätze 4 ff. UStAE).
2. Die X-AG ist in die Y-AG finanziell eingegliedert, da diese die entscheidende Anteilsmehrheit hält.
3. Die X-AG ist in die Y-AG finanziell eingegliedert, da diese die entscheidende Anteilsmehrheit hält (stimmberechtigter Anteil: 60 %). Für die Beurteilung der entscheidenden Anteilsmehrheit zählen nur die stimmberechtigten Aktien, also nicht die nicht stimmberechtigten Vorzugsaktien.
4. Werden die Anteile zweier Kapitalgesellschaften ausschließlich von natürlichen Personen, die nicht Unternehmer sind, gehalten, ist eine Organschaft zwischen den beiden Kapitalgesellschaften nicht möglich (vgl. BFH vom 18. 12. 1996 BStBl II 1997, 441). Nach der BFH-Rechtsprechung zur Eingliederung in eine Personengesellschaft (BFH vom 22. 04. 2010 BStBl II 2011, 597 und vom 01. 12. 2010 BStBl II 2011, 600) reicht es für die finanzielle Eingliederung nicht aus, wenn nur ein oder auch mehrere Gesellschafter auch mit Stimmenmehrheit an der Organgesellschaft beteiligt sind (vgl. A 2.8 Abs. 5a Sätze 4 ff. UStAE). Es handelt sich dann um gleichgeordnete Schwestergesellschaften. Dies muss auch hier gelten, da die ABC-GmbH an der CBD-GmbH weder unmittelbar noch mittelbar mit mehr als 50 % beteiligt ist, fehlt es an der finanziellen Eingliederung.
5. Auch hier liegt wie in Sachverhalt 4 keine finanzielle Eingliederung vor.
6. Die AB-OHG und die AB-GmbH können nur Organgesellschaft von A sein. Dazu muss dieser Unternehmer sein. Für eine Eingliederung der GmbH in die OHG oder der OHG in die GmbH fehlt es an einer mittelbaren oder unmittelbaren Beteiligung. Allein durch die Beteiligung von B als natürlicher Person an der OHG scheidet eine Eingliederung der OHG aus (vgl. A 2.8 Abs. 5a Satz 1 UStAE).
7. Die Y-KG ist in die X-AG finanziell eingegliedert, da diese die entscheidende Anteilsmehrheit hält.
8. Die Y-AG ist in die X-AG finanziell eingegliedert, da diese die Anteilmehrheit hält und alle anderen an der Y-KG beteiligten Gesellschaften (Y-AG und Y-GmbH) finanziell in die X-AG eingegliedert sind (vgl. A 2.8 Abs. 5a Satz 1 UStAE).
9. Auch wenn die A-OHG die Anteilsmehrheit hält, ist die B-KG nicht finanziell eingegliedert. Allein durch die Beteiligung von C als natürliche Person an der B-KG scheidet eine Eingliederung der B-KG aufgrund der fehlenden Durchgriffsmöglichkeit bei einer möglichen Anwendung des **Einstimmigkeitsprinzips** aus (vgl. A 2.8 Abs. 5a Satz 1 UStAE).

### 11.2.2 Lösungshinweise zu M 9.2.2 – Grenzüberscheitende Organschaft

1. Die Wirkung der Organschaft endet an der Grenze (vgl. § 2 Abs. 2 Nr. 2 Satz 2 UStG). Somit liegen Lieferungen von der AB-OHG an die A-SA vor.

a) Die Lieferung ist nach § 3 Abs. 6 Satz 1 UStG steuerbar, jedoch nach § 4 Nr. 1 Buchst. b UStG i. V. m. § 6a UStG als innergemeinschaftliche Lieferung steuerfrei. Die A-SA hat die französische Erwerbsteuer zu entrichten.

b) Der Lieferort ist gem. § 3 Abs. 6 Satz 1 UStG dort, wo die Beförderung beginnt, also in Deutschland. Die Lieferung ist steuerbar, jedoch nach § 4 Nr. 1 Buchst. b UStG i. V. m. § 6a UStG als innergemeinschaftliche Lieferung steuerfrei. Die A-SA hat die französische Erwerbsteuer zu entrichten.

c) Die Wirkung der Organschaft endet an der Grenze (vgl. § 2 Abs. 2 Nr. 2 Satz 2 UStG). Somit liegen Lieferungen von der AB-SA an die A-GmbH vor.

d) Die Lieferung ist nach § 3 Abs. 6 Satz 1 UStG nicht steuerbar. Es liegt jedoch seitens der A-GmbH ein steuerbarer und steuerpflichtiger innergemeinschaftlicher Erwerb gem. § 1a UStG vor.

e) Der Lieferort ist gem. § 3 Abs. 6 Satz 1 UStG dort, wo die Beförderung beginnt, also in Frankreich. Die Lieferung ist nicht steuerbar. Es liegt jedoch seitens der A-GmbH ein steuerbarer und steuerpflichtiger innergemeinschaftlicher Erwerb gem. § 1a UStG vor.

2. Da der Umsatz zwischen zwei im Inland belegenen Organteilen stattfindet, greift die Einschränkung nach § 2 Abs. 2 Nr. 2 Satz 2 UStG nicht ein. Es liegt somit ein nicht steuerbarer Innenumsatz vor. Die Veräußerung der Waren in Deutschland ist steuerbar und steuerpflichtig. Die Umsätze werden gem. § 2 Abs. 2 Nr. 2 Satz 4 UStG der GmbH in Deutschland zugerechnet, welche die wirtschaftlich bedeutendere ist.

3. Bezüglich des Umsatzes zwischen der B-GmbH und der A-GmbH greift die Einschränkung nach § 2 Abs. 2 Nr. 2 Satz 2 UStG nicht ein. Es liegt somit zwischen der B-GmbH und der A-GmbH ein nicht steuerbarer Innenumsatz vor. Bezüglich des Umsatzes von der A-GmbH an die AB-SA endet dagegen die Wirkung der Organschaft an der Grenze (vgl. § 2 Abs. 2 Nr. 2 Satz 2 UStG). Somit liegen Lieferungen von der A-GmbH bzw. von der B-GmbH, sofern diese der bedeutendere Unternehmensteil in Deutschland ist, an die AB-SA vor.

a) Die Lieferung ist nach § 3 Abs. 6 Satz 1 UStG steuerbar, jedoch nach § 4 Nr. 1 Buchst. b UStG i. V. m. § 6a UStG als innergemeinschaftliche Lieferung steuerfrei. Die AB-SA hat die französische Erwerbsteuer zu entrichten.

b) Der Lieferort ist gem. § 3 Abs. 6 Satz 1 UStG dort, wo die Beförderung beginnt, also in Deutschland. Die Lieferung ist steuerbar, jedoch nach § 4 Nr. 1 Buchst. b UStG i. V. m. § 6a UStG als innergemeinschaftliche Lieferung steuerfrei. Die AB-SA hat die französische Erwerbsteuer zu entrichten.

4. § 2 Abs. 2 Nr. 2 Satz 2 UStG trifft nur eine Regelung über Organschaften, nicht dagegen über unselbstständige Zweigniederlassungen. Insoweit bleibt der Grundsatz der Unternehmenseinheit gem. § 2 Abs. 1 Satz 2 UStG erhalten (vgl. A 2.9 Abs. 8 Satz 1 UStAE). Somit liegt zwischen der AB-OHG und Z ein nicht steuerbarer Innenumsatz vor. Hierzu fingiert jedoch § 3 Abs. 1a Nr. 1 UStG eine innergemeinschaftliche Lieferung (Verbringen). Diese Lieferung ist steuerbar, jedoch nach § 4 Nr. 1 Buchst. b UStG i. V. m. § 6a UStG als innergemeinschaftliche Lieferung steuerfrei. Die AB-OHG hat die belgische Erwerbsteuer zu entrichten. Anschließend tätigt sie in Belgien nach belgischem Recht steuerbare und steuerpflichtige Lieferungen.

5. Die Wirkung der Organschaft endet an der Grenze (vgl. § 2 Abs. 2 Nr. 2 Satz 2 UStG). Somit liegen Lieferungen von der AB-OHG an die Zweigniederlassung Z der A-GmbH in der Schweiz vor (vgl. A 2.9 Abs. 8 Satz 2 UStAE).

a) Die Lieferungen der AB-OHG an Z sind nach § 3 Abs. 6 Satz 1 UStG steuerbar. Sie sind jedoch nach § 4 Nr. 1 Buchst. a i. V. m. § 6 Abs. 1 Nr. 2 UStG steuerfrei. Da Z im eigenen Namen (unter der eigenen Adresse) die Ware bezieht, liegt gem. § 6 Abs. 2 Nr. 2 UStG ein ausländischer Abnehmer vor.

b) Die Lieferungen der AB-OHG an Z sind nach § 3 Abs. 6 Satz 1 UStG dort, wo die Beförderung beginnt, also in Deutschland. Die Lieferung ist steuerbar, jedoch nach § 4 Nr. 1 Buchst. a UStG i. V. m. § 6 Abs. 1 Nr. 1 UStG steuerfrei.

6. Bezüglich des Umsatzes zwischen der AB-OHG und der A-GmbH greift die Einschränkung nach § 2 Abs. 2 Nr. 2 Satz 2 UStG nicht ein. Es liegt somit zwischen der AB-OHG und der A-GmbH ein nicht steuerbarer Innenumsatz vor. Bezüglich des Umsatzes von der A-GmbH an Z liegt ebenfalls ein nicht steuerbarer Innenumsatz vor (vgl. A 2.9 Abs. 8 Satz 1 UStAE). § 2 Abs. 2 Nr. 2 Satz 2 UStG trifft nur eine Regelung über Organschaften, nicht dagegen über unselbstständige Zweigniederlassungen. Insoweit bleibt der Grundsatz der Unternehmenseinheit gem. § 2 Abs. 1 Satz 2 UStG erhalten.

### 11.2.3 Lösungshinweise zu M 9.2.3 – GmbH & Co. KG

1. Eine organschaftliche Verbundenheit kann nicht vorliegen. Es fehlt jeweils an der finanziellen Eingliederung.
   Da die A-GmbH für ihre Geschäftsführertätigkeit ein Sonderentgelt erhält, liegt ein Leistungsaustausch vor. Sie erbringt mit ihrer Geschäftsführertätigkeit nachhaltig Leistungen an die KG und ist somit Unternehmerin (vgl. A 1.6 Abs. 3 Sätze 3 bis 6 UStAE). Damit ist die Geschäftsführertätigkeit steuerbar und steuerpflichtig. Die USt ist richtig i. H. v. 19 000 € ausgewiesen.
2. Eine organschaftliche Verbundenheit kann nicht vorliegen. Es fehlt jeweils an der finanziellen Eingliederung. B erbringt als selbstständiger Unternehmer Geschäftsführungsleistungen an die GmbH. Diese sind steuerbar und steuerpflichtig. Er erhält von der GmbH im abgekürzten Zahlungsweg (direkte Überweisung durch die KG) das Entgelt. Dieses unterliegt mit 19 % der Umsatzsteuer. Die Umsatzsteuer beträgt somit 19 % von 100 000 € = 19 000 €. Die GmbH erhält für die Geschäftsführung und Haftungsübernahme als einheitliche Leistung von der KG 134 000 €. Beide Leistungsteile sind steuerbar und steuerpflichtig. Die Umsatzsteuer daraus beträgt 19/119 = 21 394,96 € (vgl. auch Beispiel in A 1.6 Abs. 6 UStAE).
   Unter den weiteren Voraussetzungen des § 15 UStG hat die KG einen Vorsteuerabzug in gleicher Höhe.
3. Aufgrund des BFH-Urteils vom 03.03.2011 BStBl II 2011, 950 besitzt sowohl die Haftungsübernahme als auch die Geschäftsführung und Vertretung ihrer Art nach einen eigenen Leistungscharakter (vgl. A 1.6 Abs. 6 UStAE). Sie können daher auch im Fall der isolierten Erbringung Gegenstand eines umsatzsteuerbaren Leistungsaustausches sein. Die Haftungsvergütung unterliegt der Umsatzsteuer. Diese beträgt 19/119 von 15 000 € = 2 394,96 €.
   Unter den weiteren Voraussetzungen des § 15 UStG hat die KG einen Vorsteuerabzug in gleicher Höhe.
4. Da die KG die Anteilsmehrheit an der GmbH hält, ist die Komplementär-GmbH finanziell in das Unternehmen der KG eingegliedert. Bei Vorliegen der übrigen Eingliederungsvoraussetzungen (Einfluss auf die Geschäftsführung) übt die GmbH ihre Geschäftsführungs- und Vertretungsleistungen gegenüber der KG nicht selbständig aus (vgl. A 2.2 Abs. 6 Satz 3 und A 2.8 Abs. 2 Satz 8 UStAE).

# 12 Lösungshinweise zu N 4 – Unentgeltliche Wertabgaben

## 12.1 Lösungshinweise zu N 4.1 – Wertabgaben, die den Lieferungen gleichgestellt sind

### 12.1.1 Lösungshinweise zu N 4.1.1 – Zugehörigkeit von Gegenständen zum Unternehmen

1. Auch die Grundstücksvermietung stellt eine unternehmerische Tätigkeit i. S. d. § 2 UStG dar. Da die Eigentumswohnung durch die Vermietung zu 100 % unternehmerisch genutzt wird, stellt sie Unternehmensvermögen (Zuordnungsgebot nach A 15.2c Abs. 1 Satz 1 UStAE) dar. Die Frage der einkommensteuerrechtlichen Zugehörigkeit eines Gegenstandes zu einem Betriebsvermögen ist für die USt ohne Bedeutung. Die Entnahme der Eigentumswohnung ist nicht gem. § 3 Abs. 1b Nr. 1 UStG steuerbar, da die Eigentumswohnung wegen des Vorsteuerabzugsverbots nach § 15 Abs. 2 UStG nicht zum Vorsteuerabzug berechtigt hat (§ 3 Abs. 1b Satz 2 UStG).
2. Die Zugehörigkeit eines Gegenstandes zum Unternehmen entscheidet sich in der Regel beim Erwerb des Gegenstandes. Ausschlaggebend ist hierbei die Nutzungsabsicht im Zeitpunkt des Erwerbs. Da beabsichtigt ist, das Grundstück ausschließlich unternehmerisch zu nutzen (für das Einkaufszentrum), wird es aufgrund einer entsprechenden Zuordnungsentscheidung des G Unternehmensvermögen. Die Zuordnung des Grundstücks zum Unternehmen dokumentiert G durch die Geltendmachung des Vorsteuerabzugs aus den Notarkosten.
3. Die Zugehörigkeit eines Gegenstandes zum Unternehmen entscheidet sich in der Regel beim Erwerb des Gegenstandes. Ausschlaggebend ist hierbei die Nutzungsabsicht im Zeitpunkt des Erwerbs. Da beabsichtigt ist, das Grundstück ausschließlich unternehmerisch zu nutzen (für das Mietshaus), wird es aufgrund einer entsprechenden Zuordnungsentscheidung des G Unternehmensvermögen. Da G eine steuerfreie Verwendung beabsichtigt, ist er nicht zum Vorsteuerabzug berechtigt. Die Zuordnung des Grundstücks zum Unternehmen kann G am besten durch eine schriftliche Mitteilung an das Finanzamt dokumentieren (vgl. A 15.2c Abs. 18 Satz 3 ff. UStAE), spätestens bis zum 31. 07. des auf den ersten Leistungsbezug folgenden Kalenderjahres.
4. Typisierend ist davon auszugehen, dass G das Einfamilienhaus für eigene Wohnzwecke nutzen will. Die Absicht der Selbstnutzung stellt keine Absicht einer unternehmerischen Nutzung dar. Die unternehmerische Nutzung setzt die Absicht Einnahmen zu erzielen voraus. Die Absicht Ausgaben zu ersparen ist dagegen noch keine unternehmerische Nutzung i. S. d. UStG. Somit gehört das Grundstück notwendigerweise zum außerunternehmerischen Bereich des G, es sei denn, G kann darlegen, dass er wenigstens einen Teil des Hauses (z. B. einen Raum) unternehmerisch nutzen möchte. In diesem Fall müsste der Raum mindestens 10 % des Gebäudes ausmachen (§ 15 Abs. 1 Satz 2 UStG).
5. Vgl. hierzu auch das Beispiel 1 in A 15.15 Abs. 1 UStAE. Die Abgabe des Handys ist unternehmerisch motiviert und fällt deshalb grundsätzlich unter § 3 Abs. 1b Satz 1 Nr. 3 UStG. Da F bereits beim Leistungsbezug beabsichtigt, das Handy für die Verlosung und somit für eine unentgeltliche Wertabgabe nach § 3 Abs. 1b Satz 1 Nr. 3 UStG zu verwenden, berechtigten die Aufwendungen nach der BFH-Rechtsprechung nicht zum Vorsteuerabzug (A 15.15 Abs. 1 Satz 1 UStAE). Eine Wertabgabenbesteuerung ist deshalb nach § 3 Abs. 1b Satz 2 UStG nicht vorzunehmen. Bei der Verschaffung von Eintrittsberechtigungen handelt es sich

um sonstige Leistungen (vgl. z. B. A 3a.6 Abs. 13 UStAE). Auch die Abgabe der Konzertkarten durch F erfolgt aus unternehmerischen Gründen. Da § 3 Abs. 9a UStG in diesen Fällen keine Besteuerung vorsieht, ist der Vorgang nicht steuerbar. Es fehlt somit an einem steuerbaren Ausgangsumsatz, dem die Leistungsbezüge direkt und unmittelbar zugeordnet werden können. Maßgebend ist deshalb der (steuerpflichtige) Fahrradhandel des F insgesamt. F hat deshalb aus dem Erwerb der Konzertkarten einen Vorsteuerabzug von 7/107 aus 360 € = 23,55 €, dem keine unentgeltliche Wertabgabe gegenübersteht. Ein Ausschluss des Vorsteuerabzugs nach § 15 Abs. 1a UStG tritt nicht ein, da Preise anlässlich eines Preisausschreibens keine Geschenke sind (vgl. A 3.3 Abs. 10 Satz 9 UStAE und R 4.10 Abs. 4 EStR).

### 12.1.2 Lösungshinweise zu N 4.1.2 – Entnahme von Gegenständen aus dem Unternehmen

1. Die Zugehörigkeit zum Unternehmen des G setzt voraus, dass das Mobiliar überhaupt dem G gehört. Mit dem Verschenken entfällt diese Voraussetzung. Somit liegt in der Schenkung eine Entnahme des Mobiliars aus dem Unternehmen. Es handelt sich um Lieferungen i. S. d. § 3 Abs. 1b Nr. 1 UStG, die nach § 1 Abs. 1 Nr. 1 UStG steuerbar sind.
2. Es handelt sich um Lieferungen i. S. d. § 3 Abs. 1b Nr. 2 UStG, die nach § 1 Abs. 1 Nr. 1 UStG steuerbar sind.
3. Es handelt sich um entgeltliche Lieferungen i. S. d. § 3 Abs. 1 i. V. m. § 1 Abs. 1 Nr. 1 UStG. Da der Tatbestand des § 1 Abs. 1 Nr. 1 UStG unmittelbar gegeben ist, ist § 3 Abs. 1b Nr. 1 UStG nicht einschlägig. Das zu niedrige Entgelt wird aufgefüllt durch die Mindestbemessungsgrundlage nach § 10 Abs. 5 Nr. 1 i. V. m. Abs. 4 Nr. 1 UStG.
4. Die Entnahme setzt eine willentliche Wertabgabe des Unternehmers aus seinem Unternehmen voraus. Somit liegt in der Zerstörung des Pkw infolge der Trunkenheitsfahrt noch keine Entnahme des Pkw. Die Veräußerung des Schrotts ist folglich noch ein Hilfsgeschäft im Rahmen des Unternehmens. Aus den Unfallkosten anlässlich der Trunkenheitsfahrt ist ein Vorsteuerabzug möglich. Die Kosten gehen anteilig in die Bemessungsgrundlage für die Privatnutzung nach § 3 Abs. 9a Nr. 1 UStG ein, sofern G nicht von der 1 %-Regelung Gebrauch macht.
5. Die Entnahme setzt eine willentliche Wertabgabe des Unternehmers aus seinem Unternehmen voraus. Vorliegend ist zwar ein Beschädigungswille, jedoch kein Entnahmewille ersichtlich. Somit liegt keine Entnahme des Pkw vor. Ansonsten ergibt sich die weitere Lösung aus Fall 4.
6. Es handelt sich um eine Lieferung i. S. d. § 3 Abs. 1b Nr. 1 UStG. Der Ort der Lieferung ist gem. § 3 Abs. 6 S. 1 UStG Luzern und somit nicht steuerbar im Inland.

### 12.1.3 Lösungshinweise zu N 4.1.3 – Ort der Lieferungen nach § 3 Abs. 1b UStG

1. A erbringt an seine Tochter eine Lieferung nach § 3 Abs. 1b Nr. 1 UStG. Der Ort der Lieferung ist nach § 3 Abs. 6 Satz 1 UStG in Stuttgart, da dort die Warenbewegung beginnt. Eine innergemeinschaftliche Lieferung i. S. d. § 6a UStG liegt nicht vor, da die Tochter das Gemälde nicht für ihr Unternehmen erworben hat.
2. A erbringt an seine Tochter eine Lieferung nach § 3 Abs. 1b Nr. 1 UStG. Der Ort der Lieferung ist nach § 3 Abs. 6 Satz 1 UStG in Stuttgart, da dort die Warenbewegung beginnt. Eine innergemeinschaftliche Lieferung i. S. d. § 6a UStG liegt nicht vor, da die Tochter das Gemälde nicht für ihr Unternehmen erworben hat.

3. A erbringt an seine Tochter eine Lieferung nach § 3 Abs. 1b Nr. 1 UStG. Der Ort der Lieferung ist nach § 3 Abs. 6 Satz 1 UStG in Stuttgart, da dort die Warenbewegung beginnt. Die Lieferung ist nicht gem. § 4 Nr. 1 Buchst. a i. V. m. § 6 UStG als Ausfuhrlieferung steuerfrei, da die Befreiung nach § 6 Abs. 5 UStG ausgeschlossen ist.

### 12.1.4 Lösungshinweise zu N 4.1.4 – Umfang der Lieferungen nach § 3 Abs. 1b UStG

1. Gegenstand der Entnahme ist die im konkreten Fall vom Willen des Unternehmers gesteuerte Wertabgabe. Entscheidend dabei ist der aus den objektiven Gegebenheiten erkennbare Wille, wie er sich aus der konkreten Abwicklung des Falles ergibt. Für die Auslegung, was der Wille des Unternehmers ist, mit heranzuziehen ist auch, was Leistungsgegenstand wäre, wenn der Unternehmer eine entsprechende Leistung an einen Dritten bewirkt hätte. Hierbei ist grundsätzlich davon auszugehen, dass der Unternehmer, der üblicherweise Rohbauten errichtet, erst den fertigen Rohbau aus seinem Unternehmen entnimmt und nicht schon die einzelnen Leistungselemente. Es ist also festzustellen, dass der Rohbau sich zunächst im Unternehmen des R befindet. Weiterhin braucht R den Rohbau nicht schon nach seiner Fertigstellung zu entnehmen. Er kann vielmehr weitere Ausbauarbeiten an dem zu seinem Unternehmen gehörigen Rohbau ausführen bzw. ausführen lassen mit der Folge, dass die weiteren Ausbauarbeiten ebenfalls noch im Rahmen seines Unternehmens erfolgen. Indiz dafür, dass er den Rohbau nicht sofort nach seiner Fertigstellung entnommen hat, ist, dass er den Vorsteuerabzug aus den weiteren Ausbauarbeiten geltend macht. Somit entnimmt R im konkreten Fall erst das fertige Haus, da er es ausschließlich nicht unternehmerisch nutzen will (vgl. A 3.3 Abs. 7 Satz 1 UStAE). Die Entnahme, die er mit dem Einzug zu privaten Wohnzwecken konkludent dokumentiert, ist nach § 3 Abs. 1b Nr. 1 i. V. m. § 1 Abs. 1 Nr. 1 UStG steuerbar und steuerpflichtig.
   Konsequenterweise hat R z. B. aus der Rechnung des I den Vorsteuerabzug.
2. Wie im Fall 1 entnimmt R nicht den Rohbau. Dies dokumentiert er durch die Geltendmachung des Vorsteuerabzugs aus den weiteren Ausbauarbeiten. Mit dem Einzug zu privaten Wohnzwecken dokumentiert R die Entnahme des Einfamilienhauses. Sie ist steuerbar und steuerpflichtig.
3. Mit dem Entschluss, auf dem Grundstück ein Miethaus zu errichten, kann R zunächst das unbebaute Grundstück in sein Unternehmen einlegen. Er muss dies mangels Vorsteuerabzugsberechtigung dem Finanzamt spätestens bis zur Abgabe der Umsatzsteuererklärung für das Jahr, in dem er die Zuordnung des Grundstücks zum Unternehmen vornehmen will, schriftlich mitteilen. Anschließend errichtet er auf dem zu seinem Unternehmen gehörenden Grundstück ein Einfamilienhaus, welches ebenfalls zu seinem Unternehmen gehört.
   Da R die Absicht hat, das Einfamilienhaus zu vermieten, bleibt es auch nach Fertigstellung in seinem Unternehmen. Es erfolgt daher überhaupt keine Entnahme. Mit der Vermietung wird R allerdings ausschließlich nach § 4 Nr. 12 Buchst. a UStG steuerfreie Umsätze bewirken. R fällt daher bezüglich sämtlicher im Zusammenhang mit der Errichtung des Einfamilienhauses angefallener Vorsteuern unter das Vorsteuerabzugsverbot nach § 15 Abs. 2 UStG. R hat somit beispielsweise keinen Vorsteuerabzug aus der Rechnung des I.
4. Wie in Fall 3 kann R das Grundstück und das Einfamilienhaus seinem Unternehmen zuordnen.
   Da R zunächst die Absicht hat, das Einfamilienhaus zu vermieten, bleibt es bis zur Änderung seiner Absicht in seinem Unternehmen. Vorher erfolgt keine Entnahme. Mit der

zunächst beabsichtigten Vermietung wird R allerdings ausschließlich nach § 4 Nr. 12 Buchst. a UStG steuerfreie Umsätze bewirken. R fällt daher bezüglich sämtlicher im Zusammenhang mit der Errichtung des Einfamilienhauses angefallener Vorsteuern (inkl. des Rohbaus) unter das Vorsteuerabzugsverbot nach § 15 Abs. 2 UStG. R hat somit auch keinen Vorsteuerabzug aus der Rechnung des I.
Mit der Änderung der Nutzungsabsicht entnimmt R das Grundstück mit aufstehendem Einfamilienhaus. Diese Entnahme ist nur dann nach § 3 Abs. 1b Nr. 1 UStG einer entgeltlichen Lieferung gleichgestellt, wenn R wenigstens teilweise hierfür einen Vorsteuerabzug hatte. Dies war jedoch nicht der Fall.

5. Da das Einfamilienhaus, welches I selbst beziehen will, keinen Bezug zu seinem Unternehmen hat, gelangt weder das Grundstück noch der Rohbau in das Unternehmen des I. Wenn I an dem zu seinem nicht unternehmerischen Bereich gehörenden Rohbau Ausbauarbeiten vornimmt, erbringt er diese Ausbauarbeiten an seinem nicht unternehmerischen Bereich. Bei den Installationsarbeiten ist grundsätzlich davon auszugehen, dass Entnahmegegenstand das ist, was üblicherweise Gegenstand der Leistungen des I gegenüber Dritten ist, also die fertigen Installationsarbeiten (Werklieferungen). I kann jedoch im Rahmen der jeweiligen Zuordnungsentscheidung steuern, was im konkreten Fall Gegenstand der Wertabgabe des Unternehmens ist (vgl. BFH vom 21.04.1988 BStBl II 1988, 747). Dabei kann es sich sowohl um Lieferungen nach § 3 Abs. 1b Nr. 1 UStG als auch um sonstige Leistungen nach § 3 Abs. 9a Nr. 2 UStG handeln.

### 12.1.5 Lösungshinweise zu N 4. 1.5 – Steuersatz bei unentgeltlichen Wertabgaben

1. Die Entnahmen sind nach § 3 Abs. 1b Nr. 1 UStG entgeltlichen Lieferungen gleichgestellt. Auf sie ist daher ebenso wie bei anderen Leistungen der ermäßigte Steuersatz nach § 12 Abs. 2 Nr. 8 Buchst. a UStG anwendbar (A 12.9 Abs. 1 Satz 6 UStAE).
2. Da das Essen in der Gastwirtschaft eingenommen wird, ist die Wertabgabe als sonstige Leistung anzusehen. Die Wertabgabe ist nach § 3 Abs. 9a Nr. 2 i. V. m. § 1 Abs. 1 Nr. 1 UStG steuerbar und steuerpflichtig. Sie unterliegt als sonstige Leistung nicht dem ermäßigten Steuersatz nach § 12 Abs. 2 Nr. 1 UStG, sondern dem Steuersatz von 19 %. Dies hat die Verwaltung bei der Festlegung der hierfür anzusetzenden Pauschbeträge berücksichtigt.
3. Lösung wie bei Fall 2.

### 12.1.6 Lösungshinweise zu N 4.1.6 – Bemessungsgrundlage bei Lieferungen nach § 3 Abs. 1b UStG

1. Bemessungsgrundlage ist nach § 10 Abs. 4 Nr. 1 UStG der Einkaufspreis für einen gleichartigen Pkw. Dieser Einkaufspreis deckt sich im Zweifel mit dem Teilwert (Nettowert) von 12 500 €. Vertretbar ist auch, den gemeinen Wert von brutto 13 000 € anzusetzen. Die Differenz zum Teilwert erklärt sich jedoch evtl. damit, dass dieser gemeine Wert durch private Verkäufe gedrückt ist, bei denen dann aber ein Vorsteuerabzug nicht möglich ist. Der Unternehmer würde in einem solchen Fall lieber 12 500 € zuzüglich 2 000 € USt aufwenden, da er die USt wieder als Vorsteuer abziehen kann.
2. Lösung wie bei Fall 1.
3. Bemessungsgrundlage sind nach § 10 Abs. 4 Nr. 1 UStG die Selbstkosten. Diese belaufen sich auf 24 000 € (Materialkosten 20 000 € und Arbeitslöhne 4 000 €). Die eigene Arbeits-

leistung und die damit ersparten Arbeitslöhne erhöhen dagegen die Selbstkosten nicht. Die USt beträgt somit 19 % von 24 000 € = 4 560 €. Grundsätzlich wäre aufgrund des BFH-Urteils vom 12. 12. 2012 BStBl II 2014, 809 für die Werklieferung ein fiktiver Einkaufspreis anzusetzen. Da dieser nur schwer feststellbar sein dürfte, sind die Selbstkosten als Bemessungsgrundlage anzusetzen.

## 12.2 Lösungshinweise zu N 4.2 – Sonstige Leistungen nach § 3 Abs. 9a UStG

### 12.2.1 Lösungshinweise zu N 4.2.1 – Abgabe einer sonstigen Leistung zu unternehmensfremden Zwecken

1. Nach dem A 15.23 Abs. 7 Satz 1 UStAE erfolgt beim Mietleasing eines Fahrzeugs, welches sowohl unternehmerisch als auch nicht unternehmerisch genutzt wird, der Leistungsbezug nur insoweit für das Unternehmen, als das Fahrzeug unternehmerisch genutzt wird. Hinsichtlich der nicht unternehmerischen Nutzung erbringt das Leasingunternehmen die Leistung direkt an den nicht unternehmerischen Bereich. Die nicht unternehmerische Nutzung fällt somit nicht unter § 3 Abs. 9a Nr. 1 UStG. G hat den Vorsteuerabzug nur zu dem Anteil, zu dem er das Fahrzeug für sein Unternehmen nutzt. Aus Vereinfachungsgründen lässt die Verwaltung jedoch zu, dass G die volle Vorsteuer aus den Leasingraten und den Unterhaltskosten abzieht, sofern er die nicht unternehmerische Nutzung nach § 3 Abs. 9a Nr. 1 i. V. m. § 1 Abs. 1 Nr. 1 UStG versteuert (vgl. A 15.23 Abs. 7 Satz 4 UStAE).
2. Aufgrund des Kaufleasings ist der Pkw mit der Übergabe an G geliefert worden. Durch die Geltendmachung des vollen Vorsteuerabzugs hat G den Pkw zu 100 % seinem Unternehmen zugeordnet (vgl. A 15.23 Abs. 3 Satz 2 UStAE). Er durfte daher zu Recht die gesamte Vorsteuer abziehen. Die private Nutzung ist nach § 3 Abs. 9a Nr. 1 UStG i. V. m. § 1 Abs. 1 Nr. 1 zu versteuern. G kann die Bemessungsgrundlage nach Fahrtenbuch oder nach der 1 %-Regelung ermitteln.
3. Die Telefonanlage hat G durch die Geltendmachung des Vorsteuerabzugs seinem Unternehmen zugeordnet. Er durfte daher zu Recht die gesamte Vorsteuer abziehen und muss zum Ausgleich die private Verwendung nach § 3 Abs. 9a Nr. 1 i. V. m. § 1 Abs. 1 Nr. 1 UStG (vgl. A 3.4 Abs. 4 Sätze 1 und 2 UStAE) versteuern. Bemessungsgrundlage sind nach § 10 Abs. 4 Nr. 2 UStG die anteiligen Ausgaben. Da die Anschaffungskosten die 500 €-Grenze nach § 10 Abs. 4 Nr. 2 Satz 3 UStG nicht überschreiten, sind sie nicht auf den Berichtigungszeitraum des § 15a UStG zu verteilen, sondern sofort anteilig in Höhe von 20 % von 400 € = 80 € anzusetzen. Die USt beträgt somit 19 % = 15,20 €.
   Bezüglich der übrigen Telefonkosten seitens des Providers erfolgt dagegen keine Besteuerung nach § 3 Abs. 9a UStG, da die für den privaten Bereich bezogenen Leistungsteile nicht dem unternehmerischen Bereich zugeordnet werden können (vgl. A 3.4 Abs. 4 Sätze 4 und 5 und 15.2c Abs. 2 Satz 1 Nr. 1 Satz 2 UStAE).
4. Mit dem unentgeltlichen Ausheben der Baugrube für den Tennisclub entnimmt B eine Werkleistung zu unternehmensfremden Zwecken. Es liegt also eine Leistung nach § 3 Abs. 9a Nr. 2 UStG vor. Sie ist nach § 1 Abs. 1 Nr. 1 UStG steuerbar und steuerpflichtig.
5. H erbringt an T eine Werkleistung gegen Entgelt. Die Leistung ist somit unmittelbar nach § 1 Abs. 1 Nr. 1 UStG steuerbar. Das zu niedrige Entgelt wird durch die Mindestbemessungsgrundlage nach § 10 Abs. 5 Nr. 1 i. V. m. Abs. 4 Nr. 3 UStG aufgefüllt.

### 12.2.2 Lösungshinweise zu N 4.2.2 – Ort der Leistungen nach § 3 Abs. 9a UStG

1. Die private Nutzung des Pkw ist nach § 3 Abs. 9a Nr. 1 i. V. m. § 1 Abs. 1 Nr. 1 UStG steuerbar und steuerpflichtig. Der Ort der Leistung nach § 3 Abs. 9a UStG ist gem. § 3a Abs. 1 Satz 1 UStG Stuttgart, da dort G sein Unternehmen betreibt.
2. Die Eigennutzung des Ferienappartements fällt grundsätzlich unter § 3 Abs. 9a Nr. 1 UStG. Der Ort des Umsatzes ist gem. § 3a Abs. 3 Satz 1 Nr. 1 Buchstabe a UStG dort, wo das Ferienhaus belegen ist. Der Leistungsort ist danach in Österreich und somit nicht steuerbar im Inland.
3. R erbringt eine Leistung nach § 3 Abs. 9a Nr. 2 UStG. Der Ort ist nach § 3a Abs. 1 Satz 1 UStG dort, wo R sein Unternehmen betreibt, also in Lindau. Die Leistung ist somit nach § 1 Abs. 1 Nr. 1 UStG steuerbar.
4. A erbringt eine Leistung nach § 3 Abs. 9a Nr. 2 UStG. Der Ort ist nach § 3a Abs. 3 Satz 1 Nr. 1 Buchst. a UStG dort, wo das Grundstück der T liegt, also in Polen. Die Leistung ist somit nicht steuerbar im Inland.

### 12.2.3 Lösungshinweise zu N 4.2.3 – Bemessungsgrundlage bei den Leistungen nach § 3 Abs. 9a UStG

1. Bemessungsgrundlage sind nach § 10 Abs. 4 Nr. 2 UStG die bei der privaten Verwendung des Pkw entstandenen anteiligen Ausgaben. Hierzu gehören anteilig die laufenden Kosten von 5 000 € sowie die auf die Nutzungsdauer des § 15a UStG verteilten Anschaffungskosten 1/5 von 20 000 € = 4 000 €. Auszuscheiden sind jedoch die nichtvorsteuerbelasteten Kosten von 1 000 €. Dementsprechend betragen die anteilig anzusetzenden Kosten 20 % von 8 000 € (5 000 € ./. 1 000 € + 4 000 €) = 1 600 €. Die USt hierauf beträgt 19 % = 304 €.
2. Bemessungsgrundlage sind nach § 10 Abs. 4 Nr. 2 UStG die bei der privaten Verwendung des Pkw entstandenen anteiligen Ausgaben. Hierzu gehören anteilig die laufenden Kosten von 5 000 € sowie die auf die Nutzungsdauer des § 15a UStG verteilten Anschaffungskosten (1/5 von 20 000 € = 4 000 €). Auszuscheiden sind jedoch die nichtvorsteuerbelasteten Kosten von 1 000 €. Die Unfallkosten gehen ebenfalls anteilig in die Bemessungsgrundlage ein. Dementsprechend betragen die anteilig anzusetzenden Kosten 20 % von 11 000 € (5 000 € ./. 1 000 € + 4 000 € + 3 000 €) = 2 200 €. Die USt hierauf beträgt 19 % = 418 €.
   G hat aus den Reparaturkosten den Vorsteuerabzug in Höhe von 570 €.
3. Bemessungsgrundlage sind nach § 10 Abs. 4 Nr. 2 UStG die bei der privaten Verwendung des Pkw entstandenen anteiligen Ausgaben. Hierzu gehören anteilig die laufenden Kosten von 5 000 € sowie die auf die Nutzungsdauer des § 15a UStG verteilten Anschaffungskosten 1/5 von 20 000 € = 4 000 €. Auszuscheiden sind jedoch die nichtvorsteuerbelasteten Kosten von 1 000 €. Soweit die Unfallkosten ersetzt werden und der Ersatz dem Unternehmen zugeführt wird, rechnen sie nicht zu den Kosten. Die verbleibenden Kosten von 1 000 € gehen ebenfalls anteilig in die Bemessungsgrundlage ein. Dementsprechend betragen die anteilig anzusetzenden Kosten 20 % von 9 000 € (5 000 € ./. 1 000 € + 4 000 € + 1 000 €) = 1 800 €. Die USt hierauf beträgt 19 % = 342 €.
   G hat aus den Reparaturkosten den Vorsteuerabzug in Höhe von 570 €.
4. Bemessungsgrundlage sind nach § 10 Abs. 4 Nr. 2 UStG die bei der privaten Verwendung des Pkw entstandenen anteiligen Ausgaben. Hierzu gehören anteilig die laufenden Kosten von 5 000 € sowie die auf die Nutzungsdauer des § 15a UStG verteilten Anschaffungskosten 1/5 von 20 000 € = 4 000 €. Auszuscheiden sind jedoch die nichtvorsteuerbelasteten

Kosten von 1 000 €. Die Unfallkosten gehen ebenfalls anteilig in die Bemessungsgrundlage ein. Sie mindern sich nicht um die von der Kaskoversicherung ersetzten 2 000 €, da G diese Ersatzleistung nicht dem Unternehmen zugeführt hat (vgl. BFH-Urteil vom 28. 02. 1980 BStBl II 1980, 309).
Dementsprechend betragen die anteilig anzusetzenden Kosten 20 % von 11 000 € (5 000 € ./. 1 000 € + 4 000 € + 3 000 €) = 2 200 €. Die USt hierauf beträgt 19 % = 418 €.G hat aus den Reparaturkosten den Vorsteuerabzug in Höhe von 570 €.

5. Bemessungsgrundlage sind nach § 10 Abs. 4 Nr. 2 UStG die bei der privaten Verwendung des Pkw entstandenen anteiligen Ausgaben. Hierzu gehören anteilig die laufenden Kosten von 5 000 € sowie die auf die Nutzungsdauer des § 15a UStG verteilten Anschaffungskosten. Der Berichtigungszeitraums des § 15a UStG läuft vom 01. 03. 19 bis 31. 12. 20 (vgl. A 15a.3 Abs. 7 UStAE), also 22 Monate. Somit entfallen von den Anschaffungskosten auf das Kalenderjahr 20 12/22 von 20 000 € = 10 909 €. Auszuscheiden sind jedoch die nichtvorsteuerbelasteten Kosten von 1 000 €. Die Unfallkosten werden durch die Verkürzung des Berichtigungszeitraums des § 15a UStG berücksichtigt.
Dementsprechend betragen die anteilig anzusetzenden Ausgaben 20 % von 14 909 € (5 000 € ./. 1 000 € + 10 909 €) = 2 982 €. Die USt beträgt 19 % = 566,58 €.

# 13 Lösungshinweise zu Q 8

## 13.1 Lösungshinweise zu Q 8.1 – Vorsteuerabzug nach § 15 Abs. 1 UStG

### 13.1.1 Lösungshinweise zu Q 8.1.1 – Notwendiger Inhalt einer Rechnung nach § 14 UStG

1. Die USt ist betragsmäßig ausgewiesen. Ein gesonderter USt-Ausweis liegt daher vor. Auch der Steuersatz ist angegeben (§ 14 Abs. 4 Nr. 8 UStG).
2. Die USt ist betragsmäßig ausgewiesen. Ein gesonderter USt-Ausweis liegt daher vor. Gleichwohl berechtigt diese Rechnung nicht zum Vorsteuerabzug, da das Entgelt nicht angegeben ist (§ 14 Abs. 4 Nr. 7 UStG).
3. Die USt ist betragsmäßig ausgewiesen, allerdings durch einen Zahlendreher zu hoch (432 € anstelle von 342 €). Die tatsächliche Steuer beträgt nunmehr aber 19/119 von 2 232 € = 356,37 €. Damit ist auch das Entgelt falsch angegeben. Es beträgt richtigerweise 1 875,63 € (2 232 € ./. 356,37 €). Da jedoch das Entgelt als Basis für die ausgewiesene Umsatzsteuer angegeben sein muss (§ 14 Abs. 4 Nr. 7 UStG), wäre eigentlich überhaupt kein Vorsteuerabzug möglich. Die Verwaltung lässt jedoch in den Fällen des überhöhten Umsatzsteuerausweises einen Vorsteuerabzug in Höhe der gesetzlich geschuldeten USt = 356,37 € zu (vgl. A 15.2a Abs. 6 Satz 12 UStAE).
4. Nach den Umständen des Falles handelt es sich bei der ausgewiesenen USt um österreichische USt. Diese österreichische USt kann in Deutschland nicht als Vorsteuer abgezogen werden (A 15.2 Abs. 1 Satz 3 UStAE). Für die Lieferung ist in Deutschland USt in Höhe von 19/119 von 2 400 € = 383,19 € angefallen. Diese deutsche USt ist nicht in Rechnung gestellt worden und kann deshalb nicht als Vorsteuer abgezogen werden.
5. A hat keine USt i. S. d. § 15 Abs. 1 Nr. 1 UStG, sondern Einfuhr-USt ausgewiesen. Damit liegt kein gesonderter Ausweis der Steuer i. S. d. § 15 Abs. 1 Nr. 1 UStG vor. Ein Vorsteuerabzug nach § 15 Abs. 1 Nr. 1 UStG kommt daher nicht in Frage. Ob eventuell Einfuhr-USt

abgezogen werden kann, richtet sich nach den Voraussetzungen des § 15 Abs. 1 Nr. 2 UStG. Hierfür bedarf es u. a. anstatt einer Rechnung eines zollamtlichen Belegs.

6. A hat keine USt betragsmäßig ausgewiesen. Die Erleichterung für Kleinbetragsrechnungen nach § 33 UStDV gilt nicht, da der Rechnungsbetrag größer als 150 € ist. Der Mangel ist auch nicht dadurch geheilt, dass B die Rechnung vervollständigt hat, selbst wenn B im Einverständnis des A gehandelt hätte (vgl. A 14.11 Abs. 2 Sätze 3 bis 5 UStAE). Außerdem fehlt auch die Angabe des Entgelts (§ 14 Abs. 4 Nr. 7 UStG).
7. A hat keine USt betragsmäßig ausgewiesen. Hier greift jedoch die Erleichterung für Kleinbetragsrechnungen nach § 33 UStDV, da der Rechnungsbetrag 150 € nicht überschreitet. Nachdem B aus dem Rechnungsbetrag die USt herausgerechnet hat, darf er den Betrag von 15,97 € gem. § 35 UStDV als Vorsteuer geltend machten.
8. A hat keine USt betragsmäßig ausgewiesen. Die Erleichterung für Kleinbetragsrechnungen nach § 33 UStDV gilt nicht, da der Rechnungsbetrag über 250 € ist. Bei der Frage, ob die 250 €-Grenze überschritten ist, kommt es nach § 33 UStDV auf den Gesamt-Bruttobetrag der Rechnung an. Ein Vorsteuerabzug aus der Rechnung ist daher nicht möglich.
9. Die USt ist zwar betragsmäßig nicht ausgewiesen. Es handelt sich jedoch um zwei Kleinbetragsrechnungen nach § 33 UStDV. Gem. § 35 Abs. 1 UStDV kann B selbst die Aufteilung in Entgelt und USt vornehmen und darf die USt dann als Vorsteuer abziehen. Dass es sich um zwei Kleinbetragsrechnungen auf einem Papier handelt, ergibt sich daraus, dass zum einen A für eine von ihm selbst erbrachte Lieferung abrechnet und zum anderen C, vertreten durch A, über eine von C erbrachte Lieferung abrechnet (vgl. A 14.10 Abs. 3 Satz 1 UStAE).
10. Die USt ist betragsmäßig ausgewiesen. Ein gesonderter USt-Ausweis liegt daher vor. Der Vorsteuerabzug ist jedoch nicht möglich, da die ausgewiesene USt nicht gesetzlich, sondern nach § 14c Abs. 1 UStG geschuldet wird (§ 15 Abs. 1 Satz 1 UStG und A 15.2 Abs. 1 Sätze 1 und 2 UStAE).
11. Die Lieferung erfolgt nicht im Rahmen des Unternehmens und ist somit nicht steuerbar. Für die nicht steuerbare Lieferung ist die USt betragsmäßig ausgewiesen. Ein gesonderter USt-Ausweis liegt daher vor. Der Vorsteuerabzug ist jedoch nicht möglich, da die ausgewiesene USt nicht gesetzlich, sondern nach § 14c Abs. 2 UStG geschuldet wird (§ 15 Abs. 1 Satz 1 UStG, vgl. A 14c.2 Abs. 2 Nr. 4 und A 15.2 Abs. 1 Sätze 1 und 2 UStAE).
12. Es handelt sich um eine sog. »innerbetriebliche Abrechnung« und damit um keine Rechnung i. S. d. § 14 UStG (vgl. A 15.2a Abs. 12 UStAE). Überdies ist der Vorsteuerabzug auch deshalb nicht möglich, weil die M-AG von der O-GmbH keine Lieferungen erhalten hat. Vielmehr handelt es sich um nicht steuerbare Innenumsätze. USt nach § 14c Abs. 2 UStG entsteht in diesem Fall nicht (vgl. A 14c.2 Abs. 2a Satz 3 UStAE).
13. Der Vorsteuerabzug bei H setzt nach § 15 Abs. 1 Nr. 1 UStG voraus, dass er eine Leistung von einem Unternehmer erhalten hat. Diese Voraussetzung ist nicht erfüllt. Für den Vorsteuerabzug wäre weiter eine Rechnung i. S. d. § 14 UStG erforderlich. Auch diese Voraussetzung ist nicht erfüllt, da eine solche Rechnung nur bei Abrechnung durch einen Unternehmer vorliegt. Schließlich wird die ausgewiesene USt auch nicht gesetzlich, sondern nach § 14c Abs. 2 UStG. Somit hat H keinen Vorsteuerabzug (A 15.2 Abs. 1 Sätze 1 und 2 UStAE).
14. Da G keine Lieferung an H erbracht hat, liegt eine sog. Scheinrechnung und damit keine Rechnung i. S. v. § 14 UStG vor. Die darin ausgewiesene USt schuldet G nach § 14c Abs. 2 UStG (vgl. A 14c.2 Abs. 2 Nr. 2 UStAE). Sie kann nicht als Vorsteuer abgezogen werden.

15. Eine Rechnung i. S. d. § 14 UStG braucht nicht als Rechnung bezeichnet zu sein. Auch ein Vertrag kann die Merkmale einer Rechnung i. S. d. § 14 Abs. 4 UStG erfüllen (vgl. A 14.1 Abs. 2 Sätze 1 bis 4 UStAE). Nach § 14 Abs. 4 Nr. 6 UStG muss jedoch auch der Zeitpunkt der Leistung (hier der Teilleistung) angegeben sein. Dieses Erfordernis kann nach § 31 Abs. 1 UStDV auch durch einen ergänzenden Beleg (z. B. Überweisungsbeleg des Mieters) erfüllt sein (vgl. A 14.1 Abs. 2 Satz 3 UStAE).
16. Die USt muss in der Rechnung i. S. d. § 14 UStG **unbedingt** ausgewiesen sein, andernfalls liegt kein gesonderter USt-Ausweis vor (vgl. A14.1 Abs. 2 Sätze 4 und 5 UStAE). Eine Anerkennung als gesonderter USt-Ausweis würde der korrespondierenden Wirkung von Umsatzsteuerschuld einerseits und dem Vorsteuerabzug nach § 15 Abs. 1 Nr. 1 UStG andererseits zuwiderlaufen. Der Vorsteuerabzug ist zu versagen.
17. Der maßgebliche Steuersatz für die Lieferung der Fichtenstämme bei L beträgt gem. § 24 Abs. 1 Nr. 1 UStG nur 5,5 %. L hat die USt also zu hoch ausgewiesen. Die richtige USt beträgt nur 5,5/105,5 von 5 535 € = 288,55 €. Damit ist auch das Entgelt falsch angegeben. Es beträgt richtigerweise 5 246,45 € (5 535 € ./. 288,55 €). Da jedoch das Entgelt als Basis für die ausgewiesene USt angegeben sein muss (§ 14 Abs. 4 Nr. 7 UStG), wäre eigentlich überhaupt kein Vorsteuerabzug möglich. Die Verwaltung lässt jedoch in den Fällen des überhöhten Umsatzsteuerausweises einen Vorsteuerabzug i. H. d. gesetzlich geschuldeten USt = 288,55 € zu (vgl. A 15.2a Abs. 6 Satz 12 UStAE).
18. A gibt in der Abrechnung nicht die eigentliche Leistung (Personalgestellung) an. Die angegebene Leistung wurde nicht erbracht. Die Bezeichnung der Leistung muss eine eindeutige und leicht nachprüfbare Feststellung der Leistung ermöglichen, über die abgerechnet worden ist (A 14.5 Abs. 15 UStAE). A schuldet die Steuer für die Arbeitnehmerüberlassung in Höhe von 380 €; der Leistungsempfänger hat aufgrund der unkorrekten Angabe der Leistung keinen Vorsteuerabzug. Daneben schuldet A die ausgewiesene Steuer nach § 14c Abs. 2 UStG, da er die in der Rechnung bezeichnete Leistung nicht erbracht hat (A 14c.2 Abs. 2 Nr. 3 und Beispiel c UStAE).
19. Es liegt keine Rechnung i. S. d. § 14 UStG vor, da die Rechnung nach § 14 Abs. 4 Nr. 1 UStG den Namen und die Anschrift des leistenden Unternehmers enthalten muss. Zwar lässt § 31 Abs. 2 UStDV hierzu Erleichterungen zu. Zumindest muss jedoch der Aussteller der Rechnung aus den Angaben in der Rechnung eindeutig identifizierbar sein (vgl. A 14.5 Abs. 2 Satz 2 UStAE). Ein Vorsteuerabzug ist somit aus dieser Abrechnung nicht möglich.
20. Für eine ordnungsgemäße Rechnung i. S. d. § 14 UStG muss der Abrechnende bzw. derjenige, in dessen Auftrag ein Dritter abrechnet aus der Abrechnung identifizierbar sein. Dies ist nicht unbedingt ausgeschlossen, wenn unter einem Pseudonym abgerechnet wird, sofern die hinter dem Pseudonym stehende Person leicht für das Finanzamt identifizierbar ist (vgl. BFH vom 07. 10. 1987 BStBl II 1988, 34). Im vorliegenden Fall ist die leichte Identifizierbarkeit gegeben. B hat daher aus der Rechnung den Vorsteuerabzug.

### 13.1.2 Lösungshinweise zu Q 8.1.2 – Notwendiger Inhalt einer Gutschrift

1. Die Gutschrift ist nach § 14 Abs. 2 Satz 2 UStG auch als Rechnung i. S. v. § 14 UStG anzusehen. Somit ist ein Vorsteuerabzug möglich.
2. Die Gutschrift ist zwar nach § 14 Abs. 2 Satz 2 UStG eine Rechnung i. S. v. § 14 UStG. Da die ausgewiesene USt jedoch nicht gesetzlich geschuldet wird, ist ein Vorsteuerabzug nicht möglich. Solange B der Gutschrift nicht widerspricht, schuldet er die ausgewiesene USt nach § 14c Abs. 1 UStG (vgl. A 14c.1 Abs. 3 UStAE).

3. Die Leistung des A erfolgt nicht im Rahmen seines Unternehmens und ist somit nicht steuerbar. Die Gutschrift ist zwar nach § 14 Abs. 2 Satz 2 UStG eine Rechnung i. S. v. § 14 UStG. Da die ausgewiesene USt jedoch nicht gesetzlich geschuldet wird, ist ein Vorsteuerabzug nicht möglich. Solange B der Gutschrift nicht widerspricht, schuldet er die ausgewiesene USt nach § 14c Abs. 2 UStG (vgl. A 14c.2 Abs. 2 Nr. 4 UStAE und Rz. 5 des BMF-Schreibens vom 29. 01. 2004 BStBl I 2004, 258).
4. Die Gutschrift ist zwar nach § 14 Abs. 2 Satz 2 UStG eine Rechnung i. S. v. § 14 UStG. Da jedoch B Kleinunternehmer nach § 19 UStG ist, darf er keine Rechnungen mit gesondertem Ausweis der Steuer ausstellen (§ 19 Abs. 1 Satz 4 UStG). Dementsprechend darf über seine Leistung auch nicht mit einer Gutschrift abgerechnet werden, in der die Umsatzsteuer gesondert ausgewiesen ist. Somit ist ein Vorsteuerabzug für A aus der Gutschrift nicht möglich. Solange B der Gutschrift nicht widerspricht, schuldet er die ausgewiesene USt nach § 14c Abs. 2 UStG (vgl. A 14c.2 Abs. 2 Nr. 1 Satz 1 UStAE und Rz. 5 des BMF-Schreibens vom 29. 01. 2004 BStBl I 2004, 258).
5. Die Gutschrift ist nach § 14 Abs. 2 Satz 2 UStG eine Rechnung i. S. v. § 14 UStG. Die USt ist betragsmäßig ausgewiesen, allerdings durch einen Zahlendreher zu hoch (196,10 € anstelle von 169,10 €). Die tatsächliche Steuer beträgt nunmehr aber 19/119 von 1 086,10 € = 173,41 €. Die USt ist also um 22,69 € zu hoch ausgewiesen und wird insoweit von B nach § 14c Abs. 1 UStG geschuldet. Damit ist auch das Entgelt falsch angegeben. Es beträgt richtigerweise 912,69 € (1 086,10 € ./. 173,41 €). Da jedoch das Entgelt als Basis für die ausgewiesene USt angegeben sein muss (§ 14 Abs. 4 Nr. 7 UStG), wäre eigentlich überhaupt kein Vorsteuerabzug möglich. Die Verwaltung lässt jedoch in den Fällen des überhöhten Umsatzsteuerausweises einen Vorsteuerabzug in Höhe der gesetzlich geschuldeten USt = 173,41 € zu (vgl. A 15.2a Abs. 6 Satz 12 UStAE).

### 13.1.3 Lösungshinweise zu Q 8.1.3 – Fahrausweise

1. Nach § 34 UStDV gelten Fahrausweise unter bestimmten Voraussetzungen als zum Vorsteuerabzug berechtigende Rechnungen. Fahrausweise der Bahn AG erfüllen diese Voraussetzungen. Sie enthalten zumindest die Angabe: Bahn AG (§ 34 Abs. 1 Nr. 1 UStDV), den Fahrpreis brutto (§ 34 Abs. 1 Nr. 2 UStDV). Da die Beförderung von Personen im Schienenverkehr nach § 12 Abs. 2 Nr. 10 Buchst. b UStG generell dem ermäßigten Steuersatz unterliegt, darf U die USt mit 7/107 aus dem Fahrpreis herausrechnen (§ 35 Abs. 2 Satz 3 UStDV).
2. Die S-Bahn-Fahrkarte berechtigt U zum Vorsteuerabzug. Da auf die Beförderungsleistung nach § 12 Abs. 2 Nr. 10 Buchst. b UStG der ermäßigte Steuersatz anzuwenden ist, darf U nach § 35 Abs. 2 Satz 3 UStDV die Vorsteuer mit 7/107 aus dem auf der Fahrkarte angegebenen Fahrpreis herausrechnen.
3. Da es sich um eine grenzüberschreitende Beförderungsleistung handelt, erfordert der Vorsteuerabzug aus der Fahrkarte nach § 34 Abs. 2 UStDV eine zusätzliche Bescheinigung darüber, welcher Anteil des Beförderungspreises auf die Strecke im Inland entfällt. U darf dann aus dem Anteil des Beförderungspreises, welcher auf die Strecke im Inland entfällt, die Vorsteuer mit 7/107 ermitteln und abziehen (vgl. § 35 Abs. 2 Satz 2 UStDV).
4. Die Beförderung des Reisegepäcks ist Nebenleistung zur Personenbeförderung. Der inländische Teil der Nebenleistung ist somit wie die Hauptleistung steuerbar und steuerpflichtig. Nach § 34 Abs. 3 UStDV sind die Regelungen für Fahrkarten auf die Gepäckscheine entsprechend anzuwenden. Dementsprechend erfordert der Vorsteuerabzug aus dem

Gepäckschein nach § 34 Abs. 2 UStDV eine zusätzliche Bescheinigung darüber, welcher Anteil des Gepäckbeförderungspreises auf die Strecke im Inland entfällt. U darf dann aus dem Anteil des Beförderungspreises, welcher auf die Strecke im Inland entfällt, die Vorsteuer mit 7/107 ermitteln und abziehen (vgl. § 35 Abs. 2 Satz 3 UStDV).

### 13.1.4 Lösungshinweise zu Q 8.1.4 – Unternehmereigenschaft des Leistungsgebers

1. Der Vorsteuerabzug bei H setzt nach § 15 Abs. 1 Nr. 1 UStG voraus, dass er eine Leistung von einem **Unternehmer** erhalten hat. Diese Voraussetzung ist nicht erfüllt. Es gibt auch keinen Schutz des guten Glaubens an die Unternehmereigenschaft des Leistungsgebers.
   Für den Vorsteuerabzug wäre weiter eine Rechnung i. S. d. § 14 UStG erforderlich. Auch diese Voraussetzung ist nicht erfüllt, da eine Rechnung nur bei Abrechnung durch einen Unternehmer vorliegt.
   Somit hat H keinen Vorsteuerabzug.
   Schließlich entfällt der Vorsteuerabzug auch deswegen, weil die USt nicht gesetzlich, sondern nach § 14c Abs. 2 UStG geschuldet wird.
2. A ist Unternehmer i. S. d. UStG. Seine Umsätze als Arzt sind nach § 4 Nr. 14 UStG steuerfrei. Auch die Veräußerung des Pkw ist steuerfrei nach § 4 Nr. 28 UStG. Wegen der steuerfreien Umsätze ist A Kleinunternehmer i. S. d. § 19 Abs. 1 UStG und ist somit nach § 19 Abs. 1 Satz 4 UStG nicht berechtigt, die USt gesondert in Rechnung zu stellen. A schuldet deshalb die ausgewiesene USt in Höhe von 1 520 € nach § 14c Abs. 2 Satz 1 UStG. H hat aus der Rechnung des A keinen Vorsteuerabzug, da die für die steuerfreie Veräußerung ausgewiesene USt nicht gesetzlich, sondern nach § 14c Abs. 2 Satz 1 UStG geschuldet wird.
3. Obwohl Frau G nicht nachhaltig in Einnahmeerzielungsabsicht tätig geworden ist, ist sie Unternehmerin, da sie ernsthaft die Absicht hatte, sich unternehmerisch zu betätigen (vgl. A 2.6 Abs. 1 Sätze 1 und 2 und Abs. 2 UStAE). Frau G hat daher den Vorsteuerabzug aus der Anschaffung der Kosmetikartikel und behält ihn. Die Veräußerung der Kosmetikartikel an D ist steuerbar und steuerpflichtig. Frau G kann die dafür anfallende USt dem D in Rechnung stellen und D darf diese USt als Vorsteuer abziehen.

### 13.1.5 Lösungshinweise zu Q 8.1.5 – Leistung an das Unternehmen

1. Beim Strom handelt es sich um eine vertretbare Sache. Nach A 15.2c Abs. 2 Nr. 1 UStAE gelangt nur der Teil ins Unternehmen, der für das Einzelhandelsgeschäft verbraucht wird. Die Aufteilung muss im Schätzungswege erfolgen. Für die Höhe des unternehmerischen Anteils hat E die objektive Beweislast. Es wäre systematisch falsch, den gesamten Vorsteuerabzug zuzulassen und den privat verbrauchten Teil als Lieferung nach § 3 Abs. 1b Nr. 1 UStG zu versteuern.
2. Da es sich um eine Dienstreise des A handelt und U dem A die Kosten der Fahrkarte ersetzt, ist davon auszugehen, dass die Bahn AG die Beförderungsleistung direkt an das Unternehmen des U erbringt (Geschäft, wen es angeht). U darf aus der Fahrkarte den Vorsteuerabzug vornehmen, da die Voraussetzungen des § 35 i. V. m. § 34 UStDV erfüllt sind.
3. Auftraggeber des T ist an sich L. Somit erbringt T seine Beförderungsleistung an L. L wäre dementsprechend zum Vorsteuerabzug aus dieser Rechnung berechtigt, soweit er sich die Rechnung von A aushändigen lässt. Nun fingiert jedoch § 40 UStDV für den Vorsteuer-

abzug bei der unfreien Versendung, dass A der Auftraggeber ist. Damit gilt abweichend A als Empfänger der Beförderungsleistung und darf die USt von 76 € als Vorsteuer abziehen, soweit bei ihm die übrigen Voraussetzungen für den Vorsteuerabzug erfüllt sind. Nach A 10.1 Abs. 3 Satz 13 UStAE sind die Beförderungskosten nicht in die Bemessungsgrundlage für die Lieferungen des L an A einzubeziehen.

### 13.1.6 Lösungshinweise zu Q 8.1.6 – Vorsteuerabzug aus Vorausrechnungen

1. Für die Lieferung des Baukrans kann B die ausgewiesene Vorsteuer in Höhe von 45 600 € geltend machen. Die Vorsteuer kann für den VZ der Lieferung, also für VZ Juli geltend gemacht werden, sofern sie nicht schon früher aufgrund der geleisteten Anzahlung von 45 600 € geltend gemacht werden kann.
   Für die Lieferung liegt bereits im VZ der Anzahlung eine Gesamtvorausrechnung vor. Somit kann aus der Anzahlung in Höhe von 45 600 € für den VZ Januar die anteilige auf die Anzahlung entfallende ausgewiesene USt als Vorsteuer geltend gemacht werden (vgl. A 15.3 Abs. 4 UStAE). Die anteilige Vorsteuer für Januar beträgt:
   19/119 von 45 600 € = 7 280,67 €. Die restliche Vorsteuer von 45 600 € ./. 7 280,67 € = 38 319,33 € darf B für den VZ Juli geltend machen.
2. Grundsätzlich kann B die Vorsteuer erst für den VZ geltend machen, für den die Leistung erbracht wurde.
   Werden Teilleistungen erbracht, kann die Vorsteuer bereits für den VZ geltend gemacht werden, für den die Teilleistung erbracht wurde. Mit dem Einziehen der Decke über einem Geschoss ist jedoch keine Teilleistung i. S. d. § 13 Abs. 1 Nr. 1 Buchst. a Satz 3 UStG erbracht. Danach ist für eine Teilleistung erforderlich, dass
   a) die Leistung überhaupt wirtschaftlich in Geschosse teilbar ist und
   b) für einen solchen wirtschaftlich teilbaren Teil ein Entgelt gesondert vereinbart ist.
   
   Beide Voraussetzungen liegen jedoch nicht vor. Weder ist das Gebäude wirtschaftlich in einzelne Geschosse (horizontal) teilbar, noch handelt es sich bei Abschlagszahlungen um gesonderte Entgeltvereinbarungen.
   Die Vorsteuer kann jedoch auch schon vorher geltend gemacht werden für den VZ, in dem eine Anzahlung geleistet wurde und die USt darauf gesondert ausgewiesen wurde. Somit kann B jeweils 19 000 € Vorsteuer für den VZ der Zahlung der 119 000 € geltend machen.
3. A hat aus der Lieferung des Pkw den Vorsteuerabzug in Höhe von 4 560 €. A darf diese Vorsteuer für den VZ der Lieferung (April) geltend machen, sofern er sie nicht schon früher aufgrund einer Anzahlung geltend machen darf. Da A seinen gebrauchten Pkw in Zahlung gibt, erbringt er insoweit eine Anzahlung (vgl. A 13.5 Abs. 2 UStAE). Für die Lieferung liegt bereits im Januar eine Gesamtvorausrechnung vor. Somit kann aus der Anzahlung in Höhe von 5 000 € für den VZ März die anteilige auf die Anzahlung entfallende ausgewiesene USt als Vorsteuer geltend gemacht werden (vgl. A 15.3 Abs. 4 UStAE).
   Die anteilige Vorsteuer für März beträgt:
   19/119 von 5 000 € = 798,32 €.
   Die restliche Vorsteuer von 3 761,68 € (4 560 € ./. 798,32 €) darf B für den VZ April geltend machen.

4. Da der gebrauchte Pkw des A zu einem höheren Preis als seinem gemeinen Wert in Zahlung genommen wurde, liegt ein sog. verdeckter Preisnachlass vor. Die USt bei K errechnet sich wie folgt:

| | | |
|---|---|---|
| gemeiner Wert des gebrauchten Pkw | | 3 000,00 € |
| + Baraufgabe | | 23 560,00 € |
| Bruttobemessungsgrundlage | | 26 560,00 € |
| enthaltene USt 19/119 | = | 4 240,67 € |

Da K die USt mit 4 560 € ausgewiesen hat, schuldet er insgesamt 4 560 € USt. Die Differenz zwischen 4 560 € und 4 240,67 € in Höhe von 319,33 € schuldet er nach § 14c Abs. 1 UStG (vgl. A 10.5 Abs. 5 UStAE). Damit ist auch das Entgelt falsch angegeben. Bei einem Bruttoentgelt von 26 560 € beträgt das Entgelt nur 22 319,33 € (26 560 € ./. 4 240,67 €). Da jedoch das Entgelt als Basis für die ausgewiesene USt angegeben sein muss (§ 14 Abs. 4 Nr. 7 UStG), wäre eigentlich überhaupt kein Vorsteuerabzug möglich. Die Verwaltung lässt jedoch in den Fällen des überhöhten Umsatzsteuerausweises einen Vorsteuerabzug in Höhe der gesetzlich geschuldeten USt = 4 240,67 € zu (vgl. A 15.2a Abs. 6 Satz 12 UStAE). Er darf diese Vorsteuer für den VZ der Lieferung (April) geltend machen, sofern er sie nicht schon früher aufgrund einer Anzahlung geltend machen darf. Da A seinen gebrauchten Pkw in Zahlung gibt, erbringt er insoweit eine Anzahlung (vgl. A 13.5 Abs. 2 UStAE). Für die Lieferung liegt bereits im Januar eine Gesamtvorausrechnung vor. Somit kann aus der Anzahlung in Höhe von 3 000 € (gemeiner Wert gem. § 10 Abs. 2 Satz 2 UStG) für den VZ März die anteilige auf die Anzahlung entfallende regulär ausgewiesene USt als Vorsteuer geltend gemacht werden (vgl. A 15.3 Abs. 4 UStAE). Die anteilige Vorsteuer für März beträgt: 19/119 von 3 000 € = 478,99 €. Die restliche Vorsteuer von 3 671,68 € (4 240,67 € ./. 478,99 €) darf B für den VZ April geltend machen.

### 13.1.7 Lösungshinweise zu Q 8.1.7 – Abzug der Einfuhrumsatzsteuer

1. Für denjenigen sind die Stahlbleche eingeführt worden, der bei der Einfuhr (= zollamtliche Abfertigung zum freien Verkehr) die Verfügungsmacht an den Stahlblechen hat bzw. für den die Verfügungsmacht bei der Einfuhr nach den Regeln des Lieferorts fingiert wird. Die Lieferung von L an A gilt gem. § 3 Abs. 6 Satz 1 UStG mit Beginn der Beförderung in Oslo als bewirkt. Damit hat A bei der Einfuhr die Verfügungsmacht. Eine Verlagerung des Lieferorts nach § 3 Abs. 8 UStG tritt nicht ein, weil nicht der Beförderer L sondern A die Einfuhr-USt schuldet. Damit kann A die Einfuhr-USt als Vorsteuer abziehen, sofern die übrigen Voraussetzungen hierfür vorliegen.
2. Für denjenigen sind die Stahlbleche eingeführt worden, der bei der Einfuhr die Verfügungsmacht an den Stahlblechen hat bzw. für den die Verfügungsmacht bei der Einfuhr nach den Regeln des Lieferorts fingiert wird.
   Die Lieferung von L an A gilt gem. § 3 Abs. 6 Satz 1 UStG mit Beginn der Beförderung in Oslo als bewirkt. Damit hätte A bei der Einfuhr die Verfügungsmacht. Es tritt jedoch eine Verlagerung des Lieferorts nach § 3 Abs. 8 UStG ins Inland ein, weil der Beförderer L die Einfuhr-USt schuldet. Damit kann L die Einfuhr-USt als Vorsteuer abziehen, sofern die übrigen Voraussetzungen hierfür vorliegen. L gibt die Verfügungsmacht erst nach der Abfertigung der Stahlbleche zum freien Verkehr an A ab und hat somit bei der Einfuhr noch die Verfügungsmacht (vgl. A 15.8 Abs. 6 UStAE).

3. Für denjenigen ist der Sportwagen eingeführt worden, der bei der Einfuhr die Verfügungsmacht an dem Sportwagen hat bzw. für den die Verfügungsmacht bei der Einfuhr nach den Regeln des Lieferorts fingiert wird. Der Sportwagen wurde durch den Abnehmer versandt. Der Lieferort ist deshalb nach § 3 Abs. 6 Satz 1 UStG in New York. Bei der Einfuhr hat daher A die Verfügungsmacht.
   Aufgrund der unternehmerischen Nutzung von 20 % hat A ein Zuordnungswahlrecht. A hat daher zu Recht den Sportwagen zu 100 % seinem Unternehmen zugeordnet. Damit sind die Voraussetzungen für den Abzug der Einfuhr-USt nach § 15 Abs. 1 Nr. 2 UStG in voller Höhe erfüllt. A darf die Einfuhr-USt als Vorsteuer abziehen.
4. Für denjenigen sind die Südfrüchte eingeführt worden, der bei der Einfuhr die Verfügungsmacht an den Südfrüchten hat bzw. für den die Verfügungsmacht bei der Einfuhr nach den Regeln des Lieferorts fingiert wird. Eine Versendungslieferung nach § 3 Abs. 6 Satz 1 UStG liegt jedoch nicht vor, da bei der Übergabe an den Frachtführer der Abnehmer noch nicht feststand. Somit liegt ein rechtsgeschäftsloses Verbringen vor. Verfügungsmacht an den Südfrüchten erlangt K mit der Eigentumsübertragung. Da die Einfuhr infolge der Entrichtung der Einfuhr-USt erst danach erfolgt, darf K die Einfuhr-USt als Vorsteuer abziehen.
   Der Lieferort für die Lieferung von O an K ist in München. Die Lieferung ist steuerbar. Sie ist nach § 4 Nr. 4b Satz 1 UStG steuerfrei.
5. Die Lieferung des Obsts von O an L erfolgt nach § 3 Abs. 7 Satz 1 UStG während des Transports. Diese Lieferung ist daher nicht steuerbar. Die Lieferung des Obsts von L an M erfolgt nach § 3 Abs. 7 Satz 1 UStG in München mit der Eigentumsübertragung auf M. Sie ist steuerbar. Da erst danach die Einfuhr durch die Entrichtung der Einfuhr-USt erfolgt, darf M die Einfuhr-USt als Vorsteuer abziehen. Die Lieferung des L an M ist nach § 4 Nr. 4b Satz 1 UStG steuerfrei.
6. Mit der Übertragung des Konnossements von A auf B und von B auf C wird jeweils das Eigentum auf B und C übertragen. Der Lieferort bestimmt sich jeweils nach § 3 Abs. 7 Satz 1 UStG während des Transports. Damit ist die Lieferung von A an B nicht steuerbar. Die Lieferung von B an C ist steuerbar. Da erst nach der Lieferung von B an C die Einfuhr durch die Entrichtung der Einfuhr-USt erfolgt, darf C die Einfuhr-USt als Vorsteuer abziehen. Die Lieferung des B an C ist nach § 4 Nr. 4b Satz 1 UStG steuerfrei.

## 13.2 Lösungshinweise zu Q 8.2 – Vorsteuerabzugsverbote

### 13.2.1 Lösungshinweise zu Q 8.2.1 – Vorsteuerabzugsverbote nach § 15 Abs. 1a und Abs. 1b UStG

1. Es handelt sich um nichtabzugsfähige Betriebsausgaben nach § 4 Abs. 5 Nr. 1 EStG, da die Anschaffungskosten 35 € netto übersteigen. Dies führt bei G zum Vorsteuerausschluss nach § 15 Abs. 1a UStG hinsichtlich der bei der Anschaffung angefallenen Vorsteuer von 38 €. Da G aus der Anschaffung des Kaffeeservices keinen Vorsteuerabzug hat, ist die Schenkung an L nicht gem. § 3 Abs. 1b Nr. 3 UStG wegen § 3 Abs. 1b Satz 2 UStG steuerbar.
2. Bei dem Geschenk an den Arbeitnehmer handelt es sich um eine Sachzuwendung, die als Arbeitslohn eine Betriebsausgabe darstellt. Der Vorsteuerabzug ist daher nicht nach § 15 Abs. 1a UStG ausgeschlossen. G hat die Zuwendung jedoch nach § 1 Abs. 1 Nr. 1 i. V. m. § 3 Abs. 1b Nr. 2 UStG zu versteuern. Da die Lieferung ausschließlich und unmittelbar für

eine unentgeltliche Wertabgabe bestimmt ist, steht G kein Vorsteuerabzug zu (vgl. A 15.2b Abs. 2 Satz 5 und A 15.15 Abs. 1 Satz 1 UStAE). Die Versteuerung der unentgeltlichen Wertabgabe entfällt damit.

3. Da G die Kunstkalender für jeweils 35 € zuzüglich 6,65 € USt einkauft, übersteigen die Anschaffungskosten netto noch nicht die Grenze von 35 €. Somit liegen abzugsfähige Betriebsausgaben vor, es sei denn, G macht den Kunden innerhalb eines Kalenderjahres noch weitere Geschenke. Der Vorsteuerabzug ist daher nicht nach § 15 Abs. 1a UStG ausgeschlossen. G hat die Zuwendungen auch nicht nach § 3 Abs. 1b Nr. 3 UStG zu versteuern, da es sich um Geschenke von geringem Wert handelt (vgl. A 3.3 Abs. 11 UStAE).
4. Es handelt sich um nichtabzugsfähige Ausgaben nach § 12 Nr. 1 EStG. Daher ist der Vorsteuerabzug nach § 15 Abs. 1a UStG ausgeschlossen.
5. Es handelt sich nicht um Betriebsausgaben i. S. d. § 4 Abs. 5 EStG, da es sich einkommensteuerrechtlich nicht um Gewinneinkünfte, sondern um Überschusseinkünfte aus Vermietung und Verpachtung handelt. Gleichwohl kommt nach Verwaltungsauffassung für sie als nichtabzugsfähige Unternehmensausgaben der Vorsteuerausschluss nach § 15 Abs. 1a UStG zur Anwendung (vgl. A 15.6 Abs. 3 UStAE). Da die Anschaffungskosten für den Geschenkkorb netto 45 € betragen, ist die Grenze von 35 € nach § 4 Abs. 5 Nr. 1 EStG überschritten. E hat daher aus der Anschaffung des Geschenkkorbs gem. § 15 Abs. 1a UStG keinen Vorsteuerabzug.
6. Die Fahrten zwischen Wohnung und Betrieb sind einmal pro Tag betrieblich veranlasst und somit insoweit Betriebsausgaben. Soweit diese Aufwendungen jedoch die Beträge nach § 9 Abs. 1 Nr. 4 EStG von 0,30 € je Entfernungskilometer übersteigen, sind es nichtabzugsfähige Betriebsausgaben nach § 4 Abs. 5 Nr. 6 EStG. Dies gilt auch für die zweiten Fahrten. Der Vorsteuerabzug ist jedoch nicht nach § 15 Abs. 1a UStG ausgeschlossen. Die Verwendung eines dem Unternehmen zugeordneten Pkw für Fahrten des Unternehmers zwischen Wohnung und Betriebsstätte erfolgt nicht für Zwecke außerhalb des Unternehmens (vgl. A 3.4 Abs. 3 Satz 2 UStAE).
7. Verwendet der Unternehmer ein Grundstück sowohl für Zwecke seines Unternehmens als auch für Zwecke, die außerhalb des Unternehmens liegen, ist die Umsatzsteuer für die Lieferungen im Zusammenhang mit diesem Grundstück nach § 15 Abs. 1b UStG, vom Vorsteuerabzug ausgeschlossen, soweit sie nicht auf die Verwendung des Grundstücks für Zwecke des Unternehmens entfällt. Das Vorsteuerabzugsverbot gilt für Wirtschaftsgüter, die aufgrund eines nach dem 31. 12. 2010 rechtswirksam abgeschlossenen obligatorischen Vertrags oder gleichstehenden Rechtsakts angeschafft worden sind oder mit deren Herstellung nach dem 31. 12. 2010 begonnen wurde (§ 27 Abs. 16 UStG). Als Beginn der Herstellung gilt bei Gebäuden, für die eine Baugenehmigung erforderlich ist, der Zeitpunkt, in dem der Bauantrag gestellt wird. R kann deshalb nur einen Vorsteuerabzug von 20 % von 120 000 € = 24 000 € geltend machen. Gleichwohl kann R das Gebäude zu 100 % seinem Unternehmensvermögen zuordnen (vgl. A 15.6a Abs. 5 Satz 3 und Abs. 7 Beispiel 2 UStAE).
8. Auch hier greift – wie in Fall 7 – grundsätzlich § 15 Abs. 1b UStG. Aber unabhängig davon, zu welchem Zeitpunkt der Bauantrag gestellt wurde, ist aufgrund der Änderung der Rechtsprechung des BFH ab dem 01. 04. 2012 kein Vorsteuerabzug mehr möglich, soweit die Kommune das Gebäude für nichtwirtschaftliche (hoheitliche) Zwecke nutzt. Zu 60 % darf die Kommune das Gebäude nicht einmal dem Unternehmen zuordnen. Deshalb ist nur ein Vorsteuerabzug von 40 % von 600 000 € = 240 000 € möglich (vgl. A 3.4 Abs. 5a Satz 3 und A 15.19 Abs. 3 Satz 1 UStAE).

### 13.2.2 Lösungshinweise zu Q 8.2.2 – Vorsteuerabzugsverbot nach § 15 Abs. 2 UStG

1. Der Ausgangsumsatz. (Ausfuhrlieferung) ist steuerfrei nach § 4 Nr. 1 Buchst. a UStG und somit nach § 15 Abs. 3 Nr. 1 Buchst. a UStG vorsteuerunschädlich.
2. Der Ausgangsumsatz. (Güterbeförderung) ist bezüglich des inländischen Anteils der Beförderungsleistung nach § 3b Abs. 1 Satz 1 und 2 UStG steuerbar und steuerfrei nach § 4 Nr. 3 Buchst. a UStG und somit nach § 15 Abs. 3 Nr. 1 Buchst. a UStG vorsteuerunschädlich. Der Ausgangsumsatz. (Güterbeförderung) ist bezüglich des ausländischen Anteils der Beförderungsleistung nach § 3b Abs. 1 Satz 1 und 2 UStG nicht steuerbar. Im Falle der Steuerbarkeit wäre die Leistung entweder steuerpflichtig oder steuerfrei nach § 4 Nr. 3 Buchst. a UStG. Sie ist somit nach § 15 Abs. 3 Nr. 2 Buchst. a UStG vorsteuerunschädlich.
3. Der Ausgangsumsatz (Vermittlungsleistung) ist steuerfrei nach § 4 Nr. 5 UStG und somit nach § 15 Abs. 3 Nr. 1 Buchst. a UStG vorsteuerunschädlich.
4. Die Ausgangsumsätze sind steuerfrei nach § 4 Nr. 14 UStG und somit nicht nach § 15 Abs. 3 Nr. 1 Buchst. a UStG vorsteuerunschädlich, also vorsteuerschädlich.
5. Die Ausgangsumsätze sind nach § 4 Nr. 14 Buchst. a Satz 2 UStG nicht steuerfrei nach § 4 Nr. 14 UStG, also steuerpflichtig und somit nicht nach § 15 Abs. 2 Nr. 1 UStG vorsteuerschädlich, also vorsteuerunschädlich.
6. Die Ausgangsumsätze (Vermietungsumsätze) sind steuerfrei nach § 4 Nr. 12 Buchst. a UStG und somit nicht nach § 15 Abs. 3 Nr. 1 Buchst. a UStG vorsteuerunschädlich, also vorsteuerschädlich. Dass U an seine Arbeitnehmer vermietet, mit deren Hilfe er steuerpflichtige Umsätze bewirkt, ändert an diesem Ergebnis nichts. Die wirtschaftliche Nutzung der Fassadenrenovierung erschöpft sich in der Vermietung.
7. Die Vorsteuer aus der Zeitungsannonce steht in wirtschaftlichem Zusammenhang mit der Veräußerung des Pkw. Die Veräußerung des Pkw ist steuerfrei nach § 4 Nr. 28 UStG, da der Pkw ausschließlich für steuerfreie Umsätze nach § 4 Nr. 11 UStG verwendet wurde. Die private Nutzung ist nicht nach § 3 Abs. 9a Nr. 1 UStG steuerbar, da der Pkw aufgrund der ausschließlich steuerfreien Nutzung im Unternehmen nicht zum Vorsteuerabzug berechtigt hat. Die Veräußerung des Pkw ist somit nach § 4 Nr. 28 UStG steuerfrei, da V ihn im Rahmen seiner steuerbaren Nutzung ausschließlich für steuerfreie Umsätze verwendet hat. Folglich ist der Ausgangsumsatz bezüglich der Veräußerung nach § 15 Abs. 2 UStG vorsteuerschädlich, da er nicht nach § 15 Abs. 3 Nr. 1 Buchst. a UStG vorsteuerunschädlich ist.
8. Die Ausgangsumsätze (Vermietungsumsätze) sind steuerfrei nach § 4 Nr. 12 Buchst. a UStG und außerdem steuerfrei nach Art. 67 Abs. 3 NATO-ZAbk. Die Steuerfreiheit nach dem NATO-Truppenstatut ist gem. § 15 Abs. 3 Nr. 1 Buchst. a UStG i. V. m. § 26 Abs. 5 Nr. 2 UStG vorsteuerunschädlich. Es konkurrieren hierbei also eine vorsteuerschädliche und eine vorsteuerunschädliche Steuerbefreiung. Fällt ein Umsatz unter eine Befreiung nach § 4 Nr. 8 bis 28 UStG und zugleich unter eine Befreiung, die den Vorsteuerabzug nicht ausschließt, geht die Steuerbefreiung, die den Vorsteuerabzug ausschließt, einer in § 15 Abs. 3 Nr. 1 Buchst. a und Nr. 2 Buchst. a UStG aufgeführten Befreiungsvorschrift vor. Daher kann für diese Umsätze kein Vorsteuerabzug beansprucht werden (vgl. A 15.13 Abs. 5 UStAE). Dies gilt jedoch nicht im vorliegenden Fall. Nach A 15.13 Abs. 5 Satz 3 UStAE geht eine Befreiung nach den in § 26 Abs. 5 UStG bezeichneten Vorschriften (z. B. nach Art. 67 Abs. 3 NATO-ZAbk.) als selbständiger Befreiungstatbestand außerhalb des UStG den Befreiungstatbeständen des UStG vor.

9. Der Ausgangsumsatz (Transportversicherung) ist steuerfrei nach § 4 Nr. 10 Buchst. a UStG. Er bezieht sich unmittelbar auf eine Maschine, die in das Drittlandsgebiet ausgeführt wird. Somit ist der Ausgangsumsatz nach § 15 Abs. 3 Nr. 1 Buchst. b UStG vorsteuerunschädlich. V steht deshalb insoweit der Vorsteuerabzug zu.
10. Die Vorsteuer aus der Zeitungsannonce steht in wirtschaftlichem Zusammenhang mit der Veräußerung des Bürohauses. Die Veräußerung ist in Deutschland nicht steuerbar. Da U aber, wäre die Lieferung im Inland, auf die Befreiung gem. § 9 UStG hätte verzichten können und die Lieferung im Drittland tatsächlich steuerpflichtig ist, tritt der Vorsteuerausschluss für die Vorsteuer aus der Zeitungsannonce nicht ein (analog A 15.14 Abs. 1 Satz 3 bis 5 UStAE).
11. Die Schenkung der Kunstkalender an die Kunden ist mangels Entgelt nicht steuerbar nach § 1 Abs. 1 Nr. 1 UStG. Der Vorsteuerabzug ist nicht nach § 15 Abs. 1a UStG ausgeschlossen. Es liegen keine nicht abzugsfähigen Betriebsausgaben nach § 4 Abs. 5 Nr. 1 UStG vor, da die Anschaffungskosten 35 € netto jeweils nicht übersteigen. Die Vorsteuer darf jedoch nach § 15 Abs. 2 Nr. 1 UStG nicht abgezogen werden. Die Schenkung ist nämlich kein Selbstzweck, sondern erfolgt zur Kundenwerbung und damit dient sie im wirtschaftlichen Ergebnis den steuerfreien Umsätzen des V nach § 4 Nr. 11 UStG. Ein Vorsteuerabzug ist daher nach § 15 Abs. 2 Nr. 1 UStG ausgeschlossen (vgl. auch A 15.12 Abs. 3 Beispiel 1 UStAE).
12. Die Anschaffungskosten für den Kunstkalender sind nach § 4 Abs. 5 Nr. 1 EStG nichtabzugsfähige Betriebsausgaben, da die Anschaffungskosten 35 € netto jeweils übersteigen. Deshalb ist der Vorsteuerabzug aus den Anschaffungskosten bereits gem. § 15 Abs. 1a UStG ausgeschlossen. Die Frage, ob das Vorsteuerabzugsverbot nach § 15 Abs. 2 UStG eingreift, stellt sich daher nicht.
13. Der Bezug der Maschine führt zu keinem Ausgangsumsatz. Der Vorsteuerabzug nach § 15 UStG richtet sich jedoch ausschließlich nach der Nutzungsabsicht im Zeitpunkt des Erwerbs. Da die Maschine steuerpflichtig verkauft werden sollte, greift kein Vorsteuerabzugsverbot (vgl. A 15.12 Abs. 1 Sätze 7 und 13 UStAE).
14. Der Bezug der Planungsleistung führt zu keinem Ausgangsumsatz. Der Vorsteuerabzug nach § 15 UStG richtet sich jedoch ausschließlich nach der Nutzungsabsicht im Zeitpunkt des Leistungsbezugs. Da eine infolge der beabsichtigten Option zur Steuerpflicht steuerpflichtige Nutzung beabsichtigt war, darf U die 3 800 € USt aus den Planungskosten als Vorsteuer abziehen (vgl. A 15.12 Abs. 1 Sätze 7 und 13 UStAE).
15. Die Veräußerung der Reihenhäuser mit Grund und Boden ist steuerfrei nach § 4 Nr. 9 Buchst. a UStG. Soweit der Baukran also zur Herstellung dieser Reihenhäuser verwendet wurde, steht der Erwerb des Baukrans im Zusammenhang mit vorsteuerschädlichen Ausgangsumsätzen.
    Die Errichtung der Rohbauten auf dem Grund und Boden des Bestellers stellt dagegen steuerpflichtige Werklieferungen dar. Soweit der Baukran zur Errichtung der Rohbauten verwendet wurde, steht der Erwerb des Baukrans im Zusammenhang mit vorsteuerunschädlichen Ausgangsumsätzen.
    Für das Abzugsverbot nach § 15 Abs. 2 UStG kommt es auf die Verwendungsabsicht im Zeitpunkt des Erwerbs des Baukrans an. Danach darf B 60 % der Umsatzsteuer von 38 000 € = 22 800 € als Vorsteuer abziehen (analog A 15.2c Abs. 12 Beispiel 1 und Abs. 13 Sätze 3 und 4 UStAE). Der Einsatz im Kalenderjahr des Erwerbs für ausschließlich steuerfreie Umsätze führt zu einer anteiligen Vorsteuerberichtigung nach § 15a UStG zu Ungunsten des B. Der Einsatz im Folgejahr für ausschließlich steuerpflichtige Umsätze führt zu einer anteiligen Vorsteuerberichtigung nach § 15a UStG zu Gunsten des B.

16. Die Veräußerung der Reihenhäuser mit Grund und Boden ist steuerfrei nach § 4 Nr. 9 Buchst. a UStG. Soweit der Baukran also zur Herstellung dieser Reihenhäuser verwendet wurde, steht der Erwerb des Baukrans im Zusammenhang mit vorsteuerschädlichen Ausgangsumsätzen.
    Die Errichtung der Rohbauten auf dem Grund und Boden des Bestellers stellt dagegen steuerpflichtige Werklieferungen dar. Soweit der Baukran also zur Errichtung der Rohbauten verwendet wurde, steht der Erwerb des Baukrans im Zusammenhang mit vorsteuerunschädlichen Ausgangsumsätzen.
    Für das Abzugsverbot nach § 15 Abs. 2 UStG kommt es auf die Verwendungsabsicht im Zeitpunkt des Erwerbs des Baukrans an. Danach darf B 100 % der Umsatzsteuer von 38 000 € als Vorsteuer abziehen. Der Einsatz in den dem Kalenderjahr des Erwerbs folgenden Kalenderjahren für ausschließlich steuerfreie Umsätze führt zu einer anteiligen Vorsteuerberichtigung nach § 15a UStG zu Ungunsten des B.
17. Die Veräußerung der Reihenhäuser mit Grund und Boden ist steuerfrei nach § 4 Nr. 9 Buchst. a UStG. Soweit der Baukran also zur Herstellung dieser Reihenhäuser verwendet wurde, steht der Erwerb des Baukrans im Zusammenhang mit vorsteuerschädlichen Ausgangsumsätzen.
    Die Errichtung der Rohbauten auf dem Grund und Boden des Bestellers stellt dagegen steuerpflichtige Werklieferungen dar. Soweit der Baukran also zur Errichtung der Rohbauten verwendet wurde, steht der Erwerb des Baukrans im Zusammenhang mit vorsteuerunschädlichen Ausgangsumsätzen.
    Für das Abzugsverbot nach § 15 Abs. 2 UStG kommt es auf die Verwendungsabsicht im Zeitpunkt des Erwerbs des Baukrans an. Danach darf B 60 % der Umsatzsteuer von 38 000 € = 22 800 € als Vorsteuer abziehen. Der Einsatz im Kalenderjahr des Erwerbs erfolgt zu 400/1 000 = 40 % für vorsteuerunschädliche Umsätze. Dies führt zu einer anteiligen Vorsteuerberichtigung von 20 % nach § 15a UStG zu Ungunsten des B.
18. Die für U im Kalenderjahr 01 angefallene abziehbare Vorsteuer nach § 15 Abs. 1 UStG aus der Errichtung des Gebäudes beträgt insgesamt 100 000 €.
    Hinsichtlich des Vorsteuerabzugsverbots nach § 15 Abs. 2 UStG ergibt sich Folgendes:
    Für das Vorsteuerabzugsverbot nach § 15 Abs. 2 UStG kommt es ausschließlich auf die Nutzungsabsicht des Gebäudes im Zeitpunkt des Bezugs der Bauleistungen an.
    Da die tatsächliche Nutzung nach Fertigstellung im Kalenderjahr der beabsichtigten Nutzung entspricht, ist diese Nutzung daraufhin zu untersuchen, inwieweit sie vorsteuerunschädlich und vorsteuerschädlich ist.

**Lösungsschritt 1** (Beurteilung der im 02 getätigten Ausgangsumsätze, sortieren in vorsteuerunschädliche und vorsteuerschädliche Ausgangsumsätze):

- **Nutzung EG:** Die Verwendung erfolgt für steuerpflichtige Umsätze, also liegen insoweit vorsteuerunschädliche Ausgangsumsätze vor.
- **Nutzung 1. OG:** Die Verwendung erfolgt für steuerpflichtige Umsätze, da ein Verzicht auf die Befreiung gemäß § 9 Abs. 1 UStG zulässig ist und das Optionsverbot wegen der steuerpflichtigen Umsätze des Grundstücksmaklers nicht eingreift. Also liegen insoweit vorsteuerunschädliche Ausgangsumsätze vor.
- **Nutzung 2. OG:** Die Verwendung erfolgt zu 50 % für steuerpflichtige Umsätze, weil eine Option nach § 9 Abs. 1 UStG nicht möglich ist, soweit die Räume für private Zwecke des Rechtsanwalts verwendet werden.

- **Nutzung 3. OG:** Die Verwendung erfolgt für steuerfreie Umsätze, da ein Verzicht auf die Befreiung gem. § 9 Abs. 1 UStG unzulässig ist. Also liegen insoweit vorsteuerschädliche Ausgangsumsätze vor.

**Lösungsschritt 2:**

Da das Gebäude sowohl vorsteuerunschädlich als vorsteuerschädlich genutzt wird, muss die Vorsteuer nach § 15 Abs. 4 UStG im Wege einer sachgerechten Schätzung aufgeteilt werden. Eine Aufteilung nach dem Verhältnis der Mieteinnahmen ist bei gleicher Ausstattung nicht zulässig. Die Aufteilung der Vorsteuer hat daher nach dem Verhältnis der Nutzflächen zu erfolgen. Der Prozentsatz der vorsteuerunschädlichen Nutzung errechnet sich daher wie folgt:

| | vorsteuerschädlich | vorsteuerunschädlich |
|---|---|---|
| Vermietung Erdgeschoss vorsteuerunschädlich 100 % bezogen auf das ganze Gebäude 1/4 | 0 % | 25 % |
| Vermietung 1. Obergeschoss vorsteuerunschädlich 100 % bezogen auf das ganze Gebäude 1/4 | 0 % | 25 % |
| Vermietung 2. Obergeschoss vorsteuerunschädlich 100 % bezogen auf das ganze Gebäude 1/4 | 12,5 % | 12,5 % |
| Vermietung 3. Obergeschoss vorsteuerunschädlich 0 % bezogen auf das ganze Gebäude 1/4 | 25 % | 0 % |
| Prozentsatz der vorsteuerunschädlichen Nutzung insgesamt: | | 62,5 % |

U darf somit 62,5 % der Vorsteuer von 100 000 € = 62 500 € abziehen.

## 13.3 Lösungshinweise zu Q 8.3 – § 15a UStG

### 13.3.1 Lösungshinweise zu Q 8.3.1 – Berichtigungsobjekt i. S. d. § 15a UStG

1. Die Nutzung der Bohrköpfe erfolgt in beiden Fällen auf eine gewisse Dauer (nicht nur punktuell zum Verkauf). Somit liegt pro Bohrkopf ein Wirtschaftsgut i. S. d § 15a Abs. 1 UStG vor.
2. Das Grundstück ist bei V Umlaufvermögen. Die Nutzung erfolgt punktuell ausschließlich durch die Veräußerung. Es liegt ein Berichtigungsobjekt i. S. v. § 15a Abs. 2 UStG vor.
3. Das Grundstück wird nicht nur punktuell durch die Veräußerung genutzt. Es wird zuvor durch die Vermietung auf eine gewisse Dauer genutzt. Es liegt ein Wirtschaftsgut i. S. d. § 15a Abs. 1 UStG vor.
4. Das Urheberrecht ist ein Wirtschaftsgut. Der Begriff des Wirtschaftsguts kann auch sonstige Leistungen i. S. d. UStG umfassen. Das Urheberrecht wird von T über mehrere Jahre hin genutzt. Es liegt ein Wirtschaftsgut i. S. d. § 15a Abs. 1 UStG vor. Das Urheberrecht ist eine sonstige Leistung und kann deshalb auch als Berichtigungsobjekt i. S. v. § 15a Abs. 4 UStG angesehen werden.

### 13.3.2 Lösungshinweise zu Q 8.3.2 – Leistungen an Wirtschaftsgütern

1. Bei den Reparaturkosten handelt es sich um Erhaltungsaufwand. Die hierbei angefallene Vorsteuer fällt unter § 15a Abs. 3 UStG. Dabei spielt es keine Rolle, ob es sich um eine sonstige Leistung oder um eine Werklieferung handelt. § 15a Abs. 3 UStG wäre nur dann nicht anwendbar, wenn sich die Leistung an dem Baukran sofort verbraucht hätte (vgl. A 15a.6 Abs. 6 UStAE).
2. Geht man davon aus, dass ein völlig neues Wirtschaftsgut entsteht, das dann im Unternehmen verwendet wird, liegt ein Wirtschaftsgut i. S. d. § 15a Abs. 1 UStG vor. Geht man davon aus, dass kein neues Wirtschaftsgut entsteht, handelt es sich wenigstens um nachträgliche Herstellungskosten. Bei der Vorsteuer von 6 650 € liegt also entweder ein Berichtigungsobjekt nach § 15a Abs. 1 oder nach Abs. 6 UStG vor.
3. Da die Halle sofort abgerissen wird, erfolgt der Abriss, um das Grundstück in den Zustand zu versetzen, in dem es von U erstmals verwendet wird (als Lagerplatz). Damit ist das Wirtschaftsgut, das unter § 15a Abs. 1 UStG fällt das unbebaute Grundstück. Die auf seine Anschaffung bzw. Herstellung entfallende Vorsteuer beträgt 50 000 € + 3 000 € = 53 000 €.
Die Bebauung mit dem Bürogebäude führt bezüglich des Grundstücks zu nachträglichen Herstellungskosten (das Bürogebäude ist gegenüber dem Grundstück kein selbstständiges Wirtschaftsgut), wobei die darauf entfallenden Vorsteuern nach § 15a Abs. 6 UStG eigenständig der Berichtigung nach § 15a UStG unterliegen. (Für das Bürogebäude läuft ein selbstständiger Berichtigungszeitraum.)
Die Aufstockung führt zu weiteren nachträglichen Herstellungskosten, wobei die darauf entfallenden Vorsteuern nach § 15a Abs. 6 UStG eigenständig der Berichtigung nach § 15a UStG unterliegen.
Anmerkung: Abgesehen von den eigenständigen Berichtigungszeiträumen hat die spätere Bebauung durchaus Auswirkung auf die Nutzung des Grund und Bodens. Ab der Nutzung des Bürogebäudes erfolgt die Nutzung des Grund und Bodens genauso, da einzige Aufgabe des Grund und Bodens ist, das Gebäude zu tragen.
4. Nach A 15a.3 Abs. 2 Satz 1 bis 3 UStAE ist für jeden gesondert in Verwendung genommenen Teil des Gebäudes (nachträgliche Herstellungskosten zum Grund und Boden) ein besonderer Berichtigungszeitraum anzunehmen. Somit läuft jeweils für das EG, das 1. OG, das 2. OG und das 3. OG ein besonderer Berichtigungszeitraum. Es ist deshalb notwendig, die insgesamt angefallene Vorsteuer für das Gebäude nach wirtschaftlich sachgerechten Kriterien auf die einzelnen Geschosse aufzuteilen.

### 13.3.3 Lösungshinweise zu Q 8.3.3 – Vorsteuern i. S. d. § 15a UStG

1. U hat für den Erwerb des Pkw keinen Vorsteuerabzug nach § 15 Abs. 1 UStG, da er den Pkw nicht von einem Unternehmer erworben hat. Somit liegt kein Berichtigungsobjekt i. S. d. § 15a UStG vor.
2. Da K Kleinunternehmer ist, wird von ihm für die Lieferung des Pkw gem. § 19 Abs. 1 Satz 1 UStG keine USt erhoben und er darf auch nach § 19 Abs. 1 Satz 4 UStG dem U keine USt in Rechnung stellen. Damit schuldet K die ausgewiesene USt nach § 14c Abs. 2 Satz 1 UStG. Es handelt sich also um keine regulär geschuldete USt i. S. v. § 15 Abs. 1 Nr. 1 UStG. Ein Vorsteuerabzug und damit eine Vorsteuerberichtigung nach 15a UStG kommen nicht in Betracht.

3. L tätigt an U eine steuerpflichtige Lieferung, die allerdings nach § 24 Abs. 1 Nr. 3 UStG dem Steuersatz von 10,7 % unterliegt. Die regulär geschuldete USt beträgt somit lediglich 10,7/110,7 von 23 800 € = 2 300,45 €. Die überhöht ausgewiesene USt von 1 499,55 € (3 800 € ./. 2 300,45 €) schuldet L nach § 14c Abs. 1 UStG. Somit liegt bei U lediglich in Höhe von 2 300,45 € USt ein Vorsteuerabzug nach § 15 Abs. 1 UStG vor (vgl. A 15.2a Abs. 6 Satz 12 UStAE). Nur die USt von 2 300,45 € kann nach § 15a UStG berichtigt werden.

### 13.3.4 Lösungshinweise zu Q 8.3.4 – Gewichtigkeit der Vorsteuern i. S. d. § 44 Abs. 1 UStDV

1. Auf die Anschaffung der Maschine entfallen neben den 980,40 € USt aus dem Kauf auch die 85,50 € USt aus dem (vor Gebrauch erfolgten) Umbau. Somit liegt die Vorsteuer mit 1 065,90 € (980,40 € + 85,50 €) über 1 000 €. § 44 Abs. 1 UStDV schließt also die Anwendung des § 15a UStG nicht aus.
2. Das Programm ist ein Wirtschaftsgut, das dem Unternehmen über ein Kalenderjahr hinaus dient, also ein Wirtschaftsgut i. S. d. § 15a Abs. 4 i. V. m. Abs. 1 UStG. Deshalb sind sämtliche Vorsteuern im Zusammenhang mit der Anschaffung des Programms zu einem Berichtigungsobjekt zusammenzufassen. Die insgesamt angefallene Vorsteuer beträgt 1 045 € (950 € + 95 €). § 44 Abs. 1 UStDV schließt also die Anwendung des § 15a UStG nicht aus.
3. Wirtschaftsgut i. S. d. § 15a UStG ist vorliegend das Grundstück mit Gebäude. Die hierauf entfallende Vorsteuer von 114 000 € liegt über 1 000 €. § 44 Abs. 1 UStDV schließt also die Anwendung des § 15a UStG nicht aus.
4. Das Grundstück ist ein Wirtschaftsgut i. S. d. § 15a UStG. Die hierauf entfallende Vorsteuer von 1 140 € liegt über 1 000 €. § 44 Abs. 1 UStDV schließt also die Anwendung des § 15a UStG nicht aus.
5. Es handelt sich um vier Wirtschaftsgüter. Die auf das einzelne Wirtschaftsgut entfallende Vorsteuer beträgt 285 € (vgl. A 15a.11 Abs. 1 Satz 2 und 3 UStAE). Die Vorsteuer übersteigt also nicht die Grenze von 1 000 €. § 44 Abs. 1 UStDV schließt daher die Anwendung des § 15a UStG in allen vier Fällen aus.
6. Wäre die USt bei dem Bruttoentgelt von 6 109 € (5 100 € + 1 009 €) richtig ausgewiesen, betrüge sie nur 975,39 €. Die USt ist also zu hoch ausgewiesen und wird in Höhe von 33,61 € nach § 14c Abs. 1 UStG geschuldet. Damit ist auch das Entgelt falsch angegeben. Es beträgt richtigerweise 5 133,61 € (6 109 € ./. 975,39 €). Da jedoch das Entgelt als Basis für die ausgewiesene USt angegeben sein muss (§ 14 Abs. 4 Nr. 7 UStG), wäre eigentlich überhaupt kein Vorsteuerabzug möglich. Die Verwaltung lässt jedoch in den Fällen des überhöhten Umsatzsteuerausweises einen Vorsteuerabzug i. H. d. gesetzlich geschuldeten USt = 975,39 € zu (vgl. A 15.2a Abs. 6 Satz 12 UStAE). Damit übersteigt die Vorsteuer nach § 15 Abs. 1 UStG nicht die Grenze von 1 000 €. § 44 Abs. 1 UStDV schließt daher die Anwendung des § 15a UStG aus.
7. Wäre die USt bei dem Bruttoentgelt von 6 297 € (5 300 € + 997 €) richtig ausgewiesen, betrüge sie 1 005,40 €. Die USt ist also zu niedrig ausgewiesen. Somit liegt bei U Vorsteuer nach § 15 Abs. 1 UStG in Höhe von nur 997 € vor. Die Vorsteuer übersteigt also nicht die Grenze von 1 000 €. § 44 Abs. 1 UStDV schließt daher die Anwendung des § 15a UStG aus. Im Falle einer entsprechenden Rechnungsberichtigung könnte allerdings § 15a UStG Anwendung finden.

8. Auf die Anschaffung der Maschine entfallen neben den 980,40 € USt aus dem Kauf auch die 85,50 € USt aus dem (vor Gebrauch erfolgten) Umbau. Somit liegt die Vorsteuer mit 1 065,90 € (980,40 € + 85,50 €) über 1 000 €. § 44 Abs. 1 UStDV schließt also die Anwendung des § 15a UStG nicht aus. Dass die Vorsteuern in verschiedene Kalenderjahre fallen, schließt ihre Zusammenfassung für die Anwendung des § 15a UStG nicht aus, weil das Berichtigungsobjekt ein Wirtschaftsgut i. S. v. § 15a Abs. 1 UStG ist.
9. Die dem U berechneten 1 900 € USt sind Vorsteuern i. S. d. § 15 Abs. 1 UStG, da alle Voraussetzungen des § 15 Abs. 1 UStG vorliegen. U darf die ihm berechnete USt wegen des Abzugsverbots nach § 15 Abs. 2 UStG nur zur Hälfte als Vorsteuer nach § 15 UStG abziehen. Gleichwohl liegt bei U abziehbare Vorsteuer nach § 15 Abs. 1 UStG in Höhe von 1 900 € vor. Diese Vorsteuer liegt über 1 000 €. § 44 Abs. 1 UStDV schließt also die Anwendung des § 15a UStG nicht aus.

### 13.3.5 Lösungshinweise zu Q 8. 3.5 – Dauer des Berichtigungszeitraums

1. Der Berichtigungszeitraum dauert vier Jahre gem. § 15a Abs. 5 Satz 2 UStG (vgl. auch A 15a.3 Abs. 1 Satz 4 UStAE).
2. Der Berichtigungszeitraum dauert fünf Jahre gem. § 15a Abs. 1 Satz 1 UStG. Die betriebsgewöhnliche Nutzungsdauer hätte nur dann Bedeutung, wenn sie **kürzer** wäre.
3. Der Berichtigungszeitraum dauert vier Jahre gem. § 15a Abs. 5 Satz 2 UStG (vgl. auch A 15a.3 Abs. 7 Satz 1 UStAE).
4. Der Berichtigungszeitraum dauert drei Jahre gem. § 15a Abs. 5 Satz 2 UStG (vgl. auch A 15a.3 Abs. 1 Satz 4 UStAE).
5. Der Berichtigungszeitraum dauert zehn Jahre gem. § 15a Abs. 1 Satz 2 UStG. Die betriebsgewöhnliche bzw. tatsächliche Nutzungsdauer hätte nur dann Bedeutung, wenn sie **kürzer** wäre.
6. Der Berichtigungszeitraum dauert fünf Jahre gem. § 15a Abs. 1 Satz 1 UStG. Die betriebsgewöhnliche bzw. tatsächliche Nutzungsdauer hätte nur dann Bedeutung, wenn sie **kürzer** wäre.

### 13.3.6 Lösungshinweise zu Q 8. 3.6 – Beginn und Ende des Berichtigungszeitraums

1. Der Berichtigungszeitraum dauert fünf Jahre gem. § 15a Abs. 1 Satz 1 UStG. Die betriebsgewöhnliche Nutzungsdauer hätte nur dann Bedeutung, wenn sie kürzer wäre. Der Berichtigungszeitraum beginnt mit der erstmaligen Verwendung am 18. 03. 01 und endet an sich am 17. 03. 06. Gem. § 45 UStDV endet er jedoch am 31. 03. 06. Dies hat jedoch nicht zur Folge, dass die auf die einzelnen Jahre des Berichtigungszeitraums zu verteilende Vorsteuer aufgrund einer Gesamtnutzungsdauer von 5 Jahren + 13 Tagen (5 × 365 + 13 = 1 838 Tage) berechnet wird. Das würde den Sinn der Vereinfachung (vgl. § 15a Abs. 11 Nr. 1 UStG) ins Gegenteil verkehren. Vielmehr ist für die **Vorsteuerberichtigung nach § 15a UStG** davon auszugehen, dass der Beginn des Berichtigungszeitraums entsprechend dem Ende verschoben wird (vgl. A 15a.3 Abs. 1 Satz 6 und A 15a.3 Abs. 6 UStAE). Der Berichtigungszeitraum des § 15a UStG läuft somit vom 01. 04. 01 bis 31. 03. 06.
2. Der Berichtigungszeitraum dauert fünf Jahre gem. § 15a Abs. 5 Satz 1 UStG. Der Berichtigungszeitraum beginnt mit der erstmaligen Verwendung und endet an sich am 13. 03. 06. Gem. § 45 UStDV endet er jedoch Ende Februar 06. Dies hat jedoch nicht zur Folge, dass die auf die einzelnen Jahre des Berichtigungszeitraums zu verteilende Vorsteuer aufgrund

einer Gesamtnutzungsdauer von 5 Jahren ./. 14 Tage (5 × 365 ./. 14 = 1 811 Tage) berechnet wird. Das würde den Sinn der Vereinfachung (vgl. § 15a Abs. 11 Nr. 1 UStG) ins Gegenteil verkehren. Vielmehr ist für die **Vorsteuerberichtigung nach § 15a UStG** davon auszugehen, dass der Beginn des Berichtigungszeitraums entsprechend dem Ende verschoben wird (vgl. A 15a.3 Abs. 1 Satz 6 und A 15a.3 Abs. 6 UStAE). Der Berichtigungszeitraum des § 15a UStG läuft somit vom 01. 03. 01 bis Ende Februar 06.

3. Der Berichtigungszeitraum dauert an sich fünf Jahre gem. § 15a Abs. 5 Satz 1 UStG. Er verkürzt sich jedoch infolge des Totalschadens (vgl. A 15a.3 Abs. 7 Satz 1 UStAE). Der Berichtigungszeitraum beginnt mit der erstmaligen Verwendung am 01. 03. 01 und endet an sich am 10. 02. 05. Gem. § 45 UStDV endet er jedoch am 31. 01. 05. Da man in derartigen Fällen zunächst von einem längeren Berichtigungszeitraum ausgeht, kann sich eine bereits vorgenommene Vorsteuerberichtigung nachträglich als unrichtig erweisen. In diesem Fall ist die bereits vorgenommene Vorsteuerberichtigung nach den Vorschriften der AO (§ 164 Abs. 2 bzw. § 175 Abs. 1 Nr. 2 AO) zu korrigieren.
4. Der Berichtigungszeitraum dauert fünf Jahre gem. § 15a Abs. 5 Satz 1 UStG. Der Berichtigungszeitraum beginnt mit der erstmaligen Verwendung am 01. 03. 01 und endet Ende Februar 06. Die Veräußerung des noch verwendungsfähigen Pkw beendet den Berichtigungszeitraum nicht (vgl. § 15a Abs. 8 UStG). Gem. § 15a Abs. 9 UStG wird bis zum Ende des Berichtigungszeitraums eine fiktive Nutzung entsprechend der Veräußerung unterstellt.
5. Der Berichtigungszeitraum dauert fünf Jahre gem. § 15a Abs. 5 Satz 1 UStG. Der Berichtigungszeitraum beginnt mit der erstmaligen Verwendung am 01. 03. 01 und endet Ende Februar 06. Die Entnahme des noch verwendungsfähigen Pkw beendet den Berichtigungszeitraum nicht (vgl. § 15a Abs. 8 UStG). Gem. § 15a Abs. 9 UStG wird bis zum Ende des Berichtigungszeitraums eine fiktive Nutzung entsprechend der Lieferung gem. § 3 Abs. 1b Nr. 1 UStG unterstellt.
6. Lösung wie Fall 4.
7. Da die Halle sofort abgerissen wird, erfolgt der Abriss, um das Grundstück in den Zustand zu versetzen, in dem es von U erstmals verwendet wird (als Lagerplatz). Damit ist das Berichtigungsobjekt, das unter § 15a Abs. 1 UStG fällt, das unbebaute Grundstück. Die auf seine Anschaffung bzw. Herstellung entfallende Vorsteuer beträgt 50 000 € + 3 000 € = 53 000 €. Der Berichtigungszeitraum beginnt mit der erstmaligen Nutzung als Lagerplatz am 01. 08. 01. Er dauert nach § 15a Abs. 5 Satz 1 UStG zehn Jahre und endet somit am 31. 07. 11.

   Die Bebauung mit dem Bürogebäude führt bezüglich des Grundstücks zu nachträglichen Herstellungskosten (das Bürogebäude ist gegenüber dem Grundstück kein selbstständiges Wirtschaftsgut), wobei die darauf entfallenden Vorsteuern nach § 15a Abs. 6 UStG eigenständig der Berichtigung nach § 15a UStG unterliegen. (Für das Bürogebäude läuft ein selbstständiger Berichtigungszeitraum). Der Berichtigungszeitraum beginnt mit der erstmaligen Nutzung des Bürogebäudes am 01. 06. 05. Er dauert nach § 15a Abs. 5 Satz 1 UStG zehn Jahre und endet somit am 31. 05. 15.

   Die Aufstockung führt zu weiteren nachträglichen Herstellungskosten, wobei die darauf entfallenden Vorsteuern nach § 15a Abs. 6 UStG eigenständig der Berichtigung nach § 15a UStG unterliegen. Der Berichtigungszeitraum beginnt mit der erstmaligen Nutzung des zusätzlichen Stockwerks am 01. 10. 07. Er dauert nach § 15a Abs. 5 Satz 1 UStG zehn Jahre und endet somit am 30. 09. 17.

8. Nach A 15a.3 Abs. 2 Satz 1 UStAE ist für jeden gesondert in Verwendung genommenen Teil des Gebäudes (nachträgliche Herstellungskosten zum Grund und Boden) ein besonderer Berichtigungszeitraum anzunehmen. Somit läuft jeweils für das EG, das 1. OG, das 2. OG und das 3. OG ein besonderer Berichtigungszeitraum. Es ist deshalb notwendig, die insgesamt angefallene Vorsteuer für das Gebäude nach wirtschaftlich sachgerechten Kriterien auf die einzelnen Geschosse aufzuteilen. Somit laufen die Berichtigungszeiträume wie folgt:

| | |
|---|---|
| Für das EG | vom 01. 02. 01 bis 31. 01. 11 |
| Für das 1. OG | vom 01. 07. 01 bis 30. 06. 11 |
| Für das 2. OG | vom 01. 01. 02 bis 31. 12. 11 |
| Für das 3. OG | vom 01. 03. 02 bis Ende Februar 12. |

Wie beim 3. OG ersichtlich wird, ist Nutzung i. S. d. § 15a UStG also das Bewirken von Ausgangsumsätzen. Auf das Verhalten durch den Mieter kommt es nicht an.

### 13.3.7 Lösungshinweise zu Q 8.3.7 – Gewichtigkeit der Nutzungsänderung i. S. d. § 44 Abs. 2 UStDV

1. A hat aus dem Erwerb des Pkw Vorsteuer nach § 15 Abs. 1 UStG in Höhe von 4750 €. Für das Vorsteuerabzugsverbot nach § 15 Abs. 2 UStG ist ausschließlich auf die Nutzungsabsicht im Zeitpunkt des Erwerbs des Pkw abzustellen. Die beabsichtigte vorsteuerunschädliche Nutzung beträgt somit 100 %.
   Damit beträgt die Nutzungsänderung 9 % für das Jahr 02. Die relative Grenze von 10 % ist damit nicht erreicht. Bei einer Vorsteuerberichtigung für das Jahr 02 würde sich offensichtlich ein Berichtigungsbetrag ergeben, der unter der absoluten Gewichtigkeitsgrenze des § 44 Abs. 2 UStDV von 1000 € liegt. Eine Vorsteuerberichtigung nach § 15a UStG muss nach § 44 Abs. 2 UStDV unterbleiben.
   Die Nutzungsänderung für 03 beträgt 100 ./. 82 = 18 %. Damit ist die relative Grenze von 10 % erreicht. Eine Vorsteuerberichtigung nach § 15a UStG ist durchzuführen.
   Die Nutzungsänderung für 04 beträgt 100 ./. 73 = 27 %. Damit ist die relative Grenze von 10 % erreicht. Eine Vorsteuerberichtigung nach § 15a UStG ist durchzuführen.
   Die Nutzungsänderung für 05 beträgt 100 ./. 64 = 36 %. Damit ist die relative Grenze von 10 % erreicht. Eine Vorsteuerberichtigung nach § 15a UStG ist durchzuführen.
   Die Nutzungsänderung für 06 beträgt 100 % ./. 55 % = 45 %. Damit ist die relative Grenze von 10 % erreicht. Eine Vorsteuerberichtigung nach § 15a UStG ist durchzuführen.
2. Die Nutzungsänderung für 02 beträgt 100 ./. 90 = 10 %. Damit ist die relative Grenze von 10 % erreicht. Eine Vorsteuerberichtigung nach § 15a UStG ist durchzuführen. Ist die Nutzungsänderung von 10 % erreicht, ist eine Vorsteuerberichtigung durchzuführen, auch wenn sich ein sehr geringer Berichtigungsbetrag ergibt.

### 13.3.8 Lösungshinweise zu Q 8.3.8 – Ermittlung des Prozentsatzes der Nutzungsänderung i. S. d. § 44 Abs. 2 UStDV

1. Für den Vorsteuerabzug nach § 15 UStG kommt es ausschließlich auf die im Zeitpunkt der Errichtung des Gebäudes bestehende Verwendungsabsicht an. Somit ist von einer vorsteuerunschädlichen Nutzung in Höhe von 100 % für den Vorsteuerabzug nach § 15 UStG

auszugehen. Dieser Prozentsatz ist maßgeblich für die Beurteilung einer Nutzungsänderung i. S. d. § 15a UStG.
Der Berichtigungszeitraum für das gesamte Gebäude beginnt einheitlich zum 01. 01. 02 (vgl. A 15a.3 Abs. 2 Satz 4 UStAE).
Da das Gebäude im Kalenderjahr 02 entgegen der ursprünglichen Absicht teilweise steuerfrei genutzt wird, kommt eine Vorsteuerberichtigung nach § 15a UStG in Betracht. Die Aufteilung hat bei gleicher Ausstattung nach dem Verhältnis der Nutzflächen zu erfolgen. Der Prozentsatz der vorsteuerunschädlichen Nutzung errechnet sich daher für das Kalenderjahr 02 wie folgt:

| | vorsteuerschädlich | vorsteuerunschädlich |
|---|---|---|
| Vermietung Erdgeschoss vorsteuerunschädlich 100 % bezogen auf das ganze Gebäude 1/2 | 0 % | 50 % |
| beabsichtigte Vermietung 1. OG Januar und Februar vorsteuerunschädlich 100 % bezogen auf das ganze Jahr 2/12, auf das ganze Gebäude 1/2 | 0 % | 8,33 % |
| beabsichtigte und tatsächliche Vermietung 1. OG März bis Dezember vorsteuerunschädlich 0 % bezogen auf das ganze Jahr 10/12, auf das ganze Gebäude 1/2 | 41,67 % | 0 % |
| Prozentsatz der vorsteuerunschädlichen Nutzung insgesamt | | 58,33 % |

Der Prozentsatz der Nutzungsänderung für das Kalenderjahr 02 beträgt somit 100 % ./. 58,33 % = 41,67 %.
Der Prozentsatz der vorsteuerunschädlichen Nutzung für das Kalenderjahr 03 errechnet sich wie folgt:

| | vorsteuerschädlich | vorsteuerunschädlich |
|---|---|---|
| Vermietung Erdgeschoss vorsteuerunschädlich 100 % bezogen auf das ganze Gebäude 1/2 | 0 % | 50 % |
| Vermietung 1. OG Januar bis September vorsteuerunschädlich 0 % bezogen auf das ganze Jahr 9/12, auf das ganze Gebäude 1/2 | 37,5 % | 0 % |
| Vermietung 1. OG Oktober bis Dezember vorsteuerunschädlich 100 % bezogen auf das ganze Jahr 3/12, auf das ganze Gebäude 1/2 | 0 % | 12,5 % |
| Prozentsatz der vorsteuerunschädlichen Nutzung insgesamt | | 62,5 % |

Der Prozentsatz der Nutzungsänderung für das Kalenderjahr 03 beträgt somit 100 % ./. 62,5 % = 37,5 %.

2. Wie bei 1. beträgt der für die Beurteilung einer Nutzungsänderung i. S. d. § 15a UStG maßgebliche Prozentsatz der vorsteuerunschädlichen Nutzung 100 %.

Die Veräußerung ist aufgrund der zulässigen Option nach § 9 UStG steuerpflichtig. Sie gilt gemäß § 15a Abs. 8 i. V. m. Abs. 9 UStG als vorsteuerunschädliche Nutzung von 100 % vom Zeitpunkt der Veräußerung bis zum Ende des Berichtigungszeitraums 31. 12. 11. Da die vorherige Nutzung im Kalenderjahr 04 voll steuerpflichtig ist, ist die Nutzung im Kalenderjahr 04 insgesamt zu 100 % vorsteuerunschädlich. Es liegt somit keine Nutzungsänderung i. S. d. § 15a UStG für das Kalenderjahr 04 und aufgrund der insgesamt steuerpflichtigen Veräußerung ebenso für die folgenden Jahre vor.

3. Wie bei 1. beträgt der für die Beurteilung einer Nutzungsänderung i. S. d. § 15a UStG maßgebliche Prozentsatz der vorsteuerunschädlichen Nutzung 100 %.
   Die Veräußerung ist steuerfrei nach § 4 Nr. 9 Buchst. a UStG. Sie gilt gem. § 15a Abs. 8 i. V. m. Abs. 9 UStG als vorsteuerunschädliche Nutzung von 0 % vom Zeitpunkt der Veräußerung bis zum Ende des Berichtigungszeitraums 31. 12. 11. Da für die Zeit von 01. 01. 04 bis 30. 04. 04 das Gebäude ausschließlich für steuerpflichtige Umsätze und für die Zeit von 01. 05. bis 31. 12. ausschließlich für fiktiv steuerfreie Umsätze verwendet wird, ist das Nutzungsverhältnis zeitanteilig zu ermitteln. Die vorsteuerunschädliche Nutzung beträgt 4/12 = 33,33 %. Die Nutzungsänderung beträgt also 100 % ./. 33,33 % = 66,67 %.
   Für die Kalenderjahre 05 bis 11 beträgt das Nutzungsverhältnis für vorsteuerunschädliche Umsätze 0 %, die Nutzungsänderung also 100 %.
4. Aufgrund der Vermietung des gesamten Gebäudes an U wird das vermietete Gebäude zum in der Gliederung des Unternehmens gesondert geführten Betrieb i. S. d. § 1 Abs. 1a UStG. Die Veräußerung ist somit nicht steuerbar. U tritt hinsichtlich der Berichtigung nach § 15a Abs. 10 UStG in die Rechtsstellung des A ein. Da U das Gebäude ebenso wie A steuerpflichtig nutzt, ergibt sich für das Kalenderjahr 04 keine Vorsteuerberichtigung nach § 15a UStG.

### 13.3.9 Lösungshinweise zu Q 8.3.9 – Ermittlung des Berichtigungsbetrags

**Ausgangsumsätze:**

a) Die Vermietung vom 01. 05. 02 bis 30. 11. 03 ist infolge der zulässigen Option nach § 9 UStG steuerpflichtig, also zu 100 % vorsteuerunschädlich.
b) Die Vermietung vom 01. 11. 03 bis 31. 12. 04 ist zwingend steuerfrei nach § 4 Nr. 12 Buchst. a UStG (keine Optionsmöglichkeit nach § 9 Abs. 2 UStG), also zu 0 % vorsteuerunschädlich.

**Vorsteuerabzug nach § 15 UStG:**

Die in Rechnung gestellte USt von 80 000 € erfüllt alle Voraussetzungen des § 15 Abs. 1 UStG. Für das Abzugsverbot nach § 15 Abs. 2 UStG ist auf die beabsichtigte Nutzung im Zeitpunkt des Erwerbs abzustellen. Die vorsteuerunschädliche Nutzung beträgt somit 100 %. A darf die ihm in Rechnung gestellte Umsatzsteuer in Höhe von 80 000 € in vollem Umfang als Vorsteuer abziehen.

Da die Nutzung im Kalenderjahr 02 der beabsichtigten Nutzung entspricht, ergibt sich für das Kalenderjahr 02 keine Vorsteuerberichtigung nach § 15a UStG.

Die Vermietung ab 01. 12. 03 an die Behörde B ist steuerfrei. Hieraus ergibt sich eine Nutzungsänderung. Die Nutzungsverhältnisse entwickeln sich wie folgt:

**Nutzungsänderung im Kalenderjahr 03:**

| | |
|---|---|
| Prozentsatz der vorsteuerunschädlichen Nutzung | |
| vom 01. 01. 03 bis 30. 11. 03: 100 % | |
| umgerechnet aufs ganze Jahr 100 % × 11/12 | = 91,67 % |
| vom 01. 12. 03 bis 31. 12. 03: 0 % | |
| umgerechnet aufs ganze Jahr 0 % × 1/12 | = 0,00 % |
| Prozentsatz der vorsteuerunschädlichen Nutzung insgesamt | = 91,67 % |

Die Nutzungsänderung beträgt also 100 % ./. 91,76 % = 8,33 %. Da sie kleiner als 10 % ist, führt sie nach § 44 Abs. 2 UStDV nur dann zu einer Berichtigung nach § 15a UStG, wenn der Berichtigungsbetrag größer als 1 000 € ist. Er errechnet sich wie folgt:

Anteilige auf das Kalenderjahr 03 entfallende Vorsteuer nach § 15 Abs. 1 UStG 80 000 €/10 = 8 000 € × 8,33 % = 666,40 €. Da die absolute Grenze von 1 000 € nicht überschritten ist, ist eine Vorsteuerberichtigung nach § 15a UStG bei A für das Kalenderjahr 03 nicht vorzunehmen.

Aufgrund der steuerfreien Vermietung in 04 ergibt sich für 04 ebenfalls eine Nutzungsänderung. Die Nutzungsverhältnisse für 04 sind zu 0 % vorsteuerunschädlich. Die Nutzungsänderung beträgt somit 100 %. Die Vorsteuerberichtigung nach § 15a UStG beträgt 100 % der anteilig auf das Kalenderjahr 04 entfallenden Vorsteuer von 8 000 € = 8 000 € zu Ungunsten des A.

### 13.3.10 Lösungshinweise zu Q 8.3.10 – Zeitpunkt der Vorsteuerberichtigung

1. Die Vorsteuerberichtigungsbetrag für das Kalenderjahr 03 beträgt 50 % von 7 500 € = 3 750 € zu Ungunsten des U. Nach § 44 Abs. 3 Satz 1 UStDV ist daher die Vorsteuerberichtigung nach § 15a UStG für das Kalenderjahr 03 erst mit der USt-Jahresanmeldung für 03 vorzunehmen.
   Für das Kalenderjahr 04 beträgt der Vorsteuerberichtigungsbetrag 100 % von 7 500 € = 7 500 €. Deshalb muss U die Vorsteuerberichtigung nach § 15a UStG in den einzelnen USt-Voranmeldungen in Höhe von monatlich 625 € zu seinen Ungunsten vornehmen.
2. Nach § 44 Abs. 3 Satz 2 UStDV ist die Vorsteuerberichtigung für 03 und für sämtliche Folgejahre bis zum Jahr 12 bei der Steuerberechnung für den Voranmeldungszeitraum Juli 03 vorzunehmen. U muss den Berichtigungsbetrag selbst errechnen und in die USt-Voranmeldung für Juli 03 aufnehmen.

### 13.3.11 Lösungshinweise zu Q 8.3.11 – Ermittlung des Berichtigungsbetrags bei Veräußerung des Wirtschaftsguts

1. Wie in Fall 1 in 13.3.8 dargestellt, beträgt die Nutzungsänderung im Kalenderjahr 02 41,67 %, 37,5 % im Kalenderjahr 03 und 0 % im Kalenderjahr 04. Somit ergibt sich für die Kalenderjahre 02 und 03 eine Vorsteuerberichtigung nach § 15a UStG wie folgt:

- für 02: 41,67 % von 80 000 €/10 = 3 333,60 € zu Ungunsten des A
- für 03: 37,5 % von 80 000 €/10 = 3 000 € zu Ungunsten des A

Die Veräußerung in 05 ist steuerfrei nach § 4 Nr. 9 Buchst. a UStG. Sie gilt gem. § 15a Abs. 8 i. V. m. Abs. 9 UStG als vorsteuerunschädliche Nutzung von 0 % vom Zeitpunkt der Veräußerung bis zum Ende des Berichtigungszeitraums 31. 12. 11. Da für die Zeit von 01. 01. 05 bis 30. 06. 05 das Gebäude ausschließlich für steuerpflichtige Umsätze und für die Zeit von 01. 07. bis 31. 12. ausschließlich für fiktiv steuerfreie Umsätze verwendet wird,

ist das Nutzungsverhältnis zeitanteilig zu ermitteln. Die vorsteuerunschädliche Nutzung beträgt 1/2 = 50 %. Die Nutzungsänderung beträgt also 100 % ./. 50 % = 50 %. Die Vorsteuerberichtigung nach § 15a UStG für das Kalenderjahr 05 beträgt somit 50 % von 80 000 € /10 = 4 000 € zu Ungunsten des A.
Für die Kalenderjahre 05 bis 11 beträgt das Nutzungsverhältnis für vorsteuerunschädliche Umsätze 0 %, die Nutzungsänderung also 100 %. Für jedes Jahr beträgt die Vorsteuerberichtigung nach § 15a UStG deshalb 100 % von 80 000 €/10 = 8 000 € zu Ungunsten des A.
Nach § 44 Abs. 3 Satz 2 UStDV sind die Berichtigungen für 05 bis 11 in die Umsatzsteuervoranmeldung Juli 05 aufzunehmen. Der Berichtigungsbetrag beträgt insgesamt 52 000 € (4 000 € + 6 × 8 000 €).

2. Lösung bis einschließlich zu dem Jahr 04 wie Fall 1.
Die Veräußerung im Jahr 05 ist jedoch infolge der zulässigen Option nach § 9 UStG steuerpflichtig. Sie gilt gem. § 15a Abs. 4 i. V. m. Abs. 6 als 100 % vorsteuerunschädliche Nutzung vom 01. 07. 05 bis 31. 12. 11. Da die Nutzung in der Zeit vom 01. 01. 05 bis 30. 06. 05 ebenfalls vorsteuerunschädlich ist, ist die Nutzung in den Kalenderjahren 5 bis 11 insgesamt zu 100 % vorsteuerunschädlich. Es ergibt sich somit für diese Jahre keine Nutzungsänderung und keine Vorsteuerberichtigung nach § 15a UStG.

### 13.3.12 Lösungshinweise zu Q 8.3.12 – Vorsteuerberichtigung bei zwischenzeitlicher Nichtnutzung

**Ausgangsumsätze:**

a) Die Vermietung vom 01. 01. 02. bis 31. 12. 04 ist infolge zulässiger Option nach § 9 UStG steuerpflichtig, also zu 100 % vorsteuerunschädlich.
b) Die Vermietung vom 01. 11. 05 bis 31. 12. 06 ist laut Sachverhalt zur Hälfte steuerpflichtig, also zu 50 % vorsteuerunschädlich.

**Vorsteuerabzug:**

Die USt in Höhe von 100 000 € erfüllt alle Voraussetzungen für den Vorsteuerabzug nach § 15 Abs. 1 UStG.

Bezüglich des Abzugsverbots nach § 15 Abs. 2 UStG ist auf die beabsichtigte steuerpflichtige Nutzung abzustellen. Deshalb darf U die Vorsteuer von 100 000 € in vollem Umfang abziehen.

**Vorsteuerberichtigung nach § 15a UStG für die Jahre 05 und 06:**

In den Kalenderjahren 05 und 06 tritt eine Nutzungsänderung ein. Die Zeit der Nichtnutzung muss dabei entsprechend der zu dieser Zeit bestehenden Nutzungsabsicht behandelt werden (vgl. A 15a.2 Abs. 8 i. V. m. A 15.12 Abs. 1 Sätze 5 und 6 UStAE). Deshalb ist für das Kalenderjahr 05 von einer 50 % vorsteuerunschädlichen Nutzung auszugehen. Die Nutzungsänderung für das Kalenderjahr 05 beträgt somit 100 % ./. 50 % = 50 %. U hat für 05 eine Vorsteuerberichtigung nach § 15a UStG in Höhe von 50 % von 10 000 € = 5 000 € zu seinen Ungunsten vorzunehmen. Gem. § 44 Abs. 3 Satz 1 UStDV hat die Berichtigung erst in der Jahresanmeldung für 05 zu erfolgen. Für das Kalenderjahr 06 beträgt die Nutzungsänderung ebenso 50 %. Auch für das Kalenderjahr 06 hat U daher eine Vorsteuerberichtigung nach § 15a UStG in Höhe von 50 % von 10 000 € = 5 000 € zu seinen Ungunsten in der Jahresanmeldung für 06 vorzunehmen.

### 13.3.13 Lösungshinweise zu Q 8.3.13 – Vorsteuerberichtigung nach § 15a UStG, wenn die Entscheidung über den Vorsteuerabzug sachlich unrichtig war

1. Die umsatzsteuerrechtliche Beurteilung der Verwendungsumsatzätze war falsch. Richtigerweise erfolgte eine vorsteuerunschädliche Nutzung zu 50 %. A hätte also nur 50 000 € Vorsteuern aus dem Erwerb geltend machen dürfen und hat somit 50 000 € zu Unrecht als Vorsteuer geltend gemacht. Laut Sachverhalt ist jedoch eine Korrektur des vorgenommenen Vorsteuerabzugs nicht mehr möglich.
   Deshalb ist der für den Vorsteuerabzug nach § 15 UStG zugrunde gelegte prozentuale Anteil der Verwendung für vorsteuerunschädliche Ausgangsumsätze von 100 % maßgeblich für die Vorsteuerberichtigung nach § 15a UStG in den Folgejahren, soweit der Vorsteuerabzug nach § 15 UStG für das Kalenderjahr 01 in den betreffenden Folgejahren nicht mehr änderbar war. Eine Vorsteuerberichtigung nach § 15a UStG für die Kalenderjahre 02 bis 06 scheidet damit aus (vgl. A 15a.4 Abs. 3 Satz 5 UStAE).
   Die Vermietung bis zum Ende des Jahres 07 ist lt. Sachverhalt zu 50 % steuerfrei. Damit ist die gesamte Nutzung des Gebäudes im Kalenderjahr 07 zu 50 % vorsteuerunschädlich. Der Vorsteuerabzug kann daher erstmals für das Kalenderjahr 07 nach § 15a UStG berichtigt werden, da das Vorsteuerabzugsjahr 01 im Kalenderjahr 07 nicht mehr korrigiert werden konnte. Es ist von einer vorsteuerunschädlichen Nutzung im Erstjahr in Höhe von 100 % auszugehen. Die Nutzungsänderung beträgt somit 100 % ./. 50 % = 50 %. Die Vorsteuerberichtigung nach § 15a UStG beträgt somit 50 % von 10 000 € = 5 000 €. Hinsichtlich der fälschlicherweise für die Vermietung zu hoch angesetzten USt kommt es darauf an, ob hierfür die USt gesondert in Rechnung gestellt wurde. War dies der Fall, wurde die USt zwar nicht regulär, jedoch nach § 14c Abs. 1 UStG geschuldet. Die USt nach § 14c Abs. 1 UStG entfällt erst für den Voranmeldungszeitraum, in dem die Rechnung berichtigt und die zu Unrecht erhobene Umsatzsteuer zurückgezahlt wird (vgl. A 14c.1 Abs. 5 und 7 UStAE).
   Die Veräußerung zum 01. 01. 08 ist gem. § 15a Abs. 8 i. V. m. Abs. 9 UStG als vorsteuerschädliche Nutzung bis zum Ende des Berichtigungszeitraums 31. 12. 10 anzusehen. Die Nutzungsänderung beträgt jeweils 100 % ./. 0 = 100 %. Die Berichtigung beträgt somit für jedes weitere Jahr des Berichtigungszeitraums 100 % × 10 000 € = 10 000 €. Die Berichtigung ist insgesamt gem. § 44 Abs. 3 Satz 2 UStDV für den Voranmeldungszeitraum Januar 08 vorzunehmen. A muss für den Voranmeldungszeitraum Januar 08 also 3 × 10 000 € = 30 000 € gem. § 15a UStG an das Finanzamt zurückzahlen.
2. Lösung für die Jahre 01 bis 07 vgl. vorstehender Fall 1!
   Die Veräußerung zum 01. 01. 08 ist gem. § 15a Abs. 4 i. V. m. Abs. 6 UStG als vorsteuerunschädliche Nutzung bis zum Ende des Berichtigungszeitraums 31. 12. 10 anzusehen. Der Prozentsatz der vorsteuerunschädlichen Nutzung beträgt somit für die Jahre 08 bis 10 jeweils 100 %. Damit ist keine Nutzungsänderung gegenüber den für den Vorsteuerabzug nach § 15 UStG maßgeblichen Nutzungsverhältnissen eingetreten. Es ist keine Vorsteuerberichtigung nach § 15a UStG für die Kalenderjahre 08 bis 10 vorzunehmen.

## 14 Lösungshinweise zu R 5 – Steuer nach § 14c Abs. 1 und 2 UStG

1. Da B nicht über eine von ihm erbrachte Leistung abrechnet, handelt es sich um keine Rechnung i. S. d. § 14 UStG. Es handelt sich um eine sog. Scheinrechnung, in der B wie ein leistender Unternehmer abrechnet. B schuldet daher den gesondert ausgewiesenen Betrag

in Höhe von 9 500 € nach § 14c Abs. 2 UStG. Dass keine konkrete Gefährdung des USt-Aufkommens durch eine unrechtmäßige Geltendmachung des Vorsteuerabzugs eintritt, ändert an der Rechtsfolge nichts, da § 14c Abs. 2 UStG einen **abstrakten Gefährdungstatbestand** darstellt. Die Steuer nach § 14c Abs. 2 UStG kann jedoch im Verfahren nach § 14c Abs. 2 Sätze 3 bis 5 UStG beseitigt werden.

2. H tätigt im Rahmen eines Tauschs mit Baraufgabe eine steuerpflichtige Lieferung an P. Die USt für H berechnet sich wie folgt:

| | |
|---|---|
| gemeiner Wert des gebrauchten Pkw | 3 000 € |
| zuzüglich Baraufgabe | |
| (Rechnungsbetrag 23.800 € ./. Inzahlungnahme PKW 6.000 €) | 17 800 € |
| Bruttoentgelt | 20 800 € |
| enthaltene USt 19 % (19/119) = 3 321,01 € | |

Da H jedoch die USt mit 3 800 € zu hoch ausgewiesen hat, schuldet er die überhöht ausgewiesene USt von 478,99 € (3 800 € ./. 3 321,01 €) nach § 14c Abs. 1 UStG (vgl. A 10.5 Abs. 5 UStAE).

3. Lösung wie im Fall 2. Auch wenn in der Rechnung die Angaben des § 14 Abs. 4 Nr. 2 und 6 UStG fehlen, schuldet er die überhöht ausgewiesene USt von 478,99 € (3 800 € ./. 3 321,01 €) nach § 14c Abs. 1 UStG. (sinngemäße Anwendung des BFH-Urteils vom 17. 02. 2011 BStBl II, 734, vgl. auch A 14c.1 Abs. 1 Satz 2 UStAE).

4. Es liegt eine Kleinbetragsrechnung i. S. d. § 33 UStDV vor. Bei ihr wirkt der Ausweis des Steuersatzes wie ein gesonderter Steuerausweis (vgl. A 14c.2 Abs. 1 Satz 5 UStAE). Somit ist davon auszugehen, dass F die Steuer in Höhe von 19/119 von 20 € = 3,19 € gesondert ausgewiesen hat. Da F Kleinunternehmer ist, ist er nach § 19 Abs. 1 Satz 4 UStG nicht zum gesonderten USt-Ausweis berechtigt. F schuldet daher den Betrag von 3,19 € nach § 14c Abs. 2 Satz 1 UStG (vgl. A 14c.2 Abs. 2 Nr. 1 UStAE).

5. Im Gegensatz zu Fall 3 hat F keinen Steuersatz, sondern lediglich den Umrechnungsfaktor angegeben. Es liegt daher keine Kleinbetragsrechnung i. S. d. § 33 UStDV vor. F hat daher keine USt gesondert ausgewiesen und schuldet daher auch keine USt nach § 14c Abs. 2 UStG.

6. P hat zwar über die Lieferung des Gemäldes wie ein leistender Unternehmer abgerechnet. Er hat jedoch keine USt, sondern nur Einfuhr-USt ausgewiesen. Für den unrechtmäßigen Abzug der Einfuhr-USt geht von dem vorliegenden Papier keine Gefährdung (auch keine abstrakte Gefährdung) aus, da Einfuhr-USt nur unter den Voraussetzungen des § 15 Abs. 1 Nr. 2 UStG aufgrund eines zollamtlichen Belegs als Vorsteuer abgezogen werden darf; eine Rechnung mit USt-Ausweis also hierfür irrelevant ist. Somit entsteht für P keine Steuer nach § 14c Abs. 2 UStG.

7. Es handelt sich um eine Abrechnung in einem sog. Zwitterpapier. Bei dem vorliegenden Vertrag ist nicht eindeutig erkennbar, ob es sich um eine Abrechnung des Leistungsgebers (Rechnung) oder um eine Abrechnung des Leistungsempfängers (Gutschrift) handelt. Der im Vertrag als Leistungsgeber erscheinende P ist für das in den Verkehr Gelangen des Abrechnungspapiers mitverantwortlich. Damit tritt die Rechtsfolge des § 14c Abs. 2 UStG ein, da P wie ein leistender Unternehmer abgerechnet hat. P schuldet den ausgewiesenen Betrag von 1 900 € nach § 14c Abs. 2 Satz 2 UStG (vgl. A 14c.2 Abs. 2 Nr. 5 Satz 2 UStAE).

8. L ist als Landwirt zwar grundsätzlich zum USt-Ausweis nach § 14 UStG berechtigt. Im vorliegenden Fall führt er jedoch eine steuerfreie Verpachtung nach § 4 Nr. 12 UStG aus. Ein Verzicht auf die Befreiung nach § 9 UStG kommt wegen § 24 Abs. 1 Satz 2 2. Halbsatz

UStG nicht in Frage. L schuldet daher wie jeder andere Unternehmer die für einen steuerfreien Umsatz gesondert ausgewiesene USt in Höhe von 950 € nach § 14c Abs. 1 UStG (vgl. A 14c.1 Abs. 1 Nr. 3 UStAE).
Da L die Steuer nicht gesetzlich schuldet, darf S sie nicht als Vorsteuer abziehen (§ 15 Abs. 1 Nr. 1 Satz 1 UStG, A 15.2 Abs. 1 Sätze 1 und 2 UStAE).

9. S hat die Steuer zu niedrig ausgewiesen. Der Steuersatz beträgt 19 % (vgl. A 12.7 Abs. 7 UStAE). Die geschuldete USt beträgt 19/119 von 10 700 € = 1 708,40 €. Es wäre völlig falsch, hier eine Steuer nach § 14c Abs. 1 UStG anzunehmen!
10. H war durchaus berechtigt, in dem Vertrag (Vorausrechnung) die USt gesondert auszuweisen. Dass die beabsichtigte Lieferung nicht zustande kam, ändert daran nichts. Es handelt sich um einen Fall, der den Fällen des § 17 UStG vergleichbar ist. Für H ergibt sich keine Steuer nach § 14c Abs. 1 oder 2 UStG. Er braucht den gesonderten Steuerausweis nicht zu berichtigen (vgl. A 14c.2 Abs. 2 Nr. 2 Satz 4 UStAE).
11. Als Kleinunternehmer nach § 19 Abs. 1 UStG ist Z nicht berechtigt, eine Rechnung mit gesondertem Steuerausweis zu erteilen (§ 19 Abs. 1 Satz 4 UStG). Stellt er dennoch eine solche Rechnung aus, schuldet er die ausgewiesene Steuer nach § 14c Abs. 2 Satz 1 UStG. Im vorliegenden Fall hat Z jedoch keine Rechnung i. S. d. § 14 Abs. 4 UStG erteilt, weil eine Rechnung in diesem Sinne nur dann vorliegt, wenn ein Entgelt als Grundlage des gesonderten Ausweises angegeben ist (vgl. BFH vom 27. 01. 1994 BStBl II 1994, 343 und A 14c.2 Abs. 1 Satz 4 UStAE). Von einem solchen Papier geht keine Gefährdung des Steueraufkommens aus, weil ein Vorsteuerabzug daraus von vornherein ausgeschlossen wäre, auch wenn Z der Besteuerung nach den allgemeinen Vorschriften des UStG unterliegen würde.

## 15 Lösungshinweise zu S 10 – Gesellschaftsleistungen

### 15.1 Lösungshinweise zu S 10.1 – Unentgeltliche Leistungen der Gesellschaft an ihre Gesellschafter

1. Da alle Gesellschafter Pkw zur privaten Nutzung zur Verfügung gestellt bekommen, ist diese Nutzungsüberlassung Ausfluss ihrer Gesellschafterstellung. Es liegen somit in allen Fällen nach § 3 Abs. 9a Nr. 1 UStG entgeltlichen sonstigen Leistungen gleichgestellte Verwendungen vor. Sie sind steuerbar und steuerpflichtig. Die Bemessungsgrundlage kann nach der sog. 1 %-Regelung pauschaliert werden, sofern das Fahrzeug zu mehr als 50 % betrieblich genutzt wird.
2. Da der Pkw dem Geschäftsführer für private Fahrten zur Nutzung überlassen wird, liegt ein tauschähnlicher Umsatz mit Baraufgabe vor. Die Geschäftsführertätigkeit ist steuerbar und steuerpflichtig. Die Bemessungsgrundlage kann wie folgt ermittelt werden

| | |
|---|---|
| Wert der Pkw-Überlassung (pauschaliert nach der 1 %-Regelung) | 595 € |
| zuzüglich Baraufgabe | 6 000 € |
| Bruttoentgelt | 6 595 € |

USt 19/119 von 6 595 € = 1 052,98 €

Der Wert der Pkw-Überlassung kann nach der sog. 1 %-Regelung ermittelt werden. Er beträgt monatlich brutto 1 % vom Bruttolistenpreis des Pkw, also 1 % von 59 500 € = 595 €. Ein pauschaler Abzug von 20 % für nicht vorsteuerbelastete Kosten ist nicht zulässig, da die Bemessungsgrundlage nicht nach § 10 Abs. 4 Nr. 2, sondern nach § 10 Abs. 2 Satz 2

UStG zu ermitteln ist. Die Fahrten zwischen Wohnung und Betrieb sind betrieblich veranlasst (vgl. A 3.4 Abs. 3 Satz 2 UStAE).
Die USt von 1 052,98 € kann A der A-KG gesondert in Rechnung stellen und die A-KG kann diese USt als Vorsteuer abziehen.
Von Seiten der A-KG wird eine steuerpflichtig sonstige Leistung mit der Pkw-Überlassung an A erbracht. Die Bemessungsgrundlage kann wie folgt ermittelt werden, indem Wertgleichheit unterstellt wird:

| | | |
|---|---|---|
| Wert der Geschäftsführertätigkeit | | 6 595 € |
| abzüglich Baraufgabe | ./. | 6 000 € |
| Bruttoentgelt | | 595 € |

USt 19/119 von 595 € = 95 €

3. Da der Pkw dem Geschäftsführer für private Fahrten zur Nutzung überlassen wird, liegt ein tauschähnlicher Umsatz mit Baraufgabe vor. Die Geschäftsführertätigkeit ist steuerbar und steuerpflichtig. Die Bemessungsgrundlage kann für das Kalenderjahr 01 wie folgt ermittelt werden

| | |
|---|---|
| Wert der Pkw-Überlassung | 2 618 € |
| zuzüglich Baraufgabe 12 × 6 000 € | 72 000 € |
| Bruttoentgelt | 74 618 € |

USt 19/119 von 74 618 € = 11 913,80 €

Der Wert der Pkw-Überlassung kann nach den anteilig auf die Privatfahrten entfallenden Kosten ermittelt werden. Dabei rechnen die Fahrten zwischen Wohnung und Betrieb nicht zu den Privatfahrten, da sie bei A als Mitunternehmer unternehmerisch veranlasst sind (siehe auch Fall 2).

Er beträgt somit netto $\frac{4\,000 \times 11\,000}{20\,000}$ = 2 200 € und damit brutto 2 618 €.

Die USt von 11 913,80 € kann A der A-KG gesondert in Rechnung stellen und die A-KG kann diese USt als Vorsteuer abziehen.

Von Seiten der A-KG wird eine steuerpflichtig sonstige Leistung mit der Pkw-Überlassung an A erbracht. Die Bemessungsgrundlage kann wie folgt ermittelt werden, indem Wertgleichheit unterstellt wird:

| | | |
|---|---|---|
| Wert der Geschäftsführertätigkeit | | 74 618 € |
| abzüglich Baraufgabe | ./. | 72 000 € |
| Bruttoentgelt | | 2 618 € |

USt 19/119 von 2 618 € = 418 €

4. Die Schenkung ist nach § 1 Abs. 1 Nr. 1 i. V. m. § 3 Abs. 1b Nr. 1 UStG steuerbar und steuerpflichtig. Die USt beträgt gem. § 10 Abs. 4 Nr. 1 UStG 19 % vom Einkaufspreis (30 000 €) also 5 700 €. Diese USt darf die X-GmbH der F nicht gesondert in Rechnung stellen (Umkehrschluss aus § 14 Abs. 4 Satz 2 UStG, vgl. auch A 3.2 Abs. 2 Sätze 5 und 6 UStAE). F hat somit keinen Vorsteuerabzug.
5. Die Übertragung des Grundstücks in das Sonderbetriebsvermögen des X stellt eine unentgeltliche Grundstückslieferung von der X-KG an X dar. Es handelt sich um eine nach § 1 Abs. 1 Nr. 1 i. V. m. § 3 Abs. 1b Nr. 1 UStG steuerbare Lieferung, die gem. § 4 Nr. 9a UStG steuerfrei ist (vgl. A 4.9.1 Abs. 2 Nr. 6 UStAE). Ein Verzicht auf die Befreiung ist nicht möglich (vgl. A 9.1 Abs. 2 Satz 3 UStAE). X wird mit der Vermietung des Gebäudes an die X-KG Unternehmer. Die Vermietung ist steuerbar, jedoch grundsätzlich steuerfrei nach

§ 4 Nr. 12 Buchst. a UStG. Infolge des zulässigen Verzichts auf die Befreiung gem. § 9 UStG ist die Vermietung steuerpflichtig. Die X-KG hat hieraus den Vorsteuerabzug. Geht man davon aus, dass das Grundstück nicht aus privaten, sondern aus unternehmerischen Gründen unentgeltlich übertragen wurde und damit eine unentgeltliche Wertabgabe nach § 3 Abs. 1b Nr. 3 UStG vorliegt, ist ein Verzicht auf die Steuerbefreiung möglich (A 3.2 Abs. 2 Satz 4 UStAE und Umkehrschluss aus A 9.1. Abs. 2 Satz 3 UStAE). Damit muss es auch möglich sein, dass die X-KG analog zur Mindestbemessungsgrundlage (vgl. § 14 Abs. 4 Satz 2 UStG) die Umsatzsteuer in Rechnung stellt, die dann X als Vorsteuer abziehen kann.

## 15.2 Lösungshinweise zu S 10.2 – Entgeltliche Leistungsabgabe von der Gesellschaft an den Gesellschafter

1. **Behandlung der Pkw-Überlassung der OHG an A:**

a) **Privatnutzung:**
Mit der Überlassung des Pkw an A erbringt die ABC-OHG eine sonstige Leistung. Die Belastung des handelsrechtlichen Privatkontos des A stellt hierfür ein Entgelt dar. Damit ist die Leistung nach § 1 Abs. 1 Nr. 1 UStG steuerbar und steuerpflichtig. Da das Entgelt kostendeckend ist (siehe unten b), handelt es sich um eine normale steuerbare und steuerpflichtige Leistung nach § 1 Abs. 1 Nr. 1 UStG. Die USt beträgt 19/119 von 10 000 € = 1 596,64 €.
**Fahrten zwischen Wohnung und OHG:**
Die Fahrten zwischen Wohnung und Betrieb sind betrieblich veranlasst (vgl. A 3.4 Abs. 3 Satz 2 UStAE) und stellen somit keine Leistung der ABC-OHG an A dar. Dass das handelsrechtliche Privatkonto hierfür belastet wird, ist irrelevant und führt zu keinem steuerbaren Umsatz.

b) **Privatnutzung:**
Wie im Fall a) liegt in der Nutzungsüberlassung eine steuerbare und steuerpflichtige Leistung nach § 1 Abs. 1 Nr. 1 UStG. Im Hinblick auf die Mindestbemessungsgrundlage nach § 10 Abs. 5 Nr. 1 UStG ist zu prüfen, ob die Bemessungsgrundlage nach § 10 Abs. 4 Nr. 2 UStG höher ist als das Entgelt von brutto 3 000 € bzw. netto 2 521,01 €. Im Falle der unentgeltlichen Nutzungsüberlassung wären nach § 10 Abs. 4 Nr. 2 UStG die anteiligen Kosten anzusetzen, soweit sie zum Vorsteuerabzug berechtigt haben. Die Anschaffungskosten sind dabei entsprechend dem Berichtigungszeitraums des § 15a UStG auf fünf Jahre zu verteilen und damit für die Zeit vom 01. 07. 01 bis 31. 12. 01 mit 4 800 € anzusetzen. Die anteilig anzusetzenden Kosten belaufen sich auf 30 % von 14 800 € (10 000 € + 4 800 €) = 4 440 €. Da dieser Betrag das Entgelt übersteigt, errechnet sich die USt mit 19 % von 4 440 € = 843,60 €.
**Fahrten zwischen Wohnung und OHG:**
Lösung wie bei a).

2. **Behandlung der Pkw-Überlassung der OHG an A:**

a) Die Belastung des handelsrechtlichen Privatkontos des A stellt kein Entgelt für eine Leistung der ABC-OHG an A dar. A zahlt vielmehr, weil er einen Schaden angerichtet hat. Somit handelt es sich um nicht steuerbaren Schadensersatz. Die Kosten für den Unfall sind kein nach § 12 Nr. 1 EStG nichtabzugsfähiger Aufwand bei der OHG. Durch den Ansatz des pauschalen Nutzungswerts bei der Listenpreismethode werden auch die anlässlich einer Privatfahrt verursachten Unfallkosten erfasst. Deshalb darf die ABC-OHG die Vorsteuer aus den Reparaturkosten voll abziehen. Das Vorsteuerabzugsverbot nach § 15 Abs. 1a UStG greift nicht ein.

b) Da keine Zahlung von A erfolgt, stellt sich von vornherein nicht die Frage nach dem Entgelt für eine Leistung. Im Übrigen Lösung wie bei a).

c) Lösung wie bei a).

3. **Behandlung der Unterbringung und Verpflegung:**

a) Die H-KG erbringt an K ein Leistungsbündel, bestehend aus Unterbringung und Verpflegung. Sämtliche Leistungen sind nach § 1 Abs. 1 Nr. 1 UStG steuerbar. Sie sind auch alle steuerpflichtig, da bezüglich der Unterbringung die Befreiung nach § 4 Nr. 12 UStG gem. § 4 Nr. 12 Satz 2 UStG ausgeschlossen ist. Da ein kostendeckendes Entgelt verlangt wird, beträgt die USt aus der Unterbringung 7 % (§ 12 Abs. 2 Nr. 11 UStG) und aus den Verpflegungsleistungen 19 %. Die 1 680 € sind aufzuteilen in 5/11 für die Unterbringung = 763,64 €, daraus 7/107 = 49,96 € USt und 6/11 für die Verpflegung = 916,37 € daraus 19/199 = 146,31 € USt.

b) Die H-KG erbringt an K ein Leistungsbündel, bestehend aus Unterbringung und Verpflegung. Da K nichts zahlt, handelt es sich um unentgeltliche sonstige Leistungen i. S. v. § 3 Abs. 9a Nr. 2 UStG. Auch bei der Unterbringung handelt es sich um keine Leistung, die nur in der Verwendung eines Gegenstandes besteht. Die Unterbringung des K ist nicht nach § 4 Nr. 12 UStG steuerfrei, da die Befreiung bei der privaten Nutzung von vornherein nicht anwendbar ist (vgl. J 6. 2). Die Unterbringung unterliegt nach § 12 Abs. 2 Nr. 11 UStG dem ermäßigten Steuersatz, da keine Selbstnutzung vorliegt (Umkehrschluss aus A 12.16 Abs. 5 letztes Tiret). Bei der Verpflegung handelt es sich um sonstige Leistungen, für die der ermäßigte Steuersatz nicht anzuwenden ist. Bemessungsgrundlage für die Leistungen sind gem. § 10 Abs. 4 Nr. 3 UStG die Kosten in Höhe von insgesamt 1 100 €. Die USt beträgt 5/11 für die Unterbringung = 500 €, daraus 7/107 = 32,71 € USt und 6/11 für die Verpflegung = 600 € daraus 19/119 = 95,80 € USt. Die saldierten Kosten von nur 200 € können nicht angesetzt werden, weil § 10 Abs. 4 Nr. 2 UStG von den bei dem Umsatz entstandenen Kosten und nicht von den durch den Umsatz entstandenen Kosten ausgeht.

c) Die H-KG erbringt an K ein Leistungsbündel, bestehend aus Unterbringung und Verpflegung. Sämtliche Leistungen sind nach § 1 Abs. 1 Nr. 1 UStG steuerbar. Die Unterbringung ist nicht nach § 4 Nr. 12 UStG steuerfrei, da die Befreiung bei der privaten Nutzung von vornherein nicht anwendbar ist (vgl. J 6. 2).
Die Unterbringung unterliegt nach § 12 Abs. 2 Nr. 11 UStG dem ermäßigten Steuersatz, da keine Selbstnutzung vorliegt (Umkehrschluss aus A 12.16 Abs. 5 letzter Spiegelstrich). Hinsichtlich des Essens ist davon auszugehen, dass es sich um eine sonstige Leistung handelt und somit der ermäßigte Steuersatz nach § 12 Abs. 2 Nr 1 UStG ausgeschlossen ist. Da kein kostendeckendes Entgelt verlangt wird, greift gem. § 10 Abs. 5 Nr. 1 i. V. m. § 10 Abs. 4 Nr. 2 UStG die Mindestbemessungsgrundlage ein. Anzusetzen sind also die kalkulierten Selbstkosten von insgesamt 1 100 €. Die USt errechnet sich wie im Fall b).

4. **Behandlung der Wohnmobil-Überlassung der T-KG an A:**

a) Die T-KG erbringt an A eine Vermietungsleistung bezüglich eines Beförderungsmittels (vgl. A 2a.5 Abs. 2 Satz 2 UStAE). Die Leistung ist – je nach Länge des Monats – entweder nach § 3a Abs. 3 Nr. 2 UStG am Sitz der T-KG (Übergabeort) oder nach § 3a Abs. 3 Nr. 2 Satz 3 UStG am Wohnort des A steuerbar. Da das Entgelt kostendeckend ist (siehe unten b), handelt es sich um eine normale steuerbare und steuerpflichtige Leistung nach § 1 Abs. 1 Nr. 1 UStG. Die USt beträgt 19/119 von 4 320 € = 689,75 €.

b) Die T-KG überlässt A die Nutzung eines Beförderungsmittels. Da A nichts zahlt, handelt es sich um eine Leistung nach § 3 Abs. 9a Nr. 1 UStG. Die Leistung ist – je nach Länge des Monats – entweder nach § 3a Abs. 3 Nr. 2 UStG am Sitz der T-KG (Übergabeort) oder nach § 3a Abs. 3 Nr. 2 Satz 3 UStG am Wohnort des A steuerbar und steuerpflichtig. Bemessungsgrundlage sind nach § 10 Abs. 4 Nr. 2 UStG die bei dem Umsatz entstandenen Ausgaben von 2 000 €. Die Kosten erhöhen sich nicht um die anteilige Kfz-Steuer, Haftpflichtversicherung und Kaskoversicherung, da diese Kosten nicht zum Vorsteuerabzug berechtigen (§ 10 Abs. 4 Nr. 2 UStG). Die USt beträgt 19 % von 2 000 € = 380 €.

c) Die T-KG erbringt an A eine Vermietungsleistung bezüglich eines Beförderungsmittels. Die Leistung ist wie im Fall a) steuerbar. Sie ist auch steuerpflichtig. Da das entrichtete Entgelt nicht kostendeckend ist, greift gem. § 10 Abs. 5 Nr. 1 i. V. m. § 10 Abs. 4 Nr. 2 UStG die Mindestbemessungsgrundlage ein. Bemessungsgrundlage sind nach § 10 Abs. 4 Nr. 2 UStG die bei dem Umsatz entstandenen Ausgaben von 2 000 €. Die Kosten erhöhen sich nicht um die anteilige Kfz-Steuer, Haftpflichtversicherung und Kaskoversicherung, da diese Kosten nicht zum Vorsteuerabzug berechtigen (§ 10 Abs. 4 Nr. 2 UStG). Die USt beträgt somit 19 % von 2 000 € = 380 €.

5. Die Z-Bau-GmbH erbringt an A eine steuerbare Werklieferung nach § 1 Abs. 1 Nr. 1 UStG. Sie ist steuerpflichtig. Zu prüfen ist, ob gem. § 10 Abs. 5 i. V. m. Abs. 4 Nr. 1 UStG die Mindestbemessungsgrundlage eingreift. Da die Selbstkosten berechnet werden, bleibt es jedoch beim entrichteten Entgelt von brutto 297 000 €. Die USt beträgt wie berechnet 47 500 €.

**Hinweis:** Nach § 10 Abs. 4 Nr. 1 UStG sind die Selbstkosten im Zeitpunkt des Umsatzes, also zu dem Zeitpunkt anzusetzen, in dem die Werklieferung vollständig erbracht ist. Zwischenzeitlich erfolgte Kostensteigerungen führen grundsätzlich dazu, dass die Mindestbemessungsgrundlage eingreift.

## 15.3 Lösungshinweise zu S 10.3 – Leistungen des Mitglieds an die Personenvereinigung

1. **Behandlung der Garagen-Vermietung:**

a) Die Vermietung der Garage stellt eine Leistung des A an die AB-OHG dar. Es liegt ein Leistungsaustausch vor, da A die Leistung gegen Sonderentgelt erbringt (vgl. A 1.6 Abs. 3 Satz 1 und 2 UStAE). Es handelt sich um eine Dauerleistung, die eine nachhaltige Betätigung i. S. d. § 2 Abs. 1 UStG darstellt und die Unternehmereigenschaft des A begründet. Die Vermietung ist somit steuerbar. Die Vermietung von Fahrzeugstellplätzen ist nach § 4 Nr. 12 Satz 2 UStG nicht steuerfrei. Die USt beträgt für die monatliche Teilleistung 19/119 von 2 380 € = 380 €. Da zur ortsüblichen Miete vermietet wird, greift die Mindestbemessungsgrundlage nicht ein (vgl. § 10 Abs. 5 Satz 1 letzter Halbsatz UStG und A 10.7 Abs. 1 Sätze 5 ff. UStAE).

b) Die von A der AB-OHG in Rechnung gestellte USt kann diese als Vorsteuer geltend machen. Aufgrund der Unentgeltlichkeit wird die Leistung lediglich durch die Gewinnbeteiligung abgegolten. Es liegt somit ein nicht steuerbarer Gesellschafterbeitrag vor (vgl. A 1.6 Abs. 3 Satz 2 UStAE). A wird infolgedessen überhaupt nicht Unternehmer.

c) Die Vermietung der Garage stellt eine Leistung des A an die AB-OHG dar. Es liegt ein Leistungsaustausch vor, da A die Leistung gegen Sonderentgelt erbringt (vgl. A 1.6 Abs. 3 Sätze 1 bis 5 UStAE). Es handelt sich um eine Dauerleistung, die eine nachhaltige Betätigung i. S. d. § 2 Abs. 1 UStG darstellt und die Unternehmereigenschaft des A begründet.

Die Vermietung ist somit steuerbar. Sie ist nach § 4 Nr. 12 Satz 2 UStG nicht steuerfrei (siehe a). Da die einkommensteuerrechtlichen Kosten höher sind als das umsatzsteuerrechtliche Entgelt, ist die Mindestbemessungsgrundlage nach § 10 Abs. 5 Nr. 1 UStG zu prüfen. A ist an der AB-OHG zu 50 % beteiligt. Damit ist die Gesellschaft eine ihm nahestehende Person. Die Bemessungsgrundlagen nach § 10 Abs. 1 UStG und § 10 Abs. 4 Nr. 2 UStG sind zu vergleichen. Nach § 10 Abs. 4 Nr. 2 UStG sind die Ausgaben anzusetzen, soweit sie zum Vorsteuerabzug berechtigt haben. Die Herstellungskosten sind entsprechend dem Berichtigungszeitraum des § 15a UStG anteilig anzusetzen.
Die Ausgaben sind wie folgt zu ermitteln:

| | | |
|---|---|---|
| Sonderbetriebsausgaben | | 20 000 € |
| abzüglich AfA | ./. | 8 000 € |
| zuzüglich anteilige Herstellungskosten (1/10 von 400 000 €) | | 40 000 € |
| abzüglich steuerfreie Zinsen | ./. | 4 000 € |
| Ausgaben insgesamt | | 48 000 € |

Da die Ausgaben über dem Entgelt von 12 000 € (12 × 1 000 €) liegen, ist die Mindestbemessungsgrundlage zu prüfen. Die USt wäre demnach 19 % von 48 000 € = 9 120 €. Nach § 10 Abs. 5 Satz 1 letzter Halbsatz UStG ist der Umsatz höchstens nach dem marktüblichen Entgelt zu bemessen (vgl. auch A 10.7 Abs. 1 Sätze 5 ff. UStAE). Bei einer ortsüblichen Miete von monatlich 2 000 € netto errechnet sich die USt mit 19 % von 24 000 € = 4 560 €. A darf die sich aus der Mindestbemessungsgrundlage ergebende USt der AB-OHG in Rechnung stellen (vgl. § 14 Abs. 4 Satz 2 UStG) und die AB-OHG kann die USt als Vorsteuer geltend machen.

2. **Behandlung der Lastzug-Überlassung:**

a) Die Vermietung des Lastzugs stellt eine Leistung des B an die AB-OHG dar. Es liegt ein Leistungsaustausch vor, da B die Leistung gegen Sonderentgelt erbringt (vgl. A 1.6 Abs. 3 Satz 2 UStAE). Es handelt sich um eine Dauerleistung, die eine nachhaltige Betätigung i. S. d. § 2 Abs. 1 UStG darstellt und die Unternehmereigenschaft des B begründet. Der Ort der Vermietungsleistung bestimmt sich gem. § 3a Abs. 2 UStG nach dem Leistungsempfängerort und ist im Inland. Die Vermietung ist somit steuerbar. Sie ist auch steuerpflichtig. Die USt beträgt für die monatliche Teilleistung 19/119 von 11 900 € = 1 900 €.
Die von B der AB-OHG in Rechnung gestellte USt kann diese als Vorsteuer geltend machen.

b) Aufgrund der Unentgeltlichkeit wird die Leistung lediglich durch die Gewinnbeteiligung abgegolten. Es liegt somit ein nicht steuerbarer Gesellschafterbeitrag vor (vgl. A 1.6 Abs. 7 Nr. 1 Buchst. b Beispiel 3 UStAE). B wird infolgedessen überhaupt nicht Unternehmer. Weil er nicht Unternehmer ist, erfüllt er auch nicht die Voraussetzungen für den Vorsteuerabzug nach § 15 Abs. 1 UStG bezüglich der Vorsteuer von 57 000 € aus der Anschaffung des Lkw.

c) Die Vermietung des Lastzugs stellt eine Leistung des B an die AB-OHG dar. Es liegt ein Leistungsaustausch vor, da B die Leistung gegen Sonderentgelt erbringt (vgl. A 1.6 Abs. 7 Nr. 1 Buchst. a Beispiel 1 UStAE). Es handelt sich um eine Dauerleistung, die eine nachhaltige Betätigung i. S. d. § 2 Abs. 1 UStG darstellt und die Unternehmereigenschaft des B begründet. Der Ort der Vermietungsleistung bestimmt sich gem. § 3a Abs. 2 UStG nach dem Leistungsempfängerort und ist dann ebenfalls im Inland. Die Vermietung ist somit steuerbar. Sie ist auch steuerpflichtig.

B ist an der AB-OHG zu 50 % beteiligt. Damit ist die Gesellschaft eine ihm nahestehende Person. Da die einkommensteuerrechtlichen Kosten höher sind als das umsatzsteuerrechtliche Entgelt, ist die Mindestbemessungsgrundlage nach § 10 Abs. 5 Nr. 1 UStG zu prüfen. Nach § 10 Abs. 4 Nr. 2 UStG sind die Ausgaben anzusetzen, soweit sie zum Vorsteuerabzug berechtigt haben. Die Herstellungskosten sind entsprechend dem Berichtigungszeitraum des § 15a UStG anteilig anzusetzen.

Die Bemessungsgrundlage nach § 10 Abs. 4 Nr. 2 UStG errechnet sich wie folgt:

| | | |
|---|---|---|
| Sonderbetriebsausgaben | | 120 000 € |
| abzüglich AfA | ./. | 60 000 € |
| zuzüglich anteilige Anschaffungskosten (1/5 von 300 000) | | 60 000 € |
| abzüglich steuerfreie Zinsen | ./. | 12 000 € |
| Ausgaben insgesamt | | 108 000 € |

Da diese Ausgaben höher sind als das Entgelt von 72 000 € (12 × 6 000 €) greift die Mindestbemessungsgrundlage ein. Die Umsatzsteuer im Kalenderjahr 01 beträgt 19 % von 108 000 € = 20 520 € monatlich 1 710 €. Wenn B nachweist (vgl. A 10.7 Abs. 1 Satz 11 UStAE), dass das marktübliche Entgelt unter der Bemessungsgrundlage nach § 10 Abs. 4 Nr. 2 UStG liegt, ist nach § 10 Abs. 5 Satz 1 letzter Halbsatz UStG der Umsatz höchstens nach diesem zu bemessen.

Jedenfalls darf B die sich aus der Mindestbemessungsgrundlage ergebende USt der AB-OHG in Rechnung stellen (vgl. § 14 Abs. 4 Satz 2 UStG) und die AB-OHG kann die USt als Vorsteuer geltend machen.

3. Die **Veräußerung des Lastzugs** ist ein Hilfsgeschäft des B im Rahmen seines Unternehmens und somit steuerbar und steuerpflichtig. Die USt beträgt 19/119 von 238 000 € = 38 000 €. Die AB-OHG hat den Vorsteuerabzug in Höhe von 38 000 €.
4. Die **Veräußerung des Lastzugs** ist ein Hilfsgeschäft des B im Rahmen seines Unternehmens und somit steuerbar und steuerpflichtig. Da der gemeine Wert des Lastzugs und damit sein Wiederbeschaffungspreis höher ist als das umsatzsteuerrechtliche Entgelt, ist die Mindestbemessungsgrundlage nach § 10 Abs. 5 Nr. 1 UStG zu prüfen. B ist an der AB-OHG zu 50 % beteiligt. Damit ist die Gesellschaft eine ihm nahe stehende Person. Nach § 10 Abs. 5 Nr. 1 i. V. m. § 10 Abs. 4 Nr. 1 UStG ist daher der Wiederbeschaffungspreis von brutto 150 000 € anzusetzen. Die USt beträgt 19/119 von 150 000 € = 23 949,58 €. B darf die sich aus der Mindestbemessungsgrundlage ergebende USt der AB-OHG in Rechnung stellen (vgl. § 14 Abs. 4 Satz 2 UStG) und die AB-OHG darf die USt als Vorsteuer geltend machen.
5. Sowohl mit ihrer **Geschäftsführertätigkeit** als auch mit der **Nutzungsüberlassung des Pkw** erbringt die A-GmbH entgeltliche Leistungen an die A-GmbH & Co. KG. Sie wird damit nachhaltig in Einnahmeerzielungsabsicht tätig. Die A-GmbH ist auch selbstständig. Sie ist nicht als Organ in die A-GmbH & Co. KG eingegliedert, da die KG an ihr keine Anteile hält. Somit ist die A-GmbH Unternehmer und ihre Leistungen sind steuerbar und steuerpflichtig. Die USt für die Geschäftsführertätigkeit beträgt monatlich 19/119 von 10 000 € = 1 596,64 €. Die USt für die Pkw-Überlassung beträgt pro gefahrenen km 19/119 von 1,19 € = 0,19 €. Bei entsprechender Rechnungserteilung darf die A-GmbH & Co. KG die USt als Vorsteuer geltend machen.

### 15.4 Lösungshinweise zu S 10.4 – Gründung von Personenvereinigungen

1. Die Gründung der Sozietät ist ein nicht steuerbarer Vorgang (vgl. A 1.1 Abs. 15 UStAE). Der Übergang des Einzelunternehmens des S auf die Sozietät ist eine nach § 1 Abs. 1a UStG nicht steuerbare Geschäftsveräußerung.
2. Lösung wie im Fall 1.
3. Lösung wie im Fall 1.
   Für seine Tätigkeit i. R. d. Sozietät erhält F kein Sonderentgelt. Er wird somit nicht zum Unternehmer. Die Darlehensgewährung der Bank an F ist steuerbar, jedoch nach § 4 Nr. 8 Buchst. a UStG steuerfrei. Eine Option nach § 9 UStG zur Steuerpflicht scheidet aus, da F als Sozius nicht Unternehmer ist. Der USt-Ausweis durch die B-Bank führt bei ihr zu einer USt nach § 14c Abs. 1 UStG.
   F kann die ihm von der B-Bank berechnete USt nicht als Vorsteuer abziehen, da er nicht Unternehmer ist. Im Übrigen dürfte die USt auch deswegen nicht als Vorsteuer abgezogen werden, weil sie nicht gesetzlich geschuldet wird (vgl. A 15.2 Abs. 1 Sätze 1 und 2 UStAE).
4. Lösung zunächst wie Fall 1.
   F ist aufgrund seiner Vermietung Unternehmer. Die Veräußerung des Grundstücks (Einbringung des Grundstückes erfolgt gegen Gewährung von Gesellschaftsrechten) stellt bei ihm eine nach § 1 Abs. 1a UStG nicht steuerbare Geschäftsveräußerung dar.
   Die Sozietät tritt nach § 1 Abs. 1a Satz 3 UStG in die Rechtsstellung des F ein. Da die Sozietät das Gebäude zunächst steuerpflichtig vermietet und dann für ihre steuerpflichtigen Umsätze aus der steuerberatenden Tätigkeit verwendet, tritt keine Nutzungsänderung i. S. d. § 15a UStG ein. Eine Vorsteuerberichtigung nach § 15a UStG ist daher nicht vorzunehmen.

## 16 Lösungshinweise zu U 1.7 – Besteuerung nach § 24 UStG

1. **Berechnung der Umsatzsteuerzahllast:**

a) Die Lieferung von L an A ist steuerbar und steuerpflichtig. Nach § 24 Abs. 1 Nr. 3 UStG beträgt seine USt 10,7 % von 10 000 € = 1 070 €. Die pauschale Vorsteuer hierfür beträgt nach § 24 Abs. 1 Satz 3 UStG ebenfalls 10,7 % von 10 000 € = 1 070 €. Somit ergibt sich für L eine Zahllast von 0 €.

b) Die Weiterlieferung von A ist ebenfalls steuerbar und steuerpflichtig. Nach § 12 Abs. 2 Nr. 1 UStG i. V. m. Nr. 4 der Anlage 2 beträgt die USt 7 % von 12 000 € = 840 €. Nach Abzug der ihr von L in Rechnung gestellten Vorsteuer von 1 070 € beträgt der Vergütungsanspruch von A 230 €.

2. **Berechnung der Umsatzsteuerzahllast:**

a) Die Lieferung von L an A ist steuerbar und steuerpflichtig. Nach § 24 Abs. 1 Nr. 3 UStG beträgt seine USt 10,7 % aus 11 900 € (10,7/110,7 × 11 900 €) = 1 150,23 €. L hat jedoch für die Lieferung die USt mit 1 900 € ausgewiesen. Er schuldet daher die zu hoch ausgewiesene USt von 749,77 € (1 900 € ./. 1 150,23 €) nach § 14c Abs. 1 UStG. Die pauschale Vorsteuer für die Lieferung beträgt nach § 24 Abs. 1 Satz 3 UStG 10,7 % aus 11 900 € (10,7/110,7 × 11 900 €) = 1 150,23 €. Somit ergibt sich für L eine Zahllast in Höhe der USt nach § 14c Abs. 1 UStG von 749,77 €.

b) Die Weiterlieferung von A ist ebenfalls steuerbar und steuerpflichtig. Nach § 12 Abs. 2 Nr. 1 UStG i. V. m. Nr. 4 der Anlage 2 beträgt die USt 7 % von 12 000 € = 840 €.

A wurde von L 1 900 € USt gesondert in Rechnung gestellt. A darf nur die von L gesetzlich geschuldete USt in Höhe von 1 150,23 € als Vorsteuer abziehen (vgl. A 15.2 Abs. 1 Sätze 1 und 2 sowie A 15.2a Abs. 6 Satz 12 UStAE). Nach Abzug der Vorsteuer beträgt der Vergütungsanspruch von A 310,23 € (840 €./. 1 150,23 €).

## 17 Lösungshinweise zu X 4.13 – Fragen und Fälle zum Reverse-Charge-Verfahren

### 17.1 Lösungshinweise zu X 4.13.1 – Tatbestandsmerkmale für das Reverse-Charge-Verfahren

1. Bei der Prüfung der Ansässigkeit des Leistungsgebers ergibt sich:
a) Der LG ist gem. § 13b Abs. 7 Satz 4 UStG bis 30. 06. 02 ein im Ausland ansässiger Unternehmer. Da er die Leistung am 30. 06. 02 erbracht hat, schuldet der Leistungsempfänger die USt nach § 13b Abs. 5 UStG.
b) Da der Leistungsgeber seinen Sitz auf der Insel Helgoland hat, ist er gem. § 13b Abs. 7 Satz 1 UStG kein im Ausland ansässiger Unternehmer.
c) Der LG ist kein im Ausland ansässiger Unternehmer, da ein Leistungsempfänger im Sitz in einem Freihafen kein ausländischer Abnehmer nach § 13b Abs. 7 Satz 1 UStG ist.
d) Der LG ist gem. § 13 Abs. 7 Satz 1 UStG kein im Ausland ansässiger Unternehmer, da er im Inland steuerpflichtig ein Grundstück vermietet (vgl. A 13b.11 Abs. 2 Satz 2 UStAE).
2. Die Leistung des Unternehmers A an Unternehmer B ist jeweils wie folgt zu bewerten:
a) Zivilrechtlich ist zwischen A und B ein Werklieferungsvertrag abgeschlossen worden. Im Sinne des Zivilrechts liegt damit eine Werklieferung vor. Sinn des § 13b UStG ist es jedoch, die Besteuerung in den Fällen sicherzustellen, in denen der ausländische Unternehmer im Inland eine nicht unerhebliche Wertschöpfung bewirkt. Deshalb sind reine Lieferungen nicht vom Abzugsverfahren erfasst, da die Besteuerung durch die Einfuhrumsatzsteuer ausreichend gesichert erscheint. Die gleiche Situation ergibt sich jedoch auch in den Fällen, in denen der Werkunternehmer den Gegenstand der Werklieferung im Drittlandsgebiet vollständig herstellt und erst anschließend einführt. Somit ist der Begriff der Werklieferung i. S. d. § 13b Abs. 2 Nr. 1 UStG einschränkend auszulegen und es liegt keine Werklieferung i. S. d. § 13b Abs. 2 Nr. 1 UStG vor. Das Reverse-Charge-Verfahren greift nicht ein.
Die Leistung ist nach § 3 Abs. 6 Satz 1 i. V. m. § 3 Abs. 8 UStG steuerbar und steuerpflichtig.
b) A erbringt an B eine Werklieferung i. S. d. § 13b Abs. 2 Nr. 1 UStG. Es liegt keine Versendungslieferung vor, da der bestellte Gegenstand die montierte, aufgestellte und justierte Maschine ist. Somit ist der Lieferort nach § 3 Abs. 7 Satz 1 UStG im Inland. Die Werklieferung ist steuerbar und steuerpflichtig. Das Reverse-Charge-Verfahren greift ein.
3. Die Umsatzsteuerschuld des Unternehmers B ergibt sich wie folgt:
a) Die Voraussetzungen für das Reverse-Charge-Verfahren nach § 13b Abs. 1 oder Abs. 2 Nr. 1 UStG liegen vor. B braucht kein inländischer Unternehmer zu sein (vgl. A 13b.1 Abs. 1 Satz 2 UStAE).
b) Die Voraussetzungen für das Reverse-Charge-Verfahren nach § 13b Abs. 1 oder Abs. 2 Nr. 1 UStG liegen vor. B braucht die Leistung nicht für sein Unternehmen bezogen haben (vgl. § 13b Abs. 5 Satz 6 UStG).

c) Die Voraussetzungen für das Reverse-Charge-Verfahren nach § 13b Abs. 1 oder Abs. 2 Nr. 1 UStG liegen vor. Kleinunternehmer sind von der Regelung nicht ausgenommen (vgl. § 13b Abs. 8 UStG und A 13b.1 Abs. 1 Satz 3 UStAE).

d) Die Voraussetzungen für das Reverse-Charge-Verfahren nach § 13b Abs. 2 Nr. 1 UStG liegen vor. B tätigt zwar nur steuerfreie Umsätze und ist damit Kleinunternehmer i. S. d. § 19 Abs. 1 UStG. Jedoch sind Kleinunternehmer von der Regelung nicht ausgenommen (vgl. § 13b Abs. 8 UStG und A 13b.1 Abs. 1 Satz 3 UStAE). Da der Leistungsgeber die Steuerschuldnerschaft verliert, kann das Finanzamt nicht von der Erhebung der Steuer bei B absehen.

4. A erbringt an B eine steuerbare und steuerpflichtige Werklieferung. Sämtliche Voraussetzungen für das Reverse-Charge-Verfahren nach § 13b Abs. 2 Nr. 1 UStG liegen vor. Es handelt sich um einen Tausch mit Baraufgabe. Die Baraufgabe liegt in der Übernahme der Transportkosten durch A in Höhe von 2 000 €. Bemessungsgrundlage für die Werklieferung des A ist der Wert des Baukrans abzüglich der Baraufgabe 73 000 € (75 000 € ./. 2 000 €). Dieser Wert (73 000 €) ist als Nettowert anzusetzen. B hat hierauf die USt mit 19 % = 13 870 € zu berechnen und abzuführen.
   B erbringt an A eine steuerbare Lieferung des Baukrans, die jedoch als Ausfuhrlieferung nach § 4 Nr. 1 Buchst. a i. V. m. § 6 Abs. 1 Nr. 1 UStG steuerfrei ist.

5. A erbringt an B eine steuerbare und steuerpflichtige Werklieferung. Sämtliche Voraussetzungen für das Reverse-Charge-Verfahren nach § 13b Abs. 2 Nr. 1 UStG liegen vor. B braucht die Leistung nicht für sein Unternehmen bezogen haben (vgl. § 13b Abs. 5 Satz 6 UStG).
   Die Umsatzsteuer beträgt 19 % von 24 000 € = 4 560 € (vgl. A 13b.13 Abs. 1 Satz 1 UStAE).

6. A erbringt an B eine steuerbare und steuerpflichtige Personalgestellung.
   Sämtliche Voraussetzungen für das Reverse-Charge-Verfahren nach § 13b Abs. 1 oder Abs. 2 Nr. 1 UStG liegen vor. Die von B zu entrichtende Umsatzsteuer beträgt 19 % von 30 000 € = 5 700 €. Zugleich hat B in gleicher Höhe den Vorsteuerabzug nach § 15 Abs. 1 Nr. 4 UStG.

7. Die Werklieferung oder Werkleistung des I an B ist eine Leistung i. S. v. § 13b Abs. 2 Nr. 4 UStG. Sie ist steuerbar und steuerpflichtig. Da B selbst nachhaltig Bauleistungen erbringt, ist B nach § 13b Abs. 5 Satz 2 UStG Steuerschuldner. I muss B nach § 14a Abs. 5 UStG eine Nettorechnung erteilen, in welcher er auf die Steuerschuldnerschaft des B hinweist. Die von B abzuführende USt beträgt 19 % von 30 000 € = 5 700 €.

8. Unternehmer C erbringt eine sonstige Leistung an A. Die Übertragung von Standard-Software auf elektronischem Weg z. B. über das Internet ist eine sonstige Leistung i. S. d. § 3 Abs. 9 UStG (vgl. A 3.5 Abs. 3 Nr. 8 UStAE). Die Voraussetzungen für das Reverse-Charge-Verfahren nach § 13b Abs. 2 Nr. 1 UStG liegen vor. Die von A zu entrichtende Umsatzsteuer beträgt 19 % von 50 € = 9,50 €. Zugleich hat B in gleicher Höhe den Vorsteuerabzug nach § 15 Abs. 1 Nr. 4 UStG.

9. Unternehmer C erbringt eine sonstige Leistung an A. Die Überlassung einer Nutzungslizenz (Überlassung zur Nutzung der Software auf Zeit) ist eine sonstige Leistung i. S. d. § 3 Abs. 9 UStG. Die Voraussetzungen für das Reverse-Charge-Verfahren nach § 13b Abs. 2 Nr. 1 UStG liegen vor. Die von A zu entrichtende Umsatzsteuer beträgt 19 % von 50 € = 9,50 €. Zugleich hat B in gleicher Höhe den Vorsteuerabzug nach § 15 Abs. 1 Nr. 4 UStG.

### 17.2 Lösungshinweise zu X 4.13.2 – Ausnahmen vom Reverse-Charge-Verfahren

1. Die Beförderungsleistungen des französischen Busunternehmers B führen zu folgender Besteuerung:
a) Die Beförderungsleistung ist nach § 3b Abs. 1 Satz 1 UStG mit ihrem inländischen Streckenanteil steuerbar und steuerpflichtig. Sämtliche Voraussetzungen für das Reverse-Charge-Verfahren nach § 13b Abs. 2 Nr. 1 UStG liegen vor. Das Reverse-Charge-Verfahren unterbleibt nach § 13b Abs. 6 Nr. 2 UStG, da eine Personenbeförderung mit einem Fahrzeug i. S. d. § 1b Abs. 2 Satz 1 Nr. 2 UStG durchgeführt worden ist (A 13b.10 Abs. 1 Satz 2 UStAE).
b) Die Beförderungsleistung ist insgesamt steuerbar (§ 3b Abs. 1 Satz 1 UStG) und steuerpflichtig. Sämtliche Voraussetzungen für das Reverse-Charge-Verfahren nach § 13b Abs. 2 Nr. 1 UStG liegen vor. Das Reverse-Charge-Verfahren unterbleibt nach § 13b Abs. 6 Nr. 2 UStG, da eine Personenbeförderung mit einem Fahrzeug i. S. d. § 1b Abs. 2 Satz 1 Nr. 2 UStG durchgeführt worden ist (A 13b.10 Abs. 1 Satz 2 UStAE).

### 17.3 Lösungshinweise zu X 4.13.3 – Ermittlung, Anmeldung und Abführung der Steuer

1. A erbringt an B eine steuerbare und steuerpflichtige Werklieferung. Sämtliche Voraussetzungen für das Reverse-Charge-Verfahren nach § 13b Abs. 2 Nr. 1 UStG liegen vor. B braucht die Leistung nicht für sein Unternehmen bezogen haben (vgl. § 13b Abs. 5 Satz 6 UStG).
   Die Umsatzsteuer bei B beträgt insgesamt 19 % von 24 000 € = 4 560 €. Sie entsteht gem. § 13b Abs. 2 Satz 1 UStG mit Ausstellung der Rechnung, jedoch nicht vor der Leistung. Für die Anzahlungen im Februar und Mai entsteht die Steuer gem. § 13b Abs. 4 Satz 2 UStG in den Voranmeldungszeiträumen Februar und Mai. Obwohl die Rechnung bereits im Februar ausgestellt wurde, kann die restliche Umsatzsteuer erst im Voranmeldungszeitraum Juni entstehen, da die Leistung nicht vorher erbracht wurde.

Die USt entsteht somit wie folgt:

| | |
|---|---|
| im Februar in Höhe von 19 % von 4 800 € = | 912 € |
| im Mai in Höhe von 19 % von 7 200 € = | 1 368 € |
| im Juni in Höhe von 19 % 12 000 € = | 2 280 € |
| **Summe:** | 4 560 € |

   B hat keinen Vorsteuerabzug, da die Werklieferung nicht an sein Unternehmen erfolgt.
2. Die Musikkapelle M erbringt an K eine steuerbare (§ 3a Abs. 2 UStG) und steuerpflichtige sonstige Leistung. Sofern die Leistung nicht nach § 4 Nr. 20 Buchst. a UStG steuerfrei ist (siehe unten), unterliegt sie nach § 12 Abs. 2 Nr. 7 Buchst. a UStG dem ermäßigten Steuersatz. Die Umsatzsteuer beträgt somit insgesamt 7 % von 200 000 € = 14 000 €. Sämtliche Voraussetzungen für das Reverse-Charge-Verfahren nach § 13b Abs. 1 UStG liegen vor. Der Umsatz von M wäre steuerfrei, wenn sie über eine Bescheinigung nach § 4 Nr. 20 Buchst. a Satz 2 UStG verfügen würde.
   Die von K geschuldete Umsatzsteuer entsteht gem. § 13b Abs. 1 UStG mit Leistungserbringung bzw. der Zahlung. Für die Anzahlungen im Februar entsteht die Steuer gem. § 13b Abs. 4 Satz 2 UStG im Voranmeldungszeitraum Februar. Die restliche USt entsteht

nach § 13b Abs. 1 UStG mit Leistungserbringung im März. Die USt entsteht somit wie folgt:

| | | |
|---|---|---|
| im Februar | in Höhe von 7 % von 100 000 € = | 7 000 € |
| im März | in Höhe von 7 % von 100 000 € = | 7 000 € |

K hat für den Voranmeldungszeitraum Februar 02den Vorsteuerabzug in Höhe von 7 % von 100 000 € = 7 000 € (§ 15 Abs. 1 Nr. 4 Satz 2 UStG) und für den Voranmeldungszeitraum März einen weiteren Vorsteuerabzug in Höhe von 7 000 € nach § 15 Abs. 1 Nr. 4 Satz 1 UStG.
**Anmerkung:** Verfügt M über eine Bescheinigung nach § 4 Nr. 20 Buchst. a Satz 2 UStG, würde auch K steuerfreie Umsätze nach § 4 Nr. 20 Buchst. b UStG erbringen.

## 17.4 Lösungshinweise zu X 4.13.4 – Lieferung sicherungsübereigneter Gegenstände und Lieferung von Grundstücken

1. Mit der Veräußerung des Baukrans von der S-Bank an E erbringt die S-Bank eine Lieferung an E und eine logische Sekunde zuvor B eine Lieferung an die S-Bank (vgl. A 1.2 Abs. 1 Satz 1 und 2 UStAE). Beide Lieferungen sind steuerbar und steuerpflichtig. Die B-Bank hat für die Lieferung an E 19 000 € USt an das FA abzuführen. E hat in gleicher Höhe hieraus den Vorsteuerabzug. Für die Lieferung von B an die S-Bank ist die S-Bank Steuerschuldner nach § 13b Abs. 5 Satz 1 i. V. m. Abs. 2 Nr. 2 UStG. Entgelt für diese Lieferung ist alles, was die S-Bank dem B gutschreibt. Das sind außer den 90 000 € auch die Kosten von 10 000 €, welche die S-Bank von B beanspruchen kann. Die Umsatzsteuer beträgt somit ebenfalls 19 % von 100 000 € = 19 000 €. Diese Umsatzsteuer hat die S-Bank anzumelden und kann sie zugleich gemäß § 15 Abs. 1 Nr. 4 UStG als Vorsteuer abziehen.
2. Die A-GmbH hat aus der Errichtung des Bürogebäudes den Vorsteuerabzug in Höhe von 500 000 €, da sie mit dem Gebäude ausschließlich steuerpflichtige Ausgangsumsätze bewirkt. Die Veräußerung im Wege der Zwangsversteigerung ist steuerbar (vgl. § 1 Abs. 1 Nr. 1 Satz 2 UStG), jedoch grundsätzlich nach § 4 Nr. 9 Buchst. a UStG steuerfrei. Im Falle der Steuerfreiheit hat die A-GmbH jedoch für den Voranmeldungszeitraum Juli 05 die Vorsteuerberichtigung nach § 15a Abs. 8 und 9 UStG in Höhe von insgesamt 78/120 = 325 000 € zu ihren Ungunsten vorzunehmen. Dieses Ergebnis vermeidet die A-GmbH durch den Verzicht auf die Steuerbefreiung nach § 9 UStG. Dafür fällt USt an, welche die B-GmbH gem. § 13b Abs. 5 Satz 1 i. V. m. Abs. 2 Nr. 3 UStG als Steuerschuldnerin zu entrichten hat. Die USt beträgt 19 % von 5 Mio. € = 950 000 €. Das Meistgebot ist ein Nettobetrag (vgl. A 13b.13 Abs. 2 UStAE). Die B-GmbH darf diese USt nach § 15 Abs. 1 Nr. 4 UStG als Vorsteuer abziehen.
3. Die Geschäftsveräußerung ist nach § 1 Abs. 1a UStG nicht steuerbar. Ein Verzicht auf die Steuerbefreiung geht somit ins Leere. Da keine steuerpflichtige Lieferung vorliegt, entsteht bei der B-GmbH keine Steuerschuld nach § 13b UStG. Die B-GmbH tritt nach § 15a Abs. 10 UStG hinsichtlich der Vorsteuerberichtigung in die Fußstapfen der A-GmbH.

# Stichwortregister

## A


Abfälle 300
Abfindungen 119
Abgangsort 53
Abgekürzter Zahlungsweg 128
Abgrenzung der Werklieferung zur reinen Lieferung 59
Abgrenzung des hoheitlichen Bereichs zum wirtschaftlichen Bereich 299
Abgrenzung Werklieferung und Werkleistung 57
- Verwendung von Stoffen 57
Abschlagszahlungen 159
Abtretung einer Forderung 263
Abwässer 300
Abwasserbeseitigung 300
Abziehbare Vorsteuer 353
Agenturgeschäfte 193, 195
Alternativlösungen 539
Altgebäude 229, 233
- Abgenzung 233
Amtliche Beschaffungsstelle 499
Andere Beförderungsleistungen 51
Ankunftsort 53
Anleitung zur Lösung von Prüfungsaufgaben 537
Antiquitäten 147
Arbeiten an Gegenständen 41
Aufbau des Umsatzsteuergesetzes 2
Auflösung einer Gesellschaft durch Liquidation 450
Aufmerksamkeiten 178
Aufnahme eines weiteren Mitglieds 447
Aufrechnung 128
Aufteilbare Sachen und sonstige Leistungen 359
Ausfuhren im Reiseverkehr 83
Ausfuhrlieferung 72, 73, 75, 80
- Ausnahmeregelung des § 6 Abs. 3 UStG 81
- nach § 6 Abs. 1 Nr. 2 UStG 75
- nach § 6 Abs. 1 Nr. 3 UStG 80
- Voraussetzungen der 73
Ausgangsumsatzsteuer 1, 3
Ausland 68, 69
Ausländische Gastarbeiter 76
Ausländischer Abnehmer 75
Ausländischer Arbeitnehmer 75
Ausländische Truppen 498
- Angehörige 499
- Entsendestaat 499
- Truppe 499
- Truppenstatut 499
- Vertragsparteien 499
- ziviles Gefolge 499
Ausländische Zweigniederlassungen 77
Ausrüstung eines Beförderungsmittels 81
Ausscheiden eines Gesellschafters
- aus einer Gesellschaft 449
- durch Abfindung seitens der Gesellschaft 449
Austauschverfahren in der Kfz-Wirtschaft 164


## B


Bankumsätze 268
- nach § 4 Nr. 8 d UStG 268
Baubeginn 237
Bauherrenmodelle 242
Bauleistungen 524
- durch Bauträger 525
Bausparkassenvertreter 200
Beerdigung 300
Befördern 14
Beförderungsfälle 14
Beförderungsleistungen 51, 270
- Ort der 51
- Personenbeförderung 51
- Sonderregelungen nach 54
Beförderungslieferung 14
Beförderungsmittel
- Ausrüstung oder Versorgung eines 81
Beförderungsversendungslieferung
- gebrochene 16
Begutachtung von Gegenständen 41
Beipacksendung 18
Bemessungsgrundlage 3, 126, 179, 329
- bei der Werklieferung 60
- bei Lieferungen i. S. d. § 3 Abs. 1b UStG 329
- beim Tausch bzw. tauschähnlichen Umsatz 166
- beim Tausch mit Baraufgabe 167
- bei steuerpflichtigen Leistungen nach § 1 Abs. 1 Nr. 1 Satz 1 UStG 126
- bei unentgeltlichen Leistungen an Arbeitnehmer 179
- für die Nutzungsüberlassung nach der Fahrtenbuchmethode 184
- Pauschalierung der 330
Bemessungsgrundlage nach § 10 Abs. 4 Nr. 2 UStG 332
- anteilige AfA 332
- Gebäudeversicherung 332

- Grundsteuer 332
- Reparatur- und Wartungskosten 332
- Schuldzinsen 332
Berichtigungsbetrag 411
- Errechnung des 411
Berichtigungsverfahren 414
- bei unrichtigem Vorsteuerabzug 418
- bei Veräußerung 416
- nach § 44 Abs. 3 Satz 2 UStDV 416
Berichtigungszeitraum 406, 407
- Beginn 408
- Ende 408
- typisierter 407
Beschaffung der Stoffe durch den Werkunternehmer 59
Besorgungsleistungen 46, 192, 212
- Ort der 46
Besteuerung im Bestimmungsland 341
Besteuerungsverfahren 515
- USt-Jahresanmeldungen 515
- USt-Voranmeldungen 515
- Veranlagungssteuer 515
- Voranmeldungszeitraum 515
Besteuerung von Vereinen 456
- Leistungen, die nur den Sonderbelangen der Mitglieder dienen können 457
- nicht eindeutig zuordenbare Leistungen 457
Bestimmungsland 89
Bestimmungslandprinzip 34
Betrieb
- in der Gliederung des Unternehmens gesondert geführter 11
Betriebe gewerblicher Art 298, 299, 300
- Altenheime 300
- Archive 300
- Botanische Gärten 300
- Büchereien 300
- Chöre 300
- Elektrizitätsversorgung 300
- Fernheizung 300
- Gasversorgung 300
- Kammermusikensembles 300
- Krankenhäuser 300
- Kurverwaltungen 300
- Orchester 300
- Pflegeheime 300
- Theater 300
- Tierparks 300
- Wasserversorgung 300
- wirtschaftlicher Bereich 300
- Zoologische Gärten 300
Betriebsaufspaltung 290
Betriebsveräußerung
- bei Landwirten 475
Betriebsvorrichtung 228
Bewegliche Gegenstände des Anlagevermögens 320
Bewirtung von Geschäftsfreunden 386
Bildjournalisten 151
Briefmarkenhändler 284
Briefmarkensammler 284
Büsingen 68


## D


Dauerfristverlängerung 517
- für die Umsatzsteuervoranmeldungen 517
Deputate 181
Dia-Multivisionsvorführungen 151
Dienstleistungen 117
Dienstleistungskommission 192
Dienstwohnung 180
Differenzbesteuerung 487
- Aufzeichnungspflichten 489
- Bemessungsgrundlage 486
- Besonderheiten nach § 25a Abs. 7 UStG 488
- Option zur Besteuerung 487
- Steuersatz 486
- Verbot des gesonderten Steuerausweises 487
- Voraussetzungen 484
- Vorsteuerabzug 486
Differenzbestimmung nach § 25a UStG 483
Digitale Signatur 374
Doppelkauf 171
Dreiecksgeschäfte 95
Drittlandsgebiet 68, 69
Durchlaufende Posten 133
Durchschnittsatzbesteuerung nach § 23 UStG 492


## E


Echter Schadensersatz 122
EDV-Programme 152
Ehegattengemeinschaften 310
Eigentumsübertragung 8
Eigenverbrauch
- bei Grundstücken 248
Einfuhren aus dem Drittland 2
Einfuhrumsatzsteuer 380
- Abziehbarkeit der als Vorsteuer nach § 15 Abs. 1 Nr. 2 UStG 380
- Beispiele 382
- Nachweis der Entrichtung 382

– Tatbestandsvoraussetzungen für den Vorsteuerabzug 380
– Zeitpunkt der Entstehung des Vorsteueranspruchs 381
Einfuhr von Gegenständen;Einfuhr 84
– zwecks Lohnveredelung 84
Eingetragene GmbH 285
Eingliederung einer Personengesellschaft 288
Einheitliche Gegenstände 359
Einkaufskommission 204, 208
– Entgelt des Kommissionärs 206
Einkünfte aus Kapitalvermögen 284
Einlagen aus dem Privatbereich 358
Einnahmeerzielungsabsicht 284, 311
Einortprinzip 50
Eintrittsberechtigungen 44
Einzelbefreiung 257
Einzelheiten zu den vorgeschriebenen Angaben 366
Elektronische Rechnungen 374
Endabrechnungen 442
Endrechnungen 379
Entgelt 126
Entgeltminderungen 135
– wegen Uneinbringlichkeit des Entgelts 137
Entgeltsberichtigung nach § 17 UStG 111
Entgeltsminderung nach § 17 UStG 115
Entnahme 110, 248
– der Nutzung eines Grundstücks 249
– des Grundstücks 248, 330
– für außerunternehmerische Zwecke nach § 3 Abs. 1b Nr. 1 UStG 325
Entnahme eines Grundstücks aus dem Unternehmen
– konkludente Zuordnung 323
Entschädigung 115
– aufgrund gesetzlicher oder behördlicher Anordnung 112
– aufgrund mangelhafter bzw. verspäteter bzw. nur teilweiser Vertragserfüllung 115
– aufgrund unerlaubter Handlung 115
– aufgrund von Vertragsverletzungen 113
– für eine Leistung aufgrund gesetzlicher oder behördlicher Anordnung 112
Entsendestaat 499
Entstehung der Steuer bei der Sollbesteuerung 502
Entstehungszeitpunkt der Steuer 505
– bei der Istbesteuerung 505
– der Umsatzsteuer 502
– für den innergemeinschaftlichen Erwerb 513
– für Lieferungen und sonstige Leistungen bei der Sollbesteuerung 502
Erben
– Unternehmereigenschaft 110
Erbschaft 110
Erfolglose Unternehmensbeginner 280
Ermäßigter Steuersatz 4, 145
– bei Lieferungen nach § 12 Abs. 2 Nr. 1 UStG 145
– für Beherbergungsumsätze 154
– für Personenbeförderungen 153
– nach § 12 Abs. 2 Nr. 2 UStG 150
– nach § 12 Abs. 2 Nr. 6 UStG 150
– nach § 12 Abs. 2 Nr. 7 UStG 150
– nach § 12 Abs. 2 Nr. 8 UStG 152
– nach § 12 Abs. 2 Nr. 9 UStG 153
Ermittlung des Nettoentgelts 5
Erwerb
– eines Gegenstandes zwecks Lohnveredelung 87
– für das Unternehmen 361
– nicht für das Unternehmen 361
Erwerbsbesteuerung 28
Erwerbsschwelle 344
Erwerbsteuer 384
Erzeugnisse des grafischen Gewerbes 146
Exoten 29, 91, 344
Exportgeschäfte 72

**F**

Factoring 265
– echtes 265
– unechtes 265
Fahrausweise 376
Fahrtenbuchmethode 184
Fahrten zwischen Wohnung und Arbeitsstätte 183, 387
Familienheimfahrten 183, 387
Fehlender Ausgangsumsatz 393
Fehlender Leistungsaustausch 110
Fertigstellung
– Gebäude 237
Feuerwehr 300
Fiktive Lieferungen 10
Fiktiver innergemeinschaftlicher Erwerb 92, 345
– beim rechtsgeschäftslosen Verbringen 345
Filme 152
Filmverleih 152
Filmvorführungen 151
Finanzdienstleistungen
– steuerfreie 257
Finanzielle Eingliederung 287
Finanzielle Eingliederung einer Personengesellschaft 288
Finanzumsätze 257
– Ort der 258

Fiskalvertreter 29
Forderungsabtretungen zwecks Inkasso 263
Forschungsanstalten 300
Forstwirtschaftliche Erzeugnisse 146
Fortbestehende Leistungsbereitschaft 117
Fotodesigner 151
Fotokopien 58
Frachtführer 55, 270
- Definition 270
Franchisingunternehmen 277
Freiberufler 283
Freie Unterkunft 180
Freie Verpflegung 180
Freifahrtberechtigungen 185
Freiflüge 185
Freihäfen 68
Freizeitgegenstände 322
Friseure 55
Frist für die Option 349
Fußpfleger 55
Futtermittel 146

## G

Garagenvermietung 227
Gebäude auf fremdem Grund und Boden 251
Gebrochene Beförderungs-Versendungslieferung 16
Gebrochene Versendungslieferung 16, 17
Gegenleistung 107
Gegenseitige Verträge 108
Gelangensbestätigung 94
Geldforderungen 263
Geldkapitalkredit 258
Geldspielautomaten 261
Gemeinschaftsgebiet 68
Gemeinschaftsobjekte
- Leistungsempfänger bei 356
Gemischte Verträge 223
Gerichtskosten 115
Gesamtbild der Verhältnisse 292
Geschäftsveräußerung 2, 11, 240
- Grundstücksveräußerung 13, 240
- Nichtsteuerbarkeit der 11
Geschenke 386
- nach § 4 Abs. 5 Nr. 1 EStG 386
- von geringem Wert 328
Gesellige Veranstaltungen von gemeinnützigen Vereinen 459
Gesellschaftsanteile 269
Gesetzliche Zahlungsmittel 261
Gesonderte Entgeltsvereinbarung 159, 504
Gestellung von Kraftfahrzeugen an Arbeitnehmer 182
Gewerbetreibende 283
Gewichtigkeit der Änderung der Nutzungsverhältnisse 410
GmbH & Co. KG 297
Grafiker 152
Grenzüberschreitende Organschaft 297, 314
Grundsatz der Einheitlichkeit der Leistung 143
Grundstück 221, 323
- Begriff 221
Grundstücksumsätze 221
Grundstücksveräußerungen 10, 240, 243
- Option gemäß § 9 UStG 243
Grundstücksvermietung 223
- Ort der 221
- reine 223
- Verzicht auf Steuerbefreiung 228
Gründung
- von Personenvereinigungen 445
Gründungsgesellschaft 285
Gütergemeinschaft 310
Gutschriften
- Besonderheiten 371

## H

Haftpflichtversicherungen 118
Haftungsvergütung 312
Halbunternehmer 29, 91, 344
Halten von Beteiligungen
- Unternehmereigenschaft 284
Handeln für fremde Rechnung 193
Handeln im fremden Namen 195
Handelsmakler 201
- Definition des 201
Handelsvertreter 201
- Definition des 201
Hauptstoffe 58
Häusliches Arbeitszimmer 386
Helgoland 68
Hilfsgeschäfte 281
Hingabe an Zahlungs statt 127
Hofladen 471
Hotelumsätze 154
Hypothetische Option 350

## I

Identitätsnachweis 83
Incentive-Reisen 482
Ingebrauchnahme entsprechend dem Baufortschritt 400

Inland 68
Innengesellschaften 310
Innenumsatz 107, 108, 110, 392
Innergemeinschaftliche Beförderung eines Gegenstandes 53
Innergemeinschaftliche Dreiecksgeschäfte 95
Innergemeinschaftliche Lieferung 89, 93
– nach § 6a UStG steuerfreie 93
Innergemeinschaftlicher Erwerb 89, 341, 344
– Berechnung der Steuer 93, 346
– neuer Fahrzeuge 345
– rechtsgeschäftsloses Verbringen 344
– Steuerbefreiungen für den 93, 345
– steuerliche Erfassung 101
– Tatbestandsvoraussetzungen 90, 93, 341
– weitere Fälle des 91
Innergemeinschaftliches Verbringen 91
Insolvenz 138
Insolvenzverfahren 116
Istbesteuerung 5, 505
– Voraussetzung 506

**J**

Journalisten 151
Juristische Personen 285
Juristische Personen des öffentlichen Rechts
– Ausnahmen von der Besteuerung 305
– bei unternehmerischer Betätigung, umsatzsteuerrechtliche Behandlung von 308
– Fiktion 306
– Hilfsgeschäfte 305
– Kooperationen mit anderen 305
– mehrere wirtschaftliche Tätigkeiten 301
– privatrechtliche Verträge 306
– Unternehmereigenschaft; altes Recht 298
– Unternehmereigenschaft bei größeren Wettbewerbsverzerrungen 303
– Unternehmereigenschaft; neues Recht nach § 2b UStG 303
– unternehmerischer Betätigung 308
– Wettbewerbssituation 304
– wirtschaftliche Betätigung der 306

**K**

Kalendermonatsprinzip nach § 45 UStDV 409
Kameramänner 151
Kapitalistische KG 297
Karikaturisten 151
Kaufleasing 10, 276, 277
– Vorsteuerrückforderungsanspruch gegen den Leasingnehmer 277
Kleinbetragsrechnungen 375
Kleinunternehmer nach § 19 UStG 464
Kommission 192, 204
Kommissionär 204
Kommissionsgeschäft
– gem. § 3 Abs. 3 UStG 10
– Zeitpunkt und Ort der Lieferungen 206
Kommissionsgut
– Untergang des 209
Kommittent 204
Konkurrierende Ausgangsumsätze 394
Konkursverwalter 55
Konnossement 27
Konsignationslager 94
Körperersatzstücke und ähnliche Gegenstände 147
Kosmetiker 55
Kostenlose Abgabe von Mahlzeiten an die Arbeitnehmer 181
Kostenlose Warenabgabe 181
Kraftfahrzeugersatzteile 81
Kraftfahrzeugteile 81
Kraftfahrzeugzubehörteile 81
Kreditgewährung 257
Kreditkartengeschäft 277
Kreditvermittlung 260
– Ort der 261
Kreditverwaltung 260
Kunstgegenstände 147
Künstlerische Leistungen 43
Kurzfristige Beherbergung von Fremden 225

**L**

Land- und Forstwirtschaft 470
– Ausfuhrlieferungen 473
– Auslandslieferungen 473
– Besteuerung nach Durchschnittsätzen 470, 471
– landwirtschaftliche Erzeugnisse 471
– Lieferungen im Ausland 473
– Lieferungen von Getränken 472
– Option zur Regelbesteuerung 473
Landwirte 283
Leasingunternehmen 274
Lebensmittel 146
Leistung 33
– an Arbeitnehmer 175
– an das Unternehmen 357
– der Personenvereinigung an das Mitglied 451
– des Mitglieds an die Personenvereinigung 452
– gegen Entgelt 180
– im überwiegend betrieblichen Interesse 179

- im Zusammenhang mit dem Export 101
- künstlerische 43
- sportliche 43
- über die Gemeinschaft an das Mitglied 454
- unterhaltende 43
- unterrichtende 43
- vom Arbeitgeber an den Arbeitnehmer 175
- wissenschaftliche 43
Leistungen des Mitglieds an die Personenvereinigung
- bei Sozietäten von Freiberuflern 453
Leistungsaustausch 107, 257
- Leistung und Gegenleistung 108
- wirtschaftliche Verknüpfung 108
- zwei Beteiligte 107
- zwischen Personenvereinigung und Mitglied 451
Leistungsbereitschaft
- Zahlungen bei fortbestehender 117
Leistungseinkauf 47
- Besorgung 213
Leistungsempfänger 34, 356
- bei Gemeinschaftsobjekten 356
Leistungsermittlungsmethode 183
Leistungsort
- Drittland 48
- nach § 3a Abs. 3 Nr. 4 UStG 196
Leistungsverkauf
- Besorgung 215
Lieferort
- Lieferungen ohne Warenbewegung 27
- Lieferung mit Warenbewegung 14
- Sonderregelung des § 3 Abs. 8 UStG 23
- Sonderregelung nach § 3c UStG 26, 27
Lieferschwelle 28
Lieferung 7
- durch Abtretung des Herausgabeanspruchs 27
- durch Übergabe eines handelsrechtlichen Traditionspapiers 27
- durch Verbindung mit einem Grundstück 27
- durch Vereinbarung eines Besitzkonstituts 27
- im Reihengeschäft ohne Zuordnung der Warenbewegung 27
- von Grundstücken 27
Lieferungen 7
- in Leitungen 20
- von Getränken 472
Lieferungen gleichgestellte Wertabgaben 317
- Tatbestandsvoraussetzungen 317
Lieferungen und sonstige Leistungen gegen Entgelt 7
Lieferungen von forstwirtschaftlichen Erzeugnissen 472
- Holzlieferungen 472
- von Sägewerkserzeugnissen 472
Lohnsteuer
- Pauschalwerte 180
Lohnsteuerhilfevereine 457
Lohnveredelung 72, 84
- an Gegenständen der Ausfuhr 84
- Erwerb eines Gegenstandes zwecks 87

## M

Mahnkosten 116
Mangelhafte Vertragserfüllung 115
Materialbeistellung 60
Menge und Art der gelieferten Gegenstände 368
Mietleasing 274
- Beförderungsmittel 274
- Teilleistungen 275
Mietvertrag
- Verzicht 113
Minderung des Kaufpreises 116
Minderwertausgleich 120
Mindestbemessungsgrundlage 139
Mindestistbesteuerung 5, 505
Mini-one-stop-shop 50
Miteigentumsanteil an einem Grundstück 251
Mitglieder von Personenvereinigungen 311
- Unternehmereigenschaft der 311
Mittelspersonen 192
Müllbeseitigung 300
Müllverbrennung 300
Münzen 147

## N

Natogruppenstatut
- Nachweis der Voraussetzungen 500
Naturalrestitution 122
Nebenleistungen 143, 155
Nebensachen 58
Neufahrzeug 344
Neugebäude 233
- Abgrenzung 233
Nicht eindeutig zuordenbare Leistungen 457
- Kennemer Golf & Country Club 458
- Mitgliedsbeitrag 458
Nichtrechtsfähige Personenvereinigungen 309
Nichtsteuerbarer Innenumsatz 107, 287
Nichtsteuerbare Zuschüsse 132
Nicht unternehmerische Zwecke 236
Nießbrauchsbestellung an Grundstücken 247

Notare 55
Nutzung
- für Wohnzwecke 234
- von Sportanlagen durch Sporttreibende 224
Nutzungsänderung 406

**O**
Öffentliche Gewalt 299
Omnibusse 39
Option
- bei Grundstücksvermietungen 228
- Einschränkung durch § 9 Abs. 2 UStG 349
- Ermittlung der Umsatzsteuer 244
- Frist für die 349
- gemäß § 9 UStG 228
- gemäß § 9 UStG bei Grundstücksveräußerungen 243
- hypothetische 350
- nach § 9 UStG 347
- Optionserklärung 349
- Optionsverbot 349
- Umfang der 348
- Vornahme der 349
Optionsverbot 349
- nach § 9 Abs. 2 UStG 231
Organgesellschaft 285, 286
Organisatorische Eingliederung 291
Organschaft 286
Organträger 286
Organträgerunternehmen 287
Ort der sonstigen Leistung 34
- Prüfungsschema 35
Ort der Vermittlungsleistungen 196

**P**
Partyservice 148
Pauschalierung der Bemessungsgrundlage 330
Pauschalwerte 330
Personenbeförderung 51, 153
Personengesellschaft
- finanzielle Eingliederung 288
Personenidentität 291
Personenvereinigungen 445
- Auftreten nach außen 310
- Erweiterung um weitere Mitglieder 447
- Gründung 445
Persönliches Reisegepäck 83
Platzierungsabhängige Preisgelder 109
Preisgelder 110
Preisnachlass 136, 491
- des Agenten 193
Preisnachlass im Kfz-Handel
- verdeckter 169
Privatfahrten 183

**R**
Rahmen des Unternehmens 281
Rechnungen 373
- auf den Namen Dritter ausgestellt 378
- EDI-Rechnungen 374
- EDI-Verfahren 373
- in den Fällen der Mindestbemessungsgrundlage 372
- mit mehreren Leistenden 377
- mit mehreren Leistungsempfängern 380
- mit verschiedenen Steuersätzen 377
- qualifizierte elektronische Signatur 373
- über Abschlagszahlungen 441
- über Anzahlungen 379
- Umfang und Art der sonstigen Leistung 368
- Vorsteuerabzug 373
Rechnungsnummer
- Angabe des Entgelts 369
- Angabe des Steuersatzes 369
- fehlende Angaben in der Rechnung 370
- fortlaufende Nummer 369
- im Voraus vereinbarte Minderung des Entgelts 369
- Steuerbetrag 369
- unrichtige Angaben in der Rechnung 370
- weitere Voraussetzungen nach § 14a UStG 370
Rechnungstellung 155
- für Umsätze nach § 24 UStG 475
Rechtsanwaltskosten 115
Rechtsgeschäftsloses Verbringen 15, 91, 107, 344
Regeln zur Lösung von Prüfungsaufgaben 539
Regelsteuersatz 4
Reihengeschäft 21, 72
Reisebusunternehmen 52
Reisegepäck 83
Reiseleistungen 55, 479
- Bemessungsgrundlage 481
- nach § 25 UStG 478
- Steuerfreiheit 480
Reisen
- Zuwendung an Geschäftsfreunde 483
Reiseverkehr 83
- Sonderregelung 83
Reisevorleistungen 479
Restaurationsleistungen 45
Restaurationsumsätze 58, 147, 327

Reverse-Charge-Verfahren 5, 518
- bei Bauleistungen nach § 13b Abs. 1 Nr. 4 UStG 524
- bei Gebäudereinigungsleistungen 528
- bei Goldlieferungen 528
- bei Lieferungen von Edelmetallen und Metallen 529
- bei Lieferungen von Edelmetallen und unedlen Metallen 519
- bei Lieferungen von Gas, Strom, Wärme und Kälte 526
- bei Lieferungen von Grundstücken 524
- bei Lieferungen von Industrieschrott, Altmetallen und sonstigen Abfallstoffen 527
- bei Lieferungen von Mobilfunkgeräten 528
- bei Lieferungen von Strom aus Photovoltaikanlagen 526
- bei Lieferungen von Tablet-Computern und Spielekonsolen 519
- bei Lieferung sicherungsübereigneter Gegenstände 522
- bei sonstigen Leistungen von im übrigen Gemeinschaftsgebiet ansässigen Unternehmern 519
- bei Werklieferungen und sonstigen Leistungen ausländischer Unternehmer 520

Rohholz 472
Rollstühle, Rollatoren 147
Rückgabe
- Definition der 172

Rückgängigmachung der Lieferung
- Änderung der Bemessungsgrundlage nach § 17 Abs. 1 i.V.m. Abs. 2 Nr. 3 UStG 277

Rücklieferung 172, 173
- Definition der 173

Rücknahme 172
- Definition der 173

Rundfunk- und Fernsehdienstleistungen
- Ortsregelung 48

## S

Sacheinlage 446
Sachen 7
Sachgesamtheit 21, 145
Sachleistung 165
Sachspenden an Vereine 328
Sägewerkserzeugnisse 472
Sammelfahrten 184
Sammelladung 18
Sammlermünzen 262
Sammlungsstücke 147
Sänger 152
Schadensersatz 110, 112, 116, 120, 122
- echter 112
- unechter 112

Schadensversicherungen 118
Schauspieler 152
Schenkung 110, 111
- echte 111

Schiedsrichter 55
Schienenfahrzeuge 39
Schlachthöfe 300
Schmierstoffe 82
Schriftsteller 151
Schwellenunternehmer 29
- Exoten 29
- Halbunternehmer 29

Schwimmbäder 153
Selbständigkeit 283, 311
Sicherungsübereignung 9
Sicht des Durchschnittsbetrachters 58
Software 152
Sollbesteuerung 5
Sonderentgelt bei Gesellschafterleistungen 312
Sonstige Leistung 33, 55, 56
- Begriff 33
- Bemessungsgrundlage 335
- im Zusammenhang mit Grundstücken 36
- im Zusammenhang mit Messen und Ausstellungen 38
- nach § 3 Abs. 9a Nr. 2 UStG 334
- Ort 34, 47
- Ort der auf elektronischem Weg erbrachten 50
- Tatbestandsvoraussetzungen 331
- Verschaffung von Software auf körperlichen Datenträgern 50

Sonstige Leistungen nach § 3 Abs. 9a Nr. 1 UStG
- Bemessungsgrundlage 332

Spediteur 55, 273
Speditionsgeschäft 270
Speditionsleistung 54
- Ort der 54

Speditionsleistungen
- zu festen Preisen 55

Speisen
- am Imbissstand 148
- im Kino 148
- zum Verzehr an Ort 147

Sportliche Leistungen 43
Standflächen auf Messen 38
Steuerbarer Umsatz
- Tatbestandsmerkmale 6

Steuerbarkeit
- von Lieferungen 7
- von sonstigen Leistungen 33
Steuerbefreiung
- bei Vermittlungsleistungen 197
- nach § 4 Nr. 5 UStG 197
- nach § 4 Nr. 9a UStG i. R. v. Bauherrenmodellen 242
- nach § 4 Nr. 11 UStG 200
Steuerfreie Umsätze nach § 4 Nr. 8 bis 28 UStG 390
Steuerfreie Vermietung von Sportanlagen 225
Steuerfreiheit gem. § 4 Nr. 1a UStG
- Ausfuhrlieferungen 72
Steuerfreiheit gem. § 4 Nr. 1a UStG
- Lohnveredelungen an Gegenständen der Ausfuhr 72
Steuer für den innergemeinschaftlichen Erwerb;Steuer
- Entstehungszeitpunkt 513
Steuer nach § 13b UStG
- Entstehungszeitpunkt 514
Steuernummer 369
Steuersatzänderungen 158, 160
Steuersätze 143
- bei Entnahme von Gegenständen 327
- Übersicht 143
Stille Gesellschaften 310
Stornokosten im Beherbergungsgewerbe 115
Straßenfahrzeuge 39
Straßenreinigung 300
Strohmann 231, 281
Strohmannverhältnisses 231
Strukturvertrieb 200
Superprovisionen 201

## T

Tankstellenagenten 203
Tankstellenpächter 204
Tänzer 152
Tätigkeiten nach § 2b Abs. 4 UStG 306
Tatsächlicher Umsatz 127
Tausch 127
- Bemessungsgrundlage 165
- mit Baraufgabe 164
- tauschähnlicher Umsatz 164
Teilleistungen 159, 503
- in der Bauwirtschaft 160
Teiloption bei Grundstücksveräußerungen 245
Teilweise Ingebrauchnahme eines Wirtschaftsguts 409
Teilweise Vertragserfüllung 115
Telefondienstleistungen 49
Telekommunikation
- sonstige Leistungen 47
Telekommunikationsgesetz 47
Telekommunikationsleistungen 49
- Ort der 48
- Ortsregelung 48
Testamentsvollstrecker 55
Tierärzte 55
Tiere 7
Treibstoffe 82
Typisierende Betrachtungsweise 539

## U

Übergang der Steuerschuld nach § 13b UStG 518
Übertragung eines Miteigentumsanteils 251
Übriges Gemeinschaftsgebiet 69
Umdisponierung 18
Umfang der Entnahme 327
Umfang der Option 348
Umkartierung 18
Umlaufvermögen 322
Umsatzarten 6
Umsätze
- bei Einschaltung von Mittelspersonen 192
- in Bezug auf im Inland stationierte ausländische Truppen 498
- von Geldforderungen 263
- von Gesellschaftsanteilen nach § 4 Nr. 8f UStG steuerfrei 269
- von gesetzlichen Zahlungsmitteln 261
Umsätze in Freihäfen 494
- im Rahmen einer zollamtlich besonders zugelassenen Freihafenlagerung 495
- Umsätze für den Endverbrauch 494
- Umsätze im Rahmen eines zollamtlich bewilligten Freihafen-Veredelungsverkehrs 495
Umsatzsteuer
- Entstehungszeitpunkt 502
Umsatzsteuergesetz
- Aufbau 2
Umsatzsteuer-Identifikationsnummer 369
Umsatzsteuerlager 68, 496
- Beispiele 497
- Steuerfreiheit 496
- Versteuerung bei Auslagerung 497
Umsatzsteuer nach § 14c Abs. 1 UStG 438, 439
- bei Gutschriften 439
- Sonderregelung 439

Umsatzsteuer nach § 14c Abs. 2 UStG 438, 440
- Steuer bei Fahrausweisen 441
- Steuer bei Kleinbetragsrechnungen 441
Umsatzsteuer nach § 14 UStG
- bei Endabrechnungen 442
- im Zusammenhang mit Vorausrechnungen 441
- Rechnungen über Abschlagszahlungen 441
Umsatzsteuersystem 1
- Funktionsweise 1
Umsatzsteuervoranmeldungsverfahren 516
- Voranmeldungszeitraum 516
Umsatzverhältnismethode 399
Umtausch 172, 174
Unentgeltliche Wertabgaben 317
- den sonstigen Leistungen gleichgestellte 331
- Umfang 327
- Zeitpunkt der Entnahme 327
Unentgeltliche Zuwendungen
- an Arbeitnehmer 176
- von Gegenständen für Zwecke des Unternehmens nach § 3 Abs. 1b Nr. 3 UStG 327
Unentgeltliche Zuwendungen von Gegenständen für den privaten Bedarf des Personals
- nach § 3 Abs. 1b Nr. 2 UStG 327
Unfreie Versendungen 356
Untergang der Kommissionsware 209
Unterhaltende Leistungen 43
Unterkunft
- Gewährung vom Arbeitgeber an den Arbeitnehmer 180
Unternehmen 279
Unternehmen im Ganzen 11
Unternehmenstypische Gegenstände 358
Unternehmensvermögen 318
- Wahlrecht 318
Unternehmer 279
Unternehmereigenschaft 279
- des Erben 110
Unterrichtende Leistungen 43
Urheberrechte 151
Ursprungsland 89
Urteil Seeling 387

## V

Veränderungen in der Unternehmensform 450
Veranstaltungsleistung 38
Veräußerung
- eines Gesellschaftsanteils 447
- unter Eigentumsvorbehalt 10
- von Grundstücken 240
Verbilligte Abgabe von Waren und Mahlzeiten an Arbeitnehmer 180
Verdeckter Preisnachlass 491
- im Kfz-Handel 168
Vereine 456
Vergleichsverwalter 55
Vergütungsantrag 536
Vergütungsverfahren
- Durchführung 535
Vergütungszeitraum 536
Verkaufskommission 204, 208
- Entgelt des Kommittenten bei 206
- Untergang der Kommissionsware 209
Verlagserzeugnisse 146
Verlosungen 328
Verlust der Ware 9
- auf dem Transport 20
Vermietung
- nichtaufteilbarer Gegenstände 362
- von Beförderungsmitteln 38
- von Betriebsvorrichtungen 225, 227, 228
- von Campingplätzen 225, 227
- von Grundstücken 221
- von Parkplätzen 225, 227
- von Sportanlagen 228
- von Sportbooten 275
- von Wohn- und Schlafräumen 225
Vermietung und Verpachtung 284
Vermittlung der grenzüberschreitenden Beförderungen 198
Vermittlungsleistungen 45, 192
- Bemessungsgrundlage bei 201
- Ort der 45
- Steuerbefreiung nach § 4 Nr. 5 UStG 197
- von einem Reisebüro 199
Vermögensverwalter 55
Verpachtung
- eines Betriebs gewerblicher Art 301
- von Grundstücken 239
Verpflegung
- Gewährung vom Arbeitgeber an den Arbeitnehmer 180
Verschaffung der Verfügungsmacht 9
Verschaffung von Versicherungsschutz 185
Verschmelzung von Personenvereinigungen 451
Versendung 14
- Beginn 15
Versendungslieferung 14
- gebrochene 16
Versicherungsmakler 200
Versicherungsschutz 185

Versicherungsvertreter 200
Versicherungszahlungen 118
– Haftpflichtversicherungen 118
– Schadenversicherungen 118
Versorgung eines Beförderungsmittels 82
Verspätete Vertragserfüllung 115
Verträge besonderer Art 224
– Ausnahmen von der Befreiung nach § 4 Nr. 12 Satz 2 UStG 225
Vertragsstrafen 136
Verzehr an Ort und Stelle
– Abgabe von Speisen und Getränken zum 147
Verzicht auf die Anwendung des § 9 Abs. 1 UStG 466
Verzicht auf die Befreiung nach § 9 Abs. 3 Satz 2 UStG 243
Verzugszinsen 115
Voranmeldungszeitraum 516
Vorausrechnungen 379, 441
Vorgründungsgesellschaft 285
Vorsteuer 1
– aus Rechnungen nach § 24 UStG 475
Vorsteuerabzug 352
– Abziehbarkeit der Vorsteuer nach § 15 Abs. 1 Nr. 1 UStG 355
– aufteilbare Sachen und sonstige Leistungen 359
– aus den Veräußerungskosten bei einer Geschäftsveräußerung nach § 1 Abs. 1a UStG 401
– aus Gemeinschaftseigentum 454
– aus Reisekosten 387
– der Steuer für den innergemeinschaftlichen Erwerb 383
– der Steuer für Leistungen i. S. d. § 13b Abs. 1 UStG 384
– der Steuer nach § 13b UStG 383
– fehlender Ausgangsumsatz 393
– konkurrierende Ausgangsumsätze 394
– Leistungen an den, der die Vorsteuer geltend macht 355
– Rechnung 365
– steuerpflichtige Eingangsleistung 364
– Veräußerungskosten bei einer Geschäftsveräußerung 401
– Vermietung nichtaufteilbarer Gegenstände 362
Vorsteuerabzug des Fahrzeuglieferers 437
– bei Lieferung eines neuen Fahrzeugs in das übrige Gemeinschaftsgebiet 437
Vorsteuerabzugsberechtigung 324
Vorsteuerabzugsverbot 353
– nach § 15 Abs. 1b UStG 388
– nach § 15 Abs. 1 UStG 385
– nach § 15 Abs. 2 UStG 389
– wirtschaftliche Zurechnungsmethode 396
Vorsteueraufteilung 395
Vorsteuerberichtigung
– bei Erhaltungsaufwand 405
– bei Land- und Forstwirten 477
– bei Übertragung eines Miteigentumsanteils 423
– für Gebäude 420
– nach Geschäftsveräußerung 421
Vorsteuerberichtigung nach § 15a UStG 352
– bei Übertragung eines Miteigentumsanteils 423
– nach erfolgter Geschäftsveräußerung 421
Vorsteuern nach § 15 Abs. 1 UStG 404
Vorsteuerpauschalierung
– bei Vereinen 459
Vorsteuerrelevante Nutzungsänderung 406
Vorsteuerschädliche Ausgangsumsätze 392
Vorsteuervergütungsverfahren 532
– Voraussetzungen 533
Vorübergehende Verwendung 92

## W

Warenabgaben anlässlich von Preisausschreiben 328
Warenkredit 259
Warenumschließungen 144
Wechsel
– von der Istbesteuerung zur Sollbesteuerung 511
– von der Sollbesteuerung zur Istbesteuerung 511
Wechsel der Besteuerungsform 468
Wechselkredit 260
Werklieferung 57, 59, 144
Werkswohnung 180
Wertabgaben 317, 331
Wesentliche Betriebsgrundlage 12
Wettbewerb; potenzieller 304
Wirtschaftliche Eingliederung 290
Wirtschaftlicher Bereich 300
Wirtschaftlicher Geschäftsbetrieb 153
Wirtschaftliches Eigentum 9
Wirtschaftliche Zurechnungsmethode 395
Wissenschaftliche Leistungen 43
Wohnungseigentümergemeinschaften 250, 311
Wohnzwecke 234

## Z

Zahnärzte 150
Zahntechniker 150
Zeitpunkt
– der Entnahme 327
– der Verschaffung der Verfügungsmacht 27
– und Ort der Werklieferung 60

Zeitpunkt der Leistung 503
- bei Lieferungen und Teillieferungen 503
- bei sonstigen Leistungen 503
- Vereinnahmung des Entgelts 368
Zerlegbarkeit der Leistung 159, 504
Ziviles Gefolge 499
Zugewinngemeinschaft 310
Zuordnung eines Grundstücks zum Unternehmen 241
Zuordnungserklärung gegenüber dem Finanzamt 241
Zuordnungsfrist 242, 318
Zuordnungsgebot 318, 324
Zuordnungsverbot 318
Zusammenfassende Meldung 101
Zuschuss 129, 131
- als Entgelt 130
- als Entgelt für eine Leistung des Zuschussempfängers an den Zuschussgeber 130
- als Entgelt i. S. d. § 10 Abs. 1 Satz 3 UStG 131
Zutaten oder sonstige Nebensachen 58
Zuwendungen an Arbeitnehmer
- unentgeltliche 176
Zuwendung von Reisen an Geschäftsfreunde 483
Zwangsversteigerung eines Grundstücks 246
Zweigniederlassung 77
Zwischenvermieter 231
- als Strohmann 231
Zwischenvermietung 229
- durch Besorgung 230